ngische Renaissance: Pflege antiker Bildung e Karls des Großen (Alkuin); Klöster als Kultur- und Bildungsträger; g einer höfischen (Ritter-)**Kultur**; sitäten Heidelberg (1368), Köln (1388); Göttl. Komödie (1336); Petrarca (1304–1374); sbildung einer bürgerlichen Kultur (Anfänge in Oberitalien, g)	14... ...kt die ... 149... 149... nac... (... Afrika)
...avelli: „Der Fürst" (1513); ...aracelsus Stadtarzt in Basel; Hieronymus Bosch, Leonardo da Vinci, T. Riemenschneider, ...t Dürer, L. Cranach, Michelangelo	1514 **Kopernikus** behauptet, dass sich die Erde um die Sonne dreht; Flugschriften (des Bauernkrieges)
...bbes (1588–1679); Descartes (1596–1650): **„Cogito ergo sum"**; ...tes: Don Quijote (1605/15); P. P. Rubens (1577–1640) ...hakespeares Werke erstmals in London erschienen; ...andts „Nachtwache" (1642); C. Thomasius hält 1687 erste Uni- ...svorlesung in deutscher Sprache; ...e leitet ab 1689 das Théâtre de la Comédie Française ...ch (1685–1750): Fuge; G. F. Händel (1685–1759)	1633 Inquisitionsprozess gegen **Galileo Galilei**; 1650 erste deutsche Tageszeitung (Leipzig); 1656 Erfindung der Pendeluhr; 1667 entwickelt **Newton** die Differenzial- und Integralrechnung (Streit mit dem deutschen Philosophen **Leibniz** um die Urheberschaft)
...liche Durchsetzung der **allgemeinen Schulpflicht;** ...nisten: Joseph Haydn (1732–1809); ...g Amadeus Mozart (1756–1791); ...„Robinson Crusoe" (1719); Rousseau: „Emile"(1762); **Schriftsteller" als Beruf** (Lessing); ...alt J. H. W. Tischbein „Goethe in der Campagna"; ...oseph **Immanuel Kant** (1724–1804) als Vollender und Über- ...der Aufklärung; Voltaire als französischer Aufklärer am Hofe ...chs des Großen	1768 **James Watt** erfindet die **Dampfmaschine,** die wesentlich zur industriellen Revolution beiträgt; 1770 entdeckt James Cook erneut Australien; 1771 Galvani entdeckt die galvanische Elektrizität; 1775 erste Nähmaschine in England gebaut; 5. 6. 1783 Heißluftballon der **Gebrüder Montgolfier;** 1791/92 C. Chappe erfindet den optischen Flügel- telegrafen (bewegliche Flügel an einem Mast); 1796 Erfindung der Lithografie
...ründung der Universität Berlin (Bildungskonzeption W. v. Hum- ...der Philosoph Fichte wird erster Rektor); Fichte, Schelling u. ...ormulieren die **klass. idealistische deutsche Philosophie;** Scho- ...er schreibt dagegen 1818 „Die Welt als Wille und Vorstellung" ...zsche: „Wille zur Macht", ▷ Freud: Das Unbewusste); ...Gottfried Schadow (1764–1850): Luther-Denkmal, Plastik ...n der Große (1821); **David Friedrich** (1774–1840) als Maler der Romantik; ...edrich Schinkel als klassischer Baumeister und Maler ...841): Berlin, Schauspielhaus; ...: **Ludwig van Beethoven** (1770–1827) vertont im Schlusschor ...Symphonie Schillers „Ode an die Freude" (1823); ...t (1797–1828); Schumann (1810–1856); Chopin (1810–1849)	1807 erste Straßengasbeleuchtung in London; 1809 beschreibt T. Sömmening einen elektr. Telegrafen; 1811 Friedr. Krupp gründet ein Stahlwerk in Essen; 1812 F. Koenig erfindet die **Buchdruck-Schnellpresse,** mit der ab 1814 die Londoner „Times" gedruckt wird; 1817 K. F. Drais entwickelt das Laufrad (▷ Fahrrad); 1819 der Raddampfer „Savannah" überquert als erstes Dampfschiff den Atlantik in 26 Tagen; 1821 M. Faraday erfindet das Grundprinzip des Elektromotors; ab 1824 Druck einer Berliner Zeitung auf einer Schnellpresse (von Koenig); 1827 Ohm'sches Gesetz entdeckt
...lacroix malt „Die Freiheit auf der Barrikade"; ...arwin beginnt seine Weltreise; ...ann Strauß (Vater) wird Hofballmusikdirektor in Wien; ...gol schreibt „Der Revisor"; ...st als Beruf; ...Dickens: „Oliver Twist" (1838/39); ...g (1808–1885): „Der arme Poet", auch Gedichte; ...nd Marx treffen sich 1843 in Paris; ...unistisches Manifest" von Marx/Engels (1848); ...us baut ab 1848 „Wolkenkratzer" in New York	1832 C. F. Gauß benutzt den Elektromagnetismus für Fernverständigung; 1835 optischer Telegraf von Koblenz nach Berlin; 1835 **Erfindung der Fotografie** (Daguerre) bis 1841 (Talbot); 7. 12. 1835 Eröffnung der Eisenbahnstrecke Nürnberg – Fürth; ab 1837 entwickelt Morse den elektromagnetischen Schreibtelegrafen (Morseapparat); 1843 Telegrafenlinie Washington – Baltimore (Morse-Technik)

Fortsetzung auf den letzten Seiten

Texte, Themen und Strukturen

Deutschbuch für die Oberstufe

Herausgegeben von
Heinrich Biermann und Bernd Schurf

unter Beratung von Karlheinz Fingerhut

Erarbeitet von
Heinrich Biermann, Lisa Böcker, Gerd Brenner, Dietrich Erlach,
Karlheinz Fingerhut, Margret Fingerhut, Cordula Grunow,
Hans-Joachim Helmich, Elvira Langbein, Rosemarie Lange,
Angela Mielke, Bernd Schurf und Andrea Wagener

Inhalt

B Die literarischen Gattungen

C Epochen der deutschen Literatur

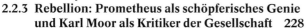

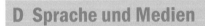

D Sprache und Medien

E Schreiben

A Einführung: Die Bereiche des Deutschunterrichts

1 Kurzprosa des 20. Jahrhunderts: Lesen und Verstehen

1.1 Warum wir lesen

Man begreift nur, was man selbst machen kann, und man fasst nur, was man selbst hervorbringen kann.
(Johann Wolfgang Goethe)

Lesen ist Denken mit fremdem Gehirn.
(Jorge Luis Borges)

Lesen ist gelenktes Schaffen.
(Jean-Paul Sartre)

Lesen ist ein kreativer, selbst gewählter, einsamer, herrlicher Prozess, durch nichts zu ersetzen.
(Günter Grass)

Ich, ohne Bücher, bin nicht ich.
(Christa Wolf)

Das Verlangen zu lesen ist wie alle anderen Sehnsüchte, die unsere unglückliche Seele aufwühlen, der Analyse fähig.
(Virginia Woolf)

Wir brauchen Bücher, die auf uns wirken wie ein Unglück, das uns sehr schmerzt, wie der Tod eines, den wir lieber hatten als uns, wie wenn wir in die Wälder verstoßen würden, von allen Menschen weg, ein Buch muss die Axt sein für das gefrorene Meer in uns.
(Franz Kafka)

1. Entscheiden Sie sich für eine der Thesen und begründen Sie in einem kurzen Statement Ihre Wahl.
2. Formulieren Sie Ihre persönliche Meinung, indem Sie den Satz fortsetzen: „Lesen ist für mich ..."
3. a) Tauschen Sie in Kleingruppen Ihre schriftlichen Stellungnahmen aus.
   b) Tragen Sie Ihre Ansichten zur Bedeutung des Lesens zusammen und stellen Sie sie dem Kurs vor.
   Nutzen Sie dabei Möglichkeiten der Visualisierung, wie z. B. einen **Ideenstern,** mit dem Sie Ihre Schlüsselbegriffe zum Thema „Lesen" präsentieren.

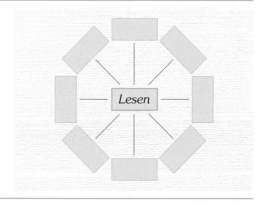

Peter Bichsel

Das Lesen

Mein erstes Buch war Zwangslektüre, eine echte Qual. Ich bekam es von einer Tante geschenkt, die glaubte, höheren Geist in der Familie vertreten zu müssen, und sogar ein Modejournal abonniert hatte. Es war ein Weihnachtsgeschenk, ich war neunjährig, und es war ein richtiges Buch, dick und ohne Bilder: „Christeli" von Elisabeth Müller, sehr sehr traurig und sentimental, sehr sehr brav und unspannend.

Ich begann einen Kampf mit diesem Buch. Ich hatte es zu lesen – selbst meine Eltern beharrten darauf, vor allem, weil meine Schwäche in Orthografie sich bereits zeigte und die Hoffnung bestand, durch Lesen zu besseren Diktaten zu kommen, durch bessere Diktate zu besseren Noten, dadurch zu besseren Erfolgschancen, zu einem besseren Lohn und einer schöneren Frau, zu einem größeren Haus und vielleicht einem Auto. Lesen war in diesem Zusammenhang immerhin noch karrierefreundlich. Zweitens hatte meine Mutter nicht die Absicht, sich von ihrer Schwester mit Modejournal blamieren zu lassen. Sie wollte zum Mindesten einen Sohn haben, der auch liest, genauso liest wie der Sohn ihrer Schwester.

Das Buch war grauenhaft langweilig. Ich hatte zwei Lesezeichen darin: Das erste zeigte an, wie weit ich schon war, das zweite zeigte mein selbst gestecktes Ziel, bis da und da – bis auf Seite 48 – will ich heute durchhalten. Ich hielt nie durch und erreichte mein Tagesziel nicht. Immerhin war ich stolz darauf, dass mich die Tante für erwachsen genug hielt, ein Leser zu sein. Immerhin war ich einer mit einem Buch und fühlte mich im Geheimen allen Fußballern und Bäumekletterern ohne Buch überlegen. Ich hatte eine Ahnung davon, dass Bücherlesen etwas Besseres sei.

Ein Jahr später, am 23. Dezember, las ich die letzten zwei Seiten. Ich hatte ein ganzes Buch gelesen, ich hatte es geschafft, ich war stolz darauf und beschloss, ein Leser zu bleiben – einer, der richtige Bücher von der ersten bis zur letzten Seite liest. Als Fußballer war ich ohnehin schlecht.

---

1. Lassen Sie sich durch Bichsels Text anregen, sich Ihre eigene Lesebiografie ins Gedächtnis zu rufen. Versuchen Sie, ein besonders markantes Leseerlebnis anekdotisch aufzubereiten.
2. Stellen Sie sämtliche Anekdoten Ihres Kurses in Form einer **Wandzeitung** zusammen.

Gabriele Wohmann

Was hat mich zum Lesen gebracht?

Was hat mich zum Lesen gebracht? Das neugierige Verlangen, in fremde Welten einzutauchen, ziemlich wahllos war ich büchersüchtig.

Da fehlen selbstverständlich beim Rückblick Titel und erst recht die Namen der Verfasser. Und ebenso selbstverständlich waren Kinderbücher meine erste Lektüre, denn sobald ich das Lesen gelernt hatte, wurde das Lesen meine wichtigste Passion[1] und, durch die Bücher, das selbständige Weiterphantasieren der Handlung; ein ausgelesenes Buch hat ein Loch in den Lebenszusammenhang gerissen, und sofort, während ich noch ein ausgelesenes Buch in mir selber durchs Weitererfinden verlängerte, mußte ich mich in neuen Lesestoff vertiefen. „Lesen wir?" war eine Frage zwischen meiner Schwester, Freundinnen und mir, und zwischen anderem Zeitvertreib hieß immer auch die Antwort: „Ja, wir lesen." Stets brauchten wir Vorrat, und dauernd wurde Vorrat verbraucht. „Die Kinder am Meer" – ein Lieblingsbuch, mit dessen Personen ich in einer Extra-Welt lebte – aber wer hat es überhaupt geschrieben? Ein bißchen Kranksein war schön, denn das Lesen wurde durch nichts unterbrochen. Ich las sehr gerne auch alte UHU-Hefte und ein dickes, altertümliches, interessant bebildertes Astronomiebuch. Später, als ich etwas älter war, wanderte ich durch die große Bibliothek meines Vaters, speziell auf der Suche nach Literatur, die noch zu schwierig für mich war: wie soll ich diesen Genuß deuten? Als Eitelkeit oder als Erfah-

---

1 **Passion:** Leidenschaft

35 rungstrieb? Ach, angenehme Zeiten, als das Lesen noch beides war: Zugriff und Schutz, und zwei Chancen gleichermaßen bot: die Zufuhr von Wirklichkeit, die sich erweiterte, und die Isolation mit der eigenen Phantasie. ⓡ

Martin Walser

Warum liest man überhaupt?

Weil die Großmutter aufgehört hat zu erzählen; sei es, weil sie tot ist oder sich endgültig vor dem Fernsehapparat eingerichtet hat. Warum richte ich mich nicht auch endgültig
5 vor dem Fernsehapparat ein? Weil es mir auf die Dauer zu anstrengend ist, so passiv zu sein. Ist das nur eine Papierblüte, dass das Passivsein, also das Nichtstun, anstrengend sei, oder steckt etwas dahinter? Wenn das Be-
10 wusstsein oder die Seele oder der Geist – egal, wie wir unsere innere Unruhe nennen –, wenn diese imaginäre Wesensmilch längere Zeit nicht selber brodeln darf, wird sie sauer. Unser Bewusstseinsseelengeist will ja selber ein
15 Film sein, der andauernd läuft, und er geht einfach ein, wenn er längere Zeit bloß dem Beschluss oder Genuss fix und fertiger Außenfilme ausgesetzt ist. Wird also die Seele oder das Bewusstsein beim Lesen aktiver
20 als beim Filmanschauen? Ja, weil das Geschriebene unfertig ist und von jedem Leser erst zum Leben erweckt und dadurch vollendet werden muss; kein bisschen anders als die Notenschrift des Komponisten durch den
25 Sänger, den Pianisten und so weiter. Der Leser ist vergleichbar eher dem, der musiziert, als dem, der Musik hört. Der Leser braucht die gleichen Voraussetzungen, die der Musizierende braucht. Ich spreche nicht von Bil-
30 dungsquanten. Wie klänge ein Schubert-Lied, wenn der, der es singt, nichts hätte als eine Stimme und eine Ausbildung, von dem Unerträglichen aber, gegen das diese Lieder geschrieben wurden, hätte er keine Ahnung!
35 So wenig genügt es, lesen gelernt zu haben, um Kafka lesen zu können. Wer zum Beispiel unter Umständen lebt, die ihn über seine Lage hinwegtäuschen, liest nicht. Wer glaubt, nichts mehr zu fürchten und nichts mehr zu
40 wünschen zu haben, kann ganz sicher keinen Kafka mehr lesen. Wer zum Beispiel glaubt, er sei an der Macht, er sei oben, er sei erstklassig, er sei gelungen, er sei vorbildlich, wer also zufrieden ist mit sich, der hat aufgehört, ein Leser zu sein. Der geht wahrscheinlich in die
45 Oper. Wer aber noch viel zu wünschen und noch mehr zu fürchten hat, der liest. Lesen hat keinen anderen Anlass als Schreiben. Auch das Schreiben findet statt, weil einer etwas zu wünschen und zu fürchten hat.
50 Lesen und Schreiben wären also eng verwandt? Es sind zwei Wörter für *eine* Tätigkeit, die durch die unser Wesen zerreißende Arbeitsteilung zu zwei scheinbar unterscheidbaren Tätigkeiten gemacht wurde. Also
55 weil einem etwas fehlt, schreibt er, und weil ihm etwas fehlt, liest er? Wenn der Leser nicht die gleichen Erfahrungen gemacht hat, die der Autor gemacht hat, sagt ihm das Buch nichts, es ist tot für ihn. Man sagt dann, er
60 kann mit dem Buch nichts anfangen.

Ein Buch, das dem Wünschen und Fürchten von sehr vielen Menschen entspricht, mit dem schon sehr viele Menschen etwas anfangen konnten, ist zum Beispiel Robinson Crusoe.
65 Jeder will weit fort und es soll letzten Endes doch gut ausgehen. Die Wirklichkeit macht meistens nicht mit. Sie vereitelt unseren Wunsch, unseren Anspruch, unser Recht. Auf diese Vereitelung, auf dieses Dreinpfuschen
70 der Wirklichkeit antwortet jedes Buch. Man nennt den Wunschcharakter, den diese Antwort annimmt, Fiktion.

In der Fiktion bestreiten wir der Wirklichkeit ihr Recht, in unsere Erwartungen hineinzu-
75 pfuschen. Man muss es hundertmal sagen, dass das Schreiben nicht Darstellen ist, nicht Wiedergeben ist, sondern Fiktion, also eo ipso Antwort auf Vorhandenes, Passiertes, Wirkliches, aber nicht Wiedergabe von etwas Pas-
80 siertem.

Deshalb ist Lesen auch nicht Zurkenntnisnehmen, sondern Entgegnung. Der Leser antwortet. Er antwortet mit seinem eigenen Wünschen und Fürchten. Er antwortet auf die
85 Fiktion des Schreibens mit *seiner* Fiktion. Der Leser potenziert also die Fiktion. Erst in ihm entfaltet also die Fiktion ihre Protestkraft, Kritikkraft, Wunschkraft. Auch ein Buch, das kein Happy End hat, zeigt durch seine Stim-
90 mung, dass es lieber gut ausginge; dass es den Zustand beklagt, der zu diesem Unhappy End führte; dass es eine Wirklichkeit wünscht, in der das Ende glücklich wäre. Ich kenne nicht

95 ein einziges Buch, in dem ein unglückliches Ende bejubelt wird, in dem der Schreiber sich glücklich zeigt über das unglückliche Ende, das seine Geschichte unter den herrschenden Umständen nehmen musste.

100 Das ist das Gemeinsame: Leser und Schreiber wünschen ein besseres Ende jeder Geschichte, d. h., sie wünschen, die Geschichte verliefe überhaupt besser. Nur wenn die große und ganze Geschichte besser verläuft, können die unzähligen einzelnen Lebensgeschichten besser ausgehen. Leser und Schreiber sind also uneinverstandene Leute. Leute, die sich nicht 105 abgefunden haben. Noch nicht. Hätten sie sich abgefunden, wären sie zufrieden mit sich und allem, würden sie nicht mehr lesen und 110 schreiben, sondern gingen andauernd in die Oper.

---

1. Vergleichen Sie die beiden Texte von Wohmann und Walser. Stellen Sie die wichtigsten Aussagen in einer **Schnittmengengrafik** zusammen:

2. Ergänzen Sie Argumente, die Ihrer Ansicht nach fehlen.

▷ S. 504 f. 3. Verfassen Sie einen kurzen ▷ **Essay** (Erörterungsaufsatz) wahlweise zu den Themen „Warum ich lese"/„Warum ich nicht lese".

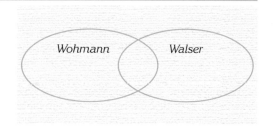

Günter Grass

„Interpretationssucht" statt „Lust am Lesen"
(Ein Interview)

FRAGE: Wie schätzen Sie die Rolle zeitgenössischer Literatur in der Schule ein? Haben Sie Kenntnisse aus eigener Anschauung von dem, was unter dem Stichwort Literatur in der 5 Schule geschieht?

GRASS: Vorausschicken muß ich, daß ich fünf Kinder in die Welt gesetzt habe. Die vier aus erster Ehe – von denen haben drei die Schule hinter sich, der Jüngste geht noch zur Schule. 10 Meine jüngste Tochter Helene fängt jetzt mit der Schule an. Meine zweite Frau hat zwei Kinder in die Ehe mitgebracht, die auch noch zur Schule gehen. Ich bin also von morgens bis abends mit dem deutschen pädagogischen 15 Wahn konfrontiert, mit all den Schwierigkeiten und all den rechten Rückschlägen und linken Vorstellungen und mit all dem, was das bei Kindern anrichtet – und dann natürlich auch bei den Eltern anrichtet. Dadurch bin ich 20 seit Jahren mit dieser Problematik konfrontiert.

Literatur in deutschen Schulen ist – solange ich zurückdenken kann, bis in meine relativ kurze Schulzeit (ich bin nur bis zum Alter von 25 15 Jahren zur Schule gegangen) – eigentlich immer ein Alptraum gewesen. Früher war das alles von rechts gefüttert, dann kam die Phase von links, aber in den Grundverhaltensweisen hat sich leider nichts geändert: es herrscht vor die Interpretationssucht. Literarische Texte 30 werden nicht an den Schüler herangebracht, um bei ihm die Lust am Lesen auszulösen, um ihm die Chance zu geben – und sei es mit den verschiedensten Gedanken –, sich mit einem Text zu identifizieren, sich selbst zu erleben, 35 sondern um ihn auf eine schlüssige Interpretation hinzuführen. Das tötet die Literatur ab. Literatur ist trotz der deutschen Schule lebensfähig geblieben, aber dies tötet in einem sehr frühen Alter die Lust am Lesen ab. Lite- 40 ratur hat mit Kunst zu tun, es ist eine Kunstform und in erster Linie ästhetischen Gesetzen verpflichtet. Dieses Produkt der Kunst lebt davon, daß es vieldeutig ist, doppelbödig ist und eine Menge von Interpretationen zu- 45 lassen kann. Es muß erst einmal respektiert werden, daß der, der auf ein Bild, auf ein Buch reagiert, etwas für ihn Wichtiges erlebt. Dies ist erst einmal richtig, auch wenn es sich nicht mit der Interpretation des Lehrers deckt. Und 50 nun kommt das in die Schulmühle hinein, es wird Interpretation gefordert – ob es sich um einen Gedichttext, um die „Braut von Messina" oder Wallraff oder was auch immer handelt: Es wird Interpretation abverlangt. Es ist 55 im Grunde natürlich eine Aufforderung zum Opportunismus, weil die Schüler unter Leistungsdruck versuchen herauszuhören, welche Interpretation ist denn die des Lehrers – um sich der dann anzupassen. […]

FRAGE: Spielt zeitgenössische Literatur in der Schule eine stärkere Rolle als zu Ihrer Schulzeit?

GRASS: Viel weniger. Das klingt sehr konservativ und ist auch so gemeint: Natürlich haben wir uns darüber geärgert, wenn wir die „Glocke" auswendig lernen mußten. Aber ich kann noch ein paar Gedichte auswendig. Ich fände es schon ganz gut, wenn die jetzt aufwachsende Generation ein, zwei Gedichte von Ingeborg Bachmann, ein paar Gedichte von Brecht, ein Gedicht von Paul Celan auswendig sagen könnte. Ich halte das für eine Bereicherung, für etwas, das man nicht ins Bruttosozialprodukt übersetzen kann. Aber davon haben wir ja ohnehin genug. Diese Dinge gibt es nicht mehr. Das kann ich an meinen Kindern nicht beobachten. Sie gucken manchmal, wenn meine Generation – was wir ja gerne tun – ein Fest feiert, und wir sind noch in der Lage, ein Lied mehrstrophig zu singen. Da erlebe ich einen neidvollen Blick: einiges möchte ich auch können, das ist ja toll. Das ist nicht mehr da, das ist wegrationalisiert worden. Dieser schöne, sinnlose Bereich, den die Kunst, und damit auch der Deutschunterricht, vermitteln könnte, das passiert nicht mehr oder unzureichend.

Mein jüngster Sohn, der jetzt 15 ist, hat kürzlich mit einem Lehrer, der das den Schülern zugemutet hat, „Wilhelm Tell" gelesen. Da gab es erst einmal ein Gemaule. Dann habe ich mich mit ihm darüber unterhalten, auch über den geschichtlichen Hintergrund, dann über die erste Szene: wie es dort dem Schiller gelingt, in einer Exposition – was sehr revolutionär war für diese Zeit, zum Teil auch Shakespeare abgeguckt war, aber aufgenommen wurde – zum Beispiel die Natur, das Wetter in das Drama mit hineinzunehmen. Es zieht ein Gewitter auf, es ist etwas Bedrohliches passiert, und mit dem bedrohlichen Wetter kommt der Flüchtling. Wenn das Lehrer zu vermitteln verstehen und sich darauf noch einlassen, vermitteln sie mehr als bloß einen klassisch genannten Text. ®

G. Grass bei der Eröffnung einer Ausstellung eigener Grafiken (1995)

1. a) Vergleichen Sie Grass' Kritik am Deutschunterricht mit Ihrer Unterrichtserfahrung.
   b) Welche Einstellungen verbinden Sie mit dem Begriff „Interpretieren"?
2. Welche Forderungen stellen Sie an die Lektürewahl und Gestaltung des Unterrichts?
3. Organisieren Sie in dem Kurs eine Diskussion zum Thema „Wie können sich Schülerinnen und Schüler sinnvoll an der Planung und Durchführung des Unterrichts beteiligen?"

Die Schule sollte die Lust des Lesens, das Interesse an Literatur, das wohl in jedem Schüler während seiner Schulkarriere irgendwann einmal vorhanden ist, nicht ersticken, sondern aufflammen lassen. Leider ist es in unseren Schulen an der Tagesordnung, dieses beinahe natürliche Interesse abzutöten. Wie das kommt? Dies fängt schon mit Kleinigkeiten an.

Der Lehrer kommt in das Klassenzimmer mit einem schmuddeligen, gelben Etwas unter dem Arm. Jeder Schüler bekommt eine zerfledderte, abgerissene, tausendfach benutzte Dünndruckausgabe eines Klassikers ausgehändigt. Würde es Sie, lieber Leser, nicht auch anekeln, wenn Sie Ihre F.A.Z. morgens mit Randbemerkungen und Fettflecken versehen zum Frühstück serviert bekämen? Der Schüler muss jedoch widerspruchslos den 100-seitigen Klassiker binnen einer Woche – natürlich inklusive der Zusammenfassung – vorbereiten. Der noch interessierte Schüler fängt natürlich zu Hause gleich das Werk zu lesen an. Nachdem er nach zehn Seiten Stoff dreißig ihm unbekannte Wörter entdeckt hat, weicht bei ihm langsam die Lust. Am Ende der Lektüre ist er dann vollends am Boden zerstört; er hat den von allen hochgelobten Klassiker trotz Fleiß und Willen nicht verstanden. Mit Hilfe einer einschlägig bekannten Interpretation bastelt er eine Zusammenfassung, um dann später zu erfahren, dass der Lehrer an einer Inhaltsangabe gar nicht interessiert gewesen sei, da er gleich in die Tiefe des Werkes gehen wolle. Frustration auf Seiten des Schülers kommt auf. Doch der Todesstoß für das noch glimmende Literaturinteresse wird mit der Analysierung und Neuzusammensetzung von Sätzen wie „Durch diese hohle Gasse muss er kommen" oder „… dass ich erkenne, was die Welt im Innersten zusammenhält" versetzt.

(Christiane Nickel, Schülerin)

---

1. Dies ist ein Auszug aus einem Leserbrief, der in einer überregionalen Tageszeitung erschienen ist.
   a) Wodurch kann Ihrer Meinung nach in der Schule die Freude am Lesen beeinträchtigt werden?
   b) Wie lassen sich die Schwierigkeiten möglicherweise beheben?
2. Diskutieren Sie, welche Fragen im Deutschunterricht an Literatur gestellt werden sollten. Welche Art von Fragen/Aufgabenstellungen halten Sie für unangebracht?
3. Verfassen Sie einen **Leserbrief** zu einem der Texte von Bichsel, Wohmann, Walser oder Grass (▷ S. 10–13). Dabei können Ihnen die folgenden Tipps helfen.

Tipps für Leserbriefe

1. Klarer Bezug: Machen Sie deutlich, zu welchem Text oder Thema Sie sich äußern wollen. Achten Sie darauf, fremde Äußerungen als solche kenntlich zu machen (indirekte Rede, Zitat etc.).

2. Klares Ziel: Machen Sie deutlich, ob Sie etwas kritisieren, unterstützen oder um einen neuen Aspekt ergänzen wollen.

3. Klarer Standpunkt: Geben Sie frühzeitig Ihre eigene Position zu dem Thema zu erkennen und entwickeln Sie eigene Vorschläge, wo es sich anbietet.

4. Gute Argumente: Stützen Sie Ihren Standpunkt durch sachkundige, wirkungsvolle, eventuell auch zugespitzte (dennoch glaubwürdige) Begründungen. Versuchen Sie, Gegenargumente zu widerlegen.

5. Kurzer Text in Briefform: Benutzen Sie die Form eines Briefs (Anrede, Bezug, Gruß), halten Sie Ihren Text knapp und gliedern Sie ihn deutlich.

▷ S. 121 ff. **6. Überarbeitung:** ▷ Überprüfen Sie Ihren Text im Hinblick auf Aufbau, Argumentationsgang und sprachliche Richtigkeit.

1.2 Kurze Geschichten interpretieren und kreativ erschließen

Ich-Suche und Lebensentwürfe

Zoë Jenny

Party (1997)

Aus dem Innern des Gebäudes dröhnen schnelle, dumpfe Schläge. Rea trägt einen grünen Mini und ein gelbes T-Shirt, das in der Dunkelheit fluoresziert; ich folge ihren hoch-
5 geschnürten Lederstiefeln, die über den Platz zum Eingang stapfen. Über dem Eingang hängt ein Transparent mit der Aufschrift *Tarne dich.*
Drinnen herrscht eine tropische Hitze, und in
10 der Halle, in der die Leute tanzen, ist ein Nebel, dass ich sofort die Orientierung verliere. „Schlachthof!", schreit mir Rea ins Ohr und zeigt mit dem Finger an die Decke, wo noch die Haken zu sehen sind, an denen einst Tier-
15 leiber hingen. „You are the greatest ravers of this planet!", ruft der DJ durchs Mikrofon, der gehetzt hinter einer erhöhten Anlage mit farbig blinkenden Lämpchen hin und her rennt. Auf jede Seite seines Gesichtes ist ein Schmet-
20 terlingsflügel gemalt. Die Tonströme, die der Schmetterlingsmensch auf uns herunterjagt, hüpfen wie tausend kleine Gummibällchen in meinem Bauch. Im Licht des Stroboskops sehe ich nur noch einzelne Körperteile. Auch
25 die von Rea müssen darunter sein, aber ich kann sie nicht mehr erkennen. Ich selbst bin Teil einer großen Körpermaschine, die zittert

und die sich aufbäumt und einen hysterischen Lärm veranstaltet, gegen die schreckliche Stille im Kopf. Hinter meinem Rücken bläst je-
30 mand in eine Trillerpfeife. Als ich mich umdrehen will, umklammern mich zwei Hände, verschränken sich über meinem Bauch. Ich blicke auf sie hinunter; es sind Männerhände. Ein Körper in einem Plastikanzug drückt sich
35 wie ein Fisch an mich. Er schreit mir etwas ins Ohr, aber ich verstehe nichts und beiße in sein von einem Ring durchstochenes Ohrläppchen. Das Metall schmeckt nach kalter Milch. Ich behalte den Ohrring eine Weile im Mund;
40 bis Rea mit schweren Schritten auf uns zukommt und mich aus der Umklammerung fortreißt. In der Nähe des Ausgangs lehnen wir uns an die Mauer. „Gehen wir", sagt sie, „diese Musik bringt mich um, ohne Ecstasy
45 kann ich nicht tanzen."
Als wir auf den Ausgang zugehen, stellt sich der Junge vor uns hin. Der nasse Ohrring glänzt. Er hebt und senkt die Arme. Die Iris rollt in seinen Augen, als wolle sie heraus-
50 springen. Rea öffnet ihr Täschchen, nimmt einen Schnuller heraus und steckt ihn ihm in den Mund. Dann verschwindet er nuckelnd zwischen den Lichtblitzen. Von der Lärmmaschine in die Nacht gespuckt,
55 stehen wir halb blind und taub auf dem Parkplatz.

1. Entwerfen Sie ein Gespräch zwischen der Ich-Erzählerin und ihrer Freundin Rea, das die beiden nach dem Party-Besuch führen.
2. a) Wie nimmt die Ich-Erzählerin die Party-Welt wahr? Unterscheiden Sie dabei zwischen Innensicht und Außensicht der Erzählerin.
   b) Untersuchen Sie die sprachlichen Wendungen und Bilder, die die besondere Atmosphäre des Party-Erlebnisses zum Ausdruck bringen.
3. Schreiben Sie selbst einen kurzen Prosatext zu einem erlebten oder erfundenen Party-Besuch.

Gerold Späth

Angela Sutter – Ein Lebenslauf (1980)

Ich bin jetzt 17, bald 18. Ich habe keine Lust, meinen Senf plattzustreichen. Da heißt es höchstens, er sei noch grün. Ich stelle nur fest:

Wir Jungen haben je länger, je weniger eine wirkliche Chance. Die Chancen der Jungen
5 waren noch nie so gering, entgegen allem Anschein. Es heißt: Die Welt steht euch offen! Man bildet euch aus, man fördert euch, man hat tausenderlei Gesetze zu eurem Wohl erkämpft, noch nie hat es eine Jugend so leicht
10

gehabt, noch nie ist eine Jugend so verwöhnt worden, noch nie war die Welt so jung!
Was man nicht alles sagen kann!
Ich sehe die Zukunft so zugemauert, wie die
15 Landschaft hier zugemauert worden ist. Es ist alles durchorganisiert. Die Wände sind zwar nicht mehr kerkerfeucht, sie sind augenfreundlich. Eingesperrt und isoliert bist du aber mehr denn je. Wie zum Hohn heißt es
20 noch, man werde uns dereinst eine Welt übergeben, die besser sei als damals, als man sie seinerseits von den Alten übernommen habe. Popanz mit Windloch! Erstens übergibt man uns rein gar nichts, wir müssen kriechen,
25 sonst sind wir out. Und zweitens ist das keine Welt mehr, sondern ein Berufssklavengewimmel. Und drittens wollen die uns einreden, diese von ihnen angerichtete Sauerei sei unsere Welt.
30 Sorry, Sir! Ich brauche mir nur meine Schule in ihrer verheerenden Leerlauffreudigkeit anzusehen. Die Reportagen über Jugendliche in New York oder über die Sauereien mit dem Wal, mit dem Erdöl, mit Südamerika und so
35 weiter brauche ich gar nicht. Ich muss nur den Lehrern ins Gesicht sehen, wenn sie uns, weil sie dafür bezahlt werden, den Unflat verkaufen, an dem sie selbst ersticken, diese gekauften Feiglinge.
40 Was ist „die Welt"? Diese kontinuierlich von Flachkopftechnokraten und perversen Hochleistungsfetischisten im Kreis herumjagende Irrwitzgesellschaft?
Ich will Jugendanwältin werden, sofern ich es
45 aushalte. Falls ich nicht durchhalte, bin ich zur Auswanderung in hoffentlich lange noch nicht „entwickelte" Gebiete entschlossen. Ich werde den Grad der mir angetanen persönlichen Vergewaltigung durch die herrschende Industriegesellschaft und ihre Zivilisation
50 zurückdrehen. Ich bin mir trotz aller Zwänge und des idiotischen Drucks zu schade für den Schuss, für die totale Verweigerung, noch zu schade und hoffentlich lange noch.

---

1. a) Mit welchen unterschiedlichen gesellschaftlichen Normen sieht sich die jugendliche Ich-Erzählerin konfrontiert?
   b) Wie formuliert sie ihre Zukunftsperspektiven?
2. Den fiktiven Lebensläufen Gerold Späths liegt folgende Aufforderung zu Grunde: „Hier ist ein Blatt Papier, nimm das Blatt Papier und schreib etwas auf aus deinem Leben, oder schreib deinen Lebenslauf auf, oder schreib einfach auf, was du jetzt gerade denkst ..." Verfassen Sie selbst einen Text nach dieser Anweisung.

Margret Steenfatt

Im Spiegel (1984)

„Du kannst nichts", sagten sie, „du machst nichts", „aus dir wird nichts." Nichts. Nichts. Nichts.
Was war das für ein NICHTS, von dem sie re-
5 deten und vor dem sie offensichtlich Angst hatten, fragte sich Achim, unter Decken und Kissen vergraben.
Mit lautem Knall schlug die Tür hinter ihnen zu.
10 Achim schob sich halb aus dem Bett. Fünf nach eins. Wieder mal zu spät. Er starrte gegen die Zimmerdecke. – Weiß. Nichts. Ein unbeschriebenes Blatt Papier, ein ungemaltes Bild, eine tonlose Melodie, ein ungesagtes Wort,
15 ungelebtes Leben.
Eine halbe Körperdrehung nach rechts, ein Fingerdruck auf den Einschaltknopf seiner Anlage. Manchmal brachte Musik ihn hoch.
Er robbte zur Wand, zu dem großen Spiegel, der beim Fenster aufgestellt war, kniete sich
20 davor und betrachtete sich: lang, knochig, graue Augen im blassen Gesicht, hellbraune Haare, glanzlos. „Dead Kennedys" sangen: „Weil sie dich verplant haben, kannst du nichts anderes tun als aussteigen und nach-
25 denken."
Achim wandte sich ab, erhob sich, ging zum Fenster und schaute hinaus. Straßen, Häuser, Läden, Autos, Passanten, immer dasselbe.
Zurück zum Spiegel, näher heran, so nahe,
30 dass er glaubte, das Glas zwischen sich und seinem Spiegelbild durchdringen zu können.
Er legte seine Handflächen gegen sein Gesicht im Spiegel, ließ seine Finger sanft über Wangen, Augen, Stirn und Schläfen kreisen, strei-
35

chelte, fühlte nichts als Glätte und Kälte. Ihm fiel ein, dass in dem Holzkasten, wo er seinen Kram aufbewahrte, noch Schminke herumliegen musste. Er fasste unters Bett, wühlte in den Sachen im Kasten herum und zog die Pappschachtel heraus, in der sich einige zerdrückte Tuben fanden. Von der schwarzen Farbe war noch ein Rest vorhanden. Achim baute sich vor dem Spiegel auf und malte zwei dicke Striche auf das Glas, genau dahin, wo sich seine Augenbrauen im Spiegel zeigten. Weiß besaß er reichlich. Er drückte eine Tube aus, fing die weiche ölige Masse in seinen Händen auf, verteilte sie auf dem Spiegel über Kinn, Wangen und Nase und begann, sie langsam und sorgfältig zu verstreichen. Dabei durfte er sich nicht bewegen, sonst verschob sich seine Malerei. Schwarz und Weiß sehen gut aus, dachte er, fehlt noch Blau.

Achim grinste seinem Bild zu, holte sich das Blau aus dem Kasten und färbte noch die Spiegelstellen über Stirn und Augenlidern. Eine Weile verharrte er vor dem bunten Gesicht, dann rückte er ein Stück zur Seite, und wie ein Spuk tauchte sein farbloses Gesicht im Spiegel wieder auf, daneben eine aufgemalte Spiegelmaske. Er trat einen Schritt zurück, holte mit dem Arm weit aus und ließ seine Faust in die Spiegelscheibe krachen. Glasteile fielen herunter, Splitter verletzten ihn, seine Hand fing an zu bluten. Warm rann ihm das Blut über den Arm und tröpfelte zu Boden. Achim legte seinen Mund auf die Wunden und leckte das Blut ab. Dabei wurde sein Gesicht rot verschmiert. Der Spiegel war kaputt. Achim suchte sein Zeug zusammen und kleidete sich an. Er wollte runtergehen und irgendwo seine Leute treffen.

(Zeilennummern: 40, 45, 50, 55, 60, 65, 70)

1. a) Notieren Sie Gedanken und Assoziationen, die Sie mit dem Begriff „Spiegel" verbinden.
   b) Mit welchen Bedeutungsnuancen spielt der Text?
2. Achim sieht im Spiegel erst sein „buntes", dann sein „farbloses Gesicht" (▷ Z. 58 ff.). Schreiben Sie einen ▷ **inneren Monolog**, den er in diesem Moment führt.

▷ S. 146

Gabriele Wohmann

Die Klavierstunde (1966)

Das hatte jetzt alles keine Beziehung zu ihm: die flackernden Sonnenkleckse auf dem Kiesweg, das Zittern des Birkenlaubs; die schläfrige Hitze zwischen den Hauswänden im breiten Schacht der Straße. Er ging da hindurch (es war höchstens eine feindselige Beziehung) mit hartnäckigen kleinen Schritten. Ab und zu blieb er stehen und fand in sich die fürchterliche Möglichkeit, umzukehren, nicht hinzugehen. Sein Mund trocken vor Angst: er könnte wirklich so etwas tun. Er war allein; niemand, der ihn bewachte. Er könnte es tun. Gleichgültig, was daraus entstünde. Er hielt still, sah finster geradeaus und saugte Spucke tief aus der Kehle. Er brauchte nicht hinzugehen, er könnte sich widersetzen. Die eine Stunde möglicher Freiheit wog schwerer als die mögliche Unfreiheit eines ganzen Nachmittags. Erstrebenswert: der ungleiche Tauschhandel; das einzig Erstrebenswerte jetzt in dieser Minute. Er tat so, als bemerke er nichts davon, daß er weiterging, stellte sich über-

Gabriele Wohmann (1995)

rascht, ungläubig. Die Beine trugen ihn fort, und er leugnete vor sich selbst den Befehl ab, der das bewirkte und den er gegeben hatte.

(Zeilennummern: 5, 10, 15, 20, 25)

Gähnend, seufzend, streckte sie die knochigen Arme, ballte die sehr dünnen Hände zu Fäusten; sie lag auf der Chaiselongue[1]. Dann griff die rechte Hand tastend an die Wand,
30 fand den Bilderrahmen, in dem der Stundenplan steckte; holte ihn, hielt ihn vor die tränenden Augen. Owehowehoweh. Die Hand bewahrte den sauber geschriebenen Plan wieder zwischen Bild und Rahmen auf: müde, re-
35 nitent[2] hob sich der Oberkörper von den warmen Kissenmulden. Owehowehoweh. Sie stand auf; empfand leichten Schwindel, hämmernde Leere hinter der faltigen Stirnwand; setzte sich wieder, den nassen Blick starr,
40 freudlos auf das schwarze Klavier gerichtet. Auf einem imaginären Bildschirm hinter den Augen sah sie den Deckel hochklappen, Notenhefte sich voreinanderschieben auf dem Ständer; verschwitzte Knabenfinger drückten
45 fest und gefühllos auf die gelblichen Tasten, die abgegriffenen; erzeugten keinen Ton. Eins zwei drei vier, eins zwei drei vier. Der glitzernde Zeiger des Metronoms pendelte beharrlich und stumm von einer auf die andere Seite sei-
50 nes düsteren Gehäuses. Sie stand auf, löschte das ungerufene Bild. Mit der Handfläche stemmte sie das Gewicht ihres Arms gegen die Stirn und schob die lappige lose Haut in die Höhe bis zum Haaransatz. Owehoweh. Sie
55 entzifferte die verworrene Schrift auf dem Reklameband, das sich durchs Halbdunkel ihres Bewußtseins schob: Kopfschmerzen. Unerträgliche. Ihn wegschicken. Etwas Lebendigkeit kehrte in sie zurück. Im Schlafzimmer
60 fuhr sie mit dem kalten Waschlappen über ihr Gesicht.
Brauchte nicht hinzugehen. Einfach wegbleiben. Die Umgebung wurde vertraut: ein Platz für Aktivität. Er blieb stehen, stellte die schwe-
65 re Mappe mit den Noten zwischen die Beine, die Schuhe klemmten sie fest. Ein Kind rollerte vorbei; die kleinen Räder quietschten; die abstoßende Ledersohle kratzte den Kies. Nicht hingehen, die Mappe loswerden und
70 nicht hingehen. Er wußte, daß er nur die Mappe loszuwerden brauchte. Das glatte warme Holz einer Rollerlenkstange in den Händen haben. Die Mappe ins Gebüsch schleudern und einen Stein in die Hand nehmen oder

75 einen Zweig abreißen und ihn tragen, ein Baumblatt mit den Fingern zerpflücken und den Geruch von Seife wegbekommen.
Sie deckte den einmal gefalteten Waschlappen auf die Stirn und legte den Kopf, auf
80 dem Bettrand saß sie, weit zurück, bog den Hals. Noch mal von vorne. Und eins und zwei und eins. Die schwarze Taste, b, mein Junge. Das hellbeschriftete Reklameband erleuchtete die dämmrigen Bewußtseinskammern: Kopf-
85 schmerzen. Ihn wegschicken. Sie saß ganz still, das nasse Tuch beschwichtigte die Stirn: sie las den hoffnungsweckenden Slogan.
Feucht und hart der Lederhenkel in seiner Hand. Schwer zerrte das Gewicht der Hefte:
90 jede einzelne Note hemmte seine kurzen Vorwärtsbewegungen. Fremde Wirklichkeit der Sonne, die aus den Wolkenflocken zuckte, durch die Laubdächer flackerte, abstrakte Muster auf den Kies warf, zitterndes Gespren-
95 kel. Ein Kind; eine Frau, die bunte Päckchen im tiefhängenden Netz trug; ein Mann auf dem Fahrrad. Er lebte nicht mit ihnen.
Der Lappen hatte sich an der Glut ihrer Stirn erwärmt: und nicht mehr tropfig hörte er auf, wohl zu tun. Sie stellte sich vor den Spiegel,
100 ordnete die grauen Haarfetzen. Im Ohr hämmerte der jetzt auch akustisch wirkende Slogan.
Die Mappe loswerden. Einfach nicht hingehen. Seine Beine trugen ihn langsam, mecha-
105 nisch in die Nähe der efeubekleckesten Villa. Kopfschmerzen, unerträgliche. Sie klappte den schwarzen Deckel hoch; rückte ein verblichenes Foto auf dem Klaviersims zurecht; kratzte mit dem Zeigefingernagel ein trübes
110 Klümpchen unter dem Daumennagel hervor. Hinter dem verschnörkelten Eisengitter gediehen unfarbige leblose Blumen auf winzigen Rondellen, akkuraten Rabatten[3]. Er begriff, daß er sie nie wie wirkliche Pflanzen
115 sehen würde.
Auf den dunklen steifen Stuhl mit dem Lederpolster legte sie das grüne, schwachgemusterte Kissen, das harte, platte. Sah auf dem imaginären Bildschirm die länglichen Dellen, die
120 seine nackten Beine zurückließen.
Einfach nicht hingehen. Das Eisentor öffnete sich mit jammerndem Kreischlaut in den Angeln.

---

1 **Chaiselongue:** Liege mit Kopflehne
2 **renitent:** widerspenstig

3 **Rondell, Rabatte:** rundes Beet, schmales Beet

25 Kopfschmerzen, unerträgliche. Wegschicken. Widerlicher kleiner Kerl.
Die Mappe loswerden, nicht hingehen. Widerliche alte Tante.
Sie strich mit den Fingern über die Stirn. Die
30 Klingel zerriß die Leuchtschrift, übertönte die Lockworte.
„Guten Tag", sagte er. „Guten Tag", sagte sie. Seine (von wem nur gelenkten?) Beine tappten über den dunklen Gang; seine Hand
35 fand den messingnen Türgriff. Sie folgte ihm

und sah die nackten braunen Beine platt und breit werden auf dem grünen Kissen; sah die geschrubbten Hände Hefte aus der Mappe holen, sie auf dem Ständer übereinanderschieben. Schrecken in den Augen, 140 Angst vibrierte im Hals. Sie öffnete das Aufgabenbuch, las: erinnerte mit dem (von wem nur gelöschten?) Bewußtsein. Eins zwei drei vier. Töne erzeugten seine steifen Finger; das Metronom tickte laut und hu- 145 morlos. R

---

1. Charakterisieren Sie die Besonderheiten der Erzählweise (vor allem der Erzählperspektive) des Textes und stellen Sie Ihr Untersuchungsergebnis grafisch dar.
2. Schüler und Lehrerin durchleben jeweils einen inneren Konflikt. Entwerfen Sie Dialoge, die die widerstreitenden Stimmen in den beiden Figuren zum Ausdruck bringen.

Liebe und Partnerschaft

Heinrich Böll

An der Brücke (1949)

Die haben mir meine Beine geflickt und haben mir einen Posten gegeben, wo ich sitzen kann: ich zähle die Leute, die über die neue Brücke gehen. Es macht ihnen ja Spaß, sich ihre
5 Tüchtigkeit mit Zahlen zu belegen, sie berauschen sich an diesem sinnlosen Nichts aus ein paar Ziffern, und den ganzen Tag, den ganzen Tag, geht mein stummer Mund wie ein Uhrwerk, indem ich Nummer auf Nummer häufe,
10 um ihnen abends den Triumph einer Zahl zu schenken. Ihre Gesichter strahlen, wenn ich ihnen das Ergebnis meiner Schicht mitteile, je höher die Zahl, umso mehr strahlen sie, und sie haben Grund, sich befriedigt ins Bett zu le-
15 gen, denn viele Tausende gehen täglich über ihre neue Brücke …
Aber ihre Statistik stimmt nicht. Es tut mir Leid, aber sie stimmt nicht. Ich bin ein unzuverlässiger Mensch, obwohl ich es verstehe,
20 den Eindruck von Biederkeit zu erwecken.
Insgeheim macht es mir Freude, manchmal einen zu unterschlagen und dann wieder, wenn ich Mitleid empfinde, ihnen ein paar zu schenken. Ihr Glück liegt in meiner Hand.
25 Wenn ich wütend bin, wenn ich nichts zu rauchen habe, gebe ich nur den Durchschnitt an, manchmal unter dem Durchschnitt, und wenn mein Herz aufschlägt, wenn ich froh

bin, lasse ich meine Großzügigkeit in einer fünfstelligen Zahl verströmen. Sie sind ja so 30 glücklich! Sie reißen mir förmlich das Ergebnis jedes Mal aus der Hand, und ihre Augen leuchten auf, und sie klopfen mir auf die Schulter. Sie ahnen ja nichts! Und dann fangen sie an zu multiplizieren, zu dividieren, zu 35 prozentualisieren, ich weiß nicht, was. Sie rechnen aus, wie viel heute jede Minute über die Brücke gehen und wie viel in zehn Jahren über die Brücke gegangen sein werden. Sie lieben das zweite Futur, das zweite Futur ist ihre 40 Spezialität – und doch, es tut mir Leid, dass alles nicht stimmt …
Wenn meine kleine Geliebte über die Brücke kommt – und sie kommt zweimal am Tage –, dann bleibt mein Herz einfach stehen. Das uner- 45 müdliche Ticken meines Herzens setzt einfach aus, bis sie in die Allee eingebogen und verschwunden ist. Und alle, die in dieser Zeit passieren, verschweige ich ihnen. Diese zwei Minuten gehören mir, mir ganz allein, und ich 50 lasse sie mir nicht nehmen. Und auch wenn sie abends wieder zurückkommt aus ihrer Eisdiele – ich weiß inzwischen, dass sie in einer Eisdiele arbeitet –, wenn sie auf der anderen Seite des Gehsteiges meinen stummen Mund 55 passiert, der zählen, zählen muss, dann setzt mein Herz wieder aus, und ich fange erst wieder an zu zählen, wenn sie nicht mehr zu sehen ist. Und alle, die das Glück haben, in die-

sen Minuten vor meinen blinden Augen zu de-
filieren, gehen nicht in die Ewigkeit der Statistik ein: Schattenmänner und Schattenfrauen,
nichtige Wesen, die im zweiten Futur der Statistik nicht mitmarschieren werden …
Es ist klar, dass ich sie liebe. Aber sie weiß
nichts davon, und ich möchte auch nicht, dass
sie es erfährt. Sie soll nicht ahnen, auf welche
ungeheure Weise sie alle Berechnungen über
den Haufen wirft, und ahnungslos und un-
schuldig soll sie mit ihren langen braunen
Haaren und den zarten Füßen in ihre Eisdiele
marschieren, und sie soll viel Trinkgeld bekommen. Ich liebe sie. Es ist ganz klar, dass
ich sie liebe.
Neulich haben sie mich kontrolliert. Der
Kumpel, der auf der anderen Seite sitzt und
die Autos zählen muss, hat mich früh genug
gewarnt, und ich habe höllisch aufgepasst. Ich
habe gezählt wie verrückt, ein Kilometer-
zähler kann nicht besser zählen. Der Oberstatistiker selbst hat sich drüben auf die andere
Seite gestellt und hat später das Ergebnis einer
Stunde mit meinem Stundenergebnis verglichen. Ich hatte nur einen weniger als er. Meine kleine Geliebte war vorbeigekommen, und
niemals im Leben werde ich dieses hübsche
Kind ins zweite Futur transponieren lassen,

diese meine kleine Geliebte soll nicht multipliziert und dividiert und in ein prozentuales
Nichts verwandelt werden. Mein Herz hat mir
geblutet, dass ich zählen musste, ohne ihr
nachsehen zu können, und dem Kumpel drüben, der die Autos zählen muss, bin ich sehr
dankbar gewesen. Es ging ja glatt um meine
Existenz.
Der Oberstatistiker hat mir auf die Schulter
geklopft und hat gesagt, dass ich gut bin, zu-
verlässig und treu. „Eins in der Stunde ver-
zählt", hat er gesagt, „macht nicht viel. Wir
zählen sowieso einen gewissen prozentualen
Verschleiß hinzu. Ich werde beantragen, dass
Sie zu den Pferdewagen versetzt werden."
Pferdewagen ist natürlich die Masche. Pferdewagen ist ein Lenz wie nie zuvor. Pferdewagen
gibt es höchstens fünfundzwanzig am Tage,
und alle halbe Stunde einmal in seinem Gehirn die nächste Nummer fallen zu lassen, das
ist ein Lenz!
Pferdewagen wäre herrlich. Zwischen vier
und acht dürfen überhaupt keine Pferdewagen über die Brücke, und ich könnte spazieren
gehen oder in die Eisdiele, könnte sie mir lange anschauen oder sie vielleicht ein Stück
nach Hause bringen, meine kleine ungezählte
Geliebte …

---

1. Die Kurzgeschichte Heinrich Bölls spielt in der Nachkriegszeit. Woran ist das zu erkennen?
2. Erfinden Sie einen Traum des Ich-Erzählers von seiner „kleinen Geliebten". Das könnte z. B. der Traum von
   einer Begegnung in der Eisdiele sein (▷ Z. 112), es kann sich aber auch um einen Alptraum handeln, der
   die Skrupel des Erzählers spiegelt.

Wolfgang Borchert

Das Brot (1946)

Plötzlich wachte sie auf. Es war halb drei.
Sie überlegte, warum sie aufgewacht war.
Ach so! In der Küche hatte jemand gegen
einen Stuhl gestoßen. Sie horchte nach der
Küche. Es war still. Es war zu still, und als
sie mit der Hand über das Bett neben sich
fuhr, fand sie es leer. Das war es, was es so
besonders still gemacht hatte: sein Atem
fehlte. Sie stand auf und tappte durch die
dunkle Wohnung zur Küche. In der Küche
trafen sie sich. Die Uhr war halb drei. Sie sah
etwas Weißes am Küchenschrank stehen.
Sie machte Licht. Sie standen sich im Hemd

gegenüber. Nachts. Um halb drei. In der
Küche.
Auf dem Küchentisch stand der Brotteller. Sie
sah, dass er sich Brot abgeschnitten hatte. Das
Messer lag noch neben dem Teller. Und auf der
Decke lagen Brotkrümel. Wenn sie abends zu
Bett gingen, machte sie immer das Tischtuch
sauber. Jeden Abend. Aber nun lagen Krümel
auf dem Tuch. Und das Messer lag da. Sie fühlte, wie die Kälte der Fliesen langsam an ihr
hochkroch. Und sie sah von dem Teller weg.
„Ich dachte, hier wär was", sagte er und sah in
der Küche umher.
„Ich habe auch was gehört", antwortete sie
und dabei fand sie, dass er nachts im Hemd
doch schon recht alt aussah. So alt wie er war.

30 Dreiundsechzig. Tagsüber sah er manchmal jünger aus. Sie sieht doch schon alt aus, dachte er, im Hemd sieht sie doch ziemlich alt aus. Aber das liegt vielleicht an den Haaren. Bei den Frauen liegt das nachts immer an den 35 Haaren. Die machen dann auf einmal so alt. „Du hättest Schuhe anziehen sollen. So barfuß auf den kalten Fliesen. Du erkältest dich noch."

Sie sah ihn nicht an, weil sie nicht ertragen 40 konnte, dass er log. Dass er log, nachdem sie neununddreißig Jahre verheiratet waren.

„Ich dachte, hier wäre was", sagte er noch einmal und sah wieder so sinnlos von einer Ecke in die andere, „ich hörte hier was. Da dachte 45 ich, hier wäre was."

„Ich hab auch was gehört. Aber es war wohl nichts." Sie stellte den Teller vom Tisch und schnippte die Krümel von der Decke.

„Nein, es war wohl nichts", echote er unsicher. 50 Sie kam ihm zu Hilfe: „Komm man. Das war wohl draußen. Komm man zu Bett. Du erkältest dich noch. Auf den kalten Fliesen."

Er sah zum Fenster hin. „Ja, das muss wohl draußen gewesen sein. Ich dachte, es wäre hier."

55 Sie hob die Hand zum Lichtschalter. Ich muss das Licht jetzt ausmachen, sonst muss ich nach dem Teller sehen, dachte sie. Ich darf doch nicht nach dem Teller sehen. „Komm man", sagte sie und machte das Licht aus, „das 60 war wohl draußen. Die Dachrinne schlägt immer bei Wind gegen die Wand. Es war sicher die Dachrinne. Bei Wind klappert sie immer." Sie tappten sich beide über den dunklen Korridor zum Schlafzimmer. Ihre nackten Füße 65 platschten auf den Fußboden.

„Wind ist ja", meinte er. „Wind war schon die ganze Nacht."

Als sie im Bett lagen, sagte sie: „Ja, Wind war schon die ganze Nacht. Es war wohl die Dachrinne." 70

„Ja, ich dachte, es wäre in der Küche. Es war wohl die Dachrinne." Er sagte das, als ob er schon halb im Schlaf wäre.

Aber sie merkte, wie unecht seine Stimme klang, wenn er log. „Es ist kalt", sagte sie und 75 gähnte leise, „ich krieche unter die Decke. Gute Nacht."

„Nacht", antwortete er und noch: „Ja, kalt ist es schon ganz schön."

Dann war es still. Nach vielen Minuten hörte 80 sie, dass er leise und vorsichtig kaute. Sie atmete absichtlich tief und gleichmäßig, damit er nicht merken sollte, dass sie noch wach war. Aber sein Kauen war so regelmäßig, dass sie davon langsam einschlief. 85

Als er am nächsten Abend nach Hause kam, schob sie ihm vier Scheiben Brot hin. Sonst hatte er immer nur drei essen können.

„Du kannst ruhig vier essen", sagte sie und ging von der Lampe weg. „Ich kann dieses 90 Brot nicht so recht vertragen. Iss du man eine mehr. Ich vertrag es nicht so gut."

Sie sah, wie er sich tief über den Teller beugte. Er sah nicht auf. In diesem Augenblick tat er ihr Leid. 95

„Du kannst doch nicht nur zwei Scheiben essen", sagte er auf seinen Teller.

„Doch. Abends vertrag ich das Brot nicht gut. Iss man. Iss man."

Erst nach einer Weile setzte sie sich unter die 100 Lampe an den Tisch.

---

56 1. Bauen Sie ein ▷ **Standbild** der beiden Figuren, die in der Küche aufeinander treffen. Die Beziehung zwischen den beiden wird zunächst nur durch Gestik, Mimik und Körperhaltung zum Ausdruck gebracht. Dann äußern Beobachter und Darsteller die Gedanken oder Gefühle der Figuren in der Ich-Form.

2. a) Analysieren Sie den Erzählstil Wolfgang Borcherts.

b) Überprüfen Sie, welche der Merkmale einer ▷ **Kurzgeschichte** Borcherts Erzählung aufweist.

Merkmale der Kurzgeschichte

- Äußere Umfangsbegrenzung/Kürze
- Reduktion und Verdichtung des Geschehens auf einen Augenblick, der für die dargestellten Figuren von besonderer Bedeutung ist
- Wiedergabe des inneren Geschehens durch Gedankenzitate, erlebte Rede, inneren Monolog usw.
- Unvermittelter Beginn und offenes Ende
- Alltäglichkeit von Thematik und Sprache
- Sprachliche Technik der Andeutungen, Verweise und Mehrdeutigkeiten

---

3. Stellen Sie sich folgende Situation vor: Das Ehepaar kommt zehn Jahre später – während der Zeit des Wirtschaftswunders – auf den damaligen Vorfall zu sprechen. Gestalten Sie den Dialog im **Rollenspiel.**

Peter Bichsel

San Salvador (1964)

Er hatte sich eine Füllfeder gekauft.
Nachdem er mehrmals seine Unterschrift, dann seine Initialen, seine Adresse, einige Wellenlinien, dann die Adresse seiner Eltern
5 auf ein Blatt gezeichnet hatte, nahm er einen neuen Bogen, faltete ihn sorgfältig und schrieb: „Mir ist es hier zu kalt", dann, „ich gehe nach Südamerika", dann hielt er inne, schraubte die Kappe auf die Feder, betrachtete den Bo-
10 gen und sah, wie die Tinte eintrocknete und dunkel wurde (in der Papeterie garantierte man, dass sie schwarz werde), dann nahm er seine Feder erneut zur Hand und setzte noch großzügig seinen Namen Paul darunter.
15 Dann saß er da.
Später räumte er die Zeitungen vom Tisch, überflog dabei die Kinoinserate, dachte an irgendetwas, schob den Aschenbecher beiseite, zerriss den Zettel mit den Wellenlinien, ent-
20 leerte seine Feder und füllte sie wieder. Für die Kinovorstellung war es jetzt zu spät.
Die Probe des Kirchenchors dauert bis neun Uhr, um halb zehn würde Hildegard zurück sein. Er wartete auf Hildegard. Zu all dem Mu-
25 sik aus dem Radio. Jetzt drehte er das Radio ab. Auf dem Tisch, mitten auf dem Tisch, lag nun der gefaltete Bogen, darauf stand in blauschwarzer Schrift sein Name Paul.
„Mir ist es hier zu kalt", stand auch darauf.
30 Nun würde also Hildegard heimkommen, um halb zehn. Es war jetzt neun Uhr. Sie läse seine Mitteilung, erschräke dabei, glaubte wohl das mit Südamerika nicht, würde dennoch die Hemden im Kasten zählen, etwas müsste ja
35 geschehen sein.
Sie würde in den „Löwen" telefonieren.
Der „Löwe" ist mittwochs geschlossen.
Sie würde lächeln und verzweifeln und sich damit abfinden, vielleicht.
40 Sie würde sich mehrmals die Haare aus dem Gesicht streichen, mit dem Ringfinger der linken Hand beidseitig der Schläfe entlangfahren, dann langsam den Mantel aufknöpfen.
45 Dann saß er da, überlegte, wem er einen Brief schreiben könnte, las die Gebrauchsanweisung für den Füller noch einmal – leicht nach rechts drehen –, las auch den französischen Text, verglich den englischen mit dem deut-
50 schen, sah wieder seinen Zettel, dachte an Palmen, dachte an Hildegard.
Saß da.
Und um halb zehn kam Hildegard und fragte: „Schlafen die Kinder?"
55 Sie strich sich die Haare aus dem Gesicht.

---

1. a) Analysieren Sie die Erzählstruktur des Textes und unterscheiden Sie dabei zwischen innerer und äußerer Handlung.
   b) Der Ehemann versucht in Gedanken das Verhalten seiner Frau zu antizipieren. Wie wird diese Rollenübernahme sprachlich gestaltet?
   c) Erläutern Sie die Bedeutung des Titels.
2. „Mir ist es hier zu kalt, ich gehe nach Südamerika." Formulieren Sie einen Abschiedsbrief an Hildegard.

Der Einzelne und die Gesellschaft

Bertolt Brecht

Maßnahmen gegen die Gewalt

(1930)

Als Herr Keuner, der Denkende, sich in einem Saale vor vielen gegen die Gewalt aussprach, merkte er, wie die Leute vor ihm zurückwichen und weggingen. Er blickte sich um und sah hinter sich stehen – die Gewalt.

„Was sagtest du?" fragte ihn die Gewalt.

„Ich sprach mich für die Gewalt aus", antwortete Herr Keuner.

Als Herr Keuner weggegangen war, fragten ihn seine Schüler nach seinem Rückgrat. Herr Keuner antwortete: „Ich habe kein Rückgrat zum Zerschlagen. Gerade ich muß länger leben als die Gewalt."

Und Herr Keuner erzählte folgende Geschichte:

In die Wohnung des Herrn Egge, der gelernt hatte, nein zu sagen, kam eines Tages in der Zeit der Illegalität ein Agent, der zeigte einen Schein vor, welcher ausgestellt war im Namen derer, die die Stadt beherrschten, und auf dem stand, daß ihm gehören solle jede Wohnung, in die er seinen Fuß setzte; ebenso sollte ihm auch jedes Essen gehören, das er verlange; ebenso sollte ihm auch jeder Mann dienen, den er sähe.

Der Agent setzte sich in einen Stuhl, verlangte Essen, wusch sich, legte sich nieder und fragte mit dem Gesicht zur Wand vor dem Einschlafen: „Wirst du mir dienen?"

Herr Egge deckte ihn mit einer Decke zu, vertrieb die Fliegen, bewachte seinen Schlaf, und wie an diesem Tage gehorchte er ihm sieben Jahre lang. Aber was immer er für ihn tat, eines zu tun hütete er sich wohl: das war, ein Wort zu sagen. Als nun die sieben Jahre herum waren und der Agent dick geworden war vom vielen Essen, Schlafen und Befehlen, starb der Agent. Da wickelte ihn Herr Egge in die verdorbene Decke, schleifte ihn aus dem Haus, wusch das Lager, tünchte die Wände, atmete auf und antwortete: „Nein."

$\boxed{\text{R}}$

---

1. a) Wie verstehen Sie den Titel „Maßnahmen gegen die Gewalt"?
   b) Erläutern Sie die Funktion der Binnenerzählung.
2. Verfassen Sie selbst eine Erzählung zum Thema „Gewalt". Skizzieren Sie zunächst Personen und Handlungszusammenhang. Legen Sie dann die ▷ **Erzählform** fest: Ich-Erzähler, auktoriale, d. h. kommentierende Erzählhaltung, oder personale, d. h. unmittelbare, nicht heraustretende Erzählfigur. ▷ S. 143 ff.

Günter Kunert

Zentralbahnhof (1972)

An einem sonnigen Morgen stößt ein Jemand innerhalb seiner Wohnung auf ein amtliches Schreiben: Es liegt auf dem Frühstückstisch neben der Tasse. Wie es dahin kam, ist ungewiss. Kaum geöffnet, überfällt es den Lesenden mit einer Aufforderung.

Sie haben sich, befiehlt der amtliche Druck auf dem grauen, lappigen Papier, am 5. November des laufenden Jahres morgens acht Uhr in der Herrentoilette des Zentralbahnhofes zwecks Ihrer Hinrichtung einzufinden. Für Sie ist Kabine 18 vorgesehen. Bei Nichtbefolgung dieser Aufforderung kann auf dem Wege der verwaltungsdienstlichen Verordnung eine Bestrafung angeordnet werden. Es empfiehlt sich leichte Bekleidung, um einen reibungslosen Ablauf zu garantieren.

Wenig später taucht der solchermaßen Betroffene verzagt bei seinen Freunden auf. Getränke und Imbiss lehnt er ab, fordert hingegen dringlich Rat, erntet aber nur ernstes und bedeutungsvolles Kopfschütteln. Ein entscheidender Hinweis, ein Hilfsangebot bleibt aus. Heimlich atmet man wohl auf, wenn hinter dem nur noch begrenzt Lebendigen die Tür wieder zufällt, und man fragt sich, ob es nicht schon zu viel gewesen sei, sie ihm überhaupt zu öffnen. Lohnte es denn, wer weiß was alles auf sich zu laden für einen Menschen, von dem in Zukunft so wenig zu erwarten ist? Der nun selber begibt sich zu einem Rechtsanwalt, wo ihm vorgeschlagen wird, eine Eingabe zu machen, den Termin (5. Nov.) aber auf jeden Fall einzuhalten, um Repressalien auszuweichen. Herrentoilette und Zentralbahnhof höre sich doch ganz erträglich und vernünftig an. Nichts werde so heiß gegessen wie gekocht. Hinrichtung? Wahrscheinlich ein Druckfehler. In Wirklichkeit sei „Einrichtung" gemeint. Warum nicht? Durchaus denkbar findet es der Rechtsanwalt, dass man von seinem frisch gebackenen Klienten verlange, er solle sich einrichten. Abwarten. Und vertrauen! Man muss Vertrauen haben! Vertrauen ist das Wichtigste.

Daheim wälzt sich der zur Herrentoilette Beorderte schlaflos über seine durchfeuchteten Laken. Erfüllt von brennendem Neid lauscht er dem unbeschwerten Summen einer Fliege. Die lebt! Die hat keine Sorgen! Was weiß die schon vom Zentralbahnhof?! Man weiß ja selber nichts darüber … Mitten in der Nacht läutet er an der Tür des Nachbarn. Durch das Guckloch glotzt ihn ein Auge an, kurzfristig, ausdruckslos, bis der Klingelnde kapituliert und den Finger vom Klingelknopf löst.

Pünktlich um acht Uhr morgens betritt er am 5. Nov. den Zentralbahnhof, fröstelnd in einem kurzärmeligen Sporthemd und einer Leinenhose, das Leichteste, was er an derartiger Bekleidung besitzt. Hier und da gähnt ein beschäftigungsloser Gepäckträger. Der Boden wird gefegt und immerzu mit einer Flüssigkeit besprengt.

Durch die spiegelnde Leere der Herrentoilette hallt sein einsamer Schritt: Kabine 18 entdeckt er sofort. Er schiebt eine Münze ins Schließwerk der Tür, die aufschwingt, und tritt ein. Wild zuckt in ihm die Gewissheit auf, dass gar nichts passieren wird. Gar nichts! Man will ihn nur einrichten, weiter nichts! Gleich wird es vorüber sein, und er kann wieder nach Hause gehen. Vertrauen! Vertrauen! Eine euphorische Stimmung steigt ihm in die Kehle, lächelnd riegelt er das Schloss zu und setzt sich.

Eine Viertelstunde später kommen zwei Toilettenmänner herein, öffnen mit einem Nachschlüssel Kabine 18 und ziehen den leicht bekleideten Leichnam heraus, um ihn in die rotziegeligen Tiefen des Zentralbahnhofes zu schaffen, von dem jeder wusste, dass ihn weder ein Zug jemals erreicht noch verlassen hatte, obwohl oft über seinem Dach der Rauch angeblicher Lokomotiven hing.

1. Beschreiben Sie, wie die Hauptfigur („ein Jemand") und die Figuren im sozialen Umfeld auf die amtliche Aufforderung reagieren.
2. Analysieren Sie die Darstellung der bürokratischen Welt.
3. Vergleichen Sie Kunerts Geschichte mit dem Anfang von Franz Kafkas Roman „Der Prozess" (▷ S. 139 f.).
4. Nehmen Sie Stellung zu dem folgenden Ausschnitt aus einem Interview mit dem Autor Günter Kunert.

DURZAK: Es gibt Elemente des Grotesken bei Ihnen: Ich denke an diese sehr beunruhigende Geschichte „Zentralbahnhof". Eine Geschichte, die eigentlich auf eine ganz irritierende Weise endet: Der Angeklagte tritt in diese Toilette ein und dann kommt ein harter, fast filmischer Schnitt und dann erscheinen dort die beiden Angestellten und ziehen den Leichnam heraus. Man weiß nicht recht: Ist er exekutiert worden, hat er Selbstmord begangen? Der Leser wird eigentlich zurückgelassen mit diesem offenen Ende.

KUNERT: Die Geschichte geht nicht so offen aus, wie es scheint. Denn der letzte Satz ist, soweit ich mich erinnere – es ist ja der Bahnhof, über dem man immer den Rauch dieser Lokomotive sieht, was eigentlich doch eindeutig auf die Ermordung des Mannes hindeutet –, der letzte Satz heißt ja: Es hängt immer der Rauch der Lokomotiven über dem Bahnhof und nie hat ein Zug den Bahnhof verlassen. Damit ist eine Assoziation gegeben, die eindeutig ist: Es kann kein Selbstmord und auch kein zufälliger Herzinfarkt gewesen sein. Die Geschichte bemüht sich, dauernd Assoziationen hervorzurufen. Assoziationen an real vorhandene Tötungsmechanismen. Also zum Beispiel diese Toilette: Das ist eigentlich schon fast so wie diese Pseudobäder in den Vernichtungslagern. Da sind ja Ähnlichkeiten anvisiert.

DURZAK: Aber die Irritation – ich spreche jetzt ganz subjektiv von meiner Leseerfahrung –, die ist doch sehr stark und das Groteske hat hier eine beunruhigende Wirkung.

KUNERT: Ja. Das ist schön, so soll es ein.

Übersicht zum Umgang mit Kurzprosa

Erster Schritt: Formulierung eines ersten, vorläufigen Textverständnisses

Bereits das erste Lesen eines Textes hinterlässt bestimmte Eindrücke: Man hat eine Vorstellung von den Personen und ihren Beziehungen zueinander, von eventuellen Konflikten und ihren Ursachen, und man kann auch meistens ganz allgemein sagen, ob einem der Text gefallen hat oder nicht. Diese ersten vagen Vorstellungen steuern das Textverständnis; daher ist es ratsam, sie sich bewusst zu machen und stichwortartig zu notieren.

Zweiter Schritt: Textanalyse

Das vorläufige Textverständnis kann durch eine genauere Untersuchung untermauert oder aber korrigiert werden. Man kann einen Erzähltext mit Hilfe der folgenden Fragen analysieren:

- Wer ist **der Erzähler/die Erzählerin** der Geschichte? Handelt es sich um eine **Ich-Erzählung** oder um eine **Er-/Sie-Erzählung?**
- Was ist das **Thema** des Textes und welches sind seine zentralen **Motive?**
- Welche **Figuren** kommen vor und in welcher **Beziehung** stehen sie zueinander?
- Wie sind **Ort, Zeit, Milieu** und **Atmosphäre** der Geschichte gestaltet?
- Was sind die entscheidenden **Handlungen** oder **Ereignisse?** Wie ist der Handlungsablauf?
- Wie ist die Erzählung **aufgebaut?** Gibt es z. B. einen unvermittelten Anfang und ein offenes Ende?
- Wie ist die **Zeitstruktur** der Erzählung beschaffen? Gibt es Rückblenden oder Vorausdeutungen? Wie sind verschiedene Zeitebenen miteinander verbunden, z. B. durch Assoziationen oder durch „Schnitt" wie im Film?
- Aus welcher **Perspektive** wird erzählt?
- Wie wird gesprochene Sprache und wie werden Gedanken einer Person wiedergegeben, z. B. durch direkte oder indirekte Rede, durch inneren Monolog oder erlebte Rede?
- Gibt es Besonderheiten in der **Sprache**, z. B. verschiedene Stilebenen, Metaphern und Vergleiche, Wiederholungen etc.?

Dritter Schritt: Zusammenhängende Darstellung

Wenn man eine zusammenhängende ▷ **schriftliche Interpretation** verfasst, nennt man einleitend Autor/in sowie Titel des untersuchten Textes und fasst dessen Inhalt möglichst knapp zusammen. ▷ S. 460 ff.

Im Hauptteil werden die Ergebnisse der Analyse dargestellt, die man anhand von Textstellen belegt. Dabei versucht man, die einzelnen Befunde in ihren Sinnzusammenhängen zu erklären: Was soll mit der gewählten Erzählperspektive bewirkt werden, welche Funktion haben die Sprachbilder? etc.

Am Schluss kann man eine kurze Bewertung des Textes formulieren. In jedem Fall sollte die schriftliche Interpretation gründlich ▷ überarbeitet werden. ▷ S. 121 ff.

1. Wählen Sie eine der Kurzgeschichten von S. 15–24 aus und interpretieren Sie sie mit Hilfe der Übersicht.
2. Suchen Sie in Erzählsammlungen weitere Kurzgeschichten, die Sie mit Hilfe der Übersicht untersuchen möchten.

1.3 Motivverwandte Parabeln: Die Suche nach der Wahrheit

Lukas

Das Gleichnis vom Sämann
(um 80 n. Chr.)

Als die Leute aus allen Städten zusammen-
strömten und sich viele Menschen um ihn versammelten, erzählte er ihnen dieses Gleichnis: Ein Sämann ging aufs Feld, um seinen
5 Samen auszusäen. Als er säte, fiel ein Teil der
Körner auf den Weg; sie wurden zertreten, und
die Vögel des Himmels fraßen sie. Ein anderer
Teil fiel auf Felsen, und als die Saat aufging,
verdorrte sie, weil es ihr an Feuchtigkeit fehl-
10 te. Wieder ein anderer Teil fiel mitten in die
Dornen, und die Dornen wuchsen zusammen
mit der Saat hoch und erstickten sie. Ein anderer Teil schließlich fiel auf guten Boden, ging
auf und brachte hundertfach Frucht. Als Jesus
15 das gesagt hatte, rief er: Wer Ohren hat zum
Hören, der höre!
Seine Jünger fragten ihn, was das Gleichnis
bedeute. Da sagte er: Euch ist es gegeben, die
Geheimnisse des Reiches Gottes zu erkennen.

Zu den anderen Menschen aber wird nur in 2
Gleichnissen geredet, denn sie sollen sehen
und doch nicht sehen, hören und doch nicht
verstehen.
Das ist der Sinn des Gleichnisses: Der Samen
ist das Wort Gottes. Auf den Weg ist der Samen 2
bei denen gefallen, die das Wort zwar hören,
denen es aber der Teufel dann aus dem Herzen
reißt, damit sie nicht glauben und nicht gerettet werden. Auf den Felsen ist der Samen bei
denen gefallen, die das Wort freudig aufneh- 3
men, wenn sie es hören; aber sie haben keine
Wurzeln: Eine Zeit lang glauben sie, doch in
der Zeit der Prüfung werden sie abtrünnig.
Unter die Dornen ist der Samen bei denen gefallen, die das Wort zwar hören, dann aber 3
weggehen und in den Sorgen, dem Reichtum
und den Genüssen des Lebens ersticken, deren Frucht also nicht reift. Auf guten Boden ist
der Samen bei denen gefallen, die das Wort
mit gutem und aufrichtigem Herzen hören, 4
daran festhalten und durch ihre Ausdauer
Frucht bringen.

1. Erklären Sie am Beispiel des „Gleichnisses vom Sämann" die Parabelstruktur:

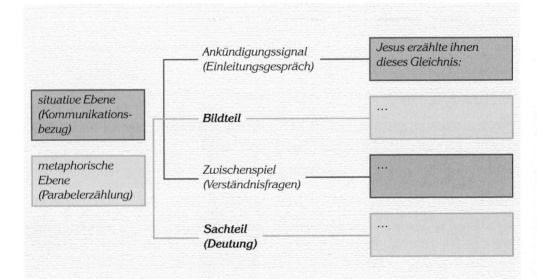

2. Suchen Sie aus dem „Neuen Testament" weitere Gleichnisse und erläutern Sie deren parabolische Struktur.

Die Parabel

Die literarische Gattung der Parabel steht in einer alten Tradition des **veranschaulichenden Erzählens**. Die Suche nach der Wahrheit ist sowohl Anlass der biblischen als auch der philosophischen Gleichnisse der Antike, wie sie z. B. SOKRATES und PLATON erzählen. Das religiöse und philosophische Motiv der Erkenntnissuche führt in der Epoche der Aufklärung (18. Jahrhundert) zu einer Erneuerung der Formen parabolischen Schreibens. GOTTHOLD EPHRAIM LESSING knüpft dabei bewusst an die alttestamentliche Tradition der Gleichniserzählung an (▷ „Die Suche nach der Wahrheit", s. u.). Der Philosoph und Schriftsteller MARTIN BUBER macht zu Beginn des 20. Jahrhunderts die Parabeln und Legenden der Chassidim bekannt, einer zwei Jahrhunderte zuvor entstandenen religiösen Bewegung, die eine Verinnerlichung des jüdischen Glaubens gegenüber einer starren orthodoxen Gesetzestreue anstrebte (▷ „Die fünfzigste Pforte", s. u.). FRANZ KAFKAS Werk wird z. T. aus dieser jüdischen Tradition verstanden. Seine Türhüter-Parabel (▷ „Vor dem Gesetz", S. 28 f.) lässt sich mit den chassidischen Erzählungen verbinden. Kafka hat sich auch in einer Reihe von Texten auf den Schweizer Schriftsteller ROBERT WALSER bezogen und dessen Geschichten umerzählt (▷ „Ovation", „Auf der Galerie", S. 30 f.). BERTOLT BRECHT hat im Exil während der nationalsozialistischen Zeit mit den „Geschichten vom Herrn Keuner" eine Erzählform geschaffen, die am gleichnishaften Beispiel konventionelle Erwartungshorizonte in Frage stellt und den Leser zur Überprüfung seiner Denkgewohnheiten auffordert. Herr Keuner verhält sich stets anders als erwartet (▷ „Maßnahmen gegen die Gewalt", S. 23; „Weise am Weisen ist die Haltung", S. 29). Vorbild der Keuner-Geschichten sind u. a. die Weisheitssprüche der altchinesischen Philosophie. GÜNTER KUNERT, der Brecht und Kafka seine Lehrer nennt, zählt zu den herausragenden parabolischen Erzählern der Gegenwart. Die Erzählung „Das Holzscheit" (S. 29) greift die chassidische Tradition auf.

Die Parabel versteht sich als eine Aufforderung zum Denken. Sie regt den Leser anhand eines bildhaften Beispiels an, einen entsprechenden allgemeinen Sachverhalt zu finden. Im Denkvorgang der Analogie wird der **Bildteil** (metaphorischer Bereich) der Parabel mit dem **Sachteil** (thematischer Bereich, Deutungsebene) verknüpft. Die Suche nach der Wahrheit, d. h. die Erkenntnis des sinnvollen Handelns, ist die wesentliche Intention der Gattung. Der Appellcharakter der Texte wird oft durch eine Einkleidung der Parabelerzählung in eine Gesprächssituation (situative, kommunikative Ebene) unterstützt.

Gotthold Ephraim Lessing
Suche nach der Wahrheit (1778)

Nicht die Wahrheit, in deren Besitz irgendein Mensch ist oder zu sein vermeinet, sondern die aufrichtige Mühe, die er angewandt hat, hinter die Wahrheit zu kommen, macht den
5 Wert des Menschen. Denn nicht durch den Besitz, sondern durch die Nachforschung der Wahrheit erweitern sich seine Kräfte, worin allein seine immer wachsende Vollkommenheit bestehet. Der Besitz macht ruhig, träge,
10 stolz. –
Wenn Gott in seiner Rechten alle Wahrheit und in seiner Linken den einzigen immer regen Trieb nach Wahrheit, obschon mit dem Zusatze, mich immer und ewig zu irren, verschlossen hielte und spräche zu mir: „Wäh- 15
le!", ich fiele ihm mit Demut in seine Linke und sagte: „Vater, gib! die reine Wahrheit ist ja doch nur für dich allein!"

Martin Buber
Die fünfzigste Pforte (1907)

Ein Schüler Rabbi Baruchs hatte, ohne seinem Lehrer davon zu sagen, der Wesenheit Gottes nachgeforscht und war im Gedanken immer weiter vorgedrungen, bis er in ein Wirrsal von Zweifeln geriet und das bisher Gewis- 5
seste ihm unsicher wurde. Als Rabbi Baruch merkte, dass der Jüngling nicht mehr wie gewohnt zu ihm kam, fuhr er nach dessen Stadt,

trat unversehens in seine Stube und sprach ihn an: „Ich weiß, was in deinem Herzen verborgen ist. Du bist durch die fünfzig Pforten der Vernunft gegangen. Man beginnt mit einer Frage, man grübelt, ergrübelt die Antwort, die erste Pforte öffnet sich: in eine neue Frage. Und wieder ergründest du sie, findest ihre Lösung, stößest die zweite Pforte auf – und schaust in eine neue Frage. So fort und fort, so tiefer und tiefer hinein. Bis du die fünfzigste Pforte aufgesprengt hast. Da starrst du die Frage an, die kein Mensch erreicht; denn kennte sie einer, dann gäbe es nicht mehr die Wahl. Vermissest du dich aber, weiter vorzudringen, stürzest du in den Abgrund." – „So müsste ich also den Weg zurück an den Anfang?", rief der Schüler. „Nicht zurück kehrst du", sprach Rabbi Baruch, „wenn du umkehrst; jenseits der letzten Pforte stehst du dann – und stehst im Glauben."

Franz Kafka

Vor dem Gesetz (1914)

Vor dem Gesetz steht ein Türhüter. Zu diesem Türhüter kommt ein Mann vom Lande und bittet um Eintritt in das Gesetz. Aber der Türhüter sagt, dass er ihm jetzt den Eintritt nicht gewähren könne. Der Mann überlegt und fragt dann, ob er also später werde eintreten dürfen. „Es ist möglich", sagt der Türhüter, „jetzt aber nicht." Da das Tor zum Gesetz offen steht wie immer und der Türhüter beiseite tritt, bückt sich der Mann, um durch das Tor in das Innere zu sehn. Als der Türhüter das merkt, lacht er und sagt: „Wenn es dich so lockt, versuche es doch, trotz meines Verbotes hineinzugehn. Merke aber: Ich bin mächtig. Und ich bin nur der unterste Türhüter. Von Saal zu Saal stehn aber Türhüter, einer mächtiger als der andere. Schon den Anblick des dritten kann nicht einmal ich mehr ertragen." Solche Schwierigkeiten hat der Mann vom Lande nicht erwartet; das Gesetz soll doch jedem und immer zugänglich sein, denkt er, aber als er jetzt den Türhüter in seinem Pelzmantel genauer ansieht, seine große Spitznase, den langen, dünnen, schwarzen tatarischen Bart, entschließt er sich doch, lieber zu warten, bis er die Erlaubnis zum Eintritt bekommt. Der Türhüter gibt ihm einen Schemel und lässt ihn seitwärts von der Tür sich niedersetzen. Dort sitzt er Tage und Jahre. Er macht viele Versuche, eingelassen zu werden, und ermüdet den Türhüter durch seine Bitten. Der Türhüter stellt öfters kleine Verhöre mit ihm an, fragt ihn über seine Heimat aus und nach vielem andern, es sind aber teilnahmslose Fragen, wie sie große Herren stellen, und zum Schlusse sagt er ihm immer wieder, dass er ihn noch nicht einlassen könne. Der Mann, der sich für seine Reise mit vielem ausgerüstet hat, verwendet alles, und sei es noch so wertvoll, um den Türhüter zu bestechen. Dieser nimmt zwar alles an, aber sagt dabei: „Ich nehme es nur an, damit du nicht glaubst, etwas versäumt zu haben." Während der vielen Jahre beobachtet der Mann den Türhüter fast ununterbrochen. Er vergisst die andern Türhüter, und dieser erste scheint ihm das einzige Hindernis für den Eintritt in das Gesetz. Er verflucht den unglücklichen Zufall, in den ersten Jahren rücksichtslos und laut, später, als er alt wird, brummt er nur noch vor sich hin. Er wird kindisch, und da er in dem jahrelangen Studium des Türhüters auch die Flöhe in seinem Pelzkragen erkannt hat, bittet er auch die Flöhe, ihm zu helfen und den Türhüter umzustimmen. Schließlich wird sein Augenlicht schwach, und er weiß nicht, ob es um ihn wirklich dunkler wird oder ob ihn nur seine Augen täuschen. Wohl aber erkennt er jetzt im Dunkel einen Glanz, der unverlöschlich aus der Türe des Gesetzes bricht. Nun lebt er nicht mehr lange. Vor seinem Tode sammeln sich in seinem Kopfe alle Erfahrungen der ganzen Zeit zu einer Frage, die er bisher an den Türhüter noch nicht gestellt hat. Er winkt ihm zu, da er seinen erstarrenden Körper nicht mehr aufrichten kann. Der Türhüter muss sich tief zu ihm hinunterneigen, denn der Größenunterschied hat sich sehr zu Ungunsten des Mannes verändert. „Was willst du denn jetzt noch wissen?", fragt der Türhüter, „du bist unersättlich." – „Alle streben doch nach dem Gesetz", sagt der Mann, „wieso kommt es, dass in den vielen Jahren niemand außer mir Einlass verlangt hat?" Der Türhüter erkennt, dass der Mann schon an seinem Ende ist, und um sein vergehendes Gehör noch zu erreichen, brüllt er ihn an: „Hier konnte niemand sonst Einlass erhalten, denn dieser Eingang war nur für dich bestimmt. Ich gehe jetzt und schließe ihn."

Bertolt Brecht

Weise am Weisen ist die Haltung
(1930)

Zu Herrn K. kam ein Philosophieprofessor und erzählte ihm von seiner Weisheit. Nach einer Weile sagte Herr K. zu ihm: „Du sitzt unbequem, du redest unbequem, du denkst unbequem." Der Philosophieprofessor wurde zornig und sagte: „Nicht über mich wollte ich etwas wissen, sondern über den Inhalt dessen, was ich sagte." – „Es hat keinen Inhalt", sagte Herr K. „Ich sehe dich täppisch gehen, und es ist kein Ziel, das du, während ich dich gehen sehe, erreichst. Du redest dunkel, und es ist keine Helle, die du während des Redens schaffst. Sehend deine Haltung, interessiert mich dein Ziel nicht." ⓡ

Günter Kunert

Das Holzscheit (1972)

Auf der Wanderung in eine entfernte Provinz und vom Abend überrascht, klopfte der greise Baalschem[1] an die Tür einer Hütte am Fluss. Freundlich nahmen ihn die Inwohner für die Nacht auf, ihm das wenige aufdrängend, das sie besaßen. Sie forschten ihn aus, während er aß, und als sie seinen Namen hörten, verneig-

---

1 **Baalschem:** hebr. „Inhaber des (guten) Namens", Beiname des jüdischen Mystikers Rabbi Israel Ben Elieser (1699–1760), Stifter des Chassidismus (▷ S. 27)

ten sie sich ehrfürchtig, denn von seiner Weisheit hatten auch sie schon gehört. Sie flüsterten sich Mut zu, und nachdem der Baalschem die karge Mahlzeit beendet und für diese wie für das Bett zahlen wollte, wiesen sie sein Geld ab, äußerten aber eine Bitte: Was Wahrheit sei, möge er ihnen sagen. Der Baalschem ergriff ein Scheit, das vor der Feuerstelle lag, und sagte: „Gestern war es ein Baum, heute ist es ein Stück Holz und morgen wird es Asche sein. Das ist die Wahrheit."

Damit warf er das Scheit in die Flammen, und unter dem Rost kratzte er bereits erkaltete Asche vor, die er dem Frager hinhielt, der sich scheute, den schwarzpulvrigen Staub anzunehmen.

„Das ist die Wahrheit von gestern", sprach der Alte und ließ die Asche fallen, „keiner kann was damit anfangen, und jeder fürchtet, sich daran zu beschmutzen. Und eine Lüge ist, wenn ich behaupte, die Asche sei gutes Holz und brauchbar."

Einer schüttelte den Kopf:

„Man merkt doch die Lüge, wenn man die Asche erneut in den Herd legt. Sie brennt ja nicht mehr."

Der Baalschem lächelte nicht.

„Du irrst", sagte er, „der Fehler liegt bei dir: Du kannst sie nur nicht entzünden!"

„Aber das kann keiner", rief der andere aus. Der jetzt und milde lächelnde Baalschem erwiderte:

„Das, mein Freund, ist die Wahrheit von morgen."

---

1. Verschaffen Sie sich einen Überblick über die vorliegenden Parabeln (▷ S. 27–29). Analysieren Sie in Kleingruppen jeweils einen Text unter folgenden Aspekten:
   - Welche inhaltlichen Gesichtspunkte werden besonders hervorgehoben?
   - Klären Sie die Parabelstruktur.
   - Welche erzählerischen und sprachlichen Mittel werden verwendet?
   - Formulieren Sie die Aussageabsicht des Textes.
   - Klären Sie ansatzweise den literaturgeschichtlichen Hintergrund.
   - Vergleichen Sie Ihren Schwerpunkttext mit den übrigen Parabeln im Hinblick auf Unterschiede und Gemeinsamkeiten.
2. Überlegen Sie für die Vorstellung der Arbeitsergebnisse eine möglichst anschauliche Präsentationsform, z. B. Folie, Plakat oder Tafelskizze.
3. Verfassen Sie in der Tradition der vorliegenden Parabeln selbst einen Text zum Thema „Suche nach Sinn und Wahrheit".

Robert Walser
Ovation (1912)

Stelle dir, lieber Leser, vor, wie schön, wie zauberhaft das ist, wenn eine Schauspielerin, Sängerin oder Tänzerin durch ihr Können und durch die Wirkung desselben ein ganzes Theaterpublikum zu stürmischem Jubel hinreißt, dass alle Hände in Bewegung gesetzt werden und der schönste Beifall durch das Haus braust. Stelle dir vor, dass du selber mit hingerissen seiest, der Glanzleistung deine Huldigung darzubringen. Von der umdunkelten, dicht bevölkerten Galerie herab hallen, Hagelschauern ähnlich, Beifallskundgebungen herab, und gleich dem rieselnden Regen regnet es Blumen über die Köpfe der Leute auf die Bühne, von denen einige von der Künstlerin aufgehoben und, glücklich lächelnd, an die Lippen gedrückt werden. Die beglückte, vom Beifall wie von einer Wolke in die Höhe gehobene Künstlerin wirft dem Publikum, als wenn es ein kleines, liebes, artiges Kind sei, Kusshand und Dankesgeste zu, und das große und doch kleine Kind freut sich über diese süße Gebärde, wie eben nur immer Kinder sich freuen können. Das Rauschen bricht bald in Toben aus, welches sich wieder ein wenig zur Ruhe legt, um gleich darauf von neuem wieder auszubrechen. Stelle dir die goldene, wenn nicht diamantene Jubelstimmung vor, die wie ein sichtbarer göttlicher Nebelhauch den Raum erfüllt. Kränze werden geworfen, Buketts; und ein schwärmerischer Baron ist vielleicht da, der ganz dicht am Rand der Bühne steht, den Schwärmerkopf bei der Künstlerin kleinen, kostbaren Füßen. Nun, und dieser adlige Begeisterungsfähige legt vielleicht dem umschwärmten und umjubelten Kinde eine Tausendmarknote unter das bestrickende Füßchen. „Du Einfaltspinsel, der du bist, behalte du doch deine Reichtümer!" Mit solchem Wort bückt sich das Mädchen, nimmt die Banknote und wirft sie verächtlich lächelnd dem Geber wieder zurück, den die Scham beinahe erdrückt. Stelle dir das und andres recht lebhaft vor, unter anderm die Klänge des Orchesters, lieber Leser, und du wirst gestehen müssen, dass eine Ovation etwas Herrliches ist. Die Wangen glühen, die Augen leuchten, die Herzen zittern, und die Seelen fliegen in süßer Freiheit, als Duft, im Zuschauerraum umher,

und immer wieder muss der Vorhangmann fleißig den Vorhang hinaufziehen und herunterfallen lassen, und immer wieder muss sie hervortreten, die Frau, die es verstanden hat, das ganze Haus im Sturm für sich zu gewinnen. Endlich tritt Stille ein, und das Stück kann zu Ende gespielt werden.

Franz Kafka
Auf der Galerie (1917)

Wenn irgendeine hinfällige, lungensüchtige Kunstreiterin in der Manege auf schwankendem Pferd vor einem unermüdlichen Publikum vom peitschenschwingenden erbarmungslosen Chef monatelang ohne Unterbrechung im Kreise rundum getrieben würde, auf dem Pferde schwirrend, Küsse werfend, in der Taille sich wiegend, und wenn dieses Spiel unter dem nicht aussetzenden Brausen des Orchesters und der Ventilatoren in die immerfort weiter sich öffnende graue Zukunft sich fortsetzte, begleitet vom vergehenden und neu anschwellenden Beifallsklatschen der Hände, die eigentlich Dampfhämmer sind – vielleicht eilte dann ein junger Galeriebesucher die lange Treppe durch alle Ränge hinab, stürzte in die Manege, riefe das: Halt! durch die Fanfaren des immer sich anpassenden Orchesters.

Da es aber nicht so ist; eine schöne Dame, weiß und rot, hereinfliegt, zwischen den Vorhängen, welche die stolzen Livrierten vor ihr öffnen; der Direktor, hingebungsvoll ihre Augen suchend, in Tierhaltung ihr entgegenatmet; vorsorglich sie auf den Apfelschimmel hebt, als wäre sie seine über alles geliebte Enkelin, die sich auf gefährliche Fahrt begibt; sich nicht entschließen kann, das Peitschenzeichen zu geben; schließlich in Selbstüberwindung es knallend gibt; neben dem Pferde mit offenem Munde einherläuft; die Sprünge der Reiterin scharfen Blickes verfolgt; ihre Kunstfertigkeit kaum begreifen kann; mit englischen Ausrufen zu warnen versucht; die reifenhaltenden Reitknechte wütend zu peinlichster Achtsamkeit ermahnt; vor dem großen Saltomortale das Orchester mit aufgehobenen Händen beschwört, es möge schweigen; schließlich die Kleine vom zitternden Pferde hebt, auf beide Backen küsst und keine

Huldigung des Publikums für genügend erachtet; während sie selbst, von ihm

45 gestützt, hoch auf den Fußspitzen, vom Staub umweht, mit ausgebreiteten Armen, zurückgelehn-

50 tem Köpfchen ihr Glück mit dem ganzen Zirkus teilen will – da dies so ist, legt der Galeriebesu-

55 cher das Gesicht auf die Brüstung und, im Schlussmarsch wie in einem schweren Traum versinkend,

60 weint er, ohne es zu wissen.

Georges Seurat: Der Zirkus (1891)

1. Franz Kafka kannte die Prosaskizze „Ovation" des von ihm sehr geschätzten Autors Robert Walser. Vergleichen Sie die beiden Texte im Hinblick auf Unterschiede und Gemeinsamkeiten.
2. a) Seurat ist ein bedeutender Maler des Neo-Impressionismus. Informieren Sie sich über diese Stilrichtung.
   b) Beschreiben und erklären Sie das Bild Seurats im Hinblick auf Komposition, Perspektivik, Farbnuancen und Thematik.
   c) Kafka hat das Bild Seurats möglicherweise in Paris gesehen. Lässt sich Kafkas Parabel als sprachliches Gegenstück zu Seurats Gemälde lesen?
3. Verfassen Sie eine schriftliche ▷ **Erörterung** zu der folgenden These des Literaturwissenschaftlers Walter ▷ S. 490 ff. Höllerer:
   „Vergleicht man das Prosastück von Robert Walser ‚Ovation' mit dem daran angelehnten von Franz Kafka ‚Auf der Galerie', so erkennt man, wie Kafka das Konzept von Walser weiterdachte und weiterdrehte. Was bei Walser schon in der Art von Chiffren sich ankündigt, aber noch in der Sphäre des einen, bestimmten Augenblicks, der spielerischen Impression bleibt, das überführt Franz Kafka vollends in die Fremdartigkeit und zugleich in die Allgemeingültigkeit der Parabel: Ein Teilaspekt steht für das Ganze des Weltkarussells. Schwerlich wäre ihm das so vollständig ohne den Vorgang Walsers gelungen."

Gibt es die „richtige" Interpretation?

Franz Kafka

Der Nachbar (1917)

Mein Geschäft ruht ganz auf meinen Schultern. Zwei Fräulein mit Schreibmaschinen und Geschäftsbüchern im Vorzimmer, mein Zimmer mit Schreibtisch, Kasse, Beratungs-
5 tisch, Klubsessel und Telefon, das ist mein ganzer Arbeitsapparat. So einfach zu überblicken, so leicht zu führen. Ich bin ganz jung und die Geschäfte rollen vor mir her. Ich klage nicht, ich klage nicht.
10 Seit Neujahr hat ein junger Mann die kleine, leer stehende Nebenwohnung, die ich ungeschicktcrwcisc so lange zu mieten gezögert habe, frischweg gemietet. Auch ein Zimmer mit Vorzimmer, außerdem aber noch eine Kü-
15 che. – Zimmer und Vorzimmer hätte ich wohl brauchen können – meine zwei Fräulein fühlten sich schon manchmal überlastet –, aber wozu hätte mir die Küche gedient? Dieses kleinliche Bedenken war daran schuld, dass
20 ich mir die Wohnung habe nehmen lassen. Nun sitzt dort dieser junge Mann. Harras heißt er. Was er dort eigentlich macht, weiß ich nicht. Auf der Tür steht: „Harras, Bureau". Ich habe Erkundigungen eingezogen, man hat
25 mir mitgeteilt, es sei ein Geschäft ähnlich dem meinigen. Vor Kreditgewährung könne man nicht geradezu warnen, denn es handle sich doch um einen jungen, aufstrebenden Mann, dessen Sache vielleicht Zukunft habe, doch
30 könne man zum Kredit nicht geradezu raten, denn gegenwärtig sei allem Anschein nach kein Vermögen vorhanden. Die übliche Auskunft, die man gibt, wenn man nichts weiß.
Manchmal treffe ich Harras auf der Treppe, er
35 muss es immer außerordentlich eilig haben, er huscht förmlich an mir vorbei. Genau gesehen habe ich ihn noch gar nicht, den Büroschlüssel hat er schon vorbereitet in der Hand. Im Augenblick hat er die Tür geöffnet. Wie der
40 Schwanz einer Ratte ist er hineingeglitten und ich stehe wieder vor der Tafel „Harras, Bureau", die ich schon viel öfter gelesen habe, als sie es verdient.

Die elend dünnen Wände, die den ehrlich tätigen Mann verraten, den Unehrlichen aber de-
45 cken. Mein Telefon ist an der Zimmerwand angebracht, die mich von meinem Nachbar trennt. Doch hebe ich das bloß als besonders ironische Tatsache hervor. Selbst wenn es an der entgegengesetzten Wand hinge, würde
50 man in der Nebenwohnung alles hören. Ich habe mir abgewöhnt, den Namen der Kunden beim Telefon zu nennen. Aber es gehört natürlich nicht viel Schlauheit dazu, aus charakteristischen, aber unvermeidlichen Wendun-
55 gen des Gesprächs die Namen zu erraten. – Manchmal umtanze ich, die Hörmuschel am Ohr, von Unruhe gestachelt, auf den Fußspitzen den Apparat und kann es doch nicht verhüten, dass Geheimnisse preisgegeben wer-
60 den.
Natürlich werden dadurch meine geschäftlichen Entscheidungen unsicher, meine Stimme zittrig. Was macht Harras, während ich telefoniere? Wollte ich sehr übertreiben – aber
65 das muss man oft, um sich Klarheit zu verschaffen –, so könnte ich sagen: Harras braucht kein Telefon, er benutzt meines, er hat sein Kanapee an dic Wand gcrückt und horcht, ich dagegen muss, wenn geläutet wird,
70 zum Telefon laufen, die Wünsche des Kunden entgegennehmen, schwerwiegende Entschlüsse fassen, groß angelegte Überredungen ausführen – vor allem aber während des Ganzen unwillkürlich durch die Zimmerwand Harras
75 Bericht erstatten.
Vielleicht wartet er gar nicht das Ende des Gesprächs ab, sondern erhebt sich nach der Gesprächsstelle, die ihn über den Fall genügend aufgeklärt hat, huscht nach seiner Gewohn-
80 heit durch die Stadt und, ehe ich die Hörmuschel aufgehängt habe, ist er vielleicht schon daran, mir entgegenzuarbeiten.

1. Beschreiben Sie die Assoziationen, die der Titel der Erzählung auslöst. Vergleichen Sie diese Assoziationen mit der Bedeutung des Wortes „Nachbar", die sich im Laufe der Lektüre einstellt.
2. Skizzieren Sie mit Hilfe der Übersicht auf S. 25 eine Interpretation des Textes. Gehen Sie besonders auf die Thematik, die Erzählperspektive und die sprachliche Gestaltung ein.
3. Vergleichen Sie Ihre Interpretationsergebnisse mit der folgenden Interpretation einer Schülerin.

In Kafkas Erzählung „Der Nachbar" geht es um die Geschichte eines jungen, dynamischen Geschäftsmanns, dessen Fassade der Selbstsicherheit durch ein alltägliches Ereignis zerstört wird. Auf den ersten Blick scheint es sich um einen sachlichen Bericht zu handeln, der durchaus unserer eigenen Erlebniswelt entstammen könnte. Bei näherer Betrachtung zeigt sich jedoch, dass hinter der einfachen sprachlichen Darstellung des Ich-Erzählers eine eigentümlich fremdartige Welt sichtbar wird. Zu fragen ist, durch welche erzählerischen Mittel beim Leser eine derart zwiespältige Wirkung entstehen kann.

Was geschieht? Ein junger Geschäftsmann lebt in einer unkomplizierten, abgeschlossenen Welt, die „so einfach zu überblicken" (Z. 6 f.) ist. Er ist ungefährdet von Konkurrenz und unabhängig von einem möglichen Teilhaber. Da bezieht ein anderer Geschäftsmann die leer stehenden Nebenräume. Sofort empfindet der Erzähler dies als einen Einbruch in seine Welt. Warum hat er sich nicht abgesichert gegen diese Störung und die Nebenräume selbst gemietet! Es kommt zu keinem Gespräch mit dem „Nachbarn", sondern er zieht Erkundigungen ein und sieht seine Befürchtungen bestätigt: „… ein Geschäft ähnlich dem meinigen" (Z. 25 f.). Das Benehmen des anderen empfindet er als schattenhaft. Er verdächtigt ihn böswilliger Absichten, was durch die „elend dünnen" (Z. 44) Wände noch begünstigt wird. Er ist der „ehrlich tätige Mann", der andere der „Unehrliche" (Z. 44 f.). Er glaubt, dass der andere sich seine Geschäftsverbindungen zu Nutze macht, um ihm „entgegenzuarbeiten" (Z. 83). Gewiss, das unerhörte Ausmaß seiner Verdächtigungen wird abgeschwächt, indem er sie als übertrieben bezeichnet. Doch sein Misstrauen verliert dadurch nichts von seiner Krassheit, denn er übertreibt nur, „um sich Klarheit zu verschaffen" (Z. 66 f.). Er erreicht aber keine Klarheit, sondern im Gegenteil eine wahnhafte Steigerung seiner Vorstellungen ins Groteske.

Der Erzählvorgang orientiert sich in seinem Aufbau streng an der unmittelbar wirkenden Perspektive des Ich-Erzählers, die gegen Einflüsse von außen völlig abgeschirmt ist. Aus der vermeintlichen Selbstsicherheit des einleitenden Berichts entwickelt sich ein fortschreitender Prozess der Verunsicherung, der sich abschließend bis zur Auflösung der Person steigert.

Der Erzähler stellt sich zunächst in übertriebenem Maße positiv dar, doch erweisen sich seine sprachlichen Äußerungen bei genauer Betrachtung als rhetorische Floskeln, die den Normen und Klischees der Geschäftswelt entsprechen. Der kurze, unverbundene Satzbau erinnert an den protokollarisch knappen Stil eines Geschäftsberichts. Die wiederholten Beteuerungen („So einfach zu überblicken, so leicht zu führen … Ich klage nicht, ich klage nicht", Z. 4 ff.) lassen erste Zweifel an seiner Überlegenheit aufkommen.

Der Erzähler erklärt das plötzliche Auftreten des Nachbarn damit, dass er es versäumt hat, die leer stehende Nebenwohnung selbst zu mieten. Merkwürdig erscheint dabei seine Behauptung, dass ihn die nicht nutzbare Küche an diesem Schritt gehindert habe (vgl. Z. 17 ff.). Offensichtlich ist er nicht in der Lage, Bereiche in seine Pläne aufzunehmen, die sich einer ökonomischen Verwertbarkeit entziehen. Die Küche erscheint somit – im Kontrast zu den reinen Geschäftszimmern – als Raum der Geselligkeit. Solche Überlegungen lassen vermuten, dass das Verhältnis des Geschäftsmanns zu seinen Mitarbeiterinnen und darüber hinaus zu seinen Mitmenschen gestört ist.

Die Unfähigkeit, angemessen zu kommunizieren, führt zu einer verzerrten Wahrnehmung der Wirklichkeit. Dies zeigt sich z. B. in der seltsamen Tiermetaphorik: „Wie der Schwanz einer Ratte ist er hineingeglitten …" (Z. 39 f.), „… er huscht förmlich an mir vorbei" (Z. 35 f.). Ähnlich wird das Telefon nicht etwa als Mittel der Verständigung gesehen, sondern als Abhörinstrument. Informationen über den anderen werden nicht durch persönliche Gespräche gewonnen, sondern durch anonyme Agenturen. Die ausschließliche Steuerung des Verhaltens und der Wahrnehmung durch das Gesetz des geschäftlichen Handelns führt dazu, dass der Ich-Erzähler nicht in der Lage ist, ursprüngliche menschliche Bindungen einzugehen. Die Entfremdung äußert sich in neurotischen Störungen.

Die totale Einsamkeit, die sich aus der Ich-Verkrampfung ergibt, lässt sich mit dem Lebensgefühl Kafkas in Beziehung setzen. Eine Analyse von Kafkas „Brief an den Vater" legt nahe,

dass der Autor in der vorliegenden Erzählung eine Rechtfertigung für sein eigenes Leben zu
105 *geben versucht. Es hat den Anschein, als ob er sich mit dem Erzähler identifiziert und demonstrieren will, dass er zur Führung eines Geschäftes ungeeignet ist. Gerade dies hatte ihm sein Vater immer vermittelt. Der Vater dagegen ver-*
110 *körpert in Kafkas Leben den Typus des erfolgreichen Geschäftsmannes.*
Der Hintergrund für den in der Erzählung dargestellten ökonomischen Konkurrenzkampf ist

in der historisch-gesellschaftlichen Wirklich- 115 *keit Prags zu Beginn dieses Jahrhunderts zu sehen. Als Mitarbeiter einer großen Versicherung kannte und erlebte Kafka die unmenschlichen Strukturen der damaligen Arbeitswelt. Es fragt sich, ob die in der vorliegenden Parabel ange-* 120 *sprochenen Probleme bis heute viel von ihrer Aktualität verloren haben.*

Kerstin Maaß, Stufe 11

Martin Walser
Die Subjektivität des Verstehens

Als ich, um meine Mutter nicht zu enttäuschen, eine Dissertation[1] schreiben sollte, blieb nichts anderes übrig, als über den Autor zu schreiben, der mich während meiner Stu-
5 dentenjahre gehindert hatte, andere Autoren wirklich zu lesen: Franz Kafka. Aber als ich über ihn etwas schreiben wollte, stellte sich heraus, dass ich ihn nicht verstanden hatte. Obwohl ich die drei Romane und die Erzäh-
10 lungen zwei-, drei-, viermal gelesen hatte, hätte ich nicht aufschreiben können, was die „Strafkolonie" bedeute. Die „Verwandlung" interpretieren, das hieß für mich damals: aussagen, ja beweisen, was ein Literaturwerk
15 unter allen Umständen bedeutet. Man war erzogen worden zum Glauben, in einem Literaturwerk sei eine Bedeutung sozusagen verborgen. Die müsse man herausbringen. Inzwischen bin ich Adressat von Schüler-
20 post und erfahre so, dass im Deutschunterricht Schülerinnen und Schüler darin geübt werden, die Bedeutung von Büchern zu entdecken, die ich geschrieben habe. Der Lehrer weiß offenbar die Bedeutung, darf sie aber

den Schülern nicht sagen. Ich weiß, meinen 25 die Schüler, die Bedeutung. Findige Schülerinnen oder Schüler rufen mich abends an oder schreiben mir und fragen: Wie haben Sie das und das gemeint? Stimmt es wirklich, wie der Lehrer sagt, dass der Name 30 Klaus Buch ein sprechender Name ist, in dem sich die Bedeutung „Klau das Buch" verbirgt? und so weiter. Ich antworte dann, dass es nach meiner Erfahrung im Umgang mit Literatur keine privilegierte[2] Bedeu- 35 tungsschöpfung gebe, dass vielmehr jede Leserin und jeder Leser ein Naturrecht auf die eigene Empfindung und Leseerfahrung habe. Lehrern gegenüber füge ich hinzu: Noten könne man ja nicht nur danach ge- 40 ben, wie nah der Schüler der vom Lehrer gehüteten Bedeutung komme, sondern auch danach, wie eine Schülerin und ein Schüler ihre eigene Leseerfahrung zu vermitteln im Stande seien. Auch dass Schülerinnen und 45 Schüler mit einem Text gar nichts anfangen können, sage ich dann dazu, sei darstellens- und begründenswert und trainiere mindestens so sehr wie das Suchen und Finden und Darstellen der offenbar ostereihaft versteck- 50 ten Bedeutung.

1 **Dissertation:** wissenschaftliche Abhandlung zur Erlangung des Doktortitels

2 **privilegiert:** mit einem Vorrecht versehen

1. Formulieren Sie thesenartig Walsers Position zur Deutung literarischer Texte.
2. Entwickeln Sie Gegenthesen zu Walsers Interpretationsverständnis und organisieren Sie zur Schärfung der Positionen ein Streitgespräch „Pro und Kontra".

Theorie des Verstehens

Die interpretierenden Leserinnen und Leser setzen sich mit der Frage nach dem Sinn eines Textes auseinander. Dieser Sachverhalt ist der Ausgangspunkt einer jeden Theorie des Ver-
5 stehens. Die **Hermeneutik** als Lehre des Verstehens untersucht, wie die Leser/innen den Text als einen einheitlichen Bedeutungszusammenhang verstehen und wie sich im Bezug zu ihrer Wirklichkeitserfahrung der aktu-
10 elle und geschichtlich vermittelte Sinn des Textes konkretisiert.

Denen, die glauben, ganz auf theoretische Überlegungen verzichten zu können, lässt sich mit dem englischen Literaturwissen-
15 schaftler Terry Eagleton entgegenhalten, „dass wir ohne irgendeine Art von Theorie, wie unreflektiert und unbewusst sie auch immer sein mag, gar nicht erst wüssten, was überhaupt ein ‚literarisches Werk‘ ist oder wie
20 wir es lesen sollen. Eine feindselige Einstellung der Theorie gegenüber bedeutet normalerweise eine Ablehnung der Theorien anderer und ein Übersehen der eigenen".

Das **hermeneutische Dreieck** zwischen Au-
25 tor/in, Text und Leser/in liefert, geschichtlich wie systematisch gesehen, einen ersten Anhaltspunkt für die verschiedenen methodischen Vorgehensweisen beim Textverstehen. Die Frage nach der **Intention** (Absicht) eines
30 Autors ist leitender Untersuchungsaspekt der traditionellen Hermeneutik des 19. Jahrhunderts, so vor allem bei FRIEDRICH SCHLEIERMACHER (1768–1834) und WILHELM DILTHEY (1833–1911).
35 Für die Abhängigkeit eines Autors und seines literarischen Schaffens von der konkreten gesellschaftlichen Wirklichkeit interessieren sich die marxistischen Literaturkritiker. Die marxistische Literaturtheorie ist zugleich
40 Wegbereiterin der **soziologischen** Interpretationsmethoden.

Zu Beginn des 20. Jahrhunderts entwickelt sich eine wegweisende Methode des Verstehens, die ihre Fragen ausschließlich auf den
45 Text als eine von geschichtlichen und subjektiven Bedingungen unabhängige, eigenständige Struktur richtet. Das sprachliche Phänomen rückt damit in den Vordergrund der Untersuchung. Die beiden wichtigsten Schu-
50 len dieser Untersuchungsmethode sind der **Strukturalismus** (mit den Zentren Moskau, Prag, Paris) und die **phänomenologische** bzw. **werkimmanente** Schule der deutschen Germanistik nach dem Zweiten Weltkrieg.

55 Im Anschluss an JEAN-PAUL SARTRES (1905 bis 1980) These „Lesen ist gelenktes Schaffen" plädiert die **rezeptionsorientierte** Interpretationsmethode für eine Untersuchung der Leserreaktionen auf einen Text.

60 Eine Renaissance der hermeneutischen Literaturbetrachtung hat der Philosoph HANS-GEORG GADAMER (1900–2002) mit seinem 1959 herausgegebenen Buch „Wahrheit und Methode" hervorgerufen. Die alte umfassen-
65 de Fragestellung der Hermeneutik rückt wieder in den Vordergrund einer Theorie des Verstehens: Welche grundlegenden Bedingungen steuern den Verständigungsprozess bei der Deutung literarischer Texte? Gadamer erklärt
70 die Möglichkeit, einen Text zu erfassen, mit der „Verschmelzung" des geschichtlichen und des gegenwärtigen Verstehenshorizonts. Die „Überlieferung, aus der wir kommen", gilt Gadamer als Grundlage für den Wahrheitsan-
75 spruch eines Textes.

Die gegenwärtige Hermeneutik-Diskussion versucht, gerade die Tradition kritisch zu hinterfragen. In der Aneignung literarischer Werke und in der Anwendung ihres Sinngehalts
80 auf die aktuelle Lebenspraxis des Verstehenden muss sich der geschichtlich vermittelte Wahrheitsanspruch der Texte erst erweisen.

In einem vereinfachten Modell könnte man das **kritisch-hermeneutische** Literaturverste-
85 hen folgendermaßen darstellen:

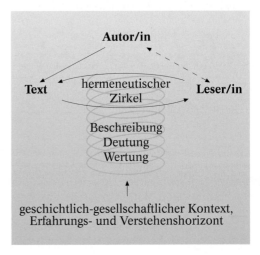

geschichtlich-gesellschaftlicher Kontext, Erfahrungs- und Verstehenshorizont

Der Begriff des **hermeneutischen Zirkels** besagt, dass eine Textdeutung vom Ganzen zu den Einzelheiten führt, von den Einzelheiten zurück zum Ganzen und so fort. Wenn ich den Text als Ganzes nicht verstanden habe, verstehe ich nicht die Einzelheiten (einzelne Textstellen und Strukturmerkmale), und umgekehrt. Das Textverständnis wird mit jedem Durchlaufen des Zirkels differenzierter, klarer und begründeter. An Stelle des Bilds vom Zirkel könnte man daher auch das Bild der Spirale verwenden.

Beim Interpretieren unterscheidet man beschreibende, deutende und wertende Aussagen. Auf der beschreibenden Ebene sind Aussagen selten strittig; sie können richtig oder falsch sein. Auf der deutenden und wertenden Ebene aber sind Aussagen in der Regel bestreitbar, d. h., ihre Plausibilität muss von Fall zu Fall nachgewiesen werden. **Interpretation** im engeren Sinne meint genau dies: Argumentation für oder gegen ein bestimmtes Textverständnis. – Beim Interpretieren wechselt man häufig zwischen beschreibender, deutender und wertender Ebene. Dabei muss man sich klarmachen, auf welcher Ebene man sich gerade befindet. So ist es durchaus nützlich, zunächst sein spontanes subjektives Textverständnis zu artikulieren („So verstehe *ich* den Text"), wenn man sich darüber im Klaren ist, dass man dabei nicht für eine allgemein gültige Interpretation *argumentiert*, sondern sein eigenes Verständnis *kundtut* und zur Diskussion stellt.

Beim Interpretieren sind historische und gegenwärtige **Verstehenshorizonte** zu unterscheiden. Ein Autor oder eine Autorin aus früheren Zeiten und die damaligen Leser/innen hatten andere Erfahrungen, Normen und Ausdrucksformen als heutige Leserinnen und Leser. Dies zu berücksichtigen hilft, einen Text zu erschließen. Eine solche **historische Verortung** heißt aber nicht, dass das vermutete Verständnis durch den Autor oder seine Zeitgenossen „richtiger" ist als das Verständnis heutiger Leser. Manchmal kann es für eine Interpretation zusätzlich wichtig sein, das Textverständnis weiterer Epochen, d.h. die **Rezeptions- und Wirkungsgeschichte,** heranzuziehen.

In jüngster Zeit werden einige Grundannahmen der kritisch-hermeneutischen Interpretationspraxis in Frage gestellt. Im Rahmen der Debatte über die so genannte Postmoderne hat sich die u. a. von JACQUES DERRIDA (* 1930) entwickelte Methode der **Dekonstruktion** etabliert. Die traditionellen Kategorien von Subjekt, Sinn und Geschichte verlieren ihre Allgemeingültigkeit, da die homogene Einheit von aktuellen und geschichtlichen Erfahrungen des Subjekts bezweifelt wird. Demnach liegt den Texten kein monozentristischer Sinngehalt zu Grunde, sondern sie entfalten eine komplexe Struktur unterschiedlicher Sinnzentren, die vernetzt sind. Jenseits von Beliebigkeit und Eindeutigkeit entwickelt der Interpret eine für ihn schlüssige Orientierung: eine Topografie der Sinnvernetzungen. Auf dem Hintergrund der dekonstruktiven Methode gewinnt die konkrete Arbeit am sprachlichen Kunstwerk wieder an Bedeutung. Es geht darum, sprachliche Oppositionen, Brüche und Äquivalenzen aufzusuchen und von daher ein produktives Beziehungsgeflecht der wahrgenommenen Phänomene zu entwickeln.

Klaus M. Bogdal (Hg.): Neue Literaturtheorien in der Praxis. Textanalysen von Kafkas „Vor dem Gesetz". Westdeutscher Verlag, Opladen 1993

Helmut Brackert/Jörn Stückrath (Hg.): Literaturwissenschaft. Ein Grundkurs. Rowohlt Verlag, Reinbek 1992

Terry Eagleton: Einführung in die Literaturtheorie. Metzler Verlag, Stuttgart 1988

Karlheinz Fingerhut (Hg.): Kafka für die Schule. Volk und Wissen, Berlin 1996

Carsten Schlingmann: Methoden der Interpretation. Reclam Verlag, Stuttgart 1985

---

1. Übertragen Sie das Schaubild zur hermeneutischen Theorie des Literaturverstehens (▷ S. 35) auf eine Folie oder ein Plakat und erläutern Sie es in Form eines Kurzvortrags vor dem Kurs.
2. Verfassen Sie ein ▷ **Referat** zur Theorie des Verstehens. Nutzen Sie dabei die obigen Literaturhinweise.
3. Schreiben Sie eine ▷ **Facharbeit** zur Methodik der Interpretation. Ziehen Sie die Literaturhinweise zu Rate.

2 Lyrik als Ausdruck von Subjektivität

2.1 Lyrik der Neuen Subjektivität: ICH bin was ich bin im GEDICHT

Ich bin der Glaube
Ich bin der große Derdiedas
Ich bin dir lieb
Ich bin ein Feuerbrand
5 Ich bin ein freier Mann
Ich bin ein Gründer
Ich bin ein treuer Untertan
Ich bin einer der Versunkenen
Ich bin fremd
10 Ich bin im braunen Cognac-See
Ich bin in das Gesetz
Ich bin klein
Ich bin nur in wörtern
Ich bin rot
15 Ich bin sehr alt
Ich bin sehr reich
Ich bin, wie du, ein armer Knecht
Ich blies die Kerze aus
Ich danke Gott, dass ich zu Fuß
20 Ich danke Gott und freue mich
Ich darf wohl von den Sternen singen
Ich denke, also bin ich
Ich denke dein, wenn sich
Ich denke dein im tiefsten Bergverlies
25 Ich denke dein, wenn mir
Ich, der brennende Wüstenwind
Ich, der ich klein und jung
Ich du er sie es
Ich empfinde fast ein Grauen
30 Ich erinnere mich
Ich erkläre dir die Berge
Ich erstaune tief in Scheu
Ich finde keinen Rat
Ich frühstückte und ging
35 Ich fühle luft von anderem planeten
Ich fühle mich tot
Ich gebe zu
Ich ging im Walde so für mich hin
Ich ging unter Erlen
40 Ich glaube an den großen Pan
Ich gleiche nicht mit dir
Ich grübe mir gern in die Stille ein Grab
Ich hab dir einen Regenpalast erbaut
Ich hab es getragen sieben Jahr
45 Ich hab in kalten Wintertagen

Ich hab meine Tante geschlachtet
Ich habe dich Gerte getauft
Ich habe gerochen
Ich habe immer vor dem Rauschen
50 ich habe kein anderes alibi
Ich habe Leute über Hölderlin
Ich habe mein Land abgesteckt
Ich habe was Liebes
Ich habe zu Hause ein blaues Klavier
55 Ich habs gewagt mit Sinnen
Ich hân mîn lêhen
Ich hatt einen Kameraden
Ich hatte dich lieb, mein Töchterlein
Ich hatte einst ein schönes Vaterland
60 Ich hört ein Bächlein rauschen
Ich hörte gestern von einem Dichter
Ich hörte heute Morgen
Ich hört ein Sichellin rauschen
Ich hôrt ûf der heide
65 Ich irrte hin und her
Ich kann den Blick nicht von euch wenden
Ich kann die Wolke nicht mehr
ich kann viele bäume malen
Ich kann's nicht fassen
70 Ich lebe mit Tischen
Ich lag. Und neben mir
Ich lebe mein Leben
Ich lehne am geschlossenen Lid der Nacht
Ich liege wach
75 Ich ließ die Türe offen
Ich machte diese Vers'
Ich möchte hingehn wie das Abendrot
Ich möcht so was für meine sorgen
Ich nahm den Stab
80 Ich säume liebentlang
Ich sah des Sommers letzte Rose stehn
Ich sahe mit betrachtendem Gemüte
Ich saz ûf eime steine
Ich schlafe zwar, ihr werten Brüder
85 Ich seh den Mond des Februar
Ich sehe Dich in einer Kerze Licht
Ich sehe dich in tausend Bildern
Ich sehe eine Vogelwolke
Ich, sein Geschöpfe
90 Ich selbst bin Ewigkeit

Ich singe nicht der deutschen Adler Kriege
Ich singe nicht für euch
Ich sitz über Deutschlands weißem Schnee
Ich sitze am Straßenrand
95 Ich spreche im Slang
Ich spreche Mond
Ich steh auf des Berges Spitze
Ich steh auf hohem Balkone
Ich steh in Gottes Hand
100 Ich stehe am Fließband
Ich stehe gern vor dir
Ich stehe im Waldesschatten
Ich stehe, kaum gehe
Ich sterb und lebe Gott

105 Ich suche allerlanden eine Stadt
Ich suche Sternengefunkel
Ich träumte viel
Ich trage Gottes Bild
Ich trage leicht an dem
110 Ich und Du
Ich Uralter kanns erzählen
Ich versuche, mich zu vergewissern
Ich wandle unter meinen händen
Ich wandre durch die stille Nacht
115 Ich war an Kunst und Gut
Ich war auch jung
Ich war ein Baum
Ich weiß doch

1. a) Lesen Sie den Text still und notieren Sie dabei alle Gedanken, die Ihnen beim Lesen durch den Kopf gehen: Beobachtungen, Fragen, Erklärungsversuche ...
   b) Besprechen und vergleichen Sie Ihre erste Rezeption des Textes in der Klasse.
2. Stellen Sie aus einzelnen Zeilen neue, sinnvolle Texte zusammen. Sie können dabei auch Strukturen wie Reim, Strophen, Titel etc. nutzen.
   Ein Beispiel:

> **Aussage**
>
> *Ich erinnere mich*
>
> *Ich ging im Walde so für mich hin*
> *Ich ging unter Erlen*
> *Ich irrte hin und her*
> *ich habe kein anderes alibi*
>
> *Ich gebe zu*
> *Ich hab meine Tante geschlachtet*
>
> *Ich empfinde fast ein Grauen*

Was wie die Litanei eines Egozentrikers anmutet, ist eine Seite aus einer großen Anthologie deutscher Gedichte – eine Seite aus dem alphabetischen Verzeichnis der Gedichtüberschriften und Gedichtanfänge. Es gibt in diesem Register wie auch in denen anderer Gedichtanthologien kein zweites sinntragendes Wort, mit dem so viele Gedichte anfangen, wie das Wort **„Ich".**

3. Wählen Sie einen der Gedichtanfänge aus. Versuchen Sie eine Fortsetzung des Gedichts zu skizzieren oder treten Sie in einen Dialog mit dem lyrischen Ich.
4. Besorgen Sie sich aus der Bibliothek „Das große deutsche Gedichtbuch" von K. O. Conrady und schlagen Sie die Gedichte nach, auf die Sie durch den Titel/Gedichtanfang neugierig geworden sind und mit denen Sie sich intensiver beschäftigt haben. Vergleichen Sie die Originale mit Ihren eigenen Produktionen.
5. Wie erklären Sie sich die Tatsache, dass „Ich", die erste Person Singular, in ungezählten Gedichten an erster Stelle – und damit wohl auch im Mittelpunkt – steht?

In vielen Gedichten spielt das **Ich** eine zentrale Rolle. Lyrik wird deshalb gerne als die subjektivste der dichterischen Gattungen betrachtet, als eine Form der Dichtung, in der Erlebnisse und Empfindungen, Gefühle und Gemütslagen am unmittelbarsten ausgedrückt werden können. Aber welches Subjekt ist es, das sich im Gedicht ausspricht? Der **Autor** oder die **Autorin** eines Gedichts kann nicht einfach gleichgesetzt werden mit dem **Sprecher** im Gedicht. Das Ich, das im Gedicht spricht, kann (muss aber nicht) in Beziehung stehen zu einer Stimmung oder einem persönlichen Erlebnis des Autors. Durch die dichterische Gestaltung in Wort und Form gibt es im Gedicht eine Instanz, vergleichbar dem Erzähler in einem epischen Text, von der aus die Perspektive des Gedichts organisiert wird.

Dieser Sprecher im Gedicht muss nicht immer in Form eines Ichs in Erscheinung treten, sondern kann ebenso die zweite oder dritte Person benutzen oder im Plural sprechen.

Besonders in der politischen Lyrik ist es oft nicht ein Individuum, sondern ein Kollektiv, das spricht oder für das und von dem gesprochen wird. Außerdem steht hier häufig nicht der Ausdruck von Stimmungen, sondern der Appell zum Handeln im Vordergrund. Dort, wo ein Ich im Gedicht spricht, kann die Beziehung zwischen diesem Ich und dem Autor-Ich unterschiedlich nah oder distanziert sein.

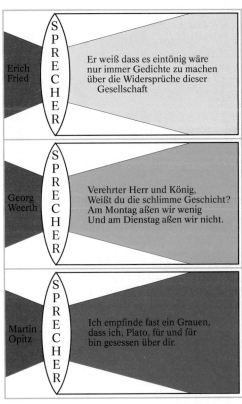

1. Beschreiben Sie die Unterschiede zwischen den Sprechern in Erich Frieds „Neue Naturdichtung" (▷ S. 177), Georg Weerths „Hungerlied" (▷ S. 260) und Martin Opitz' „Ich empfinde fast ein Grauen" (▷ S. 200).
2. Neben dem Sprecher gibt es im Gedicht auch einen – mehr oder weniger deutlich – angesprochenen Adressaten, der nicht mit dem realen Leser/ der realen Leserin gleichzusetzen ist. Entwerfen Sie ein Schaubild, das neben dem Autor und dem Sprecher im Gedicht auch den gedichtinternen Adressaten und den realen Leser mit einbezieht.

In der Literaturgeschichte gibt es bestimmte Epochen, in denen das Ich in der Lyrik eine besondere Rolle spielt. Die oben erwähnte Vorstellung, dass Lyrik vor allem Ausdruck des Gefühls, „Erlebnislyrik", ist, hat ihren Ursprung im **Sturm und Drang**. Von hier an war sie – auch in einem normativen Sinn – weithin bestimmend für die Poesie, aber auch für die Literaturwissenschaft des 18. und 19. Jahrhunderts.

Im 20. Jahrhundert hat sich seit Ende der 60er-Jahre eine Richtung in der Lyrik entwickelt, die mit dem Begriff **„Neue Subjektivität"** gekennzeichnet ist. Sie finden auf den folgenden Seiten eine Auswahl an Gedichten, die dieser Richtung zugeordnet werden können.

3. a) Erläutern Sie den Begriff „Erlebnislyrik" mit Hilfe eines Literaturlexikons.
   b) Untersuchen Sie im Kapitel C 2.2: „Epochenumbruch: Aufklärung – Empfindsamkeit – Sturm und Drang" (▷ S. 216 ff.), auf welche Gedichte der Begriff „Erlebnislyrik" angewendet werden könnte.
4. Untersuchen Sie die „Subjektivität" der folgenden Gedichte unter dem leitenden Gedanken der Selbstwahrnehmung und Selbstdarstellung.
   Für eine sprachliche und formale Untersuchung der Gedichte finden Sie Anregungen auf S. 178 ff.

Frida Kahlo: Die Zeit fliegt (1929)

Ulla Hahn

Ich bin die Frau (1983)

Ich bin die Frau
die man wieder mal anrufen könnte
wenn das Fernsehen langweilt

Ich bin die Frau
5 die man wieder mal einladen könnte
wenn jemand abgesagt hat

Ich bin die Frau
die man lieber nicht einlädt
zur Hochzeit

10 Ich bin die Frau
die man lieber nicht fragt
nach einem Foto vom Kind

Ich bin die Frau
die keine Frau ist
15 fürs Leben.

Friederike Mayröcker

Der Aufruf (1974)

Mein Leben:
ein Guckkasten mit kleinen Landschaften
gemächlichen Menschen
vorüberziehenden Tieren
5 wohl bekannten wiederkehrenden Szenerien

plötzlich aufgerufen bei meinem Namen
steh ich nicht länger im windstillen Panorama
mit den bunten schimmernden Bildern

sondern drehe mich wie ein schrecklich
    glühendes Rad
10 einen steilen Abhang hinunter
aller Tabus und Träume von gestern entledigt
auf ein fremdes bewegtes Ziel gesetzt:

ohne Wahl
aber mit ungeduldigem Herzen

Ursula Krechel

Umsturz (1977)

Von heut an stell ich meine alten Schuhe
nicht mehr ordentlich neben die Fußnoten
häng den Kopf beim Denken
nicht mehr an den Haken
5 freß keine Kreide. Hier die Fußstapfen
im Schnee von gestern, vergeßt sie
ich hust nicht mehr mit Schalldämpfer
hab keinen Bock
meine Tinte mit Magermilch zu verwässern
10 ich hock nicht mehr im Nest, versteck
die Flatterflügel, damit ihr glauben könnt
ihr habt sie mir gestutzt. Den leeren Käfig
stellt mal ins historische Museum
Abteilung Mensch weiblich.   R

1. Was verändert sich an der Aussage der Gedichte, wenn das Personalpronomen „ich" durch die 2. oder 3. Person Singular ersetzt wird?
2. a) In zwei der drei Gedichte ist die Sprecherin eindeutig als Frau zu identifizieren. Welche Hinweise können Sie feststellen?
   b) Erörtern Sie, ob für Mayröckers „Der Aufruf" auch ein Mann als Sprecher-Ich denkbar ist.
3. Welche Vorstellung haben Sie von den Ich-Sprecherinnen in den Gedichten? Skizzieren Sie eine Personenbeschreibung, z. B. Alter, Aussehen, Familienstand, Beruf, Charaktereigenschaften.
   Machen Sie sich bewusst, welche sprachlichen Signale diese Vorstellungen in Ihnen ausgelöst haben.
4. Vergleichen Sie eines der Gedichte mit Frieda Kahlos Selbstbildnis.

Rolf Dieter Brinkmann

Selbstbildnis im Supermarkt (1968)

In einer
großen
Fensterscheibe des Super-

markts komme ich mir selbst
5 entgegen, wie ich bin.

Der Schlag, der trifft, ist
nicht der erwartete Schlag
aber der Schlag trifft mich

trotzdem. Und ich geh weiter

10 bis ich vor einer kahlen
Wand steh und nicht mehr weiter
weiß.

Dort holt mich später dann
sicher jemand

15 ab.

Günter Kunert: Selbstporträt (1949)

*René Magritte: Reproduktion verboten
(1937)*

Nicolas Born

Selbstbildnis (1967)

Oft für kompakt gehalten
für eine runde Sache
die geläufig zu leben versteht –
doch einsam frühstücke ich
5 nach Träumen
in denen nichts geschieht.
Ich mein Ärgernis
mit Haarausfall und wunden Füßen
einssechsundachtzig und Beamtensohn
10 bin mir unabkömmlich
unveräußerlich kenne ich
meinen Wert eine Spur zu genau
und mach Liebe wie Gedichte nebenbei.
Mein Gesicht verkommen
15 vorteilhaft im Schummerlicht
und bei ernsten Gesprächen.
Ich Zigarettenraucher halb schon Asche
Kaffeetrinker mit den älteren Damen
die mir halfen
20 wegen meiner sympathischen Fresse und
die Rücksichtslosigkeit mit der
ich höflich bin.

---

1. Stellen Sie Beziehungen zwischen den Gedichten und den Bildern her.
2. Worin unterscheiden sich bildliche und sprachlich gestaltete Selbstporträts?
3. Entwerfen Sie ein Gedicht zu Kunerts „Selbstporträt" mit dem gleichen Titel.

Karin Kiwus
Gewisse Verbindung (1979)

Nachts
      muss wohl
   im Traum gewesen sein
hat ununterbrochen
5 das Telefon geklingelt
ruhig
      gleichmäßig
   wie Atemzüge
von einem abwartend
10 lebensbedeutenden Körper

Morgens
      diese Art
   Anrufungszeichen
fast schon vermisst
15   rübergelaufen
zur Telefonzelle neben der Zeitungsbude
die eigene Nummer gewählt und den Hörer
ins Buch zwischen die Krüger-Seiten gesteckt

Zu Haus
20   lange
   auf den wieder leise
surrenden Apparat gestarrt
             abgehoben
und sofort deutlich die Straßenecke
25 am anderen Ende der Leitung vor Augen
ein Diesel der bremst ein jaulender
Schäferhund auf dem Zebrastreifen
Bierfahrer die klirrende Kisten verladen
ein Pulk Schüler in Richtung Bushaltestelle
30 zwei Alte auf der Bank hinter den Büschen
                   [grölen
und trommeln gegen die Papierkörbe rechts
                   [und links

Nach einer Weile
             wird drüben
   die Tür aufgemacht
35 jemand raschelt den Hörer hervor
und brüllt aufgeregt hallo rein
      hallo ist denn da wer
         möglich ist alles
                gebe ich zu
40 aber er fängt jetzt erst richtig an
      was soll denn der Quatsch was
         bilden Sie sich überhaupt ein
             ach
             sage ich nur
45   gar nicht mal ungeduldig
             halten Sie sich da
             raus

Roman Ritter
Das Bürofenster (1978)

Ich drehe mich am Schreibtisch um
und sehe durch das Fenster
ein paar Kastanienäste,
ein Stück Rasen mit Buschwerk
5 und den Stamm einer Linde.

Ich gehe zum Fenster
und sehe draußen die Linde,
die Äste leicht vom Wind bewegt,
den Rasen, der so grün ist,
10 dass man beinah lachen muss,
und die große Kastanie, durch deren Blätter
man in die Sonne sehen kann.
Dort drüben blüht ein Busch.

Ich öffne das Fenster und lehne mich hinaus,
15 spüre die Wärme und rieche den Flieder.

Auf diesem Rasen,
der sicher weich ist wie ein Fell,
könnte man sich in die Sonne legen,
lesen,
20 herumschmusen,
nichts tun,
essen,
Fußball spielen.

Der Chef sieht nicht gern,
25 wenn man am Fenster steht und hinausschaut.

Ich gehe zu meinem Schreibtisch zurück.

Wenn der Hausmeister die Hecken beschneidet
kann man von den herabgefallenen Zweigen
ein paar in die Vase stellen,
30 die auf dem Büroschrank steht.

---

1. Beschreiben Sie die unterschiedliche formale Gestaltung der Gedichte von Kiwus, Ritter und Theobaldy (▷ S. 43). Sehen Sie einen Zusammenhang zwischen der Gedichtform und der Gedichtaussage?
2. a) Welche Rolle spielt das Medium Telefon in „Schnee im Büro" und in „Gewisse Verbindung"?
   b) Verfassen Sie in Analogie zu einem der beiden Gedichte einen lyrischen Text, in dem das Telefon durch das Internet ersetzt wird.

Jürgen Theobaldy
Schnee im Büro (1976)

Eine gewisse Sehnsucht nach Palmen. Hier
ist es kalt, aber nicht nur. Deine Küsse
am Morgen sind wenig, später sitze ich
acht Stunden hier im Büro. Auch du
5 bist eingesperrt, und wir dürfen nicht
miteinander telefonieren. Den Hörer abnehmen
und lauschen? Telefon, warum schlägt
dein Puls nur für andere? Jemand fragt:
„Wie geht's?", wartet die Antwort nicht ab
10 und ist aus dem Zimmer.
Was kann Liebe bewegen? Ich berechne
Preise und werde berechnet. All die Ersatzteile,
die Kesselglieder, Ölbrenner, sie gehen
durch meinen Kopf als Zahlen, weiter nichts.
15 Und ich gehe durch jemand hindurch
als Zahl. Aber am Abend komme ich zu dir
mit allem, was ich bin. Lese von
Wissenschaftlern: auch die Liebe ist
ein Produktionsverhältnis. Und wo sind
20 die Palmen? Die Palmen zeigen sich am Strand
einer Ansichtskarte, wir liegen auf dem Rücken
und betrachten sie. Am Morgen kehren wir
ins Büro zurück, jeder an seinen Platz.
Er hat eine Nummer, wie das Telefon.

---

1. Beschreiben Sie Stimmung,
   Perspektive und sprachliche
   Gestaltung des Gedichts
   von Ralf Thenior.
2. a) Das Gedicht von Gerhard
      Rühm ist ein Beispiel für so
      genannte „konkrete Poesie".
      Informieren Sie sich in
      einem Literaturlexikon über
      diesen Begriff und suchen
      Sie in Gedichtanthologien
      nach weiteren Beispielen.
   b) Erörtern Sie, inwiefern die
      Form der konkreten Poesie
      die Subjektivität eines
      Gedichts begünstigt oder
      beschränkt. Sie können
      dazu auch Aussagen von
      Dichtern dieser poetischen
      Richtung hinzuziehen.
   c) Entwerfen Sie selbst ein
      „Ich-Gedicht" mit den Mit-
      teln der konkreten Poesie.

Ralf Thenior
Alles Gute, Alter (1978)

Ich werde jetzt erst mal Geburtstag haben,
ich werde ganz ruhig bleiben
und nichts machen
und einfach Geburtstag haben,
5 ich werde mir die Hand schütteln,
mir auf die Schulter klopfen,
herzlichen Glückwunsch, alter Junge,
alles Gute und so weiter,
halt die Ohren steif,
10 werde ich mir
zum Geburtstag sagen,
nachts um halb drei
auf dem Balkon
mit der elften Bierflasche
15 unter grauem Morgenhimmel.

Gerhard Rühm
licht (1970)

```
                        licht
                      l ich t
                  l       ich     t
              l           ich         t
          l               ich             t
      l                   ich                 t
  l                       ich                     t
l                         ich                         t

                          ich

                          ich

                          ich

                          ich

                          ich
```

2.2 Sprachreflexion: Ausdrucksformen des Ichs

Der Begriff der „Neuen Subjektivität" steht nicht nur **inhaltlich** für eine neue Lyrik, die sich stärker privaten Themen und Erfahrungen zuwendet und damit das Ich, das Subjekt, in den Mittelpunkt stellt. Die Dichterinnen und Dichter dieser Zeit suchen auch nach neuen, ihrer Zeit adäquaten Ausdrucksmöglichkeiten, nach einer unverbrauchten lyrischen **Form** und **Sprache**. Das Nachdenken darüber manifestiert sich einerseits in den Gedichten selbst, andererseits in zahlreichen Beiträgen zu einem breiten öffentlichen Gespräch, wie es zum Beispiel auf dem ersten deutschen „Lyrik-Festival" in Hamburg im Juni 1977 geführt wurde. Aus der Fülle der Diskussionen bieten die folgenden drei Beiträge einen kleinen Ausschnitt:

Christa Reinig

Jürgen Theobaldy

Christa Reinig
Raus aus den alten Vokabeln (1978)

Jürgen Theobaldy
Erfahrungen mitteilen (1975)

Wenn ich ein Gedicht mache, steht voraus, dass ich hundert Gedichte gelesen habe und plötzlich auf die Idee komme, dass ich auch eines mache, das waren also erstmals die Ge-
5 dichte von Goethe, von Claudius, Mörike, Rilke, und dass ich da an drei Aschentonnen vorbeigekommen bin, um die Gedichte zu lesen, ist dann gar nicht das Wesentliche. Das Wesentliche ist eine riesige Worttradition, die
10 eben eine Tradition von Naturlyrik ist. Du beschreibst beispielsweise den Weg von dir zu Hause zum Kindergarten mitsamt dem Rasen und der Hundescheiße, wenn du das in ein Gedicht hineinverwirklichen könntest, so-
15 dass es wirklich ankommt, das wäre ja die neue Tat der Literatur. Diese neue Tat ist aber versperrt von einem Stacheldraht von alten Vokabeln, die eine zweihundertjährige Dichterschaft geschaffen hat, und du musst zwei
20 Dinge leisten: Du musst aus diesen Vokabeln raus und du musst Vokabeln finden, die also diese Begebenheit, wie du sie erzählt hast, der Reihe nach schildern, daraus ein Gedicht machen. Das ist die eigentliche Tat. Und das
25 tun die meisten eben nicht.

Die jüngeren Lyriker sind mit ihren Gedichten ins Handgemenge gegangen, sie bleiben beweglich. Die ästhetische Differenz zwischen dem Gedicht und den Erfahrungen, die ihm zu Grunde liegen, wird auf jenes Minimum re- 5
duziert, das gerade noch notwendig ist, um das Gedicht von allen anderen schriftlichen Ausdrucksformen zu unterscheiden. Eine Hochschulausbildung, um seine Gedichte zu verstehen, zu genießen und mit ihnen zu ler- 10
nen, ist überflüssig. Der Lyriker schafft sich den Raum für die kleinen Hoffnungen morgens beim Frühstück, wenn die Sonne durch das Fenster fällt und die Schreie der Kinder vom Schulhof gegenüber ins Zimmer dringen. 15
Ebenso wenig braucht der Lyriker zu verheimlichen, wer sein Gedicht geschrieben hat. Viele der neueren Gedichte sind, ohne dass das Ich des Schreibers darin vorkommt, gar nicht denkbar. Grundsätzlich spricht aus diesem 20
Ich die Zuversicht, dass Erfahrungen mitteilbar sind und folglich von anderen geteilt werden können. Heute sind es die Erfahrungen eines gewöhnlichen, nicht eines ungewöhnlichen Individuums, und je direkter sie zur 25
Sprache kommen, desto auf-, an- und erregender für den Leser! Vielleicht schreibt er

seine Erfahrungen ebenfalls nieder, schreibt ein neues Gedicht, und es wird ihm klarer, wer er ist und was er macht und was er sein kann und was er machen könnte!

Ralf Thenior

Ralf Thenior
Bewusstsein schaffen (1978)

1. Sprache ist das Material, mit dem ich arbeite, wenn ich Gedichte mache. Die Reflexion über die Beschaffenheit dieses Materials muss jeder Arbeit vorausgehen.
2. Ich schreibe Gedichte, um zu erfahren, wie viel Sprache noch übrig ist, um über das zu sprechen, was in keiner der „normalen", durchfunktionalisierten Sprechsituationen mehr Raum findet.
3. Im Arbeitsprozess wenigstens für einen Moment die Kluft zwischen Bewusstsein und Leben überwinden, sich im Gedicht als ganzes, wenn auch beschädigtes Individuum erkennen und damit für einen winzigen Augenblick die Selbstentfremdung aufheben. (Ähnliches schafft die Lektüre.) [...]
8. Ich bin mein erster Leser; was nicht auch am Individuellen gesellschaftliche Repräsentanz[1] hat, bleibt nur zufällig Privates und geht mich nichts an.

9. Wenn ich – in diesem historischen Augenblick – Gedichte schreibe, will ich mich nicht der Möglichkeit begeben, Spielräume und Bedürfnisse zu erforschen und Neugier zu wecken, indem ich mich im bloßen Protest an die schlechten Verhältnisse kette – das eigentlich subversive[2] Moment der Dichtung liegt anderswo.
10. Es ist eine Binsenweisheit, dass Dichtung nichts taugt, wenn sie die Momente der Selbsterfahrung nur beschreibt oder proklamiert, statt sie zu schaffen.
In den Gedichten jüngster Produktion findet man mengenweise Beschreibungen von Momenten sinnlicher Präsenz und sensibler Selbsterfahrung. Nun ist es in jedem Fall bedenkenswert, ob die bloße Benennung oder Situationsbeschreibung einer solchen Erfahrung nicht eigentlich der Absicht ins Gegenteil ausschlägt und zu einer Verdinglichung der gepriesenen Sinnlichkeit führt.
11. Es geht nicht um die Rentenversicherung. Ich bin für eine Dichtung, die sich mehr aussetzt, sich mehr gefährdet, für einen Dichter, der etwas riskiert.
12. Das Gedicht wird zu einem dynamischen Prozess, wenn es, gelesen oder gehört, vom Leser oder vom Hörer in seiner Spannung wahrgenommen wird; es ist ein transitorisches[3] Moment, ein winziger Augenblick festgehaltenen Lebens – wir spüren, dass wir noch da sind.
13. Ich schreibe, um mich zu überraschen. Ich schreibe, um mich wach zu halten.

1 **Repräsentanz:** Verkörperung des Typischen
2 **subversiv:** auf Umsturz der gesellschaftlichen Ordnung zielend
3 **transitorisch:** vorübergehend

---

1. a) Stellen Sie zusammen, um welche Probleme es in den Überlegungen der Lyriker/innen geht.
   b) Erarbeiten Sie in Gruppen die Positionen von Reinig, Theobaldy und Thenior und führen Sie ein moderiertes Tischgespräch als Rollenspiel durch.
2. Untersuchen Sie an den Gedichten auf S. 40–43, wie sich die Verfasser/innen von der „riesigen Worttradition" (Chr. Reinig) zu lösen und neue „Vokabeln" zu finden versuchen.
3. a) „Viele der neueren Gedichte sind, ohne dass das Ich des Schreibers darin vorkommt, gar nicht denkbar" (J. Theobaldy). Erörtern Sie diese Aussage. Beziehen Sie dabei die Informationen auf S. 39 mit ein.
   b) Welche Rolle kommt dem Leser in den Überlegungen Theobaldys und Theniors zu?

Roman Ritter

Roman Ritter

Zeilenbruch und Wortsalat
Eine Polemik gegen die Laberlyrik
(1982)

Auch Roman Ritter, geb. 1943, gehört zu den Dichtern der „Neuen Subjektivität". In seinem Beitrag aus der Literaturzeitschrift „Kürbiskern" nimmt er allerdings selbst eine ausgesprochen kritische bzw. polemische Haltung gegenüber den Tendenzen der Lyrik seiner Zeit ein.

Das Verhältnis des Laberlyrikers zu seinem Stoff und Thema ist wie das Verhältnis des Hobbyfotografen zu seinem Motiv, der Umgang des Laberlyrikers mit der Sprache wie
5 der Umgang des Hobbyfotografen mit der Polaroid-Kamera: Er sieht etwas, was ihn reizt, hält drauf, knipst (schreibt) und hat nach kurzer Zeit das Gesehene „genauso, wie es ist" auf Papier vor sich. Während der Hobbyfotograf
10 sich aber freut, die Bilder seinen Lieben zeigt, die sich zumeist selbst darauf wiedererkennen, und sie dann ins Album klebt, hält der Laberlyriker sich für Rembrandt, nein, Andy Warhol, liest das Geschriebene seiner Clique
15 vor, die sich zumeist selbst darin wiedererkennt, und schickt es dann in die Redaktionen, denn es ist ein Gedicht. Oder die Herstellung von Laberlyrik anders beschrieben: Irgendwelche Sätze, die dem Laberlyriker am
20 Herzen oder sonstwo liegen, drängen irgendwie aus ihm heraus. Er nimmt nun diese Sätze und behandelt sie wie Salzstangen, indem er sie in kleine, verschieden lange Stücke bricht und diese dann auf dem leeren Blatt untereinander gruppiert. Fertig ist das Gedicht. Dann
25 nimmt er die nächsten Salzstangen, pardon, Sätze... Und so kommt es, dass viel zu viele „Gedichte" buchstabiert werden aus Gefüh-

ligkeit, Getue, Gefuchtel, Gehabe, Geschreib-
30 sel, Geseire und Gelaber, Gelaber, Gelaber. Kein Einfall, der zu dünn ist, um nicht zum vielzeiligen Gedicht aufgeblasen zu werden. Kein Gedanke, der zu abgedroschen ist, um nicht als Gedicht aufblühen zu sollen. Keine
35 Pointe, die zu unerheblich wäre, um nicht zum Gedicht emporgewuchtet zu werden. Kein Gefühl, das zu abgegriffen ist, um nicht im Gedicht jungfräuliche Reize entfalten zu sollen. Keine Beobachtung, die zu nebensäch-
40 lich oder beliebig ist, um nicht im Gedicht bedeutend werden zu sollen. Keine Empfindung, deren Abwesenheit nicht so schmerzlich vermisst würde, dass sie nicht als Stunde der wahren Empfindung im Gedicht Urständ
45 feiern wollte. [...]

Dass in Zeilen gestotterte Sätze noch keine Gedichte sind, liegt auf der Hand. Ebenso, dass niemand absichtlich labert. Was steckt also hinter der Laberlyrik? Das Bedürfnis, sich
50 mitzuteilen. Von sich zu sprechen, von der eigenen Welterfahrung, von allem, was ungelöst und fragwürdig ist. Es steckt dahinter das Bedürfnis, sich auszutauschen, sich zu verständigen mit sich und den anderen, Ängste
55 zu vertreiben, indem sie erst einmal benannt werden, sich seiner Hoffnungen zu vergewissern. Das Bedürfnis, unentfremdet zu leben. Das Bedürfnis, schöpferisch tätig zu sein. Also eine Vielzahl von authentischen[1], sagen wir
60 doch einfach menschlichen Bedürfnissen, die „unter den gegebenen Umständen" im viel beschworenen Alltag offenkundig zu kurz kommen und sich, wo sie so ungenügend auszuleben sind, wenigstens im Gedicht ausspre-
65 chen wollen. Dazu kommt das Bedürfnis, wirklich ernst genommen zu werden, seinen Worten Gültigkeit und Gehör zu verschaffen. Diese Bedeutung scheint eine Kunstform zu garantieren, das Gedicht, das vermeintlich so
70 greifbar nahe liegt und so schnell herzustellen ist.

Spätestens hier beginnen Missverständnisse. Denn aus all den vorher genannten Anliegen zu sprechen, heißt ja nicht labern. Erst wenn
75 „Gesprochenes" mit „Gedicht" verwechselt wird, entsteht Laberlyrik.

Schlimm genug, dass Kommunikation und Selbstverständigung im „wirklichen" Leben

[1] **authentisch:** echt

frustriert und beschädigt werden; es scheint die Einsamkeit manchmal so groß zu sein, dass selbst die Zwiesprache mit den eigenen Worten wichtig wird. Aber das Gedicht kann die alltägliche Kommunikation nicht ersetzen.

---

1. Überprüfen Sie, ob die Gedichte moderner Autorinnen und Autoren auf S. 40–43 dem Vorwurf einer „Laberlyrik" im Sinne Ritters standhalten.
2. Möglicherweise haben Sie selbst schon gedichtet und fühlen sich durch den spöttelnden Angriff des Autors getroffen. Vielleicht empfinden Sie den Text auch ohne persönliche Betroffenheit als unausgewogen oder gar anmaßend. Schreiben Sie eine kritische Erwiderung.
3. a) Im letzten Abschnitt des Textes weist der Autor auf heutige Kommunikationsprobleme hin. Erläutern Sie die Zeilen 77 ff. anhand von Beispielen aus dem Alltag und eigenen Erfahrungen.
   b) In welchen Gedichten auf S. 40–43 werden Kommunikationsprobleme deutlich? Untersuchen Sie an einem ausgewählten Gedicht, wie dieses Thema dargestellt ist.

2.3 Jugendsünden oder erste Meisterwerke: Projekt Lyrikheft

„Jeder fängt einmal klein an" und „Früh übt sich, was ein Meister werden will" sind gern zitierte Redensarten, die auch auf berühmte Schriftsteller zutreffen. Was heute viel geehrte und anerkannte Dichter auf der Suche nach ihren allerersten Texten wiedergefunden haben und wie sie sie heute kommentieren, können Sie hier in Beispielen nachlesen:

Ursula Krechel (*1947)
November (1962)

Viele Menschen tragen schwarze Mäntel
Chrysanthemenrauch liegt in der Luft
und die Kälte macht die Nasen rot.
Pfefferkuchen, Schokoladen-Nikoläuse
viel zu früh –
so wie die starben,
deren Mütter jetzt mit roten, kalten Nasen
Kreuze auf die braunen Gräber zeichnen.

Im Tagebuch findet sich unter demselben Datum die Eintragung: „Ich weiß, daß diese Gedichte nicht gut sind. Vielleicht sind es noch gar keine Gedichte, weil nichts verdichtet wurde. Ich habe mich um sie nicht besonders bemüht, sie kamen so über mich. Es ist ein schönes berauschendes Gefühl, wenn etwas über einen kommt. Ich wollte, es wäre öfter." ℝ

Ursula Krechel (1962 und 1990)

Kurt Bartsch (*1937)

Vierzeiler 12

Es war einmal ein Stahldieb,
der lebte nur von Diebstahl.
Bis er es zu fatal trieb.
Jetzt sitzt er und bläst Trübsal.

*Anmerkung 1. Als ich diesen Text, 14-jährig,
schrieb, habe ich fest mit dem Nobelpreis gerechnet.*
*Anmerkung 2. Die Überschrift sollte wohl
suggerieren, dass ich schon mehrere Vierzeiler verfasst hatte. Er war, soviel ich weiß,
aber der einzige.*

Kurt Bartsch (1965)

Oskar Pastior (*1927)

*Mein erstes Gedicht – ich war etwa vier Jah-
re alt – bestand aus drei Wörtern und hatte
den Vorzug, dass ich es mir ohne Zeitnot,
notfalls stundenlang, aufsagen, genauer gesagt zubrummen konnte. Es ging so:*
*Jalousien aufgemacht, Jalousien zugemacht
Jalousien aufgemacht, Jalousien zugemacht...*
*und so fort. Es veranschaulichte den sieben-
bürgischen (und in der Gemengelage durchaus nicht autistischen) Sommernachmittag
eines Kindes im Hinblick auf die Nichtver-
lässlichkeit von geschlossenen Räumen.
Dass es ein Gedicht war, stand außer Frage.
Dass es mein Gedicht war oder ist, im Sinne
von Verfügbarkeit, kann ich vermuten, weil
ich es nach etlichen Jahrzehnten memoriere,
wenn es jetzt so geht und ist ein*

Oskar Pastior (1941 und 1997)

Testament – auf jeden Fall (1980)

Jalusien aufgemacht, Jalusien zugemacht.
Jaluzien aufgerauft, Zuluzien raufgezut.
Luluzien zugemault, Zulustoßen zugemault.

Maulusinen angenehm, Aulusinen zugenehm.
5 Zufaliden aftamat, Infaliden aftamat. A-
fluminion zugesaut. Aluflorion zugebart.

Marmelodien zusalat. Marmeloiden busalat.
Aufgemalt o aufgemalt, zugedaut o zuge-
duzt. Duzentrum o Lebenslau. Hufenbruzen

10 Openbrekt. Primolimes Heiferzocht, Bene-
lalia Zuverzum. Ma mu, Amarilles off off.
Bulamanium Absalom, Albumenium Zusalon.

Nostradamul Hanomag, Lanatolior Gartem-
slauch. Futusilior Abfallgeist, Mutuna-
15 lia Pirrenholst. Zephaluden Enziaul, Ze-
phaleden Ychtiol. Nebelnieren Löwentran,
V-Scharnieren Besenraum. Ebeltüren C-Streu-
salz, Aventuren Abstrahldom. Stalagmisda

Oberom, Virostrato Luftballon. Jalopeten
20 angemacht, Sulalaika Kukumatz. Mulu aufu.
mulu zuzu, zuzu muz. Monte Ma o Monte zu.

Friederike Mayröcker (*1924)

Oktober (10/39)

qualvoll hingehauchte Schleier
herbstvollkommen ruht die Welt
Laubblut sickert ins Gemäuer
Tod ist's der das Leben stellt

5 Wehe Erde Nebelbäume
knorrig stülpt der Ast sich auf
sommerlich verbuhlte Träume ...
Mond um Mond nimmt seinen Lauf

*Es hat damit begonnen, dass ich als Kind mit
sechs, sieben oder acht Jahren in der Idylle
von Deinzendorf an einem Brunnen gesessen
bin gegenüber dem Haus und Mundharmonika
ka gespielt habe. Im Rückblick weiß ich es
jetzt, damals habe ich es nicht gewusst: Da
habe ich eine Art von wehmütigem Gefühl gehabt, das ganz genau das gleiche ist all die
Jahrzehnte hindurch, das mich beim Schreiben begleitet bzw. jeweils das Vorspiel des
Schreibens war und ist. Ich habe diese ersten
Gedichte ganz spontan niedergeschrieben.
Da waren keine Vorfassungen, und leider habe ich damals gereimt. Schriftstellerin zu werden – das konnte ich mir damals überhaupt
nicht vorstellen. Es waren schwere Zeiten.*

1. Informieren Sie sich über die Biografie der hier vorgestellten Dichter und Dichterinnen und lesen Sie spä-tere Werke zum Vergleich. Sie finden dafür Beispiele auch in diesem Deutschbuch.
2. Wie beurteilen Sie die frühen Schreibversuche? In welches Licht werden sie durch die rückblickenden Kom-mentare der Autoren/Autorinnen gesetzt?

Projektideen

Wenn *Sie* später auf lyrische Jugendsünden zurückblicken wollen, müssen Sie sie *heute* bege-hen! Und wenn Sie später auch an den frühen Lyrikversuchen Ihrer Mitschüler und -schülerin-nen Ihr Vergnügen haben wollen, sollten Sie jetzt daran arbeiten:

Entwerfen Sie mit Ihrem Deutschkurs ein **Lyrikheft**. Bei Planung und Herstellung ist Folgendes zu beachten:

■ Gedichte schreiben kann man schwerlich auf Befehl: Setzen Sie sich einen nicht zu knapp bemessenen zeit-lichen Rahmen, in dem jeder sich zu seiner Zeit ans Schreiben begeben kann.

■ Legen Sie einige wenige Richtlinien für die optische Gestaltung fest: Format? Manuskripte getippt oder auch handgeschrieben? Bilder zu den Texten? Bunt oder schwarzweiß? etc. Bedenken Sie dabei, dass das Heft sicherlich für alle vervielfältigt werden soll.

■ Damit es keine „Laberlyrik" wird: Nützliche Tipps und gute Ideen für Ihre dichterische Arbeit finden Sie im Kapitel E 4.2: „Freie Formen des Schreibens" (▷ S. 514 ff.).

■ Lesen Sie Ihre Gedichte zunächst einer Person Ihres Vertrauens oder in einer kleinen Gruppe vor. Im ersten Gespräch über Ihre Werke ergeben sich vielleicht noch Verbesserungsmöglichkeiten oder neue Impulse.

Das einfachste Prinzip für die inhaltliche Gestaltung lautet „Jeder wählt sein Thema selbst". Reizvoller kann es aber sein, sich ein gemeinsames Thema zu stellen, das dem Lyrikheft dann einen stärkeren inneren Zusammen-halt gibt. Zwei Vorschläge dazu finden Sie im Folgenden – natürlich gibt es noch viele andere Möglichkeiten!

Naturlyrik

Die Natur hat den Dichterinnen und Dichtern zu allen Zeiten Anregungen gegeben – warum las-sen nicht auch Sie sich von ihr inspirieren? Eine Jahreszeit, ein Wald, ein See etc. kann Thema für viele Gedichte sein. Wenn die Ideen auf sich warten lassen: Blättern Sie in Gedichtsamm-lungen. Die Geschichte der Lyrik bietet einen unermesslichen Fundus an Naturgedichten. Viele berühmte Gedichte haben spätere Dichterinnen und Dichter zu Repliken gereizt. Ein Bei-spiel dafür finden Sie auf S. 50. Sicherlich finden auch Sie ein Gedicht, das Sie herausfordert.

Eduard Mörike

Er ist's (1832)

Frühling lässt sein blaues Band
Wieder flattern durch die Lüfte;
Süße wohl bekannte Düfte
Streifen ahnungsvoll das Land.
5 Veilchen träumen schon,
Wollen balde kommen.
– Horch, von fern ein leiser Harfenton!
Frühling, ja du bist's!
Dich hab ich vernommen!

Karl Krolow

Neues Wesen (1968)

Blau kommt auf
wie Mörikes leiser Harfenton.
Immer wieder
wird das so sein.
5 Die Leute streichen
ihre Häuser an.
Auf die verschiedenen Wände
scheint Sonne.
Jeder erwartet das.
10 Frühling, ja, du bist's!
Man kann das nachlesen.
Die grüne Hecke ist ein Zitat
aus einem unbekannten Dichter.
Die Leute streichen auch
15 ihre Familien an, die Autos,
die Boote.
Ihr neues Wesen
gefällt allgemein.

Rainer Brambach

Das blaue Band (1977)

Das blaue Band, wie Mörike es sah,
flatternd in den Lüften, wo?
Ich sehe einen Kondensstreifen
quer über den Himmel gezogen –
5 aber die Amsel ist abends immer da
auf dem First gegenüber singt sie ihr Lied
unsäglich –

Jahrtausende schon stehst du hier
schön
kraftvoll
geformt von höhrer Kraft
sonne färbt deine Form
färbt rot und gelb
deine Form lässt uns staunen
staunen
woher sie kommt
du raubst uns den Atem
wenn wir dich sehen
wie du dar stehst:
schön
Kraftvoll

Romantik

Am Horizont erblicke ich
Die Sonne.
Sie ist noch da,
Warm und kraftvoll.

Um mich herum ist es
Still und friedvoll.

Das Meer schimmert in
Gelb, orange und rot.
Ich möchte in diesem
Farbenspiel versinken.

In dieser romantischen
Stimmung,
Lasse ich mich
In meinem Schiff treiben.

Ich bin wie verzaubert,
Meine Gedanken stehen still.

Die harmonische Ruhe
Und überwältigende Farbenpracht
Lassen die Zeit für mich
Still stehen.

noordzee-impressie

Verdichtete Erinnerung

Das Familienalbum ist eine unerschöpfliche Quelle an Denkwürdigkeiten. Schauen Sie sich alte und neue Fotos aus Ihrer Kindheit und Jugend, von Ihnen und anderen Familienmitgliedern an und setzen Sie Ihre Erinnerungen lyrisch um. Die alten Fotos bieten das ergänzende Bildmaterial zu diesem Gedichtband. Ein literarisches Beispiel finden Sie auf S. 51.

*Ulla Hahn (*1946)*

Mein Vater (1994)

Wer ist das?,
fragen meine Freunde
und deuten auf das Foto
des Mannes über meinem Schreibtisch
5   zwischen Salvador Allende[1]
und Angela Davis[2].
Ich sage:
Mein Vater. Tot.
Dann fragt niemand weiter.

10 Wer ist das?,
frage ich den Mann,
der nicht einmal
für das Passfoto lächelt,
der an mir vorbeischaut
15 wie beim Grüßen
an Menschen,
die er nicht mochte.

Bauernkind, eines von zwölf,
und mit elf von der Schule;
20 hatte ausgelernt,
mit geducktem Kopf nach
oben zu sehen.
Ist krumm geworden
als Arbeiter an der Maschine
25 und als Soldat
verführt gegen die Roten.

Nachher noch einmal:
geglaubt, nicht begriffen.
Aber weitergemacht.
30 Als Arbeiter an der Maschine
als Vater in der Familie
und sonntags in die Kirche
wegen der Frau
und der Leute im Dorf.

35 Den hab ich gehasst.

Abends, wenn er aus der Fabrik
nach Hause kam,
schrie ich ihm entgegen
Vokabeln, Latein, Englisch.
40 Am Tisch bei Professors,
als mir der Tee
aus zitternden Händen
auf die Knie tropfte,
hab ich Witze gestammelt
45 über Tatzen,
die nach Maschinenöl stinken.

Hab das Glauben verlernt mit Mühe.
Hab begreifen gelernt und begriffen:

Den will ich lieben
50 bis in den Tod
all derer,
die schuld sind
an seinem Leben
und meinem Hass.

55 Manchmal,
da lag schon die Decke
auf seinen Knien
im Rollstuhl,
nahm er meine Hand,
60 hat sie abgemessen
mit Fingern und Blicken
und mich gefragt,
wie ich sie damit machen will,
die neue Welt.

65 Mit dir,
hab ich gesagt
und meine Faust
geballt in der seinen.

Da machten wir die Zeit
70 zu der unseren,
als ich ein Sechstel
der Erde ihm
rot auf den Tisch hinzählte
und er es stückweis
75 und bedächtig
für bare Münze
und für sich nahm.

Wer ist das?,
fragen meine Freunde
80 und ich sag:
Einer von uns.
Nur der Fotograf
hat vergessen,
dass er mich anschaut
85 und lacht.

1 **Salvador Allende:** erster sozialistischer Staatspräsident
   Chiles, kam 1973 bei einem Militärputsch ums Leben
2 **Angela Davis:** amerikanische Philosophieprofessorin,
   die in den USA für die Rechte der Schwarzen kämpfte,
   1970 wegen Beihilfe zu Terrorakten angeklagt und ein
   Jahr später freigesprochen wurde

3 Drama der Veränderung: Wissenschaft und Verantwortung

3.1 Bertolt Brecht: Leben des Galilei, 1. Bild

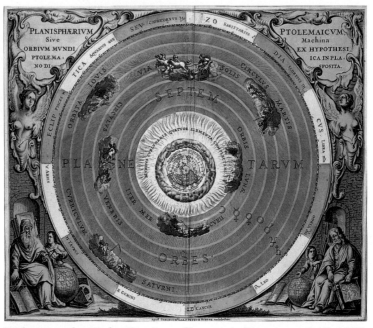

Weltsystem des Ptolemäus (aus „Harmonia Macrocosmica", 1660)

Das ptolemäische Weltsystem

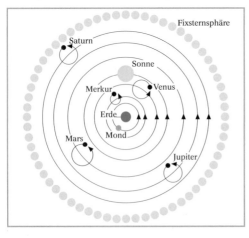

Seit Jahrtausenden haben Menschen beim Anblick des ewig gleichen nächtlichen Sternenhimmels darüber nachgedacht, welche Ordnung in der Welt der Sterne herrscht und wie sich die Erde, die Sonne und der Mond in diese Ordnung einfügen. Sie fragen sich, warum die Planeten (oder Wandelsterne) wie Merkur, Venus, Mars, Jupiter, Saturn, Uranus, Neptun und Pluto im Gegensatz zu den Fixsternen ihre Position am Himmel periodisch[1] änderten. Der Mensch der Antike musste die Erde für den Mittelpunkt der Welt halten. Denn er beobachtete, dass die Gestirne immer im Osten aufgingen, im Süden ihren höchsten Stand erreichten und im Westen wieder verschwanden. Das ganze astronomische Wissen seiner Zeit zusammenfassend, entwickelte CLAUDIUS PTOLEMÄUS aus Alexandria (um 100–um 160 n.Chr.) das folgende geozentrische System der Welt, das fast 1500 Jahre lang Gültigkeit besitzen sollte: Die Erde ruht fest im Mittelpunkt des Kosmos und wird von den

1 **periodisch:** regelmäßig wiederkehrend

Planeten, zu denen auch Mond und Sonne zählen, auf kristallenen Schalen (Sphären)
25 umkreist. Auf der äußersten Schale befinden sich die fest verankerten Fixsterne. Die Planeten sollten sich auf Kreisbahnen bewegen, weil der Kreis als perfekte geometrische Form galt. Um den beobachtbaren Lauf der Plane-
30 ten erklären zu können, mussten aber zusätzliche („epizyklische") Kreisbewegungen in das Modell eingeführt werden, das mit der Zeit immer komplizierter und unzureichender wurde.
35 Der frühen christlichen Kirche war dieses Weltsystem genehm, weil es den Menschen als Ebenbild Gottes in den Mittelpunkt des Universums stellte.

Das kopernikanische Weltsystem

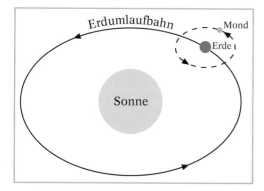

Aber es gab kritische Geister, die andere Modelle zur Einordnung der Planeten- und Sternenwelt vorschlugen. So hatte ARISTARCH VON SAMOS schon 250 v. Chr. die Modellvorstel-
5 lung entwickelt, dass die Erde sich zum einen um eine Achse durch ihre Mitte um sich selbst und zum anderen um die Sonne drehe. Doch seine Forschungen und Gedanken fanden wenig Zustimmung und kaum Verbreitung.
10 Das ptolemäische Weltsystem entsprach mehr der Vorstellung der damaligen zivilisierten Menschheit, zumal ARISTOTELES (384–322 v. Chr.), der größte Gelehrte der Antike und gläubig verehrte Lehrer, in diesem Punkt ein
15 ähnlich falsches Modell entworfen hatte.
Erst NIKOLAUS KOPERNIKUS (1473–1543) griff die scheinbar so abstrakten Gedanken von Aristarch wieder auf. Sein Werk „De revolutionibus orbium coelestium" (dt. „Über die

Umläufe der Himmelskörper") ließ er jedoch, 20 um nicht eventuell der Lächerlichkeit preisgegeben zu werden, erst veröffentlichen, als er seinen Tod nahe fühlte. Die wesentlichen Aussagen seines Lebenswerkes lauteten: Die Sonne ist das Zentrum des Weltalls. Die Erde 25 bewegt sich wie die anderen Planeten auf einer Kreisbahn um die Sonne. Die Umlaufdauer der Erde um die Sonne beträgt genau ein Jahr. Der Mond ist ein Planet der Erde und umkreist diese in 27 Tagen einmal. Die Erde 30 selbst dreht sich pro Tag gerade einmal um ihre eigene Achse von Westen nach Osten. Da die Menschen sich dabei mitdrehen, sehen sie alles, was im Weltall um sie ausgebreitet ist, einmal im Laufe eines Tages nacheinander an 35 sich vorbeiziehen. Tag und Nacht, die Mondab- und -zunahme, Sonnen- und Mondfinsternis konnte Kopernikus leicht erklären. Kopernikus' Gedanken waren für die Zeit zu kühn. Sein Werk wurde nicht recht ernst ge- 40 nommen. Aber es leitete ein neues Zeitalter ein.

Bertolt Brecht

Leben des Galilei, 1. Bild
(Beginn)

I
Galileo Galilei, Lehrer der Mathematik zu Padua, will das neue kopernikanische Weltsystem beweisen.

In dem Jahr sechzehnhundertundneun
Schien das Licht des Wissens hell 5
Zu Padua aus einem kleinen Haus.
Galileo Galilei rechnete aus:
Die Sonn steht still, die Erd kommt von
  der Stell.

Das ärmliche Studierzimmer des Galilei in
Padua. Es ist morgens. Ein Knabe, Andrea, 10
der Sohn der Haushälterin, bringt ein Glas
Milch und einen Wecken. ®

---

1. Vergleichen Sie die beiden Weltsysteme:
   a) Die Erde im Mittelpunkt des Universums, von kristallenen Schalen umgeben. Wie mögen sich die Menschen in alter Zeit in diesem Weltbild gefühlt haben?

b) Worin sehen Sie die entscheidenden Unterschiede zwischen den beiden Weltsystemen?

2. Der Szenentitel, das vorangestellte Epigramm und die einleitende Regieanweisung entfalten in knappster Form das Problem des Stücks „Leben des Galilei".

 a) Versuchen Sie den Beginn des Stücks möglichst genau zu interpretieren.

 b) Skizzieren Sie in Stichworten, wie die Handlung des Stückes aussehen könnte.

Bertolt Brecht

Leben des Galilei, 1. Bild (Auszug)

GALILEI: Hast du, was ich dir gestern sagte, inzwischen begriffen?

ANDREA: Was? Das mit dem Kippernikus seinem Drehen?

5 GALILEI: Ja.

ANDREA: Nein. Warum wollen Sie denn, daß ich es begreife? Es ist sehr schwer, und ich bin im Oktober erst elf.

GALILEI: Ich will gerade, daß auch du es be-
10 greifst. Dazu, daß man es begreift, arbeite ich und kaufe die teuren Bücher, statt den Milchmann zu bezahlen.

ANDREA: Aber ich sehe doch, daß die Sonne abends woanders hält als morgens. Da kann
15 sie doch nicht stillstehen! Nie und nimmer.

GALILEI: Du siehst! Was siehst du? Du siehst gar nichts. Du glotzt nur. Glotzen ist nicht sehen. *Er stellt den eisernen Waschschüsselständer in die Mitte des Zimmers.* Also das ist
20 die Sonne. Setz dich. *Andrea setzt sich auf den einen Stuhl. Galilei steht hinter ihm.* Wo ist die Sonne, rechts oder links?

ANDREA: Links.

GALILEI: Und wie kommt sie nach rechts?

25 ANDREA: Wenn Sie sie nach rechts tragen, natürlich.

GALILEI: Nur so? *Er nimmt ihn mitsamt dem Stuhl auf und vollführt mit ihm eine halbe Drehung.* Wo ist jetzt die Sonne?

30 ANDREA: Rechts.

GALILEI: Und hat sie sich bewegt?

ANDREA: Das nicht.

GALILEI: Was hat sich bewegt?

ANDREA: Ich.

35 GALILEI *brüllt:* Falsch! Dummkopf! Der Stuhl!

ANDREA: Aber ich mit ihm!

GALILEI: Natürlich. Der Stuhl ist die Erde. Du sitzt drauf.

FRAU SARTI *ist eingetreten, das Bett zu machen. Sie hat zugeschaut:* Was machen Sie 40 eigentlich mit meinem Jungen, Herr Galilei?

GALILEI: Ich lehre ihn sehen, Sarti.

FRAU SARTI: Indem Sie ihn im Zimmer herumschleppen?

ANDREA: Laß doch, Mutter. Das verstehst du 45 nicht.

FRAU SARTI: So? Aber du verstehst es, wie? Ein junger Herr, der Unterricht wünscht. Sehr gut angezogen und bringt einen Empfehlungsbrief. *Übergibt diesen.* Sie bringen meinen 50 Andrea noch so weit, daß er behauptet, zwei mal zwei ist fünf. Er verwechselt schon alles, was Sie ihm sagen. Gestern abend bewies er mir schon, daß die Erde sich um die Sonne dreht. Er ist fest überzeugt, daß ein Herr na- 55 mens Kippernikus das ausgerechnet hat.

ANDREA: Hat es der Kippernikus nicht ausgerechnet, Herr Galilei? Sagen Sie es ihr selber!

FRAU SARTI: Was, Sie sagen ihm wirklich einen solchen Unsinn? Daß er es in der Schu- 60 le herumplappert und die geistlichen Herren zu mir kommen, weil er lauter unheiliges Zeug vorbringt. Sie sollten sich schämen, Herr Galilei.

GALILEI *frühstückend:* Auf Grund unserer 65 Forschungen, Frau Sarti, haben, nach heftigem Disput, Andrea und ich Entdeckungen gemacht, die wir nicht länger der Welt gegenüber geheimhalten können. Eine neue Zeit ist angebrochen, ein großes Zeitalter, in dem zu 70 leben eine Lust ist.

FRAU SARTI: So. Hoffentlich können wir auch den Milchmann bezahlen in dieser neuen Zeit, Herr Galilei. *Auf den Empfehlungsbrief deutend.* Tun Sie mir den einzigen Gefallen 75 und schicken Sie den nicht auch wieder weg. Ich denke an die Milchrechnung. *Ab.*

GALILEI *lachend:* Lassen Sie mich wenigstens meine Milch austrinken! – *Zu Andrea:* Einiges haben wir gestern also doch verstan- 80 den!

ANDREA: Ich habe es ihr nur gesagt, damit sie sich wundert. Aber es stimmt nicht. Den Stuhl mit mir haben Sie nur seitwärts um sich selber gedreht und nicht so. *Macht eine Armbewe-* 85 *gung vornüber.* Sonst wäre ich nämlich heruntergefallen, und das ist ein Fakt. Warum haben Sie den Stuhl nicht vorwärts gedreht?

Weil dann bewiesen ist, daß ich von der Erde
90 ebenfalls herunterfallen würde, wenn sie sich
so drehen würde. Da haben Sie's.
GALILEI: Ich habe dir doch bewiesen...
ANDREA: Aber heute nacht habe ich gefunden,
daß ich da ja, wenn die Erde sich so drehen
95 würde, mit dem Kopf die Nacht nach unten
hängen würde. Und das ist ein Fakt.
GALILEI *nimmt einen Apfel vom Tisch:* Also
das ist die Erde.
ANDREA: Nehmen Sie nicht lauter solche Bei-
.00 spiele, Herr Galilei. Damit schaffen Sie's immer.
GALILEI *den Apfel zurücklegend:* Schön.
ANDREA: Mit Beispielen kann man es immer
schaffen, wenn man schlau ist. Nur, ich kann
05 meine Mutter nicht in einem Stuhl herumschleppen wie Sie mich. Da sehen Sie, was das
für ein schlechtes Beispiel ist. Und was ist,
wenn der Apfel also die Erde ist? Dann ist gar
nichts.
10 GALILEI *lacht:* Du willst es ja nicht wissen.
ANDREA: Nehmen Sie ihn wieder. Wieso hänge ich nicht mit dem Kopf nach unten nachts?
GALILEI: Also hier ist die Erde, und hier stehst
du. *Er steckt einen Holzsplitter von einem*
15 *Ofenscheit in den Apfel.* Und jetzt dreht sich
die Erde.

ANDREA: Und jetzt hänge ich mit dem Kopf
nach unten.
GALILEI: Wieso? Schau genau hin! Wo ist der
Kopf? 120
ANDREA *zeigt am Apfel:* Da. Unten.
GALILEI: Was? *Er dreht zurück.* Ist er etwa
nicht an der gleichen Stelle? Sind die Füße
nicht mehr unten? Stehst du etwa, wenn ich
drehe, so? *Er nimmt den Splitter heraus und* 125
dreht ihn um.
ANDREA: Nein. Und warum merke ich nichts
von der Drehung?
GALILEI: Weil du sie mitmachst! Du und die
Luft über dir und alles, was auf der Kugel ist. 130
ANDREA: Und warum sieht es so aus, als ob die
Sonne läuft?
GALILEI *dreht wieder den Apfel mit dem*
Splitter: Also unter dir siehst du die Erde, die
bleibt gleich, sie ist immer unten und bewegt 135
sich für dich nicht. Aber jetzt schau über dich.
Nun ist die Lampe über deinem Kopf, aber
jetzt, was ist jetzt, wenn ich gedreht habe, über
deinem Kopf, also oben?
ANDREA *macht die Drehung mit:* Der Ofen. 140
GALILEI: Und wo ist die Lampe?
ANDREA: Unten.
GALILEI: Aha!
ANDREA: Das ist fein, das wird sie wundern. R

---

1. „Er nimmt ihn mitsamt dem Stuhl auf und vollführt mit ihm eine halbe Drehung" (▷ Z. 27 ff.). Spielen Sie
   nach, wie Galilei seinem Schüler Andrea das neue Weltbild demonstriert.

2. „Galilei dreht wieder den Apfel mit dem Splitter" (▷ Z. 133 f.). Stellen Sie die Situation in Form eines Stand-
   bilds dar. Sie können sich dabei an folgendem Ablauf-Schema orientieren:

Standbild bauen

1. Der Erbauer oder die Erbauerin des Standbildes (= Regisseur) sucht sich diejenigen Personen aus der Gruppe aus, die von ihrer äußeren Erscheinung her in das Bild passen, das er/sie vor Augen hat (also Eignung im Hinblick auf Körpergröße, Geschlecht, Haare, Statur usw.).

2. Der Regisseur baut mit den ausgewählten Mitspielerinnen und Mitspielern das Bild Schritt für Schritt auf, indem er die Haltung der Mitspieler so lange mit seinen Händen formt, bis sie die richtige Position eingenommen haben. Der Gesichtsausdruck (die Mimik) kann vom Regisseur vorgemacht und dann vom jeweiligen Spieler nachgespielt werden. Die Mitspieler müssen sich dabei völlig passiv verhalten: Sie dürfen sich nicht gegen bestimmte Haltungen sperren.

3. Während der „Bauphase" wird nicht gesprochen.

4. Wenn das Standbild fertig komponiert ist, erstarren alle Spieler für 30 bis 60 Sekunden, um sich selbst meditativ in die eingenommene Haltung einzufühlen und um den Beobachterinnen und Beobachtern Gelegenheit zu geben, das entstandene Bild wirken zu lassen.

5. Danach wird das Standbild beschrieben und interpretiert: zuerst von den Beobachtern, dann von den Spielern. Dabei kommt es vor allem darauf an, die Beziehungen zwischen den Spielern zu deuten. Man kann auch versuchen, eine Überschrift oder ein Thema zu definieren, und dann den Regisseur fragen, ob er zustimmt.

6. Zum Schluss wird der Regisseur befragt, welche Absichten er beim Bau des Standbildes gehabt hat.

7. Wenn keine Einigkeit über die Deutung des Bildes zu erzielen ist, kann der Regisseur aufgefordert werden, das Standbild zu verändern. Ebenso gut kann eine andere Schülerin oder ein anderer Schüler zum Regisseur ernannt werden, der dann eine Korrektur vornimmt.

Hilbert Meyer

3. Für Brecht ist das Theater ein „wissenschaftliches Labor", um die Zuschauer/innen an der experimentellen Entwicklung von Erkenntnissen zu beteiligen.
   a) Wie müsste der Darsteller des Galilei agieren, um die Zuschauer/innen aktiv am Erkenntnisprozess zu beteiligen?
   b) „Glotzen ist nicht sehen" (▷ Z. 17f.). Kommentieren Sie diesen Schlüsselsatz der ersten Szene.

Bertolt Brecht

Leben des Galilei.
Titel der 15 Szenen

1 Galileo Galilei, Lehrer der Mathematik zu Padua, will das neue kopernikanische Weltsystem beweisen

2 Galilei überreicht der Republik Venedig eine neue Erfindung

3 10. Januar 1616: Vermittels des Fernrohrs entdeckt Galilei am Himmel Erscheinungen, welche das kopernikanische System beweisen. Von seinem Freund vor den möglichen Folgen seiner Forschungen gewarnt, bezeugt Galilei seinen Glauben an die menschliche Vernunft

4 Galilei hat die Republik Venedig mit dem Florentiner Hof vertauscht. Seine Entdeckungen durch das Fernrohr stoßen in der dortigen Gelehrtenwelt auf Unglauben

5 Uneingeschüchtert auch durch die Pest setzt Galilei seine Forschungen fort

6 1616: Das Collegium Romanum, Forschungsinstitut des Vatikans, bestätigt Galileis Entdeckungen

7 Aber die Inquisition[1] setzt die kopernikanische Lehre auf den Index[2] (5. März 1616)

8 Ein Gespräch

9 Nach achtjährigem Schweigen wird Galilei durch die Thronbesteigung eines neuen

1 **Inquisition:** kirchliche Einrichtung zur Verfolgung von Denkern, die von der kirchlichen Lehre abwichen
2 **Index:** Verzeichnis der von der Kirche verbotenen Bücher

Papstes, der selbst Wissenschaftler ist, er-
mutigt, seine Forschungen auf dem verbotenen Feld wieder aufzunehmen. Die Son-
nenflecken
10 Im folgenden Jahrzehnt findet Galileis
Lehre beim Volk Verbreitung. Pamphle-
tisten und Balladensänger greifen überall
die neuen Ideen auf. Während der Fast-
nacht 1632 wählen viele Städte Italiens als
Thema der Fastnachtsumzüge der Gilden
die Astronomie
11 1633: Die Inquisition beordert den weltbe-
kannten Forscher nach Rom

12 Der Papst
13 Galilei widerruft vor der Inquisition am
22. Juni 1633 seine Lehre von der Bewegung der Erde
14 1633–1642. Galileo Galilei lebt in einem
Landhaus in der Nähe von Florenz, bis zu
seinem Tode ein Gefangener der Inquisition. Die „Discorsi[3]"
15 1637. Galileis Buch „Discorsi" überschreitet die italienische Grenze

3 **„Discorsi":** Galileis Hauptwerk, in dem er seine wissenschaftlichen Forschungen zusammenfasste

Biografie Bertolt Brechts

BERTOLT BRECHT wurde am 10. 2. 1898 in Augs-
burg geboren. Er wuchs in gesicherten bürgerlichen Verhältnissen auf. Nach seinem Abitur
(1917) studierte Brecht in München Philosophie, Literatur und Medizin. Seit 1924 arbeitete Brecht als Dramaturg an MAX REINHARDTS
Deutschem Theater in Berlin. Das Studium
der Schriften von KARL MARX (1818–1883),
vor allem aber auch die Zusammenarbeit mit
dem bedeutenden Regisseur ERWIN PISCATOR,
der durch sein Theater politische Veränderungen bewirken wollte, prägten Brecht nachhaltig.
Obwohl sich Brecht als Theaterkritiker, Verfasser von Gedichten, Liedern und Moritaten
sowie als Dramatiker bereits einen Namen gemacht hatte, wurde doch erst sein Theaterstück „Die Dreigroschenoper" (Uraufführung
am 31. 8. 1928 in Berlin) zu einem weltweiten
Erfolg. Nun reiften in Brecht auch Ideen für
die Konzeption einer neuen Theaterform, bei
welcher der Zuschauer nicht mehr nur passi-
ver Betrachter sein, sondern eine kritische
und engagierte Haltung einnehmen sollte.
In den Anmerkungen zu seiner Oper „Aufstieg und Fall der Stadt Mahagonny" (1929)
formulierte Brecht die dramaturgischen Gesetze des so genannten ▷ **epischen Theaters,**
das nach seinem Verständnis immer auch mar-
xistisches Theater war.
Nach dem Machtantritt durch die Nationalsozialisten im Januar 1933 musste Brecht
Deutschland verlassen. Seine Dichtungen
wurden als „undeutsches Schrifttum" verbrannt, ihm selbst wurde am 8. 6. 1933 die

Bertolt Brecht (1931)

deutsche Staatsbürgerschaft aberkannt. In seinem Exil in Skandinavien (zuerst Dänemark,
dann Schweden) entstand 1938/39 auch sein
Theaterstück „Leben des Galilei", das am
9. 9. 1943 im Züricher Schauspielhaus urauf-
geführt wurde. Über Finnland und Russland
floh Brecht 1941 in die USA nach Santa Mo-
nica, einem Vorort von Los Angeles. Erst 1948
kehrte Brecht nach Deutschland (Ost-Berlin)
zurück. Das von ihm gegründete **Berliner En-
semble** erlangte Weltruhm. Am 14. 8. 1956 starb
Bertolt Brecht in Berlin.

Bertolt Brecht

Verfremden und Demonstrieren
(1948)

44. Das lange nicht Geänderte nämlich scheint unänderbar. Allenthalben treffen wir auf etwas, das zu selbstverständlich ist, als daß wir uns bemühen müßten, es zu verstehen. Was sie miteinander erleben, scheint den Menschen das gegebene menschliche Erleben. Das Kind, lebend in der Welt der Greise, lernt, wie es dort zugeht. Wie die Dinge eben laufen, so werden sie ihm geläufig. [...] Damit all dies viele Gegebene ihm als ebensoviel Zweifelhaftes erscheinen könnte, müßte er jenen fremden Blick entwickeln, mit dem der große Galilei einen ins Pendeln gekommenen Kronleuchter betrachtete. Den verwunderten diese Schwingungen, als hätte er sie so nicht erwartet und verstünde es nicht von ihnen, wodurch er dann auf die Gesetzmäßigkeit kam. Diesen Blick, so schwierig wie produktiv, muß das Theater mit seinen Abbildungen des menschlichen Zusammenlebens provozieren. Es muß sein Publikum wundern machen, und dies geschieht vermittels einer Technik der Verfremdung des Vertrauten.

49. Dies, daß der Schauspieler in zweifacher Gestalt auf der Bühne steht, als Laughton[1] und als Galilei, daß der zeigende Laughton nicht verschwindet in dem gezeigten Galilei, was dieser Spielweise auch den Namen „die epische" gegeben hat, bedeutet schließlich nicht mehr, als daß der wirkliche, der profane Vorgang nicht mehr verschleiert wird – steht doch auf der Bühne tatsächlich Laughton und zeigt, wie er sich den Galilei denkt. [R]

[1] Der Schauspieler **Charles Laughton** entwickelte zusammen mit Brecht während dessen Exil in den USA die englische Fassung von „Leben des Galilei" und spielte auch die Titelrolle.

---

1. Erklären Sie anhand der Szenenausschnitte des 1. Bildes (▷ S. 53 ff.) die Technik der Verfremdung und der Demonstration. Ziehen Sie die Informationen zum epischen Theater auf den Seiten 166 ff. hinzu.
2. Die Titel der 15 Szenen (▷ S. 56 f.) fassen jeweils das Geschehen des folgenden Auftritts zusammen und machen es vorwegnehmend bekannt. Dies kann bei einer Aufführung z. B. durch eine Projektion erfolgen, die während der gesamten Szene sichtbar bleibt. Inwiefern unterstützt dieser Vorgang die Intention des epischen Theaters?
3. Versuchen Sie Zusammenhänge zwischen Brechts Theatertheorie und seiner biografischen Entwicklung herzustellen.

3.2 Galileis Schlussrede: Verantwortung des Wissenschaftlers

Bertolt Brecht hat sich über einen langen Zeitraum hinweg mit dem historischen Galilei-Stoff befasst. Die erste Bühnenfassung, die so genannte **dänische Fassung,** entstand im Exil 1938/39. Eine zweite, deutlich veränderte Fassung, die **amerikanische Fassung,** entstand in englischer Sprache 1944/47. Sie wurde ins Deutsche unter Verschärfung der schon in der amerikanischen Fassung angelegten Tendenz rückübersetzt (so genannte **Berliner Fassung,** 1955/56). Die Unterschiede zwischen der ersten und den folgenden Fassungen, die von grundsätzlicher Art sind, werden erst verständlich, wenn man den jeweiligen historischen Entstehungskontext beachtet. **„Historisierung"** und **„Widerspruch"** sind zwei wesentliche Elemente des epischen Theaters. Historisierung ermöglicht dem Zuschauer einen distanzierten Blick auf das Geschehen. Widersprüche im Verhalten der Figuren sollen den Zuschauer zur Reflexion gesellschaftlicher Zusammenhänge anregen. Brecht selbst hat die Widersprüchlichkeit der Galilei-Figur mehrfach kommentiert.

Der historische Galilei

Galilei, Galileo, italien. Naturforscher, * Pisa
15. 2. 1564, † Arcctri bei Florenz 8. 1. 1642, war
1589–92 Prof. in Pisa,
1592–1610 in Padua; nach

5 Pisa zurückberufen, wurde
er zugleich Mathematiker
am großherzogl. Hof in
Florenz. Durch seine Un-
tersuchungen zur Fall- und

10 Wurfbewegung begründete
G. die moderne Kinematik.
Mit einem selbst gebauten
Fernrohr entdeckte er u. a.
die Phasen der Venus, die

15 Unebenheit der Mondober-
fläche, die Jupitermonde
(7. 1. 1610). G. begründete
die mathematische Natur-
wissenschaft: ihre Aufgabe

20 sei die Aufstellung allge-
meiner Sätze, aus denen

Erscheinungen erklärbar sind (*kompositori-
sche Methode*), und die messende Zergliede-
rung des Einzelfalls, die zur Prüfung der
Hypothese als eines Naturgesetzes führt 25
(*resolutive Methode*). Dadurch geriet er in
einen scharfen Gegensatz zum Aristotelis-
mus als der herrschenden kirchl. Lehre, der
sich an der Frage des
kopernikan. Weltsystems 30
zum offenen Konflikt ent-
zündete. 1615/16 fand in
Rom der erste Inquisitions-
prozess gegen G. statt, in
dem G. zum Schweigen 35
verurteilt wurde. Als er
1632 in seiner Schrift über
das ptolemäische und
kopernikan. Weltsystem
seine Lehre wiederholte, 40
wurde er in einem zweiten
Prozess 1633 unter An-
drohung der Folter zum
Widerruf gezwungen. In
kirchl. Haft widmete er 45
sich weiteren astron. und
mechan. Untersuchungen;
1637 erblindete er. Erst 1835 wurden seine
verbotenen Werke vom Index gestrichen.

aus: dtv-Lexikon 50

Klaus Völker
Der dramatische Galilei

Brecht unternimmt bei der Gestaltung des
Stoffes keine wesentlichen historischen Eingriffe. Er erfindet die aus der arbeitenden Klasse stammenden Schüler und Gehilfen des Ga-

5 lilei, überbetont die Abneigung des Gelehrten
gegen seine Gelehrtensprache und lässt seinen „Hausarrest" in einem zu scharfen Licht
erscheinen. Gewichtiger ist dann schon das
Auslassen der historischen Begegnung zwi-

10 schen Papst Urban VIII. und Galilei, die für
den Wissenschaftler mit dem mageren Ergebnis endete, dass er trotz des Verdiktes die
Überlegungen des Kopernikus in „hypotheti-
scher" Form anstellen und niederlegen durfte.
Hierauf folgte die Niederschrift des Werkes 15
Dialog über die beiden Weltsysteme. Durch
das Vernachlässigen dieses Aufeinandertref-
fens vermeidet es Brecht, den Papst zur dramatischen Gegenfigur erstarken zu lassen,
und kennzeichnet ihn so als Teil der Inquisiti- 20
on, der er nur einige persönliche Vorbehalte
entgegenzubringen hat. Die Vernunft steht
auch im Dienst der Machterhaltung. Für die
Figur des Galilei ist so der historische Konflikt
zwischen Glauben und Wissen aufgehoben zu 25
Gunsten der Person eines Wissenschaftlers,
der nicht gläubig, sondern aufklärerisch sich
verhält. Galilei sieht visionär das Licht der
kommenden Zeit.

Bertolt Brecht
Zur dänischen und zur
amerikanischen Fassung

Das „Leben des Physikers Galilei" wurde in jenen finsteren letzten Monaten des Jahres 1938
geschrieben, als viele den Vormarsch des Faschismus für unaufhaltsam und den endgültigen Zusammenbruch der westlichen Zivilisa- 5
tion für gekommen hielten. In der Tat stand
die große Epoche vor dem Abschluß, die der
Welt den Aufschwung der Naturwissenschaf-

10 ten und die neuen Künste der Musik und des Theaters gebracht hatte. Die Erwartung einer barbarischen und „geschichtslosen" Epoche war beinahe allgemein. Nur wenige sahen die neuen Kräfte sich bilden und spürten die Vita-
15 lität der neuen Ideen. Selbst die Bedeutung der Begriffe „alt" und „neu" war verdunkelt. Die Lehren der sozialistischen Klassiker hatten den Reiz des Neuen eingebüßt und schienen einer abgelebten Zeit anzugehören. *(1944/45)*

20 Als ich in den ersten Jahren des Exils in Dänemark das Stück „Leben des Galilei" schrieb, halfen mir bei der Rekonstruktion des ptolemäischen Weltbilds Assistenten Niels Bohrs, arbeitend an dem Problem der Zertrümme-
25 rung des Atoms. Meine Absicht war unter anderem, das ungeschminkte Bild einer neuen

Zeit zu geben – ein anstrengendes Unternehmen, da jedermann ringsum überzeugt war, daß unserer eigenen alles zu einer neuen Zeit fehlte. Nichts an diesem Aspekt hatte sich
30 geändert, als ich, Jahre danach, daran ging, zusammen mit Charles Laughton eine amerikanische Fassung des Stückes herzustellen. Das „atomarische Zeitalter" machte sein Debüt in Hiroshima[1] in der Mitte unserer Arbeit. Von
35 heute auf morgen las sich die Biographie des Begründers der neuen Physik anders. Der infernalische Effekt der Großen Bombe stellte den Konflikt des Galilei mit der Obrigkeit seiner Zeit in ein neues, schärferes Licht. Wir
40 hatten nur wenige Änderungen zu machen, keine einzige in der Struktur. *(1947)* ☐R

1 **Hiroshima:** die japanische Hafenstadt wurde am 6.8.1945 durch den ersten Abwurf einer Atombombe von den USA zerstört.

Bertolt Brecht
Leben des Galilei, 14. Bild
(Schlussmonolog)

Dänische Fassung (1938/39)

GALILEI: Ich habe mir in freien Stunden, deren ich viele habe, überlegt, wie in den Augen der wissenschaftlichen Welt, der ich ja nicht mehr angehöre, wenn ich auch noch einige ih-
5 rer Gedankengänge kenne, mein Verhalten erscheinen muß. *Akademisch sprechend, die Hände über dem Bauch gefaltet:* Sie wird zu erwägen haben, ob sie sich damit begnügen kann, daß ihre Mitglieder an sie eine be-
10 stimmte Anzahl von Sätzen abliefern, sagen wir über die Tendenzen fallender Körper oder die Bewegungen gewisser Gestirne. Ich habe mich, wie erwähnt, von der Denkweise der Wissenschaft ausgeschlossen, jedoch nehme
15 ich an, daß sie bei Gefahr der Vernichtung nicht imstande sein wird, ihren Mitgliedern alle weiter gehenden Verpflichtungen zu erlassen. Zum Beispiel die Verpflichtung, an der Aufrechterhaltung ihrer selbst als Wissen-
20 schaft mitzuarbeiten. Selbst ein Wollhändler muß, außer billig einzukaufen und solide Wolle zu liefern, auch noch darum besorgt sein, daß der Handel mit Wolle überhaupt erlaubt ist und vor sich gehen kann. Demzufolge kann
25 ein Mitglied der wissenschaftlichen Welt logi-

scherweise nicht auf seine etwaigen Verdienste als Forscher verweisen, wenn er versäumt hat, seinen Beruf als solchen zu ehren und zu verteidigen gegen alle Gewalt. Dies ist aber ein umfangreiches Geschäft. Denn die Wissen-
30 schaft beruht darauf, daß man die Fakten nicht den Meinungen unterwerfen darf, sondern die Meinungen den Fakten unterwerfen muß. Sie ist nicht in der Lage, diese Sätze einschränken zu lassen und sie nur für »einige
35 Meinungen« und »die und die Fakten« aufzustellen. Um sicher zu sein, daß diese Sätze allzeit uneingeschränkt von ihr vollzogen werden können, muß die Wissenschaft dafür kämpfen, daß sie auf allen Gebieten geachtet
40 werden. Die Wissenschaft befindet sich nämlich mit der gesamten Menschheit in einem Boot. So kann sie nicht etwa sagen: Was geht es mich an, wenn am andern Ende des Bootes ein Leck ist! Die Wissenschaft kann Men-
45 schen, die es versäumen, für die Vernunft einzutreten, nicht brauchen. Sie muß sie mit Schande davonjagen. Denn sie mag so viele Wahrheiten wie immer wissen, in einer Welt der Lüge hätte sie keinen Bestand. Wenn die
50 Hand, die sie füttert, ihr gelegentlich und ohne Warnung an die Gurgel greift, wird die Menschheit sie abhauen müssen. Das ist der Grund, warum die Wissenschaft einen Menschen wie mich nicht in ihren Reihen dulden
55 kann.

Berliner Fassung (1955/56)

GALILEI *akademisch die Hände über dem Bauch gefaltet*: In meinen freien Stunden, deren ich viele habe, bin ich meinen Fall durchgegangen und habe darüber nachge-
5 dacht, wie die Welt der Wissenschaft, zu der ich mich selber nicht mehr zähle, ihn zu beurteilen haben wird. Selbst ein Wollhändler muß, außer billig einkaufen und teuer verkaufen, auch noch darum besorgt sein, daß der
10 Handel mit Wolle unbehindert vor sich gehen kann. Der Verfolg der Wissenschaft scheint mir diesbezüglich besondere Tapferkeit zu erheischen. Sie handelt mit Wissen, gewonnen durch Zweifel. Wissen verschaffend über alles
15 für alle, trachtet sie, Zweifler zu machen aus allen. Nun wird der Großteil der Bevölkerung von ihren Fürsten, Grundbesitzern und Geistlichen in einem perlmutternen Dunst von Aberglauben und alten Wörtern gehalten,
20 welcher die Machinationen[1] dieser Leute verdeckt. Das Elend der Vielen ist alt wie das Gebirge und wird von Kanzel und Katheder herab für unzerstörbar erklärt wie das Gebirge. Unsere neue Kunst des Zweifelns entzückte
25 das große Publikum. Es riß uns das Teleskop aus der Hand und richtete es auf seine Peiniger. Diese selbstischen und gewalttätigen Männer, die sich die Früchte der Wissenschaft gierig zunutze gemacht haben, fühlten zugleich
30 das kalte Auge der Wissenschaft auf ein tausendjähriges, aber künstliches Elend gerichtet, das deutlich beseitigt werden konnte, indem sie beseitigt wurden. Sie überschütteten uns mit Drohungen und Bestechungen, unwi-
35 derstehlich für schwache Seelen. Aber können wir uns der Menge verweigern und doch Wissenschaftler bleiben? Die Bewegungen der Himmelskörper sind übersichtlicher geworden; immer noch unberechenbar sind den
40 Völkern die Bewegungen ihrer Herrscher. Der Kampf um die Meßbarkeit des Himmels ist gewonnen durch Zweifel; durch Gläubigkeit muß der Kampf der römischen Hausfrau um Milch immer aufs neue verlorengehen. Die
45 Wissenschaft, Sarti, hat mit beiden Kämpfen zu tun. Eine Menschheit, stolpernd in diesem

tausendjährigen Perlmutterdunst von Aberglauben und alten Wörtern, zu unwissend, ihre eigenen Kräfte voll zu entfalten, wird nicht fähig sein, die Kräfte der Natur zu ent- 50 falten, die ihr enthüllt. Wofür arbeitet ihr? Ich halte dafür, daß das einzige Ziel der Wissenschaft darin besteht, die Mühseligkeit der menschlichen Existenz zu erleichtern. Wenn Wissenschaftler, eingeschüchtert durch 55 selbstsüchtige Machthaber, sich damit begnügen, Wissen um des Wissens willen aufzuhäufen, kann die Wissenschaft zum Krüppel gemacht werden, und eure neuen Maschinen mögen nur neue Drangsale be- 60 deuten. Ihr mögt mit der Zeit alles entdecken, was es zu entdecken gibt, und euer Fortschritt wird doch nur ein Fortschreiten von der Menschheit weg sein. Die Kluft zwischen euch und ihr kann eines Tages so 65 groß werden, daß euer Jubelschrei über irgendeine neue Errungenschaft von einem universalen Entsetzensschrei beantwortet werden könnte. – Ich hatte als Wissenschaftler eine einzigartige Möglichkeit. In meiner 70 Zeit erreichte die Astronomie die Marktplätze. Unter diesen ganz besonderen Umständen hätte die Standhaftigkeit eines Mannes große Erschütterungen hervorrufen können. Hätte ich widerstanden, hätten die 75 Naturwissenschaftler etwas wie den hippokratischen Eid der Ärzte entwickeln können, das Gelöbnis, ihr Wissen einzig zum Wohle der Menschheit anzuwenden! Wie es nun steht, ist das Höchste, was man erhoffen 80 kann, ein Geschlecht erfinderischer Zwerge, die für alles gemietet werden können. Ich habe zudem die Überzeugung gewonnen, Sarti, daß ich niemals in wirklicher Gefahr schwebte. Einige Jahre war ich ebenso stark 85 wie die Obrigkeit. Und ich überlieferte mein Wissen den Machthabern, es zu gebrauchen, es nicht zu gebrauchen, es zu mißbrauchen, ganz, wie es ihren Zwecken diente. *Virginia ist mit einer Schüssel hereingekommen und* 90 *bleibt stehen.* Ich habe meinen Beruf verraten. Ein Mensch, der das tut, was ich getan habe, kann in den Reihen der Wissenschaft nicht geduldet werden. ®

---

1 **Machinationen:** Machenschaften, Tricks

1. a) In welchem Konflikt befand sich der historische Galilei (▷ S. 59)?
   b) Wie hat Brecht die Konfliktlage Galileis gegenüber der historischen Vorlage verändert?
2. Führen Sie einen detaillierten Vergleich der dänischen und der Berliner Fassung (▷ S. 60/61) durch.
   Halten Sie Ihre Untersuchungsergebnisse in einer Tabelle fest:

		Dänische Fassung	Berliner Fassung
Unterschiede	inhaltlich		
	sprachlich		
Gemeinsamkeiten	inhaltlich		
	sprachlich		

3. Erläutern Sie mit eigenen Worten, welche Rolle die veränderte historische Situation für die unterschiedlichen Fassungen des „Galilei" spielt. Ziehen Sie dazu Brechts Kommentar (▷ S. 59 f.) zu Rate.

Bertolt Brecht

Preis oder Verdammung des Galilei? (1947)

Es wäre eine große Schwäche des Werkes, wenn die Physiker recht hätten, die mir – im Ton der Billigung – sagten, Galileis Widerruf seiner Lehre sei trotz einiger „Schwankun-
5 gen" als vernünftig dargestellt mit der Begrün-
dung, dieser Widerruf habe ihm ermöglicht, seine wissenschaftlichen Arbeiten fortzu-
führen und der Nachwelt zu überliefern. In Wirklichkeit hat Galilei die Astronomie und
10 die Physik bereichert, indem er diese Wissen-
schaften zugleich eines Großteils ihrer gesell-
schaftlichen Bedeutung beraubte. Mit ihrer Diskreditierung[1] der Bibel und der Kirche standen sie eine Zeitlang auf der Barrikade für
15 *allen* Fortschritt. Es ist wahr, der Umschwung vollzog sich trotzdem in den folgenden Jahr-
hunderten, und sie waren daran beteiligt, aber es war eben ein Umschwung anstatt einer Revolution, der Skandal artete sozusagen in ei-
20 nen Disput aus, unter Fachleuten. Die Kirche und mit ihr die gesamte Reaktion[2] konnte einen geordneten Rückzug vollziehen und ihre Macht mehr oder weniger behaupten. Was

diese Wissenschaften selber betrifft, erklom-
men sie nie mehr die damalige große Stellung 25
in der Gesellschaft, kamen nie mehr in solche Nähe zum Volk.
Galileis Verbrechen kann als die „Erbsünde" der modernen Naturwissenschaften betrachtet werden. Aus der neuen Astronomie, die ei- 30
ne neue Klasse, das Bürgertum, zutiefst inter-
essierte, da sie den revolutionären sozialen Strömungen der Zeit Vorschub leistete, machte er eine scharf begrenzte Spezialwissen-
schaft, die sich freilich gerade durch ihre 35
„Reinheit", d. h. ihre Indifferenz zu der Produktionsweise[3], verhältnismäßig ungestört entwickeln konnte.
Die Atombombe ist sowohl als technisches als auch soziales Phänomen das klassische End- 40
produkt seiner wissenschaftlichen Leistung und seines sozialen Versagens.
Der „Held" des Werks ist so nicht Galilei, son-
dern das Volk, wie Walter Benjamin[4] gesagt hat. Es ist etwas zu knapp ausgedrückt, wie 45
mir scheint. Ich hoffe, das Werk zeigt, wie die Gesellschaft von ihren Individuen erpreßt,

---

1 **Diskreditierung:** das In-Verruf-Bringen
2 **Reaktion:** diejenigen politischen Kräfte, die sich gegen den Fortschritt stellen

3 **Indifferenz zu der Produktionsweise:** die Gleichgültigkeit gegenüber den wirtschaftlichen und gesellschaftlichen Verhältnissen
4 **Walter Benjamin** (1892–1940, Selbstmord auf der Flucht vor den Nationalsozialisten): Schriftsteller, Literatur-
und Zeitkritiker

was sie von ihnen braucht. Der Forschungstrieb, ein soziales Phänomen, nicht weniger lustvoll oder diktatorisch wie der Zeugungstrieb, dirigiert Galilei auf das so gefährliche Gebiet, treibt ihn in den peinvollen Konflikt mit seinen heftigen Wünschen nach anderen Vergnügungen. Er erhebt das Fernrohr zu den Gestirnen und liefert sich der Folter aus. Am Ende betreibt er seine Wissenschaft wie ein Laster, heimlich, wahrscheinlich mit Gewissensbissen. Angesichts einer solchen Lage kann man kaum darauf erpicht sein, Galilei entweder nur zu loben oder nur zu verdammen. R

Helmut Schmidt

Gesellschaftliche Moral des Wissenschaftlers (1982)

Auf einem Küchentisch in Berlin ist Otto Hahn und Lise Meitner die erste künstlich herbeigeführte Spaltung eines Atoms gelungen. Wenige Jahre später explodierten die Atombomben über Hiroshima und Nagasaki. Seither hat sich das Kernwaffenarsenal der Atommächte ins Ungeheuerliche, ins Unvorstellbare gesteigert. Ohne die vorangegangene wissenschaftliche Leistung zweier Forscher hätte die Frage nach der Bewahrung des Friedens in der Gegenwart kaum gleichzeitig zur Frage nach der Überlebenschance der menschlichen Spezies werden können.

Die vielfach aufgeworfene Frage ist also, ob Otto Hahn und Lise Meitner dafür Verantwortung tragen. Gesetzt den Fall, die Frage nach der Verantwortung wäre – jedenfalls zu einem Teil – mit „Ja" zu beantworten: Wie sollte es eigentlich ein einzelner Forscher moralisch ertragen können, im Schatten derartiger Gefährdung und eines möglichen moralischen Vorwurfs noch Grundlagenforschung oder angewandte Forschung zu betreiben? Ich will ein anderes Beispiel wählen, das nicht ganz so spektakulär zu sein scheint, jedenfalls nicht so tödlich im physischen Sinne wie das erste, aber doch von sehr weit reichenden, bisher keineswegs abgeschätzten Folgen: Ohne die Leistung der Forschung, ohne die Leistung einzelner Forscher und Wissenschaftler wären die Grundlagen der Mikroelektronik nicht gelegt worden.

Ich beschränke mich jetzt ausschließlich auf den Bereich der so genannten Informations- und Unterhaltungselektronik als Folge dieser wissenschaftlichen Durchbrüche. Ich fürchte, dass die Anwendung, die uferlose, schnelle Ausbreitung dieser neuen Techniken dazu führt, dass das in Auflösung geraten kann, was ich andernorts die „Lesekultur" genannt habe.

Die Menschen in der heutigen, technisch-wissenschaftlich geprägten Welt – eng aufeinander sitzend, auf engem Raum in immer größerer Zahl lebend – werden überschwemmt durch eine Fülle von Bildern und Buchstaben, von so genannten „Informationen".

Selbst diejenigen, die sich der Mühe des Lesens tatsächlich unterziehen wollen, müssen einen immer größeren Teil ihrer Zeit und ihrer Arbeitskraft darauf verwenden, das Unwichtige auszusondern und das Wichtige vom Unwichtigen zu scheiden. Häufig bleibt dann nur noch die Gelegenheit zum kondensierenden Überfliegen.

Auch ein Politiker beschreibt Ihnen mit diesen Worten seinen eigenen Alltag. Auch er steht vor einer exponential steigenden Flut so genannter „Informationen" und muss einen immer größeren Anteil seiner produktiven Kraft darauf verwenden, das Unwichtige auszuscheiden.

Aber das sind nur die Folgen für die Minderheit, die durch Ausbildung und Beruf privilegiert ist. Für die große Mehrheit bleibt angesichts dieser schier uferlosen elektronischen Überflutung – pro Tag, pro Stunde, pro Minute – und angesichts ihres bequem verführerischen Konsums, der sich anbietet, ohne dass man danach fragt, zum Lesen weitgehend nur noch das Durchblättern von Boulevardzeitungen übrig. Was das für die Kultur bedeuten wird, wenn es so weitergeht, frage ich mich mit tiefer innerer Besorgnis.

Ich glaube nicht, dass es eine Übertreibung wäre, auch von einer solchen Entwicklung tief reichende Gefährdungen für unser Leben insgesamt zu erwarten. Spätfolgen werden eintreten, die wir heute nicht übersehen können. Die Selbstbesinnung aus der Erfahrung mit dem Lesen, aus der Verarbeitung dessen, was wir gelesen haben, und das Gespräch über das Gelesene sind gleichermaßen lebensnotwendig für Kultur und Demokratie. Wenn

85 das Lesen und das Verarbeiten des Gelesenen verloren geht, gerät sehr viel und Wichtigeres in Gefahr als der Umsatzanstieg des Verlagswesens und der Druckereiindustrie. Sind aber dafür wirklich die Forscher verantwortlich zu

90 machen? Oder wie weit sind die mitverantwortlich, die auf dem Weg zur Miniaturisierung von elektronischen Leitern die Durchbrüche erzielt oder die die Lasertechnik erdacht haben? Geht die Kette der Schuld ein-

95 deutig Glied um Glied vom Labor bis in die verkümmerte Lesekultur?
Wie in vielen Fällen der Verkettung von Ursachen ist es natürlich leicht, sich mit dem Hinweis auf die Verantwortung anderer zu exkul-

100 pieren[1], das heißt die causa efficiens[2] bei anderen festzumachen. Das bietet sich an. Die Anwender in der industriellen Umsetzung seien die Verantwortlichen, so wird man es hören. Oder wenn es sich um Waffen oder um

105 die Kultur insgesamt handelt, wird man hören, die Politiker seien schuld.
Sicher, ohne einen Politiker wie Roosevelt[3] und seine politischen Berater – übrigens auch ohne Einsteins Ratschlag – wäre es vielleicht

nicht zur Anwendung der Atombombe ge- 110 kommen. Aber ohne Otto Hahn und Lise Meitner und ohne andere Wissenschaftler hätte auch der Politiker nicht die Möglichkeit gehabt, eine derartige Waffe in seine Pläne und in sein tatsächliches Handeln hineinzu- 115 nehmen.
Keiner von beiden, weder der Politiker noch der Wissenschaftler, kann die Verantwortung auf den anderen abschieben. In der Verantwortung hängen sie vielmehr unauflöslich an- 120 einander. Beiden scheint es auf manchem Gebiet so zu gehen wie dem Zauberlehrling[4], dem die Kontrolle über den wundertätigen Besen entglitten ist. Nun wird der Besen zum Unheil, und niemand hatte es gewollt. 125
Da bleibt das Schlupfloch, dass derjenige nicht wirklich verantwortlich und nicht wirklich moralisch haftbar gemacht werden könne, der nicht in der Lage war, den Überblick über die möglichen Folgen seines Tuns zu ha- 130 ben. Mir scheint dieses Schlupfloch weniger eine Entlastung, sondern vielmehr die Herausforderung zu sein, sich den Überblick über mögliche Folgen des eigenen Handelns zu verschaffen. 13

1 **exkulpieren:** entschuldigen
2 **causa efficiens:** Entstehungsgrund
3 **Franklin D. Roosevelt:** 1933–1945 Präsident der USA

4 Anspielung auf Goethes Ballade „Der Zauberlehrling“

---

1. a) Erläutern Sie Brechts Ansicht, dass Galilei gleichzeitig zu loben und zu verdammen ist.
   b) Setzen Sie sich eingehend mit dem Verhalten Galileis auseinander und vertreten Sie seine Position auf dem „heißen Stuhl". Ein Kursmitglied spielt die Rolle des Galilei und setzt sich vor dem Kurs auf den „heißen Stuhl". Die Übrigen richten Fragen an ihn zu unterschiedlichen Aspekten seines Verhaltens.
2. a) Fassen Sie Helmut Schmidts Position zum Problem der gesellschaftlichen Moral des Wissenschaftlers thesenartig zusammen.
   b) Der Artikel Helmut Schmidts ist der Wochenzeitschrift „Die Zeit" entnommen. Verfassen Sie einen

▷ S. 14 ▷ Leserbrief.

▷ S. 105 ff.,
119 f. 3. **Anregungen zu** ▷ **Referaten/Facharbeiten: Galilei – Verantwortung des Einzelnen**
   ■ Bertolt Brecht: Leben des Galilei
     □ Galileis Verhältnis zum Volk
     □ Galileis Auseinandersetzung mit den Vertretern der Obrigkeit
     □ Galileis Verhältnis zur Wissenschaft und die Deutung seines Widerrufs
     □ Die Entstehungsgeschichte des „Galilei"
     □ Die Struktur des „Galilei" und Brechts Konzeption des epischen Theaters
   ■ Der Prozess des Galilei: Inquisition und Rehabilitation
   ■ Die Sprache Galileis: Popularisierung wissenschaftlicher Erkenntnisse? (▷ Projektvorschlag auf S. 65)
   ■ Das Problem der Verständigung zwischen den Natur- und Geisteswissenschaften
   ■ Die öffentliche Diskussion um folgenreiche technisch-wissenschaftliche Entwicklungen, wie z. B. Atomkraft, Gen-Technologie, Informationstechnologie, Unterhaltungsmedien (▷ Kapitel A 4: „Erörtern: Zukunftsgestaltung", S. 68 ff.)

3.3 Projektanregungen: Wissenschafts- und Alltagssprache

Die Anregungen dieses Teilkapitels können Sie für ein fachübergreifendes ▷ Projekt nutzen. ▷ S.97ff.
Es empfiehlt sich, die folgenden vier Themenbereiche arbeitsteilig in Gruppen zu behandeln:

1) Die Sprache des Physikers und Astronomen Galilei in Brechts Schauspiel „Leben des Galilei":
   Popularisierung wissenschaftlicher Erkenntnisse?
2) Untersuchungen zum Wortgebrauch: Welchen Stellenwert haben Fremdwörter und abstrakte
   Begriffe in wissenschaftlichen und in alltagssprachlichen Texten?
3) Wissenschaftssprache und Journalismus: Wie werden wissenschaftliche Ergebnisse einer
   breiteren Öffentlichkeit vermittelt?
4) Wissenschaftssprache und Alltagssprache: Wie äußern sich Wissenschaftler und Sprachkritiker zu diesem Problemfeld?

THEMA 1: DIE SPRACHE GALILEIS IN BRECHTS SCHAUSPIEL

Viele Dialoge in Brechts Schauspiel „Leben des Galilei" zeigen Galileis Bestreben, wissenschaftliche und gesellschaftliche Neuerungen verstehbar zu machen. In solchen Textpassagen wird Sprache mit der Absicht verwendet, komplexe Sachverhalte didaktisch zu vereinfachen. Galilei erklärt seine Erkenntnisse z. B. mit Hilfe
anschaulicher Kontraste und augenfälliger Widersprüche. Dabei benutzt er semantisch eingängige Gegen-
satzbegriffe und Metaphern.

■ Untersuchen Sie die folgenden leitmotivisch verwendeten Gegensatzpaare in ihrem jeweiligen Kontext:
„alte/neue Zeit", „Glauben/Zweifel", „Milch/Buch", „Gelehrtensprache/Volkssprache".

■ Zeigen Sie, dass Galilei andererseits bewusst eine wissenschaftliche Haltung einnimmt und eine fach-
sprachlich exakte Ausdrucksweise verlangt. Untersuchen Sie die Metaphorik des Wortfelds „Augen/Sehen"
in den entsprechenden Textpassagen, insbesondere in den Redewendungen.

■ „Galilei führt handelnd vor, was er an neuem Wissen seinen Schülern mitzuteilen hat. Er doziert nicht, wie
die anderen Gelehrten, sich auf Aristoteles verlassend, er führt vor und macht vorführend die neue Sicht
einsichtig. Entscheidend ist dabei, dass alles Wissen in Handlung umgesetzt ist."
Erläutern Sie dieses Zitat des Brecht-Experten Jan Knopf anhand der Schüler-Szenen (Bild 1 und 9) und bestimmen Sie die Funktion der jeweiligen Experimente.

■ Brecht hat sich einerseits in seiner Dialoggestaltung an die „Discorsi", das Hauptwerk des historischen Galilei,
angelehnt. Dabei kommen naturwissenschaftliche Betrachtungs- und Verfahrensweisen zur Sprache, die Bedeutung von Experiment, Erklärung und Definition werden hervorgehoben. Andererseits hat Brecht die Absicht
seines Galilei, volkstümlich statt in der Gelehrtensprache zu reden, dichterisch überspitzt vom historischen Galilei abgegrenzt und seiner Theatertheorie sowie seiner marxistischen Gesellschaftsauffassung unterworfen.
Erörtern Sie Ziel und Wirkung der Popularisierung wissenschaftlicher Erkenntnisse in Brechts „Galilei".
Beziehen Sie sich dabei insbesondere auf Bild 8. Erläutern Sie auch den dort von Galilei vorgenommenen
Vergleich von Wissenschaft und Wahrheit einerseits sowie Kunst und Wahrheit andererseits.

THEMA 2: FREMDWORTGEBRAUCH UND ABSTRAKTE BEGRIFFE IN WISSENSCHAFTLICHEN/
FACHSPRACHLICHEN TEXTEN

■ Sichten Sie Schul- und Fachbücher in Hinblick auf Fremdwörter und Abstrakta und stellen Sie eine Liste besonders häufiger Begriffe zusammen. Erläutern Sie, in welchen Zusammenhängen die Verwendung der von
Ihnen gesammelten Beispiele sinnvoll ist und wann man sprachliche Alternativen bevorzugen sollte.

■ Untersuchen Sie die Verwendung von Fremdwörtern und Neologismen (Neuschöpfungen) in Fachsprachen anhand der Materialien des Kapitels D 1.2: „Sprachwandel: Entwicklung der Gegenwartssprache"
(▷ S. 378ff.). Prüfen Sie auch hier, wann fremde bzw. neue Begriffe sachlich gerechtfertigt sind und wo man
es möglicherweise mit „bloßer Renommiersucht" (Dieter E. Zimmer) zu tun hat.

■ Überprüfen Sie anhand der im folgenden Text von Dieter E. Zimmer angeführten Beispielwörter die Notwendigkeit der Verwendung abstrakter Begriffe in unserer Sprache.

Dieter E. Zimmer

Wozu brauchen wir abstrakte Begriffe?

Ebenso oft verlästert wie die fremden Wörter werden die Abstrakta. Gewiss, abstrakte Begriffe sind eben dies – abstrakt, unanschaulich, man sieht hinter ihnen kein Bild, und ein
5 stark mit ihnen durchsetzter Stil wirkt unanschaulich und fade. Gewiss auch, häufig werden sie aus bloßer Renommiersucht verwendet, denn sie haben jenen gewissen Touch von „Wichtigkeit". Aber meist entsprechen sie ei-
10 nem wirklichen Bedarf: dem nach dem allgemeineren Begriff. [...]
Unzweifelhaft gibt es zwischen den Menschen viele verschiedene Arten wechselseitigen Handelns, wechselseitiger Einflussnahme, Küsse,

Predigten, Ohrfeigen. Wo sie alle gemeint sind, 15
wird ein Wort wie *Interaktion* benötigt. Unzweifelhaft lassen sich Menschen und Tiere auf sehr verschiedene Weise Signale, Botschaften, also Information (auch eines dieser Abstrakta) zukommen. Ein Wort wie *Kommunikation* um- 20
fasst den gesamten Informationsaustausch. *Sozialisation, Rezeption, Transparenz, Struktur, System, Kulturtechnik, Enkulturation* – vor allem die Gesellschaftswissenschaften, die das Gemeinsame an sozialen Vorgängen beschrei- 25
ben müssen, haben viele dieser neuen Abstrakta hervorgebracht und an die Alltagssprache abgegeben. Diese wehrt sich zunächst, weil sie alles Neue unschön findet. Bis zur allgemeinen Akzeptanz braucht es Jahre. Aber wo immer es 30
sich um eine sinnvolle Prägung handelt, ist sie unaufhaltsam.

THEMA 3: WISSENSCHAFTSSPRACHE UND JOURNALISMUS

Die Ergebnisse der Wissenschaften sind für die heutige Gesellschaft, deren Entwicklung auf einem ständig anwachsenden Wissen fußt, und für den Einzelnen, von dem ein lebenslanges Lernen gefordert wird, von großer Bedeutung. Einer breiteren Öffentlichkeit werden wissenschaftliche Erkenntnisse in der Regel durch journalistische Textsorten bekannt, durch Essays, Kommentare, Glossen, Leserbriefe etc.
Untersuchen Sie, was in den folgenden Texten über die Vermittlung wissenschaftlicher Ergebnisse ausgesagt wird, und nehmen Sie zu den einzelnen Auffassungen Stellung:
Helmut Schmidt: Gesellschaftliche Moral des Wissenschaftlers (▷ S. 63 f.)
„Wer deutsch spricht, riskiert Arbeitsplatz" (▷ S. 379)
Dieter E. Zimmer: Von Deutsch keine Rede (▷ S. 380 ff.)
Roland Kaehlbrandt: Die verkannte Muttersprache (▷ S. 383 f.)
Dieter E. Zimmer: Neuanglodeutsch (▷ S. 385 f.)

THEMA 4: WISSENSCHAFTSSPRACHE UND ALLTAGSSPRACHE

In den folgenden Texten zweier Sprachexperten (▷ S. 67) geht es um die Macht und Akzeptanz wissenschaftlicher Kommunikationsformen. Im Hinblick darauf lässt sich nicht nur der Inhalt, sondern auch die Darstellungsweise der Texte untersuchen: Wo bedienen sich die Verfasser der typischen Wissenschaftssprache: strenge Definitionen, schlüssige Argumente, Berufung auf wissenschaftliche Autoritäten? Wo verwenden sie andere Darstellungsmittel, die auf Anschaulichkeit und leichtere Verständlichkeit ausgerichtet sind?

■ Arbeiten Sie heraus, in welchem Kontext der Verfasser sein Thema jeweils beleuchtet und welchen thematischen Schwerpunkt er setzt. Wie wird das Verhältnis zwischen Wissenschafts- und Alltagssprache jeweils bestimmt, welche Argumente werden im Einzelnen angeführt?

■ Charakterisieren Sie den Sprach-Gestus und auffällige Darstellungsmittel der beiden Texte.

■ Fassen Sie Ihre Untersuchungsergebnisse so zusammen, dass sie der Gesamtgruppe anschaulich präsentiert werden können.

Bernhard Badura

Funktionaler oder exklusiver Gebrauch von Fachsprachen?

Wissenschaftliche Terminologien und technische Nomenklaturen[1] dienen der präzisen Kommunikation im Bereich der Forschung, der Produktion und des Verkaufs. Sie können neben dieser wohl begründeten kommunikativen Funktion auch eine andere (soziale) Funktion erfüllen, nämlich die, Respekt und Ehrfurcht bei all denen hervorzurufen, die sie nicht verstehen. Naive Wissenschaftsgläubigkeit kann hier zu kommerziellen oder politischen Zwecken ausgenutzt werden. Dies geschieht, wenn sich Reklame fachsprachlicher Termini bedient, um Vorzüge neuer Waren zu suggerieren. Dies geschieht aber auch, wenn in der Politik interessenbedingte Entscheidungen mit »Sachzwängen« in einer meist stark mit ökonomischen Termini durchsetzten Sprache gerechtfertigt werden. Durch die Wahl einer nicht allgemein verständlichen Sprache werden dann politische Sachverhalte der öffentlichen Kontrolle entzogen. An die Stelle der Begründung tritt eine nicht hinterfragte und für viele nicht hinterfragbare Autorität der „Fachleute".

1 **Nomenklatur:** Zusammenstellung von Fachbezeichnungen eines Wissensgebiets

Willy Sanders

Sprachkritikastereien und was der „Fachler" dazu sagt

„Schreibt und sprecht menschenfreundlicher, damit eure Leser und Hörer euch verstehen!", mahnt Hans Lobentanzer verständig zur Verständlichkeit: dies sei die stilistische Haupttugend – auch für „Fachsprachler"? Er bestätigt: „Fachleute sollten nicht bloß immer an die Kollegen denken, sondern auch an den Durchschnittsmenschen. Mit gesundem Menschenverstand sollte es jedem möglich sein zu verstehen, was in Fachkreisen ausgeheckt wird." Was auch immer sie aushecken, diese „Fachleute" – Lobentanzer handelt namentlich von der Sprache der Linguisten, Soziologen, Psychologen und Pädagogen –, sie schreiben durchweg für die fachinterne Diskussion. Demgegenüber vertritt Wolf Schneider in direktem Zusammenhang mit dem „Wissenschaftsdeutsch" die Meinung, „dass viele Experten oft weder für ihr Fach noch für andere Fachleute schreiben, sondern für Laien". Viele, oft – und was? Technische Gebrauchsanweisungen, Beipackzettel zu Arzneien, Erläuterungen zur Einkommensteuererklärung ...
Übrigens, nichts gegen Menschenfreundlichkeit, auch in der Sprache. Aber wissenschaftlich schreiben heißt heute vorwiegend über hoch spezialisierte Themen handeln, denen die Allgemeinheit mit Ausnahme einiger gerade aktueller Fragen wenig Interesse entgegenbringt. Doch selbst dann, wenn es nicht am Bedürfnis fehlte, wäre die „menschenfreundliche" Formulierung unter allen Umständen eher ein trojanisches Pferd, zu nichts anderem gut, als Halb- oder gar Pseudowahrheiten (welch ein Wort!) unters „Volk", die Durchschnittsmenschen mit gesundem Menschenverstand, zu bringen. Denn wer würde sich wohl eine Darstellung der Einstein'schen Relativitätstheorie zutrauen, die sowohl ohne jeden wissenschaftlichen Abstrich richtig wie auch so leicht verständlich wäre, dass jedermann sie ohne Mühe begriffe? Und wenn das auch noch in attraktiver Form geschehen sollte, die ein Millionenpublikum zu fesseln vermöchte, dann kann man sich leicht vorstellen, dass dabei etwas sehr „Relatiefsinniges" herauskommen muss, etwa in der Form: Schließlich ist alles relativ – ein Haar auf dem Kopf relativ wenig, ein Haar in der Suppe relativ viel. Pech für Einstein, dass sich seine Theorie etwas schwieriger liest. [...]
Streng genommen geht es aber gar nicht so sehr um die mangelnde Verständlichkeit der Wissenschaftssprache, die ihr zum Vorwurf gemacht wird. Gemeint ist vielmehr hintergründig die nichts weniger als publikumswirksame Präsentation wissenschaftlicher Erkenntnisse und Forschungsergebnisse. In deren *objektiver Fundiertheit, methodischer Exaktheit, terminologischer Präzision* usw. reiht sich, nicht nur sprachlich, eine Todsünde wider die problemlose Gefälligkeit schriftstellerisch-journalistischer Schreibart an die andere. Hätte ich stattdessen von der „sachlichen Begründetheit, durchdachten Sorgfalt und fachwörtlicher Genauigkeit" sprechen sollen, um mich allgemein verständlicher auszudrücken?

4 Erörtern: Zukunftsgestaltung

4.1 Gesprächsformen: Diskussion, Debatte, Dialog

VIRTUELLE HOCHSCHULEN

Lernen im Cyberspace

Multimediale Techniken verlangen größere Sorgfalt und Konzentration – von Studenten und Professoren

Jeden Freitagmorgen um neun Uhr lässt sich ein Stück Multimediazukunft im Hörsaal 5 der kleinen thüringischen Technischen Universität (TU) Ilmenau besichtigen. Ein Werkstoffwissenschaftler hält seine Vorlesung über Kristallografie. Nicht in Person. In Ilmenau und auch in Dresden ist der Mann nur per Bildschirm präsent. Leibhaftig steht er in Jena.

Mit dem Verbundstudium Werkstoffwissenschaft gehen die drei thüringischen Universitäten einen neuen Weg, Medientechniken anzuwenden. Neu daran ist nicht die Televorlesung. Videoübertragungen gab es bei überfüllten Hörsälen auch schon früher. Neu ist, dass die Studenten in Ilmenau und Dresden in die Vorlesung aus Jena eingreifen können. Nach der Vorlesung laden die Studenten ihr multimedial aufbereitetes Lernmaterial aus dem Netz herunter. Sie studieren in allen drei Städten gleichberechtigt.

Jede Universität oder Fachhochschule, die auf sich hält, experimentiert mit Multimediatechniken, mit Online-Studien und Televorlesungen. Die „virtuelle Universität" wird als Zukunftsvision propagiert. Bildungspolitiker erhoffen sich höhere Effizienz, Kritiker fürchten die Fließbandausbildung. Neues Personal taucht auf: der virtuelle Professor an der Cyber-Uni und der Telestudent. In den USA studieren, so die Studentenzeitung „Audimax" im März, bereits Zehntausende, ohne je einen Campus betreten oder in der Mensa anstehen zu müssen.

Die meisten deutschen Unis stehen in der akademischen Lehre erst am Anfang des multimedialen Zeitalters. Die großen Hochschulen haben je nach Finanzlage und Engagement der Fachbereiche elektronische Aktivitäten entwickelt, aber Konzepte oder gar eine einheitliche Online-Philosophie fehlen. Kleinere Hochschulen preschen vor: Die Universität – Gesamthochschule – Paderborn hat – mit Unterstützung der Siemens Nixdorf Informationssysteme AG – den ersten interaktiven Hörsaal eingerichtet, mit 30 an das Internet angeschlossenen Multimediaarbeitsplätzen.

Feiern wir unseren Abschluss auf der Cyberspace-Party im Chat-Room oder treffen wir uns bei mir?

---

1. Wie beurteilen Sie das Modell des multimedialen Lernens?
2. Führen Sie eine Diskussion im Kurs zu dem Thema: Die „virtuelle Schule" als Zukunftsvision? Orientieren Sie sich bei der Durchführung der Diskussion an den folgenden Hinweisen.

Die Diskussion

Tagtäglich sind wir in der Familie, in der Schule, im Beruf oder im Freundeskreis mit Situationen konfrontiert, in denen wir unseren Standpunkt darlegen, ein Verhalten rechtfertigen, Entscheidungen treffen müssen. Entscheidungen, die jemand einfach diktiert, werden immer weniger akzeptiert. Gerade in einer demokratischen Gesellschaft ist die persönliche Stellungnahme zu einem Problem gefragt. Diese setzt voraus, dass man Positionen gegeneinander abwägen sowie seine Gedanken verständlich und begründet einbringen kann. In einer **Diskussion** wird ähnlich wie bei einem Tischtennismatch, bei dem die Spieler/innen den Ball hin- und herschlagen, über ein Gesprächsthema aus mehreren Perspektiven in einer möglichst sachbezogenen Form des argumentativen Meinungsaustauschs „hin-und-her"-diskutiert. Es ist das Ziel, einen Sachverhalt durch überzeugende Argumente zu klären oder ein Problem zu lösen.

Um Diskussionsbeiträge wirkungsvoll zu gestalten, ist es sinnvoll, einleitend an den Vorredner oder die Vorrednerin anzuknüpfen, dann die eigene Position klar zu formulieren sowie argumentativ zu stützen und abschließend deutlich zu machen, was man erreichen möchte. Dabei sollte man versuchen, sich so knapp und präzise wie möglich zu fassen, z. B. indem man sich auf fünf Sätze beschränkt. Ein Statement im **Fünfsatz** lässt sich je nach Diskussionssituation variieren, zwei häufige Fälle sind die folgenden:

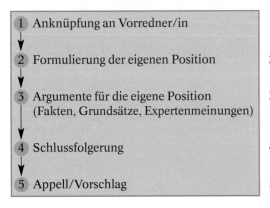

1. „Die eben geäußerte Meinung halte ich für ..."

2. „Ich glaube vielmehr, dass ..."

3. „Dafür spricht ... und ... und ..."

4. „Deshalb meine ich, ..."

5. „Ich schlage vor, ..."

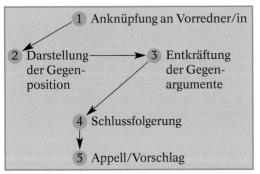

1. „Es wurde behauptet, ..."

2. „Dafür ist angeführt worden, dass ..."

3. „Dem muss man aber entgegenhalten, ..."

4. „Daher scheint es mir offensichtlich, ..."

5. „Ich meine, wir müssten ..."

In Diskussionen sind die Teilnehmenden sowohl Sprecher/innen als auch Zuhörer/innen. Zur Technik des Zuhörens gehört es, sich ▷ **Notizen** zu machen. Dadurch wird das Zuhören entlastet, Zusammenhänge werden deutlicher und das Nachfragen bzw. das eigene Argumentieren wird erleichtert. ▷ S. 101

Diskussionsformen

Diskussionen sind in unterschiedlichen Formen möglich. Aus dem Unterricht kennen Sie Diskussionen nach einem gehaltenen Referat. **Im Anschluss an einen Vortrag** haben die Zuhörer/innen meist die Gelegenheit, den Referenten spontan zu befragen, seine Thesen zu kritisieren und eigene entgegenzusetzen.

Bei einer **Diskussion am runden Tisch** sind die Teilnehmer/innen inhaltlich vorbereitet. Fachliche Kompetenz ist genauso erforderlich wie kommunikative Fähigkeiten: Habe ich dem anderen zugehört und kann dessen Argumentation entkräften? Wie reagiere ich bei Provokationen? etc.

Podiums- bzw. Forumsdiskussionen finden meist vor einer größeren Öffentlichkeit statt. Dabei werden Problemstellungen von Expertinnen und Experten vor einem Publikum erörtert, das im Anschluss an die Expertenrunde Gelegenheit bekommen kann, Fragen zu stellen oder mitzudiskutieren.

Bei einer **Fishbowl-Diskussion** sitzt die Gruppe der Diskutierenden in einem Innenkreis, eine zweite Gruppe von Beobachtenden bildet den Außenkreis. Die Beobachter/innen verfolgen das Gesprächsverhalten der Diskutierenden nach zuvor gemeinsam entwickelten Beobachtungskriterien. Im Anschluss an die zeitlich begrenzte Diskussion findet eine gemeinsame Auswertung statt.

Gesprächsleitung

Beim Austausch konträrer Meinungen ist es sinnvoll, dass ein Diskussionsleiter als Moderator die Rolle eines Vermittlers übernimmt oder zumindest als Koordinator der Beiträge fungiert.

Der/die Diskussionsleiter/in hat folgende Aufgaben:

- **Eröffnung der Diskussion:** Anrede, Begrüßung, Vorstellung der Diskussionsteilnehmer/innen, Thema der Diskussion

- **Beiträge koordinieren:** Reihenfolge festlegen und die Einhaltung überwachen, auf die Redezeit achten, aufs Thema verweisen, Argumente einfordern

- **Gesprächsverlauf lenken:** die eigene Meinung zurückhalten, gegebenenfalls die Diskussion durch weiterführende Fragen in Gang halten, zwischendurch Zusammenhänge herstellen bzw. Zwischenergebnisse festhalten, gedanklich ordnend eingreifen

- **Die Diskussion beenden:** Bilanz ziehen, offene Fragen in Erinnerung rufen, schließlich Teilnehmer/innen und Zuhörer/innen verabschieden

---

▷ S. 504 1. a) Führen Sie ein ▷ **Brainstorming** zu dem Stichwort „Zukunftsgestaltung" durch.

    b) Wählen Sie einen Aspekt aus, über den Sie diskutieren möchten, und formulieren Sie ein konkretes Diskussionsthema.

2. Entwickeln Sie einen **Beobachtungsbogen** zum Gesprächsverhalten von Diskussionsteilnehmerinnen und -teilnehmern. Legen Sie z. B. ein Polaritätenprofil an:

Beobachtungsbogen Gesprächsverhalten

	$\oplus$					$\ominus$	
beteiligt sich rege							beteiligt sich kaum
hört aufmerksam zu							ist nur bei sich
argumentiert sachlich							redet unsachlich
...							...

3. a) Wählen Sie für die Diskussion zu Ihrem Thema eine der auf S. 70 vorgestellten Diskussionsformen. Erproben Sie für die einzelnen Diskussionsbeiträgen auch das Fünfsatz-Verfahren (▷ S. 69).

   b) Eine Beobachtergruppe untersucht das Gespräch mit Hilfe des Beobachtungsbogens.

   c) Werten Sie Ihre Diskussionserfahrungen gemeinsam aus und formulieren Sie konkrete Tipps für das Gesprächsverhalten in Diskussionen.

Ulf Seegers

Die Zukunft aktiv mitgestalten

Ein Erlebnis aus der Schule: Ich bekomme eine Bio-Klausur zurück, 10 von 15 Zensurenpunkten, nur 80 Prozent des Stoffes beherrscht. Ein Vorfall, der mir zu denken
5 geben, mir vielleicht sogar Angst machen sollte. Denn: Die Gesellschaft, in der ich lebe, entwickelt sich zu einer Wissensgesellschaft, ist es in Ansätzen bereits.

Meine Angst hält sich jedoch in Grenzen, weil
10 ich meine, eine Wissensgesellschaft muss mehr sein als eine Ansammlung von unheimlich klugen Menschen, die schon alles wissen. Und selbst wenn es so wäre, auch in der Wissensgesellschaft kann das Wissen nicht
15 vom Himmel fallen. Die Grundlagen müssen erlernt werden, und zwar in der Schule. Das durfte ich während der vergangenen elfeinhalb Jahre erfahren. Und eines wurde mir dabei auch klar: Die Schule kann nur den
20 Einstieg in ein lebenslanges Lernen vermitteln. Denn die Wissensgesellschaft wird vor allem durch eines geprägt sein: Schnelllebigkeit.

Wissen, das eben noch als neu galt, wird schnell
25 zum Standard und somit als uninteressant gelten. Daher sehe ich die Wissensgesellschaft auf keinen Fall als abgeschlossenen Zustand, sondern als rasanten Prozess. Es wird noch mehr Wissen entstehen. Außerdem wird die
30 Verbreitung von Wissen wesentlich schneller erfolgen, und dem Einzelnen wird der Zugang zu immer mehr Wissen ermöglicht.

Doch wir leben nicht nur in einer Wissensgesellschaft, wir sind auch auf dem Weg zu einer Kommunikationsgesellschaft. Sie ist
35 wie die Wirtschaft geprägt durch die Globalisierung. All die Veränderungen, die im 21. Jahrhundert auf uns warten, machen mir vor allem eines deutlich: Das Umfeld, in dem ich lebe, wird sich verändern und mehr von
40 mir verlangen.

Für mich ist das aber kein Grund zur Besorgnis, denn neue Anpassungspflichten bieten auch neue Chancen. Ich sehe sie für mich beispielsweise im Bereich der sich immer
45 rascher entwickelnden Medien, vor allem des Internets – eine Perspektive für die Zeit nach meinem Abitur.

Außerdem hat sich die Welt seit ihrem Bestehen ständig verändert. So standen die
50 Menschen vor 500 Jahren, als Gutenberg den Buchdruck erfand, auch vor der Entwicklung zu einer Wissensgesellschaft, wenn auch auf einem anderen Niveau als heute. Damals mussten die Menschen das Lesen lernen,
55 heute werden Grundkenntnisse im Umgang mit dem Computer als Zugang zur unerschöpflichen, weil ständig wachsenden Wissensquelle Internet unentbehrlich.

Ich kann verstehen, dass gerade ältere Se-
60 mester solchen Entwicklungen mit Sorge entgegensehen und die Gefahr einer Zweiklassengesellschaft, der Wissenden und der Unwissenden, prophezeien. Eine solche Entwicklung ist bei der steigenden Informa-
65 tionsflut durchaus denkbar. Umso wichtiger wird die Fähigkeit, Informationen selektieren

zu können und so systematisch Wissen aufzubauen.

70 Zukunftsängste und Perspektivlosigkeit, wie ich sie teilweise in meiner Generation beobachten kann, sind jedoch völlig unberechtigt. Wir wachsen mit der Wissensgesellschaft und ihren multimedialen Ausläufern auf. Wir
75 können uns an diese Gesellschaft gewöhnen und deshalb die Herausforderung annehmen, sie aktiv mitzugestalten.

Ulf Seegers, 18, ist Abiturient an der Jugenddorf Christophorusschule Rostock und Geschäftsführer der I. D. Schüler-GmbH.

Jessica R. Joffe
Nur noch Bonds und Futures?

Vor ein paar Monaten habe ich die Schule abgeschlossen. Ich war recht erfolgreich, werde aber das Gefühl der Leere und Unfähigkeit nicht los. Obwohl ich durch mehrere
5 Schulsysteme ging, zwei Sprachen spreche, teilweise wunderbare Lehrer hatte, finde ich meine Wissensbasis doch recht schmal für das wirkliche Leben.

Im englischen Schulsystem entscheidet man
10 sich mit 15 oder 16 Jahren, was man den Rest seines Lebens machen will. Ich wählte meine Lieblingsfächer – Geschichte und Literatur – und bestimmte so die enge Bahn meiner Zukunft. Ich kann jetzt Shakespeare und
15 Brecht, Rilke und Keats analysieren, über die Finanzpolitik Heinrichs V. referieren, ich kenne mich aus in den Rosenkriegen und bei den französischen Louis. Und doch bleiben zwei brennende Fragen: Was kann man mit
20 solchen Kenntnissen werden? Und: Ist mein Wissen für die Welt da draußen geeignet, bin ich richtig aufs Leben vorbereitet?

Wenn die Schule der Ort ist, wo die Leidenschaft fürs Lernen und die Freude am Wissen
25 geweckt werden (sollten), wo ist dann der Ort, an dem wir auf das Leben in der Welt von Erfolg und Geld vorbereitet werden? Geld hat doch längst einen viel höheren Stellenwert als Bildung. Wir lernen, um ein Diplom zu
30 bekommen, damit wir – die Anführer der Konsumgeneration – uns mindestens all das leisten können, was unsere Eltern uns in der Jugend ermöglicht haben. Strategisch richtig haben sich die Mitschüler verhalten, die eine
35 breite Fächerkombination aus Wirtschaft, Fremdsprache und Mathematik gewählt haben. Sie werden keine Probleme haben, sich in einer Welt zu profilieren, die solche Zielstrebigkeit von ihren erfolgreichen Geldmachern erwartet.
40 Die stromlinienförmigen Wirtschaftshochschulen für die smarten Jungen und Mädchen gelten als zukunftsträchtig. An ihnen ist kein Platz für Träumer, die logische Propädeutik lernen oder Gedichte von John Donne aus-
45 einander nehmen. Ist das die Zukunft der Wissensgesellschaft? Kann ich meine Tudor-Könige und meinen Shakespeare einpacken, und sollte ich mich fortan auf Futures und Bonds kaprizieren?
50 Soll ich überhaupt studieren? In unterschiedlichen Praktika kann man auch viel lernen – ein bisschen PR, ein bisschen Medien, ein bisschen Bank und ein bisschen Kunst zur Verzierung. Da Wissen heute ein schnelles
55 Verfallsdatum hat, wird in Zukunft vielleicht ein Grundstudium ausreichen, an das bei Bedarf stets neue Lernmodule gehängt werden.

Auf solch lebenslanges Lernen bereitet die Schule heute so wenig vor wie auf Selbst-
60 ständigkeit im „wirklichen" Leben. Dafür müsste man neben der Liebe zum Lernen nicht nur Computer und Wirtschaft, Mutter- und Zweitsprache perfekt lernen, sondern auch Verantwortung und Loyalität, Bürger-
65 sinn und Respekt für seine Peers.

Für die zukünftige Wissensgesellschaft kann nicht die Nützlichkeit der Fächer den Ausschlag geben. Weniger Latein zu Gunsten von mehr Chemie ist nicht die Frage, sondern der
70 Bezug beider Fächer zur realen Welt, in der wir arbeiten sollen und für die wir vorbereitet werden wollen.

Jessica R. Joffe aus München, 17, hat im Sommer ihre A-Levels (entspricht dem deutschen Abitur) in England gemacht; sie arbeitet derzeit in einer New Yorker Kunstgalerie und plant ein Literaturstudium.

1. Vergleichen Sie die Texte von Ulf Seegers und Jessica R. Joffe. Welche Gemeinsamkeiten und welche Differenzen zeigen sich in den Standpunkten der beiden Jugendlichen?
2. a) Stellen Sie die Argumente zusammen, mit denen Seegers und Joffe ihre Standpunkte jeweils untermauern.
   b) Nehmen Sie Stellung zu einem der beiden Texte, indem Sie Gegenargumente entwickeln bzw. ergänzende Argumente heranziehen.
3. Nutzen Sie Ihre Argumentesammlung zur Durchführung einer Debatte oder eines Dialogs. Orientieren Sie sich dabei an den folgenden Hinweisen.

Die Debatte

Die Debatte ist eine genau geregelte Form der Diskussion. Es stehen sich klar abgegrenzte **Pro- und Kontra-Positionen** gegenüber, die von Einzelpersonen, aber auch von größeren Gruppen (z. B. Bundestagsfraktionen) vertreten werden können. Ein Moderator/eine Moderatorin leitet die Debatte, die Redezeit der Debattierenden ist streng begrenzt. Ziel einer Debatte ist es in der Regel, zu einer **Entscheidung** in der strittigen Frage zu gelangen. Daher stellen die beteiligten Parteien häufig Anträge, über die am Ende abgestimmt wird.

Jeder Redner wird versuchen, seine Position so wirkungsvoll wie möglich zu untermauern und die gegnerische Position zu schwächen. Dazu muss man zum einen die eigenen ▷ **Argumente** (Fakten, Grundsätze/Normen) sorgfältig auswählen und der Gewichtigkeit nach anordnen, zum anderen müssen die Gegenargumente entkräftet werden: Man sucht z. B. Lücken in der Kontra-Position und man hinterfragt die Gültigkeit der gegnerischen Argumente. Hierfür werden oft bestimmte Argumentationstechniken eingesetzt:

▷ S. 493 f.

Angriffstechniken	**Verteidigungstechniken**
Bestreitetechnik Die Gültigkeit der Argumente bestreiten: „Sie haben behauptet, dass... Damit unterstellen Sie ... Dabei übersehen Sie ...“	*Relativierungstechnik* „Das kann man auch anders sehen: ...“ – „Sehen Sie das nicht zu dramatisch?“
Übertreibungstechnik „Wollen Sie mit Ihrer Behauptung andeuten, dass alle ...“	*Kehrseitentechnik* „Ihr Standpunkt ist in einigen Aspekten richtig (oder nicht falsch). Sie übersehen dabei allerdings die Nachteile, dass ...“
Gegenfragetechnik „Wieso sagen Sie ...“	*Einschränkungstechnik* „So problematisch, wie Sie es darstellen, ist die Sache gar nicht: ...“ – „Welche Wirkung hat denn ... überhaupt?“
Umkehrtechnik Umkehrung des Arguments durch Umkehrung des Kerns des Arguments: „Das wäre richtig, wenn die Annahme stimmte ..., aber dazu möchte ich ...“	*Polstertechnik* Zeitgewinn durch Einschieben von Informationen: „Sehen wir uns doch einmal ... genauer an.“ – „Sie haben eben eine Reihe von Punkten aufgeführt. Gehen wir diese Punkte einmal durch: ...“
Vorfragetechnik Mit einer Frage den Standpunkt anderer Diskussionsteilnehmer ermitteln und sie darauf festlegen, um sie dann argumentativ angreifen zu können: „Habe ich Sie richtig verstanden, dass Sie ... behaupten wollen? – Dann muss ich Ihnen entgegenhalten ...“	*Umformungstechnik* Sachverhalte und Standpunkte werden zu Problemen oder Fragen: „Sie haben eben das Problem ... angeführt.“

Vorwegnahmetechnik	*Leerlauftechnik*
„Sie werden vermutlich einwenden, dass … Darauf möchte ich antworten …"	Den Diskussionspartner seinen Standpunkt vortragen lassen, durch Zusammenfassen Zeit gewinnen: „Zur besseren Übersicht fasse ich noch einmal zusammen: Sie sind also der Auffassung, dass …"

1. Pro-und-Kontra-Debatten auf sehr unterschiedlichem Niveau können Sie in Fernsehtalkshows verfolgen. Sehen Sie sich eine Talkshow bewusst unter dem Aspekt der Argumentationstechniken an. Untersuchen Sie dabei auch die Rolle des Moderators oder der Moderatorin. Machen Sie sich Notizen und vergleichen Sie Ihre Beobachtungen.
2. Auch Parlamentsdebatten, die im Fernsehen übertragen werden, eignen sich als Untersuchungsgegenstand für Argumentationsstrategien und Diskussionsverhalten.

Der Dialog

Im Unterschied zu den Formen der Diskussion und der Debatte geht es beim **Dialog** nicht darum, möglichst die eigene Ansicht durchzusetzen. Zweck des Dialogs ist es, die Grenzen des eigenen Verstehens zu durchbrechen. Der einzelne Dialogteilnehmer versucht nicht zu „gewinnen", d.h. immer wieder treffendere Argumente für seine Position zu finden und die Position des Gegners zu schwächen, sondern alle Beteiligten erforschen gemeinsam eine Fragestellung unter verschiedenen Blickwinkeln.

Dabei kann der Einzelne zu Einsichten gelangen, die er allein nicht hätte erreichen können. Es geht beim Dialog nicht um eine Einigung oder die Herstellung eines Kompromisses, sondern um ein **umfassenderes Verständnis** für komplexe Fragen. Die Beteiligten werden dabei auch zu Beobachtern ihres eigenen Denkens.

Für einen Dialog gelten drei Grundbedingungen:

- Alle Teilnehmer/innen sollten die Bereitschaft haben, sich als gleichberechtigte Gesprächspartner/innen zu betrachten, d.h., keiner sollte sich als „Experte" oder auf Grund seiner Position einem anderen überlegen fühlen. Alle arbeiten im Team. Es geht nicht darum, wer was gesagt hat, sondern es geht um die Vielfalt der Ideen. Gegenseitiges Zuhören ist unabdingbar.
- Alle Teilnehmer/innen müssen ihre Überlegungen, Annahmen, Hypothesen „aufheben", d.h., jeder geht davon aus, dass er den besprochenen Sachverhalt noch nicht vollständig kennt, niemand meint, dass er reine Fakten vorträgt, vielmehr werden alle (!) Annahmen in einem offenen Austausch präsentiert und miteinander verglichen.
- Ein helfender Begleiter sollte darauf achten, dass die Teilnehmer/innen nicht in ein Streitgespräch verfallen. Als Beobachter und Vermittler kann er den Dialog fördern, z.B. indem er

einwirft: „Das Gegenteil ist vielleicht auch wahr." Geübte Dialog-Teams benötigen keinen Helfer mehr.

Für einen Dialog setzt man sich am besten in einen Kreis. Damit es kein Gerangel um den nächsten Wortbeitrag gibt, kann ein Gegenstand, z. B. ein Stein, benutzt werden, der signalisiert, wer als Sprecher/in an der Reihe ist. Der Stein wird in die Mitte gelegt, und wer reden möchte, holt ihn sich. Er kann aber auch im Kreis weitergereicht werden. Wer den „Redestein" in den Händen hält, muss keine Sorge haben, dass ein anderer ihn unterbricht oder in einer Atempause seine eigenen Ideen zu entfalten beginnt. Damit wird die Gelegenheit gegeben, besser zuzuhören und nachzudenken. Allerdings sollte die Regel gelten: „Fasse dich kurz!"

1. In welchen schulischen und außerschulischen Situationen kann die Gesprächsform des Dialogs besonders sinnvoll sein?
2. Erproben Sie einen „freien" Dialog, indem Sie sich in einen Kreis setzen und Ihre Gesprächsbeiträge von dem lenken lassen, was Ihnen im Augenblick besonders wichtig ist.
3. Führen Sie in kleineren Gruppen Dialoge über die Frage „Wissensgesellschaft: Was bedeutet sie für uns?" Sie können dabei an die Texte von Ulf Seegers und Jessica R. Joffe (▷ S. 71/72) anknüpfen.
4. Tauschen Sie sich über Ihre Erfahrungen mit der Gesprächsform des Dialogs aus: Ist ein „Gesprächs-Fluss" entstanden?

4.2 Öffentlichkeit als Forum: Kommentierendes und essayistisches Schreiben

In Tageszeitungen, Zeitschriften bis hin zu Fachpublikationen – auch im Internet – finden Sie immer wieder **erörternde Textformen** von Journalisten, Wissenschaftlern oder auch Lesern. Meinungsbeiträge, z. B. in Form von Leserbriefen, Kommentaren, Glossen oder Essays, sind zahlreich.

Die Jahrtausendwende bzw. das beginnende 21. Jahrhundert fordert Autorinnen und Autoren unterschiedlicher Fachrichtungen zu Prognosen, Entwürfen und Projekten im Hinblick auf die Gestaltung der Zukunft heraus.

Uwe Jan Heuser/Gero von Randow

Mach's gut, Mensch

Das letzte Jahrtausend des Homo sapiens[1] geht zu Ende.
Wer kommt nach uns?

Das letzte Jahrtausend des Homo sapiens geht zu Ende. Kein Grund zur Panik. Der Mensch wird ein anderer – vernetzt und gentechnisch verwandelt, umgeben von virtuellen Welten und autonomen Robotern. Allmählich baut er sich selbst um. „Gestatten", wird irgendwann im kommenden Millennium[2] ein neues Wesen sagen, „ich bin es, der Nachfolger des Homo sapiens."

Der Nachfolger? Merkwürdig ist es schon, [10] dass unsereiner zwar den Darwinismus hinnimmt, aber selten die Konsequenz bedenkt: Keine Art bleibt ewig. Von diesem Gesetz sind nur primitivste Lebensformen ausgenommen – und die sind langweilig. [15]
Schauen wir in den Spiegel: Nichts deutet darauf hin, dass der jetzige Stand der Evolution das Optimum sei. Im dritten Jahrtausend wird das biologische Modell Mensch auslaufen. Wer folgt nach? Oder vielmehr: was? [20]
Wie üblich ist der Mensch schon weiter, als er denkt, und arbeitet an der eigenen Nachfolgeregelung. Virtual Reality gibt seinen Wahrnehmungen einen neuen Raum – bis ausgedachte Welten alle Kennzeichen der Wirklichkeit [25] tragen. Die physische und psychische Person wird zunehmend künstlich, ein realisierter Entwurf: Die Techniken der Gehirnimplantate und der gezielten Bewusstseinsdrogen

1 **Homo sapiens:** biologische Bezeichnung für die Gattung des Menschen
2 **Millennium:** Jahrtausend

stehen erst am Anfang und deuten doch schon aufs Ende dessen, was die Evolution so mühevoll geschaffen hat. Zwar haben wir uns in der Kultur seit je immer wieder selbst erfunden – aber bald könnte eine neue Phase anbrechen: der Umbau von Körper, Geist und Gefühl.

Alles Sciencefiction? Immerhin hat, was sich aus *science* und *fiction* erdenken lässt, wenigstens gute Gründe auf seiner Seite – und beginnt in der Gegenwart.

Zur Zeit ist der Mensch im Begriff, sich mit einer interaktiven, rechnenden Maschinenwelt zu umgeben. Noch ein paar Generationen, dann werden sich die Maschinen womöglich selbst umbauen, den Weg aller Evolution gehen und schließlich eine eigene Art kollektiver Intelligenz entwickeln. Vielleicht beschützt diese Technosphäre die Erde dann besser als der Mensch, pulverisiert bedrohliche Asteroiden und verhindert Klimakatastrophen. Wer hat Angst vor dem Menschen nach dem Menschen?

Wir kennen nicht alle Gebiete des Möglichkeitsraumes, der sich unseren Kindeskindern eröffnen wird. Vielleicht schmiedet sich unsere Spezies[3] zu vielerlei Arten. Vielleicht werden die Nachfahren gar Teile eines Gesamtkörpers sein, der selbst ein autonomes Wesen ist – nicht viel anders als jene Myriaden[4] von Kleinstlebewesen, die schon immer, putzmunter übrigens, in unseren Körpern hausten. Wer weiß? Immerhin reden wir über einen Zeitraum von tausend Jahren.

Ob sich der Mensch fortentwickelt oder beseitigt, entscheidet sich im kommenden Millennium. Sein Wissen könnte ihn in den Abgrund führen – nuklear, bakteriell, psychisch. Oder es könnte ihm dabei helfen, dass er seines Lebens froher wird, sich einstellt auf die neue Welt.

Die Sciencefiction lässt sich durchaus optimistisch lesen: Der Mensch wird, auf seine alten Tage, tatsächlich seines Glückes Schmied.

Was auch immer geschieht, es wird schnell gehen, viel schneller als in der Evolution. Einen Vorgeschmack davon haben wir schon: die allgegenwärtige Beschleunigung, die uns Heutige schwindeln macht.

3 **Spezies:** biologische Bezeichnung für Tier- und Pflanzenarten
4 **Myriaden:** unzählig große Mengen

Besonders stabil wirkt unsere Art nicht gerade, diese Bioform, wie sie schwankt zwischen Gut und Böse, Glück und Schmerz. Ist der Mensch nach allem Streben und allem Wachstum wenigstens glücklicher als vor tausend Jahren? Wohl kaum. Das größte Unglück aber wäre für ihn, müsste er so leben wie damals. Seltsames Wesen.

In diesem Jahrhundert trieb es die Gattung auf die Spitze

Im 20. Jahrhundert ist diese Gattung wankelmütiger denn je gewesen. Gleich zweimal trieben die Menschen Dummheit und Grausamkeit auf die Spitze, um kurz darauf festzustellen, dass sie nichts so dringend brauchen wie eine Weltgemeinschaft. Kriege über Kriege, doch in der Politik entstanden Ausdrücke wie „globales Denken"; Dostojewskis Satz „Jeder ist an allem schuld" wurde wieder entdeckt. Heute suchen Freiheitsdrang und Solidaritätsgefühl wieder eine zeitgemäße Balance. Der Mensch auf dem Hochseil. Bloß nicht nach unten gucken.

Die wechselseitigen Abhängigkeiten auf dem technisierten Globus wachsen. Was an einem Ort geschieht, kann alle bedrohen – Einsatz neuer Waffen, Schädigung der Atmosphäre, Zusammenbruch der Wirtschaft und nicht zuletzt die Verstopfung der Informationskanäle mit Kulturmüll. Die Losung zur Jahrtausendwende lautet: Das globale Volk muss sich anständig benehmen. Aus dem immer gleichen, im wahrsten Sinne selbstsüchtigen Grund: aufgeklärter Eigennutz.

An der Technik soll es nicht scheitern. Vernetzte Computer erleichtern dynamische Verbindungen zwischen den Menschen. Damit ließe sich auch das Wissen besser bereitstellen, verteilen und erneuern. Aber Technik ist nur Möglichkeit; die Zukunft braucht Individuen, die voneinander lernen wollen. Weltbürger, die in veränderlichen Netzen leben, für die der Austausch von Ansichten und Einsichten eine Lebensweise ist.

Dem Homo sapiens hat es nie an Möglichkeiten gemangelt. Aber auch nie an der Fähigkeit, es sich schwer zu machen. Der Weg war meistens da, der Wille eher selten.

Trotzdem könnte es geschehen, dass der Mensch sich in etwas Menschlicheres trans-

formiert. Dass er aufhört, als Herrscher aufzutreten, neue Reiche für die Ewigkeit zu gründen, seine jeweiligen Nationalverbände zu verklären, sich Denkmäler zu setzen, für den Nachruhm zu leben und gerade deshalb seinesgleichen zu missachten.
Die Zukunft könnte noch was werden.

Als Endpunkt aller Entwicklung hat das humane Modell genug Unheil angerichtet: vernarrt in seine Institutionen, auf den Knien vor seinen eigenen Werten, fanatisiert von seinen Ideologien. Krone der Schöpfung! Darf's vielleicht ein bisschen weniger sein?

1. Bestimmen Sie **Thema** und **Intention** des Essays von Uwe Jan Heuser und Gero von Randow.
2. Arbeiten Sie die Kernaussagen des Textes heraus und untersuchen Sie, wie diese **argumentativ** gestützt werden.
3. Analysieren Sie die von den Autoren verwendeten **sprachlichen Mittel** und deren Wirkung. Achten Sie insbesondere auf
   - Satzbau: Satzarten, Haupt-/Nebensätze, vollständige/unvollständige Sätze ...
   - Wortwahl: Fremdwortgebrauch, Wörter mit versteckten Wertungen, bildliche Ausdrücke ...
   - Sprachebenen: Verwendung von Umgangssprache, Hochsprache, Fachsprache ...
   - Stil: darstellend, kommentierend, wertend ...
4. Verfassen Sie einen ▷ **Leserbrief** zu dem Artikel von Heuser und v. Randow. ▷ S. 14
5. a) Sichten Sie Tages- und Wochenzeitungen oder suchen Sie im Internet nach Themen, die als wichtig für die Zukunft angesehen werden.
   b) Wählen Sie zukunftsträchtige Ereignisse, Trends, Strömungen aus, die Sie interessieren, und verfassen Sie dazu selbst einen Essay, einen Kommentar oder eine Glosse.

Der **Essay** ist eine freie Form des Erörterns. Im Französischen heißt „essayer" versuchen. Der Essay-Schreiber versucht, Gedankenexperimente schriftlich festzuhalten. Das Spiel mit der Sprache, die Reihung subjektiver Assoziationen statt wissenschaftlich genauer Analytik oder strenger Systematik der Gedankenfolge charakterisieren den Essay. Dabei werden verschiedene Formen der argumentativen Stützung des Gedankengangs genutzt und sprachlich alle stilistischen Möglichkeiten ausgeschöpft. Weitere Hinweise finden Sie im Kapitel E 3.3: „Einen Essay schreiben" (▷ S. 504 f.).

In einem **Kommentar** werden Fakten wiedergegeben, Argumente angeführt, Urteile gefällt, um bestimmte Sachverhalte zu beleuchten. Diese werden mit Zahlenmaterial, konkreten Angaben gestützt, Wertungen treten sprachlich deutlich hervor. Intention ist es, zu informieren und die Meinung der Leser/innen zu beeinflussen.

Die **Glosse** ist ein sehr subjektiver, oft polemisch zugespitzter Kurzkommentar. Sie dient dazu, die Leser/innen zu belustigen, aber auch nachdenklich zu stimmen.
Sprachlich kennzeichnend ist die Verwendung von Neologismen, Archaismen, Anspielungen, Doppeldeutigkeiten und Bildern, die auch ironisch gemeint sein können. Gezielt werden mitunter verschiedene Sprachschichten gemischt. Oft endet die Glosse mit einer Pointe. Weitere Hinweise finden Sie im Kapitel E 2.1: „Analyse eines journalistischen Textes: Glosse" (▷ S. 481 ff.)

6. Erstellen Sie im Kurs eine **Wandzeitung** zu Zukunftsthemen. Verwenden Sie dafür Ihre verschiedenen Artikel, aber auch weiteres Text- und Bildmaterial aus Zeitungen, Zeitschriften oder Internet.

4.3 Fächerverbindendes Projekt: Zukunftsvisionen – die Gesellschaft im 21. Jahrhundert

Arnim Bechmann

Vom Technikoptimismus zur Auflösungsgesellschaft

Zukunftserwartungen

Zukunftsforschung als Versuch, alle Möglichkeiten des Zukünftigen zu erkunden, hatte ihre große Zeit in den 60er- und 70er-Jahren des 20. Jahrhunderts. In den 80ern dominier-
5 ten Studien, die einseitig auf die Darstellung von Zukunftsgefahren und -risiken ausgerichtet waren. Zukunft, einst Verheißung, wurde zur Bedrohung. Seit Mitte der 90er-Jahre ist keine einheitliche Zukunftsperspektive mehr
10 erkennbar. Zukunftsforscher behaupten zwar weiterhin Entwicklungstrends. Diese Trends divergieren[1] jedoch und weisen in sehr unterschiedliche, einander ausschließende Richtungen.
15 Wenn man heute eine größere Gruppe von Menschen fragt: „Stellen Sie sich vor, Sie leben im Jahr 2030. Wie sieht die Welt dann aus und wie gestalten Sie Ihr Leben?", so erhält man – wenn überhaupt – unsichere Antwor-
20 ten. Mit der Frage „Was ist besonders schön in dieser Zeit?" löst man in der Regel Verwunderung und Irritation aus.
Die Reaktion ist anders, wenn man fragt: „Stellen Sie sich vor, wir befinden uns im Jahr
25 2030. Wovor haben Sie Angst und was beeinträchtigt Ihr Leben?" Auf diese Fragen bekommt man sehr schnell Auskünfte. Solch ein Fragespiel beschert uns natürlich keine brauchbaren Einsichten in die Zukunft. Es
30 vermittelt aber ein Gefühl dafür, wie die Zukunft durch die Brille aktuellen Zeitgeistes gesehen wird.

Der Verlust an Perspektive und die Offenheit der Zukunft

Bis in die 90er-Jahre hinein zeigte Zukunftsforschung – sicherlich vom Zeitgeist stark
35 geprägt – klare Perspektiven auf. Seit Mitte der 90er-Jahre ist der Verlust solch einer Per-
spektive zunehmend zu erkennen, vor allem daran, dass nahezu alle heutigen, gestrigen und vorgestrigen „Zukunftsperspektiven" in moderner Ausprägung unverbunden und 40 nebeneinander wieder belebt oder weiter erhalten werden, z. B.:

- die *Technoperspektive* (linear weiterentwickelt technischer Fortschritt als Problemlöser – z. B. Gentechnik als Revolution für 45 Medizin und Landwirtschaft);
- die *Katastrophenperspektive* (die Globalisierung der Umweltkrise führt zu ökologischen Katastrophen – z. B. über Klimawandel und die Verschmutzung von 50 Lebensumwelt durch Chemikalien);
- die *Perspektive der Freizeitgesellschaft* (die Auflösung der Industriegesellschaft in eine Freizeit-/Fungesellschaft ohne Wertorientierung und Sinnsteuerung); 55
- die *Perspektive des Weltbildumbruchs* (neues Weltbild, das zu einer neuen Gestaltung von Technik und sozialen Systemen führt).

Für diese und weitere nicht miteinander kompatible[2] Zukunftsperspektiven finden sich 60 jeweils sowohl viele gewichtige Befürworter als auch entsprechend viele „Nichtüberzeugte". Kurzum, weder in der Gesellschaft noch unter Zukunftsforschern gibt es derzeit eine einheitliche Meinung über die zu erwar- 65 tende Zukunft. Irritation hat statt.

Zukunft als Aufgabe

Nachdem die Zukunftsforschung den naturwissenschaftlich-technischen Fortschritt der Vergangenheit und seine Folgen für Mensch und Umwelt ausgiebig zum Thema erhoben 70 hat, ist sie in die Irritation geraten. An Stelle weniger großer dominanter Trends sieht sie heute viele kleine, sich widersprechende mögliche Entwicklungslinien. Will sie diese Irritation auflösen, so muss sie sich die Frage stellen, 75 ob es zukunftsrelevante Entwicklungstrends gibt, die durch die bisher benutzten Brillen nicht gesehen werden konnten. Nur so lässt sich Neuorientierung schaffen.

---

1 **divergieren:** auseinander streben   2 **kompatibel:** vereinbar, zusammenpassend

Diese Trends wären allerdings nur dann für Zukunftsforschung interessant, wenn sie ein angemessenes gesellschaftliches Fundament hätten und tatsächlich im vertieften Maße zukunftsgestaltend wirken würden.

In der zweiten Hälfte der 90er-Jahre spiegelt Zukunftsforschung die Auflösungstendenzen sowie den Sinn- und Orientierungsverlust der Industriegesellschaft wider. Nichts erscheint mehr sicher und dadurch auch vieles möglich. Die Zukunft ist heute – durch den inneren Verfall der Industriegesellschaften – wesentlich gestaltungsfähiger als noch vor 40 Jahren.

Um sie human zu gestalten, wird es allerdings Menschen bedürfen, die klar, selbstbewusst und gemeinschaftsbezogen denken, fühlen und handeln. Die Integration von Kopf, Herz und Hand in Alltag und Gesellschaft ist gefragt. In diesem Sinn ist Zukunft heute Perspektive und Herausforderung zugleich. Die Zeit der großen, sich „unaufhaltsam" vollziehenden Trendentwicklungen scheint fürs Erste abgelaufen zu sein. Das Handeln des Einzelmenschen wird trotz oder wegen der „Macht" der Megamaschinen zukunftsbeeinflussend.

---

1. Führen Sie das in dem Artikel angeregte Fragespiel an Ihrer Schule oder in Ihrem Stadtteil durch.
2. Finden Sie weitere Beispiele für die unterschiedlichen Zukunftsperspektiven.
3. Sprechen Sie im Kurs darüber, wie eine „humane Gestaltung" der Zukunft aussehen kann.

Aktuelle Global-Trends

Annäherung an Grenzen der globalen Tragfähigkeit

▶ Bevölkerungswachstum
▶ Ressourcenübernutzung
▶ Umweltzerstörung

Vernetzung und Vereinheitlichung

▶ Weltweite Verkehrssysteme
▶ Weltweite Kommunikationssysteme
▶ Weltweiter Handel mit Waren und Dienstleistungen
▶ Weltweite Vereinheitlichung der Alltagskultur
▶ Weltweite Vereinheitlichung von Wissenschaft, Forschung und Bildung

Globale Polarisierungstendenzen

▶ Ökonomische Polarisierung zwischen „Nord und Süd"
▶ Weltanschauliche, religiöse Polarisierungen, z. B. zwischen dem Islam und anderen Weltanschauungen
▶ Aus- und Einwanderungsländer

Beschleunigung der Veränderungsgeschwindigkeiten

▶ Wissenschaftliche Erkenntnisse und technologische Entwicklungen
▶ Soziale Werte und Verhaltensmuster
▶ Konsummöglichkeiten und -formen
▶ Zuwachs neuer, in das herrschende Weltbild nicht integrierbarer Wahrnehmungen/Erfahrungen

Auflösungstendenzen

▶ Vorindustrielle Gesellschaften entwickeln sich zu Industriegesellschaften
▶ Militärische Blöcke
▶ Zerfall traditioneller sozialer Subsysteme innerhalb der Industriegesellschaften
▶ Individualisierung im Alltag der Industriegesellschaften
▶ Zerfall von Gemeinschaftswerten zu Gunsten von Individualwerten

Mögliche Erwartungen an Zukunft

Heilserwartungen

▶ Technischer Fortschritt
▶ Bewusstseinswandel

Steuerbarkeits- oder Stabilitäts-erwartung

▶ Planbarkeit der Welt
▶ Steuerung sozialer Systeme
▶ Stabilisierung bestehender Systeme

Überraschungserwartung

▶ ?

Bedrohungserwartung

▶ Zerfall einer Gesellschaft
▶ Bedrohung einer Gesellschaft
▶ Sitten- und Werteverfall
▶ Umweltzerstörung
▶ Ressourcenerschöpfung

Evolutionserwartung

▶ Entwicklungsschritt menschlicher Möglichkeiten
▶ Vollzug eines göttlichen Plans

---

4. Prüfen Sie die Möglichkeit eines fächerverbindenden **Projekts**. Welche in den beiden Tabellen aufgeführten Aspekte werden im Rahmen Ihrer Schulfächer behandelt?

	Zukunftsaspekte
Biologie	*Gentechnologie*
Physik	*neue Verfahren der Energiegewinnung*
Chemie	…
Religion	…
Sozialwissenschaften	…
…	…

5. a) Orientieren Sie sich bei der Planung, Durchführung und Präsentation Ihres Projekts an den Hinweisen auf S. 97–101.
   b) Organisieren Sie die Präsentation des Projekts in Form einer Wandzeitung oder Ausstellung.
6. Planen Sie eine **Talkshow** zum Thema „Nach uns die Sintflut? – Leitbilder für das 21. Jahrhundert". Besetzen Sie unterschiedliche Rollen, z. B. Vertreter/innen der Bereiche Zukunftsforschung, Umweltschutz, Theologie/ Philosophie, Biologie, Chemie, Physik, Sozialwissenschaften. Nutzen Sie bei der Moderation die Regeln zur Diskussionsleitung auf S. 70.

5 Kommunikation und Sprache – Wie Verständigung gelingen kann

5.1 Kommunikationsprobleme in Alltagssituationen

Loriot

Garderobe (1981)

Sie sitzt vor ihrer Frisiertoilette und dreht sich die Lockenwickler aus dem Haar. Er steht nebenan im Bad und bindet sich seine Smokingschleife.

SIE: Wie findest du mein Kleid?
ER: Welches ...
SIE: ... das ich anhabe ...
ER: Besonders hübsch ...
5 SIE: ... oder findest du das Grüne schöner ...
ER: Das Grüne?
SIE: Das Halblange mit dem spitzen Ausschnitt ...
ER: Nein ...
10 SIE: Was ... nein?
ER: Ich finde es nicht schöner als das, was du anhast ...
SIE: Du hast gesagt, es stünde mir so gut ...
ER: Ja, das steht dir gut ..
15 SIE: Warum findest du es dann nicht schöner?
ER: Ich finde das, was du anhast, sehr schön, und das andere steht dir auch gut ...
SIE: Ach! Dies hier steht mir also nicht so gut!?
20 ER: Doch ... auch ...
SIE: Dann ziehe ich das lange Blaue mit den Schößchen noch mal über ...
ER: Ah-ja ...
25 SIE: ... oder gefällt dir das nicht?
ER: Doch ...
SIE: Ich denke, es ist dein Lieblingskleid ...
ER: Jaja!
SIE: Dann gefällt es dir doch besser als das, 30 was ich anhabe und das halblange Grüne mit dem spitzen Ausschnitt ...
ER: Ich finde, du siehst toll aus in dem, was du anhast!

SIE: Komplimente helfen mir im Moment überhaupt nicht! 35
ER: Gut ... dann zieh das lange Blaue mit den Schößchen an ...
SIE: Du findest also gar nicht so toll, was ich anhabe ...
ER: Doch, aber es gefällt dir ja scheinbar 40 nicht ...
SIE: Es gefällt mir nicht? Es ist das Schönste, was ich habe!!
ER: Dann behalte es doch an!
SIE: Eben hast du gesagt, ich soll das lange 45 Blaue mit den Schößchen anziehen ...
ER: Du kannst das lange Blaue mit den Schößchen anziehen oder das Grüne mit dem spitzen Ausschnitt oder das, was du anhast ... 50
SIE: Aaha! Es ist dir also völlig *Wurst*, was ich anhabe!
ER: Dann nimm das Grüne, das wunderhübsche Grüne mit dem spitzen Ausschnitt ...
SIE: Erst soll ich *das* hier anbehalten ... dann 55 soll ich das Blaue anziehen ... und jetzt auf einmal das Grüne?!
ER: Liebling, du kannst doch ...
SIE: *(unterbricht)* ... Ich kann mit dir über Atommüll reden, über Ölkrise, Wahlkampf 60 und Umweltverschmutzung, aber über ... *nichts ... Wichtiges!!*   R̄

---

1. Beschreiben Sie das Kommunikationsproblem zwischen Mann und Frau. Woran scheitert die Verständigung?
2. Die Sprachwissenschaftlerin Deborah Tannen (▷ S. 399 ff.) vertritt die Auffassung, dass Männer anderen Gesprächsregeln folgen als Frauen. Überprüfen Sie diese These anhand des vorliegenden Dialogs.

Wenn wir uns mit anderen Menschen verständigen, sind wir oft so sehr auf Worte konzentriert, dass uns andere Aspekte der Kommunikation kaum noch auffallen. Dabei sind **nicht-sprachliche Elemente der Kommunikation** wie Gestik, Mimik und andere Erscheinungsformen des Körperausdrucks genauso bedeutsam. Diese oft unbewussten Anteile der Kommunikation machen in starkem Maße unsere Wirkung auf andere Menschen aus. Menschen, die verbal etwas anderes ausdrücken als das, was ihre Körpersprache sagt, empfinden wir als wenig glaubwürdig. Zum Beispiel dementieren Persönlichkeiten des öffentlichen Lebens mit ihrem Körperausdruck manchmal das, was sie sagen. Nimmt man diese Einsichten ernst, dann muss man Kommunikation viel umfassender begreifen, als wir das im Alltag gemeinhin gewohnt sind.

Die Alltagskommunikation läuft oft nach eingespielten Mustern ab; was sie steuert, machen wir uns selten bewusst. Erst durch Störungen der Kommunikation, wie sie z.B. in Loriots Dialog zu Tage treten, werden wir manchmal auf einzelne Voraussetzungen der Verständigung aufmerksam. Im Folgenden werden verschiedene Faktoren der Kommunikation untersucht, die in unserem Alltag wirken.

3. Erproben Sie im Rollenspiel einen alternativen Gesprächsverlauf von Loriots Szene „Garderobe" (▷ S. 81). Beobachten Sie dabei die verbale und die nonverbale Ebene der Kommunikation.

4. a) Spielen Sie eine Alltagsszene zwischen Vater und Tochter oder Sohn, die folgendermaßen beginnt: VATER: „Du hast wieder dein Zimmer nicht aufgeräumt ..."
   b) Beobachten Sie arbeitsteilig Sprache, Stimmführung, Gestik, Mimik und Körperhaltung.
   c) Analysieren Sie die Spielszene. Achten Sie darauf, welchen Anteil verbale, paraverbale (auf die Stimmführung bezogene) und nonverbale Kommunikationselemente haben.

5. a) Führen Sie das Gespräch über das nicht aufgeräumte Zimmer mehrfach mit wechselnder Besetzung durch. Stellen Sie zusammen, wel-

che Faktoren zum Gelingen, welche zum Misslingen der Kommunikation führen.
   b) Erproben Sie einen konstruktiven Gesprächsverlauf, indem Sie die folgenden Regeln für das Sprechen und für das Zuhören beachten:

Regeln für das Zuhören	**Regeln für das Sprechen**
1) Zeigen Sie, dass Sie zuhören. Wenden Sie sich dem Partner/der Partnerin zu und halten Sie Blickkontakt.	1) Sprechen Sie von sich. Sagen Sie, was Sie bewegt.
2) Fassen Sie zusammen. Wiederholen Sie mit eigenen Worten, was die Partnerin/der Partner gesagt hat, sodass diese/r sich verstanden fühlt.	2) Sagen Sie „Ich". Du-Sätze beinhalten oft Vorwürfe, die Gegenangriffe auslösen.
3) Fragen Sie offen. Vermeiden Sie Unterstellungen.	3) Beziehen Sie sich auf konkrete Situationen. Vermeiden Sie Verallgemeinerungen wie „immer" oder „nie".
4) Geben Sie positive Rückmeldungen, z.B.: „Das freut mich sehr, dass du das so klar und offen gesagt hast."	4) Sprechen Sie konkretes Verhalten an. Schreiben Sie dem anderen als Person keine negativen Eigenschaften zu wie z.B.: „Du bist unordentlich!"
5) Melden Sie bei Bedarf zurück, was das Gesagte in Ihnen auslöst, z.B.: „Ich bin völlig verblüfft, dass du das so siehst."	5) Bleiben Sie beim Thema. Wärmen Sie keine alten Probleme auf.

Lutz Schwäbisch / Martin Siems

Regeln für die Gruppendiskussion

*Nach Ruth C. Cohn soll ein Gruppenge-
spräch sich zwischen den Polen „Ich" (Einzelner), „Wir" (Gruppe) und „Es" (Sache)
ausbalancieren.*

*In Anlehnung an Cohn haben Schwäbisch
und Siems diese Regeln als Trainingspro-*

*gramm für Gruppengespräche zur Selbst-
erfahrung ausformuliert:*

1) Sei dein eigener Chairman[1].
2) Störungen haben Vorrang.
3) Wenn du willst, bitte um ein Blitzlicht[2].
4) Es kann immer nur einer sprechen.
5) Beachte deine Körpersignale.
6) Sage „ich" statt „man" oder „wir".
7) Formuliere eigene Meinungen statt Fragen.
8) Sprich direkt.
9) Gib Feed-back, wenn du das Bedürfnis hast.
10) Wenn du Feed-back erhältst, hör ruhig zu.

1 **Chairman**, hier: Diskussionsleiter/in
2 **Blitzlicht**: Die Diskussionsteilnehmer/innen äußern sich der Reihe nach zu ihrem momentanen Gefühlszustand.

---

1. Erläutern Sie die einzelnen Regeln vor dem Hintergrund Ihrer Erfahrungen mit Gruppengesprächen.
2. Entwickeln Sie einen Beobachtungsbogen für die Team- und Gruppenarbeit, der sich an den drei Komponenten „Ich", „Wir" und „Sache/Aufgabe" orientiert.

Samy Molcho

Körpersprache

Für uns Menschen gibt es immer zwei Kommunikationsebenen. Die eine ist verbal: Den Inhalt einer Information vermitteln wir durch das
gesprochene Wort. Die zweite Ebene ist non-
verbal: Körpersprache. Das subjektive Erlebnis
dieser Gesprächssituation und die Gefühle
und Einstellungen, die wir mit dieser Information verbinden, artikulieren wir selten
durch Worte – aber sie sind in unserem Körper-
verhalten durch bestimmte Signale erkennbar.
Es ist wichtig, *beide* Kommunikationsebenen
richtig zu verstehen. Denn oft bleibt eine wichtige zusätzliche Information unausgespro-
chen, oder es gibt gar einen Widerspruch zwischen dem Gesagten und dem Gemeinten, der
Verwirrung und Missverständnisse stiftet. Ich
will das an zwei Beispielen zeigen.
Ein Kind möchte spielen gehen. Die Mutter
sagt: „Aber natürlich, mein Schatz!", beugt
sich zu ihm hinunter, umfasst es bei den
Schultern, gibt ihm einen Kuss und schiebt es
mit einem Lächeln in Richtung Garderobe.
Das Mädchen weiß: Mutter erlaubt es gern; sie
bedeutet mir, auf mich aufzupassen, und erinnert mich, eine Jacke überzuziehen.

Die gleiche Situation und die Antwort:
„Selbstverständlich kannst du spielen gehn!"
Und während die Mutter das sagt, hebt sie die
Schultern (Verteidigungsstellung), lässt sie
wieder fallen (Zeichen der Resignation), ihr
Kopf zieht sich zurück, und Mund und Gesicht drücken Abwehr aus. Auf welche Information soll das Kind jetzt reagieren? Und wie
fühlt es sich wohl, wenn es spielen geht?
Hier liegt ein klarer Widerspruch vor, und er
ist auch für das kleine Mädchen ziemlich
leicht zu erkennen. Doch leider gibt es viele
Signale, die man nicht sofort registriert, die
man sich erst bewusst machen muss. Man reagiert auf sie dennoch, denn der Körper ist unfähig, nicht zu kommunizieren. Aber dann
entstehen Spannungen und Verkrampfungen,
deren Ursprung verborgen bleibt.
Jeder Mensch wirkt durch seine Haltung und
sein Verhalten auf seine Umgebung wie ein
Reiz oder ein Reflex. Die anderen reagieren darauf positiv oder gleichgültig. In jedem Fall aber
gibt es eine Rückkopplung, ein Feed-back. Wir
können das auch an unseren eigenen Reaktionen feststellen. Das ist ein Grund mehr, auf
die Reize zu achten, die wir selbst aussenden.
Es passiert doch nicht selten, dass wir jemanden
aggressiv nennen oder eingebildet, weil wir ihn

eben so empfinden. Zugleich wissen wir aber von Dritten oder durch eigene Beobachtung, dass dieser Mensch Humor hat, Zärtlichkeit zeigen kann, Vertrauen weckt. Muss dann nicht die erste Frage sein: Kann es nicht an mir liegen? Vielleicht sende ich Reize, die ihn aggressiv auf mich reagieren lassen? Wie weit erlebt die Umwelt mich so, wie ich es mir denke?

Natürlich meint jeder von uns, er benehme sich seinem Gesprächspartner gegenüber angenehm und verständig. Dennoch ist die Antwort einmal distanziert, ein andermal aggressiv. Benehme ich mich da nun wirklich angenehm, oder löse ich doch durch mein Verhalten die Aggressivität aus? Weil wir unser gewohntes Verhalten nicht bewusst registrieren, nehmen wir diesen Rückkopplungseffekt als einen solchen meistens nicht wahr. Wir sagen: Das ist der andere, er verhält sich so. Und erkennen nicht, dass die Ursache bei uns liegt. Darum sage ich: Ändere deine Einstellung zu den Menschen, und die Menschen ändern ihre Einstellung zu dir. Der Mensch ist ein Komplex von Wünschen und Widersprüchen. Man muss das im Ganzen sehen, um ihn zu verstehen. Das gilt auch für die Sprache seines Körpers. Man darf nicht einzelne Teile interpretieren, denn nur der gesamte Körper gibt uns ein Bild. Da kommt mir einer mit ganz offener Haltung und freiem Blick entgegen – ich denke fast, er könnte mich umarmen. Und dann reicht er mir, nein – er überlässt mir eine Hand, die die Berührung der meinen nicht erwidert, sondern ganz passiv bleibt. Das Zusammenspiel dieser Zeichen sagt mir: Er begegnet mir zwar aufmerksam, doch er legt Wert auf Abstand und wird sich nicht eigentlich „anrühren" lassen.

Körpersignale können auch mehrere Bedeutungen haben. Es hängt davon ab, wer sie aufnimmt und worauf sich das Interesse des Empfängers richtet. Lächeln ist ein freundliches Signal. Wenn eine zurückhaltende Frau unter zwei Bewerbern schließlich einem ihr Lächeln schenkt, so ist es für ihn ein Zeichen der Zustimmung und für den Rivalen ein Zeichen der Zurückweisung. Wenn sie gleichzeitig dem Rivalen die Hand auf den Arm legt, so kehrt sie diese Bedeutung wieder um, sie agiert mehrdeutig. […] Es kommt eben immer darauf an, alle Daten in der jeweiligen Situation aufzunehmen und richtig zu deuten.

---

1. Betrachten Sie die Fotos genau.
   a) Entschlüsseln Sie möglichst detailliert die einzelnen Signale der Körpersprache.
   ▷ S. 56 b) Stellen Sie die Szenen als ▷ **Standbild** nach und bringen Sie die Personen monologisch oder dialogisch zum Sprechen.
2. Listen Sie die wichtigsten Aussagen des Textes thesenartig auf und veranschaulichen Sie jede These mit einem Beispiel.
3. Samy Molchos Beispiel von der Mutter, die ihrer Tochter eine widersprüchliche Botschaft vermittelt (▷ Z. 18–32), lässt sich mit Watzlawick als „Doppelbindung" erklären (▷ Heiko Ernst, S. 93 f.).
   a) Entwerfen Sie in Kleingruppen Szenen, die einen Widerspruch zwischen verbaler und nonverbaler Botschaft enthalten.
   b) Entwickeln Sie Strategien, wie man in der jeweiligen Situation aus der Beziehungsfalle entkommen kann.

Friedemann Schulz von Thun
Berufsrolle und private Rolle

Eine Flughafenangestellte berichtet: „Uns wurde beigebracht, mit aufgebrachten Fluggästen angemessen umzugehen, zum Beispiel bei Flugverspätungen oder wenn ein Koffer nicht angekommen war. Zum Teil muss man sich dann schlimmste Beleidigungen und Beschuldigungen anhören. Wir lernten, darauf erstens sachlich und zweitens freundlich einzugehen, keinesfalls beleidigt oder aggressiv. Diese Reaktionsweise gefiel mir gut. Sie machte mich unangreifbar und überlegen. Als ich damit begann, in dieser Weise auch auf meine Freunde zu reagieren, nämlich betont sachlich und stets mit einem Lächeln, wäre ich sie beinahe losgeworden." [Das Rollenverhalten, das] in der einen (professionellen) Situation adäquat erscheint, wird in der anderen (privaten) Situation zu Recht als „daneben", als „Abfertigung" empfunden. Die Freundschaft lebt von der authentischen Auseinandersetzung; die Frage „Wie stehen und wie fühlen wir zueinander?" berührt ihren Lebensnerv. Am Flughafenschalter geht es darum aber überhaupt nicht. – Oder nehmen Sie den Vater, der als leitender Angestellter gewohnt ist, Probleme auf die schnellste Weise „einer effektiven Lösung zuzuführen". Wenn er mit [diesem beruflichen Rollenverhalten] abends den ehelichen Dialog bestreitet, kann es schief gehen, obwohl er es wirklich gut meint:

MUTTER: Stephan hat wieder eine Fünf geschrieben, ich mache mir allmählich Sorgen ...
VATER: Gut, also erstens: Gespräch mit der Lehrerin, bitte Terminabstimmung vornehmen. Zweitens: Disziplin und Arbeitsmoral als Werte stärker implementieren ...
MUTTER: Drittens lasse ich mich scheiden!
VATER: Bitte, Carlotta, auch von deiner Seite etwas mehr Gesprächsdisziplin, sonst kommen wir hier nicht weiter!

---

1. Kommentieren Sie die Beispiele Schulz von Thuns und formulieren Sie möglichst genau den Grund für das Misslingen der privaten Gespräche.
2. a) „Soziale Rollen bezeichnen Ansprüche der Gesellschaft an die Träger von Positionen, die von zweierlei Art sein können: einmal Ansprüche an das Verhalten der Träger von Positionen (*Rollenverhalten*), zum anderen Ansprüche an sein Aussehen und seinen ‚Charakter' (*Rollenattribute*). [...] Soziale Rollen sind Bündel von Erwartungen, die sich in einer gegebenen Gesellschaft an das Verhalten der Träger von Positionen knüpfen."
Erläutern Sie diese Rollen-Definition des Sozialwissenschaftlers Ralf Dahrendorf anhand von selbst gewählten Beispielen.
   b) Dahrendorf ist der Ansicht, dass Kommunikation dann am besten gelingt, wenn alle Beteiligten die an sie gerichteten Rollenerwartungen voll erfüllen. Beurteilen Sie diese Auffassung kritisch im Hinblick auf die Beziehung zwischen Schülern und Lehrern.
3. Auch in der Schule sind für Lehrer/innen und Schüler/innen Rollen festgelegt. Nicht selten wird das berufliche Rollenverhalten auf den privaten Bereich übertragen. Entwerfen Sie wahlweise eine Karikatur oder eine satirische Szene zu einer der folgenden Situationen:
   a) Die Schülerrolle prägt die Kommunikationsweise eines Jugendlichen auch außerhalb der Schule.
   b) Die Lehrerrolle macht sich auch in außerschulischen Treffen von Schülern und Lehrern bemerkbar.

In der Regel kaum bewusst sind kulturelle Einflüsse auf das Kommunikationsverhalten. Unter **Kultur** werden heute meist die einer gesellschaftlichen Gruppe oder einer Nation eigenen Ausdrucksformen verstanden, in denen sich gemeinsame Lebenserfahrungen dokumentieren. Eine Kulturgemeinschaft verfügt über eine „Landkarte von Bedeutungen", die Vorgänge und Sachverhalte für ihre Mitglieder in ähnlicher Weise verstehbar macht. Mitglieder anderer Kulturen, die diese „Landkarte von Bedeutungen" nicht beherrschen, verhalten sich kulturfremd; ihre Kommunikationsversuche in dem für sie ungewohnten kulturellen Raum sind oft zum Scheitern verurteilt, wie es Paul Watzlawick im folgenden Beispiel (▷ S. 86) beschreibt.

Paul Watzlawick u. a.

Kuss ist nicht Kuss

Unter den während des Krieges in England stationierten amerikanischen Soldaten war die Ansicht weit verbreitet, die englischen Mädchen seien sexuell überaus leicht zu-
5 gänglich. Merkwürdigerweise behaupteten die Mädchen ihrerseits, die amerikanischen Soldaten seien übertrieben stürmisch. Eine Untersuchung, an der u. a. Margaret Mead teilnahm, führte zu einer interessanten Lö-
10 sung dieses Widerspruchs. Es stellte sich heraus, dass das Paarungsverhalten (*courtship pattern*) – vom Kennenlernen der Partner bis zum Geschlechtsverkehr – in England wie in Amerika ungefähr dreißig verschiedene
15 Verhaltensformen durchläuft, dass aber die Reihenfolge dieser Verhaltensformen in den beiden Kulturbereichen verschieden ist. Während z. B. das Küssen in Amerika relativ früh kommt, etwa auf Stufe 5, tritt es im typi-

schen Paarungsverhalten der Engländer re-
20 lativ spät auf, etwa auf Stufe 25. Praktisch bedeutet dies, dass eine Engländerin, die von ihrem Soldaten geküsst wurde, sich nicht nur um einen Großteil des für sie intuitiv „richtigen" Paarungsverhaltens (Stufe 5–24) betro-
25 gen fühlte, sondern zu entscheiden hatte, ob sie die Beziehung an diesem Punkt abbrechen oder sich dem Partner sexuell hingeben sollte. Entschied sie sich für die letztere Alternative, so fand sich der Amerikaner einem
30 Verhalten gegenüber, das für ihn durchaus nicht in dieses Frühstadium der Beziehung passte und nur als schamlos zu bezeichnen war. Die Lösung eines solchen Beziehungskonflikts durch die beiden Partner selbst ist
35 natürlich deswegen praktisch unmöglich, weil derartige kulturbedingte Verhaltensformen und -abläufe meist völlig außerbewusst sind. Ins Bewusstsein dringt nur das undeutliche Gefühl: Der *andere* benimmt sich
40 falsch.

---

1. Berichten Sie von Kommunikationssituationen, die Sie bei Auslandsfahrten oder mit Ausländern selbst erlebt haben, in denen kulturfremdes Verhalten eine Rolle gespielt hat.
2. Entwerfen Sie eine Situation, in der kulturfremdes Verhalten zu skurrilen Missverständnissen führt. Entwickeln Sie in Partnerarbeit einen Dialog mit pantomimischen Elementen.

Evelyn Horsch

Das „innere Team":
Wie Selbstgespräche unsere
Kommunikation steuern

Nach außen hin mögen wir mit einer Stimme sprechen. Doch in uns laufen in jeder Situation blitzschnelle Selbstgespräche ab, an denen mehr als nur eine Stimme beteiligt ist.
5 **Dieses Stimmengewirr erschwert häufig Entscheidungen und lässt unsere Kommunikation uneindeutig werden. Eine neue Theorie kann helfen, das „innere Team" zu moderieren und „Einstimmigkeit" zu er-**
10 **reichen**

„War das ein Stress im Büro!" Hans Bütler betritt den Flur seiner Wohnung und wirft Jacke und Mütze auf die Bank. „Puh, jetzt erst einmal einen Tee!" – „Kannst du vielleicht mal
15 deine Klamotten aufhängen?", kommt ihm seine Frau Heidrun entgegen. „Da rackere ich

mich ab, um das Haus in Schuss zu halten, und du verbreitest Unordnung, wo du gehst und stehst!" Hans Bütler sagt nichts mehr. Seine Stimmung ist im Eimer. Den Rest des
20 Abends geht er seiner Frau aus dem Weg. Würde Hans Bütler jetzt aufmerksam in sich hineinhören, könnte er feststellen, dass es in seinem Inneren ziemlich turbulent zugeht. Er mag schweigen, doch in ihm reden einige
25 Stimmen durcheinander. Da empört sich ein aufgebrachtes Familienoberhaupt: „Was fällt ihr denn ein, mich so anzumachen! Schließlich verdiene ich hier die Brötchen!" An seiner Seite ein gekränkter Liebhaber: „Da freut man
30 sich aufs Nachhausekommen, hat auf dem Heimweg so richtig warme Gefühle, und dann so etwas!" Irgendwo aus einer Ecke meldet sich vielleicht auch ein schuldbewusster Junge: „Na ja, ich bin auch wirklich ziemlich
35 schlampig. Jetzt ist sie bestimmt sauer." Und im Hintergrund tönt ein verständnisvoller Heiliger: „Sie war doch überlastet, bei der vie-

len Arbeit, die sie hat, da kann sie schon mal die Beherrschung verlieren."

Der Chor dieser inneren Stimmen wogt in Herrn Bütler vermutlich hin und her. Da er aber nicht weiß, welche dieser Stimmen er nach außen tönen lassen soll, ist er lieber still. Und begibt sich einer Chance, seine Kommunikation mit seiner Frau zu bereichern, meint Friedemann Schulz von Thun. Der Hamburger Psychologieprofessor und Kommunikationstrainer hat eine neue Theorie entworfen, bei der es vor allem um eines geht: um den Umgang mit unserer inneren Vielfalt.

Lange Zeit haben sich Kommunikationswissenschaftler mehr damit beschäftigt, was *zwischen* Menschen abläuft, wenn sie miteinander reden, und weniger mit dem, was *in* ihnen vorgeht. Auch Schulz von Thun forschte jahrelang auf dem Gebiet der zwischenmenschlichen Kommunikation. Heute jedoch meint er: „Kommunikationstrainings bleiben oberflächlich, solange sie sich nur mit Äußerungen befassen. Dann können sie allenfalls Sprechblasen verändern." Gute Kommunikation erfordert nach seiner Auffassung eine „doppelte

Stimmigkeit" – nach außen und nach innen. Stimmigkeit nach außen bedeutet: Was wir sagen, muss einerseits die Situation einbeziehen, in der wir uns befinden, und andererseits die Menschen, mit denen wir sprechen. Stimmigkeit nach innen bedeutet: Wir sollten so sprechen, dass möglichst die ganze Vielschichtigkeit unserer Persönlichkeit darin zum Ausdruck kommt.

Letzteres ist gar nicht so einfach. Denn oft sind wir innerlich keineswegs so klar, wie dies nach außen den Anschein hat, sondern sehr widersprüchlich. Innere Selbstgespräche, die blitzschnell in uns ablaufen, verhindern oft genug eine eindeutige Antwort.

„Kann ich deine Vorlesungsmitschriften kopieren?", fragt ein Kommilitone eine Mitstudentin. Diese zögert. Innerlich bauen sich in rasanter Geschwindigkeit die Mitglieder ihres Stimmenorchesters auf: „Meine ganze Arbeit? Soll ich seine Faulheit unterstützen?" – „Ach komm, sei doch nicht so penibel – Studenten untereinander müssen sich helfen!" – „Eine Hand wäscht die andere – wer weiß, vielleicht kann der dir auch mal unter die Arme greifen!" Ergebnis dieses inneren Disputes: Die Studentin druckst herum – und ärgert sich hinterher noch über ihre Unklarheit.

Diese innerseelische Vielfalt, Schulz von Thun nennt sie das „innere Team", trägt dazu bei, dass wir indirekt, ausweichend oder weitschweifig antworten, schlecht Ja oder Nein sagen können oder empört auffahren, nur um hinterher verlegen „Entschuldigung" zu murmeln. In seinem Buch *Miteinander reden 3* (Reinbek 1998) beschreibt der Kommunikationswissenschaftler ausführlich, wie wir uns innerlich verknoten, aber auch, wie wir einen Weg finden können, unsere „innere Pluralität" zu besserer Kommunikation mit anderen zu nutzen.

1. Stellen Sie sich vor, Sie sind mit folgender Situation konfrontiert: Ein Mitschüler oder eine Mitschülerin möchte die Hausaufgaben bei Ihnen abschreiben. Die Lehrperson hat eine Überprüfung angekündigt.
   a) Malen Sie sich die Situation genau aus und identifizieren Sie die unterschiedlichen Stimmen, die sich in Ihrem „inneren Team" zu Wort melden.
   b) Visualisieren Sie den inneren Konflikt in Anlehnung an die obige Zeichnung.
   c) Tauschen Sie Ihre Skizzen paarweise aus und entwickeln Sie gegenseitig Lösungsstrategien.
2. a) Stellen Sie anhand eines selbst gewählten Beispiels dar, welche Probleme sich ergeben können, wenn jemand seine inneren Widersprüche in ein Gespräch einfließen lässt.
   b) Entwickeln Sie Vorschläge, wie eine Sprecherin/ein Sprecher sicherstellen könnte, dass das „innere Team" einig und die Kommunikation damit unzweideutig wird.

3. Für Dahrendorf (▷ S. 85) gelingt Kommunikation dann am besten, wenn alle Beteiligten die an sie gerichteten Rollenerwartungen voll erfüllen. Wie würde demgegenüber Schulz von Thun geglückte Kommunikation definieren? Klären Sie seinen Begriff der „doppelten Stimmigkeit".

5.2 Beziehungsstörungen als Thema der Gegenwartsprosa

Gabriele Wohmann
Ein netter Kerl (1978)

Ich habe ja so wahnsinnig gelacht, rief Nanni in einer Atempause. Genau wie du ihn beschrieben hast, entsetzlich.
Furchtbar fett für sein Alter, sagte die Mutter.
5 Er sollte vielleicht Diät essen. Übrigens, Rita, weißt du, ob er ganz gesund ist?
Rita setzte sich gerade und hielt sich mit den Händen am Sitz fest. Sie sagte: Ach, ich glaub schon, daß er gesund ist. Genau wie du es er
10 zählt hast, weich wie ein Molch, wie Schlamm, rief Nanni. Und auch die Hand, so weich.
Aber er hat dann doch auch wieder was Liebes, sagte Milene, doch, Rita, ich finde, er hat was Liebes, wirklich.
15 Na ja, sagte die Mutter, beschämt fing auch sie wieder an zu lachen; recht lieb, aber doch gräßlich komisch. Du hast nicht zuviel versprochen, Rita, wahrhaftig nicht. Jetzt lachte sie laut heraus. Auch hinten im Nacken hat er
20 schon Wammen, wie ein alter Mann, rief Nanni. Er ist ja so fett, so weich, so weich! Sie schnaubte aus der kurzen Nase, ihr kleines Gesicht sah verquollen aus vom Lachen.
Rita hielt sich am Sitz fest. Sie drückte die Fin
25 gerkuppen fest ans Holz.
Er hat so was Insichruhendes, sagte Milene. Ich find ihn so ganz nett, Rita, wirklich, komischerweise.
Nanni stieß einen winzigen Schrei aus und
30 warf die Hände auf den Tisch; die Messer und Gabeln auf den Tellern klirrten.
Ich auch, wirklich, ich find ihn auch nett, rief sie. Könnt ihn immer ansehn und mich ekeln.
35 Der Vater kam zurück, schloß die Eßzimmertür, brachte kühle nasse Luft mit herein. Er war ja so ängstlich, daß er seine letzte Bahn noch kriegt, sagte er. So was von ängstlich.
40 Er lebt mit seiner Mutter zusammen, sagte Rita. Sie platzten alle heraus, jetzt auch Milene.

Das Holz unter Ritas Fingerkuppen wurde klebrig. Sie sagte: Seine Mutter ist nicht ganz gesund, soviel ich weiß.
Das Lachen schwoll an, türmte sich vor ihr 45 auf, wartete und stürzte sich dann herab, es spülte über sie weg und verbarg sie: lang genug für einen kleinen schwachen Frieden. Als erste brachte die Mutter es fertig, sich wieder zu fassen. 50
Nun aber Schluß, sagte sie, ihre Stimme zitterte, sie wischte mit einem Taschentuchklümpchen über die Augen und die Lippen. Wir können ja endlich mal von was anderem reden. 55
Ach, sagte Nanni, sie seufzte und rieb sich den kleinen Bauch, ach ich bin erledigt, du liebe Zeit. Wann kommt die große fette Qualle denn wieder, sag, Rita, wann denn? Sie warteten alle ab. 60
Er kommt von jetzt an oft, sagte Rita. Sie hielt den Kopf aufrecht.
Ich habe mich verlobt mit ihm.
Am Tisch bewegte sich keiner. Rita lachte versuchsweise und dann konnte sie es mit großer 65 Anstrengung lauter als die anderen, und sie rief: Stellt euch das doch bloß mal vor: mit ihm verlobt! Ist das nicht zum Lachen!
Sie saßen gesittet und ernst und bewegten vorsichtig Messer und Gabeln. 70
He, Nanni, bist du mir denn nicht dankbar, mit der Qualle hab ich mich verlobt, stell dir das doch mal vor!
Er ist ja ein netter Kerl, sagte der Vater. Also höflich ist er, das muß man ihm lassen. 75
Ich könnte mir denken, sagte die Mutter ernst, daß er menschlich angenehm ist, ich meine, als Hausgenosse oder so, als Familienmitglied.
Er hat keinen üblen Eindruck auf mich ge- 80 macht, sagte der Vater.
Rita sah sie alle behutsam dasitzen, sie sah gezähmte Lippen. Die roten Flecken in den Gesichtern blieben noch eine Weile. Sie senkten die Köpfe und aßen den Nachtisch. Ⓡ 85

1. a) Am Ende von Wohmanns Erzählung sitzen alle stumm und ohne Blickkontakt am Tisch. Erklären Sie, wieso die Kommunikation hier an ein vorläufiges Ende gekommen ist.
   b) Definieren Sie die Beziehung zwischen den Personen in der Erzählung.
2. Erläutern Sie die Entwicklung der Handlung anhand des Stichwortbildes auf S. 117.
3. Sammeln Sie Belegstellen für den Körperausdruck von Rita und Nanni.
   a) Was „sagen" die nonverbalen Botschaften über die gesprochenen Worte hinaus aus?
   b) Welche Rolle spielt der Erzähler im Hinblick auf die Kommunikationssituation?
4. In Z. 61–73 kann man deutlich zwischen dem, was Rita sagt, und dem, was sie „mitsagt", unterscheiden. Notieren Sie ein paar Sätze, die Rita ihrer Schwester hier mitteilt, ohne dass sie diese direkt ausspricht.

Martin Walser

Lebendiger Mittagstisch (1988)

In Martin Walsers Roman „Jagd" geht es um die Familie Zürn, bestehend aus Vater Gottlieb, Mutter Anna und den Töchtern Rosa, Magda, Regina und Julia. Die Personen sind schon bekannt aus dem Roman „Schwanenhaus" von 1980. Allerdings hat der Immobilienmakler Dr. Gottlieb Zürn, aus dessen Perspektive jeweils erzählt wird, sich weitgehend aus dem Geschäft zurückgezogen und dies seiner deutlich erfolgreicheren Frau Anna überlassen. Auch haben die Töchter Rosa und Magda das Haus bereits verlassen. Aber die beiden verbliebenen Töchter, besonders die 18-jährige Julia, sorgen noch für genug Aufregung.

Martin Walser (1998)

Als alle am Tisch saßen, sagte Anna: Wenn alle mit solchen Gesichtern am Tisch sitzen, das halt ich nicht aus. Ohne die geringste Verzögerung antwortete Julia: Ich habe kein anderes. Anna schaute Julia wild an. Also fuhr 5
Julia fort, das finde sie schon toll, die, von denen man das Gesicht hat, machen einem dann auch noch Vorwürfe, dass man dieses Gesicht hat. Also wenn das nicht toll ist. Anna schaute Gottlieb an. Der sollte, bitte, 10
jetzt klarstellen, dass Anna es anders gemeint habe und dass Julia, bitte, nicht schon wieder ihre alte Klage- und Vorwurfsplatte abspiele, die hänge einem nämlich längst hier heraus! Gottlieb konnte Anna nicht helfen. Er konn- 15
te einfach nicht. Anna hatte zwar Recht, alle saßen am Tisch wie eine Versammlung von Verdammten; jeder war von irgendjemandem an diesem Vormittag beleidigt worden, das trug er jetzt in die Familie, die sollte es ihm 20
abnehmen; aber Anna war offenbar selber so überreizt, dass ihr der vielleicht beabsichtigte allgemeine Entspannungston völlig misslang. Inzwischen war Julia schon dabei, ihre Unzufriedenheit mit sich selbst an einem 25
Makel zu demonstrieren, den sie bis jetzt noch nicht eingesetzt hatte. Die Ringe unter den Augen. Das Bindegewebe zu schwach. Die Knochen kommen durch. Die Haut um die Augen herum fällt ein, wird also schattig, 30
also Ringe. Die dagegen aufgebotene Creme hilft überhaupt nichts. Diese ererbte Bindegewebsschwäche sei an anderen Stellen noch peinlicher. Die so genannten Schwangerschaftsstreifen. In dieser Familie wohl be- 35
kannt, oder nicht?! Was sie empört: ihr wird etwas vererbt, sie kann also nichts dafür, aber ihr wird es vorgeworfen, vorgerechnet, lebenslänglich, von jedem Mann, dem sie begegnen wird. Wenigstens hier, habe sie ge- 40

dacht, fange man nicht auch noch damit an. Aber bitte, wenn die Frau Mama darauf bestehe, dann sei jetzt Schluss mit dem Verschweigen dessen, woran alle die ganze Zeit
45 denken … Gottlieb fragte jetzt doch, ob Julia heute Morgen habe eine Klassenarbeit schreiben müssen. Julia sagte, sie werde in dieser Schule keine Klassenarbeit mehr schreiben, da sie diese Schule ja ohnehin ab
50 Herbst nicht mehr besuche. Und warum? Entweder sei sie im Herbst im Internat oder … Oder, fragte man, weil sie nicht weitersprach. Oder etwas, was euch so gut wie nichts angeht, sagte sie. Anna sprang auf,

rannte hinaus, schlug die schwere Zimmertür 55 zu, dass die Wände bebten. Draußen trommelten ihre Schritte so dicht aufeinander, dass es klang, als wetze man ein Messer. Und schon schmetterte die nächste Tür zu. Die Schritte eilten weiter. Tür Nummer drei flog 60 zu. Und droben eine vierte. Jetzt war Anna im Schlafzimmer. Ein weiteres Türschmettern war nicht mehr zu befürchten. Gottlieb schaute Julia an. Die war purpurrot im Gesicht. Fast violett. Die Farbe der reinen Er- 65 bitterung. Gottlieb schaute die blasse Regina an. Die wusste auch nicht weiter. Das Essen war beendet, bevor es angefangen hatte.

1. a) Beschreiben Sie den Beziehungskonflikt am Mittagstisch der Familie Zürn.
   b) Tragen Sie in ein Schema die einzelnen Stufen der Eskalation ein.
2. Rekonstruieren Sie, welche Anteile verbales und nonverbales Verhalten in der dargestellten Kommunikationssituation haben.
▷ S. 143 ff. 3. Analysieren Sie Standort, Perspektive und Verhalten des ▷ Erzählers. Achten Sie genau auf sprachliche Indizien.

Ilse Aichinger

Das Fenster-Theater (1949)

Die Frau lehnte am Fenster und sah hinüber. Der Wind trieb in leichten Stößen vom Fluss herauf und brachte nichts Neues. Die Frau hatte den starren Blick neugieriger Leute, die
5 unersättlich sind. Es hatte ihr noch niemand den Gefallen getan, vor ihrem Haus niedergefahren zu werden. Außerdem wohnte sie im vorletzten Stock, die Straße lag zu tief unten. Der Lärm rauschte nur mehr leicht herauf. Al-
10 les lag zu tief unten. Als sie sich eben vom Fenster abwenden wollte, bemerkte sie, dass der Alte gegenüber Licht angedreht hatte. Da es noch ganz hell war, blieb dieses Licht für sich und machte den merkwürdigen Ein-
15 druck, den aufflammende Straßenlaternen unter der Sonne machen. Als hätte einer an seinen Fenstern die Kerzen angesteckt, noch ehe die Prozession die Kirche verlassen hat. Die Frau blieb am Fenster.
20 Der Alte öffnete und nickte herüber. Meint er mich?, dachte die Frau. Die Wohnung über ihr stand leer, und unterhalb lag eine Werkstatt, die um diese Zeit schon geschlossen war. Sie bewegte leicht den Kopf. Der Alte nickte wie-
25 der. Er griff sich an die Stirne, entdeckte, dass

Ilse Aichinger (1960)

er keinen Hut aufhatte, und verschwand im Innern des Zimmers.
Gleich darauf kam er in Hut und Mantel wieder. Er zog den Hut und lächelte. Dann nahm er ein weißes Tuch aus der Tasche und begann 30 zu winken. Erst leicht und dann immer eifri-

ger. Er hing über die Brüstung, dass man Angst bekam, er würde vornüberfallen. Die Frau trat einen Schritt zurück, aber das schien ihn nur zu bestärken. Er ließ das Tuch fallen, löste seinen Schal vom Hals – einen großen bunten Schal – und ließ ihn aus dem Fenster wehen. Dazu lächelte er. Und als sie noch einen weiteren Schritt zurücktrat, warf er den Hut mit einer heftigen Bewegung ab und wand den Schal wie einen Turban um seinen Kopf. Dann kreuzte er die Arme über der Brust und verneigte sich. Sooft er aufsah, kniff er das linke Auge zu, als herrsche zwischen ihnen ein geheimes Einverständnis. Das bereitete ihr so lange Vergnügen, bis sie plötzlich nur mehr seine Beine in dünnen, geflickten Samthosen in die Luft ragen sah. Er stand auf dem Kopf. Als sein Gesicht gerötet, erhitzt und freundlich wieder auftauchte, hatte sie schon die Polizei verständigt.

Und während er, in ein Leintuch gehüllt, abwechselnd an beiden Fenstern erschien, unterschied sie schon drei Gassen weiter über dem Geklingel der Straßenbahnen und dem gedämpften Lärm der Stadt das Hupen des Überfallautos. Denn ihre Erklärung hatte nicht sehr klar und ihre Stimme erregt geklungen. Der alte Mann lachte jetzt, sodass sich sein Gesicht in tiefe Falten legte, streifte dann mit einer vagen Gebärde darüber, wurde ernst, schien das Lachen eine Sekunde lang in der hohlen Hand zu halten und warf es dann hinüber. Erst als der Wagen schon um die Ecke bog, gelang es der Frau, sich von seinem Anblick loszureißen.

Sie kam atemlos unten an. Eine Menschenmenge hatte sich um den Polizeiwagen gesammelt. Die Polizisten waren abgesprungen, und die Menge kam hinter ihnen und der Frau her. Sobald man die Leute zu verscheuchen suchte, erklärten sie einstimmig, in diesem Hause zu wohnen. Einige davon kamen bis zum letzten Stock mit. Von den Stufen beobachteten sie, wie die Männer, nachdem ihr Klopfen vergeblich blieb und die Glocke allem Anschein nach nicht funktionierte, die Tür aufbrachen. Sie arbeiteten schnell und mit einer Sicherheit, von der jeder Einbrecher lernen konnte. Auch in dem Vorraum, dessen Fenster auf den Hof sahen, zögerten sie nicht eine Sekunde. Zwei von ihnen zogen die Stiefel aus und schlichen um die Ecke. Es war inzwischen finster geworden. Sie stießen an einen Kleiderständer, gewahrten den Lichtschein am Ende des schmalen Ganges und gingen ihm nach. Die Frau schlich hinter ihnen her.

Als die Tür aufflog, stand der alte Mann mit dem Rücken zu ihnen gewandt noch immer am Fenster. Er hielt ein großes weißes Kissen auf dem Kopf, das er immer wieder abnahm, als bedeutete er jemandem, dass er schlafen wolle. Den Teppich, den er vom Boden genommen hatte, trug er um die Schultern. Da er schwerhörig war, wandte er sich auch nicht um, als die Männer schon knapp hinter ihm standen und die Frau über ihn hinweg in ihr eigenes finsteres Fenster sah.

Die Werkstatt unterhalb war, wie sie angenommen hatte, geschlossen. Aber in die Wohnung oberhalb musste eine neue Partei eingezogen sein. An eines der erleuchteten Fenster war ein Gitterbett geschoben, in dem aufrecht ein kleiner Knabe stand. Auch er trug sein Kissen auf dem Kopf und die Bettdecke um die Schultern. Er sprang und winkte herüber und krähte vor Jubel. Er lachte, strich mit der Hand über das Gesicht, wurde ernst und schien das Lachen eine Sekunde lang in der hohlen Hand zu halten. Dann warf er es mit aller Kraft den Wachleuten ins Gesicht.

1. a) Klären Sie, ausgehend vom Titel, die Pointe der Kurzgeschichte.
   b) Wodurch entsteht die Diskrepanz zwischen dem inneren Erleben der Frau und dem äußeren Geschehen?
2. a) Wie kommentiert die Erzähler-Figur Gedanken und Verhalten der Frau?
   b) Beschreiben und deuten Sie die Funktion der nonverbalen Kommunikation.
3. Schreiben Sie die Kurzgeschichte in eine Ich-Erzählung um. Wählen Sie dabei die Perspektive der Frau am Fenster. Was ändert sich dadurch an der Geschichte?
4. Stellen Sie sich vor, die Erzählung „Das Fenster-Theater" soll verfilmt werden. Gliedern Sie das Geschehen in Szenen und entwerfen Sie Skizzen zu einem Drehbuch. Machen Sie Angaben zum Ort des Geschehens, den Personen und Handlungsschritten bis hin zur Ausformulierung von Dialogen.

5.3 Grundlegende Funktionen von Kommunikation und Sprache

Karl Bühlers Organon-Modell und seine Erweiterungen

KARL BÜHLER (1879–1963) hat die Ergebnisse seiner Sprachanalyse in einem **Organon-Modell** grafisch dargestellt:

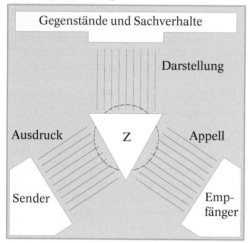

"Die Sprache", sagt Bühler, "ist dem Werkzeug verwandt; auch sie gehört zu den Geräten des Lebens, ist ein Organon [Werkzeug] wie das dingliche Gerät." Nach Bühler sind
5 beim Sprechen immer drei Elemente beteiligt, die über das Sprachzeichen (Z) in Sinnbezug miteinander treten: (mindestens) ein Sender, (mindestens) ein Empfänger und Objekte der gegenständlichen Welt. Diese Gegenstände
10 oder Sachverhalte sind Anlass der Kommunikation zwischen Sender und Empfänger, aber nicht ausschließlich. Die Sprachzeichen, die zwischen Sender und Empfänger gewechselt werden, können sich auch auf diese selbst
15 richten. Wenn sich der Sinnbezug des Sprachzeichens auf den **Sender** selbst richtet, nennt Bühler diese Funktion des Zeichens **Ausdruck;** den auf den **Empfänger** zielenden Sinnbezug bezeichnet er als **Appell.** Die **Dar-**
20 **stellung** ist der auf **Gegenstände** und **Sachverhalte** zielende Sinnbezug des sprachlichen Zeichens.

Die Sprecherabsicht **(Intention)** entscheidet darüber, welche dieser Funktionen in einer
25 sprachlichen Äußerung jeweils überwiegt. Ein Sender, der beim Adressaten eine bestimmte Handlung auslösen will und der deshalb werbend, überredend, überzeugend oder befehlend spricht, rückt z. B. die Appellfunktion in den Vordergrund.
30

In jeder Mitteilung sind alle drei Funktionen der Sprache enthalten, wobei jedoch eine Funktion mehr oder weniger stark dominieren kann.

Sprachwissenschaftler wie ROMAN JAKOBSON 35 (1896–1982) haben das Organon-Modell Bühlers weiterentwickelt. Für Jakobson hat die Sprache nämlich über die von Bühler genannten Funktionen hinaus weitere Aufgaben. Sie lassen sich schematisch so darstellen: 40

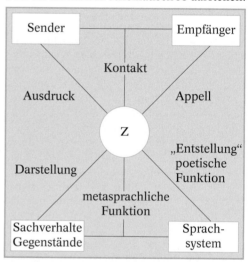

Für Jakobson ist die Aufrechterhaltung des **Kontaktes** zwischen Kommunikationspartnern eine wichtige Funktion des sprachlichen Zeichens. Der Wissenschaftler betont hier die soziale Funktion der Sprache.
45

Weiterhin führt er eine **metasprachliche Funktion** der Sprache an. Damit ist gemeint, dass sprachliche Äußerungen auch dazu dienen können, sich auf sich selbst zu beziehen.

Die **poetische Funktion** der Sprache erläutert 50 UMBERTO ECO (*1932): "Als dichterisch gilt für gewöhnlich jene Redeweise, die, indem sie Laut und Begriff, Laute und Wörter in ein völlig neues Verhältnis zueinander bringt und Sätze in ungewohnter Weise zusammenfügt, 55 zugleich mit einer bestimmten Bedeutung auch eine neuartige Emotion vermittelt; und dies so sehr, dass die Emotion auch dann entsteht, wenn die Bedeutung nicht sofort klar wird."

Das Organon-Modell von Bühler und seine Fortentwicklung haben deutlich gemacht, dass jedes Element der Sprache, jedes Wort, in einen sozialen Prozess hineinwirkt, dass es auf unterschiedliche Arten und mit unter-schiedlichen Intensitäten auf alle an einem Kommunikationsprozess Beteiligten zielt. Ist das Wort ein dichterisches, so liegt eine von allen anderen unterschiedliche Wirkungsweise vor. In seiner dichterischen Funktion wirkt das Wort – als ein Element des Sprachsystems – zunächst auf die Sprache selbst, und zwar durch ungewohnten Gebrauch, durch „Entstellung" seines normalen Sinns.

1. Ordnen Sie Ihnen bekannte Textsorten und Kommunikationsformen schwerpunktmäßig den Bühler'schen Sprachfunktionen „Ausdruck", „Darstellung" und „Appell" zu.
2. Klären Sie an Beispielen die metasprachliche und poetische Funktion der Sprache.

Heiko Ernst

Die Kommunikationsregeln nach Paul Watzlawick

Die Kommunikationstherapie versucht menschliche Probleme als Kommunikationsstörungen zu analysieren. Dabei gelten folgende Annahmen über die menschliche Kommunikation:

- Man kann nicht *nicht* kommunizieren. Auch Schweigen und Nichthandeln haben Mitteilungscharakter.
- Jede Kommunikation hat einen Inhalts-aspekt (Informationen, Daten, Fakten) und einen Beziehungsaspekt (die zwischenmenschliche Beziehung zwischen Sender und Empfänger). Auf der „sachlichen" Ebene werden also die Inhalte mitgeteilt, auf der „Beziehungs-Ebene" wird kommuniziert, wie Inhalte aufzufassen sind. Ein einfaches Beispiel: Jemand sagt: Du hast im Lotto gewonnen! (Inhalt) und grinst dabei (Beziehung). Der Empfänger schätzt die Nachricht auf der Basis des Grinsens ein und weiß, dass er auf den Arm genommen werden soll. Beziehungsaspekte drücken sich also unter anderem in Mimik, Gestik, Tonfall aus.
- Menschliche Kommunikation ist nicht in Kausalketten auflösbar. Niemand kann genau angeben, wer beispielsweise bei einem Streit wirklich „angefangen" hat. „Anfänge" werden nur subjektiv gesetzt, als so genannte „Interpunktionen".
- Es gibt eine digitale [verbale] und eine analoge [nonverbale] Kommunikation; die digitale bezieht sich auf Worte und Sätze, die bestimmten Objekten zugeordnet sind. Diese Sprache ist logisch, abstrakt und repräsentiert den Inhaltsaspekt. Die digitale Sprache vermittelt in erster Linie Informationen. Sie bietet keine Hinweise dafür, wie diese Information bewertet und interpretiert werden soll. Der Extremfall einer digitalen Kommunikation: ein sprechender Computer. – Die analoge Kommunikation hat eine viel direktere, engere Beziehung zu den Objekten, die sie repräsentiert. Sie basiert auf archaischen Kommunikationsformen und besitzt daher eine allgemeinere Gültigkeit und Verbreitung als die viel jüngere digitale Kommunikation. Analoge Kommunikation bezieht sich nicht auf Dinge (wie die digitale Kommunikation), sondern auf die Beziehung zwischen den Dingen (oder Menschen).

Man muss als Teilnehmer und Empfänger von Kommunikation ständig zwischen den beiden „Sprachen" übersetzen und rückübersetzen. Besonders die analoge Kommunikation birgt zahlreiche Fehlermöglichkeiten. Empfindungen werden in analoger Sprache ausgedrückt, weil sie sich der logischen digitalen Kommunikation entziehen. Hier liegt der Kernpunkt für das Entstehen von Störungen bei zwischenmenschlichen Beziehungen. Solche Kommunikationsstörungen, wie sie sich aus den oben geschilderten Annahmen der Kommunikationstheorie ergeben, treten besonders häufig auf,

■ wenn Inhalts- und Beziehungsaspekte nicht übereinstimmen. Diese im Extremfall „schizophrenogene" Situation ist beispielsweise gegeben, wenn eine Mutter verbal (digital) Liebe von ihrem Kind verlangt, im Verhalten und im Ausdruck jedoch (analog) zu verstehen gibt, dass sie die Liebesbezeigungen des Kindes ablehnt. Sie wird beispielsweise bei Umarmungen, die sie zuvor als erwünscht signalisiert hat, steif wie ein Stock und kommuniziert dadurch: „Ich will deine Liebe nicht." Das Kind lebt somit in einer Doppelbindung *(double-bind)*: Es *soll* die Mutter lieben, *darf* das aber nicht.

■ Wenn bestimmte Inhalte nicht wirkungsvoll digital kommuniziert werden können (aus welchen Gründen auch immer), kann eine Kommunikationsweise im Analogen gesucht werden, die oft in körperlichen Symptomen zum Ausdruck kommt („Ich brauche Liebe, siehst du nicht, wie krank ich bin?").

Viele Kommunikationsprobleme können erst dann von den Beteiligten durchschaut und gelöst werden, wenn sie aus dem eingefahrenen System heraustreten und über ihre Art, miteinander zu reden, reden („Metakommunikation").

1. Bis zur 8. Stunde des neuen Schuljahres hat Schüler Z. noch kein Wort im Unterricht von Herrn A. gesagt. Was mag der Lehrer denken, als er in der 8. Stunde nach einer Frage an die ganze Klasse zu Schüler Z. hinschaut und dieser, seinen Blicken sofort ausweichend, den Kopf zum Fenster wendet? Schreiben Sie – jeder für sich – eine Denkblase für Lehrer A. und vergleichen Sie die Inhalte.
2. „Man kann nicht *nicht* kommunizieren." Erläutern Sie diesen Satz von Paul Watzlawick u. a. anhand Ihrer Ergebnisse aus der ersten Arbeitsanregung.
3. Skizzieren Sie Ihnen vertraute Kommunikationssituationen, in denen ein Widerspruch zwischen Inhalts- und Beziehungsbotschaft zum Ausdruck kommt.
4. Paul Watzlawick hat an anderer Stelle formuliert: „Die Fähigkeit zur Metakommunikation ist die Grundvoraussetzung aller erfolgreichen Kommunikation." Erläutern Sie diese These anhand der folgenden Visualisierung:

Die „Feldherrenhügel" der Metakommunikation: Sender und Empfänger machen die Art, wie sie miteinander umgehen, zum Gegenstand des Gesprächs.

Friedemann Schulz von Thun

Die vier Seiten einer Nachricht

Schauen wir uns eine „Nachricht" genauer an. Für mich selbst war es eine faszinierende „Entdeckung", die ich in ihrer Tragweite erst nach und nach erkannt habe, *dass ein und dieselbe Nachricht stets viele Botschaften gleichzeitig enthält.* Dies ist eine Grundtatsache des Lebens, um die wir als Sender und Empfänger nicht herumkommen. Dass jede Nachricht ein ganzes Paket mit vielen Botschaften ist, macht den Vorgang der zwischenmenschlichen Kommunikation so kompliziert und störanfällig, aber auch so aufregend und spannend.

Um die Vielfalt der Botschaften, die in einer Nachricht stecken, ordnen zu können, möchte ich vier seelisch bedeutsame Seiten an ihr unterscheiden. Ein Alltagsbeispiel:

Der Mann (= Sender) sagt zu seiner am Steuer sitzenden Frau (= Empfänger): „Du, da vorne ist Grün!" – Was steckt alles drin in dieser Nachricht, was hat der Sender (bewusst oder unbewusst) hineingesteckt, und was kann der Empfänger ihr entnehmen?

1. Sachinhalt
(oder: Worüber ich informiere)

Zunächst enthält die Nachricht eine Sachinformation. Im Beispiel erfahren wir etwas über den Zustand der Ampel – sie steht auf Grün. Immer wenn es „um die Sache" geht, steht diese Seite der Nachricht im Vordergrund – oder sollte es zumindest. […]

2. Selbstoffenbarung
(oder: Was ich von mir selbst kundgebe)

In jeder Nachricht stecken nicht nur Informationen über die mitgeteilten Sachinhalte, sondern auch Informationen über die Person des Senders. Dem Beispiel können wir entnehmen, dass der Sender offenbar deutschsprachig und vermutlich farbtüchtig ist, überhaupt, dass er wach und innerlich dabei ist. Ferner: dass er es vielleicht eilig hat usw. Allgemein gesagt: In jeder Nachricht steckt ein Stück Selbstoffenbarung des Senders. Ich wähle den Begriff der Selbstoffenbarung, um damit sowohl die gewollte Selbstdarstellung als auch die unfreiwillige Selbstenthüllung einzuschließen. Diese Seite der Nachricht ist psychologisch hoch brisant, wie wir sehen werden. […]

3. Beziehung
(oder: Was ich von dir halte und wie wir zueinander stehen)

Aus der Nachricht geht ferner hervor, wie der Sender zum Empfänger steht, was er von ihm hält. […]

Allgemein gesprochen: Eine Nachricht senden heißt auch immer, zu dem Angesprochenen eine bestimmte Art von Beziehung auszudrücken. Streng genommen ist dies natürlich ein spezieller Teil der Selbstoffenbarung. Jedoch wollen wir diesen Beziehungsaspekt als davon unterschiedlich behandeln, weil die psychologische Situation des Empfängers verschieden ist: Beim Empfang der Selbstoffenbarung ist er ein nicht selbst betroffener Diagnostiker („Was sagt mir deine Äußerung über dich aus?"), beim Empfang der Beziehungsseite ist er selbst „betroffen" (oft im doppelten Sinn dieses Wortes).

Genau genommen sind auf der Beziehungsseite der Nachricht zwei Arten von Botschaften versammelt. Zum einen solche, aus denen hervorgeht, was der Sender vom Empfänger hält, wie er ihn sieht. In dem Beispiel gibt der Mann zu erkennen, dass er seine Frau für hilfebedürftig hält. – Zum anderen enthält die Beziehungsseite aber auch eine Botschaft darüber, wie der Sender *die Beziehung zwischen sich und dem Empfänger* sieht („so stehen wir zueinander"). Wenn jemand einen anderen fragt: „Na, wie geht es in der Ehe?"– dann enthält diese Sachfrage implizit auch die Beziehungsbotschaft: „Wir stehen so zueinander, dass solche (intimen) Fragen durchaus möglich sind." – Freilich kann es sein, dass der Empfänger mit dieser *Beziehungsdefinition* nicht einverstanden ist, die Frage für deplatziert und zudringlich hält. Und so können wir nicht selten erleben, dass zwei Gesprächspartner ein kräftezehrendes Tauziehen um die Definition ihrer Beziehung veranstalten.

Während also die Selbstoffenbarungsseite (vom Sender aus betrachtet) *Ich-Botschaften* enthält, enthält die Beziehungsseite einerseits *Du-Botschaften* und andererseits *Wir-Botschaften*. […]

4. Appell
(oder: Wozu ich dich veranlassen möchte)

Kaum etwas wird „nur so" gesagt – fast alle Nachrichten haben die Funktion, auf den Empfänger *Einfluss zu nehmen*. In unserem Beispiel lautet der Appell vielleicht: „Gib ein bisschen Gas, dann schaffen wir es noch bei Grün!"

Die Nachricht dient also (auch) dazu, den Empfänger zu veranlassen, bestimmte Dinge zu tun oder zu unterlassen, zu denken oder zu fühlen. Dieser Versuch, Einfluss zu nehmen, kann mehr oder minder offen oder versteckt sein – im letzteren Falle sprechen wir von Manipulation. Der manipulierende Sender scheut sich nicht, auch die anderen drei Seiten der Nachricht in den Dienst der Appellwirkung zu stellen. Die Berichterstattung auf der Sachseite ist dann einseitig und tendenziös, die Selbstdarstellung ist darauf ausgerichtet, beim Empfänger bestimmte Wirkung zu erzielen (z. B. Gefühle der Be-

120 wunderung oder Hilfsbereitschaft); und
auch die Botschaften auf der Beziehungsseite mögen von dem heimlichen Ziel bestimmt
sein, den anderen „bei Laune zu halten" (etwa durch unterwürfiges Verhalten oder
125 durch Komplimente).
Wenn Sach-, Selbst-
offenbarungs- und
Beziehungsseite auf
die Wirkungsverbes-
130 serung der Appellsei-
te ausgerichtet wer-
den, werden sie
funktionalisiert, d. h.

spiegeln nicht wider, was ist, sondern werden zum Mittel der Zielerreichung. […]
Die nun hinlänglich beschriebenen vier Seiten einer Nachricht sind im folgenden Schema zusammengefasst:

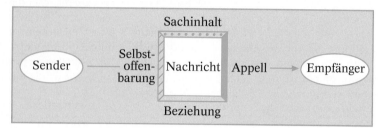

1. a) Erläutern Sie an konkreten Alltagsbeispielen
die vier Seiten einer Nachricht.
   b) Wo zeigen sich Parallelen zwischen den
Kommunikationsmodellen von Watzlawick
(▷ S. 93 f.) und Schulz von Thun?
2. Erklären Sie die nebenstehend abgebildete Situation am Mittagstisch. Machen Sie dabei deutlich,
dass die Nachricht nicht einfach empfangen, sondern auch interpretiert wird:

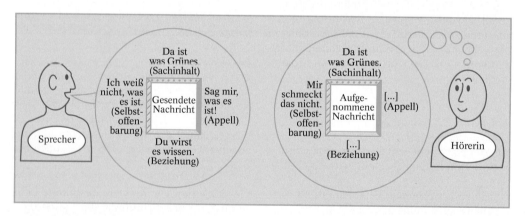

3. Lesen Sie einen der beiden Prosatexte zum Thema
„Kommunikationsstörungen am Mittagstisch" von
Gabriele Wohmann (▷ S. 88) und Martin Walser
(▷ S. 89 f.). Nutzen Sie die Beispielskizzen zur
Deutung und Erklärung der Beziehungsstörungen.
4. Einem Schüler wird der Sachinhalt „Die Klassenarbeit ist mangelhaft" mitgeteilt.
   a) Formulieren Sie unterschiedliche Sätze, die
ein Lehrer dabei verwendet haben könnte.
   b) Schreiben Sie in einer Denkblase auf, wie der

Schüler diesen Lehrersatz versteht und was
ihm sonst noch durch den Kopf geht.
5. Vergleichen Sie die drei Kommunikations- bzw.
Sprachmodelle von Karl Bühler (1934, ▷ S. 92 f.),
Paul Watzlawick (1969, ▷ S. 93 f.) und Friedemann Schulz von Thun (1981, ▷ S. 94 ff.).
   a) Erfassen Sie tabellarisch Gemeinsamkeiten
und Differenzen.
   b) Wie beurteilen Sie die wissenschaftliche Entwicklung?

6 Arbeitstechniken und Methoden:
Tipps zum selbstständigen Lernen

6.1 Arbeiten im Team – Projekte planen und durchführen

Das Gespräch in der Gruppe

Zur Durchführung eines Unterrichtsvorhabens oder Projekts hat sich Ihr Kurs darauf verständigt, die anstehenden Aufgaben in arbeitsteiliger Gruppenarbeit zu lösen. Am Beginn Ihrer Arbeit steht…

Das Planungsgespräch

E	**Planung:** Termine; Produktabstimmungen
D	**Überblick:** geeignete/notwendige Arbeitsmittel; Berater
C	**Entscheidung:** methodische Verfahren; Arbeitsteilung
B	**Bestimmung:** Ziel der Arbeit; angestrebtes Produkt
A	**Klärung:** Aufgabenstellung; zur Verfügung stehender Zeitrahmen

1. Wenn Sie den Eindruck haben, dass Sie in der Gruppe, was Themenstellung und Zielsetzung angeht **(Phase A und B),** ganz unterschiedliche Erwartungen und Vorstellungen haben oder dass Sie wegen der Vielfalt an Ideen und Aspekten den Überblick verlieren, nutzen Sie folgende Verfahren:

Blitzlicht
In einer Reihumrunde äußert jede/r aus der Gruppe spontan einen persönlichen Kommentar zum Thema und/oder eine Erwartung. Niemand nimmt dabei Bezug auf den/die Vorredner/in.

Kartenabfrage
Jede/r schreibt auf eine Karteikarte,
- welche Meinung er/sie zum Thema hat,
- was man wissen möchte,
- was man weiß.
Die Karten lassen sich leicht zu Themenkomplexen bündeln.

Ideenbörse
In Frage kommende Teilthemen werden auf Karten an die Wand geheftet. Jede/r wählt in Ruhe aus, was ihn/sie interessiert, und sucht dabei ggf. Arbeitspartner.

2. Bei Ihren Planungsüberlegungen zur Arbeitsweise und zur Arbeitsorganisation **(Phasen C bis E)** können Sie sich von den folgenden Anregungen leiten lassen:

Befragungen/Recherchen innerhalb und außerhalb der Schule

Sichtung von Dokumenten und von geeigneter Literatur (▷ S. 103 ff.)

Informationen aufbereiten (▷ S. 105 ff.)

Rekorder, Aufnahmegerät, Notizblock

Literatur rechtzeitig beschaffen (ausleihen)

Präsentationen einüben (▷ S. 116 ff.)

Termine vereinbaren

Arbeitsmappe/Karteikarten/ großformatige Bögen, Folien etc.

Arbeitsteilung festlegen

Austausch in der Gruppe

Gespräche über die Situation in der Gruppe begleiten den Arbeitsprozess. Sie beziehen sich auf die **Sachaspekte** und auf die **Beziehungsebene** der Kommunikation.

3. a) Machen Sie sich die Bedeutung der Beziehungsebene in der Kommunikation anhand der Ausführungen Watzlawicks (▷ S. 93 f.) und Schulz von Thuns (▷ S. 94 ff.) klar.
   b) Orientieren Sie sich im Gruppengespräch an den Regeln Ruth Cohns (▷ S. 83).

Feed-back und Kritikgespräch

Für eine kontinuierliche Verbesserung der gemeinsamen Tätigkeit ist es von entscheidender Bedeutung, regelmäßig über die Arbeit in der Gruppe und über die Gruppenbeziehungen miteinander zu sprechen. Will man Kritik am Verhalten anderer formulieren, muss diese gekennzeichnet sein von Offenheit und von der grundlegenden Absicht, die Beziehungen zu verbessern. Gemeinsam kann man sich auch darüber verständigen, welche **sprachlichen Formen für Kritikgespräche** wünschenswert sind. Beleidigende und spöttische Bemerkungen sind genauso zu vermeiden wie direkte Aufforderungen, Unterstellungen und Vorwürfe, die dem Kritisierten nur eine Defensivposition einräumen. Kritik am anderen ist dann angemessen formuliert, wenn jedes Gruppenmitglied sie auch für sich selbst ertragen könnte.

4. Erproben Sie in Ihrer Gruppe Sätze und Wendungen, die Sie als beleidigend oder spöttisch einschätzen, und solche, die Sie für sich selbst als konstruktiv und unterstützend empfinden.

Schreiben zur Unterstützung der Gruppenarbeit

▷ S. 101 f. Das Planungsgespräch wird schreibend begleitet und nachbereitet. Hierzu nutzen Sie die Techniken und Verfahren des ▷ **Notierens** und **Protokollierens**. Die eigentliche Bearbeitung der Gruppenaufgabe ist ebenfalls durch verschiedene Formen des Schreibens geprägt. Im Folgenden sind die wichtigsten zusammengestellt:

Schreiben – Schreiben – Schreiben – Schreiben – Schreiben – Schreiben – Schreiben

(1) Eine schriftliche Paraphrasierung von **Themenstellungen** erleichtert das Klärungsgespräch.

(2) Das schriftliche Festhalten aller Aspekte aus der **Zieldiskussion** dient der Rückversicherung im Arbeitsprozess.

(3) Zu Beginn durchgeführte **Kartenabfragen** beschäftigen jedes Gruppenmitglied mit den eigenen Vorstellungen bzw. Erwartungen, bevor diese z. B. im ▷ Cluster- oder Mind-Map-Verfahren oder in anderer Form von allen systematisiert werden. ▷ S. 119

(4) In einem detaillierten **Ablauf- und Zeitplan** werden alle Aufgaben und ihre Bearbeiter vermerkt und auch die Termine für den Zwischenaustausch.

(5) Beim arbeitsteiligen Recherchieren bzw. ▷ **Aufarbeiten von Informationen** erstellt man Ergebnispapiere und schriftliche Zusammenfassungen, auch in systematisierender oder grafischer Form. ▷ S. 116 ff.

(6) Komplexe oder schwierige Texte werden für den Gruppenaustausch umgeschrieben, zusammengefasst oder durch eine Gliederung oder ein **Konspekt** (Inhaltszusammenfassung, die die gedankliche Struktur abbildet) aufbereitet.

(7) Zwischenergebnisse aus dem Gruppenaustausch hält man protokollarisch fest. Diese ▷ **Protokolle** enthalten besonders die bereits vorgenommenen Systematisierungen und alle offenen Fragen. ▷ S. 102

(8) Alle **Präsentationsformen** und Visualisierungen werden ausprobiert und bis zum Ende der Gruppenarbeit optimiert.

Es gibt verschiedene Formen, Arbeitsprozesse schriftlich festzuhalten und auch zu bewerten. Die jeweils günstigste können Sie mit Ihrer Gruppe ausprobieren. Hier drei Anregungen:

Das **Gruppenjournal** ist eine Art Tagebuch zur Gruppenarbeit; es sollte reihum geführt werden.

Im **Simultanprotokoll** hält man, z. B. auf einer Wandzeitung im Klassenraum, Wichtiges zum Arbeitsstand, zu den Erfahrungen in der Gruppe fest, die man auch knapp kommentiert.

Jedes Gruppenmitglied kann auch ein individuelles **Lernjournal** führen.

---

1. Erproben Sie miteinander, in welcher Weise Sie – besonders wenn Sie zum ersten Mal längere Zeit in der gleichen Gruppe mitarbeiten – Ihre Erfahrungen im Gespräch so aufarbeiten können, dass Sie daraus für die Zukunft profitieren.

2. Im persönlichen Lernjournal sollten Sie für sich die Antworten auf folgende Fragen schriftlich festhalten:
   - Warum habe ich den Teilauftrag übernommen?
   - Was habe ich gelernt?
   - Welche Schwierigkeiten hatte ich auf der Sach- und auf der Beziehungsebene?
   - Was möchte ich noch lernen?
   - Wie schätze ich meinen Anteil am Gruppenprodukt ein?

Schreibkonferenz: Schreiben als Teamarbeit

In **Schreibkonferenzen**, die nach dem Modell der Redaktionskonferenzen von Zeitungen und Zeitschriften in die schulische Arbeit übernommen wurden, kommt dem Austausch und der Arbeit in der Gruppe für alle Phasen eines Schreibprozesses die entscheidende Bedeutung zu. Man kann Schreibaufgaben, sowohl solche mit kreativem Anspruch als auch solche, in denen z. B. eine umfassendere Analyseaufgabe gemeinsam gelöst wird, in folgenden fünf Schritten in der Gruppe beraten und bearbeiten:

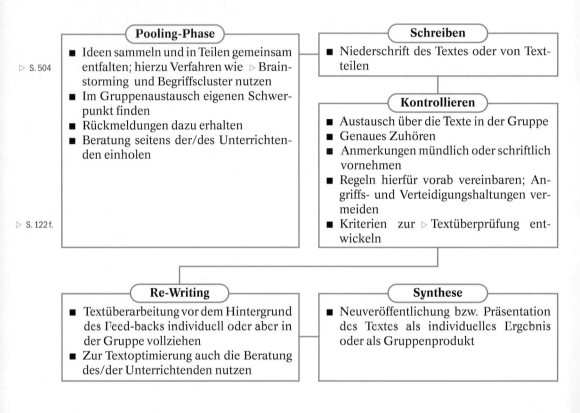

▷ S. 504

Pooling-Phase
- Ideen sammeln und in Teilen gemeinsam entfalten; hierzu Verfahren wie ▷ Brainstorming und Begriffscluster nutzen
- Im Gruppenaustausch eigenen Schwerpunkt finden
- Rückmeldungen dazu erhalten
- Beratung seitens der/des Unterrichtenden einholen

Schreiben
- Niederschrift des Textes oder von Textteilen

Kontrollieren
- Austausch über die Texte in der Gruppe
- Genaues Zuhören
- Anmerkungen mündlich oder schriftlich vornehmen
- Regeln hierfür vorab vereinbaren; Angriffs- und Verteidigungshaltungen vermeiden
- Kriterien zur ▷ Textüberprüfung entwickeln

▷ S. 122 f.

Re-Writing
- Textüberarbeitung vor dem Hintergrund des Feed-backs individuell oder aber in der Gruppe vollziehen
- Zur Textoptimierung auch die Beratung des/der Unterrichtenden nutzen

Synthese
- Neuveröffentlichung bzw. Präsentation des Textes als individuelles Ergebnis oder als Gruppenprodukt

Tipps – Tipps – Tipps – Tipps – Tipps – Tipps – Tipps – Tipps – Tipps – Tipps – Tipps – Tipps

(1) Kooperatives Schreiben, Verfahren der Textoptimierung und auch die Schreibberatung lassen sich besonders gut durch die **Nutzung eines PCs** mit geeigneter Schreibsoftware realisieren.
(2) **Rechtschreibprogramme** ermöglichen die Überprüfung der Texte auf Sprachrichtigkeit hin.
(3) In Teamarbeit können mit PCs auch multimediale **Hypertexte** entwickelt werden.
(4) Will man das „Schreiben vor Ort" pflegen, d. h. an literarischen Klubs teilnehmen und/oder mit Profis schreiben, kann dieses am ehesten als Gruppenschreiben organisiert und durch **E-Mails** erleichtert werden.

Projekte

Die **Projektmethode** ist eine offene Lernform. Zu ihren zentralen Merkmalen gehören u. a.:
- Orientierung an den Interessen der Beteiligten
- Selbstorganisation und Eigenverantwortlichkeit
- Gesellschaftliche Relevanz und Öffentlichkeitsbezug
- Produktorientierung
- Ganzheitliches und soziales Lernen
- Fachübergreifendes und fächerverbindendes Arbeiten

Projekte vollziehen sich in folgenden Schritten:

1. **Einstiegs-/Planungsphase:** Zieldiskussion ⇄ genaue Aufgabenstellung ⇄ Arbeitshilfen

2. **Erarbeitungsphase:** Informationsbeschaffung, Informationsaufnahme, Planung des Lösungswegs, Anwendung von Lösungsverfahren, Gestaltung der Lösung

3. **Abschlussphase:** Darstellung/Präsentation von Lösungsergebnissen, Lösungskritik, Transferüberlegungen

6.2 Notizen anfertigen – Protokollieren

Beim Zuhören mitschreiben

Beim Zuhören geeignete Schreibutensilien bereithalten;
sich konzentrieren;
Wichtiges vom Unwichtigen unterscheiden;
Gehörtes auf Stichworte reduzieren;
Vortragende/n um Wiederholung bitten, nachfragen;
geeignete Abkürzungen und Zeichen in der Mitschrift verwenden;
Definitionen, Thesen, Ergebnisse genau festhalten.

1. Fertigen Sie mit Hilfe dieser Tipps Notizen zu einer Unterrichtsstunde an und vergleichen Sie Ihre Resultate untereinander. Achten Sie insbesondere darauf, was Sie als Zuhörer/innen jeweils für wichtig und notierenswert erachtet haben.
2. Besprechen Sie die Schwierigkeiten, die Sie beim Mitschreiben hatten, und ergänzen Sie die Tipps entsprechend.

Die Mitschrift bearbeiten

▷ S. 119 f. Ausführliche Mitschriften entstehen im Unterricht bei ▷ Referaten und zum Zwecke des Protokollierens. Man nutzt dafür Blätter in der **Arbeitsmappe, Heftseiten** oder **Karteikarten.** Letztere haben den Vorteil, dass man sie leicht ordnen, umordnen und ergänzen kann.

Will man auf der Basis der Mitschrift ein Protokoll verfassen, muss man die verknappte sprachliche Form wieder entfalten und eine sinnvolle **Gliederung** entwickeln. Hierfür müssen die Aufzeichnungen oft umgruppiert und manchmal ergänzt werden, z. B. durch Nachfragen bei Mitschülerinnen und Mitschülern. Tafelanschriften, Folien, Lernplakate etc. werden möglichst originalgetreu wiedergegeben.

3. Erproben Sie anhand einer gemeinsamen Unterrichtsmitschrift auf Karteikarten verschiedene Möglichkeiten, die Ergebnisse sinnvoll zu ordnen und zu gliedern.

Ein Protokoll verfassen

Die Form des **Protokolls** spielt in vielen Bereichen eine wichtige Rolle, z. B. bei beruflichen Besprechungen, Sitzungen von Vereinen oder Ausschüssen, Gerichtsverhandlungen etc. In der Schule dient das **Unterrichtsprotokoll** dazu, den Gesprächsverlauf einer Stunde oder einen Schüler-, Lehrer- oder Expertenvortrag so wiederzugeben, dass alle, auch abwesende Gruppenmitglieder, sich informieren können über

- die einzelnen Gesprächs- oder Arbeitsphasen,
- die zentralen Frage- oder Aufgabenstellungen,
- wichtige Zwischen- und alle Endergebnisse,
- kontroverse Thesen und Argumentationen, die ggf. namentlich zugeordnet werden.

Anhand gesammelter Unterrichtsprotokolle kann man sich auch auf Klausuren und/oder das Abitur vorbereiten.

Je nach Zweck kann die Form des **Verlaufsprotokolls** (z. B. zur Darstellung naturwissenschaftlicher Experimente) oder des **Ergebnisprotokolls** (z. B. zur Zusammenfassung von Diskussionen) gewählt werden.

Aufbau/Form eines Unterrichtsprotokolls

- Bezeichnung der Veranstaltung
- Ort, Datum, Uhrzeit
- Teilnehmer/innen
- Tagesordnung/Stundenthema
- Protokolltext, gegliedert nach Tagesordnungspunkten/Themenbereichen
- Datum der Abfassung, Unterschrift des/der Protokollierenden

Protokolle stehen im Präsens. Da man einen referierenden Stil verwendet, werden die verschiedenen Beiträge in der Regel im Konjunktiv der indirekten Rede wiedergegeben. Eine Übersicht zu den Anforderungen an ein Protokoll finden Sie auch auf S. 119.

---

4. Besprechen Sie gemeinsam die Protokolle zu einer Unterrichtsreihe. Achten Sie besonders darauf,
   - ob jeweils alle wichtigen Punkte protokolliert worden sind,
   - ob einige Punkte zu ausführlich oder zu knapp dargestellt sind und
   - ob Ihnen die sprachliche Form immer angemessen erscheint.

6.3 Texte erschließen: Lesen – Markieren – Exzerpieren

Den nachfolgenden Textauszug über KAROLINE VON GÜNDERODE (1780–1806) werden Sie – je nach der Fragestellung, unter der Sie ihn lesen – ganz unterschiedlich in seinen Informationen wahrnehmen und nutzen. Denkbar sind z. B. folgende thematische Kontexte:

- Dichterinnen in der ▷ Romantik ▷ S. 243 ff.
- Briefkultur und Selbstdarstellung beim ▷ Epochenumbruch 18./19. Jahrhundert ▷ S. 216 ff.
- Romantik-Rezeption im Werk Christa Wolfs: der Günderode-Essay

Zur Texterschließung sollten Sie folgende Arbeitsschritte vornehmen:

1. Schritt: Einen Überblick gewinnen

Verschaffen Sie sich einen Überblick über den Text. Falls Sie ihn für ein Referat oder eine Facharbeit verwerten wollen, tragen Sie Titel (ggf. Überschriften von Absätzen), Autor/in, Textart in Ihr ▷ Quellenprotokoll ein und fügen Sie sämtliche ▷ bibliografischen Angaben hinzu. Nun ▷ S. 110 f., 112 f. klären Sie für sich selbst in Frageform, worauf Sie von dem Text eine Antwort erwarten. Durch rasches, überfliegendes Lesen können Sie die Eignung überhaupt und den Schwierigkeitsgrad schon einschätzen.

2. Schritt: Markieren

Es ist ratsam, beim zweiten Lesen mit dem Stift die Textstellen zu markieren, die

- zentrale Begriffe und Gedanken zu Ihrer Fragestellung enthalten,
- Zusammenhänge aufweisen, Widerspruch provozieren oder auf andere Auffassungen (eigene oder fremde) verweisen,
- sprachlich auffällig sind.

Arbeiten Sie hierbei neben dem Unterstreichen im Text auch mit Symbolen und Abkürzungen am Textrand, z. B.:

wichtig:	**!**	*nachschlagen:*	**Lex.**
unverständlich:	**?**	*wichtige Literaturangabe:*	**Lit.**
fragwürdig:	**??**	*Verweis:*	**→ S. X**

Knappe Bemerkungen zur Gedankenführung können spätere Exzerpte erleichtern (z. B. These, Folgerung, Beispiel, Antithese).
Markieren Sie sprachliche Auffälligkeiten im Text in einer anderen Farbe und bezeichnen Sie sie kurz am Rand (z. B. Metapher, Ironie).

3. Schritt: Exzerpieren

Nun müssen Sie die Textinformationen rekapitulieren und schriftlich in einer geeigneten Form festhalten. Hierzu fertigen Sie Exzerpte an. Ein Exzerpt ist eine exakte, übersichtliche, häufig wortgetreue Wiedergabe wichtiger Textinformationen, die der Bearbeitung einer übergreifenden Aufgabe dient. Es wird oft auch stichwortartig angelegt; wörtliche Zitate hält man fest (mit Anführungszeichen und Seiten- und Zeilenangabe), wenn man für die Weiterarbeit auf die genaue Formulierung Wert legt.

Beispiel eines Stichwort-Exzerpts zu diesem Kapitel über texterschließende Arbeitstechniken:

Erstes schnelles Lesen/Überblick: Eignung? Fragen an den Text richten!

Markieren/Anmerken:	*Exzerpieren*
	(zu eigenen Fragen/zum Themenkontext)
■ *Unterstreichungen im Text*	■ *Stichwort-Exzerpt (bildet Textstruktur übersichtlich ab)*
■ *Symbole, Abkürzungen, Anmerkungen am Textrand*	■ *ausgeführtes Exzerpt mit eigener sinngemäßer Textwiedergabe und wörtlich übernommenen Zitaten*
▼	▼
Hervorhebungen und Notate zur weiteren Verarbeitung der Textinformationen nutzen; unbekannte Wörter nachschlagen.	*Quellenprotokoll/Arbeitsmappe*

---

1. Fertigen Sie zum folgenden Text über Karoline von Günderode ein Exzerpt an, das nützlich wäre für die Bearbeitung der Fragestellung: „Lebensbedingungen von Autorinnen in der Romantik und Bedeutung der Briefkultur am Beispiel K. von Günderodes". Mit Markierungen und Randbemerkungen auf einer Kopie – wie sie hier für den Textanfang schon vorgenommen wurden – erleichtern Sie sich die Texterschließung, das Exzerpieren und Ihre themenorientierte Informationsverarbeitung.

Birgit Weißenborn

Einleitung zu den Briefen der Karoline von Günderode

Die Auswahl aus der mehr als vierhundert Briefe umfassenden Korrespondenz konzentrierte sich vor allem auf die Darstellung eines exemplarischen Frauenschicksals, einer ihre

5 Grenzen sprengen wollenden, geistig und sozial auf Emanzipation zielenden Romantikerin um 1800. Sowohl aus den eigenen wie auch aus den Äußerungen ihrer Freundinnen und Vertrauten ergibt sich bezüglich der

10 Handlungs- und Wirkungsbedingungen einer Frau in der damaligen Gesellschaft das Bild einer überaus bedrückenden und festgefahrenen Situation. Bis ins kleinste Detail lassen sich die Sorgen und Nöte, aber auch die

15 gravierenden Existenzängste nachvollziehen, die mit aller Offenheit von den Freundinnen besprochen werden. Besonders schmerzlich tritt dabei der Unterschied zwischen dem Lebensspielraum der Männer einerseits und

20 den überaus eingeengten Frauen andererseits zu Tage. Während die Brüder und männlichen Altersgenossen sich zu Bildungsreisen durch Europa aufmachten – den so genannten Kavalierstouren –, bereiteten sich die Mädchen und Frauen auf ihre zukünftige Rolle als Hausfrau und Mutter vor. [...] Doch selbst die Chancen, sich zu vermählen, waren keineswegs aussichtsreich. Der Konkurrenzkampf war Tagesordnung; für eine verarmte Adelige wie Karoline von Günderode keine allzu günstige Ausgangssituation.

Für den Fall des Scheiterns gab es Alternativen: Klöster, Orden, Stifte, die Großfamilie, mitunter Freunde und großzügige Bekannte. Ein sicheres „soziales Netz" war das nicht. An jede Heiratskandidatin konnten somit hohe Anforderungen gestellt werden: nicht zu dumm, nicht zu gebildet, eher attraktiv, gesellig, nicht schwatzhaft, anständig, tugendhaft, sparsam, fleißig. Ein Katalog, der bis heute nachwirkt. Da die soziale Realität auch nach der Heirat hart blieb, verwundert es nicht, wenn sich die Frauen schon bald in ihre Jungmädchenzeit zurücksehnten. Briefe waren oft das einzige Mittel, aus der Enge ihrer realen Welt auszubrechen, etwas von draußen zu erfahren, sich mit Gleichgesinnten, Leidensgenossinnen und Freundinnen von früher auszutauschen. Obschon Karoline nicht heiratete, war sie voll und ganz in dieses soziale Umfeld integriert. Je mehr man durch ihre Briefe davon erfährt, desto deutlicher zeichnen sich nach und nach die Konturen ihres Lebensweges ab.

[Karoline] lernte bereits 1797 die Familie Brentano kennen, und zwar über Sophie von La Roche, die mit ihrem Roman „Die Geschichte des Fräulein von Sternheim" einen großen Erfolg erlangt hatte. Durch ihre weiteren Romane und ihre bemerkenswerte Kunst der Selbstdarstellung wurde sie zu einem wichtigen Vorbild für Karoline. Sie hatte Zugang zu ihrem Offenbacher Salon, wo sich berühmte Literaten der Zeit, Persönlichkeiten aus dem konservativeren Adel und besonders viele Exil-Franzosen trafen. [...] Man las und las. Reale Mobilität war – sicher auch wegen des Krieges – gefährlich und den Frauen ohnehin weitestgehend verschlossen. Bettina [Brentano] und Karoline vertrieben ihre Zeit damit, auf Landkarten fiktive Italien- und Indienreisen zu unternehmen. Während die Männer ihrer Umgebung durch Europa und die Welt reisten – Clemens Brentano, Achim von Arnim, Savigny, der Fürst Pückler, die Brüder Humboldt sind bekannte Beispiele dafür –, war für sie und die meisten Frauen die „Fantasie" das einzige Land, in dem sie verkehren durften. [...]

Ohne Zweifel war das Briefeschreiben für die meisten Frauen das wichtigste Ausdrucks- und Kommunikationsmittel. Nur so hielten sie Kontakt zur Außenwelt und teilten einander ihre jeweiligen Freuden und Nöte mit. Zum Teil waren Briefe nur einfache, kurze Notizen, zum Teil wurden sie aber auch mit viel Bedacht und Aufmerksamkeit verfasst. [...] Ihre eigentliche Berufung empfindet Karoline jedoch als Schriftstellerin. Es genügt ihr nicht, ihre kreativ-künstlerische Kraft lediglich in Form von Briefen auszudrücken. Ist es da verwunderlich, wenn sie sich wünscht, ein Mann zu sein? [...] Sie will schreiben und veröffentlichen: Gedichte, Dramen, philosophische Abhandlungen, Dialoge, Prosa. Mit diesem Anspruch beginnt ihre persönliche Tragödie. Sie wählt männliche Pseudonyme: Tian und Ion. Aber die werden schnell durchschaut, und die Autorin wird den Stürmen der Kritik ausgesetzt.

---

2. Zur Einübung des Dreischritts „Lesen – Markieren – Exzerpieren" bieten sich folgende Texte an:
   - *Samy Molcho:* Körpersprache, S. 83 f.
   - *Friedemann Schulz von Thun:* Die vier Seiten einer Nachricht, S. 94 ff.
   - *Gotthold Ephraim Lessing:* Hamburgische Dramaturgie, S. 169
   - *Friedrich Dürrenmatt:* Uns kommt nur noch die Komödie bei, S. 172 f.
   - *Benjamin Lee Whorf:* Das „linguistische Relativitätsprinzip", S. 374 f.
   - *Dieter E. Zimmer:* Wiedersehen mit Whorf, S. 376 f.

6.4 Facharbeit: Informationen beschaffen und verarbeiten

Facharbeiten sind umfangreichere schriftliche Hausarbeiten, die selbstständig zu verfassen sind. Sie ermöglichen Ihnen eigenständiges und forschendes Arbeiten, sowohl bei der Themenentfaltung als auch beim Recherchieren und Aufarbeiten von Informationen. Die Ergebnisse müssen sachangemessen, problemorientiert (oder systematisch) und optisch ansprechend schriftlich präsentiert werden.

Themenstellung und Zeitrahmen sind in der Regel durch den Unterrichtszusammenhang vorgegeben. Wenn Sie selbst an der Themensuche und -formulierung beteiligt sind, sprechen Sie diese mit der Sie betreuenden Lehrperson ab. Auch die Erwartungen an den Textumfang werden Ihnen von dem/der Betreuer/in mitgeteilt.

Was Sie in einer Facharbeit methodisch erproben, ist kennzeichnend für das jeweilige Fach. Bei fachübergreifenden Themen kann das Fachtypische mehrerer Fächer im Vergleich deutlich werden.

Formen der Informationsbeschaffung

Die nachfolgenden Ausführungen stellen an drei Beispielen zum Oberthema „Dichter/innen in ihrer Region – Biografisch-werkgeschichtliche Erkundungen" dar, wie sich beim Recherchieren die jeweilige Schwerpunktsetzung im Thema und die gewählten Arbeitsweisen zueinander verhalten und wie sich hieraus auch die Art der Ergebnispräsentation (im eigentlichen Textteil und im dokumentierenden Anhang) ergibt.

Erkundungen können – je nach Aufgabenstellung – eher **Literaturstudien** oder aber **unmittelbare Recherchen** in Ihrer Umgebung sein. Für Ihre Arbeit bedeutet dies:

a) Sie beschaffen sich Informationen in Bibliotheken, Archiven, Museen, Institutionen wie z.B. literarischen Gesellschaften, d.h. aus Büchern (Primär- und Sekundärliteratur), Katalogen, Bildbänden, CD-ROMs etc. oder aus elektronischen Netzen.

b) Sie erhalten Informationen durch persönliche Kontaktaufnahme, durch Befragungen und Interviews, im Gespräch mit Bibliothekar(inn)en, Archivar(inn)en, Expert(inn)en in weiteren Einrichtungen, mit Autor(inn)en etc.

Es kann auch – wie nachfolgend in den Aufgabenbeispielen I und III – zu Kombinationen von Literaturstudien und direkten Erkundungen kommen. Persönliche Begegnungen ermöglichen häufig intensivere und authentischere Eindrücke.

In der Facharbeit werden die Einsichten in einem eigenen Text verarbeitet; folgende Produkte/Dokumente können in den fortlaufenden Text integriert oder im Anhang aufgeführt sein:

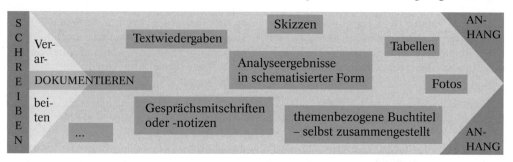

---

1. a) Besprechen Sie in Ihrem Kurs (ggf. arbeitsteilig), welche Arbeitsschritte die folgenden Aufgabenbeispiele I, II und III erfordern. Achten Sie darauf, in welchen Themenkontexten die Aufgaben formuliert wurden, welche Fragestellungen angedeutet sind und wie/wo recherchiert wird.

   b) Verständigen Sie sich anschließend auch darüber, was wohl im Textteil und was im Anhang der jeweiligen Facharbeit aufgearbeitet und präsentiert werden könnte.

Dichter/innen in ihrer Region – Biografisch-werkgeschichtliche Erkundungen

```
Aufgabenbeispiel I: Clemens Brentano und die Stadt Dülmen

Mögliche Themenkontexte: a) Literarische Spuren vor Ort (in Kooperation
                            mit Geschichte)
                         b) Romantik - Lebensläufe von Autorinnen
                            und Autoren (Eichendorff, Günderode,
                            E.T.A. Hoffmann, Fam. Brentano)

Fragestellungen:         ■ Wann/warum lebte Clemens Brentano in Dülmen?
                         ■ Kontakte; literarische Tätigkeit
                         ■ Spuren in der Stadt (Clemens-Brentano-
                            Gymnasium, Brentanostraße, Overbergplatz,
```

Luise-Hensel-Pfad, Anna-Katharina-Emmerick-
Grab ...)

- Wie hat sich im Werk Brentanos die Begegnung
  mit der religiösen Mystik umgesetzt?
- Rezeption/Verbreitung

Art der Recherche/
Quellen:

- Monografien/Biografien;
  darin: Selbstzeugnisse/Briefe
- Literaturführer (s. u.)
- Werkausgabe (Bücherei)
- Ortsbegehung/Passantenbefragung
- Recherche am Clemens-Brentano-Gymnasium:
  Schulschriften, die Informationen bereits
  aufgearbeitet haben; Schulleiter/innen-
  Befragung (Gründe für die Namensgebung);
  Schüler-/Lehrerbefragung
- Besuch von A.-K.-Emmerick-Gedenkstätten,
  Archiven o. Ä.

Clemens Brentano

Dülmen

Es war nicht die Liebe zu Land und Leuten, die den Romantiker CLEMENS BRENTANO (1778–1842), gemeinsam mit ACHIM VON ARNIM Herausgeber der literarisch Epoche machenden Liedersammlung „Des Knaben Wunderhorn" (1806–1808), 1818 nach Westfalen führte. Sein Aufenthalt bei der stigmatisierten Nonne ANNA KATHARINA EMMERICK (1774–1824) in Dülmen sollte ursprünglich nur einige Wochen dauern, zog sich aber fast sechs Jahre bis zu ihrem Tode hin. Brentano selbst: „Der Schreiber dieser Blätter erhielt zuerst durch Abschrift eines Briefes Stolbergs und später durch einen Freund, der mehrere Wochen bei der Kranken gelebt, eine umfassendere Kenntnis ihres Zustandes. Gütig aufgenommen, besuchte er sie am 17. September 1818 zum ersten Mal. Sie erlaubte ihm ..., täglich mehrere Stunden bei ihr zuzubringen, und bewies ihm mit rührender Arglosigkeit ein so kindliches Vertrauen, wie er es nie von irgendeinem Menschen genossen. Sie mochte wohl erkennen, dass sie in hohem

Grade ein geistliches Almosen an ihm übte, indem sie alle ihre Führungen, Erfahrungen, Freuden und Leiden von Kind auf bis heute ohne irgendeine Scheu vor ihm aussprach, und sie tat dies bis zur freudigen Gastfreiheit, ohne alle Sorge, da sie sich von ihm nicht durch übertriebene Bewunderung in ihrer Demut gestört fühlte."

Den ständigen Gedankenaustausch mit der Augustinerin des Klosters Agnetenberg, die ihm ihre Geschichte und Visionen anvertraute, hielt Brentano tagebuchartig auf 12000 (!) Folioseiten fest. Nachdem Anna Katharina Emmerick in Dülmen verstorben war, verwandte er fast seine ganze Kraft darauf, die Aufzeichnungen zu einem christlichen Weltepos zu verarbeiten. Das Werk blieb jedoch ein Torso. Erst 1833 veröffentlichte Brentano – dichterisch ausgeschmückt – den dritten Teil daraus unter dem Titel „Das bittre Leiden unseres Herrn Jesu Christi. Nach den Betrachtungen der gottseligen A. K. Emmerick", eine Art religiöses Volksbuch, das weite Verbreitung fand. Die ersten beiden Teile wurden später von anderen herausgegeben.

Von 1819 bis 1821 und 1824 lebte Brentanos Bruder CHRISTIAN (1784–1851) ebenfalls in Dülmen. 1813 und 1818 hielt sich auch LUISE HENSEL (→ Paderborn, Rheda-Wiedenbrück u. ö.) in Dülmen auf. Von ihr stammt ein Porträt der Emmerick. Ihr dritter dortiger

Aufenthalt im Jahre 1821 brachte ein Wiedersehen mit Brentano.

Vom 18. bis zum 21. November 1820 besuchte ACHIM VON ARNIM (1781–1831) die Brüder Brentano in Dülmen. Seine Eindrücke schilderte er in Briefen an seine Frau Bettina.

Literarische Stätten: Die Wohnung Brentanos in den Jahren 1818 bis 1824 war in der Coesfelder Straße. Das Grab der Anna Katharina Emmerick in der Heilig-Kreuz-Kirche wurde um 1900 auch von dem dänischen Dichter JOHANNES JÖRGENSEN (1866–1956) besucht. Eine weitere Gedenkstätte befindet ich im neuen Augustiner-Kloster vor der Stadt: Eine Sterbekammer bewahrt Erinnerungen an Luise Hensel und Brentano.

6

7

Gödden, W./Nölle-Hornkam,
Dichter – Stätten – Literatou
Ardey-Verlag, Münster 1992
(= Kulturlandschaft Westfalen, Bd. 1, heraus
geben vom Landschaftsverband Westfalen-L

Luise Hensel

Abgesehen von ihrem Aufenthalt bei der stigmatisierten Nonne Anna Katharina Emmerick in Dülmen – und in diesem Zusammenhang von ihrer bis heute viel diskutierten Freundschaft zu Clemens Brentano – ist nur wenig über Luise Hensels (→ Dülmen, Rheda-Wiedenbrück u.ö.) Beziehung zu Westfalen bekannt. Dies gilt auch für ihren mehr als zwanzigjährigen Aufenthalt in Wiedenbrück. 1816 kam es zu ihrer ersten Begegnung mit Clemens Brentano, dessen Heiratsanträge sie abwies. In den folgenden Jahren sah sie ihn wiederholt wieder. 1818 konvertierte sie zum Katholizismus – ein tiefer, von ihr geheim gehaltener Einschnitt in ihrer Biografie. Sie begann ein auf religiöse Fragen konzentriertes Tagebuch und legte ein Jungfräulichkeitsgelübde ab (1820). Mehrfach hielt sie sich in diesen Jahren am Krankenlager Katharina Emmericks in Dülmen auf.

5

10

15

20

Anna Katharina Emmerick

„In der Bauernschaft Flamschen bei Coesfeld, drei Fußstunden von Dülmen, steht unter Eichen das scheunenartige, ärmliche Bauernhaus, das Clemens Brentano mit dem Stall zu Bethlehem verglichen hat. Hier ist das ‚Annthrinken' Anna Katharina Emmerick 1778 geboren ..." (Werner Bergengruen) Brentanos Besuch bei der stigmatisierten Nonne Anna Katharina Emmerick (→ Dülmen) fand im Herbst 1818 statt. Ihr Geburtshaus ist heute vollständig renoviert und seit 1980 Sitz des Anna-Katharina-Emmerick-Vereins (...) Tel. 02594/2372 Stadtarchiv Tel. 02594/82997

5

Aufgabenbeispiel II: Brigitte Reimann in Hoyerswerda und Neubrandenburg

Mögliche Themenkontexte: a) DDR-Literatur der 60er-/70er-Jahre zwischen „Ankunft" und „Kritik"

b) Autobiografisches Schreiben: „Literatur aus dem Leben" (insbes. von Frauen)

c) Literarische Spuren vor Ort (in Kooperation mit Geschichte)

Die zu II a und b zu verfassenden Facharbeiten sind primär Literaturstudien; die zu II c erstellte wird Recherchen vor Ort einbeziehen.

Fragestellungen:
- Zwei Lebensstationen: Wann/Warum?
- Berufliche Wege?
- Schriftstellerische Tätigkeit

- Kontakte (Architekten/Literaten; bes. Christa Wolf)
- Lebenspartner (bes. S. Pitschmann)
- Werktitel-Deutung
- Wo wird das Werk B. Reimanns heute verlegt?
- Verarbeitung der Lebenserfahrungen in Hoyerswerda in „Franziska Linkerhand" (1974/1998)
- Zensur/Rezeption vor/nach 1989

Quellen:

- Biografien; Selbstzeugnisse, insbes. zwei literarische, postum veröffentlichte Tagebücher und zwei Briefkorrespondenzen (▷ S. 112 f.)
- Romane/Erzählungen
- Frühere/aktuelle Rezensionen

Brigitte Reimann wurde 1933 in Burg bei Magdeburg geboren. Von Beruf war sie Lehrerin. Erste Veröffentlichungen bereits 1955. 1960 Umzug nach Hoyerswerda, 1968 nach Neubrandenburg. Sie starb 1973 nach langer Krankheit in Berlin. Werke: „Die Frau am Pranger" (Erzählung, 1956); „Ankunft im Alltag" (Erzählung, 1961); „Die Geschwister" (Erzählung, 1963); „Franziska Linkerhand" (Roman, 1974, ▷ S. 348 f.)

Aufgabenbeispiel III: „Leben und Schreiben in der Fremde?" – Autorinnen und Autoren nicht-deutscher Herkunft im Ruhrgebiet, z.B. ...

Mögliche Themenkontexte:
a) Vorbereitung einer Autorenlesung mit ortsansässigen Autor(inn)en; Dokumentation
b) Literaten in unserer Stadt – Porträts
c) Pluralität und Differenz: Begegnung von Kulturen in Sprache und Literatur
d) Schreiben in der Fremde (Emigration und Exil); Anknüpfen an literarische Traditionen

Fragestellungen:

- Welche Autor(inn)en nicht-deutscher Herkunft leben in ...? (Gesamtrecherche, dann Auswahl treffen)
- Was hat ... geschrieben? Wo veröffentlicht er/sie? Grad der Zugänglichkeit
- Gibt es Aussagen über sein/ihr Werk? (Selbstaussagen; Rezensionen)
- Finden Lesungen statt?
- Können wir ... zu uns in die Schule einladen? Zu welchem Thema liest er/sie?
- Persönliches Gespräch zur im Kursthema genannten Frage (Dialektik von Fremde und Heimat; Schreiben in zwei Sprachen o. Ä.)

Art der Recherche/ Quellen:	■ Stadtbibliothek, literarische Vereinigungen/ Autorengruppen
	■ Veröffentlichungsorgane lokaler Auto-r(inn)en und/oder von Migrantenorganisationen
	■ Sammelbände; Zeitschriften; Werkausgaben
	■ ggf. Teilnahme an Lesungen oder Schul-lesungen in Kooperation mit örtlicher Bibliothek und/oder Migrantenorganisation
	■ Dokumentation der Lesung, der nachfolgenden Aussprache, der Reaktionen
	■ weitere Motiv-Studien (Literatur zwischen den Kulturen ...)

Quellenprotokolle anfertigen

Auf Grund Ihrer Recherchen haben Sie umfangreiche und vielfältige Texte, Materialien, Aufzeichnungen zusammengetragen und auf Brauchbarkeit hin geprüft. Sie haben Mitschnitte oder Mitschriften von Interviews o. Ä. bearbeitet und Dokumente (z. B. Institutsprospekte) durch Markierungen in ihrer Informationsfülle eingegrenzt.

Sie müssen nun alle ermittelten und vorsortierten Informationen für sich selbst verfügbar halten und daraufhin überprüfen, inwieweit sie zu bestimmten Teilbereichen Ihrer Arbeit passen und ob sie in Auszügen in den Dokumenten-Anhang gelangen sollen. Hierzu eignen sich **Übersichtsblätter,** die Sie sich vorab herstellen, als Kopie vervielfältigen und ausgefüllt in Ihre **Arbeitsmappe** legen. Nach folgendem Muster (Din-A4-Format) können Sie auf jedem Blatt

▷ S. 112 f., 103 f. dann eine Art **Quellenprotokoll** erstellen, das ▷ bibliografische Angaben, ▷ Exzerpte und eigene Bewertungen enthält. Alle benutzten Quellen, auch die aus den elektronischen Netzen gewonnenen Informationen, müssen exakt, d. h. nach den Normen wissenschaftlichen Arbeitens, in Ihrer Facharbeit aufgeführt sein.

Quellenprotokoll	
Quelle Nr.: ...	
Art des Materials TEXT – BILD – MATERIAL – DOKUMENT – AUFZEICHNUNG – KOPIE *(ggf. Signatur):*	
	Verfasser: ... *Titel: ...* *Zeitschrift/Lexikon/CD-ROM/WEB-Page* *Erscheinungsort/-jahr; Seite(n)*
Brauchbar für Punkt ... *und ...* *(Gliederung)*	*Gibt Antwort auf die Fragestellung: ...* *Lässt sich verknüpfen mit ...*
(Raum für Exzerpte, Konspekte, Zusammenfassungen, eigene Skizzen, Grafiken, Seitenangaben für wörtliche Zitate)	*Kommentare: ...*

Die Kommentare, die Sie selbst vornehmen, sollen Ihre Bewertung zur Qualität des jeweiligen Inhalts der Quelle widerspiegeln (Kritik/Zustimmung) und können einen Verweis herstellen zu ähnlichen oder ganz anderen Ansichten, die Sie kennen gelernt haben. Sie können sich beziehen auf die Art des Textes, den Stil (z.B. Polemik) und die Autorabsicht und/oder auf die Entstehungssituation. Dieses gilt auch für Aufzeichnungen von Gesprächen o.Ä.

2. Erproben Sie die Erstellung eines solchen Quellenprotokolls anhand Ihrer Bearbeitung des Textes über Karoline von Günderode (▷ S. 104 f.). Berücksichtigen Sie in Ihrem Quellenprotokoll biografische Angaben, Exzerpte, wichtige Zitate und Kommentare zur Textabsicht. Benutzen Sie ggf. auch die Rückseite Ihres Arbeitsblatts.

3. Ergänzen Sie das Quellenprotokoll im Hinblick auf den thematischen Kontext: Zu welchen Fragestellungen gibt das Material Auskunft?

Zitieren

Wollen Sie in Ihrer Facharbeit Textstellen als Belege anführen, gibt es hierfür drei Möglichkeiten:
- das umfangreichere Textzitat (in sich geschlossen als Satz oder als Folge von Sätzen wiedergegeben),
- die Einbindung eines Teilzitats in eigene hinführende oder erläuternde Sätze,
- die indirekte, meist stark zusammenfassende Wiedergabe des Gelesenen (oder Gehörten), in der Regel in der indirekten Rede mit Konjunktiv.

4. In der folgenden Facharbeit einer Schülerin der Oberstufe wird aus einem schriftlich vorliegenden Autoreninterview zitiert. Der erläuternde eigene Text verfolgt die Fragestellung, wie ein in der Bundesrepublik lebender türkischer Autor an Erzähltraditionen anknüpft und unter welchen Bedingungen er in Deutschland schreibt (▷ Aufgabenbeispiel III, S. 109 f.). Achten Sie im folgenden Auszug aus dieser Facharbeit auf die unterschiedlichen Weisen des Zitierens und ihre sprachliche Form.

Der Autor Ömer Polat aus Gelsenkirchen hat in einem längeren Interview[1] zunächst ausgeführt, wie er die Erzähltraditionen in seiner anatolischen Heimat einschätzt:

„In Anatolien erzählen die Volkssänger (Troubadoure) in den Cafés [...] Märchen und Volksgeschichten. In diesen Geschichten und Märchen überwiegt die Übertreibung. [...] Jeder Volkssänger (bzw. -erzähler) fügt seiner Erzählung etwas von sich selbst hinzu" (S. 21). Das Publikum habe die Geschichten „wenigstens zehn Mal gehört" und wisse genau, dass sie erfunden seien, habe aber eine große Nähe zu den Erzählern. Seit dem Osmanischen Reich sei durch das Herrschaftssystem eine größere Distanz zwischen Publikum und Erzählern bzw. Autoren entstanden. Der Roman nach westlichem Vorbild und mit stärker psychologischen Fragestellungen sei aber erst mit der oft so bezeichneten Hinwendung nach Europa entstanden und erst seit der Republikgründung verbreitet. In Romanen würden nun erlebte u n d fiktive Geschichten erzählt; die Romanautoren seien aber mit ihren Themen und Motiven viel weniger im Volk verhaftet und würden

[1] **Akçora, Nergiz/Böcker, Lisa:** Du kennst dich selbst nicht. – Was soll all dies Lesen? Reflexion der Verstehens- und Darstellungsprozesse von Literatur. Erzähltexte zur Migration. Hg.: Regionale Arbeitsstelle zur Förderung ausländischer Kinder und Jugendlicher (RAA). Gelsenkirchen 1996 (= Impulse für das Interkulturelle Lernen, Heft 6), S. 19–26

erzählerisch andere, neue Techniken verwenden (vgl. S. 21/22). „Da das
Volk diese ‚Leben' [gemeint: städtische Lebensräume oder erfundene
Geschichten. d.V.] nicht kennt, nimmt es an, daß das im Roman Erzählte
Wirklichkeit" (S. 22) sei. Es glaube häufig auch, dass die Ich-Erzähler
die Autoren selbst seien, denen das Erzählte selbst widerfahren sei
(vgl. ebd.). Eine Romantradition ähnlichen Umfangs wie in Westeuropa
gebe es in der Türkei bis heute nicht, die Fiktionalität sei nicht
wirklich akzeptiert worden.
Im Fortgang seines Interviews zieht der Autor, der selbst als Lehrer arbeitet, zunächst die Folgerung, dass im schulischen Literaturunterricht
analytisch viel deutlicher zwischen Autor/in und Erzähler/in unterschieden werden müsse. Dann geht er noch auf die Darstellungsweise der
früh in die Bundesrepublik eingereisten türkischen Autoren ein und erklärt, warum diese vor allem dokumentarische Texte verfasst hätten,
bevor er – mit sehr persönlichen Aussagen – die gegenwärtig schwierige
Situation von Autoren nicht-deutscher Herkunft im Literaturbetrieb der
Bundesrepublik (oder anderer westlicher Länder) beleuchtet. Diese
Ausführungen sind auf den Seiten 48 bis 51 zu finden, sollen hier aber
nicht mehr referierend wiedergegeben werden, da sich zu dieser Problemstellung auch ... in einem Gespräch geäußert hat, das weiter unten
wiedergegeben wird.[2]

2 Vgl. S. 12 und Dokument 5 (Auszug aus einem Interview; Transkript)

Zitieren

Wörtliche Übernahmen werden durch Anführungszeichen kenntlich gemacht. Auslassungen
am Anfang, in der Mitte oder am Ende sind durch [...] anzugeben. Unvermeidliche, für das
Verständnis notwendige Einfügungen und Veränderungen des Zitats muss man ebenfalls
durch eckige Klammern kenntlich machen. Man hält sich an die Originalorthografie und an
die vorgefundene Interpunktion.

Bibliografieren

Die Bibliografie zu einer Facharbeit über Brigitte Reimann (▷ Aufgabenbeispiel II, S. 108f.) enthält u.a. nachfolgende Titeleinträge:

Bibliografie:

Reimann, Brigitte: Ich bedaure nichts. Tagebücher 1955–1963.
Hg. v. Angela Drescher. Aufbau-Verlag, Berlin, 4. Aufl. 1998
dies.: Alles schmeckt nach Abschied. Tagebücher 1964–1970.
Hg. v. Angela Drescher. Aufbau-Verlag, Berlin, 3. Aufl. 1998
dies.: Franziska Linkerhand. Roman. Verlag Neues Leben,
Berlin 1974. Ungekürzte Neuausgabe: Aufbau-Verlag, Berlin
1998
dies.: Aber wir schaffen es, verlaß Dich drauf! Briefe
an eine Freundin im Westen. Hg. v. Ingrid Krüger. Aufbau
Taschenbuch Verlag, Berlin 1999

Reimann, Brigitte/Wolf, Christa: Sei gegrüßt
und lebe. Eine Freundschaft in Briefen 1964–1973.
Hg. v. Angela Drescher. Aufbau Verlag, Berlin,
4. Aufl. 1994

Emmerich, Wolfgang: Kleine Literaturgeschichte
der DDR. Erweiterte Ausgabe. Luchterhand Litera-
turverlag, Frankfurt a. M. 1989
Gottlieb, Margret: „… als wär jeder Tag der letz-
te" – Brigitte Reimann. Econ & List, München 1999
Grunenberg, Antonia: Aufbruch der inneren Mauer.
Politik und Kultur in der DDR 1971–1990. Kapitel
IV: Erzählende Literatur als Medium von
Bewußtseinslagen und Konflikten.
Abschnitte 1–3. Edition Temmen,
Bremen o. J., S. 139–182
Klatt, Gudrun: Brigitte Reimann in ihren Briefen und Tage-
büchern. In: Weimarer Beiträge. Zeitschrift für Litera-
turwissenschaft, Ästhetik und Kulturtheorie.
Berlin/Weimar 1984, Heft 10, S. 1707–1714
Oberembt, Gert: Die Haut aus Beton (Brigitte
Reimann „Franziska Linkerhand" – in der
Neuausgabe ungekürzt). In: Rheinischer
Merkur vom 6.11.1998, S. 12
Plavius, Heinz: Häuser, Bücher, Städte
für Menschen. [Zu: „Franziska Linkerhand"]
In: Neue Deutsche Literatur. Hg. v.
Schriftstellerverband [der DDR]. Berlin
1975, Heft 1, S. 141–147

Bildnachweis: Die Fotos entstammen dem Verlagsprospekt 1999
des Aufbau Verlags.

---

5. Achten Sie darauf, in welcher Form Autor/in, Titel, Untertitel, Verlag, Erscheinungsort, Erscheinungsjahr,
Seite(n) angeführt sind, wie man Artikel aus Zeitungen (Zeitschriften) oder Buchauszüge bibliografiert und
einen Bildnachweis führt.

Dokumentieren

Entscheidend für den Vorgang des Dokumentierens ist es, dass eine Leserin oder ein Leser der
Facharbeit im fortlaufenden Text einen eindeutigen Hinweis erhält, welches umfangreichere
(den Text der Facharbeit sprengende) Material im Anhang wie dokumentiert und nummeriert
ist. Hierzu bietet es sich an, mit Verweiszeichen und/oder Kürzeln zu arbeiten, wie dies in den
nachfolgenden Abbildungen deutlich wird.

---

6. Machen Sie sich anhand der auf S. 114 f. abgedruckten Materialien klar, welche Art von Dokumenten für
Facharbeiten in Frage kommen und wie man sie deklariert.

In einer Facharbeit zum Thema „Leben und Schreiben in der Fremde, dargestellt am Beispiel türkischsprachiger Autor(inn)en im Ruhrgebiet" (▷ S. 109 f.) könnte man folgende Dokumente finden:

Dokument 1	*Dokument 2*

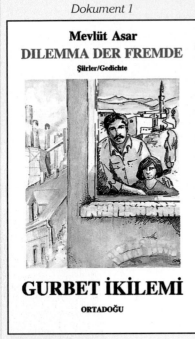

Mevlüt Asar
DILEMMA DER FREMDE
Şiirler/Gedichte

GURBET İKİLEMİ

ORTADOĞU

Buch-Titel

Inhaltsverzeichnis zu „Dilemma der Fremde"

Material 1

GURBET İKİLEMİ	DILEMMA DER FREMDE
Ah benim şaşkın gönlüm Bırak ustası kursun Çağlarca uzun köprüleri Bir kıtadan bir kıtaya	Ach mein dummes Herz Laß den Meister bauen Die Brücke über Jahrhunderte Von einem Kontinent zum anderen
Şaşırtmasın seni Orta yerinde Avrupa'nın Mercedes süren Kasketli hemşerin	Laß dich nicht verwirren Von deinem Landsmann mit Bauernmütze Der mitten in Europa Einen Mercedes fährt
Doğduğun Anadolu köyü Öte yakası evrenin Adına "gurbet" dediğin bu toprak Filozofları eskitir Üstünde başak değil Fabrika bacası yeşerir	Dein anatolisches Dorf, wo du geboren bist Liegt am anderen Ende des Universums Dieses Land hier, das du Fremde nennst Wie nutzlos sind seine Philosophen Auf diesem Boden wachsen keine Ähren Nur Fabrikschornsteine
Öğrensen dillerini türkülerini Yansa da yüksek fırın ateşinde tenin Hoş gelse de kulağına çan sesleri Dinlenmez bu ülkede İnsana olan sevdan senin	Wenn du auch ihre Sprache ihre Lieder lernst Und deine Haut auch brennt im Hochofenfeuer Die Kirchenglocken schön für deine Ohren sind In diesem Land wird deine Menschenliebe Nie gehört

Vollständiger Gedichttext, aus dem zitiert oder der interpretiert wurde (zweisprachig)

Titel einer Veröffentlichung des Kultursekretariats Nordrhein-Westfalen

Titel einer Veröffentlichung einer Regionalen Arbeitsstelle zum Thema

Deckblatt eines Veranstaltungsleporellos

Arbeitsschritte bei der Facharbeit im Überblick

(1) Frage- und Problemstellung (mit Beratung) ausdifferenzieren
(2) Recherchieren
(3) Informationen zusammenstellen und in Quellenprotokollen qualifizieren
(4) ■ Texteinleitung schreiben und ggf. zum Abschluss des Gesamtschreibvorgangs überarbeiten
   ■ Text für den Hauptteil gliedern, konzipieren, schreiben und überarbeiten
   ■ Schlussteil als Ergebniszusammenfassung schreiben
(5) Dokumente in den Text eingliedern und/oder für den Anhang aufbereiten, dabei
   ▷ Visualisierungsmöglichkeiten prüfen
(6) Fertigstellung (am besten am PC):
   ■ Layout für den Gesamttext entwerfen
   ■ Deckblatt
   ■ Inhaltsverzeichnis mit Seitenangaben
   ■ Bibliografie
   ■ Bezeichnungen auf Materialien im Anhang mit Textverweisen abgleichen
   ■ Endkorrektur
   ■ Versicherung, selbstständig gearbeitet zu haben
(7) Gegebenenfalls eine Dokumentation des eigenen Arbeitsprozesses (Entwürfe, Überarbeitungen) beifügen und dabei auf Probleme und Umwege eingehen

▷ S. 116 ff.

Die Erfolg versprechende Erstellung von Facharbeiten hängt im Wesentlichen ab
■ von einer detaillierten Planung, die die eigenen Arbeitsstile und auch -probleme berücksichtigt;
■ von der themengerechten Verarbeitung der recherchierten Informationen und
■ von einer angemessenen Präsentation der Ergebnisse.

6.5 Visualisieren – Präsentieren – Referate halten

Visualisieren und Präsentieren

Lernleistungen kann man spürbar steigern, wenn man beim Lernen mehrere Sinne nutzt. Dabei ist es besonders wichtig, neben der üblichen verbalen Vermittlung Informationen auch mit den Augen aufzunehmen. Viele haben ein gutes visuelles Gedächtnis, das nicht ungenutzt bleiben sollte. Durch optische Reize wird die Aufmerksamkeit stark erhöht. Stützen Sie sich auch auf visuelle Darstellungen – und nicht nur auf Worte –, wenn Sie

- Texte erschließen und gedanklich verarbeiten wollen,
- Informationen effektiv notieren wollen,
- Informationen an andere weitergeben wollen, z. B. in einem Referat,
- Informationen aufbereiten wollen, z. B. bei der Vorbereitung für eine Klausur.

Schnittmengengrafik: Arten der Präsentation

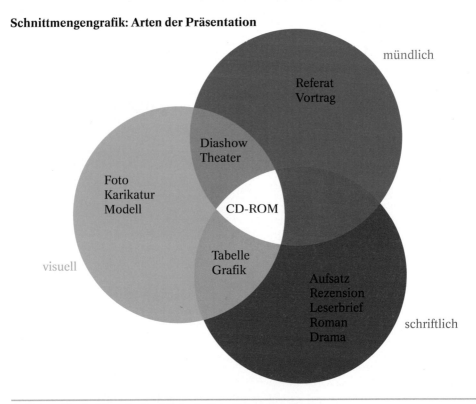

1. Ordnen Sie die folgenden Begriffe in die Schnittmengengrafik ein:

   Diagramm   Poster   Web-Page   Gedicht   Overhead-Folie
   Karte   Debatte   Diskussion   Skulptur

2. Stellen Sie eine Schnittmengengrafik (drei Kreise) für die Bereiche „Sturm und Drang", „Klassik" und „Autoren zwischen 1760 und 1830" her. Nutzen Sie dabei die Informationen im Kapitel C 2: „Von der Aufklärung zum Vormärz" (▷ S. 206 ff.).

Tipp Verwenden Sie die Schnittmengengrafik, um sich auf Klausuren vorzubereiten.

Stichwortbild

Visuelle Informationsaufarbeitung und -vermittlung ist besonders wirkungsvoll, wenn einzelne Informationselemente so zueinander in Beziehung gesetzt werden, dass sich ein aufschlussreiches Bild ergibt. Dieses Verfahren ist vielfältig einsetzbar, z. B. bei der **Erschließung von literarischen Texten.**

3. a) Lesen Sie die Erzählung „Ein netter Kerl" von Gabriele Wohmann (▷ S. 88).
   b) Erläutern Sie, inwiefern sich der Verlauf der Handlung in Form zweier Waagen darstellen lässt.

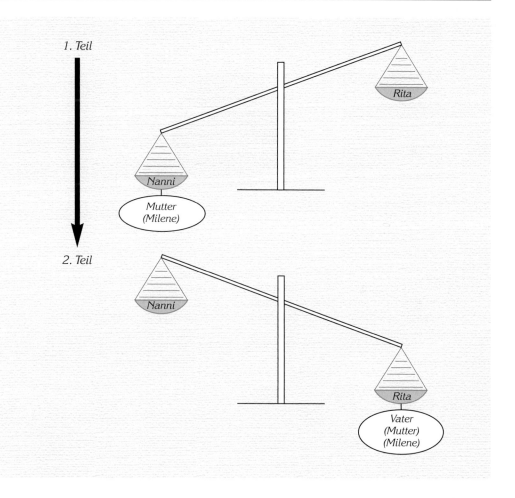

4. Ergänzen Sie die wichtigsten Informationen in dem Stichwortbild:

Hohe Redeanteile, Belustigung auf Kosten anderer, Körpersprache („sie drückte die Fingerkuppen fest ans Holz"), ironische Wiederholung, Sarkasmus, betretenes Schweigen ...

5. Entwerfen Sie selbst Stichwortbilder für Gedichte, Dramen oder Erzählungen, die Sie bearbeitet haben.

6. Nutzen Sie das folgende Zweigdiagramm, um den Anfang des Romans „Der Prozess" von Franz Kafka (▷ S. 139 f.) gedanklich zu erschließen. Zugleich können Sie so die Ergebnisse Ihrer Analyse übersichtlich darstellen.

   a) Klären Sie den Begriff „Verhaftung". Was sind seine Bedeutungsmerkmale, z. B. im Gegensatz zu „Einsperren" oder „Arrest"?

   b) Machen Sie in Ihrem Diagramm klar, welche Bedeutungskomponenten des Begriffs „Verhaftung" Kafka im Verlauf der ersten Romanseiten außer Kraft setzt.

Zweigdiagramm

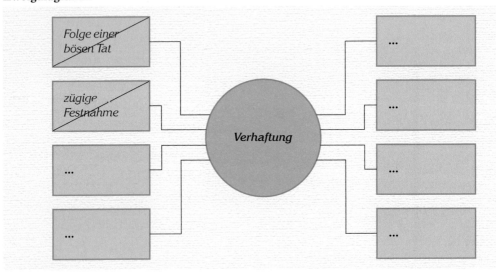

7. a) Wählen Sie einen Text aus, den Sie bereits erarbeitet haben, und setzen Sie Ihre Einsichten in ein Zweigdiagramm oder eine der folgenden Diagrammformen um.

   b) Vergleichen Sie Ihre Ergebnisse und klären Sie, welche Diagrammform für welche Art von Information am besten geeignet ist.

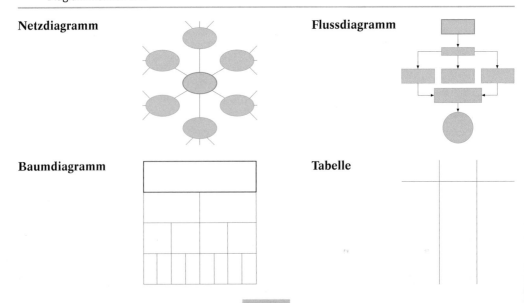

Netzdiagramm

Flussdiagramm

Baumdiagramm

Tabelle

Mind-Map

Visualisierungstechniken, wie z. B. die Mind-Map (Gedankenlandkarte), unterstützen das selbstständige Lernen. Mit einer Mind-Map können Sie

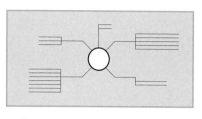

- erste Ideen zu einem Thema entwickeln,
- Ihr Verständnis von einem Begriff oder Sachverhalt gedanklich gegliedert festhalten,
- den Stoff für eine Klausur noch einmal auf andere Weise aufbereiten.

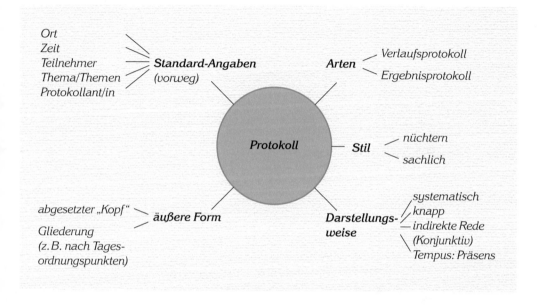

---

8. Fassen Sie in einer ähnlich aufgebauten Mind-Map zusammen, was eine **Facharbeit** ausmacht und welche Anforderungen mit ihr verbunden sind (▷ S. 105 ff.).
9. Entwickeln Sie eine Mind-Map zu einer **literarischen Epoche,** die Sie kennen. Orientieren Sie sich dazu im entsprechenden Kapitel des Bereichs C: „Epochen der deutschen Literatur" (▷ S. 192 ff.).

Referate halten

In einem **Referat** wird ein fachlich abgegrenztes Thema erschlossen und adressatengerecht dargestellt. Da die Ausarbeitungen in der Regel anderen mündlich vermittelt werden müssen, ist eine sinnvolle, die Informationsvermittlung erleichternde **Gliederung** notwendig. Um die Adressaten so intensiv wie möglich anzusprechen, sollte der Vortrag

- nicht vom Papier abgelesen, sondern – auf einige **Karteikarten** oder Stichwortzettel gestützt – möglichst frei gehalten werden,
- durch **Visualisierungstechniken** unterstützt werden,
- evtl. durch ein **Thesenpapier** ergänzt werden, auf dem zentrale Aussagen festgehalten sind.

Der Referent bzw. die Referentin sollte sich darauf einstellen, nach dem Vortrag Zuhörerfragen zu beantworten und/oder für eine Diskussion zur Verfügung zu stehen. In der folgenden Übersicht (▷ S. 120) sind die einzelnen Arbeitsschritte im Vorfeld und während eines Referats stichpunktartig zusammengestellt.

Übersicht zur Anfertigung und Präsentation eines Referats

■ **Thema abgrenzen**

■ **Recherchieren**
(Informationen
sammeln)

□ Lexika

□ Expertengespräch

□ Bibliothek

□ Stichwortkatalog
□ Autorenkatalog
□ Inhaltsverzeichnisse
  und Indizes von Büchern

▷ S. 103 ff.,
111 f.

□ Internet

□ Suchprogramme (yahoo etc.)

↓

Kopieren
(nicht zu viele
Kopien anferti-
gen)

↓

▷ *Exzerpieren*
(stichpunktartig;
für jede wichtige
Information eine
eigene Kartei-
karte anfertigen)

↓

▷ *Zitieren*
(nur ganz zent-
rale Aussagen
wortwörtlich
übernehmen!)

■ **Informationen
verarbeiten**

□ Das Material **gliedern** (Karteikarten können sortiert, zu
  Teilbereichen gruppiert werden)

□ Das Material visuell gestützt gedanklich verarbeiten

↓   ↓   ↓

Stichwortbilder   Tabellen   Diagramme

□ Die Gliederung fixieren (die sortierten Karteikarten mit
  „Kapitelüberschriften" versehen)

■ **Vortrag
vorbereiten**

□ Visuelle Unterstützung des Vortrags überlegen (z. B. schriftliche Gliederung an der Tafel, Folien oder Lernplakate zu
  Stichwortbildern, Diagrammen etc.)

□ Schwer merkbare Fakten (z. B. schwierige Namen, Jahreszah-
  len) auf den Karteikarten farbig markieren

□ Sich gedankliche Zusammenhänge für einen freien Vortrag
  einprägen, z. B. anhand von Symbolen

■ **Vortrag halten**

□ Gegliederter Vortrag: neue Teilbereiche jeweils erst benennen,
  dann in Einzelheiten gehen

□ Blickkontakt mit den Zuhörer/innen halten (frei sprechen)

□ Pausen machen, Redetempo und Lautstärke variieren

□ Gestik und Mimik bewusst verwenden

□ Auf Reaktionen der Zuhörer/innen achten und den Gedankengang evtl. noch einmal präzisieren oder veranschaulichen

■ **Vortrag auswerten**

□ Die Zuhörer/innen um Auskunft bitten, ob die unter „Vortrag
  halten" genannten Punkte eingehalten wurden

6.6 Texte überarbeiten

Der folgende Beispieltext enthält eine Reihe typischer Darstellungsmängel und Formfehler. Es handelt sich um kurze Auszüge aus einem Interpretationsaufsatz, der sich mit dem Roman „Das Parfüm" von Patrick Süskind befasst.

In dem historischen Roman von Patrick Süskind „Das Parfüm", wird die Geschichte des Maßenmörders Genouille erzählt, der eine besondere Fähigkeit besitzt: Er kann besser riechen als jeder andere Mensch.

Grenouille wird an einem Fischstand, wo er nach der Geburt von seiner Mutter liegen gelassen wird. Da Grenouille durch seinen Schrei gefunden wird und seine Mutter hingerichtet wird, wird er also von verschiedenen Hebammen aufgezogen. Am Ende seiner Kindheit, arbeitete er zuerst bei einem Gerber und danach als Parfumeur. Nachdem er die Kunst des Konservierens von Gerüchen gelernt hat verlässt er also seinen Meister Baldini und lebt sieben Jahre lang in einer Höhle, wo er ganz alleine war. Als er wieder raus in die Welt geht, erregt er bei den ganzen Leuten Aufsehen. [...]

Schließlich gelingt es Grenouille, ein neues Opfer zu finden das er umbringt. Auf den Seiten 277 bis 280 kann man durch folgende Textstellen auf Bezugstexte des Romans wie die Weihnachtsmesse schließen. Auf Seite 278 kann man auf den Bezugstext, dass Evangelium nach Lukas, schließen, denn auf der Seite 278 sagt er: „... in tiefster Nach bei seinem Opfer saß und wachend wartete".
Im Evangelium sagt Lukas: „... Hirten, die auf dem Felde Nachtwache hielten ...". [...]

---

1. Drei bis fünf Kursmitglieder bilden je eine ▷ **Schreibkonferenz,** die über den Beispieltext beraten soll. ▷ S. 100
   a) In der Schreibkonferenz werden zunächst erste Reaktionen auf den Text gesammelt und notiert.
   b) Anschließend wird eine Überarbeitung vorbereitet: Jede/r nutzt eine der auf S. 122/123 vorgeschlagenen Verbesserungsproben und notiert einige Umarbeitungsvorschläge.
   c) Die Vorschläge werden der Gruppe vorgestellt, diskutiert und weiterentwickelt.
   d) Arbeitsteilig werden die drei Abschnitte des Textes schriftlich umgearbeitet. Das Ergebnis wird in der Gruppe noch einmal vorgelesen.

2. Nutzen Sie die Methode der Schreibkonferenz regelmäßig, um Ihre Hausaufgaben- oder Klausurtexte stetig zu verbessern. Dabei sollten Sie folgende **Nachschlagematerialien** hinzuziehen: Rechtschreibwörterbuch, Stilwörterbuch, Fremdwortlexikon, Wörterbuch sinnverwandter Begriffe.

Checkliste zur stilistischen Überarbeitung eines Textes

Ersatzprobe

- Falsch geschriebene Wörter mit Hilfe der Tipps auf S. 127–130 und eines Wörterbuches durch die richtige Schreibung ersetzen.
- Zu unpassenden Wörtern mit Hilfe eines Stilwörterbuchs Alternativen vorschlagen.
- Aus der folgenden In-/Out-Liste Alternativen wählen:

In-/Out-Liste

In geschriebenen (nicht in gesprochenen) Texten verwendet man

statt	*besser*
runter(gehen)	hinunter(gehen), herunter(gehen)
rauf(laufen)	hinauf(laufen), herauf(laufen)
mal	einmal
die ganzen (Leute)	alle (Leute)
was für (Geld)	welches (Geld)
so (Personen)	solche (Personen)

- Mit Hilfe des Thesaurus am PC Alternativen zu unpassenden Wörtern suchen.
- Wortfelder nutzen, z. B.:

Wortfeld „sagen"

Der Autor/die Autorin

sagt	behauptet/stellt die Behauptung auf	versichert
weist darauf hin, dass	wirft die Frage auf	lässt durchblicken
führt aus	überlegt	berichtet
macht deutlich/klar	macht sich Gedanken darüber	beschreibt
stellt fest	will wissen	schildert
erklärt, dass	fordert dazu auf	erzählt
geht davon aus, dass	gibt zu verstehen	kündigt an
meint/vertritt die Meinung	lässt einfließen	klagt
ist der Ansicht	stellt dar	gibt Hinweise
lässt erkennen	vertritt die These	fährt fort
gibt zu bedenken, dass	argumentiert	ergänzt

- Bei Interpretationen, Erörterungen etc.: Auflistungen von Fachbegriffen nutzen, um ihre richtige Verwendung im Text zu überprüfen.

Weglassprobe

- Im Text Wörter finden, die wenig aussagen und die man streichen könnte.
- Prüfen, ob der Text Wörter aus der folgenden Liste enthält, und an der konkreten Textstelle klären, ob das Wort entfallen kann:

Füllwörter

Wörter wie die folgenden werden manchmal ohne einen besonderen Grund verwendet und sind im Textzusammenhang sinnlos.

also	irgendwie	eigentlich	natürlich
ja	gewissermaßen	(ein)mal	letztendlich

■ Sätze oder ganze Abschnitte streichen, die eher vom Kern der Sache wegführen.

Erweiterungsprobe

■ Mit Hilfe der Regeln auf S. 131 fehlende Kommas und sonstige Zeichen einfügen.
■ Prüfen, an welchen Stellen Wörter ergänzt werden müssten, um eine optimale Information der Leserin/des Lesers zu erreichen.
■ Da, wo es nötig erscheint, zusätzliche, weiterführende Gedanken notieren, die eine Aussage mehr entfalten und präzisieren.
■ Durch Einfügen von „Gelenkwörtern" die logische Struktur des Textes verbessern:

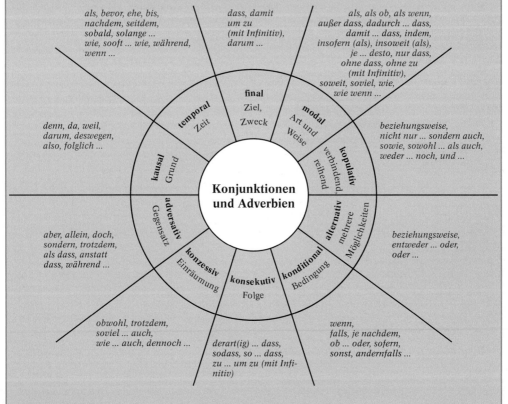

Umstellprobe

■ Satzglieder umstellen, um den Satzbau zu verbessern.
■ Textaussagen verschieben, um einen klareren Aufbau der Gesamtaussage zu erzielen.

6.7 Wiederholungskurs:
Grammatik, Rechtschreibung, Zeichensetzung

Wortarten

Der gesamte Wortschatz unserer Sprache (ca. 350 000 Wörter) wird in Wortarten eingeteilt, wobei im Wesentlichen drei Prinzipien maßgebend sind:
(1) Bedeutung,
(2) Form und
(3) Verwendung im Satz.

(1) Die deutschen Bezeichnungen wie etwa „Tätigkeitswort", „Eigenschaftswort" oder das altertümliche „Dingwort" weisen darauf hin, dass die Wortarten einen bestimmten **Bedeutungsinhalt** vertreten. Das semantische (die Bedeutung betreffende) Einteilungsprinzip ist allerdings umstritten, weil es nicht zu einer trennscharfen Abgrenzung führt: Nomen wie *Glück, Freundschaft, Anblick* bezeichnen keine Dinge, Verben wie *sein* oder *haben* keine Tätigkeiten.

(2) Unter dem Gesichtspunkt der **Form** können die Wörter in veränderliche (flektierbare) und unveränderliche (nicht flektierbare) eingeteilt werden. Bei den flektierbaren Wörtern unterscheidet man weiter in konjugierbare (Verben) und deklinierbare (Nomen/Substantive, Adjektive, Artikel, Pronomen). Die nicht flektierbaren Wörter (Adverbien, Präpositionen, Konjunktionen, Interjektionen) werden Partikeln genannt.

Überblick über die Wortarten

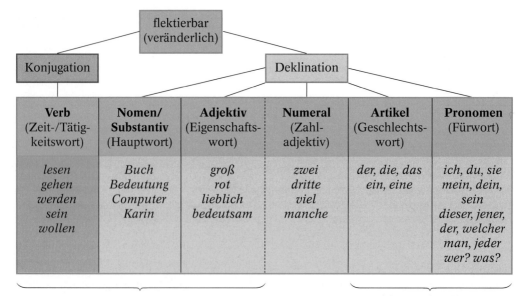

Verb (Zeit-/Tätigkeitswort)	**Nomen/ Substantiv** (Hauptwort)	**Adjektiv** (Eigenschaftswort)	**Numeral** (Zahladjektiv)	**Artikel** (Geschlechtswort)	**Pronomen** (Fürwort)
lesen *gehen* *werden* *sein* *wollen*	*Buch* *Bedeutung* *Computer* *Karin*	*groß* *rot* *lieblich* *bedeutsam*	*zwei* *dritte* *viel* *manche*	*der, die, das* *ein, eine*	*ich, du, sie* *mein, dein, sein* *dieser, jener, der, welcher man, jeder wer? was?*

Hauptwortarten
(90 % des Gesamtwortschatzes)

Begleiter und Stellvertreter
des Substantivs

nicht flektierbar (unveränderlich)			
Adverb (Umstandswort)	**Präposition** (Verhältniswort)	**Konjunktion** (Bindewort)	**Interjektion** (Ausrufewort)
dort, heute *gern, sehr* *hoffentlich* *deshalb*	*an, auf, in* *vor, nach* *während* *wegen, ohne*	*und, aber* *denn, als* *dass, weil*	*ach!* *oh!* *au!* *bitte?*

Partikeln

(3) Beim Gebrauch erscheinen die Wörter (Wortarten) nicht isoliert, sondern eingebunden in Sätze. Der Sprecher folgt dabei syntaktischen Regeln, was dazu führt, dass einige Wortarten sich im Schwerpunkt an bestimmten **Positionen des Satzes** einfinden. So wird das Prädikat im Deutschen grundsätzlich durch eine Verbform gebildet; das Subjekt enthält in der Regel ein Substantiv (Nomen) oder dessen Stellvertreter (Pronomen).

Die syntaktischen Regeln legen zugleich die grammatische Einordnung der Wortarten in den Satz fest. Die folgende grafische Darstellung verdeutlicht die **grammatischen Funktionen** von Verb und Nomen/Substantiv.

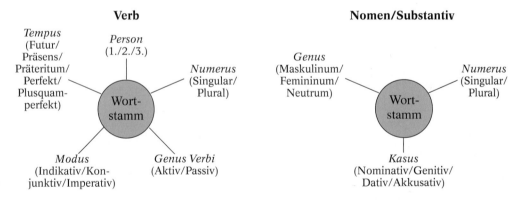

Satzglieder und Gliedsätze

Die Grundbausteine eines Satzes sind die **Satzglieder** (Subjekt, Prädikat, Objekt, adverbiale Bestimmung). Sie lassen sich durch Verschiebeproben oder durch Frageproben (▷ S. 126) ermitteln.

Die Sätze werden nach ihrer Bauform in **Haupt-** und **Nebensätze** unterschieden. Der Hauptsatz ist ein selbstständiger Satz, während der Nebensatz immer vom Hauptsatz abhängt. Die Verbindungen von Hauptsätzen bilden eine **Satzreihe** (Parataxe); die Verknüpfung von Haupt- und Nebensatz ergibt ein **Satzgefüge** (Hypotaxe).

Die **Nebensätze** können der Form, aber auch der Funktion nach unterschieden werden; der Form nach entsprechend dem Einleitewort: Relativsatz (*der, welcher* etc.), Konjunktionalsatz (*dass, wenn* etc.), Interrogativsatz (*wer, ob* etc.); der Funktion nach: Subjekt-, Objekt-, Attribut- und Adverbialsatz. Die letztgenannten Bezeichnungen bringen zum Ausdruck, dass die unterschiedenen Nebensätze das entsprechende Satzglied vertreten. Sie werden deshalb auch **Gliedsätze** genannt. So lässt sich etwa eine adverbiale Bestimmung in einen Adverbialsatz umformen.

Beispiel: *Wegen des schlechten Wetters* bleibt er zu Hause.

Weil das Wetter schlecht ist, bleibt er zu Hause.

Die folgende Tabelle gibt einen Überblick über Merkmale und Funktionen der Satzglieder. Die **Adverbialsätze** werden auf S. 127 gesondert aufgeführt, da ihre Unterscheidung erfahrungsgemäß Schwierigkeiten bereitet.

Satzglieder			
Satzglied	**Subjekt**	**Prädikat**	**Akkusativobjekt**
Frage	Wer?/Was?	–	Wen?/Was?
Beispiel	*Der Regen* macht mich traurig.	Er *schläft.*	Er weiß *das* genau.
Besonderheit	ersetzbar durch Subjektsatz: *Dass es regnet,* ...	Prädikate sind oft mehrgliedrig: Er *hat* gestern *geschlafen.*	ersetzbar durch Objektsatz: Er weiß genau, *dass* ...
Satzglied	**Dativobjekt**	**Genitivobjekt**	**Präpositionalobjekt**
Frage	Wem?	Wessen?	Für wen/was? Auf wen/was? etc.
Beispiel	Sie gibt *ihm* das Buch.	Sie gedenken *der Toten.*	Er freut sich *über das Buch.* Er dankt ihr *für*...
Besonderheit	–	sehr selten	ersetzbar durch entsprechende Pronominaladverbien: Sie freut sich *darüber.* Er dankt ihr *dafür.*
Satzglied	**adverbiale Bestimmung** (der Zeit, des Ortes, des Grundes etc.)	**Prädikatsnomen**	**Attribut**
Frage	Wann? Wo? Warum? etc.	–	Was für ein?
Beispiel	Sie kommt *morgen.* Er bleibt *wegen des Unwetters* zu Hause.	Er ist *Schüler.* Sie blieb *bescheiden.*	Sie liest ein *spannendes* Buch. Er mag Bücher *über Pferde.*
Besonderheit	ersetzbar durch Adverbialsatz	Prädikatsnomen sind Ergänzungen zu den Verben *sein, bleiben* und *werden.*	Attribute sind **Teile** von Satzgliedern, ersetzbar durch Relativsätze: Er mag Bücher, *die von Pferden handeln.*

Überblick über die Adverbialsätze

Die Adverbialsätze entsprechen ihrer Bedeutung und grammatischen Funktion nach den adverbialen Bestimmungen. Ihre Bezeichnung richtet sich nach den einleitenden Konjunktionen.

Art des Gliedsatzes	Häufig verwendete Konjunktionen	Beispielsatz
Temporalsatz (Zeit)	*während, als, bis, sooft, wenn, nachdem, bevor, sobald, seitdem*	*Während* Klaus Musik hörte, las Monika ein Buch.
Kausalsatz (Grund)	*weil, da, zumal*	Er kam zu spät, *weil* er aufgehalten wurde.
Konsekutivsatz (Folge)	*dass, sodass*	Er hatte intensiv gelernt, *sodass* ihm die Klausur leicht fiel.
Finalsatz (Zweck, Absicht)	*dass, damit, auf dass*	Er nahm ein Taxi, *damit* er nicht zu spät kam.
Konditionalsatz (Bedingung)	*wenn, falls, sofern*	*Falls* ich Zeit habe, werde ich dich besuchen.
Konzessivsatz (Einräumung)	*obwohl, obgleich, obschon, wenngleich*	*Obwohl* sie erkältet war, spielte sie Tennis.
Modalsatz (Art und Weise)	*dadurch, dass; indem, soweit, ohne dass, je … desto*	Das Problem lässt sich lösen, *indem* man es bespricht.
Adversativsatz (Gegensatz)	*anstatt dass, während*	Frank geht zur Bundeswehr, *während* Egon Ersatzdienst leistet.
Komparativsatz (Vergleich)	*wie, als, als ob, wie wenn, als wenn*	Es kam ihm so vor, *als wenn* er etwas gehört hätte.

Rechtschreibung

Obwohl Formen mündlicher Kommunikation (Telefon etc.) in den letzten Jahrzehnten deutlich zugenommen haben, hat in den meisten Berufen auch die Schriftsprache an Bedeutung gewonnen. Zu traditionellen Formen (postalischer Brief, schriftlicher Bericht) sind viele neue Mitteilungsformen hinzugekommen (Fax, E-Mail etc.). Sie alle erfordern schriftsprachliche Kenntnisse und Fertigkeiten. Damit bei all diesen Kommunikationsprozessen ein möglichst reibungsloses und zügiges Verstehen gesichert bleibt, ist eine **einheitliche orthografische Norm** erforderlich.

Als 1996 die Wiener Orthografiekonferenz ein reformiertes Regelwerk der deutschen Rechtschreibung verabschiedete und damit die Regelungen aus dem Jahr 1901 ersetzte, wurden in einigen Bereichen zwar die Entscheidungsspielräume des Einzelnen erweitert, dennoch bleibt auch weiterhin vieles normiert. Eine – zumindest weit gehende – Beherrschung dieser Normen ist Voraussetzung für die Teilnahme an wichtigen gesellschaftlichen Kommunikationsabläufen. Dies trifft besonders für den beruflichen und öffentlichen Gebrauch der Schriftsprache zu.

Die folgenden Informationen und Übungen zielen auf Orthografiefehler, die häufig auftreten.

1. Zwei Zielscheiben

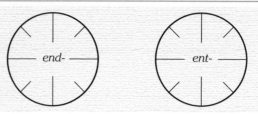

Nutzen Sie dieses Übungsverfahren, wenn es Ihnen schwer fällt, zwischen zwei ähnlichen Schreibweisen („end-"/„ent-" etc.) zu unterscheiden: Sammeln Sie mit Hilfe eines Wörterbuchs so viele Wörter wie möglich, die Ihr Schreibproblem beinhalten, und schreiben Sie sie in die beiden Zielscheiben.

2. Symbole

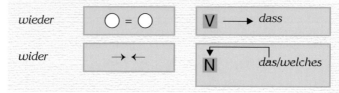

Wenn Sie ähnliche Schreibweisen (z. B. „wieder-"/„wider-", „dass"/„das") immer wieder verwechseln, können Sie sich zwei symbolhafte Zeichen überlegen, die den logischen Unterschied ausdrücken. Sammeln Sie Wörter oder Sätze und malen Sie neben jedes Wort/jeden Satz eines der beiden Symbole. Damit unterziehen Sie Ihre Schreibweise einer logischen Kontrolle.

3. Nutzen Sie die beiden Visualisierungsverfahren, um einige der folgenden Informationen zu verarbeiten.

Groß oder klein?

Nomen/Substantive werden großgeschrieben, außerdem dient die Großschreibung zur Kennzeichnung von **Satzanfängen, Eigennamen** und der **Ehrerbietung.** Schwierigkeiten ergeben sich vor allem daraus, dass alle Wortarten im Text als Nomen gebraucht werden können (*das Singen, alles Gute*) und dass ursprüngliche Nomen auch denominalisiert gebraucht werden und dann kleingeschrieben werden (*dank* seiner Spende).

Hier einige Zweifelsfälle:

groß	Beispiele
■ **nominalisierte Adjektive**	
□ auch Ordnungszahl- adjektive	*der Erste, der Letzte, der Nächste, jeder Zweite*
□ auch unbestimmte Zahladjektive	*alles Übrige, nicht das Geringste, jeder Einzelne*
□ auch in festen Fügungen	*im Wesentlichen, im Einzelnen, im Allgemeinen, im Dunkeln tappen*
□ auch in Paarformeln	*Arm und Reich, Alt und Jung, Groß und Klein*
■ **Farb-** und **Sprachbezeichnungen** nach Präpositionen	*auf Englisch, bei Rot*
■ Nomen in **Tageszeiten**	*heute Morgen, gestern Abend, morgen Mittag* (aber: morgens, abends, mittags)
■ Herkunftsbezeichnungen auf **-er**	*Schweizer Uhren, Berliner Luft*

klein	Beispiele
■ **Adjektive** in festen Fügungen, die keine Eigennamen sind	*das schwarze Brett, das neue Jahr* (aber groß in **Eigennamen:** der Stille Ozean, der Westfälische Friede)
■ **Herkunftsbezeichnungen** auf **-isch**	*westfälischer Schinken, italienischer Salat, griechischer Wein*
■ **vertraute Anredeformen**	*du, dein, euer, ihr* etc. (aber **Höflichkeitsanrede** groß: Sie, Ihr, Ihnen etc.)
■ *Angst, Leid, Schuld* etc. in Verbindung mit *sein, bleiben, werden*	*Mir wird angst.* (Aber: Ich habe Angst.) *Ich bin es leid.* (Aber: Er tut mir Leid.)

Getrennt oder zusammen?

Im Bereich der Getrennt- oder Zusammenschreibung ist die Wahl in einigen Fällen den Schreibenden überlassen, z.B.: *im Stande/imstande, mit Hilfe/mithilfe, auf Grund/aufgrund, an Stelle/anstelle, zu Tage/zutage, zu Mute/zumute, so dass/sodass.* Dennoch gibt es Normierungen. Während die **Zusammenschreibung** von Nomen/Substantiven (Komposita) in der Regel keine Probleme aufwirft, treten beim Verb häufiger Schwierigkeiten auf. Insgesamt wird beim Verb häufiger **getrennt** als zusammengeschrieben:

immer getrennt	Beispiele
■ **zwei Verben**, die zu einer Wortgruppe gehören	*kennen lernen, sitzen bleiben*
■ Verbindungen mit dem Verb *sein*	*fertig sein, zurück sein*
■ **Partizip** und **Verb**	*geschenkt bekommen, verloren gehen*
■ **Nomen** und **Verb**, die zu einer Wortgruppe gehören, wenn man mit diesen Wörtern durch Umstellung sinnvolle Sätze bilden kann	*Eis laufen* (Ich laufe Eis), *Rad fahren* (Sie fährt Rad), *Fuß fassen* (Er fasste Fuß)
■ **Adjektiv** und **Verb**, wenn das Adjektiv in diesem Sinnzusammenhang gesteigert werden kann	*lästig fallen* (noch lästiger fallen), *genau nehmen* (noch genauer nehmen)

immer zusammen	Beispiele
■ **Adjektiv** und **Verb**, die dem Sinn nach eng zusammengehören, wenn das Adjektiv in dieser Verbindung nicht gesteigert werden kann	*schönfärben* (= beschönigen), *gutschreiben* (auf dem Konto)
■ **Nomen** und **Verb**, die dem Sinn nach eng zusammengehören, wenn man mit diesen Wörtern durch Umstellung keine sinnvollen Sätze bilden kann	*notlanden* (nicht: Ich landete Not), *schlafwandeln* (nicht: Sie wandelte Schlaf)

„s", „ß" oder „ss"?

Seit der Rechtschreibreform von 1996 gibt es bei der Schreibung des s-Lauts nur noch wenige einfache Regeln:

Nach kurzem betontem Vokal schreibt man **ss** (Ausnahme: Kurzwörter wie *was*, *das*).

Nach lang gesprochenem Vokal und nach Diphthong (au, eu, ei) schreibt man den stimmhaften s-Laut mit einfachem **s** (auch in Wörtern, in denen der s-Laut erst bei Verlängerungsprobe stimmhaft wird: *Gras → Gräser, sie reist → reisen*); den stimmlosen s-Laut schreibt man **ß**.

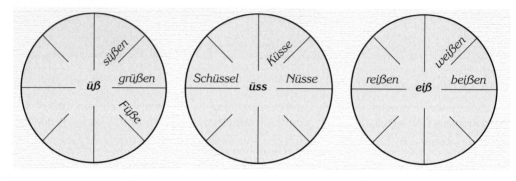

---

4. Entwerfen Sie weitere Zielscheiben dieser Art.

„dass" oder „das"?

Die **Konjunktion „dass"** leitet meist einen Subjekt- oder Objektsatz ein. Diese Nebensätze kann man mit „Wer?/Was?" bzw. „Wen?/Was?" erfragen.

Das **Relativpronomen „das"** leitet einen Relativsatz ein. Diesen Nebensatz kann man mit „Was für ein …?" erfragen. Außerdem lässt sich das „das" meist durch „welches" ersetzen.

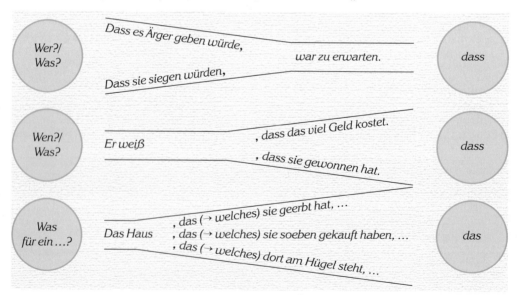

---

5. Überprüfen Sie Ihre Hausaufgaben- und Klausurtexte im Hinblick auf „dass"/"das"-Fehler und ordnen Sie die Verbesserungen in solche Fächer ein.

Zeichensetzung

Ein besonders fehlerträchtiger Bereich in der Schriftsprache ist die Kommasetzung.

Das Komma hat im Deutschen eine doppelte Funktion: Es dient sowohl als **Pausenzeichen** (rhetorische Funktion) wie auch zur **grammatischen Gliederung des Satzes** (grammatische Funktion). Bis zu Beginn des 19. Jahrhunderts dominierte das rhetorische Prinzip, das ursprünglich allen Satzzeichen zu Grunde lag. Da die Sprechpausen subjektiven Schwankungen unterliegen, ist im Laufe der Zeit das strengere grammatische Prinzip in den Vordergrund getreten.

Die Schreibenden haben in einigen Fällen die Wahl, ob sie ein Komma setzen wollen, z. B. bei **Infinitivsätzen** (Sie hoffte *(,) ein Buch geschenkt zu bekommen*) und **Partizipgruppen** (*Zu ihrem Geburtstag reich beschenkt (,)* bedankte sie sich bei ihren Freunden). Oft empfiehlt sich in diesen Fällen die Kommasetzung, um Missverständnisse zu vermeiden.

Fest geregelt sind die folgenden Bereiche:

Kein Komma darf stehen	Beispiele
■ bei adverbialen Bestimmungen, auch wenn sie umfangreich sind	Mit seinem aufwändig gestylten Wagen aus neuster amerikanischer Produktion fuhr er …
■ bei Konjunktionen, die Satzteile **anreihend** verbinden (*entweder … oder, sowohl … als auch, weder … noch, beziehungsweise, und, oder*)	Sie hatte sowohl ihren Schwager als auch ihren Onkel mitgebracht.

Durch **Komma** abgegrenzt werden	Beispiele
■ **Haupt- und Nebensätze**	Sie wussten, dass es vorbei war. Die Frau, die sie vorfanden, und das Kind …
■ **Nebensätze unterschiedlichen Grades**	Er ahnte, dass er das Kind, das auf der Treppe saß, …
■ **aufgezählte Satzteile** (falls nicht durch *und/oder* verbunden)	Er, sein Freund und ein Bekannter waren anwesend.
■ **wörtliche Rede und nachfolgender oder eingeschobener Begleitsatz**	„Wo ist das Buch?", fragte sie. „Ich habe es dir", antwortete er, „gestern geschickt."
■ **Anreden**	Dies alles, lieber Herr Maier, ist …
■ **Appositionen**	Katrin, die siegreiche Schwimmerin, war …
■ Satzteile mit **entgegensetzender Konjunktion** (*aber, jedoch, sondern* etc.)	Er war erholt, jedoch völlig abgemagert.
■ **nachgestellte nähere Bestimmungen** (oft erkennbar an Wörtern wie *und zwar, nämlich, d. h.*).	Sie hatten Geld verloren, und zwar einen größeren Betrag.
■ **herausgehobene Satzglieder**	Der Urlaub, der war fantastisch.

7 Anregungen zum Lesen

ROBERT MUSIL (1880–1942) lässt seinen Romanhelden, den Internatsschüler Törleß, bei dem Gedanken an Kant, Schiller und Goethe zu folgenden Betrachtungen kommen: „Zu Hause standen diese Bücher in dem Schranke mit den grünen Scheiben in Papas Arbeitszimmer, und Törleß wusste, dass dieser nie geöffnet wurde, außer um ihn einem Besuch zu zeigen. Es war wie das Heiligtum einer Gottheit, der man nicht gerne naht und die man nur verehrt, weil man froh ist, dass man sich dank ihrer Existenz um gewisse Dinge nicht mehr zu kümmern braucht.“

---

1. Diskutieren Sie über das Musil-Zitat und reflektieren Sie Ihre eigene Einstellung zum Lesen.
2. Versuchen Sie sich an frühe Leseerlebnisse zu erinnern und skizzieren Sie Ihre persönliche Lesebiografie.

Erwin Chargaff

Büchersammlung

Schon als kleiner Bub hatte ich angefangen, mir eine Büchersammlung anzulegen. Zuerst bestand sie aus Geschenken, schlechten Übersetzungen guter Bücher, wie Don Quichotte
5 oder Robinson Crusoe, Gullivers Reisen und Tausendundeine Nacht. Das waren elend zusammengestrichene Ausgaben auf schlechtem Papier, hässlich gedruckt, abstoßend illustriert, fest gebunden. Dennoch gaben sie dem Kind,
10 was es brauchte. Grimms Märchen waren natürlich auch darunter; ich nahm sie mit stumpfer Begeisterung auf, ganz ohne Ahnung und Vorgefühl, dass sie später ein Jagdrevier abgeben würden für minderbegabte Psycho
15 analytiker, die dem armen Wilhelm gerne die Mitschuld aufpelzen möchten dafür, was aus Deutschland geworden ist.
In Wien, als ich zehn Jahre alt war und ins Gymnasium kam, hatte ich bereits Anrecht
20 auf ein kleines Taschengeld. Ich sparte es zum Ankauf von Büchern meiner Wahl, besonders von solchen, die in meines Vaters Bücherschrank nicht vertreten waren. Und was war meine erste Wahl? Ich schäme mich, sie ein
25 zugestehen: es waren Theodor Körners Sämtliche Werke. Der dicke rote Band aus der Sammlung von Hesses Klassiker-Ausgaben steht noch immer herum bei mir und sieht mich vorwurfsvoll an, denn ich glaube nicht,
30 dass ich seither oft hineingeschaut habe. „Darauf kommt es aber gar nicht an“, würden die meisten Amerikaner meiner Bekanntschaft sagen, „Bücher sind dazu da, da zu sein, die Regale zu füllen, sie sind ein buntes
35 Möbelstück.“ Und wirklich, keine Fotografie

eines Collegeprofessors ohne den Hintergrund eines unordentlich bestückten Regals. Nur die Naturforscher ziehen so etwas wie eine Zentrifuge als Hintergrund vor, oder sie halten ein Hühnchen, das sie später töten 40 werden, in der Hand.
Jedenfalls hatte ich, als ich Wien 1928 nach Absolvierung der Universität verließ, um meine erste Reise in die Vereinigten Staaten anzutreten, bereits eine hübsche kleine 45 Bibliothek versammelt. In den letzten Jahren der Mittelschule und auch später, als ich Chemie studierte, verfügte ich nämlich über ein kleines Einkommen aus Nachhilfestunden, und so konnte ich einiges Geld für 50 den Ankauf von Büchern abzweigen. Die letzten Bücher, die ich mir anschaffte – ich erinnere mich noch genau –, waren die fünfbändige Ibsen-Ausgabe, die bei S. Fischer erschienen war, und die recht hässliche 55 Gesamtausgabe von Nietzsche bei Kröner. Diese Werke gibt es noch, aber der Hauptteil meiner Sammlung ging 1942 verloren, als meine Mutter den Weg in die Ermordung antreten musste, meine Bücher und auch alle 60 anderen Sachen dem plündernden Bildungstrieb der zum Volksbewusstsein erwachten Wiener Bevölkerung überlassend.
In den langen, langen Jahren, die darauf folgten, ist meine Bibliothek zu sehr beträcht 65 lichen Ausmaßen angewachsen und droht schon seit einiger Zeit uns aus der Wohnung hinauszudrängen. Ich gehöre nämlich zu denen, die Bücher nicht wegwerfen können. Sie reden zu mir mit feinen Stimmen, in vielen 70 Sprachen; und wollte ich eines in den Mist werfen, käme ich mir vor wie jemand, der ein neugeborenes Kätzchen ertränkt. Ich will die

Büchermystik nicht übertreiben, aber als ich jung war, hatte das Buch noch keineswegs den Charakter eines rasch verluderten Konsumartikels. Zum Beispiel hatten neue Bücher einen schwer zu beschreibenden deliziösen Geruch, eine Aura der Virginität, die sie beim Lesen bald verloren. Zeugen einer verschlossenen Welt, nahte man sich ihnen nur mit frisch gewaschenen Händen. Ich gehöre zu jenen wahrscheinlich im Aussterben begriffenen Menschen des Buches, für die es ein magisches Idol geheimer, in unser Leben hereinreichender Sphären ist.

---

1. a) Informieren Sie sich über die von Chargaff genannten Werke und Autoren.
   b) Welche Bücher sind Ihnen für Ihre eigene Büchersammlung wichtig?
2. **Projekt: Buchvorstellung**
   Wählen Sie eine der nebenstehenden Möglichkeiten, Bücher vorzustellen, und nutzen Sie die anschließende „Liste empfehlenswerter Bücher".

   1. Mein zuletzt gelesenes Buch
   (Verfasser, Titel, Leseeindruck, Textprobe)
   2. Mein Lieblingsbuch
   (Verfasser, Titel, Begründung, Textprobe)
   3. Mein Wunschbuch: „Was möchte ich als
   Nächstes lesen?"
   (Verfasser, Titel, Begründung)
   4. Meine Buchempfehlung: „Was jeder
   gelesen haben sollte!" (Verfasser, Titel,
   Begründung, Textprobe)

Liste empfehlenswerter Bücher
von der Jahrhundertwende bis zur Gegenwart

A
Aichinger, Ilse: Erzählungen
Aitmatow, Tschingis: Dshamilja
Allende, Isabel: Das Geisterhaus
Andersch, Alfred: Der Vater eines Mörders
Apitz, Bruno: Nackt unter Wölfen
Arendt, Hannah: Eichmann in Jerusalem
Atwood, Margret: Der Report der Magd
Augustin, Ernst: Raumlicht. Der Fall
  Evelyne B.
Auster, Paul: Mond über Manhattan

B
Bachmann, Ingeborg: Malina
Becker, Jurek: Jakob der Lügner
Beckett, Samuel: Warten auf Godot
  (Drama)
Benjamin, Walter: Berliner Kindheit um
  Neunzehnhundert
Benn, Gottfried: Lyrik
Bernhard, Thomas: Der Keller. Eine Entziehung
Beyer, Marcel: Flughunde
Bichsel, Peter: Schulmeistereien (Essays)

Biermann, Wolf: Lieder
Bittner, Wolfgang: Niemandsland
Böll, Heinrich: Ansichten eines Clowns
Borchert, Wolfgang: Erzählungen
Borges, Jorge Luis: Erzählungen
Born, Nicolas: Die Fälschung
Braun, Volker: Unvollendete Geschichte
Brecht, Bertolt: Leben des Galilei (Drama);
  Geschichten vom Herrn Keuner; Lyrik
Brinkmann, Rolf Dieter: Lyrik
Brussig, Thomas: Helden wie wir
Burger, Hermann: Schilten

C
Calvino, Italo: Wenn ein Reisender in einer
  Winternacht
Camus, Albert: Die Pest
Canetti, Elias: Die gerettete Zunge
Carver, Raymond: Erzählungen
Celan, Paul: Lyrik

D
Delius, Friedrich Christian: Der Sonntag,
  an dem ich Weltmeister wurde

Döblin, Alfred: Berlin Alexanderplatz
Drewitz, Ingeborg: Gestern war Heute
Dürrenmatt, Friedrich: Die Physiker
   (Drama)
Duve, Karen: Regenroman

Eco, Umberto: Der Name der Rose
Eich, Günter: Träume (Hörspiel); Lyrik
Enzensberger, Hans Magnus: Essays; Lyrik

Fallada, Hans: Kleiner Mann – was nun?
Feuchtwanger, Lion: Exil
Feyl, Renate: Ausharren im Paradies
Fichte, Hubert: Der Aufbruch nach Turka
   (Erzählungen)
Fleißer, Marieluise: Erzählungen
Fried, Erich: Lyrik; Essays
Frisch, Max: Homo faber
Frischmuth, Barbara: Die Klosterschule
Fuchs, Jürgen: Fassonschnitt
Fühmann, Franz: Erzählungen

García Márquez, Gabriel: Chronik eines
   angekündigten Todes
Giordano, Ralph: Die Bertinis
Glauser, Friedrich: Kriminalromane um
   Wachtmeister Studer
Grass, Günter: Katz und Maus
Grün, Max von der: Irrlicht und Feuer
Grünbein, Durs: Lyrik

Hacks, Peter: Amphitryon (Drama)
Handke, Peter: Wunschloses Unglück
Harig, Ludwig: Weh dem, der aus der Reihe
   tanzt
Härtling, Peter: Erzählungen
Haushofer, Marlen: Die Wand
Hein, Christoph: Der Tangospieler
Hemingway, Ernest: Short Stories
Hermann, Judith: Sommerhaus, später
   (Erzählungen)
Hesse, Hermann: Der Steppenwolf
Heym, Stefan: Collin
Highsmith, Patricia: Der Schrei der Eule
Hochhuth, Rolf: Eine Liebe in Deutschland
Hofmann, Gert: Der Kinoerzähler
Horváth, Ödön von: Jugend ohne Gott
Huchel, Peter: Lyrik

Jelinek, Elfriede: Die Liebhaberinnen
Jenny, Zoë: Das Blütenstaubzimmer
Jens, Walter: Essays

Johnson, Uwe: Das dritte Buch über Achim
Joyce, James: Dubliners

Kafka, Franz: Die Verwandlung
Kant, Hermann: Die Aula
Kaschnitz, Marie Luise: Erzählungen; Lyrik
Kästner, Erich: Fabian
Kemal, Yaşar: Mehmet, mein Falke
Kempowski, Walter: Tadellöser und Wolff
Kettenbach, Hans Werner: Sterbetage
Keun, Irmgard: Das kunstseidene Mädchen
Kipphardt, Heinar: März
Kirsch, Sarah: Lyrik
Kisch, Egon Erwin: Reportagen
Kiwus, Karin: Lyrik
Klüger, Ruth: Weiter leben – Eine Jugend
Koeppen, Wolfgang: Der Tod in Rom
Königsdorf, Helga: Im Schatten des
   Regenbogens
Kroetz, Franz Xaver: Wildwechsel (Drama)
Kronauer, Brigitte: Die gemusterte Nacht
   (Erzählungen)
Krüger, Horst: Das zerbrochene Haus.
   Eine Jugend in Deutschland
Kühn, Dieter: Ich Wolkenstein
Kundera, Milan: Die unerträgliche
   Leichtigkeit des Seins
Kunert, Günter: Zurück ins Paradies
   (Erzählungen)
Kunze, Reiner: Die wunderbaren Jahre

Langgässer, Elisabeth: Erzählungen
Lenz, Siegfried: Deutschstunde
Lessing, Doris: Martha Quest
Loest, Erich: Nikolaikirche

Mann, Heinrich: Der Untertan
Mann, Klaus: Mephisto
Mann, Thomas: Tonio Kröger
Maron, Monika: Flugasche
Mayer, Hans: Ein Deutscher auf Widerruf
   (Erinnerungen)
Mechtel, Angelika: Gott und die Lieder-
   macherin
Meckel, Christoph: Suchbild. Über meinen
   Vater
Morgner, Irmtraud: Leben und Abenteuer
   der Trobadora Beatriz nach Zeugnissen ih-
   rer Spielfrau Laura
Müller, Heiner: Der Lohndrücker (Drama)
Müller, Herta: Der Mensch ist ein großer
   Fasan auf der Welt

Munson, Ronald: Fan Mail
Muschg, Adolf: Erzählungen
Musil, Robert: Die Verwirrungen des
  Zöglings Törleß

Nadolny, Sten: Die Entdeckung der
  Langsamkeit

Özdamar, Emine Sevgi: Mutterzunge
  (Erzählungen)
Ortheil, Hanns-Josef: Agenten

Parnass, Peggy: Prozesse: Gerichts-
  reportagen
Pennac, Daniel: Wie ein Roman (Essay)
Pessoa, Fernando: Das Buch der Unruhe
Plenzdorf, Ulrich: Die neuen Leiden des
  jungen W.

Ransmayr, Christoph: Die letzte Welt
Reding, Josef: Erzählungen
Reimann, Brigitte: Franziska Linkerhand
Remarque, Erich Maria: Im Westen nichts
  Neues
Rilke, Rainer Maria: Die Aufzeichnungen
  des Malte Laurids Brigge
Rinser, Luise: Erzählungen und Essays
Röhrig, Tilmann: In dreihundert Jahren
  vielleicht
Rosei, Peter: Wer war Edgar Allan?
Rosendorfer, Herbert: Das Messingherz
Roth, Gerhard: Landläufiger Tod
Roth, Josef: Radetzkymarsch
Roth, Philip: Goodbye, Columbus
Rühmkorf, Peter: Walther von der
  Vogelweide, Klopstock und ich

Salinger, J. D.: Der Fänger im Roggen
Sartre, Jean Paul: Geschlossene Gesellschaft
  (Drama)
Scheinhardt, Saliha: Und die Frauen
  weinten Blut
Schlesinger, Klaus: Berliner Traum
  (Erzählungen)
Schlink, Bernhard: Der Vorleser
Schmidt, Arno: Trommler beim Zaren
Schneider, Peter: Lenz
Schneider, Robert: Schlafes Bruder
Schnitzler, Arthur: Casanovas Heimfahrt
Schnurre, Wolfdietrich: Als Vaters Bart
  noch rot war
Scholl, Hans und Sophie: Flugblätter

Schulze, Ingo: Simple Storys
Seghers, Anna: Das siebte Kreuz
Shreve, Anita: Das Gewicht des Wassers
Sichtermann, Barbara: Essays
Sigaud, Dominique: Annahmen über die
  Wüste
Singer, Isaac Bashevis: Mein Vater der Rabbi
Solschenizyn, Alexander: Ein Tag im Leben
  des Iwan Denissowitsch
Sparschuh, Jens: Der Zimmerspringbrunnen
Späth, Gerold: Commedia
Strittmatter, Erwin: Der Laden
Struck, Karin: Die Mutter
Süskind, Patrick: Das Parfum
Szczypiorski, Andrzej: Die schöne Frau
  Seidenman

Tendrjakow, Wladimir: Die Nacht nach der
  Entlassung
Timm, Uwe: Johannisnacht
Torberg, Friedrich: Der Schüler Gerber
Traven, B.: Die Rebellion der Gehenkten
Tucholsky, Kurt: Satiren

Vanderbeke, Birgit: Das Muschelessen
  (Erzählung)

Wallraff, Günter: Reportagen
Walser, Martin: Ein springender Brunnen
Walser, Robert: Geschwister Tanner
Wander, Maxie: „Guten Morgen, du Schöne".
  Frauen in der DDR (Protokolle)
Weil, Grete: Meine Schwester Antigone
Weiss, Peter: Abschied von den Eltern
Wellershoff, Dieter: Essays
Widmer, Urs: Erzählungen
Wiesel, Elie: Die Nacht zu begraben, Elischa
Wohmann, Gabriele: Erzählungen
Wolf, Christa: Kassandra
Wondratschek, Wolf: Lyrik

Zorn, Fritz: Mars
Zuckmayer, Carl: Des Teufels General
  (Drama)
Zweig, Arnold: Der Streit um den
  Sergeanten Grischa
Zweig, Stefan: Schachnovelle

B Die literarischen Gattungen

Literarische Gattungen und ihre Formen

Epik		Drama		Lyrik	
	Großformen		*Grundformen*		*Formen*
	Roman		Tragödie		*des lyrischen*
	Epos		(Trauerspiel)		*Gedichts*
	Verserzählung		Tragikomödie		Sonett
	Volksbuch		Komödie		Ode
			(Lustspiel)		Hymne
	Mittlere Formen				Elegie
	Erzählung		*Sonderformen*		Lied
	Novelle		Volksstück		
	Brief		Schwank		
			Lehrstück		*Sonderformen*
	Kleinformen		Dokumentarstück		*des Gedichts*
	Kurzgeschichte		Episches Theater		Ballade
	Fabel		Absurdes Theater		Erzählgedicht
	Parabel/Gleichnis		Hörspiel		Lehrgedicht
	Anekdote				Song
	Märchen				Epigramm
	Sage/Legende				Konkrete Poesie
	Schwank				Lautgedicht
	Kalender-				Alltagslyrik
	geschichte				
	Reportage				

Gattungsübergreifende Formen
Satire, Groteske, Parodie, Travestie

1 Epik

1.1 Drei Romananfänge

Theodor Fontane
Effi Briest (1895)

In Front des schon seit Kurfürst Georg Wilhelm[1] von der Familie von Briest bewohnten Herrenhauses zu Hohen-Cremmen fiel heller Sonnenschein auf die mittagsstille Dorf-
5 straße, während nach der Park- und Gartenseite hin ein rechtwinklig angebauter Seitenflügel einen breiten Schatten erst auf einen weiß und grün quadrierten Fliesengang und

dann über diesen hinaus auf ein großes, in seiner Mitte mit einer Sonnenuhr und an seinem Rande mit Canna indica[2] und Rhabarberstauden besetztes Rondell[3] warf. Einige zwanzig Schritte weiter, in Richtung und Lage genau dem Seitenflügel entsprechend, lief eine ganz in kleinblättrigem Efeu stehende, nur an einer Stelle von einer kleinen weiß gestrichenen Eisentür unterbrochene Kirchhofsmauer, hinter der der Hohen-Cremmener Schindelturm mit

---

1 **Georg Wilhelm** (1595–1640): von 1620 bis 1640 Kurfürst von Brandenburg

2 **Canna indica:** tropisches Staudengewächs mit großen roten oder gelben Blüten
3 **Rondell:** rundes Beet

seinem blitzenden, weil neuerdings erst wieder vergoldeten Wetterhahn aufragte. Fronthaus, Seitenflügel und Kirchhofsmauer bildeten ein einen kleinen Ziergarten umschließendes Hufeisen, an dessen offener Seite man eines Teiches mit Wassersteg und angeketteltem Boot und dicht daneben einer Schaukel gewahr wurde, deren horizontal gelegtes Brett zu Häupten und Füßen an je zwei Stricken hing – die Pfosten der Balkenlage schon etwas schief stehend. Zwischen Teich und Rondell aber und die Schaukel halb versteckend standen ein paar mächtige alte Platanen.

Auch die Front des Herrenhauses – eine mit Aloekübeln[4] und ein paar Gartenstühlen besetzte Rampe – gewährte bei bewölktem Himmel einen angenehmen und zugleich allerlei Zerstreuung bietenden Aufenthalt; an Tagen aber, wo die Sonne niederbrannte, wurde die Gartenseite ganz entschieden bevorzugt, besonders von Frau und Tochter des Hauses, die denn auch heute wieder auf dem im vollen Schatten liegenden Fliesengange saßen, in ihrem Rücken ein paar offene, von wildem Wein umrankte Fenster, neben sich eine vorspringende kleine Treppe, deren vier Steinstufen vom Garten aus in das Hochparterre des Seitenflügels hinaufführten. Beide, Mutter und Tochter, waren fleißig bei der Arbeit, die der Herstellung eines aus Einzelquadraten zusammenzusetzenden Altarteppichs galt; ungezählte Wollsträhnen und Seidendocken lagen auf einem großen, runden Tisch bunt durcheinander, dazwischen, noch vom Lunch her, ein paar Dessertteller und eine mit großen, schönen Stachelbeeren gefüllte Majolikaschale[5]. Rasch und sicher ging die Wollnadel der Damen hin und her, aber während die Mutter kein Auge von der Arbeit ließ, legte die Tochter, die den Rufnamen Effi führte, von Zeit zu Zeit die Nadel nieder und erhob sich, um unter allerlei kunstgerechten Beugungen und Streckungen den ganzen Kursus der Heil- und Zimmergymnastik durchzumachen. Es war ersichtlich, dass sie sich diesen absichtlich ein wenig ins Komische gezogenen Übungen mit ganz besonderer Liebe hingab, und wenn sie dann so dastand und, langsam die Arme hebend, die Handflächen hoch

über dem Kopf zusammenlegte, so sah auch wohl die Mama von ihrer Handarbeit auf, aber immer nur flüchtig und verstohlen, weil sie nicht zeigen wollte, wie entzückend sie ihr eigenes Kind finde, zu welcher Regung mütterlichen Stolzes sie voll berechtigt war. Effi trug ein blau und weiß gestreiftes, halb kittelartiges Leinwandkleid, dem erst ein fest zusammengezogener, bronzefarbener Ledergürtel die Taille gab; der Hals war frei und über Schulter und Nacken fiel ein breiter Matrosenkragen. In allem, was sie tat, paarten sich Übermut und Grazie, während ihre lachenden braunen Augen eine große, natürliche Klugheit und viel Lebenslust und Herzensgüte verrieten. Man nannte sie die „Kleine", was sie sich nur gefallen lassen musste, weil die schöne, schlanke Mama noch um eine Handbreit höher war.

Eben hatte sich Effi wieder erhoben, um abwechselnd nach links und rechts ihre turnerischen Drehungen zu machen, als die von ihrer Stickerei gerade wieder aufblickende Mama ihr zurief: „Effi, eigentlich hättest du doch wohl Kunstreiterin werden müssen. Immer am Trapez, immer Tochter der Luft. Ich glaube beinah, dass du so was möchtest."

„Vielleicht, Mama. Aber wenn es so wäre, wer wäre schuld? Von wem hab ich es? Doch nur von dir. Oder meinst du, von Papa? Da musst du nun selber lachen. Und dann, warum steckst du mich in diesen Hänger, in diesen Jungenskittel? Mitunter denk ich, ich komme noch wieder in kurze Kleider. Und wenn ich die erst wieder habe, dann knicks ich auch wieder wie ein Backfisch[6], und wenn dann die Rathenower herüberkommen, setze ich mich auf Oberst Goetzes Schoß und reite hopp, hopp. Warum auch nicht? Drei Viertel ist er Onkel und nur ein Viertel Courmacher[7]. Du bist schuld. Warum kriege ich keine Staatskleider? Warum machst du keine Dame aus mir?"

„Möchtest du's?"

„Nein." Und dabei lief sie auf die Mama zu und umarmte sie stürmisch und küsste sie.

„Nicht so wild, Effi, nicht so leidenschaftlich. Ich beunruhige mich immer, wenn ich dich so sehe ..." Und die Mama schien ernstlich wil-

---

4 **Aloe:** tropische Lilienart
5 **Majolikaschale:** getöpferte Schale mit Zinnglasur

6 **Backfisch:** junges Mädchen
7 **Courmacher:** jemand, der einem Mädchen „den Hof macht", mit ihm flirtet

lens, in Äußerung ihrer Sorgen und Ängste fortzufahren. Aber sie kam nicht weit damit, weil in ebendiesem Augenblicke drei junge
120 Mädchen aus der kleinen, in der Kirchhofsmauer angebrachten Eisentür in den Garten eintraten und einen Kiesweg entlang auf das Rondell und die Sonnenuhr zuschritten. Alle drei grüßten mit ihren Sonnenschirmen zu
125 Effi herüber und eilten dann auf Frau von Briest zu, um dieser die Hand zu küssen. Diese tat rasch ein paar Fragen und lud dann die Mädchen ein, ihnen oder doch wenigstens Effi auf eine halbe Stunde Gesellschaft zu leis-
130 ten. „Ich habe ohnehin noch zu tun, und junges Volk ist am liebsten unter sich. Gehabt euch wohl." Und dabei stieg sie die vom Garten in den Seitenflügel führende Steintreppe hinauf.
135 Und da war nun die Jugend wirklich allein.
Zwei der jungen Mädchen – kleine, rundliche Persönchen, zu deren krausem, rotblondem Haar ihre Sommersprossen und ihre gute Laune ganz vorzüglich passten – waren Töchter
140 des auf Hansa[8], Skandinavien und Fritz Reuter[9] eingeschworenen Kantors Jahnke, der denn auch, unter Anlehnung an seinen mecklenburgischen Landsmann und Lieblingsdichter und nach dem Vorbilde von Mining
145 und Lining, seinen eigenen Zwillingen die Namen Bertha und Hertha gegeben hatte. Die dritte junge Dame war Hulda Niemeyer, Pastor Niemeyers einziges Kind; sie war damenhafter als die beiden anderen, dafür aber
150 langweilig und eingebildet, eine lymphatische[10] Blondine, mit etwas vorspringenden, blöden Augen, die trotzdem beständig nach was zu suchen schienen, weshalb denn auch Klitzing von den Husaren gesagt hatte: „Sieht
155 sie nicht aus, als erwarte sie jeden Augenblick den Engel Gabriel?" Effi fand, dass der etwas kritische Klitzing nur zu sehr Recht habe, vermied es aber trotzdem, einen Unterschied zwischen den drei Freundinnen zu machen. Am
160 wenigsten war ihr in diesem Augenblick danach zu Sinn, und während sie die Arme auf

den Tisch stemmte, sagte sie: „Diese langweilige Stickerei. Gott sei Dank, dass ihr da seid."
„Aber deine Mama haben wir vertrieben", sagte Hulda.
„Nicht doch. Wie sie euch schon sagte, sie wäre doch gegangen; sie erwartet nämlich Besuch, einen alten Freund aus ihren Mädchentagen her, von dem ich euch nachher erzählen muss, eine Liebesgeschichte mit Held und Heldin, und zuletzt mit Entsagung. Ihr werdet Augen machen und euch wundern. Übrigens habe ich Mamas alten Freund schon drüben in Schwantikow gesehen; er ist Landrat, gute Figur und sehr männlich."
„Das ist die Hauptsache", sagte Hertha.
„Freilich ist das die Hauptsache, ‚Weiber weiblich, Männer männlich' – das ist, wie ihr wisst, einer von Papas Lieblingssätzen. Und nun helft mir erst Ordnung schaffen auf dem Tisch hier, sonst gibt es wieder eine Strafpredigt."
Im Nu waren die Docken in den Korb gepackt, und als alle wieder saßen, sagte Hulda:
„Nun aber, Effi, nun ist es Zeit, nun die Liebesgeschichte mit Entsagung. Oder ist es nicht so schlimm?"
„Eine Geschichte mit Entsagung ist nie schlimm. Aber ehe Hertha nicht von den Stachelbeeren genommen, eh kann ich nicht anfangen – sie lässt ja kein Auge davon. Übrigens nimm, so viel du willst, wir können ja hinterher neue pflücken; nur wirf die Schalen weit weg oder noch besser, lege sie hier auf die Zeitungsablage, wir machen dann eine Tüte daraus und schaffen alles beiseite. Mama kann es nicht leiden, wenn die Schlusen so überall umherliegen, und sagt immer, man könne dabei ausgleiten und ein Bein brechen."
„Glaub ich nicht", sagte Hertha, während sie den Stachelbeeren fleißig zusprach.
„Ich auch nicht", bestätigte Effi. „Denkt doch mal nach, ich falle jeden Tag wenigstens zwei-, dreimal, und noch ist mir nichts gebrochen. Was ein richtiges Bein ist, das bricht nicht so leicht, meines gewiss nicht und deines auch nicht, Hertha. Was meinst du, Hulda?"
„Man soll sein Schicksal nicht versuchen; Hochmut kommt vor dem Fall."
„Immer Gouvernante[11]; du bist doch die geborene alte Jungfer."

---

8 **Hansa** (Hanse): Bündnis der Handelsstädte des Nord- und Ostseeraums vom 13. bis ins 17. Jahrhundert
9 **Fritz Reuter** (1810–1874): Sein dichterisches Werk in niederdeutscher Mundart befasst sich mit dem Alltag der mecklenburgischen Landbevölkerung
10 **lymphatisch:** blass und gedunsen

11 **Gouvernante:** Erzieherin

„Und ich hoffe mich doch noch zu verheiraten. Und vielleicht eher als du."

„Meinetwegen. Denkst du, dass ich darauf warte? Das fehlte noch. Übrigens, ich kriege schon einen, und vielleicht bald. Da ist mir nicht bange. Neulich erst hat mir der kleine Ventivegni von drüben gesagt: ‚Fräulein Effi, was gilt die Wette, wir sind hier noch in diesem Jahre zu Polterabend und Hochzeit.'"

„Und was sagtest du da?"

„‚Wohl möglich', sagt ich, ‚wohl möglich; Hulda ist die Älteste und kann sich jeden Tag verheiraten.' Aber er wollte davon nichts wissen und sagte: ‚Nein, bei einer anderen jungen Dame, die gerade so brünett ist, wie Fräulein Hulda blond ist.' Und dabei sah er mich ganz ernsthaft an ... Aber ich komme vom Hundertsten aufs Tausendste und vergesse die Geschichte."

Franz Kafka

Der Prozess (1914/15)

Jemand musste Josef K. verleumdet haben, denn ohne dass er etwas Böses getan hätte, wurde er eines Morgens verhaftet. Die Köchin der Frau Grubach, seiner Zimmervermieterin, die ihm jeden Tag gegen acht Uhr früh das Frühstück brachte, kam diesmal nicht. Das war noch niemals geschehen. K. wartete noch ein Weilchen, sah von seinem Kopfkissen aus die alte Frau, die ihm gegenüber wohnte und die ihn mit einer an ihr ganz ungewöhnlichen Neugierde beobachtete, dann aber, gleichzeitig befremdet und hungrig, läutete er. Sofort klopfte es und ein Mann, den er in dieser Wohnung noch niemals gesehen hatte, trat ein. Er war schlank und doch fest gebaut, er trug ein anliegendes schwarzes Kleid, das, ähnlich den Reiseanzügen, mit verschiedenen Falten, Taschen, Schnallen, Knöpfen und einem Gürtel versehen war und infolgedessen, ohne dass man sich darüber klar wurde, wozu es dienen sollte, besonders praktisch erschien. „Wer sind Sie?", fragte K. und saß gleich halb aufrecht im Bett. Der Mann aber ging über die Frage hinweg, als müsse man seine Erscheinung hinnehmen, und sagte bloß seinerseits: „Sie haben geläutet?" – „Anna soll mir das Frühstück bringen", sagte K. und versuchte, zunächst stillschweigend, durch Aufmerksamkeit und Überlegung festzustellen, wer der Mann eigentlich war. Aber dieser setzte sich nicht allzu lange seinen Blicken aus, sondern wandte sich zur Tür, die er ein wenig öffnete, um jemandem, der offenbar knapp hinter der Tür stand, zu sagen: „Er will, dass Anna ihm das Frühstück bringt." Ein kleines Gelächter im Nebenzimmer folgte, es war nach dem Klang nicht sicher, ob nicht mehrere Personen daran beteiligt waren. Obwohl der fremde Mann dadurch nichts erfahren haben konnte, was er nicht schon früher gewusst hätte, sagte er nun doch zu K. im Tone einer Meldung: „Es ist unmöglich." – „Das wäre neu", sagte K., sprang aus dem Bett und zog rasch seine Hosen an. „Ich will doch sehen, was für Leute im Nebenzimmer sind und wie Frau Grubach diese Störung mir gegenüber verantworten wird." Es fiel ihm zwar gleich ein, dass er dadurch gewissermaßen ein Beaufsichtigungsrecht des Fremden anerkannte, aber es schien ihm jetzt nicht wichtig. Immerhin fasste es der Fremde so auf, denn er sagte: „Wollen Sie nicht lieber hierbleiben?" – „Ich will weder hierbleiben noch von Ihnen angesprochen werden, solange Sie sich mir nicht vorstellen." – „Es war gut gemeint", sagte der Fremde und öffnete nun freiwillig die Tür. Im Nebenzimmer, in das K. langsamer eintrat, als er wollte, sah es auf den ersten Blick fast genauso aus wie am Abend vorher. Es war das Wohnzimmer der Frau Grubach, vielleicht war in diesem mit Möbeln, Decken, Porzellan und Fotografien überfüllten Zimmer heute ein wenig mehr Raum als sonst, man erkannte das nicht gleich, umso weniger, als die Hauptveränderung in der Anwesenheit eines Mannes bestand, der beim offenen Fenster mit einem Buch saß, von dem er jetzt aufblickte. „Sie hätten in Ihrem Zimmer bleiben sollen! Hat es Ihnen denn Franz nicht gesagt?" – „Ja, was wollen Sie denn?", sagte K. und sah von der neuen Bekanntschaft zu dem mit Franz Benannten, der in der Tür stehen geblieben war, und dann wieder zurück. Durch das offene Fenster erblickte man wieder die alte Frau, die mit wahrhaft greisenhafter Neugierde zu dem jetzt gegenüberliegenden Fenster getreten war, um auch weiterhin alles zu sehen. „Ich will doch Frau Grubach –", sagte K., machte eine Bewegung, als reiße er sich von den zwei Männern los, die aber weit von ihm entfernt

standen, und wollte weitergehen. „Nein", sagte der Mann beim Fenster, warf das Buch auf ein Tischchen und stand auf. „Sie dürfen nicht weggehen, Sie sind ja verhaftet." – „Es sieht so
85 aus", sagte K. „Und warum denn?", fragte er dann. – „Wir sind nicht dazu bestellt, Ihnen das zu sagen. Gehen Sie in Ihr Zimmer und warten Sie. Das Verfahren ist nun einmal eingeleitet, und Sie werden alles zur richtigen
90 Zeit erfahren. Ich gehe über meinen Auftrag hinaus, wenn ich Ihnen so freundschaftlich zurede. Aber ich hoffe, es hört es niemand sonst als Franz, und der ist selbst gegen alle Vorschrift freundlich zu Ihnen. Wenn Sie
95 auch weiterhin so viel Glück haben wie bei der Bestimmung Ihrer Wächter, dann können Sie zuversichtlich sein." K. wollte sich setzen, aber nun sah er, dass im ganzen Zimmer keine Sitzgelegenheit war, außer dem Sessel beim
100 Fenster. „Sie werden noch einsehen, wie wahr das alles ist", sagte Franz und ging gleichzeitig mit dem andern Mann auf ihn zu. Besonders der Letztere überragte K. bedeutend und klopfte ihm öfters auf die Schulter. Beide prüf-
105 ten K.s Nachthemd und sagten, dass er jetzt ein viel schlechteres Hemd werde anziehen müssen, dass sie aber dieses Hemd wie auch seine übrige Wäsche aufbewahren und, wenn seine Sache günstig ausfallen sollte, ihm wie-
110 der zurückgeben würden. „Es ist besser, Sie geben die Sachen uns als ins Depot", sagten sie, „denn im Depot kommen öfters Unterschleife[1] vor und außerdem verkauft man dort alle Sachen nach einer gewissen Zeit, ohne
115 Rücksicht, ob das betreffende Verfahren zu Ende ist oder nicht. Und wie lange dauern doch derartige Prozesse, besonders in letzter Zeit! Sie bekämen dann schließlich allerdings vom Depot den Erlös, aber dieser Erlös ist ers-
120 tens an sich schon gering, denn beim Verkauf entscheidet nicht die Höhe des Angebots, sondern die Höhe der Bestechung, und weiter verringern sich solche Erlöse erfahrungsgemäß, wenn sie von Hand zu Hand und von
125 Jahr zu Jahr weitergegeben werden." K. achtete auf diese Reden kaum, das Verfügungsrecht über seine Sachen, das er vielleicht noch besaß, schätzte er nicht hoch ein, viel wichtiger

war es ihm, Klarheit über seine Lage zu bekommen; in Gegenwart dieser Leute konnte er aber nicht einmal nachdenken, immer wieder stieß der Bauch des zweiten Wächters – es konnten ja nur Wächter sein – förmlich freundschaftlich an ihn, sah er aber auf, dann erblickte er ein zu diesem dicken Körper gar nicht passendes trockenes, knochiges Gesicht mit starker, seitlich gedrehter Nase, das sich über ihn hinweg mit dem anderen Wächter verständigte. Was waren denn das für Menschen? Wovon sprachen sie? Welcher Behörde gehörten sie an? K. lebte doch in einem Rechtsstaat, überall herrschte Friede, alle Gesetze bestanden aufrecht, wer wagte, ihn in seiner Wohnung zu überfallen? Er neigte stets dazu, alles möglichst leicht zu nehmen, das Schlimmste erst beim Eintritt des Schlimmsten zu glauben, keine Vorsorge für die Zukunft zu treffen, selbst wenn alles drohte. Hier schien ihm das aber nicht richtig, man konnte zwar das Ganze als Spaß ansehen, als einen groben Spaß, den ihm aus unbekannten Gründen, vielleicht weil heute sein dreißigster Geburtstag war, die Kollegen in der Bank veranstaltet hatten, es war natürlich möglich, vielleicht brauchte er nur auf irgendeine Weise den Wächtern ins Gesicht zu lachen, und sie würden mitlachen, vielleicht waren es Dienstmänner von der Straßenecke, sie sahen ihnen nicht unähnlich – trotzdem war er diesmal, förmlich schon seit dem ersten Anblick des Wächters Franz, entschlossen, nicht den geringsten Vorteil, den er vielleicht gegenüber diesen Leute besaß, aus der Hand zu geben. Darin, dass man später sagen würde, er habe keinen Spaß verstanden, sah K. eine ganz geringe Gefahr, wohl aber erinnerte er sich – ohne dass es sonst seine Gewohnheit gewesen wäre, aus Erfahrungen zu lernen – an einige, an sich unbedeutende Fälle, in denen er zum Unterschied von seinen Freunden mit Bewusstsein, ohne das geringste Gefühl für die möglichen Folgen, sich unvorsichtig benommen hatte und dafür durch das Ergebnis gestraft worden war. Es sollte nicht wieder geschehen, zumindest nicht diesmal; war es eine Komödie, so wollte er mitspielen.

---

1 **Unterschleif**: Unterschlagung, unrechtmäßiges Einbehalten

Christa Wolf

Kassandra[1] (1983)

Hier war es. Da stand sie[2]. Diese steinernen Löwen, jetzt kopflos, haben sie angeblickt. Diese Festung, einst uneinnehmbar, ein Steinhaufen jetzt, war das letzte, was sie sah. Ein lange vergessener Feind und die Jahrhunderte, Sonne, Regen, Wind haben sie geschleift. Unverändert der Himmel, ein tiefblauer Block, hoch, weit. Nah die zyklopisch gefügten Mauern[3], heute wie gestern, die dem Weg die Richtung geben: zum Tor hin, unter dem kein Blut hervorquillt. Ins Finstere. Ins Schlachthaus. Und allein.

Mit der Erzählung geh ich in den Tod.

Hier ende ich, ohnmächtig, und nichts, nichts was ich hätte tun oder lassen, wollen oder denken können, hätte mich an ein andres Ziel geführt. Tiefer als von jeder andren Regung, tiefer selbst als von meiner Angst, bin ich durchtränkt, geätzt, vergiftet von der Gleichgültigkeit der Außerirdischen gegenüber uns Irdischen. Gescheitert das Wagnis, ihrer Eiseskälte unsre kleine Wärme entgegenzusetzen. Vergeblich versuchen wir, uns ihren Gewalttaten zu entziehn, ich weiß es seit langem. Doch neulich nachts, auf der Überfahrt, als aus jeder Himmelsrichtung die Wetter unser Schiff zu zerschmettern drohten; niemand sich hielt, der nicht festgezurrt war; als ich Marpessa betraf, wie sie heimlich die Knoten löste, die sie und die Zwillinge aneinander und an den Mastbaum fesselten; als ich, an längerer Leine hängend als die anderen Verschleppten, bedenkenlos, gedankenlos mich auf sie warf; sie also hinderte, ihr und meiner Kinder Leben den gleichgültigen Elementen zu lassen, und sie statt dessen wahnwitzigen Menschen überantwortete; als ich, vor ihrem Blick zurückweichend, wieder auf meinem Platz neben dem wimmernden, speienden Agamemnon[4] hockte – da mußte ich mich fragen, aus was für dauerhaftem Stoff die Stricke sind, die uns ans Leben binden. Marpessa, sah ich, die, wie einmal schon, mit mir nicht sprechen wollte, war besser vorbereitet, auf was wir nun erfahren, als ich, die Seherin; denn ich zog Lust aus allem, was ich sah – Lust; Hoffnung nicht! – und lebte weiter, um zu sehn.

Merkwürdig, wie eines jeden Menschen Waffen – Marpessas Schweigen, Agamemnons Toben – stets die gleichen bleiben müssen. Ich freilich hab allmählich meine Waffen abgelegt, das wars, was an Veränderung mir möglich war. Warum wollte ich die Sehergabe unbedingt?

Mit meiner Stimme sprechen: das Äußerste. Mehr, andres hab ich nicht gewollt. Zur Not könnt ich es beweisen, doch wem? Dem fremden Volk, das, frech und scheu zugleich, den Wagen umsteht? Ein Grund zu lachen, gäbe es den noch: Mein Hang, mich zu rechtfertigen, sollte sich, so kurz vor mir selbst, erledigt haben.

Marpessa schweigt. Die Kinder will ich nicht mehr sehn. Sie hält sie unter dem Tuch vor mir versteckt.

Der gleiche Himmel über Mykenae wie über Troia, nur leer. Emailleschimmernd, unzugänglich, blankgefegt. Etwas in mir entspricht der Himmelsleere über dem feindlichen Land. Noch alles, was mir widerfahren ist, hat in mir seine Entsprechung gefunden. Es ist das Geheimnis, das mich umklammert und zusammenhält, mit keinem Menschen habe ich darüber reden können. Hier erst, am äußersten Rand meines Lebens, kann ich es bei mir selber benennen: Da von jedem etwas in mir ist, habe ich zu keinem ganz gehört, und noch ihren Haß auf mich hab ich verstanden. Einmal, „früher", ja, das ist das Zauberwort, hab ich in Andeutungen und halben Sätzen mit Myrine darüber sprechen wollen – nicht, um mir Erleichterung zu verschaffen, die gab es nicht. Sondern weil ich es ihr schuldig zu sein glaubte. Troias Ende war abzusehen, wir waren verloren. Aineias[5] mit seinen Leuten hatte sich abgesetzt. Myrine verachtete ihn. Und ich

---

1 **Kassandra:** Tochter des trojanischen Königs Priamos, die während des Krieges um Troja als Priesterin und Seherin auf die Entscheidungen des Königshauses Einfluss zu nehmen suchte, mit ihren prophetischen Warnungen aber kein Gehör fand und schließlich nach der Eroberung der Stadt dem Führer der Griechen, Agamemnon, als Kriegsbeute zugeteilt wurde.

2 Die Erzählerin steht am Löwentor von Mykene, der Burg Agamemnons, und denkt an Kassandra, die dann mit der Zeile 13 ihre Geschichte zu erzählen beginnt.

3 **zyklopisch gefügte Mauer:** antike Mauer aus unbehauenen Bruchsteinen

4 **Agamemnon:** griechischer Heerführer, s. Anm. 1

5 **Aineias:** Sohn der Liebesgöttin Aphrodite, kämpfte auf Seiten der Trojaner und konnte mit einem Teil seiner Bundesgenossen den Griechen entkommen

versuchte ihr zu sagen, daß ich Aineias – nein, nicht nur verstand: erkannte. Als sei ich er. Als kauerte ich in ihm, speiste mit meinen Gedanken seine verräterischen Entschlüsse. „Verräterisch", sagte Myrine, die zornig mit der Axt auf das kleine Gebüsch im Graben um die Zitadelle[6] einschlug, mir nicht zuhörte, mich vielleicht gar nicht verstand, denn seit ich im Korb gefangen gesessen, sprech ich leise. Die Stimme ist es nicht, wie alle meinten, die hatte nicht gelitten. Es ist der Ton. Der Ton der Verkündigung ist dahin. Glücklicherweise dahin.

Myrine schrie. Seltsam, daß ich, selbst noch nicht alt, von beinahe jedem, den ich gekannt, in der Vergangenheitsform reden muß. Nicht von Aineias, nein. Aineias lebt. Aber muß ein Mann, der lebt, wenn alle Männer sterben, ein Feigling sein? War es mehr als Politik, daß er, anstatt die Letzten in den Tod zu führen, sich mit ihnen auf den Berg Ida, in heimatliches Gelände, zurückzog? Ein paar müssen doch übrigbleiben – Myrine bestritt es –: warum nicht zuallererst Aineias und seine Leute. Warum nicht ich, mit ihm? Die Frage stellte

sich nicht. Er, der sie mir stellen wollte, hat sie zuletzt zurückgenommen. Wie ich, leider, unterdrücken mußte, was ich ihm jetzt erst hätte sagen können. Wofür ich, um es wenigstens zu denken, am Leben blieb. Am Leben bleibe, die wenigen Stunden. Nicht nach dem Dolch verlange, den, wie ich weiß, Marpessa bei sich führt. Den sie mir vorhin, als wir die Frau, die Königin gesehen hatten, nur mit den Augen angeboten hat. Den ich, nur mit den Augen, abgelehnt. Wer kennt mich besser als Marpessa? Niemand mehr. Die Sonne hat den Mittag überschritten. Was ich begreifen werde, bis es Abend wird, das geht mit mir zugrund. Geht es zugrund? Lebt der Gedanke, einmal in der Welt, in einem andern fort? In unserm wackern Wagenlenker, dem wir lästig sind? Sie lacht, hör ich die Weiber sagen, die nicht wissen, daß ich ihre Sprache sprech. Schaudernd ziehn sie sich von mir zurück, überall das gleiche. Myrine, die mich lächeln sah, als ich von Aineias sprach, schrie: Unbelehrbar, das sei ich. Ich legte meine Hand in ihren Nacken, bis sie schwieg und wir beide, von der Mauer neben dem Skäischen Tor, die Sonne ins Meer tauchen sahn. So standen wir zum letzten Mal beisammen, wir wußten es. [R]

6 **Zitadelle:** Festung

---

1. Untersuchen Sie die drei Romananfänge. Beschreiben Sie möglichst genau, wie Sie als Leser/in jeweils in die Welt des Romans eingeführt werden. Gehen Sie dabei folgenden Fragen nach:
   - Welche Informationen erhalten Sie über **Ort, Milieu, Atmosphäre** und **Zeit**?
   - Welche **Figuren** lernen Sie kennen und welches Bild gewinnen Sie von diesen Figuren?
   - Finden Sie Hinweise darauf, was für eine Geschichte Sie beim Weiterlesen erwartet? Beachten Sie in diesem Zusammenhang auch den Titel.
   - Aus welcher **Perspektive** wird Ihnen die Welt des Romans dargeboten und wie trägt das dazu bei, sich in dieser Welt zurechtzufinden?
   - Was fällt Ihnen hinsichtlich der **sprachlichen Gestaltung** auf: Verständlichkeit und Eingängigkeit, Sprachebene(n), Tonfall, Stilmittel, Tempusgebrauch, Satzbau, Adressatenbezug etc.?
2. a) Diskutieren Sie, welcher der drei Romananfänge Sie am stärksten zum Weiterlesen reizt.
   b) Sammeln Sie zu jedem Romananfang die Argumente, die Sie für die Fortsetzung der Lektüre anführen können.
   c) Machen Sie sich auf Grund der Diskussion und der Argumentesammlung bewusst, was Sie von der Lektüre eines Romans erwarten.
3. Die Romananfänge sind in chronologischer Reihenfolge abgedruckt. Entsprechen sie den Erwartungen, die Sie Texten aus der betreffenden Zeit entgegenbringen? Begründen Sie Ihre Einschätzung.
4. a) Orientieren Sie sich über den Inhalt und die Autoren bzw. die Autorin der drei Romane in Literaturlexika (z. B. Kindlers Literaturlexikon), Autorenlexika und Literaturgeschichten.
   b) Vergleichen Sie die dort gefundenen Informationen mit Ihren eigenen Eindrücken und Überlegungen zu den Romananfängen.

BUCHVORSTELLUNGEN

Wählen Sie einen der folgenden Romane aus und stellen Sie ihn dem Kurs vor (Angaben zu Verfasser/in, Titel, Inhalt, Leseeindruck, Erzählstruktur und erzählerischen Mitteln; Textprobe):

Theodor Fontane: Effi Briest (1895)
Franz Kafka: Der Prozess (1914/15)
Wolfgang Koeppen: Tauben im Gras (1951)

Max Frisch: Homo faber (1957)
Tschingis Aitmatow: Dshamilja (1958)
Gabriel García Márquez: Chronik eines angekündigten Todes (1981)
Christa Wolf: Kassandra (1983)
Patrick Süskind: Das Parfüm (1985)
Christoph Hein: Der Tangospieler (1989)
Zoë Jenny: Das Blütenstaubzimmer (1997)

1.2 Ein Modell literarischen Erzählens

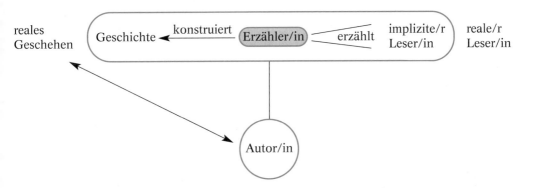

Ein Autor erschafft sich einen Erzähler oder eine Erzählerin, der/die einer vorgestellten Leserschaft eine Geschichte erzählt. Als Anregung für seine Geschichte kann er auf ein reales Geschehen, das er selbst erlebt hat oder das er einer Quelle (Geschichtsbuch, Zeitungsartikel etc.) entnommen hat, aber auch auf Fiktionen zurückgreifen. Diese Fiktionen können wiederum der eigenen Fantasie entstammen oder vorgefundenes Material aus literarischen Texten bzw. aus Filmen sein. Vollendet wird der Vorgang des Erzählens erst, wenn ein realer Leser das Erzählte aufnimmt. Im Folgenden werden die einzelnen Bestandteile dieses Erzählmodells, das **die epische Ursituation** darstellen soll, genauer beschrieben.

Der Erzähler/die Erzählerin

Das entscheidende gattungsspezifische Merkmal, das die Epik von allen anderen literarischen Gattungen auf charakteristische Weise trennt, ist der Erzähler bzw. die Erzählerin. Der Erzähler/die Erzählerin ist, wie das obige Modell verdeutlicht, streng zu unterscheiden vom Autor, dessen Name auf dem Buchrücken eines Romans oder neben dem Titel einer Kurzgeschichte steht. Der Erzähler/die Erzählerin ist die **fiktive,** im Text mehr oder minder deutlich erscheinende **Figur,** die der Autor erfindet, um uns die Geschichte zu präsentieren. Ganz deutlich wird das am Beispiel des Romananfangs von „Kassandra" (▷ S. 141 f.). Der Roman ist von der Autorin Christa Wolf geschrieben, erzählt wird er im ersten Abschnitt von einer anonymen Erzählerin oder einem anonymen Erzähler, ab dem zweiten Abschnitt von der Titelfigur Kassandra. Jeder Autor schafft für seinen Erzähler ein bestimmtes Erzählsystem, indem er innerhalb einer Reihe von Erzählkategorien, bewusst oder unbewusst, Auswahlentscheidungen trifft.

Der Autor wählt eine **Erzählform**.
In der Er-/Sie-Form erzählt der Erzähler von einer dritten Person, in der Ich-Form von sich selbst und in der Du-Form vom Angesprochenen. Diese letzte Form steht in der Übersicht in

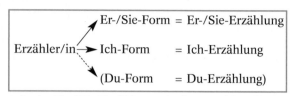

Klammern, da sie so gut wie nie vorkommt. In der **Er-/Sie-Erzählung** tritt der Erzähler als Person ganz in den Hintergrund. Der Leser erfährt nichts oder kaum etwas über den Charakter und das Leben des Erzählers, der nur ein Vermittler der Geschichte ist und hauptsächlich in Kommentaren zum Erzählten im Text erscheint. Ein **Ich-Erzähler** macht dagegen sich selbst zum Gegenstand des Erzählens und wird für den Leser als Person greifbar. Das wird er sogar auf zweifache Weise: einmal als **erlebendes Ich,** das in die erzählte Geschichte verstrickt ist, und zum anderen als **erzählendes Ich.** Zwischen diesen beiden Ich-Aspekten kann ein großer oder kleiner Abstand bestehen, je nachdem, ob der Ich-Erzähler unmittelbar aus der erlebten Situation heraus erzählt oder von einem späteren Zeitpunkt aus darauf zurückblickt.

Der Erzähler zeigt ein bestimmtes **Erzählverhalten**.
Beim **auktorialen** Erzählverhalten greift der Erzähler in den Erzählvorgang ein: durch Kommentare zu den erzählten Vorgängen, durch allgemeine Reflexionen, Urteile über Personen, Ansprachen an den Leser, Hinweise

auf kommende Ereignisse etc. Es handelt sich dabei um ein Erzählverhalten, das den Leser mehr oder minder spürbar durch die Geschichte leitet. Das vermag sowohl ein Er-/Sie-Erzähler als auch ein Ich-Erzähler. Beim **personalen** Erzählen hingegen schlüpft der Erzähler in eine oder auch abwechselnd in verschiedene Personen und erzählt aus deren **Perspektive.** Der Erzähler blickt mit den Augen der gewählten Figur in die Welt, sieht und hört nichts anderes als diese Figur, weiß nicht mehr als sie. Das **neutrale** Erzählverhalten ist dadurch gekennzeichnet, dass weder aus der Sicht einer Person erzählt noch ein kommentierender, den Leser leitender Erzähler erkennbar wird. Neutrales Erzählverhalten erweckt den Anschein höchster Objektivität. Vorgänge werden sachlich berichtet, tragen sich sozusagen selbst vor, oder das Erzählen besteht einfach darin, dass Gespräche der Figuren ohne Zwischenbemerkungen des Erzählers wiedergegeben werden („szenisches Erzählen").

Der Erzähler nimmt einen **Erzählstandort** ein.
Es gibt eine Bandbreite von Entfernungen, in denen sich der Erzähler zum Erzählten befinden kann. Sie reicht von größter Nähe, bei der unmittelbar aus dem Geschehen heraus erzählt wird, womit ein geringer Überblick, aber ein spannungsförderndes Miterleben für den Leser verbunden ist, bis hin zu einer weiten Distanz zum erzählten Geschehen. Häufig zu finden in traditionellem Erzählen ist der so genannte „olympische Erzählerstandort". Man

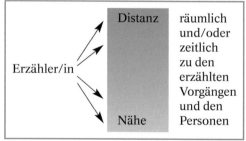

drückt damit aus, dass der Erzähler göttergleich über der erzählten Welt thront, dass er alle Zusammenhänge kennt und alles weiß. Er wird deshalb auch der allwissende oder omnipotente Erzähler genannt.

Der Erzähler erzählt aus einer bestimmten **Sichtweise**. Der Erzähler kann sich auf die Außensicht bei der Darstellung der Figuren beschränken, er kann aber auch in sie hineinblicken, ihre Gedanken und Gefühle wieder-

geben. Die Außensicht steht jedem Erzähler zur Verfügung, die uneingeschränkte Innensicht für alle auftretenden Figuren nur dem Er-/Sie-Erzähler. Der Ich-Erzähler kann natürlich sein eigenes Innenleben vor dem Leser detailliert ausbreiten, vom Innenleben anderer kann er nur berichten, wenn er zugleich auch dem Leser einsichtig macht, woher er seine Kenntnisse hat, ob er zum Beispiel vom Äußeren auf das Innere schließt oder ob die betreffende Person ihm ihr Innenleben offenbart hat.

Der Erzähler zeigt eine bestimmte **Erzählhaltung.**

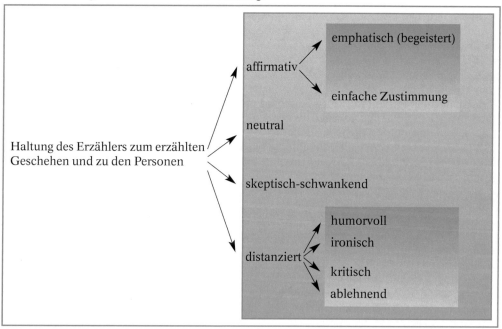

Die Kategorie der Erzählhaltung ist nicht ganz präzise zu trennen von der Kategorie des Erzählverhaltens. Der Begriff „neutral" erscheint in beiden Kategorien. Es liegt aber auf der Hand, dass ein neutrales Erzählverhalten auch eine neutrale, alle Wertungen und Urteile vermeidende Erzählhaltung erfordert.

Das Erzählen und seine Darbietungsformen

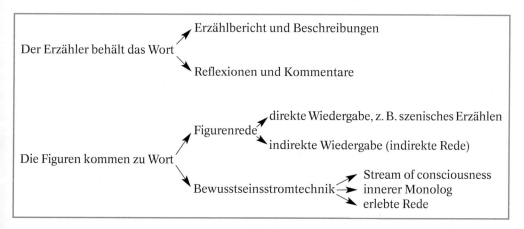

Die Grundform des Erzählens ist der **Erzählbericht,** der besonders beim traditionellen Erzählen vorherrscht. Hier wendet sich der Erzähler der Handlung und ihren Figuren zu, er vermittelt mehr oder minder ausführlich seinen eigentlichen Erzählgegenstand. Darin kann er dann, wenn er sich auktorial verhält, allerlei eigene **Reflexionen,** also Überlegungen und Betrachtungen, sowie **Kommentare** einstreuen. Der Erzähler wird aber auch seine Figuren zu Wort kommen lassen. Das kann er in der Form der **direkten Rede** tun, so kann er zum Beispiel Gespräche wie kleine Dramenszenen in direkter Dialogform wiedergeben (**szenisches Erzählen**), oder auch in

▷ S. 497

der Form der zusammenfassenden ▷ **indirekten Rede,** in der der Erzähler wieder stärker hervortritt und die vom Erzählerbericht nicht immer klar zu trennen ist. Zu Wort kommen die Figuren aber auch durch die besonders im modernen Erzählen häufig angewandte Technik des **Bewusstseinsstroms.** Dabei wird, zuweilen recht minutiös, aufgezeichnet, was einer Figur in einer Situation durch den Kopf geht. Der zuerst in der angelsächsischen Literatur verwendete **Stream of consciousness** reiht ganz ungefiltert Gedankenfetzen, Wahrnehmungen und Empfindungen in ihrer assoziativen Folge aneinander, wobei der Erzähler völlig zurücktritt. Werden die Gedanken und Empfindungen in der Ich-Form wiedergegeben, nennt man das **innerer Monolog.** Der Erzähler kann aber auch die Form der **erlebten Rede** wählen, wobei der Gedanken- und Empfindungsfluss einer Figur in der Er-/Sie-Form wiedergegeben wird. Die erlebte Rede wird bevorzugt vom personalen Erzähler verwendet. Sie ermöglicht es ihm, alles aus der subjektiven Perspektive einer Figur zu betrachten, ohne jedoch völlig in ihr aufzugehen, da er das distanzierende Er/Sie nicht aufgibt.

Die Geschichte

Der Autor eines epischen Textes erzählt nicht irgendetwas, was er fertig vorgefunden hat, so wie wir im Alltag von einem miterlebten Ereignis, einem Kinobesuch oder einem Traum erzählen. Er erschafft seine Geschichte erst im Akt des Erzählens, sie ist seine Fiktion. Dabei ist es völlig gleichgültig, woher er das **Geschehen** mit seinen Schauplätzen und Figuren nimmt. Das Material kann aus der Wirklichkeit stammen wie in Fontanes Roman „Effi Briest" (▷ S. 136 ff.) der Ehebruchs- und Duellskandal um eine adlige Dame im Berlin des ausgehenden 19. Jahrhunderts, aus überlieferter Literatur wie in Christa Wolfs „Kassandra" (▷ S. 141 f.), das auf Homers Epos vom Kampf um Troja zurückgeht, oder aus der die eigene Lebenssituation verarbeitenden Fantasie des Autors wie im „Prozess" des Franz Kafka (▷ S. 139 f.). Auf dieses Material greift der Autor zurück und lässt auf dieser Basis den Erzähler seine fiktionale Welt errichten, die nicht mit der realen Welt verwechselt werden darf. Die Sätze des Erzählers unterliegen damit nicht dem Maßstab der Nachprüfbarkeit bzw. Widerlegbarkeit. Das Geschehen, die Kette der aufgegriffenen oder erdachten Ereignisse, wird zur **Geschichte** erst dadurch, dass vom Erzähler im Erzählvorgang ein sinnhafter Zusammenhang hergestellt wird. Von der **Fabel** eines epischen Textes spricht man, wenn die oft in Nebenhandlungen sich auffächernde oder zeitlich kompliziert verschachtelte Geschichte auf den chronologisch geordneten zentralen Handlungsstrang reduziert wird. Funktion einer Inhaltsangabe ist es für gewöhnlich, die Fabel einer Geschichte wiederzugeben.

Eine wichtige Rolle im Aufbau einer Geschichte spielen die **Figuren** mit ihrem Aussehen, ihrer Herkunft, ihrer beruflichen und sozialen Stellung, ihrem Charakter, ihrem Weltbild, ihren Fähigkeiten und Schwächen, ihren Wünschen und Zielen sowie die **Konstellation der Figuren,** in der sich ihr Beziehungsgeflecht ordnen und abbilden lässt.

Weiterhin bedeutsam sind Raum und Zeit. Der **Raum** in einer Erzählung ist nicht einfach der zufällige Ereignisort. Er erhält über seine reine Gegenständlichkeit hinaus Bedeutung, indem er zum Beispiel mit den Gefühlslagen und Stimmungen der Figuren oder mit der Art des Handlungsverlaufs korrespondiert. Eine Landschaft kann beispielsweise wesentlich zur Dramatik der Handlung beitragen, sie kann auch im Extremfall reine „Seelenlandschaft" sein, das nach außen projizierte Augenblicks- oder Lebensgefühl einer Figur. Im Hinblick auf die **Zeit** muss man fragen, ob und wie deutlich die erzählte Geschichte **historisch verortet** ist, ob sie sich also klar erkennbar einer historischen Situation zuordnen lässt, und welche Bedeutung der zeitliche Rahmen für das erzählte Geschehen hat. Unter dem Aspekt der Erzähltechnik ist auch zu fragen, wie das Verhältnis von **Erzählzeit** (die Zeit, in der die Geschichte erzählt bzw. gelesen wird) und **erzählter Zeit** (der Zeitraum, in dem das erzählte Geschehen sich abspielt) gestaltet ist. Drei Möglichkeiten sind zu unterscheiden:

- Zeitdeckung: die beiden Zeiträume sind annähernd gleich, z. B. im szenischen Erzählen;
- Zeitdehnung: die Erzählzeit ist länger als die erzählte Zeit, z. B. in der Wiedergabe des Bewusstseinsstroms;
- Zeitraffung: die Erzählzeit ist kürzer als die erzählte Zeit, z. B. im Erzählerbericht, wenn immer wieder für die Handlung unwichtige Zeitspannen übersprungen oder stark zusammengefasst wiedergegeben werden.

Zur Zeitgestaltung gehört weiterhin der Umgang des Erzählers mit der **Chronologie** des erzählten Geschehens. Er kann sich streng an die zeitliche Reihenfolge der Ereignisse halten, also chronologisch erzählen, er kann aber auch in **Vorausdeutungen** nach Belieben weit vorgreifen, und er kann in **Rückblenden** Vorgeschichten und Voraussetzungen in die laufende Handlung einfügen. Es können auch mehrere **Parallelhandlungen** in einer Art **Montagetechnik** ineinander verschachtelt werden, sodass komplizierte, schwer zu überblickende Erzählstrukturen entstehen.

Der Leser/die Leserin

Im Hinblick auf den Leser/die Leserin ist zu unterscheiden zwischen dem **impliziten Leser** und dem realen Leser. Der Autor stellt sich im Akt des Schreibens eine Leserschaft vor und lässt auf dieser Basis seinen Erzähler mit einem in die Erzählung eingehenden fiktiven Leser korrespondieren. Der Erzähler kann diesen Leser ausdrücklich ansprechen, wodurch der implizite Leser im Text direkt sichtbar wird, aber auch ohne solche Ansprachen ist der implizite Leser im Text präsent, zum Beispiel darin, was der Erzähler ihm inhaltlich oder sprachlich glaubt zumuten zu können. Der **reale Leser** ist demgegenüber der Leser, der die Erzählung in einer ganz bestimmten konkreten Situation liest und sein individuelles Verständnis des Erzählten entwickelt.

---

1. a) Versuchen Sie zu den beiden Abschnitten „Die Geschichte" und „Der Leser/die Leserin" **Strukturskizzen** anzufertigen, die den dargestellten Sachverhalt anschaulich und übersichtlich machen. Orientieren Sie sich dabei an den vorangegangenen Abschnitten.
   b) Erläutern Sie Ihre Strukturskizzen mit eigenen Worten und überprüfen Sie gegenseitig, ob der Inhalt der Abschnitte vollständig erfasst worden ist.
2. Fertigen Sie zu den einzelnen Erzählkategorien ▷ **Referate** an: Stellen Sie den Kursmitgliedern die verschiedenen Kategorien nur mit Hilfe eines Stichwortzettels vor und erläutern Sie sie an Beispielen aus literarischen Texten (z. B. dieses Bandes). ▷ S. 119 f.
3. Fertigen Sie zu den auf S. 136–142 abgedruckten Romananfängen eine genaue Beschreibung des **Erzählsystems** an. Berücksichtigen Sie dabei sämtliche Bestandteile des epischen Modells.
4. a) Wählen Sie eine **Kurzgeschichte** (z. B. auf S. 16–22) und notieren Sie in einigen Sätzen Ihr erstes, vorläufiges Verständnis der Geschichte.
   b) Beschreiben Sie möglichst genau den Erzählvorgang in der Kurzgeschichte.
   c) Überprüfen Sie, ob und inwiefern die genaue Analyse des Erzählvorgangs Ihr Primärverständnis der Geschichte erweitert bzw. verändert hat.
   d) Ergänzen Sie Ihre Beschreibung des Erzählsystems der Geschichte zu einer vollständigen ▷ **Interpretation.** ▷ S. 460 ff.
5. a) Verändern Sie das Erzählsystem der ausgewählten Kurzgeschichte, indem Sie zum Beispiel die Erzählform, das Erzählverhalten, den Erzählstandort oder die Erzählhaltung wechseln.
   b) Lesen Sie Ihre Neufassung vor und besprechen Sie mit Ihren Zuhörerinnen und Zuhörern die Wirkung der Veränderungen gegenüber dem Originaltext.

ANREGUNGEN ZUM PRODUKTIVEN UMGANG MIT ERZÄHLTEXTEN UND ZUM KREATIVEN SCHREIBEN

Um zu einem tieferen Verständnis des Erzählvorgangs mit all seinen Bestandteilen zu kommen, empfiehlt es sich, auf produktive Weise Erfahrungen damit zu sammeln. Hier einige Vorschläge dazu:

- Jede/r im Kurs schreibt einen genauen Steckbrief zu einer erfundenen Figur: Name, Alter, Aussehen, Eigenschaften und typische Verhaltensweisen, Beruf, Hobbys. Die Steckbriefe werden verlost. Jedes Kursmitglied schreibt eine Geschichte in der Er-/Sie-Form mit der zugelosten Figur als Hauptperson. Danach werden die Geschichten ausgetauscht und von den neuen Bearbeitern in die Ich-Form umgeschrieben. Die Er-/Sie-Geschichten und die parallelen Ich-Geschichten werden schließlich vorgelesen und verglichen.
- Die Er-/Sie-Geschichten aus dem ersten Schreibvorschlag werden erneut ausgetauscht. Diesmal ändert der Erzähler seine Erzählhaltung gegenüber der Person und dem erzählten Geschehen.
- Suchen Sie sich eine Zeitungsmeldung aus der Rubrik „Vermischtes" aus und schreiben Sie dazu eine Geschichte in einem deutlich auktorialen Erzählverhalten.
- Verfolgen Sie aufmerksam auf dem Pausenhof, im Bus, in einem Café, bei einer Familienfeier etc. die Gespräche. Machen Sie sich dabei Aufzeichnungen und schreiben Sie dann in neutralem Erzählverhalten in der Form des szenischen Erzählens einen Text, der Bestandteil eines Romans sein könnte. Skizzieren Sie dazu kurz die Romanhandlung und geben Sie Ihrem Text einen Titel.
- In den szenisch erzählten Texten des vorigen Schreibvorschlags wird der neutrale Erzähler durch einen auktorialen ersetzt, der das Gespräch zum Teil indirekt wiedergibt, der Kommentare und Reflexionen einstreut.
- Sammeln Sie Situationen, in denen zwei Menschen kurz vor einem unliebsamen Zusammentreffen stehen (ein junger Mann auf dem Weg zur Freundin, die die Beziehung beenden will; ein Schwarzfahrer in der S-Bahn und ein Kontrolleur; Prüfer und Prüfling etc.). Wählen Sie jeweils zu zweit eine Situation aus und verteilen Sie die beiden Figuren untereinander. Jeder der Partner schreibt nun in personalem Erzählverhalten in Form der erlebten Rede die Wahrnehmungen, Gedanken und Gefühle seiner Figur auf. Anschließend versuchen beide Schreiber ihre Texte zu einem gemeinsamen Text zu montieren, indem jeweils einem Abschnitt aus der einen Personensicht ein Abschnitt aus der anderen Sicht folgt. Vorbild für einen solchen personal erzählten Montagetext könnte Gabriele Wohmanns Kurzgeschichte „Die Klavierstunde" (▷ S. 17 ff.) sein.
- Die Texte aus dem vorigen Schreibvorschlag werden in der Form des inneren Monologs abgefasst.
- Erzählen Sie eine Geschichte, die lange zurückliegt (vielleicht aus Ihrer Kindheit), und erzählen Sie dann dieselbe Geschichte noch einmal aus der damaligen Situation heraus (Wechsel des Erzählerstandorts).
- Beschreiben Sie einen Menschen, an den Sie sich erinnern oder den Sie erfinden, möglichst genau in einer alltäglichen Situation (an der Bushaltestelle, auf einer Parkbank, vor einem Schaufenster etc.), beschränken Sie sich dabei aber voll und ganz auf die Außensicht. Die Texte werden anschließend im Kurs ausgetauscht und zu der vorgefundenen Außensicht wird nun eine Innensicht in Form der erlebten Rede geschrieben. Auch hier können die beiden Texte ineinander montiert werden.
- Begeben Sie sich an einen selbst gewählten Ort und nehmen Sie dort alles möglichst intensiv wahr (Gegenstände, Farben, Geräusche, Atmosphäre etc.). Fertigen Sie dann eine genaue Schilderung des Ortes an. Die Schilderungen werden ausgetauscht und nun lässt sich jede/r zu einer Geschichte anregen, die zu der vorgegebenen Schilderung passt. Entscheiden Sie sich vor dem Schreiben der Geschichte für eine Erzählform, ein Erzählverhalten und eine Erzählhaltung. Begründen Sie nach dem Vorlesen Ihre Entscheidungen hinsichtlich der Erzählkategorien.
- Lassen Sie sich von einem Bild, auf dem ein Raum, ein Gebäude, eine Straße bzw. ein Platz oder eine Landschaft wiedergegeben ist, zum Schreiben einer Geschichte anregen. Verfahren Sie im Hinblick auf die Erzählkategorien wie im vorigen Schreibvorschlag.
- Schildern Sie in der Bewusstseinsstromtechnik in Zeitdehnung die Sekunden vor einem wichtigen Ereignis: Klausurrückgabe, der Lehrer teilt die Arbeiten schon aus; das Telefon klingelt, Sie erwarten ein unangenehmes Gespräch; eine Begegnung auf der Straße, Sie möchten ihn/sie gern ansprechen; eine bedrohliche Situation: weglaufen oder standhalten?
- Schildern Sie die Landung bei einer Zeitreise in die Vergangenheit. Sie wissen nicht, in welcher Zeit Sie gelandet sind, müssen genau Ihre Umgebung beobachten, um Rückschlüsse auf die Landungszeit zu ziehen. Erzählen Sie dann eine Geschichte, die Sie für zeittypisch halten.

1.3 Der moderne Roman: Fragen der Einordnung und der Wertung

Wie ein Romanautor mit dem auf S. 143 ff. dargestellten Erzählsystem umgeht, für seine Geschichte das individuelle Erzählprofil entwickelt, das unterliegt in hohem Maße Einflüssen durch Vorbilder, literarische Strömungen und Moden. So gab es zum Beispiel ein personales Erzählen in der Form der erlebten Rede oder im inneren Monolog vor dem 20. Jahrhundert kaum. Überhaupt kann man sagen, dass mit der Wende vom 19. zum 20. Jahrhundert das Erzählsystem komplexer und differenzierter wurde. Es ist die Zeit der beginnenden literarischen ▷ Moderne, in der auch der so genannte moderne Roman entstand. Der folgende Textauszug aus ▷ S. 284 ff. einer Beschreibung des modernen Romans geht auf zwei Erzählbestandteile ein und fasst die Änderungen, die hierzu zu beobachten sind, zusammen.

Karl Migner

Kennzeichen des modernen Romans

Die Figur

Die Frage nach dem Menschen als mehr oder weniger genau bestimmbarem Wesen ist eines der zentralen Probleme des modernen Romans. Das gilt sowohl inhaltlich wie formal, denn die Struktur des Ganzen ist entscheidend von der Konzeption dieses im Mittelpunkt stehenden Dichtungsgegenstandes abhängig. Historisch gesehen, gehört der Romanheld als vorbildhafte, bestimmten Normvorstellungen verpflichtete Figur vergangenen Epochen an und wirkt bis ins 18. Jahrhundert hinein. Er entspricht einem statischen Bild vom Menschen und von der Welt, das in einer festen Ordnung begründet liegt. Im 18. Jahrhundert setzt sich der unverwechselbare individuelle Mensch als Romanheld durch, der erstmals im Don Quijote[1] in Erscheinung trat. Mit ihm ziehen das psychologische Interesse in den Roman ein und eine Gestaltungsweise, die nach dem Prinzip von Ursache und Wirkung vorgeht und etwa erkennbar vom Charakter einer Figur auf ihre Handlungen schließt und umgekehrt. Diese Sicherheit, den Menschen durch Beschreibung und Analyse durchschaubar machen zu können, geht im 20. Jahrhundert endgültig verloren. Auch das Interesse am Einzelschicksal eines Menschen verblasst. Und so dient die Gestaltung der Heldenfigur

in zunehmendem Maße der Frage nach den Möglichkeiten und Grenzen des Menschen in der gegenwärtigen Zeitsituation. Demgemäß werden sein Selbstverständnis, sein Lebensgefühl, seine etwa für die Gegenwart charakteristische Bewusstseinslage wichtiger als singuläre[2] Erlebnisse von geringer Repräsentanz[3]. Die Heldenfigur inmitten einer ihr keineswegs mehr selbstverständlich vertrauten Umwelt, die Heldenfigur in unter Umständen keineswegs mehr schlüssig erklärbaren Aktionen, die Heldenfigur in oftmals unvollständiger, beispielsweise auf bestimmte Verhaltensweisen reduzierter Gestaltung tritt immer mehr in den Mittelpunkt des modernen Romans.

Versucht man eine Kategorisierung der Erscheinungsformen des Helden von der Konzeption der Figur – und nicht von der an ihr dargestellten Problematik – her, so lassen sich drei sehr stark ineinander übergehende Heldenbilder entwerfen. Sie alle sind zumindest tendenziell auf die Verkürzung des Menschen angelegt. Das gilt ganz besonders für den auf bestimmte Inhalte reduzierten Helden, dessen Bewusstsein oder dessen Weltverständnis allein interessieren. Das gilt für den verfremdeten Helden, der als Anti-Held, als Don-Quijote-Figur oder als verkrüppelter Außenseiter erscheint. Und das gilt ganz ausgesprochen für den Helden als Kunstfigur, als Homunkulus-Gestalt[4] etwa oder als Phänotyp[5] unserer Epoche.

---

1 **Don Quijote**: der 1605 und 1615 in zwei Teilen erschienene Roman „Der scharfsinnige Edelmann Don Quijote de la Mancha" des spanischen Schriftstellers Miguel de Cervantes Saavedra

2 **singulär**: einzigartig

3 **Repräsentanz**: Verkörperung des Typischen, Wesentlichen

4 **Homunkulus**: künstlicher Mensch

5 **Phänotyp**: Erscheinungsbild

Die Struktur

Neben der neuen Position, die Erzähler und Held im modernen Roman einnehmen, ist vor allem die veränderte Rolle zu nennen, die die Geschichte, die Fabel, spielt. In dem Maße, in dem der Erzähler nicht mehr primär um der Unterhaltung willen erzählt und in dem der Held nicht mehr als singuläres Individuum interessant ist, kommt es auch nicht mehr darauf an, eine in größerem oder geringerem Umfang abenteuerliche – und vor allem: geschlossene – Geschichte zu erzählen. Zweifellos kann auch das individuelle Schicksal eines Einzelnen genügend allgemeine Repräsentanz gewinnen, aber insgesamt ist die Gefahr, dass eine solche Darstellung stark verengt, sehr groß. Dabei kommt es heute immer mehr darauf an, die Frage nach dem Menschen, nach seiner Stellung in der Welt prinzipiell zu stellen. Dadurch rückt eine Zuständlichkeit eher in den Mittelpunkt als ein chronologischer Ablauf, ein Einzelproblem eher als eine Folge von Geschehnissen und prinzipiell die offene Frage, der Zweifel, die Unsicherheit eher als die gläubige Hinnahme der vorgefundenen Gegebenheiten.

Für die Bauform eines Romans hat das eine grundsätzliche Konsequenz: Die strukturierende Funktion von Held und Fabel, die durch ihre Konstitution und durch ihren Fortgang gewissermaßen „organisch" für eine gegliederte Form sorgen, fällt ebenso aus wie ordnende Kategorien Raum, Zeit und Kausalität. Artistische Konstruktion, Montage unterschiedlicher Elemente müssen eine sehr viel kunstvollere Bauform herstellen. […]

Das heißt, dass an die Stelle von Anschaulichkeit, Geschlossenheit und Kontinuität des Erzählens andere Kriterien zur Wertung eines Romans treten müssen: die Intensität des Erzählten sowie die Faszination, die von der Formgebung, von der Komposition auszugehen vermag. Und das heißt, dass eine Vielzahl formaler Elemente eine größere oder zumindest doch eine andere Bedeutung für die Romankomposition erhält.

---

1. a) Stellen Sie in einer Liste zusammen, was nach Karl Migner das Neue und Andersartige im modernen Roman ist.
   b) Aus Migners Darstellung können Sie Rückschlüsse auf die Figurengestaltung und die Erzählstruktur im traditionellen Roman ziehen; stellen Sie diese in einer parallel angelegten Liste den Kennzeichen des modernen Romans gegenüber.
2. a) Untersuchen Sie Migners Text daraufhin, ob sich Gründe für den Wandel des Erzählens in der Moderne finden lassen.
   b) Diskutieren Sie, ob Ihnen diese Gründe einleuchtend erscheinen und ob es möglicherweise andere Gründe gibt.
3. Untersuchen Sie die drei Romananfänge auf S. 136–142 auf die Frage hin: traditioneller oder moderner Roman?

Marcel Reich-Ranicki

Ein Wertungsproblem

Nach dem gängigen modernen Kunstverständnis gilt ein Roman, der ein neues, originelles, ungewöhnliches Erzählsystem entwickelt, als literarisch hochwertiger als ein konventionell, nach altbewährten Mustern erzählter Roman. Verfolgt man die Geschichte der erzählenden Literatur, so lässt sich in der Tat beobachten, dass neue Erzählmuster, je häufiger sie übernommen und variiert wurden, für das Lesepublikum so gewöhnlich und daher leicht konsumierbar wurden, dass sie von der einfachen Unterhaltungsliteratur, der Trivialliteratur, übernommen wurden. Darf man nun umgekehrt daraus den Schluss ziehen, dass Romane, die traditionelle Erzählsysteme reproduzieren, die dem Leser mühelos eingehen, damit in den Bereich der Trivialliteratur gehören oder ihm zumindest verdächtig nahe kommen? Das Problem wurde beispielhaft deutlich beim Erscheinen des Romans „Das Parfüm" von Patrick Süskind, der sofort kontroverse Kritiken hervorrief. Einige Kritiker begrüßten den Roman als großes Erzählwerk, andere taten ihn als

Unterhaltungsliteratur ab, die nichts mit der zeitgenössischen Literatur (gemeint war damit die anspruchsvolle, hohe Literatur) zu tun habe und nur althergebrachte Formen nachahme.

Auf dieses Problem geht der Literaturkritiker Marcel Reich-Ranicki in seiner Rezension von Süskinds Roman, der bald ein Bestseller wurde, folgendermaßen ein:

Sicher ist: Um die verschiedenartigen Mittel und Errungenschaften, um die ausgeklügelten Techniken und raffinierten Tricks der modernen Prosa kümmert sich dieser Autor nicht
5 einen Pfifferling. Er verzichtet auf den inneren Monolog, den übrigens schon Schnitzler um 1900 in die deutsche Literatur eingeführt hat. Den Perspektivenwechsel braucht er nicht. Der Vorwurf, er spiele den allwissenden
10 Erzähler und sei somit ein ganz altmodischer Kerl, scheint ihm herzlich gleichgültig. Er beginnt die Geschichte seines abstoßenden Helden mit dessen Geburt und schließt sie mit dessen Tod, er berichtet geradlinig und in
15 chronologischer Reihenfolge, von Rückblenden will er nichts wissen, nie weicht er von seinem Thema ab. Schilderungen, die, wer will, als genüsslich beanstanden mag, fürchtet er so wenig wie kleine, freilich eher makabre
20 Idyllen.

Ich sage nicht, dass man heutzutage so erzählen soll. Aber ich meine, dass man auch heute so erzählen darf – vorausgesetzt, dass man es kann. Und dass moderne Epik zwar nicht unbedingt gut, aber gute stets modern ist   25
– oder es zumindest sein sollte.

---

1. Diskutieren Sie Marcel Reich-Ranickis Einstellung zum Problem des Zusammenhangs von Modernität und Qualität.
2. Stellen Sie Süskinds Roman „Das Parfüm" in Ihrem Kurs vor und geben Sie Leseproben. Bilden Sie sich daraufhin Ihr eigenes Urteil über die Modernität und Qualität des Romans.

Dieter Wellershoff
Zur Bewertung von Literatur

Literatur ist in meinem Verständnis eine Simulationstechnik.
Der Begriff ist in letzter Zeit populär geworden durch die Raumfahrt, deren vollkommen neuartige Situationen, der praktischen Erfahrung vorauslaufend, zunächst künstlich erzeugt und durchgespielt werden. Die Astronauten lernen im Übungsraum, sich den Bedingungen der Schwerelosigkeit anzupassen, sie trainieren die Steuerungsvorgänge, das Verändern und Verlassen einer Umlauf-

bahn, die weiche Mondlandung, den Wiedereintritt in die Erdatmosphäre, überhaupt alle kritischen Phasen des späteren Ernstfalles zunächst an Geräten, die die realen Bedin-   15
gungen fingieren[1], das heißt, ohne um den Preis von Leben und Tod schon zum Erfolg genötigt zu sein. Das ist, wie mir scheint, eine einleuchtende Analogie[2] zur Literatur. Auch sie ist ein der Lebenspraxis beigeordneter   20
Simulationsraum, Spielfeld für ein fiktives Handeln, in dem man als Autor und als Leser

1 **fingieren**: vortäuschen
2 **Analogie**: Entsprechung

die Grenzen seiner praktischen Erfahrungen und Routinen überschreitet, ohne ein wirkliches Risiko dabei einzugehen. Der Leser des Abenteuerromans lässt sich auf die waghalsigsten Unternehmungen ein, weil er weiß, dass er nicht dabei umkommen wird. Er würde wesentlich vorsichtiger sein und wahrscheinlich darauf verzichten, sich durch den Urwald zu schlagen oder durch die Wüste zu reiten, wenn er sich für diese Erweiterungen seines alltäglichen Handlungsspielraums den imaginierten[3] Gefahren einschließlich der Möglichkeit seines Todes tatsächlich aussetzen müsste. Aber Abenteuer- und Reiseroman sind bloß extensive[4] Überschreitungen der Lebenspraxis und bleiben in ihrer Sichtweise meist konventionell, sie bringen neuen Stoff in gewohnten Kategorien, während die eigentliche Literatur, gleichgültig, ob sie nun ein fremdartiges oder alltägliches Material verarbeitet, vor allem die gewohnten Schemata der Erfahrung angreift und verändert. Sie versucht den Leser zu irritieren, ihm die Sicherheit seiner Vorurteile und gewohnten Handlungsweisen zu nehmen, sie macht ihm das scheinbar Bekannte unvertraut, das Eindeutige vieldeutig, das Unbewusste bewusst und öffnet ihm so neue Erfahrungsmöglichkeiten, die vielleicht verwirrend und erschreckend sind, aber auch die Enge und Abstraktheit der Routine durchbrechen, auf die er in seiner alltäglichen Praxis angewiesen bleibt. Der Gegensatz lässt sich also auch hier nachweisen: Der Tendenz des zweck- und erfolgsbestimmten Handelns, das Verhalten zu stabilisieren und die verwirrende Vielfalt der Lebensaugenblicke auf praktikable Schemata zu bringen, wirkt kompensierend die Tendenz der Literatur entgegen, diese Schemata zu stören. Gegenüber der etablierten Lebenspraxis vertritt sie also die unausgeschrittenen und verdrängten Möglichkeiten des Menschen und die Unausschöpfbarkeit der Realität und bedient damit offenbar Bedürfnisse nach mehr Leben, nach weiteren und veränderten Erfahrungen, die gewöhnlich von der Praxis frustriert werden. Aber nur deshalb, weil er nicht zum Erfolg verpflichtet ist, weil er nur fiktive Risiken eingeht, kann der Leser den Schutz seiner Gewohnheiten verlassen und neue Erfahrungen machen, einschließlich der negativen Veränderungen, die er sonst um jeden Preis vermeiden würde. Die Simulationstechnik der Literatur erlaubt es ihm, fremde Verhaltens- und Denkweisen in seinen Erfahrungsspielraum mit einzubeziehen, also weniger borniert zu sein und in Bezug auf den gesellschaftlichen Zusammenhang weniger normenkonform[5].

[...] Das abweichende und gestörte Verhalten, das gefesselte, verstümmelte und scheiternde Leben ist ein so dominantes Thema der Literatur, dass man sie eine negative Anthropologie[6] nennen könnte. Sie verweigert so ihre Anpassung an die geltenden Normen, zeigt, was der Buntdruck der Reklame verleugnet, erinnert an ungenutzte und verdorbene Kapazitäten des Menschen, aber vor allem ist die Abweichung ein Vehikel der Innovation. Ein plötzlicher Sprung in eine neue Qualität findet hier statt. Bilder äußerster Unfreiheit werden für Autor und Leser zu Erweiterungen ihrer Erfahrung, zu Möglichkeiten, alles scheinbar Bekannte, auch sich selbst neu zu sehen.

---

3 **imaginiert**: vorgestellt
4 **extensiv**, hier: der Menge, nicht der Art nach

5 **normenkonform**: an die bestehenden Wertvorstellungen angepasst
6 **Anthropologie**: Lehre vom Wesen des Menschen

---

1. a) Arbeiten Sie heraus, nach welchen Kriterien Wellershoff den Wert eines literarischen Werkes bestimmt.
   b) Welche Rolle spielt „Modernität" bei Wellershoffs Beurteilung von Literatur?
   c) Nehmen Sie Stellung zu Wellershoffs Bewertung von Abenteuer- und Reiseromanen.
2. Kann Literatur das individuelle oder gesellschaftliche Leben praktisch verändern?
   a) Sammeln Sie in Gruppen Pro- und Kontra-Argumente zu diesem Thema.
   ▷ S. 69 ff. b) Führen Sie ein ▷ **Streitgespräch** durch. Neben den Vertretern der Pro- und der Kontra-Argumente brauchen Sie einen Moderator oder eine Moderatorin und eine Beobachtergruppe.
   c) Halten Sie die Ergebnisse des Gesprächs in Protokollen fest.

2 Drama

Das europäische Drama hat seinen Ursprung im antiken Griechenland. Das zeigen schon einige wichtige gattungsspezifische Bezeichnungen, die alle aus dem Griechischen stammen: **Drama** (Handlung, gespielte Handlung, Schauspiel), **Theater** (Zuschauerraum, Schauspielhaus), **Szene** (Bühne, Teil der Bühnenhandlung), **Dialog** und **Monolog** (Wechselrede zweier bzw. mehrerer Personen und Einzelrede), **Tragödie** und **Komödie** (Trauerspiel und Lustspiel). Das Drama hat religiöse Wurzeln und entwickelte sich aus Kulthandlungen mit Umzügen, Gesang und Tanz. Auch in der Blütezeit Athens im 5. und 4. Jahrhundert v. Chr., als es schon feste Theaterbauten gab, wurden die Schauspiele noch für Kultfeste geschrieben. Die Schauspieler standen auf Kothurnen (Schuhen mit hohen Sohlen) und trugen Masken zur rollenspezifischen Typisierung der Personen. Inhalte der Dramen waren Geschehnisse aus der Geschichte und dem Mythos. Der bekannteste griechische Tragödiendichter ist SOPHOKLES (496–406 v. Chr.). Zwei seiner Stücke gehören bis heute zum festen Bestand der Theaterspielpläne: „König Ödipus" und „Antigone".

2.1 Sophokles/Anouilh: Antigone – Zwei Schlüsselszenen

Sophokles

Antigone (442 v. Chr.)

[In der Schlacht um den griechischen Stadtstaat Theben haben sich die verfeindeten Brüder Eteokles und Polyneikes, Söhne des Ödipus, im Zweikampf gegenseitig umgebracht. Eteokles, Herrscher der belagerten Stadt, wird in einem Staatsbegräbnis feierlich beigesetzt, Polyneikes aber, Anführer der besiegten Belagerer, die inzwischen abgezogen sind, wird auf Gebot des neuen thebanischen Königs, Kreon, unbestattet auf dem Schlachtfeld liegen gelassen, eine Beute der Aas fressenden Tiere. Wächter sind neben der Leiche aufgestellt worden, die verhindern sollen, dass jemand heimlich den Toten mit Erde bedeckt, um ihn damit nach den Vorstellungen der griechischen Religion ins Totenreich gelangen zu lassen. Antigone, die Schwester der beiden Toten und Nichte des neuen Königs, die überdies mit Kreons Sohn verlobt ist, wird von den Wächtern bei der verbotenen Bestattung festgenommen.]

Antigone wird von dem Wächter vor Kreon geführt.
KREON: Die bringst du? Wie und wo ergriffst du sie?
WÄCHTER: Sie hat den Mann begraben: Das sagt alles.

KREON: Bist du des auch gewiss? Besinne dich!
WÄCHTER: Mit eignen Augen sah ich sie den Mann
Bestatten gegen dein Gebot; war's deutlich?   5
KREON: Wie habt ihr sie gesehen, wie gefasst?
WÄCHTER: Hör zu, wie das geschah. Als ich zurückkam,
Von deinem Zorn so grauenvoll bedroht,[1]
Da fegten wir den Sand fort von der Leiche,
Sodass sie modernd wieder ganz enthüllt war.   10
Dann setzten wir uns hin auf einen Hügel,
Wo uns der Wind den Leichenruch nicht zublies,
Und spornten dort uns an zur Wachsamkeit
Und schalten, wenn sich einer lässig wies.
Dies währt' so lange, bis der Sonnenball   15
Die Strahlen glühend aus des Äthers[2] Mitte
Senkrecht herniederschoss. Da plötzlich steigt
Ein Wirbelwind vom Boden auf zum Himmel,
Stürmt durch die Ebene, entlaubt die Bäume
Und füllt mit Staubgewölk ringsum die Luft,   20
Sodass wir blinzelnd unsre Augen schlossen.
Als endlich dann die Windsbraut sich gelegt,
Sahn wir das Mädchen bei dem Toten stehn,
Schrill schreiend wie ein Vogel, der in Not
Leer sieht sein Nest und seine Brut geraubt.   25
So klagt' auch diese vor der nackten Leiche
Und fluchte eine schaurige Verwünschung
Auf die herab, die ihr dies angetan.

---

1 Nachdem die Leiche zum ersten Mal mit Erde bedeckt worden war, hatte Kreon die Wächter verdächtigt.
2 **Äther:** Himmel

Dann streut' sie auf den Toten durstigen Sand
30 Und goss aus schönem, erzgetriebenem Krug
Dreimal die heilige Opferspende aus.
Und wir, kaum dass wir's sahn, wir stürzten vor,
Ergriffen sie, die keineswegs erschrak,
Und warfen ihr die beiden Taten vor,
35 Und sie gestand die eine wie die andre.
Mir ist's erfreulich und betrüblich auch.
Dass selber man aus Not entwischt, ist sicher
Erfreulich. Doch in Not zu bringen, die
Man liebt, das ist betrüblich. Nun, das war
40 Gering zu achten vor der eignen Rettung.
KREON: *zu Antigone* Du, die das Haupt du
    niedersenkst zur Erde,
Gestehst du dein Vergehen oder nicht?
ANTIGONE: Ja, ich bekenne, und ich leugne
    nicht.
KREON: *zum Wächter* So bist du frei, kannst
    hingehn, wo du willst!
45 Schweren Verdachtes bist du los und ledig.
Wächter ab.
KREON: *zu Antigone* Du, sprich, doch ohne
    Umschweif, kurz gefasst,
War dir der Ausruf des Verbotes klar?
ANTIGONE: Wie sollt er nicht? Er war ja laut
    genug.
KREON: Du wagtest mein Gebot zu übertreten?
50 ANTIGONE: War's doch nicht Zeus, der dieses
    mir geboten,
Noch Dike[3], hausend bei den untern Göttern,
Die dies Gesetz festsetzten unter Menschen.
Auch hielt ich nicht für so stark dein Gebot,
Dass Menschenwerk vermöcht zu überholen
55 Das ungeschriebene, heilige Recht der Götter.
Denn nicht von heute oder gestern, ewig
Lebt dieses ja, und keiner weiß, seit wann.
Um dieses wollt ich nicht in Strafe fallen
Bei Göttern, nur aus Angst vor Menschenwitz.
60 Dass Tod mein Menschenlos, das wusst ich so,
Auch wenn du's nicht verkündet. Sterb ich vor
Der Zeit, so gilt mir das nur als Gewinn.
Denn wer so heimgesucht vom Leid wie ich,
Für den ist früher Tod nichts als Erlösung.
65 Dass mich der Tod trifft, das ist mir nicht
    schmerzlich,
Doch hätt ich meiner eignen Mutter Sohn
Als Leiche unbestattet liegen lassen,
Das wär ein Schmerz! Doch dieses schmerzt
    mich nicht.

Ruhrfestspiele, Recklinghausen 1957

Schein ich mit meinem Tun dir eine Närrin,
So zeiht, dünkt mich, ein Narr der Narrheit 70
    mich.
CHORFÜHRER[4]: Des Vaters stolzen Sinn hat sie
    geerbt.
Not beugt die starke Seele nicht noch Unglück.
KREON: Gebt Acht, der starre Trotz sinkt
    rasch dahin,
Wie eines Stahles spröd geglühte Härte
Zuallererst in Stücke bricht und Splitter. 75
Mit kurzem Zügel wird der Übermut
Der Rosse schnell gebändigt. Denn es ziemt
Kein Hochmut dem, der Diener ist im Haus.
Doch die verstand sich schon auf Übermut,
Als sie mein öffentlich Gebot verletzt. 80
Und Übermut zum Zweiten ist's, dass jetzt
Sie mit der Tat sich brüstet und mich höhnt.
Ich wär nicht mehr der Mann, der Mann wär sie,
Wenn solche Tat ihr ungeahndet bliebe.
Nein! Sei sie meiner eignen Schwester Kind, 85
Ja mög sie nähern Bluts mir sein als alle,
Die mir an meinem Herde Zeus beschirmt,
Nicht sie, nicht ihre Schwester soll entgehn
Dem schlimmsten Los. Denn die auch klag ich an
Dass sie an dem Begräbnis mit geplant. 90
Auch die hat Rat und Teil an ihrem Frevel.
Ruft sie heraus! Noch eben sah ich sie
Das Haus durchirren mit verstörtem Antlitz.
Es pflegt ja das Gewissen zu verraten,
Wo Böses dunkel angesponnen wird. 95
Doch die hass ich am meisten, die der Tat,
Mit dreister Stirne trotzend, noch sich rühmt!

---

3 **Dike:** die alte griechische Gottheit der Gerechtigkeit, die nicht zu den olympischen Göttern gehört

4 Führer des für die griechische Tragödie typischen Chores, hier eine Gruppe vornehmer thebanischer Greise, ein Rat der Alten

5 Kreon verdächtigt Ismene, die Schwester Antigones, der Komplizenschaft.

ANTIGONE: Hast du mit meinem Tod noch
nicht genug?

KREON: Vollauf genug! Doch den sollst du
mir leiden.

100 ANTIGONE: Was säumst du also? Wie mir deine
Worte

Nicht jetzt noch fürder je erfreulich sind,
So müssen auch die meinen dir verhasst sein.
Wie aber sollte ich mir edleren Ruhm

105 Erwerben, als indem ich meinen Bruder
Ins Grab gesenkt. Auch diese würden's loben,[6]
Wenn nicht die Furcht die Lippen ihnen
schlösse.
Doch hat Tyrannenmacht zu anderm Glück
noch dies,
Dass sie darf tun und reden, was sie will.

KREON: Allein vom ganzen Volke denkst du so.

110 ANTIGONE: Nein, diese auch; nur duckt man
hündisch sich.

KREON: Du schämst dich nicht, dass du allein
so denkst?

ANTIGONE: Ist das denn Schande, eignes Blut
zu ehren?

KREON: War denn, der von ihm fiel, nicht
deines Blutes?

ANTIGONE: Ein Blut, von einem Vater, einer
Mutter.

KREON: Wie kannst du, jenen ehrend, diesen   115
schänden?

ANTIGONE: Zustimmung findet das nicht bei
dem Toten.

KREON: Doch! Wenn du ihn gleichstellst mit
diesem Frevler.

ANTIGONE: Kein Knecht, sein ebenbürtiger
Bruder war's!

KREON: Doch Feind des Landes, der indes
sein Schirm.

ANTIGONE: Doch Hades[7] will nur gleiches   120
Recht für alle.

KREON: Doch nicht für Gut und Böse
gleiches Recht!

ANTIGONE: Wer weiß, ob drunten diese
Ordnung gilt?

KREON: Nein! Hass wird selbst im Tode nicht
zu Liebe.

ANTIGONE: Nein! Hass nicht, Liebe ist der
Frau Natur.

KREON: Lieb drunten, wenn geliebt sein   125
muss, sie beide!
Solang ich lebe, soll kein Weib regieren.

6 die Mitglieder des Chors

7 **Hades:** griech. Gott der Toten

ZUR FORMALEN GESTALTUNG

1. Im Zentrum des ersten Teils dieser Szene (Vers 1–40) steht ein **Botenbericht.** Untersuchen Sie an diesem Beispiel, welche Funktion solche Berichte für die Umsetzung eines Geschehensablaufs in die Bühnenhandlung (dramaturgische Funktion) und im Hinblick auf die Zuschauer/innen haben.

2. Beschreiben Sie, welche Form das Gespräch im zweiten Teil der Szene ab Vers 41 annimmt.

3. Untersuchen Sie die **Dialogführung,** indem Sie folgende Fragen aufgreifen:
   - In welchem Rhythmus ist der Redewechsel gestaltet: Welche Funktion haben die langen Redepartien (Vers 50–70 und 73–97) und welche Funktion haben die von Zeile zu Zeile wechselnden Repliken?
   - Wie gehen die Dialogpartner aufeinander ein: Bemühen sie sich darum, sich dem Gegenüber verständlich zu machen? Sprechen sie in bloßen Forderungen und Setzungen (Thesen) oder begründen sie auch? Worauf gründen sie ihre Argumentation: allgemeine Grundsätze und Ideen, beweisbare Tatsachen, Autoritäten, persönliche Erfahrungen …? Wenden sie sich primär an den Intellekt des Dialogpartners, an sein Gewissen oder seine Emotionen? Zu welchem Ergebnis führt der Dialog?

4. Untersuchen Sie die **sprachlich-stilistische** Gestaltung der Szene:
   - Handelt es sich eher um ein pathetisch-emphatisches Sprechen, das auf die Erregung von Emotionen und das Sich-Einfühlen der Zuschauer/innen in die Figuren angelegt ist, oder eher um ein Sprechen, das die Zuschauer/innen in der Distanz ruhiger Beobachtung und Überlegung belässt?
   - In welcher Sprachschicht bewegen sich die Sprecher? Sprechen sie eine individuelle Sprache?

ZU DEN FIGUREN UND ZUM INHALT

5. Schreiben Sie für Antigone, Kreon und den Wächter kurze **Rollenprofile,** d. h. Selbstdarstellungen in der Ich-Form. Gliedern Sie Ihren Text in drei Absätze, die Sie mit folgenden Sätzen einleiten:

Ich bin in folgende Situation geraten: ...
Meine Wünsche und Ziele sind: ...
Zu den anderen Personen in dieser Situation habe ich folgende Beziehung und Einstellung: ...

6. Beschreiben Sie möglichst genau den **Konflikt,** um den es in dieser Szene geht. Achten Sie besonders darauf, auf welche Werte sich die Kontrahenten berufen.
7. Versuchen Sie Situationen zu entwerfen, die in einer anderen Zeit und in anderen Kontexten Parallelen zu dem mythischen Konflikt zwischen Antigone und Kreon darstellen.

Jean Anouilh
Antigone (1942)

SPRECHER: So weit wären wir also: Das Uhrwerk ist aufgezogen. Jetzt schnurrt es von allein ab.
Das ist das Praktische bei einer Tragödie. Ein
5 kleiner Stups mit dem Finger, und die Sache läuft. Da genügt schon ein kurzer Blickwechsel mit einem Mädchen, das auf der Straße vorbeigeht, oder ein unbestimmter Wunsch nach Ruhm und Ehre, der so beim
10 Frühstück auftaucht, oder irgendeine überflüssige Frage, die eines schönen Abends gestellt wird ... Mehr braucht es meist gar nicht. Dann kann man beruhigt sein, die Geschichte läuft von allein ab. Es ist alles bis ins Kleinste
15 ausgetüftelt und von Anfang an gut geschmiert. Tod, Verrat, Verzweiflung, donnernde Gewitter, alles ist da, je nach Bedarf. Auch alle Arten von Schweigen – das tödliche Schweigen, wenn der Arm des Henkers zum
20 letzten Streich ausholt; das Schweigen, wenn sich die beiden Liebenden zum ersten Male nackt gegenüberstehen und sich im dunklen Raum nicht zu rühren wagen; das Schweigen, bevor das Gebrüll der Menge dem Sieger ent-
25 gegenschlägt; es ist wie bei einem Film, dessen Ton ausfällt: zum Sprechen aufgerissene Münder, die keinen Laut von sich geben. Das ist schon etwas Feines, die Tragödie. Sie ist eine feste, todsichere Angelegenheit. [...]
30 *Antigone wird von den Wächtern auf die Bühne gestoßen.*
SPRECHER: Sehen Sie, schon geht es an. Nun

haben sie die kleine Antigone erwischt. Zum ersten Mal in ihrem Leben wird sie ganz sie selbst sein können. 35
Der Sprecher verschwindet, während Antigone von den Wächtern bis zur Bühnenmitte gestoßen wird. [...]
ANTIGONE: *schüchtern:* Ich möchte mich gerne ein wenig setzen, bitte. 40
WÄCHTER: *nachdem er etwas nachgedacht hat:* Meinetwegen, aber lasst sie nicht los.
Kreon tritt auf, sofort brüllt der Wächter.
WÄCHTER: Achtung, stillgestanden!
KREON: *der überrascht stehen bleibt:* Lasst 45 sofort das Mädchen los! Was soll denn das heißen!
WÄCHTER: Wir sind die Wache. Meine Kameraden sind auch mitgekommen.
KREON: Wer ist jetzt bei der Leiche? 50
WÄCHTER: Unsere Ablösung.
KREON: Ich habe euch doch befohlen, dass ihr sie wegschickt. Außerdem habe ich ausdrücklich gesagt, dass ihr kein Wort verlauten lassen dürft. 55
WÄCHTER: Wir haben auch nichts gesagt. Aber wie wir die da verhaftet haben, dachten wir, es wäre besser, wenn wir alle mitkämen. Dieses Mal haben wir nicht gelost. Wir sind lieber gleich alle drei gekommen. 60
KREON: Idioten! *Zu Antigone:* Wo haben sie dich denn festgenommen?
WÄCHTER: Bei dem Toten natürlich.
KREON: Was wolltest du bei der Leiche deines Bruders? Du weißt genau, ich habe verboten, 65 dass man sich ihr nähert.
WÄCHTER: Was sie dort tat? Deswegen bringe

ich sie ja her. Mit ihren Händen kratzte sie in der Erde herum. Sie
70 wollte ihn schon wieder zuschaufeln.
KREON: Hast du dir auch überlegt, was du da sagst?
WÄCHTER: Sie können meine Kameraden fragen. Als ich wieder zurück-
75 gekommen war, haben wir den Toten freigelegt. Als aber die Sonne immer wärmer wurde und es zu stinken anfing, gingen wir etwas seitab auf einen kleinen Hügel, um frische Luft
80 zu haben. Da es inzwischen heller Tag war, glaubten wir, es wäre keine Gefahr dabei. Um aber ganz sicherzugehen, musste immer einer von uns die Leiche im Auge behalten.
85 Aber so gegen Mittag, als die Sonne und der Gestank immer stärker wurden und ich die Augen krampfhaft offen hielt, da flimmerte es, und ich konnte kaum noch etwas sehen. Also
90 bitte ich meinen Kameraden, mir einen Priem[1] zu geben. Ich stecke ihn nur in die Backe, sage danke schön und drehe mich wieder um, da war sie schon da und kratzt mit ihren
95 Händen in der Erde herum. Am helllichten Tag! Ich glaube gar, sie bildete sich ein, wir würden sie nicht bemerken. Und wie sie sah, dass wir herbeiliefen, glauben Sie, sie hätte aufgehört oder wäre wegge-
100 sprungen? Nein, sie wühlt weiter aus Leibeskräften und so schnell sie kann, als ob sie uns nicht kommen sähe. Und als ich sie ergriff, schlug sie um sich wie eine Furie und wollte immer noch weitermachen. Sie schrie, wir
105 sollten sie in Ruhe lassen, die Leiche wäre noch nicht genug mit Erde bedeckt.
KREON: *zu Antigone:* Ist das wahr?
ANTIGONE: Ja, es ist wahr.
WÄCHTER: Darauf legten wir den Körper
110 nochmals vorschriftsmäßig frei und übergaben ihn der Ablösung, ohne von dem Vorfall etwas zu erwähnen. Sie aber brachten wir hierher.
KREON: Und heute Nacht, beim ersten Mal, da
115 warst du es auch?
ANTIGONE: Ja, da war ich es auch. Mit der kleinen Eisenschaufel, mit der wir in den Ferien

Hamburger Kammerspiele, 1959

am Strand unsere Sandburgen bauten. Die Schaufel gehörte Polyneikos. Er hatte mit ei-
120 nem Messer seinen Namen in den Stiel eingekerbt. Deswegen ließ ich sie auch bei ihm liegen. Aber man nahm sie weg. Darum musste ich das zweite Mal mit den Händen arbeiten.
WÄCHTER: Sie sah aus wie ein Tier, das herum-
125 wühlte. Beim ersten schnellen Hinsehen, als die heiße Luft so zitterte, sagte mein Kamerad sogar: „Aber nein, das ist doch ein Tier."
„Denkst du", sagte ich darauf, „für ein Tier ist es viel zu zierlich. Das ist ein Mädchen."
130 KREON: Es ist gut. Vielleicht müsst ihr nochmals Bericht darüber abgeben. Jetzt lasst mich allein mit ihr. *Zum Pagen:* Führe diese Männer hinaus, Kleiner. Sie sollen draußen warten, ohne mit jemand zu sprechen, bis ich
135 sie holen lasse.
WÄCHTER: Sollen wir ihr die Handschellen wieder anlegen?
KREON: Nein, nicht nötig.
Die Wächter werden vom Pagen hinausge-
140 *führt. Kreon und Antigone sind allein.*

---

1 **Priem:** ein Stück Kautabak

KREON: Hast du jemand von deinem Vorhaben erzählt?

ANTIGONE: Nein.

KREON: Hast du jemand unterwegs getroffen?

145 ANTIGONE: Nein, niemand.

KREON: Bist du sicher?

ANTIGONE: Ja.

KREON: Dann höre. Du gehst jetzt augenblicklich in dein Zimmer und legst dich ins Bett. Du
150 sagst, du wärst krank und hättest das Haus seit gestern nicht mehr verlassen. Deine Amme wird das Gleiche sagen. Ich lasse die drei Männer verschwinden.

ANTIGONE: Warum? Du weißt ganz genau,
155 dass ich es dann morgen nochmals versuchen werde.

KREON: Warum wolltest du deinen Bruder beerdigen?

ANTIGONE: Weil ich es muss.

160 KREON: Du weißt, dass ich es verbot.

ANTIGONE: *ruhig*: Und trotzdem musste ich es tun. Du weißt, dass die Unbeerdigten ewig herumirren, ohne jemals Ruhe zu finden. Wenn mein Bruder noch lebte und von einer
165 Jagd nach Hause gekommen wäre, hätte ich ihm die Schuhe ausgezogen, hätte ihm zu essen gegeben und ihm sein Bett bereitet. – Heute ist Polyneikos am Ende seiner Jagd angelangt. Er kehrt in das Haus zurück, wo
170 mein Vater, meine Mutter und auch Eteokles ihn erwarten. Es ist sein Recht, sich auszuruhen.

KREON: Er war ein Aufrührer und Verräter.

ANTIGONE: Er war mein Bruder.

175 KREON: Hast du gehört, was ich auf allen Straßen und Plätzen verkünden ließ? Hast du die Anschläge an allen Mauern der Stadt nicht gelesen?

ANTIGONE: Doch.

180 KREON: Wusstest du auch, welches Schicksal jeden erwartet, der es wagen sollte, ihn zu beerdigen?

ANTIGONE: Ja, ich wusste es.

KREON: Oder glaubst du vielleicht, weil du die
185 Tochter des Ödipus bist, des hochmütigen Ödipus, dass du deshalb über meinen Gesetzen stündest?

ANTIGONE: Nein, daran dachte ich nicht.

KREON: Du als Königstochter hast als Erste
190 das Gesetz zu achten.

ANTIGONE: Selbst wenn ich ein ganz gewöhnliches Dienstmädchen gewesen wäre und gerade beim Geschirrspülen von der Anordnung gehört hätte, so hätte ich mir das schmierige Wasser von den Händen gewischt und wäre 19 hinausgelaufen mit meiner Schürze, um meinen Bruder zu bestatten.

KREON: Das ist nicht wahr! Wenn du ein Dienstmädchen gewesen wärst, hättest du sehr gut gewusst, dass du dann sterben müss- 20 test. Du hättest deinen Bruder beweint, aber du wärst zu Hause geblieben. So aber dachtest du, ich könnte es niemals wagen, dich töten zu lassen, weil du von königlichem Blute, meine Nichte und die Verlobte meines Sohnes bist. 20

ANTIGONE: Du täuschst dich. Im Gegenteil, ich wusste sehr wohl, dass du mich töten lassen musst. […]

KREON: *geht auf sie zu und nimmt sie am Arm*: Nun höre mir gut zu. Du bist Antigone, 21 die Tochter des Ödipus. Aber du bist erst zwanzig Jahre alt, und es ist noch gar nicht so lange her, da wäre die ganze Geschichte mit Hausarrest und ein paar Ohrfeigen abgetan worden.

21 *Er sieht sie lächelnd an*: Dich töten lassen! Sieh dich doch erst einmal an, du Spatz. Mein Gott, wie bist du mager! Du musst etwas dicker werden, damit du Hämon[2] einen kräftigen Jungen geben kannst. Das hat Theben 22 nötiger als deinen Tod, glaub mir. Du gehst jetzt auf dein Zimmer, tust, was ich dir gesagt habe, und erzählst niemandem ein Wort. Ich sorge dafür, dass auch die andern schweigen … Ich weiß, du hältst mich für einen Rohling 22 und denkst, dass ich sehr prosaisch bin. Aber trotz deines schlechten Charakters habe ich dich sehr gern. Weißt du nicht mehr, dass ich es war, der dir deine erste Puppe schenkte? Das ist noch gar nicht so lange her. 23

Antigone antwortet nicht. Sie will hinausgehen. Er hält sie zurück.

KREON: Antigone! Diese Tür führt zu deinem Zimmer! Wohin willst du?

ANTIGONE: *bleibt stehen und antwortet ruhig*: Du weißt genau … *Sie stehen sich schweigend gegenüber.*

KREON: *für sich*: Was spielst du nur?

ANTIGONE: Ich spiele nicht.

KREON: Begreifst du denn nicht, dass ich dich 24 töten lassen muss, sobald außer diesen dreien noch jemand von deinem Vorhaben erfährt?

2 **Hämon:** Kreons Sohn, Antigones Verlobter

Wenn du jetzt still bist und dir diese verrückte Idee aus dem Kopf schlägst, kann ich dich noch retten. Fünf Minuten später werde ich es nicht mehr können. Verstehst du denn das nicht?

ANTIGONE: Ich muss jetzt meinen Bruder beerdigen, den diese Männer wieder aufgedeckt haben.

KREON: Willst du wirklich diese unsinnige Tat wiederholen? Es steht jetzt eine neue Wache bei der Leiche. Selbst wenn es dir gelänge, sie noch einmal zuzuschütten, so würde man sie eben wieder freilegen, das weißt du doch. Du kannst dir höchstens dabei die Fingernägel blutig reißen und dich ergreifen lassen.

ANTIGONE: Ich weiß. Aber ich muss tun, was ich kann.

KREON: Glaubst du denn wirklich an den ganzen Ritus der Beerdigung? Glaubst du wirklich an das Märchen von der irrenden Seele deines Bruders, wenn der Priester nicht ein paar Hände voll Erde auf seine Leiche wirft und einige Worte dazu leiert? Hast du schon einmal die Priester von Theben ihre Glaubensformel heruntermurmeln hören? Hast du diese traurigen, müden Angestelltengesichter schon gesehen mit ihren hastigen Bewegungen, wie sie die Worte verschlucken und den Toten rasch abfertigen, damit sie vor dem Mittagessen noch schnell den nächsten erledigen können?

ANTIGONE: Doch, das habe ich gesehen.

KREON: Wenn nun in dem Sarg ein Mensch läge, der dir sehr teuer ist, würdest du ihnen da nicht ins Gesicht schreien, dass sie still sein und sich aus dem Staub machen sollen?

ANTIGONE: Doch, das ist gut möglich.

KREON: Und jetzt willst du dein Leben aufs Spiel setzen, weil ich deinen Bruder diesem scheinheiligen Getue, diesem hohlen Gewäsch über seine Leiche, diesem Possenspiel entzogen habe, bei dem du als Erste Schande empfunden hättest? Das ist ja verrückt!

ANTIGONE: Ja, es ist verrückt.

KREON: Warum willst du es dann trotzdem tun? Für die anderen, die daran glauben? Um sie gegen mich aufzubringen?

ANTIGONE: Nein.

KREON: Also weder für die anderen noch für deinen Bruder? Für wen denn dann?

ANTIGONE: Für niemand. Für mich.

KREON: *betrachtet sie schweigend:* Möchtest du denn so gerne sterben?

ANTIGONE: Nein; aber ich weiß, dass ich nur so meine Pflicht erfüllen kann.

KREON: Deine Pflicht! Du bist ja noch ein ganz kleines Mädchen, das schmächtigste von Theben. Bis jetzt verlangt man nur von dir, dass du schön bist und lachst. Wer hat sie dir denn auferlegt, diese Pflicht?

ANTIGONE: Niemand, ich mir selbst.

---

1. Vergleichen Sie die Szene in ihrer Gesprächsgliederung, der Gesprächsform, der Dialogführung und der sprachlich-stilistischen Gestaltung mit der korrespondierenden Szene bei Sophokles (▷ S. 155, Arbeitsanregungen 1–4): Halten Sie die Unterschiede fest und erläutern Sie die Veränderungen im Hinblick auf Funktion und Wirkung.
2. Schreiben Sie für die Personen dieser Szene kurze Rollenprofile nach dem Muster, wie es auf S. 156, Arbeitsanregung 5, vorgeschlagen wurde. Vergleichen Sie diese Rollenprofile mit denen zu Sophokles' Stück.
3. Erläutern Sie die Funktion des Sprechers, den Anouilh in das Drama eingeführt hat.
4. a) Beschreiben Sie, was Anouilh vom Mythos um das thebanische Königshaus, wie ihn Sophokles dargestellt hat, aufgreift und was er verändert.
   b) Sprechen Sie in Ihrem Kurs über Ihr Verständnis der Veränderungen. Denken Sie dabei an den geschichtlichen Kontext, in dem Anouilh 1942 sein Drama schrieb.
5. a) Informieren Sie sich in einem Schauspielführer oder Literaturlexikon über die Gesamtkonzeptionen der beiden Antigone-Dramen und vertiefen Sie auf diese Weise Ihr Verständnis der Anouilh'schen Veränderungen.
   b) Vergleichen Sie weitere Adaptionen des Antigone-Mythos in der späteren Literatur (z. B. Bertolt Brechts Fassung des Sophokles-Stücks oder Rolf Hochhuths „Berliner Antigone") mit den Versionen von Sophokles und Anouilh.

2.2 Klassisches und modernes Drama: Strukturen und Wirkungsabsichten

Zwei Strukturbeispiele im Vergleich

Gotthold Ephraim Lessings „Emilia Galotti" (1772)

I. Aufzug, 1.–8. Auftritt
Ort: Ein Kabinett in der Residenz des Prinzen
Prinz Hettore Gonzaga, ein mit absolutistischer Macht regierender Fürst, wird durch ein
5 Porträt, das ihm sein Hofmaler zeigt, an Emilia, die Tochter des Oberst Galotti, erinnert. Er
hatte sie bei einer Abendgesellschaft flüchtig
kennen gelernt, nun verliebt er sich heftig in
sie. Von seinem Kammerherrn Marinelli er-
10 fährt er, dass für denselben Tag die Hochzeit
Emilias mit dem Grafen Appiani angesetzt ist.
Der intrigante Marinelli will sich der Gunst
seines Herrn versichern und verspricht diesem, Appiani von Emilia vorerst zu trennen.
15 Der Prinz beschließt, die Messe aufzusuchen,
an der Emilia gewöhnlich teilnimmt, um sie zu
treffen.

II. Aufzug, 1.–11. Auftritt
Ort: Ein Saal im Hause der Familie Galotti
Die Eltern Emilias, Odoardo und Claudia Ga-
20 lotti, erwarten ihre Tochter aus der Messe
zurück. Nachdem Odoardo zum Landgut, auf
dem die Hochzeit gefeiert werden soll, im Voraus aufgebrochen ist, erscheint Emilia in auf-
geregter Verwirrung und gesteht ihrer Mutter,
25 dass der Prinz sie in der Kirche angesprochen
und ihr seine Liebe gestanden habe. Erschreckt sei sie davongestürzt (▷ S. 225 f.).
Kaum ist ihr Bräutigam eingetroffen, lässt sich
auch Marinelli melden und überbringt dem
30 Grafen Appiani den ehrenvollen Auftrag des
Fürsten, am selben Tag noch eine wichtige politische Reise zu unternehmen. Marinellis
Rechnung, der Graf werde die Gunst des Fürsten ebenso hoch einschätzen wie er selbst und
35 dafür die Hochzeit verschieben, geht nicht
auf. Appiani lehnt den Auftrag ab. Es kommt
zu einem erbosten Streit zwischen ihm und
Marinelli.

III. Aufzug, 1.–8. Auftritt
Ort: Vorsaal im ländlichen Lustschloss des Prinzen
Marinelli gesteht dem Prinzen das Scheitern 40
seines Plans. Um die Enttäuschung und den
Zorn seines Herrn zu besänftigen, schlägt er
vor, Emilia zu entführen. Der Prinz lässt ihm
freie Hand. Schon bald wird Emilia von den
Entführern ins Lustschloss gebracht. Das 45
ganze Unternehmen war als Überfall von
Straßenräubern getarnt und Emilia glaubt
sich von Marinellis Diener gerettet, ist allerdings irritiert, als ihr der Prinz gegenübertritt.
Von seinem Diener erfährt Marinelli, dass 50
Graf Appiani bei dem Überfall erschossen
wurde. Emilias Mutter, die den Überfall auf
die Reisegesellschaft überlebt hat, ist ihrer
Tochter nachgeeilt und durchschaut schon
bald Marinellis Machenschaften. Aufgeregt 55
stürzt sie in das Zimmer, in dem der Prinz mit
Emilia weilt.

IV. Aufzug, 1.–8. Auftritt
Ort: Weiterhin das Lustschloss des Prinzen
Während Claudia sich um ihre Tochter kümmert, gesteht Marinelli seinem Herrn den Tod 60
Appianis. Der Prinz verlangt erzürnt, dass der
Öffentlichkeit klargemacht werden müsse,
dass er mit dem Überfall nichts zu tun habe. In
diesem Augenblick trifft die Gräfin Orsina ein,
die ehemalige Geliebte des Fürsten, die ent- 65
täuscht ist, von ihm nicht wie gewöhnlich
empfangen zu werden. Als sie durch Marinelli von der angeblichen Rettungsaktion und der
Anwesenheit Emilias erfährt, schöpft sie sofort Verdacht und beschuldigt den Prinzen des 70
Mordes an Appiani und der Entführung Emilias. Ihren Verdacht teilt sie auch Odoardo
mit, der auf der Suche nach seiner Familie auf
dem Schloss eintrifft. Odoardo glaubt ihr
mehr als Marinelli, der sie als Verrückte hin- 75
zustellen versucht. Die Gräfin drückt Odoardo einen Dolch in die Hand als eine Art Auftrag, sie und seine Familie zu rächen. Galotti
bleibt im Schloss und schickt seine Frau mit
der Gräfin in die Stadt zurück. 80

V. Aufzug, 1.–8. Auftritt
Ort: Weiterhin das Lustschloss des Prinzen
Die Forderung Odoardos, ihn nun auch mit seiner Tochter abreisen zu lassen, wird von Marinelli und dem Prinzen zurückgewiesen. Marinelli beruft sich auf ein Gerücht, das im Umlauf sei, der Überfall sei in Wirklichkeit der Versuch eines Nebenbuhlers gewesen, Emilia zu entführen. Sie müsse nun erst darüber verhört werden und müsse dazu auf dem Schloss des Prinzen in Gewahrsam bleiben. Odoardo bittet, sich von seiner Tochter verabschieden zu dürfen. Als Emilia von ihrem Vater die Ermordung Appianis erfährt und ihr klar wird, dass sie dem Prinzen und seinen Verführungsversuchen ausgeliefert bleiben soll, erinnert sie Odoardo an die Geschichte der römischen Virginia, deren Vater sie tötete, um sie vor Entehrung und Schändung zu bewahren. Odoardo folgt diesem Beispiel und ersticht seine Tochter. Der davon zutiefst erschütterte Prinz schickt Marinelli zur Strafe in die Verbannung.

Bertolt Brechts
„Der gute Mensch von Sezuan"
(1943)

Vorspiel
Ort: Eine Straße in der Hauptstadt von Sezuan
Als Abgesandte des Götterhimmels sind drei Götter zur Erde herabgestiegen. Sie wollen beweisen, dass die Welt so bleiben kann, wie sie ist, da es gute Menschen gibt, die ein menschenwürdiges Dasein leben können. Sie sind fürs Erste zufrieden, wenigstens einen guten Menschen gefunden zu haben: die Prostituierte Shen Te. Sie ist als Einzige bereit, ihnen ein Nachtquartier zu geben. Dass sie sich an die Gebote der Götter nicht immer hält, rechtfertigt sie damit, dass sie anders ihre Miete nicht bezahlen kann. Daraufhin geben ihr die Götter als Dank für das Nachtquartier 1000 Silberdollar.

1
Ort: Ein kleiner Tabakladen
Mit dem Geld der Götter hat sich Shen Te einen kleinen Tabakladen gekauft, um viel Gutes tun zu können. Sie versorgt aber bald so viele Arme, die in ihrem Laden Unterschlupf suchen, dass ihrem Geschäft der Bankrott droht. Auch setzen sie der Schreiner, der die Regale im Laden gebaut hat, und ihre Vermieterin unter Druck. In ihrer Not hört sie schließlich auf den Rat einer der armen Frauen in ihrem Laden und erfindet einen Vetter Shui Ta, der alle ihre finanziellen Verpflichtungen übernehmen soll.

Zwischenspiel
Ort: Unter einer Brücke
Die Götter beauftragen den Wasserverkäufer Wang, nach Shen Te zu sehen und ihnen von ihr zu berichten.

2
Ort: Der Tabakladen
Am nächsten Morgen werden die im Laden schlafenden Leute von einem jungen Herrn geweckt, der sich als Shui Ta vorstellt. Er bezeichnet die Armen als Schmarotzer und Diebe und wirft sie mit Hilfe der Polizei hinaus. Den Preis für die Regale des Schreiners drückt er auf ein Minimum. Um die Vermieterin, die Sicherheiten verlangt, zu beruhigen, lässt er eine Heiratsannonce für Shen Te aufsetzen.

3
Ort: Abend im Stadtpark
Der arbeitslose Flieger Sun will sich im Park erhängen. Shen Te gesellt sich zu ihm und bewahrt ihn vor dem Selbstmord.

Zwischenspiel
Ort: Wangs Nachtlager in einem Kanalrohr
Wang berichtet den erbosten Göttern von Shui Ta's Vorgehen.

4
Ort: Platz vor Shen Te's Tabakladen
Shen Te wendet sich an das Publikum und schildert begeistert die morgendliche Stadt. Ein Teil der Armen hat sich schon wieder vor dem Tabakladen eingefunden. Glück hat Shen Te, weil ein altes Teppichhändlerpaar ihr 200 Silberdollar für die Halbjahresmiete leiht. Dieses Geld gibt sie jedoch der Mutter Suns, der Aussicht hat, für 500 Silberdollar eine Postfliegerstelle zu bekommen.

Zwischenspiel

Ort: Vor dem Vorhang

Shen Te tritt auf, in den Händen die Maske und den Anzug des Shui Ta. Sie singt „Das Lied von der Wehrlosigkeit der Götter und
65 Guten". Während des Liedes setzt sie die Maske des Shui Ta auf und fährt mit seiner Stimme zu singen fort.

5

Ort: Der Tabakladen

Shui Ta steht im Laden, als Sun erscheint. Er
70 versichert Shui Ta, Shen Te heiraten zu wollen, um mit ihr in Peking eine neue Existenz aufzubauen. Dafür soll der Laden an die Vermieterin verkauft werden, die 300 Silberdollar zu zahlen bereit ist, genau das Geld, das Sun
75 noch für seine Fliegerstelle fehlt. Als Sun jedoch eröffnet, er wolle zunächst einmal allein nach Peking gehen, wird Shui Ta misstrauisch und jagt ihn davon. Um den Laden zu retten, verspricht er dem reichen Barbier Shu Fu sei-
80 ne Kusine, auf die dieser schon längst ein Auge geworfen hat. Shu Fu wartet im Laden auf Shen Te. Sun kommt zurück, und als Shen Te erscheint, gewinnt er erneut ihr Herz. Sie verlässt mit ihm den Laden.

Zwischenspiel

85 *Ort: Vor dem Vorhang*

Shen Te erzählt dem Publikum, dass sie dem alten Paar die geliehenen 200 Silberdollar zurückzahlen und den Laden weiterführen will. Sie geht davon aus, dass Sun aus Liebe zu
90 ihr auf die Fliegerstelle verzichtet.

6

Ort: Nebenzimmer eines billigen Restaurants in der Vorstadt

Shen Te und Sun befinden sich im Kreise ihrer Hochzeitsgesellschaft. Sun wartet auf Shui Ta
95 und 300 Silberdollar aus dem Verkauf des Ladens, um seine Fliegerstelle endgültig bezahlen zu können. Zwei Fahrkarten nach Peking hat er gekauft und glaubt damit Shui Ta's Widerstand gegen die Hochzeit zu überwin-
100 den. Mit der Trauungszeremonie will er warten, bis Shui Ta mit dem Geld kommt. Shen Te's immer verzweifelter werdende Hinweise, ihr Vetter werde nicht kommen und sie brauche die 200 Silberdollar für das alte Paar, be-
105 achtet er nicht. Die Hochzeit findet nicht statt.

Zwischenspiel

Ort: Wangs Nachtlager

Wang fordert die Götter auf, Shen Te zu helfen, was diese aber ablehnen.

7

Ort: Hof hinter Shen Te's Tabakladen

Shen Te muss den Laden nun endgültig verkaufen, um den Alten die 200 Silberdollar zurückgeben zu können. Sie besitzt nur noch einen Wagen mit ein wenig Hausrat. Auch den ist sie zu verschenken bereit, um dem verletzten Wasserverkäufer Wang zu helfen. Dem Publikum stellt sie ihren kleinen Sohn vor, den sie im Leibe trägt und der wie sein Vater Flieger werden soll. Den Blankoscheck, den ihr der Barbier Shu Fu, von ihrer Güte beeindruckt, anbietet, zögert sie anzunehmen. Da greift Shui Ta wieder ein. Er füllt den Scheck mit 10 000 Silberdollar aus und eröffnet in den Baracken, die der Barbier den Armen als Bleibe geboten hat, eine Tabakfabrik. Die Armen dienen ihm als billige Arbeitskräfte.

Zwischenspiel

Ort: Wangs Nachtlager

Wang bittet die Götter, ihre Erwartungen an Shen Te zu verringern. Die Götter sehen sich dazu aber nicht in der Lage.

8

Ort: Shui Ta's Tabakfabrik

Shui Ta beutet in seiner Tabakfabrik die Arbeiter rücksichtslos aus. Er stellt auch Sun ein, zieht ihm aber die 200 Silberdollar, die dieser von Shen Te erhalten hatte, nach und nach vom Lohn ab. Sun versteht es jedoch, sich bei Shui Ta einzuschmeicheln, und wird zum Aufseher befördert, der von den Arbeitern bald als gnadenloser Antreiber gefürchtet wird.

9

Ort: Shen Te's Tabakladen

Shui Ta, der sehr dick geworden ist, kann die hartnäckigen Nachfragen des Wasserverkäufers und anderer Freunde Shen Te's über deren Verbleib immer schwerer beantworten. Als Sun erfährt, dass Shen Te bei ihrem Weggang schwanger war, stellt er sich auf die Seite der skeptischen Frager. Er schaltet die Polizei ein und Shui Ta wird verhaftet unter dem Verdacht, Shen Te ermordet zu haben.

Zwischenspiel

Ort: Wangs Nachtlager

Die Götter sind bei ihrer Suche nach weiteren guten Menschen gescheitert, sie setzen alle Hoffnung auf Shen Te.

kann, wenn man darin überleben will. Die Götter verschließen vor dieser Einsicht jedoch die Augen, wollen in Shen Te nur ihren guten Menschen sehen und schweben auf einer rosa Wolke singend zum Himmel empor.

10

Ort: Gerichtslokal

In den Richterroben stecken die drei Götter. Shui Ta wird von den Zeugen in die Enge getrieben und bricht schließlich zusammen. Auf seine Bitte hin lassen die Richter den Saal räumen und Shui Ta gibt sich als Shen Te zu erkennen. Sie führt den Göttern vor Augen, dass man in einer schlechten Welt nicht gut sein

Epilog

Vor den Vorhang tritt ein Spieler und wendet sich entschuldigend an das Publikum, man habe keinen rechten Schluss gefunden, so sei der Vorhang nun zu, aber alle Fragen offen. Sollte der Mensch oder die Welt anders sein, brauche man andere Götter oder vielleicht keine? Am Ende empfiehlt er dem Publikum, sich selbst einen Schluss zu suchen.

---

1. Erarbeiten Sie eine Gegenüberstellung, in der Sie anhand der Verlaufsübersichten alle Unterschiede in der **Struktur** von Lessings „Emilia Galotti" und Brechts „Gutem Menschen von Sezuan" auflisten.

	Emilia Galotti	*Der gute Mensch von Sezuan*
Äußerer Aufbau		
Handlungsführung und Spannungsaufbau		
Orte und zeitliche Gliederung		
Figurenkonstellation		
Anfang und Schluss		
Verhältnis von Bühnengeschehen und Publikum		
...		

2. a) Erläutern Sie, welche Funktion die unterschiedlichen Strukturelemente im Hinblick auf die Wirkung der Stücke haben.
    b) Legen Sie Ihr Verständnis von der Wirkungsabsicht (Intention) der Stücke dar.
3. Diskutieren Sie in Ihrem Kurs, welches der beiden Stücke Sie als Lektüre und/oder als Aufführung stärker interessiert.

Das aristotelische Drama

Der Erste, der eine Theorie des Dramas entwickelte und dabei Grundsätzliches zu dessen Struktur formulierte, war der griechische Philosoph ARISTOTELES (384–322 v. Chr.) in seiner Schrift „Über die Dichtkunst". Diese Theorie war nichts anderes als die systematische Zusammenfassung seiner Eindrücke und Beobachtungen zu den Theaterstücken seiner Zeit. Ein Problem für die Nachwelt war, dass die genannte Poetik des Aristoteles nur in Bruchstücken überliefert ist und dass sie überdies wohl eher Notizen für den Unterricht an seiner Philosophenschule darstellte als eine ausgearbeitete Theorie. Dennoch galten die erhalten gebliebenen Definitionen und Lehrsätze in der Geschichte des europäischen Theaters lange Zeit als oberster Maßstab. Bis ins 19. Jahrhundert hinein waren die Dichter und Literaturtheoretiker bestrebt, ihre Werke und Poetiken mit der Autorität des Aristoteles zu legitimieren, indem sie nachwiesen, dass ihre Produkte mit den „richtig" verstandenen Regeln des klassischen Griechen übereinstimmten. Aber auch die modernen Theaterschriftsteller, die sich bewusst

Aristoteles

vom traditionellen Drama abwandten, setzten in ihren theoretischen Überlegungen meist bei Aristoteles an, wenn sie das Neue und Andersartige ihrer Stücke aufzeigen wollten.

Aristoteles

Kennzeichen der Tragödie
(um 335 v. Chr.)

- Die Tragödie ist die Nachahmung einer edlen und abgeschlossenen Handlung von einer bestimmten Größe in gewählter Rede, derart, dass jede Form solcher Rede in ge-
5 sonderten Teilen erscheint und dass gehandelt und nicht berichtet wird und dass mit Hilfe von Mitleid und Furcht eine Reinigung (Katharsis) von eben derartigen Affekten bewerkstelligt wird.
10 - Es dürfen also Handlungen, die gut aufgebaut sein sollen, weder an einem beliebigen

Punkte beginnen noch an einem beliebigen Punkte aufhören.
- Die Teile der Handlung müssen so zusammengesetzt sein, dass das Ganze sich verändert und in Bewegung gerät, wenn ein einziger Teil umgestellt oder weggenommen wird. Wo aber Vorhandensein oder Fehlen eines Stückes keine sichtbare Wirkung hat, da handelt es sich gar nicht um einen Teil des Ganzen.
- Die Tragödie versucht so weit wie möglich, sich in einem einzigen Sonnenumlauf oder doch nur wenig darüber hinaus abzuwickeln.

1. Bilden Sie zwei Rubriken: Tragen Sie in die eine alle Formulierungen bzw. Begriffe ein, die Sie verstanden haben und erläutern können, in die andere all diejenigen, die Ihnen unklar geblieben sind.
2. Erläutern Sie schriftlich alle Textpartien, die Ihnen einsichtig sind. Ziehen Sie als Beispiele die Szenen und Verlaufsübersichten auf S. 153 ff. und auf S. 160 ff. heran.
3. Formulieren Sie Fragen zu den nicht verstandenen Passagen.

Der pyramidale Bau des Dramas nach Gustav Freytag

Der Schriftsteller und Literaturwissenschaftler Gustav Freytag hat 1863 in seinem Buch „Die Technik des Dramas" die Theorie des klassischen, aristotelisch geprägten Dramas in stark schematisierter Form zusammengefasst, indem er die Dramenstruktur als „pyramidalen Bau" beschrieb:

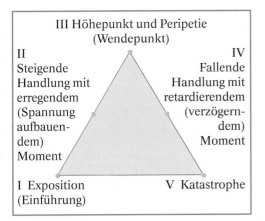

III Höhepunkt und Peripetie (Wendepunkt)

II Steigende Handlung mit erregendem (Spannung aufbauendem) Moment

IV Fallende Handlung mit retardierendem (verzögerndem) Moment

I Exposition (Einführung)

V Katastrophe

Wesentlich für die Struktur des klassischen Dramas sind die auf Aristoteles zurückgehenden drei Einheiten: **die Einheit der Handlung, der Zeit und des Ortes.** Jede Szene des Dramas erweist sich als Teil des einen geradlinigen, zeitlich eng begrenzten und an einen Ort gebundenen Handlungsstranges. Die Szenen (Auftritte) sind zu fünf Akten (Aufzügen) gebündelt. Diese fünf Akte stehen in einem die Spannung aufbauenden Funktionszusammenhang, sie bilden die Etappen, die den dramatischen Prozess in seiner idealtypischen Verlaufsform gliedern.

1. Akt, **Exposition:** Die Zuschauer/innen werden eingeführt in Zeit, Ort, Atmosphäre der Handlung; sie lernen die für die Handlung wichtigen Personen direkt (sie treten auf) oder indirekt (es wird über sie gesprochen) kennen; sie erfahren die Vorgeschichte; der Konflikt beginnt sich mehr oder minder deutlich abzuzeichnen.

2. Akt, **Steigende Handlung mit erregendem Moment:** Die Handlung erhält den entscheidenden Anschub, Interessen stoßen aufeinander, Intrigen werden gesponnen, der Ablauf des Geschehens beschleunigt sich in eine bestimmte Richtung; dadurch steigt die Spannung auf den weiteren Verlauf der Handlung und das Ende (Aufbau einer Finalspannung).

3. Akt, **Höhepunkt:** Die Entwicklung des Konflikts erreicht ihren Höhepunkt, der Held/die Heldin steht in der entscheidenden Auseinandersetzung, in der sich das weitere Schicksal entscheidet, das heißt, der Wendepunkt (die Peripetie) zu Sieg oder Niederlage, zu Absturz oder Erhöhung wird herbeigeführt.

4. Akt, **Fallende Handlung mit retardierendem Moment:** Die Handlung fällt jetzt auf das Ende zu; dennoch wird die Spannung noch einmal gesteigert, indem die Entwicklung im so genannten retardierenden Moment verzögert wird. Der Held/die Heldin scheint doch noch gerettet zu werden (zuweilen auch durch die Einführung einer neuen Person).

5. Akt, **Katastrophe:** Die Schlusshandlung bringt die Lösung des Konfliktes mit dem Untergang des Helden/der Heldin. Häufig ist jedoch der äußere Untergang, der Tod, mit einem inneren Sieg und der Verklärung des Helden/der Heldin verbunden.

---

1. Versuchen Sie, Gustav Freytags Schema auf die Verlaufsübersichten zu Lessings „Emilia Galotti" und Brechts „Gutem Menschen von Sezuan" (▷ S. 160 ff.) anzuwenden, und beschreiben Sie Ihre Ergebnisse.
2. Untersuchen Sie andere Theaterstücke, die Sie im Unterricht gelesen haben, auf das Freytag'sche Schema hin.
3. Diskutieren Sie im Kurs, welchen Sinn und Zweck solche idealtypischen Schemata haben.

Bertolt Brechts episches Theater

Das Drama, das sich an die Regeln des Aristoteles hält, wird auch als das Drama der **geschlossenen Form** bezeichnet. Ihm steht das nichtaristotelische Drama der **offenen Form** gegenüber, dessen herausragender Vertreter das epische Theater Bertolt Brechts ist. Obwohl Theaterstücke der offenen Form schon seit dem Mittelalter, z. B. in Spielen zu den hohen christlichen Feiertagen, existieren, entfalteten sie erst in der Moderne eine gegenüber dem geschlossenen Drama gleichberechtigte, wenn nicht sogar dominante Wirkungsgeschichte. Dabei konnten sich die modernen Theaterautoren auf Experimente mit einer offenen Dramenform bei Dichtern wie Goethe („Faust I") oder Büchner („Woyzeck") berufen.

1. Beschreiben Sie, welche Folgen für die Struktur eines Theaterstücks sich daraus ergeben, dass die drei aristotelischen Einheiten von Zeit, Ort und Handlung aufgegeben werden. Denken Sie dabei auch an die Konsequenzen für den Anfang und den Schluss des Stücks.
2. Welches Stück, das in Ihren Augen eine offene Form hat, kennen Sie aus der Lektüre oder einer Inszenierung?
3. Eine Parallele zur geschlossenen und offenen Form des Dramas lässt sich auf dem Gebiet des Films entdecken. Untersuchen Sie daraufhin einen „klassischen" Hollywood-Film und Tom Tykwers „Lola rennt" (▷ Kapitel D 3.1: „Filmvergleich ‚Lola rennt' und ‚Zwölf Uhr mittags'", S. 432 ff.).

BERTOLT BRECHT (1898–1956) entwickelte sein so genanntes **episches Theater** Ende der 20er-Jahre des 20. Jahrhunderts. Dabei vermied er für seine Werke bewusst den Begriff „Drama" und nannte sie einfach **Stücke** und sich selbst Stückeschreiber. Er setzte die geschlossene Form mit dem Drama schlechthin gleich, bezeichnete sie als „dramatische Form" des Theaters, der er seine „epische Form" entgegensetzte. In den „Anmerkungen zur Oper Aufstieg und Fall der Stadt Mahagonny" (▷ S. 167) stellt Brecht tabellarisch die beiden Formen des Theaters einander gegenüber, betont dabei allerdings, dass dieses Schema „nicht absolute Gegensätze, sondern lediglich Akzentverschiebungen" zeige.

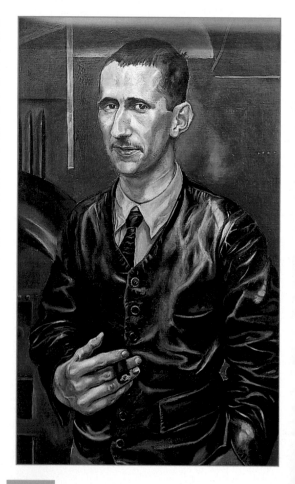

Rudolf Schlichter:
Bert Brecht (1928)

166

Bertolt Brecht
Die dramatische und die epische Form des Theaters (1938)

Dramatische Form des Theaters	Epische Form des Theaters
Die Bühne „verkörpert" einen Vorgang	sie erzählt ihn
verwickelt den Zuschauer in eine Aktion und	macht ihn zum Betrachter, aber
verbraucht seine Aktivität	weckt seine Aktivität
ermöglicht ihm Gefühle	erzwingt von ihm Entscheidungen
vermittelt ihm Erlebnisse	vermittelt ihm Kenntnisse
der Zuschauer wird in eine Handlung hineinversetzt	er wird ihr gegenübergesetzt
es wird mit Suggestion gearbeitet	es wird mit Argumenten gearbeitet
die Empfindungen werden konserviert	bis zu Erkenntnissen getrieben
der Mensch wird als bekannt vorausgesetzt	der Mensch ist Gegenstand der Untersuchung
der unveränderliche Mensch	der veränderliche und verändernde Mensch
Spannung auf den Ausgang	Spannung auf den Gang
eine Szene für die andere	jede Szene für sich
die Geschehnisse verlaufen linear	in Kurven
natura non facit saltus	facit saltus[1]
die Welt, wie sie ist	die Welt, wie sie wird
was der Mensch soll	was der Mensch muß
seine Triebe	seine Beweggründe
das Denken bestimmt das Sein	das gesellschaftliche Sein bestimmt das Denken[2] R

1 **natura (non) facit saltus** (lat.): Die Natur, das Geschehen macht (keine) Sprünge.
2 Kernthese der Philosophie von Karl Marx (1818–1883)

---

1. Wählen Sie drei Gegenüberstellungen aus, die Sie verstanden haben, und erläutern Sie diese Ihrem Kurs mit eigenen Worten. Benutzen Sie bei Ihrer Erläuterung Beispiele aus den beiden Verlaufsübersichten zu „Emilia Galotti" und „Der gute Mensch von Sezuan" (▷ S. 160 ff.).
2. Versuchen Sie, Gegenüberstellungen der Tabelle, die Ihnen nicht unmittelbar verständlich sind, mit Hilfe weiterer theatertheoretischer Texte Brechts zu erklären, z. B. „Die Bühne begann zu erzählen" (▷ S. 168), „Die Straßenszene als Grundmodell für episches Theater" (▷ S. 171), „Was ist mit dem epischen Theater gewonnen?" (▷ S. 172) oder „Verfremden und Demonstrieren" (▷ S. 58).

Bertolt Brecht

Die Bühne begann zu erzählen
(1936)

Zum Verständnis der Vorgänge war es nötig geworden, die *Umwelt*, in der die Menschen lebten, groß und „bedeutend" zur Geltung zu bringen.

5 Diese Umwelt war natürlich auch im bisherigen Drama gezeigt worden, jedoch nicht als selbständiges Element, sondern nur von der Mittelpunktsfigur des Dramas aus. Sie erstand aus der Reaktion des Helden auf sie. Sie wurde gesehen, wie der Sturm gesehen werden

10 kann, wenn man auf einer Wasserfläche die Schiffe ihre Segel entfalten und die Segel sich biegen sieht. Im epischen Theater sollte sie aber nun selbständig in Erscheinung treten.

15 Die Bühne begann zu erzählen. Nicht mehr fehlte mit der vierten Wand zugleich der Erzähler. Nicht nur der Hintergrund nahm Stellung zu den Vorgängen auf der Bühne, indem er auf großen Tafeln gleichzeitige andere Vor-

20 gänge an andern Orten in die Erinnerung rief, Aussprüche von Personen durch projizierte Dokumente belegte oder widerlegte, zu abstrakten Gesprächen sinnlich faßbare, konkrete Zahlen lieferte, zu plastischen, aber in ihrem Sinn undeutlichen Vorgängen Zahlen und Sätze zur Verfügung stellte – auch die Schauspieler vollzogen die Verwandlung nicht vollständig, sondern hielten Abstand zu der von ihnen dargestellten Figur, ja forderten deutlich zur Kritik auf.

Von keiner Seite wurde es dem Zuschauer weiterhin ermöglicht, durch einfache Einfühlung in dramatische Personen sich kritiklos (und praktisch folgenlos) Erlebnissen hinzugeben. Die Darstellung setzte die Stoffe und Vorgänge einem Entfremdungsprozeß aus. Es war die Entfremdung, welche nötig ist, damit verstanden werden kann. Bei allem „Selbstverständlichen" wird auf das Verstehen einfach verzichtet. Das „Natürliche" muß das Moment des *Auffälligen* bekommen. Nur so konnten die Gesetze von Ursache und Wirkung zutage treten. Das Handeln der Menschen mußte zugleich so sein und mußte zugleich anders sein können.   Ⓡ

1. Fassen Sie zusammen, welche Folgen die Episierung des Theaters für Inhalt und Handlungsaufbau der Stücke, für die Einrichtung der Bühne und das Bühnenbild, für die Schauspieler/innen sowie für das Verhältnis von Dargestelltem und Zuschauer/innen hat.
2. Der so genannte **Verfremdungseffekt** hat für das epische Theater zentrale Bedeutung. Erläutern Sie mit Hilfe des obigen Textes sowie „Verfremden und Demonstrieren" (▷ S. 58), was darunter zu verstehen ist.
3. Zeigen Sie an einem Beispiel aus der Verlaufsübersicht zu „Der gute Mensch von Sezuan" (▷ S. 161 ff.) auf, dass der Schauspieler im epischen Theater nicht vollständig in seiner Rolle aufgeht, dass er nicht zu der dargestellten Person wird, sondern diese nur zeigt.
4. Lassen sich Elemente des aristotelischen bzw. epischen Theaters in den beiden Antigone-Szenen (▷ S. 153 ff.) nachweisen?
5. Nehmen Sie sich die Übersicht über Lessings „Emilia Galotti" (▷ S. 160 f.) vor und stellen Sie Überlegungen dazu an, wie man das Stück als episches Theater inszenieren könnte.

Wirkungsabsichten: Was will das Theater?

Auch in der Frage nach der Wirkungsabsicht des Theaters hatte Aristoteles mit seiner Definition der Tragödie für Jahrhunderte die Richtung gewiesen: Durch Mitleid und Furcht soll eine Reinigung (**Katharsis**) von derartigen Gemütsbewegungen bewirkt werden. Der schillernde Begriff der Katharsis ist im Laufe der Zeiten unterschiedlich verstanden worden, z.B. als Abhärtung gegenüber den Leidenschaften, als Sühnung im religiösen Sinne, als Heilung im medizinischen Sinne oder als Ausgleich und Versöhnung.

Noch GOTTHOLD EPHRAIM LESSING (1729–1781) greift in seiner Theatertheorie auf Aristoteles' Bestimmung zurück:

Gotthold Ephraim Lessing (1760)

Gotthold Ephraim Lessing
Hamburgische Dramaturgie (1768)

Er [Aristoteles] spricht von Mitleid und Furcht, nicht von Mitleid und Schrecken; und seine Furcht ist durchaus nicht die Furcht, welche uns das bevorstehende Übel eines andern, für diesen andern, erweckt, sondern es ist die Furcht, welche aus unserer Ähnlichkeit mit der leidenden Person für uns selbst entspringt; es ist die Furcht, dass die Unglücksfälle, die wir über diese verhängt sehen, uns selbst treffen können; es ist die Furcht, dass wir der bemitleidete Gegenstand selbst werden können. Mit einem Worte: diese Furcht ist das auf uns selbst bezogene Mitleid. [...] Wenn Aristoteles diesen Begriff von dem Affekte[1] des Mitleids hatte, dass er notwendig mit der Furcht für uns selbst verknüpft sein müsse: was war es nötig, der Furcht noch insbesondere zu erwähnen? Das Wort Mitleid schloss sie schon in sich, und es wäre genug gewesen, wenn er bloß gesagt hätte: die Tragödie soll durch Erregung des Mitleids die Reinigung unserer Leidenschaft bewirken. Denn der Zusatz der Furcht sagt nichts mehr, und macht das, was er sagen soll, noch dazu schwankend und ungewiss.
Ich antworte: wenn Aristoteles uns bloß hätte lehren wollen, welche Leidenschaften die Tragödie erregen könne und solle, so würde er sich den Zusatz der Furcht allerdings haben ersparen können, und ohne Zweifel sich wirklich ersparet haben; denn nie war ein Philosoph ein größerer Wortsparer, als er. Aber er wollte uns zugleich lehren, welche Leidenschaften, durch die in der Tragödie erregten, in uns gereinigt werden sollten; und in dieser Absicht musste er der Furcht insbesondere gedenken. Denn obschon, nach ihm, der Affekt des Mitleids, weder in noch außer dem Theater, ohne Furcht für uns selbst sein kann; ob sie schon ein notwendiges Ingredienz[2] des Mitleids ist: so gilt dieses doch nicht auch umgekehrt, und das Mitleid für andere ist kein Ingredienz der Furcht für uns selbst. Sobald die Tragödie aus ist, höret unser Mitleid auf, und nichts bleibt von allen den empfundenen Regungen in uns zurück, als die wahrscheinliche Furcht, die uns das bemitleidete Übel für uns selbst schöpfen lassen. Diese nehmen wir mit; und so wie sie, als Ingredienz des Mitleids, das Mitleid reinigen helfen, so hilft sie nun auch, als eine vor sich fortdauernde Leidenschaft, sich selbst reinigen. Folglich, um anzuzeigen, dass sie dieses tun könne und wirklich tue, fand es Aristoteles für nötig, ihrer insbesondere zu gedenken. [...] Da nämlich, es kurz zu sagen, diese Reinigung in nichts anders beruhet, als in der Verwandlung der Leidenschaften in tugendhafte Fertigkeiten, bei jeder Tugend aber, nach unserm Philosophen, sich diesseits und jenseits ein Extremum[3] findet, zwischen welchem sie inne stehet: so muss die Tragödie, wenn sie unser Mitleid in Tugend verwandeln soll, uns von beiden Extremis des Mitleids zu reinigen vermögend sein; welches auch von der Furcht zu verstehen. Das tragische Mitleid muss nicht allein, in Ansehung des Mitleids, die Seele desjenigen reinigen, welcher zu viel Mitleid fühlet, sondern auch desjenigen, welcher zu wenig empfindet. Die tragische Furcht muss nicht allein, in Ansehung der Furcht, die Seele desjenigen reinigen, welcher sich ganz und gar keines Unglücks befürchtet, sondern auch desjenigen, den ein jedes Unglück, auch das entfernteste, auch das unwahrscheinlichste, in Angst setzet. Gleichfalls muss das tragische Mitleid, in Ansehung der Furchst, dem was zu viel, und dem was zu wenig, steuern: so wie hinwiederum die tragische Furcht, in Ansehung des Mitleids.

1 **Affekt:** Gemütsbewegung, Erregung

2 **Ingredienz:** Bestandteil
3 **Extremum:** äußerster Punkt

Friedrich Schiller

Die Schaubühne als moralische Anstalt betrachtet

(1784)

Die Gerichtsbarkeit der Bühne fängt an, wo das Gebiet der weltlichen Gesetze sich endigt. Wenn die Gerechtigkeit für Gold verblindet und im Solde der Laster schweigt, wenn die
5 Frevel der Mächtigen ihrer Ohnmacht spotten und Menschenfurcht den Arm der Obrigkeit bindet, übernimmt die Schaubühne Schwert und Waage und reißt die Laster vor einen schrecklichen Richterstuhl. Das ganze Reich
10 der Fantasie und Geschichte, Vergangenheit und Zukunft stehen ihrem Wink zu Gebot. Kühne Verbrecher, die längst schon im Staub vermodern, werden durch den allmächtigen Ruf der Dichtkunst jetzt vorgeladen und wie-
15 derholen zum schauervollen Unterricht der Nachwelt ein schändliches Leben. Ohnmächtig, gleich den Schatten in einem Hohlspiegel, wandeln die Schrecken ihres Jahrhunderts vor unsern Augen vorbei, und mit wollüstigem
20 Entsetzen verfluchen wir ihr Gedächtnis. [...] So gewiss sichtbare Darstellung mächtiger wirkt als toter Buchstabe und kalte Erzählung, so gewiss wirkt die Schaubühne tiefer und dauernder als Moral und Gesetze.
25 Aber hier *unterstützt* sie die weltliche Gerechtigkeit nur – ihr ist noch ein weiteres Feld geöffnet. Tausend Laster, die jene ungestraft duldet, straft sie; tausend Tugenden, wovon jene schweigt, werden von der Bühne emp-
30 fohlen. Hier begleitet sie die Weisheit und die Religion. Aus dieser reinen Quelle schöpft sie ihre Lehren und Muster und kleidet die strenge Pflicht in ein reizendes, lockendes Gewand. Mit welch herrlichen Empfindungen,
35 Entschlüssen, Leidenschaften schwellt sie unsere Seele, welche göttliche Ideale stellt sie uns zur Nacheiferung aus! [...] Nicht bloß auf Menschen und Menschencharakter, auch auf Schicksale macht uns die
40 Schaubühne aufmerksam und lehrt uns die große Kunst, sie zu ertragen. Im Gewebe unsers Lebens spielen *Zufall* und *Plan* eine gleich große Rolle: den Letztern lenken *wir*, dem Erstern müssen wir uns blind unterwer-

fen. Gewinn genug, wenn unausbleibliche 4 Verhängnisse uns nicht ganz ohne Fassung finden, wenn unser Mut, unsere Klugheit sich einst schon in ähnlichen übten und unser Herz zu dem Schlag sich gehärtet hat. Die Schaubühne führt uns eine mannigfaltige Sze- 5 ne menschlicher Leiden vor. Sie zieht uns künstlich in fremde Bedrängnisse und belohnt uns das augenblickliche Leiden mit wollüstigen Tränen und einem herrlichen Zuwachs an Mut und Erfahrung. [...] 5
Die Schaubühne ist die Stiftung, wo sich Vergnügen mit Unterricht, Ruhe mit Anstrengung, Kurzweil mit Bildung gattet, wo keine Kraft der Seele zum Nachteil des andern gespannt, kein Vergnügen auf Unkosten des 6 Ganzen genossen wird. Wenn Gram an dem Herzen nagt, wenn trübe Laune unsre einsame Stunden vergiftet, wenn uns Welt und Geschäfte anekeln, wenn tausend Lasten unsre Seelen drücken und unsre Reizbarkeit unter 6 Arbeiten des Berufs zu ersticken droht, so empfängt uns die Bühne – in dieser künstlichen Welt träumen wir die wirkliche hinweg, wir werden uns selbst wiedergegeben, unsre Empfindung erwacht, heilsame Leidenschaf- 7 ten erschüttern unsre schlummernde Natur und treiben das Blut in frischeren Wallungen. Der Unglückliche weint hier mit fremdem Kummer seinen eigenen aus – der Glückliche wird nüchtern und der Sichere besorgt. Der 7 empfindsame Weichling härtet sich zum Manne, der rohe Unmensch fängt hier zum ersten Mal zu empfinden an. Und dann endlich – welch ein Triumph für dich, Natur – so oft zu Boden getretene, so oft wieder auferstehende 8 Natur –, wenn Menschen aus allen Kreisen und Zonen und Ständen, abgeworfen jede Fessel der Künstelei und der Mode, herausgerissen aus jedem Drange des Schicksals, durch *eine* allwebende Sympathie verbrüdert, in *ein* 8 Geschlecht wieder aufgelöst, ihrer selbst und der Welt vergessen und ihrem himmlischen Ursprung sich nähern. Jeder Einzelne genießt die Entzückungen aller, die verstärkt und verschönert aus hundert Augen auf ihn zurück- 9 fallen, und seine Brust gibt jetzt nur *einer* Empfindung Raum – es ist diese: ein *Mensch* zu sein.

Bertolt Brecht

Die Straßenszene als Grundmodell für episches Theater (1938)

Es ist verhältnismäßig einfach, ein Grundmodell für episches Theater aufzustellen. Bei praktischen Versuchen wählte ich für gewöhnlich als Beispiel allereinfachsten, sozusagen „natürlichen" epischen Theaters einen Vorgang, der sich an irgendeiner Straßenecke abspielen kann: Der Augenzeuge eines Verkehrsunfalls demonstriert einer Menschenansammlung, wie das Unglück passierte. Die Umstehenden können den Vorgang nicht gesehen haben oder nur nicht seiner Meinung sein, ihn „anders sehen" – die Hauptsache ist, daß der Demonstrierende das Verhalten des Fahrers oder des Überfahrenen oder beider in einer solchen Weise vormacht, daß die Umstehenden sich über den Unfall ein Urteil bilden können.

Dieses Beispiel epischen Theaters primitivster Art scheint leicht verstehbar. Jedoch bereitet es erfahrungsgemäß dem Hörer oder Leser erstaunliche Schwierigkeiten, sobald von ihm verlangt wird, die Tragweite des Entschlusses zu fassen, eine solche Demonstration an der Straßenecke als Grundform großen Theaters, Theater eines wissenschaftlichen Zeitalters, anzunehmen. […]

Man bedenke: Der Vorgang ist offenbar keineswegs das, was wir unter einem Kunstvorgang verstehen. Der Demonstrierende braucht kein Künstler zu sein. Was er können muß, um seinen Zweck zu erreichen, kann praktisch jeder. Angenommen, er ist nicht imstande, eine so schnelle Bewegung auszuführen, wie der Verunglückte, den er nachahmt, so braucht er nur erläuternd zu sagen: er bewegte sich dreimal so schnell, und seine Demonstration ist nicht wesentlich geschädigt oder entwertet. Eher ist seiner Perfektion eine Grenze gesetzt. Seine Demonstration würde gestört, wenn den Umstehenden seine Verwandlungsfähigkeit auffiele. Er hat es zu vermeiden, sich so aufzuführen, daß jemand ausruft: „Wie lebenswahr stellt er doch einen Chauffeur dar!" Er hat niemanden „in seinen Bann zu ziehen". Er soll niemanden aus dem Alltag in „eine höhere Sphäre" locken. Er braucht nicht über besondere suggestive Fähigkeiten zu verfügen.

Völlig entscheidend ist es, daß ein Hauptmerkmal des gewöhnlichen Theaters in unserer *Straßenszene* ausfällt: die Bereitung der *Illusion*. Die Vorführung des Straßendemonstranten hat den Charakter der Wiederholung. Das Ereignis hat stattgefunden, hier findet die Wiederholung statt. Folgt die Theaterszene hierin der *Straßenszene*, dann verbirgt das Theater nicht mehr, daß es Theater ist, so wie die Demonstration an der Straßenecke nicht verbirgt, daß sie Demonstration (und nicht vorgibt, daß sie Ereignis) ist. Das Geprobte am Spiel tritt voll in Erscheinung, das auswendig Gelernte am Text, der ganze Apparat und die ganze Vorbereitung. Wo bleibt dann das *Erlebnis*, wird die dargestellte Wirklichkeit dann überhaupt noch erlebt?

Die *Straßenszene* bestimmt, welcher Art das *Erlebnis* zu sein hat, das dem Zuschauer bereitet wird. Der Straßendemonstrant hat ohne Zweifel ein „Erlebnis" hinter sich, aber er ist doch nicht darauf aus, seine Demonstration zu einem „Erlebnis" der Zuschauer zu machen; selbst das Erlebnis des Fahrers und des Überfahrenen vermittelt er nur zum Teil, keinesfalls versucht er, es zu einem genußvollen Erlebnis des Zuschauers zu machen, wie lebendig er immer seine Demonstration gestalten mag. Seine Demonstration verliert zum Beispiel nicht an Wert, wenn er den Schrecken, den der Unfall erregte, nicht reproduziert; *ja, sie verlöre eher an Wert*. Er ist nicht auf Erzeugung purer *Emotionen* aus. Ein Theater, das ihm hierin folgt, vollzieht geradezu einen Funktionswechsel, wie man verstehen muß.

Ein wesentliches Element der *Straßenszene*, das sich auch in der *Theaterszene* vorfinden muß, soll sie episch genannt werden, ist der Umstand, daß die Demonstration gesellschaftlich praktische Bedeutung hat. Ob unser Straßendemonstrant nun zeigen will, daß bei dem und dem Verhalten eines Passanten oder des Fahrers ein Unfall unvermeidlich, bei einem andern vermeidlich ist, oder ob er zur Klärung der Schuldfrage demonstriert – seine Demonstration verfolgt praktische Zwecke, greift gesellschaftlich ein.

R

Bertolt Brecht

Was ist mit dem epischen Theater gewonnen? (1939)

Damit ist gewonnen, daß der Zuschauer die Menschen auf der Bühne nicht mehr als ganz unveränderbare, unbeeinflußbare, ihrem Schicksal hilflos ausgelieferte dargestellt
5 sieht. Er sieht: dieser Mensch ist so und so, weil die Verhältnisse so und so sind. Und die Verhältnisse sind so und so, weil der Mensch so und so ist. Er ist aber nicht nur so vorstellbar, wie er ist, sondern auch anders, so wie er
10 sein könnte, und auch die Verhältnisse sind anders vorstellbar, als sie sind. Damit ist gewonnen, daß der Zuschauer im Theater eine neue Haltung bekommt. Er bekommt den Abbildern der Menschenwelt auf der Bühne ge-
15 genüber jetzt dieselbe Haltung, die er als Mensch dieses Jahrhunderts der Natur gegenüber hat. Er wird auch im Theater empfangen als der große Änderer, der in die Naturprozesse und die gesellschaftlichen Prozesse
20 einzugreifen vermag, der die Welt nicht mehr nur hinnimmt, sondern sie meistert. Das Theater versucht nicht mehr, ihn besoffen zu machen, ihn mit Illusionen auszustatten, ihn die Welt vergessen zu machen, ihn mit seinem
25 Schicksal auszusöhnen. Das Theater legt ihm nunmehr die Welt vor zum Zugriff. ⊞

Friedrich Dürrenmatt

Uns kommt nur noch die Komödie bei (1955)

Die Tragödie setzt Schuld, Not, Maß, Übersicht, Verantwortung voraus. In der Wurstelei unseres Jahrhunderts, in diesem Kehraus der weißen Rasse, gibt es keine Schuldigen und
5 auch keine Verantwortlichen mehr. Alle können nichts dafür und haben es nicht gewollt. Es geht wirklich ohne jeden. Alles wird mitgerissen und bleibt in irgendeinem Rechen hängen. Wir sind zu kollektiv schuldig, zu kollek-
10 tiv gebettet in die Sünden unserer Väter und Vorväter. Wir sind nur noch Kindeskinder. Das ist unser Pech, nicht unsere Schuld: Schuld gibt es nur noch als persönliche Leistung, als religiöse Tat. Uns kommt nur noch
15 die Komödie bei. Unsere Welt hat ebenso zur Groteske geführt wie zur Atombombe, wie ja

die apokalyptischen Bilder des Hieronymus Bosch[1] auch grotesk sind. Doch das Groteske ist nur ein sinnlicher Ausdruck, ein sinnliches Paradox, die Gestalt nämlich einer Ungestalt,
20 das Gesicht einer gesichtslosen Welt, und genauso wie unser Denken ohne den Begriff des Paradoxen nicht mehr auszukommen scheint, so auch die Kunst, unsere Welt, die nur noch ist, weil die Atombombe existiert: aus Furcht
25 vor ihr.

Doch ist das Tragische immer noch möglich, auch wenn die reine Tragödie nicht mehr möglich ist. Wir können das Tragische aus der Komödie heraus erzielen, hervorbringen als
30 einen schrecklichen Moment, als einen sich öffnenden Abgrund, so sind ja schon viele Tragödien Shakespeares Komödien, aus denen heraus das Tragische aufsteigt.

Nun liegt der Schluß nahe, die Komödie sei
35 der Ausdruck der Verzweiflung, doch ist dieser Schluß nicht zwingend. Gewiß, wer das Sinnlose, das Hoffnungslose dieser Welt sieht, kann verzweifeln, doch ist diese Verzweiflung nicht eine Folge dieser Welt, sondern eine
40 Antwort, die er auf diese Welt gibt, und eine andere Antwort wäre sein Nichtverzweifeln, sein Entschluß etwa, die Welt zu bestehen, in der wir oft leben wie Gulliver unter den Riesen. Auch der nimmt Distanz, auch der tritt ei-
45 nen Schritt zurück, der seinen Gegner einschätzen will, der sich bereit macht, mit ihm zu kämpfen oder ihm zu entgehen. Es ist immer noch möglich, den mutigen Menschen zu zeigen.
50 Dies ist denn auch eines meiner Hauptanliegen. Der Blinde, Romulus, Übelohe, Akki[2] sind mutige Menschen. Die verlorene Weltordnung wird in ihrer Brust wieder hergestellt, das Allgemeine entgeht meinem Zugriff. Ich
55 lehne es ab, das Allgemeine in einer Doktrin[3] zu finden, ich nehme es als Chaos hin. Die Welt (die Bühne somit, die diese Welt bedeutet) steht für mich als ein Ungeheures da, als ein Rätsel an Unheil, das hingenommen wer-
60 den muß, vor dem es jedoch kein Kapitulieren geben darf. Die Welt ist größer denn der Mensch, zwangsläufig nimmt sie so bedrohliche Züge an, die von einem Punkt außerhalb

1 **Hieronymus Bosch** (um 1450–1516): niederländischer Maler
2 **Der Blinde ... Akki:** Figuren in Dürrenmatts Dramen
3 **Doktrin:** Lehrsatz

nicht bedrohlich wären, doch habe ich kein Recht und keine Fähigkeit, mich außerhalb zu stellen. Trost in der Dichtung ist oft nur allzu billig, ehrlicher ist es wohl, den menschlichen Blickwinkel beizubehalten. Die Brechtsche These, die er in seiner Straßenszene entwickelt, die Welt als Unfall hinzustellen und nun zu zeigen, wie es zu diesem Unfall gekommen sei, mag großartiges Theater geben, was ja Brecht bewiesen hat, doch muß das meiste bei der Beweisführung unterschlagen werden: Brecht denkt unerbittlich, weil er an vieles unerbittlich nicht denkt.

Endlich: Durch den Einfall, durch die Komödie wird das anonyme Publikum als Publikum erst möglich, eine Wirklichkeit, mit der zu rechnen, aber die auch zu berechnen ist. Der Einfall verwandelt die Menge der Theaterbesucher besonders leicht in eine Masse, die nun angegriffen, verführt, überlistet werden kann, sich Dinge anzuhören, die sie sich sonst nicht so leicht anhören würde. Die Komödie ist eine Mausefalle, in die das Publikum immer wieder gerät und immer noch geraten wird. Die Tragödie dagegen setzt eine Gemeinschaft voraus, die heute nicht immer ohne Peinlichkeit als vorhanden fingiert[4] werden kann: Es gibt nichts Komischeres etwa, als in den Mysterienspielen der Anthroposophen[5] als Unbeteiligter zu sitzen. $\boxed{\text{R}}$

4 **fingiert:** unterstellt
5 **Anthroposophen:** Anhänger eines von Rudolf Steiner (1861–1925) entwickelten ganzheitlichen Welt- und Menschenbildes

1. a) Arbeiten Sie heraus, welche Wirkungsabsicht Lessing, Schiller, Brecht und Dürrenmatt dem Theater jeweils zuschreiben.
   b) Stellen Sie fest, wo sich Gemeinsamkeiten erkennen lassen und wo Unterschiede bestehen.
2. a) Gehen Sie von der fiktiven Annahme aus, die vier Schriftsteller hätten sich zu einem Gespräch über die Wirkungsmöglichkeiten des Theaters getroffen. Stellen Sie aus den vorliegenden Texten geeignete Zitate zu einer Textcollage zusammen. Formulieren Sie dann selbst Fragen und Überleitungen.
   b) Führen Sie im Kurs ein theatertheoretisches Streitgespräch durch, in dem vier Kursmitglieder die Rollen Lessings, Schillers, Brechts und Dürrenmatts einnehmen und unter Leitung einer Moderatorin/eines Moderators ihre Auffassung von den Aufgaben des Theaters in Abgrenzung zu den anderen Positionen darlegen. Der/die Moderator/in fordert dann das Publikum auf, sich an dem Gespräch zu beteiligen, indem es Fragen stellt und eigene Auffassungen bekundet.
3. ▷ **Referat/Facharbeit:** Formen und Wirkungsabsichten des Theaters (z. B. aristotelisches Theater, episches Theater, Dokumentartheater, absurdes Theater) ▷ S. 105 ff., 119 f.

2.3 Inszenierungen – szenisches Interpretieren

Das Drama ist von seiner Anlage her Theaterstück, also prinzipiell für die **Inszenierung auf der Bühne** bestimmt. Der geschriebene Text gleicht der Partitur eines Musikstücks, die ihre Wirkung auch erst in der Realisierung im Konzertsaal entfalten kann. Von daher ist das bloße Lesen eines Dramas eine ergänzungsbedürftige Rezeptionsweise. Wenn Sie ein Drama im Unterricht behandeln, sollten Sie also die Spielpläne der umliegenden Theater verfolgen, um womöglich eine Inszenierung des gelesenen Stücks zu besuchen, oder Sie sollten sich zumindest die Videoaufzeichnung einer Inszenierung besorgen.

Sie können aber auch selbst während der Lektüre eines Dramas in einen Inszenierungsprozess einsteigen, das Stück sozusagen szenisch interpretieren. Das bedeutet nicht, dass Sie das gesamte Stück zu einer Aufführung bringen, aber Sie können durch eine Reihe von inszenatorischen Verfahrensweisen so an dem Stück arbeiten, dass Sie sich ein anschauliches und lebendiges Bild von seiner Realisierung auf dem Theater machen können. Im Folgenden sind einige solcher Verfahrensweisen als Anregungen vorgeschlagen (▷ S. 174). Als Übungsmaterial können Sie sich auch die beiden Antigone-Szenen (▷ S. 153 ff.) zu szenischen Gestaltungen vornehmen und dadurch Ihr Verständnis von der Unterschiedlichkeit der beiden Dramenausschnitte vertiefen.

SZENISCHES INTERPRETIEREN

1. **Rollenprofile schreiben:** Dieses Verfahren wurde in den Arbeitsanregungen zu den beiden Antigone-Szenen schon vorgeschlagen (▷ S. 156, Aufgabe 5). Sie eignen sich die Personen in der Ich-Form schreibend an. Sie können die Rollenprofile zu **Rollenbiografien** erweitern, indem Sie über die Informationen hinaus, die Sie aus der Szene bzw. dem Stück erhalten, sich die Lebensumstände, Einstellungen, Gedanken, Gefühle, Gewohnheiten „Ihrer" Figur genau vorstellen.

2. **Rollenprofile pantomimisch entwickeln:** In der vorigen Übung haben Sie sich die Personen schreibend angeeignet, nun geschieht dasselbe körperlich. Sie stellen sich intensiv vor, wie eine Person dasteht, wie sie geht, wie sie sitzt, welche Tätigkeiten für ihren Alltag typisch sind und wie sie diese verrichtet. Das alles führen Sie dem Kurs pantomimisch vor; dabei muss konzentrierte Stille herrschen. Sie bekommen dann Rückmeldungen; andere Kursteilnehmer führen vor, wie sie sich Haltungen und Bewegungen der Person vorstellen, und Sie können in einer zweiten Präsentation die erhaltenen Anregungen einarbeiten.

3. **Sprechrollen vorbereiten:** Sie wählen sich einige Sätze „Ihrer" Person aus unterschiedlichen Textstellen aus, lernen sie auswendig und sprechen sie so, wie Sie sich die Sprechweise der Person vorstellen. Es sollten laut und leise zu sprechende Sätze sein. Denken Sie beim Sprechen auch an Mimik, Gestik und Körperhaltung.

4. **Eine szenische Lesung durchführen:** Wenn Sie sich mit den Personen durch Übungen, wie sie in den Arbeitsanregungen 1–3 vorgeschlagen werden, vertraut gemacht haben, können Sie Ausschnitte aus Szenen oder ganze Szenen vor dem Kurs mit verteilten Rollen vorlesen. Das Buch in der Hand hindert Sie an einem freien Spiel, dennoch können Standorte eingenommen, Gänge gemacht, Gebärden und Gesichtsausdrücke angedeutet werden.

5. **Szenen improvisiert spielen:** Die Textbücher werden zur Seite gelegt und ein Szenenausschnitt oder eine ganze Szene wird frei gespielt. Die Bewegungen der Personen, ihr Agieren und ihre Kör-persprache sind wichtiger als der Text, an den sich die Schauspieler/innen in freier Improvisation anlehnen können.

6. **Eine Serie von Standbildern aufnehmen:** Wie ein Standbild gebaut wird, erfahren Sie auf S. 56. Sie wählen mehrere Momente einer Szene aus und erarbeiten für diese Momente (z. B. in Kleingruppen) Standbilder.
   Mit einer Polaroidkamera können Sie Ihre Standbilder aufnehmen und erhalten so eine Bilderfolge, die den Verlauf der Szene deutlich werden lässt.

7. **Regieanweisungen schreiben:** Jedes Drama besteht aus einem Primärtext, das sind die Dialoge und Monologe, also alles das, was die Schauspieler zu sprechen haben, und einem Sekundärtext, das sind die Anweisungen, in denen der Autor mitteilt, wie die Szene eingerichtet werden soll und wie die Schauspieler sich zu verhalten haben. Diese Anweisungen sind für gewöhnlich recht sparsam, stehen in Klammern oder sind durch das Druckbild vom Primärtext abgesetzt. Die Regieanweisungen können nun zu einem umfassenden Paralleltext zu den Rollentexten ausgearbeitet werden, sodass ein genaues Bild vom gesamten Ablauf der Szene entsteht. Dabei sollte mehr oder minder ausführlich eingegangen werden auf
   - das Bühnenbild,
   - die Kostüme,
   - Maske und Frisuren,
   - die Beleuchtung,
   - die Positionen der Personen und ihre Gänge auf der Bühne,
   - ihre Haltung, Gestik, Mimik und Sprechweise in wichtigen Momenten der Handlung,
   - Geräusche auf der Bühne und aus dem Off.

Lohnenswert nach solchen szenischen bzw. inszenatorischen Versuchen ist es, sich die Aufführung des erarbeiteten Stücks im Theater oder in einer Videoaufzeichnung anzusehen, um zu vergleichen, wie Profis damit umgegangen sind und ob deren produktive Interpretation mit Ihren eigenen Vorstellungen übereinstimmt.

3 Lyrik

3.1 Gedichte über Gedichte

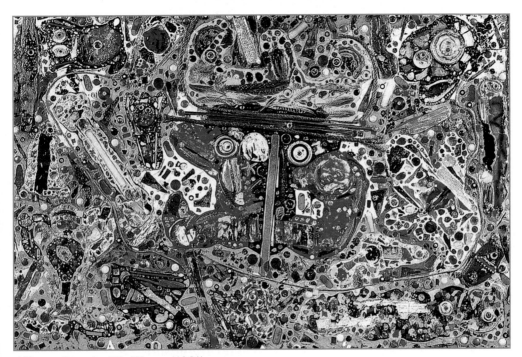

Alfonso Ossorio: Die Waage (1961)

Günter Kunert
So soll es sein (1974)

Zwecklos und sinnvoll
soll es sein
zwecklos und sinnvoll
soll es auftauchen aus dem Schlamm
5 daraus die Ziegel der großen Paläste
entstehen um wieder zu Schlamm zu zerfallen
eines sehr schönen Tages

zwecklos und sinnvoll
soll es sein
10 was für ein unziemliches Werk
wäre das
zur Unterdrückung nicht brauchbar
von Unterdrückung nicht widerlegbar
zwecklos also
15 sinnvoll also

wie das Gedicht.

Hans Kruppa
Gegengewicht (1983)

Dieses Gedicht ist ein kleines Gegengewicht
auf der Schale der Waage,
auf der immer zu wenig liegt.
Ein Gegengewicht zum Autolärm,
5 zu überfüllten Wartezimmern,
ein Gegengewicht zu den Nachrichten,
zu Schlagzeilen und Schlagbäumen,
Hochstraßen und Dampfwalzen,
Herzinfarkt und Krebsverdacht.
10 Ein kleines Etwas,
so leicht wie der Wind.
Ich lege es vorsichtig auf die Waagschale
zu all den andren leichten Dingen ...
Einen Moment erschien es mir,
15 als hätte sich etwas verändert.

Hilde Domin

Drei Arten Gedichte aufzuschreiben (1967/68)

1
Ein trockenes Flussbett
ein weißes Band von Kieselsteinen
von weitem gesehen
hierauf wünsche ich zu schreiben
5 in klaren Lettern
oder eine Schutthalde
Geröll
gleitend unter meinen Zeilen
wegrutschend
10 damit das heikle Leben meiner Worte
ihr Dennoch
ein Dennoch jedes Buchstabens sei

2
Kleine Buchstaben
genaue
15 damit die Worte leise kommen
damit die Worte sich einschleichen
damit man hingehen muss
zu den Worten
sie suchen in dem weißen
20 Papier
leise
man merkt nicht wie sie eintreten
durch die Poren
Schweiß der nach innen rinnt

25 Angst
meine
unsere
und das Dennoch jedes Buchstabens

3
Ich will einen Streifen Papier
30 so groß wie ich
ein Meter sechzig
darauf ein Gedicht
das schreit
sowie einer vorübergeht
35 schreit in schwarzen Buchstaben
das etwas Unmögliches verlangt
Zivilcourage zum Beispiel
diesen Mut den kein Tier hat
Mit-Schmerz zum Beispiel
40 Solidarität statt Herde
Fremd-Worte
heimisch zu machen im Tun

Mensch
Tier das Zivilcourage hat
45 Mensch
Tier das den Mit-Schmerz kennt
Mensch Fremdwort-Tier Wort-Tier
Tier
das Gedichte schreibt
50 Gedicht
das Unmögliches verlangt
von jedem der vorbeigeht
dringend
unabweisbar
55 als rufe es
„Trink Coca-Cola"

Kurt Bartsch

Poesie (1968)

Die Männer im Elektrizitätswerk
Zünden sich die Morgenzigarette an.
Sie haben, während ich nachtsüber schrieb
Schwitzend meine Arbeitslampe gefüttert.
5 Sie schippten Kohlen für ein Mondgedicht.

Peter Hacks

Der Heine auf dem Weinbergsweg (1974)

Der Heine auf dem Weinbergsweg
Hat einen goldnen Zeh
Und einen goldnen Daumen.
Der Zeh tut ihm nicht weh.

5 Die Kinder, wenn sie steigen
Aufs Knie dem Dichtersmann,
Fassen sie erst die Zehe
Und dann den Daumen an.

O deutsches Volk, erobere
10 Dir deiner Meister Knie.
Dann wetzt du ab die Patina
Vom Gold der Poesie.

Jean Dubuffet: Gruppe von vier Bäumen (1972)

Rolf Dieter Brinkmann
Einen jener klassischen (1975)

schwarzen Tangos in Köln, Ende des
Monats August, da der Sommer schon

ganz verstaubt ist, kurz nach Laden
Schluss aus der offenen Tür einer

dunklen Wirtschaft, die einem
Griechen gehört, hören, ist beinahe

ein Wunder: für einen Moment eine
Überraschung, für einen Moment

Aufatmen, für einen Moment
eine Pause in dieser Straße,

die niemand liebt und atemlos
macht, beim Hindurchgehen. Ich

schrieb das schnell auf, bevor
der Moment in der verfluchten

dunstigen Abgestorbenheit Kölns
wieder erlosch.

Erich Fried
Neue Naturdichtung (1972)

Er weiß dass es eintönig wäre
nur immer Gedichte zu machen
über die Widersprüche dieser Gesellschaft
und dass er lieber über die Tannen am Morgen
5 schreiben sollte
Daher fällt ihm bald ein Gedicht ein
über den nötigen Themenwechsel und über
seinen Vorsatz
von den Tannen am Morgen zu schreiben

10 Aber sogar wenn er wirklich früh genug aufsteht
und sich hinausfahren lässt zu den Tannen am
    Morgen
fällt ihm dann etwas ein zu ihrem Anblick und
    Duft?
Oder ertappt er sich auf der Fahrt bei dem Einfall:
Wenn wir hinauskommen
15 sind sie vielleicht schon gefällt
und liegen astlos auf dem zerklüfteten Sandgrund
zwischen Sägemehl Spänen und abgefallenen
    Nadeln
weil irgendein Spekulant den Boden gekauft hat

Das wäre zwar traurig
20 doch der Harzgeruch wäre dann stärker
und das Morgenlicht auf den gelben gesägten
    Stümpfen
wäre dann heller weil keine Baumkrone mehr
der Sonne im Wege stünde. Das
wäre ein neuer Eindruck
25 selbsterlebt und sicher mehr als genug
für ein Gedicht
das diese Gesellschaft anklagt

Reiner Kunze
Das ende der kunst (1969)

Du darfst nicht, sagte die eule zum auerhahn,
du darfst nicht die sonne besingen
Die sonne ist nicht wichtig

Der auerhahn nahm
5 die sonne aus seinem gedicht

Du bist ein künstler,
sagte die eule zum auerhahn

Und es war schön finster

177

Peter Rühmkorf
Hochseil (1975)

Wir turnen in höchsten Höhen herum,
selbstredend und selbstreimend,
von einem *Individuum*
aus nichts als Worten träumend.

5 Was uns bewegt – warum? wozu? –
den Teppich zu verlassen?
Ein nie erforschtes Who-is-who
im Sturzflug zu erfassen.

Wer von so hoch zu Boden blickt,
10 der sieht nur Verarmtes/Verirrtes.
Ich sage: wer Lyrik schreibt, ist verrückt,
wer sie für wahr nimmt, wird es.

Ich spiel mit meinem Astralleib[1] Klavier,
vierfüßig – vierzigzehig –
15 Ganz unten am Boden gelten wir
für nicht mehr ganz zurechnungsfähig.

Die Loreley entblößt ihr Haar
am umgekippten Rheine ...
Ich schwebe graziös in Lebensgefahr
20 grad zwischen Freund Hein[2] und Freund Heine.

1 **Astralleib:** im Körper verborgener „geistiger Leib"
2 **Freund Hein:** der Tod

---

1. a) Lesen Sie die Gedichte auf S. 175–178 und notieren Sie die Aspekte, unter denen jeweils das Thema „Gedichte über Gedichte" behandelt wird.

   b) Analysieren Sie einzelne Gedichte unter den von Ihnen formulierten Aspekten detailliert. Beziehen Sie sprachliche und formale Merkmale in die Untersuchung ein. Dabei helfen Ihnen die Informationen und Übersichten auf den folgenden Seiten.

2. Stellen Sie zwei Gedichte gegenüber, die inhaltlich kontrastieren oder korrespondieren. Arbeiten Sie in beiden Fällen sowohl Unterschiede als auch Gemeinsamkeiten heraus.

3. Schreiben Sie einen Dialog zwischen zwei der Dichter/Dichterinnen, die in ihren Gedichten divergierende Auffassungen vertreten. Sie können sich selbst als dritten Gesprächspartner mit in die Unterhaltung einbringen.

4. Welchen Kategorien der Grafik auf S. 190 lassen sich die Gedichte zuordnen? (Mehrfachzuordnungen sind möglich.) Begründen Sie Ihre Entscheidungen.

5. Welche Beziehungen lassen sich herstellen zwischen den Texten von Ulla Hahn (▷ S. 191) sowie Wolfgang Weyrauch (▷ S. 190) und einzelnen Gedichten? Erläutern Sie Ihre Zuordnungen.

6. ▷ **Referat/Facharbeit:** In den Literaturgeschichtskapiteln dieses Deutschbuches (▷ S. 192 ff.), in Gedichtanthologien und Literaturgeschichten finden Sie Textbeispiele und Informationen, wie man in früheren Zeiten Lyrik definiert und ihre Funktion verstanden hat. Informieren Sie Ihren Kurs in Kurzreferaten über die Auffassung von Lyrik in verschiedenen Epochen, z. B. Barock, Sturm und Drang, Vormärz, Expressionismus, Exilliteratur.

3.2 Zur Struktur lyrischer Texte:
Grundlagen der Gedichtinterpretation

Gedichte sind sprachliche Gebilde, die ein besonders hohes Maß an Strukturiertheit aufweisen. Die moderne Literaturwissenschaft spricht von der **Überstrukturiertheit** lyrischer Texte, ohne damit aber eine negative Wertung im Sinne eines Zuviel, eines Übertreibens zu verbinden. Überstrukturiertheit heißt: Die lexikalische Bedeutung der Wörter (Denotation) wird auf vielfältige Weise überlagert von sprachlichen Bezügen und Verbindungen; diese rufen bei den Lesern/Leserinnen verschiedene assoziative Mitbedeutungen (Konnotationen) hervor und verleihen dem Gedicht seine schillernde Vieldeutigkeit.

Die folgenden Aufgaben und Informationen sollen eine Beobachtungs- und Formulierungshilfe bieten bei der Beschäftigung mit den unterschiedlichen sprachlichen Ebenen, auf denen sich der Vorgang der Überstrukturierung abspielt.

Der Vers: Grundelement des Gedichts

Lyrische Texte sind in der Regel in **Versen** abgefasst – das heißt, die Zeilen brechen an einer vom Dichter und nicht zufällig vom Buchformat bestimmten Stelle ab. Diese Brechung des Sprachflusses gibt den Wörtern durch ihre besondere Stellung (z. B. am Versanfang oder -ende) eine besondere Akzentuierung. Neben den horizontalen Bezügen, die sich durch die Wort- und Satzfolge ergeben, stellen sich durch die Anordnung der Verse vertikale Bezüge her, die durch klangliche und optische Mittel verstärkt werden können.

Rolf Dieter Brinkmann
Gedicht (1975)

Zerstörte Landschaft mit Konservendosen,
die Hauseingänge leer, was ist darin? Hier
kam ich mit dem Zug nachmittags an, zwei
Töpfe an der Reisetasche festgebunden. Jetzt
bin ich aus den Träumen raus, die über eine
Kreuzung wehn. Und Staub, zerstückelte Pavane, aus totem Neon, Zeitungen und Schienen dieser Tag, was krieg ich jetzt, einen Tag
älter, tiefer und tot? Wer hat gesagt, dass so
was Leben ist? Ich gehe in ein anderes Blau.

---

1. Brinkmanns Text trägt den Titel „Gedicht". Bringen Sie den Text in eine Form, die Ihrem Empfinden nach dieser Bezeichnung entspricht. Vergleichen Sie Ihre Ergebnisse zunächst im Kurs, dann mit dem Original in Brinkmanns Gedichtsammlung „Westwärts 1 & 2".
2. Beschreiben Sie genau, wie sich in den Texten von Brinkmann und Roman Ritter zusätzliche Betonungen und Bedeutungen durch die Anordnung der Zeilen als Verse ergeben.
3. Beurteilen Sie Brinkmanns „Gedicht" aus Sicht der literaturtheoretischen Texte von Karl Otto Conrady (▷ S. 189) und Roman Ritter (▷ S. 46 f.).

Roman Ritter
Zeilenbruch und Wortsalat (1982)

Es gab Zeiten, in denen man meinte, ein Gedicht sei das, was sich reimt. Es gab Zeiten, in denen man meinte, ein Gedicht sei das, was unverstanden bleiben muss. Heute weiß man:
Ein Gedicht ist das, was die Zeilen bricht. 5
Moment mal – warum eigentlich die perlenden Einfälle vor die Prosa werfen?

Es gab Zeiten,
in denen man meinte,
ein Gedicht sei das, 10
was sich reimt.

Es gab Zeiten,
in denen man meinte,
ein Gedicht sei das,
was unverstanden bleiben muss. 15

Heute
weiß man:
Ein Gedicht ist das,
was die Zeilen bricht.

Dieser Text spricht aus, warum er sich zum 20
Gedicht erhebt: weil die Zeilen brechen.

Verhältnis von Vers und Satz im Gedicht		
Zeilenstil	**Enjambement**	**Hakenstil**
Satzende und Versende stimmen überein; der Vers schließt mit einer Pause.	Zeilensprung: Der Satz überspringt das Versende und setzt sich im folgenden Vers fort. Am Versende entsteht keine Pause.	Eine Folge von Enjambements, sodass die Verse durch die übergreifenden Satzbögen gleichsam verhakt erscheinen.

Klang, Reim und Rhythmus

Wesentlich beteiligt am Sinnaufbau eines Gedichtes ist die lautliche Ebene, die in einigen Extremformen lyrischer Gestaltung, wie sie z. B. in der Romantik, im Dadaismus oder in der konkreten Poesie zu finden sind, sogar zum Hauptbedeutungsträger wird. Dort ist die Sprache nur noch Klang- bzw. Bildmaterial, ihre inhaltliche Bedeutung tritt ganz zurück.

Doch auch in weniger von Wortmusik und Buchstabencollagen bestimmten Gedichten sind End- und Binnenreime, Alliterationen und Lautmalereien an der Sinnkonstitution beteiligt. Dasselbe gilt für die metrisch-rhythmische Ausgestaltung der Gedichte. Fallende und steigende Versmaße beeinflussen durch ihre Rhythmisierung (fließend, wogend, schreitend, drängend, abgehackt etc.) den Hör- bzw. Leseprozess und damit das Verständnis.

Ulla Hahn

Winterlied (1981)

Als ich heute von dir ging
fiel der erste Schnee
und es machte sich mein Kopf
einen Reim auf Weh.

5 Denn es war die Kälte nicht
die die Tränen mir
in die Augen trieb es war

Ach da warst du schon zu weit
als ich nach dir rief
10 und dich fragte wer die Nacht
in deinen Reimen schlief.

Ulla Hahn

---

1. a) In Ulla Hahns Gedicht fehlt ein Vers. Begründen Sie, an welcher Stelle.
   b) Formulieren Sie einen Vers, der an jener Stelle passen würde. Beachten Sie dabei Form und Inhalt des Gedichts.
2. Lesen Sie in Ulla Hahns Gedichtsammlung „Herz über Kopf" nach, wie der Vers im Original lautet. Erläutern Sie den Einsatz und die Wirkung von Reim und Rhythmus im Gedicht.

Reim

Endreim
Der genaue Gleichklang der Versenden vom letzten betonten Vokal an („Wind" – „Kind"; „Erden" – „werden")
Endreimschemata:
  Paarreim: aa
  Kreuzreim: abab
  umarmender Reim: abba
  Schweifreim: aabccb
  dreifache Reimreihe: abcabc
  Haufenreim: aaa …

Binnenreim
Zwei oder mehrere Wörter in ein und demselben Vers reimen sich.

Anfangsreim
Reim der ersten Wörter zweier Verse

Schlagreim
Zwei unmittelbar aufeinander folgende Wörter reimen sich.

Assonanz
Unreiner Reim: Nur die Vokale, nicht aber die Konsonanten stimmen überein („sagen" – „Raben").

Stabreim
Mehrere Wörter beginnen mit demselben Buchstaben (auch: Alliteration).

> ### Versmaß
>
> Die Lehre vom Versmaß nennt man **Metrik.** Die Metrik orientiert sich an den Grundprinzipien der Sprache, die sie beschreibt. Für die antiken Sprachen war das die Länge/Kürze der Silben, für die deutsche Sprache ist dies vor allem das Prinzip von betonten und unbetonten Silben. Auch die Versmaße deutscher Lyrik werden in der Regel mit den alten griechischen Begriffen bezeichnet. Kleinste Einheit eines Metrums ist der so genannte Versfuß:
>
> **Jambus** (steigend): x x́ z. B. Gedícht   **Anapäst** (steigend): x x x́   z. B. Anapäst
>
> **Trochäus** (fallend): x́ x z. B. Díchter   **Daktylus** (fallend): x́ x x   z. B. Dáktylus
>
> (x́ = Hebung/betont   x = Senkung/unbetont)

Strophen- und Gedichtformen

erste strophe erste zeile
erste strophe zweite zeile
erste strophe dritte zeile
erste strophe vierte zeile

zweite strophe erste zeile
zweite strophe zweite zeile
zweite strophe dritte zeile
zweite strophe vierte zeile

dritte strophe erste zeile
dritte strophe zweite zeile
dritte strophe dritte zeile

vierte strophe erste zeile
vierte strophe zweite zeile
vierte strophe dritte zeile

(Gerhard Rühm, 1970)

1. a) Das Gedicht von Gerhard Rühm trägt als Titel den Namen einer Gedichtform: welchen?
   b) Informieren Sie sich über die von Rühm dargestellte Gedichtform: Welche Merkmale hat Rühm in seinem Text umgesetzt, welche nicht?
   c) Lesen Sie andere Gedichte, die in der von Rühm bedichteten Form geschrieben sind, und untersuchen Sie die Funktion der Form für die Aussageabsicht.
2. Lassen sich auch andere Gedichtformen in jener Art präsentieren, die Rühm verwendet? Versuchen Sie sich an Hymne, Lied, Haiku o. a.

> ### Strophenformen
>
> **Distichon**
> Besteht aus zwei Versen: einem daktylischen Vers mit sechs Versfüßen (Hexameter) und einem daktylischen Vers mit fünf Versfüßen (Pentameter)
>
> **Einfache Liedstrophe**
> Vierzeilige Strophe mit der Tendenz zu **alternierendem Metrum** (regelmäßiger Wechsel von betonten und unbetonten Silben) und Reimbindung von mindestens zwei Versen (*abac* o. Ä.)
>
> **Sestine**
> Sechszeilige Strophe mit regelmäßigem Reimschema, z. B. *aabbcc* oder *ababcc*
>
> **Verspaarkette**
> Eine Folge von Verspaaren, oft durch Paarreim verbunden

Gedichtformen

Ballade
Strophisch regelmäßig gegliederte, längere Gedichtform mit Reim und Tendenz zu festem Metrum. Wesentlich für die Ballade ist ihr erzählender Charakter.

Elegie
Gedichtform, die zumeist eine resignierend-wehmütige Stimmung ausdrücken will, in der Form elegischer ▷ Distichen.

▷ S. 181

Haiku
Kürzeste Gedichtform, bestehend aus drei Versen zu 5-7-5 Silben. Diese Form erfordert eine maximale Konzentration der Aussage bei knappster Wortwahl. In der japanischen Tradition ist das Haiku ursprünglich ein Naturgedicht.

Hymne
Ein der Ode verwandter, feierlicher Preis- und Lobgesang, Ausdruck hoher Begeisterung. Entsprechend dem ekstatischen Ausdruck kennt die Hymne keine formalen Regelmäßigkeiten: kein Reim, freie Rhythmen, kein fester Strophenbau.

Lied
Strophisch gebaute Gedichtform mit relativ kurzen Versen und Reimbindung. Reim und Metrum werden oft nicht streng durchgehalten. Zuweilen ist ein **Refrain** (Kehrreim) zu finden, d. h. die regelmäßige Wiederholung eines oder mehrerer Verse an einer bestimmten Stelle jeder Strophe.

Ode
Reimlose, strophisch gegliederte, lange Gedichtform, die einem festen Metrum folgen kann, aber nicht muss. Typisch für die Ode ist der hohe, pathetische Sprachstil, der zur Würde und Größe der behandelten Themen passt.

Sonett
Zwei vierzeiligen Strophen (Quartetten), meist mit dem Reimschema *abba/abba*, folgen zwei dreizeilige Strophen (Terzette), wobei Letztere in der Regel im Reimschema verbunden sind, z. B. *cdc/dcd* oder *cde/cde* oder *ccd/eed*. Der formalen Zäsur (Einschnitt) zwischen Quartetten und Terzetten korrespondiert in der Regel auch ein inhaltlicher Kontrast.

Sprachliche Bilder

Das vielleicht wichtigste Element der Bedeutungskonstitution lyrischer Texte ist die Ebene der Bildlichkeit. Die Art und Weise, wie die sprachlichen Bilder konstruiert und kombiniert sind, bestimmt die Aussage eines Gedichtes weitgehend. Unterschieden werden können
- rational nachvollziehbare Übertragungsvorgänge zwischen Sach- und Bildbereich, wie sie für **Wie-Vergleiche** typisch sind, z. B.: „das Leben ist wie ein Jahrmarkt";
- verstandesmäßig nicht auflösbare Verschmelzungen von Sach- und Bildbereich, wie sie für viele ▷ **Metaphern** bezeichnend sind, z. B.: „Schläft ein Lied in allen Dingen" (▷ S. 251);
- die von aller Wirklichkeit und allem alltäglichen Sprachgebrauch abgelösten, Bild- und Sachbereich scheinbar willkürlich zusammenzwingenden **Chiffren**. Man spricht hier auch von „absoluten Metaphern". Ihr Sinn ist nur aus dem Zusammenhang eines Gedichts oder aller Gedichte eines Autors erschließbar, z. B. „Schwarze Milch der Frühe" (▷ S. 331).

▷ S. 371 ff.

Bedeutungsvoll für die Sinnkonstitution eines Gedichts sind auch
- die Sprachschicht (Hochsprache, Umgangssprache, Jargon etc.);
- Wortfelder (Bereich der Natur, der Technik, der Verwaltung etc.);
- die Sprechweise (pathetisch/feierlich ergriffen, lakonisch/kurz angebunden, belehrend etc.).

Christoph Meckel
Rede vom Gedicht (1974)

Das Gedicht ist nicht der Ort, wo …

Hier ist die Rede von …

Das Gedicht ist der Ort …

1. Suchen Sie mehrere unterschiedliche – auch bildliche – Ergänzungen zu den drei Versanfängen aus Christoph Meckels „Rede vom Gedicht". Probieren Sie dann verschiedene Arrangements der vervollständigten Verse aus.
2. a) Vergleichen Sie Ihre Texte im Kurs.
   b) Lesen Sie das Original in Meckels Gedichtsammlung „Wen es angeht" nach und stellen Sie Unterschiede zu Ihren eigenen Produkten heraus. Differenzieren Sie dabei zwischen inhaltlicher Aussage und sprachlicher Gestaltung.

Rhetorische Figuren

Die nachfolgend aufgeführten rhetorischen Figuren (▷ S.184 ff.)werden keineswegs nur in der Lyrik, sondern in Texten aller Gattungen eingesetzt. Besonders bedeutend ist ihr Gebrauch zum Beispiel in der ▷ **öffentlichen Rede** (bei Gericht, in der Politik) oder in der Werbung. Dort werden diese Mittel gezielt eingesetzt, um eine bestimmte Wirkung zu erzielen.

▷ S. 406 ff., 485 ff.

Ein Großteil der Stilmittel ist seit der Antike bekannt, was sich noch heute an den meist griechischen Fachbegriffen ablesen lässt. Wichtiger als die Kenntnis dieser „Vokabeln" ist es für Sie zunächst, ein Gespür für den bewussten Umgang mit sprachlichen Mitteln zu entwickeln. Bei einem Satz wie „Im Traum/nicht einmal mehr/suche ich/mein verlorenes Paradies/bei dir" sollten Sie z. B. auf die ungewöhnliche Stellung der Satzglieder aufmerksam werden. Diese Besonderheit kann man umschreiben, man kann sich darüber aber auch mit dem Fachbegriff „Inversion" verständigen – das ist bei manchen rhetorischen Figuren unkomplizierter und kürzer. Es impliziert zudem das Verständnis dafür, dass hier nicht eine sprachliche Ungeschicktheit unterlaufen ist, sondern ein Stilmittel bewusst eingesetzt wird, um eine bestimmte Wirkung zu erzielen. Für eine kompetente Verständigung über die sprachlichen Strategien von Lyrik und anderen Texten ist die Kenntnis rhetorischer Termini hilfreich.

1. Rhetorische Mittel entfalten ihre Wirkung auf unterschiedlichen sprachlichen Ebenen. Man kann unterscheiden zwischen
   - Klangfiguren,
   - Wortfiguren,
   - Satzfiguren,
   - Gedankenfiguren.
   a) Ordnen Sie die rhetorischen Mittel aus der folgenden Zusammenstellung diesen unterschiedlichen Bereichen zu (Mehrfachzuordnungen sind möglich).
   b) Definieren Sie dann die genannten Oberbegriffe.
2. Die Identifizierung von rhetorischen Mitteln ist kaum um ihrer selbst willen von Interesse, sondern hauptsächlich für die Erkenntnis ihrer Funktion und Wirkung, die z. B. liegen können in einem Zugewinn von
   - Anschaulichkeit, Vorstellbarkeit,
   - Nachdruck, Betonung, Eindringlichkeit,
   - Sinnlichkeit, ästhetischem Reiz,
   - Kommunikation, Einbezug des Adressaten,
   - Spannung, Erwartung.
   Überlegen Sie, welches Wirkungspotenzial in den nachfolgend aufgelisteten rhetorischen Mitteln jeweils hauptsächlich vorhanden ist.
   Beachten Sie: Endgültige Aussagen über die Wirkung bestimmter sprachlicher Mittel können nur unter Berücksichtigung des jeweiligen Kontextes getroffen werden!

Rhetorische Figur	Beispiel	Definition
Akkumulation, die	*Nenn's Glück! Herz! Liebe! Gott!*	Reihung von Begriffen zu einem – genannten oder nicht genannten – Oberbegriff
Allegorie, die	*Gott Amor* für *Liebe*	konkrete Darstellung abstrakter Begriffe, oft durch ▷ **Personifikation**
Alliteration, die	*Milch macht müde Männer munter.*	Wiederholung des Anfangslauts von Wörtern
Anapher, die	*Er schaut nicht die Felsenriffe/ Er schaut nur hinauf …*	Wiederholung eines oder mehrerer Wörter an Satz-/Versanfängen
Antithese, die	*Nicht du/um der Liebe willen/ sondern/um deinetwillen/ die Liebe*	Entgegenstellung von Gedanken und Begriffen
Apostrophe, die	*Du schönste Wunderblume süßer Frauen!*	feierliche oder betonte Anrede, Anruf
Chiasmus, der	*Ich schlafe am Tag, in der Nacht wache ich.*	symmetrische Überkreuzstellung von semantisch oder syntaktisch einander entsprechenden Satzgliedern
Correctio, die	*Er war von schöner, von außergewöhnlich schöner Gestalt.*	Korrektur eines zu schwachen Ausdrucks
Ellipse, die	*Je früher der Abschied, desto kürzer die Qual.*	unvollständiger Satz; Auslassung eines Satzteils/Wortes, das leicht ergänzbar ist
Epipher, die	*Doch alle Lust will Ewigkeit,/ will tiefe, tiefe Ewigkeit!*	Wiederholung gleicher Wörter am Satz-/Versende
Euphemismus, der	*vollschlank* statt *dick*	Beschönigung
Hyperbel, die	*ein Meer von Tränen*	starke Übertreibung
Inversion, die	*Der Schultern warmer Schnee wird werden kalter Sand.*	Umkehrung der geläufigen Wortstellung im Satz
Ironie, die	*Das hast du ja mal wieder toll hinbekommen!*	unwahre Behauptung, die durchblicken lässt, dass das Gegenteil gemeint ist
Klimax, die	*Veni, vidi, vici (Ich kam, sah und siegte.)*	dreigliedrige Steigerung

▷ S. 185

Rhetorische Figur	Beispiel	Definition
Litotes, die	*Sie hat nicht wenig darunter gelitten.*	Bejahung durch doppelte Verneinung
Metapher, die	*Der verstand ist ein messer in uns*	Bedeutungsübertragung; sprachliche Verknüpfung zweier semantischer Bereiche, die gewöhnlich unverbunden sind
Metonymie, die	*Das Weiße Haus macht wieder einmal Schlagzeilen.*	Ersetzung eines gebräuchlichen Wortes durch ein anderes, das zu ihm in unmittelbarer Beziehung steht: z. B. Autor für Werk, Gefäß für Inhalt, Ort für Person
Neologismus, der	*Berufsjugendliche; Nebelspinne*	Wortneuschöpfung
Onomatopoesie, die	*schnattattattattattattattattern; zutschen und nuckeln und lutschen*	Lautmalerei
Oxymoron, das	*beredtes Schweigen; geliebter Feind*	Verbindung zweier Vorstellungen, die sich ausschließen
Paradoxon, das	*Vor lauter Individualismus tragen sie Uniform.*	Scheinwiderspruch
Parallelismus, der	*Das Schiffchen fliegt, der Webstuhl kracht.*	Wiederholung gleicher syntaktischer Fügungen
Paronomasie, die	*Lieber arm dran als Arm ab.*	Wortspiel durch Verbindung klangähnlicher Wörter
Periphrase, die	*Der den Tod auf Hiroshima warf/Ging ins Kloster*	Umschreibung
Personifikation, die	*Vater Staat*	Vermenschlichung, ▷ **Allegorie** ▷ S. 184
Pleonasmus, der	*der nasse Regen*	Wiederholung eines charakteristischen semantischen Merkmals des Bezugswortes
Rhetorische Frage, die	*Wer ist schon perfekt?*	scheinbare Frage, bei der jeder die Antwort kennt
Symbol, das	*Taube* als Symbol des Friedens; *Ring* als Symbol der Treue und Ewigkeit	Sinnbild, das über sich hinaus auf etwas Allgemeines verweist; meist ein konkreter Gegenstand, in dem ein allgemeiner Sinnzusammenhang sichtbar wird

Rhetorische Figur	Beispiel	Definition
Synästhesie, die	*Sehe mit fühlendem Aug/ fühle mit sehender Hand*	Verbindung unterschiedlicher Sinneseindrücke
Synekdoche, die	*Sie leben alle unter einem Dach.*	Ein Teil steht für das Ganze oder umgekehrt.
Tautologie, die	*Es ist, was es ist; nie und nimmer; in Reih und Glied*	Wiederholung eines Begriffs bzw. Ersetzung durch ein sinnverwandtes Wort („Zwillingsformeln")
Vergleich, der	*Achill ist stark wie ein Löwe.*	Verknüpfung zweier semantischer Bereiche durch Hervorhebung des Gemeinsamen (des sog. tertium comparationis)
Zeugma, das	*Als Viktor zu Joachime kam, hatte sie Kopfschmerzen und Putzjungfern bei sich.*	ungewohnte Beziehung eines Satzteiles auf mehrere andere, meist des Prädikats auf ungleichartige Objekte

LERNKARTEI RHETORISCHE MITTEL

Rhetorische Mittel in ihrem Einsatz zu erkennen und in ihrer Wirkung zu durchschauen fördert Ihr Verständnis *von* und vielleicht auch das ästhetische Vergnügen *an* Texten. Rhetorische Mittel selbst zu benutzen vergrößert Ihre sprachliche Überzeugungskraft und Ausdrucksfähigkeit. Sie können Ihre aktiven und passiven rhetorischen Kenntnisse und Fähigkeiten trainieren, indem Sie sich eine Lernkartei zu diesem Thema anlegen. Sie brauchen dafür

- Karteikarten oder Zettel im Format DIN A7 oder A6,
- einen entsprechend großen Karton o. Ä. zum Aufbewahren der Karten/Zettel.

So gehen Sie vor:
- Übertragen Sie zunächst die Begriffe aus der Liste rhetorischer Figuren (s. o.) auf die Karten (▷ S. 187):
  □ den Namen der rhetorischen Figur auf die Vorderseite, die Definition auf die Rückseite;
  □ auf der Rückseite können Sie weitere Informationen notieren, z. B. die Zuordnung zu bestimmten Figurentypen, Hinweise zur Wirkung, Hinweise auf verwandte oder ähnliche Mittel.
- Legen Sie zu jeder rhetorischen Figur noch eine zweite (evtl. andersfarbige) Karte an:
  □ auch hier schreiben Sie den Begriff auf die Vorderseite;
  □ auf die Rückseite das in der Liste angegebene Beispiel, dann alle weiteren Beispiele, auf die Sie bei Ihrem Umgang mit Texten aufmerksam werden.

Ihre Sammelaktivität sollte sich keineswegs nur auf den Deutschunterricht beschränken, sondern auch das Sprachmaterial aus anderen Fächern – z. B. den Fremdsprachen – mit einbeziehen.
- In gewissen zeitlichen Abständen können Sie dann mit Hilfe der Lernkarten testen, inwiefern Ihnen die Begriffe noch geläufig sind und ob Sie die Beispiele zuordnen können.
- Auch eine Erweiterung des Begriffe-Pools ist möglich – schlagen Sie in entsprechender Fachliteratur (z. B. in Handbüchern zur Rhetorik oder Literaturlexika) nach.

Anapher

„Das Wasser rauscht',/
das Wasser schwoll ...“
„Sie kämmt ihr goldenes Haar./
Sie kämmt es ...“

Anapher

= Wiederholung wichtiger Wörter
an Vers-/Satzanfängen
■ Klangfigur, Satzfigur
■ Wirkung: Eindringlichkeit,
Intensivierung
▷ Epipher

RHETORIK-QUIZ

Von Zeit zu Zeit können Sie Ihre Lernkartei auch für eine Quiz-Stunde im Unterricht benutzen. Quiz-Aufgaben können sein:

■ ein vorgegebenes rhetorisches Mittel definieren
■ eine rhetorische Figur anhand ihrer Definition identifizieren
■ ein Beispiel der entsprechenden rhetorischen Figur zuordnen
■ zu einer vorgegebenen Figur in einer bestimmten Zeit ein Beispiel formulieren

3.3 Was ist ein Gedicht? – Theoretische Reflexionen

Um eine genaue Klärung der Begriffe „Lyrik“ und „Gedicht“ wird von Dichtern und Literaturwissenschaftlern seit Jahrhunderten gerungen. Aus dieser Diskussion können die folgenden Texte nur einen kleinen Ausschnitt bieten. Bevor Sie sich mit diesen Erklärungsversuchen auseinander setzen, sollten Sie selbst eine Begriffsbestimmung versuchen.

1. Schlagen Sie in einem etymologischen Wörterbuch nach und klären Sie die Wortbedeutung des Begriffs „Gedicht“.
2. a) Verfassen Sie einen kurzen Artikel, in dem Sie Ihr Verständnis der Begriffe „Lyrik“ und „Gedicht“ erklären.
   b) Tauschen Sie die Artikel aus und besprechen Sie Unterschiede und Gemeinsamkeiten Ihres Vorverständnisses.

Friedrich Hassenstein

Was ist ein Gedicht? (1994)

Ein Gedicht lässt sich als ein besonders reich und dicht strukturierter Text beschreiben, bei dem die normalsprachliche syntaktisch-semantische Kodierung von der metrischen, also der Versifikation, noch einmal überformt ist. Es handelt sich jedoch nicht um eine bloße Zweischichtigkeit, denn der „Reichtum“ und die „Dichte“ kommen durch einen Wechselbezug der Elemente zu Stande, zu denen neben den klanglichen Faktoren (Lautmalerei, Lautsymbolik, Rhythmus) die evokative[1] Wortwahl, unkonventionelle sprachliche Bilder, Durchbrechungen stilistischer und grammatischer Gewohnheiten und andere Abweichungen von der Alltagssprache gehören. Diese Merkmale werden, wenn sie, wie z. B. ein ungewollter Gleichklang, funktionslos in der Alltagssprache auftreten, meist als störend oder „komisch“ empfunden. Im Übrigen können alle Faktoren bis auf das Metrum nicht nur im „Gedicht“, sondern in jedem sprachlich anspruchsvollen, bewusst gestalteten Text auftreten. [...]
Zum Reichtum und zur Dichte des „Gewebes“ – das Wort „Text“ bedeutet ja nichts anderes –

1 **evokativ**: bestimmte Vorstellungen enthaltend

187

gesellen sich beim Gedicht weitere Merkmale, die seine Unterscheidung von anderen Texten ermöglichen. So wie sich das gesprochene und gehörte Gedicht durch metrische und strophische, oft auch mit Hilfe von Reimen abgesicherte Ordnung in der Zeit mühelos als Gedicht erkennen lässt, offenbart sich das geschriebene oder gedruckte optisch-räumlich durch sein Schriftbild. So kurz das Gedicht ist und so arm an „Stoff" und „Zweck" es sein kann, es trifft auf Grund seiner äußeren Merkmale beim Leser auf keine falschen Erwartungen, denn er weiß, dass sein Verständnis keine Kenntnis von Sach- und Erzählzusammenhängen voraussetzt; ein Gedicht „steht für sich". Weiterhin helfen bei dieser Orientierung die Art des Buches oder der Platz in der Zeitung, wo man das Gedicht findet, und schließlich auch das, was man so über Gedichte weiß: wie wörtlich man Verse nehmen darf, welche Themen darin üblich sind, dass sie uns fürs Erste mit der gleichen Unverbindlichkeit entgegentreten wie andere Texte der Belletristik oder des Feuilletons. Kompensation für das, was Gedichten an Stofflichkeit und Zweckbezügen mangelt, können die Überschrift, textinterne Anspielungen auf Reales oder Aktuelles oder der Gedichtschluss sein, der durch eine Pointe oder rationale Sentenz den Leser gleichsam in die Prosa der Lebenszusammenhänge entlässt. Vielleicht kennt dieser auch den Verfasser und gewinnt sein Textverständnis dadurch, dass er das Gedicht dem Bild zuordnet, das er von diesem Menschen hat, oder er erkennt eine Gedichtart wieder: ein Sonett, ein Haiku, einen Limerick, und freut sich daran, wie diese Form neu und kunstreich gefüllt worden ist. Wenn er einen Gedichtzyklus liest, können sich die einzelnen Gedichte gegenseitig erklären. Es zeigt sich: Die reiche und dichte Struktur eines Gedichtes bewirkt zwar, dass dieses weniger von situativen und kommunikativen Stützen ab-

hängig ist als andere Texte, aber eine Theorie vom absoluten, autonomen, in sich ruhenden und einzig aus seiner Kraft wirkenden Kunstgebilde „Gedicht" lässt sich daraus nicht ableiten. Es ist keineswegs gesagt, dass dem Dichter selber bewusst ist, was sich alles an seinem Gedicht entdecken lässt. Hier zeigt sich die Geschichtlichkeit seines Schaffens, die zugleich die Vielfalt möglicher gesellschaftlicher Funktionen der Gedichte bedingt. […] Der Dichter kann nicht wissen, was mit den Worten, Klängen, Bildern seiner Verse für den einzelnen Leser oder Hörer mitschwingt, denn dieser bringt seine sprachliche Sozialisation mit und trägt sie an das Gedicht heran. Dieses ist vieldeutig, und zwar insofern, als es von vielen je auf ihre Weise gedeutet werden kann, ganz abgesehen von jener Vieldeutigkeit, die ein Dichter seinen Versen vorsätzlich geben kann, um den Beziehungsreichtum, von dem die Rede war, zu intensivieren. Der Dichter weiß auch nicht, was sich im Lauf der Zeit an seine Verse anheften und was aus ihnen verloren gehen wird. Ein Gedicht ist ein historisches Gebilde, dessen Evokationskraft[2] schwinden oder wachsen kann. Das Schwinden ist wahrscheinlicher, denn Reime und Metaphern nutzen sich ab, Anspielungen und Vergleiche stoßen eines Tages ins Leere, Symbole und Mythen geraten in Vergessenheit. Vielleicht ist der Hintergrund, auf dem die poetische Abweichung vom alltäglichen Sprachgebrauch sichtbar wurde, verloren gegangen, sodass sie unverständlich geworden ist, vielleicht ist sie auch konventionell geworden wie so manche Errungenschaften der klassisch-romantischen Lyrik, von denen die heutigen Schüler nicht recht einsehen wollen, was daran das Besondere ist.

---

2 **Evokation**: das Hervorrufen bestimmter Vorstellungen

---

1. Hassensteins kompakter Text bedarf einer gründlichen Lektüre:
   a) Schlagen Sie alle Ihnen unbekannten Begriffe nach.
   b) Gliedern Sie den Text und fassen Sie die Aussagen der Sinnabschnitte zusammen.
   c) Können Sie einzelne Aussagen auf Grund Ihrer persönlichen Leseerfahrung bestätigen?
2. Belegen Sie Hassensteins These, dass die in Gedichten verwendeten sprachlichen Mittel – bis auf das Metrum – auch in anderen „sprachlich anspruchsvollen, bewusst gestalteten" Texten auftreten (▷ Z. 19 ff.). Als Untersuchungsmaterial können Sie die Texte von Ulla Hahn (▷ S. 191) und Wolfgang Weyrauch (▷ S. 190) wählen.

Karl Otto Conrady

Kleines Plädoyer für Neutralität der Begriffe Lyrik und Gedicht (1994)

Wohin man auch blickt, es führt zu keinem tauglichen Gattungsbegriff, wenn versucht wird, das *Wesen* der Lyrik zu bestimmen. Immer stellen sich Ausgrenzungen ein, auch wenn über sie nicht gesprochen wird; denn die angebotenen Wesensbestimmungen passen nie auf sämtliche Gedichte, die in der „Großgattung" untergebracht werden müssen, weil sie anderswo (beim Drama oder Roman/Epos) überhaupt keinen Platz finden können. [...] Aber nicht die (ob mit Zustimmung oder Ablehnung) zu besichtigende Wirklichkeit künstlerischer Formen hat sich der Theorie anzubequemen, sondern die Theorie einer Gattung muss so gefasst sein, dass Aussperrungen vermieden werden. [...] Deshalb habe ich im knappen Vorwort zu einer Gedichtsammlung, die beabsichtigt, möglichst viele variantenreiche Beispiele dieser Dichtungsart in einem einzigen Band leicht zugänglich zu machen, folgende „Minimaldefinition" angeboten: „Zur Lyrik gehören alle Gedichte, und Gedichte sind sprachliche Äußerungen in einer speziellen Schreibweise. Sie unterscheiden sich durch die besondere Anordnung der Schriftzeichen von anderen Schreibweisen, und zwar durch die Abteilung in Verse, wofür bei der ‚visuellen Poesie' die Bildgestaltung mit den Mitteln des (nicht immer nur) sprachlichen Materials und der Schrift eintritt. Der Reim ist für die Lyrik kein entscheidendes Merkmal. – Mehr sollte an allgemeinen Bestimmungen nicht festgeschrieben werden.

Der Autor entscheidet durch seine Wahl der Anordnung des Textes, ob er ihn als ‚Gedicht', als ‚Lyrik' ansieht und gesehen haben will." Dieser letzte Satz soll eigens verdeutlichen, dass es nach Verabschiedung der normativen Poetik vor weit über 200 Jahren nicht die Gattungstheoretiker sein können, die die Erlaubnis für den Zutritt zu einer der drei „Großgattungen" erteilen, sondern dass es die Urheber der Werke (die „Primärautoren") sind, die darüber zu befinden haben. Gattungsdefinitionen müssen sich den produktiven Autoren anpassen, nicht umgekehrt. Wie anders wären Weiterentwicklungen, tief greifende Umgestaltungen und provokative Neuerungen in den Gattungen einzubürgern? Man könnte darangehen, dem Oberbegriff „Lyrik" den Garaus zu machen und dafür neue, den einzelnen Spielarten angepasste Bezeichnungen zu installieren und sich damit zu begnügen. Das dürfte jedoch in Anbetracht des auch im allgemeinen Sprachgebrauch gängigen Begriffs „Lyrik" eher zu Verwirrungen und zu Komplikationen der Verständigung führen. [...] Mit meinem Versuch einer neutralen Definition trage ich auch der behutsam zurückhaltenden Beschreibung Rechnung, die Günther und Irmgard Schweikle in ihrem „Metzler Literaturlexikon" im Artikel „Lyrik" anbieten, in unübersehbarer Gegenwendung gegen die Formulierung in Gero von Wilperts „Sachwörterbuch der Literatur": Lyrik lasse „im Hinblick auf die Vielfalt ihrer historisch, kulturell und gesellschaftlich unterschiedlich ausgeprägten Erscheinungsweisen keine einheitliche und vollständige Begriffsbestimmung zu."

1. Schlagen Sie die Artikel „Lyrik" in den beiden bei Conrady genannten Literaturlexika nach und vergleichen Sie. Welche Schlüsse lassen sich aus dem Vergleich ziehen?
2. Untersuchen Sie, welche Rolle der Dichter für die Begriffsbestimmung von „Gedicht" bei Hassenstein und bei Conrady spielt.
3. a) Warum kann man gerade bei der Lyrik von einer „Großgattung" sprechen? Ziehen Sie die Grafik auf S. 190 zur Erklärung heran.
   b) Schlagen Sie Ihnen unbekannte Begriffe aus der Grafik in einem Literaturlexikon nach.
   c) Probieren Sie unterschiedliche Kategorisierungsmöglichkeiten der in der Grafik genannten Begriffe aus. Erörtern Sie im Kurs die Probleme, die dabei auftauchen.

> **Naturlyrik**   Meistersang   ERLEBNISLYRIK   *Scherzgedicht*
> *galante* Lyrik   **Stimmungslyrik**   Ballade   politische Lyrik
> SONETT   Tagelied   **KONKRETE POESIE**   ODE   Haiku
> **hermetische Lyrik**   Gebrauchslyrik   Spruchdichtung   VERSEPOS
> DRAMATISCHES GEDICHT   Hymne *Minnesang* religiöse Lyrik
> *Liebeslyrik*   Gedankenlyrik   LIMERICK   *Rondeau*

Wolfgang Weyrauch

Wozu sind Gedichte da? (1959)

Wolfgang Weyrauch

Zunächst möchte ich Sie also fragen: Was ist ein Gedicht? Doch schon fürchte ich, dass diese Frage falsch gestellt ist. Erschöpft sie sich nicht im Poetischen? Ist denn ein Ge-
⁵ dicht allein? Oder befindet es sich nicht im Zustand der Kommunikation mit allem, was es umgibt? Wird es nicht von seiner Umgebung bestimmt, so, wie es seinerseits die Wirklichkeit bestimmt? Sollte mithin meine erste
¹⁰ Frage nicht heißen: Was ist, im Jahre 1959 und in diesem Land, ein Gedicht? Damit hängt die zweite Frage zusammen: Sind Gedichte – Gedichte im Jahre 1959 und in diesem Land – nur einfach da, wie man es oft hören kann,
¹⁵ oder sind sie nicht auch, und dies vielleicht vor allem, zu etwas da? Falls das aber so wäre, wozu sind sie da? Zur Verminderung des Bösen und somit zur Vermehrung des Guten? Ist es möglich, dass ihre Reime und Rhythmen
²⁰ die Gewalt der Gewaltlosigkeit gegen die Macht der offenkundigen und versteckten Mächte setzen? Können sich, vom andern Ende aus gefragt, unsere Gedichte überhaupt entziehen? Sind sie nicht Drehscheiben, in
²⁵ welche Zustände, Begebenheiten und Gegenstände der Zeit und des Orts, hineingefahren und aus denen die Metaphern der Lyrik hinausgefahren werden, nachdem sich jene und diese miteinander vermischt haben? [...]
³⁰ Stecken also nicht die Lyriker, ihre Gedichte und Sie, die Leser dieser Gedichte, in ursächlichen, unlöslichen, ja sich deckenden Zu-

sammenhängen? Falls man so kühn ist, die Dichter für die Stellvertreter der Propheten zu halten, die in die Verschollenheit sanken, ver-
³⁵ steht es sich dann nicht von selbst, dass ihre Dichtungen, so frage ich weiter, sich nicht nur um die Ursachen kümmern, sondern auch – und sei es nur um einen einzigen Zentimeter – vor den künftigen Ereignissen hereilen? [...]
⁴⁰ Dies alles eingerechnet, können, ja dürfen Sie, meine Damen und Herren, sich vor so genannten experimentellen Gedichten scheuen? Können, ja, dürfen Sie bei kosmetischen Versen beharren, wie ich mir jene Afterpoesie
⁴⁵ zu benennen gestatte, die sich, an diesem Tag und an diesem Ort, auf Claudius oder Rainer Maria Rilke schminkt? Ich bin, und nun frage ich allerdings nicht mehr, sondern antworte unumwunden, für diejenigen neuen Gedich-
⁵⁰ te, welche die Dichtung – und also den Menschen – vom Fleck befördern, aus der Bewegungslosigkeit, aus den überholten Ordnungen. Wollen Sie, bitte schön, in Postkutschen fahren? Ganz gewiss nicht. Verzichten
⁵⁵ Sie, bitte, auch in der Lyrik darauf.

---

1. Bei dem Text von Weyrauch handelt es sich um einen Auszug aus seiner Einleitung zu der Gedichtanthologie „expeditionen – deutsche lyrik seit 1945", erschienen 1959. Wie macht sich die Funktion des Textes in Inhalt und Form bemerkbar?
2. Vergleichen Sie den folgenden Text von Ulla Hahn mit dem Eingangsbild zu diesem Kapitel auf S. 175.
3. „Wozu" und „warum" Gedichte?, fragen Weyrauch und Hahn. Geben die beiden Dichter ähnliche oder abweichende Antworten?

Ulla Hahn

Für den, der fragt (1988)

Wie Gedichte entstehen?

Im Gehen. Mit den Füßen auf der Erde, mit den Wörtern im Kopf. Aus der Gangart erwächst ein Rhythmus, Wörter nähern sich, Bilder begleiten mich, halten mit mir Schritt, bis sie mich zum Inne-Halten, Aufschreiben nötigen. Dann entsteht das Gedicht: aus Ergangenem. Wie ist es dir ergangen? Was hast du begangen? Nur, was sich bewegt, lebt. Dichter sind Sammler. Sie „suchen mit Fleiß, um durch Zufall zu finden" (Valery). Was? Eine Strophe (großes Glück), eine Zeile (Glück), ein präzises Bild (komplizierte Bilder sind meist beliebig), einen Rhythmus, ein Wort. Jeden Einfall gleich und sogleich ernst zu nehmen gehört zum Handwerk. Jedes Wort kann sich aus dem „Steinbruch der Stille" (Stifter) lösen, kann als Feuerwerk von Bedeutungen aufflammen in der Reibung mit einem anderen. Nicht nur die Dinge werden im Gedicht von ihrem gewöhnlichen Gebrauch gerückt; auch die Wörter werden in Bewegung versetzt, aus ihren festgezurrten Bedeutungen gelöst. Der Dichter muss den „Geisterblick" (Eichendorff) haben, der blitzartig das Entlegenste aneinander rückt; dann schließen die Wörter einander auf.
Das Wunderbare: wenn sich die Wörter im Gedicht zu wandeln beginnen; vom Zeichen, das Wirklichkeit benennt, zum Ding, das Wirklichkeit schafft. Eine Wirklichkeit nicht nach den Gesetzen der Schwerkraft oder Grammatik, sondern nach denen der Poesie, die der Dichter gemeinsam mit den Wörtern in jedem Gedicht neu erfindet. Eine Wirklichkeit der Wortdinge.
Immer beginnt während des Schreibens eine Reaktion der Wörter untereinander. Den Wörtern muss man ihren Willen lassen, ihnen zu Willen sein. Mitunter benehmen sie sich wie die Dinge in Charlie Chaplins Filmen, entziehen sich jedem Werben auf groteske Weise, schießen quer und sperren sich, bis sie sich schließlich wie von selbst zusammenfügen. Vorsicht vor Adjektiven als emotionalem Schmieröl!

Eine bestimmte Strecke ist von den ersten Wörtern, den Bildern, dem Rhythmus vorgegeben. Dann gilt es Meister Ekkehart zu folgen: ganc âne wec den smâlen stec. Der Weg entsteht im Gehen. Aus jedem Schritt erwächst Kraft für den nächsten. Ob der Weg steinig oder eben, der Dichter ihn leichtfüßig oder hinkend gegangen ist, egal. In der Kunst geht es nicht nach Mühe und Belohnung. Entscheidend ist das Ergebnis. Das fertige Gedicht soll nicht nach Schweiß riechen. Die Ketten, in denen der Dichter tanzt (Nietzsche), darf man nicht klirren hören. Nur mit Absicht. Doch *jedes* geschriebene Gedicht ist besser als das beste geträumte. Es muss gegangen sein. Nur so entsteht das Gedicht. Und der Dichter selbst.

Und warum – Gedichte?

Meine Großmutter ließ nichts verkommen. Von ihr lernte ich, jeden scheinbar noch so wertlosen Gegenstand zu beachten, seine Schönheit zu erkennen, ihm Bedeutung zu verleihen, die mit seinem profanen Gebrauch nichts zu tun hatte. Von ihr lernte ich das Sammeln, das Finden. Von ihr lernte ich das Spielen. Ich lernte das Wundern. Die Freude, mich selbst zu überraschen. Lernte das Verwandeln der Wirklichkeit.
Heute brauche ich dazu keine alten Knöpfe, keine Troddeln, Porzellanscherben, Splitter aus Glas, keine verbogenen Löffel, bartlosen Schlüssel mehr. Heute bin ich auf Wörter und Silben aus, steck sie zu mir mit der gleichen verschämten Kühnheit wie einen rot geäderten Rheinkiesel als Kind, spreche ihnen Bedeutung zu im Gedicht, wundere und freue mich, wenn sie Funken schlagen und sprühen wie Feuersteine.
Verwandlung, Magie. Nichts ist, was es scheint zu sein. Wieso ein Perlmuttknopf? Hier kommt der Kaiser. Ein blaues Stück Glas vor Augen: mein Dorf das Morgenland. So wie ein Ding kann jedes Wort verwandelt werden und selbst verwandeln. Weil im Gedicht jedes Wort wie im Zauberspruch gleich gültig ist. Jede Silbe, ja selbst die Pause, gesetzlich geschützt. Ein Gedicht ist das freiheitlich-demokratischste Gebilde der Welt.

C Epochen der deutschen Literatur

1 Mittelalter und Barock

In einem Überblick über die deutsche Literaturgeschichte den ausgedehnten Zeitraum vom 8. bis zum 18. Jahrhundert in einem Kapitel zusammenzufassen, ist sicherlich problematisch. Fällt doch in diese Zeit der Epochenumbruch vom Mittelalter zur Neuzeit mit seinen tief greifenden Veränderungen auf fast allen gesellschaftlichen Gebieten. Bei allem Wandel gibt es aber auch starke Kontinuitäten, die eine solche großräumige Zusammenfassung rechtfertigen:

Die **Feudalgesellschaft** bleibt unangefochten bestehen. Die politische Macht und die gesellschaftlichen Privilegien sind an den Adel gebunden. Die Landesherren, Fürsten und Könige, entstammen durchweg dem Adel, die Spitzen von Verwaltung, Militär und Geistlichkeit gehören ihm überwiegend an. Zwar ändert sich die ständisch verfasste politisch-gesellschaftliche Ordnung von der mittelalterlichen Lehnspyramide (s.u.) zum absolutistischen Fürstenstaat der Barockzeit dadurch, dass sich Bedeutung und Ansehen der einzelnen Stände verschieben (so verliert der Adel zum Beispiel seine ursprüngliche politische Souveränität: das Fehderecht), doch bleibt die Gesamtordnung, die als von Gott gegeben angesehen wird, erhalten.

Das **Christentum** bildet den Rahmen des geistigen Lebens und der gesamten Kultur. Auch der Alltag der Menschen wird in entscheidendem Maße bestimmt von der christlichen Religion. Das Familienleben, Sitte und Moral, das Bildungswesen, die Künste haben sich daran zu orientieren. An dem gemeinsamen christlichen Weltbild ändert auch die Reformation nichts grundlegend, obwohl damit die Einheit der christlichen Kirche aufgehoben ist.

Kunst und Literatur verstehen sich nicht als frei, sondern als dienstbar. Sie dienen zum allergrößten Teil einem außerhalb ihrer selbst liegenden **Zweck**, zum Beispiel religiöser Erbauung und Unterweisung, der Glorifizierung eines Herrschers oder Adelsgeschlechts oder der Idealisierung und Erziehung eines Standes. Mit dieser Abhängigkeit von einem Gebrauchszusammenhang ergibt sich, dass sich der Künstler in der Art und Weise seines Arbeitens, in der Ausführung seines Werks, an Vorgaben gebunden fühlt. Da es nicht um den Ausdruck seiner Individualität und Originalität geht, hält er sich an bewährte Muster. Der Wert eines Werks ergibt sich aus der gekonnten Handhabung der tradierten Formen. „Kunst" ist sprachlich von „Können" abgeleitet.

1.1 Mittelalter

1. Erläutern Sie mit Hilfe von Lexika und Geschichtsbüchern die so genannte Lehnspyramide und damit den Aufbau der Gesellschaft im 12. Jahrhundert.

Gesellschaftsordnung im 12. Jahrhundert: die Lehnspyramide

König / Papst
weltliche Fürsten / geistliche Fürsten
Integration der adligen Schichten durch die Idee des höfischen Rittertums
Grafen und freie Herren
Entstehung einer ritterlichen Schicht
niederer Adel   Ministerialen
städtisches Bürgertum
für bestimmte Leistungen privilegiert
Unfreie
Rodungs-/Freibauern
Landsassen
Hörige
Leibeigene

Die Literatur des Mittelalters im Überblick

Die Literatur des frühen und hohen Mittelalters (8.–13. Jahrhundert) lässt sich in zwei große Bereiche unterteilen: **geistliche** und **ritterlich-höfische Literatur**.

Die Abhängigkeit von einem Verwendungszusammenhang liegt für den breiten und weit verzweigten Strom der geistlichen Dichtung auf der Hand. In den Schreibstuben der Klöster entstand eine Literatur, die sich nur langsam, anfangs in vereinzelten Beispielen, vom Lateinischen löste und die Volkssprache, das so genannte Alt- bzw. Mittelhochdeutsche, verwendete. Sie wandte sich hauptsächlich an den Klerus, darüber hinaus auch an den kleinen Kreis gebildeter Laien, um die christliche Glaubenslehre zu vermitteln und zu festigen.

Im 12. Jahrhundert gewann eine im frühen Mittelalter noch kaum vorhandene weltliche Literatur immer größeren Raum und erlebte am Ende dieses Jahrhunderts eine erste Blütezeit. Ihr Gebrauchscharakter ist bei weitem nicht so offenkundig wie bei der geistlichen Literatur, erkennbar ist dieser Charakter indessen auch hier. Sie ist Gesellschaftskunst im Dienst eines Standes, nämlich des Ritteradels. Durch das Erlebnis der ersten Kreuzzüge hatte das Rittertum ein verstärktes Standesbewusstsein gewonnen und entwickelte das Ideal eines christlichen Dienstes voller Kampf und aktiv zu bestehender Gefahren (*vita activa*). Damit löste es sich von dem bis dahin kulturell dominierenden Klerus, der sich am Leitbild einer kontemplativen Lebensführung (*vita contemplativa*) orientierte. Vermittelt wurde das neue ritterlich-höfische Ideal durch die Darstellung vorbildlicher Verhaltensweisen in den Ritterepen (Ritterromane in gereimten Versen) dieser Zeit. Zentrale Bedeutung hatte in diesen Epen die ritterliche Standesehre. Die Inhalte entstammten hauptsächlich dem Sagenkreis um König Artus und seine Tafelrunde.

Geistliche Literatur	Ritterlich-höfische Literatur
Formen: ■ Bibeltexte ■ Darstellungen des Lebens Jesu ■ Hymnen und Marienlieder ■ Legenden ■ Gebete	**Formen:** ■ Ritterepen und „Nibelungenlied" ■ Minnesang ■ politische Spruchdichtung
Autoren: Kleriker, hauptsächlich Mönche und vereinzelt auch Nonnen	**Autoren:** Mitglieder des hohen und niederen Adels, fahrende Sänger
Adressaten: die gesamte Geistlichkeit, gebildete Laien	**Adressaten:** die Gesellschaften auf Burgen und an Höfen, denen die Texte vorgetragen wurden (selbst lesen konnten nur der Klerus und eine kleine Minderheit gebildeter städtischer Patrizier und Mitglieder des Adels, hauptsächlich adlige Damen)
Sprache: Latein und zunehmend Deutsch	**Sprache:** Deutsch
Wirkungsabsicht: Festigung des christlichen Glaubens, Unterstützung bei der Gestaltung des Gottesdienstes, christliche Weltdeutung	**Wirkungsabsicht:** Unterhaltung der höfischen Gesellschaft, Vermittlung von Standesbewusstsein, Anleitung zu einem standesgemäßen Verhalten: Verfeinerung der ritterlichen Ethik und Lebensweise

Nur bedingt in diesen Zusammenhang gehört das „Nibelungenlied", das in der Form mit seinem anderen Versbau und seiner strophischen Gliederung, aber auch inhaltlich von den Artus-Epen abweicht. Der unbekannte Dichter hat seinen Stoff dem germanischen Sagenkreis der Völkerwanderungszeit entlehnt. Dabei hat er den Helden und ihren Handlungen eine ritterlich-höfische Prägung zu geben versucht, doch bleibt die düster-tragische Grundstimmung des Werkes mit seinen heroisch in den Untergang ziehenden Recken der germanischen Welt der Stoffvorlage verhaftet.

> **Wichtige Autoren und Werke**
> *Hartmann von Aue* (um 1160–nach 1210): Erec, Iwein (Versepen)
> *Walther von der Vogelweide* (um 1170–um 1230): Minnelieder; politische Spruchdichtung
> *Wolfram von Eschenbach* (um 1170–nach 1220): Parzival (Versepos)
> *Gottfried von Straßburg* (12.–Anfang 13. Jh.): Tristan und Isolde (Versepos)
> Nibelungenlied (anonymes Versepos)

1. Vergleichen Sie das Literaturverständnis des Mittelalters mit dem Literaturverständnis späterer Epochen, z. B. der Zeit um 1800 (▷ S. 216 ff.), oder der heutigen Zeit.
2. Gehen Sie der Frage nach, warum die mittelalterliche Literatur, vor allem die weltliche, eine Literatur in Versen und Reimen ist, selbst in der Großform des Epos.

PROJEKTVORSCHLAG

- Untersuchen Sie Umberto Ecos Roman „Der Name der Rose" und dessen Verfilmung im Hinblick auf die Darstellung der mittelalterlichen Welt.
- Fertigen Sie eine vergleichende Untersuchung zu folgenden mittelalterlichen Werken und ihrer Verarbeitung in der heutigen Fantasy-Literatur und im Spielfilm an:
  □ Ein mittelalterlicher Roman aus der Artus-Welt (z. B. „Parzival" auf CD-ROM) – *Marion Zimmer-Bradley:* Die Nebel von Avalon – Filme: Excalibur, Der letzte Ritter
  □ Das Nibelungenlied – *Wolfgang Hohlbein:* Hagen von Tronje – Film: Die Nibelungen
- Überlegen Sie sich vor oder während Ihres Arbeitsprozesses eine wirksame Präsentation Ihrer Untersuchungsergebnisse in Wort, Bild und Ton.

Beispiel: Minnesang

Wie die **ritterliche Epik,** so war auch die **Lyrik des Minnesangs** adlige Gesellschaftsdichtung. Beide wurden im Rahmen des höfischen Festes den versammelten Damen und Herren vorgetragen und bestätigten den Anwesenden ihren Wert und ihre Bedeutung in der idealistisch überhöhten Darstellung von Standesmitgliedern und ihres vorbildlichen Verhaltens. Es handelte sich in dieser Literatur keineswegs um Abbilder realen Lebens; kein Ritter und keine adlige Frau entsprachen in ihrem konkreten Dasein den literarischen Helden und „hohen frouwen". So muss man auch die komplizierte, manchmal gekünstelt wirkende Grundkonstellation des Minnesangs in seiner rein erzieherischen Funktion verstehen.
Der ritterliche Sänger wirbt um die Gunst einer Dame, von der er weiß und erwartet, dass sie sein Werben nicht erhört, da sie die Ehefrau eines hohen Herrn, oft seines Dienstherrn, ist. Die Unerfüllbarkeit seines Strebens treibt ihn zu immer neuen Steigerungen in seinen Liebesbekenntnissen und in der Anbetung der Schönheit seiner Auserwählten, zu deren Wert und Würde es aber eben gehört, zu ihm ein ausbalanciertes Verhältnis zwischen ermutigender Nähe und abweisender Distanz aufrechtzuerhalten. Die dadurch vermittelte Verfeinerung der Sitten für Mann und Frau trug zur Exklusivität des eigenen Standes in einem allgemein noch stark von der Erfüllung elementarer Lebensbedürfnisse geprägten Dasein bei.

Auch die Lieder, die sich von dem subtilen Liebeskonzept der so genannten „hohen Minne" abwenden und der unkomplizierten Liebe einer „niederen Minne" das Wort reden, bleiben an den höfischen Verwendungszusammenhang gebunden und stellen dort eine provokante, erfrischende Abwechslung dar, ohne in ihrer Intention etwas grundsätzlich anderes als Beitrag zur ritterlichen Selbstverständigung zu sein.

Beachten Sie beim lauten Lesen oder Vortragen der Minnelieder die folgenden Ausspracheregeln: Nur Vokale mit Längenzeichen (ˆ) werden lang gesprochen, alle übrigen kurz. „iu" entspricht heutigem „ü", „ae" heutigem „ä", „oe" heutigem „ö". „ie" wird als Diphthong (Doppellaut) gesprochen, also „i-e" nacheinander; „z" nach Vokal wie ein scharfes „s", sonst wie heutiges „z"; „h" vor Konsonanten wie heutiges „ch".

Reinmar der Alte

Ich wirbe umbe allez, daz ein man
(um 1185)

Ich wirbe umbe allez, daz ein man
ze weltlichen vröiden iemer haben sol.
daz ist ein wîp, der ich enkan
nâch ir vil grôzem werde niht gesprechen wol.
5 Lobe ich si, sô man ander vrouwen tuot,
daz engenimet si niemer tac von mir vür guot.
doch swer ich des, si ist an der stat,
dâs ûz wîplîchen tugenden nie vuoz getrat.
Daz ist in mat!

10 Alse eteswenne mir der lîp
durch sîne boese unstaete râtet, daz ich var
und mir gevriunde ein ander wîp,
sô wil iedoch daz herze niender wan dar.
15 Wol ime des, daz ez sô rehte welen kan
und mir der süezen arbeite gan!
doch hân ich mir ein liep erkorn,
deme ich ze dienst – und waer ez al der welte zorn –
wil sîn geborn.

20 Unde ist, daz mirs mîn saelde gan,
daz ich abe ir wol redendem munde ein küssen
mac versteln,
gît got, daz ich ez bringe dan,
sô wil ich ez tougenlîchen tragen und iemer heln.
Und ist, daz sîz vür grôze swaere hât
und vêhet mich durch mîne missetât,
25 waz tuon ich danne, unsaelic man?
dâ nim eht ichz und trage ez hin wider, dâ ichz dâ
nan,
als ich wol kann.

Ich bemühe mich um alles, was ein Mann
als Gipfel weltlichen Glücks jemals haben kann:
Das ist eine Frau, deren hohen Wert
ich mit Worten nicht ausdrücken kann.
5 Lobe ich sie so, wie man es bei anderen Damen
macht,
so nimmt sie das von mir niemals für etwas Gutes.
Doch schwöre ich: Sie steht auf einer Stelle,
von wo sie nie einen Fußbreit aus weiblicher
Vollkommenheit gewichen ist.
Das ist für die anderen ein „Matt"!

10 Wenn mir gelegentlich mein Leib
in seiner bösen Unbeständigkeit den Rat gibt,
dass ich hingehe
und eine andere Frau zur Geliebten suchen soll,
dann will jedoch das Herz nirgendwo hin als dort.
Gepriesen sei es, dass es so richtig zu wählen vermag
15 und mir den süßen Schmerz vergönnt!
Ich habe mir doch eine Liebe erwählt,
für deren Dienst ich geboren sein will
– und wäre es zum Ärger der ganzen Welt.

Und geschieht es, dass mir mein Glück es vergönnt,
20 dass ich von ihrem so schön redenden Mund einen
Kuss stehlen kann,
und gewährt es Gott, dass ich den Kuss wegtragen
kann,
dann will ich ihn heimlich (bei mir) tragen und
immer verbergen.
Und geschieht es, dass sie es für eine schlimme
Untat hält
und mich wegen meines Vergehens befeindet,
25 was mache ich dann, ich unglückseliger Mann?
Da nehme ich ihn und trage ihn wieder dorthin,
wo ich ihn weggenommen habe
– so gut ich es eben kann.

Si ist mir liep, und dunket mich,
wie ich ir volleclîche gar unmaere sî.
30 waz darumbe? Daz lîde ich:
ich was ir ie mit staeteclîchen triuwen bî.
Nu waz, ob lîhte ein wunder an ir geschiht,
daz sî mich eteswenne gerne siht?
sâ denne lâze ich âne haz,
35 swer giht, daz ime an vröiden sî gelungen baz:
der habe im daz.

Diu jâr diu ich noch ze lebenne hân,
swie vil der waere, ir wurde ir niemer tac genomen.
sô gar bin ich ir undertân,
40 daz ich niht sanfte ûz ir gnâden mohte komen.
Ich vröiwe mich des, daz ich ir dienen sol.
si gelônet mir mit lîhten dingen wol,
geloube eht mir, swenne ich ir sage
die nôt, die ich an dem herzen trage
45 dicke an dem tage.

Sie ist mir lieb, aber ich glaube,
dass ich ihr völlig gleichgültig bin.
30 Was soll's? Das ertrage ich:
ich habe mich stets in beständiger Treue um sie bemüh
Was aber, wenn vielleicht ein Wunder mit ihr geschieh
sodass sie mich manchmal gerne sieht?
Dann werde ich demjenigen nicht neidig sein,
35 der behauptet, ihm sei eine noch größere Freude
    zuteil geworden:
Soll's ihm doch!

Wie viele Jahre es auch sein mögen, die ich noch
zu leben habe: ihr soll kein (einziger) Tag davon
    genommen werden.
Ich bin ihr so vollständig untertan,
40 dass ich nicht so leicht aus der Herrschaft ihrer
    Gnade kommen kann:
Ich freue mich darüber, dass ich ihr dienen darf.
Sie lohnt es mir gut mit kleinen Dingen,
(und) sie soll mir glauben, wenn immer ich ihr
von dem Schmerz berichte, den ich
45 oft am Tag im Herzen trage.

Walther von der Vogelweide
(Große Heidelberger Lieder-
handschrift, um 1310–40)

Walther von der Vogelweide

Sô die bluomen … (um 1200)

Sô die bluomen ûz dem grase dringent,
same si lachen gegen der spilden sunnen,
in einem meien an dem morgen fruo;
Und diu kleinen vogellîn wol singent
5 in ir besten wîse die si kunnen,
waz wünne mac sich dâ gelîchen zuo?
Ez ist wol halb ein himelrîche!
suln wir sprechen waz sich deme gelîche,
sô sage ich waz mir dicke baz
10 in mînen ougen hât getân,
und tæte ouch noch, gesæhe ich daz.

Swâ ein edeliu schœne frouwe reine,
wol gekleidet unde wol gebunden,
dur kurzewîle zuo vil liuten gât,
15 Hovelîchen hôhgemuot, niht eine,
umbe sehende ein wênic under stunden,
alsam der sunne gegen den sternen stât –
Der meie bringe uns al sîn wunder,
waz ist dâ sô wünneclîches under,
20 als ir vil minneclîcher lîp?
wir lâzen alle bluomen stân
und kapfen an daz werde wîp.

Nû wol dan, welt ir die wârheit schouwen:
gên wir zuo des meien hôhgezîte!
25 der ist mit aller sîner krefte komen.
Seht an in und seht an schœne frouwen,
wederz dâ daz ander überstrîte:
daz bezzer spil, ob ich daz hân genomen.
Owê der mich dâ welen hieze,
30 deich daz eine dur daz ander lieze,
wie rehte schiere ich danne kür!
hêr Meie, ir müeset merze sîn,
ê ich mîn frowen dâ verlür.

Wenn die Blumen aus dem Gras sprießen,
als lachten sie der taufunkelnden Sonne entgegen
an einem Maitag morgens früh;
und wenn die kleinen Vögel fröhlich singen
5 in ihrer schönsten Weise –
welche Herrlichkeit kann sich damit vergleichen?
Das ist wohl halb das Himmelreich.
Sollen wir sagen, was sich dem vergleichen kann,
so spreche ich aus, was meine Augen
10 mehr entzücken würde,
und wieder entzücken würde, sähe ich es wieder.

Wo nämlich eine Frau, damenhaft und vornehm
  innerlich und äußerlich,
prächtig Kleidung und Kopfschmuck,
um der Unterhaltung willen in Gesellschaft geht,
15 froh und festlich gestimmt, von Gefolge begleitet,
gelegentlich die Augen ein wenig herumgehn
  lassend,
und auftritt wie die Sonne neben Sternen –
der Mai bringe uns all seine Wunderpracht,
was ist darunter so Herrliches
20 wie ihre liebliche Schönheit?
Da lassen wir alle Blumen
und starren nur die herrliche Frau an.

Wohlan denn, wollt ihr den Wahrheitsbeweis,
gehn wir zum Fest des Mai!
25 Der ist gekommen mit aller seiner Macht.
Seht auf ihn – und seht auf die schönen Frauen,
welches von beiden da das andre übertrifft:
ob ich nicht den besseren Zug getan habe!
Oh, wenn mich jemand vor die Wahl stellte,
30 das eine zu lassen um des andern willen –
wie prompt ich dann mich entschiede!
Herr Mai, lieber wollte ich, ihr würdet März,
als dass ich da meine Herrin aufgäbe.

Hartmann von Aue

Maniger grüezet mich alsô
(um 1180)

Maniger grüezet mich alsô – der gruoz tuot mich ze mâze vrô –: „Hartmann, gên wir schouwen ritterlîche vrouwen." 5 mac er mich mit gemache lân und île er zuo den vrowen gân! bî vrowen triuwe ich niht vervân, wan daz ich müede vor in stân.	Mancher begrüßt mich so – und über diesen Gruß freue ich mich nur mäßig: „Hartmann, auf, hofieren wir die vornehmen Damen." 5 Er soll mich in Ruhe lassen und (alleine) zu den Damen eilen! Bei Damen traue ich mir nichts zuwege zu bringen als lustlos vor ihnen zu stehen.
Ze vrowen habe ich einen sin: 10 als sî mir sint, als bin ich in; wand ich mac baz vertrîben die zît mit armen wîben. swar ich kum, dâ ist ir vil, dâ vinde ich die, diu mich dâ wil; 15 diu ist ouch mînes herzen spil. waz touc mir ein ze hôhez zil?	Über die Damen habe ich folgende Meinung: 10 So wie sie zu mir sind, so bin ich zu ihnen. Denn ich kann besser meine Zeit mit Frauen verbringen, die nicht von Stand sind. Wo ich auch hinkomme, da gibt es viele von ihnen, und da finde ich diejenige, die auch mich will: 15 Die ist dann auch die Freude meines Herzens. Was nützt mir ein zu hoch gestecktes Ziel?
In mîner tôrheit mir beschach, daz ich zuo zeiner vrowen gesprach: „vrowe, ich hân mîne sinne 20 gewant an iuwer minne." dô wart ich twerhes an gesehen. des wil ich, des sî iu bejehen, mir wîp in solher mâze spehen, diu mir des niht enlânt beschehen.	In meiner Unerfahrenheit passierte es mir, dass ich zu einer Dame sagte: „Herrin, ich habe mein ganzes Sinnen 20 auf Eure Liebe gerichtet." Da wurde ich aber schief angesehen! Darum will ich, das sei euch klar gesagt, nach Frauen von solcher Art suchen, die mich nicht auf diese Weise behandeln.

1. Untersuchen Sie die Minnelieder Reinmars, Walthers und Hartmanns unter besonderer Berücksichtigung folgender Aspekte: das Frauenbild, das lyrische Ich und seine Befindlichkeit, das Verhältnis zwischen dem Liebenden und der Geliebten.
2. a) Schreiben Sie eines der Minnelieder in ein modernes Liebesgedicht um.
   b) Lesen Sie die Gedichte im Kurs vor und untersuchen Sie, worin die Hauptveränderungen liegen.
3. Stellen Sie in einer Übersicht die Bedeutungsentwicklung der Wörter „Weib", „Frau" und „Dame" dar. Nehmen Sie dazu ein Nachschlagewerk, z. B. den „dtv-Atlas zur deutschen Sprache", zu Hilfe.
4. Orientieren Sie sich in einer Sprachgeschichte über die Gesetzmäßigkeiten des sprachlichen Wandels vom Mittelhochdeutschen zum Neuhochdeutschen und listen Sie die auffälligsten phonetischen, syntaktischen und semantischen Unterschiede zwischen dem Mittelhochdeutschen und dem heutigen Hochdeutsch auf.
5. ▷ **Facharbeit/Referat:** Die kulturgeschichtliche ▷ Bedeutung des Minnesangs

Joachim Bumke: Höfische Kultur. Bd. 1 und 2., dtv. München 1986
Norbert Elias: Über den Prozess der Zivilisation. Bd. 2., Suhrkamp, Frankfurt/Main 1997

1.2 Barock (um 1600–1720): Carpe diem und Memento mori

Die Literatur zu Beginn der Neuzeit

Der Epochenumbruch vom Mittelalter zur Neuzeit

Mittelalter	um 1500 → Neuzeit
Politische Verfassung Deutschlands: Das Heilige Römische Reich Deutscher Nation als große Lehnspyramide mit dem Kaiser an der Spitze	Zerfall des Reiches in verschiedene Fürstentümer, die in der Barockzeit absolutistisch regiert werden
Wirtschaft: überwiegend Naturalwirtschaft	Geldwirtschaft und Frühkapitalismus
Militär: Ritter mit Schild und Lanze	Landsknechte (Söldner) mit Feuerwaffen
Justiz: germanisches Landrecht, Gewohnheitsrecht	römisches Recht, kodifiziertes Recht
Religion: Einheit der röm.-kath. Kirche	Religionsspaltung durch Reformation und Glaubenskriege
Weltbild: geozentrisch	kopernikanisch

1. Ergänzen Sie mit Hilfe von Lexika und Geschichtsbüchern die Liste der Veränderungen vom Mittelalter zur Neuzeit.
2. Arbeiten Sie Kurzreferate zu den einzelnen Sparten der Veränderung aus. Fassen Sie Ihre Ergebnisse optisch ansprechend auf einem Plakat zusammen und gestalten Sie mit den gesammelten Plakaten eine Wandzeitung zum Thema „Epochenumbruch Mittelalter – Neuzeit".

So bedeutsam die Zeit des Epochenumbruchs auf nahezu allen Gebieten war, literarische Meisterwerke brachte sie in Deutschland mit wenigen Ausnahmen nicht hervor. Eine herausragende Bedeutung und Langzeitwirkung hatte die Bibelübersetzung MARTIN LUTHERS (1483–1546). Sie fand durch das neuartige Buchdruckverfahren des JOHANN GUTENBERG (1397–1468) rasch eine weite Verbreitung und trug damit wesentlich zur Durchsetzung einer einheitlichen deutschen Literatursprache gegenüber dem bis dahin immer noch tonangebende Latein bei.
Neben diesem Werk verblasst fast die gesamte literarische Produktion, die vielen Streit- und Flugschriften, Pamphlete, Satiren und Lehrdichtungen, welche die Kämpfe und Umwälzungen dieser bewegten Zeit begleiteten. Auch die Unterhaltungsliteratur, Schwanksammlungen und Volksbücher, gewann kaum Interesse und Anerkennung bei späteren Generationen. Nur die Schwanksammlung vom Eulenspiegel und das Volksbuch vom Doktor Faust fanden Eingang in den Kanon der auch später noch für lesenswert gehaltenen Werke.

3. Entziffern Sie das Titelblatt des Volksbuchs vom Doktor Faust (▷ S. 200) und erläutern Sie, welche Literaturauffassung in der Erklärung zur Entstehung und Intention dieses Textes erkennbar wird, der nach heutigem Verständnis ein fiktionaler Text ist.

Titelblatt von Luthers Bibelübersetzung

Titelblatt des Volksbuchs vom Doktor Faust

Die Literatur des Barock

Martin Opitz

Carpe diem[1] (1624)

Ich empfinde fast ein Grauen,
dass ich, Plato[2], für und für
bin gesessen über dir.
Es ist Zeit hinauszuschauen
5 und sich bei den frischen Quellen
in dem Grünen zu ergehn,
wo die schönen Blumen stehn
und die Fischer Netze stellen!

Wozu dienet das Studieren
10 als zu lauter Ungemach!
Unterdessen läuft die Bach
unsers Lebens, das wir führen,
ehe wir es inne werden,
auf ihr letztes Ende hin:
15 dann kömmt ohne Geist und Sinn
dieses alles in die Erden.

Holla, Junger, geh und frage,
wo der beste Trunk mag sein,
nimm den Krug und fülle Wein!
20 Alles Trauren, Leid und Klage,
wie wir Menschen täglich haben,
eh uns Clotho[3] fortgerafft,
will ich in den süßen Saft,
den die Traube gibt, vergraben.

25 Kaufe gleichfalls auch Melonen
und vergiss des Zuckers nicht,
schaue nur, dass nichts gebricht!
Jener mag der Heller schonen,
der bei seinem Gold und Schätzen
30 tolle sich zu kränken pflegt
und nicht satt zu Bette legt;
ich will, weil ich kann, mich letzen!

Bitte meine guten Brüder
auf die Musik und ein Glas!
35 Kein Ding schickt sich, dünkt mich, bass[4]
als gut Trank und gute Lieder.
Lass ich gleich nicht viel zu erben,
ei, so hab ich edlen Wein!
Will mit andern lustig sein,
40 muss ich gleich alleine sterben.

1 **Carpe diem** (lat.): Genieße, nütze den Tag
2 **Plato** (427–347 v. Chr.): Philosoph der griech. Antike
3 **Clotho:** griech. Schicksalsgöttin, die den Lebensfaden spinnt
4 **bass:** besser

Christian Hofmann von Hofmannswaldau
Die Welt (1679)

Was ist die Welt / und ihr berühmtes gläntzen?
Was ist die Welt und ihre gantze Pracht?
Ein schnöder Schein in kurtzgefasten Gräntzen /
Ein schneller Blitz bey schwartzgewölckter Nacht.
5   Ein buntes Feld / da Kummerdisteln grünen:
Ein schön Spital / so voller Kranckheit steckt.
Ein Sclavenhauß / da alle Menschen dienen /
Ein faules Grab / so Alabaster[1] deckt.
Das ist der Grund / darauff wir Menschen bauen /
10 Und was das Fleisch für einen Abgott hält.
Komm Seele / komm / und lerne weiter schauen /
Als sich erstreckt der Zirckel dieser Welt.
Streich ab von dir derselben kurtzes Prangen /
Halt ihre Lust vor eine schwere Last.
15 So wirstu leicht in diesen Port gelangen /
Da Ewigkeit und Schönheit sich umbfast.

1 **Alabaster:** feiner Gips, der zu Kunstwerken verarbeitet wurde

Hans Baldung, genannt Grien:
„Die drei Lebensalter
des Weibes und der Tod"
(um 1510)

1. Setzen Sie das Bild von Hans Baldung sowie die beiden Gedichte von Opitz und Hofmannswaldau (▷ S. 200 f.) in Beziehung zueinander: Finden Sie Gemeinsamkeiten und/oder Widersprüche in der Auffassung von der Welt und dem Leben?
2. a) Untersuchen Sie anknüpfend an Beobachtungen zur Verwendung von Ausrufezeichen und Fragezeichen in den beiden Gedichten den Tonfall, den Sprachgestus und die rhetorisch-formale Gestaltung.
   b) Beschreiben Sie den situativen Kontext, den Sie dem einen und dem anderen Gedicht zuordnen.
3. a) Tragen Sie aus Lyrikanthologien Gedichte zum „Carpe-diem"-Motiv und zum Motiv des „Memento mori" (bedenke, dass du sterben musst) bzw. der „Vanitas" (Nichtigkeit alles Irdischen) zusammen.
   b) Suchen Sie sich aus der im Kurs erstellten Sammlung zwei Gedichte aus und referieren Sie über die inhaltliche und formale Ausgestaltung der oben genannten Motive.
4. Schreiben Sie zu Hofmannswaldaus Gedicht ein Gegengedicht, in dem Sie Ihre Antwort auf die Eingangsfrage „Was ist die Welt ...?" formulieren. Sammeln Sie dazu in einem ersten Arbeitsschritt Bilder nach demselben Aufbauprinzip, wie Sie es in den Versen 3–8 vorfinden.

Hans Jakob Christoffel von Grimmelshausen

Der Abenteuerliche Simplicissimus Teutsch (1669)

Prägende Wirkung auf das Weltverständnis in der Barockzeit hatte der Dreißigjährige Krieg (1618–1648). Dieser Krieg steht im Zentrum von Grimmelshausens „Abenteuerlichem Simplicissimus", des bedeutendsten Romans der Zeit. In 5 Büchern wird der überaus abwechslungsreiche Lebensweg des Helden erzählt. Das erste Buch handelt von seiner Vertreibung als 10-Jähriger vom Bauernhof der Eltern durch einen Trupp marodierender Soldaten und dem anschließenden Aufenthalt bei einem Einsiedler. Dieser gibt ihm den Namen „Simplex" (der Einfältige). Die Bücher 2 bis 4 schildern die abenteuerlichen Erlebnisse des Helden als Narr, Soldat, Kavalier, Quacksalber und Pilger. Im 5. Buch schließlich beendet Simplex seine Weltfahrt, nachdem er erfahren hat, dass der Eremit, ein adliger Herr, sein wirklicher Vater war; er wird nun selbst zum Einsiedler.

Simplicii Residenz wird erobert, geplündert und zerstört, darin die Krieger jämmerlich hausen

Wiewohl ich nicht bin gesinnet gewesen, den friedliebenden Leser mit diesen Reutern in meines Knans[1] Haus und Hof zu führen, weil es schlimm genug darin hergehen wird: So erfordert jedoch die Folge meiner Histori, dass ich der lieben Posterität[2] hinterlasse, was für Grausamkeiten in diesem unserm Teutschen Krieg hin und wieder verübet worden, zumalen mit meinem eigenen Exempel zu bezeugen, dass alle solche Übel von der Güte des Allerhöchsten, zu unserm Nutz, oft notwendig haben verhängt werden müssen: Denn lieber Leser, wer hätte mir gesagt, dass ein Gott im Himmel wäre, wenn keine Krieger meines Knans Haus zernichtet, und mich durch solche Fahung[3] unter die Leut gezwungen hätten, von denen ich genugsamen Bericht empfangen? Kurz zuvor konnte ich nichts anderes wissen noch mir einbilden, als dass mein Knan, Meuder, ich und das übrige Hausgesind allein auf Erden sei, weil mir sonst kein Mensch noch einzige andere menschliche Wohnung bekannt war, als diejenige, darin ich täglich aus- und einging: Aber bald hernach erfuhr ich die Herkunft der Menschen in diese Welt und dass sie wieder daraus müssten; ich war nur mit der Gestalt ein Mensch und mit dem Namen ein Christenkind, im Übrigen aber nur eine Bestia! Aber der Allerhöchste sah meine Unschuld mit barmherzigen Augen an und wollte mich beides zu seiner und meiner Erkenntnis bringen: Und wiewohl er tausenderlei Weg hierzu hatte, wollte er sich doch ohn Zweifel nur desjenigen bedienen, in welchem mein Knan und Meuder, andern zum Exempel, wegen ihrer liederlichen Auferziehung gestraft würden.

---

1 **Knan:** Vater
2 **Posterität:** Nachwelt
3 **Fahung:** Gefangennahme

Das Erste, das diese Reuter taten, war, dass sie ihre Pferd einstelleten, hernach hatte jeglicher seine sonderbare Arbeit zu verrichten, deren jede lauter Untergang und Verderben anzeigte, denn obzwar etliche anfingen zu metzgen, zu sieden und zu braten, dass es sah, als sollte ein lustig Bankett gehalten werden, so waren hingegen andere, die durchstürmten das Haus unten und oben, ja das heimlich Gemach war nicht sicher, gleichsam ob wäre das gülden Fell von Kolchis[4] darinnen verborgen; andere machten von Tuch, Kleidungen und allerlei Hausrat große Päck zusammen, als ob sie irgends ein Krempelmarkt anrichten wollten, was sie aber nicht mitzunehmen gedachten, wurde zerschlagen, etliche durchstachen Heu und Stroh mit ihren Degen, als ob sie nicht Schaf und Schwein genug zu stechen gehabt hätten, etliche schütteten die Federn aus den Betten, und fülleten hingegen Speck, andere dürr Fleisch und sonst Gerät hinein, als ob alsdann besser darauf zu schlafen gewesen wäre; andere schlugen Ofen und Fenster ein, gleichsam als hätten sie ein ewigen Sommer zu verkündigen, Kupfer und Zinnengeschirr schlugen sie zusammen, und packten die gebogenen und verderbten Stück ein, Bettladen, Tisch, Stühl und Bänk verbrannten sie, da doch viel Klafter dürr Holz im Hof lag, Hafen[5] und Schüsseln musste endlich alles entzwei, entweder weil sie lieber Gebraten aßen, oder weil sie bedacht waren, nur ein einzige Mahlzeit allda zu halten; unser Magd ward im Stall dermaßen traktiert, dass sie nicht mehr daraus gehen konnte, welches zwar eine Schand ist zu melden! den Knecht legten sie gebunden auf die Erd, steckten ihm ein Sperrholz ins Maul, und schütteten ihm einen Melkkübel voll garstig Mistlachenwasser in Leib, das nannten sie ein Schwedischen Trunk, wodurch sie ihn zwangen, eine Partei[6] anderwärts zu führen, allda sie Menschen und Vieh hinwegnahmen, und in unsern Hof brachten, unter welchen mein Knan, mein Meuder und unser Ursele auch waren. Da fing man erst an, die Stein[7] von den Pistolen, und hingegen an deren Statt der Bauren Daumen aufzuschrauben, und die armen Schelmen so zu foltern, als wenn man hätt Hexen brennen wollen, maßen sie auch einen von den gefangenen Bauren bereits in Backofen steckten und mit Feuer hinter ihm her waren, ohnangesehen er noch nichts bekannt hatte; einem andern machten sie ein Seil um den Kopf, und reitelten[8] es mit einem Bengel[9] zusammen, dass ihm das Blut zu Mund, Nas und Ohren heraussprang. In summa, es hatte jeder seine eigene Invention, die Bauren zu peinigen, und also auch jeder Bauer seine sonderbare Marter: Allein mein Knan war meinem damaligen Bedünken nach der Glückseligste, weil er mit lachendem Mund bekannte, was andere mit Schmerzen und jämmerlicher Weheklag sagen mussten, und solche Ehre widerfuhr ihm ohne Zweifel darum, weil er der Hausvater war, denn sie setzten ihn zu einem Feuer, banden ihn, dass er weder Händ noch Füß regen konnte, und rieben seine Fußsohlen mit angefeuchtem Salz, welches ihm unser alte Geiß wieder ablecken und dadurch also kitzeln musste, dass er vor Lachen hätte zerbersten mögen; das kam so artlich, dass ich Gesellschaft halber, oder weil ichs nicht besser verstund, von Herzen mitlachen musste: In solchem Gelächter bekannte er seine Schuldigkeit und öffnet' den verborgenen Schatz, welcher von Gold, Perlen und Kleinodien viel reicher war, als man hinter Bauren hätte suchen mögen. Von den gefangenen Weibern, Mägden und Töchtern weiß ich sonderlich nichts zu sagen, weil mich die Krieger nicht zusehen ließen, wie sie mit ihnen umgingen: Das weiß ich noch wohl, dass man teils hin und wider in den Winkeln erbärmlich schreien hörte, schätze wohl, es sei meiner Meuder und unserm Ursele nit besser gangen als den andern. Mitten in diesem Elend wendet' ich Braten und half Nachmittag die Pferd tränken, durch welches Mittel ich zu unserer Magd in Stall kam, welche wunderwerklich zerstrobelt aussah, ich kannte sie nicht, sie aber sprang zu mir mit kränklicher Stimm: „O Bub lauf weg, sonst werden dich die Reuter mitnehmen, guck dass du davonkommst, du siehest wohl, wie es so übel": mehrers konnte sie nicht sagen.

---

4 **gülden Fell von Kolchis:** das Goldene Vlies, das in der griech. Sage die Argonauten aus Kolchis holen
5 **Hafen:** Behälter, Töpfe
6 **Partei:** Gruppe
7 **Steine:** Feuersteine

8 **reiteln:** drehen
9 **Bengel:** Stock

▷ S. 143 ff.

1. Beschreiben Sie möglichst genau die ▷ **Erzählweise** im Auszug aus dem „Simplicissimus" (▷ S. 202 f.): An welcher Stelle wechseln Erzählverhalten und Erzählstandort und welche Wirkung hat das auf den Leser?
2. Diskutieren Sie die Einstellung zum Krieg, die in der Reflexion des Geschehens zu Beginn des Textes (▷ Z. 1–37) und in der Darstellung des Überfalls deutlich wird.
3. Schreiben Sie die Darstellung des Überfalls durch Simplex in einen dokumentarischen Bericht um, der als Beitrag zu einem Geschichtsbuch über den Dreißigjährigen Krieg dienen könnte.

Andreas Gryphius

Thrånen des Vaterlandes/Anno 1636

WIr sind doch nunmehr gantz / ja mehr denn gantz verheeret!
Der frechen Völcker Schaar / die rasende Posaun
Das vom Blutt fette Schwerdt / die donnernde Carthaun[1]/
Hat aller Schweiß / und Fleiß / und Vorrath auffgezehret.

5 Die Türme stehn in Glutt / die Kirch ist umgekehret.
Das Rathauß ligt im Grauß[2]/ die Starcken sind zerhaun /
Die Jungfern sind geschånd't / und wo wir hin nur schaun
Ist Feuer / Pest / und Tod / der Hertz und Geist durchfåhret.

Hir durch die Schantz[3] und Stadt / rinnt allzeit frisches Blutt.
10 Dreymal sind schon sechs Jahr / als unser Ströme Flutt /
Von Leichen fast verstopfft / sich langsam fort gedrungen.

Doch schweig ich noch von dem / was årger als der Tod /
Was grimmer denn die Pest / und Glutt und Hungersnoth /
Das auch der Seelen Schatz / so vilen abgezwungen.

1 **Carthaun:** schweres Geschütz
2 **Grauß:** Staub
3 **Schantz:** Verschanzung, Wehrbau

1. a) Beschreiben Sie, welches Bild vom Krieg in dem Gedicht von Gryphius gezeichnet wird, welche Rolle das lyrische Ich einnimmt und worin es die schlimmsten Folgen des Krieges sieht.
   b) Vergleichen Sie diese Darstellung des Krieges mit der in dem Auszug aus dem „Simplicissimus".

▷ S. 178 ff.

2. Fertigen Sie eine genaue Beschreibung der ▷ **Form des Gedichts** an, setzen Sie Form und Inhalt in Beziehung zueinander und reflektieren Sie die Bedeutung der Form für die Gesamtaussage des Gedichts.
3. a) Übertragen Sie das Gedicht Zeile für Zeile in einen Prosatext in heutigem Deutsch.
   b) Welche sprachlichen Entdeckungen können Sie dabei machen?

FÄCHERVERBINDENDER PROJEKTVORSCHLAG

Erarbeiten Sie eine multimediale Präsentation der Barockzeit:

- Suchen Sie Beispiele barocker Architektur in Ihrer Umgebung auf, drehen Sie dort einen Videofilm oder fertigen Sie Dias an.
- Bauen Sie in Ihren Videofilm oder Ihre Dia-Serie Aufnahmen von Gemälden und anderen Beispielen bildender Kunst ein.
- Sammeln Sie Texte aus der barocken Literatur, die zu den Bildern passen oder auch im Kontrast dazu stehen.
- Nehmen Sie auf Kassette Beispiele barocker Musik auf.
- Vereinigen Sie das gesamte Material zu einer Ton-Text-Klang-Collage und stellen Sie in einem Kommentar dar, inwiefern Sie in Ihrer Collage den Geist der Epoche eingefangen haben.

Epochenüberblick: Barock (um 1600–1720)

In Italien und anderen westeuropäischen Ländern entstanden während der so genannten **Renaissance** (14.–16. Jh.) unter Anknüpfung an die klassische Antike stilbildende Meisterwerke in allen Künsten. Im Gegensatz dazu entwickelte sich in Deutschland erst ein Jahrhundert später eine Hochliteratur europäischen Ranges. Ausgerechnet im Zeitalter des **Dreißigjährigen Krieges** (1618–1648), eines der fürchterlichsten Kriege, die je in Mitteleuropa ausgetragen wurden, fand die deutsche Literatur Anschluss an den Standard der Nachbarländer.

Zentren der kulturellen Entwicklung waren einmal die **Städte** mit ihren Schulen und Universitäten, vor allem aber die **Höfe** der vielen zur vollen Souveränität gelangten Territorialfürsten, die ihre Herrschaft im Sinne des Absolutismus (Vorbild: „Sonnenkönig" Ludwig XIV. in Frankreich) ausbauten. In diesen beiden Zentren fand sich die Gesellschaft, in der und für die von den barocken Dichtern geschrieben wurde; immer noch waren es fast ausschließlich Dichter und nur wenige Dichterinnen.

Um die Leistung der barocken Dichtergenerationen zu würdigen, muss man auf die Entfaltung und Verfeinerung der neuhochdeutschen Literatursprache und die Entwicklung der meisten bis heute wichtigen literarischen Gattungen und Formen hinweisen. In einer Reihe von Poetiken wie dem „Buch von der deutschen Poeterey" (1624) des MARTIN OPITZ wurden diese Gattungen und Formen normativ festgelegt und in rezeptartigen Anweisungen wurde beschrieben, wie Dichtung herzustellen sei.

Nur bestimmte Stoffe und Themen galten als literaturwürdig und wurden immer wieder bearbeitet: das Schicksal christlicher Märtyrer, die Taten antiker und ritterlicher Helden, das Herrscherlob, ländliche Idyllen und Schäferspiele, Frauenpreis und Liebe, die Aufforderung zum Lebensgenuss (Carpe diem) sowie die Ermahnung, des Todes und der Nichtigkeit alles Irdischen zu gedenken (Memento mori und Vanitas). Die Aufgabe des Poeten bestand darin, diese Inhalte in ein möglichst brillantes, den Kunstverstand des Publikums ansprechendes sprachlich-rhetorisches Gewand zu kleiden.

Solch ein Verständnis der Poesie als geschmackvolle Einkleidung von Inhalten barg die Gefahr, die Ausschmückung in Wortspiel, Metaphorik und Rhetorik immer weiter zu steigern, zumal die „Gewänder" in ihren Grundformen, d. h. die Genres und Gattungen, ja festgelegt waren. So ist zu einem Teil der barocke „Schwulst" zu erklären, der uns heute als typisch für die Zeit erscheint.

Neben der repräsentativen Auftrags- und Gesellschaftskunst im Umkreis der Residenzen, produziert von gebildeten Adligen und Bürgern, die direkt als Hofpoeten angestellt waren oder als Verwaltungsbeamte und Gelehrte in ihren Mußestunden schrieben, gab es auch eine von den niederen Ständen – soweit sie lesen konnten – rezipierte Literatur. Sie war im Wesentlichen zur Erbauung und Lebenshilfe verfasst; typisch dafür ist die vielfältige Kalenderliteratur. In diesen Umkreis gehört auch der Fortsetzungsroman „Der Abenteuerliche Simplicissimus Teutsch" des HANS JAKOB CHRISTOFFEL VON GRIMMELSHAUSEN, dem spanischen Muster des Schelmenromans nachgebildet. „Männiglich nützlich zu lesen", betont der Autor auf dem Titelblatt ganz im Sinne bekannter Rechtfertigungen der Lektüre als christliche Lebenshilfe.

Wichtige Autoren und Werke

Martin Opitz (1597–1639): Buch von der deutschen Poeterey
Andreas Gryphius (1616–1664): Sonette
Hans Jakob Christoffel von Grimmelshausen (1622–1676): Der abenteuerliche Simplicissimus Teutsch (Roman)

2 Von der Aufklärung zum Vormärz (1720–1848)

Das 18. und das beginnende 19. Jahrhundert sind die Zeit des großen Epochenumbruchs in West- und Mitteleuropa. Vorbereitet durch den Erneuerungsschub um 1500, erfolgt jetzt der entscheidende Entwicklungsschritt hin zu unserer heutigen Welt. Die bürgerliche Gesellschaft mit ihren Forderungen nach Chancengleichheit sowie Freiheit im Denken und wirtschaftlichen Handeln löst die alte, ständisch gegliederte, von der Kirche und ihrer geistigen Vormundschaft geleitete Gesellschaft ab, wenn auch noch nicht überall eine bürgerliche Staatsverfassung erreicht wird.

Die politische Entwicklung

Das zentrale Ereignis dieser Epoche war die **Französische Revolution,** die 1789 ausbrach. Sie hatte nachhaltige Wirkungen auf Deutschland, wo sie von vielen bürgerlichen Intellektuellen zunächst begeistert begrüßt wurde. Zumindest zeitweilig schuf sie eine Verunsicherung der absolutistisch regierenden Fürsten, deren Heere zunächst von den Volkstruppen der Revolution und dann von Napoleons Armeen geschlagen wurden. Zur bürgerlich-demokratischen Umwälzung, wie sie in Frankreich in den Etappen 1789, 1830 (Julirevolution) und 1848 (Februarrevolution) gelang, kam es in Deutschland indessen nicht, der späte Versuch 1848/49 scheiterte. Deutschland war zerrissen durch die Vielzahl der Klein- und Kleinststaaten territorialer Fürstentümer, außerdem in Kapitalbildung und technisch-industrieller Produktionsweise gegenüber England und Frankreich zurückgeblieben, und so fand das deutsche Bürgertum nicht die Kraft zum politischen Umsturz. Die Revolution in Deutschland spielte sich vor allem auf dem Papier ab, blieb auf Philosophie und Literatur beschränkt.

Das bürgerliche Selbstbewusstsein

Dem Standesdünkel des Adels, der in der Welt des französischen Königshofs von Versailles sein gesellschaftliches Ideal sah, setzte das Bürgertum seinen eigenen Welt-, Gesellschafts- und Lebensentwurf entgegen. Nicht die durch Herkunft und Geblüt ererbten Privilegien machen für den Bürger den Wert des Menschen aus; er entwickelt sein modernes Ich-Bewusstsein als selbstbestimmtes Subjekt aus der Entfaltung seiner intellektuellen, psychischen und physischen Fähigkeiten. Vom Individuum der Aufklärung, das sich seines eigenen Verstandes zu bedienen wagt, über das Genie des Sturm und Drang und die allseitig gebildete Persönlichkeit der Klassik bis zum hochstilisierten Ich der Romantik lässt sich dies neue Bewusstsein verfolgen, das sich auch in den politischen Forderungen des Vormärz nach demokratischeren Staats- und Gesellschaftsformen niederschlug. Dazu gehörte auch ein moralisches Überlegenheitsgefühl gegenüber dem Adel. Das freie Ich des von Natur aus guten Menschen kann und wird überall die Tugenden üben und unterscheidet sich darin von dem durch widernatürliche Zwänge deformierten Höfling, dessen Lasterhaftigkeit die bürgerlichen Schriftsteller immer wieder anprangerten.

Entwicklungstendenzen der Literatur

Freiheit und Autonomie werden auch für die Literatur gefordert. Sie soll in keinem Dienst mehr stehen, weder in dem eines Fürsten zur Unterhaltung der Hofgesellschaft noch in dem der Kirche. Sie wendet sich nicht an einen bestimmten Stand oder an eine begrenzte Gemeinde, sondern prinzipiell an alle Menschen. In der Aufklärung und der Klassik orientiert man sich zwar noch an den tradierten Normen und Regeln, überprüft sie aber auf ihre Funktion für die Aussage hin. In der literarischen Bewegung des Sturm und Drang werden all diese Normen und Regeln gänzlich verworfen. Kunst wird jetzt nicht länger als der von „Können" abgeleitete Begriff für die möglichst vollendete Beherrschung vorgegebener Formen verstanden, sondern ist der angemessene und wirkungsvolle Ausdruck der Botschaft des Künstlerindividuums. Neue

Ausdrucksweisen und Formmöglichkeiten entwickeln sich damit in unübersehbarer Vielfalt. Literarische Qualität bestimmt sich nicht mehr nach den Vorschriften von Poetiken (Lehrbüchern der Poesie), sondern nach der Wirkung, die durch das Zusammenspiel von Inhalt und Form erreicht wird.

Leser/innen sind freilich vorerst nur die wohlhabenden und gebildeten Bürger der Stadt. Nur 25% der Bevölkerung können um 1800 lesen, eine Zahl, die aber dank der allgemeinen Schulpflicht stetig wächst. Die Existenz eines freien Schriftstellers ist auf dieser Basis noch nicht möglich. Die literarische Produktion der Autoren wird häufig erheblich eingeschränkt durch die Anforderungen eines neben dem Schreiben ausgeübten bürgerlichen Berufs, ganz zu schweigen davon, dass sie noch den Repressionen der Zensur unterworfen ist, die in unterschiedlichen Formen in den einzelnen deutschen Territorien angewandt wird.

Hatten Frauen vor allem als Leserinnen von Belletristik seit dem Mittelalter einen wesentlichen Anteil an dem sich entwickelnden literarischen Leben, so traten sie jetzt zunehmend auch als Vermittlerinnen und Produzentinnen von Literatur hervor. In den Lese- und Gesprächszirkeln der so genannten Salons intellektueller Bürgerinnen trafen sich Philosophen, Künstler, Literaten und Verleger, und einzelnen Frauen gelang es auch, als Autorinnen an die Öffentlichkeit zu kommen: Mit der „Geschichte des Fräuleins von Sternheim" der SOPHIE VON LA ROCHE erscheint 1771 der erste bedeutende Frauenroman. RAHEL VARNHAGEN, KAROLINE VON GÜNDERODE, BETTINA VON ARNIM und andere publizieren Gedichtanthologien, Briefsammlungen, Reisebilder und sozialkritische Schriften. Engagierte Schriftstellerinnen des Vormärz bringen zum ersten Mal die Frage nach der Emanzipation der Frau auf die Tagesordnung der literarischen Öffentlichkeit.

Die Leitidee der Zeit: Befreiung/Emanzipation			
Gesellschaft/Politik	**Wirtschaft**	**Natur**	**Kunst/Literatur**
■ Gleichheit, Freiheit, Brüderlichkeit als Schlagwörter der Franz. Revolution ■ Wert des Menschen wird an seiner Leistung, an der Entfaltung seiner Fähigkeiten gemessen ■ Tugend und allgemeine Wohlfahrt als Ergebnis einer freien Gesellschaft ■ Abschaffung des Absolutismus und adliger Privilegien	■ Orientierung am freien Markt ■ Handels- und Gewerbefreiheit	■ Natur ist Gegenstand wissenschaftlicher Erforschung ohne Einschränkungen ■ freier Zugriff auf die Natur in Technik und Industrie ■ Verherrlichung der Natur als schöpferischer Kraft	■ Autonomie der Kunst ■ Distanzierung von Normen und Regeln ■ die Form steht im Dienste der Aussage ■ Nachahmung der Natur in ihrer Schöpferkraft ■ abhängige Autoren/ Autorinnen werden zu freien Schriftstellern

---

1. Vergleichen Sie die beiden Gartenanlagen auf S. 208: Welches Verhältnis des Menschen zur Natur lassen sie erkennen?

2. Stellen Sie Texte aus der Zeit zwischen 1720 und 1848 zusammen, in denen die Natur thematisiert wird, und erläutern Sie das jeweilige Naturverständnis vor dem Hintergrund der Tatsache, dass in dieser Zeit Naturwissenschaft und Technik stark an Bedeutung gewinnen.

Französischer Schlossgarten

Englischer Schlossgarten

2.1 Aufklärung (1720–1800)

Was ist Aufklärung? – Zwei Antworten aus zwei Epochen

Immanuel Kant

Beantwortung der Frage:
Was ist Aufklärung? (1784)

Aufklärung ist der Ausgang des Menschen aus seiner selbst verschuldeten Unmündigkeit. Unmündigkeit ist das Unvermögen, sich seines Verstandes ohne Leitung eines anderen zu
5 bedienen. Selbst verschuldet ist diese Unmündigkeit, wenn die Ursache derselben nicht am Mangel des Verstandes, sondern der Entschließung und des Mutes liegt, sich seiner ohne Leitung eines andern zu bedienen!
10 Sapere aude! Habe Mut, dich deines eigenen Verstandes zu bedienen!, ist also der Wahlspruch der Aufklärung.
Faulheit und Feigheit sind die Ursachen, warum ein so großer Teil der Menschen, nach-
15 dem sie die Natur längst von fremder Leitung freigesprochen (naturaliter majorennes), dennoch gerne zeitlebens unmündig bleiben; und warum es anderen so leicht wird, sich zu deren Vormündern aufzuwerfen. Es ist so bequem,
20 unmündig zu sein. Habe ich ein Buch, das für mich Verstand hat, einen Seelsorger, der für mich Gewissen hat, einen Arzt, der für mich die Diät beurteilt usw., so brauche ich mich ja nicht selbst zu bemühen. Ich habe nicht nötig

zu denken, wenn ich nur bezahlen kann; andere werden das verdrießliche Geschäft schon 2 für mich übernehmen. Dass der bei weitem größte Teil der Menschen (darunter das ganze schöne Geschlecht) den Schritt zur Mündigkeit außer dem, dass er beschwerlich ist, auch 3 für sehr gefährlich halte: dafür sorgen schon jene Vormünder, die die Oberaufsicht über sie gütigst auf sich genommen haben. Nachdem sie ihr Hausvieh zuerst dumm gemacht haben und sorgfältig verhüteten, dass diese ruhigen 3 Geschöpfe ja keinen Schritt außer dem Gängelwagen, darin sie sie einsperreten, wagen durften, so zeigen sie ihnen nachher die Gefahr, die ihnen drohet, wenn sie es versuchen, allein zu gehen. Nun ist diese Gefahr 4 zwar eben so groß nicht, denn sie würden durch einige Mal Fallen wohl endlich gehen lernen; allein ein Beispiel von der Art macht doch schüchtern und schreckt gemeiniglich von allen ferneren Versuchen ab. [...]
Zu dieser Aufklärung aber wird nichts erfordert als Freiheit; und zwar die unschädlichste unter allem, was nur Freiheit heißen mag, nämlich die: von seiner Vernunft in allen Stücken öffentlichen Gebrauch zu machen. 5 Nun höre ich aber von allen Seiten rufen: Räsoniert nicht! Der Offizier sagt: Räsoniert

nicht, sondern exerziert! Der Finanzrat: Räsoniert nicht, sondern bezahlt! Der Geistliche: Räsoniert nicht, sondern glaubt! (Nur ein einziger Herr in der Welt sagt: Räsoniert, so viel ihr wollt und worüber ihr wollt; aber gehorcht!) Hier ist überall Einschränkung der Freiheit. Welche Einschränkung aber ist der Aufklärung hinderlich? welche nicht, sondern ihr wohl gar beförderlich? – Ich antworte: Der öffentliche Gebrauch seiner Vernunft muss jederzeit frei sein, und der allein kann Aufklärung unter Menschen zu Stande bringen; der Privatgebrauch derselben aber darf öfters sehr enge eingeschränkt sein, ohne doch darum den Fortschritt der Aufklärung sonderlich zu hindern. Ich verstehe aber unter dem öffentlichen Gebrauche seiner eigenen Vernunft denjenigen, den jemand als Gelehrter von ihr vor dem ganzen Publikum der Leserwelt macht. Den Privatgebrauch nenne ich denjenigen, den er in einem gewissen ihm anvertrauten bürgerlichen Posten oder Amte von seiner Vernunft machen darf. [...]

Wenn denn nun gefragt wird: Leben wir jetzt in einem aufgeklärten Zeitalter?, so ist die Antwort: Nein, aber wohl in einem Zeitalter der Aufklärung. Dass die Menschen, wie die Sachen jetzt stehen, im Ganzen genommen, schon im Stande wären oder darin auch nur gesetzt werden könnten, in Religionsdingen sich ihres eigenen Verstandes ohne Leitung eines andern sicher und gut zu bedienen, daran fehlt noch sehr viel. Allein, dass jetzt ihnen doch das Feld geöffnet wird, sich dahin frei zu bearbeiten und die Hindernisse der allgemeinen Aufklärung oder des Ausganges aus ihrer selbst verschuldeten Unmündigkeit allmählich weniger werden, davon haben wir doch deutliche Anzeigen.

Karl Jaspers

Wahre und falsche Aufklärung
(1950)

Was aber ist Aufklärung?
Die Forderungen der Aufklärung richten sich gegen Blindheit des fraglosen Fürwahrhaltens; gegen Handlungen, die nicht bewirken können, was sie meinen – wie magische Handlungen –, da sie auf nachweislich falschen Voraussetzungen beruhen; gegen das Verbot des einschränkungslosen Fragens und Forschens; gegen überkommene Vorurteile. Aufklärung fordert unbegrenztes Bemühen um Einsicht und ein kritisches Bewusstsein von der Art und Grenze jeder Einsicht.

Es ist der Anspruch des Menschen, es solle ihm einleuchtend werden, was er meint, will und tut. Er will selbst denken. Er will mit dem Verstande fassen und möglichst bewiesen haben, was wahr ist. Er verlangt Anknüpfung an grundsätzlich jedermann zugängliche Erfahrungen. Er sucht Wege zum Ursprung der Einsicht, statt sie als fertiges Ergebnis zur Annahme vorgelegt zu erhalten. Er will einsehen, in welchem Sinne ein Beweis gilt und an welchen Grenzen der Verstand scheitert. Begründung möchte er auch noch für das, was er am Ende als unbegründbare Voraussetzungen zum Grunde seines Lebens machen muss: für die Autorität, der er folgt, für die Ehrfurcht, die er fühlt, für den Respekt, den er dem Gedanken und Tun großer Menschen erweist, für das Vertrauen, das er einem, sei es zur Zeit und in dieser Situation, sei es überhaupt Unbegriffenen und Unbegreifbaren schenkt. Noch im Gehorsam will er wissen, warum er gehorcht. Alles, was er für wahr hält und als recht tut, stellt er ohne Ausnahme unter die Bedingung, selbst innerlich dabei sein zu können. Er ist nur dabei, wenn seine Zustimmung in seiner Selbstüberzeugung die Bestätigung findet. Kurz: Aufklärung ist – mit Kants Worten – der „Ausgang des Menschen aus seiner selbst verschuldeten Unmündigkeit". Sie ist zu ergreifen als der Weg, auf dem der Mensch zu sich selbst kommt.

Aber die Ansprüche der Aufklärung werden so leicht missverstanden, dass der Sinn der Aufklärung zweideutig ist. Sie kann wahre und sie kann falsche Aufklärung sein. Und daher ist der Kampf gegen die Aufklärung seinerseits zweideutig. Er kann – mit Recht – gegen die falsche, oder – mit Unrecht – gegen die wahre Aufklärung sich richten. Oft vermengen sich beide in eins.

Im Kampf gegen die Aufklärung sagt man: sie zerstöre die Überlieferung, auf der alles Leben ruhe; sie löse den Glauben auf und führe zum Nihilismus; sie gebe jedem Menschen die Freiheit seiner Willkür, werde daher Ausgang der Unordnung und Anarchie; sie mache den Menschen unselig, weil bodenlos.

60 Diese Vorwürfe treffen eine falsche Aufklärung, die selber den Sinn der echten Aufklärung nicht mehr versteht. Falsche Aufklärung meint, alles Wissen und Wollen und Tun auf den bloßen Verstand gründen zu können
65 (statt den Verstand nur als den nie zu umgehenden Weg der Erhellung dessen, was ihm gegeben werden muss, zu nutzen); sie verabsolutiert die immer partikularen Verstandeserkenntnisse (statt sie nur in dem
70 ihnen zukommenden Bereich sinngemäß anzuwenden); sie verführt den Einzelnen zum Anspruch, für sich allein wissen und auf Grund seines Wissens allein handeln zu können, als ob der Einzelne alles wäre (statt
75 sich auf den lebendigen Zusammenhang des in Gemeinschaft in Frage stellenden und fördernden Wissens zu gründen), ihr mangelt der Sinn für Ausnahme und Autorität, an denen

beiden alles menschliche Leben sich orientieren muss. Kurz, sie will den Menschen auf sich 80 selbst stellen, derart, dass er alles Wahre und ihm Wesentliche durch Verstandeseinsicht erreichen kann. Sie will nur wissen und nicht glauben.
Wahre Aufklärung dagegen zeigt zwar dem 85 Denken und dem Fragenkönnen nicht absichtlich, von außen und durch Zwang, eine Grenze, wird sich aber der faktischen Grenze bewusst. Denn sie klärt nicht nur das bis dahin Unbefragte, die Vorurteile und vermeintlichen 90 Selbstverständlichkeiten, sondern auch sich selber auf. Sie verwechselt nicht die Wege des Verstandes mit den Gehalten des Menschseins. Diese zeigen sich der Aufklärung zwar erhellbar durch einen vernünftig geführten 95 Verstand, sind aber nicht auf den Verstand zu gründen.

---

1. Vergleichen Sie die beiden Definitionen von Aufklärung: Wo greift Jaspers auf Kant zurück und erläutert ihn? Auf welche Gedanken Kants geht Jaspers nicht ein und mit welchen Überlegungen geht er über Kant hinaus?
2. a) Erklären Sie an einem selbst gewählten Beispiel, was Kant unter dem öffentlichen und privaten Gebrauch der Vernunft versteht.
   b) Diskutieren Sie, ob Kants Unterscheidung zwischen dem öffentlichen und privaten Gebrauch der Vernunft immer und in allen Gesellschaftssystemen berechtigt ist.
3. „Segen und Fluch der Aufklärung" – sammeln Sie Material zu diesem Thema aus Zeitungen und Zeitschriften, aus Ihrer Alltagserfahrung etc. und verfassen Sie einen ▷ **Essay**.
4. Beantworten Sie die abschließende Frage bei Kant „Leben wir jetzt in einem aufgeklärten Zeitalter?" für unsere heutige Zeit, indem Sie eine Pro-und-Kontra-Diskussion durchführen.

Die Aufgaben der Literatur

Christoph Martin Wieland
Über Rechte und Pflichten der Schriftsteller (1788)

Freiheit der Presse ist nur darum ein Recht der Schriftsteller, weil sie ein Recht der Menschheit, oder wenn man will, ein Recht polizierter Nationen[1] ist; und sie ist bloß darum ein Recht
5 des Menschen-Geschlechts, weil die Menschen, als vernünftige Wesen, kein angelegeneres Interesse haben als wahre Kenntnisse von allem, was auf irgendeine Art, direkt oder indirekter Weise, einen Einfluss auf ihren
10 Wohlstand hat oder zu Vermehrung ihrer

Vollkommenheit und Glückseligkeit etwas beitragen kann.
Die Wissenschaften, welche für den menschlichen Verstand das sind, was das Tageslicht für unsere Augen, können und dürfen also, ohne offenbare Verletzung eines unleugbaren Menschen-Rechtes, in keine andere Grenzen eingeschlossen werden als diejenigen, welche uns die Natur selbst gesetzt hat. Alles, was wir wissen können, das dürfen wir auch wissen.

Die nützlichste, also die vornehmste, aller Wissenschaften, oder, noch genauer zu reden, diejenige, in welcher alle übrigen eingeschlossen sind, ist die Wissenschaft des Menschen: Der Menschheit eignes Studium ist der Mensch.

---

1 **polizierte Nationen:** Nationen, die eine Verfassung, eine Ordnung haben

Die Wissenschaft des Menschen ist eine Aufgabe, an deren vollständiger reiner Auflösung man noch Jahrtausende arbeiten wird, ohne damit zu Stande gekommen zu sein. Diese Wissenschaft anzubauen, zu fördern, immer größere Fortschritte darin zu tun, ist der Gegenstand des Menschen-Studiums; und dieses kann auf keine andere Weise mit Erfolg getrieben werden, als indem man die Menschen, wie sie von jeher waren und wie sie dermalen sind, nach allen ihren Beschaffenheiten, Verhältnissen und Umständen kennen zu lernen sucht. [...]

Die erste und wesentlichste Eigenschaft eines Schriftstellers, welcher einen Beitrag zur Menschen- und Völker-Kunde, aus eigener Beobachtung, liefert, ist: dass er den aufrichtigen Willen habe, die Wahrheit zu sagen; dass er folglich keiner Leidenschaft, keiner vorgefassten Meinung, keiner interessierten Privatabsicht wissentlich einigen Einfluss in seine Nachrichten und Bemerkungen erlaube. Seine erste Pflicht ist Wahrhaftigkeit und Unparteilichkeit; und da wir zu allem berechtigt sind, was eine notwendige Bedingung der Erfüllung unsrer Pflicht ist: so ist auch, vermöge der Natur der Sache, Freimütigkeit ein Recht, das keinem Schriftsteller dieser Klasse streitig gemacht werden kann. Er muss die Wahrheit sagen wollen und sagen dürfen. [...]

So wie es keinen wissenschaftlichen Gegenstand gibt, den man nicht untersuchen, ja selbst keinen Glaubenspunkt, den die Vernunft nicht beleuchten dürfte, um zu sehen, ob er glaubwürdig sei oder nicht: so gibt es auch keine historische und keine praktische Wahrheit, die man mit einem Interdikt[2] zu belegen oder für Kontrebande[3] zu erklären berechtigt wäre. Es ist widersinnig, Staats-Geheimnisse aus Dingen machen zu wollen, die aller Welt vor Augen liegen, oder übel zu nehmen, wenn jemand der ganzen Welt sagte, was einige hunderttausend Menschen sehen, hören und fühlen.

2 **Interdikt:** Verbot
3 **Kontrebande:** Schmuggelware

---

1. Arbeiten Sie die wesentlichen Gedanken des Textes von Wieland in ein Schaubild um:

Gegenstand der Literatur:
...
...
...

Hauptmerkmale der Literatur:
...
...
...

Literatur

Aufgabe der Literatur:
...

Voraussetzungen zu ihrem Entstehen:
...

2. Vergleichen Sie Wielands Gedanken zur Aufgabe der Literatur und zur Rolle des Schriftstellers mit denen anderer Autoren aus anderen Epochen, z. B. *J. W. Goethe:* Zum Schäkespears-Tag (▷ S. 216 f.); *F. Schiller:* Die Teilung der Erde (▷ S. 234); Ankündigung der Monatsschrift „Die Horen"(▷ S. 234 f.); *T. Fontane:* Was verstehen wir unter Realismus? (▷ S. 269 f.), *Arno Holz:* Die Kunst. Ihr Wesen und ihre Gesetze (▷ S. 277); *Stefan George:* Über Dichtung (▷ S. 296).
3. Überprüfen Sie, ob und inwiefern die in diesem Kapitel versammelten Texte (▷ S. 212 ff.) Wielands aufgeklärtem Literaturkonzept entsprechen.

Anleitungen zum richtigen Handeln

Immanuel Kant

Der kategorische Imperativ (1788)

Handle so, dass die Maxime[1] deines Willens jederzeit zugleich als Prinzip einer allgemeinen Gesetzgebung gelten könne.

1 **Maxime:** Grundsatz

Georg Christoph Lichtenberg

Aphorismen (1770–1799)

Zweifle an allem wenigstens einmal, und wäre es auch der Satz „zweimal 2 ist 4".

*

Bei unsrem frühzeitigen und oft gar zu häufigen Lesen, wodurch wir so viele Materialien erhalten, ohne sie zu verbauen, wodurch unser Gedächtnis gewöhnt wird, die Haushaltung für Empfindung und Geschmack zu   5
führen, da bedarf es oft einer tiefen Philosophie, unserm Gefühl den ersten Stand der Unschuld wiederzugeben, *sich aus dem Schutt fremder Dinge herauszufinden, selbst anfangen zu fühlen und selbst zu sprechen und, ich   10
möchte fast sagen, auch einmal selbst zu existieren.

---

1. Erläutern Sie mit eigenen Worten, zu welchem Verhalten in den drei „Lebensregeln" geraten wird und zu welchen Folgen das Beachten dieser Regeln führen würde.
2. Tauschen Sie sich darüber aus, welchen der drei Hinweise zu richtigem Verhalten Sie für den überzeugendsten halten.
3. Ein zentrales Lernziel des gesamten Unterrichts in der Oberstufe ist die „persönliche Entfaltung in sozialer Verantwortlichkeit". Diskutieren Sie diese Zielsetzung vor dem Hintergrund des kategorischen Imperativs von Kant und des zweiten Aphorismus' von Lichtenberg.

Gotthold Ephraim Lessing

Nathan der Weise
Dramatisches Gedicht in fünf Aufzügen (1779)

[Saladin, der moslemische Herrscher des mittelalterlichen Jerusalem, befindet sich in einem finanziellen Engpass und lässt den reichen jüdischen Kaufmann Nathan, dem man den Beinamen „der Weise" gegeben hat, zu sich rufen, um von ihm Geld zu leihen. Um Nathans Weisheit als bloßes Gerücht zu entlarven und ihm damit leichter das Geld abpressen zu können, stellt Saladin ihm die heikle Frage, welche Religion die wahre sei, Christentum, Judentum oder Islam. Nathans Antwort besteht aus einer Geschichte:]

NATHAN: Vor grauen Jahren lebt' ein Mann in Osten,
Der einen Ring von unschätzbarem Wert'

Aus lieber Hand besaß. Der Stein war ein
Opal, der hundert schöne Farben spielte,
Und hatte die geheime Kraft, vor Gott   5
Und Menschen angenehm zu machen, wer
In dieser Zuversicht ihn trug. Was Wunder,
Dass ihn der Mann in Osten darum nie
Vom Finger ließ; und die Verfügung traf,
Auf ewig ihn bei seinem Hause zu   1
Erhalten? Nämlich so. Er ließ den Ring
Von seinen Söhnen dem geliebtesten;
Und setzte fest, dass dieser wiederum
Den Ring von seinen Söhnen dem vermache,
Der ihm der liebste sei; und stets der liebste,   1
Ohn' Ansehn der Geburt, in Kraft allein
Des Rings, das Haupt, der Fürst des Hauses
    werde. –
Versteh mich, Sultan.
SALADIN: Ich versteh dich. Weiter!
NATHAN: So kam nun dieser Ring, von Sohn   2
    zu Sohn,
Auf einen Vater endlich von drei Söhnen;

Die alle drei ihm gleich gehorsam waren,
Die alle drei er folglich gleich zu lieben
Sich nicht entbrechen konnte. Nur von Zeit
25 Zu Zeit schien ihm bald der, bald dieser, bald
Der Dritte, – so wie jeder sich mit ihm
Allein befand, und sein ergießend Herz
Die andern zwei nicht teilten, – würdiger
Des Ringes; den er denn auch einem jeden
30 Die fromme Schwachheit hatte, zu
    versprechen.
Das ging nun so, so lang es ging. – Allein
Es kam zum Sterben, und der gute Vater
Kömmt in Verlegenheit. Es schmerzt ihn, zwei
Von seinen Söhnen, die sich auf sein Wort
35 Verlassen, so zu kränken. – Was zu tun? –
Er sendet in geheim zu einem Künstler,
Bei dem er, nach dem Muster seines Ringes,
Zwei andere bestellt, und weder Kosten
Noch Mühe sparen heißt, sie jenem gleich,
40 Vollkommen gleich zu machen. Das gelingt
Dem Künstler. Da er ihm die Ringe bringt,
Kann selbst der Vater seinen Musterring
Nicht unterscheiden. Froh und freudig ruft
Er seine Söhne, jeden ins Besondre;
45 Gibt jedem ins Besondre seinen Segen, –
Und seinen Ring, – und stirbt. – Du hörst
    doch, Sultan?
SALADIN *(der sich betroffen von ihm gewandt)*:
Ich hör, ich höre! – Komm mit deinem
    Märchen
Nur bald zu Ende. – Wirds?
50 NATHAN: Ich bin zu Ende.
Denn was noch folgt, versteht sich ja von
    selbst. –
Kaum war der Vater tot, so kömmt ein jeder
Mit seinem Ring', und jeder will der Fürst
Des Hauses sein. Man untersucht, man
    zankt,
55 Man klagt. Umsonst; der rechte Ring war
    nicht
Erweislich; –
(Nach einer Pause, in welcher er des Sultans Ant-
wort erwartet:)
                    Fast so unerweislich, als
60 Uns itzt – der rechte Glaube.
SALADIN: Wie? das soll
Die Antwort sein auf meine Frage? …
NATHAN: Soll
Mich bloß entschuldigen, wenn ich die Ringe
65 Mir nicht getrau zu unterscheiden, die
Der Vater in der Absicht machen ließ,
Damit sie nicht zu unterscheiden wären.

SALADIN: Die Ringe! – Spiele nicht mit mir! –
    Ich dächte,
Dass die Religionen, die ich dir
Genannt, doch wohl zu unterscheiden wären. 70
Bis auf die Kleidung; bis auf Speis und Trank!
NATHAN: Und nur von Seiten ihrer Gründe
    nicht. –
Denn gründen alle sich nicht auf Geschichte?
Geschrieben oder überliefert! – Und
Geschichte muss doch wohl allein auf Treu   75
Und Glauben angenommen werden? –
    Nicht? –
Nun wessen Treu und Glauben zieht man denn
Am wenigsten in Zweifel? Doch der Seinen?
Doch deren Blut wir sind? doch deren, die
Von Kindheit an uns Proben ihrer Liebe   80
Gegeben? die uns nie getäuscht, als wo
Getäuscht zu werden uns heilsamer war? –
Wie kann ich meinen Vätern weniger,
Als du den deinen glauben? Oder umgekehrt. –
Kann ich von dir verlangen, dass du deine   85
Vorfahren Lügen strafst, um meinen nicht
Zu widersprechen? Oder umgekehrt.
Das Nämliche gilt von den Christen. Nicht? –
SALADIN: (Bei dem Lebendigen! Der Mann
    hat Recht.
Ich muss verstummen.)   90
NATHAN: Lass auf unsre Ring'
Uns wieder kommen. Wie gesagt: die Söhne
Verklagten sich; und jeder schwur dem Richter,
Unmittelbar aus seines Vaters Hand
Den Ring zu haben. – Wie auch wahr! –   95
    Nachdem
Er von ihm lange das Versprechen schon
Gehabt, des Ringes Vorrecht einmal zu
Genießen. – Wie nicht minder wahr! – Der
    Vater,
Beteu'rte jeder, könne gegen ihn
Nicht falsch gewesen sein; und eh' er dieses   100
Von ihm, von einem solchen lieben Vater,
Argwohnen lass: eh' müss er seine Brüder,
So gern er sonst von ihnen nur das Beste
Bereit zu glauben sei, des falschen Spiels
Bezeihen; und er wolle die Verräter   105
Schon auszufinden wissen; sich schon
    rächen.
SALADIN: Und nun, der Richter? – Mich
    verlangt zu hören,
Was du den Richter sagen lässest. Sprich!
NATHAN. Der Richter sprach: Wenn ihr mir
    nun den Vater
Nicht bald zur Stelle schafft, so weis ich euch 110

Von meinem Stuhle. Denkt ihr, dass ich Rätsel
Zu lösen da bin? Oder harret ihr,
Bis dass der rechte Ring den Mund eröffne? –
Doch halt! Ich höre ja, der rechte Ring
115 Besitzt die Wunderkraft beliebt zu machen;
Vor Gott und Menschen angenehm. Das muss
Entscheiden! Denn die falschen Ringe werden
Doch das nicht können! – Nun; wen lieben
    zwei
Von euch am meisten? – Macht, sagt an! Ihr
    schweigt?
120 Die Ringe wirken nur zurück? und nicht
Nach außen? Jeder liebt sich selber nur
Am meisten? – Oh so seid ihr alle drei
Betrogene Betrüger! Eure Ringe
Sind alle drei nicht echt. Der echte Ring
125 Vermutlich ging verloren. Den Verlust
Zu bergen, zu ersetzen, ließ der Vater
Die drei für einen machen.
SALADIN: Herrlich! herrlich!
NATHAN: Und also; fuhr der Richter fort,
    wenn ihr
130 Nicht meinen Rat, statt meines Spruches, wollt:
Geht nur! – Mein Rat ist aber der: Ihr nehmt

Die Sache völlig wie sie liegt. Hat von
Euch jeder seinen Ring von seinem Vater:
So glaube jeder sicher seinen Ring
Den echten. – Möglich; dass der Vater nun   13
Die Tyrannei des Einen Rings nicht länger
In seinem Hause dulden wollen! – Und gewiss;
Dass er euch alle drei geliebt, und gleich
Geliebt: indem er zwei nicht drücken mögen,
Um einen zu begünstigen. – Wohlan!   14
Es eifre jeder seiner unbestochnen
Von Vorurteilen freien Liebe nach!
Es strebe von euch jeder um die Wette,
Die Kraft des Steins in seinem Ring' an Tag
Zu legen! komme dieser Kraft mit Sanftmut,   14
Mit herzlicher Verträglichkeit, mit Wohltun,
Mit innigster Ergebenheit in Gott,
Zu Hülf'! Und wenn sich dann der Steine
    Kräfte
Bei euern Kindes-Kindeskindern äußern:
So lad ich über tausend tausend Jahre,   15
Sie wiederum vor diesen Stuhl. Da wird
Ein weisrer Mann auf diesem Stuhle sitzen,
Als ich; und sprechen. Geht! – So sagte der
Bescheidne Richter.

---

1. Erläutern Sie die Botschaft, die Nathan mit seiner „Ringparabel" dem Sultan vermitteln will.
2. Lessing schrieb das Stück, als ihm die Fortsetzung seiner Streitschriften gegen den Hauptpastor Goeze verboten worden war, der die in Glaubensfragen wenig tolerante Lehrmeinung der Kirche vertrat. Schreiben Sie die Szene in ein Plädoyer um, das Lessing gegen die christlichen Eiferer seiner Zeit hätte halten können.
3. Diskutieren Sie darüber, ob Sie das von Nathans Richter in der Geschichte empfohlene Verhalten, sich von einer vorurteilsfreien, toleranten Menschenliebe leiten zu lassen, überall und unter allen Umständen für richtig halten.

Gotthold Ephraim Lessing
Der Tanzbär (1759)

Ein Tanzbär war der Kett' entrissen,
Kam wieder in den Wald zurück,
Und tanzte seiner Schar ein Meisterstück
auf den gewohnten Hinterfüßen.
5 „Seht", schrie er, „das ist Kunst; das lernt man
    in der Welt.
Tut es mir nach, wenn's euch gefällt;
Und wenn ihr könnt!" – „Geh", brummt ein
    alter Bär,
„Dergleichen Kunst, sie sei so schwer,
Sie sei so rar sie sei,
10 Zeigt deinen niedern Geist und deine Sklaverei."

Ein großer Hofmann sein,
Ein Mann, dem Schmeichelei und List
Statt Witz und Tugend ist;
Der durch Kabalen[1] steigt, des Fürsten Gunst
    erstiehlt,
15 Mit Wort und Schwur als Komplimenten spielt,
Ein solcher Mann, ein großer Hofmann sein,
Schließt das Lob oder Tadel ein?

1 **Kabale:** Ränke, Intrigen

Gotthold Ephraim Lessing

Zeus und das Schaf (1759)

Das Schaf musste von allen Tieren vieles leiden. Da trat es vor den Zeus und bat, sein Elend zu mindern.

Zeus schien willig und sprach zu dem Schafe:
5 Ich sehe wohl, mein frommes Geschöpf, ich habe dich allzu wehrlos erschaffen. Nun wähle, wie ich diesem Fehler am besten abhelfen soll. Soll ich deinen Mund mit schrecklichen Zähnen und deine Füße mit Krallen
10 rüsten? –

O nein, sagte das Schaf, ich will nichts mit den reißenden Tieren gemein haben.

Oder, fuhr Zeus fort, soll ich Gift in deinen Speichel legen?

15 Ach!, versetzte das Schaf, die giftigen Schlangen werden ja so sehr gehasset. –

Nun, was soll ich denn? Ich will Hörner auf deine Stirne pflanzen, und Stärke deinem Nacken geben.

20 Auch nicht, gütiger Vater, ich könnte leicht so stößig werden als der Bock.

Und gleichwohl, sprach Zeus, musst du selbst schaden können, wenn sich andere, dir zu schaden, hüten sollen.

25 Müsst ich das!, seufzte das Schaf. O so lass mich, gütiger Vater, wie ich bin. Denn das Vermögen, schaden zu können, erweckt, fürchte ich, die Lust, schaden zu wollen; und es ist besser Unrecht leiden als Unrecht tun.

30 Zeus segnete das fromme Schaf, und es vergaß von Stund an zu klagen.

---

1. Beschreiben Sie in einer Gegenüberstellung, welche gesellschaftlichen Leitbilder der Zeit in Lessings Fabeln abgelehnt und welche propagiert werden. Benennen Sie auch die Gründe, die sich den Texten für die unterschiedlichen Bewertungen entnehmen lassen.
2. a) Versuchen Sie die Fabeln auf heutige Verhältnisse zu übertragen.
   b) Diskutieren Sie, ob Sie die gesellschaftlichen Leitvorstellungen, die in den Fabeln vermittelt werden, für befolgenswert halten.

Epochenüberblick: Aufklärung (1720–1800)

Wie ein frischer Wind weht der Geist der Aufklärung durch das Europa des 18. Jahrhunderts. In Frankreich wird er zum Sturm einer großen politischen Revolution, aus der der französische Nationalstaat hervorgeht, in Deutschland bleibt er eher ein lindes Lüftchen, das aber immerhin die Geisteswelt bewegt. Denkbewegung herrscht auf allen Gebieten. Kritisches Fragen und Zweifeln gilt nur noch den weltlichen und kirchlichen Obrigkeiten als sündhaft, dem zu Selbstbewusstsein gelangten Bürger erscheint es als gutes Recht, ja als Tugend. Dies neue Selbstbewusstsein hängt zusammen mit ökonomischen Veränderungen, wie z.B. dem Manufakturwesen, die das Bürgertum zur wirtschaftlich bedeutendsten Schicht gemacht hatten. Zwei philosophische Strömungen wirken in der Aufklärung zusammen: der aus England kommende **Empirismus**, nach dem die Erkenntnis auf der Sinneswahrnehmung beruht, und der aus Frankreich stammende **Rationalismus**, nach dem die Erkenntnis aus dem Gebrauch der „ratio", der im Verstand gegründeten Denkfähigkeit, resultiert. Um Erkenntnis geht es in jedem Fall, das ganze Leben erscheint als Lernprozess. Im Prinzip ist jeder zu diesem Lernprozess befähigt, jeder Mensch kann Weisheit und Tugend verwirklichen. **Tugend** wird zu einem Leitbegriff der Epoche und ihre Beförderung zu einem Hauptziel der Aufklärung. Das Gute und das Vernünftige werden gleichgesetzt, tugendhaftes Verhalten bringt das Handeln mit dem überindividuellen, kosmisch wirksamen System der Vernunft in Einklang. Aus dieser Überzeugung erwächst der Fortschrittsoptimismus der Aufklärung, der in schroffem Gegensatz zu dem „Vanitas"-Gedanken des ▷ Barock steht.

▷ S. 200 ff.

Die Kunst der Aristokratie und des Hofes diente der Dekoration, die des aufgeklärten Bürgertums dem Ausdruck vernünftiger Gedanken und menschlicher Gefühle. Die Aufgabe der Literatur wird in Anlehnung an den antiken lateinischen Dichter Horaz in „prodesse et delectare" (nützen/belehren und erfreuen) gesehen. Einfache, auf Belehrung ausgerichtete Formen, wie zum Beispiel **Fabeln** in Prosa- und Versform, nehmen einen breiten Raum ein. Die wichtigste literarische Neuerung ist das sog. **bürgerliche Trauerspiel**, das bürgerliche Personen und ihre Weltauffassung ins Zentrum der Handlung rückt und Standeskonflikte zwischen Adel bzw. Hof einerseits und dem Bürgertum andererseits in kritischer Absicht auf die Bühne bringt (▷ „Emilia Galotti", S. 160 f. und S. 225 f.).

Eine typische Zeiterscheinung im Bereich der Publizistik sind die aus England übernommenen „**Moralischen Wochenschriften**", die das enorm gewachsene Lesebedürfnis in der Bevölkerung befriedigen. Durch die Einführung der allgemeinen Schulpflicht (in Preußen z. B. 1716/17) war das potenzielle Lesepublikum am Ende des 18. Jahrhunderts auf 15–20 % einer geschätzten Gesamtbevölkerungszahl von 20 Millionen angewachsen. Erschienen zwischen 1730 und 1740 noch 176 neue Zeitschriften, so kamen zwischen 1766 und 1790 schon 2191 Zeitschriften in die Hände der Leser. Das Wort von der „Lesesucht" kam in Umlauf, besonders kritisch gemeint von den kirchlichen Autoritäten. Intention der „Moralischen Wochenschriften" war es, die Erkenntnisse und Einsichten der Gelehrten und Philosophen möglichst vielen bürgerlichen Leserinnen und Lesern zu vermitteln.

Wichtige Autoren und Werke

Johann Christoph Gottsched (1700–1766): Versuch einer kritischen Dichtkunst vor die Deutschen

Gotthold Ephraim Lessing (1729–1781): Minna von Barnhelm oder das Soldatenglück (Komödie), Emilia Galotti (bürgerliches Trauerspiel), Nathan der Weise (Drama)

Sophie von La Roche (1731–1807): Geschichte des Fräuleins von Sternheim (Roman)

Christoph Martin Wieland (1733–1813): Geschichte des Agathon (Roman)

Ulrich Bräker (1735–1798): Lebensgeschichte und natürliche Abenteuer des armen Mannes im Tockenburg (Autobiografie)

Georg Christoph Lichtenberg (1742–1799): Aphorismen

2.2 Epochenumbruch:
Aufklärung – Empfindsamkeit – Sturm und Drang

Johann Wolfgang Goethe

Zum Schäkespears-Tag (1771)

Ich! Der ich mir alles binn, da ich alles nur durch mich kenne! So ruft ieder, der sich fühlt, und macht grosse Schritte durch dieses Leben, eine Bereitung für den unendlichen Weeg drü-
5 ben. Freylich ieder nach seinem Maas. Macht der eine mit dem stärcksten Wandertrab sich auf, so hat der andre siebenmeilen Stiefel an, überschreitet ihn, und zwey Schritte des letzten, bezeichnen die Tagreise des ersten. Dem
10 sey wie ihm wolle, dieser embsige Wandrer bleibt unser Freund und unser Geselle, wenn wir die gigantischen Schritte ienes[1], anstaunen und ehren, seinen Fustapfen folgen, seine Schritte mit den unsrigen abmessen.

Auf die Reise, meine Herren! die Betrachtung 15 so eines einzigen Tapfs, macht unsre Seele feuriger und grösser, als das Angaffen eines tausendfüsigen königlichen Einzugs.

Wir ehren heute das Andencken des grössten Wandrers, und thun uns dadurch selbst eine 20 Ehre an. Von Verdiensten, die wir zu schätzen wissen, haben wir den Keim in uns.

Erwarten Sie nicht, das ich viel und ordentlich schreibe, Ruhe der Seele ist kein Festtagskleid; und noch zur Zeit habe ich wenig über 25 Schäckespearen gedacht; geahndet, empfunden wenns hoch kam, ist das höchste, wo hin ich's habe bringen können. Die erste Seite

---

1 **ienes:** gemeint ist der englische Dramatiker William Shakespeare (1564–1616)

die ich in ihm las, machte mich auf Zeitlebens ihm eigen, und wie ich mit dem ersten Stücke fertig war, stund ich wie ein blindgebohrner, dem eine Wunderhand das Gesicht in einem Augenblicke schenckt. [...]
Und ich rufe Natur! Natur! nichts so Natur als Schäkespears Menschen.
Da hab ich sie alle überm Hals.
Lasst mir Lufft dass ich reden kann!
Er wetteiferte mit dem Prometheus, bildete ihm Zug vor Zug seine Menschen nach, nur in Colossalischer Grösse; darinn liegts dass wir unsre Brüder verkennen; und dann belebte er sie alle mit dem Hauch seines Geistes, er redet aus allen, und man erkennt ihre Verwandtschafft.
Und was will sich unser Jahrhundert unterstehen von Natur zu urteilen. Wo sollten wir sie her kennen, die wir von Jugend auf, alles geschnürt und geziert, an uns fühlen, und an andern sehen. Ich schäme mich offt vor Schäkespearen, denn es kommt manchmal vor, dass ich beim ersten Blick dencke, das hätt ich anders gemacht! Hinten drein erkenn ich dass ich ein armer Sünder binn, dass aus Schäkespearen die Natur weissagt, und dass meine Menschen Seifenblasen sind von Romanengrillen aufgetrieben.

Die Ausbildung einer bürgerlichen Kultur in der zweiten Hälfte des 18. Jahrhunderts

- Aufbruch der bürgerlichen Gesellschaft durch Verstandeskultur (**Aufklärung**)
- Entfaltung der bürgerlichen Familien/Freundschaft durch Gefühlskultur (**Empfindsamkeit**)
- Geistige und politische Emanzipation des bürgerlichen Ich-Bewusstseins (**Sturm und Drang**)

1750

Gotthold Ephraim Lessing (1729–1781)

Johann Wolfgang Goethe (1749–1832)

1760 Christian Fürchtegott Gellert (1715–1769): Fabeln und Erzählungen (1746/48)

Friedrich Schiller (1759–1805)

Friedrich Gottlieb Klopstock (1724–1803): Der Messias (1748–1773)

Gotthold Ephraim Lessing: Hamburgische Dramaturgie (1767–69) Minna von Barnhelm (1767)

1770

G. E. Lessing: Emilia Galotti (1772)

Johann Wolfgang Goethe: Götz von Berlichingen (1773) Prometheus (1774) Ganymed (1774) Die Leiden des jungen Werthers (1774)

Friedrich Nicolai (1733–1811): Die Freuden des jungen Werthers (1775)

Matthias Claudius (1740–1815): Der Wandsbecker Bote (1771–1775)

Jakob Michael Reinhold Lenz (1751–1792): Der Hofmeister (1774) Die Soldaten (1776)

1775

Friedrich Leopold Graf zu Stolberg (1750–1819): Über die Fülle des Herzens (1778)

G. E. Lessing: Nathan der Weise (1779)

1780 *Christoph Martin Wieland (1733–1813):* Die Abderiten (1774/80)

Friedrich Schiller: Die Räuber (1781) Kabale und Liebe (1784)

Immanuel Kant (1724–1804): Beantwortung der Frage: Was ist Aufklärung (1784)

Christian Friedrich Daniel Schubart: (1739–1791) Die Fürstengruft (1785/86)

Karl Philipp Moritz (1756–1793): Anton Reiser (1785/90)

1785

Friedrich Leopold Graf zu Stolberg

Natur (1778)

O Natur! Natur! Gott rief dir zu, als du in
bräutlicher Schönheit aus dem Schoße der
Schöpfung hervorgingst: sei schön! verkünde
meine Herrlichkeit und bilde des Menschen
5 Herz!
Dir dank ich, Natur, die seligsten Augenblicke
meines Lebens! Du zeigtest mir deine erhabnen Schönheiten am Ufer deines Rheins und
im Schatten deiner Alpen, wo du einem glück-
10 lichen Volke Freiheit schenktest und Einfalt
der Sitte.
Groß und hehr erscheinest du mir auch hier
am Gestade des Meeres. Oh, wie gern hebt
und senkt sich mein Blick mit der krummen
15 Woge, indem mein Ohr lauschet dem Geräusch seiner Wellen! Wenn im feierlichen
Anblicke des unermesslichen Ozeans mein

Auge sich verliert, dann umschweben mich
Gedanken vom Unendlichen, von der Ewigkeit und meiner eignen Unsterblichkeit. Mei- 20
ne Seele entfleucht dieser Welt. Ich werfe
dann einen Blick auf das grüne Ufer, die
ruhenden Haine, die Saaten, die Triften mit
hin und her irrendem Vieh, und vergnügt
kehrt mein Geist zur mütterlichen Erde wie- 25
der zurück. Die ganze Natur ist Harmonie,
und wir sind geschaffen, mit ihr zu harmonie-
ren. Jede einzelne Schönheit der Natur, alle
verschiedne Schönheiten der Natur in ihren
mannigfaltigen Zusammensetzungen wurden 30
vom Schöpfer bestimmt, die Saiten des
menschlichen Herzens zu berühren und erklingen zu machen. Wie entzücken den
Schößling der Natur diese Seelenmelodien!
wie sanft sind sie! wie kühn! wie erheben sie 35
das Herz zum Himmel! wie tauchen sie es in
die süßesten Empfindungen!

---

1. Wie erleben Goethe und Stolberg die epochalen Veränderungen ihrer Zeit? Formulieren Sie mit eigenen
   Worten, welche neuen Erfahrungen in den beiden Texten beschrieben sind.
2. Ergänzen Sie Ihr Epochenbild, indem Sie Kants „Beantwortung der Frage: Was ist Aufklärung?" (▷ S. 208 f.)
   auswerten. In welchem Verhältnis stehen Aufklärung und Sturm und Drang zueinander?

2.2.1 Natur als Spiegel der Seele

Johann Wolfgang Goethe

Die Leiden
des jungen Werthers (1774)
Brief vom 10. Mai

am 10. May.
Eine wunderbare Heiterkeit hat meine
ganze Seele eingenommen, gleich denen
süßen Frühlingsmorgen, die ich mit ganzem
5 Herzen geniesse. Ich bin so allein und freue
mich so meines Lebens, in dieser Gegend,
die für solche Seelen geschaffen ist, wie die
meine. Ich bin so glücklich, mein Bester, so
ganz in dem Gefühl von ruhigem Daseyn
10 versunken, daß meine Kunst darunter leidet.
Ich könnte jetzo nicht zeichnen, nicht einen
Strich, und bin niemalen ein grösserer Mah-
ler gewesen als in diesen Augenblicken.
Wenn das liebe Thal um mich dampft, und
15 die hohe Sonne an der Oberfläche der un-
durchdringlichen Finsterniß meines Waldes
ruht, und nur einzelne Strahlen sich in das
innere Heiligthum stehlen, und ich dann im

hohen Grase am fallenden Bache liege, und
näher an der Erde tausend mannigfaltige 20
Gräsgen mir merkwürdig werden. Wenn ich
das Wimmeln der kleinen Welt zwischen
Halmen, die unzähligen, unergründlichen
Gestalten, all der Würmgen, der Mückgen,
näher an meinem Herzen fühle, und fühle 25
die Gegenwart des Allmächtigen, der uns all
nach seinem Bilde schuf, das Wehen des All-
liebenden, der uns in ewiger Wonne schwe-
bend trägt und erhält. Mein Freund, wenn's
denn um meine Augen dämmert, und die 30
Welt um mich her und Himmel ganz in meiner Seele ruht, wie die Gestalt einer Geliebten; dann sehn ich mich oft und denke: ach
könntest du das wieder ausdrücken, könntest du dem Papier das einhauchen, was 35
so voll, so warm in dir lebt, daß es würde
der Spiegel deiner Seele, wie deine Seele ist
der Spiegel des unendlichen Gottes. Mein
Freund – Aber ich gehe darüber zu Grunde,
ich erliege unter der Gewalt der Herrlichkeit 40
dieser Erscheinungen.

Johann Wolfgang Goethe
Ganymed (1774)

Wie im Morgenrot
Du rings mich anglühst,
Frühling, Geliebter!
Mit tausendfacher Liebeswonne
5 Sich an mein Herz drängt
Deiner ewigen Wärme
Heilig Gefühl,
Unendliche Schöne!

Dass ich dich fassen möcht
10 In diesen Arm!

Ach, an deinem Busen
Lieg ich, schmachte,
Und deine Blumen, dein Gras
Drängen sich an mein Herz.
15 Du kühlst den brennenden
Durst meines Busens,
Lieblicher Morgenwind,
Ruft drein die Nachtigall
Liebend nach mir aus dem Nebeltal.

20 Ich komme! Ich komme!
Wohin? Ach, wohin?

Hinauf, hinauf strebt's.
Es schweben die Wolken
Abwärts, die Wolken
25 Neigen sich der sehnenden Liebe,
Mir, mir!
In eurem Schoße
Aufwärts,
Umfangend umfangen!
30 Aufwärts
An deinem Busen,
Allliebender Vater!

Anton Raphael Mengs: Jupiter und Ganymed (1758/59)

Ganymedes, dt. Ganymed, in der griech. Sage Schönster der Sterblichen, Sohn des Königs Tros; von Zeus auf den Olymp entführt, damit er dort Mundschenk für die Götter sei. Nach späterer Version ließ Zeus ihn durch seinen Adler rauben (oder raubte ihn in Adlergestalt) und machte ihn zu seinem Geliebten (Motiv der Knabenliebe).

1. a) Welche Eigenheiten der Natur bewirken Werthers Naturbegeisterung im Brief vom 10. Mai? Schildern Sie diese in eigenen Worten.
   b) Kommentieren Sie danach in der Sprache einer nüchternen Abhandlung Werthers überschwängliche Haltung.
2. a) Fertigen Sie aus Reiseprospekten eine Bild-Text-Collage an, die die von Werther geschilderten Naturphänomene zeigt.
   b) Überlegen Sie, wo die Gemeinsamkeiten und die Unterschiede in der Einstellung zur Natur liegen.
3. Beschreiben Sie vor dem Hintergrund der antiken Sage von Zeus und Ganymed die Beziehung des Jünglings zum Schöpfergott in Goethes Hymne.

Johann Wolfgang Goethe

Die Leiden
des jungen Werthers (1774)
Brief vom 18. August

am 18. Aug.

Mußte denn das so seyn? daß das, was des
Menschen Glückseligkeit macht, wieder die
Quelle seines Elends würde.

5 Das volle warme Gefühl meines Herzens an
der lebendigen Natur, das mich mit so viel
Wonne überströmte, das rings umher die Welt
mir zu einem Paradiese schuf, wird mir jezt zu
einem unerträglichen Peiniger, zu einem quä-
10 lenden Geiste, der mich auf allen Wegen verfolgt. Wenn ich sonst vom Fels über den Fluß
bis zu jenen Hügeln das fruchtbare Thal über-
schaute, und alles um mich her keimen und
quellen sah, wenn ich jene Berge, vom Fuße
15 bis auf zum Gipfel, mit hohen, dichten Bäumen bekleidet, all jene Thäler in ihren man-
nichfaltigen Krümmungen von den lieblich-
sten Wäldern beschattet sah, und der sanfte
Fluß zwischen den lispelnden Rohren dahin
20 gleitete, und die lieben Wolken abspiegelte,
die der sanfte Abendwind am Himmel herüber
wiegte, wenn ich denn die Vögel um mich, den
Wald beleben hörte, und die Millionen Mü-
ckenschwärme im letzten rothen Strahle der
25 Sonne muthig tanzten, und ihr lezter zucken-
der Blick den summenden Käfer aus seinem
Grase befreyte und das Gewebere um mich
her, mich auf den Boden aufmerksam machte
und das Moos, das meinem harten Felsen sei-
30 ne Nahrung abzwingt, und das Geniste, das
den dürren Sandhügel hinunter wächst, mir
alles das innere glühende heilige Leben der
Natur eröfnete, wie umfaßt ich das all mit war-

men Herzen, verlohr mich in der unendlichen
Fülle, und die herrlichen Gestalten der un-35
endlichen Welt bewegten sich alllebend in
meiner Seele. Ungeheure Berge umgaben
mich, Abgründe lagen vor mir, und Wetter-
bäche stürzten herunter, die Flüsse strömten
unter mir, und Wald und Gebürg erklang. Und 40
ich sah sie würken und schaffen in einander in
den Tiefen der Erde, all die Kräfte unergründ-
lich. [...]
Es hat sich vor meiner Seele wie ein Vorhang
weggezogen, und der Schauplatz des unend-45
lichen Lebens verwandelt sich vor mir in den
Abgrund des ewig offnen Grabs. Kannst du
sagen: Das ist! da alles vorübergeht, da alles
mit der Wetterschnelle vorüber rollt, so selten
die ganze Kraft seines Daseyns ausdauert, ach 50
in den Strom fortgerissen, untergetaucht und
an Felsen zerschmettert wird. Da ist kein Augenblick, der nicht dich verzehrte und die
Deinigen um dich her, kein Augenblick, da du
nicht ein Zerstörer bist, seyn mußt. Der harm-55
loseste Spaziergang kostet tausend tausend
armen Würmgen das Leben, es zerrüttet ein
Fustritt die mühseligen Gebäude der Amei-
sen, und stampft eine kleine Welt in ein
schmähliches Grab. Ha! nicht die große seltene 60
Noth der Welt, diese Fluthen, die eure Dörfer
wegspülen, diese Erdbeben, die eure Städte
verschlingen, rühren mich. Mir untergräbt das
Herz die verzehrende Kraft, die im All der Natur verborgen liegt, die nichts gebildet hat, das 65
nicht seinen Nachbar, nicht sich selbst zerstörte. Und so taumele ich beängstet! Himmel
und Erde und all die webenden Kräfte um
mich her! Ich sehe nichts, als ein wenig
verschlingendes, ewig wiederkäuendes Un-70
geheuer.

---

1. a) Welche Beziehungen zwischen der Natur und der Seelenlage des Briefschreibers Werther können Sie
feststellen?
   b) Vergleichen Sie das Bild der Natur und das Bild des Menschen in den Briefen vom 18. August und vom
10. Mai (▷ S. 218).
2. Wie beurteilen Sie Werthers Gedanken: naiv, idealistisch, uninformiert, subjektiv, stimmungsabhängig,
empfindungsgeleitet, erfahren, sachangemessen? Wählen Sie eines der vorgeschlagenen Urteile aus oder
fällen Sie ein eigenes und begründen Sie Ihre Entscheidung.
3. Skizzieren Sie einen Antwortbrief des Adressaten, Werthers Freundes Wilhelm.

Johann Wolfgang Goethe

An den Mond (1777/1789)

Füllest wieder Busch und Tal
Still mit Nebelglanz,
Lösest endlich auch einmal
Meine Seele ganz;

5 Breitest über mein Gefild
Lindernd deinen Blick,
Wie des Freundes Auge mild
Über mein Geschick.

Jeden Nachklang fühlt mein Herz
10 Froh- und trüber Zeit,
Wandle zwischen Freud und Schmerz
In der Einsamkeit.

Fließe, fließe, lieber Fluss!
Nimmer werd' ich froh,
15 So verrauschte Scherz und Kuss,
Und die Treue so.

Ich besaß es doch einmal,
Was so köstlich ist!
Dass man doch zu seiner Qual
20 Nimmer es vergisst!

Rausche, Fluss, das Tal entlang,
Ohne Rast und Ruh,
Rausche, flüstre meinem Sang
Melodien zu,

25 Wenn du in der Winternacht
Wütend überschwillst,
Oder um die Frühlingspracht
Junger Knospen quillst.

Selig, wer sich vor der Welt
30 Ohne Hass verschließt,
Einen Freund am Busen hält
Und mit dem genießt,

Was, von Menschen nicht gewusst
Oder nicht bedacht,
35 Durch das Labyrinth der Brust
Wandelt in der Nacht.

Johann Wolfgang Goethe:
Aufgehender Mond am Fluss
(1779)

Günter Kunert

Mondnacht (1982)

Lebloser Klotz
Mond eisiger Nächte
der an bittere Märchen erinnert
an fremdes Gelebtwordensein
5 fern
wo die Menschen heulten
anstelle der Wölfe
über dem blassen Schnee
bis zum Verstummen darunter

10 Geborstenes Geröll
auf dem unsere Schatten
gelandet sind
und sich taumelnd bewegen
viel zu leicht
15 für die Last unserer Herkunft

auch dort sind wir hingelangt
wie immer dorthin
wo Leben unmöglich ist;

In Gleichnisse ohne Erbarmen

---

1. Untersuchen Sie in Goethes Gedicht „An den Mond", dessen erste Fassung vier Jahre nach dem „Werther" entstand, die Beziehung zwischen der seelischen Gestimmtheit des Sprechers, seinen sozialen Erfahrungen und seinem Naturerleben.

2. Goethe hat sich selbst auch als Maler geschen. Vergleichen Sie sein mit Kreide gemaltes „Stimmungsbild" des aufgehenden Mondes am Fluss (im Park an der Ilm, ▷ S. 221) mit seinem Gedicht.

3. a) Vergleichen Sie Goethes und Kunerts „Mondnacht"-Gedichte. Zwischen beiden Gedichten liegen zweihundert Jahre. Finden Sie Belege für den zeitlichen Abstand in den Texten?

   b) Man kann unterstellen, dass Günter Kunert das berühmte Gedicht Goethes kannte. Welche Aussagen über Goethe, das klassische „Erlebnisgedicht" und die Beziehung zwischen Mensch und Natur können Sie in seinem Gedicht erkennen?

   c) Schreiben Sie einen fiktiven Dialog zwischen Goethe und Kunert, in dem deren unterschiedliche Perspektiven deutlich zur Sprache kommen.

▷ S. 105 ff., 119 f. 4. ▷ **Facharbeit/Referat:**

   ■ Informieren Sie sich über Goethes erste drei Jahre in Weimar, z. B. aus dem Roman von Sigrid Damm „Vögel, die verkünden Land" oder aus einer wissenschaftlichen Biografie Goethes. Beschreiben Sie Erfahrungen, Erlebnisse, Ereignisse, die in dem Gedicht „An den Mond" verarbeitet worden sein könnten.

   ■ Die Auseinandersetzung mit dem „bürgerlichen Erbe" der klassischen Literatur gehörte zu den Aufgaben junger Autorinnen und Autoren in der DDR. Informieren Sie sich über die Bedeutung, die in der Kultur der DDR dem „bürgerlichen Erbe" der Weimarer Klassik zugeschrieben wurde, und arbeiten Sie die Prinzipien der „Erbeauseinandersetzung" heraus.

   ■ Stellen Sie sich vor: In einer öffentlichen Lesung nimmt Günter Kunert zu Bild und Gedicht Goethes Stellung, er setzt sein eigenes Gedicht als moderne Antwort dagegen.
   Schreiben Sie den Bericht über Kunerts Lesung für eine Literaturzeitschrift.

Johann Wolfgang Goethe

Die Leiden
des jungen Werthers (1774)
Brief vom 21. Juni

am 21. Juni.
Ich lebe so glückliche Tage, wie sie Gott seinen Heiligen ausspart, und mit mir mag werden was will; so darf ich nicht sagen, daß ich
5 die Freuden, die reinsten Freuden des Lebens nicht genossen habe. Du kennst mein Wahlheim. Dort bin ich völlig etablirt. Von dort hab ich nur eine halbe Stunde zu Lotten, dort fühl ich mich selbst und alles Glück, das dem Men-
10 schen gegeben ist. [...]
Es ist wunderbar, wie ich hierher kam und vom Hügel in das schöne Thal schaute, wie es mich rings umher anzog. Dort das Wäldchen! Ach könntest du dich in seine Schatten
15 mischen! Dort die Spitze des Bergs! Ach könntest du von da die weite Gegend überschauen! Die in einander gekettete Hügel und vertrauliche Thäler. O könnte ich mich in ihnen verliehren! – Ich eilte hin! und kehrte
20 zurück, und hatte nicht gefunden was ich hoffte. O es ist mit der Ferne wie mit der Zukunft! Ein grosses dämmerndes Ganze ruht vor unserer Seele, unsere Empfindung verschwimmt

sich darinne, wie unser Auge, und wir sehnen uns, ach! unser ganzes Wesen hinzugeben, 25 uns mit all der Wonne eines einzigen grossen herrlichen Gefühls ausfüllen zu lassen. – Und ach, wenn wir hinzueilen, wenn das Dort nun Hier wird, ist alles vor wie nach, und wir stehen in unserer Armuth, in unserer Einge- 30 schränktheit, und unsere Seele lechzt nach entschlüpftem Labsale.
Und so sehnt sich der unruhigste Vagabund zuletzt wieder nach seinem Vaterlande, und findet in seiner Hütte, an der Brust seiner 35 Gattin, in dem Kreise seiner Kinder und der Geschäfte zu ihrer Erhaltung, all die Wonne, die er in der weiten öden Welt vergebens suchte.
Wenn ich so des Morgens mit Sonnenauf- 40 gange hinausgehe nach meinem Wahlheim, und dort im Wirthsgarten mir meine Zuckererbsen selbst pflücke, mich hinsezze, und sie abfädme und dazwischen lese in meinem Homer. Wenn ich denn in der kleinen Küche mir 45 einen Topf wähle, mir Butter aussteche, meine Schoten an's Feuer stelle, zudecke und mich dazu sezze, sie manchmal umzuschütteln. Da fühl ich so lebhaft, wie die herrlichen übermüthigen Freyer der Penelope Ochsen und 50 Schweine schlachten, zerlegen und braten. Es

ist nichts, das mich so mit einer stillen, wahren Empfindung ausfüllte, als die Züge patriarchalischen Lebens, die ich, Gott sey Dank, ohne Affektation in meine Lebensart verweben kann.

Sophie Mereau

Das Blüthenalter der Empfindung (1794)

Es war Frühling. Ein neues Leben durchflog die Natur, aber mein Herz lieh ihren Schöpfungen nicht mehr die magische Beleuchtung einer lachenden Phantasie. Zertrümmert waren meine Träume; schmerzhaft tönte mein Gefühl in die frohen Harmonien der Schöpfung; vergebens wünschte ich in diesem Meer von Liebe und Freude mich versenken, mich auflösen zu können – mein Herz sog nur neue Nahrung, neue Wünsche und keine Befriedigung in sich. Unstät irrte ich in den Bergen umher, warf mich mit hochschlagendem Herzen in das sprossende Gras, fühlte nicht Ruhe, nicht Ermüdung. Ein einziges Pläzchen nur schien mir Frieden ahnden zu lassen. Es war ein reizendes Thal, das heimlich zwischen Bergen verstekt lag, wo kleine bebuschte Hügel sich sanft über die Ebne strekten. Zauberisch an den Berg gelehnt stand hier eine kleine einsame Hütte, in grüne liebliche Dämmerung gehüllt, und von kleinen Bächen umschlungen. Eine Hirtinn bewohnte sie ganz allein mit ihren Kindern. O! so ein liebes Weib allein wars werth, diesen Himmel zu bewohnen! – Innigst verwebt mit dem Schmelz ihrer Wiese, den Schiksalen ihrer Heerde, dem goldnen Schimmer an den Bergspizzen waren alle ihre Gedanken, ihre Träume; aber o! wie schön, wie rein, wie heilig! Thätigkeit und Ruhe, Menschenliebe und Treue und Wahrheit, alles hatte sie in diesem kleinen Cirkel gelernt und geübt. Gastfreihet war bei ihr nicht Tugend – nur Natur. [...]

Was dem Denker die *Vernunft* lehrt, übte hier das *Gefühl* in jeder ungekünstelten Aeußerung, jeder anspruchlosen Handlung. Hier entzündete sich die Fakkel meiner Menschenliebe aufs neue, wenn das egoistische Gewebe der Welt sie zu erstikken drohte; hier huldigte ich mit inniger Empfindung der Göttlichen, die in der kunstlosen Wiesenblume, und in den schuldlosen Sitten einer Hirtin so schön sich verherrlicht.

Matthias Claudius

Über Empfindsamkeit (1775)

Du hast Recht, Vetter, es wird in diesen Jahren mit Empfindungen und Rührungen ein Unfug getrieben, dass sich ein ehrlicher Kerl fast schämen muss, gerührt zu sein [...]. Wahre Empfindungen sind eine Gabe Gottes und ein großer Reichtum, Geld und Ehre sind nichts gegen sie; und darum kann's einem Leid tun, wenn die Leute sich und andern was weismachen, dem Spinngewebe der Empfindelei nachlaufen und dadurch aller wahren Empfindung den Hals zuschnüren und Tür und Tor verriegeln.

Will dir also über diese ästhetische Salbaderei und überhaupt über Ernst der Empfindung und seine Gebärde einigen nähern Bericht und Weisung geben, wenigstens zur Beförderung der ästhetischen Ehrlichkeit und dass du auch den Vogel besser kennen mögest: denn so hoch auch die schönen Künste und Wissenschaften getrieben sind, so haben doch Ernst und Kurzweil jedwedes seine eigne Federn.

1. Vergleichen Sie Briefschreiber und Erzähler in Goethes und Mereaus Romanen. Notieren Sie dazu die reinen Fakten, die sich den Schilderungen entnehmen lassen, und ordnen Sie diesen dann die unterschiedlichen Aussagen über Empfindungen und Gefühle zu.
2. Beschreiben Sie anhand der Texte dieses Kapitels den gefühlvollen Naturenthusiasmus der Zeit um 1780 und nehmen Sie Stellung zu Matthias Claudius' skeptischem Urteil über die junge Dichtergeneration.
3. Informieren Sie sich in einer Literaturgeschichte über die Folgen des „Werther-Fiebers" und verfassen Sie aus der Sicht eines nüchternen Vertreters der Aufklärung eine Stellungnahme, z. B. einen offenen Brief mit einer Forderung an die Obrigkeit, Verbote auszusprechen und Zensur auszuüben.
4. Stellen Sie in Form einer Wandzeitung dar, wie sich unser Bild von der Natur seit der Sturm-und-Drang-Zeit verändert hat.

2.2.2 Sprache der Vernunft und Sprache des Herzens

Johann Wolfgang Goethe

Die Leiden
des jungen Werthers

Schluss. Erste Fassung (1774)

Gegen eilfe fragte Werther seinen Bedienten, ob wohl Albert zurück gekommen sey. Der Bediente sagte: ja er habe dessen Pferd dahin führen sehn. Drauf giebt ihm der Herr ein
5 offenes Zettelgen des Inhalts:
Wollten Sie mir wohl zu einer vorhabenden Reise Ihre Pistolen leihen? Leben Sie recht wohl.
Die liebe Frau hatte die lezte Nacht wenig ge-
10 schlafen, ihr Blut war in einer fieberhaften Empörung, und tausenderley Empfindungen zerrütteten ihr Herz. Wider ihren Willen fühl-te sie tief in ihrer Brust das Feuer von Werthers Umarmungen, und zugleich stellten sich ihr
15 die Tage ihrer unbefangenen Unschuld, des sorglosen Zutrauens auf sich selbst in doppel-ter Schöne dar, es ängstigten sie schon zum voraus die Blicke ihres Manns, und seine halb verdrüßlich halb spöttische Fragen, wenn er
20 Werthers Besuch erfahren würde; sie hatte sich nie verstellt, sie hatte nie gelogen, und nun sah sie sich zum erstenmal in der unver-meidlichen Nothwendigkeit; der Widerwillen, die Verlegenheit die sie dabey empfand, mach-
25 te die Schuld in ihren Augen grösser, und doch konnte sie den Urheber davon weder hassen, noch sich versprechen, ihn nie wieder zu sehn. Sie weinte bis gegen Morgen, da sie in einen matten Schlaf versank, aus dem sie sich
30 kaum aufgeraft und angekleidet hatte.

Schluss. Zweite Fassung (1783)

Gegen Eilfe fragte Werther seinen Bedienten, ob wohl Albert zurückgekommen sei? Der Bediente sagte: ja, er habe dessen Pferd dahin führen sehen. Drauf gibt ihm der Herr ein
5 offenes Zettelchen des Inhalts:
„Wollten Sie mir wohl zu einer vorhabenden Reise Ihre Pistolen leihen? Leben Sie recht wohl!"
Die liebe Frau hatte die letzte Nacht wenig ge-
10 schlafen; was sie gefürchtet hatte, war ent-schieden, auf eine Weise entschieden, die sie weder ahnen noch fürchten konnte. Ihr sonst so rein und leicht fließendes Blut war in einer fieberhaften Empörung, tausenderlei Empfin-dungen zerrütteten das schöne Herz. War es 15 das Feuer von Werthers Umarmungen, das sie in ihrem Busen fühlte? War es Unwille über seine Verwegenheit? War es eine unmutige Vergleichung ihres gegenwärtigen Zustandes mit jenen Tagen ganz unbefangener freier Un- 20 schuld und sorglosen Zutrauens an sich selbst? Wie sollte sie ihrem Manne entgegen-gehen? Wie ihm eine Szene bekennen, die sie so gut gestehen durfte und die sie sich doch zu gestehen nicht getraute? Sie hatten so lange 25 gegeneinander geschwiegen, und sollte sie die erste sein, die das Stillschweigen bräche und eben zur unrechten Zeit ihrem Gatten eine so unerwartete Entdeckung machte? Schon fürchtete sie, die bloße Nachricht von Wer- 30 thers Besuch werde ihm einen unangenehmen Eindruck machen, und nun gar diese uner-wartete Katastrophe! Konnte sie wohl hoffen, daß ihr Mann sie ganz im rechten Lichte se-hen, ganz ohne Vorurteil aufnehmen würde? 35 Und konnte sie wünschen, daß er in ihrer See-le lesen möchte? Und doch wieder, konnte sie sich verstellen gegen den Mann, vor dem sie immer wie ein kristallhelles Glas offen und frei gestanden war, und dem sie keine ihrer 40 Empfindungen jemals verheimlicht noch ver-heimlichen können? Eins und das andre machte ihr Sorgen und setzte sie in Verlegen-heit; und immer kehrten ihre Gedanken wie-der zu Werthern, der für die verloren war, den 45 sie nicht lassen konnte, den sie leider! sich selbst überlassen mußte, und dem, wenn er sie verloren hatte, nichts mehr übrig blieb.
Wie schwer lagt jetzt, was sie sich in dem Au-genblick nicht deutlich machen konnte, die 50 Stockung auf ihr, die sich unter ihnen festge-setzt hatte! So verständige, so gute Menschen fingen wegen gewisser heimlicher Verschie-denheiten untereinander zu schweigen an, jedes dachte seinem Recht und dem Unrechte 55 des andern nach, und die Verhältnisse ver-wickelten und verhetzten sich dergestalt, daß es unmöglich ward, den Knoten eben in dem kritischen Momente, von dem alles abhing, zu

lösen. Hätte eine glückliche Vertraulichkeit sie früher wieder einander näher gebracht, wäre Liebe und Nachsicht wechselsweise unter ihnen lebendig worden und hätte ihre Herzen aufgeschlossen, vielleicht wäre unser Freund noch zu retten gewesen. 65

---

1. a) Wie unterscheiden sich die Überlegungen, die Lotte anstellt, in den beiden Fassungen des „Werther"?
   b) Untersuchen Sie besonders die von Goethe neu hinzugefügten Textstellen. Was kann man aus ihnen über Lottes seelische Situation erfahren, was über ihr Bild von Albert und ihr Bild von Werther?
2. Was hat sich sprachlich zwischen den beiden Fassungen geändert? Achten Sie vor allem auf die Begriffe für Gefühle und Beziehungen.

Gotthold Ephraim Lessing
Emilia Galotti (1772)
II. Akt, 6. Szene

CLAUDIA: Was ist dir, meine Tochter? was ist dir?

EMILIA: Nichts, nichts –

CLAUDIA: Und blickest so wild um dich? Und zitterst an jedem Gliede?

EMILIA: Was hab ich hören müssen? Und wo, wo hab ich es hören müssen?

CLAUDIA: Ich habe dich in der Kirche geglaubt –

EMILIA: Eben da! Was ist dem Laster Kirch' und Altar? – Ach, meine Mutter! *(Sich ihr in die Arme werfend.)*

CLAUDIA: Rede, meine Tochter! – Mach meiner Furcht ein Ende. – Was kann dir da, an heiliger Stätte, so Schlimmes begegnet sein?

EMILIA: Nie hätte meine Andacht inniger, brünstiger sein sollen als heute: nie ist sie weniger gewesen, was sie sein sollte.

CLAUDIA: Wir sind Menschen, Emilia. Die Gabe zu beten ist nicht immer in unserer Gewalt. Dem Himmel ist beten wollen auch beten.

EMILIA: Und sündigen wollen auch sündigen.

CLAUDIA: Das hat meine Emilia nicht wollen!

EMILIA: Nein, meine Mutter; so tief ließ mich die Gnade nicht sinken. – Aber dass fremdes Laster uns, wider unsern Willen, zu Mitschuldigen machen kann!

CLAUDIA: Fasse dich! – Sammle deine Gedanken, soviel dir möglich. – Sag es mir mit eins, was dir geschehen.

EMILIA: Eben hatt' ich mich – weiter von dem Altare, als ich sonst pflege – denn ich kam zu spät –, auf meine Knie gelassen. Eben fing ich an, mein Herz zu erheben: als dicht hinter mir etwas seinen Platz nahm. So dicht hinter mir! – Ich konnte weder vor noch zur Seite rücken – so gern ich auch wollte; aus Furcht, dass eines andern Andacht mich in meiner stören möchte. – Andacht! das war das Schlimmste, was ich besorgte. – Aber es währte nicht lange, 40 so hört' ich, ganz nah an meinem Ohre – nach einem tiefen Seufzer – nicht den Namen einer Heiligen – den Namen – zürnen Sie nicht, meine Mutter – den Namen Ihrer Tochter! – Meinen Namen! – O dass laute Donner mich 45 verhindert hätten, mehr zu hören! – Es sprach von Schönheit, von Liebe – Es klagte, dass dieser Tag, welcher mein Glück mache – wenn er es anders mache – sein Unglück auf immer entscheide. – Es beschwor mich – hören 50 musst' ich dies alles. Aber ich blickte nicht um; ich wollte tun, als ob ich es nicht hörte. – Was konnt' ich sonst? – Meinen guten Engel bitten, mich mit Taubheit zu schlagen; und wann auch, wenn auch auf immer! – Das bat ich; das 55 war das Einzige, was ich beten konnte. – Endlich ward es Zeit, mich wieder zu erheben. Das heilige Amt ging zu Ende. Ich zitterte, mich umzukehren. Ich zitterte, ihn zu erblicken, der sich den Frevel erlauben dürfen. Und da 60 ich mich umwandte, da ich ihn erblickte –

CLAUDIA: Wen, meine Tochter?

EMILIA: Raten Sie, meine Mutter, raten Sie – Ich glaubte in die Erde zu sinken – Ihn selbst.

CLAUDIA: Wen, ihn selbst? 65

EMILIA: Den Prinzen.

CLAUDIA: Den Prinzen! – O gesegnet sei die Ungeduld deines Vaters, der eben hier war und dich nicht erwarten wollte!

EMILIA: Mein Vater hier? – und wollte mich 70 nicht erwarten?

CLAUDIA: Wenn du in deiner Verwirrung auch ihn das hättest hören lassen!

EMILIA: Nun, meine Mutter? – Was hätt' er an mir Strafbares finden können? 75

CLAUDIA: Nichts; ebenso wenig als an mir.

Und doch, doch – Ha, du kennest deinen Vater nicht! In seinem Zorne hätt' er den unschuldigen Gegenstand des Verbrechens
80 mit dem Verbrecher verwechselt. In seiner Wut hätt' ich ihm geschienen, das veranlasst zu haben, was ich weder verhindern noch vorhersehen können. – Aber weiter, meine Tochter, weiter! Als du den Prinzen erkanntest –
85 Ich will hoffen, dass du deiner mächtig genug warest, ihm in *einem* Blicke alle die Verachtung zu bezeigen, die er verdienet.

EMILIA: Das war ich nicht, meine Mutter! Nach dem Blicke, mit dem ich ihn erkannte,
90 hatt' ich nicht das Herz, einen zweiten auf ihn zu richten. Ich floh –

CLAUDIA: Und der Prinz dir nach –

EMILIA: Was ich nicht wusste, bis ich in der Halle mich bei der Hand ergriffen fühlte. Und
95 von ihm! Aus Scham musst' ich standhalten: mich von ihm loszuwinden würde die Vorbeigehenden zu aufmerksam auf uns gemacht haben. Das war die einzige Überlegung, deren ich fähig war – oder deren ich nun mich wieder
100 erinnere. Er sprach; und ich hab ihm geantwortet. Aber was er sprach, was ich ihm geantwortet – fällt mir es noch bei, so ist es gut, so will ich es Ihnen sagen, meine Mutter. Jetzt weiß ich von dem allen nichts. Meine Sinne
105 hatten mich verlassen. – Umsonst denk ich nach, wie ich von ihm weg und aus der Halle gekommen. Ich finde mich erst auf der Straße wieder, und höre ihn hinter mir herkommen, und höre ihn mit mir zugleich in das Haus tre-
110 ten, mit mir die Treppe hinaufsteigen – –

CLAUDIA: Die Furcht hat ihren besondern Sinn, meine Tochter! Ich werde es nie vergessen, mit welcher Gebärde du hereinstürztest. – Nein, so weit durfte er nicht wagen, dir zu fol-
115 gen. – Gott! Gott! wenn dein Vater das wüsste! – Wie wild er schon war, als er nur hörte, dass der Prinz dich jüngst nicht ohne Missfallen gesehen! – Indes, sei ruhig, meine Tochter! Nimm es für einen Traum, was dir begegnet ist.
120 Auch wird es noch weniger Folgen haben als ein Traum. Du entgehest heute mit eins allen Nachstellungen.

EMILIA: Aber, nicht, meine Mutter? Der Graf muss das wissen. Ihm muss ich es sagen.
125 CLAUDIA: Um alle Welt nicht! – Wozu? warum? Willst du für nichts und wieder für nichts

ihn unruhig machen? Und wann er es auch itzt nicht würde: wisse, mein Kind, dass ein Gift, welches nicht gleich wirket, darum kein minder gefährliches Gift ist. Was auf den Lieb-
13 haber keinen Eindruck macht, kann ihn auf den Gemahl machen. Den Liebhaber könnt' es sogar schmeicheln, einem so wichtigen Mitbewerber den Rang abzulaufen. Aber wenn er ihm den nun einmal abgelaufen hat: ah! mein
13 Kind – so wird aus dem Liebhaber oft ein ganz anderes Geschöpf. Dein gutes Gestirn behüte dich vor dieser Erfahrung.

EMILIA: Sie wissen, meine Mutter, wie gern ich Ihren bessern Einsichten mich in allem unter-
14 werfe. – Aber, wenn er es von einem andern erführe, dass der Prinz mich heute gesprochen? Würde mein Verschweigen nicht, früh oder spät, seine Unruhe vermehren? – Ich dächte doch, ich behielte lieber vor ihm nichts
1 auf dem Herzen.

CLAUDIA: Schwachheit! verliebte Schwachheit! – Nein, durchaus nicht, meine Tochter! Sag ihm nichts. Lass ihn nichts merken!

EMILIA: Nun ja, meine Mutter! Ich habe
1 keinen Willen gegen den Ihrigen. – Aha! *(Mit einem tiefen Atemzuge.)* Auch wird mir wieder ganz leicht. – Was für ein albernes, furchtsames Ding ich bin! – Nicht, meine Mutter? – Ich hätte mich noch wohl anders
dabei nehmen können und würde mir ebenso wenig vergeben haben.

CLAUDIA: Ich wollte dir das nicht sagen, meine Tochter, bevor dir es dein eigner gesunder Verstand sagte. Und ich wusste, er würde dir
es sagen, sobald du wieder zu dir selbst gekommen. – Der Prinz ist galant. Du bist die unbedeutende Sprache der Galanterie zu wenig gewohnt. Eine Höflichkeit wird in ihr zur Empfindung, eine Schmeichelei zur Beteurung, ein Einfall zum Wunsche, ein Wunsch zum Vorsatze. Nichts klingt in dieser Sprache wie alles, und alles ist in ihr so viel als nichts.

EMILIA: O meine Mutter! – so müsste ich mir mit meiner Furcht vollends lächerlich vorkommen! – Nun soll er gewiss nichts davon erfahren, mein guter Appiani! Er könnte mich leicht für mehr eitel als tugendhaft halten. – Hui! dass er da selbst kömmt! Es ist sein Gang.

1. a) Tragen Sie den dramatischen Dialog mit verteilten Rollen vor.
   b) Charakterisieren Sie das Sprachverhalten von Mutter und Tochter im Hinblick auf „Sprache der Vernunft" und „Sprache des Herzens".
2. a) Schreiben Sie den Bericht der Tochter Emilia und die Argumentation der Mutter Claudia in heutige Sprache um.
   b) Kommentieren Sie die Unterschiede in der Rede von Mutter und Tochter.
3. Welches sind exakt die Erfahrungen, von denen die Tochter spricht, welches die Erfahrungen der Mutter, von denen aus sie rät und urteilt? Was können Sie daraus in Bezug auf die Stellung von Mann und Frau in der bürgerlichen Familie der damaligen Zeit schließen?

Christoph Friedrich Nicolai

Vertraute Briefe von Adelheid B. an ihre Freundin Julie S. (1799)

Ich möchte meinen Gustav gern ferner im tätigen Leben wissen und habe sogar schon ein Wort fliegen lassen von Annahme eines Amts. Aber davon will er nichts hören. Er schilt auf die Geschäftsleute. Ich verteidige sie. Wer Ordnung in der menschlichen Gesellschaft hält, ist mir ehrwürdiger als ein bloßer Spekulant.

Das lässt er allenfalls gehen, aber er pocht auf seine Geistesgaben. „Ich habe", sagt er, „niemand gekannt, dem es geglückt wäre, seinen Geist zu erweitern, ihn über unzählige Gegenstände zu verbreiten und doch die Tätigkeit fürs gemeine Leben zu erhalten. Sagen Sie mir nichts von Aktivität. Sie werden mich nicht ins Joch schwatzen."

„Sprechen Sie hübsch Ihre eigene Gedanken: das ist geradezu aus ,Werthers Leiden' gestohlen."

„Und wenn's nun wäre! Werther hat Recht."

„Recht? Goethe hatte Recht, dies Werthern in dem Charakter und in der Lage sagen zu lassen, worin er ihn einmal gesetzt hatte; aber wenn es jemand als eine Wahrheit nachsagt, die im wirklichen Leben gelten soll, so irret er sich sehr. Werther ist nichts als ein Romanencharakter, und in der wirklichen Welt soll man nicht Romane spielen wollen. Der Charakter Werthers ist trefflich geeignet, um Wirkung in der Lektüre zu tun, trefflich geeignet, dass der Leser äußerst erschüttert werde durch die Situationen, worein dieser Charakter voll Kraft, Edelmut, tobender Leidenschaft, Müßiggang und Starrsinn sich selbst ganz natürlich setzt. Aber wer im wirklichen Leben Werthers Denkungsart und Handlungsweise nachahmen will, ist ein Narr.* – Sehen Sie mich nicht mit so großen Augen an; ich sage nochmals: ein Narr, bis in seinen Tod ein Narr, der im wirklichen Leben nicht geschätzt zu werden verdient, wenngleich Goethe einen Romanencharakter aus Gutem und Bösem so zusammengesetzt hat, dass der Leser ihn bedauert und durch seinen Tod erschüttert wird. Dieser Romanencharakter konnte und musste wider das tätige Leben sprechen und musste müßig herumwallen, sonst hätte ihn der Autor nicht bis zum Erschießen bringen können. Dass aber niemand seinen Geist erweitern könne, der in der menschlichen Gesellschaft Tätigkeit beweiset und deshalb nicht immer seinen Launen folgen kann, ist eine Unwahrheit. Shakespeare war ein Schauspieler.

Schiller war Arzt und Goethe Doktor der Rechte. Diesen beiden würde es gewiss an ihren Talenten nichts geschadet haben, wenn sie noch länger in der bürgerlichen Laufbahn geblieben wären. Wenigstens haben sie, solange sie darin waren, manche Erfahrungen gemacht, die ihrer Einbildungskraft Stoff geben konnten. Ich begehre damit gar nicht zu leugnen, dass diese Laufbahn Männern vom Geiste oft beschwerlich wird; aber sie ist doch auch oft der Weg, die Einseitigkeit zu verlie-

---

* Lessing sagt ebendies etwas gelehrter, da er, um das Unheil zu verhüten, welches dies warme Produkt (wie er's nennt) leicht stiften könnte, wünscht: „... dass Goethe ein paar Winke gegeben hätte, wie Werther zu einem so abenteuerlichen Charakter gekommen; wie ein anderer Jüngling, dem die Natur eine ähnliche Anlage gegeben, sich davor zu bewahren habe. Denn ein solcher dürfte die poetische Schönheit leicht für die moralische nehmen und glauben, dass der gut gewesen sein müsse, der unsere Teilnehmung so stark beschäftigt. Und das war er doch wahrscheinlich nicht."

ren, die aus dem bloßen Ideenspiele entsteht, und es tut dem Geiste sehr wohl, wenn man früh lernet, sich zu zwingen und sich etwas zu versagen. Und dann: wer viel Zeit übrig hat, verschwendet sie gewöhnlich, so wie viele Reiche das Geld; wer zu Rate halten muss, wendet oft beides sehr viel besser an. –

Wissen Sie wohl, dass Sie ein Zeitverschwender sind? Sie sollten einen Teil Ihrer Zeit auf bestimmte Geschäfte verwenden, damit Sie in der übrig gebliebenen sich desto mehr zu Geistesarbeiten anspannen könnten."

1. Analysieren Sie den Dialog zwischen Adelheid und ihrem (adligen) Verehrer über den Werther: Welche der Argumente finden Sie plausibel, welche scheinen Ihnen nur aus der Zeit heraus verständlich?
2. Schreiben Sie eine fiktive Antwort an Adelheid B. aus der Sicht ihres Freundes Gustav: „Liebe Adelheid, zufällig fand ich deinen Brief an deine Freundin Julie ...“

2.2.3 Rebellion: Prometheus als schöpferisches Genie und Karl Moor als Kritiker der Gesellschaft

Johann Wolfgang Goethe
Prometheus (1774)

Bedecke deinen Himmel, Zeus,
Mit Wolkendunst
Und übe, Knaben gleich,
Der Disteln köpft,
5 An Eichen dich und Bergeshöhn!
Musst mir meine Erde
Doch lassen stehn,
Und meine Hütte,
Die du nicht gebaut,
10 Und meinen Herd,
Um dessen Glut
Du mich beneidest.

Ich kenne nichts Ärmer's
Unter der Sonn' als euch Götter.
15 Ihr nähret kümmerlich
Von Opfersteuern
Und Gebetshauch
Eure Majestät
Und darbtet, wären
20 Nicht Kinder und Bettler
Hoffnungsvolle Toren.

Da ich ein Kind war,
Nicht wusste, wo aus, wo ein,
Kehrte mein verirrtes Aug'
25 Zur Sonne, als wenn drüber wär'
Ein Ohr, zu hören meine Klage,
Ein Herz wie meins,
Sich des Bedrängten zu erbarmen.

Wer half mir wider
30 Der Titanen Übermut?
Wer rettete vom Tode mich,
Von Sklaverei?
Hast du's nicht alles selbst vollendet,
Heilig glühend Herz?
35 Und glühtest, jung und gut,
Betrogen, Rettungsdank
Dem Schlafenden da droben?

Ich dich ehren? Wofür?
Hast du die Schmerzen gelindert
40 Je des Beladenen?
Hast du die Tränen gestillet
Je des Geängsteten?

Hat nicht mich zum Manne geschmiedet
Die allmächtige Zeit
45 Und das ewige Schicksal,
Meine Herrn und deine?

Wähntest du etwa,
Ich sollte das Leben hassen,
In Wüsten fliehn,
50 Weil nicht alle Knabenmorgen-
Blütenträume reiften?

Hier sitz ich, forme Menschen
Nach meinem Bilde,
Ein Geschlecht, das mir gleich sei,
55 Zu leiden, weinen,
Genießen und zu freuen sich,
Und dein nicht zu achten,
Wie ich.

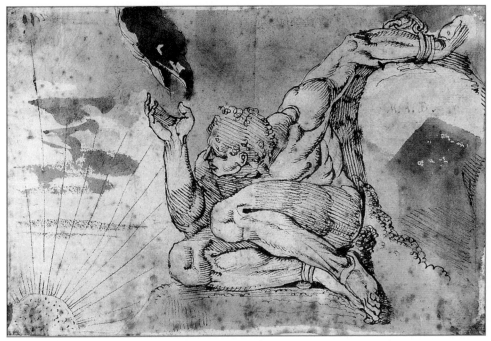

Johann Heinrich Füssli: Der gefesselte Prometheus (1770/71)

Franz Kafka

Prometheus (1917)

Von Prometheus berichten vier Sagen: Nach der ersten wurde er, weil er die Götter an die Menschen verraten hatte, am Kaukasus festgeschmiedet, und die Götter schickten Adler, die
5 von seiner immer wachsenden Leber fraßen.
Nach der zweiten drückte sich Prometheus im Schmerz vor den zuhackenden Schnäbeln immer tiefer in den Felsen, bis er mit ihm eins wurde.

Nach der dritten wurde in den Jahrtausenden 10 sein Verrat vergessen, die Götter vergaßen, die Adler, er selbst.
Nach der vierten wurde man des grundlos Gewordenen müde. Die Götter wurden müde, die Adler wurden müde, die Wunde schloss 15 sich müde.
Blieb das unerklärliche Felsgebirge. – Die Sage versucht das Unerklärliche zu erklären. Da sie aus einem Wahrheitsgrund kommt, muss sie wieder im Unerklärlichen enden. 20

---

1. a) Welches ist Ihrer Meinung nach das zentrale Problem, das Goethe in seiner Hymne „Prometheus" behandelt? Begründen Sie Ihr Urteil.
   b) Untersuchen Sie die sprachliche Gestaltung des Gedichts.
2. Informieren Sie sich über den Mythos von Prometheus (Lexikon der Antike; *Gustav Schwab:* Sagen des klassischen Altertums, Buch 1) und suchen Sie Erklärungen für die Veränderungen, die Goethe an der Geschichte vornimmt.
3. „Prometheus" und „Ganymed" (▷ S. 219) sind immer wieder als zwei sich gegenseitig ergän-
zende Haltungen Goethes beschrieben worden. Wo sehen Sie Verbindungspunkte, wo Trennungslinien?
4. Vergleichen Sie Goethes Prometheus-Hymne mit der Erschaffung des Menschen in der biblischen Schöpfungsgeschichte (1. Buch Mose): Welche Unterschiede ergeben sich dabei in Bezug auf Gott und die Menschen?
5. Welches Bild des Titanen Prometheus und welches Bild von der Macht der Verhältnisse vermitteln Kafkas „Sagen"?

Friedrich Schiller

Die Räuber (1781)
I. Akt, 2. Szene

Schänke an den Grenzen von Sachsen. Karl von Moor in ein Buch vertieft. Spiegelberg trinkend am Tisch.

KARL VON MOOR *legt das Buch weg*: Mir ekelt
5 vor diesem tintenklecksenden Säkulum[1], wenn ich in meinem Plutarch[2] lese von großen Menschen.

SPIEGELBERG *stellt ihm ein Glas hin und trinkt*: Den Josephus[3] musst du lesen.

10 MOOR: Der lohe Lichtfunke Prometheus' ist ausgebrannt, dafür nimmt man itzt die Flamme von Bärlappenmehl – Theaterfeuer, das keine Pfeife Tabak anzündet. Da krabbeln sie nun wie die Ratten auf der Keule des Herkules
15 und studieren sich das Mark aus dem Schädel, was das für ein Ding sei, das er in seinen Hoden geführt hat? Ein französischer Abbé[4] doziert, Alexander sei ein Hasenfuß gewesen, ein schwindsüchtiger Professor hält sich bei
20 jedem Wort ein Fläschchen Salmiakgeist vor die Nase und liest ein Kollegium über die *Kraft*. Kerls, die in Ohnmacht fallen, wenn sie einen Buben gemacht haben, kritteln über die Taktik des Hannibals – feuchtohrige Buben fi-
25 schen Phrases aus der Schlacht bei Cannä und greinen über die Siege des Scipio, weil sie sie exponieren[5] müssen. [...]
Da verrammeln sie sich die gesunde Natur mit abgeschmackten Konventionen, haben das
30 Herz nicht, ein Glas zu leeren, weil sie Gesundheit dazu trinken müssen – belecken den Schuhputzer, dass er sie vertrete bei Ihro Gnaden, und hudeln[6] den armen Schelm, den sie nicht fürchten. Vergöttern sich um ein Mittag-
35 essen und möchten einander vergiften um ein Unterbett, das ihnen beim Aufstreich[7] überboten wird. – Verdammen den Sadduzäer[8], der nicht fleißig genug in die Kirche kommt, und berechnen ihren Judenzins am
40 Altare – fallen auf die Knie, damit sie ja ihren

---

1 **Säkulum:** Jahrhundert
2 **Plutarch** (ca. 40–120 n. Chr.): griech. Schriftsteller
3 **Josephus** (37–100 n. Chr.): jüd. Geschichtsschreiber
4 **Abbé:** Titel der weltlichen Geistlichen in Frankreich
5 **exponieren:** grammatisch erklären und übersetzen
6 **hudeln:** quälen, plagen
7 **Aufstreich:** Versteigerung, Auktion
8 **Sadduzäer:** Angehöriger einer altjüdischen Partei

Schlamp[9] ausbreiten können – wenden kein Aug von dem Pfarrer, damit sie sehen, wie seine Perücke frisiert ist. – Fallen in Ohnmacht, wenn sie eine Gans bluten sehen, und klat-
45 schen in die Hände, wenn ihr Nebenbuhler bankerott von der Börse geht – – So warm ich ihnen die Hand drückte – „Nur noch einen Tag" – Umsonst! – Ins Loch mit dem Hund! – Bitten! Schwüre! Tränen! *Auf den Boden
50 stampfend:* Hölle und Teufel! [...]
SCHWARZ: Komm mit uns in die böhmischen Wälder! Wir wollen eine Räuberbande sammeln, und du – *Moor stiert ihn an.*
SCHWEIZER: Du sollst unser Hauptmann sein!
55 du musst unser Hauptmann sein!
SPIEGELBERG *wirft sich wild in einen Sessel*: Sklaven und Memmen!
MOOR: Wer blies dir das Wort ein? Höre, Kerl! *Indem er Schwarzen hart ergreift:* Das hast
60 du nicht aus deiner Menschenseele hervorgeholt! Wer blies dir das Wort ein? Ja, bei dem tausendarmigen Tod! das wollen wir, das müssen wir! der Gedanke verdient Vergötterung – Räuber und Mörder! – So wahr meine Seele
65 lebt, ich bin euer Hauptmann!
ALLE *mit lärmendem Geschrei*: Es lebe der Hauptmann!
SPIEGELBERG *aufspringend, vor sich*: Bis ich ihm hinhelfe!
70 MOOR: Siehe, da fällt's wie der Star von meinen Augen! was für ein Tor ich war, dass ich ins Käfig zurück wollte! – Mein Geist dürstet nach Taten, mein Atem nach Freiheit. – Mörder, Räuber! – mit diesem Wort war das Ge-
75 setz unter meine Füße gerollt. – Menschen haben Menschheit vor mir verborgen, da ich an Menschheit appellierte: weg dann von mir Sympathie und menschliche Schonung! – Ich habe keinen Vater mehr, ich habe keine Liebe
80 mehr, und Blut und Tod soll mich vergessen lehren, dass mir jemals etwas teuer war! Kommt, kommt! – O ich will mir eine fürchterliche Zerstreuung machen – es bleibt dabei, ich bin euer Hauptmann! Und Glück zu dem
85 Meister unter euch, der am wildesten sengt, am grässlichsten mordet, denn ich sage euch, er soll königlich belohnet werden. – Tretet her um mich ein jeder und schwöret mir Treu und Gehorsam zu bis in den Tod! – schwört mir das
90 bei dieser männlichen Rechte.

---

9 **Schlamp:** Schleppe

Christian Friedrich Daniel Schubart

Die Fürstengruft (1783)

Da liegen sie, die stolzen Fürstentrümmer,
Ehmals die Götzen ihrer Welt!
Da liegen sie, vom fürchterlichen Schimmer
Des blassen Tags erhellt!

5 Die alten Särge leuchten in der dunklen
Verwesungsgruft wie faules Holz,
Wie matt die großen Silberschilde funkeln!
Der Fürsten letzter Stolz.

Entsetzen packt den Wandrer hier am Haare,
10 Geußt Schauer über seine Haut,
Wo Eitelkeit, gelehnt an eine Bahre,
aus hohlen Augen schaut.

[...]

Denn ach! hier liegt der edle Fürst! der Gute!
Zum Völkersegen einst gesandt,
15 Wie der, den Gott zur Nationenrute
Im Zorn zusammenband.

An ihren Urnen weinen Marmorgeister;
Doch kalte Tränen nur von Stein,
Und lachend grub vielleicht ein welscher[1]
Meister
20 Sie einst dem Marmor ein.

Da liegen Schädel mit verloschnen Blicken,
Die ehmals hoch herabgedroht,
Der Menschheit Schrecken! – Denn an ihrem
Nicken
Hing Leben oder Tod.

25 Nun ist die Hand herabgefault zum Knochen,
Die oft mit kaltem Federzug
Den Weisen, der am Thron zu laut gesprochen,
In harte Fesseln schlug.

[...]

Vertrocknet und verschrumpft sind die Kanäle,
30 Drin geiles Blut wie Feuer floss,
Das schäumend Gift der Unschuld in die
Seele,
Wie in den Körper goss.

[...]

Die liegen nun in dieser Schauergrotte
Mit Staub und Würmern zugedeckt,
35 So stumm, so ruhmlos! – Noch von keinem
Gotte
Ins Leben aufgeweckt.

Weckt sie nur nicht mit eurem bangen Ächzen,
Ihr Scharen, die sie arm gemacht!
Verscheucht die Raben, dass von ihrem
Krächzen
40 Kein Wütrich hier erwacht!

Hier klatsche nicht des armen Landmanns
Peitsche,
Die nachts das Wild vom Acker scheucht!
An diesem Gitter weile nicht der Deutsche,
Der sich vorüberkeucht!

45 Hier heule nicht der bleiche Waisenknabe,
Dem ein Tyrann den Vater nahm;
Nie fluche hier der Krüppel an dem Stabe,
Von fremdem Solde lahm.

Damit die Quäler nicht zu früh erwachen;
50 Seid menschlicher, erweckt sie nicht.
Ha! früh genug wird über ihnen krachen
Der Donner am Gericht.

Wo Todesengel nach Tyrannen greifen,
Wenn sie im Grimm der Richter weckt,
55 Und ihre Greul zu einem Berge häufen,
Der flammend sie bedeckt.

Ihr aber, bessre Fürsten, schlummert süße
Im Nachtgewölbe dieser Gruft!
Schon wandelt euer Geist im Paradiese,
60 Gehüllt in Blütenduft.

Jauchzt nur entgegen jenem großen Tage,
Der aller Fürsten Taten wiegt,
Wie Sternenklang tönt euch des Richters
Waage,
Drauf eure Tugend liegt.

65 Ach, unterm Lispel eurer frohen Brüder –
Ihr habt sie satt und froh gemacht –
Wird eure volle Schale sinken nieder,
Wenn ihr zum Lohn erwacht.

Wie wird's euch sein, wenn ihr vom Sonnen-
throne
70 Des Richters Stimme wandeln hört:
„Ihr Brüder, nehmt auf ewig hin die Krone,
Ihr seid zu herrschen wert."

1 **welsch:** französisch, italienisch

1. a) In Schillers „Räubern" (▷ S. 230) sprechen Moor und seine Freunde über menschliche Größe in Vergangenheit und Gegenwart. Welches sind ihre Urteile und wie begründen sie sie?

   b) Formulieren Sie die Einwände Moors gegen das eigene „tintenklecksende Säkulum" in Form von Thesen und überlegen Sie, inwieweit das Räuberleben in der damaligen Zeit eine Alternative darstellen konnte.

▷ S. 105 ff., 119 f.

   c) ▷ **Referat/Facharbeit:** Lesen Sie Schillers Erzählung „Verbrecher aus verlorener Ehre". Zeigen Sie Parallelen zu der Figur des Karl Moor auf.

2. a) Welches sind die Vorwürfe, die der Besucher der Fürstengruft in Schubarts Gedicht (▷ S. 231) den absolutistischen Fürsten gegenüber erhebt?

   b) Informieren Sie sich über Schubarts und Schillers „Landesvater" Carl Eugen von Württemberg und über dessen Fürstentum in der Zeit vor der Französischen Revolution.

   c) Stellen Sie eine Anklageschrift für ein „Fürstentribunal" zusammen.

Epochenüberblick:
Aufklärung (1720–1800) – Empfindsamkeit (1740–1780) – Sturm und Drang (1765–1785)

Mit der Einsicht, dass der Mensch als Individuum und als denkendes Wesen zu definieren sei („cogito ergo sum" – ich denke, also bin ich), hatte der französische Philosoph RENÉ DESCARTES (1596–1650) der **Aufklärung** eine gedankliche Begründung gegeben. Die Verstandesfähigkeit ist eng mit der Sprachfähigkeit verbunden. Denken und sprechen zu können unterscheidet die menschlichen von anderen Wesen. Beide Fähigkeiten müssen aber gelernt und ausgebildet werden. Die neue bürgerliche Gesellschaft des 18. Jahrhunderts setzte auf Vernunft, Bildung und Erziehung. Klare Begriffe und logisches Denken waren deren Ziel. Mit ihrer Hilfe sollte auch die **Emanzipation** der Menschen aus religiöser dogmatischer Bevormundung vorangetrieben werden. Von dem deutschen Philosophen IMMANUEL KANT (1724–1804) stammt die Aufforderung: „Habe Mut, dich deines eigenen Verstandes zu bedienen."

Die prinzipielle Ausrichtung der bürgerlichen Gesellschaft auf Vernunft und vorurteilsfreie Argumentation führte indes nicht geradlinig in eine bessere Zukunft für alle. Im Gegenteil, Verstand, klare Sprache, logisches Denken und umsichtiges Planen wurden auch zu Formen von Herrschaft und Unterdrückung missbraucht. In den Städten und Kirchen entstanden Rituale und Reglementierungen, an den Fürstenhöfen Verwaltungen, Militär- und Hofzeremonielle, die Abhängigkeiten in höchstem Maße rational ordneten und die dennoch menschenverachtend und unvernünftig waren. Gegen diese Form der Verplanung von Menschen als Soldaten, Beamte oder gewerbetreibende Bürger wandte sich die **bürgerliche Gefühlskultur.** Sie hatte einen religiösen Ursprung. Die dogmatische Enge in den Amtskirchen führte vor allem im Protestantismus zu einer alternativen Art der Frömmigkeit, der Strömung des Pietismus. Das menschliche Herz, die Fähigkeit zu fühlen und zu empfinden, standen im Mittelpunkt. Eine neue Sprache des Herzens entstand, zuerst in Kirchenliedern, dann auch in der weltlichen Literatur der Zeit der **Empfindsamkeit.** Wörter wie „Selbsterfahrung", „Lebensstrom", „Gemütlichkeit", „überfließen", „einschreiben", „zärtlich", „berührt" stammten aus dem Wortschatz des Pietismus. Hinzu kam eine Vielzahl von metaphorischen Verwendungen von Begriffen („Mutter Natur", „Tor des Herzens", „Meer der Empfindungen", „Sturm der Begeisterung") und Wendungen, die der Intensität des Gefühls Ausdruck verliehen.

Die Literatur griff diese Impulse auf und übertrug sie auf die diesseitige Welt der Stimmungen und Leidenschaften. Der junge Goethe schuf aus diesem Arsenal der Gefühlsbegriffe auch neue Wörter, z. B. „Knabenmorgenblütenträume" („Prometheus", ▷ S. 228). Die säkularisierte Empfindsamkeit bildete die Basis der gefühlsbetonten Selbstwahrnehmung der jungen Generation der **Stürmer und Dränger.** Die Kultur der Affekte ist in ihrem Geniekult gebunden an die Fähigkeit herausragender Einzelpersönlichkeiten, Begeisterung (Enthusiasmus) für etwas Bedeutsames, Wertvolles, Großes zu empfinden, die Natur, Liebe und Freundschaft, Poesie und Kunst, das Vaterland oder eine zukünftige, bessere Welt. Der Begriff „Sturm und Drang" stammt vom Titel eines Dramas des Goethe-Freunds MAXIMILIAN KLINGER (1752–1831), in dem sich ein tugendhafter junger Mann kraftgenialisch gegen die verkrustete Gesellschaft der Vätergeneration auflehnt. Er bezeichnet treffend die leidenschaftliche Sprache der Zeit: Übersteigerte Gefühlsausbrüche, revolutionäre Reden gegen das „tintenklecksende Säkulum" (Schiller, ▷ S. 230), auf „Gedankenfreiheit" und „Selbstentfaltung" abzielende philosophische Begriffe wie das „Ursprüngliche", „Schöpferische", die „Kraft" und das „Genie" prägten die Vorstellung vom Menschen als einem „frei handelnden, selbstständigen, gottähnlichen" (JAKOB MICHAEL REINHOLD LENZ, 1751–1792) Wesen. Die Begeisterung der jungen Autoren für antike Helden (Prometheus, Herkules) und für Shakespeares große Dramengestalten, die sich in den eigenen Werken spiegelt, ist eine Folge dieser Konzeption des Menschen als des großen Individuums, des Einzelnen als Persönlichkeit.

Wichtige Autoren und Werke ▷ S. 217

2.3 Klassik (1786–1805)

Johann Heinrich Wilhelm Tischbein:
Goethe in der Campagna di Roma (1786/88)

Die Kunst: Freiheit und Gesetz

Friedrich Schiller

Die Teilung der Erde (1795)

„Nehmt hin die Welt!", rief Zeus von seinen
   Höhen
Den Menschen zu. „Nehmt, sie soll euer sein!
Euch schenk ich sie zum Erb und ewgen
   Lehen,
Doch teilt euch brüderlich darein."

5 Da eilt, was Hände hat, sich einzurichten,
Es regte sich geschäftig Jung und Alt.
Der Ackermann griff nach des Feldes Früchten,
Der Junker birschte durch den Wald.

Der Kaufmann nimmt, was seine Speicher fassen,
10 Der Abt wählt sich den edeln Firnewein[1],
Der König sperrt die Brücken und die Straßen
Und sprach: „Der Zehente[2] ist mein."

Ganz spät, nachdem die Teilung längst
   geschehen,
Naht der Poet, er kam aus weiter Fern;
15 Ach! da war überall nichts mehr zu sehen,
Und alles hatte seinen Herrn!

„Weh mir! so soll ich denn allein von allen
Vergessen sein, ich, dein getreuster Sohn?"
So ließ er laut der Klage Ruf erschallen
20 Und warf sich hin vor Jovis'[3] Thron.

„Wenn du im Land der Träume dich ver-
   weilet",
Versetzt der Gott, „so hadre nicht mit mir.
Wo warst du denn, als man die Welt geteilet?"
„Ich war", sprach der Poet, „bei dir.

25 Mein Auge hing an deinem Angesichte,
An deines Himmels Harmonie mein Ohr –
Verzeih dem Geiste, der, von deinem Lichte
Berauscht, das Irdische verlor!"

„Was tun?", sprach Zeus. „Die Welt ist wegg
   geben,
30 Der Herbst, die Jagd, der Markt ist nicht me
   mein.
Willst du in meinem Himmel mit mir leben:
Sooft du kommst, er soll dir offen sein."

1 **Firnewein:** alter, vorjähriger Wein
2 **Zehent:** Brücken- und Wegezoll

3 **Jovis:** andere Form für Jupiter, die röm. Entsprechung
   des Zeus

1. Beschreiben Sie die Rolle, die Schiller dem Dichter in der Welt zuweist.
2. Vergleichen Sie Schillers Verständnis von der Rolle des Dichters mit Wielands Abhandlung „Über Rechte und Pflichten der Schriftsteller" (▷ S. 210 f.).
3. Grenzen Sie die Dichter-Existenz, wie sie im Sturm und Drang, z. B. in Goethes „Prometheus" aus dem Jahre 1774 (▷ S. 228), gesehen wird, von Schillers Vorstellungen aus dem Jahre 1795 ab.
4. Welcher Platz gebührt Ihrer Meinung nach aus heutiger Sicht dem Dichter bzw. dem Künstler bei der „Teilung der Erde"?

Friedrich Schiller

Ankündigung der Monatsschrift „Die Horen" (1794)

Zu einer Zeit, wo das nahe Geräusch des Kriegs[1] das Vaterland ängstiget, wo der Kampf politischer Meinungen und Interessen diesen Krieg beinahe in jedem Zirkel erneuert und nur allzu oft Musen und Grazien[2] daraus verscheucht, wo weder in den Gesprächen noch in den Schriften des Tages vor diesem allverfolgenden Dämon der Staatskritik Rettung ist, möchte es ebenso gewagt als verdienstlich sein, den so sehr zerstreuten Leser zu einer Unterhaltung von ganz entgegengesetzter Art einzuladen. In der Tat scheinen die Zeitum-

1 der 1792 begonnene Krieg der Monarchien Österreich
   und Preußen gegen das revolutionäre Frankreich

2 **Musen:** griech. Göttinnen der Künste; **Grazien:** röm.
   Göttinnen der Anmut, Heiterkeit und Lieblichkeit

stände einer Schrift wenig Glück zu versprechen, die sich über das Lieblingsthema des
Tages ein strenges Stillschweigen auferlegen
und ihren Ruhm darin suchen wird, durch
etwas anders zu gefallen, als wodurch jetzt
alles gefällt. Aber je mehr das beschränkte
Interesse der Gegenwart die Gemüter in Spannung setzt, einengt und unterjocht, desto
dringender wird das Bedürfnis, durch ein
allgemeines und höheres Interesse an dem,
was rein menschlich und über allen Einfluss
der Zeiten erhaben ist, sie wieder in Freiheit
zu setzen und die politisch geteilte Welt unter
der Fahne der Wahrheit und Schönheit wieder
zu vereinigen.
Dies ist der Gesichtspunkt, aus welchem die
Verfasser dieser Zeitschrift dieselbe betrachtet wissen möchten. Einer heitern und leiden-
schaftfreien Unterhaltung soll sie gewidmet
sein, und dem Geist und Herzen des Lesers,
den der Anblick der Zeitbegebenheiten bald
entrüstet, bald niederschlägt, eine fröhliche
Zerstreuung gewähren. Mitten in diesem politischen Tumult soll sie für Musen und Charitinnen[3] einen engen vertraulichen Zirkel
schließen, aus welchem alles verbannt sein
wird, was mit einem unreinen Parteigeist ge-
stempelt ist. Aber indem sie sich alle Beziehungen auf den jetzigen Weltlauf und auf die
nächsten Erwartungen der Menschheit ver-
bietet, wird sie über die vergangene Welt die
Geschichte und über die kommende die
Philosophie befragen, wird sie zu dem Ideale
veredelter Menschheit, welches durch die
Vernunft aufgegeben, in der Erfahrung aber so
leicht aus den Augen gerückt wird, einzelne
Züge sammeln und an dem stillen Bau bessrer
Begriffe, reinerer Grundsätze und edlerer
Sitten, von dem zuletzt alle wahre Verbesserung des gesellschaftlichen Zustandes abhängt, nach Vermögen geschäftig sein. Sowohl spielend als ernsthaft wird man im
Fortgange dieser Schrift dieses einzige Ziel
verfolgen, und so verschieden auch die Wege
sein mögen, die man dazu einschlagen wird,
so werden doch alle, näher oder entfernter,
dahin gerichtet sein, wahre Humanität zu befördern. Man wird streben, die Schönheit zur
Vermittlerin der Wahrheit zu machen und

durch die Wahrheit der Schönheit ein dauern-
des Fundament und eine höhere Würde zu
geben. Soweit es tunlich ist, wird man die
Resultate der Wissenschaft von ihrer scho-
lastischen[4] Form zu befreien und in einer
reizenden, wenigstens einfachen, Hülle dem
Gemeinsinn verständlich zu machen suchen.
Zugleich aber wird man auf dem Schauplatze
der Erfahrung nach neuen Erwerbungen für
die Wissenschaft ausgehen und da nach Gesetzen forschen, wo bloß der Zufall zu spielen
und die Willkür zu herrschen scheint. Auf
diese Art glaubt man zur Aufhebung der
Scheidewand beizutragen, welche die schöne
Welt von der gelehrten zum Nachteile beider
trennt, gründliche Kenntnisse in das gesellschaftliche Leben und Geschmack in die
Wissenschaft einzuführen.
Man wird sich, soweit kein edlerer Zweck
darunter leidet, Mannigfaltigkeit und Neuheit
zum Ziele setzen, aber dem frivolen Ge-
schmacke, der das Neue bloß um der Neuheit
willen sucht, keineswegs nachgeben. Übrigens
wird man sich jede Freiheit erlauben, die mit
guten und schönen Sitten verträglich ist.
Wohlanständigkeit und Ordnung, Gerechtigkeit und Friede werden also der Geist und die
Regel dieser Zeitschrift sein; die drei schwester-
lichen Horen Eunomia, Dike und Irene[5] werden sie regieren. In diesen Göttergestalten
verehrte der Grieche die welterhaltende Ordnung, aus der alles Gute fließt, und die in dem
gleichförmigen Rhythmus des Sonnenlaufs
ihr treffendstes Sinnbild findet. Die Fabel
macht sie zu Töchtern der Themis und des
Zeus, des Gesetzes und der Macht; des nämlichen Gesetzes, das in der Körperwelt über
den Wechsel der Jahreszeiten waltet und die
Harmonie in der Geisterwelt erhält.
Die Horen waren es, welche die neugebore-
ne Venus bei ihrer ersten Erscheinung in
Cypern empfingen, sie mit göttlichen Gewan-
den bekleideten und so, von ihren Händen
geschmückt, in den Kreis der Unsterblichen
führten: eine reizende Dichtung, durch welche angedeutet wird, dass das Schöne schon
in seiner Geburt sich unter Regeln fügen muss
und nur durch Gesetzmäßigkeit würdig

---

4 **scholastisch,** hier: schulwissenschaftlich-abstrakt
5 **Eunomia, Dike, Irene:** die Göttinnen der gesetzlichen
   Ordnung (Eunomia), der Gerechtigkeit (Dike) und des
   Friedens (Irene)

3 **Charitinnen:** die griech. Entsprechung der röm. Grazien; ▷ Fußnote 2

110 werden kann, einen Platz im Olymp, Unsterblichkeit und einen moralischen Wert zu erhalten. In leichten Tänzen umkreisen diese Göttinnen die Welt, öffnen und schließen den Olymp und schirren die Sonnenpferde an, das belebende Licht durch die Schöpfung zu versenden. Man sieht sie im Gefolge der Huldgöttinnen und in dem Dienst der Königin des Himmels, weil Anmut und Ordnung, Wohlanständigkeit und Würde unzertrennlich sind.

Johann Wolfgang Goethe
Natur und Kunst (1800)

Natur und Kunst, sie scheinen sich zu fliehen
Und haben sich, eh' man es denkt, gefunden;
Der Widerwille ist auch mir verschwunden,
Und beide scheinen gleich mich anzuziehen.

5 Es gilt wohl nur ein redliches Bemühen!
Und wenn wir erst in abgemessnen Stunden
Mit Geist und Fleiß uns an die Kunst gebunden,
Mag frei Natur im Herzen wieder glühen.

So ist's mit aller Bildung auch beschaffen:
10 Vergebens werden ungebundne Geister
Nach der Vollendung reiner Höhe streben.

Wer Großes will, muss sich zusammenraffen;
In der Beschränkung zeigt sich erst der Meister,
Und das Gesetz nur kann uns Freiheit geben.

1. a) Arbeiten Sie Parallelen zwischen Schillers „Ankündigung" und Goethes Gedicht „Natur und Kunst" heraus.
   b) Erläutern Sie dann das Verhältnis von Freiheit und Gesetz im Bereich der Kunst.
2. Entwickeln Sie das Literaturprogramm, das sich aus den beiden Texten ableiten lässt: Gehen Sie dabei auf die Inhalte, die Wirkungsabsicht, das Verhältnis zu den Wissenschaften und die Gestaltungsprinzipien der angekündigten Literatur ein.
3. Prüfen Sie, inwiefern formaler Aufbau und sprachliche Gestaltung von Schillers Gedicht „Die Teilung der Erde" (▷ S. 234) und Goethes Gedicht „Natur und Kunst" mit dem neuen Literaturprogramm übereinstimmen.
4. Suchen Sie eine Erklärung für die auffällige Vorliebe in den beiden Texten Schillers für antike Namen und Vorstellungen.

Der Strom als Symbol: Zwei Gedichte Goethes

Johann Wolfgang Goethe
Mahomets-Gesang[1]
(1772/73)

Seht den Felsenquell
Freudehell,
Wie ein Sternenblick!
Über Wolken
5 Nährten seine Jugend
Gute Geister
Zwischen Klippen im Gebüsch.

Jünglingfrisch
Tanzt er aus der Wolke
10 Auf die Marmorfelsen nieder,
Jauchzet wieder
Nach dem Himmel.

Durch die Gipfelgänge
Jagt er bunten Kieseln nach,
15 Und mit frühem Führertritt
Reißt er seine Bruderquellen
Mit sich fort.

Drunten werden in dem Tal
Unter seinem Fußtritt Blumen,
20 Und die Wiese
Lebt von seinem Hauch.

---

1 **Mahomets-Gesang:** Mohammeds-Gesang; das Gedicht stellt aber nicht Mohammeds Lehre dar, sondern sein Wirken als religiöses Genie.

Doch ihn hält kein Schattental,
Keine Blumen,
Die ihm seine Knie umschlingen,
Ihm mit Liebesaugen schmeicheln;
Nach der Ebne dringt sein Lauf,
Schlangewandelnd.

Bäche schmiegen
Sich gesellig an.
Nun tritt er
In die Ebne silberprangend,
Und die Ebne prangt mit ihm,
Und die Flüsse von der Ebne
Und die Bäche von Gebürgen
Jauchzen ihm und rufen: Bruder,
Bruder, nimm die Brüder mit,
Mit zu deinem alten Vater,
Zu dem ew'gen Ozean,
Der mit weit verbreit'ten Armen
Unsrer wartet;
Die sich, ach, vergebens öffnen,
Seine Sehnenden zu fassen;
Denn uns frisst in öder Wüste
Gier'ger Sand,
Die Sonne droben
Saugt an unserm Blut,
Ein Hügel
Hemmet uns zum Teiche.
Bruder,
Nimm die Brüder von der Ebne,
Nimm die Brüder von Gebürgen
Mit, zu deinem Vater mit!

Kommt ihr alle! –
Und nun schwillt er
Herrlicher, ein ganz Geschlechte
Trägt den Fürsten hoch empor,
Und im rollenden Triumphe
Gibt er Ländern Namen, Städte
Werden unter seinem Fuß.

60 Unaufhaltsam rauscht er über,
Lässt der Türne Flammengipfel,
Marmorhäuser, eine Schöpfung
Seiner Fülle, hinter sich.

Zedernhäuser trägt der Atlas
65 Auf den Riesenschultern, sausend
Wehen über seinem Haupte
Tausend Segel auf zum Himmel
Seine Macht und Herrlichkeit.

Und so trägt er seine Brüder,
70 Seine Schätze, seine Kinder
Dem erwartenden Erzeuger
Freudebrausend an das Herz.

Johann Wolfgang Goethe

Mächtiges Überraschen
(1807/08)

Ein Strom entrauscht umwölktem Felsensaale,
Dem Ozean sich eilig zu verbinden;
Was auch sich spiegeln mag von Grund zu Gründen;
Er wandelt unaufhaltsam fort zu Tale.

5 Dämonisch aber stürzt mit einem Male –
Ihr folgen Berg und Wald in Wirbelwinden –
Sich Oreas[1], Behagen dort zu finden,
Und hemmt den Lauf, begrenzt die weite Schale.

Die Welle sprüht und staunt zurück und weichet
10 Und schwillt bergan, sich immer selbst zu trinken;
Gehemmt ist nun zum Vater hin das Streben.

Sie schwankt und ruht, zum See zurückgedeichet;
Gestirne, spiegelnd sich, beschaun das Blinken
Des Wellenschlags am Fels, ein neues Leben.

1 **Oreas:** Bergnymphe, personifiziert den Berg

---

1. a) Beschreiben Sie, wie in den beiden Gedichten Goethes das Bild des Stroms entwickelt wird.
   b) Deuten Sie das Symbol des Stroms in beiden Gedichten und versuchen Sie, das jeweilige Welt- und Lebensverständnis zu erfassen.
2. Setzen Sie in beiden Gedichten Form und Inhalt in Beziehung zueinander.
3. Tragen Sie beide Gedichte in Ihrem Kurs vor. Vergleichen Sie die Wirkung und tauschen Sie sich darüber aus, welches Gedicht Sie stärker anspricht.

Menschenbildung

Johann Wolfgang Goethe
Wilhelm Meisters Lehrjahre
(1795/96)
Auszug aus einem Erziehungs-
und Bildungsroman

*In einem Brief an seinen Schwager Werner
begründet Wilhelm Meister seinen Ent-
schluss, sich einer Theatertruppe anzu-
schließen.*

Dass ich dir's mit einem Worte sage, mich
selbst, ganz wie ich da bin, auszubilden, das
war dunkel von Jugend auf mein Wunsch und
meine Absicht. Noch hege ich eben diese
5   Gesinnungen, nur dass mir die Mittel, die mir
es möglich machen werden, etwas deutlicher
sind. Ich habe mehr Welt gesehen, als du
glaubst, und sie besser benutzt, als du denkst.
Schenke deswegen dem, was ich sage, einige
10 Aufmerksamkeit, wenn es gleich nicht ganz
nach deinem Sinne sein sollte.
Wäre ich ein Edelmann, so wäre unser Streit
bald abgetan; da ich aber nur ein Bürger bin,
so muss ich einen eigenen Weg nehmen, und
15 ich wünsche, dass du mich verstehen mögest.
Ich weiß nicht, wie es in fremden Ländern ist,
aber in Deutschland ist nur dem Edelmann
eine gewisse allgemeine, wenn ich sagen darf
personelle Ausbildung möglich. Ein Bürger
20 kann sich Verdienst erwerben und zur höchsten Not seinen Geist ausbilden; seine Persönlichkeit geht aber verloren, er mag sich stellen,
wie er will. Indem es dem Edelmann, der mit
den Vornehmsten umgeht, zur Pflicht wird,
25 sich selbst einen vornehmen Anstand zu geben, indem dieser Anstand, da ihm weder Tür
noch Tor verschlossen ist, zu einem freien Anstand wird, da er mit seiner Figur, mit seiner
Person, es sei bei Hofe oder bei der Armee,
30 bezahlen muss: so hat er Ursache, etwas auf
sie zu halten, und zu zeigen, dass er etwas auf
sie hält. Eine gewisse feierliche Grazie bei
gewöhnlichen Dingen, eine Art von leichtsinniger Zierlichkeit bei ernsthaften und
35 wichtigen kleidet ihn wohl, weil er sehen
lässt, dass er überall im Gleichgewicht steht.
Er ist eine öffentliche Person, und je ausge-
bildeter seine Bewegungen, je sonorer seine

Johann Wolfgang Goethe

Stimme, je gehaltner und gemessener sein
ganzes Wesen ist, desto vollkommner ist er.
Wenn er gegen Hohe und Niedre, gegen
Freunde und Verwandte immer ebenderselbe
bleibt, so ist nichts an ihm auszusetzen, man
darf ihn nicht anders wünschen. Er sei kalt,
aber verständig; verstellt, aber klug. Wenn er
sich äußerlich in jedem Momente seines
Lebens zu beherrschen weiß, so hat niemand
eine weitere Forderung an ihn zu machen, und
alles Übrige, was er an und um sich hat,
Fähigkeit, Talent, Reichtum, alles scheinen
nur Zugaben zu sein.
Nun denke dir irgendeinen Bürger, der an jene Vorzüge nur einigen Anspruch zu machen
gedächte; durchaus muss es ihm misslingen,
und er müsste desto unglücklicher werden, je
mehr sein Naturell ihm zu jener Art zu sein
Fähigkeit und Trieb gegeben hätte.
Wenn der Edelmann im gemeinen Leben gar
keine Grenzen kennt, wenn man aus ihm
Könige oder königähnliche Figuren erschaffen kann; so darf er überall mit einem stillen
Bewusstsein vor seinesgleichen treten; er darf
überall vorwärts dringen, anstatt dass dem
Bürger nichts besser ansteht als das reine
stille Gefühl der Grenzlinie, die ihm gezogen
ist. Er darf nicht fragen: Was bist du?, sondern

nur: Was hast du? Welche Einsicht, welche Kenntnis, welche Fähigkeit, wie viel Vermögen? Wenn der Edelmann durch die Darstellung seiner Person alles gibt, so gibt der Bürger durch seine Persönlichkeit nichts und soll nichts geben. Jener darf und soll scheinen; dieser soll nur sein, und was er scheinen will, ist lächerlich und abgeschmackt. Jener soll tun und wirken, dieser soll leisten und schaffen; er soll einzelne Fähigkeiten ausbilden, um brauchbar zu werden, und es wird schon vorausgesetzt, dass in seinem Wesen keine Harmonie sei, noch sein dürfe, weil er, um sich auf eine Weise brauchbar zu machen, alles Übrige vernachlässigen muss.

An diesem Unterschiede ist nicht etwa die Anmaßung der Edelleute und die Nachgiebigkeit der Bürger, sondern die Verfassung der Gesellschaft selbst schuld; ob sich daran einmal etwas ändern wird und was sich ändern wird, bekümmert mich wenig; genug, ich habe, wie die Sachen jetzt stehen, an mich selbst zu denken, und wie ich mich selbst und das, was mir ein unerlässliches Bedürfnis ist, rette und erreiche.

Ich habe nun einmal gerade zu jener harmonischen Ausbildung meiner Natur, die mir meine Geburt versagt, eine unwiderstehliche Neigung. Ich habe, seit ich dich verlassen, durch Leibesübung viel gewonnen; ich habe viel von meiner gewöhnlichen Verlegenheit abgelegt und stelle mich so ziemlich dar. Ebenso habe ich meine Sprache und Stimme ausgebildet, und ich darf ohne Eitelkeit sagen, dass ich in Gesellschaften nicht missfalle. Nun leugne ich dir nicht, dass mein Trieb täglich unüberwindlicher wird, eine öffentliche Person zu sein und in einem weitern Kreise zu gefallen und zu wirken. Dazu kömmt meine Neigung zur Dichtkunst und zu allem, was mit ihr in Verbindung steht, und das Bedürfnis, meinen Geist und Geschmack auszubilden, damit ich nach und nach auch bei dem Genuss, den ich nicht entbehren kann, nur das Gute wirklich für gut und das Schöne für schön halte. Du siehst wohl, dass das alles für mich nur auf dem Theater zu finden ist und dass ich mich in diesem einzigen Elemente nach Wunsch rühren und ausbilden kann. Auf den Brettern erscheint der gebildete Mensch so gut persönlich in seinem Glanz als in den obern Klassen; Geist und Körper müssen bei jeder Bemühung gleichen Schritt gehen, und ich werde da so gut sein und scheinen können als irgend anderswo. Suche ich daneben noch Beschäftigungen, so gibt es dort mechanische Quälereien genug, und ich kann meiner Geduld tägliche Übung verschaffen.

---

1. Machen Sie sich den Gedankengang Wilhelm Meisters klar, indem Sie folgendes Schaubild möglichst genau ausfüllen:

Ziel des Lebens: …

Problem, dies Ziel zu erreichen: …

Entwicklung eines Adligen:
- …
- …

Entwicklung eines Bürgers:
- …
- …

Möglichkeit, das Problem zu lösen: …

---

2. Beurteilen Sie heutige Bildungseinrichtungen und Bildungsgänge im Hinblick auf Wilhelm Meisters Lebensziel. Bedenken Sie dabei auch die Möglichkeit, für die er sich am Ende entscheidet.

Johann Wolfgang Goethe/Friedrich Schiller
Epigramme[1] (1788–1805)

Das Höchste
Suchst du das Höchste, das Größte? Die Pflanze kann es dich lehren:
Was sie willenlos ist, sei du es wollend – das ists!

Aufgabe
Keiner sei gleich dem andern, doch gleich sei jeder dem Höchsten.
Wie das zu machen? Es sei jeder vollendet in sich.

Schöne Individualität
Einig sollst du zwar sein, doch *eines* nicht mit dem Ganzen,
Durch die Vernunft bist du eins, einig mit ihm durch das Herz.
Stimme des Ganzen ist deine Vernunft, dein Herz bist du selber,
Wohl dir, wenn die Vernunft immer im Herzen dir wohnt.

Würde des Menschen
Nichts mehr davon, ich bitt euch. Zu essen gebt ihm, zu wohnen,
Habt ihr die Blöße bedeckt, gibt sich die Würde von selbst.

1 **Epigramm:** Spruchdichtung in Distichen (▷ S. 181)

---

1. Schreiben Sie die Epigramme in kurze Prosatexte mit eigenen Worten um.
2. Welches der Epigramme spricht Sie am stärksten an? Begründen Sie Ihre Entscheidung.

Johann Wolfgang Goethe
Das Göttliche (1783)

Edel sei der Mensch,
Hilfreich und gut!
Denn das allein
Unterscheidet ihn
5 Von allen Wesen,
Die wir kennen.

Heil den unbekannten
Höhern Wesen,
Die wir ahnen!
10 Ihnen gleiche der Mensch!
Sein Beispiel lehr uns
jene glauben.

Denn unfühlend
Ist die Natur:
15 Es leuchtet die Sonne
Über Bös' und Gute,
Und dem Verbrecher
Glänzen wie dem Besten
Der Mond und die Sterne.

20 Wind und Ströme,
Donner und Hagel
Rauschen ihren Weg
Und ergreifen
Vorübereilend
25 Einen um den andern.

Auch so das Glück
Tappt unter die Menge,
Fasst bald des Knaben
Lockige Unschuld,
30 Bald auch den kahlen
Schuldigen Scheitel.

Nach ewigen, ehrnen,
Großen Gesetzen
Müssen wir alle
35 Unseres Daseins
Kreise vollenden.

Nur allein der Mensch
Vermag das Unmögliche:
Er unterscheidet,
40 Wählet und richtet;
Er kann dem Augenblick
Dauer verleihen.

Er allein darf
Den Guten lohnen,
45 Den Bösen strafen,
Heilen und retten,
Alles Irrende, Schweifende
Nützlich verbinden.

Und wir verehren
50 Die Unsterblichen,
Als wären sie Menschen,
Täten im Großen,
Was der Beste im Kleinen
Tut oder möchte.

55 Der edle Mensch
Sei hilfreich und gut!
Unermüdet schaff er
Das Nützliche, Rechte,
Sei uns ein Vorbild
60 Jener geahneten Wesen!

Friedrich Hölderlin

Hyperions Schicksalslied

(1797)

Ihr wandelt droben im Licht
  Auf weichem Boden, selige Genien!
    Glänzende Götterlüfte
    Rühren euch leicht,
5   Wie die Finger der Künstlerin
      Heilige Saiten.

Schicksallos, wie der schlafende
  Säugling, atmen die Himmlischen;
    Keusch bewahrt
10   In bescheidener Knospe,
      Blühet ewig
      Ihnen der Geist,
        Und die seligen Augen
        Blicken in stiller
15   Ewiger Klarheit.

Doch uns ist gegeben,
  Auf keiner Stätte zu ruhn,
    Es schwinden, es fallen
    Die leidenden Menschen
    Blindlings von einer   20
    Stunde zur andern,
      Wie Wasser von Klippe
      Zu Klippe geworfen,
      Jahrlang ins Ungewisse hinab.

---

1. Vergleichen Sie Goethes und Hölderlins Gedicht in ihrem Aufbau und ihrer Aussage. Prüfen Sie insbesondere die verwendete Begrifflichkeit.
2. Beschreiben Sie die Form der beiden Gedichte und überprüfen Sie, inwiefern sie der Balance zwischen Freiheit und Gesetzmäßigkeit entspricht, die in der Literaturprogrammatik der Klassik gefordert wird (▷ Abschnitt „Die Kunst: Freiheit und Gesetz", S. 234 ff.).

Epochenleitbilder

	Aufklärung	◄────►	Sturm und Drang
Mensch:	der aufgeklärte, tugendhaft lebende Mensch		der „große Kerl", der titanische Rebell (Prometheus)
Gesellschaft:	Toleranz im Zusammenleben; Abschaffung absolutistischer Willkür; Ziel: vernünftige Verfassung, die das Zusammenleben verbindlich regelt		radikale Freiheit für die Entfaltung des Individuums; Ziel: Umsturz der bestehenden gesellschaftlichen Ordnung
Kunst/Literatur:	Prodesse et delectare (nützen/belehren und erfreuen); der Künstler als Lehrer im Dienst der Aufklärung, der sich an alle Menschen wendet		„Originalwerke" schaffen, um die Schöpferkraft des Genies auszuleben
Natur:	vernünftig eingerichtete Maschinerie, die es zu studieren und zu nützen gilt		unendlich schöpferische, gottgleiche Potenz, die nur verehrt werden kann und dem Genie als Vorbild dient
prägende Kraft:	Vernunft		Gefühl

Klassik

Mensch: die allseits gebildete Persönlichkeit, die sich in den Dienst des Ganzen stellt

…   …
    …

1. Vervollständigen Sie die Darstellung der Epochenleitbilder auf S. 241 und kennzeichnen Sie dann das Verhältnis, in dem die drei Epochen zueinander stehen.
2. Überprüfen Sie die Leitbilder der drei Epochen im Hinblick auf die heutige Zeit.
   a) Welche Aspekte halten Sie aus heutiger Sicht noch für vorbildlich?
   b) Welche Leitvorstellungen der damaligen Zeit sehen Sie als überholt an?

Epochenüberblick: Klassik (1786–1805)

Jede europäische Nationalliteratur hat ihre klassische Phase. Man versteht darunter die Periode, in der in dichter Fülle und reicher Entfaltung Werke von Rang erscheinen, die prägende Wirkung auf die Kultur des Landes und internationales Ansehen gewinnen. Diese Zeiten eines literarischen Höhenkamms fallen in den verschiedenen Ländern in ganz unterschiedliche Epochen. In Italien ist es die Renaissance mit ihren Nachwirkungen (1300–1600), eingerahmt von den Dichtern DANTE und TASSO; in England ist es das sog. elisabethanische Zeitalter (16. Jahrhundert) mit dem alles überragenden WILLIAM SHAKESPEARE; in Frankreich schließlich ist es das 17. Jahrhundert um das Dreigestirn CORNEILLE, RACINE und MOLIÈRE. Die deutsche Klassik weicht von den genannten europäischen Pendants auf dreifache Weise ab: Sie kommt mit deutlicher zeitlicher Verzögerung, sie umfasst nur einen sehr kurzen Zeitraum, nämlich den von 1786 (GOETHES Italienreise, die zu dessen Neuentdeckung der Antike führte) bis 1805 (Tod SCHILLERS), und sie bleibt auf die Werke dieser beiden Autoren beschränkt. Gleichzeitig entstandene Produkte anderer Schriftsteller (WIELAND, HÖLDERLIN, JEAN PAUL, KLEIST) werden von der Literaturgeschichtsschreibung in der Regel der ▷ Aufklärung oder der ▷ Romantik zugeordnet. Aber auch das Frühwerk Goethes und Schillers, das zum ▷ Sturm und Drang gehört, ebenso wie das Spätwerk Goethes fallen nicht unter die Klassik und ihr Literaturkonzept, das die beiden Dichter in zeitweiliger Zusammenarbeit in Weimar entwickelten.

▷ S. 208 ff., 243 ff., 216 ff.

In deutlicher Abkehr von ihren Sturm-und-Drang-Idealen hießen die neuen Wertmaßstäbe: **Maß, Gesetz** und **Formstrenge.** Der Natur-, Gefühls- und Geniekult wurde aufgegeben zu Gunsten einer Neuorientierung auf Vernunft, Selbstzucht und sittliche Läuterung des Menschen hin. Die allseits gebildete, alle humanen Kräfte und Fähigkeiten harmonisch in Einklang bringende Persönlichkeit im Dienste der gesamten Menschheit schwebte den Klassikern als Ergebnis ihrer literarischen Bildungsarbeit vor. Ihr ästhetisches Programm war, wie das der Aufklärung, Erziehungsprogramm, aber nicht im Sinne direkt belehrender Ansprache an Verstand und Einsicht zur Erweiterung der Kenntnisse und zur Anleitung vernünftigen Handelns. Vielmehr ging es darum, das vollendet **Schöne** zu formen, weil durch die Anschauung des wahrhaft Schönen der Mensch zum **Wahren** und **Guten,** zur Veredelung seiner Denkungsart und seines Charakters gelangt. Schönheit wird als Harmonie zwischen dem Sinnlichen, das der Triebwelt zugehört, und dem Gesetz der Vernunft, das Freiheit bedeutet, verstanden. Es geht in den Werken der Klassik nicht um die Abbildung der Lebenswirklichkeit, um Wiedergabe eines gemütserregenden Erlebnisses, aber auch nicht um die kunstreiche Einkleidung eines Lehrsatzes oder einer Moral, sondern es geht um die Wahrheit. Sie erfährt der Mensch nach klassischer Theorie, wenn er in der sinnlich wahrnehmbaren individuellen Erscheinung durch künstlerische Gestaltung das Allgemeine erkennt, wenn andererseits dem Allgemeinen, also der Idee oder einem Prinzip, durch die individuelle Gestalt des sinnlich erfahrbaren Kunstwerks Leben verliehen wird.

Die Vorbilder für die Harmonie vollendeter künstlerischer Gestaltung sahen die deutschen Klassiker in den Werken der griechischen Antike. Die freien Rhythmen und die auf individuellen Ausdruck bedachte Prosasprache des Sturm und Drang wich metrisch regelmäßig gebauten Versen und einer nach strengen Kunstgesetzen durchformten Sprache.

Die Abwendung von der Wirklichkeit hin zum Reich der Utopie des ewig Wahren, Guten und Schönen und das Konzept der ästhetischen Erziehung zur Veredelung des individuellen

Charakters hatte einen ganz wesentlichen Grund in der Enttäuschung über die von Gewalt und Krieg geprägte Entwicklung der Französischen Revolution, deren Beginn die bürgerlichen deutschen Dichter mit Interesse und Anteilnahme verfolgt hatten. In einer politischen Umwälzung solcher Art vermochten sie kein Heil mehr für die durchaus als bedrückend empfundenen gesellschaftlichen Verhältnisse in Deutschland zu sehen.

Wichtige Autoren und Werke

Johann Wolfgang Goethe (1749–1832): Iphigenie auf Tauris; Egmont; Torquato Tasso; Faust. Erster und zweiter Teil (Dramen); Wilhelm Meisters Lehrjahre; Wilhelm Meisters Wanderjahre; Die Wahlverwandtschaften (Romane); Reineke Fuchs (Tierepos in Versen); Aus meinem Leben. Dichtung und Wahrheit (autobiografische Schrift); Gedichte
Friedrich Schiller (1759–1805): Don Karlos, Infant von Spanien; Wallenstein-Trilogie; Maria Stuart; Die Jungfrau von Orleans; Wilhelm Tell (Dramen); Gedichte; Über die ästhetische Erziehung des Menschen, in einer Reihe von Briefen (philosophische Abhandlung)

2.4 Romantik (1795–1840)

„Das hat mit ihrem Singen …" – Dichtung und Musik der Romantik

Ich weiß nicht, was soll es bedeuten

Text: Heinrich Heine
Musik: Friedrich Silcher

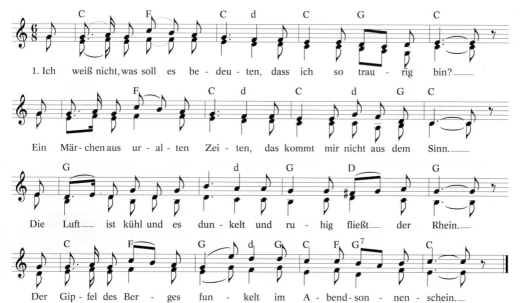

1. Ich weiß nicht, was soll es be - deu - ten, dass ich so trau - rig bin?

Ein Mär - chen aus ur - al - ten Zei - ten, das kommt mir nicht aus dem Sinn.

Die Luft ist kühl und es dun - kelt und ru - hig fließt der Rhein.

Der Gip - fel des Ber - ges fun - kelt im A - bend - son - nen - schein.

Heinrich Heine
Ich weiß nicht, was soll es bedeuten
(1823/24)

Ich weiß nicht, was soll es bedeuten,
Dass ich so traurig bin;
Ein Märchen aus alten Zeiten,
Das kommt mir nicht aus dem Sinn.

5 Die Luft ist kühl und es dunkelt,
Und ruhig fließt der Rhein;
Der Gipfel des Berges funkelt
Im Abendsonnenschein.

Die schönste Jungfrau sitzet
10 Dort oben wunderbar;
Ihr goldnes Geschmeide blitzet,
Sie kämmt ihr goldenes Haar.

Sie kämmt es mit goldenem Kamme
Und singt ein Lied dabei;
15 Das hat eine wundersame,
Gewaltige Melodei.

Den Schiffer im kleinen Schiffe
Ergreift es mit wildem Weh;
Er schaut nicht die Felsenriffe,
20 Er schaut nur hinauf in die Höh.

Ich glaube, die Wellen verschlingen
Am Ende Schiffer und Kahn;
Und das hat mit ihrem Singen
Die Lore-Ley getan.

---

1. a) Erproben Sie einen angemessenen Vortrag des Gedichts von Heine in Ihrem Kurs und besprechen Sie die Wirkung der Vorträge.
   b) Untersuchen Sie den inhaltlichen Aufbau, die Rolle des lyrischen Ichs und die Form des Gedichts im Hinblick auf dessen Wirkung.
2. a) Erarbeiten Sie in Ihrem Kurs eine gesangliche Darbietung mit oder ohne Instrumentalbegleitung oder hören Sie sich eine solche Darbietung auf Tonträger an.
   b) Was leisten Vertonung und musikalische Darbietung des Gedichts?
3. Von Heines „Lore-Ley" existieren über 80 Vertonungen, die wiederum Hunderte von Bearbeitungen erfahren haben. Stellen Sie Vermutungen darüber an, warum sich dieses Lied im In- und Ausland solcher Beliebtheit erfreut.
4. ▷ **Facharbeit / Referat:**
   ■ Erarbeiten Sie das Lore-Ley-Motiv in Dichtung, Kunst und Musik.
   ■ Untersuchen Sie den Undine-Stoff, der dem Lore-Ley-Motiv verwandt ist. Beziehen Sie sich im Schwerpunkt auf die Erzählung „Undine" (1811) von Friedrich de La Motte Fouqué.
Erstinformationen zu beiden Themen finden Sie in:
Elisabeth Frenzel: Stoffe der Weltliteratur. Kröner, 9. Aufl., Stuttgart 1998

Joseph von Eichendorff
Mondnacht (1837)

Es war, als hätt' der Himmel
Die Erde still geküsst,
dass sie im Blütenschimmer
von ihm nur träumen müsst.

5 Die Luft ging durch die Felder,
die Ähren wogten sacht,
es rauschten leis die Wälder,
so sternklar war die Nacht.

Und meine Seele spannte
10 Weit ihre Flügel aus,
flog durch die stillen Lande,
als flöge sie nach Haus.

Caspar David Friedrich: Mann und Frau in Betrachtung des Mondes (um 1824)

Musik: Robert Schumann

Wolfgang Hufschmidt

Schumanns Vertonung von Eichendorffs „Mondnacht"

Das Gedicht „Mondnacht" beginnt so: „Es war, als hätt' der Himmel die Erde still geküsst". Was ist gemeint? Himmel und Erde tun so, als ob sie zwei Menschen wären. Unschwer zu
5 erraten, wer von beiden der Mann und wer die

Frau ist, wenn man weiterliest: „Dass sie im Blütenschimmer von ihm nur träumen müsst". *Er* – der Himmel – küsst *sie* – die Erde –, *sie* träumt von *ihm, er* ist oben, *sie* ist unten. [...] Die Berührung zwischen beiden ist – für den 10 Betrachter – der Horizont. Dieser Begriff ist gemeint, wird aber nicht genannt. Ausgedrückt durch diese Metapher aber wird etwas, was der Begriff „Horizont" *so* nicht ausdrücken

245

kann, eine schimmernde Konturlosigkeit, eine zärtliche Berührung von zwei „Welten", die gemeinhin scharf voneinander getrennt sind. Exponiert wird in dem Gedicht „Mondnacht" die spezifische Stimmung einer „Entgrenzung", von jeher Voraussetzung für die Fähigkeit des Menschen, seine irdische Existenz zu „transzendieren".

So weit zunächst zum Text. Wie reagiert die Musik auf dieses Bild, wie beantwortet der Komponist Schumann die Metapher des Dichters? Der Klaviersatz beginnt, indem der zunächst tiefste und der zunächst höchste Ton der Komposition, ihre Rahmentöne, unvermittelt nebeneinander gesetzt werden. Die Vermittlung dieser beiden Rahmentöne erfolgt durch eine sanft sich abwärts neigende Figur, die nach zwei Takten eine Oktave tiefer wiederholt wird. Die Bewegung durchmisst den Tonraum von oben nach unten und mündet in Takt 5 in den Ton *h*, das *h* des Anfangs, nun aber drei Oktaven höher. In Takt 6 kommt der Ton *cis* hinzu, das *cis* des Anfangs, nun jedoch eine Oktave tiefer. Schumann beantwortet die Metapher des Textes mit einer Tonraumkomposition. Es entsteht eine Art musikalischer Geometrie, die man nachzeichnen könnte. Der Horizont, die Linie, wo Himmel und Erde sich berühren, liegt relativ hoch, wenn man ihn z. B. mit der Horizont-Darstellung in Kinderzeichnungen vergleicht: drei Viertel des Bildformats Erde und ein Viertel Himmel.

Die „Poesie" der Metapher aber, die spezifische „Zärtlichkeit" der Berührung drückt Schumann durch ein klangsinnliches Element aus. Die für den Klavierbegleitsatz so charakteristische Dissonanz der dichten großen Sekunde ist „Reibung" – Berührung im sinnlichsten Sinne des Wortes.

▷ S. 470 ff.
1. Fertigen Sie eine möglichst umfassende ▷ Interpretation von Eichendorffs Gedicht „Mondnacht" an.
2. Untersuchen Sie anhand der Partitur und einer Darbietung auf Tonträger Schumanns Vertonung des Gedichts. Sie können dabei auch auf Hufschmidts Kommentar zurückgreifen.
3. Beschreiben Sie, welche Funktionen die Musik in den Vertonungen der Gedichte Heines und Eichendorffs hat.

FÄCHERVERBINDENDER PROJEKTVORSCHLAG DEUTSCH – MUSIK

Untersuchen Sie das Verhältnis von Literatur und Musik zur Zeit der Romantik. Beziehungen lassen sich unter anderem auf folgenden Gebieten entdecken:

- Biografien von Dichtern und Musikern: Gibt es Doppelbegabungen bzw. Interessen an der jeweils anderen Kunstform?
- Bedeutung von Musik und Musikern in literarischen Werken der Zeit: Wie häufig und in welcher Absicht wird Musik thematisiert? Wo treten Musiker in Erscheinung und welche Rolle spielen sie?
- Vertonung von literarischen Texten: Welche Gedichte sind vertont worden und welche anderen Werke der Literatur regten zu Musikproduktionen, zum Beispiel Opern, an?
- Literaturtheorie und Musiktheorie: Lassen sich Übereinstimmungen in der Wirkungsabsicht, in der Vorliebe für bestimmte Genres und Formen, in der Wahl der Inhalte und in den Gestaltungsweisen feststellen?

FÄCHERVERBINDENDER PROJEKTVORSCHLAG DEUTSCH – MUSIK – KUNST

Führen Sie einen Romantik-Abend in Form eines Multi-Media-Programms durch. Erstellen Sie eine Dia-Serie von romantischen Bildern zu verschiedenen Motiven; sammeln Sie auf Kassette verschiedene Beispiele romantischer Musik und/oder studieren Sie Live-Beiträge auf diesem Gebiet ein; üben Sie den Vortrag bzw. die szenische Darbietung literarischer Texte aus der Zeit der Romantik; kombinieren Sie dann die verschiedenen Elemente zu einer Revue aus Wort, Musik und Bild.

Sehnsucht: ein romantisches Zentralmotiv

Joseph von Eichendorff
Sehnsucht (1834)

Es schienen so golden die Sterne,
Am Fenster ich einsam stand
Und hörte aus weiter Ferne
Ein Posthorn im stillen Land.
5 Das Herz mir im Leib entbrennte,
Da hab ich mir heimlich gedacht:
Ach, wer da mitreisen könnte
In der prächtigen Sommernacht!

Zwei junge Gesellen gingen
10 Vorüber am Bergeshang,
Ich hörte im Wandern sie singen
Die stille Gegend entlang:
Von schwindelnden Felsenschlüften,
Wo die Wälder rauschen so sacht,
15 Von Quellen, die von den Klüften
Sich stürzen in die Waldesnacht.

Sie sangen von Marmorbildern,
Von Gärten, die überm Gestein
In dämmernden Lauben verwildern,
20 Palästen im Mondenschein,
Wo die Mädchen am Fenster lauschen,
Wann der Lauten Klang erwacht
Und die Brunnen verschlafen rauschen
In der prächtigen Sommernacht. –

Caspar David Friedrich: Frau am Fenster (1822)

Joseph von Eichendorff

Aus dem Leben eines Taugenichts

(1826)

Erstes Kapitel

Das Rad an meines Vaters Mühle brauste und rauschte schon wieder recht lustig, der Schnee tröpfelte emsig vom Dache, die Sperlinge zwitscherten und tummelten sich da-
5 zwischen; ich saß auf der Türschwelle und wischte mir den Schlaf aus den Augen; mir war so recht wohl in dem warmen Sonnenscheine. Da trat der Vater aus dem Hause; er hatte schon seit Tagesanbruch in der Mühle
10 rumort und die Schlafmütze schief auf dem Kopfe, der sagte zu mir: „Du Taugenichts! da sonnst du dich schon wieder und dehnst und reckst dir die Knochen müde, und lässt mich alle Arbeit allein tun. Ich kann dich hier
15 nicht länger füttern. Der Frühling ist vor der Tür, geh auch einmal hinaus in die Welt und erwirb dir selber dein Brot." – „Nun", sagte ich, „wenn ich ein Taugenichts bin, so ist's gut, so will ich in die Welt gehen und mein
20 Glück machen." Und eigentlich war mir das recht lieb, denn es war mir kurz vorher selber eingefallen, auf Reisen zu gehen, da ich die Goldammer, welche im Herbst und Winter immer betrübt an unserm Fenster sang:
25 „Bauer, miet mich, Bauer, miet mich!", nun in der schönen Frühlingszeit wieder ganz stolz und lustig vom Baume rufen hörte: „Bauer, behalt deinen Dienst!" – Ich ging also in das Haus hinein und holte meine Geige,
30 die ich recht artig spielte, von der Wand, mein Vater gab mir noch einige Groschen Geld mit auf den Weg und so schlenderte ich durch das lange Dorf hinaus. Ich hatte recht meine heimliche Freude, als ich da alle mei-
35 ne alten Bekannten und Kameraden rechts und links, wie gestern und vorgestern und immerdar, zur Arbeit hinausziehen, graben und pflügen sah, während ich so in die freie Welt hinausstrich. Ich rief den armen Leuten
40 nach allen Seiten recht stolz und zufrieden Adjes zu, aber es kümmerte sich eben keiner sehr darum. Mir war es wie ein ewiger Sonntag im Gemüte. Und als ich endlich ins freie Feld hinauskam, da nahm ich meine liebe
45 Geige vor, und spielte und sang, auf der Landstraße fortgehend:

„Wem Gott will rechte Gunst erweisen,
Den schickt er in die weite Welt,
Dem will er seine Wunder weisen
In Berg und Wald und Strom und Feld.   50

Die Trägen, die zu Hause liegen,
Erquicket nicht das Morgenrot,
Sie wissen nur vom Kinderwiegen,
Von Sorgen, Last und Not um Brot.

Die Bächlein von den Bergen springen,   55
Die Lerchen schwirren hoch vor Lust,
Was sollt ich nicht mit ihnen singen
Aus voller Kehl und frischer Brust?

Den lieben Gott lass ich nur walten;
Der Bächlein, Lerchen, Wald und Feld   60
Und Erd und Himmel will erhalten,
Hat auch mein' Sach' aufs Best' bestellt!"

Indem, wie ich mich so umsehe, kömmt ein köstlicher Reisewagen ganz nahe an mich heran, der mochte wohl schon einige Zeit hin-   65
ter mir dreingefahren sein, ohne dass ich es merkte, weil mein Herz so voller Klang war, denn es ging ganz langsam, und zwei vornehme Damen steckten die Köpfe aus dem Wagen und hörten mir zu. Die eine war be-   70
sonders schön und jünger als die andere, aber eigentlich gefielen sie mir alle beide. Als ich nun aufhörte zu singen, ließ die ältere stillhalten und redete mich holdselig an: „Ei, lustiger Gesell, Er weiß ja recht hübsche   75
Lieder zu singen." Ich nicht zu faul dagegen: „Ew. Gnaden aufzuwarten, wüsst ich noch viel schönere." Darauf fragte sie mich wieder: „Wohin wandert Er denn schon so am frühen Morgen?" Da schämte ich mich, dass ich das   80
selber nicht wusste, und sagte dreist: „Nach Wien"; nun sprachen beide miteinander in einer fremden Sprache, die ich nicht verstand. Die jüngere schüttelte einige Mal mit dem Kopfe, die andere lachte aber in einem fort   85
und rief mir endlich zu: „Spring Er nur hinten mit auf, wir fahren auch nach Wien." Wer war froher als ich! Ich machte eine Reverenz und war mit einem Sprunge hinter dem Wagen, der Kutscher knallte und wir flogen über die glän- 90
zende Straße fort, dass mir der Wind am Hut pfiff.
Hinter mir gingen nun Dorf, Gärten und Kirchtürme unter, vor mir neue Dörfer, Schlösser und Berge auf; unter mir Saaten,   95
Büsche und Wiesen bunt vorüberfliegend,

über mir unzählige Lerchen in der klaren blauen Luft – ich schämte mich, laut zu schreien, aber innerlichst jauchzte ich und strampelte und tanzte auf dem Wagentritt herum, dass ich bald meine Geige verloren hätte, die ich unterm Arme hielt. Wie aber denn die Sonne immer höher stieg, rings am Horizont schwere weiße Mittagswolken aufstiegen, und alles in der Luft und auf der weiten Fläche so leer und schwül und still

wurde über den leise wogenden Kornfeldern, da fiel mir erst wieder mein Dorf ein und mein Vater und unsere Mühle, wie es da so heimlich kühl war an dem schattigen Weiher, und dass nun alles so weit, weit hinter mir lag. Mir war dabei so kurios zu Mute, als müsste ich wieder umkehren; ich steckte meine Geige zwischen Rock und Weste, setzte mich voller Gedanken auf den Wagentritt hin und schlief ein.

---

1. Arbeiten Sie heraus, welche Motive in den beiden Texten Eichendorffs und dem Gemälde C. D. Friedrichs (▷ S. 247) eine Rolle spielen.
2. Vergleichen Sie das Wandern bzw. Reisen in den romantischen Texten mit heutigen Touristik-Vorstellungen. Berücksichtigen Sie dabei u. a. folgende Aspekte: Bild der Natur, Darstellung des Reisenden, Vorstellungen vom Glück in der Ferne.
3. a) „Fernweh“ – „Heimweh“ – „Sehnsucht“: Versuchen Sie die drei Gefühlsbegriffe möglichst genau zu definieren. Suchen Sie dazu möglichst viele Belegstellen zum Gebrauch dieser Begriffe. Schlagen Sie auch in Wörterbüchern nach, z. B. im Grimm'schen Wörterbuch.

b) Überlegen Sie, warum das Fernweh und die Sehnsucht im Gefühlskult der Romantiker eine so zentrale Bedeutung hatten.
4. a) Fertigen Sie eine umfassende und detaillierte Schilderung der Welt an, aus der der Taugenichts aufbricht.
b) Stellen Sie Vermutungen über das weitere Schicksal des Taugenichts an und beschaffen Sie sich dann Informationen über den Inhalt von Eichendorffs Erzählung.
c) Entwerfen Sie kontrastiv eine Handlungsskizze, die auf romantische Motive verzichtet, z. B. als Vorlage für eine aktualisierende Verfilmung.

Rahel Varnhagen von Ense

Aus einem Brief an eine Freundin (1816)

So ist das Leben; es will nicht alles passen, drum müsste *alles* frei sein. Wie Vögel; Luft und Futter; einen Todesschuss, wenn es sein muss; aber keinen Titel, keine Pflicht, keinen Namen, kein Amt, keine Delikatesse[1]. Weil nur noch *Bequemlichkeit, Sorglosigkeit* und *Freiheit*, Einsamkeit – wenn ich will – mit einbegriffen für mich *existiert! – –* Und, *Pauline*, ich *könnte* glücklich sein: ich weiß es. Nicht durch ein bestimmtes Glück, eine Liebe, einen Menschen, sondern durch ungestörten Frieden, und durch andere *leben sehen*. Kränkungen gibt's nicht mehr, nur gêne und ennui[2]. Wer so Natur und Welt kennt wie wir, wer alles so vorher weiß, wer sich so über Ungewöhnliches *nicht* wundert, und wem das Gewöhnliche ewig fort so rätselhaft erscheint und zur Beschäftigung wird; wer so Grünes sieht und liebt, wer so geliebt hat oder geliebt worden ist; wer so die Einsamkeit nicht mehr ertragen kann, und nicht *entbehren*; wer das *lächerlich* große Los gefunden hat auf Eine zu treffen, die ebenso sieht und innerlich ist, bei den *verschiedensten* Gaben, welches nur noch amüsanter ist; wer so alle Naturereignisse, die unserer Vernunft wie Unsinn dünken müssen, für möglich hält: Was kann der, als mit Einem leben, der auch so ist.

Bettina von Arnim

Aus einem Brief an Goethes Mutter (um 1806)

Wir lasen zusammen den *Werther* und sprachen viel über den Selbstmord; sie[1] sagte: „Recht viel lernen, recht viel fassen mit dem

---

1 **Delikatesse**, hier: Feinfühligkeit in gesellschaftlichen Fragen
2 **gêne und ennui**: (Geld-)Verlegenheit und Langeweile

1 **Karoline von Günderode** (1780–1806), Schriftstellerin und Freundin Bettina von Arnims

Geist, und dann früh sterben: ich mag's nicht
5 erleben, dass mich die Jugend verlässt." Wir
lasen vom Jupiter Olymp des Phidias[2], dass die
Griechen von dem sagten, der Sterbliche sei
um das Herrlichste betrogen, der die Erde ver-
lasse, ohne ihn gesehen zu haben. Die Günde-
10 rode sagte, wir müssen ihn sehen, wir wollen
nicht zu den Unseligen gehören, die so die Erde verlassen. Wir machten ein Reiseprojekt,
wir erdachten unsre Wege und Abenteuer, wir
schrieben alles auf, wir malten alles aus, unsre
15 Einbildung war so geschäftig, dass wir's in der
Wirklichkeit nicht besser hätten erleben können: oft lasen wir in dem erfundenen Reise-
journal und freuten uns der allerliebsten
Abenteuer, die wir drin erlebt hatten, und die
20 Erfindung wurde gleichsam zur Erinnerung,
deren Beziehungen sich noch in der Gegenwart fortsetzten. Von dem, was sich in der
Wirklichkeit ereignete, machten wir uns keine
Mitteilungen; das Reich, in dem wir zusam-
25 mentrafen, senkte sich herab wie eine Wolke,
die sich öffnete, um uns in ein verborgenes Paradies aufzunehmen; da war alles neu, überra-
schend, aber passend für Geist und Herz; und
so vergingen die Tage.

2 **Phidias:** griech. Bildhauer der Antike; eines seiner
Hauptwerke: Zeus von Olympia

Karoline von Günderode
Der Kuss im Traume (1802)

Es hat ein Kuss mir Leben eingehaucht,
Gestillet meines Busens tiefstes Schmachten.
Komm, Dunkelheit! mich traulich zu
    umnachten,
Dass neue Wonne meine Lippe saugt.

5 In Träume war solch Leben eingetaucht,
Drum leb ich, ewig Träume zu betrachten,
Kann aller andern Freuden Glanz verachten,
Weil nur die Nacht so süßen Balsam haucht.

Der Tag ist karg an liebesüßen Wonnen,
10 Es schmerzt mich seines Lichtes eitles Prangen
Und mich verzehren seiner Sonne Gluten.

Drum birg dich Aug' dem Glanze ird'scher Sonnen!
Hüll dich in Nacht, sie stillet dein Verlangen
Und heilt den Schmerz, wie Lethes[1] kühle Fluten.

Annette von Droste-Hülshoff
Am Turme (1842)

Ich steh auf hohem Balkone am Turm,
Umstrichen vom schreienden Stare,
Und lass gleich einer Mänade[1] den Sturm
Mir wühlen im flatternden Haare;
5 O wilder Geselle, o toller Fant[2],
Ich möchte dich kräftig umschlingen,
Und, Sehne an Sehne, zwei Schritte vom Rand
auf Tod und Leben dann ringen!

Und drunten seh ich am Strand, so frisch
10 Wie spielende Doggen, die Wellen
Sich tummeln rings mit Geklaff und Gezisch,
Und glänzende Flocken schnellen.
O, springen möcht ich hinein alsbald,
Recht in die tobende Meute,
15 Und jagen durch den korallenen Wald
Das Walross, die lustige Beute!

Und drüben seh ich ein Wimpel wehn
So keck wie eine Standarte,
Seh auf und nieder den Kiel sich drehn
20 Von meiner luftigen Warte;
O, sitzen möcht ich im kämpfenden Schiff,
Das Steuerruder ergreifen,
Und zischend über das brandende Riff
Wie eine Seemöwe streifen.

25 Wär ich ein Jäger auf freier Flur,
Ein Stück nur von einem Soldaten,
Wär ich ein Mann doch mindestens nur,
So würde der Himmel mir raten;
Nun muss ich sitzen so fein und klar,
30 Gleich einem artigen Kinde,
Und darf nur heimlich lösen mein Haar,
Und lassen es flattern im Winde!

1 **Mänade:** rasendes Weib im Kult des griech. Wein-
gottes Dionysos
2 **Fant:** unreifer, leichtfertiger Bursche

1 **Lethe:** Fluss der Unterwelt im griech. Mythos,
woraus die Seelen Vergessen trinken

1. Vergleichen Sie die Briefauszüge und Gedichte der vier Autorinnen (▷ S. 249 f.) u. a. unter folgenden Aspekten: Schreibweise, Gefühlswelt der Sprecherinnen, Stand der Emanzipation, Bezug zur Romantik.
2. Erörtern Sie, ob die Gefühle, die in diesen Texten deutlich werden, mit dem Sehnsuchtsmotiv in den Eichendorff-Texten (▷ S. 247 f.) übereinstimmen.
3. a) Beschaffen Sie sich Informationen über das Leben der vier Autorinnen und versuchen Sie so ein Bild von der Situation literarisch tätiger Frauen in der ersten Hälfte des 19. Jh.s zu gewinnen (▷ S. 104 f.).
   b) Verfassen Sie aus der Sicht einer der vier Autorinnen einen fiktiven Tagebucheintrag. Verdeutlichen Sie darin das Lebenskonzept der Autorin.

Das Kunstprogramm der Romantik

Joseph von Eichendorff

Wünschelrute (1835)

Schläft ein Lied in allen Dingen,
Die da träumen fort und fort,
Und die Welt hebt an zu singen,
Triffst du nur das Zauberwort.

---

1. Interpretieren Sie das Gedicht von Eichendorff, indem Sie Titel und Inhalt in Beziehung setzen.
2. Untersuchen sie den Aufbau des Gedichts von Novalis und schreiben sie dann Kommentare zu den einzelnen Aussagen, in denen Sie diese möglichst genau erläutern.
3. Verfassen Sie, ausgehend von den beiden Gedichten, ein romantisches Literatur-Manifest, in dem Sie darlegen, was Dichtung ist und wie sie entsteht. Beziehen Sie die folgenden „Stimmen der Zeit" in Ihre Überlegungen mit ein.

Novalis
(Georg Philipp Friedrich von Hardenberg)

Wenn nicht mehr Zahlen und Figuren (1800)

Wenn nicht mehr Zahlen und Figuren
Sind Schlüssel aller Kreaturen,
Wenn die, so singen oder küssen,
Mehr als die Tiefgelehrten wissen,
5 Wenn sich die Welt ins freie Leben,
Und in die Welt wird zurückbegeben,
Wenn dann sich wieder Licht und Schatten
Zu echter Klarheit werden gatten,
Und man in Märchen und Gedichten
10 Erkennt die ew'gen Weltgeschichten,
Dann fliegt vor Einem geheimen Wort
Das ganze verkehrte Wesen fort.

Stimmen der Zeit

Religion ist Sinn und Geschmack fürs Unendliche. Die religiösen Gefühle sollen wie eine heilige Musik alles Tun des Menschen begleiten; er soll alles mit Religion tun, nichts aus Religion.
Friedrich Schleiermacher
(Philosoph und Theologe)

Die Kunst selbst ist Religion.
Karl Friedrich Schinkel
(Baumeister)

Das ist die Gewalt der Liebe, dass alles Wirklichkeit ist, was vorher Traum war, und dass ein göttlicher Geist dem in der Liebe Erwachten das Leben erleuchte.
Bettina von Arnim
(Schriftstellerin)

Der wesentliche Sinn des Lebens ist Gefühl. Zu fühlen, dass wir sind, und sei es durch den Schmerz. Es ist die „sehnsuchtsvolle Leere", die uns dazu treibt, zu spielen – zu kämpfen – zu reisen – zum leidenschaftlichen Tun.
Lord Byron (engl. Schriftsteller)

Woher sollen wir nun aber Kraft schöpfen im Zustande tiefster Entkräftung?
Woher die menschliche Stärke gegen den Alles lähmenden Druck einer Zivilisation,
welche den Menschen vollkommen verleugnet; gegen den Übermut einer Kultur,
welche den menschlichen Geist nur als Dampfkraft der Maschine verwendet? Woher das
Licht zur Erleuchtung jenes herrschenden, grausamen Aberglaubens, dass jene
Zivilisation, jene Kultur an sich mehr wert seien, als der wirkliche lebendige Mensch?
Dass der Mensch nur als Werkzeug jener gebietenden abstrakten Mächte Wert und
Geltung habe, nicht an sich und als Mensch?
Wo der gelehrte Arzt kein Mittel mehr weiß, da wenden wir uns endlich verzweifelnd
wieder an – *die Natur*. Die Natur, und nur die Natur kann auch die Entwirrung des
großen Weltgeschickes allein vollbringen.

Richard Wagner (Komponist)

Ist es doch, als ob jeder Baum zu mir
spräche auf dem Lande: Heilig, heilig!
Im Walde Entzücken! Wer kann alles
ausdrücken?
Allmächtiger im Walde! Ich bin selig,
glücklich im Wald: jeder Baum spricht
durch dich. O Gott! welche Herrlichkeit! In einer solchen Waldgegend,
in den Höhen ist Ruhe, Ruhe, ihm zu
dienen.

*Ludwig van Beethoven
(Komponist)*

Müßiggang, Müßiggang! du bist die Lebensluft der
Unschuld und der Begeisterung; dich atmen die Seligen,
und selig ist, wer dich hat und hegt, du heiliges Kleinod!
einziges Fragment von Gottähnlichkeit, das uns noch aus
dem Paradiese blieb.
Der Fleiß und der Nutzen sind die Todesengel mit dem
feurigen Schwert, welche dem Menschen die Rückkehr ins
Paradies verwehren. Nur mit Gelassenheit und Sanftmut,
in der heiligen Stille der echten Passivität kann man sich an
sein ganzes Ich erinnern, und die Welt und das Leben
anschauen.

Friedrich Schlegel (Philosoph und Schriftsteller)

In jedem Kinde liegt eine
wunderbare Tiefe.
*Robert Schumann
(Komponist)*

So vertritt die Kunst allemal die Gottheit, und das menschliche Verhältnis
zu ihr ist Religion; was wir durch die
Kunst erwerben, das ist von Gott, göttliche Eingebung, die den menschlichen
Befähigungen ein Ziel steckt, was er erreicht.

Bettina von Arnim (Schriftstellerin)

Ich möchte all diese Kultur im
Stich lassen, und mich zu dem
simplen Schweizerhirten ins
Gebirge hinflüchten, und seine
Alpenlieder, wonach er überall
das Heimweh bekommt, mit
ihm spielen.

*Wilhelm Heinrich Wackenrode
(Schriftstelle*

Die Vollkommenheit der Maschinen, die hier überall angewendet
werden und so viele menschliche Verrichtungen übernommen, hatte
mich etwas Unheimliches; dieses künstliche Getriebe von Rädern,
Stangen, Zylindern und tausenderlei kleinen Häkchen, Stiftchen und
Zähnchen, die sich fast leidenschaftlich bewegen, erfüllte mich mit
Grauen.

Heinrich Heine (Schriftstell

Wir träumen von Reisen durch das Weltall: ist denn
das Weltall nicht in uns? Die Tiefen unseres Geistes
kennen wir nicht. – Nach Innen geht der geheimnis-
volle Weg. In uns, oder nirgends ist die Ewigkeit mit
ihren Welten, die Vergangenheit und Zukunft. Die
Außenwelt ist die Schattenwelt, sie wirft ihren
Schatten in das Lichtreich.

Novalis (Schriftsteller)

Kinder müssen wir werden,
wenn wir das Beste erreichen wollen.
*Philipp Otto Runge
(Maler)*

Es lebe die Freiheit! – Ich meine jene uralte lebendige Freiheit, die uns in großen Wäldern wie mit wehmütigen Erinnerungen anweht, oder bei alten Burgen sich wie ein Geist auf die zerfallene Zinne stellt, jener reine kühle Lebensatem, den die Gebirgsvölker auf ihren Alpen einsaugen, dass sie nicht anders leben können, als wie es der Ehre geziemt. – Aber damit ist es nun aus. Die Wälder haben sie ausgehauen, denn sie fürchten sich vor ihnen, weil sie von der alten Zeit zu ihnen sprechen und am Ende den Ort noch verraten könnten, wo das Schwert vergraben liegt.

Joseph von Eichendorff (Schriftsteller)

Musik ist die höhere Potenz der Poesie.

Robert Schumann
(Komponist)

Trägt nicht alles, was uns begeistert, die Farbe der Nacht?

Novalis (Schriftsteller)

e Poesie heilt die Wunden, die der Ver-
nd schlägt. –
r Sinn für Poesie hat viel mit dem Sinn
r Mystizism gemein. Er ist der Sinn für
s Eigentümliche, Personelle, Ungekannte,
eheimnisvolle, zu Offenbarende. Er sieht
as Unsichtbare, fühlt das Unfühlbare. –
chön, romantisch, harmonisch sind nur
eilausdrücke des Poetischen.
as ganze Menschengeschlecht wird
m Ende poetisch. Neue goldene Zeit. –

Novalis (Schriftsteller)

Wenn andere sich mit unruhiger Geschäftigkeit betäuben, o, so tauch ich mein Haupt in den heiligen kühlenden Quell der Töne unter, und die heilende Göttin flößt mir die Unschuld der Kindheit wieder ein. Wenn andere über selbst erfundene Grillen zanken, so schließ' ich mein Aug' zu vor all dem Kriege der Welt – und ziehe mich still in das Land der Musik, als in das Land des Glaubens, zurück, wo all unsere Zweifel und unsere Leiden sich in ein tönendes Meer verlieren.

Ludwig Tieck (Schriftsteller)

Die Sonne löscht alle Freuden der Nacht aus, wie die schönen Sterne, so die süßen Melodien und Harmonien der Fantasie, und die stärksten Gefühle der Vergangenheit und Zukunft. Die Nacht hat etwas Zaubrisches, was kein Tag hat; so etwas Grenzenloses, Inniges, Seliges. Das Mechanische der Zeitlichkeit, das einen spannt und festhält, weicht so sanft zurück, und man schwimmt und schwebt, ohne Anstoß, auf Momente im ewigen Leben.

Wilhelm Heinse (Schriftsteller)

In ruhiger, stiller Dämmerung, der Scheide zwischen Tag und Nacht, stehen noch die gewaltigen Überreste vergangener Jahrhunderte und erheben sich in Spitzbogen und Wölbungen als Zeugen früherer großer Vergangenheit über die kränkelnde Gegenwart.

Caspar David Friedrich
(Maler)

Caspar David Friedrich: Klosterruine Eldena (1824/25)

▷ S. 119   1. Erstellen Sie auf einem großen Poster eine ▷ Mind-Map über das romantische Kunst- und Weltverständnis,
soweit es aus der Zitatensammlung auf S. 251 ff. und den Texten dieses Kapitels deutlich wird.

2. Interpretieren Sie die Gemälde von Caspar David Friedrich (▷ S. 244, 247, 253) vor dem Hintergrund Ihrer
Mind-Map zur Romantik.

▷ S. 105 ff., 3. ▷ **Facharbeit/Referat:**
119 f.
- Die Volksmärchen der Brüder Grimm im Vergleich zu den Kunstmärchen der Romantik, z. B. *E. T. A. Hoffmann: Der goldne Topf* (1813/14)
- Die Liedersammlung „Des Knaben Wunderhorn" (1808) von Achim von Arnim und Clemens Brentano
als Ausdruck des romantischen Verständnisses von Volksverbundenheit

---

Epochenüberblick: Romantik (1795–1840)

Ende des 18. Jahrhunderts lässt sich ein auffälliger Mentalitätswandel beobachten. Der Ver-
nunftglaube der ▷ Aufklärung und das Konzept einer ästhetischen Erziehung, wie es die

▷ S. 208 ff.
▷ S. 233 ff.   ▷ Weimarer Klassik prägte, werden radikal in Frage gestellt. In mancher Beziehung knüpft das
▷ S. 216 ff.   neue Denken und Weltverstehen an die Ideale des ▷ Sturm und Drang an. Das **Gefühl** wird
wieder als die wichtigste menschliche Fähigkeit gefeiert. Es gilt nicht länger, die Welt zu erkennen, um vernünftig-zweckvoll in ihr zu handeln, sondern sie möglichst intensiv zu erleben. Diese Intensivierung ist zu erreichen, indem die **Welt poetisiert** oder – mit einem Wort
der Zeit – „romantisiert" wird. Der Dichter Novalis beschrieb des Verfahren so: „Indem ich
dem Gemeinen einen hohen Sinn, dem Gewöhnlichen ein geheimnisvolles Aussehen, dem
Bekannten die Würde des Unbekannten, dem Endlichen einen unendlichen Schein gebe, so
romantisiere ich es." Man kann diese Verwandlung der Alltagswelt ins Wunderbare, diesen
Hang zum Mystizismus als Flucht aus der Wirklichkeit und als kollektive Reaktion auf eine
Krisensituation verstehen. Der Verlauf der Französischen Revolution, die napoleonischen
Kriege und die Wiederherstellung des alten absolutistischen Systems in Europa nach Napoleons Sturz zerstörten für die bürgerlichen Intellektuellen alle Hoffnung auf eine Umgestal-
tung der Verhältnisse aus den Ideen der Aufklärung heraus. Hinzu kam die Erfahrung, dass in
der beginnenden Industrialisierung der Mensch in zunehmendem Maße nur noch in seinem
ökonomischen Nutzwert gesehen wurde. So wurde die Selbstverwirklichung des Individuums als Prozess in und mit der Gesellschaft von den Schriftstellern der Romantik nicht einmal
mehr als Utopie verkündet, wie das noch in der Klassik geschehen war. Diese Selbstverwirklichung konnte nur noch außerhalb der bürgerlichen Gesellschaft bzw. gegen sie erfolgen. Der
Dichter sah sich daher nicht mehr als Ratgeber und Erzieher seiner Zeitgenossen, sondern als
Außenseiter, als einen von seinem Wesen her Einsamen. Seine Sehnsucht richtete sich auf
eine idyllisch verklärte, ursprüngliche Natur, auf ein ebenso idyllisch verklärtes Leben des einfachen Volkes und auf ein nostalgisch als geordnete, heile Welt idealisiertes Mittelalter. **Sehnsucht** kann überhaupt als das Gefühl aufgefasst werden, das die Romantik kennzeichnete:
Sehnsucht hat kein benennbares Motiv, wie zum Beispiel Liebe, Freude oder Leid, sie kann
damit auch nie an ein Ziel kommen, Erfüllung finden und damit aufhören, sondern sie speist
sich sozusagen aus sich selbst und kann hingebungsvoll dauerhaft genossen werden. Vor diesem Hintergrund wird die Vorliebe der Romantiker für lyrisches Sprechen, namentlich für
Volksliedsammlungen und volksliedhafte Gedichte, für **Märchen** (Sammlung der „Kinder-
und Hausmärchen" durch die Brüder Grimm) und **fantastische Erzählungen** verständlich.

▷ S. 192 ff.   Die Beschäftigung mit ▷ mittelalterlicher Dichtung wie dem Minnesang und dem Nibelungenlied ließ die philologische Erforschung der deutschen Sprache und Literatur entstehen, die
Germanistik trat neben die Philologien der klassischen Sprachen auf den Plan.
Eine Folge der Begeisterung für das Mittelalter war z. B. auch die Gründung eines Vereins, der
in Köln für die Vollendung des Doms nach den alten Bauplänen sorgte. Bis dahin hatte der
Dom wegen Geldmangels seiner mittelalterlichen Bauherren die Jahrhunderte als Bauruine
überdauert.

Wichtige Autorinnen/Autoren und Werke

Jean Paul, d. i. Johann Paul Friedrich Richter (1763–1825): Siebenkäs; Flegeljahre (Romane)
Friedrich Hölderlin (1770–1843): Hymnen und Gedichte
Rahel Varnhagen von Ense (1771–1833): Rahel, ein Buch des Andenkens für ihre Freunde (Briefe und Tagebuchaufzeichnungen)
Novalis, d. i. Georg Philipp Friedrich von Hardenberg (1772–1801): Heinrich von Ofterdingen (Roman); Hymnen an die Nacht (Gedichte und rhythmische Prosa)
Ernst Theodor Amadeus Hoffmann (1776–1822): Die Elixiere des Teufels; Lebensansichten des Katers Murr (Romane); Nachtstücke; Die Serapionsbrüder (Erzählsammlungen)
Heinrich von Kleist (1777–1811): Amphitryon; Der zerbrochene Krug (Komödien); Penthesilea; Prinz Friedrich von Homburg (Dramen); Michael Kohlhaas (Erzählung)
Clemens Brentano (1778–1842) und *Achim von Arnim* (1781–1831): Des Knaben Wunderhorn (Volksliedersammlung)
Heinrich Heine (1797–1856): Das Buch der Lieder (Gedichte)
Karoline von Günderode (1780–1806): Gedichte und Fantasien (Gedichtsammlung)
Bettina von Arnim (1785–1859): Goethes Briefwechsel mit einem Kinde; Die Günderode (Briefsammlungen)
Jakob Grimm (1785–1863) und *Wilhelm Grimm* (1786–1859): Kinder- und Hausmärchen (Volksmärchensammlung)
Joseph Freiherr von Eichendorff (1788–1857): Aus dem Leben eines Taugenichts; Das Schloss Dürande; Das Marmorbild (Erzählungen); Gedichte

2.5 Die Literatur des Vormärz (1830–1848)

Schriftsteller zwischen Gesellschaftskritik und Wirklichkeitsflucht

Gespaltenheit des bürgerlichen Bewusstseins

Bejahung der Alltagsrealität als Welt:

- der Leistung
- des Nutzens
- der Ordnung
- der Sicherheit
- des Wohlstands
- der patriarchalischen Familienordnung

▼

Unverständnis gegenüber
Kunst und Künstlertum

Ablehnung der Alltagsrealität als Welt:

- des Zwangs
- der Berechnung
- der Unfreiheit
- des Spießertums
- der Geldgier
- der Rollenzwänge, bes. für Frauen

▼

Verklärung von
Kunst und Künstlertum

Offene und direkte Gesellschaftskritik   Flucht aus der Wirklichkeit (Eskapismus)

Reaktion der Künstler

---

1. Ordnen Sie Ihre Schul- und Privatlektüre der letzten Zeit danach ein, ob diese Ihnen eher gesellschaftskritisch oder eher eskapistisch erscheint.
2. Diskutieren Sie im Kurs darüber, welche Lektüre Sie aus welchen Gründen bevorzugen.

Die Literatur der Zeit zwischen 1830 und 1848 lässt sich dem Schaubild auf S. 255 entsprechend in zwei große Strömungen unterteilen. Auf der einen Seite knüpften die Schriftsteller an die ▷ S. 243 ff. Kunstauffassung der ▷ Romantik an und versuchten das Reich des Schönen und der Poesie über der immer bedrückender werdenden gesellschaftlichen und politischen Situation aufrechtzuerhalten. Den Autorinnen und Autoren, die diesen Weg gehen, ist durchaus die Kluft zwischen ihrer Kunst und der Wirklichkeit ringsum bewusst. Hatten die Romantiker indessen noch versucht, der Fantasie zum Sieg zu verhelfen, Mythen und Märchen über die Alltagswelt triumphieren zu lassen, so gewinnt jetzt eine melancholisch-resignative Betrachtung des Widerspruchs zwischen Wirklichkeit und den Werten, denen die Dichter/innen sich verschrieben haben, die Oberhand. Das Sich-Verschließen vor dem als aufgeregt und laut empfundenen Getriebe der neuzeitlichen Welt, der Weg nach innen zur eigenen Gefühls- und Gedankenwelt, die Flucht in eine idyllische Natur und eine ländlich-heile Umgebung sind die zentralen Themen dieser Nachfolger der Romantik. In der Literaturgeschichtsschreibung werden sie eingeordnet unter dem Stichwort **Biedermeier.** Das literarische Biedermeier hat kein eigenes literarisches Programm hervorgebracht wie die Klassik oder die Romantik. Da es die Tradition der Romantik fortsetzt, ist es in diesem Kapitel nicht mit eigenen Beispieltexten vertreten.

Wichtige Autorinnen/Autoren und Werke des Biedermeier

Annette von Droste-Hülshoff (1797–1848): Die Judenbuche (Novelle); Gedichte
Eduard Mörike (1804–1875): Gedichte
Adalbert Stifter (1805–1868): Bunte Steine (Erzählsammlung); Der Nachsommer; Witiko (Romane)

Eine wichtige Neuerung brachte dagegen die zweite große literarische Strömung der Zeit, die unter dem Namen **Vormärz** zusammengefasst wird: eine auf gesellschaftliche Veränderungen ausgerichtete politische Dichtung.

Frühe Formen gesellschaftskritischer Reportage

Bettina von Arnim
In der Armenkolonie (1843)

▷ S. 243 ff. *Bettina von Arnim, die zum Kreis der* ▷ *Romantiker gehört, ist mit ihren Kindern bereits vor dem Tode ihres Mannes Achim von Arnim nach Berlin gezogen. Sie wurde hier in einer der größten Städte Deutschlands mit dem wachsenden Elend konfrontiert, das die ökonomischen Umwälzungen der Industrialisierung in einer überlebten gesellschaftlich-politischen Ordnung mit sich brachten. Ihre Berichte über das Armenviertel „Vogtland" in einem der Außenbezirke Berlins fasste sie zu einer Schrift unter dem Titel „Dies Buch gehört dem König" zusammen und schrieb in einem begleitenden Brief an den preußischen König Friedrich Wilhelm IV.: „Allergnädigster König! Ich könnte nicht mit gutem Gewissen vor dem König bestehen, für den das Gute zu wollen ein jeder berufen ist, wollte ich unerwähnt lassen, was ihm*

Nutzen oder Schaden bringt. In diesem Sinne wage ich, Euer Majestät beiliegende Papiere vorzulegen."

Vor dem Hamburger Tore, im so genannten Vogtland, hat sich eine förmliche Armenkolonie gebildet. Man lauert sonst jeder unschuldigen Verbindung auf. Das aber scheint gleichgültig zu sein, dass die Ärmsten in eine große 5 Gesellschaft zusammengedrängt werden, sich immer mehr abgrenzen gegen die übrige Bevölkerung und zu einem furchtbaren Gegengewichte anwachsen. Am leichtesten übersieht man einen Teil der Armengesellschaft in den 10 so genannten „Familienhäusern". Sie sind in viele kleine Stuben abgeteilt, von welchen jede einer Familie zum Erwerb, zum Schlafen und Küche dient. In vierhundert Gemächern wohnen zweitausendfünfhundert Menschen. 15 Ich besuchte daselbst viele Familien und verschaffte mir Einsicht in ihre Lebensumstände. In der Kellerstube Nr. 3 traf ich einen Holz-

Bettina von Arnim

hacker mit einem kranken Bein. Als ich eintrat, nahm die Frau schnell die Erdäpfelhäute vom Tische, und eine sechzehnjährige Tochter zog sich verlegen in einen Winkel des Zimmers zurück, da mir ihr Vater zu erzählen anfing. Dieser wurde arbeitsunfähig beim Bau der neuen Bauschule. Sein Gesuch um Unterstützung blieb lange Zeit unberücksichtigt. Erst als er ökonomisch völlig ruiniert war, wurden ihm monatlich fünfzehn Silbergroschen zuteil. Er musste sich ins Familienhaus zurückziehen, weil er die Miete für eine Wohnung in der Stadt nicht mehr bestreiten konnte. Jetzt erhält er von der Armendirektion zwei Taler monatlich. In Zeiten, wo es die unheilbare Krankheit des Beines gestattet, verdient er einen Taler monatlich; die Frau verdient das Doppelte, die Tochter erübrigt anderthalben Taler. Die Gesamteinnahme beträgt also sechseinhalb Taler im Monat. Dagegen kostet die Wohnung zwei Taler; eine „Mahlzeit Kartoffeln" einen Silbergroschen neun Pfennig; auf zwei tägliche Mahlzeiten berechnet, beträgt die Ausgabe für das Hauptnahrungsmittel dreieinhalb Taler im Monat. Es bleibt also noch ein Taler übrig zum Ankaufe des Holzes und alles dessen, was eine Familie neben rohen Kartoffeln zum Unterhalte bedarf. [...]
92 a, Stube Nr. 35. Tischler Krellenberg. – Ich musste einige Mal anklopfen, bis die Stube aufgeschlossen wurde. Die Frau entschuldigte sich damit, dass sie ihre dürftige Lage vor den Leuten im Hause geheim halten möchte. Es ist leider jetzt so, dass sich die Armen, anstatt der Reichen, der Armut schämen. Die außergewöhnliche Reinlichkeit überraschte mich angenehm: Der Fußboden war frisch gescheuert, das Küchengeschirr blank, die hellen Fenster machten das Zimmer freundlich. – In der Wiege lag ein Kind von zwei Jahren, an der Gehirnentzündung krank. Die Mutter pflegte es mit der größten Zärtlichkeit. Ich zog sie nicht gerne ab von ihrem Geschäfte, musste es aber doch, weil Krellenberg nicht zu Hause war. Ich erfuhr, dass dieser von 1822 bis 1841 als Tischlergeselle bei einem Meister gearbeitet habe, und sah aus dem schriftlichen Zeugnis, dass er wegen Mangel an Arbeit entlassen werden musste. Seit zwei Jahren wohnt er im Familienhause. Tischlerarbeit kam ihm wenig zu. Überdies sieht er nicht mehr gut, sodass er keine feinen Arbeiten annehmen kann. Seit acht Tagen arbeitet er im Taglohn als Farbenreiber. Diese Arbeit strengt ihn sehr an, denn er ist schon vierundfünfzig Jahre alt und durch Alter und Mangel geschwächt. Im letzten Winter kam er wegen Mangel an Verdienst so weit ökonomisch zurück, dass er Kleider, Betten und Werkzeug verkaufen musste. Es stehen drei Bettgestelle im Zimmer; in allen ist nichts als Stroh, beim einen nicht einmal mit einem Tuche bedeckt. Von acht Kindern leben sieben. Eine achtzehnjährige Tochter und ein dreizehnjähriger Knabe lagen achtzehn Wochen krank am Nervenfieber. Ein siebenzehnjähriger Sohn lernt das Tischlerhandwerk. Gestern hat er dem Vater fünfzehn Silbergroschen geschickt, die er aus Trinkgeldern zusammengespart hatte, um auf Ostern eine neue Weste zu kaufen. Vier Kinder von vier bis zehn Jahren besuchen die Schule. Alle sehen gescheit und hübsch aus und sind ordentlich gekleidet. Die Mutter hat bis auf einen Rock alles zur Bekleidung der Kinder hergegeben. – Weinend sagte mir diese, wie oft die Kleinen umsonst nach Brot rufen und dass der Vater diesen Morgen hungrig an die schwere Arbeit gegangen sei; der Hauswirt wolle bezahlt sein; sooft sie am Komptoir[1] des Verwalters vorbei zum Brunnen gehe, werde sie an die vier Taler Miete erinnert, jeden Tag könne man die ganze Familie aus dem Hause werfen. – K. habe sich zweimal um Unterstützung beworben bei der Armendirektion und zur Stunde noch nichts empfangen als die Armensuppe, die oft für die ganze Familie das einzige Nahrungsmittel gewesen sei.

1 **Komptoir:** Büro

Wilhelm Wolff

Das Elend und der Aufruhr
in Schlesien (1844)

Nach einer mehrjährigen Festungshaft we-
gen revolutionärer Aktionen lebte Wilhelm
Wolff zu Anfang der 40er-Jahre als Privat-
gelehrter und Publizist in Preußen. Er zeich-
nete mit seiner sorgfältig recherchierten
Reportage ein kritisch-genaues Bild der Ver-
hältnisse in der Provinz Schlesien zur Zeit
des Weberaufstands. Die Zensur in Preußen
verhinderte jegliche Berichterstattung darü-
ber und Wolff floh wie so viele kritische Jour-
nalisten und Schriftsteller ins Exil. 1848
kehrte er nach Deutschland zurück, arbeite-
te als Redakteur und gehorte 1849 als Abge-
ordneter des radikaldemokratischen Flügels
zur Deutschen Nationalversammlung.

Hier in den großen Dörfern Langenbielau
(13 000 E.), Peterswaldau (5 000 E.) und in den
übrigen Dörfern, wie Arnsdorf, Peilau usw., ist
besonders die Baumwollweberei zu Hause.
5 Die Not der Arbeiter war und ist hier nicht
minder bedeutend, ja vielleicht noch mehr als
in anderen Gegenden, obgleich man denken
sollte, das Elend könne keinen höheren Grad
erreichen, als auf dem es im Landshuter,
10 Hirschberger, Bolkenhainer und anderen
Kreisen anzutreffen ist. Schon im Winter, mit
beginnendem Februar, fand in Bielau ein kleiner Aufstand statt. Ein Haufe rief durch Signale die Weber des Dorfes zusammen. Man
15 befreite einen Kameraden, der eingesperrt
worden. Durch einige Geschenke wurde die
Menge beschwichtigt. Eine Untersuchung des
Vorfalls folgte, doch bei der Heimlichkeit
unseres Verfahrens blieb dieser Vorgang selbst
20 in Breslau, d. h. unter dem nicht regierungs-
mäßigen Publikum, meist unbekannt.
Inzwischen wurde die Not und das Drängen
nach Arbeit von einzelnen Fabrikanten möglichst benutzt, um für geringen Lohn viel
25 Ware zu erhalten. Unter diesen ragten die
Gebrüder Zwanziger in Peterswaldau besonders hervor. Für eine Webe Kattun[1] von 140
Ellen, woran ein Weber 9 Tage zu arbeiten hat
und wofür andere Lohnherren 32 Sgr.[2] zahl-

ten, gaben sie nur 15 Sgr. Für 160 Ellen   30
Barchent, welches 8 volle Tage angestrengter
Arbeit erfordert, entrichteten sie 12 $\frac{1}{2}$ und
12 Sgr. Lohn. Ja, sie erklärten sich bereit, noch
300 Weber in Arbeit zu nehmen, wofern diese
ebenso viel für 10 Sgr. arbeiten wollten. Das   35
bitterste Elend zwang die Armen, auch unter
dieser Bedingung zu arbeiten. Von seinen 12
oder resp. 10 Sgr. musste der Weber noch 2 $\frac{1}{2}$
bis 3 Sgr. an den Spuler entrichten, alle Staats-,
Gemeinde- und gutsherrlichen Lasten tragen   40
und – leben. Ach! wenn mich doch einer belehren wollte, warum der faulenzende Sohn
reicher Eltern, der in Bädern, auf Reisen oder
sonstwo schwelgende Besitzer von 3, 10 und
100 Gütern und Herrschaften, der müßige Ka- 45
pitalist, die „wohlhabende Jugend des Landes", der Major, Oberst, General, der nach
unblutigem Kriegsspiel in langer Friedenszeit
sich mit einer Pension von 1000, 1500, 2000
Talern usw. zurückzieht, warum diese trotz   50
ihres Nichtarbeitens von Jugend auf dennoch
herrlich und in Freuden leben und der fleißige
Arbeiter vertiert und verdumpft, aller moralischen und intellektuellen Entwicklung beraubt, für seine tägliche mühsame Arbeit von   55
14 bis 16 langen, langen Stunden nicht einmal
so viel gewinnt, dass er mindestens die Bedürfnisse eines Tieres, die Forderungen des Ma-
gens befriedigen kann! Doch ich gehe weiter.
Das anfangs nicht allzu große Vermögen   60
der Zwanziger war in kurzer Zeit zu großem Reichtum angewachsen. Sechs prächtige
Gebäude gaben Zeugnis davon. Herrliche
Spiegelscheiben, Fensterrahmen von Kirsch-
baumholz, Treppengeländer von Mahagoni,   65
Kleider- und Wagenpracht sprachen der Armut der Weber Hohn. Bei der letzten Lohn-
verkürzung sollten die Zwanziger auf der
Weber ihre Vorstellung, dass sie nun gar nicht
mehr bestehen und selbst nicht mehr Kar-   70
toffeln kaufen könnten, geäußert haben, sie
würden noch für eine Quarkschnitte arbeiten
müssen oder, wie andere sagen: Die Weber
möchten nur, wenn sie nichts anderes hätten,
Gras fressen; das sei heuer reichlich gewach- 75
sen. Ich lasse diese Äußerungen dahingestellt
sein; ich teile sie nur mit, weil sie in aller
Munde sind. Dagegen kann ich folgenden
kurzen Bericht, wie ich ihn Augenzeugen,
und zwar glaubhaften Männern, nacherzähle, 80
verbürgen.

---

1 **Kattun:** Baumwolle
2 **Sgr.:** Silbergroschen

Käthe Kollwitz: Ein Weberaufstand [1844]. Blatt 4: Weberzug (1893–97)

Ein Gedicht, nach der Volksmelodie: „Es liegt ein Schloss in Österreich" abgefasst und von den Webern gesungen, ward gleichsam die Marseillaise der Notleidenden[3]. Sie sangen es zumal vor Zwanzigers Hause wiederholt ab. Einer ward ergriffen, ins Haus genommen, durchgeprügelt und der Ortspolizei überliefert. Endlich, um 2 Uhr nachmittags, den 4. Juni, trat der Strom über seine Ufer. Eine Schar Weber erschien in Nieder-Peterswaldau und zog auf ihrem Marsche alle Weber aus den Wohnungen rechts und links an sich. Alsdann begaben sie sich nach dem wenig entfernten Kapellenberge und ordneten sich paarweise und rückten so auf das neue Zwanziger'sche Wohngebäude los. Sie forderten höheren Lohn und – ein Geschenk! Mit Spott und Drohen schlug man's ihnen ab. Nun dauerte es nicht lange, so stürmte die Masse ins Haus, erbrach alle Kammern, Gewölbe, Böden und Keller und zertrümmerte alles, von den prächtigen Spiegelfenstern, Trumeaus[4], Lüsters[5], Öfen, Porzellan, Möbel bis auf die Treppengeländer herab, zerriss die Bücher, Wechsel und Papiere, drang in das zweite Wohngebäude, in die Remisen[6], ins Trockenhaus, zur Mange[7], ins Packhaus und stürzte die Waren und Vorräte zu den Fenstern hinaus, wo sie zerrissen, zerstückt und mit Füßen getreten oder in Nachahmung des Leipziger Messgeschäftes an die Umstehenden verteilt wurden. Zwanziger flüchtete sich mit seiner Familie in Todesangst nach Reichenbach. Die dasigen Bürger, welche einen solchen Gast, der die Weber auch ihnen auf den Hals ziehen konnte, nicht dulden wollten, veranlassten ihn zur Weiterreise nach Schweidnitz. Aber auch hier deuteten ihm die Behörden an, die Stadt zu verlassen, weil sie durch seine Gegenwart leicht einer Gefahr ausgesetzt sein konnten; und so fand er endlich hier in Breslau Sicherheit.

3 „Das Blutgericht" ▷ S. 260

4 **Trumeau:** bis zum Fußboden reichender Wandspiegel
5 **Lüster:** Kronleuchter
6 **Remise:** Wagenschuppen
7 **Mange:** Bügelhaus

---

1. a) Erarbeiten Sie den Aufbau der beiden Reportagen von Bettina von Arnim und Wilhelm Wolff. Fassen Sie die Inhalte der einzelnen Teile zusammen, um ein genaues Bild der dargestellten Verhältnisse zu bekommen.
   b) Informieren Sie sich ergänzend in Geschichtsbüchern über den zeitgeschichtlichen Hintergrund.
2. Vergleichen Sie die beiden Texte im Hinblick auf die sprachliche Darstellungsweise, die Haltung ihrer Verfasser und deren Intentionen.
3. Stellen Sie in Ihrem Kurs Beispiele heutiger Formen sozialkritischer Reportagen vor und vergleichen Sie die Inhalte, die Darstellungsweisen und die Intentionen mit den beiden Reportagen aus dem Vormärz.

Der Weberaufstand: Beispiele politischer Lyrik

Das Blutgericht (1844)
Lied der schlesischen Weber[1]

Hier im Ort ist das Gericht,
Viel schlimmer als die Femen,
Wo man nicht mehr ein Urteil spricht,
Das Leben schnell zu nehmen.

5 Hier wird der Mensch langsam gequält,
Hier ist die Folterkammer,
Hier werden Seufzer viel gezählt
Als Zeugen von dem Jammer.

Die Herrn Zwanziger[2] die Henker sind,
10 Die Diener ihre Schergen,
Davon ein jeder tapfer schind't,
Anstatt was zu verbergen.

Ihr Schurken all, ihr Satansbrut!
Ihr höllischen Kujone[3]!
15 Ihr fresst der Armen Hab und Gut,
Und Fluch wird euch zum Lohne!

Ihr seid die Quelle aller Not,
Die hier den Armen drücket,
Ihr seid's, die ihr das trockne Brot
20 Noch von dem Munde rücket.

Was kümmert's euch, ob arme Leut'
Kartoffeln kauen müssen,
Wenn ihr nur könnt zu jeder Zeit
Den besten Braten essen?

25 Kommt nun ein armer Webersmann,
Die Arbeit zu besehen,
Find't sich der kleinste Fehler dran,
Wird's ihm gar schlecht ergehen.

Erhält er dann den kargen Lohn,
30 Wird ihm noch abgezogen,
Zeigt ihm die Tür mit Spott, und Hohn
Kommt ihm noch nachgeflogen.

Hier hilft kein Bitten, hilft kein Flehn,
Umsonst sind alle Klagen;
35 Gefällt's euch nicht, so könnt ihr gehn,
Am Hungertuche nagen.

Nun denke man sich diese Not
Und Elend dieser Armen;
Zu Hause kaum ein Bissen Brot,
40 Ist das nicht zum Erbarmen?

Erbarmen? Ha! ein schön Gefühl,
Euch Kannibalen! fremde;
Ein jeder kennt schon euer Ziel:
Es ist der Armen Haut und Hemde!

45 Oh! euer Geld und euer Gut,
Das wird dereinst zergehen
Wie Butter an der Sonne Glut,
Wie wird's um euch dann stehen?

Wenn ihr dereinst nach dieser Zeit,
50 Nach diesem Freudenleben,
Dort, dort in jener Ewigkeit
Sollt Rechenschaft abgeben?

Georg Weerth

Das Hungerlied (1844)

Verehrter Herr und König,
Weißt du die schlimme Geschicht?
Am Montag aßen wir wenig,
Und am Dienstag aßen wir nicht.

5 Und am Mittwoch mussten wir darben,
Und am Donnerstag litten wir Not;
Und ach, am Freitag starben
Wir fast den Hungertod!

Drum lass am Samstag backen
10 Das Brot, fein säuberlich –
Sonst werden wir sonntags packen
Und fressen, o König, dich!

---

1 Das Lied wurde 1844 von den aufständischen Webern
  gesungen, die darin eine damals bekannte Melodie auf-
  griffen (▷ S. 259).
2 **Die Herrn Zwanziger:** schlesische Unternehmer
  (▷ S. 258 f.)
3 **Kujone:** Schufte

Heinrich Heine

Die schlesischen Weber (1844)

Im düstern Auge keine Träne,
Sie sitzen am Webstuhl und fletschen die Zähne:
Deutschland, wir weben dein Leichentuch,
Wir weben hinein den dreifachen Fluch –

5   Wir weben, wir weben!

Ein Fluch dem Gotte, zu dem wir gebeten
In Winterskälte und Hungersnöten;
Wir haben vergebens gehofft und geharrt,
Er hat uns geäfft und gefoppt und genarrt –

10   Wir weben, wir weben!

Ein Fluch dem König, dem König der Reichen,
Den unser Elend nicht konnte erweichen,
Der den letzten Groschen von uns erpresst
Und uns wie Hunde erschießen lässt –

15   Wir weben, wir weben!

Ein Fluch dem falschen Vaterlande,
Wo nur gedeihen Schmach und Schande,
Wo jede Blume früh geknickt,
Wo Fäulnis und Moder den Wurm erquickt –

20   Wir weben, wir weben!

Das Schiffchen fliegt, der Webstuhl kracht,
Wir weben emsig Tag und Nacht –
Altdeutschland, wir weben dein Leichentuch,
Wir weben hinein den dreifachen Fluch,

25   Wir weben, wir weben!

Louise Aston

Lied einer schlesischen Weberin (1846)

Wenn's in den Bergen rastet,
Der Mühlbach stärker rauscht,
Der Mond in stummer Klage
Durchs stille Strohdach lauscht;
5 Wenn trüb die Lampe flackert
Im Winkel auf den Schrein:
Dann fallen meine Hände
Müd in den Schoß hinein.

10 So hab ich oft gesessen
Bis in die tiefe Nacht,
Geträumt mit offnen Augen,
Weiß nicht, was ich gedacht;
Doch immer heißer fielen
Die Tränen auf die Händ' –
15 Gedacht mag ich wohl haben;
Hat's Elend gar kein End? –

Gestorben ist mein Vater –
Vor Kurzem war's ein Jahr –,
Wie sanft und selig schlief er
20 Auf seiner Totenbahr'!
Der Liebste nahm die Büchse,
Zu helfen in der Not;
Nicht wieder ist er kommen,
Der Förster schoss ihn tot. –

25 Es sagen oft die Leute:
„Du bist so jung und schön,
Und doch so bleich und traurig,
Sollst du in Schmerz vergehn?" –
„Nicht bleich und auch nicht traurig!"
30 Wie spricht sich das geschwind,
Wo an dem weiten Himmel
Kein Sternlein mehr ich find'!

Der Fabrikant ist kommen,
Sagt mir: „Mein Herzenskind,
35 wohl weiß ich, wie die Deinen
In Not und Kummer sind;
Drum willst du bei mir ruhen
Der Nächte drei und vier,
Sieh dieses blanke Goldstück!
40 Sogleich gehört es dir!"

Ich wusst' nicht, was ich hörte –
Sei Himmel du gerecht
Und lasse mir mein Elend,
Nur mache mich nicht schlecht!
45 O lasse mich nicht sinken!
Fast halt' ich's nicht mehr aus,
Seh ich die kranke Mutter
Und 's Schwesterlein zu Haus'!

Jetzt ruhn so still sie alle,
50 Verloschen ist das Licht,
Nur in der Brust das Wehe,
Die Tränen sind es nicht.
Kannst du, o Gott, nicht helfen.
So lass uns lieber gehn;
55 Wo drunten tief im Tale
Die Trauerbirken stehn! –

---

1. Untersuchen Sie die vier Gedichte zum Weberaufstand (▷ S. 260 f.) unter folgenden Aspekten:
   - Sprecherrolle und Adressat;
   - Thema, Motive und inhaltlicher Aufbau;
   - den Text kennzeichnende sprachliche Mittel;
   - die Wirkungsabsicht.
2. Fassen Sie die Ähnlichkeiten und die Differenzen der vier Gedichte tabellarisch zusammen.
3. Welches Gedicht halten Sie für das gelungenste und/oder politisch wirkungsvollste?

„Friede den Hütten …": Agitation in Flugschrift und Schauspiel

Georg Büchner

Der Hessische Landbote (1834)

Büchners Text wurde von dem Pastor Friedrich Ludwig Weidig überarbeitet, die kursiv gedruckten Passagen sind Einfügungen Weidigs. Die Flugschrift wurde im Sommer 1834 auf einer Geheimpresse gedruckt und in etwa 10000 Exemplaren verbreitet.

Erste Botschaft

Darmstadt, im Juli 1834

Vorbericht

Dieses Blatt soll dem hessischen Lande die Wahrheit melden, aber wer die Wahrheit sagt, wird gehenkt; ja sogar der, welcher die Wahrheit liest, wird durch meineidige Richter vielleicht gestraft. Darum haben die, welchen dies Blatt zukommt, Folgendes zu beobachten:
1. Sie müssen das Blatt sorgfältig außerhalb ihres Hauses vor der Polizei verwahren;
2. sie dürfen es nur an treue Freunde mitteilen;
3. denen, welchen sie nicht trauen wie sich selbst, dürfen sie es nur heimlich hinlegen;
4. würde das Blatt dennoch bei einem gefunden, der es gelesen hat, so muss er gestehen, dass er es eben dem Kreisrat habe bringen wollen;
5. wer das Blatt nicht gelesen hat, wenn man es bei ihm findet, der ist natürlich ohne Schuld.

Friede den Hütten! Krieg den Palästen!

Im Jahre 1834 siehet es aus, als würde die Bibel Lügen gestraft. Es sieht aus, als hätte Gott die Bauern und Handwerker am fünften Tage und die Fürsten und Vornehmen am sechsten gemacht, und als hätte der Herr zu diesen gesagt: *„Herrschet über alles Getier, das auf Erden kriecht"*, und hätte die Bauern und Bürger zum Gewürm gezählt. Das Leben der *Vornehmen* ist ein langer Sonntag: sie wohnen in schönen Häusern, sie tragen zierliche Kleider, sie haben feiste Gesichter und reden eine eigne Sprache; das Volk aber liegt vor ihnen wie Dünger auf dem Acker. Der Bauer geht hinter dem Pflug, der *Vornehme* aber geht hinter ihm und dem Pflug und treibt ihn mit den Ochsen am Pflug, er nimmt das Korn und lässt ihm die Stoppeln. Das Leben des Bauern ist ein langer Werktag; Fremde verzehren seine Äcker vor seinen Augen, sein Leib ist eine Schwiele, sein Schweiß ist das Salz auf dem Tische des *Vornehmen.*

Im Großherzogtum Hessen sind 718373 Einwohner, die geben an den Staat jährlich an 6363436 Gulden, als

1. Direkte Steuern	2128131 Fl.[1]	
2. Indirekte Steuern	2478264 Fl.	
3. Domänen	1547394 Fl.	
4. Regalien	46938 Fl.	
5. Geldstrafen	98511 Fl.	
6. Verschiedene Quellen	64198 Fl.	
	6363436 Fl.	

Dies Geld ist der Blutzehnte, der vom Leib des Volkes genommen wird. An 700000 Menschen schwitzen, stöhnen und hungern dafür. Im Namen des Staates wird es erpresst, die Presser berufen sich auf die Regierung, und die Regierung sagt, das sei nötig, die Ordnung im Staat zu erhalten. Was ist denn nun das für gewaltiges Ding: der Staat? Wohnt eine Anzahl Menschen in einem Land und es sind Verordnungen oder Gesetze vorhanden, nach

---

1 **Fl.:** Abkürzung für Gulden (franz.: Florin)

Anonyme Karikatur um 1830

5 denen jeder sich richten muss, so sagt man, sie
bilden einen Staat. Der Staat also sind alle;
die Ordner im Staate sind die Gesetze, durch
welche das Wohl aller gesichert wird und die
aus dem Wohl aller hervorgehen sollen. –
10 Seht nun, was man in dem Großherzogtum
aus dem Staat gemacht hat; seht, was es heißt:
die Ordnung im Staate erhalten! 700 000 Menschen bezahlen dafür 6 Millionen, d. h. sie
werden zu Ackergäulen und Pflugstieren ge-
15 macht, damit sie in Ordnung leben. In Ordnung leben heißt hungern und geschunden
werden.
Wer sind denn die, welche diese Ordnung gemacht haben und die wachen, diese Ordnung
20 zu erhalten? Das ist die Großherzogliche Regierung. Die Regierung wird gebildet von dem
Großherzog und seinen obersten Beamten.
Die andern Beamten sind Männer, die von der
Regierung berufen werden, um jene Ordnung
25 in Kraft zu erhalten. Ihre Anzahl ist Legion:
Staatsräte und Regierungsräte, Landräte und
Kreisräte, geistliche Räte und Schulräte, Fi-
nanzräte und Forsträte usw. mit allem ihrem
Heer von Sekretären usw. Das Volk ist ihre
30 Herde, sie sind seine Hirten, Melker und
Schinder; sie haben die Häute der Bauern an,
der Raub der Armen ist in ihrem Hause; die
Tränen der Witwen und Waisen sind das

Schmalz auf ihren Gesichtern; sie herrschen
frei und ermahnen das Volk zur Knechtschaft. 95
Ihnen gebt ihr 6 000 000 Fl. Abgaben; sie haben dafür die Mühe, euch zu regieren; d. h.
sich von euch füttern zu lassen und euch eure
Menschen- und Bürgerrechte zu rauben. [...]
Das alles duldet ihr, weil euch Schurken 100
sagen: diese Regierung sei von Gott. Diese
Regierung ist nicht von Gott, sondern vom
Vater der Lügen. Diese deutschen Fürsten
sind keine rechtmäßige Obrigkeit, sondern
die rechtmäßige Obrigkeit, den deutschen 105
Kaiser, der vormals vom Volke frei gewählt
wurde, haben sie seit Jahrhunderten verach-
tet und endlich gar verraten. Aus Verrat und
Meineid, und nicht aus der Wahl des Volkes,
ist die Gewalt der deutschen Fürsten hervor- 110
gegangen, und darum ist ihr Wesen und Tun
von Gott verflucht! ihre Weisheit ist Trug,
ihre Gerechtigkeit ist Schinderei. Sie zertre-
ten das Land und zerschlagen die Person des
Elenden. Ihr lästert Gott, wenn ihr einen die- 115
ser Fürsten einen Gesalbten des Herrn
nennt, d. h. Gott habe die Teufel gesalbt und
zu Fürsten über die deutsche Erde gesetzt.
Deutschland, unser liebes Vaterland, haben
diese Fürsten zerrissen, den Kaiser, den 120
unsere freien Voreltern wählten, haben diese
Fürsten verraten, und nun fordern diese

Verräter und Menschenquäler Treue von
euch! – Doch das Reich der Finsternis neiget
125 *sich zum Ende. Über ein Kleines, und*

Deutschland, das jetzt die Fürsten schinden,
wird als ein Freistaat mit einer vom Volk
gewählten Obrigkeit wieder auferstehn.

---

1. Untersuchen Sie, wer die Adressaten dieses Flugblatts sind, wie sie angesprochen werden und welche sozialen und politischen Ziele die Verfasser verfolgen.
2. Beschreiben Sie die Argumentationsstrategie und die wirkungsvollsten rhetorischen Mittel des Textes.
3. Informieren Sie sich in einer Büchner-Biografie über die tatsächliche Wirkung der Flugschrift und über die Folgen für die beiden Verfasser.

Georg Büchner

Dantons Tod (1835)

II. Akt, 7. Szene

In seinem Drama „Dantons Tod" setzte sich
Büchner nach intensiver Lektüre histo-
rischer Quellen mit der Französischen Revo-
lution auseinander. Er übernahm dabei eine
Reihe von Originalzitaten aus den Reden
der Revolutionäre und machte damit erste
Schritte auf dem Wege zu einem Dokumen-
tartheater. Indessen ging es Büchner nicht
nur um eine Aufarbeitung der historischen
Ereignisse, sondern ebenso sehr um eine
Antwort auf Fragen nach den politisch-
revolutionären Zielen und Strategien seiner
eigenen Zeit.
George Danton, einer der politischen Führer
der Französischen Revolution, soll 1794 des
Verrats an der Revolution angeklagt werden,
weil er für eine Festigung der Verhältnisse
auf der Basis des Erreichten (Abschaffung
der Monarchie, Entmachtung des Adels)
und ein Ende des Guillotinierens aller so
genannten Feinde der Revolution eintritt.
Die radikalen Jakobiner Robespierre und
St. Just fordern vom Nationalkonvent und
dem Revolutionstribunal die Verurteilung
Dantons und seiner Anhänger, um den revo-
lutionären Prozess rücksichtslos voranzu-
treiben. St. Just hält im Nationalkonvent
die folgende Rede:

ST. JUST: Es scheint in dieser Versammlung
einige empfindliche Ohren zu geben, die das
Wort „Blut" nicht wohl vertragen können.
Einige allgemeine Betrachtungen mögen sie
5 überzeugen, dass wir nicht grausamer sind als
die Natur und als die Zeit. Die Natur folgt
ruhig und unwiderstehlich ihren Gesetzen;
der Mensch wird vernichtet, wo er mit ihnen
in Konflikt kommt. Eine Änderung in den
Bestandteilen der Luft, ein Auflodern des
tellurischen[1] Feuers, ein Schwanken in dem
Gleichgewicht einer Wassermasse und eine
Seuche, ein vulkanischer Ausbruch, eine
Überschwemmung begraben Tausende. Was
ist das Resultat? Eine unbedeutende, im
großen Ganzen kaum bemerkbare Veränderung der physischen Natur, die fast spurlos
vorübergegangen sein würde, wenn nicht
Leichen auf ihrem Wege lägen.
Ich frage nun: soll die geistige Natur in ihren
Revolutionen mehr Rücksicht nehmen als die
physische? Soll eine Idee nicht ebenso gut wie
ein Gesetz der Physik vernichten dürfen, was
sich ihr widersetzt? Soll überhaupt ein Ereignis, was die ganze Gestaltung der moralischen
Natur, das heißt der Menschheit, umändert,
nicht durch Blut gehen dürfen? Der Weltgeist
bedient sich in der geistigen Sphäre unserer
Arme ebenso, wie er in der physischen Vul-
kane und Wasserfluten gebraucht. Was liegt
daran, ob sie an einer Seuche oder an der
Revolution sterben?
Die Schritte der Menschheit sind langsam,
man kann sie nur nach Jahrhunderten zählen,
hinter jedem erheben sich die Gräber von Generationen. Das Gelangen zu den einfachsten
Erfindungen und Grundsätzen hat Millionen
das Leben gekostet, die auf dem Wege starben.
Ist es denn nicht einfach, dass zu einer Zeit,
wo der Gang der Geschichte rascher ist, auch
mehr Menschen außer Atem kommen?
Wir schließen schnell und einfach: Da alle
unter gleichen Verhältnissen geschaffen werden, so sind alle gleich, die Unterschiede ab-

1 **tellurisch:** aus der Erde stammend

gerechnet, welche die Natur selbst gemacht hat; es darf daher jeder Vorzüge und darf daher keiner Vorrechte haben, weder ein Einzelner noch eine geringere oder größere Klasse von Individuen. – Jedes Glied dieses in der Wirklichkeit angewandten Satzes hat seine Menschen getötet. Der 14. Juli, der 10. August, der 31. Mai[2] sind seine Interpunktionszeichen. Er hatte vier Jahre Zeit nötig, um in der Körperwelt durchgeführt zu werden, und unter gewöhnlichen Umständen hätte er ein Jahrhundert dazu gebraucht und wäre mit Generationen interpunktiert worden. Ist es da so zu verwundern, dass der Strom der Revolution bei jedem Absatz, bei jeder neuen Krümmung seine Leichen ausstößt?

Wir werden unserm Satze noch einige Schlüsse hinzuzufügen haben; sollen einige hundert Leichen uns verhindern, sie zu machen? – Moses führte sein Volk durch das Rote Meer und in die Wüste, bis die alte verdorbne Generation sich aufgerieben hatte, eh er den neuen Staat gründete. Gesetzgeber! Wir haben weder das Rote Meer noch die Wüste, aber wir haben den Krieg und die Guillotine.

Die Revolution ist wie die Töchter des Pelias[3]: sie zerstückt die Menschheit, um sie zu verjüngen. Die Menschheit wird aus dem Blutkessel wie die Erde aus den Wellen der Sündflut mit urkräftigen Gliedern sich erheben, als wäre sie zum ersten Male geschaffen.

Langer, anhaltender Beifall. Einige Mitglieder erheben sich im Enthusiasmus. 75

Alle geheimen Feinde der Tyrannei, welche in Europa und auf dem ganzen Erdkreise den Dolch des Brutus[4] unter ihren Gewändern tragen, fordern wir auf, diesen erhabnen Augen- 80 blick mit uns zu teilen.

Die Zuhörer und die Deputierten stimmen die Marseillaise an.

III. Akt, 9. Szene

[Danton vor dem Revolutionstribunal:]

DANTON: Eines Tages wird man die Wahrheit erkennen. Ich sehe großes Unglück über 85 Frankreich hereinbrechen. Das ist die Diktatur; sie hat ihren Schleier zerrissen, sie trägt die Stirne hoch, sie schreitet über unsere Leichen. *Auf Amar und Vouland[5] deutend:* Seht da die feigen Mörder, seht da die Raben des 90 Wohlfahrtsausschusses!

Ich klage Robespierre, St. Just und ihre Henker des Hochverrats an. – Sie wollen die Republik im Blut ersticken. Die Gleise der Guillotinenkarren sind die Heerstraßen, auf 95 welchen die Fremden in das Herz des Vaterlandes dringen sollen.

Wie lange sollen die Fußstapfen der Freiheit Gräber sein? – Ihr wollt Brot, und sie werfen euch Köpfe hin! Ihr durstet, und sie machen 100 euch das Blut von den Stufen der Guillotine lecken! *Heftige Bewegung unter den Zuhörern, Geschrei des Beifalls.*

---

2 wichtige Daten im Ablauf der Französischen Revolution; **14. Juli 1789**: Sturm auf die Bastille und Beginn der Revolution; **10. August 1792**: Erstürmung der Tuilerien und Gefangennahme des Königs; **31. Mai 1793**: Entmachtung der gemäßigteren republikanischen Partei der Girondisten durch die radikaleren Jakobiner
3 **Töchter des Pelias:** In der griech. Mythologie zerstückelten die Töchter des Pelias ihren Vater, um ihn zu verjüngen.

4 **Brutus:** einer der Mörder Cäsars, der Rom vor Cäsars Streben nach einer Monarchie bewahren wollte
5 **Amar und Vouland:** Ankläger Dantons

---

1. a) Arbeiten Sie heraus, um welches Problem der revolutionären Entwicklung es in den beiden Reden geht.
   b) Umreißen Sie die Positionen der beiden Redner hinsichtlich dieses Problems.
2. Beschreiben und erläutern Sie die ▷ Argumentationsweise und die ▷ rhetorischen Mittel, mit denen St. Just in der Versammlung seine mitreißende Wirkung erzielt. ▷ S. 493 ff. 485 ff.
3. Schreiben Sie eine Fortsetzung der Rede Dantons, mit der Sie auf St. Justs Ausführungen im Einzelnen antworten.
4. Informieren Sie sich über Dantons Schicksal in Büchners Stück und darüber, ob Büchner für eine der beiden Seiten Partei ergreift.

FÄCHERVERBINDENDES PROJEKT DEUTSCH – GESCHICHTE: VORMÄRZ IN DER REGION

Forschen Sie anhand von stadt- oder regionalgeschichtlichen Quellenbänden und durch Besuche in Ihrem Stadtarchiv nach, was sich im Vormärz und während der 48er-Revolution in Ihrer Stadt/Ihrer Region ereignet hat. Fertigen Sie aus den Kopien der aufgefundenen Bild- und Textdokumente eine Ausstellung an, die Sie durch literarische Texte der Zeit ergänzen, die zu den Dokumenten in Beziehung gesetzt werden können.

Epochenüberblick: Vormärz (1830–1848)

Die **Julirevolution** von 1830 in Frankreich, die das Königshaus der Bourbonen endgültig entthronte und dem „Bürgerkönig" Louis Philippe zur Macht verhalf, löste in Deutschland eine starke Politisierungswelle aus. Sie gipfelte in der Massendemonstration von 25 000 demokratisch gesinnten Teilnehmern beim sog. **Hambacher Fest** (1832) und ließ das absolutistische System bis zur **Revolution von 1848** nicht mehr zur Ruhe kommen. Seit 1840 verschärften sich die wirtschaftlichen und sozialen Probleme unübersehbar, sie entluden sich immer häufiger in lokalen Aufständen, wie zum Beispiel in der Hungerrevolte der schlesischen Weber 1844. Bürgerliche Schriftsteller nahmen sich der Sache der Demokratie und der sozialen Gerechtigkeit entschiedener an als je zuvor; dabei verwendeten sie neben den traditionellen literarischen Gattungen in steigendem Maße die vielfältigen Formen der Pressepublizistik. Es war die große Zeit der **satirischen Feuilletons**, der **Flugschriften** („Der Hessische Landbote") und **Kampflieder.** Mit Büchners „Danton" entstand aber auch das erste große Revolutionsdrama, mit seinem „Woyzeck" das erste sozialkritische Stück, das sich mit dem Elend der sog. kleinen Leute beschäftigte. Einige Schriftsteller bildeten eine oppositionelle literarische Gruppe, das **Junge Deutschland.** Sie, wie auch die anderen kritischen Geister, hatten ständig mit Zensur und strafrechtlicher Verfolgung zu kämpfen, nicht wenige wurden ins Exil getrieben.

Zum Kampf für demokratische Freiheiten und soziale Gerechtigkeit gehörte auch die erste **Frauenemanzipationsbewegung.** Allerdings waren die schreibenden Frauen, die sich unterschiedlicher Textformen bedienten, um für die Gleichberechtigung einzutreten, fast ausnahmslos auf sich gestellt. Ihre Schriftstellerkollegen verhielten sich dieser Emanzipation gegenüber abwartend bis spöttisch-distanziert.

Wichtige Autorinnen/Autoren und Werke

Bettina von Arnim (1785–1859): Dies Buch gehört dem König (Reportagen)
Ludwig Börne (1786–1837): Briefe aus Paris (Briefsammlung)
Heinrich Heine (1797–1856): Deutschland. Ein Wintermärchen (Verserzählung); Reisebilder; journalistische Texte; Gedichte
Ferdinand Freiligrath (1810–1876): Ça ira; Neue politische und soziale Gedichte (Gedichtsammlungen)
Georg Büchner (1813–1837): Dantons Tod; Woyzeck (Dramen); Leonce und Lena (Komödie); Lenz (Erzählung); Der Hessische Landbote (Flugschrift)
Louise Aston (1814–1871): Meine Emanzipation (Verteidigungsschrift nach ihrer Ausweisung aus Berlin)
Georg Herwegh (1817–1875): Gedichte eines Lebendigen
Georg Weerth (1822–1856): Humoristische Skizzen aus dem deutschen Handelsleben; Leben und Taten des berühmten Ritters Schnapphahnski (satirische Feuilletons); Gedichte

3 Vom Realismus zum Expressionismus (1848–1918)

Die 48er-Revolution mit dem Ziel eines einheitlichen Nationalstaates mit demokratischer Verfassung war gescheitert. Der Grund dafür lag zum einen in fehlender organisatorischer Tatkraft und dem traditionellen deutschen Idealismus, der einem raschen Handeln im Wege stand, zum anderen aber auch in der Spaltung des Bürgertums, des Trägers der Revolution. Das konservative Reformbürgertum wurde durch die starke Beteiligung der Unterschicht an den revolutionären Aktionen verschreckt, während der radikaldemokratische bürgerliche Flügel diese Beteiligung begrüßte.

Nach einer Phase tiefer Niedergeschlagenheit in den Jahren nach der Revolution orientierte sich das primär ökonomisch interessierte Besitzbürgertum mehr und mehr in Richtung auf eine nationale Einigung, der gegenüber der Kampf um politische Selbstbestimmung und Freiheitsrechte zurücktrat. So akzeptierten schließlich die so genannten Nationalliberalen Bismarcks von oben gelenktes Vorgehen zur Gründung des Deutschen Reiches unter weit gehendem Verzicht auf demokratische Substanz in dem neuen Staatsgebilde. Auch große Teile der ehemals revolutionär gestimmten bürgerlichen Intelligenz ließen sich von der Einheitseuphorie mitreißen. Die kritischen Geister gerieten an den Rand der Gesellschaft, wo sie versuchten, die bürgerlichen Humanitäts- und Bildungsideale gegen den Zeitgeist zu verteidigen. Erst gegen Ende des 19. Jahrhunderts, als die seelische und geistige Verarmung in dem materialistischen Taumel der Gründerjahre immer deutlicher wurde und sich zeigte, dass das Bündnis von Obrigkeitsstaat und kapitalistischem Wirtschaftssystem nicht in der Lage war, die wachsenden sozialen Probleme zu lösen, entwickelte sich mit dem Krisenbewusstsein wieder ein reges, vielgestaltiges literarisches Leben. Um die Jahrhundertwende findet ein weiterer wichtiger Epochenumbruch der deutschen Literaturgeschichte statt: der Anbruch der ▷ **Moderne**. ▷ S. 284 ff.

3.1 Bürgerlicher Realismus (1848–1890)

Realismus ist in erster Linie die Bezeichnung für eine bestimmte Schreib- und Stilform, erst in zweiter Linie eine ▷ Epochenbezeichnung. Immer wenn es um die Darstellung der gegebenen ▷ S. 274 f. Wirklichkeit geht und nicht um das Reich der Fantasie oder um formale Experimente im Sinne einer Kunst um der Kunst willen, spricht man von Realismus. Dabei ist klar, dass Realismus nicht einfach die bloße Wiederholung der Wirklichkeit im Sinne einer Reduplikation sein kann; das kann nicht einmal die Fotografie leisten, muss doch der Fotograf den Bildausschnitt bestimmen, Belichtung und Tiefenschärfe wählen etc. Noch stärker kommt in einer literarischen Wirklichkeitswiedergabe ein ästhetisch-künstlerisches Element ins Spiel. Die entscheidende Frage ist nun, welche Rolle dieses Element bei der Darstellung der Realität spielen soll, wie also das Verhältnis von kreativem Bilden und Abbilden gestaltet wird. In der Beantwortung dieser Frage unterscheiden sich die Schriftsteller, die sich als Realisten verstanden, nicht unerheblich. Vier bedeutende Realisten beschreiben ihre Vorstellung von Realismus so:

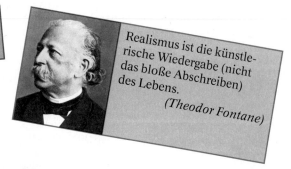

Die französische Gesellschaft ist selbst der Historiker, ich kann nur der Sekretär sein.
(Honoré de Balzac)

Realismus ist die künstlerische Wiedergabe (nicht das bloße Abschreiben) des Lebens.
(Theodor Fontane)

Wie man heutzutage ohne Beruf scheinbar gute und doch schlechte Bücher macht: Absichtlich gemachte Studien in Wald und Feld, Reminiszenzen, gute Notizen, den Bauern und Jägern abgefragt und aufgeschrieben, zierliche Sächelchen appetitlich zusammengeschmiedet und mit reinlichem Stile vergoldet, aber inwendig nicht eine Spur von Notwendigkeit, von durchgehender Tiefe, und nichts fertig.

(Gottfried Keller)

Realismus ist nicht, wie die wirklichen Dinge sind, sondern wie die Dinge wirklich sind.
(Bertolt Brecht)

1. Erläutern Sie in eigenen Worten und mit Beispielen das Realismus-Verständnis der vier Schriftsteller.
2. Suchen Sie in Kunst- und Literaturlexika verschiedene Realismus-Richtungen auf und erklären Sie, was jeweils unter Realismus zu verstehen ist, z. B. bürgerlicher Realismus, kritischer Realismus, poetischer Realismus, sozialistischer Realismus, Fotorealismus etc.

Gottfried Keller

Der grüne Heinrich (1879/80)

Heinrich Lee, der Ich-Erzähler des Romans, aus dem der folgende Auszug stammt, wird wegen der Farbe seiner Kleidung, aber auch wegen seiner Unreife der „grüne Heinrich" genannt. Er will Kunstmaler werden und beginnt seine Laufbahn mit so genannten Zeichnungen nach der Natur, die er bei Spaziergängen vor der Stadt angefertigt hat. Im Sommer fährt Heinrich dann hinaus aufs Land, um seinen Onkel zu besuchen. Seine Zeichnungen nimmt er mit.

Die zahlreichen, kräftig geschwärzten Blätter verursachten im Hause meines Oheims allerdings einige Verwunderung, und im Allgemeinen sah man die Sache mit ziemlichem
5 Respekt an; als jedoch der Oheim die Zeichnungen betrachtete, welche ich nach der Natur gefertigt haben wollte (denn ich glaubte als eine Art Münchhausen nachgerade selbst daran, vorzüglich weil die Sachen doch unter
10 freiem Himmel entstanden waren), da schüttelte er bedenklich den Kopf und wunderte sich, wo ich denn meine Augen gehabt hätte. In seinem realistischen Sinne, als Land- und Forstmann, fand er trotz aller Unkunde in
15 Kunstdingen den Fehler schnell und leicht heraus.

„Diese Bäume", sagte er, „sehen ja einer dem andern ähnlich und alle zusammen gar keinem wirklichen! Diese Felsen und Steine könnten keinen Augenblick so aufeinander 2 liegen, ohne zusammenzufallen! Hier ist ein Wasserfall, dessen Masse einen der größeren Fälle verkündet, die aber über kleinliche Bachsteine stürzt, als ob ein Regiment Soldaten über einen Span stolperte; hierzu wäre 2 eine tüchtige Felswand erforderlich; indessen nimmt es mich eigentlich wunder, wo zum Teufel in der Nähe der Stadt ein solcher Fall zu finden ist! Dann möchte ich auch wissen, was an solchen verfaulten Weidenstöcken Zeich- 3 nenswertes ist, da dünkt mich doch eine gesunde Eiche oder Buche erbaulicher" usf. [...] Gleich am ersten Tage nach meiner Ankunft stellte mir der Oheim, um mich wieder auf eine reale Bahn zu leiten, die Aufgabe, seine 3 Besitzung, Haus, Garten und Bäume, genau und bedächtig zu zeichnen und ein getreues Bild davon zu entwerfen. Er machte mich aufmerksam auf alle Eigentümlichkeiten und auf das, was er besonders hervorgehoben wünsch- 4 te, und wenn seine Andeutungen auch eher dem Bedürfnisse eines rüstigen Besitzers als demjenigen eines Kunstverständigen entsprachen, so ward ich doch dadurch genötigt, die Gegenstände wieder einmal genau anzusehen 4 und in allen ihren eigentümlichen Oberflächen zu verfolgen. Die allereinfachsten Dinge am

Hause selbst, sogar die Ziegel auf dem Dache, gaben mir nun wieder mehr zu schaffen als ich je gedacht hatte und veranlassten mich, auch die umstehenden Bäume in gleicher Weise gewissenhafter zu zeichnen; ich lernte die aufrichtige Arbeit und Mühe wieder kennen, und indem darüber eine Arbeit entstand, die mich in ihrer anspruchslosen Durchgeführt- heit selbst unendlich mehr befriedigte als die marktschreierischen Produkte der jüngsten Zeit, erwarb ich mir mit saurer Mühe den Sinn des Schlichten, aber Wahren.

---

1. Bestimmen Sie, von welchem Standpunkt aus der Onkel die Zeichnungen des grünen Heinrich kritisiert.
2. Inwiefern wird der grüne Heinrich durch seinen Onkel künstlerisch auf den Weg gebracht?

Theodor Fontane

Was verstehen wir unter Realismus? (1853)

Vor allen Dingen verstehen wir nicht darunter das nackte Wiedergeben alltäglichen Lebens, am wenigsten seines Elends und seiner Schattenseiten. Traurig genug, dass es nötig ist, derlei sich von selbst verstehende Dinge noch erst versichern zu müssen. Aber es ist noch nicht allzu lange her, dass man (namentlich in der Malerei) Misere mit Realismus verwechselte und bei Darstellung eines sterbenden Proletariers, den hungernde Kinder umstehen, oder gar bei Produktionen jener so genannten Tendenzbilder (schlesische Weber, das Jagd-recht u. dgl. m.) sich einbildete, der Kunst eine glänzende Richtung vorgezeichnet zu haben. Diese Richtung verhält sich zum echten Realismus wie das rohe Erz zum Metall: Die Läuterung fehlt. Wohl ist das Motto des Realismus der Goethe'sche Zuruf:

Greif nur hinein ins volle Menschenleben,
Wo du es packst, da ist's interessant,

aber freilich, die Hand, die diesen Griff tut, muss eine künstlerische sein. Das Leben ist doch immer nur der Marmorsteinbruch, der den Stoff zu unendlichen Bildwerken in sich trägt; sie schlummern darin, aber nur dem Auge des Geweihten sichtbar und nur durch seine Hand zu erwecken. Der Block an sich,

Adolph Menzel: Das Eisenwalzwerk (Moderne Cyklopen, 1875)

nur herausgerissen aus einem größeren Ganzen, ist noch kein Kunstwerk, und dennoch
30 haben wir die Erkenntnis als einen unbeding-
ten Fortschritt zu begrüßen, dass es zunächst
des Stoffes, oder sagen wir lieber des Wirklichen, zu allem künstlerischen Schaffen bedarf. Diese Erkenntnis, sonst nur im Einzel-
35 nen mehr oder minder lebendig, ist in einem
Jahrzehnt zu fast universeller Herrschaft in
den Anschauungen und Produktionen unserer Dichter gelangt und bezeichnet einen
abermaligen Wendepunkt in unserer Lite-
40 ratur. […]
Wenn wir in Vorstehendem – mit Ausnahme
eines einzigen Kernspruchs – uns lediglich
negativ verhalten und überwiegend hervorgehoben haben, was der Realismus nicht ist,
45 so geben wir nunmehr unsere Ansicht über
das, was er ist, mit kurzen Worten dahin ab: Er
ist die Widerspiegelung alles wirklichen Le-

bens, aller wahren Kräfte und Interessen im
Elemente der Kunst; er ist, wenn man uns
diese scherzhafte Wendung verzeiht, eine 50
„Interessenvertretung" auf seine Art. Er umfängt das ganze reiche Leben, das Größte wie
das Kleinste: den Kolumbus, der der Welt eine
neue zum Geschenk machte, und das Wasser-
tierchen, dessen Weltall der Tropfen ist; den 55
höchsten Gedanken, die tiefste Empfindung
zieht er in seinen Bereich, und die Grübeleien
eines Goethe wie Lust und Leid eines
Gretchen sind sein Stoff. Denn alles das ist
wirklich. Der Realismus will nicht die bloße 60
Sinnenwelt und nichts als diese; er will am
allerwenigsten das bloß Handgreifliche, aber
er will das Wahre. Er schließt nichts aus als
die Lüge, das Forcierte, das Nebelhafte,
das Abgestorbene – vier Dinge, mit denen 65
wir glauben, eine ganze Literaturepoche
bezeichnet zu haben.

---

1. Definieren Sie mit eigenen Worten, was Fontane unter realistischer Kunst und was er unter der Wirklichkeit
   als Gegenstand dieser Kunst versteht.
2. Gegen welche Kunst- und Literaturrichtungen wendet sich Fontane in den Zeilen 6–17 und 63–67?
3. Führen Sie in Ihrem Kurs ein Streitgespräch über die Aufgaben und die „richtige" Beschaffenheit von Kunst
   und Literatur zwischen einem Vertreter des bürgerlichen Realismus und Vertretern der Kunstrichtungen,
   die Fontane in seinem Text kritisiert. Als weiterer Gesprächsteilnehmer können Sie einen heutigen Schriftsteller bzw. Künstler auftreten lassen.
4. Diskutieren Sie, ob Adolph Menzels Bild auf S. 269 Fontanes Anforderungen an den Realismus entspricht.

Theodor Fontane

Frau Jenny Treibel (1893)

*Jenny Treibel, geb. Bürstenbinder, stammt
aus kleinbürgerlichem Milieu. Bei ihrer
Heirat entscheidet sie sich gegen den Gym-
nasialprofessor Willibald Schmidt, der ihr
den Hof macht, und für den reichen Fabrikanten Treibel, der den Titel eines Kommer-
zienrats trägt. Schmidts und Treibels bleiben
sich aber freundschaftlich verbunden und
verkehren gesellschaftlich miteinander. Wenn
die Romanhandlung beginnt, lebt Schmidt,
der früh verwitwet ist, mit seiner erwachsenen Tochter Corinna zusammen, die mit
ihrem Temperament und ihrer geistigen Reg-
samkeit ganz in die Fußstapfen des Vaters
tritt; Treibels haben zwei Söhne, deren Existenz ganz auf die Übernahme des väter-
lichen Erbes ausgerichtet ist. Bei einer*

*Landpartie mit mehreren Bekannten und
Freunden des Hauses Treibel, unter ihnen
auch die Schmidts, verlobt sich Leopold, der
jüngere Treibel-Sohn, heimlich mit Corinna.
Der Textauszug beginnt mit der Rückkehr
von dieser Landpartie.*

Ziemlich um dieselbe Zeit, wo der Felgen-
treu'sche Wagen in der Adlerstraße hielt, um
daselbst abzusetzen, hielt auch der Treibel'-
sche Wagen vor der kommerzienrätlichen
Wohnung, und die Rätin samt ihrem Sohn 5
Leopold stiegen aus, während der alte Treibel
auf seinem Platze blieb und das junge Paar[1] –
das wieder die Pferde geschont hatte – die
Köpenicker Straße hinunter bis an den „Holz-
hof" begleitete. Von dort aus, nach einem 10

1 **das junge Paar:** Treibels älterer Sohn Otto und dessen
Ehefrau

herzhaften Schmatz (denn er spielte gern den zärtlichen Schwiegervater), ließ er sich zu Buggenhagens fahren, wo Parteiversammlung war. Er wollte doch mal wieder sehen, wie's stünde, und, wenn nötig, auch zeigen, dass ihn die Korrespondenz in der „Nationalzeitung" nicht niedergeschmettert habe.

Die Kommerzienrätin, die für gewöhnlich die politischen Gänge Treibels belächelte, wenn nicht beargwöhnte – was auch vorkam –, heute segnete sie Buggenhagen und war froh, ein paar Stunden allein sein zu können. Der Gang mit Willibald hatte so vieles wieder in ihr angeregt. Die Gewissheit, sich verstanden zu sehen – es war doch eigentlich das Höhere. „Viele beneiden mich, aber was hab ich am Ende? Stuck und Goldleisten und die Honig[2] mit ihrem sauersüßen Gesicht. Treibel ist gut, besonders auch gegen mich: aber die Prosa lastet bleischwer auf ihm, und wenn er es nicht empfindet, ich empfinde es … Und dabei Kommerzienrätin und immer wieder Kommerzienrätin. Es geht nun schon in das zehnte Jahr, und er rückt nicht höher hinauf, trotz aller Anstrengungen. Und wenn es so bleibt, und es wird so bleiben, so weiß ich wirklich nicht, ob nicht das andere, das auf Kunst und Wissenschaft deutet, doch einen feineren Klang hat. Ja, den hat es … Und mit den ewigen guten Verhältnissen! Ich kann doch auch nur eine Tasse Kaffee trinken, und wenn ich mich zu Bett lege, so kommt es darauf an, dass ich schlafe, Birkenmaser oder Nussbaum macht keinen Unterschied, aber Schlaf oder Nichtschlaf, das macht einen, und mitunter flieht mich der Schlaf, der des Lebens Bestes ist, weil er uns das Leben vergessen lässt … Und auch die Kinder wären anders. Wenn ich die Corinna ansehe, das sprüht alles von Lust und Leben, und wenn sie bloß so macht, so steckt sie meine beiden Jungen in die Tasche. Mit Otto ist nicht viel, und mit Leopold ist gar nichts."

Jenny, während sie sich in süße Selbsttäuschungen wie diese versenkte, trat ans Fenster und sah abwechselnd auf den Vorgarten und die Straße. Drüben, im Hause gegenüber, hoch oben in der offenen Mansarde, stand, wie ein Schattenriss in hellem Licht, eine Plätterin, die mit sicherer Hand über das Plätt-

brett hinfuhr – ja, es war ihr, als höre sie das Mädchen singen. Der Kommerzienrätin Auge mochte von dem anmutigen Bilde nicht lassen, und etwas wie wirklicher Neid überkam sie.

Sie sah erst fort, als sie bemerkte, dass hinter ihr die Tür ging. Es war Friedrich, der den Tee brachte. „Setzen Sie hin, Friedrich, und sagen Sie Fräulein Honig, es wäre nicht nötig."

„Sehr wohl, Frau Kommerzienrätin. Aber hier ist ein Brief."

„Ein Brief?", fuhr die Rätin heraus. „Von wem?"

„Vom jungen Herrn."

„Von Leopold?"

„Ja, Frau Kommerzienrätin … Und es wäre Antwort …"

„Brief … Antwort … Er ist nicht recht gescheit", und die Kommerzienrätin riss das Kuvert auf und überflog den Inhalt. „Liebe Mama! Wenn es dir irgend passt, ich möchte heute noch eine kurze Unterredung mit dir haben. Lass mich durch Friedrich wissen, ja oder nein. Dein Leopold."

Jenny war derart betroffen, dass ihre sentimentalen Anwandlungen auf der Stelle hinschwanden. So viel stand fest, dass das alles nur etwas sehr Fatales bedeuten konnte. Sie raffte sich aber zusammen und sagte: „Sagen Sie Leopold, dass ich ihn erwarte."

Das Zimmer Leopolds lag über dem ihrigen; sie hörte deutlich, dass er rasch hin und her ging und ein paar Schubkästen, mit einer ihm sonst nicht eigenen Lautheit, zuschob. Und gleich danach, wenn nicht alles täuschte, vernahm sie seinen Schritt auf der Treppe. Sie hatte recht gehört, und nun trat er ein und wollte (sie stand noch in der Nähe des Fensters) durch die ganze Länge des Zimmers auf sie zuschreiten, um ihr die Hand zu küssen; der Blick aber, mit dem sie ihm begegnete, hatte etwas so Abwehrendes, dass er stehen blieb und sich verbeugte.

„Was bedeutet das, Leopold? Es ist jetzt zehn, also nachtschlafende Zeit, und da schreibst du mir ein Billett und willst mich sprechen. Es ist mir neu, dass du was auf der Seele hast, was keinen Aufschub bis morgen früh duldet. Was hast du vor? Was willst du?"

„Mich verheiraten, Mutter. Ich habe mich verlobt."

Die Kommerzienrätin fuhr zurück, und ein Glück war es, dass das Fenster, an dem sie

2 **Fräulein Honig:** Wirtschafterin im Hause Treibel

stand, ihr eine Lehne gab. Auf viel Gutes hatte sie nicht gerechnet, aber eine Ver-
115 lobung über ihren Kopf weg, das war doch mehr, als sie gefürchtet. War es eine der Felgentreus? Sie hielt beide für dumme Dinger und die ganze Felgentreuerei für erheblich unterm Stand; er, der Alte, war
120 Lageraufseher in einem großen Leder-geschäft gewesen und hatte schließlich die hübsche Wirtschaftsmamsell des Prinzipals, eines mit seiner weiblichen Umge-bung oft wechselnden Witwers, geheiratet.
125 So hatte die Sache begonnen und ließ in ihren Augen viel zu wünschen übrig. Aber verglichen mit den Munks, war es noch

lange das Schlimmste nicht, und so sagte sie denn:
„Elfriede oder Blanca?"
„Keine von beiden."
„Also ..."
„Corinna."
Das war zu viel. Jenny kam in ein halb ohn-mächtiges Schwanken, und sie wäre, ange-sichts ihres Sohnes, zu Boden gefallen, wenn sie der schnell Herzuspringende nicht auf-gefangen hätte. Sie war nicht leicht zu halten und noch weniger leicht zu tragen; aber der arme Leopold, den die ganze Situation über sich selbst hinaushob, bewährte sich auch physisch und trug die Mama bis ans Sofa.

---

1. Schreiben Sie ein Porträt der Titelfigur, in dem deren Lebensumstände, Gefühle und Gedanken, aber auch das Aussehen, wie Sie es sich vorstellen, deutlich werden.
2. Welches Bild von der Gesellschaft wird in dem Romanauszug entworfen? Welche Einstellung des Erzählers zu dieser Gesellschaft und ihren Repräsentanten wird in der Art des Erzählens erkennbar?
3. a) Entwerfen Sie eine Fortsetzung des Textes.
   b) Vergleichen Sie Ihre Entwürfe mit einer Inhaltsangabe des gesamten Romans. Schlagen Sie in einem Romanführer oder in „Kindlers Literaturlexikon" nach.

Gottfried Keller

Romeo und Julia
auf dem Dorfe (1856)

Zwei Jugendliche in einem Schweizer Dorf, Sali und Vrenchen, verlieben sich inein-ander. Aus einem nichtigen Anlass haben sich ihre Väter, zwei Bauern, verfeindet und tragen ihren Streit in unerbittlicher Starrheit mit Hilfe von Anwälten aus. Die Liebenden treffen sich heimlich auf einer Kirchweih, tanzen ausgelassen mit anderen Jungen und Mädchen hinter einem Geiger her aus dem Dorf heraus und wandern dann allein durch die abendlich-stille Landschaft.

Sie horchten ein Weilchen auf diese einge-bildeten oder wirklichen Töne, welche von der großen Stille herrührten oder welche sie mit den magischen Wirkungen des Mond-
5 lichtes verwechselten, welches nah und fern über die weißen Herbstnebel wallte, welche tief auf den Gründen lagen. Plötzlich fiel Vrenchen etwas ein; es suchte in seinem Brustgewand und sagte: „Ich habe dir noch
10 ein Andenken gekauft, das ich dir geben wollte!" Und es gab ihm den einfachen Ring

und steckte ihm denselben selbst an den Finger. Sali nahm sein Ringlein auch hervor und steckte ihn an Vrenchens Hand, indem er sagte: „So haben wir die gleichen Gedanken gehabt!" Vrenchen hielt seine Hand in das bleiche Silberlicht und betrachtete den Ring. „Ei, wie ein feiner Ring!", sagte es lachend; „nun sind wir aber doch verlobt und ver-sprochen, du bist mein Mann und ich deine Frau, wir wollen es einmal einen Augenblick lang denken, nur bis jener Nebelstreif am Mond vorüber ist oder bis wir zwölf gezählt haben! Küsse mich zwölfmal!"
Sali liebte gewiss ebenso stark als Vrenchen, aber die Heiratsfrage war in ihm doch nicht so leidenschaftlich lebendig als ein bestimmtes Entweder-oder, als ein unmittelbares Sein oder Nichtsein, wie in Vrenchen, welches nur das eine zu fühlen fähig war und mit leiden-schaftlicher Entschiedenheit unmittelbar Tod oder Leben darin sah. Aber jetzt ging ihm end-lich ein Licht auf und das weibliche Gefühl des jungen Mädchens ward in ihm auf der Stelle zu einem wilden und heißen Verlangen und eine glühende Klarheit erhellte ihm die Sinne. So heftig er Vrenchen schon umarmt und liebkost hatte, tat er es jetzt doch ganz

anders und stürmischer und übersäete es mit Küssen. Vrenchen fühltc trotz aller eigenen Leidenschaft auf der Stelle diesen Wechsel und ein heftiges Zittern durchfuhr sein ganzes Wesen, aber ehe jener Nebelstreif am Monde vorüber war, war es auch davon ergriffen. Im heftigen Schmeicheln und Ringen begegneten sich ihre ringgeschmückten Hände und fassten sich fest, wie von selbst eine Trauung vollziehend, ohne den Befehl eines Willens. Salis Herz klopfte bald wie mit Hämmern, bald stand es still, er atmete schwer und sagte leise: „Es gibt eines für uns, Vrenchen, wir halten Hochzeit zu dieser Stunde und gehen dann aus der Welt – dort ist das tiefe Wasser – dort scheidet uns niemand mehr und wir sind zusammen gewesen – ob kurz oder lang, das kann uns dann gleich sein. –"

Vrenchen sagte sogleich: „Sali – was du da sagst, habe ich schon lang bei mir gedacht und ausgemacht, nämlich dass wir sterben könnten und dann alles vorbei wäre – so schwör mir es, dass du es mit mir tun willst!"

„Es ist schon so gut wie getan, es nimmt dich niemand mehr aus meiner Hand als der Tod!", rief Sali außer sich. Vrenchen aber atmete hoch auf, Tränen der Freude entströmten seinen Augen; es raffte sich auf und sprang leicht wie ein Vogel über das Feld gegen den Fluss hinunter. Sali eilte ihm nach; denn er glaubte, es wolle ihm entfliehen, und Vrenchen glaubte, er wolle es zurückhalten. So sprangen sie einander nach und Vrenchen lachte wie ein Kind, welches sich nicht will fangen lassen. „Bereust du es schon?", rief eines zum andern, als sie am Flusse angekommen waren und sich ergriffen; „nein! es freut mich immer mehr!", erwiderte ein jedes. Aller Sorgen ledig gingen sie am Ufer hinunter und überholten die eilenden Wasser, so hastig suchten sie eine Stätte, um sich niederzulassen; denn ihre Leidenschaft sah jetzt nur den Rausch der Seligkeit, der in ihrer Vereinigung lag, und der ganze Wert und Inhalt des übrigen Lebens drängte sich in diesem zusammen; was danach kam, Tod und Untergang, war ihnen ein Hauch, ein Nichts, und sie dachten weniger daran, als ein Leichtsinniger denkt, wie er den andern Tag leben will, wenn er seine letzte Habe verzehrt.

„Meine Blumen gehen mir voraus", rief Vrenchen, „sieh, sie sind ganz dahin und ver-welkt!" Es nahm sie von der Brust, warf sie ins Wasser und sang laut dazu: „Doch süßer als ein Mandelkern ist meine Lieb zu dir!"

„Halt!", rief Sali, „hier ist dein Brautbett!"

Sie waren an einen Fahrweg gekommen, der vom Dorfe her an den Fluss führte, und hier war eine Landungsstelle, wo ein großes Schiff, hoch mit Heu beladen, angebunden lag. In wilder Laune begann er unverweilt die starken Seile loszubinden. Vrenchen fiel ihm lachend in den Arm und rief: „Was willst du tun? Wollen wir den Bauern ihr Heuschiff stehlen zu guter Letzt?" – „Das soll die Aussteuer sein, die sie uns geben, eine schwimmende Bettstelle und ein Bett, wie noch keine Braut gehabt! Sie werden überdies ihr Eigentum unten wiederfinden, wo es ja doch hin soll, und werden nicht wissen, was damit geschehen ist. Sieh, schon schwankt es und will hinaus!"

Das Schiff lag einige Schritte vom Ufer entfernt im tiefen Wasser. Sali hob Vrenchen mit seinen Armen hoch empor und schritt durch das Wasser gegen das Schiff; aber es liebkoste ihn so heftig ungebärdig und zappelte wie ein Fisch, dass er im ziehenden Wasser keinen Stand halten konnte. Es strebte Gesicht und Hände ins Wasser zu tauchen und rief: „Ich will auch das kühle Wasser versuchen! Weißt du noch, wie kalt und nass unsere Hände waren, als wir sie uns zum ersten Mal gaben? Fische fingen wir damals, jetzt werden wir selber Fische sein und zwei schöne große!" – „Sei ruhig, du lieber Teufel!", sagte Sali, der Mühe hatte, zwischen dem tobenden Liebchen und den Wellen sich aufrecht zu halten, „es zieht mich sonst fort!" Er hob seine Last in das Schiff und schwang sich nach; er hob sie auf die hochgebettete weiche und duftende Ladung und schwang sich auch hinauf, und als sie oben saßen, trieb das Schiff allmählich in die Mitte des Stromes hinaus und schwamm dann, sich langsam drehend, zu Tal.

Der Fluss zog bald durch hohe dunkle Wälder, die ihn überschatteten, bald durch offenes Land; bald an stillen Dörfern vorbei, bald an einzelnen Hütten; hier geriet er in eine Stille, dass er einem ruhigen See glich und das Schiff beinah stillhielt, dort strömte er um Felsen und ließ die schlafenden Ufer schnell hinter sich; und als die Morgenröte aufstieg, tauchte zugleich eine Stadt mit ihren Türmen aus dem silbergrauen Strome. Der untergehende Mond, rot wie Gold, legte eine glänzende Bahn den Strom hinauf und auf dieser kam das Schiff langsam überquer gefahren. Als es sich der Stadt näherte, glitten im Froste des Herbstmorgens zwei bleiche Gestalten, die sich fest umwanden, von der dunklen Masse herunter in die kalten Fluten.

Das Schiff legte sich eine Weile nachher unbeschädigt an eine Brücke und blieb da stehen. Als man später unterhalb der Stadt die Leichen fand und ihre Herkunft ausgemittelt hatte, war in den Zeitungen zu lesen, zwei junge Leute, die Kinder zweier blutarmen zu Grunde gegangenen Familien, welche in unversöhnlicher Feindschaft lebten, hätten im Wasser den Tod gesucht, nachdem sie einen ganzen Nachmittag herzlich miteinander getanzt und sich belustigt auf einer Kirchweih. Es sei dies Ereignis vermutlich in Verbindung zu bringen mit einem Heuschiff aus jener Gegend, welches ohne Schiffleute in der Stadt gelandet sei, und man nehme an, die jungen Leute haben das Schiff entwendet, um darauf ihre verzweifelte und gottverlassene Hochzeit zu halten, abermals ein Zeichen von der um sich greifenden Entsittlichung und Verwilderung der Leidenschaften.

1. Untersuchen Sie den Schluss von Kellers Novelle im Hinblick auf Denkweise und Verhalten der beiden Liebenden, die Schilderung der Natur und die Darstellung des Liebestods.

▷ S. 143 ff. 2. a) Analysieren Sie die ▷ **Erzählweise** in Kellers Text und berücksichtigen Sie dabei insbesondere Erzählhaltung und -perspektive.

   b) Vergleichen Sie die Erzählweise Kellers mit der Fontanes im Auszug aus dem Roman „Frau Jenny Treibel" (▷ S. 270 ff.).

   c) Untersuchen Sie, ob und inwiefern die Erzählweisen Kellers und Fontanes mit dem Konzept des bürgerlichen Realismus übereinstimmen.

3. a) Keller schrieb seine Novelle nach einer tatsächlichen Begebenheit, die er aus der Zeitung erfuhr. Schreiben Sie einen Zeitungsbericht, der als Quelle für die Geschichte hätte dienen können, und einen Kommentar, in dem das Ereignis reflektiert wird.

   b) Rekonstruieren Sie, ausgehend vom Schluss der Novelle „Romeo und Julia auf dem Dorfe", die vorangegangenen Handlungsschritte.

4. Übertragen Sie das „Romeo-und-Julia"-Motiv in andere Milieus und schreiben Sie dazu Geschichten, die realistisch geprägt sind. Vergleichen Sie Ihre Geschichten und deren Realismus untereinander und mit Kellers Erzählung.

FÄCHERVERBINDENDES PROJEKT DEUTSCH – FREMDSPRACHEN

Stellen Sie in Ihrem Kurs Romane unterschiedlicher europäischer Realisten vor (z. B. Balzac, Flaubert, Dickens, Tolstoi) und vergleichen Sie diese Werke im Hinblick auf Inhalt und Schreibweise mit dem bürgerlichen Realismus in Deutschland. Veröffentlichen Sie Ihre Ergebnisse in einem Reader oder in Form einer Dokumentation auf einer Stellwand.

Epochenüberblick: Bürgerlicher Realismus (1848–1890)

Dem bürgerlichen Realismus geht es um die Darstellung der Wirklichkeit, allerdings nicht im Sinne einer bloßen Widerspiegelung der vorgefundenen Realität, sondern im Sinne einer künstlerischen Gestaltung der Stoffvorlage. Bei der dichterischen Bearbeitung orientieren sich die bürgerlichen Realisten in **Roman** und **Novelle,** die als dominierende Gattungen

▷ S. 238 f.
▷ S. 233 ff.

erscheinen, am Vorbild des ▷ Bildungsromans aus der Goethezeit und in der Dramatik und Lyrik an stilistischen Mustern aus ▷ Klassik, Romantik und Biedermeier.

Zwei auffallende Tendenzen in der Themenwahl sind der **Regionalismus** und der **Historismus.** Die Autoren meiden die großen gesellschaftspolitischen Probleme und wenden sich der engeren lokalen Heimat mit ihrer Landschaft und ihren Menschen zu – oder sie ziehen sich in die Geschichte zurück, allerdings nicht zum Zwecke politischer Aufklärung, sondern um Historienbilder auszumalen.

Im Zentrum aller Romane, Dramen und Gedichte steht weiterhin der Einzelmensch, das **Individuum,** obwohl die Wirklichkeit zunehmend von den durch Industrialisierung und Verstädterung geschaffenen Menschenmassen bestimmt wurde. Stilistisches Merkmal vieler Werke des poetischen Realismus ist der **Humor** in seinen verschiedenen Spielarten zwischen Milde und Bitterkeit. Er ermöglicht die Distanz zu dem eigentlich Unerträglichen und Empörenden in der Wirklichkeit und legt den Leserinnen und Lesern ein augenzwinkerndes Sichabfinden mit den Gegebenheiten nahe.

Auch da, wo dieser Realismus schärfere gesellschaftskritische Konturen gewinnt, wie zum Beispiel in den Romanen THEODOR FONTANES, bleibt die Anklage auf einzelne Fehler und Schwächen im Gesellschaftsgefüge beschränkt und wendet sich nie gegen das ganze System und die Bedingungen seines Bestehens.

Wichtige Autoren und Werke

Theodor Storm (1817–1888): Der Schimmelreiter (Erzählung); Gedichte
Theodor Fontane (1819–1898): Schach von Wuthenow; Frau Jenny Treibel; Effi Briest; Der Stechlin (Romane); Wanderungen durch die Mark Brandenburg (Reiseschilderung)
Gottfried Keller (1819–1890): Der grüne Heinrich (Roman); Die Leute von Seldwyla (Novellen)
Wilhelm Busch (1832–1908): Max und Moritz; Die fromme Helene (Bildergeschichten); Gedichte

3.2 Naturalismus (1880–1900)

Eine neue Kunst: Angriffe und Rechtfertigungen

Wilhelm Liebknecht

Beitrag zu einer Parteitagsdebatte der SPD (1896)

Es ging in dieser Debatte um die Frage, ob in der „Neuen Welt", der Kulturbeilage zu allen Parteizeitungen, Texte der avantgardistischen Literatur des Naturalismus abgedruckt werden sollten.

Nun komme ich noch auf ein Moment, das von größter Bedeutung für das Proletariat ist. Das Jüngste Deutschland[1] hat als Produkt der Dekadenz, d.h. der Fäulnis der kapitalistischen Gesellschaft, eine gewisse prickelnde Lust, alle sexuellen Dinge auszumalen. Schon in der Fäulnis des alten Römerreichs hatten wir dieselbe Erscheinung. Und hier sage ich:

– ich bin wahrhaftig nicht prüde, in meiner Gegenwart kann man sehr vieles sagen; aber wenn vor heranwachsenden Kindern – die „Neue Welt" soll ja Familienblatt sein – diese geschlechtlichen Dinge behandelt werden, wie wirkt denn diese Erregung der Lüsternheit auf die Kinder! Das Proletariat wird heute schon so zu Grunde gerichtet durch soziale und ökonomische Verhältnisse; sollen wir noch dazu beitragen, Körper und Geist der Kinder des Proletariats zu ruinieren?

1 **das Jüngste Deutschland**: Eine Gruppe naturalistischer Schriftsteller, die sich in Anlehnung an das „Junge Deutschland" der Vormärz-Zeit (▷ S. 266) das „Jüngste Deutschland" nannte. Liebknecht ordnet sie hier der „Dekadenz" (▷ S. 290 f.) zu, womit er sicherlich nicht das Selbstverständnis dieser Schriftsteller trifft.

Kaiser Wilhelm II.

Aus einer Rede anlässlich der Enthüllung eines Denkmals zur preußisch-deutschen Geschichte (1901)

1894 kündigte der Monarch seine Loge im Deutschen Theater, weil dort Gerhart Hauptmanns „Die Weber" (▷ S. 279ff.) aufgeführt wurde. 1896 wurde auf Wilhelms Anordnung dem Autor des Stücks der gerade verliehene Schillerpreis wieder aberkannt.

Wenn nun die Kunst, wie es jetzt vielfach geschieht, weiter nichts tut, als das Elend noch scheußlicher hinzustellen, wie es schon ist, dann versündigt sie sich damit am deutschen Volke. Die Pflege der Ideale ist zugleich die 5 größte Kulturarbeit, und wenn wir hierin den anderen Völkern ein Muster sein und bleiben wollen, so muss das ganze Volk daran mitarbeiten, und soll die Kultur ihre Aufgabe voll erfüllen, dann muss sie bis in die untersten 10 Schichten des Volkes hindurchgedrungen sein. Das kann sie nur, wenn die Kunst die Hand dazu bietet, wenn sie *erhebt, statt dass sie in den Rinnstein niedersteigt.*

---

1. Arbeiten Sie die Übereinstimmungen und Unterschiede in den Kunstauffassungen von Kaiser und SPD-Vorsitzendem heraus.
2. Antworten Sie in Form eines offenen Briefes auf die Kritik an der naturalistischen Kunst.

Émile Zola

Vorwort zu „Thérèse Raquin" (1867)

Émile Zola, das französische Vorbild der deutschen Naturalisten, verteidigt sich im Vorwort zur zweiten Auflage seines Romans „Thérèse Raquin" gegen die Kritiker, die sein Werk als „Unflat" und „Kloake" bezeichnet hatten:

Ich habe in *Thérèse Raquin* Temperamente und nicht Charaktere ergründen wollen. Das kennzeichnet das ganze Buch. Ich habe Gestalten gewählt, die übermächtig von ihren
5 Nerven und ihrem Blut beherrscht werden, die keinen freien Willen besitzen und bei jeder Handlung ihres Lebens von den verhängnisvollen Fügungen ihrer Physis fortgerissen werden. Thérèse und Laurent sind Tiere in Men-
10 schengestalt, und weiter gar nichts. Ich habe bei diesen Tierwesen Schritt für Schritt dem dumpfen Sichauswirken der Leidenschaften zu folgen versucht, dem Schub des Instinktes, den Zerrüttungen des Gehirns im Gefolge ei-
15 ner Nervenkrisis. Die Liebesbeziehungen meiner beiden Helden sind die Stillung eines Bedürfnisses; der Mord, den sie begehen, ist eine Folge ihres Ehebruchs, welche Folge sie auf sich nehmen wie die Wölfe das Reißen von
20 Schafen; kurzum, was ich als ihre Gewissens-

bisse habe bezeichnen müssen, das besteht ganz einfach in einer Verwirrung des Organismus, in einer Rebellion des bis zum Bersten angespannten Nervensystems. Die Seele ist völlig abwesend, das gestehe ich ohne weite- 2
res ein, weil ich es so gewollt habe.
Ich hoffe, man beginnt jetzt zu verstehen, dass ich vor allem ein wissenschaftliches Ziel verfolgt habe. Als meine beiden Hauptgestalten Thérèse und Laurent geschaffen worden wa- 3
ren, habe ich es mir angelegen sein lassen, mir bestimmte Probleme zu stellen und zu lösen: auf diese Weise habe ich versucht, die seltsame Verbindung zu erklären, die sich zwischen zwei unterschiedlichen Temperamenten voll- 3
ziehen kann; ich habe die tiefen Verwirrungen einer sanguinischen Natur in ihrem Kontakt mit einer nervösen Natur aufgezeigt. Man möge den Roman sorgfältig lesen, dann wird man sehen, dass jedes Kapitel eine Studie über ei- 4
nen seltsamen physiologischen Fall darstellt. Mit einem Wort, ich habe lediglich den einen Wunsch gehabt: in den Gegebenheiten eines kraftvollen Mannes und einer unbefriedigten Frau das Tier aufzuspüren, sogar nichts zu se- 4
hen als die Bestie, und gewissenhaft die Empfindungen und Handlungen jener Menschenwesen nachzuzeichnen. Ich habe nichts getan, als an zwei lebendigen Körpern die analytische Arbeit durchzuführen, die die Chirur- 5
gen an Leichen vornehmen.

Eine der zehn Thesen der naturalistischen Schriftstellervereinigung „Durch!" (1886)

Die moderne Dichtung soll den Menschen mit Fleisch und Blut und mit seinen Leidenschaften in unerbittlicher Wahrheit zeichnen, ohne dabei die durch das Kunstwerk sich selbst ge-
5 zogene Grenze zu überschreiten, vielmehr um durch die Größe der Naturwahrheit die ästhetische Wirkung zu erhöhen.

Wilhelm Bölsche

Die naturwissenschaftlichen Grundlagen der Poesie (1887)

Für den Dichter aber scheint mir in der Tatsache der Willensunfreiheit der höchste Gewinn zu liegen. Ich wage es auszusprechen: Wenn sie nicht bestände, wäre eine wahre realisti-
5 sche Dichtung überhaupt unmöglich. Erst indem wir uns dazu aufschwingen, im menschlichen Denken Gesetze zu ergründen, erst indem wir einsehen, dass eine menschliche Handlung, wie immer sie beschaffen sei, das
10 restlose Ergebnis gewisser Faktoren, einer äußeren Veranlassung und einer innern Disposition, sein müsse und dass auch diese Disposition sich aus gegebenen Größen ableiten lasse – erst so können wir hoffen, jemals zu
15 einer wahren mathematischen Durchdringung der ganzen Handlungsweise eines Menschen zu gelangen und Gestalten vor unserm Auge aufwachsen zu lassen, die logisch sind, wie die Natur.

Arno Holz

Die Kunst. Ihr Wesen und ihre Gesetze (1891/92)

Vor mir auf meinem Tisch liegt eine Schiefertafel. Mit einem Steingriffel ist eine Figur auf sie gemalt, aus der ich absolut nicht klug werde. Für ein Dromedar hat sie nicht Beine ge-

nug, und für ein Vexierbild: „Wo ist die Katz?" 5
kommt sie mir wieder zu primitiv vor. Am ehesten möchte ich sie noch für eine Schlingpflanze oder für den Grundriss einer Landkarte halten. Ich würde sie mir vergeblich zu erklären versuchen, wenn ich nicht wüsste, dass 10
ihr Urheber ein kleiner Junge ist. Ich hole ihn mir also von draußen aus dem Garten her, wo der Bengel eben auf einen Kirschbaum geklettert ist, und frage ihn: „Du, was ist das hier?"
Und der Junge sieht mich ganz verwundert an, 15
dass ich das überhaupt noch fragen kann, und sagt: „Ein Suldat!"
Ein „Suldat"! Richtig! Jetzt erkenne ich ihn deutlich! Dieser unfreiwillige Klumpen hier soll sein Bauch, dieser Mauseschwanz sein 20
Säbel sein, und schräg über seinem Rücken hat er sogar noch so eine Art von zerbrochenem Schwefelholz zu hängen, das natürlich wieder nur seine Flinte sein kann. In der Tat! Ein „Suldat"! Und ich schenke dem Jungen ei- 25
nen schönen, blank geputzten Groschen, für den er sich nun wahrscheinlich Knallerbsen, Zündhütchen oder Malzzucker kaufen wird, und er zieht befriedigt ab. Dieser „Suldat" ist das, was ich suchte. […] 30
Ich habe also bis jetzt konstatiert, dass zwischen dem Ziel, das sich der Junge gestellt hatte, und dem Resultat, das er in Wirklichkeit, hier auf dem kleinen schwarzen Täfelchen vor mir, erreicht hat, eine Lücke klafft, die grauen- 35
haft groß ist. Ich wiederhole: dass diese Lücke nur für mich klafft, nicht aber auch bereits für ihn existierte, davon sehe ich einstweilen noch ganz ab.
Schiebe ich nun für das Wörtchen Resultat 40
das sicher auch nicht ganz unbezeichnende „Schmierage" unter, für Ziel „Soldat" und für Lücke „x", so erhalte ich hieraus die folgende niedliche kleine Formel: Schmierage = Soldat – x. Oder weiter, wenn ich für Schmierage 45
„Kunstwerk" und für Soldat das beliebte „Stück Natur" setze: Kunstwerk = Stück Natur – x. Oder noch weiter, wenn ich für Kunstwerk vollends „Kunst" und für Stück Natur „Natur" selbst setze: Kunst = Natur – x. 50

---

1. a) Ergänzen Sie die Zusammenstellung von programmatischen Äußerungen zum Naturalismus mit Hilfe von Literaturgeschichten und -lexika. Geben Sie bei allen Ihren Funden die Quellen an.
   b) Entwerfen Sie anhand der Auszüge aus den kunst- und literaturtheoretischen Schriften ein Programm des Naturalismus. Sie können das in Form einer Auflistung von Leitsätzen, in Form eines zusammenhängenden Textes oder in Form einer grafischen Übersicht tun.

2. Erläutern Sie vor dem Hintergrund des naturalistischen Literaturkonzepts die Probleme, die weite Teile der literarisch interessierten Öffentlichkeit, z. B. Wilhelm II. und W. Liebknecht (▷ S. 275 f.), mit der neuen Literatur hatten.

3. Vergleichen Sie das naturalistische Programm mit den Literaturprogrammen des Vormärz (▷ S. 255 ff.) und des bürgerlichen Realismus (▷ S. 267 ff.).

Fenster in die Wirklichkeit

Arno Holz/Johannes Schlaf

Papa Hamlet (1889)

Niels Thienwiebel, ein heruntergekommener, dem Alkohol verfallener Schauspieler ohne Anstellung, fristet mit seiner kranken Frau Amalie und seinem Sohn Fortinbras, einem kleinen Asthmatiker, ein elendes Leben in einer Dachstube.

Er war jetzt zu ihr unter die Decke gekrochen, die Unterhosen hatte er anbehalten.

„Nicht mal Platz genug zum Schlafen hat man!"

5 Er reckte sich und dehnte sich.

„So 'n Hundeleben! Nicht mal schlafen kann man!"

Er hatte sich wieder auf die andre Seite gewälzt. Die Decke von ihrer Schulter hatte er

10 mit sich gedreht, sie lag jetzt fast bloß da . . . . .
. . . .
. . . .

[…]

Sie hustete.

15 „Ach Gott, ja! Und nu bist du auch noch so krank! Und das Kind! Dies viele Nähen… Aber du schonst dich ja auch gar nicht … ich sag's ja!"

Sie hatte wieder zu schluchzen angefangen.

20 „Du – hättest – doch lieber, – Niels …"

„Ja … ja! Ich seh's ja jetzt ein! Ich hätt's annehmen sollen! Ich hätt' ja später immer noch … ich seh's ja ein! Es war unüberlegt! Ich hätte zugreifen sollen! Aber – nu sag doch!!"

25 „Hast du ihn – denn nicht … denn nicht – wenigstens zu – Haus getroffen?"

„Ach Gott, ja, aber … aber, du weißt ja! Er hat ja auch nichts! Was macht man nu bloß? Man kann sich doch nicht das Leben nehmen?!"

30 Er hatte jetzt ebenfalls zu weinen angefangen.

„Ach Gott! Ach Gott!"

Sein Gesicht lag jetzt mitten auf ihrer Brust.

Sie zuckte!

„Ach Gott! Ach Gott!!"

35 Der dunkle Rand des Glases oben quer über der Decke hatte wieder unruhig zu zittern begonnen, die Schatten, die das Geschirr warf, schwankten, dazwischen glitzerten die Wasserstreifen . . . .

40 „Ach, nich doch, Niels! Nich doch! Das Kind – ist ja schon wieder auf! Das – Kind schreit ja! Das – Kind, Niels! … Geh doch mal hin! Um Gottes willen!!" Ihre Ellbogen hinten hatte sie jetzt fest in die Kissen gestemmt, ihre Nacht-

45 jacke vorn stand weit auf.

Durch das dumpfe Gegurgel drüben war es jetzt wie ein dünnes, heisres Gebell gebrochen. Aus den Lappen her wühlte es, der ganze Korb war in ein Knacken geraten.

50 „Sieh doch mal nach!!"

„Natürlich! Das hat auch grade noch gefehlt! Wenn das Balg doch der Deuwel holte! …"

Er war jetzt wieder in die Pantoffeln gefahren.

„Nicht mal die Nacht mehr hat man Ruhe!

55 Nicht mal die Nacht mehr!!"

Das Geschirr auf dem Tisch hatte wieder zu klirren begonnen, die Schatten oben über die Wand hin schaukelten. –

„Na? Du!! Was gibt's denn nu schon wieder?

60 Na? … Wo ist er denn? … Ae, Schweinerei!"

Er hatte den Lutschpfropfen gefunden und wischte ihn sich nun an den Unterhosen ab.

„So 'ne Kälte! Na? Wird's nu bald? Na? Nimm's doch, Kamel! Nimm's doch! Na?!"

65 Der kleine Fortinbras jappte!

Sein Köpfchen hatte sich ihm hinten ins Genick gekrampft, er bohrte es jetzt verzweifelt nach allen Seiten.

„Na? Willst du nu, oder nicht?! – – Bestie!!"

70 „Aber – Niels! Um Gottes willen! Er hat ja wieder den – Anfall!"

„Ach was! Anfall! – – Da! Friss!!"

„Herrgott, Niels …"

„Friss!!!"

75 „Niels!"

„Na? Bist du – nu still? Na? – Bist du – nu still? Na?! Na?!"

„Ach Gott! Ach Gott, Niels, was, was – machst du denn bloß?! Er, er – schreit ja gar nicht mehr! Er … Niels!!"

80 Sie war unwillkürlich zurückgeprallt. Seine ganze Gestalt war vornüber geduckt, seine knackenden Finger hatten sich krumm in den Korbrand gekrallt. Er stierte sie an. Sein Ge-

85 sicht war aschfahl.

„Die … L-ampe! Die … L-ampe! Die … L-ampe!"

„Niels!!!"

Sie war rücklings vor ihm gegen die Wand ge-

90 taumelt.

„Still! Still!! K-lopft da nicht wer?"

Ihre beiden Hände hinten hatten sich platt über die Tapete gespreizt, ihre Knie schlotterten.

95 „K-lopft da nicht wer?"

Er hatte sich jetzt noch tiefer geduckt. Sein Schatten über ihm pendelte, seine Augen sahen jetzt plötzlich weiß aus.

Eine Diele knackte, das Öl knisterte, draußen

100 auf die Dachrinne tropfte das Tauwetter.

Tipp . . . . Tipp . . . . Tipp . . . . Tipp . . . .

Gerhart Hauptmann

Die Weber[1]
Auszug aus dem 2. Akt (1892)

Das Stübchen des Häuslers[2] Wilhelm Ansorge zu Kaschbach im Eulengebirge. In einem engen, von der sehr schadhaften Diele bis zur schwarz verräucherten Balkendecke

5 *nicht sechs Fuß hohen Raum sitzen: zwei junge Mädchen, Emma und Bertha Baumert, an Webstühlen – Mutter Baumert, eine kontrakte[3] Alte, auf einem Schemel am Bett, vor sich ein Spulrad – ihr Sohn August,*

10 *zwanzigjährig, idiotisch, mit kleinem Rumpf und Kopf und langen, spinnenartigen Extremitäten, auf einem Fußschemel,*

ebenfalls spulend. Durch zwei kleine, zum Teil mit Papier verklebte und mit Stroh ver-stopfte Fensterlöcher der linken Wand dringt

15 *schwaches, rosafarbenes Licht des Abends. Es fällt auf das weißblonde, offene Haar der Mädchen, auf ihre unbekleideten, mageren Schultern sowie dünne wächserne Nacken, auf die Falten des groben Hemdes im*

20 *Rücken, das, nebst einem kurzen Röckchen aus härtester Leinewand, ihre einzige Bekleidung ist. Der alten Frau leuchtet der warme Hauch voll über Gesicht, Hals und Brust: ein Gesicht, abgemagert zum Skelett,*

25 *mit Falten und Runzeln in einer blutlosen Haut, mit versunkenen Augen, die durch Wollstaub, Rauch und Arbeit bei Licht entzündlich gerötet und wässrig sind, einen langen Kropfhals mit Falten und Sehnen, ei-*

30 *ne eingefallene, mit verschossenen Tüchern und Lappen verpackte Brust.*

Ein Teil der rechten Wand mit Ofen und Ofenbank, Bettstelle und mehreren grell getuschten Heiligenbildern steht auch noch im

35 *Licht. – Auf der Ofenstange hängen Lumpen zum Trocknen, hinter dem Ofen ist altes, wertloses Gerümpel angehäuft. Auf der Ofenbank stehen einige alte Töpfe und Kochgeräte, Kartoffelschalen sind zum Dör-*

40 *ren auf Papier gelegt. – Von den Balken herab hängen Garnsträhne und Weifen[4]. Körbchen mit Spulen stehen neben den Webstühlen. In der Hinterwand ist eine niedrige Tür ohne Schloss. Ein Bündel Wei-*

45 *denruten ist daneben an die Wand gelehnt. Mehrere schadhafte Viertelkörbe stehen dabei. – Das Getöse der Webstühle, das rhythmische Gewuchte der Lade[5], davon Erdboden und Wände erschüttert werden, das*

50 *Schlurren und Schnappen des hin- und hergeschnellten Schiffchens[5] erfüllen den Raum. Dahinein mischt sich das tiefe, gleichmäßig fortgesetzte Getön der Spulräder, das dem Summen großer Hummeln gleicht.*

55

MUTTER BAUMERT, *mit einer kläglichen erschöpften Stimme, als die Mädchen mit Weben innehalten und sich über die Gewebe beugen:* Misst er schonn wieder knipp'n!?

EMMA *das ältere Mädchen, zweiundzwan-* 60

---

1 Zum historischen Hintergrund des Stücks ▷ S. 258f.

2 **Häusler:** Dorfbewohner, der ein kleines Haus, aber kein eigenes Feld besitzt, sodass er Lohnarbeit leisten muss

3 **kontrakt,** hier: verkrümmt

4 **Weifen:** Garnwinden

5 **Lade, Schiffchen:** bewegliche Teile des Webstuhls

zigjährig. Indem sie gerissene Fäden knüpft:
Eine Art Garn is aber das au!
BERTHA, *fünfzehnjährig:* Das is aso a bissel
Zucht mit der Werfte.
65 EMMA: Wo a ock bleibt aso lange? A is doch
fort schonn seit um a neune.
MUTTER BAUMERT: Nu ebens, ebens! Wo mag a
ock bleiben, ihr Mädel?
BERTHA: Ängst Euch beileibe ni, Mutter!
70 MUTTER BAUMERT: 'ne Angst is das immer!
Emma fährt fort zu weben.
BERTHA: Wart amal, Emma!
EMMA: Was ist denn?
BERTHA: Mir war doch, 's kam jemand.
75 EMMA: 's wird Ansorge sein, der zu Hause
kommt.
FRITZ, *ein kleiner, barfüßiger, zerlumpter
Junge von vier Jahren, kommt hereinge-
weint:* Mutter, mich hungert.
80 EMMA: Wart, Fritzl, wart a bissel! Großvater
kommt gleich. A bringt Brot mit und Kerndl[6].
FRITZ: Mich hungert aso, Mutterle!
EMMA: Ich sag' dersch ja. Bis ock nich einfäl-
tich. A wird ja gleich kommen. A bringt a
85 scheenes Brotl mit und Kerndlkoffee. – Wenn
ock wird Feierabend sein, da nimmt Mutter de
Karatuffelschalen, die trägt se zum Pauer, und
der gibbt er derfire a scheenes Neegl Putter-
milch firsch Jungl.
90 FRITZ: Wo is er 'n hin, Großvater?

6 **Kerndl:** Körner, Getreide

EMMA: Beim Fabrikanten is a, abliefern an
Kette, Fritzl.
FRITZ: Beim Fabrikanten?
EMMA: Ja, ja, Fritzl! Unten bei Dreißichern in
Perschwalde[7].   95
FRITZ: Kriegt a da Brot?
EMMA: Ja, ja, a gibbt 'n Geld, und da kann a
sich Brot koofen.
FRITZ: Gibbt der Großvatern viel Geld?
EMMA *heftig:* O heer uf, Junge, mit dem Gere-   100
de. *Sie fährt fort zu weben, Bertha ebenfalls.*
Gleich darauf halten beide wieder inne.
BERTHA: Geh, August, frag Ansorgen, ob a
nich will anleucht'n.
August entfernt sich, Fritz mit ihm.   105
MUTTER BAUMERT, *mit überhand nehmender
kindischer Angst, fast winselnd:* Ihr Kinder,
ihr Kinder, wo der Mann bleibt?
BERTHA: A wird halt amal zu Hauffen reinge-
gangen sein.   110
MUTTER BAUMERT: Wenn a bloß nich etwan in
a Kretscham[8] gegang'n wär!
EMMA: Ween ock nich, Mutter! Aso eener is
unser Vater doch nich.
MUTTER BAUMERT, *von einer Menge auf sie*   115
einstürzender Befürchtungen außer sich ge-

7 **Fabrikant Dreißiger in Peterswaldau:** ▷ S. 258 f.
8 **Kretscham:** Kneipe, Wirtshaus

Käthe Kollwitz: Ein Weberaufstand [1844].
Blatt 1: Not (1893–97)

Blatt 2: Tod

bracht: Nu … nu … nu sagt amal, was soll nu
bloß wern? Wenn a 's nu … wenn a nu zu Hause kommt … Wenn a 's nu versauft und bringt
20 nischt ni zu Hause? Keene Handvoll Salz is
mehr im Hause, kee Stickl Gebäck … 's mecht
an Schaufel Feuerung sein …

Hedwig Dohm
Frauenarbeit (1874)

Zuverlässige Schriften über deutsche Frauenarbeit aufzutreiben, ist mir nicht gelungen.
Entweder fehlt es an solchen Schriften oder
sie herbeizuschaffen ist für eine Frau, die öf-
5 fentliche Bibliotheken nur mit einem unver-
hältnismäßigen Aufwand von Energie und
Unbescheidenheit benutzen kann, allzu
schwierig. Ich musste mich mit französischen
und vornehmlich englischen Schriften begnü-
10 gen, die glücklicherweise ein ausreichendes
und zuverlässiges Material liefern.
Die ökonomischen Verhältnisse, die Anschauungen über Frauenwesen und Frauen-
natur sind im zivilisierten Europa ziemlich
15 überall dieselben; so werden auch die daraus
resultierenden Tatsachen keine wesentlichen
Abweichungen zeigen, und was in England
und Frankreich an der Tagesordnung ist, wird
auch in Deutschland üblich sein.
20 Alle mir über diesen Gegenstand (die Frauenarbeit) vorliegenden Schriften lassen darüber
keinen Zweifel: Nie und nirgend hat man die
Frau von den mühsamsten und widerwärtigs-
ten Beschäftigungen fern gehalten, etwa auf
25 Grund ihrer zarten Konstitution oder ihrer
Schamhaftigkeit – Schranken, die aufzuführen man niemals versäumt, wo es sich um
höhere und einträglichere Arbeitsgebiete handelt. Im Gegenteil, für die unteren Stände
30 scheint der Grundsatz zu gelten: *je gröber, je
anstrengender die Arbeit, desto besser für die
Frauen.* Einige Stellen aus zuverlässigen Berichten bewährter englischer Schriftsteller
über Frauenarbeit in England mögen das Ge-
35 sagte bestätigen.
In einigen Distrikten in England finden wir
die Frauen mit Bereitung der Ziegelsteine
beschäftigt. Sie legen die gekneteten Steine
zum Behuf des Trocknens auf dem Boden in
40 Reihen aus, sie helfen bei dem Prozess des
Feststampfens und gehen mit nackten Füßen

*Frauen in einer Wollmanufaktur
in Huddersfield (um 1880)*

über den nassen Ton und zuweilen auch über
heiße Röhren. Tausende von Frauen sind bei
Fabrikarbeiten an der Tyne in chemischen
und Schnurfabriken, in Glashütten, Papier- 45
mühlen, Leimsiedereien, in Geschirr- und
Tabaksfabriken beschäftigt; sie arbeiten in
Baumschulen und als Feldarbeiterinnen, und
stets fallen ihnen die niedrigsten, schwierigs-
ten und schmutzigsten Arbeiten zu. 50
Im Distrikt um Vigan ist das Verfertigen der
Nägel eine den Frauen sehr geläufige Beschäftigung. In jener Gegend sieht man auch Frau-
en an den Kanalbooten bauen, die Schleusen
öffnen, die Pferde treiben, ja, man sieht sie mit 55
den Schiffstauen über der Schulter.
In den glühenden Räumen der Baumwollen-
mühlen werden Frauen beschäftigt. Um die
heiße Luft ertragen zu können, müssen sie
halb entkleidet arbeiten. Das Schwingen der 60
Mühlräder wirbelt eine so dichte Wolke von
Staub und Schmutz auf, dass diese Frauen, um
einer langsamen, aber sicheren Erstickung zu
entgehen, sich gezwungen sehen, Mund und
Nase mit Lumpen und Baumwolle zu verstop- 65
fen. Wenn sie ihre Arbeit verlassen, sind sie
mit einer Lage fettigen Staubes und Schmut-
zes bedeckt. [...]

Ehe die Bill[1] für die Regulation der Bergwerke und Kohlengruben in Kraft trat, waren Tausende von Frauen und Mädchen an die Arbeiten in den Bergwerken dergestalt gewöhnt, dass sie diese Beschäftigung für den eigentlichen Zweck ihres Lebens hielten.

In den Flachsspinnereien sind die Verhältnisse von der traurigsten Art. Der Flachs wird bei einer sehr hohen Temperatur bereitet, und die Arbeit ist mit dem Verbrauch einer großen Quantität Wassers verbunden. Die Arbeiterinnen müssen den größten Teil ihrer Kleider ablegen und stehen oft bis zum Knöchel im Wasser. Die Unglücklichen, welche bei diesen Arbeiten beschäftigt werden, sterben größtenteils im Alter von 28 – 30 Jahren an langsamer Abzehrung oder auch wohl zwischen dem 18. und 20. Lebensjahre an der galoppierenden Schwindsucht, die sie oft in wenigen Tagen hinrafft. Viele kennen das Schicksal, das sie erwartet, und weihen sich dem Tode, um die fabelhafte Summe von 1 Fr. 50 Ct. pro Tag zu verdienen.

Es gibt Werkstätten und Fabriken, wo diejenigen Arbeiterinnen bevorzugt werden, welche Kinder zu versorgen haben. Der reiche Fabrikherr weiß, dass sie Brot schaffen müssen für ihre Kinder um jeden Preis und darum vor keiner Arbeit zurückschrecken. Sie lassen sich eine Verlängerung der Arbeitszeit gefallen, die in kurzer Zeit ihre Kraft und ihr Leben aufreibt.

1 **Bill:** Gesetz

---

1. a) Beschreiben Sie die Wirklichkeitsausschnitte, die in den drei Texten auf S. 278–282 gezeigt werden.
   b) Vergleichen Sie die drei Texte unter den Aspekten der Wirkungsabsicht und der Gattungszugehörigkeit.
   c) Welcher der drei Texte spricht Sie am stärksten an? Begründen Sie Ihre Wahl.

▷ S. 143 ff.
▷ S. 267 ff. 2. Beschreiben Sie die ▷ **Erzählweise** in „Papa Hamlet", vergleichen Sie diese mit den Erzählweisen der epischen Texte des ▷ **bürgerlichen Realismus** und erläutern Sie die Unterschiede von ihrer Funktion für die Wirkungsabsicht her.

3. a) In Gerhart Hauptmanns Stück „Die Weber" nehmen, wie der Ausschnitt zeigt, die Regieanweisungen einen sehr breiten Raum ein. Können Sie vor dem Hintergrund der naturalistischen Literaturtheorie die Gründe dafür erklären?
   b) Schreiben Sie den Dramendialog in Ihre Alltagssprache um und beobachten Sie, welche Folgen das für die Wirkung der Szene hat.

4. a) Informieren Sie sich, ausgehend vom ersten Absatz des Textes von Hedwig Dohm, über die Situation der Frauen, die Ende des 19. Jahrhunderts wissenschaftlich bzw. schriftstellerisch arbeiten wollten.
   b) Untersuchen Sie, worauf sich Hedwig Dohm bei der Darstellung ihres Themas stützt und wie sich dies auf die Art ihrer Beschreibung auswirkt.

▷ S. 105 ff.,
119 f. 5. ▷ **Referat/Facharbeit:** Stellen Sie Romane von Émile Zola (z. B. „Germinal") vor und vergleichen Sie Textauszüge daraus mit den Textbeispielen zum deutschen Naturalismus.

PROJEKTVORSCHLAG

- Fertigen Sie aus Elementen naturalistischer Texte und eigenen oder fremden Fotos eine Collage an.
- Verständigen Sie sich (in Kleingruppen) auf bestimmte Bereiche der Sie umgebenden Wirklichkeit. Fertigen Sie davon Fotografien an und schreiben Sie zu diesen Wirklichkeiten „naturalistische" Texte. Das können epische, dramatische oder lyrische Texte sein. Stellen Sie aus Fotos und Texten eine Naturalismus-Wand her. Diskutieren Sie das Ergebnis unter der Fragestellung: Inwieweit ist es gelungen, die Wirklichkeit hautnah darzustellen? Welchen Sinn und Zweck erfüllt eine solche Darstellung?

Epochenüberblick: Naturalismus (1880–1900)

Ende des 19. Jahrhunderts war es dem wilhelminischen Obrigkeitsstaat, der mit dem kapitalistischen Bürgertum ein enges Bündnis eingegangen war, trotz einiger Sozialgesetze nicht gelungen, die Arbeiterschaft, die sich auf Grund der rapide beschleunigten Industrialisierung enorm vergrößert hatte, gesellschaftlich zu integrieren. Dem Kampf der Arbeiter um ökonomische Verbesserungen sowie soziale und politische Rechte begegnete die Reichsregierung mit dem so genannten „Sozialistengesetz" von 1878, das die Betätigung in sozialdemokratischen Vereinen u. Ä. verbot; erst 1890 musste dieses Gesetz auf Druck der inzwischen angewachsenen oppositionellen Kräfte zurückgenommen werden. Zu diesen Kräften gehörte auch eine neue Kunst- und Literaturrichtung, welche schonungslos die Verhältnisse in allen gesellschaftlichen Bereichen aufdecken wollte. Was den ▷ bürgerlichen Realisten der Jahrhundertmitte als Thema noch verpönt gewesen war, wie zum Beispiel die Elendsquartiere der Großstädte, das Milieu der Fabriken, Mietskasernen und Kneipen, wurde zu einem Hauptgegenstand dieser literarischen Richtung. Die Autoren, die sich zum Teil zu Gruppen und Vereinigungen wie das „Jüngste Deutschland" (Anknüpfung an das „Junge Deutschland" des Vormärz) zusammenschlossen, wollten mit ihren naturalistischen Darstellungen das Lesepublikum aufrütteln und sympathisierten mit den gesellschaftspolitischen Zielen der Arbeiterschaft, ohne sich allerdings parteilich zu binden. Sie verstanden sich mehrheitlich in erster Linie als literarische Avantgarde, der es um eine moderne Kunst zu tun war. Ohne Rücksichten auf traditionelle Grenzen des so genannten guten Geschmacks und auf bürgerliche Kunstauffassungen sollten Wirklichkeitsausschnitte möglichst in einer Deckungsgleichheit zwischen Realität und Abbild wiedergegeben werden. Dazu gehörte auch, dass die Literatur die neuesten **wissenschaftlichen Erkenntnisse** der Soziologie, Psychologie und Biologie verarbeitete. Eine wesentliche stilistische Neuerung war, dass **Umgangssprache**, **Jargon** und **Dialekt** in nie gekanntem Ausmaß Einzug in die Literatur hielten. Der individuelle Held, der autonome Einzelne, der sich frei entscheiden kann, steht nicht länger im Mittelpunkt der Erzählungen und Dramen, sondern ein Kollektiv (wie die Weber in Hauptmanns gleichnamigem Stück) oder der durch **Herkunft, Milieu** und **Zeitumstände** determinierte Mensch. In Verbindung mit der gesellschaftskritisch wirkenden Literatur des Naturalismus verschaffte sich die seit dem Vormärz lebendige **Frauenbewegung** verstärkt Gehör. Die Schriften Hedwig Dohms und anderer feministischer Autorinnen stritten für die Gleichberechtigung auf allen Stufen der Ausbildung, in der Arbeitswelt und in der Frage des Wahlrechts. Dass von den ca. 5 000 Schriftstellerinnen, die man 1898 zählte, heute so wenige in den Literaturgeschichten und in den Bibliotheken zu finden sind, obwohl viele von ihnen damals durchaus erfolgreich waren, hat damit zu tun, dass Literaturgeschichtsschreibung und Pflege des literarischen Erbes männliche Domänen blieben. In diesem Zusammenhang passt, dass es einigen Autorinnen, besonders wenn sie Dramen verfassten, ratsam erschien, unter männlichen Pseudonymen zu veröffentlichen, um literarisch erfolgreich zu sein, z. B. ihre Stücke auf die Bühnen gelangen zu lassen.

▷ S. 267 ff.

Wichtige Autorinnen /Autoren und Werke

Hedwig Dohm (1833–1919): Der Seelenretter (Komödie); Sibilla Dalmar (Roman); Der Frauen Natur und Recht
Helene Böhlau (1856–1940): Die alten Leuthchen (Novelle); Das Recht der Mutter (Roman)
Gerhart Hauptmann (1862–1946): Vor Sonnenaufgang; Die Weber; Fuhrmann Henschel; Rose Bernd; Die Ratten (Dramen); Der Biberpelz (Komödie); Bahnwärter Thiel (Erzählung)
Arno Holz (1863–1929)/*Johannes Schlaf* (1862–1941): Familie Selicke (Drama); Papa Hamlet (Roman)

3.3 Epochenumbruch um 1900:
Naturalismus – Symbolismus – Expressionismus

3.3.1 Literatur und Kunst: Aufbruch in die Moderne

Franz von Lenbach:
Lily Merk (Ausschnitt, 1902)

Pablo Picasso:
Weiblicher Kopf (1907)

1. a) Sammeln Sie Ihre Eindrücke zu den nahezu zeitgleich entstandenen Bildern von Franz v. Lenbach und Pablo Picasso: Was erscheint Ihnen vertraut, was befremdlich?
   b) Beschreiben Sie, wie beide Künstler Farbe, Formen und Raumdarstellung einsetzen.
2. a) Besprechen Sie, was die Künstler jeweils an der Darstellung des Menschen interessiert haben mag.
   b) Welche Auffassungen von Realität spiegeln sich Ihrer Ansicht nach in den Bildern?
3. Diskutieren Sie, welche Aufgabe die Kunst jeweils haben soll.

Naturbilder um 1900:
Visionen der Erneuerung und des Untergangs

Hugo von Hofmannsthal
Vorfrühling (1892)

Es läuft der Frühlingswind
Durch kahle Alleen,
Seltsame Dinge sind
In seinem Wehn.

5 Er hat sich gewiegt,
Wo Weinen war,
Und hat sich geschmiegt
In zerrüttetes Haar.

Er schüttelte nieder
10 Akazienblüten
Und kühlte die Glieder,
Die atmend glühten.

Lippen im Lachen
Hat er berührt,
15 Die weichen und wachen
Fluren durchspürt.

Er glitt durch die Flöte
Als schluchzender Schrei,
An dämmernder Röte
20 Flog er vorbei.

Er flog mit Schweigen
Durch flüsternde Zimmer
Und löschte im Neigen
Der Ampel Schimmer.

25 Es läuft der Frühlingswind
Durch kahle Alleen,
Seltsame Dinge sind
In seinem Wehn.

Durch die glatten
30 Kahlen Alleen
Treibt sein Wehn
Blasse Schatten

Und den Duft,
Den er gebracht,
35 Von wo er gekommen
Seit gestern Nacht.

Otto Dix: Sonnenaufgang (1913)

August Stramm
Vorfrühling (1915)

Pralle Wolken jagen sich in Pfützen
Aus frischen Leibesbrüchen schreien Halme Ströme
Die Schatten stehn erschöpft
Auf kreischt die Luft
5 Im Kreisen, weht und heult und wälzt sich
Und Risse schlitzen jählings sich
Und narben
Am grauen Leib
Das Schweigen tappet schwer herab
10 Und lastet!
Da rollt das Licht sich auf
Jäh gelb und springt
Und Flecken spritzen –
Verbleicht
15 Und
Pralle Wolken tummeln sich in Pfützen.

Christian Morgenstern
Frühling (1897)

Wie ein Geliebter seines Mädchens Kopf,
den süßen Kopf mit seiner Welt von Glück,
in seine beiden armen Hände nimmt,
so fass ich deinen Frühlingskopf, Natur,
5 dein überschwänglich holdes Maienhaupt,
in meine armen, schlichten Menschenhände,
und, tief erregt, versink ich stumm in dich,
indes du lächelnd mir ins Auge schaust,
und stammle leis dir das Bekenntnis zu:
10 Vor so viel Schönheit schweigt mein tiefstes Lied.

Franz von Stuck: Frühling (um 1912)

Claude Monet: Frühlingslandschaft (1894)

Arno Holz

Phantasus (1898)

Schönes, grünes, weiches Gras.
Drin liege ich.
Mitten zwischen Butterblumen!

Über mir,
warm,   5
der Himmel:
ein weites, zitterndes Weiß,
das mir die Augen langsam, ganz langsam
schließt.

Wehende Luft, ... ein zartes Summen.   10

Nun bin ich fern
von jeder Welt,
ein sanftes Rot erfüllt mich ganz,
und deutlich spür ich,
wie die Sonne mir durchs Blut rinnt –   15
minutenlang.

Versunken Alles. Nur noch ich.

Selig.

Rainer Maria Rilke

Herbst (1902)

Die Blätter fallen, fallen wie von weit,
als welkten in den Himmeln ferne Gärten;
sie fallen mit verneinender Gebärde.

Und in den Nächten fällt die schwere Erde
5   aus allen Sternen in die Einsamkeit.

Wir alle fallen. Diese Hand da fällt.
Und sieh dir andre an: es ist in allen.

Und doch ist Einer, welcher dieses Fallen
unendlich sanft in seinen Händen hält.

Egon Schiele: Herbstbaum in bewegter Luft (1912)

Georg Trakl

Der Gewitterabend (1910)

O die roten Abendstunden!
Flimmernd schwankt am offenen Fenster
Weinlaub wirr ins Blau gewunden,
Drinnen nisten Angstgespenster.

5 Staub tanzt im Gestank der Gossen.
Klirrend stößt der Wind in Scheiben.
Einen Zug von wilden Rossen
Blitze grelle Wolken treiben.

Laut zerspringt der Weiherspiegel.
10 Möven schrein am Fensterrahmen.
Feuerreiter sprengt vom Hügel
Und zerschellt im Tann zu Flammen.

Kranke kreischen im Spitale.
Bläulich schwirrt der Nacht Gefieder.
15 Glitzernd braust mit einem Male
Regen auf die Dächer nieder.

Vincent van Gogh: Sternennacht (1889)

Piet Mondrian: Blühende Bäume (1912)

Christian Morgenstern

Fisches Nachtgesang (1905)

---

1. Wählen Sie eins der Gedichte und eins der Bilder auf S. 284–287 für einen Vergleich aus: Spricht aus Gedicht und Bild ein ähnliches Lebensgefühl? Welche Gemeinsamkeiten und welche Unterschiede stellen Sie in der sinnlichen Wahrnehmung von Wirklichkeit fest? Gibt es formale oder inhaltliche Entsprechungen?

2. Suchen Sie Beziehungen zwischen den Gedichten: Wo nutzen die Autoren konventionelle Vorstellungen und geläufige sprachliche Mittel? Wo weichen sie davon ab? Welche neuen Ausdrucksmöglichkeiten können Sie entdecken?

3. a) Schreiben Sie zu jedem Bild einige Adjektive auf, welche die Stimmung erfassen.
   b) Welche konventionellen und welche neuen Mittel der Darstellung nutzen die Maler?

4. a) Schreiben Sie ein Gedicht zu einem der Bilder. Orientieren Sie sich am Stil eines der Autoren. Verwenden Sie die Adjektive aus Aufg. 3 a.
   b) Malen Sie ein Bild zu einem der Gedichte. Orientieren Sie sich am Stil eines der Maler.

5. Sammeln Sie Ihre ersten Eindrücke von den Besonderheiten der Kunst und Dichtung um die Jahrhundertwende in einer Tabelle.

Die Ästhetik des Hässlichen: Ophelia

Obwohl Großstädter, waren die modernen Dichter und Künstler der Jahrhundertwende faszi-niert von der Natur und von der Vorstellung des Einswerdens mit der Natur, die sie in der li-terarischen Figur der Ophelia verkörpert fanden: Die unglückliche Selbstmörderin aus Shakes-peares Drama „Hamlet" sucht den Tod im Wasser. Als schöne Wasserleiche, die wieder Natur wird, ist sie ein beliebtes Motiv der Kunst und Dichtung der Jahrhundertwende. Der französi-sche Dichter Arthur Rimbaud und der englische Maler John Everett Millais, Vorbilder der jungen Modernen, bilden den Anfang einer Reihe unterschied-lichster Bearbeitungen des The-mas.

Alfred Kubin: Sumpfpflanzen
(um 1903–04)

Arthur Rimbaud

Ophelia (1870)

Auf stiller, schwarzer Flut, im Schlaf der Sternenfeier,
Treibt, einer großen Lilie gleich, Ophelia,
Die bleiche, langsam hin in ihrem langen Schleier.
Man hört im fernen Wald der Jäger Hallala.

5 So, weißes Traumbild, länger schon als tausend Jahre,
Ophelia auf dem schwarzen Wasser traurig zieht;
Ihr sanft verstörter Geist, schon mehr als tausend Jahre,
Singt leis im Abendhauche sein romantisch Lied.

Der Wind küsst ihre Brust und bauscht des Schleiers Seide
10 Wie eine Dolde auf, vom Wasser sanft gewiegt,
Auf ihre Schulter, leis erschauernd, weint die Weide,
Auf ihrer großen Stirne Traum das Schilfblatt liegt.

Die Wasserrose seufzt, berührt von ihrem Schweben,
Zuweilen, aus dem Schlaf in einem Erlenbaum,
15 Weckt sie ein Vogelnest, draus bang sich Flügel heben.
Geheimnisvoll fällt Sang aus goldner Sterne Raum.

John Everett Millais:
Ophelia (1851–52)

Georg Heym
Ophelia I (1910)

Im Haar ein Nest von jungen Wasserratten,
Und die beringten Hände auf der Flut
Wie Flossen, also treibt sie durch den Schatten
Des großen Urwalds, der im Wasser ruht.

5 Die letzte Sonne, die im Dunkel irrt,
Versenkt sich tief in ihres Hirnes Schrein.
Warum sie starb? Warum sie so allein
Im Wasser treibt, das Farn und Kraut verwirrt?

Im dichten Röhricht steht der Wind. Er scheucht
10 Wie eine Hand die Fledermäuse auf.
Mit dunklem Fittich, von dem Wasser feucht
Stehn sie wie Rauch im dunklen Wasserlauf,

Wie Nachtgewölk. Ein langer, weißer Aal
Schlüpft über ihre Brust. Ein Glühwurm scheint
15 Auf ihrer Stirn. Und eine Weide weint
Das Laub auf sie und ihre stumme Qual.

Gustav Klimt:
Wasserschlangen
(1904–07)

Edvard Munch: Liebespaar in Wellen
(1896)

Gottfried Benn
Morgue[1]
Schöne Jugend (1912)

Der Mund eines Mädchens, das lange im Schilf
    gelegen hatte,
sah so angeknabbert aus.
Als man die Brust aufbrach, war die Speiseröhre so
    löcherig.
Schließlich in einer Laube unter dem Zwerchfell
5 fand man ein Nest von jungen Ratten.
Ein kleines Schwesterchen lag tot.
Die andern lebten von Leber und Niere,
tranken das kalte Blut und hatten
hier eine schöne Jugend verlebt.
10 Und schön und schnell kam auch ihr Tod:
Man warf sie allesamt ins Wasser.
Ach, wie die kleinen Schnauzen quietschten!

1 **Morgue:** Leichenschauhaus

---

1. Informieren Sie sich über die Figur der Ophelia in Shakespeares Drama „Hamlet".
2. Untersuchen Sie, welchen Aspekt des Todes die Dichter jeweils ins Zentrum stellen.
3. a) Vergleichen Sie in den Gedichten das Zusammenspiel der Motive Mensch, Pflanzen, Tiere, Wasser.
   b) In welcher Weise werden diese Motive in den Bildern miteinander verknüpft?
4. Bei welchen Gedichten und Bildern kann man von einer Ästhetisierung des Todes sprechen?

Literatur und Kunst um 1900

Die Wende zum 20. Jahrhundert bedeutete nicht nur den zeitlichen Wechsel der Jahrhunderte, sondern einen **kulturellen Umbruch.** In der wachsenden Spannung zwischen fortschreitender Entwicklung zur Industriegesellschaft und starr-konservativen politischen und gesellschaftlichen Verhältnissen mit nicht mehr tragfähigen kulturellen Werten machte sich in der jungen Generation das Gefühl von Sinnentleerung, Langeweile und Untergangsstimmung breit. Mit dem Ende des bürgerlichen Zeitalters gerieten auch überkommene künstlerische Gestaltungsmittel in die Kritik der jungen Dichter, Maler und Musiker.

Die realistischen Darstellungsformen des 19. Jahrhunderts beherrschten noch die Praxis der verschiedenen Künste: Es galt, die wahrgenommene Wirklichkeit möglichst naturgetreu nachzubilden. Sie wurde dabei jedoch auch idealistisch überhöht, um harmonisch und schön zu wirken und edle, große Gefühle zu vermitteln. Mit der Jahrhundertwende änderten sich die ästhetischen Kategorien im Bereich der Literatur, der bildenden Kunst und der Musik radikal. Das neue Bewusstsein passte nicht mehr in die gefälligen Darstellungsformen des schönen Scheins. Dichter, bildende Künstler und Musiker suchten auf unterschiedlichste Weise nach neuen Wegen, um ihr inneres Erleben, das Gefühl der Desorientierung, adäquat auszudrücken. Die Darstellung der Welt, die nicht mehr als schön erlebt wurde, äußerte sich in einer Ästhetik des Hässlichen, im Zerbrechen der harmonischen Formen, in Provokation und Schock.

Vielfalt, Unterschiedlichkeit und Widersprüchlichkeit prägten die Literatur und Kunst um die Jahrhundertwende. Die ambivalente Welterfahrung äußerte sich einerseits in Angst und Orientierungslosigkeit, in der Rückbesinnung auf alte Werte (Mythen, Geschichte) sowie im Rückzug ins Subjektive (Visionen, Traum, Unbewusstes); andererseits in Aufbruchstimmung, Offenheit, Pluralität und Experiment (fortschrittliche Suche nach neuen sprachlichen und künstlerischen Mitteln). Die **Stilvielfalt** der künstlerischen und literarischen Reaktionen auf die Wahrnehmungs- und Bewusstseinsänderung am Ende des 19. Jahrhunderts bezeichnet man als Beginn der Moderne. Für die unterschiedlichen, aber zeitgleichen Strömungen in Literatur und Kunst gibt es etliche Bezeichnungen: Naturalismus, Impressionismus, Symbolismus, Dekadenz, Fin de siècle, Jugendstil, Neuromantik, Neuklassik, Expressionismus.

---

1. Informieren Sie sich in arbeitsteiligen Gruppen über die verschiedenen Stilbezeichnungen der beginnenden Moderne. Veranschaulichen Sie Ihre Ergebnisse möglichst durch das Vortragen von Texten, durch Bild- und Musikbeispiele.

2. Versuchen Sie eine Zuordnung einzelner Gedichte und Bilder der Seiten 284–289 zu den Stilbezeichnungen. Begründen Sie jeweils Ihre Entscheidung.

3. Der Literaturkritiker Leo Berg kommentierte schon gegen Ende des 19. Jahrhunderts die Schwierigkeit, einen umfassenden Begriff für die Stilvielfalt der Epoche zu finden: „‚Naturalismus‘, ‚Realismus‘, ‚Symbolismus‘, ‚Verismus‘, ‚Décadence‘, ‚Fin de siècle‘! O diese Fremdwörter! Was lässt sich nicht alles mit denselben ausdrücken und – umgehen! Wie unbestimmt, wie weit, wie umfassend, wie wenig präzis, so ohne Anschaulichkeit! Wie allgemein, wie verallgemeinernd! –" Diskutieren Sie Bergs Einwände.

4. ▷ **Referat/Facharbeit:** Informieren Sie sich über bedeutsame Umbrüche der Jahrhundertwende, die auf verschiedenen Gebieten neue Perspektiven eröffneten und eine tief greifende Wahrnehmungs- und Bewusstseinsänderung verursachten. Zeigen Sie jeweils auf, welche traditionellen Vorstellungen durch neue Perspektiven abgelöst wurden:

   - Die klassische Physik und neue Perspektiven durch die Quantentheorie (Max Planck, 1900) und durch die Relativitätstheorie (Albert Einstein, 1905)
   - Die traditionelle Vorstellung vom Bewusstsein und neue Perspektiven durch die Entdeckung des Unbewussten (Sigmund Freud, um 1900)
   - Die traditionelle naturgetreue Darstellungsweise in der Kunst und neue Perspektiven durch den Kubismus (Pablo Picasso, ab 1907)
   - Die klassische Harmonielehre in der Musik und neue Perspektiven durch die atonale Komposition (Arnold Schönberg, ab 1909)

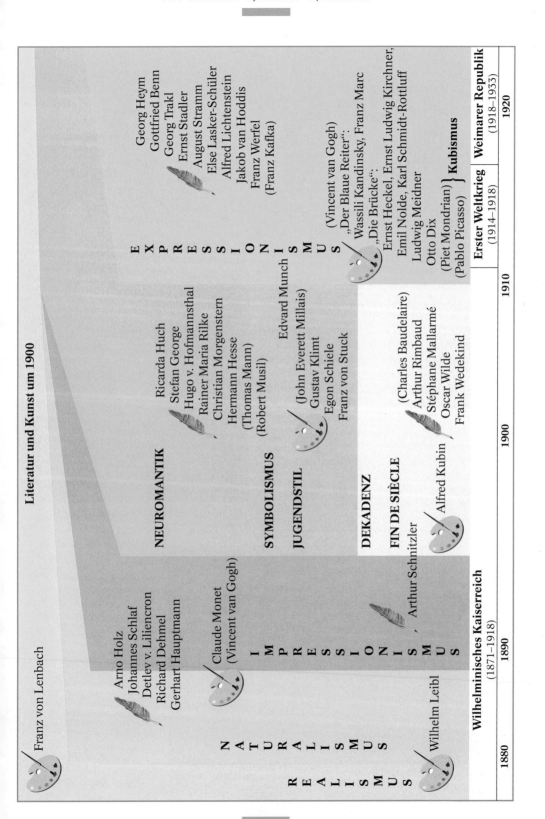

Literatur und Kunst um 1900

3.3.2 Literarische Strömungen: Vom Naturalismus zum Expressionismus

Naturalismus und Impressionismus (1880–1910)

▷ S. 275 ff. Die Dichter des ▷ Naturalismus verstehen sich als Beobachter und Erforscher der Natur. Literatur soll wie ein naturwissenschaftliches Experiment die Gesetzmäßigkeiten der Wirklichkeit aufdecken und möglichst exakt darstellen. Dieses neue Literaturprogramm bringt ARNO HOLZ in seinem Text „Die Kunst. Ihr Wesen und ihre Gesetze" (1891) auf den Punkt: Kunst = Natur – x. „x" stellt dabei den Faktor der künstlerischen Gestaltung dar, welcher möglichst klein gehalten werden soll.

1. Informieren Sie sich im Kapitel „Naturalismus" über Holz' Formel (▷ S. 277) und beschreiben Sie mit eigenen Worten, wie Holz die Beziehung zwischen Natur und Kunst definiert. Welche Rolle spielt der Autor/der Künstler in diesem Prozess?
2. Erläutern Sie Holz' Formel in Bezug auf Wilhelm Leibls Gemälde „Drei Frauen in der Kirche".
3. a) Betrachten Sie das Bild „In der Blumenwiese" von Claude Monet. Notieren Sie Ihre Eindrücke.
   b) Sammeln Sie Merkmale, die es von Leibls etwa zeitgleich entstandenem Bild unterscheiden.
   c) Finden Sie auch Ähnlichkeiten?
4. Vergleichen Sie das Gedicht aus Arno Holz' „Phantasus" (▷ S. 286) in seiner Stimmung mit dem Gemälde von Monet.

Wilhelm Leibl: Drei Frauen in der Kirche (1878–82)

Claude Monet: In der Blumenwiese (1876)

Epochenüberblick: Naturalismus (1880–1900) – Impressionismus (1890–1910)

Das künstlerische Vorgehen des **Naturalismus** liegt in der möglichst naturgetreuen Abbildung der Wirklichkeit. In der Orientierung am Wahrnehmbaren nach exakter naturwissenschaftlicher Methode erhoffen sich die Dichter und Künstler eine umfassende Erkenntnis. Durch die Darstellungsmittel (Dichtung: phonografische Genauigkeit, Sekundenstil) ergibt sich allerdings oft erst aus der Zusammenschau vieler Einzelteile und aus der Distanz ein überschaubares Gesamtbild. Hierin liegt die Verwandtschaft des Naturalismus zum **Impressionismus.** Die Impressionisten hatten das Vertrauen in eine überlieferte Erkenntnis von den Dingen und damit in die Darstellung einer feststehenden Welt aufgegeben. Stattdessen stellten sie flüchtige Wirklichkeitsausschnitte dar, die auf der Oberfläche der Dinge in Bewegung und Veränderung begriffen sind. Erscheinungen werden unmittelbar wiedergegeben, so wie sie mit den Sinnen in jedem Augenblick wahrgenommen werden. Hierfür fanden die Dichter und Künstler sprachliche und kompositionelle Ausdrucksformen, die dieser Wahrnehmungsweise entsprechen (Dichtung: Lautmalerei, Farbadjektive, Vokalharmonie, Auflösung des Gegenständlichen in Eindrücke; Malerei: Auflösung der Konturen, Farbtupfer, lebendiger Duktus, Auflösung des Gegenständlichen in Licht). Der Effekt impressionistischer Dichtung und Malerei ist in der Konzentration auf das äußerlich Sichtbare zwar naturalistisch, im Gebrauch der formalen Mittel jedoch frei bis zur Abstraktion.

Wichtige Autoren und Werke

Naturalismus ▷ S. 283
Arthur Schnitzler (1862–1931): Liebelei; Reigen (Dramen); Leutnant Gustl (Novelle)
Arno Holz (1863–1929): Phantasus (Gedichtsammlung)
Detlev von Liliencron (1844–1909): Gedichte

Symbolismus und Jugendstil (1890–1920)

Jean Moréas
Der Symbolismus (1886)

Eine neue Manifestation der Kunst war also zu erwarten, war notwendig und unausweichlich. Diese seit langem schwelende Manifestation ist nunmehr entflammt. [...] Und was
5 kann der neuen Schule vorgeworfen werden, was wird ihr in der Tat vorgeworfen? Das übertriebene Gepränge, die Seltsamkeit der Metapher, ein neues Vokabular, in dem die Harmonie mit den Farben und den Linien verschmilzt: lauter Merkmale der Erneuerung.
10 Den Namen Symbolismus haben wir schon früher vorgeschlagen: er ist die einzig vernünftige Bezeichnung für die gegenwärtige Tendenz.

Hermann Bahr
Symbolisten (1894)

Die Kunst will jetzt aus dem Naturalismus fort und sucht Neues. Niemand weiß noch, was es werden möchte; der Drang ist ungestalt und wirr; er tastet ohne Rat nach vielen Dingen
5 und findet sich nirgends. Nur fort, um jeden Preis fort aus der deutlichen Wirklichkeit, ins Dunkle, Fremde und Versteckte – das ist heute die eingestandene Losung für zahlreiche Künstler.

10 Man hat manchen Namen. Die einen nennen es Décadence, als ob es die letzte Flucht der Wünsche aus einer sterbenden Kultur und das Gefühl des Todes wäre. Die anderen nennen es Symbolismus. [...]

15 Der neue Symbolismus braucht die Symbole ganz anders. Er will auch ins Unsinnliche, aber er will es durch ein anderes Mittel. Er schickt nicht dürftige Boten aus, von seinen unsinnlichen Freuden zu stammeln, bis ihre

20 Ahnungen erwachsen. Sondern er will die Nerven in jene Stimmungen zwingen, wo sie von selber nach dem Unsinnlichen greifen, und will das durch sinnliche Mittel. Und er verwendet die Symbole als Stellvertreter und

25 Zeichen nicht des Unsinnlichen, sondern von anderen ebenso sinnlichen Dingen. Das Symbol gilt dem neuen Symbolismus sehr viel, aber es gilt ihm nur als

30 eine Bereicherung des Handwerks. Er hat aus den Symbolen eine neue Technik gewonnen, ein vorher unbekanntes lyrisches Verfahren, eine besondere

35 Methode der Lyrik. Es gab vor ihm das rhetorische und das realistische Verfahren; er hat ein neues geschaffen.

Die Absicht aller Lyrik ist immer
40 die gleiche: ein Gefühl, eine Stimmung, ein Zustand des Gemütes soll ausgedrückt und mitgeteilt, soll suggeriert werden. Was kann der Künstler tun?

45 Das Nächste ist wohl, es zu verkünden, sein inneres Schicksal zu erzählen, zu beschreiben, was und wie er es empfindet, in recht nahen und ansteckenden Wor-

50 ten. Das ist die rhetorische Technik. Oder der Künstler kann die Ursache, das äußere Ereignis seiner Stimmung, seines Gefühls, seines Zustandes suchen, um, in-

55 dem er sie mitteilt, auch ihre Folge, seinen Zustand mitzuteilen. Das ist die realistische Technik. Und endlich, was früher noch keiner versucht hat: der Künstler

60 kann eine ganz andere Ursache, ein anderes äußeres Ereignis finden, welche seinem Zustande ganz fremd sind, aber welche das nämliche Gefühl, die nämliche Stimmung erwecken und den nämlichen Erfolg im Gemüte be- 65 wirken würden. Das ist die Technik der Symbolisten.

Gustav Klimt: Die Erwartung (1905–10)

---

1. a) Gegen welche Tendenzen der Literatur wendet sich der Symbolismus, wie Bahr ihn 1894 versteht?
   b) Welche Neuerungen sieht Moréas in der Literatur und Kunst?
   c) In welcher Weise entspricht das Bild von Gustav Klimt den Merkmalen symbolistischer Kunst nach Moréas?
2. a) Informieren Sie sich über den Begriff „Symbol".
   b) Untersuchen Sie die folgenden Gedichte von Rainer Maria Rilke und Stefan George auf ihren symbolischen Gehalt.

Rainer Maria Rilke

Der Ball (1908)

Du Runder, der das Warme aus zwei Händen
im Fliegen, oben, fortgibt, sorglos wie
sein Eigenes; was in den Gegenständen
nicht bleiben kann, zu unbeschwert für sie,

5 zu wenig Ding und doch noch Ding genug,
um nicht aus allem draußen Aufgereihten
unsichtbar plötzlich in uns einzugleiten:
das glitt in dich, du zwischen Fall und Flug

10 noch Unentschlossener: der, wenn er steigt,
als hätte er ihn mit hinaufgehoben,
den Wurf entführt und freilässt –, und sich neigt
und einhält und den Spielenden von oben
auf einmal eine neue Stelle zeigt,
sie ordnend wie zu einer Tanzfigur,

15 um dann, erwartet und erwünscht von allen,
rasch, einfach, kunstlos, ganz Natur,
dem Becher hoher Hände zuzufallen.

---

1. Beschreiben Sie das sukzessive Sich-Versenken in den Gegenstand: Von welchen Beobachtungen geht der Sprecher aus, in welche Sichtweise versetzt er den Leser?
2. Untersuchen Sie, mit welchen sprachlichen Mitteln Rilke versucht, das innerste Wesen seines Gegenstandes zu erfassen.

Stefan George

komm in den totgesagten park (1897)

Komm in den totgesagten park und schau:
Der schimmer ferner lächelnder gestade
Der reinen wolken unverhofftes blau
Erhellt die weiher und die bunten pfade

Dort nimm das tiefe gelb das weiche grau
Von birken und von buchs · der wind ist lau
Die späten rosen welkten noch nicht ganz
Erlese küsse sie und flicht den kranz

Vergiss auch diese lezten astern nicht
Den purpur um die ranken wilder reben
Und auch was übrig blieb von grünem leben
Verwinde leicht im herbstlichen gesicht.

---

1. Was halten Sie für das Thema von Georges Gedicht: Herbst/Lebensende/ Schönheit des Verfalls/Unzerstörbarkeit der Natur in ihrer zyklischen Entwicklung? Wählen Sie eine der Deutungshypothesen aus und begründen Sie sie.
2. Welche Aufgabe fällt dem Leser zu?
3. Analysieren Sie die sprachlichen Mittel: Achten Sie besonders auf die Farbsymbolik und die Bilder. Untersuchen Sie auch das Reimschema und seinen Bezug zum Inhalt.
4. George bevorzugte für die Veröffentlichung seiner Gedichte eine eigentümliche Schrift. Untersuchen Sie die Besonderheiten seiner Schreibweise und setzen Sie sie in Bezug zur Form und zur Aussage des Gedichts.
5. a) Gestalten Sie ein selbst gewähltes Gedicht durch eine besondere grafische Form.
   b) Vergleichen Sie in Ihren Ergebnissen, inwieweit die Gestaltung die Textaussage mitbestimmt.

Stefan George
Über Dichtung (1903)

I
In der dichtung – wie in aller kunst-betätigung – ist jeder der noch von der sucht ergriffen ist etwas „sagen" etwas „wirken" zu wollen nicht einmal wert in den vorhof der kunst einzutre-
5 ten.

Jeder widergeist jedes vernünfteln und hadern mit dem leben zeigt auf einen noch ungeordneten denkzustand und muss von der kunst ausgeschlossen bleiben.

10 Den wert der dichtung entschcidet nicht der sinn (sonst wäre sie etwa weisheit gelahrtheit) sondern die form d. h. durchaus nichts äusserliches sondern jenes tief erregende in maass und klang wodurch zu allen zeiten die Ur-
15 sprünglichen die Meister sich von den nachfahren den künstlern zweiter ordnung unterschieden haben.

Der wert einer dichtung ist auch nicht bestimmt durch einen einzelnen wenn auch noch so glücklichen fund in zeile strofe oder grösserem abschnitt. die zusammenstellung – das verhältnis der einzelnen teile zueinander – die notwendige folge des einen aus dem andern kennzeichnet erst die hohe dichtung.

Reim ist bloss ein wortspiel wenn zwischen den durch den reim verbundenen worten keine innere verbindung besteht.

Freie rhythmen heisst soviel als weisse schwärze – wer sich nicht gut im rhythmus bewegen kann der schreite ungebunden.

Strengstes maass ist zugleich höchste freiheit.

---

1. a) Benennen Sie die wesentlichen Forderungen, die George an die Dichtkunst stellt.
   b) Gegen welche Vorstellungen von Kunst wendet sich George?
2. a) Untersuchen Sie, inwiefern George in dem Gedicht „komm in den totgesagten park" (▷ S. 295) seine Forderungen umsetzt.
   b) Überprüfen Sie, ob Ihre eigenen Aussagen zu dem Gedicht mit Georges Forderungen vereinbar sind.

Epochenüberblick: Gegenströmungen zum Naturalismus (1890–1920)

Die Kunst und Dichtung des **Symbolismus,** des **Jugendstils,** des **Fin de siècle** und der **Dekadenz** bilden eine entschiedene Gegenbewegung zum Naturalismus. In dem Bewusstsein, einer dem Untergang geweihten Kultur anzugehören, wenden sich die Künstler und Dichter von der alltäglichen Wirklichkeit ab und dem Geheimnisvollen, Morbiden, dem Exklusiven, der artifiziellen Schönheit zu. Durch die Ästhetisierung ihrer subjektiven Empfindungen und Wahrnehmungen schaffen sie eine Kunstwelt, die sich durch gesuchte Ungewöhnlichkeit und suggestive Präsenz des Geheimnisvollen von der technischen, sozialen Realität abhebt. Die Rätselhaftigkeit der Welt äußert sich in der Symbolkraft der Dinge, die über sich hinaus auf eine Welt des Traums, der Mystik weisen.

Wichtige Autorinnen/Autoren und Werke

Ricarda Huch (1864–1947): Gedichte
Stefan George (1868–1933): Algabal; Das Jahr der Seele (Gedichtsammlungen)
Hugo von Hofmannsthal (1874–1929): Der Tor und der Tod; Jedermann (Dramen); Gedichte
Rainer Maria Rilke (1875–1926): Die Aufzeichnungen des Malte Laurids Brigge (Roman); Das Stunden-Buch; Neue Gedichte (Gedichtsammlungen)
Thomas Mann (1875–1955): Buddenbrooks (Roman); Tonio Kröger; Der Tod in Venedig (Novellen)

Expressionismus (1905–1925)

Ernst Stadler

Form ist Wollust (1914)

Form und Riegel mussten erst zerspringen,
Welt durch aufgeschlossne Röhren dringen;
Form ist Wollust, Friede, himmlisches Genügen,
Doch mich reißt es, Ackerschollen umzupflügen.
Form will mich verschnüren und verengen,
Doch ich will mein Sein in alle Weiten drängen –
Form ist klare Härte ohn' Erbarmen,
Doch mich treibt es zu den Dumpfen, zu den Armen,
Und in grenzenlosem Michverschenken ─➤ Neologismus
Will mich Leben mit Erfüllung tränken.

1. Lesen Sie das Gedicht von Ernst Stadler
   und betrachten Sie das Bild von Franz Marc.
   Sammeln Sie jeweils Ihre Eindrücke zu
   inhaltlichen und formalen Auffälligkeiten.
2. Inwiefern entsprechen sich die Aussagen
   des Gedichts und des Gemäldes?

Margarete Susman

Expressionismus (1918)

Solange wir nicht im Stande sind, die Welt aus ihren Angeln zu heben, den alten verrotteten Lebensformen neue, reinere entgegenzusetzen, sind wir ihr verfallen. Und doch ertragen wir es nicht, sie hinzunehmen; das Rasen gegen sie erfüllt uns bis zum Zerspringen; wir wollen handeln, wirken, ändern. Was ist zu tun? Nur eines! nur schreien können wir –

Franz Marc: Kämpfende Formen (1914)

schreien mit aller Kraft unserer armen, erstickten Menschenstimme – schreien, dass wir den grauenhaften Lärm des Geschehens übertönen – schreien, dass wir gehört werden von den Menschen, von Gott.
Dieser Schrei, der zum Himmel gellende Schrei, der nicht mehr wie noch der einsame Sehnsuchtsschrei Stefan Georges „durch güldne Harfe sausen" will, den keine an den Mund gesetzte Flöte mehr zum Klang verschönt, der nur gehört werden will, gehört werden soll um jeden Preis als lebendige menschliche Entscheidung – er allein ist die Antwort der wachen Seele auf die furchtbare Umklammerung unserer Zeit. Wo das Entsetzliche uns überwältigt, sodass wir es nicht anschauen, nicht gestaltend beherrschen, uns ihm weder hingeben noch auch entreißen können, da bleibt uns allein, uns ihm entgegenzustemmen mit aller Kraft; es bleibt uns als Tat allein die Entscheidung. Wollen wir Befreiung? Wollen wir Erneuerung? Wollen wir, dass es anders werde? Wollen wir heraus aus diesem Strudel, aus diesem grauenvollen grauen Mischmasch von niederstem Machtwillen und verworrenem, verratenem Idealismus? Wollen wir heraus aus dieser schwersten, wehesten Verfinsterung des Geistes, die je auf Erden war? Dies ist die einzige Frage an unser Leben. Heraus, gleichviel ob in Schön-

35

40

45

heit oder Hässlichkeit, in Ehre oder Schmach, ja selbst ob in Liebe oder Hass. Nur heraus: den großen, gellenden Schrei ausstoßen, der uns auf ewig trenne von dem Wollen der
50 dumpf hinnehmenden Menge, der jede Gemeinschaft mit den dumpf treibenden Mächten unserer Zeit verwirft. Entscheidung für oder wider – dies ist heute die einzige Frage an unser Menschentum.
55 Und diese Entscheidung, dieser Aufschrei der sich entscheidenden Seele ist Expressionismus. Er ist die Antwort auf eine Wirklichkeit, die anzuschauen, der sich hinzugeben unmöglich geworden ist. Entscheidung lebendi-
60 ger Persönlichkeit gegen das blinde Rasen sinnfremder Gewalten, das ist die Seele des Expressionismus. Auch im scheinbar verrenk-

testen, verzerrtesten Bild der Welt, sofern es unsere geistige Welt nicht annimmt, sie anders will, sofern es sich mit innerster Kraft zur Wehr setzt gegen das nur Überkommene, sofern es ein Aufschrei wider die zur Unmöglichkeit gewordene Welt ist, lebt etwas von der Freiheit, die unsere Zeit uns heutigen Menschen gestohlen hat für Zeit und Ewigkeit.
Denn anders als in Krämpfen kann unserer Welt die Erneuerung nicht kommen, anders können wir sie nicht herbeirufen. Die Zeiten der Stille, der Anmut, der Verschlossenheit und Scham sind vorüber. Uns Unseligen kommt Gott nicht im sanften Säuseln. Der Expressionismus hat eine Sendung, die nichts mehr von Schönheit weiß.

1. a) Wie schätzt die Autorin die Dichtung des Symbolismus ein?
   b) Welche neue Aufgabe der expressionistischen Dichtung sieht sie?
2. Setzen Sie das Gedicht von Ernst Stadler und das Bild von Franz Marc (▷ S. 297) in Bezug zu Susmans Manifest des Expressionismus.
3. Untersuchen Sie, inwiefern die Gedichte auf den folgenden Seiten die Forderungen Susmans erfüllen.

In der von Unruhe und Weltmüdigkeit geprägten Zeit nach 1900 wurden verschiedenste Ereignisse als Vorboten einer nahenden Apokalypse aufgefasst. Das Erscheinen des „Halleyschen Kometen" (1911) und der Untergang des modernsten und größten Schiffes der Welt, der „Titanic" (1912), mehrten die grundlegende Verunsicherung der jungen Generation, welche die Sicherheit tradierter Wertvorstellungen und den Glauben an eine technisch beherrschbare Zukunft verloren hatte. Dem Geist und der Ausdruckskraft der expressionistischen Dichter und Künstler kommen bestimmte Themen und Motive entgegen, in denen sich Sinnverlust und Angst anschaulich darstellen lassen: **Großstadt, Weltende** und **Krieg**.
Die hässliche Seite des Lebens in der industriellen Zivilisation reflektierten auch schon die Naturalisten. Ihnen ging es dabei um wirklichkeitsgetreue, detailgenaue Milieustudien. Auch die Expressionisten sind von Lärm, Enge und Schmutz des modernen Lebens fasziniert. Ihnen kommt es jedoch darauf an, die dissoziierende Vielfalt der Eindrücke, wie z. B. die Reizüberflutung im ausufernden Moloch Großstadt, auszudrücken. Statt der äußeren Erscheinung interessiert sie die Prägung der menschlichen Seele durch diese Eindrücke, die sie in grotesker Verfremdung und visionärer Schau erfassen.
Die Hoffnung auf eine Veränderung der als unerträglich empfundenen Zustände lag bei einigen Autoren schon vor Ausbruch des Ersten Weltkriegs in der Vorstellung einer gewaltsamen kriegerischen Zerstörung alter Ordnungen, aus der neue, originäre Lebens- und Ausdrucksformen erwachsen sollten.

Else Lasker-Schüler

Weltende (1905)

Es ist ein Weinen in der Welt,
als ob der liebe Gott gestorben wär,
und der bleierne Schatten, der niederfällt,
lastet grabesschwer.

5 Komm, wir wollen uns näher verbergen …
das Leben liegt in aller Herzen
wie in Särgen.

Du! wir wollen uns tief küssen –
es pocht eine Sehnsucht an die Welt,
10 an der wir sterben müssen.

Ludwig Meidner:
Apokalyptische Landschaft
(1912)

Jakob van Hoddis

Weltende (1911)

Dem Bürger fliegt vom spitzen Kopf der Hut,
In allen Lüften hallt es wie Geschrei.
Dachdecker stürzen ab und gehn entzwei,
Und an den Küsten – liest man – steigt die Flut.

5 Der Sturm ist da, die wilden Meere hupfen
An Land, um dicke Dämme zu zerdrücken.
Die meisten Menschen haben einen Schnupfen.
Die Eisenbahnen fallen von den Brücken.

1. a) Sammeln Sie Ihre Eindrücke zu Jakob van Hoddis' Gedicht: Was wirkt vertraut, was wirkt befremdlich?
   b) Das Gedicht gilt als programmatisch für den frühen Expressionismus. Erläutern Sie mögliche Gründe.
2. a) Worin ähneln und worin unterscheiden sich die Gedichte von Jakob v. Hoddis und Else Lasker-Schüler?
   b) Deuten Sie die letzten beiden Verse bei Lasker-Schüler vor dem Hintergrund des Epochenumbruchs.
3. Gestalten Sie ein Bild zu einem der Gedichte: Übertragen Sie die ungewöhnlichen Inhalte in eine ähnlich ungewohnte Bildsprache. Orientieren Sie sich an Meidners Gestaltungsweise.

Georg Heym

Tagebucheintragung (1911)

Ich meine, keine Zeit war bis auf den Tag so inhaltslos wie diese. [...] Es ist immer das Gleiche, so langweilig, langweilig, langweilig. Es geschieht nichts, nichts, nichts. Wenn doch einmal etwas geschehen wollte, was nicht diesen faden Geschmack von Alltäglichkeit hinterlässt.

5

Franz von Stuck: Der Krieg (1894)

Georg Heym

Der Krieg (1911)

Aufgestanden ist er, welcher lange schlief,
Aufgestanden unten aus Gewölben tief.
In der Dämmrung steht er groß und unerkannt,
Und den Mond zerdrückt er in der schwarzen Hand.

5 In den Abendlärm der Städte fällt es weit,
Frost und Schatten einer fremden Dunkelheit,
Und der Märkte runder Wirbel stockt zu Eis.
Es wird still. Sie sehn sich um. Und keiner weiß.

In den Gassen fasst es ihre Schulter leicht.
10 Eine Frage. Keine Antwort. Ein Gesicht erbleicht.
In der Ferne wimmert ein Geläute dünn
Und die Bärte zittern um ihr spitzes Kinn.

Alfred Kubin: Der Krieg (1907)

Auf den Bergen hebt er schon zu tanzen an
Und er schreit: Ihr Krieger alle, auf und an.
15 Und es schallet, wenn das schwarze Haupt
er schwenkt,
Drum von tausend Schädeln laute Kette hängt.

Einem Turm gleich tritt er aus die letzte Glut,
Wo der Tag flieht, sind die Ströme schon voll Blut.
Zahllos sind die Leichen schon im Schilf gestreckt,
20 Von des Todes starken Vögeln weiß bedeckt.

Über runder Mauern blauem Flammenschwall
Steht er, über schwarzer Gassen Waffenschall.
Über Toren, wo die Wächter liegen quer,
Über Brücken, die von Bergen Toter schwer.

25 In die Nacht er jagt das Feuer querfeldein
Einen roten Hund mit wilder Mäuler Schrein.
Aus dem Dunkel springt der Nächte schwarze Welt,
Von Vulkanen furchtbar ist ihr Rand erhellt.

Und mit tausend roten Zipfelmützen weit
30 Sind die finstren Ebnen flackend überstreut,
Und was unten auf den Straßen wimmelt hin und her,
Fegt er in die Feuerhaufen, dass die Flamme brenne
mehr.

Und die Flammen fressen brennend Wald um Wald,
Gelbe Fledermäuse zackig in das Laub gekrallt.
35 Seine Stange haut er wie ein Köhlerknecht
In die Bäume, dass das Feuer brause recht.

Eine große Stadt versank in gelbem Rauch,
Warf sich lautlos in des Abgrunds Bauch.
Aber riesig über glühnden Trümmern steht
40 Der in wilde Himmel dreimal seine Fackel dreht,

Über sturmzerfetzter Wolken Widerschein,
In des toten Dunkels kalte Wüstenein,
Dass er mit dem Brande weit die Nacht verdorr,
Pech und Feuer träufet unten auf Gomorrh.

1. Heym schrieb das Gedicht „Der Krieg" drei Jahre vor Ausbruch des Ersten Weltkriegs. Welche Vision vom Krieg hat er?
2. Analysieren Sie die sprachlichen Mittel in Heyms Gedicht. Achten Sie besonders auf die Farbsymbolik und die sprachlichen Bilder.

Die Dichter Georg Trakl, Alfred Lichtenstein und August Stramm nahmen am Ersten Weltkrieg teil. Lichtenstein fiel bereits 1914 in Reims, Stramm 1915 in den Rokitno-Sümpfen (Russland). Trakl war 1914 Sanitäter bei der Schlacht zwischen österreichischen und russischen Truppen in Grodek (Galizien). Das Kriegserlebnis zerrüttete ihn derart, dass er im selben Jahr in einem Garnisonshospital an einer Überdosis Kokain starb.

Georg Trakl

Grodek (1914)

Am Abend tönen die herbstlichen Wälder
Von tödlichen Waffen, die goldnen Ebenen
Und blauen Seen, darüber die Sonne
Düstrer hinrollt; umfängt die Nacht
Sterbende Krieger, die wilde Klage
Ihrer zerbrochenen Münder.
Doch stille sammelt im Weidengrund
Rotes Gewölk, darin ein zürnender Gott wohnt
Das vergossne Blut sich, mondne Kühle;
Alle Straßen münden in schwarze Verwesung.
Unter goldnem Gezweig der Nacht und Sternen
Es schwankt der Schwester Schatten durch
    den schweigenden Hain,
Zu grüßen die Geister der Helden, die bluten-
    den Häupter;
Und leise tönen im Rohr die dunkeln Flöten
    des Herbstes.
O stolzere Trauer! Ihr ehernen Altäre
Die heiße Flamme des Geistes nährt heute ein
    gewaltiger Schmerz,
Die ungebornen Enkel.

Alfred Lichtenstein

Punkt (1914)

Die wüsten Straßen fließen lichterloh
Durch den erloschnen Kopf. Und tun mir weh.
Ich fühle deutlich, dass ich bald vergeh –
Dornrosen meines Fleisches, stecht nicht so.

Die Nacht verschimmelt. Giftlaternenschein
Hat, kriechend, sie mit grünem Dreck
    beschmiert.
Das Herz ist wie ein Sack. Das Blut erfriert.
Die Welt fällt um. Die Augen stürzen ein.

August Stramm

Sturmangriff (1915)

Aus allen Winkeln gellen Fürchte Wollen
Kreisch
Peitscht
Das Leben
Vor
Sich
Her
Den keuchen Tod
Die Himmel fetzen
Blinde schlächtert wildum das Entsetzen

Otto Dix: Krieg (1914)

1. a) Welche Auffassung von Krieg zeigt sich in
      den Gedichten Trakls, Lichtensteins und
      Stramms?
   b) Wie verarbeiten die Autoren ihre Erfahrungen
      brutaler Kriegswirklichkeit literarisch? Unter-
      suchen Sie die sprachlichen Mittel.
2. a) Vergleichen Sie die Bilder von v. Stuck, Kubin
      und Dix (▷ S. 299–302). In welchen spiegeln
      sich Ideen vom Krieg und in welchen werden
      tatsächliche Kriegserlebnisse verarbeitet?
   b) Welche Gestaltungsmittel finden die Künstler,
      um das Entsetzliche darzustellen?
3. a) Verwandeln Sie den Tagebucheintrag von
      Heym (▷ S. 299) in ein Gedicht nach dem
      sprachexperimentellen Verfahren Stramms.
   b) Illustrieren Sie das Gedicht Stramms. Orien-
      tieren Sie sich dabei an den spitzen, aufge-
      splitterten Formen und den grellen Farben in
      Dix' Bild „Krieg" von 1914.

Otto Dix: Der Krieg (Mittelteil des Triptychons, 1929–32)

Epochenübersicht: Expressionismus (1905–1925)

Neben der naturalistischen Tendenz, die wahrnehmbare Wirklichkeit nachzubilden, und der gegenläufigen Tendenz, Wirklichkeit symbolisch zu überhöhen, gibt es in der jungen Generation um die Jahrhundertwende auch eine experimentell orientierte Strömung, in der Künstler und Dichter bereit sind, für neue Erfahrungen und die Darstellung inneren Erlebens alte Formen zu sprengen und einen revolutionären Neuanfang zu wagen. Die **Expressionisten** vollzogen einen radikalen Bruch mit den traditionellen ästhetischen Darstellungsweisen, indem sie die Wahrnehmungsveränderung und den Orientierungsverlust des modernen Menschen in völlig neuen Formen ausdrückten. In der expressionistischen Dichtung kommen die Gefühle und die Reaktionen des Menschen auf die tief greifende Sinnkrise zur ausdrucksstarken Darstellung. Disparatheit, Aufbrechen grammatischer Strukturen, Wortneuschöpfungen, Farbsymbolik sind Kennzeichen der Lyrik. In der Malerei wird der Eindruck, den das Äußere auf einen empfindsamen Menschen macht, durch einen gefühlsbetonten, gestischen Duktus, expressive Farbe, das Aufheben der Raumillusion, die Formenzergliederung und durch Abstraktion ausgedrückt.

Wichtige Autorinnen/Autoren und Werke

Else Lasker-Schüler (1869–1945): Die Wupper (Drama); Der siebente Tag; Meine Wunder; Theben (Gedichtsammlungen)
August Stramm (1874–1915): Du; Tropfblut (Gedichtsammlungen)
Georg Kaiser (1878–1945): Die Bürger von Calais; Gas (Dramen)
Ernst Stadler (1883–1914): Der Aufbruch (Gedichtsammlung)
Franz Kafka (1883–1924): Amerika; Der Prozess; Das Schloss (Romane); Das Urteil; Die Verwandlung; In der Strafkolonie (Erzählungen)
Gottfried Benn (1886–1956): Morgue; Söhne; Fleisch; Schutt (Gedichtsammlungen)
Georg Heym (1887–1912): Der ewige Tag; Umbra vitae (Gedichtsammlungen)
Georg Trakl (1887–1914): Gedichte
Jakob van Hoddis (1887–1942): Weltende (Gedichtsammlung)
Franz Werfel (1890–1945): Wir sind (Gedichtsammlung)

1. Vergleichen Sie die Kunstbegriffe des ▷ Naturalismus, des ▷ Symbolismus und des Expressionismus: ▷ S. 283,
   a) Inwiefern kann jeweils von einer Erneuerung der Literatur und Kunst gesprochen werden? 296
   b) Belegen Sie Ihre Thesen mit Texten und Bildern der jeweiligen Stilrichtung.
2. a) Welchen Kunstbegriff halten Sie in unserer heutigen Zeit noch für tragfähig?
   b) Welcher Kunstbegriff stößt Ihrer Meinung nach auf ein größeres Verständnis beim breiten Publikum? Begründen Sie Ihre Einschätzung.
3. Auch wir stehen am Anfang eines neuen Jahrhunderts, sogar Jahrtausends. Lässt sich in unserer Epoche eine ähnliche Krisenstimmung wie im letzten Jahrhundert ausmachen? Wenn ja, in welchen Lebensbereichen? Welche Arten der Bewältigung kennen Sie?

3.3.3 Krise der Sprache – Das Problem des Übersetzens

Die Frage, inwieweit Menschen durch Denken und Sprechen die Wirklichkeit erkennen und gestalten können, ist ein zentrales Thema der Literatur der Jahrhundertwende. Das Unbehagen an der Kultur und das **Unbehagen an der Sprache** liegen eng beieinander. Die tradierte Sprache der Klassik und des Realismus zelebriert die Ideale des „Wahren, Guten und Schönen". In der gewandelten Welt werden diese Ideale brüchig und mit ihnen auch die erhabenen Begriffe, die sie bezeichnen. Sie erstarren zu leeren Hülsen, zu lügenhaften Sprachschablonen.

Friedrich Nietzsche

Über Wahrheit und Lüge im außermoralischen Sinne (1873)

Friedrich Nietzsche wendet sich in seinen kulturphilosophischen Schriften mit scharfer Kritik gegen die traditionellen Werte und Normen sowie den Bildungsbegriff der bürgerlichen Gesellschaft. Mit seinen Schriften übte er großen Einfluss auf die Literatur seiner Zeit aus.

Sie [die Menschen] sind tief eingetaucht in Illusionen und Traumbilder, ihr Auge gleitet nur auf der Oberfläche der Dinge herum und sieht „Formen", ihre Empfindung führt nirgends in die Wahrheit, sondern begnügt sich Reize zu empfangen und gleichsam ein tastendes Spiel auf dem Rücken der Dinge zu spielen. […] Nur durch die Vergesslichkeit kann der Mensch je dazu kommen zu wähnen, er besitze eine „Wahrheit". Wenn er sich nicht mit der Wahrheit in der Form der Tautologie[1], das heißt mit leeren Hülsen begnügen will, so wird er ewig Illusionen für Wahrheiten einhandeln. Was ist ein Wort? Die Abbildung eines Nervenreizes in Lauten. Von dem Nervenreiz aber weiterzuschließen auf eine Ursache außer uns ist bereits das Resultat einer falschen und unberechtigten Anwendung des Satzes vom Grunde[2]. Wie dürften wir, wenn die Wahrheit bei der Genesis[3] der Sprache, der Gesichtspunkt der Gewissheit bei den Bezeichnungen allein entscheidend gewesen wäre, wie dürften wir doch sagen: der Stein ist hart: als ob uns „hart" noch sonst bekannt wäre und nicht nur als eine ganz subjektive Reizung! Wir teilen die Dinge nach Geschlechtern ein, wir bezeichnen den Baum als männlich, die Pflanze als weiblich: welche willkürlichen Übertragungen! Wie weit hinausgeflogen über den Kanon der Gewissheit! Wir reden von einer „Schlange": die Bezeichnung trifft nichts als das Sichwinden, könnte also auch dem Wurme zukommen. Welche willkürlichen Abgrenzungen, welche einseitigen Bevorzugungen bald der, bald jener Eigenschaft eines Dinges! Die verschiedenen Sprachen, nebeneinander gestellt, zeigen, dass es bei den Worten nie auf die Wahrheit, nie auf einen adäquaten Ausdruck ankommt: denn sonst gäbe es nicht so viele Sprachen. Das „Ding an sich" (das würde eben die reine folgenlose Wahrheit sein) ist

---

1 **Tautologie:** Zirkeldefinition, z. B.: Der Greis ist alt.

2 **Satz vom Grund:** Annahme, dass alles eine Ursache hat
3 **Genesis:** Entstehung

auch dem Sprachbildner ganz unfasslich und ganz und gar nicht erstrebenswert. Er bezeichnet nur die Relationen der Dinge zu den
45 Menschen und nimmt zu deren Ausdruck die kühnsten Metaphern zu Hilfe. Ein Ner-
venreiz, zuerst übertragen in ein Bild! Erste Metapher. Das Bild wird nachgeformt in einem Laut! Zweite Metapher! Und jedes
50 Mal vollständiges Überspringen der Sphäre, mitten hinein in eine ganz andere und neue. [...]
Wir glauben etwas von den Dingen selbst zu wissen, wenn wir von Bäumen, Farben,
55 Schnee und Blumen reden, und besitzen doch nichts als Metaphern der Dinge, die den ur-
sprünglichen Wesenheiten ganz und gar nicht entsprechen. Wie der Ton als Sandfigur, so nimmt sich das rätselhafte X des Dings an sich
60 einmal als Nervenreiz, dann als Bild, endlich als Laut aus. Logisch geht es also jedenfalls nicht bei der Entstehung der Sprache zu, und

das ganze Material, wohin und womit später der Mensch der Wahrheit, der Forscher, der
Philosoph arbeitet und baut, stammt, wenn 65 nicht aus Wolkenkuckucksheim, so doch je-
denfalls nicht aus dem Wesen der Dinge. [...] Was ist also Wahrheit? Ein bewegliches Heer von Metaphern, Metonymien, Anthropo-
morphismen[4], kurz eine Summe von mensch- 70 lichen Relationen, die, poetisch und rheto-
risch gesteigert, übertragen, geschmückt wurden und die nach langem Gebrauch einem Volke fest, kanonisch und verbindlich dünken: Die Wahrheiten sind Illusionen, von de- 75 nen man vergessen hat, dass sie welche sind,
Metaphern, die abgenutzt und sinnlos kraftlos geworden sind, Münzen, die ihr Bild verloren haben und nun als Metall, nicht mehr als
Münzen, in Betracht kommen. 80

4 **Anthropomorphismus:** Übertragung menschlicher Eigenschaften auf Dinge, Tiere etc.

---

1. a) Beschreiben Sie mit eigenen Worten, wie Nietzsche die Möglichkeiten menschlicher Erkenntnis einschätzt.
   b) Was ist für ihn „Wahrheit"?
2. Nehmen Sie Stellung zu Nietzsches Auffassung, die Sprache könne nicht Realität abbilden, wie sie „an sich"
ist.

Hugo von Hofmannsthal

Ein Brief (1901/02)

Dies ist der Brief, den Philipp Lord Chandos, jüngerer Sohn des Earl of Bath, an Francis Bacon, später Lord Verulam und Viscount St. Al-bans, schrieb, um sich bei diesem Freund we-
5 gen des gänzlichen Verzichtes auf literarische Betätigung zu entschuldigen. [...]
Um mich kurz zu fassen: Mir erschien damals in einer Art von andauernder Trunkenheit das ganze Dasein als eine große Einheit: geistige
10 und körperliche Welt schien mir keinen Ge-gensatz zu bilden, ebenso wenig höfisches
und tierisches Wesen, Kunst und Unkunst, Einsamkeit und Gesellschaft; in allem fühlte ich Natur, in den Verirrungen des Wahnsinns
15 ebenso wohl wie in den äußersten Verfeine-rungen eines spanischen Zeremoniells; in den
Tölpelhaftigkeiten junger Bauern nicht min-der als in den süßesten Allegorien; und in aller Natur fühlte ich mich selber; wenn ich auf

meiner Jagdhütte die schäumende laue Milch 20 in mich hineintrank, die ein struppiges
Mensch einer schönen, sanftäugigen Kuh aus dem Euter in einen Holzeimer niedermolk, so war mir das nichts anderes, als wenn ich, in
der dem Fenster eingebauten Bank meines 25 Studio sitzend, aus einem Folianten[1] süße und
schäumende Nahrung des Geistes in mich sog. Das eine war wie das andere; keines gab dem andern weder an traumhafter überirdi-
scher Natur, noch an leiblicher Gewalt nach, 30 und so gings fort durch die ganze Breite des
Lebens, rechter und linker Hand; überall war ich mitten drinnen, wurde nie ein Scheinhaf-tes gewahr: Oder es ahnte mir, alles wäre
Gleichnis und jede Kreatur ein Schlüssel der 35 andern, und ich fühlte mich wohl den, der im
Stande wäre, eine nach der andern bei der Kro-ne zu packen und mit ihr so viele der andern aufzusperren, als sie aufsperren könnte. [...]

1 **Foliant:** großformatiges Buch

Mein Fall ist, in Kürze, dieser: Es ist mir völlig die Fähigkeit abhanden gekommen, über irgendetwas zusammenhängend zu denken oder zu sprechen.

Zuerst wurde es mir allmählich unmöglich, ein höheres oder allgemeineres Thema zu besprechen und dabei jene Worte in den Mund zu nehmen, deren sich doch alle Menschen ohne Bedenken geläufig zu bedienen pflegen. Ich empfand ein unerklärliches Unbehagen, die Worte „Geist", „Seele" oder „Körper" nur auszusprechen. Ich fand es innerlich unmöglich, über die Angelegenheiten des Hofes, die Vorkommnisse im Parlament, oder was Sie sonst wollen, ein Urteil herauszubringen. Und dies nicht etwa aus Rücksichten irgendwelcher Art, denn Sie kennen meinen bis zur Leichtfertigkeit gehenden Freimut: sondern die abstrakten Worte, deren sich doch die Zunge naturgemäß bedienen muss, um irgendwelches Urteil an den Tag zu geben, zerfielen mir im Munde wie modrige Pilze. [...]

Allmählich aber breitete sich die Anfechtung aus wie ein um sich fressender Rost. Es wurden mir auch im familiären und hausbackenen Gespräch alle die Urteile, die leichthin und mit schlafwandelnder Sicherheit abgegeben zu werden pflegen, so bedenklich, dass ich aufhören musste, an solchen Gesprächen irgend teilzunehmen. [...] Mein Geist zwang mich, alle Dinge, die in einem solchen Gespräch vorkamen, in einer unheimlichen Nähe zu sehen: so wie ich einmal in einem Vergrößerungsglas ein Stück von der Haut meines kleinen Fingers gesehen hatte, das einem Blachfeld mit Furchen und Höhlen glich, so ging es mir nun mit den Menschen und ihren Handlungen. Es gelang mir nicht mehr, sie mit dem vereinfachenden Blick der Gewohnheit zu erfassen. Es zerfiel mir alles in Teile, die Teile wieder in Teile, und nichts mehr ließ sich mit einem Begriff umspannen. Die einzelnen Worte schwammen um mich; sie gerannen zu Augen, die mich anstarrten und in die ich wieder hineinstarren muss: Wirbel sind sie, in die hinabzusehen mich schwindelt, die sich unaufhaltsam drehen und durch die hindurch man ins Leere kommt. [...]

Seither führe ich ein Dasein, das Sie, fürchte ich, kaum begreifen können, so geistlos, so gedankenlos fließt es dahin; ein Dasein, das sich freilich von dem meiner Nachbarn, meiner Verwandten und der meisten Land besitzenden Edelleute dieses Königreiches kaum unterscheidet und das nicht ganz ohne freudige und belebende Augenblicke ist. Es wird mir nicht leicht, Ihnen anzudeuten, worin diese guten Augenblicke bestehen; die Worte lassen mich wiederum im Stich. Denn es ist ja etwas völlig Unbenanntes und auch wohl kaum Benennbares, das in solchen Augenblicken, irgendeine Erscheinung meiner alltäglichen Umgebung mit einer überschwellenden Flut höheren Lebens wie ein Gefäß erfüllend, mir sich ankündet. Ich kann nicht erwarten, dass Sie mich ohne Beispiel verstehen, und ich muss Sie um Nachsicht für die Albernheit meiner Beispiele bitten. Eine Gießkanne, eine auf dem Felde verlassene Egge, ein Hund in der Sonne, ein ärmlicher Kirchhof, ein Krüppel, ein kleines Bauernhaus, alles dies kann das Gefäß meiner Offenbarung werden. Jeder dieser Gegenstände und die tausend anderen ähnlichen, über die sonst ein Auge mit selbstverständlicher Gleichgültigkeit hinweggleitet, kann für mich plötzlich in irgendeinem Moment, den herbeizuführen auf keine Weise in meiner Gewalt steht, ein erhabenes und rührendes Gepräge annehmen, das auszudrücken mir alle Worte zu arm erscheinen. [...]

Ich fühlte in diesem Augenblick mit einer Bestimmtheit, die nicht ganz ohne ein schmerzliches Beigefühl war, dass ich auch im kommenden und im folgenden und in allen Jahren dieses meines Lebens kein englisches und kein lateinisches Buch schreiben werde: und dies aus dem einen Grund, dessen mir peinliche Seltsamkeit mit ungeblendetem Blick dem vor Ihnen harmonisch ausgebreiteten Reiche der geistigen und leiblichen Erscheinungen an seiner Stelle einzuordnen ich Ihrer unendlichen geistigen Überlegenheit überlasse: nämlich weil die Sprache, in welcher nicht nur zu schreiben, sondern auch zu denken mir vielleicht gegeben wäre, weder die lateinische noch die englische noch die italienische und spanische ist, sondern eine Sprache, von deren Worten mir auch nicht eines bekannt ist, eine Sprache, in welcher die stummen Dinge zu mir sprechen, und in welcher ich vielleicht einst im Grabe vor einem unbekannten Richter mich verantworten werde.

Ich wollte, es wäre mir gegeben, in die letzten

Worte dieses voraussichtlich letzten Briefes, den ich an Francis Bacon schreibe, alle die Liebe und Dankbarkeit, alle die ungemessene Bewunderung zusammenzupressen, die ich für den größten Wohltäter meines Geistes, für den ersten Engländer meiner Zeit im Herzen hege und darin hegen werde, bis der Tod es bersten macht.

A.D. 1603, diesen 22. August.   Phi. Chandos

---

1. a) Beschreiben Sie mit eigenen Worten die Situation des Briefautors und die Folgen seiner „Krankheit".
   b) Diskutieren Sie, welche Schwierigkeiten sich für Künstler und Dichter bei der Wahrnehmung und Verarbeitung von Wirklichkeit ergeben.
2. Untersuchen Sie die sprachliche Gestaltung des Textes:
   a) Welche Funktion haben die Vergleiche, Metaphern und Belegbeispiele, die Hofmannsthal verwendet?
   b) Erörtern Sie, aus welchem Grund Hofmannsthal die Briefform und einen fiktiven Sprecher des 17. Jahrhunderts für seinen Text wählt.
   c) Klären Sie die Paradoxie des „Briefes".
3. Wie beurteilen Sie den Zusammenhang von Ding, Bedeutung und Wort vor dem Hintergrund der beiden Texte von Nietzsche und Hofmannsthal?

Das Problem des Übersetzens

Durch Sprache Realität adäquat zu erfassen und das „richtige" Wort zu finden, ist auch ein Problem des Übersetzens von Sprache. Einzelne Wörter können eine Vielzahl an Bedeutungen, an Sinn, enthalten. So ist es eine Sache der Auslegung, wie ein Text übersetzt wird. Jeder Übersetzer versucht den Text im Akt des Übertragens in seiner Bedeutung nachzuvollziehen. Er legt den Text nach seinen subjektiven Interessen und Kenntnissen, aber auch vor seinem jeweiligen sozialhistorischen und kulturellen Hintergrund aus. Jeder sprachliche Transfer enthält somit eine Deutung und Wertung.

Charles Baudelaire
Correspondances (1857)

La Nature est un temple où de vivants piliers
Laissent parfois sortir de confuses paroles;
L'homme y passe à travers des forêts de symboles
Qui l'observent avec des regards familiers.

5 Comme de longs échos qui de loin se confondent
Dans une ténébreuse et profonde unité,
Vaste comme la nuit et comme la clarté,
Les parfums, les couleurs et les sons se répondent.

Il est des parfums frais comme des chairs d'enfants,
10 Doux comme les hautbois, verts comme les prairies,
– Et d'autres, corrompus, riches et triomphants,

Ayant l'expansion des choses infinies,
Comme l'ambre, le musc, le benjoin et l'encens,
Qui chantent les transports de l'esprit et des sens.

Charles Baudelaire

Stefan George

Einklänge (1901)

Aus der natur belebten tempelbaun
Oft unverständlich wirre worte weichen·
Dort geht der mensch durch einen wald von
    zeichen
Die mit vertrauten blicken ihn beschaun.

5 Wie lange echo fern zusammenrauschen
In tiefer finsterer geselligkeit·
Weit wie die nacht und wie die helligkeit
Parfüme farben töne rede tauschen.

Parfüme gibt es frisch wie kinderwangen
10 Süss wie hoboen grün wie eine alm –
Und andre die verderbt und siegreich prangen

Mit einem hauch von unbegrenzten dingen·
Wie ambra moschus und geweihter qualm
Die die verzückung unsrer seelen singen.

Stefan George

Willi Huntemann
End=sprechungen (1997)

Die Natur ist ein Tempel, wo leibhaftige SÄUlen
dann und wann konfuse Parolen absondern;
der MANsch passiert diesen Schilder=Wald,
der ihn familiär anglubscht.

5 So wie lange Echos sich von weit, weit her konfundieren
in dunkeltiefer Wieder=vereinigung,
weit hingestreckt wie die Nacht und die Klarheit,
erWIDERN die Parfüme, die KUHlörs und die KlENGE einander.

Parfüme gibt's da, wie Frischfleisch von Kindern,
10 sanft wie O=BOEen, ganz in Prärie=Grün,
und andere, korrumpiert, füllig und aufTRUMPFEND,

Expandieren wie Galaxien,
so wie AmBÄR, Moschuß und WHYrauch,
Zirzen den Ein=Klang herbei (von Body & Soul!)

1. a) Versuchen Sie eine Übersetzung von Baudelaires Gedicht „Correspondances" (▷ S. 306) mit Hilfe eines Wörterbuches.
   b) Vergleichen Sie Ihre Übersetzungen: Welche Übereinstimmungen oder Unterschiede stellen Sie fest?
2. a) Welche Verbindung sieht Baudelaire zwischen der Natur und den Sinneseindrücken?
   b) Welche Bedeutung haben die Synästhesien, d. h. die Verschmelzungen der Sinneswahrnehmungen?
   c) Beschreiben Sie einen Zustand, in dem synästhetische Wahrnehmungen möglich sind.
3. Baudelaires Gedichte aus dem Zyklus „Fleurs du Mal" fanden bei den jungen Dichtern der Jahrhundertwende großen Anklang. Wie erklären Sie sich dies?
4. Diskutieren Sie Baudelaires Gedicht vor dem Hintergrund der Programmatik des Symbolismus (▷ S. 293 ff.) sowie vor dem der Sprachskepsis bei Hofmannsthal (▷ S. 304 ff.).
5. a) Untersuchen Sie, wie Stefan George Baudelaires „Correspondances" umdichtet (▷ S. 307). Wo übersetzt er wörtlich, wo weicht er vom Original ab?
   b) Vergleichen Sie das Metrum und die Anzahl der Verse von Original und Übersetzung. Welche Konsequenzen für die Syntax ergeben sich bei George?
6. a) George übersetzt Baudelaires „parfois" mit dem inhaltlich entgegengesetzten „oft". Deuten Sie die Bedeutungsverschiebung vor dem Hintergrund von Georges dichterischem Anliegen.
   b) Erläutern Sie anhand der eigenwilligen Übersetzung des letzten Verses, inwieweit George den Sinnverlust der Moderne und die Sprachkrise künstlerisch löst.
7. An welchen Stellen nimmt Willi Huntemanns Übersetzung (▷ S. 307) Baudelaire bewusst „zu" wörtlich? Warum lässt er Fremdwörter stehen?
8. Bearbeiten Sie Ihre Übersetzungen der „Correspondances" zu eigenen Gedichten. Vermeiden Sie dabei die lexikalische Genauigkeit an Stellen, die Ihnen bedeutsam erscheinen zu Gunsten einer eigenen Auslegung.

PROJEKT: ÜBERSETZEN

- Sammeln Sie einige französische und englische Gedichte, die um 1900 entstanden sind, z. B. von Paul Verlaine, Stéphane Mallarmé, Oscar Wilde oder William Butler Yeats, die Ihnen persönlich gefallen.
  □ Versuchen Sie in Gruppen eigene Übersetzungen und vergleichen Sie Ihre Ergebnisse.
  □ Experimentieren Sie beim Übersetzen mit unterschiedlichen Stilvariationen.
- Untersuchen Sie in Gruppen unterschiedliche Übersetzungen eines ausgewählten Gedichts eines der genannten Autoren und vergleichen Sie die unterschiedlichen Übertragungen.
  Gehen Sie folgendermaßen vor:
  □ Sammeln Sie möglichst viele Übersetzungen aus verschiedenen Jahren (historische bis aktuelle): Recherchieren Sie in der Bibliothek oder befragen Sie Fachleute, z. B. Sprachlehrer/innen oder Schüler/innen, die einen entsprechenden Leistungskurs besuchen.
  □ Vergleichen Sie die Texte: Lassen sich in einzelnen Übersetzungen unterschiedliche Auslegungsinteressen aufweisen?
  □ Präsentieren Sie Ihre Arbeitsergebnisse in Ihrem Kurs. Stellen Sie Ihre Untersuchungen auch in den Sprachkursen Ihrer Jahrgangsstufe vor.
- Suchen Sie in der Bibliothek nach französischen und englischen Übersetzungen deutscher Gedichte (z. B. von Stefan George oder Rainer Maria Rilke). Versuchen Sie eine „Rück-Übersetzung" ins Deutsche und vergleichen Sie diese mit den Originaltexten.

4 Die Literatur der Weimarer Republik und die Exilliteratur (1919–1945)

4.1 Die Literatur der Weimarer Republik (1919–1933)

Die Literatur der Weimarer Zeit literaturgeschichtlich darzustellen, scheint nahezu unmöglich. Die ideologische Zersplitterung der Gesellschaft und ihrer einzelnen Schichten und die damit verbundene unüberschaubare Vergrößerung des literarischen Marktes, der vielfältige Lese-interessen zu bedienen hatte, lässt den Traditionsstrom der Literatur sich noch weiter differenzieren, als es schon um die ▷ Jahrhundertwende der Fall war. Eine Übersicht lässt sich indessen gewinnen, wenn man von der **Polarität** ausgeht, die das politische und das geistige Leben in der Weimarer Republik beherrschte. Eine politische Linke, die in sich noch einmal gespalten war in die Verteidiger der parlamentarisch-repräsentativen Demokratie und die Anhänger eines basis-demokratischen Rätesystems, stand in permanenter Auseinandersetzung einer Rechten gegenüber, die ihre Ablehnung der demokratischen Verfassung offen bekundete. Von ihrer ideologischen Grundhaltung her war die Linke rationalistisch ausgerichtet und hatte ihre Wurzeln in der Aufklärung, während die Rechte einen Irrationalismus pflegte, der in der Romantik wurzelte. Von den konservativen Literaten wurde der gesamte westeuropäische Zivilisationsgedanke mit seinen Demokratievorstellungen als ein Weg abgelehnt, der mit deutschen Traditionen nicht zu vereinbaren sei. Kennzeichnend für die Zeit der Weimarer Republik ist, dass sich die beiden politisch-geistigen Richtungen in kompromissloser Radikalität bekämpften. Das von diesem Streit bestimmte öffentliche Leben führte zu einem Aufblühen der publizistischen **Gebrauchsliteratur.** Es war die hohe Zeit der Zeitschriften und Zeitungen (z. B. „Die Weltbühne" von CARL VON OSSIETZKY und KURT TUCHOLSKY oder „Die Fackel" von KARL KRAUS), wozu als neue Medien der Rundfunk und der Film kamen. Auch das Kabarett erlebte in diesen kulturell höchst bewegten Zeiten der „Roaring Twenties" seine erste Blütezeit.

Aufklärerische Absichten verfolgten die großen Gesellschaftsromane dieser Zeit, allen voran ALFRED DÖBLINS „Berlin Alexanderplatz". Das Bestreben dieser Romane, die Kräfte und Entwicklungen im Individuum und in der Gesellschaft aufzuzeichnen, ohne dabei tradierte Sinndeutungen und Wertsetzungen als verbindlich übernehmen zu können, machte ein von Reflexionen durchzogenes, subjektiv geprägtes Schreiben nötig. Der moderne Roman mit seinen komplexen, nicht leicht zu überblickenden Strukturen entfaltete sich in einer Reihe bedeutender, höchst eigenständiger Werke.

Ein großer Teil der Literatur war in Reaktion auf den ▷ Expressionismus von Nüchternheit und kühl-distanzierter Betrachtung der Wirklichkeit bestimmt. **Neue Sachlichkeit** war das Stichwort, mit dem diese Schreibweise bezeichnet wurde. Dazu gehört neben publizistischen Formen, z. B. der Reportage, auch die Gebrauchslyrik ERICH KÄSTNERS und BERTOLT BRECHTS.

Es gab indessen auch Versuche, den Expressionismus fortzusetzen und sein Verständnis von Sprache als frei verfügbarem Material, losgelöst von den Konventionen des Alltagsgebrauchs und den grammatischen Normen, ins Extrem voranzutreiben. Mit seinem Spiel der Sprachlaute, Wörter und Wortkombinationen begründete der **Dadaismus** eine Literaturrichtung, die bis heute in immer neuen Sprachkunstexperimenten und Lautgebilden ihre Fortsetzung gefunden hat.

Thematisch auffällig ist in der Literatur der Weimarer Republik neben der stärkeren Einbeziehung aktueller gesellschaftlich-politischer Inhalte die Verarbeitung des Krieges. Allerdings blieben die Texte, in denen der Krieg, seine Urheber und Nutznießer kritisch dargestellt wurden, in der Minderheit, obwohl sie zum Teil eine breite Wirkung erzielten, wie zum Beispiel ERICH MARIA REMARQUES „Im Westen nichts Neues".

▷ S. 284 ff.

▷ S. 297 ff.

Die beiden Pole des politischen und geistigen Lebens in der Weimarer Republik

Grundhaltung	aufklärerisch-rational ←——————————→ irrational		
Politische Orientierung	links: Verteidigung der demokratischen Republik oder Anstreben eines Rätesystems (Sozialismus)		rechts: antidemokratisch, gegen westliche Zivilisation, nationalistisch, elitär
Tradition	Aufklärung – Vormärz – Naturalismus		Romantik, Biedermeier, neuromantische Strömungen
literarische Strömungen und Beispiele	**Neue Sachlichkeit** Gebrauchslyrik von *Erich Kästner, Kurt Tucholsky* (1890–1935), *Bertolt Brecht*; *Erich Kästner* (1899–1974): Fabian (Roman) *Hans Fallada* (1893–1947): Kleiner Mann, was nun? (Roman) **Zeitroman** (Epochensichtung, Verarbeitung der Vergangenheit) *Thomas Mann* (1875–1955): Der Zauberberg *Hermann Hesse* (1877–1962): Der Steppenwolf *Robert Musil* (1880–1942): Der Mann ohne Eigenschaften *Alfred Döblin* (1878–1957): Berlin Alexanderplatz *Joseph Roth* (1894–1939): Radetzkymarsch *Heinrich Mann* (1871–1950): Der Untertan *Lion Feuchtwanger* (1884–1958): Die Geschwister Oppermann *Arnold Zweig* (1887–1968): Der Streit um den Sergeanten Grischa *Erich Maria Remarque* (1898–1970): Im Westen nichts Neues **Reportageliteratur** *Egon Erwin Kisch* (1885–1948): Der rasende Reporter; Hetzjagd durch die Zeit, Paradies Amerika	**Kabarett, Satire** Songs, Sketches, Parodien von *Kurt Tucholsky, Erich Kästner, Frank Wedekind* (1864–1918) **Dadaismus** freies Spiel mit der Sprache als künstlerischem Material: Texte von *Kurt Schwitters* (1887–1948), *Hans Arp* (1886–1966), *Hugo Ball* (1886–1927) **episches Theater** *Bertolt Brecht* (1898–1956): Die Dreigroschenoper; Aufstieg und Fall der Stadt Mahagonny; Die heilige Johanna der Schlachthöfe **kritisches Volkstheater** *Ödön von Horváth* (1901–1938): Geschichten aus dem Wienerwald; Kasimir und Karoline *Marieluise Fleißer* (1901–1974): Fegefeuer in Ingolstadt **Arbeiterliteratur** Texte des „Bundes proletarisch-revolutionärer Schriftsteller"	**Ästhetizismus** Lyrik von *Stefan George* (1868–1933), *Gottfried Benn* (1886–1956), *Rudolf Alexander Schröder* (1878–1962), *Hans Carossa* (1878–1956) **Innerlichkeit** Naturlyrik von *Wilhelm Lehmann* (1882–1968), *Oskar Loerke* (1884–1941) **Heimatliteratur** Romane von *Ludwig Ganghofer* (1855–1920) **Kriegsverherrlichung** *Ernst Jünger* (1895–1998): In Stahlgewittern **völkische Literatur** Romane von *Hans Grimm, Will Vesper, Hans Friedrich Blunck*

Alfred Döblin

Berlin Alexanderplatz (1929)

Rumm rumm wuchtet vor Aschinger auf dem Alex[1] die Dampframme. Sie ist ein Stock hoch, und die Schienen haut sie wie nichts in den Boden.

5 Eisige Luft, Februar. Die Menschen gehen in Mänteln. Wer einen Pelz hat, trägt ihn, wer keinen hat, trägt keinen. Die Weiber haben dünne Strümpfe und müssen frieren, aber es sieht hübsch aus. Die Penner haben sich vor
10 der Kälte verkrochen. Wenn es warm ist, stecken sie wieder ihre Nasen raus. Inzwischen süffeln sie doppelte Ration Schnaps, aber was für welchen, man möchte nicht als Leiche drin schwimmen.
15 Rumm rumm haut die Dampframme auf dem Alexanderplatz. Viele Menschen haben Zeit und gucken sich an, wie die Ramme haut. Ein Mann oben zieht immer eine Kette, dann pafft es oben, und ratz hat die Stange eins auf den
20 Kopf. Da stehen die Männer und Frauen und besonders die Jungens und freuen sich, wie das geschmiert geht: ratz kriegt die Stange eins auf den Kopf. Nachher ist sie klein wie eine Fingerspitze, dann kriegt sie aber noch immer
25 eins, da kann sie machen, was sie will. Zuletzt ist sie weg, Donnerwetter, die haben sie fein eingepökelt, man zieht befriedigt ab.
Alles ist mit Brettern belegt. Die Berolina stand vor Tietz[2], eine Hand ausgestreckt, war
30 ein kolossales Weib, sie haben sie weggeschleppt. Vielleicht schmelzen sie sie ein und machen Medaillen draus.
Wie die Bienen sind sie über den Boden her. Die basteln und murksen zu Hunderten rum
35 den ganzen Tag und die Nacht.
Ruller ruller fahren die Elektrischen, Gelbe mit Anhängern, über den holzbelegten Alexanderplatz, Abspringen ist gefährlich. Der Bahnhof ist breit freigelegt, Einbahnstraße
40 nach der Königstraße an Wertheim vorbei. Wer nach dem Osten will, muss hinten rum am Präsidium vorbei durch die Klosterstraße. Die Züge rummeln vom Bahnhof nach der Jannowitzbrücke, die Lokomotive bläst oben

George Grosz: Friedrichstraße (1918)

Dampf ab, grade über dem Prälaten[3] steht sie, 45 Schlossbräu, Eingang eine Ecke weiter.
Über den Damm, sie legen alles hin, die ganzen Häuser an der Stadtbahn legen sie hin, woher sie das Geld haben, die Stadt Berlin ist reich, und wir bezahlen die Steuern. 50
Loeser und Wolff mit dem Mosaikschild haben sie abgerissen, 20 Meter weiter steht er schon wieder auf, und drüben vor dem Bahnhof steht er nochmal. Loeser und Wolff, Berlin-Elbing, erstklassige Qualitäten in allen 55 Geschmacksrichtungen, Brasil, Havanna, Mexiko, Kleine Trösterin, Liliput, Zigarre Nr. 8, das Stück 25 Pfennig, Winterballade, Packung mit 25 Stück, 20 Pfennig, Zigarillos Nr. 10, unsortiert, Sumatradecke, eine Spezi- 60 alleistung in dieser Preislage, in Kisten zu hundert Stück, 10 Pfennig. Ich schlage alles, du schlägst alles, er schlägt alles mit Kisten zu 50 Stück und Kartonpackung zu 10 Stück, Versand nach allen Ländern der Erde, Boyero 65 25 Pfennig, diese Neuigkeit brachte uns viele Freunde, ich schlage alles, du schlägst lang hin.

1 **Aschinger auf dem Alex:** Café und Restaurant auf dem Alexanderplatz
2 **Berolina ... vor Tietz:** Bronzestatue, die die Stadt Berlin verkörperte, vor dem Kaufhaus Tietz
3 **Prälat:** Gaststätte am Alexanderplatz

Neben dem Prälaten ist Platz, da stehen die
70 Wagen mit Bananen. Gebt euren Kindern Bananen. Die Banane ist die sauberste Frucht, da
sie durch ihre Schale vor Insekten, Würmern
sowie Bazillen geschützt ist. Ausgenommen
sind solche Insekten, Würmer und Bazillen,
75 die durch die Schale kommen. Geheimrat
Czerny hat mit Nachdruck darauf hingewie-
sen, dass selbst Kinder in den ersten Lebens-
jahren. Ich zerschlage alles, du zerschlägst alles, er zerschlägt alles.
80 Wind gibt es massenhaft am Alex, an der Ecke
von Tietz zieht es lausig. Es gibt Wind, der pus-
tet zwischen die Häuser rein und auf die Bau-
gruben. Man möchte sich in die Kneipen verstecken, aber wer kann das, das bläst durch
85 die Hosentaschen, da merkst du, es geht was
vor, es wird nicht gefackelt, man muss lustig
sein bei dem Wetter. Frühmorgens kommen
die Arbeiter angegondelt, von Reinickendorf,
Neukölln, Weißensee. Kalt oder nicht kalt,
90 Wind oder nicht Wind, Kaffeekanne her, pack
die Stullen ein, wir müssen schuften, oben sitzen die Drohnen, die schlafen in ihre Feder-
betten und saugen uns aus.
Aschinger hat ein großes Café und Restaurant.
95 Wer keinen Bauch hat, kann einen kriegen,
wer einen hat, kann ihn beliebig vergrößern.
Die Natur lässt sich nicht betrügen! Wer
glaubt, aus entwertetem Weißmehl hergestell-
te Brote und Backwaren durch künstliche Zu-
100 sätze verbessern zu können, der täuscht sich
und die Verbraucher. Die Natur hat ihre Le-
bensgesetze und rächt jeden Missbrauch. Der
erschütterte Gesundheitszustand fast aller
Kulturvölker der Gegenwart hat seine Ursa-
105 che im Genuss entwerteter und künstlich ver-
feinerter Nahrung. Feine Wurstwaren auch
außer dem Haus, Leberwurst und Blutwurst
billig.
Das hochinteressante ‚Magazin' statt eine
110 Mark bloß 20 Pfennig, die ‚Ehe' hochinteres-
sant und pikant bloß 20 Pfennig. Der Ausrufer
pafft Zigaretten, hat eine Schiffermütze auf,
ich schlage alles.
Von Osten her, Weißensee, Lichtenberg, Fried-
115 richshain, Frankfurter Allee, türmen die gelben Elektrischen auf den Platz durch die
Landsberger Straße. Die 65 kommt vom Zent-
ralviehhof, der Große Ring Weddingplatz,
Luisenplatz, die 76 Hundekehle über Huber-
120 tusallee. An der Ecke Landsberger Straße ha-

ben sie Friedrich Hahn, ehemals Kaufhaus,
ausverkauft, leer gemacht und werden es zu
den Vätern versammeln. Da halten die Elektrischen und der Autobus 19 Turmstraße. Wo
Jürgens war, das Papiergeschäft, haben sie das 12
Haus abgerissen und dafür einen Bauzaun
hingesetzt. Da sitzt ein alter Mann mit Arztwaage: Kontrollieren Sie Ihr Gewicht, 5 Pfennig. O liebe Brüder und Schwestern, die ihr
über den Alex wimmelt, gönnt euch diesen 13
Augenblick, seht durch die Lücke neben der
Arztwaage auf diesen Schuttplatz, wo einmal
Jürgens florierte, und da steht noch das Kaufhaus Hahn, leer gemacht, ausgeräumt und
ausgeweidet, dass nur die roten Fetzen noch 13
an den Schaufenstern kleben. Ein Müllhaufen
liegt vor uns. Von Erde bist du gekommen, zu
Erde sollst du wieder werden, wir haben ge-
bauet ein herrliches Haus, nun geht hier kein
Mensch weder rein noch raus. So ist kaputt 14
Rom, Babylon, Ninive, Hannibal, Cäsar, alles
kaputt, oh, denkt daran. Erstens habe ich dazu zu bemerken, dass man diese Städte jetzt
wieder ausgräbt, wie die Abbildungen in der
letzten Sonntagsausgabe zeigen, und zweitens 14
haben diese Städte ihren Zweck erfüllt, und
man kann nun wieder neue Städte bauen. Du
jammerst doch nicht über deine alten Hosen,
wenn sie morsch und kaputt sind, du kaufst
neue, davon lebt die Welt. 15

Erich Maria Remarque
Im Westen nichts Neues (1929)

Trommelfeuer, Sperrfeuer, Gardinenfeuer, Mi-
nen, Gas, Tanks, Maschinengewehre, Handgranaten – Worte, Worte, aber sie umfassen
das Grauen der Welt.
Unsere Gesichter sind verkrustet, unser Den- 5
ken ist verwüstet, wir sind todmüde; – wenn
der Angriff kommt, müssen manche mit den
Fäusten geschlagen werden, damit sie erwachen und mitgehen; – die Augen sind entzün-
det, die Hände zerrissen, die Knie bluten, die 10
Ellbogen sind zerschlagen.
Vergehen Wochen – Monate – Jahre? Es sind
nur Tage. Wir sehen die Zeit neben uns
schwinden in den farblosen Gesichtern der
Sterbenden, wir löffeln Nahrung in uns hin- 15
ein, wir laufen, wir werfen, wir schießen, wir
töten, wir liegen herum, wir sind schwach und

stumpf, und nur das hält uns, dass noch Schwächere, noch Stumpfere, noch Hilflosere da sind, die mit aufgerissenen Augen uns ansehen als Götter, die manchmal dem Tode entrinnen können.

In den wenigen Stunden der Ruhe unterweisen wir sie. „Da, siehst du den Wackeltopp? Das ist eine Mine, die kommt! Bleib liegen, sie geht drüben hin. Wenn sie aber so geht, dann reiß aus! Man kann vor ihr weglaufen."

Wir machen ihre Ohren scharf auf das heimtückische Surren der kleinen Dinger, die man kaum vernimmt, sie sollen sie aus dem Krach herauskennen wie Mückensummen; – wir bringen ihnen bei, dass sie gefährlicher sind als die großen, die man lange vorher hört. Wir zeigen ihnen, wie man sich vor Fliegern verbirgt, wie man den toten Mann macht, wenn man vom Angriff überrannt wird, wie man Handgranaten abziehen muss, damit sie eine halbe Sekunde vor dem Aufschlag explodieren; – wir lehren sie, vor Granaten mit Aufschlagzündern blitzschnell in Trichter zu fallen, wir machen vor, wie man mit einem Bündel Handgranaten einen Graben aufrollt, wir erklären den Unterschied in der Zündungsdauer zwischen den gegnerischen Handgranaten und unseren, wir machen sie auf den Ton der Gasgranaten aufmerksam und zeigen ihnen die Kniffe, die sie vor dem Tode retten können.

Sie hören zu, sie sind folgsam – aber wenn es wieder losgeht, machen sie es in der Aufregung meistens doch wieder falsch.

Haie Westhus wird mit abgerissenem Rücken fortgeschleppt; bei jedem Atemzug pulst die Lunge durch die Wunde. Ich kann ihm noch die Hand drücken; – „Is alle, Paul", stöhnt er und beißt sich vor Schmerz in die Arme.

Wir sehen Menschen leben, denen der Schädel fehlt; wir sehen Soldaten laufen, denen beide Füße weggefetzt sind; sie stolpern auf den splitternden Stümpfen bis zum nächsten Loch; ein Gefreiter kriecht fast einen Kilometer weit auf den Händen und schleppt die zerschmetterten Knie hinter sich her; ein anderer geht zur Verbandstelle, und über seine festhaltenden Hände quellen die Därme; wir sehen Leute ohne Mund, ohne Unterkiefer, ohne Gesicht; wir finden jemand, der mit den Zähnen die Schlagader seines Armes klemmt, um nicht zu verbluten, die Sonne geht auf, die Nacht kommt, die Granaten pfeifen, das Leben ist zu Ende.

Doch das Stückchen zerwühlter Erde, in dem wir liegen, ist gehalten gegen die Übermacht; nur wenige hundert Meter sind preisgegeben worden. Aber auf jeden Meter kommt ein Toter.

---

1. Analysieren Sie die beiden Romanauszüge von Döblin und Remarque unter den Aspekten: Thema, inhaltlicher Aufbau, ▷ **Erzählweise** und Intention und arbeiten Sie die Gemeinsamkeiten und Unterschiede heraus. ▷ S. 143 ff.
2. Informieren Sie sich in „Kindlers Literaturlexikon" oder in einem Romanführer über die beiden Romane.
3. Beide Romane sind verfilmt worden. Besorgen Sie sich die Verfilmungen in Landesbildstellen oder Videotheken und vergleichen Sie die Umsetzung der Inhalte und der Erzählweisen, die Sie in Ihrer Textanalyse herausgearbeitet haben, im Film. (▷ Kapitel D 3.1.3: „Verfilmung von Literatur", S. 447 ff.)

PROJEKTVORSCHLAG

Lassen Sie sich von Döblins Montage-Technik anregen, mit allen Kursmitgliedern einen Collage-Roman zu verfassen:

- Entwerfen Sie gemeinsam eine Story, die in Ihrer alltäglichen Umgebung spielt.
- Jede/r im Kurs übernimmt einen kurzen Abschnitt der Story und schreibt dazu im Stile Döblins ein Kapitel; dazu muss man sich an die entsprechenden Schauplätze begeben, alles, was man sieht und hört, möglichst genau notieren und ergänzen durch: Gedankenfetzen der Personen – Zitate aus Zeitungen, Lexika etc. – Reklameslogans – Bibelzitate – statistische Angaben – soziologische Untersuchungen – andere zur Montage geeignete Materialien.
- Die einzelnen Kapitel werden dann zusammengefügt und die Übergänge geglättet; schließlich brauchen Sie noch einen Titel für Ihren Roman.

Kurt Tucholsky

Staatsmorphium (1925)

Neulich mittag saß auf einer deutschen An-
klagebank – also einem durchaus reputier-
lichen Ort – ein Ding, das der ziemlich guten Nachahmung eines
5 Menschen glich. Es war ein ehe-
maliger Soldat.
Als der Stumpf noch ein Mensch
war, hatte er während des Krieges
derart schwere Verletzungen erlit-
10 ten, daß die jahrelangen ununterbrochen anhaltenden Schmerzen
nicht anders zu dämpfen waren als
mit Morphium. Der Staat, der seinem entlaufenen Kaiser monatlich
15 50000 Mark zahlen kann, unge-
rechnet die Werte, die ER sich hat über die
Grenze schieben lassen – der Staat hatte für
das Bündel Schmerzen kein Geld, aber Morphium in natura. Der Mann bekam also, wie

Kurt Tucholsky

im Gerichtssaal angegeben wurde, „Staats- 20
morphium". Alle paar Tage ein paar Gramm.
Immer, wenn die Nerven dumpf aufheulen
wollten, piekte die kleine Spritze in die
schmutzige Haut, und dann legten sie sich
wieder zu scheinbarer Ruhe. Wie 25
hinter Watte tat es nur noch weh.
Sie hatten den Stumpf wegen
Bettelei angeklagt, was gleichgültig
ist, und der Staatsanwalt kam zu
irgendeinem juristischen Resultat, 30
die Einstellung des Verfahrens betreffend, was noch gleichgültiger
ist. Verwaltungsmaßnahmen sind
auch dann nicht der Nachprüfung
wert, wenn sie sich Urteile nennen. 35
Der Mensch ging im Dämmer-
zustand heraus. Er wußte gar
nichts von sich. Er lebt ständig im Dusel:
voll von Staatsmorphium.
Er ist nicht allein, sondern hat Kollegen: 40
60 Millionen. ☐R

Egon Erwin Kisch

Sing-Sing (1930)

Wir wissen nicht, warum das Gittertor, das
von den Kanzleiräumen aus abwärts führt,
goldgestrichen ist, wir treten ein durch das
goldbestrichene Tor und sind starr vor Entset-
5 zen. Schon allerhand haben wir gesehen, gelesen und gehört – aber das da! Das ist die
Main Cell Hall, jetzt „Old Cellhouse" genannt.
Man stelle sich einen rechtwinkligen Fels-
10 block vor, etwa achtzig Meter lang, zehn Meter hoch, fünf Meter breit.
In diese achtzig Meter Seitenlänge sind vorne
fünfundsiebzig Löcher gehackt und hinten
auch fünfundsiebzig, obwohl der Block nur
15 fünf Meter breit ist.
In die zehn Meter Höhe sind sechs Stockwer-
ke gebohrt, jedes mit ungefähr zweimal fünfundsiebzig Höhlen.
Der Felsen ist kein natürlicher Felsen: Vor
20 hundert Jahren wurde er aus grauem Stein auf-
gerichtet, solcherart, dass die Höhlungen frei
blieben, nicht erst gehackt werden mussten.
Diese Arbeit leisteten Sträflinge, vielleicht
Diebe, vielleicht Räuber, vielleicht Betrüger
25 und vielleicht Meuchelmörder, an jener Stelle

des Hudsonufers, wo einst die Sinck-Sinck-
Indianer bestohlen, beraubt, betrogen und ge-
meuchelt worden waren von Menschen, die
sich und ihren Nachkommen dadurch Reichtum, Macht, Ehre und Standesbewusstsein 30
und vor allem das Recht errungen hatten, Verbrecher unnachsichtig zu strafen.
Die Sträflinge aber bauten für sich und ihre
Nachkommen diese steinerne Wabe.
Drei Jahre arbeiteten sie, von 1825 bis zum 35
Jahre 1828.
Fünfzig Jahre später, 1878, wurde der Bau als
untauglich und gesundheitsschädlich erklärt,
weil die Menschen in diesen Kerkerhöhlen
unweigerlich an Lungenschwindsucht und 40
Gicht zu Grunde gingen.
Nach weiteren fünfzig Jahren sind diese 930
feuchten, kalten, niedrigen, engen Stein-
löcher noch im Gebrauch und 930 Menschen
darin. 45
Manche für ein Jahr (Sing-Sings kürzeste Mie-
ter) und viele für zehn Jahre, für fünfzehn, für
Lebensdauer (Sing-Sing hat unter seinen 1730
Insassen nicht weniger als 128 Lebenslängli-
che, abgesehen von jenen, die jeweils im To- 50
tenhaus darauf warten, bis eine Partie Verur-
teilter beisammen ist und die Einschaltung des
elektrischen Stromes sich lohnt ...).

Die amtlichen Maße der Zellen lauten: 6 Fuß
(180 cm) Höhe, an der Tür 18 Zoll (45 cm)
und im Innern 3 Fuß (90 cm) Breite, 7 Fuß
(210 cm) Länge.
Darin ist tagsüber ein Klappbett und ein Schemel, in der Nacht auch ein mit Exkrementen
gefüllter Eimer und ein Mensch.
Das Kopfende des Bettes stößt an die Quer-
wand, hinter der das Kopfende der jenseitigen
Zelle ist, die Beine jedes Häftlings sind gegen
die Tür gerichtet.
Eine gusseiserne Platte bildet die untere Hälfte der Tür, ein Gitter die obere. Diese Klapp-
tür, von innen nicht zu öffnen, wird außerdem
vom Gefängniswärter mit einem Schlüssel
versperrt, und nachdem dies überall geschehen, senkt der Oberschließer noch eine Stahl-
stange herab, die sich als Riegel vor je fünfundsiebzig menschliche Obdache schiebt.
Auch waschen muss man sich auf dem Gang.
Wo wäre denn in der Zelle Platz dazu?
Rings um den Zellenblock und über ihn ist
ein Haus gestülpt. Der gemauerte Deckel ist
größer als der Inhalt, und als Zwischenraum
bleibt ein Korridor, auf dem die Wärter pat-
rouillieren und die Gefangenen sich morgens
in Reih und Glied stellen, um gemeinsam ihre
Eimer zur Senkgrube zu tragen. […]
Hier, meine Herren, sehen Sie den berühmten
Stuhl, der den Geist des Mittelalters mit der
größten Erfindung der Neuzeit, der Elektrizi-
tät, vereinigt. Auf diesem Stuhl – bitte, Sie
können ruhig darauf Platz nehmen, der Strom
ist nicht eingeschaltet –, auf diesem Stuhl haben schon viele Männer und Frauen gesessen.
[…]
Über der Tür zum „Tanzsaal" sehen Sie das
Wort „Silence". Es ist das einzige Wort, das in
diesem Saal zu sehen ist, und es ist auch keines zu hören. Dort in den vier polierten Bank-
reihen sitzen die zwölf Zeugen, die großen
goldglänzenden Spucknäpfe sind für den Fall
da, dass einem der Zeugen zum Bewusstsein
käme, er lebe im zwanzigsten Jahrhundert …

Die Elektrifizierungen finden hier um elf Uhr
nachts statt, und zwar am Donnerstag, damit,
wenn ein Zwischenfall sie verhindert, noch
drei Tage übrig bleiben zur Vollstreckung
des Gerichtsurteils: „… in der am Montag,
dem …, beginnenden Woche vom Leben zum
Tode zu bringen."
Der Delinquent nimmt so auf dem Stuhle
Platz, wie Sie jetzt dasitzen. Die Lederriemen
sind daran befestigt, sie müssen nur noch über
den Brustkorb, die Beine und die Arme des
Mannes geschnallt werden, was kaum eine
Minute dauert, da drei erfahrene Gefängniswärter am Werke sind. Ebenso schnell wird
ein Kontakt auf seinem rechten Bein befestigt;
ein zweiter legt sich, wenn man die in Salz-
wasser getauchte Ledermaske über sein Gesicht drückt, auf den heute geschorenen Hin-
terkopf.
Dann gibt unser Chefarzt, Dr. Sweet, dem
Mann am Schalter das Zeichen. Der Mann am
Schalter ist Mr. Robert Elliot aus Long Island.
Der hat einen feinen Job – hundertfünfzig
Dollar für jede Hinrichtung, für einen einzigen Griff am Hebel. Dabei ist er Executioner
für mehrere Staaten. […]
Der Delinquent ist tot und wird in den Anato-
miesaal geschafft, wo die Ärzte konstatieren,
was aus einem lebendigen Menschen binnen
zwei Minuten werden kann.
Daneben, meine Herren, ist die Leichenkam-
mer mit sechs Regalen. Was diese kleine Kiste
ist? Das ist ein Sarg. Die Verwandten des Hin-
gerichteten können den Leichnam abholen;
wenn sie es nicht tun, bestatten wir ihn in Os-
sining ohne Kreuz und ohne Namen.
Das ist alles, was in Sing-Sing sehenswert ist.
Ich empfehle Ihnen, draußen noch einen
Blick zu werfen auf den majestätischen Hud-
son, der mit funkelnden Opalen Fangball
spielt, während drüben hinter den herrlichen
Felsenpalisaden die Sonne untergeht, die
Forste strahlen, alles Frieden und Freiheit
atmet. Es ist eine Lust zu leben.

---

1. Bestimmen Sie die Textsorte für die beiden Texte von Kurt Tucholsky und Egon Erwin Kisch. Begründen Sie
   Ihre Zuordnung, indem Sie auf die den Text prägenden Merkmale und die Intentionen hinweisen.
2. a) Vergleichen Sie Kischs Text mit dem Romanauszug aus „Berlin Alexanderplatz" von Döblin (▷ S. 311 f.)
      im Hinblick auf die unterschiedlichen Arten der Wirklichkeitsdarstellung.
   b) Diskutieren Sie die Frage, ob bzw. inwiefern die beiden Texte heute noch Interesse wecken können und
      gelesen werden sollten.

Erich Kästner

Kurt Schmidt, statt einer Ballade
(1930)

Der Mann, von dem im weiteren Verlauf
die Rede ist, hieß Schmidt (Kurt Schm., komplett).
Er stand, nur sonntags nicht, früh 6 Uhr auf
und ging allabendlich Punkt 8 zu Bett.

5   10 Stunden lag er stumm und ohne Blick.
4 Stunden brauchte er für Fahrt und Essen.
9 Stunden stand er in der Glasfabrik.
1 Stündchen blieb für höhere Interessen.

Nur sonn- und feiertags schlief er sich satt.
10 Danach rasierte er sich, bis es brannte.
Dann tanzte er. In Sälen vor der Stadt.
Und fremde Fräuleins wurden rasch Bekannte.

Am Montag fing die nächste Strophe an.
Und war doch immerzu dasselbe Lied!
15 Ein Jahr starb ab. Ein andres Jahr begann.
Und was auch kam, nie kam ein Unterschied.

Um diese Zeit war Schmidt noch gut verpackt.
Er träumte nachts manchmal von fernen Ländern.
Um diese Zeit hielt Schmidt noch halbwegs Takt.
20 Und dachte: Morgen kann sich alles ändern.

Da schnitt er sich den Daumen von der Hand.
Ein Fräulein Brandt gebar ihm einen Sohn.
Das Kind ging ein. Trotz Pflege auf dem Land.
(Schmidt hatte 40 Mark als Wochenlohn.)

25 Die Zeit marschierte wie ein Grenadier.
In gleichem Schritt und Tritt. Und Schmidt lief mit.
Die Zeit verging. Und Schmidt verging mit ihr.
Er merkte eines Tages, dass er litt.

Er merkte, dass er nicht alleine stand.
30 Und dass er doch allein stand, bei Gefahren.
Und auf dem Globus, sah er, lag kein Land,
in dem die Schmidts nicht in der Mehrzahl waren.

So war's. Er hatte sich bis jetzt geirrt.
So war's, und es stand fest, dass es so blieb.
35 Und er begriff, dass es nie anders wird.
Und was er hoffte, rann ihm durch ein Sieb.

Der Mensch war auch bloß eine Art Gemüse,
das sich und dadurch andere ernährt.
Die Seele saß nicht in der Zirbeldrüse.
40 Falls sie vorhanden war, war sie nichts wert.

9 Stunden stand Schmidt schwitzend im Betrieb.
4 Stunden fuhr und aß er, müd und dumm.
10 Stunden lag er, ohne Blick und stumm.
Und in dem Stündchen, das ihm übrig blieb,
45 bracht er sich um.

Bertolt Brecht

Die Nachtlager (1931)

Ich höre, daß in New York
An der Ecke der 26. Straße und des Broadway
Während der Wintermonate jeden Abend ein Mann steht
Und den Obdachlosen, die sich ansammeln
5   Durch Bitten an Vorübergehende ein Nachtlager verschafft.

Die Welt wird dadurch nicht anders
Die Beziehungen zwischen den Menschen bessern sich nicht
Das Zeitalter der Ausbeutung wird dadurch nicht verkürzt
Aber einige Männer haben ein Nachtlager
10 Der Wind wird von ihnen eine Nacht lang abgehalten
Der ihnen zugedachte Schnee fällt auf die Straße.

Leg das Buch nicht nieder, der du das liesest, Mensch.

Einige Menschen haben ein Nachtlager
Der Wind wird von ihnen eine Nacht lang abgehalten
15 Der ihnen zugedachte Schnee fällt auf die Straße
Aber die Welt wird dadurch nicht anders
Die Beziehungen zwischen den Menschen bessern sich dadurch nicht
Das Zeitalter der Ausbeutung wird dadurch nicht verkürzt. ☐R

1. a) Welche gesellschaftspolitische Grundhaltung spricht aus den beiden Gedichten von Brecht und Kästner?
   b) Beschreiben Sie die Form, den inhaltlichen Aufbau und die sprachliche Gestaltung der beiden Gedichte und entwickeln Sie von da aus Ihr Verständnis der Texte.
   c) Welches der Gedichte spricht Sie stärker an? Begründen Sie Ihr Urteil.
2. Sowohl Brechts als auch Kästners Gedicht hat man in ihrer Zeit einer so genannten „Gebrauchslyrik" zugeordnet. Wie verstehen Sie diesen Begriff? Können Sie ihn auf die beiden Gedichte anwenden?
3. Sammeln Sie, ausgehend von Gedichten Brechts und Kästners, weitere Beispiele von „Gebrauchslyrik", tragen Sie die Texte im Kurs vor und begründen Sie Ihre Auswahl.

4.2 Exilliteratur (1933–1945)

Mit der so genannten „Machtergreifung" Hitlers 1933 änderte sich das Geistesleben in Deutschland grundlegend. Das nationalsozialistische Gleichschaltungsprogramm wurde sehr zügig auf die Medien und alle Künste angewandt. Meinungsfreiheit galt den neuen Machthabern als eine Gefahr, die sofort beseitigt werden musste. Das neu geschaffene Reichsministerium für Volksaufklärung und Propaganda kontrollierte in kürzester Zeit das gesamte Pressewesen, den Rundfunk, den Film und über die Unterabteilung der Reichsschrifttumskammer auch die Literatur. Willfährige Germanisten gingen daran, die Literaturgeschichte umzuschreiben, die Klassiker wurden zu frühen Beispielen einer völkisch-national-antidemokratischen Traditionsbildung in Deutschland zurechtgelogen, der Jude Heinrich Heine, dessen bekanntes Lied von der Lorelei (▷ S. 243 f.) kurzerhand zu einem Volkslied deklariert wurde, musste ebenso aus der Literaturgeschichte und aus den Regalen der Bibliotheken verschwinden wie der „verrückte" Franz Kafka. Die Werke der aufklärerisch-rationalen Literaturströmungen der ▷ Weimarer Republik wurden in einer als spontane Aktion des Volkszorns getarnten Bücherverbrennung am 10. Mai 1933 als unübersehbares Warnzeichen an ihre Autoren vernichtet. Diese flohen denn auch, wenn es nicht schon vorher geschehen war, ins Exil, sodass ein literarisches Leben, das diesen Namen verdient, in Deutschland weitgehend zum Erliegen kam. Zurück blieben unter dem Hakenkreuz die regimetreuen völkischen „Blut-und-Boden"-Schreiber und eine Reihe von Autoren, die sich als Vertreter einer so genannten **„inneren Emigration"** verstanden. Einige von ihnen blieben, weil sie anfangs dem Nationalsozialismus nicht rundum ablehnend gegenüberstanden (z. B. Gottfried Benn), andere, weil sie ihr Land aus unterschiedlichen Skrupeln und Überlegungen nicht verlassen wollten (z. B. Erich Kästner). Sie stellten ihre literarische Arbeit ein, wichen in politikferne Themen und Genres aus oder verschlüsselten ihre Botschaften des Nichteinverständnisses mit dem Regime so, dass die Zensur – aber häufig auch die Leser/innen – es nicht bemerkten.

▷ S. 309 ff.

Die **Exilliteratur** entwickelte unter den Bedingungen ihres so weit zerstreuten Erscheinungsgebietes ohne das muttersprachliche Zentrum, in das sie nur als Schmuggelware gelangen konnte, ein vielgestaltiges Erscheinungsbild. Gewiss fühlten sich die Autoren und Autorinnen durch den Abscheu gegenüber den Verhältnissen in Deutschland verbunden, dennoch blieben alle politisch-literarischen Sammlungsbewegungen im Kampf gegen den Nationalsozialismus Stückwerk. Zu verschieden waren die künstlerischen Temperamente und politischen Positionen.

Einige der verbannten oder geflohenen Schriftsteller, die im Exil auf das Ende der Naziherrschaft warteten, vermochten den Lauf der Dinge nicht zu ertragen und nahmen sich das Leben (Kurt Tucholsky, Stefan Zweig). Anderen gelang es, unter den schwierigen, zum Teil lebensbedrohlichen Bedingungen des Emigrantendaseins ihr in der Weimarer Zeit oder auch schon früher begonnenes Lebenswerk fortzusetzen, sodass eine gewisse Kontinuität in der deutschen Literatur erhalten blieb.

Wichtige Autorinnen/Autoren und Werke

Thomas Mann (1875–1955): Joseph und seine Brüder; Doktor Faustus (Romane)
Anna Seghers (1900–1983): Das siebte Kreuz; Transit (Romane)
Klaus Mann (1906–1949): Mephisto; Der Vulkan (Romane)
Bertolt Brecht (1898–1956): Furcht und Elend des Dritten Reiches; Leben des Galilei; Mutter Courage und ihre Kinder; Der gute Mensch von Sezuan; Herr Puntila und sein Knecht Matti; Der aufhaltsame Aufstieg des Arturo Ui; Schweyk im Zweiten Weltkrieg; Der kaukasische Kreidekreis (Theaterstücke); Gedichte

Standpunkte

Klaus Mann

Brief an Gottfried Benn (1933)

Aus dem Exil in Südfrankreich schrieb Klaus Mann einen Brief an seinen Schriftstellerkollegen Gottfried Benn, der in Deutschland geblieben war und im Gegensatz zu so vielen anderen Künstlern nicht aus Protest gegen die Gleichschaltungspolitik der Nationalsozialisten im Bereich der Kultur aus der Preußischen Akademie der Künste ausgetreten war. Eine besondere Bedeutung erhält der Brief durch das denkwürdige Datum seiner Entstehung am 9. Mai 1933, einen Tag vor der Bücherverbrennung, die den Ungeist der neuen Machthaber besonders krass deutlich werden ließ.

Lieber und verehrter Herr Doktor *Benn*, erlauben Sie einem leidenschaftlichen und treuen Bewunderer Ihrer Schriften mit einer Frage zu Ihnen zu kommen, zu der ihn an sich
5 nichts berechtigt als eben seine starke Anteilnahme an ihrer geistigen Existenz? Ich schreibe diese Zeilen nur in der Hoffnung, dass Sie mich als verständnisvollen Leser Ihrer Arbeiten etwas legitimiert finden, eine offene Frage
10 an Sie zu richten. – In den letzten Wochen sind mir verschiedentlich Gerüchte über Ihre Stellungnahme gegenüber den „deutschen Ereignissen" zu Ohren gekommen, die mich bestürzt hätten, wenn ich mich hätte ent-
15 schließen können, ihnen Glauben zu schenken. Das wollte ich keinesfalls tun. Eine gewisse Bestätigung erfahren diese Gerüchte durch die Tatsache, die mir bekannt wird, dass Sie – eigentlich als *einziger* deutscher Autor,
20 mit dem unsereins gerechnet hatte – Ihren Austritt aus der Akademie *nicht* erklärt haben.

Da sind wir ja wohl beim entscheidenden Punkt. Wie gut habe ich Ihre Erbitterung gegen den Typus des „marxistischen" deutschen Literaten (fatalster Vertreter: Kracauer[1]) im-
25 mer verstanden, und wie sehr habe ich sie oft geteilt. Wie blöde und schlimm war es, wenn diese Herren in der Frankfurter Zeitung, im Börsencurier oder in ihren verschiednen Linkskurven[2] Dichtungen auf ihren soziologi-
30 schen Gehalt hin prüften. Das war ja wirklich zum Kotzen, und niemand hatte mehr unter denen zu leiden als ich. Mit Beunruhigung aber verfolge ich schon seit Jahren, wie Sie, Gottfried Benn, sich aus Antipathie gegen
35 diese aufgeblasenen Flachköpfe in einen immer grimmigeren *Irrationalismus* retteten. Diese Haltung blieb rein geistig und hatte für mich eine große Verführungskraft, wie ich gestehe – aber das hinderte nicht, dass ich
40 ihre Gefahren spürte. Als ich unlängst in der „Weltbühne" den Aufsatz über Sie und Ihre „Flucht zu den Schachtelhalmen"[3] las, konnte ich dem, der da gegen Sie polemisierte, beim besten Willen so ganz Unrecht nicht
45 geben – ja: wenn ich genau nachdachte, fiel mir ein, dass ich eigentlich recht ähnliche Dinge ziemlich viel früher über Sie geschrieben hatte. Es scheint ja heute ein beinah zwangsläufiges Gesetz, dass eine zu starke
50 Sympathie mit dem Irrationalen zur politischen Reaktion führt, wenn man nicht höl-

1 **Siegfried Kracauer** (1889–1966): Soziologe und Schriftsteller; Redakteur der „Frankfurter Zeitung"; Autor von kulturkritischen und filmtheoretischen Schriften, von Romanen und Erzählungen
2 Anspielung auf das publizistische Organ **„Die Linkskurve"** des „Bundes proletarisch-revolutionärer Schriftsteller Deutschlands", gegründet 1928
3 Kritischer Artikel über Benns Wendung zu Ästhetizismus und Naturdichtung

lisch genau Acht gibt. Erst die große Gebärde
gegen die „Zivilisation" – eine Gebärde, die,
wie ich weiß, den geistigen Menschen nur zu
stark anzieht –; plötzlich ist man beim Kultus
der Gewalt, und dann schon beim Adolf Hitler.
Ich habe zu Ihnen geredet, ohne dass Sie mich
gefragt hatten; das ist ungehörig, ich muss
noch einmal um Entschuldigung bitten. Aber
Sie sollen wissen, dass Sie für mich – und einige andre – zu den sehr Wenigen gehören, die
wir keinesfalls an die „andre Seite" verlieren
möchten. Wer sich aber in dieser Stunde zweideutig verhält, wird für heute und immer nicht
mehr zu uns gehören. Aber freilich müssen Sie
ja wissen, was Sie für unsere Liebe eintau-
schen und welchen großen Ersatz man Ihnen
drüben dafür bietet; wenn ich kein schlechter
Prophet bin, wird es zuletzt Undank und
Hohn sein. Denn, wenn einige Geister von
Rang immer noch nicht wissen, wohin sie
gehören –: die dort drüben wissen ja ganz genau, wer nicht zu ihnen gehört: nämlich der
Geist.
Ich wäre Ihnen dankbar für jede Antwort.

*Gottfried Benn antwortete Klaus Mann
nicht persönlich, sondern in Form eines offenen Briefes an alle Emigranten in der „Allgemeinen deutschen Zeitung" vom 25. Mai
1933. Darin spricht er den Exilschriftstellern
die Berechtigung ab, „über die deutschen
Vorgänge" noch mitzureden, da sie ins Ausland geflohen seien und die nationale Bewegung nicht unmittelbar miterlebten. Schließlich bekennt er: „… ich erkläre mich ganz
persönlich für den neuen Staat, weil es mein
Volk ist, das sich hier seinen Weg bahnt."*

Oskar Maria Graf
Verbrennt mich! (1933)

*Der bayerische Schriftsteller Oskar Maria
Graf erfuhr bei einem Aufenthalt in Wien
davon, dass die Nationalsozialisten ihn bei
ihrer Bücherverbrennungsaktion auf die
„weiße Liste" empfehlenswerter Bücher gesetzt hatten, wohl weil sie ihn für einen
politisch unbedenklichen Heimatdichter
hielten. Am 12. Mai 1933 protestierte Graf
dagegen mit seinem Aufruf „Verbrennt*

*mich!", der in vielen ausländischen Zeitun-
gen abgedruckt wurde. In einer Sonderakti-
on wurden daraufhin seine Bücher in München verbrannt, ihr Autor wurde aus-
gebürgert und ging wie so viele seiner Kollegen ins amerikanische Exil.*

Wie fast alle linksgerichteten, entschieden sozialistischen Geistigen in Deutschland habe
auch ich etliche Segnungen des neuen Regimes zu spüren bekommen: Während meiner
zufälligen Abwesenheit aus München erschien
die Polizei in meiner dortigen Wohnung, um
mich zu verhaften. Sie beschlagnahmte
einen großen Teil unwiederbringlicher Manuskripte, mühsam zusammengetragenes
Quellenstudienmaterial, meine sämtlichen
Geschäftspapiere und einen großen Teil meiner Bücher. Das alles harrt nun der wahr-
scheinlichen Verbrennung. Ich habe also
mein Heim, meine Arbeit und – was vielleicht
am schlimmsten ist – die heimatliche Erde verlassen müssen, um dem Konzentrationslager
zu entgehen.
Die schönste Überraschung aber ist mir erst
jetzt zuteil geworden: Laut „Berliner Börsen-
courier" stehe ich auf der „weißen Autoren-
liste" des neuen Deutschlands und alle meine
Bücher, mit Ausnahme meines Hauptwerkes
„Wir sind Gefangene", werden empfohlen! Ich
bin also dazu berufen, einer der Exponenten
des „neuen" deutschen Geistes zu sein!
Vergebens frage ich mich: Womit habe ich
diese Schmach verdient?
Das „Dritte Reich" hat fast das ganze deutsche
Schrifttum von Bedeutung ausgestoßen, hat
sich losgesagt von der wirklichen deutschen
Dichtung, hat die größte Zahl ihrer wesent-
lichsten Schriftsteller ins Exil gejagt, und das
Erscheinen ihrer Werke in Deutschland
unmöglich gemacht. Die Ahnungslosigkeit
einiger wichtigtuerischer Konjunkturschrei-
ber und der hemmungslose Vandalismus der
augenblicklich herrschenden Gewalthaber
versuchen all das, was von unserer Dichtung
und Kunst Weltgeltung hat, auszurotten, und
den Begriff „deutsch" durch engstirnigsten
Nationalismus zu ersetzen. Ein Nationalismus, auf dessen Eingebung selbst die
geringste freiheitliche Regung unterdrückt
wird, ein Nationalismus, auf dessen Befehl
alle meine aufrechten sozialistischen Freunde

verfolgt, eingekerkert, gefoltert, ermordet oder aus Verzweiflung in den Freitod getrieben werden!

Und die Vertreter dieses barbarischen Natio-
50 nalismus, der mit Deutschsein nichts, aber auch rein gar nichts zu tun hat, unterstehen sich, mich als einen ihrer „Geistigen" zu bean-spruchen, mich auf ihre so genannte „weiße Liste" zu setzen, die vor dem Weltgewissen
55 nur eine *schwarze* Liste sein kann!

Diese Unehre habe ich nicht verdient!

Nach meinem ganzen Leben und nach mei-nem ganzen Schreiben habe ich das Recht, zu verlangen, dass meine Bücher der reinen Flamme des Scheiterhaufens überantwortet 60 werden und nicht in die blutigen Hände und die verdorbenen Hirne der braunen Mordban-den gelangen.

Verbrennt die Werke des deutschen Geistes! Er selber wird unauslöschlich sein, wie eure 65 Schmach!

Oskar Maria Graf

---

1. Beschreiben Sie die Standpunkte der Schriftstel-ler Klaus Mann, Gottfried Benn und Oskar Maria Graf, soweit sie aus den Texten bzw. Zitaten er-kennbar werden.
2. Formulieren Sie die Intentionen der beiden Texte Manns und Grafs und zeichnen Sie den Argumen-tationsaufbau nach.
3. Informieren Sie sich über den weiteren Werde-gang Gottfried Benns und finden Sie heraus, ob Klaus Manns prophetische Warnung in Erfüllung ging.
4. Informieren Sie sich über die Schicksale von Klaus Mann und Oskar Maria Graf und verfassen Sie für die beiden Schriftsteller einen Gedenkartikel.

Das Leben im Exil

Klaus Mann

Der Wendepunkt (1942)

Klaus Mann lebte seit 1936 als Journalist in den USA. Dort schrieb er 1942 die Autobio-grafie „The Turning Point", die 1952 auf Deutsch unter dem Titel „Der Wendepunkt" erschien. Darin arbeitete er seine Emigranten-erfahrungen auf.

Manchmal träumte man, dass man in Deutschland sei, es war grauenhaft. Früher hatte man sich wohl im Traume nackt auf ei-nen belebten Boulevard verirrt oder war in
5 großem Kostüm auf eine Bühne getreten, um eine Rolle zu spielen, von der man kein Wort wusste, lauter Situationen von unleugbarer Peinlichkeit. Aber der neue Alp, der Emigran-ten-Angsttraum, war unvergleichlich ärger.
10 Es fing harmlos an. Man schlenderte eine Straße entlang, deren Aussehen bekannt an-mutete, zu bekannt, wie einem allmählich klar wurde, bekannt auf eine bedrohliche, schaurig-intime Art. Es war eine deutsche Straße, man
15 befand sich in München oder in Berlin: daher die Bangigkeit, die wachsende Beklemmung. Wie komme ich hierher? Was habe ich hier zu suchen? Und wie komme ich fort von hier?

Während man sich dies fragte, versuchte man, möglichst unbekümmert zu erscheinen, ein 20 sorgloser Passant, der das heitere Treiben auf dem Kurfürstendamm oder der Theatiner-straße genießt: Aber was nützt die nonchalan-te[1] Pose? Du bist erkannt, immer drohender werden die Blicke, mit denen die Vorüberge- 25 henden dich mustern. Plötzlich erinnerst du dich, dass du eine der verbotenen Zeitschrif-ten sichtbar unter dem Arm trägst, ein Exemp-lar der „Neuen Weltbühne" oder des „Neuen Tagebuchs". Du möchtest dich der kompro- 30 mittierenden Druckschrift entledigen, sie un-bemerkt zu Boden gleiten oder doch mindes-tens in deiner Tasche verschwinden lassen: aber es ist zu spät: Du bist erkannt. Gibt es kein Entrinnen? Nein: denn nicht nur die 35 Menschen sind gegen dich, auch die Häuser, das Pflaster, der feindlich verhüllte Himmel. Magst du immerhin rennen! Die Straße ist lang, du erreichst ihr Ende nicht, und selbst wenn du bis zum Ende der Straße kämest, die Hä- 40 scher griffen dich, sie sind überall. Du rennst trotzdem, blind vor Angst, in keuchender Pa-nik, ziellos, hoffnungslos. Die infernalische[2]

1 **nonchalant:** lässig
2 **infernalisch:** höllisch

Straße lässt dich rennen, zappeln, springen, da sie weiß, dass du rennst zwischen Mauern, Fahnen, Menschenmassen, die sich immer näher an dich drängen, immer gefährlicher um dich schließen: du rennst – bis du schweißgebadet erwachst.

Dieser sehr schlimme Traum kam häufig vor in Emigrantenkreisen. Es gab Zeiten, in denen ich diesen sehr schlimmen Traum beinahe jede Nacht träumen musste.

Deutschland, entfremdete, entstellte, grässlich gewordene Heimat, die wir nur im Alptraum schauen durften! Die Reichsgrenzen wurden zu einem feurigen Ring, hinter dem es nur die Vernichtung gab.

Lion Feuchtwanger

Der Schriftsteller im Exil (1943)

Der Schriftsteller, der den Leserkreis seines eigenen Landes verliert, verliert mit ihm sehr häufig das Zentrum seiner wirtschaftlichen Existenz. Sehr viele Schriftsteller, die in ihrem eigenen Lande marktfähig waren, sind trotz höchster Begabung im Ausland nicht verkaufbar, sei es, weil ihr Wert vor allem im Sprachlichen liegt und dieses Sprachliche nicht übertragbar ist, sei es, weil ihre Stoffe den ausländischen Leser nicht interessieren. Den gut gemeinten Anregungen mancher Verleger, Konzessionen an den Geschmack des ausländischen Publikums zu machen, können und wollen viele exilierte Schriftsteller nicht nachkommen. Es ist erstaunlich, wie viele Autoren, deren Leistungen die ganze Welt anerkannt hat, jetzt im Exil trotz ernsthaftester Bemühungen völlig hilf- und mittellos dastehen.

Dazu kommt, dass viele Schriftsteller mehr als andere Exilanten leiden unter den läppischen kleinen Miseren, aus denen der Alltag des Exils sich zusammensetzt. Es ist keine große Sache, in einem Hotel wohnen zu müssen und auf Schritt und Tritt bürokratischen Weisungen unterworfen zu sein. Aber einen weit gespannten Roman in einem Hotelzimmer zu schreiben ist nicht jedem Schriftsteller gegeben, es reißt an den Nerven; es reißt doppelt an den Nerven, wenn der Autor nicht weiß, ob er morgen noch dieses Hotelzimmer wird zahlen können, wenn seine Kinder ihn um Essen

bitten und wenn die Polizei ihm mitteilt, dass binnen drei Tagen seine Aufenthaltsbewilligung abgelaufen ist.

Die Leiden der Verbannung sind nur in seltenen Augenblicken heroisch, sie bestehen zumeist in kleinen, albernen Misslichkeiten, denen sehr oft etwas leise Lächerliches anhaftet. Aber die Überwindung dieser kleinen äußeren Schwierigkeiten kostet im günstigsten Fall viel Zeit und Geld. Von mir zum Beispiel verlangte man in verschiedenen Ländern, ich solle Papiere beibringen, die ich als Flüchtling nicht haben konnte, ich solle mit Dokumenten aus meiner Heimat nachweisen, dass ich ich bin, dass ich geboren bin und dass ich Schriftsteller bin. Ich übertreibe nicht, wenn ich konstatiere, dass die Bemühungen, dies nachzuweisen, mich ebenso viel Zeit gekostet haben wie das Schreiben eines Romanes.

Die ökonomischen Schwierigkeiten und der aufreibende Kampf mit Nichtigkeiten, die nicht aufhören, sind das äußere Kennzeichen des Exils. Viele Schriftsteller sind davon zermürbt worden. Viele zogen den Selbstmord dem tragikomischen Leben im Exil vor.

Wer Glück hat, wer um all das herumkommt, der sieht sich bei seiner Arbeit inneren Schwierigkeiten gegenüber, von denen er sich in der Heimat nichts träumen ließ.

Da ist zunächst die bittere Erfahrung, abgespalten zu sein vom lebendigen Strom der Muttersprache. Die Sprache ändert sich von Jahr zu Jahr. In den zehn oder elf Jahren unseres Exils ist das Leben sehr schnell weitergegangen, es hat für tausend neue Erscheinungen tausend neue Worte und Klänge verlangt. Wir hören die neuen Worte für diese neuen Erscheinungen zuerst in der fremden Sprache. Immer und für alles haben wir den Klang der fremden Sprache im Ohr, ihre Zeichen dringen täglich, stündlich auf uns ein, sie knabbern an unserem eigenen Ausdrucksvermögen. Einem jeden unter uns kommt es vor, dass sich manchmal das fremde Wort, der fremde Tonfall an die oberste Stelle drängt.

Einige von uns haben es mit einigem Erfolg versucht, in der fremden Sprache zu schreiben: Wirklich geglückt ist es keinem. Es kann keinem glücken. Gewiss, man kann lernen, sich in einer fremden Sprache auszudrücken; die letzten Gefühlswerte des fremden Tonfalls lernen kann man nicht. In einer fremden Sprache dichten, in einer fremden Sprache gestalten kann man nicht. Einen Barbaren nannten die Griechen und Römer jeden, der sich nicht in ihrer Sprache ausdrücken konnte. Der Dichter Ovid, zu solchen Barbaren verbannt, hat in ihrer barbarischen Sprache gedichtet und wurde von ihnen hoch geehrt. Dennoch hat er geklagt: „Hier bin ich der Barbar, denn keiner versteht mich."

Seltsam ist es, zu erfahren, wie die Wirkung unserer Werke nicht ausgeht von der Fassung, in welcher wir sie geschrieben, sondern von einer Übersetzung. Der Widerhall, den wir hören, ist nicht der Widerhall des eigenen Worts. Denn auch die beste Übersetzung bleibt ein Fremdes. Da haben wir etwa um einen Satz, um ein Wort gerungen und nach langem Suchen haben wir den Satz, das Wort gefunden, die glückliche Wendung, die sich unserem Gedanken und Gefühl bis ins Letzte anschmiegte. Und nun ist da das übersetzte Wort, der übersetzte Satz. Er stimmt, es ist alles richtig, aber der Duft ist fort, das Leben ist fort. Sehr häufig verhält sich der übersetzte Satz zu dem unseren wie eine Übertragung der Bibel in Basic English zum Worte des Herren. Allmählich, ob wir es wollen oder nicht, werden wir selber verändert von der neuen Umwelt und mit uns verändert sich alles, was wir schaffen.

---

1. Tauschen Sie sich darüber aus, was Sie an Klaus Manns und Lion Feuchtwangers Schilderungen des Lebens im Exil am meisten berührt.
2. Suchen Sie in Tagebüchern, Briefen oder Werken emigrierter Autorinnen und Autoren weitere Äußerungen über den Alltag im Exil und stellen Sie diese in Form einer Wandzeitung zusammen.
▷ S. 105 ff., 119 f. 3. ▷ **Facharbeit/Referat:** Wie der Hinweis auf den lateinischen Dichter Ovid in Feuchtwangers Text zeigt, ist das Exil im Laufe der Geschichte immer wieder zum Schicksal von Schriftstellern geworden. Berichten Sie anhand ausgewählter Beispiele über exilierte Autorinnen und Autoren vom Altertum bis heute.

Bertolt Brecht: Gedichte im Exil

Bertolt Brecht

Schlechte Zeit für Lyrik (1939)

Ich weiß doch: nur der Glückliche
Ist beliebt. Seine Stimme
Hört man gern. Sein Gesicht ist schön.

Der verkrüppelte Baum im Hof
5 Zeigt auf den schlechten Boden, aber
Die Vorübergehenden schimpfen ihn einen Krüppel
Doch mit Recht.

Die grünen Boote und die lustigen Segel des Sundes[1]
Sehe ich nicht. Von allem
10 Sehe ich nur der Fischer rissiges Garnnetz.
Warum rede ich nur davon
Daß die vierzigjährige Häuslerin[2] gekrümmt geht?
Die Brüste der Mädchen
Sind warm wie ehedem.
15 In meinem Lied ein Reim
Käme mir fast vor wie Übermut.

In mir streiten sich
Die Begeisterung über den blühenden Apfelbaum
Und das Entsetzen über die Reden des Anstreichers[3]
20 Aber nur das zweite
Drängt mich zum Schreibtisch.

---

1 **Sund:** Meerenge in Dänemark, das Land der ersten Exilstation Brechts
2 **Häuslerin:** Dorfbewohnerin, die ein kleines Haus, aber kein eigenes Land besitzt, sodass sie Lohnarbeit leisten muss
3 **Anstreicher:** spöttische Bezeichnung Brechts für den gescheiterten Kunstmaler Hitler, die Brecht in dieser Zeit in seinen Texten immer wieder benutzte

Bertolt Brecht
An die Nachgeborenen (1939)

I
Wirklich, ich lebe in finsteren Zeiten!
Das arglose Wort ist töricht. Eine glatte Stirn
Deutet auf Unempfindlichkeit hin. Der Lachende
Hat die furchtbare Nachricht
5   Nur noch nicht empfangen.

Was sind das für Zeiten, wo
Ein Gespräch über Bäume fast ein Verbrechen ist
Weil es ein Schweigen über so viele Untaten einschließt!
Der dort ruhig über die Straße geht
10   Ist wohl nicht mehr erreichbar für seine Freunde
Die in Not sind?

Es ist wahr: ich verdiene noch meinen Unterhalt
Aber glaubt mir: das ist nur ein Zufall. Nichts
Von dem, was ich tue, berechtigt mich dazu, mich sattzuessen.
15   Zufällig bin ich verschont. (Wenn mein Glück aussetzt, bin ich verloren.)

Man sagt mir: Iß und trink du! Sei froh, daß du hast!
Aber wie kann ich essen und trinken, wenn
Ich dem Hungernden entreiße, was ich esse, und
Mein Glas Wasser einem Verdurstenden fehlt?
20   Und doch esse und trinke ich.

Ich wäre gerne auch weise.
In den alten Büchern steht, was weise ist:
Sich aus dem Streit der Welt halten und die kurze Zeit
Ohne Furcht verbringen
25   Auch ohne Gewalt auskommen
Böses mit Gutem vergelten
Seine Wünsche nicht erfüllen, sondern vergessen
Gilt für weise.
Alles das kann ich nicht:
30   Wirklich, ich lebe in finsteren Zeiten!

II
In die Städte kam ich zur Zeit der Unordnung
Als da Hunger herrschte.
Unter die Menschen kam ich zu der Zeit des Aufruhrs
Und ich empörte mich mit ihnen.
35   So verging meine Zeit
Die auf Erden mir gegeben war.

Mein Essen aß ich zwischen den Schlachten
Schlafen legte ich mich unter die Mörder
Der Liebe pflegte ich achtlos
40 Und die Natur sah ich ohne Geduld.
So verging meine Zeit
Die auf Erden mir gegeben war.

Die Straßen führten in den Sumpf zu meiner Zeit.
Die Sprache verriet mich dem Schlächter.
45 Ich vermochte nur wenig. Aber die Herrschenden
Saßen ohne mich sicherer, das hoffte ich.
So verging meine Zeit
Die auf Erden mir gegeben war.

Die Kräfte waren gering. Das Ziel
50 Lag in großer Ferne
Es war deutlich sichtbar, wenn auch für mich
Kaum zu erreichen.
So verging meine Zeit
Die auf Erden mir gegeben war.

III
55 Ihr, die ihr auftauchen werdet aus der Flut
In der wir untergegangen sind
Gedenkt
Wenn ihr von unsern Schwächen sprecht
Auch der finsteren Zeit
60 Der ihr entronnen seid.

Gingen wir doch, öfter als die Schuhe die
   Länder wechselnd
Durch die Kriege der Klassen, verzweifelt
Wenn da nur Unrecht war und keine
   Empörung.

Dabei wissen wir doch:
65 Auch der Haß gegen die Niedrigkeit
Verzerrt die Züge.
Auch der Zorn über das Unrecht
Macht die Stimme heiser. Ach, wir
Die wir den Boden bereiten wollten für
   Freundlichkeit
70 Konnten selber nicht freundlich sein.

Ihr aber, wenn es soweit sein wird
Daß der Mensch dem Menschen ein Helfer ist
Gedenkt unsrer
Mit Nachsicht. R

---

1. a) Beschreiben Sie den inhaltlichen Aufbau des Gedichts „Schlechte Zeit für Lyrik" und erklären Sie, worin der Zusammenhang zwischen den einzelnen Abschnitten besteht.
   b) Erläutern Sie, in welchem Verhältnis die Überschrift zum Gedicht selbst steht.
2. a) Fassen Sie den Inhalt der drei Teile des Gedichts „An die Nachgeborenen" zusammen und erläutern Sie, in welchem Verhältnis die drei Teile zueinander stehen.
   b) Kennzeichnen Sie möglichst genau das lyrische Ich, das in diesem Gedicht erkennbar wird.
   c) Schreiben Sie als in dem Gedicht angesprochene/r Nachgeborene/r eine Antwort an den Sprecher.
3. Untersuchen Sie, auf welche traditionellen lyrischen Gestaltungsmittel Brecht verzichtet und welche Mittel er stattdessen einsetzt.
4. Tauschen Sie sich in Ihrem Kurs darüber aus, welche Art von Lyrik Ihnen mehr bedeutet: die traditionelle gereimte Form oder die von Brecht hier bevorzugte Form.

5 Literatur nach 1945

5.1 Literatur im geteilten Deutschland

Das Kriegsende 1945 markiert einen tiefen Einschnitt in der deutschen Geschichte. Das in Besatzungszonen aufgeteilte Deutschland stand vor der Aufgabe, in Auseinandersetzung mit der Schuld an Krieg und Völkermord einen politisch-gesellschaftlich-kulturellen Neuanfang zu finden. Dennoch bedeutete dieses Jahr 1945 keine „Stunde Null", wie sie damals zum Teil proklamiert wurde. In allen Bereichen wurde auf Traditionen zurückgegriffen, die vor, aber auch während der nationalsozialistischen Herrschaft existiert hatten. Dabei sahen die Traditionsbezüge in den westlichen Zonen und in der Ostzone unter dem Einfluss der jeweiligen Besatzungsmächte ganz unterschiedlich aus. Im Rahmen des nun zwischen den Siegermächten ausbrechenden „Kalten Krieges" wurde Deutschland in zwei Staaten, östlich und westlich des „Eisernen Vorhangs", geteilt. Die anfänglichen Bemühungen der Schriftsteller, z. B. durch einen gesamtdeutschen Schriftstellerkongress 1947, die kulturelle und darüber auch die staatliche Einheit zu bewahren, scheiterten an den ideologischen Gegensätzen. Mit den beiden Staaten entwickelten sich auch zwei deutsche Literaturen, zwischen denen es jedoch mancherlei Bezüge und Verbindungen gab. Die nachfolgende Übersicht versucht die wichtigen Entwicklungsphasen und Tendenzen beider Literaturen aufzuzeigen.

ÜBERGREIFENDE ARBEITSVORSCHLÄGE

1. a) Verschaffen Sie sich einen Überblick über das gesamte Kapitel C 5.1: „Literatur im geteilten Deutschland". Bilden Sie dann Textgruppen, die Sie zu Vergleichen reizen, sei es, weil Sie Parallelen entdeckt haben, sei es, weil Ihnen Gegensätze aufgefallen sind.
   b) Diskutieren Sie die Frage, ob man auf Grund Ihrer Leseerfahrungen und Textvergleiche von zwei deutschen Literaturen sprechen kann.
2. **Fächerverbindender Projektvorschlag Deutsch – Geschichte**:
   Legen Sie Querschnitte durch die Zeit von 1945 bis 1989 an, wobei Sie sich auf ein Jahr oder einen kurzen Zeitblock von zwei bis fünf Jahren verständigen. Erstellen Sie dann Ost-West-Zeitbilder in Form von großen Wandzeitungen, in denen Sie die historisch wichtigen Ereignisse und Entwicklungstendenzen in Schrift und Bild dokumentieren, um sie dann mit literarischen Texten derselben Zeit zu kombinieren.

Die Literatur in der Bundesrepublik	Zeit-leiste	Die Literatur in der Deutschen Demokratischen Republik
Die Nachkriegsliteratur Autoren der „inneren Emigration" (z. B. Gottfried Benn) werden gegenüber den Exilautoren bevorzugt; Kahlschlag- und Trümmerliteratur: Kurzgeschichten (Wolfgang Borchert, Heinrich Böll); Gründung der Gruppe 47	1945	**Auseinandersetzung mit dem Faschismus, Festlegung der neuen Aufgabe der Literatur** Maßgebliche Beeinflussung der Literatur durch die in den Osten zurückkehrenden Emigranten, u. a. Bertolt Brecht, Anna Seghers, Johannes R. Becher, Ludwig Renn, Erich Weinert; Auseinandersetzung mit Faschismus und Krieg; Rolle und Funktion der Literatur wird festgelegt: Sie muss Tendenzen der gesellschaftlichen Realität gestalten, d. h. den Klassenkampf widerspiegeln.

Anschluss an die Moderne: neue Wege der Sprache	1950	**Sozialistischer Realismus/ Aufbauliteratur**

Anschluss an die Moderne: neue Wege der Sprache

Epik: Zeitkritik in der Form modernen Erzählens (Wolfgang Koeppen, Heinrich Böll, Günter Grass, Max Frisch);
Drama: absurdes Theater (Wolfgang Hildesheimer) und die Komödien Friedrich Dürrenmatts;
Lyrik: das „absolute Gedicht" nach dem Vorbild Gottfried Benns; hermetische Lyrik (Paul Celan, Ingeborg Bachmann) und konkrete Poesie (Eugen Gomringer, Ernst Jandl);
Hörspiel als neue Gattung (Günter Eich)

1950

Sozialistischer Realismus/ Aufbauliteratur

Forderung des 3. Parteikongresses der SED: Literatur muss sich am Aufbau der sozialistischen Gesellschaft orientieren; Aufbauliteratur, z. B. von Friedrich Wolf, Eduard Claudius, Erwin Strittmatter, Erich Loest, Heiner Müller, Peter Hacks; Sozialistischer Realismus als verbindliche Schreibweise: direkte Widerspiegelung der gesellschaftlichen Realität, Verständlichkeit für jedermann, Darstellung einer positiven Zukunftsperspektive, Inhalt hat Vorrang gegenüber der Form (Kampagne gegen Formalismus in der Kunst)

Die Politisierung der Literatur

Epik: gesellschaftskritische Romane und Aufarbeitung der NS-Vergangenheit (Heinrich Böll, Günter Grass, Martin Walser);
Drama: politisches Dokumentartheater (Peter Weiss, Rolf Hochhuth, Heinar Kipphardt); das neue kritische Volksstück (Franz Xaver Kroetz);
Lyrik: politische Lyrik (Hans Magnus Enzensberger, Erich Fried);
Protestsongs von Liedermachern (Franz Josef Degenhardt, Hannes Wader);
Literatur der Arbeitswelt: Dortmunder Gruppe 61 (Max von der Grün), Protokoll- und Reportageliteratur (Erika Runge, Günter Wallraff)

1960

Bitterfelder Weg/Ankunftsliteratur

Literatur des Bitterfelder Wegs (1959 bis 1964): Werktätige werden zum Schreiben angeregt, Schriftsteller recherchieren in den Betrieben (Erik Neutsch, Franz Fühmann, Erwin Strittmatter); Ankunftsliteratur: thematisiert wird das Leben in der entwickelten sozialistischen Gesellschaft (Brigitte Reimann, Hermann Kant, Christa Wolf, Uwe Johnson, Reiner Kunze, Günter Kunert, Wolf Biermann, Sarah Kirsch)

Die neue Subjektivität

Epik: Romane der Selbstfindung und autobiografisches Schreiben (Nicolas Born, Peter Handke, Walter Kempowski, Elias Canetti);
Lyrik: Alltagslyrik (Jürgen Becker, Nicolas Born, Karin Kiwus, Jürgen Theobaldy, Rolf Dieter Brinkmann, Renate Rasp, Wolf Wondratschek);
Literatur der neuen Frauenbewegung (Verena Stefan, Brigitte Schwaiger, Gabriele Wohmann, Karin Struck, Christa Reinig, Barbara Frischmuth)

1970

Liberalisierungstendenzen, der Fall „Biermann" und der Exodus vieler Schriftsteller

Liberalisierungstendenzen nach der Ablösung Ulbrichts: Literatur setzt sich kritisch mit brisanten Themen auseinander (Stefan Heym, Ulrich Plenzdorf, Brigitte Reimann, Maxie Wander, Volker Braun, Reiner Kunze);
1976: Ausbürgerung Wolf Biermanns nach einem Konzert in Köln; Protestwelle von über 70 Kulturschaffenden; Repressalien gegen die Protestierenden: Verhaftungen, Hausarreste, Publikationsverbote, Ausschlüsse aus Schriftstellerverband; Folge: über 100 Schriftsteller verlassen die DDR, u. a. Reiner Kunze, Günter Kunert, Jurek Becker, Monika Maron, Erich Loest, Sarah Kirsch

Postmoderne	1980	Kritik am Staat/„Tapetenwechsel"
Reflexion von Geschichte (Peter Weiss), „Väter-Literatur" (Christoph Meckel, Alfred Andersch, Brigitte Schwaiger); Spiel mit literarischen Traditionen (Patrick Süskind, Christoph Ransmayr); Lyrik als Form der Komik (Robert Gernhardt); Entfremdungserfahrungen, Suche nach einem neuen Ton des Schönen und Erhabenen (Botho Strauß, Peter Handke)		Annäherung der beiden deutschen Literaturen: ähnliche Themen, z. B. wachsendes Katastrophenbewusstsein, Angst vor atomarer Bedrohung, Rückzug in die Innerlichkeit (Christa Wolf, Volker Braun, Christoph Hein, Irmtraut Morgner); neue, staatskritische Lyrikergeneration: Uwe Kolbe, Stefan Döring, Jan Faktor, Steffen Mensching, Lutz Rathenow
(Einige Autoren, die nicht in der Bundesrepublik leben/lebten und Staatsbürger anderer Länder sind/waren, werden in der Übersicht mit aufgeführt, da ihre Werke in Westdeutschland erschienen und das literarische Leben dort stark beeinflussten.)		

5.1.1 Themen und Tendenzen der Literatur in der Bundesrepublik

Bestandsaufnahmen

Günter Eich
Inventur (1945/46)

Dies ist meine Mütze,
dies ist mein Mantel,
hier mein Rasierzeug
im Beutel aus Leinen.

5 Konservenbüchse:
Mein Teller, mein Becher,
ich hab in das Weißblech
den Namen geritzt.

Geritzt hier mit diesem
10 kostbaren Nagel,
den vor begehrlichen
Augen ich berge.

Im Brotbeutel sind
ein Paar wollene Socken
15 und einiges, was ich
niemand verrate,

so dient er als Kissen
nachts meinem Kopf.
Die Pappe hier liegt
20 zwischen mir und der Erde.

Die Bleistiftmine
lieb ich am meisten:
Tags schreibt sie mir Verse,
die nachts ich erdacht.

25 Dies ist mein Notizbuch,
dies meine Zeltbahn,
dies ist mein Handtuch,
dies ist mein Zwirn.

Rolf Dieter Brinkmann

Landschaft (1975)

1 verrußter Baum,
nicht mehr zu bestimmen
1 Autowrack, Glasscherben
1 künstliche Wand, schallschluckend

5 verschiedene kaputte Schuhe
im blätterlosen Gestrüpp

„was suchen Sie da?"

1 Essay, ein Ausflug in die Biologie
das Suchen nach Köcherfliegenlarven, das
10 gelbe

Licht 6 Uhr nachmittags

1 paar Steine

1 Warnschild „Privat"
1 hingekarrtes verfaultes Sofa
15 1 Sportflugzeug

mehrere flüchtende Tiere,
der Rest einer Strumpfhose an
einem Ast, daneben

1 rostiges Fahrradgestell

20 1 Erinnerung an
1 Zenwitz

---

1. Ordnen Sie die beiden Gedichte von Günter Eich
   (▷ S. 327) und Rolf Dieter Brinkmann zeitgeschichtlich ein und verdeutlichen Sie, auf welche
   unterschiedlichen Situationen der Sprecher in
   den Texten reagiert.
2. Vergleichen Sie die beiden Gedichte im Hinblick
   auf Inhalt, Form und Wirkungsabsicht.
3. Versuchen Sie für die heutige Zeit und Ihre
   Situation Bestandsaufnahmen in Gedichtform
   zu schreiben.

Wolfgang Borchert

Die drei dunklen Könige (1946/47)

Er tappte durch die dunkle Vorstadt. Die Häuser standen abgebrochen gegen den Himmel. Der Mond fehlte und das Pflaster war erschrocken über den späten Schritt. Dann fand er eine alte Planke. Da trat er mit dem Fuß gegen, bis eine Latte morsch aufseufzte und losbrach. Das Holz roch mürbe und süß. Durch die dunkle Vorstadt tappte er zurück. Sterne waren nicht da.

Als er die Tür aufmachte (sie weinte dabei, die Tür), sahen ihm die blassblauen Augen seiner Frau entgegen. Sie kamen aus einem müden Gesicht. Ihr Atem hing weiß im Zimmer, so kalt war es. Er beugte sein knochiges Knie und brach das Holz. Das Holz seufzte. Dann roch es mürbe und süß ringsum. Er hielt sich ein Stück davon unter die Nase. Riecht beinahe wie Kuchen, lachte er leise. Nicht, sagten die Augen der Frau, nicht lachen. Er schläft.

Der Mann legte das süße mürbe Holz in den kleinen Blechofen. Da glomm es auf und warf eine Hand voll warmes Licht durch das Zimmer. Die fiel hell auf ein winziges rundes Gesicht und blieb einen Augenblick. Das Gesicht war erst eine Stunde alt, aber es hatte schon alles, was dazugehört: Ohren, Nase, Mund und Augen. Die Augen mussten groß sein, das konnte man sehen, obgleich sie zu waren. Aber der Mund war offen und es pustete leise daraus. Nase und Ohren waren rot. Er lebt, dachte die Mutter. Und das kleine Gesicht schlief.

Da sind noch Haferflocken, sagte der Mann. Ja, antwortete die Frau, das ist gut. Es ist kalt. Der Mann nahm noch von dem süßen weichen Holz. Nun hat sie ihr Kind gekriegt und muss frieren, dachte er. Aber er hatte keinen, dem er dafür die Fäuste ins Gesicht schlagen konnte. Als er die Ofentür aufmachte, fiel wieder eine Hand voll Licht über das schlafende Gesicht. Die Frau sagte leise: Kuck, wie ein Heiligenschein, siehst du? Heiligenschein!, dachte er und er hatte keinen, dem er die Fäuste ins Gesicht schlagen konnte.

Dann waren welche an der Tür. Wir sahen das Licht, sagten sie, vom Fenster. Wir wollen uns zehn Minuten hinsetzen.

Aber wir haben ein Kind, sagte der Mann zu ihnen. Da sagten sie nichts weiter, aber sie ka men doch ins Zimmer, stießen Nebel aus den Nasen und hoben die Füße hoch. Wir sind ganz leise, flüsterten sie und hoben die Füße hoch. Dann fiel das Licht auf sie.

Drei waren es. In drei alten Uniformen. Einer hatte einen Pappkarton, einer einen Sack. Und der Dritte hatte keine Hände. Erfroren, sagte er, und hielt die Stümpfe hoch. Dann drehte er dem Mann die Manteltasche hin. Tabak war darin und dünnes Papier. Sie drehten Zigaretten. Aber die Frau sagte: Nicht, das Kind.

Da gingen die vier vor die Tür und ihre Zigaretten waren vier Punkte in der Nacht. Der eine hatte dicke umwickelte Füße. Er nahm ein Stück Holz aus seinem Sack. Ein Esel, sagte er, ich habe sieben Monate daran geschnitzt. Für das Kind. Das sagte er und gab es dem Mann. Was ist mit den Füßen?, fragte der Mann. Wasser, sagte der Eselschnitzer, vom Hunger. Und der andere, der Dritte?, fragte der Mann und befühlte im Dunkeln den Esel. Der Dritte zitterte in seiner Uniform: Oh, nichts, wisperte er, das sind nur die Nerven. Man hat eben zu viel Angst gehabt. Dann traten sie die Zigaretten aus und gingen wieder hinein.

Sie hoben die Füße hoch und sahen auf das kleine schlafende Gesicht. Der Zitternde nahm aus seinem Pappkarton zwei gelbe Bonbons und sagte dazu: Für die Frau sind die.

Die Frau machte die blassen blauen Augen weit auf, als sie die drei Dunklen über das Kind gebeugt sah. Sie fürchtete sich. Aber da stemmte das Kind seine Beine gegen ihre Brust und schrie so kräftig, dass die drei Dunklen die Füße aufhoben und zur Tür schlichen. Hier nickten sie noch mal, dann stiegen sie in die Nacht hinein.

Der Mann sah ihnen nach. Sonderbare Heilige, sagte er zu seiner Frau. Dann machte er die Tür zu. Schöne Heilige sind das, brummte er und sah nach den Haferflocken. Aber er hatte kein Gesicht für seine Fäuste.

Aber das Kind hat geschrien, flüsterte die Frau, ganz stark hat es geschrien. Da sind sie gegangen. Kuck mal, wie lebendig es ist, sagte sie stolz. Das Gesicht machte den Mund auf und schrie.

Weint er?, fragte der Mann.

Nein, ich glaube, er lacht, antwortete die Frau. Beinahe wie Kuchen, sagte der Mann und roch an dem Holz, wie Kuchen. Ganz süß.

Heute ist ja auch Weihnachten, sagte die Frau. Ja, Weihnachten, brummte er und vom Ofen her fiel eine Hand voll Licht hell auf das kleine schlafende Gesicht.

---

1. Zwei weitere Kurzgeschichten aus der Nachkriegszeit finden Sie auf den Seiten 19 f. und 20 f. (*Heinrich Böll: An der Brücke*; *Wolfgang Borchert: Das Brot*). Arbeiten Sie die erzähltechnischen Merkmale heraus, die für die Kurzgeschichten der Nachkriegszeit typisch sind.
2. Charakterisieren Sie die Protagonisten der Kurzgeschichten. Finden Sie Übereinstimmungen?

Heinrich Böll

Bekenntnis zur Trümmerliteratur (1952)

Die ersten schriftstellerischen Versuche unserer Generation nach 1945 hat man als Trümmerliteratur bezeichnet, man hat sie damit abzutun versucht. Wir haben uns gegen diese Bezeichnung nicht gewehrt, weil sie zu Recht bestand: tatsächlich, die Menschen, von denen wir schrieben, lebten in Trümmern, sie kamen aus dem Kriege, Männer und Frauen in gleichem Maße verletzt, auch Kinder. Und sie waren scharfäugig: sie sahen. Sie lebten keineswegs in völligem Frieden, ihre Umgebung, ihr Befinden, nichts an ihnen und um sie herum war idyllisch, und wir als Schreibende fühlten uns ihnen so nahe, dass wir uns mit ihnen identifizierten. Mit Schwarzhändlern und den Opfern der Schwarzhändler, mit Flüchtlingen und allen denen, die auf andere Weise heimatlos geworden waren, vor allem natürlich mit der Generation, der wir angehörten und die sich zu einem großen Teil in einer merk- und denkwürdigen Situation befand: sie kehrte heim. Es war die Heimkehr aus einem Krieg, an dessen Ende kaum noch jemand hatte glauben können.

Wir schrieben also vom Krieg, von der Heimkehr und dem, was wir im Krieg gesehen hat-

ten und bei der Heimkehr vorfanden: von Trümmern; das ergab drei Schlagwörter, die der jungen Literatur angehängt wurden:
30 Kriegs-, Heimkehrer- und Trümmerliteratur. Die Bezeichnungen als solche sind berechtigt: es war Krieg gewesen, sechs Jahre lang, wir kehrten heim aus diesem Krieg, wir fanden Trümmer und schrieben darüber. Merkwür-
35 dig, fast verdächtig war nur der vorwurfsvolle, fast gekränkte Ton, mit dem man sich dieser Bezeichnung bediente: man schien uns zwar nicht verantwortlich zu machen dafür, dass Krieg gewesen, dass alles in Trümmern lag, nur
40 nahm man uns offenbar übel, dass wir es gesehen hatten und sahen, aber wir hatten keine Binde vor den Augen und sahen es: ein gutes Auge gehört zum Handwerkszeug des Schriftstellers.
45 Die Zeitgenossen in die Idylle zu entführen würde uns allzu grausam erscheinen, das Erwachen daraus wäre schrecklich, oder sollen wir wirklich Blindekuh miteinander spielen? […]
50 Wer Augen hat zu sehen, der sehe! Und in unserer schönen Muttersprache hat Sehen eine Bedeutung, die nicht mit optischen Kategorien allein zu erschöpfen ist: wer Augen hat, zu sehen, für den werden die Dinge durchsichtig
55 – und es müsste ihm möglich werden, sie zu durchschauen, und man kann versuchen, sie mittels der Sprache zu durchschauen, in sie hineinzusehen. Das Auge des Schriftstellers sollte menschlich und unbestechlich sein:
60 man braucht nicht gerade Blindekuh zu spielen, es gibt rosarote, blaue, schwarze Brillen – sie färben die Wirklichkeit jeweils so, wie man sie gerade braucht. Rosarot wird gut bezahlt, es ist meistens sehr beliebt – und der Möglich-
65 keiten der Bestechung gibt es viele –, aber

auch Schwarz ist hin und wieder beliebt, und wenn es gerade beliebt ist, wird auch Schwarz gut bezahlt. Aber wir wollen es so sehen, wie es ist, mit einem menschlichen Auge, das nor- 7 malerweise nicht ganz trocken und nicht ganz nass ist, sondern feucht – und wir wollen daran erinnern, dass das lateinische Wort für Feuchtigkeit Humor ist –, ohne zu vergessen, dass unsere Augen auch trocken werden kön- 7 nen oder nass; dass es Dinge gibt, bei denen kein Anlass für Humor besteht. Unsere Augen sehen täglich viel: sie sehen den Bäcker, der unser Brot backt, sehen das Mädchen in der Fabrik – und unsere Augen erinnern sich der Friedhöfe; und unsere Augen sehen Trümmer: 8 die Städte sind zerstört, die Städte sind Friedhöfe, und um sie herum sehen unsere Augen Gebäude entstehen, die uns an Kulissen erinnern, Gebäude, in denen keine Menschen wohnen, sondern Menschen verwaltet wer- 8 den, verwaltet als Versicherte, als Staatsbürger, Bürger einer Stadt, als solche, die Geld einzahlen oder Geld entleihen – es gibt unzählige Gründe, um derentwillen ein Mensch verwaltet werden kann. 9 Es ist unsere Aufgabe, daran zu erinnern, dass der Mensch nicht nur existiert, um verwaltet zu werden – und dass die Zerstörungen in unserer Welt nicht nur äußerer Art sind und nicht so geringfügiger Natur, dass man sich an- 9 maßen kann, sie in wenigen Jahren zu heilen. Der Name Homer ist der gesamten abendländischen Bildungswelt unverdächtig: Homer ist der Stammvater europäischer Epik, aber Homer erzählt vom Trojanischen Krieg, von 1 der Zerstörung Trojas und von der Heimkehr des Odysseus – Kriegs-, Trümmer- und Heimkehrerliteratur –, wir haben keinen Grund, uns dieser Bezeichnung zu schämen.

▷ S. 116 ff.   1. Verdeutlichen Sie in einem ▷ Schaubild, wie Böll die literarische Arbeit seiner Generation kennzeichnet.
     2. Untersuchen Sie die Texte von Eich, Borchert und Böll (▷ S. 327 ff., 19 ff.) daraufhin, ob und inwieweit sie dem literarischen Programm der „Trümmerliteratur" entsprechen.
     3. Böll plädiert in seinem literaturtheoretischen Bekenntnis für eine realistische Schreibweise.
        a) Erläutern Sie seine Realismusvorstellungen vor dem zeitgeschichtlichen Hintergrund.
▷ S. 267 ff.   b) Vergleichen Sie Bölls Position mit anderen ▷ Realismusvorstellungen, die Ihnen bekannt sind.
     4. Entwerfen Sie ein Bild der Nachkriegszeit, wie es sich für Sie aus den Texten von Günter Eich, Wolfgang Borchert und Heinrich Böll ergibt. Sie können dies wahlweise in Form einer Bildcollage, eines Essays oder eines Hörbilds tun, das sich aus Textzitaten und einer kommentierenden Sprecherrolle zusammensetzt.

Der Holocaust als Thema der Literatur

Paul Celan
Todesfuge (1948)

Schwarze Milch der Frühe wir trinken sie abends
wir trinken sie mittags und morgens wir trinken sie nachts
wir trinken und trinken
wir schaufeln ein Grab in den Lüften da liegt man nicht eng
Ein Mann wohnt im Haus der spielt mit den Schlangen der schreibt
der schreibt wenn es dunkelt nach Deutschland dein goldenes Haar Margarete
er schreibt es und tritt vor das Haus und es blitzen die Sterne er pfeift seine Rüden herbei
er pfeift seine Juden hervor lässt schaufeln ein Grab in der Erde
er befiehlt uns spielt auf nun zum Tanz

Schwarze Milch der Frühe wir trinken dich nachts
wir trinken dich morgens und mittags wir trinken dich abends
wir trinken und trinken
Ein Mann wohnt im Haus der spielt mit den Schlangen der schreibt
der schreibt wenn es dunkelt nach Deutschland dein goldenes Haar Margarete
Dein aschenes Haar Sulamith[1] wir schaufeln ein Grab in den Lüften da liegt man nicht eng
Er ruft stecht tiefer ins Erdreich ihr einen ihr andern singet und spielt
er greift nach dem Eisen im Gurt er schwingts seine Augen sind blau
stecht tiefer die Spaten ihr einen ihr andern spielt weiter zum Tanz auf

Schwarze Milch der Frühe wir trinken dich nachts
wir trinken dich mittags und morgens wir trinken dich abends
wir trinken und trinken
ein Mann wohnt im Haus dein goldenes Haar Margarete
dein aschenes Haar Sulamith er spielt mit den Schlangen

Er ruft spielt süßer den Tod der Tod ist ein Meister aus Deutschland
er ruft streicht dunkler die Geigen dann steigt ihr als Rauch in die Luft
dann habt ihr ein Grab in den Wolken da liegt man nicht eng

Schwarze Milch der Frühe wir trinken dich nachts
wir trinken dich mittags der Tod ist ein Meister aus Deutschland
wir trinken dich abends und morgens wir trinken und trinken
der Tod ist ein Meister aus Deutschland sein Auge ist blau
er trifft dich mit bleierner Kugel er trifft dich genau
ein Mann wohnt im Haus dein goldenes Haar Margarete
er hetzt seine Rüden auf uns er schenkt uns ein Grab in der Luft
er spielt mit den Schlangen und träumet der Tod ist ein Meister aus Deutschland

dein goldenes Haar Margarete
dein aschenes Haar Sulamith

---

1 **Sulamith:** Mädchenname aus dem „Hohen Lied" Salomons im Alten Testament

Wolfdietrich Schnurre
Die Zwerge (1958)

Ihr Verbrechen: Sie waren zu klein. Nun marschieren sie auf des Ältestenrates Geheiß aneinander gekettet durch die Straßen der Stadt. Vorweg geht der Büttel: Er schellt ihr Vergehen aus und verliest die Begründung, weshalb sie verbrannt werden sollen. Jedoch niemand achtet auf ihn. Die sich über die Winzigkeit der Zwerge im Rate beschwerten, erkennen die Folgen ihrer Verleumdung nicht an, und die nicht wissen, dass die Zwerge angezeigt wurden, haben Angst, ihr Mitleid zu zeigen, und gehen gesenkten Kopfes vorüber. Die Zwerge sehen verstört aus; es ist schwer für sie zu begreifen, dass man größer sein muss, um unangetastet leben zu dürfen; sie glaubten, gerade ihre Unscheinbarkeit biete ihnen Gewähr, auf ewig unbeachtet zu bleiben. Nun ist das Gegenteil eingetreten. Einige schluchzen, und in den Staub ihrer Gesichter haben sich Tränenbäche gegraben; andere blicken ergeben auf ihre einwärts gedrehten Füße; und einer liegt bleich und den Bart zum Himmel gereckt auf einer Bahre, die vier andere tragen. Sie haben lange, schwarze Mäntel an, gefettete Locken stehen ihnen unter ihren hohen, mit lila Bändern geschmückten Hüten hervor. Jetzt zerrt sie der Büttel die Rathausstufen hinauf und verliest noch einmal ihr Vergehen: Zu klein, zu zierlich, zu flink; es ist immer dasselbe. Aber nicht einmal hier hört jemand ihm zu. Dem Büttel macht das nichts aus, er tut nur seine Pflicht. Also faltet er die Vergehensliste wieder zusammen, und der Zug schleppt sich weiter. Er schleppt sich an den Märkten vorbei und an Kinos, an Kirchen, Kasernen, und überall läutet der Büttel, setzt sich das leere Brillengestell auf die Nase und verliest die Anklagepunkte und die Höhe der Strafe. Nein, niemand möchte ihn hören, niemand ihn sehen, niemand Mitleid empfinden. Am Abend dann meldet sich der Büttel beim Ältestenrate zurück, und der Rat übergibt ihm die Liste der Bürger, die das Holz stiften müssen. Und der Büttel geht zu den Bürgern, und die Bürger stiften das Holz. Dann übergibt der Rat dem Büttel die Liste der Bürger, die das Reisig stiften müssen. Und der Büttel geht zu den Bürgern, und die Bürger stiften das Reisig. Dann übergibt der Rat dem Büttel die Liste der Bürger, die das Öl stiften müssen. Und der Büttel geht zu den Bürgern, und die Bürger stiften das Öl. Als der Scheiterhaufen errichtet und das Öl ausgegossen worden ist, schickt der Büttel die Zwerge im Auftrag des Rates hinauf und erhält dann von diesem das Zeichen. Umständlich rückt er sich das glaslose Brillengestell auf der Nase zurecht, dann reißt er den Span an, und gierig rast die Flamme die Zwerge entlang, wird größer und greller und heller und schneller und lockt aus dem Dunkel die Fenster der Bürger heraus; die Fenster der Bürger, die das Holz spendeten, die Fenster der Bürger, die das Reisig spendeten, die Fenster der Bürger, die das Öl spendeten: Starräugig, vom Feuer gebannt, das den Zwergen jetzt an den lila bebänderten Hüten emporzüngelt, stehen sie hinter den Gardinen und kühlen sich an den Scheiben die Stirn.

Peter Weiss
Die Ermittlung (1965)
Gesang von der Rampe

Das Material zu diesem Dokumentarstück stammt aus dem Auschwitz-Prozess in Frankfurt (1963–1965), an dem Peter Weiss als Beobachter teilnahm. Die Aussagen der Zeugen und Angeklagten hat er sprachlich nur leicht überarbeitet und in Verse gesetzt.

ZEUGE 3
[…]
Wir fuhren durch eine flache Gegend
die von Scheinwerfern beleuchtet wurde
Dann näherten wir uns einem langgestreckten
scheunenähnlichen Gebäude
Da war ein Turm
und darunter ein gewölbtes Tor
Ehe wir durch das Tor einfuhren
pfiff die Lokomotive
Der Zug hielt
Die Waggontüren wurden aufgerissen
Häftlinge in gestreiften Anzügen erschienen
und schrien zu uns herein
Los raus schnell schnell
Es waren anderthalb Meter herab zum Boden
Da lag Schotter
Die Alten und Kranken fielen
in die scharfen Steine

Die Toten und das Gepäck wurden herausge-
　　worfen
Dann hieß es
Alles liegen lassen
Frauen und Kinder rüber
Männer auf die andere Seite
Ich verlor meine Familie aus den Augen
Überall schrien die Menschen
nach ihren Angehörigen
Mit Stöcken wurde auf sie eingeschlagen
Hunde bellten
Von den Wachtürmen waren Scheinwerfer
und Maschinengewehre
auf uns gerichtet
Am Ende der Rampe war der Himmel
rot gefärbt
Die Luft war voll von Rauch
Der Rauch roch süßlich und versengt
Dies war der Rauch
der fortan blieb

ZEUGIN 4
Ich hörte meinen Mann noch
nach mir rufen
Wir wurden aufgestellt
und durften den Platz nicht mehr wechseln
Wir waren eine Gruppe
von 100 Frauen und Kindern
Wir standen zu fünft in einer Reihe
Dann mussten wir an ein paar Offizieren
vorbeigehn
Einer von ihnen hielt die Hand in Brusthöhe
und winkte mit dem Finger
nach links und nach rechts
Die Kinder und die alten Frauen
kamen nach links
ich kam nach rechts
Die linke Gruppe musste über die Schienen
zu einem Weg gehen
Einen Augenblick lang sah ich meine
　　Mutter
bei den Kindern
da war ich beruhigt und dachte
wir werden uns schon wieder finden
Eine Frau neben mir sagte
Die kommen in ein Schonungslager
Sie zeigte auf die Lastwagen
die auf dem Weg standen
und auf ein Auto vom Roten Kreuz
Wir sahen
wie sie auf die Wagen geladen wurden
und wir waren froh dass sie fahren durften

Wir andern mussten zu Fuß weiter
auf den aufgeweichten Wegen
[...]

ANKLÄGER
Angeklagter Hofmann[1]
wussten Sie
was mit den ausgesonderten Menschen
geschehen sollte

ANGEKLAGTER 8
Herr Staatsanwalt
Ich persönlich hatte gar nichts
gegen diese Leute
Die gab es ja auch bei uns zu Hause
Ehe sie abgeholt wurden
habe ich immer zu meiner Familie gesagt
Kauft nur weiter bei dem Krämer
das sind ja auch Menschen

ANKLÄGER
Hatten Sie diese Einstellung noch
als Sie Dienst auf der Rampe taten

ANGEKLAGTER 8
Also
von kleinen Übeln abgesehen
wie sie solch ein Leben von vielen
auf engem Raum
nun einmal mit sich bringt
und abgesehen von den Vergasungen
die natürlich furchtbar waren
hatte durchaus jeder die Chance
zu überleben
Ich persönlich
habe mich immer anständig benommen
Was sollte ich denn machen
Befehle mussten ausgeführt werden
Und dafür habe ich jetzt
dieses Verfahren auf dem Hals
Herr Staatsanwalt
ich habe ruhig gelebt
wie alle andern auch
und da holt man mich plötzlich raus
und schreit nach Hofmann
Das ist der Hofmann
sagt man
Ich weiß überhaupt nicht
was man von mir will

---

1 Der frühere Schutzhaftlagerführer Franz Johann Hof-
　mann wurde zu lebenslangem Zuchthaus verurteilt.

1. In den drei Texten von Paul Celan, Wolfdietrich Schnurre und Peter Weiss (▷ S. 331 ff.) wird in ganz unterschiedlichen Formen versucht, den Massenmord an der jüdischen Bevölkerung zu einem Thema der Literatur zu machen.
   a) Beschreiben Sie die unterschiedlichen Versuche und ihre Wirkung auf Sie.
   b) Tauschen Sie sich darüber aus, welcher Text Sie am stärksten beeindruckt, und vergleichen Sie die Wirkung mit anderen künstlerischen Versuchen, den Holocaust zu thematisieren (Filme, Bilder).
2. Erarbeiten Sie Darbietungsmöglichkeiten für die drei Texte, die Ihnen angemessen und wirkungsvoll erscheinen.

Zeitkritik und Sprachartistik

Ingeborg Bachmann

Reklame (1956)

Wohin aber gehen wir
ohne sorge sei ohne sorge
wenn es dunkel und wenn es kalt wird
sei ohne sorge
5 aber
mit musik
was sollen wir tun
heiter und mit musik
und denken
10 *heiter*
angesichts eines Endes
mit musik
und wohin tragen wir
am besten
15 unsre Fragen und den Schauer aller Jahre
in die Traumwäscherei ohne sorge sei ohne sorge
was aber geschieht
am besten
wenn Totenstille

20 eintritt

Hans Magnus Enzensberger

Bildzeitung (1957)

Du wirst reich sein
Markenstecher Uhrenkleber:
wenn der Mittelstürmer will
wird um eine Mark geköpft
5 ein ganzes Heer beschmutzter Prinzen
Turandots Mitgift unfehlbarer Tip
Tischlein deck dich:
du wirst reich sein.

Manitypistin Stenoküre
10 du wirst schön sein:
wenn der Produzent will
wird dich Druckerschwärze salben
zwischen Schenkeln grober Raster
mißgewählter Wechselbalg
15 Eselin streck dich:
du wirst schön sein.

Sozialvieh Stimmenpartner
du wirst stark sein:
wenn der Präsident will
20 Boxhandschuh am Innenlenker
Blitzlicht auf das Henkerlächeln
gib doch Zunder gib doch Gas
Knüppel aus dem Sack:
du wirst stark sein.

25 Auch du auch du auch du
wirst langsam eingehn
an Lohnstreifen und Lügen
reich, stark erniedrigt
durch Musterungen und Malz-
30 kaffee, schön besudelt mit Straf-
zetteln, Schweiß,
atomarem Dreck:
deine Lungen ein gelbes Riff
aus Nikotin und Verleumdung
35 Möge die Erde dir leicht sein
wie das Leichentuch
aus Rotation und Betrug
das du dir täglich kaufst
in das du dich täglich wickelst.   R

Eugen Gomringer

3 variationen zu „kein fehler im system" (1969)

<table>
<tr><td>1</td><td></td><td>2</td></tr>
<tr><td>kein fehler im system</td><td>20</td><td>kein fehler im system</td></tr>
<tr><td>kein efhler im system</td><td></td><td>kein fehler imt sysem</td></tr>
<tr><td>kein ehfler im system</td><td></td><td>kein fehler itm sysem</td></tr>
<tr><td>kein ehlfer im system</td><td></td><td>kein fehler tmi sysem</td></tr>
<tr><td>kein ehlefr im system</td><td></td><td>kein fehler tim sysem</td></tr>
<tr><td>kein ehlerf im system</td><td>25</td><td>kein fehler mti sysem</td></tr>
<tr><td>kein ehleri fm system</td><td></td><td>kein fehler mit sysem</td></tr>
<tr><td>kein ehleri mf system</td><td></td><td></td></tr>
<tr><td>kein ehleri ms fystem</td><td></td><td>3</td></tr>
<tr><td>kein ehleri ms yfstem</td><td></td><td>kein system im fehler</td></tr>
<tr><td>kein ehleri ms ysftem</td><td></td><td>kein system mir fehle</td></tr>
<tr><td>kein ehleri ms ystfem</td><td></td><td>keiner fehl im system</td></tr>
<tr><td>kein ehleri ms ystefm</td><td>30</td><td>keim in systemfehler</td></tr>
<tr><td>kein ehleri ms ystemf</td><td></td><td>sein kystem im fehler</td></tr>
<tr><td>fkei nehler im system</td><td></td><td>ein fehkler im system</td></tr>
<tr><td>kfei nehler im system</td><td></td><td>seine kehl im fyrsten</td></tr>
<tr><td>kefi nehler im system</td><td></td><td>ein symfehler im sekt</td></tr>
<tr><td>keif nehler im system</td><td>35</td><td>kein symmet is fehler</td></tr>
<tr><td>kein fehler im system</td><td></td><td>sey festh kleinr mime</td></tr>
</table>

1. a) Notieren Sie Ihr erstes Verständnis der drei Gedichte von Bachmann, Enzensberger und Gomringer.
   b) Überprüfen Sie Ihr Primärverständnis der Gedichte durch eine detaillierte ▷ Analyse des inhaltlichen ▷ S. 178 ff. Aufbaus und der lyrischen Mittel.
2. Vergleichen Sie die drei Gedichte mit den beiden Bestandsaufnahmen zu Beginn dieses Kapitels einerseits (▷ S. 327 f.) und den Gedichten der „Neuen Subjektivität" andererseits (▷ S. 40 ff.); notieren Sie die Unterschiede und sprechen Sie darüber, welche Art von lyrischen Schreibweisen Sie am stärksten anspricht.
3. a) Wenden Sie Gomringers Verfahren, einen Satz zu modifizieren, auf eines der Gedichte von Eich, Bachmann oder Enzensberger an.
   b) Vergleichen Sie Ihre Texte und beschreiben Sie möglichst genau, welche Resultate Sie erzielt haben.

Wolfgang Koeppen

Das Treibhaus (1953)

Zu Beginn von Koeppens Roman reist der Bundestagsabgeordnete Keetenheuve im Nibelungenexpress nach Bonn. Er denkt über die Vergangenheit und über die Verhältnisse in der noch jungen Demokratie nach.

Was meinte das Volk, und wer war das eigentlich, das Volk, wer war es im Zug, wer auf der Straße, wer auf den Bahnhöfen, war es die Frau, die nun in Remagen die Betten ins Fenster legte, Geburtsbetten Kopulationsbetten Sterbebetten, Granatsplitter hatten das Haus getroffen, war es die Magd mit dem Melkeimer, die zum Stall wankte, so früh schon auf so früh schon müde, war er, Keetenheuve, das Volk? Er sträubte sich gegen den simplifizierenden Plural. Was sagte das schon, das Volk, war es eine Herde, zu scheren, zu scheuchen, zu leiten, setzte es sich aus Gruppen zusammen, die je nach Bedarf und nach der Sprechweise der Planer einzusetzen waren, in die Schlacht zu werfen, ins Grab zu treiben, der deutsche Junge im Einsatz, das deutsche Mädchen im Einsatz, oder waren Millionen von Einzelnen das Volk, Wesen ein jedes für

20 sich, die für sich dachten, die selber dachten,
die sich voneinander fort dachten, auseinander dachten, zu Gott hin dachten, zum Nichts
hin oder in den Irrsinn hinein, die nicht zu
lenken, nicht zu regieren, nicht einzusetzen,
25 nicht zu scheren waren? Keetenheuve wäre es
lieber gewesen. Er gehörte einer Partei an, die
auf die Mehrheit setzte. Was meinte also das
Volk? Das Volk arbeitete, das Volk bezahlte
den Staat, das Volk wollte vom Staat leben,
30 das Volk schimpfte, das Volk frettete sich so
durch.

Wolfgang Koeppen

Es sprach wenig von seinen Deputierten. Das
Volk war nicht so artig wie das Volk im Schul-
lesebuch. Es fasste den Abschnitt Staatsbür-
35 gerkunde anders als die Verfasser auf. Das
Volk war neidisch. Es neidete den Abgeordneten den Titel, den Sitz, die Immunität, die
Diäten, den Freifahrschein. Würde des Parla-
ments? Gelächter in den Schenken, Geläch-
40 ter auf den Gassen. Die Lautsprecher hatten
das Parlament in den Stuben des Volkes
entwürdigt, zu lange, zu willig war die Volks-
vertretung ein Gesangsverein gewesen, ein
einfältiger Chor zum Solo des Diktators. Das
45 Ansehen der Demokratie war gering. Sie be-
geisterte nicht. Und das Ansehen der Diktatur? Das Volk schwieg. Schwieg es in weiter
wirkender Furcht? Schwieg es in anhäng-
licher Liebe? Die Geschworenen sprachen
50 die Männer der Diktatur von jeder Anklage
frei. Und Keetenheuve? Er diente der Restauration[1] und reiste im Nibelungenexpress.
Nicht alle Abgeordneten reisten im Bundes-
bahnbett. Andere kamen im Auto zur Haupt-
55 stadt gefahren, quittierten das Kilometergeld
und standen sich gut dabei; sie waren die
schärferen Hechte. Auf der Rheinstraße braus-
ten die schwarzen Mercedeswagen neben

dem Wasser stromabwärts. Stromabwärts der
Schlick, stromabwärts das Treibholz, stromabwärts Bakterien und Kot und die Laugen
der Industrie. Die Herren hockten neben
ihrem Fahrer, sie hockten hinter ihrem Fahrer,
sie waren eingenickt. Die Familie hatte einen
strapaziert. Körperabwärts, unter dem Mantel, der Jacke, dem Hemd, lief der Schweiß.
Schweiß der Erschöpfung, Schweiß der Erinnerung, Schweiß des Schlummers, Schweiß
des Sterbens, Schweiß der Neugeburt, Schweiß
des Wohingefahrenwerdens und wer weiß
wohin, Schweiß der nackten, der bloßen
Angst. Der Fahrer kannte die Strecke und hass-
te die Gegend. Der Fahrer konnte Lorkowski
heißen und aus Masuren sein. Er kam aus den
Tannenwäldern; da lagen Tote. Er gedachte
der Seen in den Wäldern; da lagen Tote. Der
Abgeordnete hatte ein Herz für die Vertriebe-
nen. Das soll hier nun schön sein, dachte Lorkowski, ich scheiß doch auf den Rhein.
Er schiss auf den Rhein, Lorkowski, Abge-
ordnetenfahrer aus Masuren, Lorkowski,
Leichenfahrer aus dem Gefangenenlager,
Lorkowski, Sanitätsfahrer von Stalingrad,
Lorkowski, NSKKfahrer aus Kraftdurch-
freudetagen, alles Scheiße, Leichen Abge-
ordnete und Verstümmelte dieselbe Ladung,
alles Scheiße, er schiss nicht nur auf den
Rhein.

1 **Restauration:** Wiederherstellung der alten politischen
Ordnung nach einem Umsturz

---

1. a) Welchen Eindruck vom gesellschaftlichen und politischen Klima der frühen Jahre der Bundesrepublik
vermittelt dieser Romanauszug?
   b) Charakterisieren Sie den Abgeordneten Keetenheuve und überlegen Sie, welcher Partei er angehören
könnte.
▷ S. 143 ff.   c) Untersuchen Sie die ▷ Erzählweise, die in diesem Auszug erkennbar wird.
   d) Machen Sie sich ein genaues Bild von der Komposition der Sätze, indem Sie den Text nach dem nachfolgenden Muster typografisch umsetzen und zur Kennzeichnung der rhetorischen Mittel farbig bearbeiten. Erörtern Sie anschließend die erzählerische Intention der rhetorischen Gestaltung.

Parallelismus u. Anapher

Trikolon, Parallelismus, Anapher

> Was meinte das Volk, und wer war das eigentlich, das Volk,
> wer war es im Zug,
> wer auf der Straße,
> wer auf den Bahnhöfen,

4-gliedrige Aufzählung
Parallelismus
Anapher

> war es die Frau, die nun in Remagen die Betten
> ins Fenster legte, Geburtsbetten
> Kopulationsbetten
> Sterbebetten,

Trikolon
Epipher

> Granatsplitter hatten das Haus getroffen,

> war es die Magd mit dem Melkeimer, die zum Stall
> wankte, so früh schon auf
> so früh schon müde,

2-gliedrige Aufzählung
Parallelismus, Anapher

> war er, Keetenheuve, das Volk?
> Er sträubte sich gegen den simplifizierenden Plural.
> Was sagte das schon, das Volk,
> war es eine Herde, zu scheren,
> zu scheuchen,
> zu leiten,

} *Alliteration* } *Trikolon*

Wiederholung des Schlüsselwortes an zentralen Stellen

— *Metapher*

2. Informieren Sie sich in einem Romanführer oder in Kindlers Literaturlexikon über Wolfgang Koeppens Roman „Das Treibhaus" und über seine Aufnahme bei den Kritikern und dem Lesepublikum der frühen Bundesrepublik.

Selbstfindung und Beziehungen

1. Textbeispiele zu dem weiteren wichtigen Themenkreis der bundesrepublikanischen Literatur „Selbstfindung und Beziehungen", hauptsächlich aus den 70er- und 80er-Jahren, finden Sie in den Kapiteln A 1.2: „Kurze Geschichten interpretieren und kreativ erschließen" (▷ S. 15 ff.) sowie A 2.1: „Lyrik der Neuen Subjektivität: ICH bin was ich bin im GEDICHT" (▷ S. 40 ff.). Stellen Sie aus diesen Kapiteln einige Texte zusammen, die Sie besonders ansprechen, und arbeiten Sie Gemeinsamkeiten in Inhalt, Form und Sprache heraus.
2. Vergleichen Sie die von Ihnen ausgewählten Texte mit den hier im Kapitel C 5.1.1 zu „Themen und Tendenzen der Literatur in der Bundesrepublik" vorgestellten.
3. Stellen Sie eine Broschüre unter dem Titel „Selbstfindung – Beziehungen" zusammen: Suchen Sie ergänzende Texte in Gedichtanthologien und Erzählsammlungen und kommentieren Sie alle vorgestellten Beispiele (Informationen zu Verfasser/in, zeitgeschichtlichem Hintergrund, persönliche Wertung etc.).

Strömungen und Tendenzen in der westdeutschen Literatur

In den Westzonen bzw. der Bundesrepublik Deutschland beherrschten zunächst keineswegs die zurückkehrenden Exilautoren die literarische Szene. Zu ihrer Enttäuschung waren ihre Erfahrung und ihr Beitrag beim Aufbau einer neuen demokratischen Kultur nicht gefragt. Das

▷ S. 317 Interesse des Lesepublikums wandte sich stärker den Schriftstellern der so genannten ▷ „inneren Emigration" zu. Eine Ausnahme bildete THOMAS MANN, der zwar auch politischen Verdächtigungen und Anfeindungen ausgesetzt war, dessen Werk aber in den 50er-Jahren fester Bestandteil des Literaturkanons wurde und als deutscher Beitrag zur Weltliteratur galt. Die neue Generation der Nachkriegsautoren sah sich vorerst außer Stande, Bilanz ziehende

▷ S. 309 ff. Romane, wie sie in der ▷ Weimarer Republik entstanden waren, vorzulegen. Ihre bevorzugte Form war die **Kurzgeschichte** in Anlehnung an die amerikanische short story. Diese Form ermöglichte knappe Wirklichkeitsausschnitte, Bestandsaufnahmen der in Trümmern liegenden Alltagswelt. Der Begriff der **Trümmer- oder Kahlschlagliteratur** wurde dafür geprägt. Einige der Nachkriegsautoren trafen sich mit Kritikern einmal jährlich zu Lesungen und Diskussionen, aus diesen Treffen entwickelte sich die so genannte **Gruppe 47,** die bis zu ihrer Auflösung 1967 großen Einfluss auf das literarische Leben in der Bundesrepublik hatte. Diese ganz informelle Gruppe, die sich nic als Verband oder Verein verstand, bildete so etwas wie ein Zentrum literarischer Opposition gegen die gesellschaftliche Restauration in der Adenauer-Ära. Die Zeit der kritischen Auseinandersetzung mit der politisch-sozialen Entwicklung in Westdeutschland und die Aufarbeitung der nationalsozialistischen Vergangenheit begann auf breiter literarischer Front erst Ende der 50er-Jahre. 1959 erschienen „Billard um halb zehn" von HEINRICH BÖLL und „Die Blechtrommel" von GÜNTER GRASS, zwei Romane, die Zeitkritik und moderne Erzähltechnik verbanden. Vorläufer dieser Neuentwicklung in der Literatur der BRD waren die Romane Wolfgang Koeppens zu Anfang der 50er-Jahre. Ansonsten wendete sich die Literatur dieses Jahrzehnts von gesellschaftlich-politischen Fragen, von der zeitgenössischen Wirklichkeit ab. Tonangebend in der Lyrik war GOTTFRIED BENN, der eine Zeitlang mit dem Nationalsozialismus sympathisiert hatte und nun in der Abkehr von allem Politischen ein Bekenntnis zum **„absoluten Gedicht"** ablegte: Im absurden Lauf der Geschichte leuchte sinnhaft nur das dichterische Wort auf. Ergänzt

▷ S. 297 ff. wurde diese Tendenz durch ein bildmächtiges, ▷ expressionistischen Traditionen verhaftetes Sprechen im Gedicht und durch die optisch bzw. akustisch mit dem Material der Sprache spielenden Gebilde der **konkreten Poesie.** Auch auf dem Gebiet des Dramas stand das avantgardistische Formexperiment im **absurden Theater** mit seinen witzig-grotesken Szenarien und Ritualen im Vordergrund.

Die um 1960 einsetzende **Politisierung der Literatur** zeigte sich nicht nur in den zeitkritischen Romanen einiger Autoren der Gruppe 47, die damit der neuen deutschen Literatur auch international Ansehen verschafften, sondern auch in der Lyrik und im Drama. Das **po-**

▷ S. 309 ff. **litische Gedicht** gewann wieder wie in den 20er-Jahren, zur Zeit der ▷ „Neuen Sachlichkeit", an Bedeutung. Eines der Vorbilder für diese Art von gesellschaftlich engagierter Dichtung, das Werk BERTOLT BRECHTS, wurde nun in Westdeutschland zur Kenntnis genommen, die Brecht'schen Stücke setzten sich auf den Theaterspielplänen durch und wurden wie die Werke anderer aufklärerisch-gesellschaftskritischer Autoren der Weimarer Zeit und des Exils zur Schullektüre. Neben Brechts Stücken hielten zwei weitere Neuerungen auf den Bühnen Einzug: das **politische Dokumentartheater,** in dem zeitgeschichtliche Themen unter Verwendung von authentischem Material aufgearbeitet wurden, und das **kritisch-realistische Volksstück.** Zum ersten Mal wandte sich eine Gruppe von Autoren auch gezielt der Arbeitswelt zu, den Fabriken und Großraumbüros, die bis dahin in der Literatur kaum thematisiert worden waren (Dortmunder Gruppe 61). Ende der 60er-Jahre erreichte dieser Politisierungsprozess seinen Gipfelpunkt; in dem von HANS MAGNUS ENZENSBERGER herausgegebenen Kulturmagazin „Kursbuch" wurde der Tod der politisch ohnmächtigen Literatur verkündet und zur direkten gesellschaftsverändernden Aktion aufgerufen.

In den 70er-Jahren, in denen es der sozialliberalen Regierung gelang, die rebellischen Kräfte der APO (Außerparlamentarische Opposition) und der Studentenbewegung aufzufangen, setzte sich eine neue literarische Tendenz durch. Die nüchterne Erkenntnis, dass eine gelungene Synthese von Demokratie und Sozialismus, die Leitbild des Engagements in den 60er-Jahren gewesen war, vorerst bloße Utopie blieb, führte zu einer Rückbesinnung auf das eigene Ich, zu einer **neuen Subjektivität** der Literatur. Romane der Selbstfindung und verschiedene Formen autobiografischen Schreibens bestimmten die literarische Szene. Wichtige Impulse gingen dabei von den Schriftstellerinnen der neuen Frauenbewegung aus, die in einer dritten Welle nach der Zeit des ▷ Vormärz und der ▷ Jahrhundertwende für die Emanzipation der Frau auf allen Lebensgebieten kämpfte. Im Bereich der Lyrik war die Zeit des politischen Gedichts und der Protestsongs der Liedermacher vorbei. Erfahrungssplitter und persönliche Impressionen wurden in so genannten **Alltagsgedichten** thematisiert.

▷ S. 255 ff., 284 ff.

In den 80er-Jahren setzte sich die Tendenz, die eigene Lebensgeschichte schreibend zu verarbeiten, in Werken fort, in denen eine Auseinandersetzung mit der Väter-Generation stattfand („Väter-Literatur"). Das auffallendste Schlagwort für die Literatur dieser Zeit war indessen **„Postmoderne",** ein schillernder, vom Wortsinn her paradox erscheinender Begriff. Gemeint ist damit, dass in der jüngsten Zeit die geistigen und kulturgeschichtlichen Erscheinungen, die Kennzeichen der Moderne waren, keine prägende Kraft mehr haben. Ein einheitliches sinnstiftendes Zentrum, wie es seit der ▷ Aufklärung z. B. das „Subjekt" als Bezugspunkt aller Literatur gewesen war, scheint aufgegeben worden; auch die für die Moderne kennzeichnenden avantgardistischen Bewegungen, die mit ihren Provokationen auf Kritik am Bestehenden, auf Reflexion und Änderung der Zustände abzielten, scheinen ihren Reiz verloren zu haben. Typisch für die als postmodern aufgefasste Literatur ist das Spiel mit tradierten Mustern, Mythen und Motiven. So lässt zum Beispiel PATRICK SÜSKIND in seinem Roman „Das Parfüm" den auktorialen Erzähler des 19. Jahrhunderts auferstehen, ohne damit an literarische Konzepte dieser Zeit anknüpfen zu wollen. In der Lyrik ist man, nachdem das moderne Gedicht zu einer nur vom individuellen Ausdruck bestimmten freien Form gefunden hatte, zu den traditionellen Gestaltungsmitteln gebundener Sprache, Reim und Metrum, zurückgekehrt, sieht darin aber etwas Spielerisch-Komisches. Bewusst gegen den Geist der Moderne gerichtet sind die Versuche einzelner Schriftsteller, ein letztlich romantisches Verständnis von Dichtung wieder aufleben zu lassen und einen neuen alten Ton des Erhabenen und Schönen anzuschlagen (Botho Strauß, Peter Handke).

▷ S. 208 ff.

Wichtige Autorinnen/Autoren und Werke:

Thomas Mann (1875–1955): Doktor Faustus; Felix Krull (Romane)
Gottfried Benn (1886–1956): Gedichte
Marie Luise Kaschnitz (1901–1974): Gedichte; Kurzgeschichten und Erzählungen
Wolfgang Koeppen (1906–1996): Das Treibhaus; Der Tod in Rom (Romane)
Günter Eich (1907–1972): Hörspiele; Gedichte; Kurzgeschichten
Max Frisch (1911–1991): Stiller; Homo faber; Mein Name sei Gantenbein (Romane); Biedermann und die Brandstifter; Andorra (Dramen); Tagebücher
Alfred Andersch (1914–1980): Sansibar oder Der letzte Grund; Der Vater eines Mörders (Romane)
Peter Weiss (1916–1982): Die Ermittlung (Dokumentarstück); Abschied von den Eltern (Erzählung)
Heinrich Böll (1917–1985): Billard um halb zehn; Ansichten eines Clowns (Romane); Die verlorene Ehre der Katharina Blum (Erzählung); Kurzgeschichten und Satiren
Paul Celan (1920–1970): Gedichte
Wolfdietrich Schnurre (1920–1989): Kurzgeschichten
Wolfgang Borchert (1921–1947): Draußen vor der Tür (Drama); Kurzgeschichten
Erich Fried (1921–1988): Gedichte

Friedrich Dürrenmatt (1921–1991): Der Besuch der alten Dame; Die Physiker (Dramen); Der Richter und sein Henker; Der Verdacht (Romane)
Heinar Kipphardt (1922–1982): In der Sache J. Robert Oppenheimer (Dokumentarstück)
Ingeborg Bachmann (1926–1973): Gedichte
Christa Reinig (geb. 1926): Gedichte
Siegfried Lenz (geb. 1926): Deutschstunde (Roman); Erzählungen
Martin Walser (geb. 1927): Ehen in Philippsburg; (Roman); Das fliehende Pferd (Novelle)
Günter Grass (geb. 1927): Die Blechtrommel; Der Butt; Die Rättin (Romane); Katz und Maus (Novelle)
Hans Magnus Enzensberger (geb. 1929): Gedichte; Essays
Rolf Hochhuth (geb. 1931): Der Stellvertreter (Dokumentarstück)
Gabriele Wohmann (geb. 1932): Kurzgeschichten
Rolf Dieter Brinkmann (1940–1975): Gedichte
Barbara Frischmuth (geb. 1941): Die Klosterschule (Roman)
Günter Wallraff (geb. 1942): Reportagen
Elisabeth Plessen (geb. 1944): Mitteilung an den Adel; Kohlhaas (Romane)

(Einige Autoren, die nicht in der Bundesrepublik leben/lebten und Staatsbürger anderer Länder sind/waren, werden in der Übersicht mit aufgeführt, da ihre Werke in Westdeutschland erschienen und das literarische Leben dort stark beeinflussten.)

5.1.2 Literatur in der Deutschen Demokratischen Republik

Auseinandersetzung mit dem Faschismus

In der sowjetischen Besatzungszone und der frühen DDR wurde die Literatur zunächst über einen längeren Zeitraum nachhaltig von den zurückgekehrten Emigranten beeinflusst (ANNA SEGHERS, BERTOLT BRECHT, LUDWIG RENN, ERICH WEINERT, JOHANNES R. BECHER u. a.). Es gab keine Diskussion um die „Stunde Null", stattdessen stand die Literatur – noch bis weit in die 60er-Jahre hinein – hauptsächlich im Zeichen der Auseinandersetzung mit dem Faschismus.

Wichtige Autorinnen/Autoren und Werke:

Ludwig Renn (1889–1979): Der spanische Krieg (Autobiografie)
Bruno Apitz (1900–1979): Nackt unter Wölfen (Roman)
Franz Fühmann (1922–1984): Das Judenauto (Erzählsammlung)
Dieter Noll (geb. 1927): Die Abenteuer des Werner Holt (Roman)

Johannes R. Becher
Die Asche brennt auf meiner Brust (1948)

Die Asche brennt auf meiner Brust,
Ich weiß, ich hab davon gewusst
Und ließ das Opfer fahren.
Ich habe nicht die Hand gerührt,
5 Nur ab und zu hab ich gespürt,
Dass wir einst – Menschen waren.

Auf meiner Brust die Asche brennt,
Ich fleh empor zum Firmament,
Mich schuldig zu bekennen.
10 Des Opfers Name wird genannt
Und lässt, tief in mir eingebrannt,
Mein Herz vor Scham verbrennen …

Johannes R. Becher

Ihr Mütter Deutschlands …
(1946)

Ihr Mütter Deutschlands, die ihr habt verloren
Im Zweiten Weltkrieg eure Söhne, hört:
Der euch gefallen ist, wird neu geboren,
Und euer Heiligtum bleibt unzerstört,

5 Wenn ihr gewillt seid, Deutschland zu erretten,
Und gebt der Freiheit euer Mutterwort –
Dann schwebt ein Segen über Trümmerstätten
Und in uns leben eure Söhne fort!

Johannes Bobrowski

Bericht (1961)

Bajla Gelblung,
entflohen in Warschau
einem Transport aus dem Ghetto,
das Mädchen
5 ist gegangen durch Wälder,
bewaffnet, die Partisanin
wurde ergriffen
in Brest-Litowsk,
trug einen Militärmantel (polnisch),
10 wurde verhört von deutschen
Offizieren, es gibt
ein Foto, die Offiziere sind junge
Leute, tadellos uniformiert,
mit tadellosen Gesichtern,
15 ihre Haltung
ist einwandfrei.

---

1. a) Vergleichen Sie die drei Gedichte von Becher und Bobrowski im Hinblick auf die Art und Weise der Auseinandersetzung mit dem Faschismus.
   b) Untersuchen Sie die sprachliche Form der Gedichte.
2. Erörtern Sie, inwieweit die von Becher verwendeten sprachlichen Muster dem Thema gerecht werden.

Sozialistischer Realismus

Der größte Teil der Literatur der 50er- und der frühen 60er-Jahre gehört zur so genannten **Produktionsliteratur.** Dabei kann man zwei Entwicklungsphasen unterscheiden: die **Aufbauliteratur** der 50er- und die **Literatur des Bitterfelder Weges** Anfang der 60er-Jahre.

Der 3. Parteikongress der SED 1953 forderte von der Literatur eine Orientierung am Aufbau des neu gegründeten DDR-Staates. Der positive Arbeitsheld sollte im Mittelpunkt der Werke stehen, die Literatur hatte die Aufgabe, Arbeitsfreude und Optimismus zu vermitteln.

Nach der 1. Bitterfelder Kulturkonferenz 1959 entwickelte sich die zweite Phase der Produktionsliteratur, die Literatur des Bitterfelder Weges.

Die Arbeiter selbst wurden zum Schreiben ermuntert unter der Losung „Greif zur Feder, Kumpel – die sozialistische Nationalliteratur braucht dich!" (A. Kurella). Berufsschriftsteller forderte man auf, sich durch Betriebsaufenthalte stärker als bisher mit der realen Arbeitswelt vertraut zu machen und darüber zu schreiben.

Als verbindlicher Schreibstil galt seit Beginn der 50er-Jahre der **sozialistische Realismus** mit Prinzipien wie: direkte Widerspiegelung der gesellschaftlichen Realität, Verständlichkeit der Literatur für jedermann, Darstellung einer positiven Zukunftsperspektive. Bestimmend waren dabei die dargestellten Inhalte, während die Form völlig untergeordnet sein sollte.

Wichtige Autoren und Werke der Aufbauliteratur:

Friedrich Wolf (1888–1953): Bürgermeister Anna (Drama)
Eduard Claudius (1911–1976): Menschen an unserer Seite (Roman)
Erwin Strittmatter (1912–1994): Katzgraben (Komödie)
Erich Loest (geb. 1926): Das Jahr der Prüfung (Roman)
Heiner Müller (1929–1995): Der Lohndrücker (Drama)

Friedrich Wolf

Bürgermeister Anna (1950)
Erstes Bild

[Die 23-jährige Anna wird 1946 Bürgermeis-
terin in einem Dorfe. Sie löst den Großbau-
ern Lehmkuhl in dieser Funktion ab. Anna
will vieles verändern; sie setzt sich u. a. auch
für einen Schulneubau ein. Im folgenden
Auszug unterhält sich Anna mit ihrem
heimgekehrten Freund Jupp Ucker.]

Jupp tritt schnell ein, geht auf Anna zu.
JUPP: Na also, Anne, bist wieder vernünftig?
ANNA: Setz dich, Jupp.
JUPP: Die draußen warten auf uns.
5 ANNA: Die draußen… freust dich gar nicht was
auf mich?
JUPP *springt auf, umarmt sie*: Anne!
ANNA *nachgebend*: So lange warst du fort,
Jupp.
10 JUPP: Und jetzt bin ich hier! Siehst du, Anne,
die ganzen Jahre hab ich mich nachts oft he-
rumgewälzt vor dem einen Augenblick, dass
ich dich wieder hab, Anne, ganz nah…
ANNA: Ja?
15 JUPP: Und da bist du wie ein Eiszapfen, Anne,
und machst solche Sprüch, du … – *schaut sie*
an – Bürgermeisterin? Doch jetzt Schluss mit
dem Unsinn!
ANNA: Lassen wir das, Jupp!
20 JUPP *missverstehend*: Richtig, lassen wir das!
Du bist mein liebes, strammes Mädel, so wie
ich dich kenne und draußen von dir träumte.
ANNA: Hast du wirklich von mir geträumt,
Jupp?
25 JUPP: Und ob!
ANNA: So wie du mich kanntest?
JUPP: Genau so!
ANNA: Und wenn ich inzwischen etwas anders geworden bin?
30 JUPP: Bist mit 'nem andern gegangen?

ANNA *lächelnd*: Muss es denn immer das sein,
Jupp? – Sieh mal, Jupp, die sechs Jahre waren
eine furchtbar lange Zeit. Für euch war das so:
Ihr seid draußen marschiert im Schnee und in
der Wüstensonne, ihr habt geschossen, wur- 35
det verwundet und seid wieder marschiert;
aber um euer eigentliches Leben hattet ihr
euch nicht groß zu sorgen, um Essen, Wohnen, Arbeit; für uns hier fing das Leben aber
damit erst an. 40
JUPP: Womit?
ANNA: Mit all dem, was uns so verändert hat.
Da war zum Beispiel nach so 'ner Bomben-
nacht mein Baubüro ein einziger Schutthau-
fen, und ich stand auf der Straße wie ein Neu- 45
geborenes, ohne alles; nun kam ich als
Schreibhilfe in eine Lederfabrik, nach vier
Wochen war die auch bloß noch 'ne Stein-
sammlung; so ging's ein halbes Dutzend Mal,
überall standen die Mädels in langer Schlan- 50
ge, wartend, mit harten Ellenbogen; zuletzt
wurde ich Maurerlehrling.
JUPP: Alle Achtung, hätt dich mal mauern se-
hen mögen!
ANNA: Das kannst du gleich hier. Denn am 55
Kriegsende war's auch damit aus. Ich treckte[1]
zurück in unser Dorf und half dem Bürger-
meister…
JUPP: Dem Lehmkuhl?
ANNA: Weil ich die Büroarbeit schon kannte, 60
vielleicht besser als er; da wählten sie mich
zum neuen Bürgermeister.
JUPP: Na ja, das war so 'ne Art „technische
Nothilfe"; aber mit dem ganzen Kram ist
natürlich nun Schluss! 65
ANNA: Wie meinst du das?
JUPP: Wenn wir jetzt heiraten, legst du dein
Amt doch nieder.
ANNA: Und wer soll meine Arbeit hier ma-
chen? 70
JUPP: Deine Arbeit hier? Das kann wohl jeder.

1 **trecken:** wegziehen

Plötzlich. Im Übrigen, das Ganze hier ist ja einfach unnatürlich!

ANNA: Warum?

JUPP: Weil das keine Weibersach' ist.

ANNA: Bis jetzt ging's nicht schlecht.

JUPP: Sagst du! Doch der Lehmkuhl sagt eben, du kommandierst die Männer zum Schulbau grad wie Rekruten.

ANNA: Von Rekruten keine Spur; aber manches ist gewiss hier anders geworden.

JUPP *heftig*: Bei mir nicht! Und den Jupp Ucker wird niemand mehr kommandieren und erst recht kein Weiberrock!

ANNA *ruhig*: Wirst von selbst einsehen, was hier rechtens ist.

JUPP: Rechtens ist, was der Mensch braucht! *Er packt sie.*

ANNA *hat seine Hände gefasst und drückt sie*

herab: Und was der Mensch zulässt.

JUPP: Waren wir dafür die Jahre draußen, dass die Mädels hier sind wie die Mauersteine?

ANNA: Willst du am ersten Tag gleich wissen, wie wir sind?

JUPP: Wenn ihr uns die Hände festklemmt wie mit Eisenklammern und der Krieg hier weitergehen soll…

ANNA: Wenn ihr heimkommt wie die Beutemacher…

JUPP: Der Mann wird sich wohl noch nehmen dürfen, was ihm zusteht!

ANNA: Die Frage ist bloß, ob er's kann?

JUPP *zornig*: Wir haben schon andres gekonnt – Frau Bürgermeister! Wollen sehen, wer hier Meister ist? *Er rennt hinaus und knallt die Tür zu.*

ANNA *ihm nachschauend*: Wollen sehen.

---

1. Untersuchen Sie den Dialog und setzen Sie sich mit den unterschiedlichen Auffassungen zur Rolle der Frau auseinander.
2. Spielen Sie die Szene im Alter-Ego-Verfahren: Hinter den handelnden Figuren Anna und Jupp formulieren zwei weitere Spieler/innen deren unausgesprochene Gedanken und Gefühle.

Wolf Biermann

Prolog für den Film „Spur der Steine" (1965)

Sie sehen hier ein DEFA-Stück!
Bleiben Sie sitzen, Sie haben Glück!
Frank Beyer ist der Regisseur
Das Ding handelt vom Parteisekretär
Und Arbeitsmoral
Und Suff im Lokal
Und Liebe im Mai
Mit Tränen dabei
Parteidisziplin
Mit Nackend-Ausziehn
Mit Plandiskussion
Und Hochleistungslohn

Mit Lug und Betrug!
Mit Manne Krug!
Als Baubrigadier
Kübelt er Bier
Ein Volkspolizist
Fliegt in den Mist
Ein Bürokrat
Schadet dem Staat

Ein Anarchist
Wird Kommunist!
'ne schöne Frau
Macht man zur Sau
Sie kriegt ein Kind
Man kriegt davon Wind
Ein Mann geht kaputt
In all dem Schutt
'ne Ehe zerbricht
Gekittet wird nicht!

Hier ist nichts gelogen! Nichts grad gebogen!
Hier wird nix frisiert und blank poliert!
Hier ist das Leben krass und klar
Verrückt und wahr, verrückt und wahr!

(Geschrieben für den Film „Spur der Steine", eine Auftragsarbeit für die DEFA. Nach dem 11. Plenum des ZK der SED 1965 wurde zuerst der Film von diesem Lied gesäubert und kurz darauf die DDR von diesem Film.)

Erik Neutsch

Spur der Steine (1964)

Trutmann, der Betriebsleiter der im Bau befindlichen Schkonawerke, führt den neuen Parteisekretär Horrath durch den Betrieb.

Die Ballas in der Verfilmung von 1966

Trutmann wandte sich an Horrath und erklärte: „Die Projektierungsbüros. Vorgestern schickten sie uns die endgültigen Unterlagen für diesen Abschnitt der Salzkohle. Es zeigte
5 sich, daß die Pfeiler falsch bemessen worden waren. Die Abstände zwischen ihnen müssen wenigstens um einen Meter erweitert werden. Sonst haben die Aggregate keinen Platz."
Horrath fragte: „Warum wartet ihr dann nicht
10 ab, bis die korrekten Zeichnungen vorliegen?"
Trutmann fand die Frage naiv und entgegnete: „Mein lieber Horrath, Gesetz ist Gesetz. Sie tun gerade so, als ob es keinen Plan gäbe. Ver-
15 stehen Sie denn nicht – der Plan schreibt uns doch vor, wann wir anfangen müssen. Der Plan drückt, die Investitionen sind freigegeben, aber die Projektierung schafft keinen Vorlauf. Oft kriegen wir nur die Grobentwür-
20 fe, also richten wir uns danach. Meistens geht es ja auch gut…"
Ziehmer platzte unwillig dazwischen: „Wenn du's unbedingt wissen willst, Bursche… Hier am Kraftwerk bauen wir ins Blaue hinein, weil
25 das Geld da ist. Drüben aber, am Wasserwerk…" Er stieß seinen Schädel in eine Richtung, die nicht auszumachen war. „Frag mal die Ballas[1]… Die besitzen zwar nun die genauen Projektierungsunterlagen… Doch sie
30 müssen bald abbrechen, weil die Plansumme nicht reicht. Zu niedrig veranschlagt, kapierst du? Hier reißen wir ein, und dort drüben vergammelt inzwischen das Material…" Bitter fügte er hinzu: „Es gleicht sich alles aus, wie du
35 siehst."
Horrath vernahm die Bitterkeit in den Worten des Brigadiers und fragte betroffen: „Ist das denn die Regel?"
Trutmann sagte schnell: „Die Ausnahme
40 natürlich. Wo denken Sie hin, Horrath."
Ziehmer widersprach heftig: „Uns genügt es."
Horrath sagte: „Aber das muß sich doch än-

dern lassen. Das ist doch purer Wahnsinn."
[…]
45 Bis zur Frühstückspause hatte Balla gewartet, daß Kies geliefert würde. Das waren zwei und eine halbe Stunde. Wer Balla kannte, wußte, daß er damit bereits eine große Geduld bewiesen hatte. Mehr konnte man nicht von ihm
50 verlangen; denn über zwei Stunden lang wegen Mangels an Material hier ein bißchen und dort ein bißchen auszuflicken, zu gammeln, wie die Zimmerer es nannten, hätte selbst für einen anderen Brigadier bedeutet, ihn zu ver-
55 suchen. Balla jedoch war nicht wie ein anderer. […]
„Kommt, packt eure Stullen ein. Frühstücken können wir draußen. Wir werden die Wege belagern. Es bleibt uns nichts anderes übrig."
60 Sie postierten sich an der Straßenkreuzung in der Nähe des Südtores, fünfhundert Meter von ihrem Objekt entfernt. Sie lauerten den Dumpern auf, die hier entlangfuhren, um den Kies von den Gruben an die Baustellen inner-
65 halb des Werkes zu bringen. Als der erste Transporter mit der leuchtend gelben Ladung in der Wanne auftauchte, stellten sie sich breitbeinig auf die Fahrbahn. Eine Hand hatten sie lässig in die Hosentasche geschoben,
70 mit der anderen hielten sie das Brot und kauten genießerisch. Der Mann am Lenkrad erblickte die Zimmerer, hupte wütend, bremste scharf, daß der Staub in Spiralen aufwirbelte. Die drei wichen keinen Schritt zurück.
Der Motor summte. Der Fahrer schimpfte:
75 „Seid ihr lebensmüde, ihr Idioten? Soll ich euch platt walzen?"
Balla zog die Hand aus der Tasche, lüftete seinen Hut, wünschte mit spöttischer Höflich-

---

1 **die Ballas:** Brigade des Zimmermanns Hannes Balla, der Hauptfigur des Romans

keit einen guten Morgen und erkundigte sich: „Wohin geht der Kies da?"

„Was geht das euch an, wohin der Kies geht", fluchte der Fahrer, wurde aber unsicher, als er die drohende Haltung der schwarzen Gestalten gewahrte, und gab Auskunft: „An die Salzkohle, wenn ihr's unbedingt wissen wollt. Also schert euch aus dem Wege. Laßt mich weiter."

Balla trat keinen Schritt zur Seite, sagte: „Wir machen dir einen Vorschlag zur Güte, Freund. Du fährst den Kies nicht an die Salzkohle. Du fährst ihn ans Wasserwerk. Zu den Ballas, du verstehst, nicht?"

Die Antwort kam zögernd: „Werde mich hüten. Die Salzkohle braucht ihn."

Balla sagte grinsend: „Am Wasserwerk wird er auch gebraucht, auf Ehre." Und als er sah, daß der Fahrer noch nicht bereit war, holte er eine Schachtel Zigaretten aus der Weste, schwang sich auf den Trittrost und schwenkte die Packung vor der Nase des Maschinisten hin und her. „Verdienst dir ein paar Glimmstengel nebenbei, Freund. Beste Sorte, Dubec, zwanzig Stück. Na, wie ist's?"

Der Mann druckste, schielte nach der Schachtel, prüfte die Marke. Jochmann mischte sich ein: „Sieh mal, dir kann es doch gleich sein, wohin der Kies rollt. Dein Geld stimmt, abgerechnet wird an der Grube. Aber wir, mein Lieber, wir kommen nicht auf unseren Kies, weil uns der Kies fehlt. Sag selbst, wie sollen wir ohne ihn betonieren?"

Der Fahrer griff nach den Zigaretten, murmelte: „Aber haltet die Schnauze, ja ..." [R]

---

1. Stellen Sie die Probleme heraus, die im Textauszug angedeutet sind.
2. Welchen ersten Eindruck haben Sie von der Figur des Balla? Begründen Sie mit entsprechenden Textstellen.
3. Schreiben Sie eine Szene, in der Balla sein Handeln rechtfertigen muss.
4. Sehen Sie sich die Verfilmung von „Spur der Steine" an und diskutieren Sie, weshalb sie in der DDR bereits nach kurzer Zeit nicht mehr gezeigt werden durfte.

5. ▷ **Referat/Facharbeit:**
Um die Literatur des sozialistischen Realismus hat es in Ost und West kontroverse Diskussionen gegeben, die bis heute nachwirken. Von westlicher Seite wurde sie oftmals als „platte Propagandaliteratur" kritisiert, später auch in der DDR selbst. Stellen Sie Ihren Mitschülerinnen und Mitschülern einige weitere Beispiele der Literatur des sozialistischen Realismus vor. Führen Sie eine Diskussion zur Wertung dieser Literatur und bilden Sie sich selbst ein begründetes Urteil.

▷ S. 105 ff., 119 f.

Ankunft im Alltag

Im April 1964 fand die 2. Bitterfelder Konferenz statt, als deren Folge der Bitterfelder Weg nicht fortgesetzt wurde. In der Entwicklung der DDR war zu Anfang der 60er-Jahre eine tief greifende Zäsur zu verzeichnen: das Ende der Aufbauphase des Sozialismus und der Beginn der entwickelten sozialistischen Gesellschaft. So wurde nach dem Bau der Mauer in der Landwirtschaft die Kollektivierung abgeschlossen und in der Industrie schritt der Prozess der Verstaatlichung voran. Unter den Schriftstellern meldete sich jetzt verstärkt die junge Generation zu Wort, die in der DDR aufgewachsen war. Es entstanden Werke, die kritisch angelegt waren und oftmals die Eingliederung Jugendlicher in die Gesellschaft sowie das alltägliche Leben in der DDR beschrieben. BRIGITTE REIMANNS (1933–1973, ▷ S. 108 f., 112 f.) programmatische Erzählung „Ankunft im Alltag" (1961) gab dieser Literatur den Namen **Ankunftsliteratur.** Die Kritik der Parteiführung konnte nicht verhindern, dass sich eine Generation junger Lyriker entwickelte, die eigene Wege beschritt. Diese Lyrikergeneration nahm die Parolen der Partei beim Wort, fragte ungeduldig nach der Verwirklichung der kommunistischen Ideale und erinnerte immer wieder an den marxistischen Traum von einer herrschaftsfreien Gesellschaft. Bevorzugte Themen der Lyrik waren das Verhältnis des Menschen zur Natur, die wissenschaftlich-technische Revolution, der Mauerbau, die Unterordnung des Individuums unter die Ansprüche der Gesellschaft, Hoffnung und Realisierung der kommunistischen Ideale, aber auch diesbezügliche Resignation, die Rolle der Stasi, das Konsumdenken und nicht zuletzt das Thema Liebe.

Wichtige Autorinnen/Autoren und Werke:

Hermann Kant (geb. 1926): Die Aula (Roman)
Christa Wolf (geb. 1929): Der geteilte Himmel; Nachdenken über Christa T. (Romane)
Günter Kunert (geb. 1929): Unschuld der Natur; Warnung vor Spiegeln (Gedichtsamml.)
Reiner Kunze (geb. 1933): Widmungen; Sensible Wege (Gedichtsammlungen)
Uwe Johnson (1934–1984): Mutmaßungen über Jakob; Zwei Ansichten (Romane)
Sarah Kirsch (geb. 1935): Landaufenthalt; Zaubersprüche (Gedichtsammlungen)
Karl Mickel (1935–2000): Lobverse und Beschimpfungen; Vita nova mea (Gedichtsamml.)
Wolf Biermann (geb. 1936): Mit Marx- und Engelszungen; Für meine Genossen (Gedicht-
sammlungen)

Karl Mickel

Der See (1963)

See, schartige Schüssel, gefüllt mit Fischleibern
Du Anti-Himmel unterm Kiel, abgesplitterte Hirnschal
Von Herrn Herr Hydrocephalos[1], vor unsern Zeitläuften
Eingedrückt ins Erdreich, Denkmal des Aufpralls
5 Nach rasendem Absturz: du stößt mich im Gegensinn
Aufwärts, ab, wenn ich atemlos nieder zum Grund tauch
Wo alte Schuhe zuhaus sind zwischen den Weißbäuchen.

Totes gedeiht noch! An Ufern, grindigen Wundrändern
Verlängert sichs, wächsts, der Hirnschale Haarstoppel
10 Borstiges Baumwerk, trägfauler als der Verblichene
(Ein Jahr: ein Schritt, zehn Jahr: ein Wasserabschlagen
Ein Jahrhundert: ein Satz). Das soll ich ausforschen?
Und die Amphibien. Was sie reinlich einst abschleckten
Koten sie tropfenweise voll, unersättlicher Kreislauf
15 Leichen und Laich.

        Also bleibt einzig das Leersaufen
Übrig, in Tamerlans[2] Spur, der soff sich aus Feindschädel-
Pokalen eins an („Nicht länger denkt der Erschlagene",
Sagt das Gefäß, „nicht denke an ihn!", sagt der Inhalt).

20 So fass ich die Bäume (hoffentlich halten die Wurzeln!)
Und reiße die Mulde empor, schräg in die Wolkenwand
Zerr ich den See, ich saufe, die Lippen zerspringen
Ich saufe, ich saufe, ich sauf – wohin mit den Abwässern!
See, schartige Schüssel, gefüllt mit Fischleibern:

25 Durch mich durch jetzt Fluß inmitten eurer Behausungen!
Ich lieg und verdaue den Fisch.   R

1 **Hydrocephalos:** Wasserkopf
2 **Tamerlan:** Nachkomme Dschingis-Khans (1336–1405);
  Heerführer der Mongolen, gründete in Asien ein gewaltiges Reich

Sarah Kirsch
Im Sommer (1976)

Dünnbesiedelt das Land.
Trotz riesiger Felder und Maschinen
Liegen die Dörfer schläfrig
In Buchsbaumgärten, die Katzen
5 Trifft selten ein Steinwurf.

Im August fallen Sterne.
Im September bläst man die Jagd an.
Noch fliegt die Graugans, spaziert der Storch
Durch unvergiftete Wiesen. Ach, die Wolken
10 Wie Berge fliegen sie über die Wälder.

Wenn man hier keine Zeitung hält
Ist die Welt in Ordnung.
In Pflaumenmuskesseln
Spiegelt sich schön das eigne Gesicht und
15 Feuerrot leuchten die Felder. ☐R

Reiner Kunze
Sensible wege (1969)

Sensibel
ist die erde über den quellen: kein baum darf
gefällt, keine wurzel
gerodet werden

5 Die quellen könnten
versiegen

Wie viele bäume werden
gefällt, wie viele wurzeln
gerodet

10 in uns

Eva Strittmatter
Liebe (1980)

Wie furchtbar auch die Flamme war,
In der man einst zusammenbrannte,
Am Ende bleibt ein wenig Glut.
Auch uns geschieht das Altbekannte.
5 Dass es nicht Asche ist, die letzte Spur von Feuer,
Zeigt unser Tagwerk. Und wie teuer
Die kleine Wärme ist, hab ich erfahren
In diesem schlimmsten Jahr
Von allen meinen Jahren.
10 Wenn wieder so ein Winter wird
Und auf mich so ein Schnee fällt,
Rettet nur diese Wärme mich
Vom Tod. Was hält
Mich sonst? Von unsrer Liebe bleibt: dass
15 Wir uns halten. Kein Gras
Wird auf uns sein, kein Stein,
Solange diese Glut glimmt.

Solange Glut ist,
Kann auch Feuer sein.

1. a) Beschreiben Sie die Bilder mit eigenen Worten, die vor Ihren Augen entstehen, wenn Sie die beiden Gedichte von Karl Mickel und Sarah Kirsch lesen.
   b) Zeichnen Sie skizzenartig zwei Bilder zu den Gedichten.
   c) Verfassen Sie zu den beiden Gedichten eine vergleichende ▷ Interpretation. ▷ S. 470 ff.
2. a) Erklären Sie die Sonderstellung des letzten Verses in Kunzes Gedicht „Sensible Wege".
   b) Deuten Sie die Überschrift.
3. a) Analysieren Sie Eva Strittmatters Gedicht „Liebe". Achten Sie besonders darauf, wie der Bildbereich „Feuer" zur Beschreibung von „Liebe" eingesetzt wird.
   b) Finden Sie selbst Bilder, die für Sie „Liebe" symbolisieren. Verfassen Sie ein eigenes kurzes Gedicht ohne Reim.

Liberalisierungstendenzen und neue Repressalien

Mit dem Machtwechsel von Walter Ulbricht zu Erich Honecker im Jahre 1971 vollzog sich auch eine Wende in der Kulturpolitik der DDR. In der Folgezeit kam es zu einer **Liberalisierung** in der Literaturpolitik. Mit der **Ausbürgerung Wolf Biermanns** 1976 endete diese Periode. Die Repressalien gegenüber kritischen Schriftstellern verstärkten sich. Christa Wolf konnte man auf Grund ihrer Popularität das Wort nicht verbieten, sie publizierte weiterhin. Stefan Heym, Kurt Bartsch, Adolf Endler, Erich Loest u. a. wurden 1979 aus dem Schriftstellerverband ausgeschlossen. Reiner Kunze war es bereits 1976 so ergangen. Angesichts solcher Bedingungen verließen über 100 Schriftsteller die DDR, u. a. Sarah Kirsch, Reiner Kunze, Günter Kunert, Jurek Becker, Monika Maron, Erich Loest.

Wichtige Autorinnen/Autoren und Werke:

Stefan Heym (1913–2001): 5 Tage im Juni (Roman)
Maxie Wander (1933–1977): Guten Morgen, du Schöne (Protokolle)
Ulrich Plenzdorf (geb. 1934): Die neuen Leiden des jungen W. (Roman)
Brigitte Reimann (1933–1973): Franziska Linkerhand (Roman)
Volker Braun (geb. 1939): Gegen die symmetrische Welt; Training des aufrechten Gangs (Gedichtsammlungen)
Reiner Kunze (geb. 1933): Die wunderbaren Jahre (Kurzprosa, nur in der BRD erschienen)

Brigitte Reimann

Franziska Linkerhand (1974)

Brigitte Reimann (▷ S. 108 f., 112 f.) starb 1973 an Krebs. Ihr postum herausgegebener Roman „Franziska Linkerhand" blieb ein Fragment. Die Hauptfigur ist eine aus bürgerlichem Milieu stammende Architektin, die alles hinterfragt und gegen Gleichgültigkeit, Brutalität und Konformismus ankämpft.

Franziska spürte schon in der Diele, dass sich im Haus etwas veränderte, ein unbestimmbarer Geruch, eine Unruhe in der Luft lag, als habe sich ein altes, lange nicht mehr aufgezogenes Uhrwerk knirschend und ächzend in Bewegung gesetzt und hebe unter heiserem Rasseln zum Schlag an. Sie öffnete die Tür zum Blauen Zimmer, sah nackte Wände, schief hängende Jalousien, die Tapeten verblichen dort, wo letztens noch die Biedermeiermöbel gestanden hatten, die Kirschholzkommode und das geschweifte Sofa mit zierlich gestreiftem und geblümtem Bezug … hier hatte Franziska, im grünen Licht vom Garten, ihre Schulaufsätze geschrieben, die Briefe ihres jungen Ritters gelesen, hier hatte die Nachbarin, die Mutter der kümmerlichen Elfriede, ge-

sessen, mit offenem Mund und stumm – an dem Tag, dachte Franziska, als der Große Ausverkauf begann. Jetzt stoßen sie die Reste ab, jetzt geht es zu Ende. Sie war zornig und ratlos: also verknüpfte sie doch noch eine sentimentale Empfindung mit dem Haus.

Linkerhand saß in der Bibliothek und las, eine Lupe vor den halb blinden Augen; Franziska platzte herein, ohne anzuklopfen. „Also, das geht zu weit. Madame verscherbelt, was nicht niet- und nagelfest ist. Sag mal, weißt du überhaupt, was hier geschieht?"

Linkerhand legte die Lupe aufs Buch. „Setz dich, mein Kind."

Sie blieb stehen, auch hier, zwischen den übervertrauten Schränken, Bildern und Portieren, beunruhigt, körperlich bedrängt vom Geruch der Auflösung. In den Bücherreihen klafften breite Lücken. „Deine Bücher, deine Inkunabeln[1] … Das ist ja wohl nicht drin!"

Er beugte sich nach vorn und legte die Hand hinters Ohr, und Franziska schluckte die stumme Rüge für saloppe Redeweise und verbesserte sich folgsam. „Das ist nicht möglich, Vater, du verkaufst deine Bücher, geht es euch so schlecht?"

---

1 **Inkunabel:** Werk aus der Frühzeit des Buchdrucks

Er setzte die Brille ab, Fluchtbewegung, und verwandelte seine Tochter in einen zappelnden kleinen Schemen ohne Gesicht. „Ich habe lange gezögert, dich zu unterrichten", sagte er. „Ich wünschte dich nicht zu belasten, womöglich mit deinem Gewissen in Konflikt zu bringen, da unserem wohlerwogenen Schritt Gesetze entgegenstehen, Gesetze, die inhuman zu nennen ich nicht anstehe –" Er unterbrach sich, irritiert, er tastete nach seiner Brille: hörte er den bunten Schemen Franziska nicht lachen?

„Ach Papa", sagte sie, „da hast du nun eine richtige feine Rede vorbereitet und willst doch bloß sagen, dass ihr abhaut – dass ihr euch absetzt, davonmacht, flüchtet, übersiedelt, such dir das passende Wort aus. Erlaubst du, dass ich rauche?"

Er nickte. Er sagte, er sei erleichtert zu hören, dass sie seine Mitteilung mit Gleichmut aufnehme, und Franziska zuckte die Schultern. „Warum nicht? Ich habe darauf gewartet, es ist mir schnuppe." Er schwieg, er drehte den Kopf nach dem Geräusch ihrer Schritte, als sie im Zimmer umherging, rauchend, den Daumen in den Gürtel gehakt, und sie fühlte seine verschwommen farblosen Augen auf sich gerichtet, seinen hilflosen Blick eines Kurzsichtigen, der sie rührte und erbitterte: der alte Mann, er ist weiß geworden, ein Schatten und überflüssig, er kann nicht mal allein über eine Kreuzung gehen, er kommt unter die Räder, in jedem Sinn unter die Räder, und ich wünschte, es wär mir wirklich schnuppe. „Nach Bamberg", sagte sie, „und wieder ein Verlag, du lieber Gott, bei der Konkurrenz, und wie willst du ankommen gegen hundert Etablierte?"

„Zerbrich dir nicht meinen Kopf", sagte Linkerhand. „Unser Name hat noch immer einen guten Klang ... bei einer gewissen Schicht des lesenden Publikums, einer, zugegeben, kleinen Schicht."

„Nach fünfzehn Jahren!", rief sie bestürzt. „Wo lebst du denn? Niemand erinnert sich, niemand, wir sind erledigt und abgeschrieben, und auf den Namen gibt dir kein Mensch mehr Kredit ... Der Zug ist durch." Sie wiederholte bockig, gereizt durch stumme Rüge: „Der Zug ist durch, ein für alle Male, und du hast den Anschluss verpasst. Du sitzt in deinem Zauberberg und spielst neunzehntes Jahrhundert, und Zola ist dir schon zu modern und ein brutaler Flachkopf, und als du mir den Hemingway zurückgabst, hast du ihn zwischen zwei Fingern gehalten wie eine eklige alte tote Ratte, und dabei hattest du keine drei Seiten gelesen. Und denkst du, ich weiß nicht, warum du nie nach meiner Arbeit fragst? Für dich sind wir Ingenieure ohne einen Funken Esprit, Handwerker ohne Idee, Nichtskönner und Verhunzer. Die Alten haben alles besser gemacht, Michelangelo war ein Titan, und Pöppelmann ist anbetungswürdig, ja ja ja, das kann ich schon singen, und du sollst auch Recht haben – wenn du nur einmal, ich bitte dich, Papa, nur ein einziges Mal zu bedenken geruhtest, dass wir nicht für Könige bauen und nicht aus der Schatztruhe von Königen schöpfen, dass wir – dass ihr, ihr den Krieg verloren habt und dass unsere Stadt zu vierzig Prozent zerbombt war ... Entschuldige. Ich wollte dich nicht anschreien. Es tut mir Leid." Sie ging schnell zu ihm hinüber, versagte sich zwar eine herzliche Geste, die beiden peinlich gewesen wäre – etwa, ihn zu umarmen, seine Hand zu drücken, die bleiche, gedunsene, mit braunen Altersflecken gesprenkelte Hand, die auf der Tischplatte herumtappte –, setzte sich aber zu seinen Füßen auf den Teppich, spielte Respekt und kindliche Unterwerfung. „Wir geben ein hübsches Genrebild ab, Vater und Tochter ... Wetten, du hast nicht mal bemerkt, dass ich inzwischen erwachsen bin, ja, erwachsen und verständig – und verständnisvoll, vielleicht zu sehr, bis zur Schwäche."

---

1. a) Untersuchen Sie den Dialog zwischen Vater und Tochter und finden Sie heraus, wie Franziska zu der geplanten Ausreise ihrer Eltern aus der DDR steht.
   b) Inwiefern unterstreicht die verwendete Sprache die Dramatik der Auseinandersetzung?
2. Als Folge der Liberalisierungspolitik war es möglich, das Thema Ausreise in der Literatur zu behandeln. Die Gründe für die Ausreiseabsicht von Franziskas Vater werden allerdings nicht genannt.
   a) Stellen Sie sich vor, Franziska führt ein Tagebuch und macht einen Eintrag. Was könnte sie schreiben?
   b) Der Vater schreibt an Franziska einen Brief, in dem er ankündigt, dass er die DDR verlassen will.

Stefan Heym
5 Tage im Juni (1974)

[Stefan Heyms Roman „5 Tage im Juni" hat den blutig niedergeschlagenen Arbeiteraufstand in der DDR am 17. Juni 1953 zum Gegenstand. Das Werk konnte aber erst 1974 im Zuge der Liberalisierungspolitik veröffentlicht werden.]

Aus der Erklärung des Rundfunks im Amerikanischen Sektor (RIAS), gesendet am Mittwoch, 17. Juni, um 5.36 Uhr

In den letzten Wochen konnten wir Ihnen, liebe Hörer, über Arbeitsniederlegungen in allen Bezirken der Sowjetzone berichten ... Aber gestern ging es nicht mehr nur um die Nor-
5 men. Aus dem Protest gegen eine willkürliche Lohnsenkung wurde ein Protest gegen das gesamte Regime, daraus wurde Forderung nach freien Wahlen und nach dem Rücktritt der Zonenregierung ... Nach dem Marsch der Arbei-
10 ter durch Berlin, abends in den spontanen Kundgebungen in allen Bezirken Ost-Berlins, wurde eine Parole ausgegeben, eine Anweisung, die über den gestrigen Tag hinausging. Und die hieß: Morgen geht es weiter. Wir tref-
15 fen uns morgen früh um sieben Uhr auf dem Strausberger Platz. In einigen Betrieben haben bereits in dieser Nacht die Arbeitsniederlegungen begonnen ...

Aus der anschließend gesendeten Erklärung von Ernst Scharnowski, Vorsitzender des Landesverbandes Berlin (West) des Deutschen Gewerkschaftsbundes

... als dienstältester demokratischer Gewerk-
20 schaftler und Vorsitzender des Deutschen Gewerkschaftsbundes östlich der Elbe kann ich euch in der Ostzone und Ost-Berlin keine Anweisungen erteilen. Ich kann euch nur aus ehrlichster Verbundenheit gute Ratschläge ge-
25 ben ... Die Maßnahmen, die ihr als Ostberliner Bauarbeiter in voller eigener Verantwortung und ohne fremde Einmischung selbst beschlossen habt, erfüllen uns mit Bewunderung und Genugtuung ... Die gesamte Ost-
30 berliner Bevölkerung darf deshalb auf die stärksten und erfolgreichsten Gruppen der Ostberliner Arbeiterbewegung vertrauen ...

Stefan Heym

Tretet darum der Bewegung der Ostberliner Bauarbeiter, BVGer und Eisenbahner bei und sucht eure Strausberger Plätze überall auf. Je 35 größer die Beteiligung ist, desto machtvoller und disziplinierter wird die Bewegung für euch mit gutem Erfolg verlaufen ...
[...]

Mittwoch, 17. Juni 1953   *7.10 Uhr*   40

eilte Witte zu Halle sieben, wo sich, wie Greta Dahlewitz dem Genossen Sonneberg gemeldet hatte, Unruhe, ja Streikaktionen anbahnten. Erst sehen, was dort los ist, dachte Witte, und eingreifen; danach zum Betriebsfunk: 45 was man über die Lautsprecher redete, hing weitgehend ab von der Entwicklung in den Werkhallen.
Doch wurde er aufgehalten: ein einzelner Mann, der auf ihn zulief und gestikulierte – Te-   50 terow. Teterow, atemlos, berichtete: „Die holen – die Leute heraus – aus der Gießerei – aus Halle zwei und drei – und fünf – und neun ..."
„Und in den andern Abteilungen?"
Teterow zuckte die Achseln.   55

„Halle sieben?"

„Die?" Teterow spuckte. „Die sind schon raus. Die waren die ersten."

Witte überlegte. Der Umweg zu Halle sieben
60 war ein Fehler gewesen; er hätte sofort zum Funkraum gehen sollen, sprechen, Stimme der Vernunft, in jedem Winkel des Werks.
„Da!", sagte Teterow. [...]
Die da auf ihn zukamen, hatten sich zu einer
65 Kolonne formiert; an der Spitze sangen sie, Kallmann dirigierte mit erhobenem Arm –
„Brüder, zur Sonne, zur Freiheit ..."
Irre, dachte Witte, irre. Irre auch er selber, ein Mann gegen weit mehr als hundert, zweihun-
70 dert vielleicht, eine Stimme gegen Massenge-brüll, große Geste, heroisch, aber zwecklos, um wie viel besser das Mikrofon, nur konnte er jetzt nicht mehr weg, sie hatten ihn gesehen, gesehen und erkannt; wenn er sich umdrehte
75 und ging, war es schäbige Flucht.
Der Gesang zerflatterte, verstummte.
Witte sah die Gesichter: Pickel, Falten, Stop-pelkinn; die Augen, unruhige, neugierige, skeptische, auch feindselige. Kallmann sagte
80 etwas zu Bartel, der neben ihm lief; Bartel nickte. Nur Sekunden noch –
„Bleibt mal stehen", rief Witte.
Vielleicht hatten sie ihn nicht alle gehört.
Witte tat einen Schritt auf sie zu, auf Bartel,
85 herrschte ihn an: „Bleib stehen!", suchte ihn an der Jacke zu packen, fahlblaue Arbeits-jacke, mehrmals geflickt, Bartel wich aus, glitt vorbei, auch Kallmann war vorbei, Witte sah den großen Klaus, den kleinen, „so wartet
90 doch, hört doch!", sie machten einen Bogen um ihn, der große links, der kleine rechts, es war eine lächerliche Situation, er redete auf die Einzelnen ein, sie ließen ihn stehen, wenn er sie griff, am Ärmel, an der Brust, schüttelten
95 sie ihn ab, er konnte doch nicht mittrippeln

mit ihnen, blaffendes Hündchen, das um Auf-merksamkeit bettelte, er erblickte Gadebusch, Gadebusch schien erschrocken zu sein, oder wütend, Witte brüllte ihn an, sinnlos: „Willst
100 wohl zu deiner Schwester in Köpenick!", und da begannen sie wieder zu singen, Witte er-kannte Kallmanns Bass, der sich immer weiter entfernte –
„... Brüder, zum Lichte empor! ..."
105 und dann waren es schon nicht mehr viele, die er hätte ansprechen können, sie waren vorbei-geflutet an ihm wie das Wasser am Brücken-pfeiler, und die, die das alte Lied noch oder schon wieder kannten, sangen –
110 „... hell aus dem dunklen Verga-angnen ..."
Am Schluss kam der rothaarige Mielich, grins-te, riss das Maul auf, darin eine dicke, lange Zunge –
„... leuchtet die Zukunft hervor!"
115 Witte stürzte sich auf ihn, packte ihn, schüt-telte ihn: „Welche Zukunft! Antworte!"
Einen Moment lang war Mielich verwirrt, dann brach er in Gelächter aus, ein blödes, meckerndes Gelächter. Witte ließ ihn los. Irre,
120 dachte er, irre.

Bertolt Brecht

Die Lösung (1953)

Nach dem Aufstand des 17. Juni
Ließ der Sekretär des Schriftstellerverbands
In der Stalinallee Flugblätter verteilen
Auf denen zu lesen war, daß das Volk
5 Das Vertrauen der Regierung verscherzt habe
Und es nur durch verdoppelte Arbeit
Zurückerobern könne. Wäre es da
Nicht doch einfacher, die Regierung
Löste das Volk auf und
10 Wählte ein anderes?   R

---

1. Informieren Sie sich über die Ereignisse des 17. Juni 1953 in der DDR mit Hilfe von geschichtlichen Nach-schlagewerken.
2. a) Untersuchen Sie, wie in Heyms Roman das Aufeinandertreffen von Witte und den Arbeitern des Betriebs vom Erzähler gewertet wird.
   b) Die eigentliche Romanhandlung wird durch authentische Meldungen der Medien unterbrochen. Klären Sie die Funktion dieser Einschübe.
3. a) Welche Haltung nimmt der lyrische Sprecher in Brechts Gedicht „Die Lösung" zum Aufstand des 17. Juni ein?
   b) ▷ **Referat:** Berichten Sie über Bertolt Brechts Haltung gegenüber dem DDR-Staat zur Zeit des Arbeiter-aufstands.   ▷ S. 119 f.

„Tapetenwechsel" – Kritik am Staat

In den 80er-Jahren entstanden in der DDR trotz aller Hindernisse und Repressalien wichtige Werke, die im Schwerpunkt folgende Themen behandelten: wachsendes Katastrophenbewusstsein angesichts der fortschreitenden Umweltzerstörung, Angst vor atomarer Bedrohung, gesellschaftliche Widersprüche und Rückzug in die Innerlichkeit. Ähnliche Tendenzen gab es auch in der Bundesrepublik, sodass man schon vor der Wiedervereinigung eine Annäherung der beiden deutschen Literaturen beobachten kann.

> **Wichtige Autorinnen/Autoren und Werke:**
>
> *Christa Wolf*: Kassandra (Roman)
> *Volker Braun*: Hinze-Kunze-Roman; Langsam knirschender Morgen (Gedichtsammlung)
> *Irmtraut Morgner* (1933–1990): Amanda (Roman)
> *Christoph Hein* (geb. 1944): Drachenblut (Novelle); Die Ritter der Tafelrunde (Drama)

Günter Kunert

Das Telefon (1980)

Es ist ein weit verbreiteter Irrtum, das Telefon sei ein Mittel zur Verständigung zwischen Menschen, die räumlich getrennt sind. Dass es dem Handel, dem Verkehr und wer weiß
5 wem noch diene, gehört ins Riesenreich der Fabel. Der kleine, schwarz glänzende Apparat ist das moderne Menetekel[1], das uns in fröhlichen Minuten, stillen Stunden durch seine grelle Glocke in die Hölle unseres Gewissens
10 reißt. Unerwähnt sollen dabei die Stimmen bleiben, die aus dem Hörer dringen, der in umklammernder Hand so rasch feucht wird; die sonst durchschnittlich klingen, nehmen einen Ton von Bedrohlichkeit an, von Übelwollen,
15 von Beleidigtsein, von tödlicher Gleichgültigkeit, als sprächen sie mit einem, mit dem schon nicht mehr zu rechnen ist. Aber nicht sie sind die unverständliche Feuerschrift an den kahlen Wänden unserer armen Seelen,
20 sondern das Schweigen ist es.
Wenn nach dem schrillen Klingelklang und, nachdem man die Hördose ans Ohr gebracht,

Günter Kunert

daraus nichts
spricht als leise,
rauschende Stille, 25
aus welcher überspanntes Horchen
ein schwaches Atmen vernehmen
will, da öffnet sich 30
der Abgrund in
uns, und wir
schauen suchend
hinein, voller grässlicher Erwartung, 35
den Anlass zu finden, der die stumme Bedrohung verursacht hat.
Da starren uns die verratenen Freunde an; anklagend heben ihre Hände diejenigen, die unsere Gleichgültigkeit im Elend ließ, deren 40
Leben und Existenz wegen eines kleinen, unbedachten Fehlers ruiniert wurde und denen wir nicht Hilfe liehen, unserer Feigheit wegen. Vertane Liebe, verspielte Chancen wirbeln auf wie welke Blätter. Und eigne 45
Irrtümer, geringe Schwächen, sie wuchern ins Gigantische unter der Stummheit, die aus dem Hörer sickert: ein Gift, das schleichend weiter wirkt und gegen das in unsern wohl versorgten, blinkenden Apotheken kein 50
Gegengift zu kaufen ist.

1 **Menetekel:** unheildrohendes Zeichen (nach der Flammenschrift, die dem babylonischen König Belsazar an der Wand seines Palasts erschien)

---

1. Erstellen Sie eine Mind-Map, in der Sie Ihre persönlichen Assoziationen zum Begriff „Telefon" mit denen des Textes konfrontieren.

▷ S. 26 ff. 2. Erläutern Sie die ▷ parabelhaften Züge des Textes. Welche Übertragungsmöglichkeiten sehen Sie?

3. Vergleichen Sie Kunerts Parabel mit Kafkas Erzählung „Der Nachbar" (▷ S. 32).

Uwe Kolbe

Hineingeboren (um 1975)

Hohes weites grünes Land,

zaundurchsetzte Ebene.
Roter
Sonnenbaum am Horizont.

5 Der Wind ist mein
und mein die Vögel.

Kleines grünes Land enges,
Stacheldrahtlandschaft.
Schwarzer
10 Baum neben mir.
Harter Wind.
Fremde Vögel.

Lutz Rathenow

Türen (1975)

Türen
können offen sein jedermann
Türen
können auffliegen bereitwillig
5 Türen
können verwehren den Zutritt

Komm einfach rein
EINTRITT OHNE ZU KLOPFEN
EINTRITT EINZELN
10 EINTRITT NUR NACH AUFFORDERUNG
ANMELDUNG IM ZIMMER NEBENAN
ZUTRITT VERBOTEN

Türen haben ihre Sprache
Türen haben ihre Macht

Bert Papenfuß-Gorek

Doch das KAOS käme (1990)

O STaat An GOttes Statt
STaatsGott O In GOttstedt
Goettersaat Spriesst
Wie Forgesehn
5 STaatsmahd Erfolg
Wie Abzusehn
   GOhott Huehott
   Der STaat Aha't

An Ueberhauptes Statt
10   Hauptstadt
   Ohne Namen
    Ohne Ferne
     Das KAOS Kaeme
Komm,

Volker Braun

Tapetenwechsel (1989)

Die Verwaltung erklärt mir
Sie habe den Umbau längst in aller Stille vollzogen.
Aber das Haus ist nicht geräumiger
Die Treppe unbequem
5 Und sind die Zimmerchen heller?
Und warum ziehen die Leute aus und nicht ein?

---

1. Der Titel des Gedichts von Uwe Kolbe „Hineingeboren" ist als das programmatische Schlagwort für die in der DDR geborene Schriftstellergeneration angesehen worden. Stellen Sie dar, wie der lyrische Sprecher das Land sieht, in welches er hineingeboren wurde. Beobachten Sie die sprachlichen Besonderheiten des Gedichts.
2. Untersuchen Sie das Gedicht von Bert Papenfuß-Gorek im Hinblick auf die verwendete Wortwahl und optische Auffälligkeiten. Versuchen Sie die Intention des Autors herauszuarbeiten.
3. Interpretieren Sie die Gedichte von Volker Braun und Lutz Rathenow unter besonderer Berücksichtigung der darin enthaltenen Metaphern. Beziehen Sie dabei auch jeweils die Überschrift mit ein.

5.2 Deutschsprachige Literatur nach 1989

Mit den politischen Veränderungen nach der Maueröffnung 1989 und der Vereinigung der beiden deutschen Staaten 1990 ist auch eine neue Situation für die Literatur entstanden. Während sich die Autorinnen und Autoren in den 80er-Jahren nur sporadisch mit aktuellen politischen Themen auseinander setzten, entstand nach der so genannten Wende eine Fülle von **Literatur zur Wiedervereinigung,** die in der Öffentlichkeit bisweilen zu lebhaften Kontroversen führte, allen voran GÜNTER GRASS' Fontane-Roman „Ein weites Feld" (1995).

Das aktuelle Thema der Wiedervereinigung wurde zum Teil verknüpft mit historischer Erinnerung, so z. B. in den Romanen „Die Verteidigung der Kindheit" (1991) von MARTIN WALSER und „Nicolaikirche" (1995) von ERICH LOEST; zum Teil bot die Vereinigung auch Anlass zu **(auto-) biografischem Schreiben,** z. B. für GÜNTER DE BRUYN („Zwischenbilanz", 1992), MONIKA MARON („Stille Zeile Sechs", 1991), WOLFGANG HILBIG („Ich", 1993) oder wiederum Martin Walser („Ein springender Brunnen", 1998, ▷ S. 358). In zahlreichen Prosatexten nach 1989 werden Lebensgeschichten vorgeführt, deren Protagonisten auf der Suche nach ihrem Platz in der heutigen Gesellschaft sind, oft in **postmodernem Schreibstil** wie z. B. in SIBYLLE BERGS Episodenroman „Ein paar Leute suchen das Glück und lachen sich tot" (1997, ▷ S. 35) oder in ZOË JENNYS Roman „Das Blütenstaubzimmer" (1997, ▷ S. 15).

Als postmodern gilt auch der Rückgriff auf Geschichte und Mythos wie in ROBERT SCHNEIDERS verfilmtem Bestseller „Schlafes Bruder" (1992, ▷ S. 360), der eine fiktive Musikerbiografie des 19. Jahrhunderts entwirft, oder in MARCEL BEYERS „Flughunde" (1995, ▷ S. 414 f.), wo der Nationalsozialismus aus aktueller Perspektive beleuchtet wird.

So ist neben einer wieder stärkeren Verklammerung von Literatur, Politik und Moral und einer Hinwendung zum historisch-biografischen Schreiben die Vielfalt der Formen und Schreibstile ein Kennzeichen der gegenwärtigen Literatur.

Reaktionen auf die „Wende"

Heinz Czechowski
Die überstandene Wende
(November 1989)

Was hinter uns liegt,
Wissen wir. Was vor uns liegt,
Wird uns unbekannt bleiben.
Bis wir es
5 Hinter uns haben.

Adelheid Johanna Hess
Verfehlt (1991)

Wir
Fanden
Zusammen
Aber
5 Trafen uns
Nicht
Der Blick
In des andern
Augen
10 Sah nur
Uns selbst
Unser Reden
Kein Verstehen
Unser Schweigen
15 Kein Erkennen
Die Mauer
Im verkopften
Herz

Sarah Kirsch

Aus dem Haiku-Gebiet (1991)

Das neue Jahr: Winde
Aus alten Zeiten
Machen mir Zahnweh.

*

Unter dem Himmel des
5 Neuen Jahrs gehen die
Alten Leute.

*

Wie der Schnee sie auch
Verklärt – meine Heimat
Sieht erbärmlich aus.

*

10 Den Mond über der Havel
Hatte Schalck[1] wohl
Zurückgelassen.

*

Heul, sag ich, heul! Der Hund
Hilft mir das Jahr
15 Zu Ende zu bringen.

*

Normannenstraße[2]: ich sehe
Den Leuten zu beim
Reinemachen fürs neue Jahr.

*

Das Jahr geht hin
20 Noch immer trage ich
Reisekleider.

1 **Alexander Schalck-Golodkowski**, Außenhan-
  delsbeauftragter der DDR
2 **Normannenstraße:** Sitz des Ministeriums für
  Staatssicherheit in der DDR

Yaak Karsunke

zur schönen aussicht (1990)

die täter – so hört man – sind nicht
nur bereit ihren opfern
voll zu verzeihen nein mehr noch

sie sind entschlossen
5 die vergangenheit ruhen zu lassen
den blick nach vorne zu richten
& mit ihren opfern gemeinsam
einen neuen anfang zu wagen

gänzlich unbelastet von ihren
10 früheren taten

Günter Grass

Späte Sonnenblumen (1993)

November schlug sie, schwarz in schwarz vor Hell.
Noch ragen Strünke, sind der Farben Spott,
im Regen schräg und suchen sich Vergleiche,
auch Reime, etwa Gott und Leiche.

5 Noch immer tauglich, stehn sie mir Modell,
weil ausgesägt vor Himmeln, deren Grau
im Ausschnitt und total zerfließt,
drauf eine Meldung sich als Botschaft liest:

Geschieden sind wie Mann und Frau
10 nach kurzer Ehe Land und Leute.
Karg war die Ernte, reich die Beute.
Ach, Treuhand[1] hat uns abgeschöpft.
Wer bei Verdacht schon Sonnenblumen köpft,
dem werden Zeugen fehlen, den erwischt die Meute.

1 **Treuhand:** Institution, die sämtliche staatlichen Wirtschafts-
  betriebe der DDR in Privatbesitz überführte

Kerstin Hensel

Vita (1993)

Wem dient ich? dient ich nicht
Dem eignen Schwein.
Wem sagt ich (halbwegs züngelnd) was
Allein zu sagen mir den Kopf bedrohlich knicken
5 Ließ? und alles bog man
Ab zum Nicken!
Nach Maulschelln heisch ich, da mich
Dieses rühmte, doch bläht sich mir das
Haupt vom Streicheln.
10 Das Speicheln hinter mir, vor mir das Schmeicheln.
Ich bin zerschlagen, vor ich schlage: was
Mich trifft.
Seh ich mich an und weiß: ich fresse Gift –
Es schluckt das Ekle mich, weil ich
15 Es bin. So häng ich
An dem alten
Simplen Sehnen: sein was
Nicht anficht – und erwach:
Zu viele Höfe waren für mich lohnend
20 Der ich, im Hinterhofe wohnend,
Doch nur das Saure, nicht die Sau rausließ.
Ist was vorbei? Bin ich
Der Mächtgen Konterfei
Des Machtlosen nun frei?

Durs Grünbein
Novembertage I. 1989 (1999)

An diesem Abend brach ein Stottern die Gesetze,
Ein Lesefehler hob die heiligen Verbote auf.
So nüchtern wie die Meldung in die Welt ging
Vor Mikrofon und Kamera, war jener Spuk vorbei,
5 Den sie verordnet hatten. Erstmals sah man
Die kommunistischen Auguren zögernd lächeln
Wie Spieler, die verlieren, und jetzt wissen sie,
Was sie, gewiegt in Sicherheit, vergessen hatten.
Mit einer letzten Drohung, einer Atempause,
10 Erklärten Greise meine Geiselnahme für beendet.
In dieser Nacht, als man die Schleusen aufzog,
Ergoss ein Menschenstrom sich in den hellen Teil
Der Stadt, die eine Festung war seit dreißig Jahren,
Geschleift von einem falschen Wort im Protokoll.
15 Bevor die Eisentore widerriefen, hob die Menge
Den Bann auf, der hier alle Muskeln lähmte.
Mit offnem Mund am Straßenrand ein Offizier
Stand wie verrenkt, weil kein Befehl mehr lenkte,
Das Machtwort ausblieb wie seit Jahren nie.
20 Als gegen Morgen auf den Boulevards im Westen,
Nach Feuerwerk und Kreisverkehr und Tränen,
Das Freibier ausging, war das Glück vollkommen.
Bei einer Kreuzung stand verlassen, abgebrannt
Bis zu den Rädern, ein *Trabant*[1], und die Besitzer
25 Hatten den Autoschlüssel an den Baum gehängt.
Von ihren Kindern angetrieben, ganze Clans
Zogen durchs Zentrum, orientierungslos und still.
Die Ersten schliefen schon, sie lagen eingerollt
Vorm Kaufhaus selig unter den Vitrinen,
30 Auf teurem Pflaster träumend freien Grund.

Durs Grünbein

1 **Trabant** war die Bezeichnung für den ostdeutschen Volkswagen,
ein Synonym für Auto, aber auch Gefolgsmann

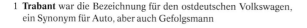

1. Informieren Sie sich über den Herbst 1989. Ziehen Sie, wenn möglich, Filmmaterial über die Maueröffnung heran.
2. a) Welche Gefühlslagen werden in den Gedichten auf S. 354–356 angesprochen, welche Fragestellungen aufgeworfen?
   b) Inwieweit wird jeweils deutlich, dass sich der lyrische Sprecher/die lyrische Sprecherin in einer historischen Umbruchsituation sieht?
3. Politische Lyrik im engeren Sinne enthält eine eindeutige politische Tendenz. Kann man die vorliegenden Gedichte der so verstandenen politischen Lyrik zuordnen?
▷ S. 119 f. 4. ▷ **Referat**: Stellen Sie Ihrem Kurs einen Roman zur deutschen Wiedervereinigung vor. Erste Anregungen finden Sie auf S. 354.

Neue Orientierungen: Biografisches Schreiben

Sibylle Berg

Ein paar Leute suchen das Glück und lachen sich tot (1997)

In Sibylle Bergs Episodenroman ist Nora eine von etwa zehn Figuren unterschiedlichen Alters, die aus verschiedenen Erzählperspektiven in Alltagssituationen gezeigt werden.

Nora hat Hunger

Ich wiege mich jeden Morgen.
Morgens ist es immer ein bisschen weniger.
Seit einem halben Jahr esse ich nur noch Gurken, Äpfel und Salat. Alles ohne Zusätze,
5 versteht sich.
Zuerst war mir übel. Ich hatte Bauchkrämpfe. Aber jetzt geht es einfach. Wenn ich Essen rieche, habe ich keinen Hunger mehr. Mir wird direkt schlecht, wenn ich Essen rieche.
10 Gestern waren es 40 Kilo. Ich bin 1,75 groß. Vielleicht wachse ich noch. Dünner werde ich auf jeden Fall.
Ich habe es mir geschworen.
Seit ich nicht mehr esse, brauche ich niemanden mehr.
15 Meine Eltern sind fremde Personen geworden. Es ist mir egal, ob sie mich beachten oder nicht. Ich bin sehr stark. Meine Mutter hat geweint, neulich. Ich habe zugesehen, wie das Wasser ihr Make-up verschmiert hat.
20 Und bin rausgegangen. Es sah hässlich aus. Ich habe auch gesehen, wie dick sie ist. Sie sollte etwas dagegen tun. Ich verstecke mich in der Schule nicht mehr. Als ich noch dick war, bin ich in der Pause immer aufs Klo ge-
25 gangen, damit sie mich nicht ignorieren können. Jetzt stehe ich offen da und denke mal, dass sie mich beneiden.
Ich sehe noch immer nicht ganz schön aus. Ich bin noch zu dick. Die Arme sind gut, da ist
30 kaum noch Fleisch dran. Ich finde Fleisch

hässlich. Und die Rippen sieht man auch schon gut. Aber die Beine sind zu dick.
Als ich noch richtig dick war, hatte ich irgendwie keine Persönlichkeit. Jetzt ist das anders.
35 Ich bin innen so wie außen. Ganz fest. Mit einem Ziel ist keiner alleine, weil ja dann neben dem Menschen immer noch das Ziel da ist. Ich kann mich noch erinnern, wie es war, dick zu sein. Mal ging es mir gut, und im nächsten Mo-
40 ment musste ich heulen und wusste nicht, warum. Ich meine, das kam mir alles so sinnlos vor. Dass ich bald mit der Schule fertig bin und dann irgendeinen Beruf lernen muss. Und dann würde ich heiraten und würde in einer
45 kleinen Wohnung wohnen und so. Das ist doch zum Kotzen. Mit so einer kleinen Wohnung, meine ich. Das kann doch nicht Leben sein. Aber eben, wie Leben sein soll, das weiß ich nicht. Ich denke mir, dass ich das weiß,
50 wenn ich schön bin. Ich werde so schön wie Kate Moss oder so jemand. Vielleicht werde ich Model.
Meine Mutter war mit mir bei einem Psychologen. Ein dicker, alter Mann. Mutter ließ uns
55 allein, und er versuchte mich zu verarschen. Mich verarscht keiner so leicht. Ich hab so einiges gelesen, ich meine, ich kenne ihre blöden Tricks. Und der Typ war mal speziell blöd. „Bedrückt dich was", hat er gefragt. Und so
60 ein Scheiß halt, und ich habe ihn die ganze Zeit nur angesehen. Der Mann war echt fett, und unter seinem Hemd waren so Schwitzränder. Ich habe nicht über seine Fragen nachgedacht.
65 Ich meine, was soll ich einem fremden, dicken Mann irgendwas erzählen. Einem Mann, der sich selbst nicht unter Kontrolle hat. Der frisst. Ich bin weggegangen und habe den Psychologen sofort vergessen.
70 Ich habe ein Ziel.
Ich habe vor nichts mehr Angst. Ich denke nicht mehr nach. Das ist das Beste.

---

1. Formulieren Sie eine Kurzcharakteristik zu Nora.
2. Verfassen Sie selbst in Anlehnung an den Schreibstil Sibylle Bergs Alltagsszenen aus dem Leben junger Erwachsener heute.
3. Interpreten haben in Bezug auf die Literatur von jungen deutschen Autoren/Autorinnen in den 90er-Jahren von so genannter „Impressions- oder Technoprosa" gesprochen. Diskutieren Sie diese Etikettierungen im Hinblick auf die Textauszüge von Sibylle Berg und Zoë Jenny (▷ S. 15).

Martin Walser

Ein springender Brunnen (1998)

Walsers Zeit- und Lebensroman „Ein sprin-
gender Brunnen" erzählt von Johann, einem
Gastwirtssohn in Wasserburg am Bodensee,
der von klein auf mit Sprache experimentiert
und Schriftsteller werden will. Geschildert
werden die Jahre zwischen 1932 und 1945:
das Leben im Dorf, die erste Liebe, das Auf-
kommen des Nationalsozialismus, Kriegs-
dienst und Kriegsende und nicht zuletzt
Johanns Interesse an Kunst.

Am nächsten Tag regnete es heftig, Johann
fuhr wieder mit dem Zug in die Schule. Auf
der Rückfahrt fiel ihm ein, was er in der vergangenen Nacht geträumt hatte. Er bemühte
5 sich um eine Art Willenlosigkeit. Der Traum
sollte ihm nicht gehorchen müssen. Lena und
er in einem Doppelbett, sie sind allein im
Zimmer, Lena ist Josefs Frau, Josef kommt dazu, das hätten Lena und er wissen müssen,
10 dass sie so etwas nicht tun können, hier in Josefs Bereich, und Johann hatte Lena noch vorher gefragt, ob das nicht zu viel sei, die Frau
des Bruders. Josef hatte von der Tür her nur
ein Wort gesagt: Räuberzivil. Johann war in Jo-
15 sefs Jacke vor dem Spiegel gestanden. Aber er
war auch ohne Kleider neben Lena im Bett
gelegen.
Als Johann nach diesem Traum aufgewacht
war, hatte er sich geschämt. [...]
20 Als Johann wieder allein in seinem Zimmer
saß und den Geräuschen zuhörte, die Wind
und Regen mit den Jalousien an den vier Fenstern vollführten, musste er sich eingestehen,
dass er es nicht über sich gebracht hatte, Lena
25 den Traum zu erzählen, in dem sie Josefs Frau
gewesen war. Diesen Traum hätte er ihr erzählen müssen. Sie erzählte ihm alles von
sich. Er konnte ihr nicht alles erzählen. Jeden
Tag gab es etwas, was er ihr nicht sagen
konnte. Was er nicht sagen konnte, schrei- 30
ben? Den Traum aufschreiben, dann Lena
den aufgeschriebenen Traum lesen lassen?
Eine Art Hoffnung, dass er durch das Aufschreiben den Traum beruhigen könnte. Oder
dass die Beschämungskraft des Traums nach- 35
ließe. Er musste den Traum aufschreiben.
Er musste sich wehren.
Den Traum aufschreiben, das kam ihm vor wie
etwas, was man nicht tun darf. Aber er tat's. Er
musste es tun. Sich einfach der Sprache an- 40
vertrauen. Vielleicht kann sie etwas, was du
nicht kannst.
Als er den Traum aufgeschrieben hatte, sah er,
dass er nicht den Traum aufgeschrieben hatte,
sondern das, was er für die Bedeutung des 45
Traums hielt. Vom Traumüberfluss war nichts
übrig geblieben. Solange er träumte, hat er alles verstanden, jetzt, aufgewacht, versteht er
nur noch die Bedeutung. Er hatte den Traum
durch Aufschreiben zerstört. Er hatte sich 50
nicht der Sprache anvertraut, sondern geschrieben, was er hatte schreiben wollen. Er
hatte dem Traum durch das Aufschreiben die
Beschämungskraft nehmen wollen. Er hatte
gezielt, anstatt sich anzuvertrauen. Er musste 55
sich das Zielen abgewöhnen. Sich den Sätzen
anvertrauen. Der Sprache. Das stellte er sich
so vor: Auf einem Floß aus Sätzen über das
Meer kommen, auch wenn dieses Floß, schon
im Entstehen, andauernd zerflösse und an- 60
dauernd, falls man nicht untergehen wollte,
aus weiteren Sätzen wieder geschaffen werden müsste.
Wenn er anfängt zu schreiben, soll schon
auf dem Papier stehen, was er schreiben 65
möchte. Was durch die Sprache, also von
selbst, aufs Papier gekommen wäre, müsste
von ihm nur noch gelesen werden. Die
Sprache, dachte Johann, ist ein springender
Brunnen. 70

---

1. Kennen Sie das Bedürfnis, etwas aufschreiben zu wollen, z. B. Träume, Erlebnisse, Sehnsüchte? Besprechen Sie, zu welchen Schwierigkeiten die Schreibversuche führen können.

▷ S. 143 ff. 2. a) Analysieren Sie die ▷ Erzählweise des vorliegenden Romanauszugs.
   b) Stellen Sie sprachliche Besonderheiten des Textes im semantischen und syntaktischen Bereich
      zusammen. Interpretieren Sie die Funktion der Stilmittel im Kontext.
   c) Klären Sie die zentrale Metapher des „springenden Brunnens", ausgehend vom letzten Satz des hier
      vorgestellten Romanauszugs.

Jens Sparschuh

Der Zimmerspringbrunnen (1995)

Hinrich Lobeck, der Protagonist von Jens Sparschuhs so genanntem Heimatroman, ist nach der Wende zunächst arbeitslos. Dann erhält er jedoch eine Anstellung bei einer westdeutschen Firma als Vertreter für Zimmerspringbrunnen.

Morgen für Morgen, wenn ich die Wohnung, meine Höhle, verließ, sah ich mir nun zum Verwechseln ähnlich: Anzug, Aktenkoffer, Augenaufschlag (angriffslustig!).

5 Vorher, im Bad, war dazu natürlich noch die tägliche Einübung, das Ritual vor dem Spiegel, notwendig. Ich sah mir tief und zuversichtlich in die Augen – ganz tief, ein intensiver Blickkontakt. Doch ehe ich haltlos im
10 blauen Strudel versinken und mich an die dunklen Fragen verlieren konnte, die lauernd, Haifischen gleich, am Grunde meiner morgendlich trüben Bewusstseinsströme dahintrieben (Was wird das hier mit uns, Hinrich?
15 Wo geht das mit uns hin?), machte ich, etwa zwanzigmal und in atemberaubender Folge, „Bla-blö-blu-bli" – die empfohlene Gesichtsmuskellockerungsgymnastikübung für den frühen Morgen, und sofort fühlte ich mich
20 wieder fit und für mein Tagwerk gerüstet. Während ich frühstückte, gab es zur Einstimmung Verdi – und zwar: Aida! Strüver war mit mir übereingekommen, dass zwischenzeitlich ich allein den Außendienst
25 übernehmen sollte, während er verstärkt „konzeptionell" arbeiten wollte. Das hatte seine Ursache wahrscheinlich im schleppenden Absatz von JONA, obwohl Strüver wider besseres Wissen zu mir gesagt hatte, die Sache lie-
30 fe ja jetzt allmählich von selbst, da müssten wir nicht mehr Drückerkolonne spielen. (Mein Kommentar dazu im Protokollbuch: „Dass ich nicht lache!")

Strüvers neueste Idee, der er sich hingegeben hatte, war: die sonntäglich leeren Briefkästen
35 für Werbeanschreiben zu nutzen! Gezielt, nicht etwa in jeden Kasten – und mit Überraschungseffekt: Sonntags rechnet niemand mit Post, da geht man konkurrenzlos an den Start. – Er saß also in seinem Hotelzimmer und
40 klickerte tagsüber verschiedene Varianten in den Laptop, die er mir abends, wenn ich zur Lagebesprechung erschien, vorlas. Aber immer wieder fand er etwas zu verändern; ich nehme an, vor allem deshalb, weil er nicht so
45 schnell wieder in den Außendienst zurückwollte.

Auch einen Teil der Kundenpost gab er mir zur Bearbeitung. Ich erinnere mich an eine Anfrage, ob man nicht im Auffangbecken von
50 DIANA Zierfische halten könne? Ich wollte das unter Ulk verbuchen, aber Strüver meinte, hier könnte sich, obwohl das gegenwärtig wohl technisch noch nicht machbar sei, ein interessanter Schnittpunkt mit der, weiß Gott,
55 relevanten Großgruppe der Aquarienbesitzer ergeben. – Er faxte einen entsprechenden Hinweis an die Zentrale.

Manchmal ärgerte es mich natürlich, wie Strüver den westlichen Experten hervorkehr-
60 te. In einem Kundenbrief aus Spandau war zum Beispiel die Frage gestellt worden: „Kann eine plötzlich aufgetretene ‚Incontinentia urinae' ursächlich mit der Aufstellung eines Zimmerspringbrunnens im Schlafbereich zu-
65 sammenhängen?"

Unschlüssig hielt er den Brief in der Hand. „Na, das ist zu schwierig für uns", entschied er einfach für uns beide und schickte den Brief zur weiteren Bearbeitung an die Firma
70 zurück. Ich wusste zwar auch nichts damit anzufangen – aber wenigstens hätte er mich ja mal fragen können! (Zu Hause schlug ich dann im Fremdwörterbuch nach und fand heraus: Es handelte sich da um die gewöhnli-
75 che Bettnässerei.)

---

1. Untersuchen Sie die ▷ Erzählhaltung in diesem Romanauszug. Welche sprachlichen Mittel sind in dieser Hinsicht von Bedeutung? ▷ S. 145
2. Verfassen Sie einen Dialog: Hinrich Lobeck versucht, Modell JONA (einen Zimmerspringbrunnen in Walfischform) an den Mann/an die Frau zu bringen.

Robert Schneider

Schlafes Bruder (1992)

Robert Schneiders Roman „Schlafes Bruder" war einer der größten Publikumserfolge der 90er-Jahre, wurde in über zwanzig Sprachen übersetzt und von Joseph Vilsmaier im Jahre 1995 fürs Kino verfilmt. Der Beginn des Romans gibt einen Einblick in den Inhalt.

Wer liebt, schläft nicht

Das ist die Geschichte des Musikers Johannes Elias Alder, der zweiundzwanzigjährig sein Leben zu Tode brachte, nachdem er beschlossen hatte, nicht mehr zu schlafen.
5 Denn er war in unsägliche und darum unglückliche Liebe zu seiner Cousine Elsbeth entbrannt und seit jener Zeit nicht länger willens, auch nur einen Augenblick lang zu ruhen, bis dass er das Geheimnis der Unmöglichkeit seines Liebens zu Grunde geforscht 10 hätte. Tapfer hielt er bis zu seinem unglaublichen Ende bei sich, dass die Zeit des Schlafs Verschwendung und folglich Sünde sei, ihm dereinst im Fegefeuer aufgerechnet werde, denn im Schlaf sei man tot, jedenfalls lebe 15 man nicht wirklich. Nicht von ungefähr vergleiche ein altes Wort Schlaf und Tod mit Brüdern. Wie, dachte er, könne ein Mann reinen Herzens behaupten, er liebe sein Weib ein Leben lang, tue dies aber nur des Tags und 20 dann vielleicht nur über die Dauer eines Gedankens? Das könne nicht von Wahrheit zeugen, denn wer schlafe, liebe nicht.
So dachte Johannes Elias Alder, und sein spektakulärer Tod war der letzte Tribut dieser 25 Liebe. Die Welt dieses Menschen und den Lauf seines elenden Lebens wollen wir beschreiben.

---

1. Welche Erwartungen weckt dieser Romanbeginn im Hinblick auf Inhalte, Sprachstil und Erzählerrolle?
▷ S. 119 f. 2. ▷ **Referat**: Stellen Sie einen der auf S. 357 ff. auszugsweise abgedruckten Romane in Ihrem Kurs vor.

5.3 Zweisprachige Schriftsteller/innen in Deutschland

Seit vielen Jahren publizieren Schriftsteller/innen in der Bundesrepublik, deren Muttersprache nicht Deutsch ist. Unter ihnen sind z. B. Emigranten, die ab den 50er-Jahren aus den Mittelmeeranrainerstaaten in die Bundesrepublik eingereist sind. Einige schrieben zunächst in ihrer Muttersprache und veröffentlichten in Emigrantenzeitschriften, die meist im Eigendruck entstanden. Auch Exilierte, die auf Grund der politischen Verhältnisse ihre Herkunftsländer verlassen mussten und in Deutschland Asyl suchten, waren oft schriftstellerisch tätig. Mitunter wurden ihre Texte zweisprachig abgedruckt oder mussten erst vor der Veröffentlichung aus der Muttersprache ins Deutsche übersetzt werden. Indem auch ausländische Studentinnen und Studenten sowie Migrationskinder, die bereits in Deutschland geboren wurden, mehr und mehr zu den Autoren zählten, außerdem die meisten Emigranten die deutsche Sprache erlernten, wurde Deutsch zur Literatursprache für viele zweisprachige Schriftsteller/innen. Sie verfügten über unterschiedliche Schreiberfahrungen. Manche von ihnen waren bereits in ihrer Heimat Schriftsteller, andere wurden erst in der oder durch die Exilsituation zum Schreiben veranlasst. Den Schreibprozess bestimmen unterschiedliche Inhalte, oft Erfahrungen in der Fremde wie Sprach- und Identitätsverlust oder Orientierungssuche.
Da den Schriftstellern der Dialog mit anderen Nicht-Muttersprachlern wie auch mit deutschen Leserinnen und Lesern immer notwendiger erschien, gründeten einige von ihnen in den 80er-Jahren in Frankfurt/Main den „Polynationalen Literatur- und Kunstverein" („PoliKunst"). Lesungen, Ausstellungen und die Publikation von Jahrbüchern sowie Anthologiereihen folgten. Mittlerweile sind einzelne Autoren mit Erzähl- oder Gedichtbänden bekannt geworden wie Rafik Schami (*1946) mit seinen Märchen, Gino Chiellino (*1946) mit seiner Lyrik, Franco Biondi (*1947) mit seinen Erzählungen oder Emine Sevgi Özdamar (*1946) mit ihren Romanen.

1. a) Fassen Sie die Informationen über zweisprachige Schriftsteller/innen in Deutschland zusammen, indem Sie sie in das folgende Schema übertragen.
   b) Ergänzen Sie das Schema nach Lektüre und Besprechung der nachfolgenden Texte.
2. Nutzen Sie die strukturierten Informationen Ihres Schemas für einen abschließenden Kurzvortrag.

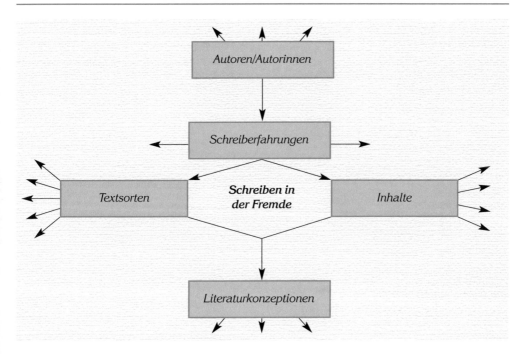

Srđan Keko

In zwei Sprachen leben (1983)

Srđan Keko, aus Jugoslawien, geboren 1950, kam 1965 zu den Eltern in die Bundesrepublik; lebt als Übersetzer, Dolmetscher, Fremdsprachenlehrer und Korrektor in Düsseldorf. Die Collage „In zwei Sprachen leben" ist zusammengestellt aus Zuschriften, die Keko auf einen Leserbrief erhielt, der in der „Rheinischen Post" veröffentlicht wurde.

Ich lebe in zwei Sprachen.
In der einen finde ich Zuflucht, wenn die andere unmenschlich wird.

Costas Gianacacos
Überfüllt (1993)

Costas Gianacacos: 1956 in Ropoton-Thes-
salien (Griechenland) geboren; durch die
Familienzusammenführung seit 1974 in der
Bundesrepublik, Arbeit und Studium. Lebt
in Nürnberg und München.

(Im Zug „Akropolis-Express" Athen–
Saloniki–Ausland)

Junge Europäer, Apostel des Tourismus
Soldaten kehren nach achtundvierzig-
    stündigem Urlaub
5 zurück in die Kaserne
Kleriker im Wagen erster Klasse wischen von
    der Stirn den Schweiß ab –
(heiß war das Leben seit eh und je und in der
    Kutte erst recht)
Ein Häufchen Kleinhändler mischt unter den
    Pfaffen mit –
(in der heiligen Erwartung, Macht ließe sich
    teilen)
10 Landarbeiter fahren nach Naussa zur Arbeit –
(noch einmal werden Früchte begraben)
Traurige Augen schwarz angekleideter Frauen
    mit dem Blick
nach innen gerichtet
Junge Mädchen – Schülerinnen und
    Studentinnen
15 belagert von hungrigen Männerblicken
Säcke bis zum Platzen voll mit Tomaten,
    Paprikaschoten
und Melonen versperren die Gänge
Kleinvieh

Überfüllter Zug
20 Gastarbeiter mit Sommererinnerungen und
    nachdenklichem
Lachen kehren zurück
Kehren nach Europa zurück
Staub
Träume
25 Das Geschrei des Balkans

José Bosch y Barrera
Zwei Aphorismen (1993)

José Bosch y Barrera, 1915 in Barcelona
(Spanien) geboren, kämpfte auf der Seite der
Republik im Bürgerkrieg 1936–39; emigrier-
te 1939 nach Frankreich und machte 1941
die Flucht nach vorne nach Deutschland in
der Hoffnung, sich in die Sowjetunion abzu-
setzen. Der Krieg überraschte ihn in Augs-
burg, wo er blieb und noch lebt. Tätigkeiten
als Maschinenarbeiter, Hilfsarbeiter u. v. m.
Schreibt Aphorismen und nur auf Deutsch.

Jeder Mensch
ist lebenstüchtig;
es kommt nur darauf an,
welche Luft er atmen muss.

5 Etwas zu sagen,
was jedermann weiß,
findet keine Beachtung.
Etwas zu sagen,
was jedermann weiß,
10 aber worüber jedermann schweigt,
findet Anstoß.

Claudina Marques Coelho
Was verrät denn ein Name? (1983)

Claudina Marques Coelho, aus Angola, ge-
boren 1947, in der Bundesrepublik seit 1973;
lebt als Fremdsprachenlehrerin in Braun-
schweig.

Behörden. Ämter. Räume voller Papiere.
Weiße Wände, wo die Zeit nichts zu suchen
hat. Wo die Menschen aneinander vorbeireden und glauben, die kleinen Sorgen des Alltags vergessen zu können. Karteikarten und 5
endlose Namen. Was macht ein Name aus
dir? Ist es ein Etikett? Wieso haben die Ger-
manen nur einen Nachnamen? Was macht
man in Deutschland aus dieser Tradition?
Wieso soll die Mutter hierzulande vergessen 10
werden? Was wird aus ihrem Namen? In
Deutschland kann man viele Vornamen haben, aber der Trend der modernen Zeiten
neigt auch da zur Sparsamkeit. Bei uns sammelt man Namen. Mit den Namen der Eltern 15
komponiert man die Namen der Kinder in den
verschiedenen Variationen, und mein Bruder

kann anders heißen als ich. Und das zur Verwirrung der Deutschen, die alles geregelt wissen wollen. Ich bin stolz auf meine Namen. Ich habe viele und möchte sie nicht verkürzen und noch weniger aufgeben. Ordnungsamt. Finanzamt. Arbeitsamt. Ausländeramt. Wo sich einige aus dem Leben einen Weltschmerz machen. Wo aus einer Person zwei gemacht werden. Misstrauisch beguckt ein Beamter die bunte Figur vor ihm, die in einer jungfräulichen Sprache zu erklären versucht, dass die verschiedenen Personen eine einzige Person sind. Weil ein Amt den ersten Zunamen wichtig findet und das andere Amt einen anderen. So entstehen neue Personen. So wird fast ein Attentat auf eine Person verübt, ihr Name wird demontiert und zerlegt. Steckt irgendetwas Merkwürdiges hinter einem Namen? Was verrät denn ein Name?

Franco Biondi
In der pizzeria der altstadt (1989)

Während sie am tisch nebenan
ein rundes ding aßen
das mit einer pizza Napoli
ähnlichkeit hatte
5 und dabei
über ihre versagten revolutionen
über die mangelnde internationale solidarität
über ihre reise in die gestrandeten träume
glatte sätze losließen

10 tranken wir
aus schaumbeschmierten gläsern
abgestandenes mainzer export
das ähnlichkeit mit uns selber hatte
und dabei schwiegen wir
15 über unsere enttäuschten hoffnungen
über die ausgebliebenen kontakte
über den weggespülten rückkehrwunsch

wartend, dass auch dieser tag
vom deutschen alltagspinsel weggewischt wird.
20 Und unsere sätze
zwischen jedem schluck
waren weder glatt noch gehobelt
eher ganz rau –
sie trugen in ihrer hülse
25 den rhythmus der maschinen
und den inhalt dieses abends
in der pizzeria der altstadt.

Franco Biondi
Deutsche Sprachübung (1983)

Franco Biondi, geboren am 8. 8. 1947 in Forli/Italien, kam 1965 in die Bundesrepublik. Etwa 10 Jahre arbeitete er in verschiedenen Berufen, z. B. als Chemie- und Akkordarbeiter in einer Bitumenfabrik, als Bandarbeiter bei Opel. In Abendkursen holte er die mittlere Reife und das Abitur nach, studierte Psychologie und leitet nun eine sozialpädagogische Beratungsstelle für Familien in der Nähe von Frankfurt.

Zum Erwerb des Aufenthaltsrechts

1. Lern bitte auswendig:

Wir sind nur zum Arbeiten da.
Unternehmer, Politiker und Behörden haben immer Recht. 5
Friedliches Unterordnen ist unbedingt notwendig.
Arbeitsruhe und Arbeitsordnung ist erste Arbeitnehmer- und Gastarbeitnehmerpflicht.
Die Deutsche Mark ist unsere Sonne, die uns 10 braun macht.
Integriere dich vollständig in die deutsche Gesellschaft.

2. Setz die fehlenden Wörter ein:

(oben; folgen; über/Welt; einhalten; zurück- 15 haltend; Arbeit/dankbar)
a)
Als Gastarbeiter muss man immer ___ sein.
Befehle muss man immer ___.
Verbote muss man immer ___.
Alles Gute kommt nur von ___. 20
Modell Deutschland ___ alles in der ___.
In Deutschland haben Gastarbeiter eine schöne ___ und müssen deshalb ___ sein.
b)
Testübungen für Erwerber des Aufenthaltsrechts: 25
(Arbeit/Leben nehmen; arbeitet; streikt/gemeldet)
Der Arbeitnehmer ___ und der Unternehmer lenkt.
Wer ___, ist wild und muss sofort der Unter- 30 nehmensleitung ___ werden.
Man muss die ___ und das ___, wie sie/es ist.

Emine Sevgi Özdamar
Mutterzunge (1991)

Özdamar wurde 1946 in Malatya, Anatolien, geboren, entdeckte früh ihre Liebe zum Theater, besuchte die Schauspielschule in Istanbul und ging 1976 an die Ostberliner Volksbühne. „Alle meine Freunde haben gelacht, weil ich die einzige Türkin war, die nicht in die BRD, sondern in die DDR gegangen ist." Sie ist eine Verehrerin Brechts und will ihn vor Ort studieren. Später folgen Engagements im Bochumer Schauspielhaus, diverse Filmrollen und 1987 die Uraufführung und Regie ihres ersten eigenen Stückes am Frankfurter Schauspielhaus. 1991 erhielt sie den Ingeborg-Bachmann-Preis für die Erzählung „Das Leben ist eine Karawanserei" als Erste, die nicht mit Deutsch als Muttersprache aufgewachsen ist.

Emine Sevgi Özdamar

In meiner Sprache heißt Zunge: Sprache.

Zunge hat keine Knochen, wohin man sie dreht, dreht sie sich dorthin.
Ich saß mit meiner gedrehten Zunge in dieser
5 Stadt Berlin. Negercafé, Araber zu Gast, die Hocker sind zu hoch, Füße wackeln. Ein altes Croissant sitzt müde im Teller, ich gebe sofort Bakschisch, der Kellner soll sich nicht schämen. Wenn ich nur wüsste, wann ich meine
10 Mutterzunge verloren habe. Ich und meine Mutter sprachen mal in unserer Mutterzunge. Meine Mutter sagte mir: „Weißt du, du sprichst so, du denkst, dass du alles erzählst, aber plötzlich springst du über nichtgesagte Wör-
15 ter, dann erzählst du wieder ruhig, ich springe mit dir mit, dann atme ich ruhig." Sie sagte dann: „Du hast die Hälfte deiner Haare in Alamania gelassen."
Ich erinnere mich jetzt an Muttersätze, die sie
20 in ihrer Mutterzunge gesagt hat, nur dann, wenn ich ihre Stimme mir vorstelle, die Sätze selbst kamen in meinen Ohren wie eine von mir gut gelernte Fremdsprache. [...]
Wenn ich nur wüsste, in welchem Moment ich
25 meine Mutterzunge verloren habe. Ich lief einmal in Stuttgart um dieses Gefängnis da, da war eine Wiese, nur ein Vogel flog vor den Zellen, ein Gefangener im blauen Trainingsanzug hing am Fenstergitter, er hatte eine sehr wei-

che Stimme, er sprach in derselben Mutter- 30
zunge, sagte laut zu jemandem: „Bruder Yashar, hast du es gesehen?" Der andere, den ich nicht sehen konnte, sagte: „Ja, ich hab gesehn."
Sehen: *Görmek*. 35
Ich stand auf der Wiese und lächelte. Wir waren so weit weg voneinander. Sie sahen mich wie eine große Nadel in der Natur, ich wusste nicht, was sie meinten mit Sehen, war ich das oder ein Vogel, von einem Gefängnis aus, 40
kann man nur sehen, fassen, fühlen, fangen. Pflücken, das gibt es nicht.
Görmek: Sehen

Ich erinnere mich an ein anderes Wort in meiner Mutterzunge, es war im Traum. Ich war in 45
Istanbul in einem Holzhaus, dort sah ich einen Freund, einen Kommunisten, er lacht nicht, ich erzähle ihm von jemandem, der die Geschichten mit seinem Mundwinkel erzählt, oberflächlich. Kommunist-Freund sagte: „Al- 50
le erzählen so." Ich sagte: „Was muss man machen, Tiefe zu erzählen?" Er sagte: *„Kaza gecirmek*, Lebensunfälle erleben."
Görmek und *Kaza gecirmek*.

Noch ein Wort in meiner Mutterzunge kam 55
mal im Traum vorbei. Ein Zug fährt, hält,

draußen Verhaftungen, Hunde bellen, drei Zugkontrolleure kommen, ich überlege mir, ob ich sagen soll: „Ich bin Italienerin." Meinen Pass, in dem Beruf *ISCI* (Arbeiter) steht, will ich verstecken, ich denke, wenn ich mich als Studentin oder als Künstlerin ausweisen kann, komme ich durch die Kontrolle durch, da ist eine Fotokopiermaschine groß wie ein Zimmer, sie druckt ein sehr großes Selbstporträt von mir als *ISCI* raus.
Görmek, Kaza gecirmek, ISCI.

Ich saß mal im IC-Zugrestaurant an einem Tisch, an einem anderen saß ein Mann, liest sehr gerne in einem Buch, ich dachte, was liest er? Es war die Speisekarte. Vielleicht habe ich meine Mutterzunge im IC-Restaurant verloren.

Ich konnte am Anfang hier den Kölner Dom nicht angucken. Wenn der Zug in Köln ankam, ich machte immer Augen zu, einmal aber machte ich ein Auge auf, in dem Moment sah ich ihn, der Dom schaute auf mich, da kam eine Rasierklinge in meinen Körper rein und lief auch drinnen, dann war kein Schmerz mehr da, ich machte mein zweites Auge auch auf. Vielleicht habe ich dort meine Mutterzunge verloren. Stehe auf, geh zum anderen Berlin. Brecht war der erste Mensch, warum ich hierher gekommen bin, vielleicht dort kann ich mich daran erinnern, wann ich meine Mutterzunge verloren habe.

---

1. a) Definieren Sie den Begriff „Fremde" für sich.
   b) Versuchen Sie, diese Gedanken in einer Fremd-Sprache zu formulieren. Welche Erfahrungen beim Schreiben machen Sie?
2. Vergleichen Sie Ihre Definitionen mit den folgenden Gedanken des italienischen Schriftstellers Franco Biondi:
   „Die Fremde ist dem Menschen inhärent, als Conditio humana (menschliche Natur), die die Frage nach der eigenen Verlorenheit in der Welt bzw. nach der Beheimatung in der Welt aufwirft. Diese Frage führt nach meinem Empfinden zur Frage nach Beheimatung in sich selbst. [...] Was Fremde ist, will nicht überwunden sein, das ist kriegerisch. Fremde will begegnet sein. Erzeugt die Wahrnehmung von Fremde im schlimmsten Fall Angst, so wird sie im besten Fall von Neugier geleitet. Die Begegnung mit dem Fremden ist dann Teilnahme auf Gegenseitigkeit. Gegenseitige Beziehungen zum Fremden beginnen erst dann, wenn das Individuum sich beim Fremden selbst erkennt. So ist die Fremde Begegnung mit dem anderen und mit sich selbst."
3. a) Welche kulturellen Begegnungen, Erfahrungen und Konflikte werden in den literarischen Texten auf S. 361–365 dargestellt?
   b) Arbeiten Sie heraus, was Sie über kulturelle Unterschiede bzw. Gemeinsamkeiten erfahren.
   c) Untersuchen Sie, welche Rolle die Sprache – die Muttersprache und die Zweitsprache – in den jeweiligen Texten spielt.
4. a) Überlegen Sie, warum sich zweisprachige Autorinnen und Autoren, die in Deutschland

leben, entschließen konnten, in Deutsch zu schreiben und nicht in ihrer Muttersprache.
   b) Tauschen Sie sich darüber aus, welchen Beitrag Migrantenliteratur für das interkulturelle Verstehen leisten kann.
5. ▷ **Referat**: Entleihen Sie in der Bibliothek Einzelpublikationen oder Sammelbände von zweisprachigen Schriftstellern, die in deutscher Sprache schreiben, und stellen Sie sie im Kurs vor.

▷ S. 119f., 398

PROJEKTVORSCHLAG

Organisieren Sie in Zusammenarbeit mit zweisprachigen Mitschülerinnen und Mitschülern einen Literaturabend, z. B. zu dem Thema „Als Fremder in Deutschland", und stellen Sie Ihre Diskussionsergebnisse einem größeren Publikum vor. Auch selbst entworfene Bild-Text-Collagen, Aphorismen, Gedichte oder Kurzprosa könnten präsentiert werden.

 Irmgard Ackermann (Hg.): In zwei Sprachen leben.
dtv, München 1983
Habib Bektas (Hg.): Das Unsichtbare sagen! Prosa und Lyrik aus dem Alltag des Gastarbeiters. Neuer Malik Verlag, Kiel 1993
Niki Eideneier/Arzu Toker (Hg.): Kalimerhaba. Griechisch-Deutsch-Türkisches Lesebuch. Romiosini Verlag, Köln 1992
Paul Michael Lützeler (Hg.): Schreiben zwischen den Kulturen. Beiträge zur deutschsprachigen Gegenwartsliteratur. Fischer TB Verlag, Frankfurt/Main 1996
Zafer Şenocak u. a. (Hg.): Sirene. Zeitschrift für Literatur. Babel Verlag Bülent Tulay, München

D Sprache und Medien

1 Sprache: Struktur und Entwicklung

1.1 Die Struktur der Sprache – Sprachphilosophie

1.1.1 Der Zeichencharakter der Sprache

Günther Anders
Der Löwe (1966)

Als die Mücke zum ersten Male den Löwen brüllen hörte, da sprach sie zur Henne: „Der summt aber komisch."
„Summen ist gut", fand die Henne.
5 „Sondern?", fragte die Mücke.
„Er gackert", antwortete die Henne. „Aber das tut er allerdings komisch."

Erich Fried
Definition (1964)

Ein Hund
der stirbt
und der weiß
dass er stirbt
5 wie ein Hund

und der sagen kann
dass er weiß
dass er stirbt
wie ein Hund
10 ist ein Mensch.

---

1. a) Halten Sie Ihre ersten Assoziationen zu den Texten von Anders und Fried in Stichworten fest.
   b) Erläutern Sie die Pointen der beiden Texte.
2. a) Sammeln Sie Alltagsbeispiele, in denen Wörter/Sätze und Bedeutung nicht eindeutig zugeordnet sind.
   b) Erörtern Sie den Zusammenhang von Sprache und Bedeutung.

Als ein historisch wandelbares System von Zeichen ist die Sprache ein sehr vielschichtiges Gebilde, das sich unter regionalen, sozialen und anderen Einflüssen laufend umgestaltet und differenziert. Bei aller Vielfalt unterliegen sämtliche menschlichen Sprachformen jedoch gemeinsamen Strukturgesetzmäßigkeiten, von denen einige in den folgenden Texten vorgestellt werden.

Dabei geht es u. a. um folgende Fragen: Wie kann man mit Hilfe der Sprache neue, vorher unbekannte Sachverhalte zum Ausdruck bringen? Wie funktioniert das Zusammenspiel der einzelnen sprachlichen Zeichen, und was heißt es, wenn man sagt: „Sie bedeuten etwas"? Wie hängt die Lautstruktur eines Wortes mit der Bedeutung, die es vermitteln soll, zusammen? Wie ist es möglich, dass es in einer Sprache für ein und denselben Sachverhalt mehrere verschiedene Wörter geben kann (z. B. Möhre/Karotte)? Ist es möglich und sinnvoll, die in einer Sprachgemeinschaft üblichen Verbindungen von Wort und Bedeutung aufzulösen und neue Verbindungen an ihre Stelle zu setzen? Was reizt gerade junge Leute an solchen Ausbrüchen aus traditionellen sprachlichen Verbindungen? Geht es dabei vielleicht gar nicht so sehr um die Bezeichnung von Sachverhalten? Welche anderen Funktionen hat die Sprache noch?

Ferdinand de Saussures Theorie des sprachlichen Zeichens

Eine der wichtigen Erkenntnisse, die zur Entwicklung der modernen Sprachwissenschaft führten, war Ferdinand de Saussures Theorie des sprachlichen Zeichens (Anfang 20. Jahr-
5 hundert). Er definierte das Zeichen als die Verknüpfung eines Lautbilds mit einer Vorstellung (von einem Gegenstand, einem Sachverhalt etc.).

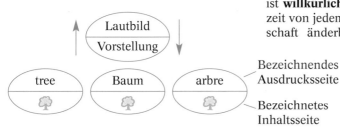

Die grafische Darstellung eines sprachlichen
10 Zeichens in drei verschiedenen Sprachen verdeutlicht ein entscheidendes Merkmal von Saussures Zeichenbegriff: Es gibt keinen sachlichen Grund dafür, die Vorstellung des Gegenstands Baum mit einer ganz bestimm-
15 ten Lautkette zu assoziieren. Warum sollen Franzosen andere sachliche Gründe haben als Engländer, um einen Baum mit „arbre" und nicht mit „tree" zu benennen? Die Zuordnung der beiden Seiten des sprachlichen Zeichens
20 ist **willkürlich** (arbiträr), jedoch nicht jederzeit von jedem Mitglied einer Sprachgemeinschaft änderbar, wenn die Verständigung nicht gefährdet werden soll. Vielmehr ist durch **Konven-**
25 **tion** geregelt, wie Inhalts- und Ausdrucksseite eines Zeichens (Bezeichnetes/ Bezeichnendes) miteinander verbunden sind.

---

1. Erklären Sie, weshalb die Verbindung von Inhalts- und Ausdrucksseite des sprachlichen Zeichens frei und zugleich festgelegt ist.
2. Erläutern Sie anhand der folgenden Beispiele den Zusammenhang von Ausdrucks- und Inhaltsseite des sprachlichen Zeichens: „Sonnabend/Samstag", „ein Bier/ein Helles", „Lied/Song", „Dame/Frau".
3. Klären Sie den Satz Saussures: „In einem gewissen Sinn kann man zu gleicher Zeit von der Unveränderlichkeit und der Veränderlichkeit des Zeichens sprechen." Berücksichtigen Sie den Begriff der Konvention.

Helmut Seiffert

Die Dreidimensionalität des sprachlichen Zeichens

Syntaktische Zeichendimension

Der Zustand, zwar zu wissen, dass es sich bei bestimmten Gebilden um Zeichen (oder Marken für Zeichen) handelt, aber nicht zu wissen, *für was* die Zeichen stehen, ist allen Men-
5 schen aus mannigfachen Lebenssituationen sehr vertraut:
So sehe ich zum Beispiel irgendwo chinesische Schriftzeichen. Als gebildeter Mensch weiß ich natürlich sofort, dass es sich um
10 Schriftzeichen und nicht etwa um zufällige Krakeleien oder um beim Füllhalterfüllen entstandene Tintenflecke handelt. Ich weiß also genau: Das sollen chinesische Buchstaben sein. Aber ich kann sie nicht lesen; ich kann
15 sie weder in Sprachlaute umwandeln noch

vermöchte ich – selbst wenn ich sie aussprechen könnte – zu sagen, was sie bedeuten sollen.
Die Verkehrszeichen sind zwar weit gehend internationalisiert. Trotzdem kann es uns in
20 einem fremden Land passieren, dass wir ein Verkehrsschild mit einem Zeichen sehen, das wir nicht kennen. Auch dann sind wir wieder in dieser verzweifelten Situation: genau zu wissen, dass dort ein für uns unter Umständen
25 wichtiges Zeichen steht, dessen Bedeutung wir aber nicht enträtseln können.
Wir nennen nun diese Dimension der Zeichen, in der sie zwar zu verstehen geben, dass sie Zeichen sind, nicht aber, wofür sie stehen,
30 die *syntaktische* Dimension der Zeichen.
„Syntax" heißt „Zusammenordnung" und ist etwa so zu verstehen wie in der Grammatik auch, wo es ja „Satzlehre" bedeutet: Man sieht eine Zusammenordnung, das heißt eine ir-
35 gendwie gegliederte Folge von Zeichen (Buch-

staben, Sprachlauten usw.), ohne zu wissen, was diese Zusammenordnung bedeutet.

Semantische Zeichendimension

Die *Bedeutung* eines Zeichens ist das, was
40 das Zeichen uns *zu verstehen gibt.*
Wenn wir zum Beispiel eine fremde Sprache verstehen, so erfassen wir, was in dem fremdsprachigen Buch steht und was die Tischnachbarn sagen.
45 Die Dimension der Zeichen, in der sie uns auch ihre Bedeutung enthüllen, nennen wir die *semantische* Dimension. „Semantisch" erfassen wir ein Zeichen also dann, wenn wir die Bedeutung kennen, die ihm beigelegt ist,
50 wenn uns das bekannt ist, wofür sie stehen sollen.

Pragmatische Zeichendimension

Wenn ich als Fußgänger ein Stoppstraßenschild sehe, weiß ich zwar genau, was dieses Schild *bedeutet.* Aber diese Bedeutung be-
55 trifft mich nicht, da ich als Fußgänger zwar Fußgängerampeln, aber nicht Stoppschilder beachten muss. Für den Autofahrer hingegen ist das Stoppstraßenschild unmittelbar verbindlich. Er muss anhalten und kann dann
60 erst über die Kreuzung fahren.
Am nächsten Morgen bringt die Post mir einen Steuerbescheid. Ich „verstehe" die Bedeutung dieses Bescheides dahin, dass ich

aufgefordert werde, 600 DM Einkommensteu-
65 ern nachzuzahlen. Aber bei diesem Verstehen des Textzusammenhanges kann ich es leider nicht bewenden lassen. Ich muss das Geld auch wirklich bezahlen.
Hieraus wird deutlich, dass es hinter der syn-
70 taktischen und der semantischen Dimension des Zeichens noch eine dritte gibt: die *pragmatische.* In dieser Dimension fordert mich das Zeichen zu einem bestimmten Handeln auf. Ich soll nicht nur verstehen, was es be-
75 deutet, sondern tun, was mir durch es aufgetragen wird.

Zusammenfassung

1. Die *syntaktische* Zeichendimension hat es mit den Beziehungen der Zeichen *untereinander* zu tun.
2. Die *semantische* Zeichendimension hat
80 es mit den Beziehungen zwischen den Zeichen und dem, *wofür sie stehen,* zu tun.
3. Die *pragmatische* Zeichendimension hat es mit den Beziehungen zwischen den Zei-
85 chen, dem, wofür sie stehen, und dem, was das Bezeichnete für die beteiligten Personen als *Handlungsaufforderung* darstellt, zu tun.
Den Gesamtbereich der Zeichentheorie, so-
90 weit sie sich mit dem Verhältnis der drei Dimensionen Syntaktik, Semantik und Pragmatik befasst, nennt man *Semiotik.*

---

1. „Da liegt ein Haufen Mist." – „Mach keinen Mist!" Analysieren Sie diese Sätze mit Hilfe der von Seiffert formulierten Einsichten in die syntaktische, die semantische und die pragmatische Zeichendimension.
2. Suchen Sie eigene Beispielsätze und erläutern Sie die Dreidimensionalität des sprachlichen Zeichens. Orientieren Sie sich an der folgenden Grafik.

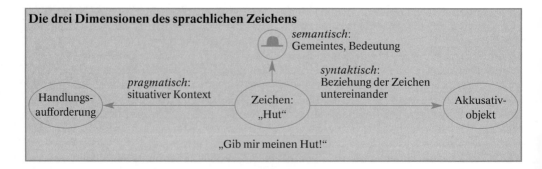

Die drei Dimensionen des sprachlichen Zeichens

semantisch: Gemeintes, Bedeutung

pragmatisch: situativer Kontext

syntaktisch: Beziehung der Zeichen untereinander

Handlungsaufforderung

Zeichen: „Hut"

Akkusativobjekt

„Gib mir meinen Hut!"

Ludwig Wittgenstein

Spiele – Versuch einer Definition

Betrachte z. B. einmal die Vorgänge, die wir „Spiele" nennen. Ich meine Brettspiele, Kartenspiele, Ballspiele, Kampfspiele usw. Was ist allen diesen gemeinsam? – Sag nicht: „Es muss ihnen etwas gemeinsam sein, sonst hießen sie nicht ‚Spiele‘ " – sondern *schau*, ob ihnen allen etwas gemeinsam ist. – Denn wenn du sie anschaust, wirst du zwar nicht etwas sehen, was *allen* gemeinsam wäre, aber du wirst Ähnlichkeiten, Verwandtschaften, sehen, und zwar eine ganze Reihe. Wie gesagt: Denk nicht, sondern schau! – Schau z. B. die Brettspiele an, mit ihren mannigfachen Verwandtschaften. Nun geh zu den Kartenspielen über: Hier findest du viele Entsprechungen mit jener ersten Klasse, aber viele gemeinsame Züge verschwinden, andere treten auf. Wenn wir nun zu den Ballspielen übergehen, so bleibt manches Gemeinsame erhalten, aber vieles geht verloren. – Sind sie alle *„unterhaltend"*? Vergleiche Schach mit dem Mühlfahren. Oder gibt es überall ein Gewinnen und Verlieren oder eine Konkurrenz der Spielenden? Denk an die Patiencen. In den Ballspielen gibt es Gewinnen und Verlieren; aber wenn ein Kind den Ball an die Wand wirft und wieder auffängt, so ist dieser Zug verschwunden. Schau, welche Rolle Geschick und Glück spielen. Und wie verschieden ist Geschick im Schachspiel und Geschick im Tennisspiel. Denk nun an die Reigenspiele: Hier ist das Element der Unterhaltung, aber wie viele der anderen Charakterzüge sind verschwunden! Und so können wir durch die vielen, vielen anderen Gruppen von Spielen gehen, Ähnlichkeiten auftauchen und verschwinden sehen.

Und das Ergebnis dieser Betrachtung lautet nun: Wir sehen ein kompliziertes Netz von Ähnlichkeiten, die einander übergreifen und kreuzen. Ähnlichkeiten im Großen und Kleinen.

Ich kann diese Ähnlichkeiten nicht besser charakterisieren als durch das Wort „Familienähnlichkeiten"; denn so übergreifen und kreuzen sich die verschiedenen Ähnlichkeiten, die zwischen den Gliedern einer Familie bestehen: Wuchs, Gesichtszüge, Augenfarbe, Gang, Temperament etc. etc. – Und ich werde sagen: Die „Spiele" bilden eine Familie. […] Wie ist denn der Begriff des Spiels abgeschlossen? Was ist noch ein Spiel und was ist keines mehr? Kannst du die Grenzen angeben? Nein. Du kannst welche *ziehen*: Denn es sind noch keine gezogen. (Aber das hat dich noch nie gestört, wenn du das Wort „Spiel" angewendet hast.)

„Aber dann ist ja die Anwendung des Wortes nicht geregelt, das ‚Spiel‘, welches wir mit ihm spielen, ist nicht geregelt." – Es ist nicht überall von Regeln begrenzt; aber es gibt ja auch keine Regel dafür z. B., wie hoch man im Tennis den Ball werfen darf oder wie stark, aber Tennis ist doch ein Spiel und es hat auch Regeln. Wie würden wir denn jemandem erklären, was ein Spiel ist? Ich glaube, wir werden ihm *Spiele* beschreiben, und wir könnten der Beschreibung hinzufügen: „Das, *und Ähnliches* nennt man ‚Spiele‘." Und wissen wir selbst denn mehr? Können wir etwa nur dem andern nicht genau sagen, was ein Spiel ist? – Aber das ist nicht Unwissenheit. Wir kennen die Grenzen nicht, weil keine gezogen sind.

---

1. Fassen Sie mit eigenen Worten Wittgensteins Versuch, den Begriff „Spiel" zu definieren, zusammen. Legen Sie dazu eine Strukturskizze an.
2. a) Wie ist es zu erklären, dass Wörter der Alltagssprache wie z. B. „Spiel" nach Wittgenstein nicht genau zu definieren sind und dennoch Verständigung ermöglichen?
   b) Skizzieren Sie selbst Situationen, in denen sich Bedeutungsgrenzen von Wörtern (z. B. „schön", „Glück") nicht genau fassen lassen.
   c) Prüfen Sie anhand von selbst gewählten Beispielen, ob Wittgensteins Überlegungen auch auf Begriffe der Fachsprachen und deren Verwendung in wissenschaftlichen Texten übertragbar sind.
3. „Die Grenzen meiner Sprache bedeuten die Grenzen meiner Welt." Erörtern Sie diese These Wittgensteins und ihre Konsequenzen für das Problem der zwischenmenschlichen Verständigung.

1.1.2 Semantik der Metapher

Hilde Domin
Das Gefieder der Sprache (1964)

Das Gefieder der Sprache streicheln
Worte sind Vögel
mit ihnen
davonfliegen.

Horst Bienek
Worte
(1974)

Worte
meine Fallschirme
mit euch
springe
ich
ab
wer euch richtig öffnet
schwebt

Paul Celan
Ein Dröhnen (1967)

Ein Dröhnen: es ist
die Wahrheit selbst
unter die Menschen
getreten,
mitten ins
Metapherngestöber.

Erich Fried
Wörterdämmerung (1968)

Brand der Worte:
vertrocknete flackern auf
stockfleckige qualmen
geblähte Prunkwörter platzen

5   Begriffe schrumpfen
in langen verhutzelten Sätzen
Perioden winden sich
Punkte knistern und sprühen

Bilder leuchten jetzt auf:
10 ein Herz ein graublauer Vogel
widerspenstiges Haar
ein blasser magerer Arm

Nun brennen auch sie
in der Flamme der ältesten Worte
15 Augen fliegen davon
etwas klirrt in der Asche

Rainer Maria Rilke
Ausgesetzt auf den Bergen des Herzens (1914)

Ausgesetzt auf den Bergen des Herzens. Siehe, wie klein dort,
siehe: die letzte Ortschaft der Worte, und höher,
aber wie klein auch, noch ein letztes
Gehöft von Gefühl. Erkennst du's?
5   Ausgesetzt auf den Bergen des Herzens, Steingrund
unter den Händen. Hier blüht wohl
einiges auf; aus stummem Absturz
blüht ein unwissendes Kraut singend hervor.
Aber der Wissende? Ach, der zu wissen begann
10 und schweigt nun, ausgesetzt auf den Bergen des Herzens.
Da geht wohl, heilen Bewusstseins,
manches umher, manches gesicherte Bergtier,
wechselt und weilt. Und der große geborgene Vogel
kreist um der Gipfel reine Verweigerung. – Aber
15 ungeborgen, hier auf den Bergen des Herzens …

---

1. a) Notieren Sie Ihre ersten Eindrücke zu den Gedichten von Hilde Domin, Horst Bienek, Paul Celan, Erich
        Fried und Rainer Maria Rilke.
    b) Ordnen Sie in Kleingruppen Ihre Assoziationen unter thematischen Aspekten.
    c) Werten Sie Ihre Ergebnisse im Kurs aus und diskutieren Sie abschließend das Konzept der Sprache und
        Metaphorik, das in den Gedichten zum Ausdruck kommt.

2. a) Untersuchen Sie, welche Metaphern in den fünf Gedichten verwendet werden und wie sie jeweils zusammenhängen.
   b) Überprüfen Sie, aus welchen Bedeutungsbereichen die Metaphern stammen und welche kreativen Assoziationen sich im Hinblick auf die Sprachthematik ergeben.
3. Gliedern Sie die Metaphern nach grammatischen Kategorien wie z. B. Kompositionsmetapher, Genitivmetapher, Prädikatsmetapher. Welche Metaphern scheinen Ihnen besonders innovativ?
4. Schreiben Sie selbst ein Gedicht zum Thema „Sprache – Schweigen – Grenzen des wechselseitigen Verstehens". Legen Sie zunächst eine Liste von Metaphern an. Besonders eindrucksvoll ist die Verwendung von mehreren Metaphern aus dem gleichen Bedeutungsbereich in einem Gedicht.

Harald Weinrich

Semantik der Metapher

Ein Gedicht von Verlaine beginnt: *Votre âme est un paysage choisi.*[1] Der Vers lebt von der Metapher, die der Form nach eine Identifikationsmetapher ist. Die Seele wird einer erlesenen Landschaft gleichgesetzt, und bald, in den weiteren Versen des Gedichtes *Clair de Lune* aus der Sammlung *Fêtes galantes*, wird sich die Landschaft mit maskierten Sängern und Tänzern bevölkern. Nachdem man die Metaphorik gebührend bewundert hat, darf man vielleicht analysierend fragen, was mit den sechs Wörtern des zitierten Verses geschehen ist, daß wir von Metaphorik sprechen. Welches der sechs Wörter trägt diese Metaphorik? Unser Blick richtet sich auf das Wort *paysage*. Denn „eigentlich" (*proprie*) ist die Seele ja keine Landschaft. Nur im „uneigentlichen", übertragenen Sinne (*improprie, metaphorice*) ist die Seele eine Landschaft, wenn der Dichter es so will. Dennoch ist das Wort *paysage*, rein für sich genommen, keine Metapher, sondern ebendieses Wort der französischen Sprache, dessen Bedeutung wir kennen und das ungefähr dem deutschen Wort „Landschaft" entspricht. Darüber kann man sich in einem Wörterbuch unterrichten. Doch welches Wörterbuch man auch befragen mag, „Seele" gehört nicht zur Bedeutung des Wortes *paysage*. Allerdings belehrt uns das Wörterbuch oder – besser – unser Sprachbewußtsein darüber, daß der Bedeutungsumfang dieses Wortes wie auch der meisten anderen Wörter weit ist. Alle Arten Landschaft, die unser Auge gesehen oder unsere Phantasie ausgedacht hat, haben darin Platz. Das Wort bezeichnet nur die Klasse, nicht die ihr zugehörigen Gegenstände selber. Es ist ein Abstractum. Kann man sich dennoch mit einem solchen Wort präzise verständigen, oder soll man hier sogleich in die beliebte Klage ausbrechen, die Sprache bleibe hoffnungslos weit hinter dem Denken zurück? Nein, die Sprache bleibt keinen Schritt hinter dem Denken zurück, und mit solchen Wörtern wie *paysage* verständigen wir uns so präzise, wie das Denken nur wünschen mag. Wir gebrauchen nämlich die Wörter der Sprache nicht in der Isolierung, sondern zusammen mit anderen Wörtern in Texten. Hier geben sich die Wörter gegenseitig Kontext und determinieren[2] einander, d. h., sie reduzieren gegenseitig ihren Bedeutungsumfang. Bei dem bloßen Wort „Landschaft", wenn man es sich einmal isoliert denkt, bleibt unentschieden, ob beispielsweise eine Sommer- oder Winterlandschaft gemeint ist, aber wenn dann der Kontext von Schnee spricht, dann fällt wahrscheinlich aus der weiten Bedeutung „Landschaft" schon die Möglichkeit „Sommerlandschaft" aus. Je mehr Kontext ich hinzugebe, um so mehr Möglichkeiten fallen aus. *Determinatio est negatio*[3], hat bereits Spinoza gelehrt (50. Brief). Im Text hat daher ein Wort nicht mehr seine weite Bedeutung, sondern nur noch eine gegenüber seiner Bedeutung dem Umfang nach reduzierte und relativ enge Meinung.

Das alles ist elementare Semantik. Elementar mag weiterhin die Feststellung sein, daß alles Gesagte auch für Metaphern gilt. Denn Metaphern, und ich verstehe darunter alle Arten des sprachlichen Bildes von der Alltagsmetapher

---

1 **Votre âme est un paysage choisi:** Eure Seele ist eine erwählte Landschaft

2 **determinieren:** bestimmen, begrenzen

3 **Determinatio est negatio:** Bestimmung ist (bedeutet) Verneinung

bis zum poetischen Symbol, werden aus Wörtern gemacht. Weniger elementar wird dann allerdings schon die Beobachtung sein, daß Metaphern, im Unterschied zu Normalwörtern, unter keinen Umständen von den Kontextbedingungen entbunden werden können. Ein beliebiges Wort kann isoliert gebraucht werden, z. B. in einer wortgeschichtlichen Untersuchung, also metasprachlich[4]. Wer jedoch eine Metapher von jeglichem Kontext (und dazu ist natürlich immer auch ein Situationskontext zu rechnen) zu entblößen versucht, zerstört damit die Metapher. Eine Metapher ist folglich nie ein einfaches Wort, immer ein – wenn auch kleines – Stück Text. Man darf sich freilich nicht von der ewigen Feindin der linguistischen Analyse, der Orthographie, täuschen lassen: „Windrose", obwohl nach der deutschen Orthographie in einem Wort geschrieben, ist ein Stück Text, in dem das Element „Wind" dem Element „Rose" Kontext gibt und es zur Metapher hin determiniert. Methodisch ergibt sich daraus, daß das Phänomen der Metapher in einer bloßen Wortsemantik – und die ältere Semantik ist Wortsemantik – nicht adäquat in den Blick kommen kann. Wir haben daher die Wortsemantik notwendig zu einer Textsemantik hin zu überschreiten. (Und es wäre ein großer Irrtum zu glauben, Textsemantik sei dasselbe wie Syntax).

Wir können nun die eingangs gestellte Frage nach dem genauen Ort der Metapher in dem Satz *Votre âme est un paysage choisi* wieder aufnehmen. Keines der sechs Wörter dieses Satzes ist identisch mit der Metapher, sondern der ganze Satz – und im weiteren Verstande der ganze Text des Gedichts – ist die Metapher. Der Kontext determiniert nämlich das Wort *paysage* in einer besonderen Weise, und eben dadurch entsteht die Metapher. Wort und Kontext machen zusammen die Metapher.

4 **Metasprache:** das Sprechen über die Sprache

Wir wollen Schritt um Schritt im folgenden näher zu bestimmen suchen, worin das Besondere solcher Kontextdetermination besteht, die Metaphern macht. Ich müßte nun an dieser Stelle eigentlich auf alle Kontroversen um den Bedeutungsbegriff zu sprechen kommen. So weit auszugreifen, muß ich mir aber verwehren und berufe mich statt dessen auf ein Wort, das im *Mann ohne Eigenschaften* von Musil zu lesen ist. Dort heißt es: „Schon Hund können Sie sich nicht vorstellen, das ist nur eine Anweisung auf bestimmte Hunde und Hundeeigenschaften." Die Bedeutung eines Wortes, so wollen wir daraus ableiten, ist wesentlich eine bestimmte Determinationserwartung. Das Wort *paysage* setzt die Erwartung eines Kontextes, in dem wahrscheinlich weiter von Landschaftlichem die Rede sein wird. Statt dessen befindet sich bei Verlaine das Wort tatsächlich in einem Kontext, in dem von etwas ganz anderem die Rede ist, nämlich von Seelischem. Darin liegt die Überraschung. Die in der Wortbedeutung *paysage* angelegte Determinationserwartung wird enttäuscht. Die tatsächliche Determination verläuft in einer anderen Richtung, als wahrscheinlich war. Das Wort erhält zwar auch eine Meinung, aber diese liegt nicht in dem vermuteten Bezirk. Um es geometrisch zu verdeutlichen: Die durch den Kontext bestimmte Meinung liegt nicht innerhalb, sondern außerhalb des Bedeutungsumkreises. Es entsteht ein Überraschungseffekt und eine Spannung zwischen der ursprünglichen Wortbedeutung und der nun vom Kontext erzwungenen unerwarteten Meinung. Wir wollen diesen Vorgang *Konterdetermination* nennen, weil die tatsächliche Determination des Kontextes gegen die Determinationserwartung des Wortes gerichtet ist. Mit diesem Begriff ist die Metapher definierbar als ein Wort in einem konterdeterminierenden Kontext. $\boxed{R}$

1. Untersuchen Sie, wie Harald Weinrich bei seiner Bestimmung der Metapher vorgeht, und fassen Sie die wichtigsten Thesen und Argumente mit eigenen Worten zusammen. Erläutern Sie ausführlich die abschließende Metapherndefinition.
2. Erklären Sie zentrale Begriffe des Textes, z. B. „Bedeutung" und „Meinung", „Wortsemantik" und „Textsemantik", „Determinationserwartung" und „Konterdetermination".
3. Überprüfen Sie an unterschiedlichen Metaphernbeispielen die Gültigkeit der Konterdeterminationstheorie von Harald Weinrich.

Jürgen Nieraad

Methoden der Metaphernuntersuchung

Der folgende Versuch, in Kürze die verbreitetsten Arten literaturwissenschaftlicher Metaphernbehandlung vorzustellen, setzt angesichts der unübersehbaren Fülle des Materials ein Ordnungsschema voraus. Wir nehmen an, dass an einer Metapher wie „des Mundes Röselein" (Heine) mehr oder weniger deutlich die folgenden Elemente auszumachen sind: ein bildspendender Bereich („Rose"), ein bildempfangender Bereich, d. h. der metaphorisierte Sachbereich („Mund"), semantisch-pragmatische Relationen zwischen Bildspender und Bildempfänger (etwa das „Rose" und

„Mund" gemeinsame Merkmal [rot] oder [geschwungene Form] oder [Frische]), eine syntaktische Relation zwischen Bildspender und Bildempfänger (hier: Nominalmetapher in Genitiv-Konstruktion), weiterhin stilistische Eigentümlichkeiten wie Bildhäufigkeit, Wahl spezifischer Bildfeldparadigmen[1] usw. Metaphorik kann dann untersucht werden

- nach Bildspenderbereich,
- nach Bildempfängerbereich,
- nach semantischen Kategorien,
- nach syntaktischen Kategorien,
- nach stilistischen Kategorien.

---

1 **Bildfeldparadigma:** eine Reihe von sprachlichen Bildern aus dem gleichen Bedeutungsbereich

---

1. Erläutern Sie die von Nieraad genannten Verfahren der Metaphernanalyse.
2. Klären Sie am Beispiel der Metapher „des Mundes Röselein" das Verhältnis zwischen Bildspender und Bildempfänger durch eine Schnittmengengrafik:

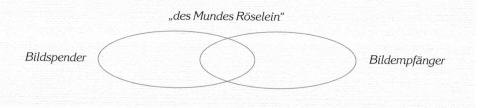

„des Mundes Röselein"

Bildspender   Bildempfänger

3. Untersuchen Sie Schlagzeilen aus Zeitungen und Zeitschriften im Hinblick auf metaphorische Wendungen, z. B. „Firmenfusionen beflügeln die Kurse", „Politische Großwetterlage stabil".
   Nutzen Sie die von Weinrich und Nieraad vorgestellten Methoden der Metaphernuntersuchung.
4. a) Sammeln Sie Witze, die auf einer Metapher beruhen, und untersuchen Sie sie mit Hilfe der Methoden von Weinrich und Nieraad, z. B.: „Fünf Flaschen im Keller sind relativ wenig, aber fünf Flaschen in einem Aufsichtsrat sind relativ viel."
   b) Verfassen Sie selbst Witze, die metaphorisch aufgebaut sind. Wählen Sie als Ausgangspunkt z. B. Redensarten, die verblasste Metaphern enthalten, wie „das Leben in vollen Zügen genießen".

1.1.3 Sprache – Denken – Wirklichkeit

Wenn wir davon ausgehen, dass es auf der einen Seite das denkende Erkenntnissubjekt gibt und auf der anderen Seite eine außerhalb des Denkens existierende Welt als Erkenntnisobjekt, so stellt sich die Frage, wie das Subjekt zur Erkenntnis der außer ihm existierenden Welt kommt. Auf diese bis heute umstrittene philosophische Frage hat IMMANUEL KANT 1781 in seiner „Kritik der reinen Vernunft" eine komplizierte Antwort gegeben, die sich – recht vereinfacht – so formulieren lässt: Das Erkenntnissubjekt empfängt aus der Welt eine zunächst unstrukturierte Gesamtheit von Sinneseindrücken, die dann der Verstand mit seinen Kategorien ordnet. Die Sinne empfangen also lediglich das „Material" der Erkenntnis, die eigentliche Erkenntnisarbeit leistet der Verstand, durch seine Kategorien erst „denken" wir die Welt.

Aber was heißt „denken"? Handelt es sich dabei um einen von der Sprache unabhängigen Vorgang oder ist es „innere Sprache", also sprachabhängig?

Der Philosoph JOHANN GOTTFRIED HERDER (1744–1803) stellte in seiner „Metakritik zur Kritik der reinen Vernunft" (1799) die These auf, dass das Denken auf die Sprache angewiesen sei.

Ab dem Ende des 18. Jahrhunderts stellte man sich die Frage, ob nicht zwischen dem denkenden Ich und der zu erkennenden Welt die Sprache steht, die unsere Erkenntnisweise „überformt", wenn nicht gar lenkt. Dieser Gedanke musste provokant erscheinen im Vergleich zu der bis dahin vorherrschenden Sprachtheorie, nach welcher die Sprache als „neutrales" Medium zur bloßen Benennung der Gegenstände und Sachverhalte angesehen worden war (so z. B. die biblische Auffassung in *Genesis* 2, 18–20). Schließlich wäre die Konsequenz, dass wir als denkende Subjekte in den Wörtern und Satzbauplänen der Sprache „gefangen" wären, ihr nicht entrinnen könnten; unsere Wirklichkeitserkenntnis wäre abhängig von unserer Sprache.

Ein Befürworter dieser Ansicht ist BENJAMIN LEE WHORF (1897–1941). Sein „linguistisches Relativitätsprinzip" ist Gegenstand einer heftigen wissenschaftlichen Kontroverse.

Benjamin Lee Whorf

Das „linguistische Relativitätsprinzip" (um 1940)

Nehmen wir zum Beispiel einmal an, es gebe eine menschliche Art, die auf Grund eines physiologischen[1] Defekts nur die blaue Farbe sehen kann. Die Menschen dieser Art würden
5 wohl kaum in der Lage sein, die Regel zu erkennen und zu formulieren, dass sie nur Blau sehen. Der Terminus „Blau" hätte für sie keinen Sinn. Ihre Sprache würde gar keine Termini für Farben enthalten. Und die Wörter,
10 mit denen sie ihre verschiedenen Blauempfindungen bezeichnen würden, entsprächen unseren Wörtern „hell, dunkel, weiß, schwarz" etc., nicht aber unserem Wort „blau". Um die Regel oder Norm, „wir sehen nur Blau", erfas-
15 sen zu können, müssten sie gelegentlich und ausnahmsweise auch Momente haben, in denen sie andere Farben sehen. Das Gesetz der Schwerkraft beherrscht unser Leben als eine Regel ohne Ausnahme, und es bedarf eigent-
20 lich keiner besonderen Feststellung, dass ein physikalisch völlig unvorgebildeter Mensch von dieser Tatsache keinerlei Bewusstsein hat. Der Gedanke eines Universums, in dem sich Körper anders verhalten als auf der Ober-
25 fläche der Erde, käme ihm gar nicht. Wie die blaue Farbe für jene angenommenen Menschen, so ist das Gravitationsgesetz für den unvorgebildeten Menschen Teil seines Hintergrundes und nicht etwas, das er von diesem

isolierend abhebt. Das Gesetz konnte daher
30 erst formuliert werden, als man die fallenden Körper unter dem Aspekt einer weiteren astronomischen Welt sah, in der sie sich auf orbitalen[2] Bahnen oder da und dorthin bewegen. Als die Linguisten so weit waren, eine größere
35 Anzahl von Sprachen mit sehr verschiedenen Strukturen kritisch und wissenschaftlich untersuchen zu können, erweiterten sich ihre Vergleichsmöglichkeiten. Phänomene, die bis dahin als universal galten, zeigten Unterbre-
40 chungen, und ein ganz neuer Bereich von Bedeutungszusammenhängen wurde bekannt. Man fand, dass das linguistische System (mit anderen Worten, die Grammatik) jeder Sprache nicht nur ein reproduktives Instrument
45 zum Ausdruck von Gedanken ist, sondern vielmehr selbst die Gedanken formt, Schema und Anleitung für die geistige Aktivität des Individuums ist, für die Analyse seiner Eindrücke und für die Synthese dessen, was ihm
50 an Vorstellungen zur Verfügung steht. Die Formulierung von Gedanken ist kein unabhängiger Vorgang, der im alten Sinne dieses Wortes rational ist, sondern er ist beeinflusst von der jeweiligen Grammatik. Er ist daher für
55 verschiedene Grammatiken mehr oder weniger verschieden. Wir gliedern die Natur an Linien auf, die uns durch unsere Muttersprachen vorgegeben sind. Die Kategorien und Typen, die wir aus der phänomenalen Welt
60 herausheben, finden wir nicht einfach in ihr – etwa weil sie jedem Beobachter in die Augen springen; ganz im Gegenteil präsentiert sich

1 **Physiologie:** Wissenschaft, die Aufbau und Funktionen des Organismus untersucht

2 **orbital:** die Umlaufbahn betreffend

die Welt in einem kaleidoskopartigen[3] Strom
von Eindrücken, der durch unseren Geist organisiert werden muss – das aber heißt weitgehend: von dem linguistischen System in unserem Geist. Wie wir die Natur aufgliedern, sie
in Begriffen organisieren und ihnen Bedeutungen zuschreiben, das ist weitgehend davon
bestimmt, dass wir an einem Abkommen beteiligt sind, sie in dieser Weise zu organisieren
– einem Abkommen, das für unsere ganze
Sprachgemeinschaft gilt und in den Strukturen unserer Sprache kodifiziert ist. Dieses
Übereinkommen ist natürlich nur ein implizi-
tes und unausgesprochenes, *aber sein Inhalt
ist absolut obligatorisch*; wir können überhaupt nicht sprechen, ohne uns der Ordnung
und Klassifikation des Gegebenen zu unterwerfen, die dieses Übereinkommen vor-
schreibt.

Diese Tatsache ist für die moderne Naturwissenschaft von großer Bedeutung. Sie besagt,
dass kein Individuum Freiheit hat, die Natur
mit völliger Unparteilichkeit zu beschreiben,
sondern eben, während es sich am freiesten
glaubt, auf bestimmte Interpretationsweisen
beschränkt ist. Die relativ größte Freiheit hätte in dieser Beziehung ein Linguist, der mit
sehr vielen äußerst verschiedenen Sprachsys-
temen vertraut ist. Bis heute findet sich noch
kein Linguist in einer solchen Position. Wir
gelangen daher zu einem neuen Relativitätsprinzip, das besagt, dass nicht alle Beobachter
durch die gleichen physikalischen Sachverhalte zu einem gleichen Weltbild geführt werden, es sei denn, ihre linguistischen Hinter-
gründe sind ähnlich oder können in
irgendeiner Weise auf einen gemeinsamen
Nenner gebracht werden (be calibrated).

Dieser ziemlich überraschende Schluss wird
nicht so deutlich, wenn wir nur unsere modernen europäischen Sprachen miteinander
vergleichen und vielleicht zur Sicherheit noch
Latein und Griechisch dazunehmen. Unter
diesen Sprachen herrscht eine Einstimmigkeit
der Grundstrukturen, die auf den ersten Blick
der natürlichen Logik Recht zu geben scheint.

Die Einhelligkeit besteht jedoch nur, weil diese Sprachen alle indoeuropäische Dialekte
sind, nach dem gleichen Grundriss zuge-
schnitten und historisch überkommen aus
dem, was vor sehr langer Zeit eine Sprachgemeinschaft gewesen war; weil die modernen
Dialekte seit langem am Bau einer gemeinsamen Kultur beteiligt sind; und weil viele der
intellektuelleren Züge dieser Kultur sich aus
dem linguistischen Hintergrund des Lateinischen und des Griechischen herleiten. Diese
Sprachgruppe erfüllt daher die spezielle Bedingung des mit „es sei denn" beginnenden
Nebensatzes in der Formel des linguistischen
Relativitätsprinzips am Ende des vorherge-
henden Absatzes. Aus dieser Sachlage ergibt
sich auch die Einstimmigkeit der Weltbe-
schreibung in der Gemeinschaft der modernen
Naturwissenschaftler. Es muss aber betont
werden, dass „alle modernen indoeuropäisch
sprechenden Beobachter" nicht das Gleiche
ist wie „alle Beobachter". Wenn moderne chinesische oder türkische Naturwissenschaftler
die Welt in den gleichen Termini wie die westlichen Wissenschaftler beschreiben, so bedeutet dies natürlich nur, dass sie das westliche
System der Rationalisierung *in toto*[4] übernommen haben, nicht aber, dass sie dieses System
von ihrem eigenen muttersprachlichen Gesichtspunkt aus mit aufgebaut haben.

Deutlicher wird die Divergenz in der Analyse
der Welt, wenn wir das Semitische, Chinesische, Tibetanische oder afrikanische Sprachen
unseren eigenen gegenüberstellen. Bringen wir
gar die Eingeborenensprachen Amerikas hinzu, wo sich einige tausend Jahre lang Sprachge-
meinschaften unabhängig voneinander und von
der Alten Welt entwickelt haben, dann wird die
Tatsache, dass Sprachen die Natur in vielen
verschiedenen Weisen aufgliedern, unabweisbar. Die Relativität aller begrifflichen Systeme,
das unsere eingeschlossen, und ihre Abhängigkeit von der Sprache werden offenbar.

---

3 **kaleidoskopartig:** von ständig wechselnder Buntheit
4 **in toto:** im Ganzen

---

1. Wie begründet Whorf den Zusammenhang von Sprache, Denken und Wirklichkeit? Fassen Sie das „linguistische Relativitätsprinzip" mit eigenen Worten zusammen.
2. Welche Konsequenzen ergeben sich aus dem linguistischen Relativitätsprinzip nach Whorf für die Naturwissenschaften?

Dieter E. Zimmer
Wiedersehen mit Whorf (1986)

Wie ist es der Whorf-Hypothese ergangen? Nicht gut. Die Sprachen unterscheiden sich nicht willkürlich. Bei etwa gleicher Distanz zu den Dingen wird die gegenständliche Welt
5 von allen auch etwa gleich aufgeteilt. Ähnliche kognitive[1] Prozesse führen dazu, dass unter ähnlichen Umständen auch ähnliche Konzepte[2] gebildet werden. Wo diese benannt werden und damit zu Begriffen gerinnen, ent-
10 steht kein Babel[3]. Auf der Ebene der konkreten Benennungen sind die Sprachen recht gut ineinander übersetzbar. Nimmt man hinzu, dass entweder universale kognitive Prozesse oder ein für alle gleiches genetisches Pro-
15 gramm auch Grammatiken erzeugen, die sich auf einer tieferen Ebene gleichen, so scheint ausreichend dafür gesorgt, dass sich Menschen verschiedener Sprachen nicht allzu sehr missverstehen müssen, dass nicht jeder
20 hoffnungslos in seine Sprache eingeschlossen ist und sich keinem Sprecher einer anderen Sprache je mitteilen kann. Wir alle ordnen die Welt nach den gleichen, sozusagen natürlichen Prinzipien, unsere Sprachen spiegeln
25 diese Ordnung und unterscheiden sich in dieser Hinsicht auch nicht erheblich. Dass Kulturen einzelne Lebensbereiche mehr oder weniger fein differenzieren, je nachdem, wie wichtig sie für sie sind, bedeutet nicht, dass
30 ihre Angehörigen verschieden wahrnähmen und verschieden dächten. Einem alten Wissenschaftsgerücht zufolge soll der Eskimo Wörter über Wörter für die verschiedenen Schneearten haben, der Europäer aber nur
35 eins, eben *Schnee*. Das Gerücht irrt. Die Eskimosprache bescheidet sich mit zwei Wortstämmen, einem für den fallenden und einem für den liegenden Schnee. Und sobald der Europäer sich für Schnee zu interessieren be-
40 ginnt, stehen ihm durchaus weitere differenzierende Wörter zur Verfügung: *Flocken, Firn, Harsch, Pulver, Sulz ...* Whorfs Vermutung, der Eskimo fände den Generalbegriff *Schnee* „fast undenkbar", war nicht nur vage,
45 sondern falsch. Nicht die Sprache nämlich bestimmt, welche Ober- und Unterkategorien ein Einzelner oder ein Volk bilden kann, sondern etwas anderes: der Bedarf.

Dass jedoch alle Sprachen die konkrete Welt ähnlich klassifizieren, nach ähnlichen Prinzi- 50 pien, jedoch ausschnittweise hier mehr, dort weniger differenziert, bedeutet nicht, dass auch bei abstrakteren Begriffen eine solche Übereinstimmung bestehen muss. Konkrete Begriffe strukturieren unsere Wahrnehmun- 55 gen, abstrakte Begriffe sind die Bausteine unserer Interpretationen. Welche gebildet werden, wie sie voneinander abgesetzt werden, worauf sie sich erstrecken, mit welchen Nebenbedeutungen sie geladen werden, welche 60 Gefühlsvaleurs[4] ihnen zuteil werden – darüber befinden nicht so sehr die Verbindlichkeiten unserer kognitiven Mechanismen, sondern mehr die gewundenen Entwicklungen und Zufälle der Kulturgeschichte, die hinter 65 einer gewachsenen Sprache steht. Kein Übersetzer muss befürchten, in irgendeiner Sprache keinen Begriff für „Wasser" oder „Auge" oder „Baum" anzutreffen. Bei „Sicherheit", „Empörung", „Urteil" kann er diese Gewiss- 70 heit nicht haben. Bei „Instanz", „Parameter[5]" oder „Aufklärung" kann er, wenn er in die Sprache einer fernen Kultur übersetzt, von vornherein sicher sein, dass er sehr wahrscheinlich kein Äquivalent[6] vorfinden wird 75 und sich mit notdürftigen Umschreibungen behelfen muss. [...]

Whorfs Hypothese ist also nicht rundheraus falsch. Aber erst recht ist sie nicht rundheraus richtig. Je stärker sie formuliert wird, desto 80 falscher scheint sie zu werden.

Ganz sicher hilft die Sprache dem Denken ganz ungemein. Indem ein Konzept mit einem Wort belegt wird, wird es zu einer Art Gegenstand: Es existiert, auch wenn es gerade nicht 85 gedacht wird, es erhält Dauer, man kann damit sehr leicht hantieren, ganze Gefüge von Konzepten zu neuen Aussagen zusammenstellen, man kann mit einem Wort ein Konzept in seinem Geist hervorrufen, man kann seine 90 eigenen Konzepte mit anderen Menschen austauschen. Im Experiment wurde gezeigt, dass umfangreiche logische Probleme besser

---

1 **kognitiv:** gedanklich, das Denken betreffend
2 **Konzepte:** komplexe gedankliche Vorstellungen
3 **Babel:** Anspielung auf die „babylonische Sprachverwirrung" (Altes Testament)

4 **Valeur:** Wertigkeit, Grad der Intensität
5 **Parameter:** u. a. charakteristische Konstante (in der Mathematik)
6 **Äquivalent:** Gleichwertiges

gelöst werden, wenn man während der Arbeit an ihnen alle seine Denkschritte verbalisiert. Die Erfindung der Sprache hat die denkerischen Möglichkeiten des Menschen gewiss potenziert[7]. Und nur sprachlich gefasste Gedanken sind mitteilbar; alle anderen gehen mit dem, der sie denkt, zu Grunde.

Die Sprache hält ihre Sprecher nicht gefangen; denken lässt sich auch, wofür die Sprache keine bequemen oder gar keine Mittel zur Verfügung stellt. Aber wofür fertige Ausdrucksmittel bereitstehen, lässt sich leichter denken; und wofür es sehr geläufige Ausdrucksmittel gibt, am allerleichtesten.

Wenn verschiedene Sprachen nicht zu einem völlig verschiedenen Denken führen, so vor allem darum, weil sie alle auf einem ähnlichen Fundament ruhen. Die Grundbegriffe für die konkrete Welt und wahrscheinlich auch die Grundregeln ihrer grammatischen Verknüpfung sind für alle sehr ähnlich. Hier, bei den fundamentalen Kategorisierungen, werden alle Sprachen von ähnlichen kognitiven Mechanismen geformt. So treiben die Sprachen nie allzu weit auseinander: Verständigung bleibt möglich. Bei den abstrakten Begriffen aber kann sie schon sehr schwierig sein. Und die Bedeutungsnuancen, die den Begriffen durch die Kulturgeschichte ihrer Benutzer zugewachsen sind, sind oft schlechthin unübersetzbar. In einem sehr eingeschränkten Sinn hatte Whorf also Recht.

Alles dies sind keine klaren, handlichen, endgültigen Wahrheiten. Eher sind es die Reflexe erster tastender Versuche, nicht durch reine Introspektion[8] und Spekulation, sondern erstmals mit den Methoden kontrollierter Empirie[9] in den unwegsamen Dschungel unseres Geistes vorzudringen, dorthin, wo sich Worte und Gedanken der Benennbarkeit und dem Bewusstsein entziehen. Erst seit wenigen Jahrzehnten sind die kognitiven Wissenschaften dabei, etwas Licht in diese überaus undurchschaubaren Verhältnisse zu bringen. Wenn auch das meiste unaufgeklärt bleibt, so haben sie gar nicht so wenig geschafft. Noch vor dreißig Jahren wäre eine plakative Parole wie „Sprache bestimmt das Denken" schlechthin unüberprüfbar gewesen.

Ronald Langacker schrieb einmal: „Die Beziehung zwischen Sprache und Denken zu analysieren ist ein wenig, als versuchte man eine Wolke zu umarmen." Er selber hoffte, davon mit mehr als einer Hand voll Nebeldunst zurückgekommen zu sein.

---

7 **potenziert:** vervielfacht

8 **Introspektion:** Selbstbeobachtung
9 **Empirie:** (wissenschaftliche) Beobachtung

---

1. a) Wie beurteilt D. E. Zimmer Whorfs „linguistisches Relativitätsprinzip" und wie begründet er seine Thesen?
   b) Fassen Sie zusammen, wie Zimmer das Verhältnis der Sprachen untereinander und die Beziehung zwischen Sprache, Denken und Wirklichkeit bestimmt.
   c) Führen Sie eine Pro-und-Kontra-Diskussion zur Gültigkeit des „linguistischen Relativitätsprinzips" durch.
2. a) Welche Probleme ergeben sich hinsichtlich der Verständigungsmöglichkeiten zwischen verschiedenen Sprach- und Kulturgemeinschaften nach Whorf und D. E. Zimmer?
   b) Diskutieren Sie über Verständigungsprobleme zwischen verschiedenen Sprach- und Kulturgemeinschaften auch in Ihrem konkreten schulischen Bereich.

FÄCHERVERBINDENDES PROJEKT

Das Verhältnis zwischen Sprache, Denken und Wirklichkeit aus Sicht der Biologie, Erziehungswissenschaften, Philosophie und Psychologie.

Geheimnis Gehirn – Wie wir beim Sprechen denken. In: bild der wissenschaft 11/94, S. 61 ff.
Hans Hörmann: Einführung in die Psycholinguistik. Wissenschaftliche Buchgesellschaft, Darmstadt, 3. Auflage 1991

Franz Mechsner: Wer sprach das erste Wort? Sprachevolution. In: GEO Wissen 9/1998, S. 76 ff.
Steven Pinker: Der Sprachinstinkt. Wie der Geist die Sprache bildet. Droemer/Knaur, München 1998
Dieter E. Zimmer: So kommt der Mensch zur Sprache. Über Spracherwerb, Sprachentstehung und Sprache & Denken. Heyne Verlag, München, 4. Auflage 1997

1.2 Sprachwandel: Entwicklung der Gegenwartssprache

1.2.1 Anglizismen im Alltag und in Fachsprachen

Das Anuga-Wörterbuch

Convenience Food:

Der Begriff „Convenience Food" stammt aus dem Englischen und bezeichnet Lebensmittel, die schon weitgehend zubereitet sind und wenig Mühe machen. Dazu gehören Trocken- und Nassfertiggerichte sowie Tiefkühlkost. Als „Convenience Shops" werden Geschäfte bezeichnet, in denen man wie an Tankstellen auf die Schnelle auch außerhalb der gewöhnlichen Ladenöffnungszeiten einkaufen kann.

Cook-Chill-System:

Das Cook-Chill-System ist eine moderne Technik der Lebensmittelindustrie zur Produktion und Konservierung von Speisen. Die Mahlzeit wird dabei nach dem Garen in der Industrieküche rasch abgekühlt, keimarm verpackt und kühl gelagert.

Ethnic oder Ethno Food:

Hinter „Ethnic" oder „Ethno Food" verbergen sich Lebensmittel, die nach Rezepturen aus fremden Ländern oder anderen Kulturkreisen zubereitet wurden. Rezepte aus Mexiko, China, Japan und dem Mittelmeerraum sind in Deutschland besonders beliebt. Ethnic-Food-Anhänger schätzen vor allem die exotischen und oft scharfen Gewürze.

Fast Food und Junk Food:

Unter „Fast Food" versteht man Speisen in Schnellrestaurants, an Imbissbuden und Ständen, die ohne großen Zeitaufwand verzehrt werden können. Klassiker sind Currywurst und Hamburger. Mit „Junk Food" werden Speisen bezeichnet, die ernährungsphysiologisch keinen hohen Wert haben, aber den Magen rasch füllen. Die Übersetzung des englischen Begriffs lautet „Ramsch- oder Mist-Essen".

Wellness-Produkte:

Der Begriff „Wellness" vereint die Trends Lust auf Genuss, Gesundheit und „Convenience". Er steht für Suche nach „Wohlgefühl-Garantie". „Wellness"-Produkte sollen gesundheitsfördernd sein. Beispiele sind Orangensaft mit Kalziumzusatz oder stilles Mineralwasser. *(1997)*

---

1. Die „Westdeutsche Zeitung" veröffentlichte dieses Wörterbuch im Vorfeld der Anuga, einer bedeutenden Lebensmittel-Messe.
   a) Stellen Sie weitere Wörter zusammen, die im Deutschen verwendet werden und die offensichtlich englischen Ursprungs sind oder deren Ursprung Sie im Englischen vermuten. Sammeln sie zu zweit in zehn Minuten so viele Wörter wie möglich.
   b) Sortieren Sie das Wortmaterial nach verschiedenen Bereichen, z. B. Sport, Medien, Computer, Wirtschaft, Alltagskommunikation.
2. Schlagen Sie in sprachgeschichtlichen Wörterbüchern nach, wann die Bezeichnungen „Boot", „Streik", „starten", „Sport", „Training", „Tennis", „Lift" und „Tunnel" aus der englischen in die deutsche Sprache übernommen worden sind.

„Das ist ja fast Food!"

Sprachschützer unterstützen abgemahnten Diplom-Ingenieur bei der Lufthansa-Technik

„Wer deutsch spricht, riskiert Arbeitsplatz"

Dortmund (dpa) – Peter Vogelsang (52) war es leid, seinen „time frame" im Auge zu behalten, um die „alert line nicht zu overshooten". Als Diplomingenieur bei einer deutschen Firma, findet er, sollte er mit seinen Kollegen deutsch reden. Auch sieht er nicht ein, warum „ganz banale Dinge" im dienstinternen Schriftverkehr mit englischen Fremdwörtern bezeichnet werden sollen. Daher tauschte er die so genannten Anglizismen wiederholt gegen deutsche Vokabeln aus. Seine Arbeitgeberin, die Lufthansa Technik AG in Frankfurt, hat ihn deshalb abgemahnt und mit Entlassung bedroht: Das Unternehmen könne derlei „Manipulationen in einem sensiblen Sicherheitsbereich nicht dulden".

Der 52-Jährige klagt gegen diese „Disziplinierungsversuche" beim Arbeitsgericht in Frankfurt. Zugleich wandte er sich Hilfe suchend an den Steinhuder Professor Walter Krämer, dessen „Verein zur Wahrung der deutschen Sprache" (Sitz Dortmund) speziell gegen die Durchsetzung des Deutschen mit englischen Begriffen kämpft. Krämer ist empört: „Jetzt sind wir so weit: Wer in Deutschland deutsch spricht, muss um seinen Arbeitsplatz fürchten." Die Deutsche Lufthansa AG, deren 100-prozentige Tochter die Technik AG ist, habe sich „ein weiteres Mal als Vorreiter der internationalen Sprachversklavung ausgewiesen", sagte der Wissenschaftler. Sein Verein hatte das Flugunternehmen schon vor Bekanntwerden dieses Falles wegen „Englisch-Marotten"

mit dem Titel „Sprachverhunzer" gebrandmarkt.

Die Lufthansa Technik AG wirft Vogelsang einen klaren Verstoß gegen die Dienstanweisung vor, in der „die Benutzung spezifischer Fachausdrücke zweifelsfrei geregelt" sei. Seine eigenmächtigen Übersetzungen – Beispiele: Tragflächen für wings oder Triebwerk für engine – führten „zu zusätzlichem Arbeits- und Zeitaufwand", weil sich die deutschen Begriffe in den „offiziellen Arbeitsunterlagen" nicht wieder fänden. Die von dem Maschinenbau-Ingenieur verwendeten Ausdrücke entsprächen „nicht dem Standard eines Wartungsbetriebs für Luftfahrtgerät". Wenn diese und ähnliche „Manipulationen" der Wochenberichte durch den Dienstleiter nicht unterblieben, werde man vor „einer Beendigung des Arbeitsverhältnisses" nicht zurückschrecken. [...]

Der gescholtene Beschäftigte Vogelsang vertritt den Standpunkt, die Verwendung der von ihm übersetzten englischen Begriffe sei in einem deutschen Unternehmen „nicht notwendig". Das „ganze englische Imponiergehabe" trage vielmehr „zur Verwirrung" bei, zumal es sich nicht wirklich um Fachausdrücke, sondern um „ganz banale Bauteile eines Flugzeugs" handele. Die von ihm gewählten deutschen Wörter seien allesamt „gebräuchlich". Insofern seien Arbeitsverzögerungen ausgeschlossen. [...]

Ein Gütetermin beim Arbeitsgericht Frankfurt ist gescheitert, der Prozess für nächstes Frühjahr anberaumt.   *(1998)*

---

1. a) Was spricht für, was gegen den Standpunkt der Lufthansa Technik AG? Sammeln Sie Argumente mit Hilfe einer ▷ Mind-Map.   ▷ S. 119
   b) Formulieren Sie Ihre Argumente so stichhaltig wie möglich aus und halten Sie sie schriftlich fest.
2. Organisieren Sie die Gerichtsverhandlung, in der über den Fall entschieden wird. Arbeiten Sie die Plädoyers von Anklage und Verteidigung, in denen Sie auch auf das Grundsatzproblem des Gebrauchs von Anglizismen im Deutschen eingehen, sorgfältig aus.
3. Schreiben Sie einen Zeitungskommentar, in dem Sie Ihren Leserinnen und Lesern anhand des vorliegenden Falls klar machen, warum Spezialisten in vielen Berufen englische Fremdwörter verwenden/nicht verwenden müssen. Beziehen Sie dabei eine eindeutige Stellung in dem Meinungsstreit.

Ärgerliche Anglizismen

Der „Verein zur Wahrung der deutschen Sprache" hat es sich zur Aufgabe gemacht, unsere Sprache vor schädlichen Einflüssen aus anderen Sprachen zu bewahren. Der Vereinsvorsitzende, Walter Krämer, verwies vor kurzem auf die aus Sicht des Vereins „ärgerlichsten und überflüssigsten Anglizismen", die da lauten: „event", „kids", „statement", „highlight" und „service point". Für die Auswahl waren mehrere Kriterien maßgeblich. Zum einen müsse der englische Ausdruck in der deutschen Sprache bereits tief verankert sein. Zum anderen müsse es für das englische Wort mindestens drei treffendere deutsche Wörter geben. Außerdem müsse der englische Ausdruck geeignet sein, die zwischenmenschliche Verständigung zu behindern. „Man kann doch nicht die Bahnauskunft als service point bezeichnen, wenn man weiß, dass 45 Prozent der Bundesbürger und 80 Prozent der in Deutschland lebenden Ausländer kein Englisch können", sagte Krämer.

Eine weitere Bedingung für die Indizierung eines englischen Ausdrucks sei, dass er die deutsche Sprache ärmer mache. Dies gelte für die fünf indizierten Ausdrücke in besonderer Weise, weil sie die Vielfalt des Deutschen durch das Verdrängen treffenderer deutscher Wörter einebneten.

Krämer versicherte, dass der Verein kein „Klub von Fremdwortfressern" sei. Er begrüße neue Wörter aus anderen Sprachen immer dann, wenn sie die Sprache als Werkzeug der Verständigung bereicherten. Wie viele Menschen aber eine „unsinnige Verfremdung" der deutschen Sprache ablehnten, zeige die Mitgliederentwicklung des erst im vergangenen Jahr gegründeten Vereins: Innerhalb weniger Monate habe er rund 2200 Mitglieder gewonnen. *(1998)*

---

1. Entwickeln Sie eine „Ja, aber ..."-Argumentation:
   a) Stellen Sie die Bedingungen zusammen, unter denen nach Ansicht des „Vereins zur Wahrung der deutschen Sprache" englische Wörter ins Deutsche übernommen werden können.
   b) Stellen Sie dar, wann nach Ansicht der Sprachschützer ein in der deutschen Sprache auftauchendes englisches Wort zurückgedrängt werden sollte.
   c) Klären Sie, welche der von Ihnen gesammelten Wörter englischen Ursprungs (▷ Aufgabe 1, S. 378) von dem Sprachverein abgelehnt werden müssten und welche nicht.
   d) Formulieren Sie abschließend schriftlich eine „Ja, aber ..."-Position. Verwenden Sie darin auch Beispiele.
2. Definieren Sie mit Hilfe sprachwissenschaftlicher Nachschlagewerke den Begriff „Sprachpurismus".
3. ▷ **Referat/Facharbeit:** Stellen Sie historische Vorläufer des „Vereins zur Wahrung der deutschen Sprache" vor, z. B. die Sprachgesellschaften des 17. Jahrhunderts wie die „Fruchtbringende Gesellschaft" oder den 1885 gegründeten „Allgemeinen deutschen Sprachverein". Klären Sie dabei die unterschiedlichen Ziele und Programme der einzelnen Sprachvereine im geschichtlichen Kontext.

▷ S. 105 ff., 119 f.

Dieter E. Zimmer
Von Deutsch keine Rede (1996)

Ein Plädoyer für nationale Zurückhaltung im Dienst der Verständigung

Als die Gesellschaft Deutscher Chemiker im Sommer 1994 beschloss, in zwei ihrer traditionsreichsten Zeitschriften, *Liebigs Annalen* und *Chemische Berichte*, nur noch englischsprachige Beiträge zuzulassen, stimmte die Chemie nicht mehr. Besonders bei den anorganischen Chemikern war die Erregung groß, eine Boykottbewegung begann sich zu formieren, und die Diskussion schwappte sogar auf die Leserbriefseiten der Tagespresse über. Die Rede war von der „Preisgabe eines Stücks nationaler Identität", von der „Tendenz zum kulturellen Einheitsbrei", von der „Ausrottung" der Sprache Lessings und Liebigs. Die Gesellschaft Deutscher Chemiker aber blieb fest: Ab Anfang 1997 wird es in beiden Zeitschriften keine deutschsprachigen Aufsätze und Meldungen mehr geben.

Die Gesellschaft hat Gründe. In den im deutschen Sprachraum herausgegebenen chemischen Fachzeitschriften für eine internationale Leserschaft tauchte Englisch erst nach dem

Zweiten Weltkrieg auf, aber seither befindet sich Deutsch dort auf einem stetigen Rückzug und nähert sich ohnehin der Nullgrenze. 1962 war ein Viertel der Beiträge in Englisch, um 1975 wurde die 50-Prozent-Marke passiert, 1987 waren es 72 Prozent. Weltweit sind heute über 80 Prozent aller Chemiepublikationen in Englisch abgefasst und nur noch knapp zwei Prozent in Deutsch. Selbst neun von zehn deutschsprachigen Chemikern publizieren – auch – auf Englisch.

Der vom Institute for Scientific Information (ISI) in Philadelphia ermittelte so genannte *impact factor* misst, wie oft wissenschaftliche Aufsätze im Durchschnitt zitiert werden – sozusagen die Resonanz, mit der ein Forschungsergebnis weltweit rechnen kann. Englischsprachige Aufsätze werden durchschnittlich 3,7-mal zitiert, russische 0,9-mal, deutsche 0,6-mal, französische und japanische 0,5-mal. Auf Englisch publizierte Studien, heißt das, finden ein sechsmal so hohes Echo wie deutsche. Der *impact* ist keine esoterische, von allen weltlichen Interessen abgehobene Größe – sonst würde kaum so viel Aufwand getrieben, ihn laufend zu ermitteln. Für das berufliche Fortkommen jedes einzelnen Wissenschaftlers überall auf der Welt ist es von entscheidender Wichtigkeit, dass er publiziert, wo er publiziert, dass er zitiert wird, wie oft und von wem er zitiert wird.

Für die Herausgeber und Verlage naturwissenschaftlicher Fachjournale ist der Fall somit klar. Jene beiden Chemiezeitschriften etwa gehen zu achtzig Prozent ins nichtdeutschsprachige Ausland. Deutschsprachige Beiträge finden dort nur wenige Leser. Sie lassen sich vor der Veröffentlichung auch nicht der internationalen *peer review* unterwerfen, die die Qualität und das Ansehen der Journale garantiert, denn selten finden sich genügend Fachleute, die nicht nur „ebenbürtig", sondern auch noch des Deutschen mächtig sind.

Die Publikationssprache Deutsch, richtiger: Nichtenglisch, kapselt die Forschung gegen die nur zum kleinsten Teil deutschsprachige Fachöffentlichkeit ab, auf die sie sich doch in jedem Augenblick – nehmend wie gebend – bezieht. Da das den meisten Wissenschaftlern klar ist, veröffentlichen sie ihre großen, wichtigen Arbeiten gerne auf Englisch und nur die zweite Wahl auf Deutsch. Die im deutschen Sprachraum verlegten internationalen Fachzeitschriften laufen damit doppelte Gefahr, für ihre nichtdeutschen Abnehmer uninteressant zu werden – und bei der nächsten Sparrunde aus dem Anschaffungsetat dieser oder jener Bibliothek gestrichen zu werden. Der Wettbewerb ist hart und unbarmherzig, und für die Zeitschriften ist Englisch schlicht eine Überlebensfrage. Sonderbar, dass einige Wissenschaftler darin nicht die Spiegelung ihres eigenen Überlebensinteresses sehen. Was sie ihrer internationalen Fachöffentlichkeit vorenthalten, etwa durch eine dieser nicht geläufige Sprache, ist fast wie nicht vorhanden.

Stimmen aus dem Chor des Protests: „Gute Arbeiten werden auch in Deutsch zur Kenntnis genommen", „Deutsch wird zumindest in Europa zur zweiten Lingua franca[1]", „Täte nicht auch Amerikanern und Briten ein wenig Fremdsprachenkenntnis gut?" Sie verkennen die Lage. Auch denen, die den Vorteil haben, dass Englisch ihre Muttersprache ist, täten Fremdsprachenkenntnisse sicher gut – aber solcherlei Einsicht treibt die Belegschaft keines einzigen Labors in den nächsten Crashkurs, und wenn der eine oder andere sich ihr anschließen sollte, wird er nicht unbedingt gerade Deutsch lernen, übrigens auch dann nicht, wenn er überzeugt sein sollte, dass deutsche Kollegen gute Arbeit leisten, denn gute Arbeit wird immer auch anderswo geleistet. Da die Fremdsprachenkapazität gering ist – die meisten glauben, Wichtigeres vorzuhaben und keine Minute dafür erübrigen zu können –, wird er, wenn er sich der Mühe denn schon unterzieht, eher die Sprache wählen, die in seiner Nachbarschaft gesprochen wird, die er auf seinen Reisen am besten gebrauchen kann oder deren Kulturraum ihm schlicht am sympathischsten ist. Deutsch hat da keine besonders guten Karten. Es ist auch nirgends dabei, zur Lingua franca zu werden.

Unter den drei- bis fünftausend Sprachen dieser Welt ist Deutsch in der Tat eine der „größten". Nach einer Unesco-Statistik für 1989 steht es, mit den etwa neunzig Millionen Menschen des deutschen Sprachraums, die mit ihm in Elternhaus oder Schule groß geworden sind, genau an zwölfter Stelle; wenn man die

---

1 **Lingua franca:** Verkehrssprache eines großen, verschiedensprachige Länder umfassenden Raums

sechs bis acht Millionen der über die Welt verstreuten deutschsprachigen Minderheiten dazuzählt, ist es immer noch die zwölfte. An der ersten steht Chinesisch (1,08 Milliarden), dann folgen Englisch (594 Millionen), Hindustani (412), Spanisch (311), Russisch (285), und selbst Portugiesisch, das uns doch eine „kleine" Sprache zu sein scheint, hat dank Brasilien nahezu doppelt so viele Sprecher wie Deutsch. Die „Größe" des Deutschen ist also sehr relativ. [...]

In der Wissenschaft war Deutsch wirklich einmal eine Art Lingua franca, vor allem in dem Raum, der heute MOE heißt, Mittelosteuropa. Russische oder baltische oder tschechische Gelehrte sprachen nicht nur Deutsch, wenn sie mit Deutschen zu tun hatten, sondern oft auch untereinander; teilweise publizierten sie auf Deutsch. Bis in die Dreißigerjahre mussten sogar amerikanische Chemiker Deutsch können.

Aber das war einmal und wird nie wieder sein. Ein Japaner, Minoru Tsunoda, hat sich 1983 die Mühe gemacht, hundert Jahre Referatenorgane durchzuzählen. Danach lagen international Französisch und Deutsch bis etwa 1910 gleichauf: Etwa 25 Prozent der Publikationen entfielen auf jede; Englisch war, mit etwa 35 Prozent, aber auch damals schon die meistverwendete Sprache. Nach 1910 begann Französisch kontinuierlich abzusinken und Englisch anzusteigen, bis jenes 1980 bei etwa drei Prozent angekommen war und dieses bei 74 Prozent. Dem Deutschen erging es genau

wie dem Französischen, nur mit einer Zeitverzögerung von zehn Jahren: Bis etwa 1920 stieg es noch leicht an, seitdem fiel es im gleichen Tempo zurück. 1980 lag es bei vier Prozent.

In welche Fachgebiete das Englische heute am weitesten vorgedrungen ist, hat vor einigen Jahren die Sprachwissenschaftlerin Sabine Skudlik ermittelt. Am weitesten ist der Prozess in den Grundlagenwissenschaften gediehen. Aus der deutschen Biologie und Teilen der Chemie ist Deutsch als Publikationssprache fast gänzlich verschwunden. Nur noch in wenigen, stark praxisbezogenen Disziplinen veröffentlichen deutschsprachige Naturwissenschaftler mehr auf Deutsch als auf Englisch (so in der Geo- und der Forstwissenschaft, der klinischen und der Veterinärmedizin). Geistes- und Sozialwissenschaftler tun es überall dort, wo sie sich nur an eine inländische Fachöffentlichkeit wenden oder wo die Sprache nicht nur Medium, sondern Teil des Gegenstands ist, in dieser Reihenfolge: Literaturwissenschaft, Pädagogik, Theologie, Jura, Geschichte. [...]

Mit Latein hatte die aufkeimende Wissenschaft einmal eine gemeinsame und sie einende Sprache. Ohne dass es sich danach gedrängt hätte, ist heute Englisch unter unseren Augen zur neuen Lingua franca geworden. Es käme darauf an, das endlich nicht mehr als kulturelle Bedrohung, sondern als einmalige Chance zu begreifen, vor dieser Tatsache nicht davonzulaufen, sondern ihr mit Grazie entgegenzugehen.

---

1. a) Ermitteln Sie die zentralen Aussagen des Artikels von Dieter E. Zimmer und weisen Sie nach, mit welchem Beispielmaterial der Autor seine Thesen stützt.

   b) Wie eröffnet der Autor seinen Zeitungsartikel? Skizzieren Sie mögliche Alternativen und wägen Sie Vor- und Nachteile der verschiedenen Einleitungsmöglichkeiten ab.

   c) Beurteilen Sie die Argumentationsweise des Autors.

▷ S. 490 ff. 2. Verfassen Sie eine ▷ **Erörterung** zum Thema „Deutsch als Wissenschaftssprache", indem Sie

   ■ die zentralen Thesen des Autors in ihrem gedanklichen Zusammenhang darstellen,

   ■ die Art und Weise beurteilen, wie der Autor argumentiert und wie er seine Argumente mit Beispielen untermauert,

   ■ Gründe anführen, wieso Sie sich der Argumentation des Autors (nicht/nur teilweise) anschließen können.

Roland Kaehlbrandt

Die verkannte Muttersprache (1996)

Das ungeliebte Deutsche gilt vielen hier zu Lande als komplizierter und konsonantischer Regionaldialekt, der Vorstellungen von Kohlsuppe, Hausmeisterrügen, Behördenfluren und
5 Beförderungshinweisen zu wecken scheint. Das Eintreten für die innere Weiterentwicklung der deutschen Sprache und für die Stabilisierung ihrer grenzüberschreitenden Verbreitung gilt in weiten Kreisen als anrüchig
10 oder zumindest als verschroben. Erinnert es nicht an Weltfremdheit, Chauvinismus und Größenwahn des Allgemeinen Deutschen Sprachvereins? Sprachpflege und Sprachbewusstsein sind in Deutschland historisch und
15 ideologisch vorbelastet. Können sie vielleicht aber auch vernünftig, mit Maß gehandhabt werden? Dass das Deutsche in den 20er-Jahren über die Grenzen hinaus den Ruf einer ausgezeichneten Wissenschaftssprache genoss,
20 dass es noch heute – gerade in Frankreich – auf Grund seines transparenten und ausbaufähigen Wortschatzes und seiner präzisen Ordnungsinstrumente für räumliche und zeitliche Beziehungen als geeignete Fremdsprache für
25 die besseren Schüler gilt, nimmt bei uns kaum jemand zur Kenntnis. Größenwahn oder Kleinmut: Zwischen diesen Polen irrt und wirrt es mächtig. Ein vernünftiges, ausgewogenes Sprachbewusstsein ist nicht zu erkennen.
30 Die Dominanz des Englischen ist unstrittig. Dieter E. Zimmer hat das kenntnisreich dargelegt. Er hat aber auch davon abgeraten, sich noch dagegen zu wenden. Ist nicht die internationale Verständigung der Wissenschaftler
35 ein entscheidender Vorteil für die Forschung? Können sich grenzüberschreitende Zusammenschlüsse wie die Europäische Union die Kosten der Vielsprachigkeit leisten? Da fällt es auf den ersten Blick schwer, anders als mit
40 Nein zu antworten. Aber es drängen sich doch einige Gegenfragen auf. Ist es in wissenschaftsbasierten Gesellschaften wie den europäischen vertretbar, wenn wichtige Erkenntnisse nicht mehr in den Muttersprachen
45 zu vermitteln sind? Ist es nicht auch ein demokratisches Erfordernis, dass entwicklungsentscheidende Erkenntnisse in die Muttersprache übertragen werden? Bei allem Verständnis für das berechtigte Anliegen der

immer wieder zitierten Spitzenforschung, No-
50 belpreise zu gewinnen: Ist es wirklich zu begrüßen, dass ganze Fachwortschätze im Deutschen nicht mehr zur Verfügung stehen, und zwar in Schlüsselfächern wie den Biowissenschaften oder der Informatik? Wenn auch in
55 diesen Fächern der Zug schon abgefahren ist: Ist es sachgerecht, dass andere Disziplinen, zum Beispiel die Sozialwissenschaften, auf dem besten Wege dazu sind?
Internationalität bedeutet doch nicht die Auf-
60 gabe eigener kultureller Identität, die zuallererst in der Sprache gründet, sondern das bewusste Anverwandeln anderer Kulturen und Wissenbestände. Dafür sorgt – besonders bei der Vermittlung von Fachwissen an die Allge-
65 meinheit – die Übersetzung von fremdsprachigen Fachbegriffen. Sprachen erhalten sich so die Fähigkeit, neuartige Sachverhalte der eigenen Sprachgemeinschaft verständlich zu machen – eine eigentlich selbstverständliche Ver-
70 pflichtung. Wissenschaftssprachen, auch die deutsche, bereichern schließlich auch die Gemeinsprache. Es ist daher nicht schlüssig, einerseits den „Ausbaurückstand" des Deutschen zu konstatieren und andererseits zum
75 Bremsen der unnötigen inneren Anglisierung aufzufordern.
Die reine Funktionalität, mit der manche die Verwendung des Englischen begründen, ist häufig nicht überzeugend. Viele osteuropäi-
80 sche Wissenschaftler mit Deutschkenntnissen sind inzwischen gezwungen, auf Kongressen in der Bundesrepublik den Kopfhörer aufzusetzen, um der Simultanübersetzung zu lauschen. Die Konferenzsprache ist Englisch.
85 Der Linguist Ulrich Ammon hat die bezeichnende Situation beschrieben, in der sich deutschsprachige Wissenschaftler „auf deutschem Boden vor deutschem Publikum auf Englisch abquälen". Ebenso bezeichnend sind
90 Situationen wie jene, in der ein deutscher Wissenschaftler trotz Simultanübersetzung auf Englisch vorträgt, woraufhin ein französischer Kollege auf Deutsch antwortet. Kurz, eine gewisse Neigung zum öffentlichen Nachweis
95 von Fremdsprachenkenntnissen, schärfer formuliert: eine Art Bildungsdünkel mag eine Ursache für die Dominanz des Englischen in deutschen Breiten sein. Das Verdikt „Die Spitzenforschung spricht englisch" erweist sich
100 damit nur in Grenzen als Tatsachenbeschrei-

bung. Häufig ist es Verbrämung des ambitiö-
sen Anspruchs dazuzugehören. Eine Frage
des Sprachbewusstseins also. Man mag von
105 staatlicher Sprachpolitik wenig halten.
Sprachpolitische Auswirkungen hat aber
auch der Beschluss der Gesellschaft Deutscher Chemiker, in ihren beiden Fachzeitschriften nur noch englischsprachige Artikel
110 zuzulassen.
Ein weiterer Aspekt: Lesefähige Fremdsprachenkenntnisse können innerhalb weniger
Monate erworben werden. Ist es da akzepta-
bel, dass manche Forscher glauben, keine Mi-
115 nute dafür erübrigen zu können? Und
schließlich: Es wird darüber nachgedacht, ob
das rückläufige Interesse ausländischer Studenten an einem Studienaufenthalt in
Deutschland durch Abbau der Sprachbarriere
120 behoben werden kann. Ist vielleicht aber auch
die Qualität der hiesigen Studienbedingungen
ein Grund für die Bevorzugung anderer Wis-
senschaftsstandorte? […]
Es gibt wohl ebenso gewichtige historische
125 und kulturelle wie zweckgerichtete Gründe,
die dazu führen, dass hierzulande die Dominanz des Englischen auf internationalem Par-
kett und sein zunehmendes Gewicht im deutschen Wortschatz als unumgänglich oder
130 auch begrüßenswert angesehen werden. Darunter auch den, dass das Englische für viele

Nachkriegsjahrgänge etwas durchaus Befrei-
endes hatte. Es war Reaktion auf eine verna-
gelte Alltagswelt, auf deutsche Untugenden
wie Kadavergehorsam, Kasernenhofton und 135
Autoritarismus. Unter der Last einer kompro-
mittierenden Vergangenheit hat das Deutsche
den Sprung in viele moderne oder postmoderne Wissensgebiete und Lebensbereiche nicht
geschafft, obwohl es funktional alle Voraus- 140
setzungen dafür bietet. Das Englische hat dagegen den Trumpf, dass es ein anderes Lebensgefühl zum Ausdruck bringt. Doch ist
Provinzialismus nicht mit semantischen Mitteln auszutreiben. Im Gegenteil: Viele Auslän- 145
der empfinden gerade die hektische Orientierung am angloamerikanischen Vorbild als
unsouverän und provinziell. So forderte kürzlich ausgerechnet ein amerikanischer Hum-
boldt-Stipendiat in der *FAZ* eine deutsche 150
Kulturpolitik in universeller, weltbürgerlicher
Absicht, da die deutsche Sprache so viele
Schätze menschlicher Zivilisation in sich berge. „Der einzige mögliche Zweck einer deutschen Kulturpolitik, die nicht provinziell sein 155
wollte, ist es", so der wohlmeinende Kritiker,
„diese menschliche – eben nicht nur deutsche –
Zivilisation zu kultivieren und zu schützen."
Wir wollen nicht übertreiben: Ansätze zu einem neuen Sprachbewusstsein wären auch 160
schon etwas.

---

3. Verfassen Sie im Anschluss an die beiden Artikel von Zimmer (▷ S. 380 ff.) und Kaehlbrandt eine verglei-
▷ S. 490 ff.   chende ▷ **Erörterung** zum Thema „Deutsch als Wissenschaftssprache". Zeigen Sie darin auf,
■ welche Thesen die Autoren vertreten,
■ wie sie ihre Thesen argumentativ und mit Beispielen untermauern.
Entwickeln Sie anschließend einen eigenen Standpunkt zu der Frage, ob sich auch Wissenschaftler/innen
für die Erhaltung der Sprachenvielfalt einsetzen sollten.

1.2.2 Der Einfluss des Anglo-Amerikanischen
auf die deutsche Wortbildung und Syntax

Eike Schönfeld
alles easy (1995)

Das Amerikanische – das ist spätestens seit
Ende des Zweiten Weltkriegs die dominierende (populäre) Weltkultur. Das ist Fitness, Kleidung, Hamburger, Comics, Literatur, Fernse-

hen, Football, Datenautobahn, *political cor-* 5
rectness, das ist Coca Cola, Intel, Hip-Hop,
Marlboro, das ist das romantische und aufre-
gende Bild, das zunächst Hollywood und später auch die Werbung von den USA weltweit
entworfen haben, das ist die Projektion von 10
Freiheit und Abenteuer, von Optimismus und

märchenhaftem Aufstieg – man muss nur zugreifen.

Das alles findet seinen Ausdruck im amerikanischen Englisch, das jede andere Sprache, mit der es in Kontakt kommt, infiltriert, selbst das britische Englisch. Die offenen Wege, auf denen das Amerikanische in unser Sprechen und Denken eingedrungen ist, sind vielfältig: Neue Produkte und Moden aus den USA wie *Aerobic, Walkman, Snowboard* behalten ihre Bezeichnung, Filme ihren Titel – aus Gründen der besseren Vermarktung, der bewussten Steuerung, der Faszinationsmaximierung. Die überwältigende Mehrheit der Popmusik, die aus Funk, Fernsehen und von *Tonträgern* aller Art rieselt, kommt aus den USA und hinterlässt Wort- und Satzfetzen; die Werbung bedient sich, in ihrem Jargon wie auf ihren Feldzügen, des Englischen, da es durchweg positiv besetzt ist. Computer-, Freizeit- oder Fitnessmarkt, deren Terminologie hauptsächlich englisch ist, sind schon fast in jeden deutschen Haushalt vorgedrungen; Baseball, Basketball, American Football bringen ihr gesamtes Fachvokabular mit und ihr Drumherum – die besondere Form der Siegerpose, die *Cheerleader* und die speziellen *Caps* und Jacken – gleich dazu. Das Fernsehen, zumal das private, amerikanisiert sich mit seinen zahllosen *Talk-, Game-* und *Late-Night-Shows*, mit *News, Reality-TV* samt allen US-Accessoires bis hin zu „authentischer" Gewalt und Emotion [...].

Aber auch eine verdeckte Unterwanderung fand und findet statt: Auslandskorrespondenten übernehmen ohne Not Begriffe wie „Administration" (statt „Regierung"), schludrige Synchronübersetzer, insbesondere der zahllosen Fernsehserien, die die Fiktion des lockeren „American way of life" verbreiten, produzieren am laufenden Band das sattsam bekannte „Dallas-Deutsch" mit seinen ungezählten Bastardwendungen à la *nicht wirklich* (statt „eigentlich nicht"), *Sex haben* (statt – na, der Möglichkeiten sind viele), *keine Idee* (statt „keine Ahnung"), *wir sehen uns später* (statt „bis dann") *ihr Jungs* (statt einfach „ihr") und eine ungeheure Inflation von *hassen* und *lieben*. [...]

Der Einfluss des Amerikanischen wird nicht mehr nur auf der semantischen Ebene sichtbar, sondern zunehmend auch auf der syntaktischen. Beispielsweise sind die im englischen Sprachraum beliebten Kettenwörter seit ein paar Jahren auch bei uns anzutreffen, bislang vornehmlich in der Werbung. Noch vor fünf Jahren hätte die Beteuerung, ein Produkt sei mit einer „Geld-zurück-Garantie" versehen (eine wörtliche Übersetzung des englischen *money-back-guarantee*), sehr fremdartig geklungen, heute ist sie schon (fast) normal. Noch nicht ganz so weit, aber schwer im Kommen ist der Manierismus, Wortketten wie *Flughafen Zubringer Service, NDR Spät Show* oder *Freizeit Socken* zu bilden, die, würde es mit rechten Dingen zugehen, durch Bindestriche verbunden oder als ein Wort geschrieben wären.

Gewiss ist die englische Sprache mit ihrer Fähigkeit zu knappen, griffigen, oftmals witzig klingenden Wörtern in idealer Weise befähigt, komplexe Zusammenhänge auf den berühmten Punkt zu bringen. Hinzu kommt, dass die Dinge, Moden, Bewegungen, Tendenzen, die sie so plastisch bezeichnen, eben in den USA entstanden sind, dort ihren peppigen Namen (oft mit einem *-ing* am Ende) bekommen haben und dank der mittlerweile einzigartigen Stellung ihres Ursprungslandes als Weltmacht – politisch, militärisch, wirtschaftlich und kulturell – rund um den Globus exportiert werden. Aber ist die deutsche Sprache wirklich zu umständlich und hölzern, um eigene Begriffe dafür zu erfinden?

Dieter E. Zimmer

Neuanglodeutsch (1998)

Der Computerjargon ist nur ein Beispiel, aber es ist ein gutes Beispiel. Alle Sprachen sind hier dem gleichen Druck ausgesetzt. Es handelt sich auch um keine bloße Mode, sondern um eine neue Welt voller neuer Dinge, für die keine Sprache Namen hatte und die alle einen Namen benötigen. Für alle Sprachen kommt der Druck aus der gleichen Richtung. Obwohl ein Fachjargon, geht er in dem Maße, in dem der Computer zum Teil des Alltags wird, zu großen Teilen in die Alltagssprache über. Die hundert ausgewählten Begriffe sind keine Sache nur von Informatikern; es sind solche, die ständig auch dem normalen Anwender begegnen und mit denen er selber hantieren muss, sobald er über sein Arbeitsgerät sprechen will. Dieser Jargon entsteht unter sozusagen verschärften Bedingungen, wie sonst nur noch der Jargon des internationalen Verkehrswesens und zunehmend der der Naturwissenschaften: Die ihn prägen – die Autoren und Übersetzer der Handbücher, die Fachjournalisten, die Werbeleute – müssen nicht nur selber zweisprachig sein, sie arbeiten auch zweisprachig, ständig aus der einen Sprache in die andere und zurück wechselnd. Bei diesem unablässigen Wechsel können sie nicht lange nachgrübeln, wie man diesen oder jenen Begriff in der anderen Sprache sinnvoll und geschickt wiedergeben könnte, sie müssen auf fertige Begriffe zurückgreifen, und wo ein Begriff in der Zielsprache unterlegen wirkt – trockener, umständlicher, ungelenker, nämlich weniger leicht einbindbar in wechselnde Satzzusammenhänge –, hat er das Nachsehen, wird das englische Wort lieber doch gleich so belassen, wie es ist. […]

Während der mehr oder weniger stark anglisierte Computerjargon die innere Anglisierung der nichtenglischen Sprachen schon seit Jahrzehnten langsam, aber sicher vorantreibt, erfährt dieser Prozess seit Beginn der 90er-Jahre durch die rapide fortschreitende weltweite Vernetzung eine mächtige Beschleunigung. Die Lingua franca[1] der Netze ist Englisch. Kaum eine Datenbank, deren Inhalte anders als auf Englisch gespeichert sind, und selbstverständlich ist auch die Zugriffssprache fast immer allein Englisch. Kaum ein Diskussionsforum, in dem andere Sprachen gesprochen werden. Und da die so genannten Sonderzeichen der nationalen Alphabete in den Netzen vielen Fährnissen ausgesetzt sind,

sind die nichtenglischen Sprachen selbst bei der privaten elektronischen Post stark gehandicapt. Die gesamte Metakommunikation des Internets – also die Kommunikation über die Techniken der Kommunikation – vollzieht sich ebenfalls fast ausschließlich auf Englisch, und so werden die Schlüsselbegriffe fast nirgends mehr übersetzt: *browser*, *chat*, *client*, *cyberspace*, *gateway*, *home page*, *host*, *link*, *modem*, *on line*, *server*, *url*, *web* – das sind inzwischen Weltwörter, bei denen so gut wie keine Sprache mehr auch nur den schüchternen Versuch unternimmt, ihnen eigene Entsprechungen an die Seite zu stellen, abgesehen von einigem letzten Widerstand aus Frankreich und Frankokanada. Womit der nichtenglische Benutzer in den Netzen ständig konfrontiert ist und worin er sich irgendwann selber einklinken muss, ist nicht einfach nur Englisch, sondern ein ganz besonderes Englisch, wie es sich auf keiner Schule lernen lässt: Netspeak, bestimmt durch den flapsigen Jargon amerikanischer Informatikstudenten und eine Reihe von Eigenheiten, die sich nirgendwo sonst finden, etwa den „Emoticons" genannten, aus Schriftzeichen gefügten Signalen für Gemütszustände, etwa :-) als Symbol für gute und :-(für schlechte Laune; und die teils witzigen, aber für Uneingeweihte zunächst einmal nur unverständlichen Akronyme wie *B/C* (*because*), *CU* (*see you*), *TIA* (*thanks in advance*), *LOL* (*laughed out loud*), *BTW* (*by the way*). Die neuen Medien kommen also durchaus englisch daher; und da sie nicht nur ein weiteres Fachgebiet sind, sondern eben Medien und als Medien allgemeine Multiplikatoren, dürfte die Auswirkung auf die nichtenglischen Sprachen noch stärker, noch dauerhafter und noch irreversibler sein als beim bloßen Computerjargon.

1 **Lingua franca**: Verkehrssprache eines großen verschiedensprachige Länder umfassenden Raums

1. Fassen Sie die von Eike Schönfeld und Dieter E. Zimmer dargestellten Entwicklungstendenzen der deutschen Gegenwartssprache mit eigenen Worten zusammen.
2. a) Ordnen Sie die von Schönfeld und Zimmer angeführten Anglizismen in einer Tabelle nach Bedeutungsbereichen, Wortarten und syntaktischen Gesichtspunkten.
   b) Ergänzen Sie die Tabelle mit weiteren, Ihnen geläufigen Anglizismen.
3. Stellen Sie aus dem folgenden Text der Modemacherin Jil Sander die englischsprachigen Wörter nach Wortarten zusammen und bestimmen Sie sie grammatikalisch (z. B. „contemporary" = prädikatives Adjektiv, endungslos; „combinen" = engl. Verb; dt. Infinitivendung). Achten Sie auch auf den deutschen Satzkontext. Was fällt Ihnen an den Nomen auf?

Mein Leben ist eine giving-story. Ich habe verstanden, dass man contemporary sein muss, das future-Denken haben muss. Meine Idee war, die hand-tailored-Geschichte mit neuen Technologien zu verbinden. Und für den Erfolg war mein coordinated concept entscheidend, die Idee, dass man viele Teile einer collection miteinander combinen kann. Aber die audience hat das alles von Anfang an auch supported. Der problembewusste Mensch von heute kann diese Sachen, diese refined Qualitäten mit spirit eben auch appreciaten. Allerdings geht unser voice auch auf bestimmte Zielgruppen. Wer Ladyisches will, searcht nicht bei Jil Sander. Man muss Sinn haben für das effortless, das magic meines Stils.

(*Jil Sander*)

**Englisch und Deutsch kontrastiv betrachtet:
Wichtige Wortbildungsregeln und Gesetze der Syntax**

Englisch	Deutsch
■ Konversion: Aus Wörtern einer Wortklasse lassen sich ohne jede Veränderung der entsprechenden Wortformen Wörter einer anderen Wortklasse gewinnen: *to repeat/repeat.*	■ Aus Wortstämmen unterschiedlicher Art lassen sich zusammengesetzte Wörter bilden, z. B. *Führerscheinprüfungsamt.*
■ Verben haben im Präsens nur zwei Flexionsendungen, aber die Aspektunterscheidung: *think/thinking.*	■ Durch Präfixe erhält man neue, im Sinn veränderte Verben: *raten – verraten.*
■ Beim Adjektiv wird nicht zwischen schwacher und starker Flexion unterschieden.	■ Adjektive lassen sich nominalisieren: *gut – das Gute.*
■ Beim Nomen gibt es keine eindeutig aus der Endung ableitbare Bestimmung der Subjekt-/Objekt-Position im Satz.	■ Es gibt höchst unterschiedliche Pluralendungen: Frau*en*, Männ*er*, Tier*e*, Auto*s*.
■ Historisch vergleichend spricht man vom Flexionsverfall im Englischen.	■ Abtrennbare Verbpräfixe stehen häufig am Satzende, z. B.: Er stimmte ihr *zu*.
■ Im englischen Satz steht vor dem finiten Verb stets das Subjekt.	■ Es gibt strikte Regeln der Wortstellung für das finite Verb im Satz:
	□ Zweitstellung im Aussagesatz,
	□ Anfangsstellung im Fragesatz und beim Imperativ,
	□ Endstellung in Nebensätzen, die durch Konjunktionen eingeleitet sind.

---

4. a) Ergänzen Sie, wenn möglich in Kooperation mit dem Englischunterricht, weitere Beispielwörter und -sätze zu den einzelnen Merkmalen des Englischen und des Deutschen.

   b) Beziehen Sie Ihre Erkenntnisse auf die Beispiele aus dem Jil-Sander-Text.

5. Aus der Perspektive anderer Sprachen bzw. Sprachfamilien (z. B. der Turksprachen oder der slawischen Sprachen) kann man auch Ähnlichkeiten zwischen den beiden germanischen Sprachen Englisch und Deutsch feststellen, sowohl im Hinblick auf den Wortbestand als auch im Hinblick auf den Satzbau. Suchen Sie Belege für die Verwandtschaft des Englischen und des Deutschen. Nutzen Sie dabei die Kenntnisse türkischer oder osteuropäischer Mitschüler/innen.

6. Im Folgenden können Sie mit englisch-deutschen Wortformen experimentieren und genauer über Schwierigkeiten der Wortflexion und der Orthografie nachdenken: Was geschieht bei der Einpassung englischer Fremdwörter in deutsche Sätze? Bilden Sie Beispielsätze mit den angegebenen grammatischen Operationen und beschreiben Sie genau Ihre Beobachtungen:

   ■ Verwendung im Plural/als Femininum: „the user", „the goalkeeper"

   ■ Verwendung in flektierter Form vor Nomen/in Steigerungsformen/als Nominalisierung: „cool", „soft", „groovy", „sexy"

   ■ Verwendung im Präsens und Perfekt Indikativ/im Passiv: „testen", „beamen", „capturen", „outen", „canceln", „zoomen"

   ■ Verwendung mit verschiedenen Präfixen/in verschiedenen Tempora: „to check", „to power"

7. „Macht das alles Sinn?" Stellen Sie Wendungen im heutigen Deutsch zusammen, bei denen erkennbar ist, dass sie durch Übersetzung aus dem Englischen entstanden und zu einer sog. inneren Entlehnung im Deutschen geworden sind, obwohl sie der deutschen Idiomatik nicht entsprechen.

8. **Kombi-Wörter, Wortketten, Pseudowörter**

a) Sprachpfleger und Linguisten weisen kritisch vor allem auf sog. Pseudowörter hin, „die durch das hastige Zusammenleimen irgendwelchen Wortbruchs oft englischer, oft aber auch nur vage internationaler Provenienz gebildet wurden" (D. E. Zimmer). Ergänzen Sie folgende Beispiele: „Infopool", „High-Tech", „Sommer Oldies Gala", „Techno-Freak".

b) Im Bereich der Wissenschaften und ihrer internationalen Kommunikation gibt es eine Tendenz, Wortmaterial aus dem Griechischen, Lateinischen und Englischen höchst flexibel zu kombinieren. Suchen Sie zu den nebenstehenden Wortelementen häufig anzutreffende Verbindungen.

c) Kommentieren Sie die Mischung der Wortbausteine und Schreibweisen bei den folgenden Komposita und versuchen Sie die Komposita ins Deutsche zu übertragen:

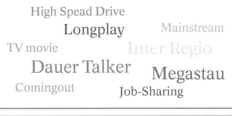

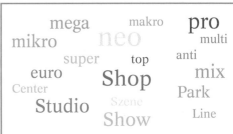

1.2.3 Projekt: Gegenwartssprache

FREMDWORT-ÜBERTRAGUNG IN FACHSPRACHE UND ALLTAGSSPRACHE

1. **Anglizismen in der privaten und öffentlichen Kommunikation**

a) Untersuchen Sie authentische Sprachverwendungen in der privaten und öffentlichen Kommunikation im Hinblick auf den anglo-amerikanischen Bestand an Wörtern und Wendungen. Zeichnen Sie Alltagsgespräche auf und verfassen Sie selbst fiktive Dialoge zu folgenden Themen:
   - Sport/Fitness
   - Mode
   - Pop-Musik
   - Werbe-Management

b) Untersuchen Sie audio-visuelle oder in den Printmedien veröffentlichte Werbetexte zu den Bereichen:
   - Tourismus
   - Genussmittel (Kaffee, Zigaretten, Getränke)
   - Auto
   - Kommunikation (Telefon/TV/Computer/Internet)
   - Investment/Banken

2. **Anglizismen in der Computersprache**

a) Beschaffen Sie sich Gebrauchsanleitungen für PCs oder Drucker sowie Werbetexte für Software und untersuchen Sie sie auf ihren Sprachgebrauch hin. Listen Sie die fachsprachlichen Nomen und Verben auf und verschaffen Sie sich einen Überblick über den Anteil deutsch-/englischsprachiger Wörter.

b) Falls Sie einen Internet-Anschluss nutzen können oder Erfahrungen mit dem Schreiben von E-Mails haben, können Sie Beispiele für die Veränderung des Schreibens unter dem Aspekt der „Sprachrichtigkeit" zusammentragen und analysieren. Stellen Sie einige der in solchen weltweiten Kommunikationen üblichen „Emoticons" (Sonderzeichen beim Mailen und Chatten) vor und erklären Sie die Grenzen des ASCII-Codes für den deutschsprachigen Benutzer. Kennen Sie Beispiele von Network-Poesie oder satirische Texte, in denen im Stile amerikanischer Informatik-Studenten kommuniziert wird?

c) ■ Untersuchen und kommentieren Sie die rechts oben aufgeführten Übertragungen aus der Computer- in die Alltagssprache.
 ■ Wie ist umgekehrt die Übernahme von Begriffen und Metaphern aus der Alltagssprache in die Computersprache zu erklären? Erläutern Sie den Bildgehalt der rechts unten stehenden Begriffe.

3. **Alltagssprache und Wissenschaftssprache**
Sprachkritiker behaupten, dass sich in unserer Alltagssprache einige wissenschaftlich anmutende Wörter zu Worthülsen degeneriert haben. Sie nennen folgende Beispiele:
„Kommunikation", „Information", „Ebene", „Problem", „Energie", „Austausch", „Beziehung", „Transparenz", „Rezeption", „Struktur", „System", „Interaktion".
Beobachten Sie Ihre eigene und die öffentliche Sprachverwendung (z. B. in Lehrbuchtexten aus dem sozialwissenschaftlichen Bereich). Stellen Sie entsprechende Sätze oder Wendungen zusammen. Ermitteln Sie unterschiedliche Bedeutungen gleicher Wörter.

---

megageil   gigageil   **Hast du einen Chipinfarkt/ einen Systemabsturz?** Du kriegst wohl gar nichts auf deinen Schirm!

Da muss ich ein neues Fenster öffnen.

Menü   Fenster   **Maus**
Netz   Maske   Viren
Absturz   Papierkorb
Pufferspeicher
Debugging (bug = Wanze, Insekt)
Escape-Taste

SPRACHEN IM KONTAKT – VORSCHLÄGE FÜR PROJEKTE, REFERATE UND FACHARBEITEN

1. a) Beschaffen Sie sich Informationen über die Haltung der Académie française zum „Franglais" und vollziehen Sie die Argumentationen der französischen Sprachkritik kritisch nach, wenn möglich in Kooperation mit dem Französischunterricht.
 b) In Frankreich wurden nach einer Untersuchung von D. E. Zimmer 86 % der englischen Computer- und Net-Speak-Ausdrücke ins Französische übersetzt. Sammeln und kommentieren Sie einige dieser Übersetzungen.

2. Tragen Sie sprachkritische Texte (Essays, Glossen, Leserbriefe) aus verschiedenen Medien zum Thema „Fremdwortgebrauch im Deutschen" zusammen. Ordnen Sie die Texte nach selbst gewählten Gesichtspunkten und organisieren Sie eine kommentierte Ausstellung, z. B. in Form einer Wandzeitung.

3. Informieren Sie sich über „fremdenfeindliche und fremdenfreundliche Phasen des Deutschen" (D. E. Zimmer) in der Geschichte seit dem 17. Jahrhundert. Kooperieren Sie dabei möglichst mit dem Fach Geschichte. Arbeiten Sie aus den Ihnen verfügbaren Literatur- und Sprachgeschichten Gründe für den „Sprachpurismus" heraus und kontrastieren Sie diese mit Positionen, die dem Fremdwortgebrauch liberal oder aufgeschlossen gegenüberstehen. Welche Sprachen lieferten jeweils für welche Sach- und Wirklichkeitsbereiche das „fremde" Wortmaterial?

4. Erörtern Sie Goethes Satz: „Die Gewalt der Sprache ist nicht, dass sie das Fremde abweist, sondern dass sie es verschlingt" mit Bezug auf aktuelle Diskussionen um „Reformen" in der Schreibung von Fremdwörtern.

5. Informieren Sie sich, was man unter einer Pidgin-Sprache versteht, und erörtern Sie, ob man von einer Pidginisierung des Deutschen (unter englischem Einfluss) sprechen kann.

6. Untersuchen Sie Sprachveränderungen, die durch kulturelle Begegnungen (z. B. Islamisierung; Orientierung am Westen) und durch Migration entstehen. Zwei- oder mehrsprachige Schülerinnen und Schüler recherchieren hierzu und informieren über historische Transfers sowie über ihre Wahrnehmung von aktuellen Sprachkontakten.

1.3 Spracherwerb

Das Erlernen der Muttersprache

Die Frage, wie Kinder die Sprache erlernen, beschäftigt eine Vielzahl von Wissenschaften, so die Biologie, die Medizin, die Psychologie, die Soziologie und die Sprachwissenschaft; eine abschließende Antwort ist noch nicht gefunden. Vereinfacht formuliert stellt sich das folgende Grundproblem: Ist der Spracherwerb auf angeborene Eigenschaften des Menschen zurückzuführen oder ist er Folge äußerer Einwirkungen in kommunikativen Beziehungen und sozialen Situationen?

In den letzten Jahren haben besonders neuere hirnphysiologische Erkenntnisse und biologische Erklärungsansätze die kontroverse öffentliche Diskussion bestimmt.

TIPPS FÜR UNTERSCHIEDLICHE ZUGANGSWEISEN ZUM THEMA „SPRACHERWERB"

- Gehen Sie von Ihrer eigenen „Sprachbiografie" aus: Können Sie sich an das Erlernen bestimmter Wörter oder Wendungen erinnern? Was wissen Sie aus Erzählungen? Formulieren Sie möglichst präzise Fragen, die sich aus Ihren Erinnerungen ergeben.

- Beobachten Sie Kinder in Ihrer Umgebung. Achten Sie besonders auf
  □ erste Laute und Wörter,
  □ fantasievolle, selbst erfundene Laut- und Wortgebilde,
  □ syntaktische Fehlversuche (Kurzsätze, eigenartige Wortstellungen, ungrammatische Endungen).

  Was fällt Ihnen an der Kommunikation zwischen Kindern und Bezugspersonen darüber hinaus auf? Lässt sich feststellen, wie die Verständigung trotz unfertiger sprachlicher Mittel funktioniert? Vergleichen Sie anschließend die Ergebnisse Ihrer Beobachtungen mit den Ausführungen von Gerhard Augst und Brigitte Seidel (▷ S. 391 f.).

- Anhand der drei Texte von Steven Pinker, Gisela Szagun und Els Oksaar (▷ S. 392 ff.) können Sie die gegenwärtige wissenschaftliche Kontroverse um den Spracherwerb aufarbeiten. Halten Sie bei der Auseinandersetzung mit den drei Autoren alle

Fragen fest, die Ihrer Ansicht nach offen bleiben und noch geklärt werden sollten.

- Wenn Sie das Thema „Spracherwerb" in besonderer Weise interessiert, können Sie ein größeres fächerverbindendes Projekt durchführen. Nutzen Sie hierfür die Anregungen auf S. 395.

- Gibt es in Ihrer Lerngruppe eine größere Zahl von Schülerinnen und Schülern, die zweisprachig aufgewachsen sind, so könnte eine Beschäftigung mit dem Thema „Zweisprachigkeit/Zweitspracherwerb" reizvoll sein. Dabei sind folgende Teilschritte denkbar:
  □ Eigene empirische Erkundungen: Erfahrungen mit Zweisprachigkeit im Kurs/in der Schule, Lernvorgänge beim Zweitspracherwerb etc.
  □ Beschaffen und Auswerten von Informationen zu Zweisprachigkeit und Zweitspracherwerb. Dabei können Sie von den Texten Sigrid Luchtenbergs und Dieter E. Zimmers (▷ S. 396 f.) ausgehen.
  □ Beschäftigung mit literarischen Zeugnissen von zweisprachigen Autorinnen und Autoren. Anregungen hierzu finden Sie auf S. 398 und im Kapitel C 5.3: „Zweisprachige Schriftsteller/innen in Deutschland" (▷ S. 360 ff.).

Gerhard Augst

Spracherwerb – ein faszinierendes Geschehen

Fast ein Jahr lang nach der Geburt passiert gar nichts – manche meinen jedoch, dass sehr viel passiert – und dann glauben Vater, Mutter oder ältere Geschwister plötzlich, das Kind habe „Papa" oder „Mama" gesagt. (Bei manchen Kindern soll das erste Wort „Auto" sein.) Aber kurze Zeit später können auch Außenstehende bestätigen: Das Kind spricht einzelne Wörter; obwohl sie oft darüber staunen, was Vater und Mutter meinen, was das Kind gerade gesagt habe. Aber woher sollen sie auch wissen, dass „Fft" der „Vogel" und dann das „Flugzeug" ist und dass – ein halbes Jahr später – „Mama lo" heißt: „Ich möchte jetzt mit dir in dem Katalog lesen und dann schlafen gehen, genauso wie gestern und vorgestern nach dem Essen." Trifft nun derselbe Außenstehende nach etwa drei Jahren das Kind wieder – es ist also jetzt viereinhalb Jahre alt –, so kann es sich perfekt mit ihm unterhalten, sofern der Gesprächsgegenstand im kindlichen Horizont liegt. Das Kind erzählt, argumentiert, beschreibt; berichtet über Vergangenes und Zukünftiges. Ja, es weiß sogar, dass es manches in der Sprache noch nicht weiß, und es kann damit umgehen: „Wie heißt das?", hören Eltern und Kindergärtnerinnen ebenso häufig wie „Was ist das?", aber auch die Frage: „Warum heißt das so?" Gelegentlich vernehmen die Erwachsenen auch noch einen falschen Plural oder eine Lautkombination, die etwas merkwürdig klingt. Die Eltern gehen jedoch meist darüber hinweg, weil dies die Verständigung so gut wie nie gefährdet und weil Korrekturversuche sich als relativ fruchtlos erweisen. Andererseits waren die kauzigen(?) Bemühungen eines Linguisten, die schöne Form „datten" im Spracherwerb seiner Tochter zu konservieren, ebenso fruchtlos. Mit etwa dreieinhalb Jahren wies das Kind seinen Vater zurecht: „Papa, das heißt nicht ‚datten', sondern ‚danke'."

Die Eltern, Kindergärtnerinnen und Kinderärzte, sie alle sind es gewohnt und finden es daher auch völlig normal, dass der Spracherwerb sich in einer großen Spannweite vollzieht. Manche Kinder beginnen mit neun Monaten, andere machen mit 18 Monaten noch keine Anstalten, ein Wort zu sprechen. Manche Kinder sind mit gut drei Jahren sprachlich nicht mehr von der sprechenden Umgebung zu unterscheiden, andere zeigen Auffälligkeiten bis ins siebte oder achte Lebensjahr. Allgemein scheint der Spracherwerb heute schneller zu verlaufen. Benutzte ein Kind eines berühmten Professors um 1910 mit etwa sechs Jahren ca. 2000 Wörter aktiv, so verwendete ein Kind eines wesentlich weniger berühmten Professors um 1975 mit sechs Jahren über 5000 Wörter aktiv.

Brigitte Seidel

Wörter im Sprachbewusstsein

Schon im frühen Kindesalter können Kinder über den Klang von Wörtern lachen oder ihn experimentierend so lange wiederholen, bis er seltsam fremd wird. Auch Variationen des Wortkörpers werden als lustvoll empfunden; erinnert sei nur an die „dru Chunusun mut dum Kuntrubuss", die das sprachlich normal entwickelte Kind im Kindergartenalter immer wieder erfreuen. Zweifellos nehmen Kinder bei diesen Klangspielen Wörter als von ihren Referenzobjekten[1] abgelöst wahr. Dazu kommen andere Erfahrungen, die auf die Wörter selbst aufmerksam werden lassen. Das Kind erfährt immer wieder, dass ihm Wörter fehlen für das, was es zur Sprache bringen will, oder dass ihm Wörter begegnen, für die es die Bedeutung nicht oder nicht genau ausmachen kann. So erlebt es, dass Sache und Wortbedeutung sich nicht immer zur gleichen Zeit einstellen oder sich automatisch decken. Zwar operiert das kleine Kind, entsprechend seiner kognitiven[2] Entwicklung, mit privaten, etwa durch Übergeneralisierung von Erwachsenensprache abweichenden Bedeutungen, die ihm in frühen Erwerbsphasen als Vorstufen zu den konventionellen Wörtern genügen. Es lernt aber aus kommunikativen Misserfolgen auch bald, Fragen nach der Bedeutung eines Wortes und nach der Bezeichnung eines Gegenstandes zu stellen. [...]

Augsts These über die besondere Rolle der

---

1 **Referenzobjekt:** der von einem Wort bezeichnete Gegenstand
2 **kognitiv:** geistig

Metakommunikation[3] für den Erwerb von Wörtern erscheint uns sehr plausibel. Diese These besagt, dass Syntax und Phonetik[4] zwar
35 gefördert werden können, aber nicht ursächlich abhängig vom metakommunikativen Verhalten der Eltern sind, dass aber für den Erwerb von Bedeutungen und Bezeichnungen Metakommunikation zwischen Eltern und Kind konstitutiv[5] ist, und zwar deshalb, weil 40 lexikalisch-semantische Phänomene – anders als syntaktische und phonetische – nicht nach Regeln geordnet, sondern teils ungeordnet, teils komplexhaft-assoziativ vorliegen und deshalb einzelheitlich gelernt werden müssen. 45

3 **Metakommunikation:** das Sprechen über Sprache
4 **Syntax und Phonetik:** Satzbau und Lautbildung

5 **konstitutiv:** notwendig

1. Nutzen Sie die Forschungsergebnisse von Augst und Seidel, um Ihre eigenen Beobachtungen zum Spracherwerb von Kindern zu systematisieren.
2. Formulieren Sie mit eigenen Worten, wie sich das Sprachbewusstsein bei Kleinkindern nach Brigitte Seidel beschreiben lässt.
3. Versuchen Sie zu folgenden Fragen, die der Sprachdidaktiker Gerhard Augst einmal gestellt hat, eine vorläufige Antwort zu formulieren:
   „Wie lernt ein Kind sprechen? Ja, ist ‚lernen' der richtige Ausdruck? Oder entwickelt sich die Sprache oder das Sprechen in ihm? Was tut dabei das Kind, was tut sich in dem Kind und was tut die sprechende ‚Umgebung'?"

Steven Pinker

Der Sprachinstinkt

Sprache ist kein kulturelles Artefakt[1], das wir auf dieselbe Art und Weise erlernen wie das Lesen einer Uhr oder den Aufbau der Bundesregierung. Sie bildet vielmehr einen klar um-
5 rissenen Teil der biologischen Ausstattung unseres Gehirns. Sprache ist eine komplexe, hoch entwickelte Fertigkeit, die sich ohne bewusste Anstrengung oder formale Unterweisung beim Kind ganz spontan entwickelt und
10 sich entfaltet, ohne dass das Kind sich der ihr zu Grunde liegenden Logik bewusst wird; sie ist qualitativ bei allen Menschen gleich und von allgemeineren Fähigkeiten wie dem Verarbeiten von Informationen oder intelligentem
15 Verhalten zu trennen. Aus diesen Gründen beschreiben einige Kognitionswissenschaftler Sprache als psychologisch eng umgrenzte Fähigkeit, als mentales Organ, neuronales System oder als Berechnungsmodul. Ich persön-
20 lich jedoch ziehe den zugegebenermaßen merkwürdigen Begriff „Instinkt" vor. In ihm drückt sich die Vorstellung aus, dass das Sprachvermögen des Menschen mehr oder weniger mit der Webkunst der Spinne ver-

gleichbar ist. Die Herstellung eines Spinnen- 25
netzes wurde nicht etwa von irgendeinem in Vergessenheit geratenen Spinnengenie erfunden und ist unabhängig von einer soliden Ausbildung oder der Begabung zum Architekten oder Bauingenieur. Vielmehr spinnt eine 30
Spinne ihr Netz, weil sie ein Spinnengehirn besitzt, das in ihr den Drang zu spinnen weckt und sie befähigt, diesem Drang mit Erfolg nachzugeben. Auch wenn zwischen Spinnweben und Wörtern gewisse Unterschiede be- 35
stehen, so möchte ich Sie doch dazu anhalten, das Sprachvermögen in diesem Lichte zu betrachten, weil die hier untersuchten Phänomene dann leichter zu verstehen sind.
Sprache als einen Instinkt zu betrachten 40
heißt, die öffentliche Meinung – insbesondere die von den Geistes- und Sozialwissenschaften tradierte – umzukehren. Sprache ist genauso wenig eine kulturelle Erfindung wie der aufrechte Gang. In ihr manifestiert sich auch 45
nicht eine allgemeine Fähigkeit, mit Symbolen umzugehen – wie wir sehen werden, ist ein dreijähriges Kind ein grammatisches Genie, aber völlig unbeschlagen auf dem Gebiet der bildenden Kunst, der religiösen Ikonografie[2], 50
der Verkehrszeichen und in den anderen Be-

1 **Artefakt:** Kunsterzeugnis

2 **religiöse Ikonografie:** Deutung religiöser Bildnisse

reichen des semiotischen Spektrums[3]. Obwohl die Sprache eine großartige Fähigkeit ist, die von allen lebenden Arten nur der Homo sapiens[4] beherrscht, sollte der Mensch auch in Zukunft ein Forschungsobjekt der Biologen bleiben, denn dass über eine großartige Fähigkeit nur eine einzige lebende Spezies verfügt, ist im Tierreich durchaus nicht einmalig. [...]
Die Komplexität der Sprache ist, vom Standpunkt des Wissenschaftlers aus betrachtet, Teil unseres biologischen Geburtsrechts. Sie ist nichts, was Eltern ihren Kindern beibringen oder was in der Schule verfeinert werden müsste. [...]
Die Vorstellung, Sprache sei eine Art Instinkt, wurde zum ersten Mal 1871 von Darwin selbst geäußert. In *Die Abstammung des Menschen* musste er sich mit Sprachvermögen auseinandersetzen, weil dessen Beschränkung auf den Menschen Darwins Theorie in Frage zu stellen schien. [...]
Die berühmtesten Argumente dieses Jahrhunderts für die Instinkthaftigkeit der Sprache stammen von Noam Chomsky, dem Linguisten, der die Komplexität des Systems als Erster aufgedeckt und möglicherweise den größten Beitrag zur modernen Revolution in der Sprach- und Kognitionswissenschaft geleistet hat. In den Fünfzigerjahren wurden die Sozialwissenschaften vom Behaviorismus dominiert, den John B. Watson und B. F. Skinner bekannt gemacht haben. Mentale Begriffe wie „wissen" und „denken" wurden als unwissenschaftlich gebrandmarkt, und Wörter wie „Geist" oder „angeboren" durfte man nicht in den Mund nehmen. Man erklärte sämtliches Verhalten anhand einiger Gesetze des Reiz-Reaktions-Lernens und untersuchte sie an Ratten, die auf Hebel drückten, und Hunden, die auf bestimmte Geräusche mit Speichelfluss reagierten. Chomsky aber wies auf zwei grundlegende Eigenschaften von Sprache hin. Erstens besteht buchstäblich jeder Satz, den eine Person äußert oder versteht, aus einer völlig neuen Wortkombination, die in der Geschichte des Weltalls bislang nie da gewesen ist. Von daher kann eine Sprache kein Repertoire aus verschiedenen Reaktionsmöglichkei-

ten sein; vielmehr muss das Gehirn über eine Anleitung oder ein Programm verfügen, das aus einer endlichen Wortliste eine unendliche Menge von Sätzen erzeugen kann. Dieses Programm kann man als mentale Grammatik bezeichnen (nicht zu verwechseln mit pädagogischen oder stilistischen „Grammatiken", die nichts weiter sind als Verhaltensmaßregeln für das Verfassen von Prosatexten). Die zweite grundlegende Eigenschaft besteht darin, dass Kinder diese komplexen Grammatiken außerordentlich schnell und ohne formale Unterweisung entwickeln und schlüssige Interpretationen für völlig neuartige Satzkonstruktionen liefern können, mit denen sie bis zu diesem Zeitpunkt nie Bekanntschaft gemacht haben. Laut Chomsky müssen Kinder deswegen mit einem angeborenen Plan ausgestattet sein, der den Grammatiken sämtlicher Sprachen gemeinsam ist – mit einer Universalgrammatik, die ihnen sagt, wie aus der gesprochenen Sprache ihrer Eltern die syntaktischen Muster herauszufiltern sind.

Gisela Szagun

Kritik an den Theorien von einer angeborenen Sprache

Linguistische[1] Spracherwerbstheorien machen starke *nativistische[2] Annahmen*. Sprachliche Strukturen werden zu einem großen Teil als angeboren konzipiert. So soll es universell gültige grammatische Strukturen geben, die angeboren sind, und Optionen, die zwar auch angeboren sind, aber über die jeweilige Muttersprache, die ein Kind hört, gewählt werden. Je nachdem, wie die Muttersprache, die das Kind hört, z. B. die Subjekt-Objekt-Relation ausdrückt, wird die Option aus den vorhandenen gewählt. Das geschieht über einen Alles-oder-nichts-Prozess und nicht als allmähliches Lernen. Es wird auch immer wieder axiomatisch[3] behauptet, dass Kinder kein Feed-back[4] darüber erhal-

---

3 **semiotisches Spektrum:** das vielfältige Gebiet der Zeichen
4 **Homo sapiens:** biologische Bezeichnung des Menschen

1 **linguistisch:** auf der modernen, beobachtend-beschreibenden Sprachwissenschaft beruhend
2 **nativistisch:** auf eine Theorie vom Angeborensein (der Sprache) zielend
3 **axiomatisch:** unbestreitbar und daher nicht weiter begründet
4 **Feed-back:** Rückmeldung

ten, wenn sie Fehler machen. Daher werden ihnen keine Hinweise gegeben, ob etwas, das sie an Sprache produzieren, korrekt oder feh-
20 lerhaft ist. Weil aber solche Hinweise fehlen, so muss vieles an der Sprache angeboren sein, denn sonst könnten Kinder sie unmöglich erwerben. So die Argumentation.
Seltsamerweise wird die Beweislast nicht auf
25 der Seite derer gesehen, die solche Behauptungen aufstellen. Die Vertreter derartiger nativistischer Spracherwerbstheorien müssten den empirischen Beweis erbringen, dass Kinder, die Fehler machen und solche Fehler korrigie-
30 ren – d. h. die korrekte Form erwerben –, dieses

tun, ohne dass sie je Feed-back über die Richtigkeit oder Fehlerhaftigkeit der Form erhalten haben. Ein solcher Beweis – wenn er denn zu bringen ist – wurde bisher nie erbracht. Den-
35 noch werden die Behauptungen aufrechterhalten. Allerdings ist der Gegenbeweis erbracht worden: Erwachsene reagieren unterschiedlich auf korrekte und auf fehlerhafte kindliche Äußerungen. Damit geben sie implizit Feed-
40 back darüber, ob eine grammatische Form korrekt oder fehlerhaft ist. Weiter konnte gezeigt werden, dass Kinder aus solchem Feed-back lernen. Die Behauptung, dass Kinder kein korrektives Feed-back erhalten, ist falsch.

1. Geht der Spracherwerb auf eine angeborene Disposition zurück oder ist er eine Kultur- und Lernleistung? Stellen Sie die gegensätzlichen Argumente von Pinker und Szagun übersichtlich in einer Tabelle zusammen. Schlagen Sie unbekannte Fachwörter nach.

▷ S. 184 f., 493 ff.
2. Achten Sie darauf, wie Pinker und Szagun die Position des nativistischen Spracherwerbs jeweils referieren und kommentieren: Untersuchen Sie die ▷ sprachlich-rhetorischen und die ▷ argumentativen Strategien, von denen die wissenschaftliche Kontroverse geprägt ist.

▷ S. 105 ff., 119 f.
3. ▷ **Referat/Facharbeit:** Noam Chomskys Erklärungsansatz zum Spracherwerb

Noam Chomsky: Sprache und Geist. Suhrkamp Verlag, Frankfurt/M., 6. Aufl. 1996
Gerd Kegel: Sprache und Sprechen des Kindes. Westdeutscher Verlag, Opladen, 3. Aufl. 1987
Steven Pinker: Der Sprachinstinkt. Wie der Geist die Sprache bildet. Droemer/Knaur, München 1998
Gisela Szagun: Sprachentwicklung beim Kind. Beltz Verlag, Weinheim, 6. Aufl. 1996

Els Oksaar

Sprache und soziale Interaktion[1]

Was wird erworben?

Wie schon oben angedeutet, erwirbt das Kind nicht nur die Fähigkeit, grammatikalische und akzeptable Äußerungen zu bilden und zu ver-
5 stehen, sondern lernt auch Situationen zu beurteilen, in denen sie angebracht sind. Dieser Prozess verläuft zusammen mit interaktionalen Prozessen, in denen sprachliche und nichtsprachliche Handlungsschemata koor-
10 diniert werden können und häufig als eine funktionale Einheit vorkommen.

Sprache als Ausdrucks- und Kommunikationsmittel

Sprache als ein typisch menschliches und so-
15 ziales Phänomen dient als Zeichensystem den

Denk-, Erkenntnis- und sozialen Handlungsprozessen, spiegelt die Lebensäußerungen einer Gesellschaft wider und ist somit für deren Mitglieder das wichtigste Ausdrucks- und Kommunikationsmittel. Es muss hervorgeho-
20 ben werden, dass ein Kind ja nicht eine Sprache an sich erwirbt, als Selbstzweck, sondern – in jeder Gesellschaft auf andere Art – um Kontakt mit anderen Menschen herzustellen und um seine Gedanken und Gefühle auszu-
25 drücken. Dies schließt den Erwerb des Lautsystems, der Grammatik, Semantik und verschiedene Sektoren der Lexik einer Sprache ein, aber geht über diese hinaus, in pragmatische Systeme, weil sie die Funktionen dieser
30 Teile mit einbezieht. Sprache ermöglicht nicht nur Kontakte in einer Gruppe, sondern bestimmt auch selbst die Gruppenzugehörigkeit. Für den Sprecher ist sie somit auch ein Faktor der Identität, für den Hörer ein Faktor
35 der Identifikation: „Er spricht anders" impli-

1 **Interaktion:** der Umgang von Menschen miteinander

ziert oft „er ist nicht einer von uns". Auch diese Seite der Sprache lernt das Kind mit der Zeit; im Vorschulalter scheint dies aber noch kaum ausgeprägt zu sein, dieser Aspekt müsste jedoch untersucht werden.

Sprache kann als sozial bedingte Konvention gelten, gleichzeitig ist sie aber auch eine Norm, die jeder Mensch, der ja immer in eine Sprachgemeinschaft hineinwächst, akzeptieren muss. Weicht er von dieser Norm ab, riskiert er, missverstanden oder überhaupt nicht verstanden zu werden. Im Sozialisationsprozess werden dem Kinde viele soziale Normen vermittelt, das Medium ist die Sprache, die selbst ebenso Norm ist.

---

1. Welchen Aspekt des Spracherwerbs stellt Els Oksaar in den Mittelpunkt ihrer Überlegungen? Fassen Sie die zentralen Thesen des Textes in eigenen Worten zusammen.

2. Beobachten Sie, wie Kleinkinder und Erwachsene miteinander umgehen: Untersuchen Sie den Anteil und die Funktion nonverbaler Kommunikation (Gestik, Mimik, Körpersprache) bei den Interaktionsprozessen. Inwiefern lässt sich das Kommunikationsverhalten als gemeinsame Interpretation von Situationen verstehen?

3. Erläutern Sie anhand der folgenden Thesen, wie das Kleinkind die Bedeutung von Sprache erlernt:
   „Kleinkinder erlernen ihre Sprache, indem sie zunächst unabhängig von der Sprache das bestimmen, was der erwachsene Sprecher meint, und dann die Beziehungen herausarbeiten, welche zwischen dem Gemeinten und dem sprachlich Gesagten bestehen." *(J. MacNamara)*
   „Verstehen ist älter als Sprache-Verstehen. [...] Von den erfassten Intentionen des erwachsenen Sprechers her wird sozusagen konstruiert, was die lautliche Äußerung bedeuten könnte: ‚Er will, dass ich dorthin schaue.' Wenn das so ist, dann kann man das Ziel des Sprache-benutzen-Lernens so umreißen: die Regeln zu erwerben, nach denen diese Intentionsstruktur der Situation in der Struktur der sprachlichen Äußerung abgebildet wird." *(Hans Hörmann)*

FÄCHERVERBINDENDES PROJEKT ZUM THEMA „SPRACHERWERB"

Aus der nachfolgenden Übersicht können Sie entnehmen, in welchen Teilbereichen der Fächer Deutsch, Biologie, Pädagogik und Philosophie das Thema „Spracherwerb" eine Rolle spielt.

Notieren Sie Fragestellungen, denen Sie weiter nachgehen wollen, und konzipieren Sie ein fächerverbindendes Vorhaben nach den Grundsätzen der ▷ Projektplanung. Besprechen Sie mit den verschiedenen Fachlehrkräften Ihrer Schule, in welcher Form Sie bei Ihrem Projekt Hilfestellung erhalten können. ▷ S. 97 ff.

Deutsch	Biologie	Pädagogik	Philosophie
Grammatiktheorie	Evolutionstheorie	Entwicklungspsychologie	Anthropologie
Sprechakte	Verhaltensbiologie	Lerntheorien	Sprachphilosophie
Kommunikation	Nervenphysiologie	Intelligenzforschung	analytische Philosophie
Zeichentheorie	tierische Kommunikation	Sozialisationstheorie	Erkenntnistheorie
Sprache und Denken	Primatenversuche	Soziologie	
Ursprung der Sprache	Artikulationsorgane		

Zweisprachigkeit und Zweitspracherwerb

Sigrid Luchtenberg

Interkulturelle sprachliche Bildung

Die „lebensweltliche Zweisprachigkeit" eines Migrantenkindes unterscheidet sich von der „akademisch" erlernten Zweisprachigkeit eines deutschen Kindes mit einigen Jahren
5 Englischunterricht vor allem durch die abweichende Lernsituation und ihre Anforderungen, was sich auch in der Unterscheidung von „erworbener" – d. i. durch Kontakt erworben – und „erlernter" – d. i. durch Unterricht gelernt
10 – Zweisprachigkeit ausdrückt. Während Englisch weitgehend *gesteuert* im schulischen Lernkontext gelernt wird, mischen sich beim Zweitspracherwerb von Migrantenkindern, vor allem in Deutsch als Zweitsprache, ge-
15 steuertes und *ungesteuertes* Lernen in anderen Schulfächern, durch Kommunikation, im öffentlichen Leben oder durch Medien. Hinzu kommt dann jedoch noch die Bedeutung der beiden Sprachen im alltäglichen Leben: Nur
20 Migrantenkinder stehen in der ständigen Anspannung, in Sprachkontaktsituationen entscheiden zu müssen, welche Sprache zu wem angewendet werden muss, und durch angemessene, also sprachlich und verhaltens-
25 mäßig korrekte Erwiderungen auch in der Zweitsprache reagieren zu müssen, und zwar auch in Situationen, die dem Spracherwerbsstand oft voraneilen. Zugleich werden an ihre

Sprachfähigkeiten im Deutschen sehr viel höhere Maßstäbe gelegt als an die deutscher
30 Kinder mit Englischkenntnissen, die zudem nur wenige, relativ gut antizipierbare[1] Situationen erleben, in denen ihre Zweitsprachenkenntnisse gefordert sind. [...]
Beim Lernen zweier Sprachen ebenso wie bei
35 ihrem Gebrauch können wechselnde Sprachkontaktmöglichkeiten dafür sorgen, dass zu bestimmten Personen, in bestimmten Situationen, bei bestimmten Tätigkeiten, zu bestimmten Themen oder in bestimmten Rollen
40 eine Sprache – und eben nicht die andere – verwendet wird. Ebenso können einzelne Varietäten oder Themenfelder dadurch nur in einer – und nicht der anderen – Sprache erworben werden. Hierdurch kann sich bei-
45 spielsweise ergeben, dass ein in der Bundesrepublik Deutschland im Berufsbildungsbereich unterrichtender Franzose das Fachvokabular der Lehrberufe nur noch auf Deutsch erwirbt und verwendet oder dass
50 Migrantenkinder über religiöse Themen nur in ihrer Erstsprache sprechen können. Beispiele für personengebundenen Sprachgebrauch betreffen Gespräche mit monolingualen[2] Personen, wenn etwa ein Verwandter
55 nur die Herkunftssprache spricht, oder kön-

1 **antizipierbar:** voraussehbar
2 **monolingual:** einsprachig

Weiterführende Schule in Stockholm, die von Jugendlichen unterschiedlicher Nationalität besucht wird

nen schulbezogen sein wie z.B. Gespräche mit einem Lehrer bzw. einer Lehrerin. […]
Die Teilhabe an zwei Sprachen bedingt die Fähigkeiten, zwischen ihnen wechseln zu können. Sprachwechsel (Code-Switching) kann sich nach den Personen richten, mit denen gesprochen wird, nach Themen oder Sprechsituationen wie formell oder privat. Code-Wechsel findet jedoch auch oft innerhalb eines Gesprächs oder sogar eines Sprechakts statt. Deshalb wurde darin lange Zeit ein Zeichen für das Nichtbeherrschen der Zweitsprache oder aber ein vorübergehendes Lernproblem gesehen, bei dem in der Zweitsprache auf Begriffe der Erstsprache zurückgegriffen wird. Heute wird der Code-Wechsel positiv bewertet. […]

Migrantenkinder sprechen – in welchem Umfang auch immer – ebenso wenig „Italienisch", „Spanisch" oder „Türkisch" wie deutsche Kinder „Deutsch" sprechen, sondern sie lernen in ihrer sprachlichen Sozialisation bis zum Schuleintritt – und weiterhin danach – ebenfalls mehrere Varietäten in ihrer Erstsprache kennen, zu denen – je nach Sprachkontext – in erster Linie eine regionale bzw. soziale Variante der Umgangssprache gehört. […]

Individuelle Zweisprachigkeit ist für Migrantenkinder eine unmittelbare Lebenserfahrung, die ihre Sprachkompetenzen, ihre Fähigkeiten zum Sprachwechsel und ihre Einstellungen zu beiden Sprachen betrifft. Die Frage nach der Bedeutung individueller Zweisprachigkeit für deutsche Kinder betrifft ihre Erfahrungen mit der Zweisprachigkeit ihrer Mitschüler und Mitschülerinnen bzw. ihrer Spielgefährten und -gefährtinnen in der Nachbarschaft. Es handelt sich also um eine vermittelte oder sekundäre Erfahrung. […]
Doch bewirkt der Umgang mit individueller Zweisprachigkeit auch Nachdenken über die eigene Einsprachigkeit, Sprachenvielfalt und ihre Bedeutung.

Dieter E. Zimmer
Über Mehrsprachigkeit

Während die Zweisprachigkeit ihren schlechten Ruf abstreifte, wurde klar: Bilingualismus ist auf der Welt gar nicht die Ausnahme, sondern die Regel, jedenfalls wenn man ihn im weitesten Sinne definiert, als gelegentliche Verwendung von mehr als einer Sprache, nicht im engen idealen Sinn, der beständigen muttersprachgleichen Beherrschung zweier Idiome. Im engen Sinn bilingual ist fast niemand; im weiten Sinn ist es fast jeder. Immer war man davon ausgegangen, dass normalerweise ein Kind in eine einzige Sprache hineinwachse, seine Muttersprache, und dass alle die Wanderungsbewegungen, die Kinder plötzlich in anderssprachige Umgebungen versetzen, diese einzig gesunde Entwicklung stören. Aber die meisten Menschen dieser Erde wachsen in Kontakt mit mehreren Sprachen auf. Wie es der Bilingualismusforscher François Grosjean 1983 formulierte: „Bilingualismus gibt es in fast jedem Land der Welt, in allen Gesellschaftsklassen und Altersgruppen. Es ist schwer, eine wirklich einsprachige Gesellschaft zu finden … Keine Sprachgruppe war je von anderen Sprachgruppen isoliert, und die Sprachgeschichte strotzt von Beispielen für Sprachkontakte, die zu irgendeiner Art von Bilingualismus führten."
Seit den 60er-Jahren hat sich so eine dreifache Einsicht durchgesetzt: ein gewisser Bilingualismus ist allgegenwärtig, er ist grundsätzlich gut, und seine negative Bewertung in den frühen Jahren hat Unterschichtenkinder benachteiligt. In vielen Ländern führte sie zu einem radikalen Wandel in der Sprachpolitik. „Bilinguale Erziehung" wurde vielerorts zum großen neuen Programm.

---

1. Klären Sie die Positionen von Sigrid Luchtenberg und Dieter E. Zimmer zum Thema „Zweisprachigkeit". Listen Sie die wichtigsten Informationen thesenartig auf und kommentieren Sie sie auf Grund eigener Erfahrungen und Beobachtungen.
2. a) Stellen Sie zentrale Unterschiede zwischen Zweit- und Erstspracherwerb heraus.
   b) Wie ist es zu erklären, dass beim Zweitspracherwerb häufig Defizite und Probleme auftreten, die beim Erstspracherwerb nicht zu beobachten sind?

PROJEKT: ZWEISPRACHIGKEIT IN DER LITERATUR

■ Notieren Sie Ihre Assoziationen zu den nachfolgenden Titeln von Anthologien und literarischen Texten zweisprachiger Schriftsteller/innen. Welche Erfahrungen und Schreibmotive stehen möglicherweise hinter den sprachlichen Formulierungen?
Besorgen Sie sich einige der Titel in einer Bibliothek. Entsprechen die Texte Ihren Erwartungen?

„In vielen Zungen leben"   „Fremd gegangen – freigeschrieben"

„In der Fremde zu Hause"   „Aus fremder Feder"   „Leben in zwei Sprachen"

„Der besondere Blickwinkel"   „Fremde Heimat"   „Literatur fremder Kulturen"

„Literatur der Ränder"   „Schreiben zwischen den Kulturen"

„Der Ichsucher"   „Sprachübung"   „Die Fremde ist auch ein Haus"

„Mutterzunge"   „Kanak-Sprak"   „Misstöne vom Rande der Gesellschaft"

■ Beschaffen Sie sich von einigen der nachfolgend genannten Autorinnen und Autoren literarische und autobiografische Texte und stellen Sie sie in Ihrem Kurs vor. Weitere Anregungen erhalten Sie auch im Kapitel C 5.3: „Zweisprachige Schriftsteller/innen in Deutschland" (▷ S. 360 ff.).

Elias Canetti   Harry Mulisch   Barbara Frischmuth

Franco Biondi   Emine Sevgi Özdamar

José Olivier   Herta Müller   Feridun Zaimoğlu

■ Referieren Sie über Leben und Werk Paul Celans. Lassen Sie sich von dem folgenden Textausschnitt zu weiteren Nachforschungen anregen.

Immacolata Amodeo

Paul Celan

Emigration, Exil, Vertreibung und mehrsprachige Geburtsorte sind prägende Merkmale in den Biografien vieler Autoren, die sich in mehr als einer Sprache geäußert haben oder
5 eine andere Sprache zu der ihrer Kunst machten als die ihrer Kindheit oder die ihrer aktuellen Umgebung. Aus der Sicht der einsprachigen Schule in einem durch eine nationale Amtssprache bestimmten Staat erscheint das
10 ungewöhnlich oder gar unverständlich.
Der rumänische Dichter Paul Celan hat auf Deutsch gedichtet. Er stammte aus dem vielsprachigen Milieu von Tschernowitz, dessen sprachlicher Alltag durch das Nebeneinander
15 von Rumänisch, Ukrainisch, Deutsch und Jiddisch gekennzeichnet war. Seine Eltern waren Deutsch sprechende Juden. Celan absolvierte das rumänische Gymnasium, beschäftigte sich schon früh mit Übersetzungen und schrieb während des Krieges Gedichte in 20 rumänischer Sprache. Französisch, das er schon in jungen Jahren lernte, war die Sprache des letzten Landes seiner Wahl. Für sein Dichten, für sein poetisches Werk wählte er aber die deutsche Sprache. Deutsch war für 25 den rumänischen Juden immer eine Fremdsprache und gab ihm vielleicht gerade deshalb die Möglichkeit, das Unsagbare zur Sprache zu bringen („der Tod ist ein Meister aus Deutschland", ▷ S. 331), den Tod anzureden 30 („deine Stunde/hat keine Schwestern"), die Erfahrung der Sprachlosigkeit angesichts der Judenvernichtung darzustellen („Augen und Mund stehn so offen und leer, Herr"), in dem Widerspruch zwischen Stummheit und Spra- 35 che zu existieren („Stummheit, auf neue, geräumig, ein Haus").

1.4 Sprachliche Varietäten:
Männersprache – Frauensprache

Geschlechtsspezifisches Gesprächsverhalten

Deborah Tannen

Warum Männer und Frauen aneinander vorbeireden (1993)

Celia Roberts und Tom Jupp beobachteten eine Lehrerkonferenz an einer weiterführenden Schule in England und fanden heraus, dass die Argumente der Frauen bei den männ-
5 lichen Kollegen nicht ins Gewicht fielen, weil die Frauen dazu neigten, sich bei ihren Ausführungen auf eigene Erfahrungen zu stützen oder die Auswirkungen der Schulpolitik am Beispiel einzelner Schüler auszuführen. Die
10 männlichen Teilnehmer der Konferenz argumentierten von einer ganz anderen Warte aus, indem sie kategorische[1] Behauptungen über Richtig und Falsch aufstellten.
Dieses unterschiedliche Verhalten lässt sich
15 auch bei häuslichen Diskussionen feststellen.

1 **kategorisch:** allgemein gültig

Ein Mann erzählte mir, dass er Zweifel an dem logischen Denkvermögen seiner Frau habe. Er erinnerte sich zum Beispiel, dass er im Verlauf eines Gesprächs einmal einen Artikel aus der *New York Times* erwähnt hatte, in dem 20 die These vertreten wurde, dass die heutigen Studenten nicht mehr so idealistisch seien wie die Studenten der 60er-Jahre. Er hielt diese Behauptung für zutreffend. Seine Frau bezweifelte die These und begründete ihre Mei- 25 nung damit, dass ihre Nichte und die Freunde ihrer Nichte sehr wohl Ideale hätten. Der Mann reagierte ungläubig und spöttisch auf die unlogische Argumentation seiner Frau; für ihn war es offenkundig, dass ein einzelnes per- 30 sönliches Beispiel weder als Beweis noch als Argument herangezogen werden kann – sondern höchstens anekdotischen Wert hat. Es kam ihm gar nicht in den Sinn, dass es sich hier nicht um einen Mangel an Logik, sondern 35 um eine andere Logik handeln könnte.

---

1. a) Erklären Sie die Verständigungsschwierigkeiten zwischen Mann und Frau in den beiden Beispielen.
   b) Wie begründet Deborah Tannen das unterschiedliche Gesprächsverhalten?
2. Nehmen Sie Stellung zu der Schlussfolgerung Tannens, dass es sich bei der Argumentationsweise der Frau „um eine andere Logik handeln könnte".
3. Sammeln Sie eigene Beobachtungen zu den Kommunikationsrollen von Mann und Frau in Ihrem Freundeskreis, Ihrer Familie oder in der Schule und werten Sie diese aus.

Senta Trömel-Plötz

Gesprächsstrategien von Frauen und Männern (1982)

Ich fasse kurz zusammen, was wir aus gesprächsanalytischen, also soziologischen Untersuchungen darüber wissen, wie Frauen anders sprechen und welche Hypothesen von
5 linguistischer Seite über Frauensprache aufgestellt wurden. Von beiden Forschungsrichtungen her sind die Charakterisierungen so, dass Frauensprache eher als Defizit gesehen wird und weniger als Stärke.
10 1. Frauen ergreifen weniger oft das Wort und liefern kürzere Redebeiträge. Frauen führen

mehr Themen ein als Männer, aber bringen weniger Gesprächsthemen zu Ende, weil sie nicht von Männern unterstützt werden. Sie leisten aber ihrerseits Gesprächsarbeit, indem 15 sie die Männer bei der Durchführung ihrer Themen unterstützen.
2. Frauen stellen mehr Fragen als Männer; darunter sind neben Informationsfragen auch Behauptungen, die als Fragen formuliert wer- 20 den, und Fragen, mit denen sie ihr Rederecht erzwingen oder sich Aufmerksamkeit verschaffen müssen. Sie scheinen also Fragen dazu zu benutzen, dass sie eine Reaktion bekommen, die sonst ausbliebe. Auch andere 25 Mechanismen wie Übertreibung oder größere

Variabilität in der Intonation deuten darauf hin, dass Frauen garantieren müssen, dass sie überhaupt gehört werden.

30 3. Frauen beziehen sich häufiger auf vorhergegangene Redebeiträge, d. h., sie gehen mehr auf ihre Gesprächspartnerinnen und -partner ein, sie benutzen mehr Pronomina wie *ich*, *meiner* Ansicht nach, es ist *mir* aufgefallen, 35 d. h., sie sind persönlicher. Frauen gebrauchen öfter *bitte*, Frauen entschuldigen sich mehr.

4. Frauen lassen sich unterbrechen. In der Tat werden Frauen systematisch von Männern unterbrochen, d. h., alle Frauen, unabhängig 40 von ihrem Status und dem des unterbrechenden Mannes, werden unterbrochen, und Frauen werden in regelmäßigen Abständen unterbrochen. Frauen hingegen unterbrechen umgekehrt Männer kaum. So gibt es Untersu-45 chungen von Unterhaltungen, in denen 96 Prozent aller Unterbrechungen von Männern kamen.

Deborah Tannen

Andere Worte, andere Welten (1997)

Dass Männer Frauen dominieren, steht außer Frage; was ich zur Diskussion stelle, sind Ursprung und Mechanismus von Dominanz und 5 anderer zwischenmenschlicher Absichten und Wirkungen. Ich werde zeigen, dass der Ursprung von Dominanz oder einer beliebigen zwischenmenschlichen Absicht oder Wirkung nicht an sprachlichen Strategien wie 10 Unterbrechung, Wortreichtum, Schweigen und dem Anschneiden von Gesprächsthemen festzumachen ist, wie behauptet worden ist. Ebenso kann der Ursprung weiblicher Ohn-

macht nicht an sprachlichen Strategien wie Indirektheit, Schweigsamkeit, Stillschweigen und Bestätigungsfragen festgemacht werden, 15 wie ebenfalls behauptet worden ist. Das lässt sich deshalb nicht aufrechterhalten, weil die gleichen sprachlichen Mittel für unterschiedliche, sogar gegensätzliche Zwecke verwendet werden und in verschiedenen Zusam- 20 menhängen unterschiedliche, sogar gegensätzliche Wirkungen haben können. Also kann eine Strategie, die scheinbar oder wirklich beabsichtigt zu dominieren, in einem anderen Zusammenhang bzw. durch eine/n 25 andere/n Sprecher/in beabsichtigen oder dazu verwendet werden, eine Verbindung herzustellen. Ebenso kann eine Strategie mit der scheinbaren oder tatsächlichen Absicht, eine Verbindung zu schaffen, in einem anderen 30 Zusammenhang bzw. durch eine/n andere/n Sprecher/in beabsichtigen oder dazu verwendet werden, Dominanz herzustellen.

Anders gesagt, die „wahre" Absicht oder das „wahre" Motiv einer beliebigen Äußerung 35 lässt sich nicht allein aus der Untersuchung der sprachlichen Form bestimmen. Zum einen sind Absichten und Wirkungen nicht deckungsgleich. Zum anderen ist die menschliche Interaktion[1] eine „gemeinsame Produk- 40 tion" [...]: Alles, was geschieht, ist das Ergebnis der Interaktion aller Teilnehmer/innen. Der Ursprung der Mehrdeutigkeit und Vieldeutigkeit sprachlicher Strategien, den ich hier untersuchen werde, ist die paradoxe Be- 45 ziehung zwischen der Dynamik von Macht und von Solidarität.

1 **Interaktion:** der Umgang von Menschen miteinander

---

1. a) Fassen Sie die Thesen von Senta Trömel-Plötz und Deborah Tannen zusammen.
   b) Worin liegt der zentrale Unterschied in der Argumentation der beiden Sprachforscherinnen?
2. a) Entwickeln Sie einen Beobachtungsbogen zum verbalen und nonverbalen Gesprächsverhalten von Mann und Frau. Gehen Sie dabei von den in den beiden Texten beschriebenen Phänomenen aus und ergänzen Sie diese.
   b) Analysieren Sie mit Hilfe Ihres Beobachtungsbogens Fernsehdiskussionen, Unterrichtsgespräche oder informelle Kommunikationssituationen und werten Sie Ihre Beobachtungen gemeinsam aus.
3. Wie sind die Probleme, die sich aus dem unterschiedlichen Gesprächsverhalten von Frauen und Männern ergeben, zu lösen? Entwickeln Sie eigene Vorschläge und beziehen Sie den nachfolgenden Text von Deborah Tannen „Verständnis ist alles" in die Diskussion mit ein.
4. Organisieren Sie eine Talkshow zum Thema „Geschlechtsspezifisches Gesprächsverhalten", in der zwei von Ihnen die Positionen der Sprachforscherinnen Deborah Tannen und Senta Trömel-Plötz vertreten.

Deborah Tannen

Verständnis ist alles (1993)

Wenn Erwachsene ihr Gesprächsverhalten schon als Kinder in getrennten Welten sozialer *Peer*-Kontakte lernten, dann ist Kommunikation zwischen Männern und Frauen interkulturelle Kommunikation. Obwohl jeder Stil im Rahmen seiner eigenen Gesetzlichkeit gut funktioniert, kommt es zu Missverständnissen, weil die Stile sich unterscheiden. Männer und Frauen als Angehörige verschiedener Kulturen zu begreifen eröffnet die Möglichkeit, eine Erklärung für zu Recht bestehende Unzufriedenheiten zu finden, ohne der einen oder anderen Seite vorzuwerfen, dass sie sich falsch oder unverständlich verhält.

Wenn wir die Unterschiede im Gesprächsstil erkennen, werden sie nicht verschwinden, aber wir können gegenseitige Missverständnisse und Schuldzuweisungen vermeiden. Zu verstehen, warum unsere Partner, Freunde und sogar Fremde sich auf eine bestimmte Art und Weise verhalten, ist tröstlich, auch wenn wir ihre Haltung nicht teilen können. Es macht die Welt zu einem vertrauteren Territorium. Und wenn andere verstehen, warum wir selbst so sprechen und handeln, wie wir es tun, bewahrt uns das vor der schmerzlichen Erfahrung, auf Unverständnis und Kritik zu stoßen. […]

Wir alle möchten – mehr als alles andere – gehört werden – aber nicht nur gehört werden. Wir möchten verstanden werden – gehört werden für das, was wir zu sagen glauben, für das, von dem wir wissen, dass wir es gemeint haben. Je besser wir verstehen, wie Männer und Frauen Sprache benutzen, desto seltener ertönt vielleicht der Vorwurf: „Du kannst mich einfach nicht verstehen."

Sexistischer Sprachgebrauch

Senta Trömel-Plötz / Ingrid Guentherodt /
Marlis Hellinger / Luise F. Pusch

Richtlinien zur Vermeidung sexistischen Sprachgebrauchs (1981)

Eine der signifikantesten Strömungen in unserer heutigen Gesellschaft ist der Feminismus – die Bestrebung, in allen gesellschaftlichen Bereichen für Frauen eine faire und gerechte Behandlung zu erreichen. Als Linguistinnen wenden wir uns einem zentralen Bereich zu, dem der Sprache. Da Sprechen in einem wichtigen Sinn gesellschaftliches Handeln ist, können Menschengruppen durch sprachliche Äußerungen diskriminiert werden: Gastarbeiter und noch mehr Gastarbeiterinnen, Studenten und noch mehr Studentinnen können durch Schimpfwörter abgewertet und beleidigt werden, politisch Unliebsame können verbal diskreditiert werden, Jüdinnen und Juden, Schwarze, Zigeunerinnen und Zigeuner, Prostituierte, psychisch Kranke, Homosexuelle können negativ definiert und sprachlich gedemütigt werden. Wenn solche Diskriminierung auf Grund der Geschlechtszugehörigkeit geschieht – und das heißt in unserer männlich dominierten Gesellschaft, dass sie Frauen betrifft –, sprechen wir von Sexismus. Sexistische, d. h. Frauen diskriminierende, frauenfeindliche Einstellung ist ein allgemeines Phänomen, das so sehr in unserer Gesellschaft verankert ist und in unser aller Leben eingeht, dass wir es kaum bemerken. Es schlägt sich natürlich auch in der Sprache nieder. Das Ziel dieser Richtlinien für nichtsexistischen Sprachgebrauch ist deshalb, sexistische Sprache zu identifizieren und alternative Gebrauchsweisen anzubieten, die nicht frauenfeindlich und diskriminierend sind.

Sprache ist sexistisch, wenn sie Frauen und ihre Leistungen ignoriert, wenn sie Frauen nur in Abhängigkeit von und Unterordnung zu Männern beschreibt, wenn sie Frauen nur in stereotypen Rollen zeigt und ihnen so über das Stereotyp hinausgehende Interessen und Fähigkeiten abspricht und wenn sie Frauen durch herablassende Sprache demütigt und lächerlich macht. [...]

Natürlich wird gesellschaftliche Änderung im Zuge der Frauenbewegung sprachliche Änderung nach sich ziehen. Als Linguistinnen wissen wir, dass das Tempo für solche Änderung langsam ist, als Feministinnen ist uns dieses Tempo zu langsam. Da Sprache mit zu den gesellschaftlichen Bedingungen gehört, unter denen wir leben, wollen wir von Seiten der Sprachwissenschaft zur gesellschaftlichen Änderung beitragen, indem wir sprachliche Änderung propagieren. Sexistische Sprache benützen heißt diskriminieren, Vermeidung sexistischer Sprache ist gesellschaftliche Änderung.

Anhand einiger Beispiele zeigen wir nun sexistischen Sprachgebrauch auf und bieten alternative Formulierungen an. Wir unterscheiden *vier Arten* frauenfeindlichen Sprachgebrauchs (die Kategorien überschneiden sich zum Teil):

1. Sprache, die Frauen ignoriert und ausschließt, weil der Mann als Standard und Norm für den Menschen schlechthin gilt. Frauen werden dann nicht genannt, sondern nur „mit gemeint", und ihre Gegenwart, ihre Beiträge, ihre Leistung werden nicht beachtet, vernachlässigt und vergessen.

Sexistischer Sprachgebrauch	*Alternativen*
Sehr geehrte Herren	Sehr geehrte Damen und Herren
Liebe Kollegen	Liebe Kolleginnen und Kollegen
An die Familie Peter Dörsch	An Frau Eva Dörsch und Herrn Peter Dörsch
	An Eva Dörsch und Peter Dörsch
	mit Kindern
Die Väter des Grundgesetzes	...
Die Männer des 20. Juli	...
...	...

2. Sprache, die Frauen immer in Abhängigkeit vom Mann darstellt, d. h. Frauen über Männer definiert und Frauen als zweitrangig und untergeordnet beschreibt. Dies zeigt sich in der asymmetrischen Benützung von Namen und Titeln und in der festgefahrenen Anordnung, in der Männer immer zuerst genannt werden.

Sexistischer Sprachgebrauch	*Alternativen*
An Herrn und Frau Dörsch	An Frau Dörsch und Herrn Dörsch
Zum Empfang bitten wir Herrn	Zum Empfang bitten wir Herrn
Dr. Kurt Müller und Gemahlin/Gattin	Dr. Kurt Müller. Diese Einladung gilt
	für zwei Personen.
	Zum Empfang bitten wir Frau
	Dr. Maria Müller-Offenbach und Herrn
	Dr. Kurt Müller.
Thomas Mann mit Frau Katja	...
...	...

3. Sprache, die Frauen nur in den traditionellen Rollen mit den so genannten weiblichen Eigenschaften und Verhaltensweisen darstellt, d. h., Frauen werden zunächst als Hausfrauen, Ehefrauen und Mütter etikettiert. Wenn dieses Etikett nicht zutrifft, ist die betreffende Frau untypisch und eine Ausnahme. Wenn Frauen sich aus diesem engen Rahmen hinausbewegen, werden sie wieder nur in dienenden, helfenden und unterstützenden Funktionen eingesetzt.

Sexistischer Sprachgebrauch	*Alternativen*
Mädchen und Männer	Mädchen und Jungen, Frauen und Männer
Damen und Männer	Damen und Herren, Frauen und Männer
Fräulein!	(Im Restaurant:) Bitte! / Entschuldigen Sie! / Würden Sie uns die Karte bringen, bitte?
Fräulein Seil	…
Sekretärin gesucht	…
…	…

4. Abwertende Sprache, durch die Frauen herablassend behandelt oder degradiert werden. Hier handelt es sich um Äußerungen, in denen Frauen in jedem Kontext, nicht nur im Schönheitswettbewerb, nach ihrem Aussehen beurteilt werden, in denen ihnen mangelnde Intelligenz, mangelnde Reife, mangelnde Kraft, mangelndes Durchhaltevermögen zugeschrieben wird, dabei ein Übermaß an List und Tücke, Emotionalität, Unbeherrschtheit und Geschwätzigkeit. Die Folge ist, dass Frauen nicht mehr als Individuen, als Menschen gesehen und respektiert werden.

Sexistischer Sprachgebrauch	*Alternativen*
das schwache/schöne Geschlecht	das weibliche Geschlecht, Frauen
unsere Skimädchen/Tennisdamen	…
…	…

Dies ist zusammenfassend die Situation, wie sie sich in sexistischer Sprache darstellt. Frauen sind oft unsichtbar und werden vergessen; kommen sie vor, dann sind sie zweitrangig und nur in bestimmten Rollen zugelassen, hauptsächlich, wo sie dem Mann dienen. Außerhalb dieses Bereiches sind sie hilflos und hysterisch und werden abgewertet, ob als Frauen, Karrierefrauen oder alte Weiber. Dagegen wollen wir Frauen sichtbar machen, indem wir sie explizit nennen und anreden, indem wir sie an erster Stelle nennen, bis Frauen und Männer gleichrangig vorkommen, indem wir sie in anderen Rollen zeigen außer den üblichen; und indem wir Degradierung in der Sprache nicht mehr dulden.

Richtlinien für nichtsexistischen Sprachgebrauch, die es seit fast zehn Jahren in Amerika gibt, haben dort zu einer weitgehenden Änderung des Bewusstseins über diskriminierende Sprache beigetragen. Wir hoffen, dass diese erste Formulierung von Richtlinien für das Deutsche auch hier dazu beiträgt, dass wir unter humaneren Bedingungen zusammenleben.

1. Diskutieren Sie die Ausgangsthese der Autorinnen, dass wir in einer männlich dominierten Gesellschaft leben, in der eine frauenfeindliche Einstellung „ein allgemeines Phänomen" sei.
2. a) Die Autorinnen unterscheiden vier Arten sexistischen Sprachgebrauchs. In welchem Verhältnis stehen diese Kategorien zueinander?
   b) Suchen Sie weitere Beispiele sexistischen Sprachgebrauchs, tragen Sie sie in die vier Tabellen ein und machen Sie eigene Änderungsvorschläge.
3. Untersuchen Sie arbeitsteilig verschiedene Zeitungen und Illustrierte im Hinblick auf sexistischen Sprachgebrauch.

Empfehlungen zur Gleichstellung der Frau bei amtlicher Wortwahl (1991)

Bundesregierung beschließt Bericht über maskuline und feminine Personenbezeichnungen in der Rechtssprache

Sprache ist der Spiegel unseres Denkens. Deshalb ist die Forderung nach einer frauenfreundlichen Sprache keine bloße Stilübung, sondern ein Beitrag zur Gleichbehandlung
5 von Männern und Frauen in der sozialen Wirklichkeit. Diesen Standpunkt vertritt die Bundesregierung bei der Vorlage eines Berichts über „maskuline und feminine Personenbezeichnungen in der Rechtssprache".
10 Zwar werden schematische Lösungen, die die Lesbarkeit von Texten erschweren, abgelehnt. Der Bericht enthält jedoch eine Vielzahl von Formulierungsalternativen, die als Richtschnur dienen.
15 Die Arbeitsgruppe hat die Forderung aufgestellt, dass es sprachlich unmissverständlich zum Ausdruck kommen müsse, wenn Frauen gemeint oder mit gemeint sind. Wenn eine Frau angesprochen werde, müsse sie sich
20 auch durch die Anredeform bezeichnet fühlen. Die Arbeitsgruppe hat Empfehlungen ausgearbeitet, wie Frauen individuell angesprochen werden können:
- In Vordrucken sollen Frauen in der femi-
25 ninen Form unterzeichnen können (z. B. die „Standesbeamtin" oder die „Passinhaberin").

- Bei Eidesformeln sollen Frauen ihrem Geschlecht gemäß angesprochen werden (statt „Pflichten eines Rechtsanwalts" „Pflichten 30 einer Rechtsanwältin").
- Maskuline Behördenbezeichnungen sollen durch sächliche ersetzt werden oder durch feminine, wenn eine Frau das betreffende Amt leitet („das Ministerium" oder „die 35 Ministerin" statt „der Minister").

---

1. a) Beurteilen Sie die Empfehlungen der Bundesregierung für eine frauenfreundlichere Amtssprache.
   b) Kennen Sie entsprechende Richtlinien aus anderen Bereichen des öffentlichen Lebens?
2. Die Sprachwissenschaftlerin Hildegard Gorny stellt als Lösungsansatz für einen geschlechtergerechten Sprachgebrauch bei Personenbezeichnungen das **Splitting** vor:
   „Das so genannte Splitting ist zwar umständlicher als die ungesplitteten Formen. Dennoch wird es heute immer häufiger praktiziert, weil bessere Lösungen noch nicht gefunden worden sind. In der Diskussion befinden sich:
   - die Klammer: Leser(in)
   - der Schrägstrich: Leser/in
   - die Paarformel: Leserin und Leser
   - das Binnen-I: LeserIn"
   a) Untersuchen Sie die Verwendung der unterschiedlichen Splittingformen im Hinblick auf Häufigkeit und Kontexte, z. B. in Stellenanzeigen und unterschiedlichen journalistischen Textsorten.
   b) Nehmen Sie Stellung zu den einzelnen Splitting-Formen. Welche Regelung beim Gebrauch von Personenbezeichnungen bevorzugen Sie selbst?

Projektvorschlag: Schreiben Frauen anders?

Irmtraut Morgner

Leben und Abenteuer der Trobadora Beatriz nach Zeugnissen ihrer Spielfrau Laura (1974)

Irmtraut Morgner versetzt ihre mittelalterliche Heldin, die Minnesängerin Beatriz de Diaz, auf wunderbare Weise in die Gegenwart des DDR-Alltags. In den folgenden Romanauszügen wird eine Caféhausszene mit unterschiedlichen Geschlechterrollen und Perspektiven erzählt.

Als Laura mit Wesselin auf dem Arm zur angegebenen Morgenzeit das Etablissement betrat, pfiff Benno Pakulat eine Tonleiter rauf und runter und sah sich Laura an, auch rauf und runter. Als sie an seinem Tisch vorbeiging, sagte er „Donnerwetter". Dann unterhielt er sich mit einem Mann über ihre Schuhe, denen hohe Absätze fehlten, den Brustumfang schätzten sie auf fünfundneunzig. Alter auf fünfunddreißig. [...]

Als neulich unsere Frauenbrigade im Espresso am Alex Kapuziner trank, betrat ein Mann das Etablissement, der meinen Augen wohl tat. Ich pfiff also eine Tonleiter rauf und runter und sah mir den Herrn an, auch rauf und runter. Als er an unserem Tisch vorbeiging, sagte ich „Donnerwetter". Dann unterhielt sich unsere Brigade über seine Füße, denen Socken fehlten, den Taillenumfang schätzten wir auf siebzig. Alter auf zweiunddreißig. [...]

1. a) Untersuchen Sie die perspektivischen und sprachlichen Differenzen der beiden Szenen.
   b) Setzen Sie die beiden Erzählanfänge fort.
2. Suchen Sie selbst Situationen mit typischem geschlechtsspezifischem Rollenverhalten und schreiben Sie dazu Texte und Gegentexte.

WEITERE PROJEKTVORSCHLÄGE: WEIBLICHE UND MÄNNLICHE PERSPEKTIVEN IN DER LITERATUR

- Untersuchen Sie zum Thema „Frauenrollen im Drama" z. B. die folgenden Texte:
  Aristophanes: Lysistrata
  Sophokles/Anouilh: Antigone (▷S. 153 ff.)
  Gotthold Ephraim Lessing: Emilia Galotti (▷ S. 160 f., 225 ff.)
  Henrik Ibsen: Nora
  Botho Strauß: Kaldewey, Farce.
  Mögliche Untersuchungsaspekte:
  □ das Rollen- und Kommunikationsverhalten von Frauen und Männern
  □ direkte und indirekte Wertungen bezüglich der Geschlechter
  □ thematische Aspekte im Zusammenhang mit den Geschlechterrollen, z. B. Eifersucht, weiblicher Widerstand gegen Unterdrückung, Gefühlskultur etc.
- Gibt es eine weibliche Ästhetik? Prüfen Sie diese Frage am Beispiel von Liebeslyrik oder moderner Kurzprosa. Wählen Sie kontrastierende Texte von Autorinnen und Autoren aus dem gleichen Entstehungszeitraum, z. B.:
  Gottfried Benn: D-Zug (1912)
  Else Lasker-Schüler: Ein Lied der Liebe (1911)

- Prüfen Sie unterschiedliche Formen von Wirklichkeitserfahrung im modernen Roman.
  □ Feministische Prägungen, z. B. bei
  Ingeborg Bachmann: Malina
  Christa Wolf: Kassandra (▷ S. 141 f.)
  Marlen Haushofer: Die Wand
  □ Viristische Tendenzen, z. B. bei
  Max Frisch: Homo faber
  Christoph Hein: Der Tangospieler
  Thomas Brussig: Helden wie wir
- Analysieren Sie das Hexenthema in der Literatur: Märchen, Romane, Dramen. Beispiele:
  Friedrich Schiller: Die Jungfrau von Orleans
  Arthur Miller: Hexenjagd
  Irmtraut Morgner: Amanda
  Eveline Hasler: Anna Göldin – letzte Hexe
- Gibt es geschlechtsspezifische Unterschiede in der Wiedergabe autobiografischer Erfahrungen in Tagebüchern, Briefen, Reportagen?
- Untersuchen Sie das Bild der Frau im Trivialroman, in Filmen und Fernsehserien, in der Werbung.

2 Sprache und Rhetorik

2.1 Redeanalyse: Rhetorik und Wahrheit

Grundkategorien der Redeanalyse

Eine systematische Analyse von Reden verlangt ein genaues Eingehen auf folgende Aspekte:
(1) **Redesituation/politisch-historischer Kontext:** Ort, Zeit, Medium, weltanschaulich-ideologischer Hintergrund
(2) **Inhalt der Rede:** Thema, Problemstellung, Kernaussagen
(3) **Redeabsicht:** Intention und Strategien der Aufwertung, Abwertung, Beschwichtigung
(4) **Struktur der Rede** und **sprachlich-rhetorische Mittel:** Aufbau der Argumentation, Wortfelder, Schlüsselbegriffe, politische Leitbegriffe, Schlagwörter, Leerformeln, rhetorische Figuren/Metaphorik, Satzbau und Stil
(5) **Vortrag der Rede/Wirkung**
(6) **Beurteilung und Wertung** der Rede

Eine detaillierte Darstellung zum Vorgehen bei der Redeanalyse und zu den Strategien der Beeinflussung finden Sie im Kapitel E 2.2: „Rhetorische Analyse: Reden untersuchen" (▷ S. 485 ff.), eine Übersicht über die rhetorischen Figuren befindet sich auf S. 184 ff.

2.1.1 Rhetorik und Aufrichtigkeit: Der Fall Sokrates

Rhetorik, die Kunst der Rede, war von jeher im öffentlichen Leben von großer Bedeutung. Seit dem Altertum existieren detaillierte Anleitungen zum Erlernen der Rhetorik, bis ins 19. Jahrhundert wurde sie an Schulen und Universitäten gelehrt. Eine der wichtigsten Redeformen war schon in der Antike die Gerichtsrede. Besondere Berühmtheit erlangte hier die Verteidigungsrede (Apologie) des SOKRATES (470–399 v. Chr.). Dem Philosophen war vorgeworfen worden, die öffentliche Ordnung zu gefährden, indem er auf den Straßen und Plätzen Athens seine Mitbürger dazu veranlasste, anerkannte Wahrheiten kritisch zu hinterfragen. Er hatte darauf verzichtet, sich eine Verteidigungsrede gegen Bezahlung von einem Rechtskundigen schreiben zu lassen. Sokrates' Schüler PLATON (427–347 v. Chr.), der bei der Verhandlung zugegen war, hat uns den nachfolgenden Anfang der Verteidigungsrede des Sokrates überliefert. Das Gericht, das aus 500 ausgewählten Athener Bürgern bestand, verurteilte Sokrates schließlich mit einer knappen Mehrheit von 280 Stimmen zum Tode durch den Giftbecher. Sokrates weigerte sich aus Respekt vor den Athener Gesetzen, die Flucht ins Exil anzutreten, und wurde hingerichtet.

Platon

Die Verteidigungsrede des Sokrates (399 v. Chr.)

Welchen Eindruck, meine athenischen Mitbürger, meine Ankläger auf euch gemacht haben, weiß ich nicht; ich meinesteils stand so unter dem Bann ihrer Worte, dass ich mich
5 beinahe selbst vergaß: So überzeugend klangen ihre Reden. Und doch, von Wahrheit war kaum eine Spur zu finden in dem, was sie gesagt haben. Am meisten aber war ich erstaunt über eine von den vielen Lügen, die sie vorgebracht haben, über die Warnung 10 nämlich, die sie an euch richteten, ihr solltet euch ja nicht von mir täuschen lassen, denn ich sei ein Meister der Rede. Dass sie sich nicht entblödeten, dies zu sagen trotz der Gewissheit, alsbald durch die Tatsachen von 15 mir widerlegt zu werden, wenn es sich nämlich nunmehr herausstellt, dass ich nichts weniger bin als ein Meister der Rede, das schien

mir der Gipfel aller Dreistigkeit zu sein, es
müsste denn sein, dass sie den einen Meister
der Rede nennen, der die Wahrheit sagt. Denn
wenn sie es so meinen, dann habe ich keine
Bedenken, mich als Redner gelten zu lassen –
nur eben nicht als einen von ihrer Art. Sie, die
Kläger, haben, wie gesagt, so gut wie nichts
Wahres vorgebracht; von mir aber sollt ihr die
volle Wahrheit vernehmen. Aber, beim Zeus,
meine Mitbürger, was ihr von mir zu hören
bekommt, wird kein in Worten und Wendungen schön gedrechseltes und wohl ver-
ziertes Redewerk sein wie das dieser Ankläger,
sondern ein schlichter Vortrag in ungesuchten
Worten. Denn ich bin fest überzeugt von der
Gerechtigkeit meiner Sache und keiner von
euch möge mich anders als mit Vertrauen
anhören. Es wäre doch auch in der Tat ein
starker Verstoß, meine Mitbürger, wollte ich
in diesen meinen Jahren vor euch auftreten
wie ein Jüngling, der sich in künstlichem
Redeschmuck gefällt. Und ich richte an euch,
meine athenischen Mitbürger, recht dringend
die folgende Bitte: Wenn ihr von mir bei
meiner Verteidigung die nämliche Redeweise
vernehmt, derer ich mich auf dem Markt an
den Wechslertischen bediene, wo viele von
euch mir zugehört haben, wie auch anderwärts, so wundert euch nicht und machet
darob keinen Lärm. Es verhält sich damit
nämlich folgendermaßen: Es ist heute das
erste Mal, dass ich vor Gericht erscheine,
siebenzig Jahre alt. Ich bin also ein völliger
Fremdling in der hier üblichen Redeweise.
Gesetzt nun, ich wäre hier ein Fremder im

Sokrates

eigentlichen Sinne, so würdet ihr es offenbar
verzeihlich finden, wenn ich mich derjenigen
Sprache und Redeform bediente, in der ich
erzogen bin. So wende ich mich denn jetzt an
euch mit der, wie mir scheint, nicht unbilligen
Bitte: Macht euch keine Gedanken über meine Redeweise, gleichviel, ob sie schlecht oder
gut ist; richtet vielmehr euren Sinn und eure
ganze Aufmerksamkeit darauf, ob, was ich
sage, recht ist oder nicht; denn das ist die
Pflicht und Aufgabe des Richters, wie es die
des Redners ist, die Wahrheit zu sagen.

1. Zur Zeit des Sokrates ging man davon aus, dass ein Sachverhalt nur mit Hilfe einer geschliffenen Redekunst
gedanklich geordnet und überzeugend dargestellt werden könne. Diskutieren Sie Sokrates' Einschätzung
der Rhetorik und ihre mögliche Wirkung auf das Publikum.
2. a) Wie wird das Verhältnis von Wahrheit und Rhetorik gesehen? Erörtern Sie diese Frage aus der doppelten
Perspektive des Sokrates und seiner Ankläger.
   b) Welches Verständnis von Sprache liegt dem Vortrag des Sokrates zu Grunde? Nehmen Sie kritisch Stellung zu seiner Wendung vom „schlichten Vortrag in ungesuchten Worten", mit dem er die Gerechtigkeit
seiner Sache darzutun verspricht (▷ Z. 32 ff.).
   c) Untersuchen Sie, welche rhetorischen Mittel Sokrates selbst verwendet.
3. Wie hätten Sie sich an Sokrates' Stelle verteidigt? Formulieren Sie selbst einen Anfang der Verteidigungsrede.

Neil Postman

Medien und Wahrheitsfindung (1983)

Ein Beispiel für den Einfluss der Medien auf unsere Epistemologien[1] bietet der Prozess gegen den großen Sokrates. Zu Beginn seiner Verteidigungsrede vor den 500 Geschworenen entschuldigt sich Sokrates dafür, dass er keine Ansprache vorbereitet habe. Er erklärt seinen athenischen Mitbürgern, dass er ins Stocken geraten werde, er bitte sie, ihn deshalb nicht zu unterbrechen und ihn stattdessen für einen Fremden aus einer anderen Stadt anzusehen, und er verspricht ihnen, die Wahrheit zu sagen, ungeschminkt und ohne rhetorisches Beiwerk. So zu beginnen war für Sokrates gewiss charakteristisch, nicht jedoch für die Zeit, in der er lebte. Denn Sokrates wusste sehr genau, dass seine Mitbürger nicht der Ansicht waren, die Grundsätze der Rhetorik und der Ausdruck der Wahrheit hätten nichts miteinander zu tun. Uns Heutigen sagt das Plädoyer des Sokrates durchaus zu, weil wir gewohnt sind, in der Rhetorik nur eine meist hochtrabende, überflüssige Ausschmückung der Rede zu sehen. Aber für die Menschen, die sie erfanden, für die griechischen Sophisten des 5. vorchristlichen Jahrhunderts, und ihre Erben war die Rhetorik nicht nur Gelegenheit zu schauspielerischen Darbietungen, sie war vielmehr ein nahezu unerlässliches Mittel, um Belege und Beweise in eine Ordnung zu bringen, das heißt, sie war ein Mittel zur Mitteilung von Wahrheit.

Sie war nicht nur ein zentrales Element in der Bildung der Athener (von weit größerer Bedeutung als die Philosophie), sondern auch eine Kunstform von hohem Rang. Für die Griechen war die Rhetorik eine Form gesprochener Schriftlichkeit. Zwar setzte sie stets den mündlichen Vortrag voraus, aber ihre Macht, Wahrheit zu offenbaren, beruhte auf der Macht der geschriebenen Worte, Argumente in einer geordneten Abfolge zur Geltung zu bringen. Obwohl Platon (wie wir auf Grund der Verteidigungsrede des Sokrates vermuten dürfen) diese Wahrheitsauffassung in Zweifel zog, waren seine Zeitgenossen davon überzeugt, die Rhetorik sei das geeignete Mittel, um die „richtige Meinung" sowohl zu entdecken als auch zu artikulieren. Die Regeln der Rhetorik zu missachten, die eigenen Gedanken aufs Geratewohl zur Sprache zu bringen, ohne richtige Betonung, ohne die angemessene Leidenschaftlichkeit, das wirkte wie ein Affront gegen die Intelligenz der Zuhörer und erregte den Verdacht der Lügenhaftigkeit. Deshalb können wir annehmen, dass viele der 280 Geschworenen, die Sokrates dann für schuldig befanden, dies deshalb taten, weil ihnen seine Verfahrensweise mit Wahrhaftigkeit nicht vereinbar schien.

Mit diesem Beispiel möchte ich verdeutlichen, dass Wahrheitsbegriffe jeweils sehr eng mit den Perspektiven bestimmter Ausdrucksformen verknüpft sind. Die Wahrheit kommt nicht ungeschminkt daher und ist niemals so dahergekommen. Sie muss in der ihr angemessenen Kleidung auftreten, sonst wird sie nicht anerkannt, mit anderen Worten: „Wahrheit" ist so etwas wie ein kulturelles Vorurteil. Jede Kultur beruht auf dem Grundsatz, dass sich die Wahrheit in bestimmten symbolischen Formen besonders glaubwürdig ausdrücken lässt, in Formen, die einer anderen Kultur möglicherweise trivial oder belanglos erscheinen.

---

1 **Epistemologie:** Lehre von der Erkenntnis, der Urteilsbildung und Wahrheitsfindung

---

1. Wie schätzt Postman Sokrates' rhetorische Leistung in dessen Verteidigungsrede ein?
2. Welchen Zusammenhang sieht Postman zwischen Medien (Ausdrucksformen) und Wahrheit?
3. Setzen Sie sich kritisch mit Postmans These auseinander, Wahrheit sei „so etwas wie ein kulturelles Vorurteil" (▷ Z. 67/68).

Peter Ebeling: Das große Buch der Rhetorik. Englisch Verlag, Wiesbaden, 6. Aufl. 1988
Neil Postman: Wir amüsieren uns zu Tode. Urteilsbildung im Zeitalter der Unterhaltungsindustrie. Fischer Verlag, Frankfurt/Main, 9. Aufl. 1997
Rüdiger Safranski: Wie viel Wahrheit braucht der Mensch? Fischer TB Verlag, Frankfurt/Main 1993
Harald Weinrich: Linguistik der Lüge. Heidelberg 1974

2.1.2 Wahrheit und Lüge:
Zwei Reden aus der Zeit des Nationalsozialismus

Otto Wels

Rede zum „Ermächtigungsgesetz"
(1933)

Am 30. 1. 1933 hatte Reichspräsident Hinden-
burg Adolf Hitler zum Reichskanzler beru-
fen, der ein Kabinett mit Deutschnationalen
und dem „Stahlhelm" bildete. Der Brand des
Reichstags in Berlin am 27. Februar 1933
wurde von den Nationalsozialisten den
Kommunisten angelastet und war Vorwand
für eine große Verhaftungswelle. Bei den
Reichstagswahlen am 5. März 1933 erreichte
die NSDAP 288 Mandate (44 %, zusammen
mit den Deutschnationalen 52 %).
Am 23. März 1933 legte Hitler dem Reichstag
in Berlin das „Gesetz zur Behebung der Not
von Volk und Reich" vor. Durch dieses sog.
Ermächtigungsgesetz sollte der neuen Regie-
rung für vier Jahre u. a. erlaubt sein, auch
ohne Zustimmung des Reichstages die
gesetzgebende und ausführende Gewalt
auszuüben, was faktisch der Selbstent-
machtung des Reichstags gleichkam. Am
23. 3. 1933 waren die kommunistischen Ab-
geordneten vom Reichstag bereits ausge-
schlossen. Nur die 94 Abgeordnete zählende
SPD-Fraktion stimmte schließlich gegen das
Ermächtigungsgesetz. Otto Wels (1873–1939),
seit 1919 einer der Vorsitzenden der SPD, die
er von seiner anschließenden Emigration
1933 bis zu seinem Tode in Paris 1939 im Exil
führte, nahm für die SPD-Fraktion am
23. 3. 1933 zum „Ermächtigungsgesetz" in
einer Rede vor dem Reichstag in der Berliner
Kroll-Oper Stellung.

Meine Damen und Herren!
Der außenpolitischen Forderung deutscher
Gleichberechtigung, die der Herr Reichskanzler erhoben hat, stimmen wir Sozial-
5 demokraten umso nachdrücklicher zu, als wir
sie bereits von jeher grundsätzlich verfochten
haben. Ich darf mir wohl in diesem Zusammenhang die persönliche Bemerkung gestatten, dass ich als erster Deutscher vor einem
10 internationalen Forum, auf der Berner Konferenz am 3. Februar des Jahres 1919, der

Unwahrheit von der Schuld Deutschlands am
Ausbruch des Weltkrieges entgegengetreten
bin. Nie hat uns irgendein Grundsatz unserer
Partei daran hindern können oder gehindert, 15
die gerechten Forderungen der deutschen
Nation gegenüber den anderen Völkern der
Welt zu vertreten.
Der Herr Reichskanzler hat auch vorgestern
in Potsdam einen Satz gesprochen, den wir 20
unterschreiben. Er lautet: „Aus dem Aberwitz
der Theorie von ewigen Siegern und Besiegten
kam der Wahnwitz der Reparationen und in
der Folge die Katastrophe der Weltwirt-
schaft." Dieser Satz gilt für die Außenpolitik; 25
für die Innenpolitik gilt er nicht minder. Auch
hier ist die Theorie von den ewigen Siegern
und Besiegten, wie der Herr Reichskanzler
sagte, ein Aberwitz.
Das Wort des Herrn Reichskanzlers erinnert 30
uns aber auch an ein anderes, das am 23. Juli
1919 in der Nationalversammlung gesprochen wurde. Da wurde gesagt: „Wir sind wehrlos, wehrlos ist aber nicht ehrlos. Gewiss, die
Gegner wollen uns an die Ehre, daran ist kein 35
Zweifel. Aber dass dieser Versuch der Ehr-
abschneidung einmal auf die Urheber selbst
zurückfallen wird, da es nicht unsere Ehre ist,
die bei dieser Welttragödie zu Grunde geht,
das ist unser Glaube bis zum letzten Atem- 40
zug." Das steht in einer Erklärung, die eine
sozialdemokratisch geführte Regierung damals im Namen des deutschen Volkes vor der
ganzen Welt abgegeben hat, vier Stunden
bevor der Waffenstillstand abgelaufen war, 45
um den Weitervormarsch der Feinde zu verhindern. – Zu dem Ausspruch des Herrn
Reichskanzlers bildet jene Erklärung eine
wertvolle Ergänzung.
Aus einem Gewaltfrieden kommt kein Segen; 50
im Innern erst recht nicht. Eine wirkliche
Volksgemeinschaft lässt sich auf ihn nicht
gründen. Die erste Voraussetzung ist gleiches
Recht. Mag sich die Regierung gegen rohe
Ausschreitungen der Polemik schützen, mag 55
sie Aufforderungen zu Gewalttaten und Gewalttaten selbst mit Strenge verhindern. Das
mag geschehen, wenn es nach allen Seiten
gleichmäßig und unparteiisch geschieht, und

60 wenn man es unterlässt, besiegte Gegner zu
behandeln, als seien sie vogelfrei. Freiheit und
Leben kann man uns nehmen, die Ehre nicht.
Nach den Verfolgungen, die die Sozialdemo-
kratische Partei in der letzten Zeit erfahren
65 hat, wird billigerweise niemand von ihr verlangen oder erwarten können, dass sie für das
hier eingebrachte Ermächtigungsgesetz stimmt.
Die Wahlen vom 5. März haben den Regie-
rungsparteien die Mehrheit gebracht und da-
70 mit die Möglichkeit gegeben, streng nach
Wortlaut und Sinn der Verfassung zu regieren.
Wo diese Möglichkeit besteht, besteht auch
die Pflicht. Kritik ist heilsam und notwendig.
Noch niemals, seit es einen Deutschen
75 Reichstag gibt, ist die Kontrolle der öffentlichen Angelegenheiten durch die gewählten
Vertreter des Volkes in solchem Maße ausge-
schaltet worden, wie es jetzt geschieht und wie
es durch das neue Ermächtigungsgesetz
80 noch mehr geschehen soll. Eine solche
Allmacht der Regierung muss sich umso
schwerer auswirken, als auch die Presse jeder
Bewegungsfreiheit entbehrt.
Meine Damen und Herren! Die Zustände, die
85 heute in Deutschland herrschen, werden vielfach in krassen Farben geschildert. Wie immer
in solchen Fällen fehlt es auch nicht an Übertreibungen. Was meine Partei betrifft, so erkläre ich hier: Wir haben weder in Paris um
90 Intervention gebeten noch Millionen nach
Prag verschoben noch übertreibende Nachrichten ins Ausland gebracht. Solchen Übertreibungen entgegenzutreten wäre leichter,
wenn im Inlande eine Berichterstattung
95 möglich wäre, die Wahres vom Falschen
unterscheidet. Noch besser wäre es, wenn wir
mit gutem Gewissen bezeugen könnten, dass
die volle Rechtssicherheit für alle wieder hergestellt sei. Das, meine Herren, liegt bei
100 Ihnen.
Die Herren von der Nationalsozialistischen
Partei nennen die von ihnen entfesselte Bewegung eine nationale Revolution, nicht eine
nationalsozialistische. Das Verhältnis ihrer
105 Revolution zum Sozialismus beschränkt sich
bisher auf den Versuch, die sozialdemokra-
tische Bewegung zu vernichten, die seit mehr
als zwei Menschenaltern die Trägerin sozialistischen Gedankenguts gewesen ist und
110 auch bleiben wird. Wollten die Herren von der
Nationalsozialistischen Partei sozialistische

Taten verrichten, sie brauchten kein Ermächtigungsgesetz. Eine erdrückende Mehrheit
wäre Ihnen in diesem Hause gewiss. Jeder von
Ihnen im Interesse der Arbeiter, der Bauern, 115
der Angestellten, der Beamten oder des
Mittelstandes gestellte Antrag könnte auf
Annahme rechnen, wenn nicht einstimmig,
so doch mit gewaltiger Majorität.
Aber dennoch wollen Sie vorerst den Reichs- 120
tag ausschalten, um Ihre Revolution fortzusetzen. Zerstörung von Bestehendem ist aber
noch keine Revolution. Das Volk erwartet
positive Leistungen. Es wartet auf durch-
greifende Maßnahmen gegen das furchtbare 125
Wirtschaftselend, das nicht nur in Deutschland, sondern in aller Welt herrscht. Wir
Sozialdemokraten haben in schwerster Zeit
Mitverantwortung getragen und sind dafür
mit Steinen beworfen worden. Unsere Leis- 130
tungen für den Wiederaufbau von Staat und
Wirtschaft, für die Befreiung der besetzten
Gebiete werden vor der Geschichte bestehen.
Wir haben gleiches Recht für alle und ein
soziales Arbeitsrecht geschaffen. Wir haben 135
geholfen, ein Deutschland zu schaffen, in dem
nicht nur Fürsten und Baronen, sondern auch
Männern aus der Arbeiterklasse der Weg zur
Führung des Staates offen steht. Davon können Sie nicht zurück, ohne Ihren eigenen 140
Führer preiszugeben. Vergeblich wird der
Versuch bleiben, das Rad der Geschichte
zurückzudrehen. Wir Sozialdemokraten wissen, dass man machtpolitische Tatsachen
durch bloße Rechtsverwahrungen nicht be- 145
seitigen kann. Wir sehen die machtpolitische
Tatsache Ihrer augenblicklichen Herrschaft.
Aber auch das Rechtsbewusstsein des Volkes
ist eine politische Macht, und wir werden
nicht aufhören, an dieses Rechtsbewusstsein 150
zu appellieren.
Die Verfassung von Weimar ist keine sozialistische Verfassung. Aber wir stehen zu den
Grundsätzen des Rechtsstaates, der Gleichberechtigung, des sozialen Rechtes, die in ihr 155
festgelegt sind. Wir deutschen Sozialdemokraten bekennen uns in dieser geschichtlichen Stunde feierlich zu den Grundsätzen
der Menschlichkeit und der Gerechtigkeit,
der Freiheit und des Sozialismus. Kein Er- 160
mächtigungsgesetz gibt Ihnen die Macht,
Ideen, die ewig und unzerstörbar sind, zu
vernichten. Sie selbst haben sich ja zum

Sozialismus bekannt. Das Sozialistengesetz hat die Sozialdemokratie nicht vernichtet. Auch aus neuen Verfolgungen kann die deutsche Sozialdemokratie neue Kraft schöpfen. Wir grüßen die Verfolgten und Bedrängten. Wir grüßen unsere Freunde im Reich. Ihre Standfestigkeit und Treue verdienen Bewunderung. Ihr Bekennermut, ihre ungebrochene Zuversicht verbürgen eine hellere Zukunft.

---

1. a) Für ein genaueres Verständnis der Rede von Otto Wels sind Kurzreferate zu folgenden Begriffen und Themen hilfreich: „Sozialismus", „Geschichte der SPD bis 1933", „Sozialistengesetz", „Folgen des Ersten Weltkriegs".
   b) Untersuchen Sie den argumentativen Einsatz des Begriffsfeldes „national/nationalsozialistisch", „sozial/sozialistisch/Sozialismus" in Wels' Rede.

2. a) Analysieren Sie, wie Wels eine partielle Zustimmung zu Aussagen Hitlers für seine prinzipielle Abgrenzung von der Regierung einsetzt.
   b) In welcher Weise werden außen- und innenpolitische Überlegungen miteinander verknüpft?

3. Überprüfen Sie, welche weiteren ▷ Strategien der Beeinflussung eingesetzt werden, und fassen Sie Ihre Ergebnisse schriftlich zusammen. ▷ S. 487 f.

Joseph Goebbels

Aufruf zum totalen Krieg (1943)

[Im Winter 1942/43 zeichneten sich die deutsche Niederlage im Zweiten Weltkrieg und der Zusammenbruch des nationalsozialistischen Regimes deutlich ab. Die Sinnlosigkeit einer Weiterführung des Krieges wurde durch die Vorgänge um Stalingrad im Januar 1943 offensichtlich. Die Front in Nordafrika stand unmittelbar vor dem Zusammenbruch, und die Alliierten beherrschten militärisch den Atlantik. In dieser aussichtslosen Lage hielt der Reichspropagandaminister Goebbels im Berliner Sportpalast am 18. Februar 1943 vor eigens ausgewähltem Publikum die Rede zum totalen Krieg. Die Rede, die gleichzeitig über alle deutschen Rundfunksender ausgestrahlt wurde, sollte das Vertrauen zur nationalsozialistischen Führung wieder herstellen. Der Text wurde von Goebbels mehrfach überarbeitet; er selbst hielt ihn für ein rhetorisches Glanzstück der politischen Demagogie. Wie aus Tagebuchaufzeichnungen hervorgeht, machte sich Goebbels über den „Endsieg" wohl keine Illusionen mehr. Seine Verachtung für die völlige Manipulierbarkeit des Publikums geht aus einer Tagebuchnotiz zur Sportpalastrede hervor: „Wenn ich den Leuten gesagt hätte, springt aus dem dritten Stock des Columbushauses, sie hätten es auch getan." – Die folgende vom Reichspropagandaministerium veröffentlichte Druckfassung des Schlussteils der Rede enthält deutliche Übertreibungen in der Beschreibung des Publikumsverhaltens.]

Ihr also, meine Zuhörer, repräsentiert in diesem Augenblick die Nation. Und an euch möchte ich zehn Fragen richten, die ihr mir mit dem deutschen Volke vor der ganzen Welt, insbesondere aber vor unseren Feinden, die uns auch an ihrem Rundfunk zuhören, beantworten sollt. *(Nur mit Mühe kann sich der Minister für die nun folgenden Fragen Gehör verschaffen. Die Masse befindet sich in einem Zustand äußerster Hochstimmung. Messerscharf fallen die einzelnen Fragen. Jeder Einzelne fühlt sich persönlich angesprochen. Mit letzter Anteilnahme und Begeisterung gibt die Masse auf jede einzelne Frage die Antwort. Der Sportpalast hallt wider von einem einzigen Schrei der Zustimmung.)*

Die Engländer behaupten, das deutsche Volk habe den Glauben an den Sieg verloren.

Ich frage euch: Glaubt ihr mit dem Führer und mit uns an den endgültigen totalen Sieg des deutschen Volkes?

Ich frage euch: Seid ihr entschlossen, dem Führer in der Erkämpfung des Sieges durch dick und dünn und unter Aufnahme auch der schwersten persönlichen Belastungen zu folgen?

Zweitens: Die Engländer behaupten, das deutsche Volk ist des Kampfes müde.

Ich frage euch: Seid ihr bereit, mit dem Führer

als Phalanx[1] der Heimat hinter der kämpfenden Wehrmacht stehend, diesen Kampf mit wilder Entschlossenheit und unbeirrt durch alle Schicksalsfügungen fortzusetzen, bis der
35 Sieg in unseren Händen ist?

Drittens: Die Engländer behaupten, das deutsche Volk hat keine Lust mehr, sich der überhand nehmenden Kriegsarbeit, die die Regierung von ihm fordert, zu unterziehen.

40 Ich frage euch: Seid ihr und ist das deutsche Volk entschlossen, wenn der Führer es befiehlt, zehn, zwölf, und wenn nötig, vierzehn und sechzehn Stunden täglich zu arbeiten und das Letzte herzugeben für den Sieg?

45 Viertens: Die Engländer behaupten, das deutsche Volk wehrt sich gegen die totalen Kriegsmaßnahmen der Regierung. Es will nicht den totalen Krieg, sondern die Kapitulation. *(Zurufe: „Niemals! Niemals! Niemals!")*

50 Ich frage euch: Wollt ihr den totalen Krieg? Wollt ihr ihn, wenn nötig, totaler und radikaler, als wir ihn uns heute überhaupt erst vorstellen können?

Fünftens: Die Engländer behaupten, das deut-
55 sche Volk hat sein Vertrauen zum Führer verloren.

Ich frage euch: Ist euer Vertrauen zum Führer heute größer, gläubiger und unerschütterlicher denn je? Ist eure Bereitschaft, ihm auf
60 allen seinen Wegen zu folgen und alles zu tun, was nötig ist, um den Krieg zum siegreichen Ende zu führen, eine absolute und uneingeschränkte?

(Die Menge erhebt sich wie ein Mann. Die
65 *Begeisterung der Masse entlädt sich in einer Kundgebung nie da gewesenen Ausmaßes. Vieltausendstimmige Sprechchöre brausen durch die Halle: „Führer, befiehl, wir folgen!" Eine nicht abebbende Woge von Heil-*
70 *rufen auf den Führer braust auf. Wie auf ein Kommando erheben sich nun die Fahnen und Standarten, höchster Ausdruck des weihevollen Augenblicks, in dem die Masse dem Führer huldigt.)*

75 Ich frage euch als Sechstes: Seid ihr bereit, von nun ab eure ganze Kraft einzusetzen und der Ostfront die Menschen und Waffen zur Verfügung zu stellen, die sie braucht, um dem Bolschewismus den tödlichen Schlag zu
80 versetzen?

---

1 **Phalanx:** geschlossene Schlachtreihe

Ich frage euch siebentens: Gelobt ihr mit heiligem Eid der Front, dass die Heimat mit starker Moral hinter ihr steht und ihr alles geben wird, was sie nötig hat, um den Sieg zu erkämpfen? 85

Ich frage euch achtens: Wollt ihr, insbesondere ihr Frauen selbst, dass die Regierung dafür sorgt, dass auch die deutsche Frau ihre ganze Kraft der Kriegführung zur Verfügung stellt und überall da, wo es nur möglich ist, ein- 90 springt, um Männer für die Front frei zu machen und damit ihren Männern an der Front zu helfen?

Ich frage euch neuntens: Billigt ihr, wenn nötig, die radikalsten Maßnahmen gegen 95 einen kleinen Kreis von Drückebergern und Schiebern, die mitten im Kriege Frieden spielen und die Not des Volkes zu eigensüchtigen Zwecken ausnutzen wollen? Seid ihr damit einverstanden, dass, wer sich am Krieg ver- 100 geht, den Kopf verliert?

Ich frage euch zehntens und zuletzt: Wollt ihr, dass, wie das nationalsozialistische Parteiprogramm es gebietet, gerade im Kriege gleiche Rechte und gleiche Pflichten vor- 105 herrschen, dass die Heimat die schweren Belastungen des Krieges solidarisch auf ihre Schultern nimmt und dass sie für Hoch und Niedrig und Arm und Reich in gleicher Weise verteilt werden? 110

Ich habe euch gefragt: ihr habt mir eure Antwort gegeben. Ihr seid ein Stück Volk, durch euren Mund hat sich damit die Stellungnahme des deutschen Volkes manifestiert. Ihr habt unseren Feinden das zugerufen, was sie wis- 115 sen müssen, damit sie sich keinen Illusionen und falschen Vorstellungen hingeben. [...]

Wir alle, Kinder unseres Volkes, zusammengeschweißt mit dem Volke in der größten Schicksalsstunde unserer nationalen Ge- 120 schichte, wir geloben euch, wir geloben der Front, und wir geloben dem Führer, dass wir die Heimat zu einem Willensblock zusammenschweißen wollen, auf den sich der Führer und seine kämpfenden Soldaten unbe- 125 dingt und blindlings verlassen können. Wir verpflichten uns, in unserem Leben und Arbeiten alles zu tun, was zum Siege nötig ist. Unsere Herzen wollen wir erfüllen mit jener politischen Leidenschaft, die uns immer in 130 den großen Kampfzeiten der Partei und des Staates wie ein ewig brennendes Feuer verzehrte. Nie wollen wir in diesem Kriege jener falschen und scheinheiligen Objektivitäts-duselei verfallen, der die deutsche Nation in ihrer Geschichte schon so viel Unglück zu verdanken hat.

Als dieser Krieg begann, haben wir unsere Augen einzig und allein auf die Nation gerichtet. Was ihr und ihrem Lebenskampf dient, das ist gut und muss erhalten und gefördert werden. Was ihr und ihrem Lebenskampf schadet, das ist schlecht und muss beseitigt und abgeschnitten werden. Mit heißem Herzen und kühlem Kopf wollen wir an die Bewältigung der großen Probleme dieses Zeitabschnitts des Krieges herantreten. Wir beschreiten damit den Weg zum endgültigen Sieg. Er liegt begründet im Glauben an den Führer. So stelle ich denn an diesem Abend der ganzen Nation noch einmal ihre große Pflicht vor Augen.

Der Führer erwartet von uns eine Leistung, die alles bisher Dagewesene in den Schatten stellt. Wir wollen uns seiner Forderung nicht versagen. Wie wir stolz auf ihn sind, so soll er stolz auf uns sein können.

In den großen Krisen und Erschütterungen des nationalen Lebens erst bewähren sich die wahren Männer, aber auch die wahren Frauen. Da hat man nicht mehr das Recht, vom schwachen Geschlecht zu sprechen, da beweisen beide Geschlechter die gleiche Kampfentschlossenheit und Seelenstärke. Die Nation ist zu allem bereit. Der Führer hat befohlen, wir werden ihm folgen. Wenn wir je treu und unverbrüchlich an den Sieg geglaubt haben, dann in dieser Stunde der nationalen Besinnung und der inneren Aufrichtung. Wir sehen ihn greifbar nahe vor uns liegen: wir müssen nur zufassen. Wir müssen nur die Entschlusskraft aufbringen, alles andere seinem Dienst unterzuordnen. Das ist das Gebot der Stunde. Und darum lautet die Parole:

Nun Volk steh auf und Sturm brich los![2]

(Die letzten Worte des Ministers gehen in nicht enden wollenden stürmischen Beifalls-kundgebungen unter.)

2 Ausspruch von Theodor Körner (1791–1813), einem preußischen Offizier und „Dichter der Befreiungskriege"

---

1. a) Informieren Sie sich anhand von Geschichtsbüchern genauer über die politischen und organisatorischen Umstände, unter denen die Rede im Sportpalast gehalten wurde.
   b) Zeigen Sie auf, welche Faktoren der Kommunikationssituation für die Rede von Bedeutung sind.
2. a) Ist Goebbels Selbsteinschätzung seiner Rede als „rhetorisches Glanzstück" berechtigt? Begründen Sie Ihre Meinung auf der Grundlage einer Untersuchung der verwendeten ▷ rhetorischen Mittel. ▷ S. 184 ff.
   b) Vergleichen Sie die rhetorischen Strategien von Goebbels und Otto Wels (▷ S. 409 ff.): Auf welche Weise versuchen die beiden Redner ihr Publikum zu manipulieren bzw. zu überzeugen?
3. a) Überprüfen Sie die Wirkung der Rede anhand der Originalaufnahme.
   b) Vergleichen Sie auch die tatsächlichen Reaktionen des Publikums mit der Beschreibung der Reaktionen in der Druckfassung.

Die Sportpalastrede als Thema der Gegenwartsliteratur

Joseph Goebbels beging am 1.5.1945 mit seiner Frau Magda Selbstmord; seine Kinder wurden ebenfalls getötet.

In seinem Roman „Flughunde" beschreibt MARCEL BEYER (* 1965) die letzten Jahre des Dritten Reichs aus zwei Erzählperspektiven: Die eine ist die des Stimmenforschers Hermann Karnau. Flughunde, fledermausähnliche Tiere, die keinen Schall, nur ihre eigenen Ultraschalltöne wahrnehmen, sind für ihn Sinnbild einer Welt, die vor den Einflüsterungen fremder Stimmen geschützt ist. Als Wachmann im Berliner Führerbunker und erster Zeuge für Hitlers Tod ist er ebenso eine historische Figur wie Goebbels' älteste Tochter Helga, die zweite Erzählstimme des Romans. Im folgenden Textauszug (▷ S. 414 f.) kommt die achtjährige Helga als Hörerin und Zuschauerin der Sportpalastrede zu Wort. Im Roman wird dieser Teil der Handlung immer wieder unterbrochen durch den zweiten Erzähler Karnau, der eine Kehlkopfuntersuchung durchführt.

Marcel Beyer

Flughunde (1995)

Mein Papa spricht. Vor so vielen Leuten. Wie dicht sie beieinander stehen, sie können nicht mehr vorwärts oder rückwärts, sie können ihre Arme nicht mehr bewegen und ihre
5 Bäuche scheuern aneinander. Zum ersten Mal dürfen wir dabei sein und mithören. Und wie die Luft riecht von den vielen Menschen. Hoffentlich lassen die uns bis zu unseren Plätzen durch, die Stühle sind längst schon
10 alle besetzt. Wenn wir stehen müssen, können wir Mädchen gar nichts sehen und werden von den vielen Erwachsenen am Ende noch erdrückt. Mama schiebt einen Mann beiseite, der uns im Weg steht, und zeigt auf unsere
15 Plätze: Für Mama, Hilde und für mich, von Papa für uns reserviert. Die Leute winken, als wir uns hinsetzen, und wir winken zurück. Jetzt fangen sie an zu jubeln, und Mama stupst mich an: Siehst du, da kommt Papa.
20 Wo?
Nicht hinter uns, schau doch nach vorne.
Da steht Papa am Rednerpult und blickt in die Menge. Er sieht in unsere Richtung. Ob er uns jetzt erkannt hat, ob er genau weiß, wo wir
25 hier sitzen? Papa hat müde Augen, aber die Schatten darunter erkennt man nicht, weil er so stark beleuchtet ist. Er isst fast nichts mehr, nur noch Grießbrei und Milch, und er raucht ohne Pause. Jetzt aber fangen die Augen an zu
30 glühen, Papa konzentriert sich, er will die ganze Euphorie der letzten Tage bündeln. Die Menschen spüren das, es wird ganz still. Papa beginnt zu reden.
Er spricht von den vielen Millionen Menschen,
35 die alle im Moment seine Zuhörer sind, er sagt etwas über die Ätherwellen, und: Alle sind jetzt mit uns verbunden. Vielleicht hören sogar die Toten ihn, die letzten Stalingrad-kämpfer, die schon vor Wochen ihren Schluss-
40 bericht gefunkt haben. Die Leute rufen Bravo, sie rufen Heil, und wenn sie klatschen, ist das ein ungeheurer Lärm. Papa will uns ein unge-schminktes Bild der Lage entwerfen. Er ruft: Der Ansturm der Steppe. Die Zuhörer hängen
45 an seinen Lippen, Papa sagt: Kindisch, diese Erklärung ist kindisch. Wenn Papa kindisch sagt, sagt er das nie mit einem Lächeln, für uns ein Zeichen, mit ihm ist nicht zu scherzen. Papa ruft: Sie verdient überhaupt keine

50 Wiederholung, nein, Widerlegung meint er. Er achtet sehr auf seine Aussprache, damit man jedes Wort verstehen kann. Papa sagt: Friedensfühler, Papa sagt: Roboter, und noch einmal: Aufruhr der Steppe. Wie die Laut-
55 sprecher scheppern. Papa schreit jetzt richtig, um sich gegen den Krach durchzusetzen. Die Menge ist so aufgebracht, dass er immer wieder lange Pausen machen muss. Jetzt lachen die Zuhörer sogar. Und da ruft einer im
60 Publikum: Lumpenluder. Wer war das? Wo? Das kam ganz aus unserer Nähe. Aber es ist zu spät, wir sehen niemanden mit offenem Mund. Papa meint: Das Totalste ist gerade total genug. [...]
65 Jetzt ist Papa bei: fünftens. Jetzt sechstens. Wie viele Fragen will Papa noch stellen? Und immer wieder schreien die Zuhörer aus vollem Hals ihr Ja als Antwort. Das Kreischen soll endlich aufhören, es ist so furchtbar laut,
70 mir platzen bald die Trommelfelle.
Und siebtens. Achtens. Neuntens. Der Bo-den bebt vom Füßetrampeln, Arme fuchteln in der Luft. Zuhörer stellen sich auf die Stüh-le, sodass wir Kinder nichts mehr sehen kön-
75 nen. Papa, sei bitte bald mit deiner Rede fertig, kein Mensch kann das noch lange er-tragen. Der Hals schnürt sich. Das Blut pocht in den Schläfen. Wir können jetzt auch nicht hier raus. Nicht auf die Straße. An die frische
80 Luft. Zu viele Leute, die den Weg versperren. Tatsächlich sagt Papa jetzt: zehntens und zu-letzt.
Zum Glück. Bald können wir weg. Und endlich wieder Luft. Papa sagt: Kinder, wir
85 alle, Kinder. Spricht er zum Schluss jetzt ein paar Worte über uns? Hilde schaut mich an, doch Papa meint: Kinder unseres Volkes. Etwas muss abgeschnitten werden, mit hei-ßem Herzen und mit kühlem Kopf. Aber mein
90 Kopf ist heiß. Schrecklich heiß. Alles glüht. Ganz tief Luft holen. Aber das geht nicht, es ist keine Luft mehr da. Nur noch Gestank und Schweiß. Wie Papa jetzt noch brüllen kann bei dieser Luft: Nun Volk.
95 Ja, Luft, die haben alle Luft hier wegge-nommen.
Steh auf.
Aufstehen. Raus.
Und Sturm.
100 Atmen.
Brich los.

Dass die Menschen jetzt noch Luft genug haben, um das Deutschlandlied zu singen. Jemand berührt meine Hand. Die ist ganz feucht. Mama fasst mich am Arm und sagt: Helga, es ist zu Ende. Wir fahren nach Hause, Papa will auch bald nachkommen. Hilde ist schon von ihrem Platz aufgestanden. Wir gehen hinaus, die Luft, die frische Luft nun wieder. Wir sind ganz taub. Wir hören kaum, wie Mama sagt: Jetzt hat Papa zwei ganze Stunden lang nicht eine einzige Zigarette geraucht. Hilde sieht so erschöpft aus, als hätte sie das auch kaum ertragen können, als hätten Papa und die Zuhörer sie auch erschreckt, und sie sagt leise, als könnte sie gar nicht begreifen, was sie da erlebt hat: Hast du gesehen, Helga, am Ende war Papas Hemd ganz durchnässt.

1. Versuchen Sie, einzelne Passagen des Originaltextes der Rede (▷ S. 411 ff.) den Eindrücken der Erzählerin zuzuordnen.
2. Untersuchen und beurteilen Sie, wie der Autor die ungewöhnliche Rezeptionsperspektive inhaltlich und sprachlich realisiert.
3. Stellen Sie sich vor, Sie könnten das Mädchen Helga Goebbels aus Beyers Roman mit einem Brief erreichen: Reagieren Sie auf Helgas Erlebnis der Sportpalastrede, indem Sie ihr die heutige Wirkung dieser Rede zu vermitteln versuchen.

2.1.3 Leitbilder für die Zukunft: Reden der Gegenwart

Richard von Weizsäcker

Mitverantwortung aller Deutschen für die Wahrung der Menschenwürde (1992)

Die folgende Rede hielt der damalige Bundespräsident Richard von Weizsäcker bei der Abschlusskundgebung der bundesweiten Großdemonstration unter dem Motto „Die Würde des Menschen ist unantastbar" im Lustgarten in Berlin am 8. November 1992. Vorangegangen waren im Jahre 1992 gewalttätige Ausschreitungen gegen ausländische Mitbürger in Deutschland. Den ca. 350 000 friedlichen Demonstranten standen ca. 400 Demonstranten gegenüber, die Weizsäcker während seiner Rede mit Gegenständen bewarfen und mit einem Pfeifkonzert störten.

Warum haben wir uns heute hier versammelt? Weil uns unser Land am Herzen liegt. Und weil wir uns um Deutschland sorgen!
Machen wir uns nichts vor! Was im Laufe dieses Jahres geschehen ist, das hat es bei uns bisher noch nie gegeben in der Nachkriegszeit. Es geht bösartig zu: Schwere Ausschreitungen gegen Ausländerheime; Hetze gegen Fremde; Anschläge auf kleine Kinder; geschändete jüdische Friedhöfe; Verwüstungen in den Gedenkstätten der KZs Sachsenhausen, Ravensbrück und Überlingen; brutaler Rechtsextremismus, wachsende Gewalt gegen die Schwachen, egal, ob gegen Fremde oder Deutsche; Brandstifter und Totschläger sind unterwegs.
Und was tun wir deutschen Bürger dagegen? Die Sache herunterspielen? Wegsehen? Uns an tägliche Barbareien gewöhnen? Alles allein den Politikern überlassen, dem Staat mit seinem Gewaltmonopol?
Das dürfen wir niemals tun! Es ist doch unser eigener demokratischer Staat! Er ist so stark oder so schwach, wie wir selbst – jeder und jede von uns – aktiv für die Demokratie eintreten.
Das Gewaltmonopol des Staates ist notwendig. Aber es ist keine Wunderwaffe, die uns die Mitverantwortung abnimmt. Es hat den Zusammenbruch der Weimarer Republik nicht verhindert. Wir sollten nie vergessen, woran die erste Republik in Deutschland gescheitert ist: Nicht, weil es zu früh zu viele Nazis gab, sondern zu lange zu wenige Demokraten. Dazu darf es nie wieder kommen. Es ist höchste Zeit, sich zur Wehr zu setzen. Wir alle sind zum Handeln aufgerufen.
Das Vertrauen des Auslands in die Stabilität

der deutschen Demokratie ist für uns und für ganz Europa von großem Gewicht. Aber wir demonstrieren hier nicht mit dem Blick nach draußen. Wir wenden uns an die eigene Adresse. Unsere demokratische Verantwortungsgemeinschaft, unser Anstand stehen auf dem Spiel.

Zu dieser Gemeinschaft gehören wir alle, die hier versammelt sind: Frauen und Männer, Schülerinnen und Schüler; Alt und Jung; Arbeitnehmer, Betriebsräte und Unternehmer; Journalisten, Lehrer und Wissenschaftler; Künstler, Handwerker und Kaufleute; Pfarrer und Politiker; Dichter und Sportler; Gläubige und Ungläubige; Ost und West und Nord und Süd; Deutsche und Ausländer.

Natürlich können wir nicht immer reibungslos zusammenleben. Zu verschieden sind die Lebenschancen, zu gegensätzlich viele Interessen. Wir streiten über mehr Gerechtigkeit. Dennoch gibt es etwas ganz Entscheidendes, das uns über alle Konflikte hinweg verbindet, etwas, das uns unbedingt zusammenhält:
die Absage an die Gewalt,
die Zusage an die Würde des Menschen.
Daß wir diese Übereinstimmung täglich durchsetzen, das ist für unsere Demokratie absolut lebenswichtig.

Wir Deutschen haben es in einer langen Geschichte leidvoll erlebt, wohin das Faustrecht des Stärkeren oder die Diktatur führt. Immer ist die Humanität das Opfer. Der Mensch wird entrechtet, verfolgt, gedemütigt; er wird ein wehrloses Ziel der Gewalt. Aus dieser Erfahrung zieht unsere Verfassung die Lehre mit ihrem ersten Artikel: „Die Würde des Menschen ist unantastbar."

Sie steht jedem zu, unabhängig von Alter und Geschlecht, von Hautfarbe, Religion oder Nationalität. Sie hängt nicht ab von seinem Glück im Leben, von seinen Talenten oder Behinderungen, seinen Erfolgen oder Mißerfolgen.

Ob wir sie nun mit der Vernunft begründen oder ob wir als Christen sagen, daß der Mensch seine Würde als Ebenbild Gottes empfängt – im Ergebnis stimmen wir überein: Die Würde ist der unaufgebbare sittliche Kern einer jeden Person. Sie ist das Fundament aller Grundrechte.

Das Grundgesetz sagt, daß es Sache aller staatlichen Gewalt ist, die Menschenwürde zu achten und zu schützen. Aber leben kann sie nur davon, daß jeder von uns sie als Verpflichtung versteht. Ich kann die Würde meines Nachbarn von meiner eigenen gar nicht trennen. Ich kann sie überhaupt erst empfinden, wenn ich den anderen in seiner Würde achten lerne. Und wenn ich nicht helfe, die seine zu schützen, beschädige ich seine und zugleich meine eigene Menschenwürde.

Wir wissen sehr wohl, wer vor allem auf diesen Schutz angewiesen ist: der Schwache, der sich nicht selber helfen kann; der Fremde, der mit den Verhältnissen nicht vertraut ist.

Das sind Grundregeln des menschlichen Anstands und Grundfesten unserer Zivilisation, an denen die Lebensfähigkeit unserer Demokratie hängt. Ohne sie würden wir in die Barbarei zurückfallen.

Wir haben in unserer Geschichte, neben Schrecken und Unrecht, eine gute Überlieferung. Jahrhunderte wurden bei uns vom humanen Geist beeinflußt, von großen Sozialarbeitern. Kant hat uns gelehrt, daß ohne die sittlichen Pflichten Freiheit undenkbar ist. Von Schiller und Beethoven stammt die europäische Hymne.

Menschliche Aufgeschlossenheit gegenüber allem Neuen, allem Fremden, allen Notleidenden hat eine starke Tradition bei uns, und sie ist unverändert lebendig.

Kein anderes Land in Europa hat nach dem Zweiten Weltkrieg so viele Menschen von draußen aufgenommen wie wir. Und es sind nicht zuletzt die Millionen ausländischen Arbeitnehmer mit ihren Familien, mit denen wir friedlich leben und die zum Wohlstand unseres Landes beitragen.

In zwei Stunden wird es dunkel. Mit Einbruch der Nacht beginnt nach dem Alten Testament der morgige Tag. Es ist der 9. November, ein deutsches Schicksalsdatum. Mehrfach in unserer Geschichte wurde er zum Fanal für einen gewalttätigen Verlust unserer Freiheit, unserer überlieferten Kultur, unserer Würde – am schrecklichsten, als die Juden beraubt, auf offener Straße gejagt und ihre Synagogen angezündet wurden.

Dann kam vor drei Jahren am 9. November der Tag der Freiheit. Deutsche hatten mit dem unerschütterlichen Mut der Gewaltlosigkeit Schwerter zu Pflugscharen gemacht. Sie boten den Unterdrückern die Stirn, aber mit Kerzen, nicht mit Gewalt. Und sie setzten sich durch.

145 Überall in der Welt freute man sich mit dem ganzen deutschen Volk und lernte von neuem, unser Land zu achten.

Wir dürfen es niemandem erlauben, dies wieder aufs Spiel zu setzen. Wir werden mit
150 den anderen Völkern friedlich zusammenarbeiten. Wir werden Fremde gastlich aufnehmen, soweit unsere Kräfte reichen. So wie es auch früher geschah.

Und auch dies wollen wir nicht vergessen: Wir
155 verdanken es nicht nur uns selbst und den Moskauer Reformern, sondern auch unseren französischen, britischen und amerikanischen Freunden, daß wir uns hier und heute mitten in unserer alten und wieder neuen Hauptstadt
160 zu einer freien Demonstration versammeln können. Noch vor vier Jahren erschien dies als Traum. Doch es wurde möglich dank der Solidarität des Auslands mit Deutschland.

Jetzt müssen wir mit den neuen Herausforde-
165 rungen fertig werden, mit der Zuwanderung und dem Asyl einerseits und andererseits mit der extremistischen Gewalt. Hüten wir uns, beides zu vermischen oder gar gleichzusetzen. Die Gewalttäter reiben sich doch nur die
170 Hände, wenn wir ihnen auch noch diesen Vorwand liefern, mit dem sie jugendliche Mitläufer ködern. In Wahrheit sind ihnen die Angriffsziele egal. Wenn sie keine Asylbewerber finden, suchen sie sich ganz andere
175 Opfer. Ja, sie vergreifen sich sogar an Behinderten, wie in Stendal geschehen.

Wir haben die Pflicht zu einem humanen Umgang mit den Zuwanderern. Nach dem Ende des Kalten Krieges bedroht uns in Euro-
180 pa eine neue Spaltung in die reichen und die armen Länder. Da die Grenzen offen sind, versuchen die Menschen, aus den Armutsgebieten auszuwandern. So war es immer in der Geschichte.

185 Weil wir für den massenhaften Zustrom bisher keine brauchbaren Rechtsregeln haben, sondern nur das Asyl, preßt sich nun alles durch dieses dafür gar nicht geschaffene Asylnadelöhr. Aber das gibt doch
190 uns nicht das Recht, diese Ausländer als Asylbetrüger zu beschimpfen, wie es so oft geschieht. Vielmehr haben wir als Politiker die dringliche Pflicht, ein System zu schaffen, das die Zuwanderung steuert und

begrenzt und zugleich das wahre Asylrecht 195 schützt. [...]

Die Organe des Staates haben die Pflicht, das deutsche Gemeinwesen handlungsfähig zu erhalten, bedrohte jüdische Friedhöfe nicht schlechter zu schützen als Verfassungsorgane, 200 die Rechtsordnung gegen Gewalttäter strikt anzuwenden, der haarsträubenden Verbreitung rechtsradikaler Hetzparolen nicht länger tatenlos zuzusehen, wo es nötig ist, Gesetze zu verschärfen. 205

Doch unsere Gewissen zu schärfen, ist jetzt noch wichtiger. Es reicht ganz und gar nicht, nur auf die Politik zu warten. Wir müssen unsere Augen aufmachen, um zu sehen, wo wir selbst als Bürger die Menschenwürde vor der 210 Gewalt bewahren können. [...]

Es kann sehr wichtig sein, wenn gerade diejenigen Gruppen zusammenarbeiten, die üblicherweise im Alltag miteinander konkurrieren, wenn zum Beispiel junge IG-Metaller 215 und junge Unternehmer zusammen das Gespräch mit den vielen vereinzelten, verunsicherten Jugendlichen suchen, ihnen zuhören und vielleicht zu einem friedlichen Anschluß verhelfen, oder wenn die Jungen 220 Liberalen, die Jungsozialisten und die Junge Union gemeinsam dasselbe tun.

Groß ist bei alledem die Verantwortung der Medien. Mit ihrer Präsenz und Information haben sie einen tiefwirkenden Einfluß. Nie- 225 mand kann sie und vor allem niemand soll sie beaufsichtigen. Sie sind der eigenen Kontrolle unterworfen. Selbstbeherrschung nennt man das. Möge sie geübt werden.

„Deutschland den Deutschen" – mit solchen 230 Parolen ziehen Extremisten durch die Straßen. Was soll das heißen? Eine neue Verfassung? Ein anderer Artikel 1?

Dort steht nicht: „Die Würde des Deutschen ist unantastbar", sondern: „Die Würde des 235 Menschen ist unantastbar". Dabei bleibt es; käme es anders, gerade dann wäre es um die Würde der Deutschen geschehen.

Wer vorgibt, im Interesse Deutschlands zur Gewalt zu greifen, der vergreift sich am Na- 240 men unserer Nation. Deutschland ist weder Schlagwort noch Schlagstock, sondern unser Land, das uns am Herzen liegt.

Wir haben Trennungen überwunden. Nun wollen wir keine neuen Grenzen entstehen 245 lassen. Wir haben in Ost und West *ein* Schick-

sal, nicht zwei. Wir sind *eine* Verantwortungsgemeinschaft.

250 Wir haben unsere Schwierigkeiten im eigenen
Land. Doch wir wissen, wie viele andere
Völker es weit schwerer haben. Wir haben
keinen Grund und kein Recht zur Furcht. Das
heutige Deutschland ist nicht die Weimarer
Republik.

255 Aber es gibt auch gar nichts zu beschönigen.
Diese Demonstration, die ohne Beispiel ist,

hat ihren Sinn nur darin, uns aufzurütteln.
Wozu haben wir denn durch Übung gelernt
und in einer friedlichen Revolution bewiesen,
Demokraten zu sein? Darum, daß jetzt jeder 260
und jede an ihrem Platz mitarbeiten, um un-
sere Zivilisation vor der Gewalt zu schützen.
Daß wir alle zusammen für die Würde des
Menschen einstehen.
Das ist unsere Verantwortung als freie Bürger. 265

[R]

---

1. Schreiben Sie zwei Zeitungsartikel zu der Rede Weizsäckers:
   a) einen Bericht, der über die Redesituation und den Inhalt informiert, und
   b) einen Kommentar, in dem Sie zu der von Weizsäcker vorgetragenen Position Stellung nehmen.
2. a) Untersuchen Sie detailliert die Verwendung des Pronomens „wir" mit seinen historischen, gesellschaftlichen und situativen Implikationen in dieser Rede.
   ▷ S. 487 f.   b) Welche anderen ▷ Strategien der Beeinflussung können Sie der Rede entnehmen?
3. Deutschland und das Ausland: Vergleichen Sie die Aussagen Weizsäckers und Herzogs (s. u.) zu diesem thematischen Komplex.

Roman Herzog

Aufbruch ins 21. Jahrhundert (1997)

*In den letzten Jahren entwickelte sich in der
bundesrepublikanischen Öffentlichkeit ein
zunehmendes Krisenbewusstsein angesichts
von Fragen wie: Kann die deutsche Wirtschaft dem Druck der „Globalisierung", der
Erweiterung nationaler Märkte zu einem
einzigen internationalen, standhalten? Kann
die Arbeitslosigkeit wirksam bekämpft werden? Wie können die Renten gesichert werden, da es immer weniger junge und immer
mehr alte Menschen gibt? – Der damalige
Bundespräsident Herzog nahm zu diesen
Fragen in einer viel beachteten Rede am
26. April 1997 anlässlich der Wiedereröff-
nung des Berliner Hotels Adlon Stellung.*

Wir stehen wirtschaftlich und gesellschaftlich
vor den größten Herausforderungen seit 50
Jahren: 4,3 Millionen Arbeitslose, die Erosion[1] der Sozialversicherung durch eine auf
5 dem Kopf stehende Alterspyramide, die wirt-
schaftliche, technische und politische Herausforderung der Globalisierung.
Der Verlust wirtschaftlicher Dynamik, die Erstarrung der Gesellschaft, eine unglaubliche

mentale Depression – das sind die Stichworte 10
der Krise. Sie bilden einen allgegenwärtigen
Dreiklang, aber einen Dreiklang in Moll. In
der Tat: Verglichen mit den Staaten in Asien
oder – seit einigen Jahren wieder – auch den
USA, ist das Wachstum der deutschen Wirt- 15
schaft ohne Schwung. Und: In Amerika und
Asien werden die Produktzyklen immer kürzer, das Tempo der Veränderung immer größer. Es geht auch nicht nur um technische
Innovation und um die Fähigkeit, Forschungs- 20
ergebnisse schneller in neue Produkte umzusetzen. Es geht um nichts Geringeres als um
eine neue industrielle Revolution, um die Entwicklung zu einer neuen, globalen Gesellschaft des Informationszeitalters. 25
Wer Initiative zeigt, wer vor allem neue Wege
gehen will, droht unter einem Wust von wohl-
meinenden Vorschriften zu ersticken. Um
deutsche Regulierungswut kennen zu lernen,
reicht schon der Versuch, ein simples Ein- 30
familienhaus zu bauen. Und dieser Büro-
kratismus trifft nicht nur den kleinen Häus-
lebauer. Er trifft auch die großen und kleinen
Unternehmer und er trifft ganz besonders den,
der auf die verwegene Idee kommt, in Deutsch- 35
land ein Unternehmen zu gründen.
Der Verlust der wirtschaftlichen Dynamik
geht Hand in Hand mit der Erstarrung unserer
Gesellschaft. Die Menschen bei uns spüren,

---

1 **Erosion:** langsame Verwitterung, schleichender Verfall

dass die gewohnten Zuwächse ausbleiben, und sie reagieren darauf verständlicherweise mit Verunsicherung. Zum ersten Mal werden auch diejenigen, die bisher noch nie von Arbeitslosigkeit bedroht waren, von Existenzangst für sich und ihre Familien geplagt.

Das ist ungeheuer gefährlich; denn nur zu leicht verführt Angst zu dem Reflex, alles Bestehende erhalten zu wollen, koste es, was es wolle. Eine von Ängsten erfüllte Gesellschaft wird unfähig zu Reformen und damit zur Gestaltung der Zukunft. Angst lähmt den Erfindergeist, den Mut zur Selbstständigkeit, die Hoffnung, mit den Problemen fertig zu werden.

Unser eigentliches Problem ist also ein mentales: Es ist ja nicht so, als ob wir nicht wüssten, dass wir Wirtschaft und Gesellschaft dringend modernisieren müssen. Trotzdem geht es nur mit quälender Langsamkeit voran. Uns fehlt der Schwung zur Erneuerung, die Bereitschaft, Risiken einzugehen, eingefahrene Wege zu verlassen, Neues zu wagen.

Innovationsfähigkeit fängt im Kopf an, bei unserer Einstellung zu neuen Techniken, zu neuen Arbeits- und Ausbildungsformen, bei unserer Haltung zur Veränderung schlechthin. Ich meine sogar: Die mentale und die intellektuelle Verfassung des Standorts Deutschland ist heute schon wichtiger als der Rang des Finanzstandorts oder die Höhe der Lohnnebenkosten.

Allzu oft wird versucht, dem Zwang zu Veränderungen auszuweichen, indem man einfach nach dem Staat ruft; dieser Ruf ist schon fast zum allgemeinen Reflex geworden. Je höher aber die Erwartungen an den Staat wachsen, desto leichter werden sie auch enttäuscht – nicht nur wegen knapper Kassen. Der Staat und seine Organe sind der Komplexität des modernen Lebens – mit all seinen Grenz- und Sonderfällen – oft einfach nicht gewachsen und sie können es auch gar nicht sein.

Wir brauchen wieder eine Vision. Visionen sind nichts anderes als Strategien des Handelns. Das ist es, was sie von Utopien unterscheidet. Wenn ich versuche, mir Deutschland im Jahre 2020 vorzustellen, dann denke ich an ein Land, das sich von dem heutigen doch wesentlich unterscheidet.

Erstens: Wäre es nicht ein Ziel, eine Gesellschaft der Selbstständigkeit anzustreben, in der der Einzelne mehr Verantwortung für sich und andere trägt und in der er das nicht als Last, sondern als Chance begreift? Eine Gesellschaft, in der nicht alles vorgegeben ist, die Spielräume öffnet, in der auch dem, der Fehler macht, eine zweite Chance eingeräumt wird. Eine Gesellschaft, in der Freiheit der zentrale Wert ist und in der Freiheit sich nicht nur durch die Chance auf materielle Zuwächse begründet.

Zweitens: Wäre es nicht ein Ziel, eine Gesellschaft anzustreben, die nicht mehr wie heute strikt in Arbeitsplatzbesitzer und Menschen ohne Arbeit geteilt ist? Arbeit wird in Zukunft anders sein als heute: Neue, wissensgestützte Berufe werden unqualifizierte Jobs verdrängen, und es wird mehr Dienstleistungen als industrielle Arbeit geben. Statt Lebensarbeitsplätzen wird es mehr Mobilität und mehr Flexibilität geben, auch zur besseren Vereinbarkeit von Beruf und Familie. Arbeit dient nicht nur dem Lebensunterhalt, Arbeit kann und soll auch Freude machen und Stolz vermitteln.

Drittens: Wäre es nicht ein Ziel, eine Gesellschaft der Solidarität anzustreben – nicht im Sinne der Maximierung von Sozialtransfers[2], sondern im Vertrauen auf das verantwortliche Handeln jedes Einzelnen für sich selbst und die Gemeinschaft?

Viertens: Ich erwarte eine Informations- und Wissensgesellschaft. Das ist die Vision einer Gesellschaft, die jedem die Chance einräumt, an der Wissensrevolution unserer Zeit teilzuhaben. Das heißt: bereit zum lebenslangen Lernen zu sein, den Willen zu haben, im weltweiten Wettbewerb um Wissen in der ersten Liga mitzuspielen. Dazu gehört vor allem auch ein aufgeklärter Umgang mit Technik.

Fünftens: Ich wünsche mir eine Gesellschaft, die die europäische Einigung nicht als Technik des Zusammenlebens versteht, sondern die Europa als Teil ihrer politischen und kulturellen Identität empfindet und bereit ist, diese in der bunter werdenden Welt zu bewahren und zu bewähren.

Sechstens: Ich wünsche mir deshalb eine Gesellschaft, die die internationale Verantwortung Deutschlands annimmt und sich für eine Weltordnung einsetzt, in der die Unter-

---

2 **Sozialtransfers:** Arbeitslosen-, Sozialhilfe etc.

schiedlichkeit der Kulturen nicht neue Konflikt- und Kampflinien schafft. Auch im Inneren muss eine offene Gesellschaft entstehen, eine Gesellschaft der Toleranz, die das Zusammenleben von Menschen unterschiedlicher Kulturen möglich macht.

Wenn ich von der Zukunft unserer Gesellschaft rede, spreche ich zwangsläufig von der Jugend. Unsere Jugend ist das größte Kapital, das wir haben. Wir müssen ihr nur Perspektiven geben. Dazu gehört nicht nur, dass wir keine Schuldenpolitik zu ihren Lasten betreiben, mit der wir ihr alle Spielräume verbauen. Warum gibt es so wenige Angebote für Jugendliche zu einem freiwilligen sozialen Engagement? Es gibt sie doch wieder, die Jugendlichen, die dazu bereit sind. Egoismus allein ist nicht mehr „in", gerade unsere Jugend ist wieder bereit, sich für die Gemeinschaft einzusetzen.

Wir Älteren aber müssen uns die Frage stellen: Was leben wir den jungen Menschen vor? Welche Leitbilder geben wir ihnen? Das Leitbild des ewig irritierten, ewig verzweifelten Versorgungsbürgers kann es doch wahrhaftig nicht sein!

Die Aufgaben, vor denen wir stehen, sind gewaltig. Die Menschen fühlen sich durch die Fülle der gleichzeitig notwendigen Veränderungen überlastet. Das ist verständlich, denn der Nachholbedarf an Reformen hat sich bei uns geradezu aufgestaut. Es wird Kraft und Anstrengung kosten, die Erneuerung voranzutreiben, und es ist bereits viel Zeit verloren gegangen. Niemand darf aber vergessen: In hoch technisierten Gesellschaften ist permanente Innovation eine Daueraufgabe! Die Welt ist im Aufbruch, sie wartet nicht auf Deutschland. Aber es ist auch noch nicht zu spät.

---

1. Führen Sie anhand der Rede von Roman Herzog eine vollständige Redeanalyse durch. Nutzen Sie dazu den Fragenkatalog auf S. 485 ff. Gehen Sie nicht schematisch allen Fragen nach, sondern wählen Sie diejenigen aus, die Ihnen bei der Erschließung dieser Rede ergiebig erscheinen.

2. „Wenn ich von der Zukunft unserer Gesellschaft rede, spreche ich zwangsläufig von der Jugend. Unsere Jugend ist das größte Kapital, das wir haben. Wir müssen ihr nur Perspektiven geben" (▷ Z. 148 ff.). Verfassen Sie, ausgehend von dieser Aussage Herzogs, eine Antwortrede, die Sie z. B. im Rahmen einer Abiturfeier halten könnten. Anregungen für das Schreiben und Halten einer Rede finden Sie im folgenden Kapitel.

2.2 Angewandte Rhetorik

Freie Rede

1. a) Beschreiben Sie die unterschiedlichen Redesituationen, die auf S. 420 dargestellt sind.
   b) Welchen Ansprüchen müssten die Redner/innen jeweils genügen, um erfolgreich zu sein? Legen Sie eine Tabelle an, aus der gemeinsame und unterschiedliche Anforderungen der drei Redesituationen ablesbar sind.
2. In welchen Situationen sind Sie selbst bereits als Redner/in aufgetreten? Tauschen Sie Ihre Erfahrungen aus und entwickeln Sie auf dieser Basis allgemeine Tipps, z. B., wie man sein Lampenfieber in den Griff bekommen kann, was man tun kann, wenn man den Faden verloren hat, oder wie man mit verschiedenen Reaktionen aus dem Publikum umgehen kann.

Wahrscheinlich haben auch Sie schon die Erfahrung gemacht: Die Gefahr, eine schlechte Rede zu Ohren zu bekommen, ist größer als die Wahrscheinlichkeit, einem gelungenen Vortrag zuhören zu dürfen. Das liegt keineswegs immer an der Begabung der Redner/innen: „Dichter werden geboren, Redner werden gemacht", sagte der römische Politiker und Redner Cicero dazu. Eine gelungene Rede ist meistens das Ergebnis einer gründlichen und systematischen Vorbereitung – dies umso mehr, je weniger Übung man im freien Vortrag hat. Das heißt aber auch: Reden im Sinne von „eine Rede halten" kann man weitgehend erlernen.
Als ersten Schritt auf dem Weg zu einem erfolgreichen Vortrag sollten Sie sich die Faktoren klarmachen, die an der Redesituation Anteil haben:

Faktoren der Redesituation

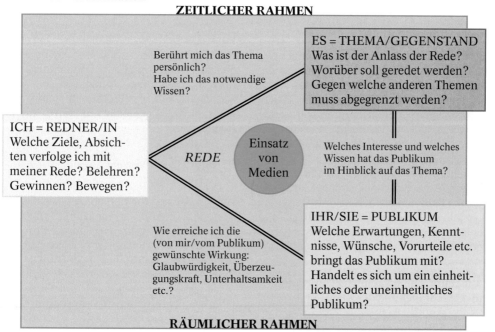

3. Im schulischen Rahmen gibt es unterschiedliche Gelegenheiten für Schülerreden. Konkretisieren Sie das Schema für folgende Anlässe:
   - Abiturrede
   - Einweihung des neuen Schulgebäudes
   - Abschiedsrede für den pensionierten Hausmeister
   - Einführungsvortrag zur Präsentation der Projektergebnisse eines ▷ fächerverbindenden Projekts ▷ S. 97 ff.
   - begründeter Antrag eines Schülervertreters auf der Schulkonferenz, z. B. zur Einrichtung einer Cafeteria

IDEMA – Fünf Schritte zur Vorbereitung und Durchführung einer Rede

Um den komplexen Anforderungen beim Planen und Halten einer Rede gerecht werden zu können, bietet auch heute noch ein Modell, das bereits die antiken Rhetoriker verwendet haben, eine ausgezeichnete Hilfe:

1. Inventio: Das Sammeln von Gedanken und Einfällen zum Thema der Rede

Das Thema der Rede ist klar – doch was kann man im Einzelnen dazu sagen? Die alten Redner waren überzeugt, dass alle geeigneten Gedanken für eine Rede in unserem Gedächtnis aufbewahrt werden und dort nur aufgefunden werden müssen. Eine moderne Methode, die uns die Suche nach den passenden Gedanken und Ideen erleichtert, ist zum
▷ S. 119 Beispiel das ▷ Mind-Mapping.

2. Dispositio: Die Gliederung des gesammelten Materials

Mit der klassischen Dreiteilung Einleitung – Hauptteil – Schluss und der entsprechenden Gewichtung (kurz – ausführlicher – kurz) liegt man immer richtig. Wichtig bei aller Kürze: Suchen Sie nach einem publikumswirksamen „Aufhänger" für den gelungenen Einstieg und nach einem markanten Schlusssatz für einen ebenso gelungenen Abgang! Für eine über die Dreiteilung hinausgehende Gliederung bieten sich je nach Thema und beabsichtigter Wirkung ganz unterschiedliche Kriterien an: Chronologie, Ursache-Wirkung-Prinzip, Argumentationskette, Prinzip der Steigerung, Leitmotiv etc.

3. Elocutio: Die sprachliche Gestaltung und Ausschmückung der Rede

Von dem römischen Geschichtsschreiber Tacitus stammt das Zitat „O seltenes Glück der Zeiten, in denen du sagen darfst, was du willst, und sagen kannst, was du denkst". Den richtigen Ausdruck zu finden für die zurechtgelegten Gedanken ist ein besonders wichtiger Schritt auf dem Weg zur Rede. Dazu gehört die Wahl einer angemessenen Stillage

ebenso wie eine passende Wortwahl, ein übersichtlicher Satzbau (keine verschachtelten Satzgefüge!) und nicht zuletzt der sorgfältig bedachte Einsatz ▷ rhetorischer Mittel, die ▷ den „Schmuck" einer Rede darstellen.

4. Memoria: Das Einprägen der Rede

Ziel jedes Redners/jeder Rednerin ist es, den Vortrag so frei wie möglich zu halten. Nur wenn man nicht die Augen permanent auf seine Vorlage heften muss, kann man den Kontakt zum Publikum herstellen und flexibel auf die Zuhörer reagieren. Freies Sprechen verringert außerdem die Gefahr der Monotonie sowie überfrachteter Sätze. Voraussetzung dafür: Man muss die Rede weitgehend im Kopf haben. Zu diesem Zweck sollten Sie Ihr ausgearbeitetes Redekonzept in mehreren Arbeitsgängen wieder reduzieren auf ganz wesentliche Stichworte und einige kurze Hinweise zu deren Zusammenhängen. Alles, was Sie auf dem Papier weglassen, sollten Sie aber sicher in Ihrem Gedächtnis unterbringen. Nur das „Minimalpapier" (z.B. Karteikarten oder Spickzettel) nehmen Sie dann als kleine Gedächtnisstütze mit ans Rednerpult.

5. Actio: Der Redevortrag und seine Gestaltung

Achten Sie auf Ihr Sprechtempo, auf Variationen in Tonlage und Lautstärke, wirkungsvolle Beschleunigung und Pausen. Probieren Sie (kleine!) Gesten, die Ihre Aussageabsicht unterstützen, kontrollieren Sie Ihre Mimik. Falls Sie Medien einsetzen wollen, müssen diese unbedingt vorher auf ihre Funktionsfähigkeit überprüft werden – am besten an Ort und Stelle. Auch wenn es etwas Überwindung kostet: Üben Sie den Vortrag zu Hause, vor dem Spiegel oder mit einem Kassettenrekorder. Oder tragen Sie die Rede einer Person Ihres Vertrauens vor, besprechen Sie mit dieser mögliche Mängel in der Wirkung Ihres Vortrags und üben Sie die entsprechenden Stellen noch einmal. Und dann: toi toi toi!

1. a) Bereiten Sie in Kleingruppen Reden zu einem aktuellen Thema für eine konkrete Redesituation mit Hilfe der IDEMA-Methode vor.
   b) Halten Sie die Reden zuerst probeweise vor der Kleingruppe, dann vor Ihrem Kurs.
   c) Besprechen Sie die Wirkung der Reden anhand von Videoaufnahmen.
2. Für das rhetorische Training sind kurze Stegreifreden in der Kleingruppe besonders geeignet. Sammeln Sie hierzu Themen-Stichworte aus Ihren Alltagserfahrungen, z. B. Musik, Schularbeiten, Sport.
3. Informieren Sie sich über verschiedene Memoriertechniken und stellen Sie diese Techniken im Kurs vor.

Prüfungsgespräch: Mündliche Abiturprüfung

Im Vergleich zu den Abiturklausuren, auf die während der gesamten Schullaufbahn durch Klassenarbeiten und Klausuren vorbereitet und hingearbeitet wird, stellt die **mündliche Abiturprüfung** eine ungewohntere Prüfungssituation dar. Aber auch auf diese können – und sollten! – Sie sich gezielt und längerfristig vorbereiten. Wichtig ist zunächst, dass Sie sich klarmachen, wie eine solche Prüfung abläuft und welche Anforderungen an Sie gestellt werden.

ABLAUF DER PRÜFUNG	ANFORDERUNGEN
1. Vorbereitung (Vorbereitungsraum, 30 Minuten) Sie bekommen eine Aufgabe gestellt und haben eine bestimmte Zeit, diese Aufgabe zu lösen. Die Aufgabenstellungen entsprechen denen für die Klausuren (also Analyse eines fiktionalen/nichtfiktionalen Textes oder Erörterung). Umfang und Schwierigkeit des Textes/der Aufgabe sind der zur Verfügung stehenden Zeit angepasst.	**1. Verstehensleistung** Dazu gehört das richtige Erfassen der Aufgabenstellung ebenso wie ein gesichertes Textverständnis, das Erkennen thematischer Zusammenhänge und textlicher Strukturen.
	2. Argumentative Leistung Aussagen über den Text sind zu belegen, sachliche und logische Zusammenhänge aufzudecken, Deutungen und eigene Positionen zu begründen.
2. Vortrag (Prüfungsraum, 10 – 15 Minuten) Sie tragen Ihre Ergebnisse anhand Ihrer Aufzeichnungen aus der Vorbereitungszeit vor. Die Prüferin/der Prüfer wird Ihren Vortrag nicht durch Fragen unterbrechen, allenfalls einen Hinweis auf die Zeit geben.	**3. Darstellungsleistung** Geachtet wird auf eine deutliche Gliederung Ihres Vortrags, auf den Einsatz fachlicher Methoden und Begriffe, auf präzise Wortwahl und einen vollständigen Satzbau.
3. Prüfungsgespräch (10–15 Minuten) Der Prüfer/die Prüferin schließt an den Vortrag ein Gespräch über einen weiteren Themenkomplex des Deutschunterrichts der letzten zwei Jahre an. Es werden Ihnen dazu Fragen gestellt oder Impulse gegeben, auf die Sie mit präzise formulierten und vorgetragenen Sätzen antworten sollen.	**4. Kommunikative Leistung** Der spezifische Anforderungsbereich der mündlichen Prüfung! Sie sollen die Fragen des Prüfers/der Prüferin richtig erfassen, angemessen in Umfang und Inhalt darauf eingehen, ggf. Schwierigkeiten im Gespräch erkennen und klären.

1. Innerhalb des Deutschunterrichts ergeben sich immer wieder Aufgabenstellungen, die sich als Übung für die Prüfungssituation im Abitur eignen. Sprechen Sie mit Ihrer Lehrkraft ab, dass solche Gelegenheiten für **Prüfungssimulationen** genutzt werden. Folgende Vorgehensweise ist möglich:

   a) Eine in Umfang und Schwierigkeit adäquate Aufgabe wird dem ganzen Kurs aufgegeben, zwei oder drei Schüler/innen stellen sich für die Prüfungssimulation zur Verfügung.
   Wenn mehrere Prüfungen zur gleichen Aufgabe abgehalten werden, zeichnet sich sowohl Positives als auch Negatives im Vergleich deutlicher ab. Natürlich dürfen der zweite und der dritte Prüfungskandidat bei den Vorgängern nicht in der Prüfung anwesend sein. Die Zuhörer/innen sollen sich Notizen zu den Prüfungen machen, damit sich die Eindrücke aus den verschiedenen Prüfungen nicht vermischen.

   b) Die Prüfungsaufgabe kann im Unterricht oder zu Hause bearbeitet werden, auf jeden Fall sollte die Vorbereitungszeit der Prüfungssitua-tion entsprechen: 30 Minuten. Konzepte für den Vortrag sollten auf Folie geschrieben werden, sodass sie im Kurs verglichen, kommentiert und verbessert werden können.

   c) Vor dem Vortrag der „Prüflinge" sollten Sie im Kurs Beobachtungsaufgaben absprechen. Da alle die Aufgabe bearbeitet haben, sollte jeder zu einer kompetenten Beurteilung des Prüfungsreferats in der Lage sein. Worauf besonders zu achten ist, kann mit einem Feed-back-Bogen (▷ S. 426) festgehalten werden. Die Beobachtungsaufträge können innerhalb des „Publikums" aufgeteilt werden.
   Wenn die technischen und zeitlichen Möglichkeiten bestehen, können Videoaufnahmen der Prüfung erstellt und ausgewertet werden.

   d) Nach der „Prüfung" äußern sich zunächst die Prüflinge selbst zu ihrem Vortrag: Welche Probleme hatten sie, wie haben sie versucht, diese zu lösen, welche Fragen haben sich ergeben? etc. Die Beobachter/innen sollten dann auf diese Gesichtspunkte eingehen, ihre eigenen Eindrücke schildern und möglichst konkrete Tipps zur Verbesserung ableiten.

Ein Beispiel

Mündliche Abiturprüfung im Fach Deutsch

Aufgabenart: Analyse eines fiktionalen Textes

Text: Bertolt Brecht: Schlechte Zeit für Lyrik

Aufgabe: Analysieren Sie Brechts Gedicht unter besonderer Berücksichtigung des Titels „Schlechte Zeit für Lyrik". Nehmen Sie dann kurz Stellung zu der im Gedicht vertretenen Meinung.

---

2. a) Lesen Sie Brechts Gedicht auf S. 322 und bearbeiten Sie die Aufgabe innerhalb von 30 Minuten. Machen Sie sich Notizen für einen mündlichen Vortrag.

   b) Vergleichen Sie Ihr Konzept mit dem Schülerbeispiel auf S. 425, das die erste Seite der Notizen wiedergibt. Führen Sie das Konzept in der angelegten Form und mit Hilfe der Tipps fort bzw. überarbeiten Sie Ihren eigenen Entwurf entsprechend.

   c) Tragen Sie Ihre Lösung vor.

   d) Reflektieren Sie Ihren Vortrag und bitten Sie dann Ihre Zuhörer/innen um eine begründete Beurteilung.

Konzept/Tischvorlage für die mündliche Abiturprüfung

Schreiben Sie groß und leserlich.

Geizen Sie nicht mit dem Platz – **Übersichtlichkeit** ist gefordert!

Nummerieren Sie Ihre Konzeptpapiere.

Verwenden Sie **unterschiedliche Stifte**/Farben/Textmarker.

Klären Sie für sich die Aufgabenstellung in allen ihren Teilen (z. B. durch Umformulieren in Fragen).

Verschaffen Sie sich (und dem Prüfer) zunächst einen **Überblick** über Ihre **Vorgehensweise.**

Achten Sie auf die Zeit:
- Verlieren Sie sich nicht in Details.
- Beißen Sie sich nicht zu lange an einzelnen Problemen fest.
- Setzen Sie Schwerpunkte.

Arbeiten Sie die geplanten Schritte zügig und konsequent ab.

Machen Sie Zusammenhänge durch **optische Signale** sichtbar.

Für Ihre **Stichworte** gilt:
- so ausführlich wie nötig, um den Gedankengang daran abspulen zu können;
- so kurz wie möglich, um Zeit zu sparen und frei formulieren zu können.

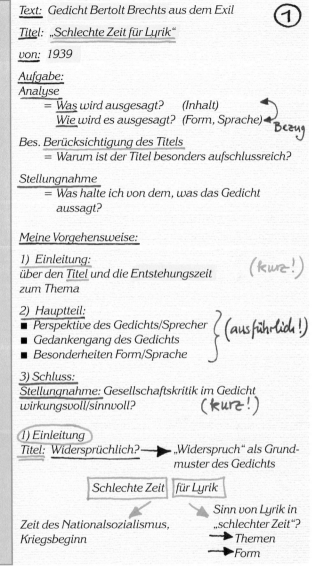

Text: Gedicht Bertolt Brechts aus dem Exil

Titel: „Schlechte Zeit für Lyrik"

von: 1939

Aufgabe:
Analyse
= *Was wird ausgesagt?* (Inhalt)
Wie wird es ausgesagt? (Form, Sprache) *Bezug*

Bes. Berücksichtigung des Titels
= *Warum ist der Titel besonders aufschlussreich?*

Stellungnahme
= *Was halte ich von dem, was das Gedicht aussagt?*

Meine Vorgehensweise:

1) Einleitung:
über den Titel und die Entstehungszeit *(kurz!)*
zum Thema

2) Hauptteil:
- *Perspektive des Gedichts/Sprecher*
- *Gedankengang des Gedichts* *(ausführlich!)*
- *Besonderheiten Form/Sprache*

3) Schluss:
Stellungnahme: Gesellschaftskritik im Gedicht
wirkungsvoll/sinnvoll? *(kurz!)*

1) Einleitung
Titel: Widersprüchlich? → „Widerspruch" als Grundmuster des Gedichts

Schlechte Zeit | für Lyrik

Zeit des Nationalsozialismus, *Sinn von Lyrik in*
Kriegsbeginn *„schlechter Zeit"?*
→ Themen
→ Form

Der folgende **Beurteilungsbogen** (▷ S. 426) bietet ein allgemeines Raster zur Einschätzung einer Prüfungssituation. Sinnvoll ist es, die Anforderungen anhand der konkreten Aufgabenstellung zu spezifizieren. Um möglichst genaue Rückmeldungen geben zu können, sollten Sie die Beobachtungsaufträge auf mehrere Personen aufteilen, die dann nicht nur das Bewertungsraster ausfüllen, sondern auch kleine Notizen zu ihren Beobachtungen formulieren können. Bedenken Sie, dass nur konstruktive Kritik wirklich weiterhilft: Loben Sie, was gelungen ist, und sagen Sie präzise, was man wie besser machen könnte.

Simulationsübung „Mündliche Abiturprüfung"
Feed-back-Bogen

Prüfungskanditat/in: _____

Thema/Aufgabe: _____

Beobachtungskriterien	Beurteilung

Beobachtungskriterien	1	2	3	4	5	6
1. Verstehensleistung						
■ Aufgabe richtig verstanden						
■ Aufgabe(n) vollständig bearbeitet						
■ Thema erkannt						
■ Textaussage richtig wiedergegeben						
■ Textstruktur zutreffend beschrieben						
2. Argumentationsleistung						
■ passende Verweise auf Textstellen						
■ Textzusammenhänge schlüssig erläutert						
■ Textdeutung überzeugend begründet						
■ Argumente für eigene Meinung gebracht						
3. Darstellungsleistung						
■ Aufgabenstellung/Vorgehensweise vorgestellt						
■ Vortrag gegliedert						
■ Fachbegriffe verwendet						
■ angemessene Wortwahl						
■ ganze, aber übersichtliche Sätze formuliert						
4. Kommunikative Leistung						
■ Fragen und Signale richtig verstanden						
■ ausführliche, aber nicht weitschweifige Antworten						
■ Betonung, Gestik, Mimik angemessen						
■ Blickkontakt zum Prüfungskomitee						
■ Probleme erkannt und nachgefragt/gelöst						

Besondere Stärken: _____

Tipps zur Verbesserung: _____

_____

---

3. Nicht nur im Kurs sollten Sie Gelegenheiten verabreden, die mündliche Abiturprüfung zu üben. Zu Ihrer persönlichen Vorbereitung empfiehlt es sich, in kleinen Gruppen mit „Leidensgenossen" mögliche Prüfungsthemen vorzubereiten. Wenn Sie sich ein Stoffgebiet, eine Lektüre, ein Thema erschlossen haben, können Sie untereinander ein kleines Prüfungsgespräch dazu inszenieren. Schon für die Vorbereitung der Prüfungsfragen müssen Sie Ihr Wissen und die dazugehörigen Methoden sicher beherrschen! Den größten Nutzen bringt Ihnen die Prüfungssimulation, wenn Sie zu dritt üben: Eine/r übernimmt die Rolle des Prüfers/ der Prüferin, eine/r die des Prüflings und eine/r beobachtet den Prüfungsablauf und macht sich Notizen mit Hilfe des Feed-back-Bogens.

Bewerbung/Vorstellungsgespräch

„Wenn unsere Firma eine Anzeige schaltet mit dem Angebot eines Ausbildungsplatzes, müssen wir mit 100 bis 130 Bewerbungen rechnen. Daraus muss ich in relativ kurzer Zeit zehn, fünfzehn, maximal zwanzig aussuchen, von denen ich glaube, dass ein Vorstellungsgespräch sich lohnt. Wie mache ich das? Erster Auswahlfilter: Wessen Bewerbung nicht den allgemeinen Normen entspricht, fällt raus. Wenn das Bild aus der Mappe fällt, erst recht. Zweiter Auswahlfilter: Wer nicht mehr zu bieten hat als eine Bewerbung, die den allgemeinen Normen entspricht, hat schlechte Chancen, mir aufzufallen und im Gedächtnis zu bleiben ..."
Dieser Kommentar einer Personalleiterin ist durchaus typisch. Heutzutage gibt es ungezählte Möglichkeiten, sich über die richtige Form einer Bewerbung zu informieren: Da darf dann auch erwartet werden, dass ein Bewerber diese Informationsmöglichkeiten nutzt und eine ordentliche, also normgerechte Bewerbungsmappe einreicht.

In eine „normgerechte" **Bewerbungsmappe** gehören (in dieser Reihenfolge):

- das **Bewerbungsschreiben,** das formal (Seitenränder, Adressfelder, Anrede- und Grußformeln) nach den Regeln eines Geschäftsbriefes abgefasst ist. Ein Beispiel und Erläuterungen dazu finden Sie auf S. 429.
- ein **Lebenslauf mit Lichtbild** (▷ S. 428)
- das letzte schulische **Zeugnis** sowie Zeugnisse über bereits erworbene Abschlüsse (nur Kopien!)
- falls vorhanden: Praktikumsbescheinigungen, Gutachten, Nachweise über absolvierte Kurse o. Ä.

Außerdem ist zu beachten:
- Die Mappe besteht aus einem unbenutzten **Schnell- oder Klemmhefter** in einer dezenten Farbe.
- Verwenden Sie gutes **weißes Papier.** Keine Flecken, Kniffe, Eselsohren ...!
- Verschicken Sie Anschreiben und Lebenslauf immer als **Originale,** nie als Kopie.
- Lesen Sie die Schreiben mehrmals im Hinblick auf **Sprachrichtigkeit** durch oder lassen Sie sie von einem Experten kontrollieren.

Wir sind	ein renommiertes, innovatives Unternehmen der Grundstücks- und Wohnungswirtschaft, das seinen Kunden einen Komplettservice rund um die Immobilie bietet.
Wir suchen	zur Verstärkung unseres jungen, erfolgreichen Teams

eine/n Auszubildende/n zum/zur Kaufmann/Kauffrau in der Grundstücks- und Wohnungswirtschaft

Wir bieten	ein vielfältiges Aufgabengebiet im Innen- und Außendienst mit sowohl technischen als auch kaufmännischen Tätigkeiten und immer im Umgang mit Menschen an einem attraktiven, mit modernster Bürotechnik ausgestatteten Arbeitsplatz.
Wir erwarten	ein gepflegtes Äußeres, Sicherheit im Auftreten und im Umgang mit der deutschen Rechtschreibung.
Wir bitten	um Übersendung Ihrer vollständigen Bewerbungsunterlagen an:

Rossmann Immobilien GmbH
Goethestr. 99
52064 Aachen
E-Mail: rossmann–immobilien@t-online.de

Was kann man tun, um sich von anderen Bewerbungen abzuheben?
Hierfür gibt es zwei Ansatzmöglichkeiten:

1. Überprüfen Sie die Stellenanzeige ganz genau im Hinblick auf die – expliziten oder impliziten – Anforderungen, die an die Bewerber gestellt werden. Über-

legen Sie dann, welche dieser Erwartungen Sie erfüllen, und heben Sie dies in Ihrem Schreiben hervor. Keine Sorge – die wenigsten Bewerber erfüllen alle Wünsche der Personalchefs!

2. Machen Sie sich klar, was Sie über die üblichen Daten – Schulabschluss und Informationen durch das Berufsinformationszentrum – hinaus zu bieten haben. Vielen Dingen, die vordergründig kaum etwas mit dem Ausbildungsberuf zu tun haben, kann ein positiver Aspekt abgewonnen werden: Auslandsaufenthalte stehen für Selbst-

ständigkeit und Sprachkenntnisse, Aushilfsjobs für Engagement und Fleiß, Praktika für Berufsinteresse und erste Berufserfahrungen, Vereinstätigkeit für Teamgeist usw.

3. Vergleichen Sie das Bewerbungsschreiben auf S. 429 mit der Stellenanzeige auf S. 427 und stellen Sie Bezüge her.

4. a) Suchen Sie sich ein Ausbildungsangebot, das Sie interessiert, und formulieren Sie dazu ein Bewerbungsschreiben.
   b) Tauschen Sie Ihre Briefe untereinander aus.

Der Lebenslauf

Ein Lebenslauf gehört zu jeder Bewerbung. Nur selten wird noch ein handgeschriebener und/oder ausformulierter Text erwartet – wenn ja, ist diese Erwartung in der Stellenanzeige ausdrücklich vermerkt und sollte auf jeden Fall erfüllt werden. Ansonsten ist die tabellarische Version, wie Sie sie unten sehen, üblich. Zu beachten:

- Lassen Sie keine zeitlichen Lücken. Sonst entsteht der Eindruck, es gebe etwas zu verbergen.
- Lassen Sie ein qualitativ gutes Lichtbild machen. Darauf wird sehr geachtet. Schreiben Sie Name und Anschrift auf die Rückseite und kleben sie es leicht an den Lebenslauf.

5. Entwerfen Sie Ihren Lebenslauf. Probieren Sie dabei unterschiedliche optische Gestaltungsmöglichkeiten aus und begutachten Sie die Ergebnisse im Kurs. Orientieren Sie sich an dem folgenden Beispiel.

```
Lebenslauf

Persönliche Daten
Name:           Heiko Heinz
Anschrift:      Hubertstr. 100
                52134 Herzogenrath
Geburtsdatum:   30.05.1981
Geburtsort:     Köln
Eltern:         Elisabeth Engelhardt-Heinz, Rechtsanwältin
                Andreas O. Heinz, Angestellter
Geschwister:    zwei ältere Schwestern

Schulischer Werdegang
1987–1991:      Grundschule Zülpicher Straße, Köln
1991–1999:      Städtisches Gymnasium Herzogenrath,
                angestrebter Abschluss: allgemeine Hochschulreife

Berufserfahrung/Praktika
1997:           dreiwöchiges Schulpraktikum in der kaufmännischen
                Abteilung der Firma Meier, Herzogenrath
seit 1999:      Aushilfstätigkeit als Kellner in der Gaststätte Sparr,
                Herzogenrath

Sprachkenntnisse:        Schulkenntnisse in Englisch und Französisch

Weitere Qualifikationen: Computerkenntnisse (Windows, Excel,
                         Grundkenntnisse in Photoshop)

Persönliche Interessen:  Computer, Basketball, Film
```

Heiko Heinz

Herzogenrath, den 29.9.1999

Beispiel für ein Bewerbungsschreiben

```
Heiko Heinz                    Herzogenrath, den 29.9.1999
Hubertstr. 100
52134 Herzogenrath
Tel. (0 24 06)1 23 45
```
Name und Adresse, Ort und Datum

```
Rossmann Immobilien GmbH
Personalabteilung
z. Hd. Frau Gabriel
Goethestr. 99

52064 Aachen
```
Vollständige Anschrift der Firma, möglichst Ansprechpartner/in und/oder Abteilung angeben

Ihre Anzeige in der Aachener Zeitung vom 27.9.99
Bewerbung um einen Ausbildungsplatz als Kaufmann in
der Grundstücks- und Wohnungswirtschaft

Betreffzeile: Hinweis auf Anlass/Gegenstand des Briefs

Sehr geehrte Frau Gabriel,

Anrede: möglichst namentlich, sonst „Sehr geehrte Damen und Herren"

auf Ihr Ausbildungsangebot in der Aachener Zeitung bin ich durch die interessante Beschreibung des Berufsbildes und Ihrer Firma aufmerksam geworden. Ich bewerbe mich deshalb um eine Ausbildung zum Kaufmann in der Grundstücks- und Wohnungswirtschaft in Ihrem Haus.

Hinweis auf den Auslöser der Bewerbung; der eigentliche Bewerbungssatz

Zur Zeit besuche ich das Städtische Gymnasium Herzogenrath, das ich voraussichtlich im Mai 2000 mit der allgemeinen Hochschulreife verlassen werde.

Angaben zur derzeitigen Tätigkeit und zum angestrebten Schulabschluss

Über den von Ihnen angebotenen Ausbildungsberuf habe ich mich im Berufsinformationszentrum und durch die Schriften des Arbeitsamtes kundig gemacht und mein Interesse an dieser Tätigkeit dadurch bestätigt gefunden.

Für die von Ihnen beschriebenen Anforderungen bringe ich entsprechende Voraussetzungen mit: In meiner Freizeit beschäftige ich mich gerne mit dem Computer und bin mit typischer Büro-Software wie Windows und Excel sowie verschiedenen Grafik-Programmen vertraut. An den zuvorkommenden Umgang mit Menschen bin ich durch meine Aushilfstätigkeit als Kellner gewöhnt.
Seit Juni 1999 besitze ich den Führerschein Klasse drei.

Stichhaltige und persönliche Begründung für den Ausbildungswunsch:
Berücksichtigung besonderer Anforderungen (Bezug auf Anzeige), Aufzeigen individueller Eignung

Gerne würde ich Ihnen in einem persönlichen Gespräch einen unmittelbaren Eindruck meiner Person und meines Auftretens geben und dabei auch aus erster Hand noch mehr über die Ausbildung in Ihrer Firma erfahren. Über eine Einladung würde ich mich deshalb sehr freuen.

Hinweis auf ein erwünschtes Vorstellungsgespräch

Mit freundlichen Grüßen

Heiko Heinz

Grußformel, Unterschrift

<u>Anlagen:</u>
Lebenslauf mit Lichtbild
Kopie des letzten Zeugnisses
Zeugnis über Aushilfstätigkeit als Kellner

Anlagen

Das Vorstellungsgespräch

Wenn Sie zu einem Vorstellungsgespräch eingeladen werden, haben Sie die erste Hürde genommen und stehen vor einem entscheidenden Moment im Prozess Ihrer Bewerbung.

So sollten Sie sich vorbereiten:

- Testen Sie den Weg zur Firma: Wie lange brauchen Sie, welchen Bus müssen Sie nehmen, wo gibt es Parkplätze?

- Sammeln Sie alles, was Sie an Informationen über die Firma und den Beruf bekommen können. Fragen Sie bei der Firma nach deren Broschüren und erkundigen Sie sich auch über andere Betriebe der gleichen Branche.

- Verfolgen Sie die aktuellen Ereignisse in Politik und Wirtschaft in den Medien; vielleicht gibt es gerade Tarifverhandlungen, Fusionen oder Konkurse in der Branche – das muss Sie jetzt interessieren!

- Falls im Berufsbild wichtig: Aktivieren Sie Ihre Fremdsprachenkenntnisse.

- Überlegen Sie, was Sie anziehen wollen: Ihre Kleidung sollte gepflegt, aber nicht auffallend sein. Tragen Sie nur etwas, worin Sie sich wohl fühlen und ungezwungen bewegen können.

- Nehmen Sie Kopien Ihrer Bewerbungsunterlagen und weitere Unterlagen (z. B. Arbeitsproben) mit, die eventuell von Interesse sein könnten.

- Machen Sie sich so frühzeitig auf den Weg, dass auch kleine Zwischenfälle Ihre Pünktlichkeit nicht verhindern.

Damit sollten Sie im Gespräch rechnen:

- **Fragen zu Berufswahl und Bewerbung:** Warum gerade dieser Beruf? Gerade diese Firma? Hier keine überzeugenden Antworten zu haben macht einen besonders schlechten Eindruck!

- **Fragen zu Schule, Ausbildung, Tätigkeiten:** „Problemfächer" mit entsprechenden Noten sind für Personalchefs keine Tabus – überlegen Sie, was Sie zu der Fünf in Mathe sagen können ... Erzählen Sie von beruflichen Erfahrungen bei Gelegenheitsjobs; auch wenn es sich um eine ganz andere Branche handelt, können Ihnen dann Pluspunkte für Teamgeist, Fleiß, Verlässlichkeit, Einsatzfreude o. Ä. angerechnet werden.

- **Fragen zum familiären Hintergrund, zu Freizeitinteressen, zur Persönlichkeit:** „Was ist Ihre größte Schwäche? Ihr positivster Charakterzug?" Antworten Sie offen, aber nicht weitschweifig. Wenn Ihnen die Fragen zu persönlich sind, reagieren Sie entsprechend zurückhaltend, aber weiterhin freundlich. Tabu sind Fragen nach ausgeheilten Krankheiten, Parteizugehörigkeit, Schwangerschaft u. Ä.

- **Aufforderung, selber Fragen zu stellen:** Hier keine Fragen parat zu haben wirkt interesselos. Erkundigen Sie sich nach Arbeitsbedingungen, Übernahme- und Weiterbildungsmöglichkeiten, Einsatz in anderen Filialen oder im Ausland, Organisation der Ausbildung etc. Die Frage nach der Ausbildungsvergütung ist erlaubt, sollte aber nicht Ihre einzige sein. Erkundigen Sie sich am Ende des Gesprächs, wann und wie Sie von der Entscheidung über den Ausbildungsplatz erfahren.

Beispiel für ein Vorstellungsgespräch

Heiko Heinz hat es geschafft. Auf Grund seiner Bewerbung ist er zu einem Vorstellungsgespräch bei der Rossmann Immobilien GmbH eingeladen worden. Kurz vor der vereinbarten Zeit erscheint er in der Firma und wird von einer Angestellten freundlich empfangen. Er muss noch zehn Minuten warten, dann wird er zur Personalleiterin, Frau Gabriel, ins Büro gerufen.

FRAU GABRIEL: Guten Morgen, Herr Heinz. Nehmen Sie doch bitte Platz! Haben Sie den Weg zu uns gut gefunden?

HEIKO HEINZ: Ja.

5 FRAU G.: Schön. – Herr Heinz, aus Ihrem Bewerbungsschreiben habe ich ein deutliches Interesse an dem Beruf des Grundstückkaufmanns herausgelesen. Was genau versprechen Sie sich denn von dieser Tätigkeit?

10 H. H.: Na ja, das, was Sie in Ihrer Anzeige geschrieben haben: abwechslungsreiche Aufgaben, mal hier, mal da, mit Leuten reden, am PC arbeiten und so.

FRAU G.: Und warum möchten Sie das gerade 15 in unserem Haus tun?

H. H.: Das klang einfach klasse: „renommiertes, innovatives Unternehmen", „junges, erfolgreiches Team" und so. Da wär ich gerne bei.

20 FRAU G.: Wissen Sie denn etwas Genaueres über unsere Firma, z. B. was wir den Kunden konkret anbieten oder in welchem Raum wir tätig sind?

H. H.: Hm, tja also, ich denke mal, Sie verkaufen den Leuten Grundstücke, Häuser 25 und so.

FRAU G.: Aha. – Eine andere Frage: Ihrem letzten Zeugnis entnehme ich, dass Sie in Deutsch ein „befriedigend" haben, während Sie in manchen anderen Fächern besser ste- 30 hen – liegt Ihnen Deutsch nicht so sehr?

H. H.: Das würde ich so nicht sagen. Sprachlich habe ich eigentlich keine Probleme. Aber mit diesen alten Literaturschinken, da kann ich wenig anfangen. 35

FRAU G.: Es gab ja in der letzten Zeit ziemlich viel Aufregung um die neue Rechtschreibung. Haben Sie davon etwas mitbekommen?

H. H.: Ja, unsere Deutschlehrerin hat versucht, uns die wichtigsten Neuerungen beizu- 40 bringen, aber wir fanden das alles ziemlich überflüssig.

FRAU G.: Nun gut. – Haben Sie denn noch Fragen an mich?

H. H.: Ich wollte noch etwas fragen ... aber das 45 fällt mir im Moment einfach nicht mehr ein.

---

1. a) Mit welchen Absichten und Erwartungen stellt die Personalchefin ihre Fragen?
   b) Kommentieren Sie Heiko Heinz' Antworten im Einzelnen und machen Sie Verbesserungsvorschläge.
2. Inszenieren Sie weitere Vorstellungsgespräche. Sprechen Sie dazu vorher genau die Rahmenbedingungen ab, z. B. Berufsbild und Firmenbeschreibung. Spielen Sie unterschiedliche Typen von „Personalchefs", variieren Sie die Fragen.

PROJEKTVORSCHLAG: BERUFSORIENTIERUNG UND BEWERBUNGSTRAINING

Wer nach dem Abitur in eine Ausbildung einsteigen möchte, sollte ungefähr ein Jahr vorher anfangen, sich Gedanken um seine Ausbildungswünsche zu machen, und dann aktiv mit Bewerbungen beginnen. Da eine ganze Jahrgangsstufe von diesen Erfordernissen betroffen ist, bietet es sich an, im schulischen Rahmen gemeinsam auf eine erfolgreiche Bewerbung und Berufswahl hinzuarbeiten, z. B. durch die Organisation von Berufsorientierungstagen und/oder Bewerbungstraining. Folgende Aktivitäten haben sich bewährt:

- **Beruf-Infos:**
  - □ BIZ-Mobil zur Schule einladen
  - □ Vertreter/innen unterschiedlicher beruflicher Richtungen als Referenten anwerben (z. B. Eltern, ehemalige Schüler; Behörden, aber auch Firmen haben oft eigens dafür abgestellte Mitarbeiter).

- **Training I: Bewerbungstaktik**
  Banken und Versicherungen entsenden gerne Mitarbeiter/innen, die über die richtige schriftliche und mündliche Form informieren.

- **Training II: Eignungstest**
  Material gibt's u. a. im Buchhandel, bei Banken und Versicherungen. Führen Sie den Test in der Gruppe unter realen Testbedingungen (Zeitdruck!) durch.

- **Training III: Vorstellungsgespräch**
  Personalleiter/innen von örtlichen Betrieben, Behörden etc. werden gebeten, sich Ihre Bewerbungsunterlagen anzusehen, einige Bewerbungsgespräche in kleineren Schülergruppen zu simulieren und auszuwerten.

3 Sprache der Medien: Analyse und Kritik

3.1 Filmvergleich: „Lola rennt" (1998) und „Zwölf Uhr mittags" (1952)

Film ist ein faszinierendes, fesselndes Medium, in dem sich Fiktion und Wirklichkeit vermischen. 1895 flüchteten die Zuschauer bei der Vorführung eines Films der Brüder Lumière schreiend aus dem Kino. Als sie den kurzen Streifen „L'arrivée d'un train en gare" sahen, glaubten sie, ein echter Zug rase auf sie zu. Kinobilder können Wirklichkeit immer noch derart perfekt illusionieren, dass wir meinen, real in das dargestellte Geschehen einbezogen zu sein.

---

1. Tauschen Sie sich über Ihre Filmerlebnisse aus: Welches sind Ihre aktuellen „Lieblingsfilme"? Welche älteren Filme schätzen Sie?
2. Welche Merkmale hat Ihrer Meinung nach ein guter Kinofilm? Begründen Sie Ihre Meinungen.

Der Film lenkt die Wahrnehmung des Betrachters durch sein Tempo und die Vorgabe bestimmter Blickwinkel in extremer Weise und zieht ihn so vor allem emotional in seinen Bann. Das Kameraobjektiv vertritt das Auge des Zuschauers und gibt die Wahrnehmungsweise des Dargestellten vor. Realitätsausschnitte, Nähe und Distanz zum gezeigten Objekt, Dauer und Intensität der visuellen Eindrücke drängen uns in eine bestimmte Interpretation des Dargestellten.

Der französische Filmkritiker Christian Metz sagt treffend: „Ein Film ist schwer zu erklären, da er leicht zu verstehen ist." Die als selbstverständlich erlebte Einheit eines Films entsteht erst im inszenierten Zusammenwirken verschiedener Zeichensysteme: Der Spielfilm ist ein **Bild-Sprache-Ton-Gefüge.** Die komplexe filmsprachliche Struktur kann in Bereiche unterteilt werden, die sich fachspezifisch untersuchen lassen. Das Fach Deutsch kann sich dabei vor allem der Analyse der Erzählstruktur, der Erzählperspektive, der Zeitgestaltung, der Handlungsdramaturgie, der Figurenkonstellation und der Dialoge widmen. In ihrer komplexen Wirkung können diese Aspekte jedoch nur durchdrungen werden, wenn man zusätzlich die künstlerische Bildgestaltung und die Musik einbezieht, also **fachübergreifend** an einer Filmanalyse arbeitet.

Mit Hilfe filmischer Kategorien kann ein Film als kunstvoll gefügte Struktur erfasst werden. Darüber hinaus ist die mediale Wirklichkeit eines Films aber auch Ausdruck realer gesellschaftlicher Phänomene. Fragen der biografischen Voraussetzungen der Filmautorinnen und -autoren, der literatur- bzw. filmhistorischen Grundlagen, des Genres, der psychischen Wirkung und der soziologischen Zusammenhänge, in denen ein Film entstanden ist und auf die er gleichzeitig auch zurückwirkt, sind weitere wichtige Untersuchungsaspekte.

Mit dem Angebot des folgenden Kapitels können Sie jeden Spielfilm Ihrer Wahl analysieren. Die **Grundkategorien** und **Methoden der Filmanalyse** werden hier exemplarisch an den beiden Filmen „Lola rennt" vom Tom Tykwer und „Zwölf Uhr mittags" („High Noon") von Fred Zinnemann vermittelt.

Werner Faulstich: Die Filminterpretation. Vandenhoek und Ruprecht, Göttingen 1995
Wolfgang Gast: Literaturverfilmung. Buchner, Bamberg 1993
Knut Hicketier: Film- und Fernsehanalyse. Metzler, Stuttgart, Weimar 1996
Werner Kamp/Manfred Rüsel: Vom Umgang mit Film. Volk und Wissen, Berlin 1998
James Monaco: Film verstehen. Rowohlt, Reinbek 1997

3.1.1 Die Struktur eines Spielfilms analysieren

1. Sehen Sie sich gemeinsam den von Ihnen gewählten Film an. Gehen Sie – wenn möglich – ins Kino, besorgen Sie sich aber auch eine Videokopie für die spätere Analyse.
2. a) Notieren Sie Ihre spontanen Eindrücke zum Film: Was ist beeindruckend und fesselnd, was abstoßend? Welche Figuren laden zur Identifikation ein, welche nicht?
   b) Diskutieren Sie anschließend über Ihre Wahrnehmung, Ihre Einschätzung der Figuren und der Handlung sowie über die Qualität des Films.
3. Wie erklären Sie sich die unterschiedliche Wirkung eines Films auf unterschiedliche Zuschauer/innen?
4. Die Filme „Lola rennt" und „Zwölf Uhr mittags" sollten Sie unmittelbar nacheinander ansehen. Stellen Sie Ihre Analyse unter folgenden Leitgedanken: Worin gleichen sich die beiden Filme?
   a) Sammeln Sie erste vergleichbare Aspekte in der Handlung, den Figuren, der Gestaltung etc.
   b) Formulieren Sie Ihre subjektive Wahrnehmung der Filme jeweils in Form einer kurzen Auslegungshypothese, z. B.: „In ‚Lola rennt' geht es um ..."

Um einen Spielfilm als komplexes konstruiertes Gefüge zu erfassen, bietet sich die so genannte Makroanalyse an, in der **Sequenzaufbau, Handlungsverlauf, Problementwicklung** und **Figurenkonstellation** untersucht werden.

BEOBACHTUNGSAUFGABEN ZUR FILMANALYSE

5. Sehen Sie sich die Filme ein zweites Mal an und bearbeiten Sie in Kleingruppen folgende **Beobachtungsaufgaben,** mit deren Hilfe Sie die Makrostruktur eines Films erfassen können:
■ Erstellen Sie einen **Sequenzplan** zum Film. Eine Sequenz ist eine Handlungseinheit, die durch einen Ortswechsel oder die Veränderung der Figurenkonstellation von anderen inhaltlichen Einheiten abgegrenzt ist. Handlungsführung und Personenkonstellationen werden hier in ihrer Abfolge festgehalten. Gestalten Sie Ihren Plan so, dass rechts eine Spalte für Kommentare steht (▷ S. 434).

Sequenz	Dauer	Figuren	Inhalt	Kommentar
...	...	...	...	...
2. Büroszene	38.–41. Minute	Lola, Vater, Geliebte	Streit	Lola verzweifelt, unruhige Kamera
...	...	...	...	...

- Achten Sie auf **Leitmotive,** d. h. wiederkehrende Elemente mit symbolischer Bedeutung (in „Lola rennt" z. B. die Uhr, die Spirale, die Farbe Rot): An welchen Stellen und in welchen Variationen tauchen sie auf?
- In „Lola rennt" unterscheiden sich die Szenen durch verschiedene **filmtechnische Mittel,** z. B. Video, Zeichentrick, Foto, Schwarzweiß/Farbe, Zeitlupe, Zeitraffer, Unschärfe etc. Dadurch werden unterschiedliche Realitätsebenen gekennzeichnet. Untersuchen Sie, durch welche Kameraführung und durch welche Filmtechnik die einzelnen Szenen charakterisiert sind.
- Notieren Sie, welche **Musik** das Geschehen jeweils begleitet.
- Halten Sie mit Stichworten fest, welche Aussagen einzelner Filmfiguren oder **Dialoge** Ihnen bedeutsam erscheinen.

Stoff, Dramaturgie und Erzählformen

Der **Stoff einer Filmhandlung** kann auf verschiedenen Ebenen in unterschiedlicher Ausführlichkeit beschrieben werden:
Die **Story** ist eine sehr genaue und ausführliche Inhaltsangabe des Filmgeschehens. Der **Plot** ist das Grundmuster der Geschichte und der Handlungsmotivation der Figuren. Zu „Zwölf Uhr mittags" könnte er folgendermaßen lauten:

Kane, der Sheriff einer kleinen amerikanischen Stadt, gibt sein Amt zurück, um Amy zu heiraten. Da kündigt sich jedoch der Bandit Miller an, der in die Stadt zurückkehren will, um sich an Kane zu rächen und die Bevölkerung wie früher zu tyrannisieren. In der Entscheidung zwischen privatem Glück und Verantwortung der Gemeinschaft gegenüber kommt es zum Konflikt zwischen Kane und Amy. Während Kane erfolglos nach Verbündeten sucht, wird Miller von seinen Kumpanen erwartet. Kane nimmt den Kampf gegen die Gangster auf, in welchem Amy ihn nach anfänglicher Abkehr im entscheidenden Moment als Einzige unterstützt. Kane besiegt die Gangster und verlässt mit seiner Frau die Stadt.

Dieser Plot entspricht dem typischen Western: Der Kampf des Einzelnen gegen die Umwelt, gegen scheinbar überlegene Feinde, den Partner und sich selbst.
Der **Mythos** ist die überzeitliche Geschichte einer Filmhandlung, in „Zwölf Uhr mittags" wird der amerikanische Mythos von der Selbstverwirklichung des Einzelnen in feindlicher Umgebung verarbeitet.
Das **Thema** eines Films bezieht sich auf den grundsätzlichen Konflikt. In Zinnemanns Western ist es die Frage nach Gesetz und Ordnung und wie sich der Einzelne dazu stellt.

1. Skizzieren Sie Plot, Mythos und Thema von „Lola rennt".
2. a) „Zwölf Uhr mittags" gehört dem **Genre** des Western an. Sammeln Sie weitere Filmgenres, z. B. Liebesfilm, Märchenfilm ...
   b) Definieren Sie einzelne Genres über typische Merkmale.
   c) Entspricht „Lola rennt" einem Genre? Argumentieren Sie für einzelne Zuordnungen des Films.

3. Filme vereinen Elemente des ▷ **Dramas** und Elemente der ▷ **Epik**: Sammeln Sie dramatische und erzählerische Merkmale der beiden Filme. ▷ S. 136 ff., 153 ff.

4. Vergleichen Sie den dramaturgischen Aufbau in „Lola rennt" mit dem klassischer Dramen und konventioneller Hollywood-Filme wie z. B. „Zwölf Uhr mittags": Exposition (Einleitung), Konfliktaufbau, Höhepunkt, Retardierung (Verzögerung des Endes), Schluss (Happy End/offenes Ende/tragisches Ende).

5. Brauchen wir ein Happy End? Diskutieren Sie die letzte Episode von „Lola rennt".

6. Im Spielfilm übernimmt die Kamera die Aufgabe des Erzählers in der Literatur.
   a) Lassen sich Begriffe der literarischen ▷ Erzählkategorien (Erzählform, Erzählverhalten, Erzählhaltung, Darbietungsform des Erzählens) auf die Filme übertragen? ▷ S. 143 ff.
   b) Auf welche Schwierigkeiten stoßen Sie bei „Lola rennt"?

Tom Tykwer

Schicksal und Zufall (1998)

„Lola rennt" ist ein Film über die Möglichkeiten der Welt, des Lebens und des Kinos. Kein Film über die totale Determinierung[1] oder die totale Beliebigkeit, sondern ein Film in der
5 schmalen Lücke dazwischen: im Niemandsland der Wünsche und Sehnsüchte, über die winzige Chance, die es im Leben gibt, etwas zu beeinflussen, dem Lauf der Dinge eine andere Richtung zu geben. Drei Reisen, drei Show-
10 downs. Und wir müssen dem Publikum deutlich machen, dass jede Version ihr eigenes Geheimnis hat. Jede Version ist gleich wichtig, auf gleiche Weise extrem erlebt und gelöst. Dem Zuschauer muss nach wenigen Sekun-
15 den die Enttäuschung über die Wiederholung verfliegen und die Verstrickung neu ausbrechen: Hoffentlich klappt's diesmal besser!

1 **Determinierung:** Festgelegtheit, Vorherbestimmtheit

Was macht sie jetzt mit dem Vater? Welche Personen werde ich wieder sehen? Was macht Manni jetzt? Und diese Vorausschau muss
20 schließlich komplett in den Hintergrund treten gegenüber der Angst um Lola, dass sie beim Überfall verhaftet wird, der Panik um Manni, dass er den Penner nicht einholt, und all den anderen neuen Varianten, die sich im
25 weiteren Verlauf jeder Version entwickeln.
Die Welt ist ein Haufen Dominosteine und wir sind einer davon, sagt der Film; einerseits. Andererseits ist das wichtigste Statement am Ende: Nicht alles ist determiniert. Es gibt einen
30 Platz für die Realisierung unserer Wünsche. Man muss es eben nur versuchen. Das ist so ähnlich wie beim Filmemachen, das ja auch manchmal wie ein Hindernislauf erscheint. Aber manchmal kommen dabei Filme raus, die
35 trotzen den angeblichen Gesetzen des Erzählens und des Marktes und des Geldes, und die sind trotzdem mitreißend und klug, emotional und intelligent. Machen wir doch mal so einen.

---

7. a) Was versteht Tykwer wohl unter den „Gesetzen des Erzählens" (▷ Z. 36 f.)?
   b) Erörtern Sie, inwiefern ein Film oder auch ein literarisches Werk gegen die „Gesetze des Erzählens" verstoßen darf.

8. a) Diskutieren Sie das Verhältnis von Determinierung und Offenheit des Lebens.
   b) Wie entscheidet sich das Schicksal eines Menschen? Reflektieren Sie Entwicklungen und Lebenswege aus der Ihnen bekannten Literatur. Diskutieren Sie das Problem auch aus Ihrer persönlichen Erfahrung.

9. a) Von welchen Faktoren sind Lolas jeweiliges Verhalten und der jeweils unterschiedliche Ausgang der Handlung abhängig?
   b) Untersuchen Sie, welche Rolle die folgenden Determinanten für das Schicksal der Figuren in „Lola rennt" spielen: Herkunft und Erziehung, Persönlichkeit/Charakter, Religion/Bestimmung, aktuelle gesellschaftliche Einflüsse, Umstände der Zeit und des Raumes, Zufall.

10. a) Kontrastieren Sie Ihre Ergebnisse aus „Lola rennt" mit „Zwölf Uhr mittags": Von welchen Faktoren hängt Kanes Schicksal ab?
    b) Wie könnte sich die Geschichte in „Zwölf Uhr mittags" durch einen lapidaren Zufall verändern? Bauen Sie ein neues Element in die Filmhandlung ein, sodass die Entwicklung der Geschichte anders verläuft, z. B.: Ein Telegrafenmast fällt auf die Schienen ...

Figuren und Charaktere

Die Hauptfiguren aus „Lola rennt"
und „Zwölf Uhr mittags": Lola und Manni,
Amy und Kane

1. Charakterisieren Sie die Protagonisten der beiden Filme. Entsprechen sie typischen weiblichen bzw. männlichen Filmhelden?
2. Untersuchen Sie ein leitendes Thema der Filme im Vergleich, z. B. die Beziehung der Partner:
   a) Entwickeln Sie innere Monologe der Hauptfiguren in entscheidenden Situationen. Gehen Sie dabei arbeitsteilig vor, indem die Schülerinnen in Ihrem Kurs sich in die Lage der männlichen Filmhelden versetzen und die Schüler in die Lage der Filmheldinnen.
   b) Vergleichen Sie Ihre Monologe und diskutieren Sie Ihre Einschätzungen der Filmfiguren.
3. Welche Auffassung von Liebe vermitteln die Filme? Welches Bild von Frauen bzw. Männern wird dadurch entworfen?

4. a) Betrachten Sie Ihre Arbeitsergebnisse aus sozialhistorischer Perspektive: Was hat sich in den Jahrzehnten, die zwischen beiden Filmen liegen, an Rollenmustern und -erwartungen verändert?
   b) Belegen Sie Ihre Thesen mit Beispielen zu typisierten Rollenmustern aus anderen Filmen.
   c) Kontrastieren Sie diese Rollenmuster mit Ihren persönlichen Vorstellungen.
5. a) Spielen Sie eine kurze Filmszene mit einem wichtigen Dialog möglichst genau nach.
   b) Lassen sich durch das Nachspielen von Filmszenen vertiefende Erkenntnisse über das Verhalten der Filmfiguren gewinnen?

Dialoge untersuchen

Drehbuchauszug aus „Lola rennt"

Lolas Augen wandern zur Seite: Manni liegt neben ihr. Beide rauchen. Sie sprechen ganz, ganz leise.

„Manni?"

5 „Mhm."

„Liebst du mich?"

„Na sicher."

„Wie kannst du sicher sein?"

„Weiß nicht. Bin's halt."

10 „Aber ich könnte auch irgendeine andere sein."

„Nee."

„Wieso nicht?"

„Weil du die Beste bist."

15 „Die beste was?"

„Na, die beste Frau."

„Von allen, allen Frauen?"

„Klar."

„Woher willst du das wissen?"

20 „Ich weiß es halt."

„Du glaubst es."

„Na gut, ich glaub's."

„Siehste."

„Was?"

25 „Du bist dir nicht sicher."

„Sag mal, spinnst du jetzt, oder was?"

„Und wenn du mich nie getroffen hättest?"

„Was wär dann?"

„Dann würdest du jetzt dasselbe 'ner anderen

30 erzählen."

„Was erzähl ich denn?"

„Dass ich die Beste bin und so."

„Ich brauch's ja nicht zu sagen, wenn du's nicht hören willst."

35 „Ich will überhaupt nichts hören. Ich will wissen, was du fühlst."

„Okay. Ich fühle, dass du die Beste bist."

„Dein Gefühl. *(Pause)* Wer ist das, dein Gefühl?"

40 „Wie meinst du das?"

„Na, wer ist das, der da zu dir spricht."

„Na ich. *(Überlegt)* Mein Herz."

„Dein Herz sagt: ‚Guten Tag, Manni, die da, die ist es'?"

45 „Genau."

„Und du sagst dann: ‚Ach ja, recht herzlichen Dank für diese Information, auf Wiederhören bis zum nächsten Mal'?"

„Genau."

50 „Und du machst alles, was dein Herz dir sagt?"

„Na ja, das sagt ja nichts ... es fühlt halt."

„Und was fühlt es jetzt?"

„Es fühlt, dass da jemand gerade zu viel blöde

55 Fragen stellt."

„Ach Mann, du nimmst mich überhaupt nicht ernst."

„Ey. Lola, was ist los?"

„Ich weiß nicht."

60 „Was ist denn?"

„Ich weiß nicht."

„Willst du weg ... von mir?"

„Ich weiß nicht. Ich muss mich grad entscheiden ... glaub ich."

---

1. Analysieren Sie den Dialog unter kommunikativen Aspekten:
   a) Geben Sie mit eigenen Worten wieder, worin der Kern des Konflikts besteht.
   b) Wie baut sich der Konflikt zwischen Lola und Manni auf?
   c) Welche Funktion hat die Szene in der Filmhandlung?
2. Untersuchen Sie vergleichend einen Dialog aus „Zwölf Uhr mittags", den Sie für wesentlich in Bezug auf die Beziehung der Partner halten.

Zeit und Zeitgestaltung

In der Alltagsrealität gibt es Nebensächlichkeiten, Zufälle und Langeweile. Im Unterschied dazu zeigt die Spielhandlung eines Films meist nur Wesentliches, für die Geschichte und ihre Entwicklung Entscheidendes. Der Film rafft also in der Regel Zeit. Fred Zinnemanns „Zwölf Uhr mittags" allerdings war einer der ersten Filme, in denen ▷ **erzählte Zeit** und **Erzählzeit** in ▷ S. 146 f.

der – leider nicht mehr existierenden – Erstfassung übereinstimmten. Auch in Tom Tykwers „Lola rennt" fallen Filmzeit und Realzeit weitgehend in eins.

1. Welche Wirkung hat die annähernde Korrespondenz von Erzählzeit und erzählter Zeit in den beiden Filmen auf Sie als Zuschauer/in?

2. In „Zwölf Uhr mittags" unterstreichen lange ruhige Einstellungen (z. B. der Blick auf die Schienen, Kane allein auf der leer gefegten Straße) die unerträgliche Dauer der Zeit. Das Warten auf 12 Uhr mittags zieht sich hin. In „Lola rennt" hingegen ist die Zeit aus Lolas Perspektive dicht zusammengedrängt. 12 Uhr mittags rückt bedrohlich schnell heran.

   a) Untersuchen Sie einzelne Aspekte der Dynamisierung in „Lola rennt" auf ihre Wirkung hin: Bewegung, Schnittfolge, Standbildfolge, Zeitraffer, Extremzoom, Gleichzeitigkeit von Bildern, Perspektivwechsel innerhalb einer Bewegung.

   b) Kann man in einzelnen Szenen von einer Überlastung der Wahrnehmung sprechen?

   c) Welche Funktion hat die Unterbrechung der Geschwindigkeit durch Verlangsamung (Zeitlupe, lange ruhige Einstellungen, Stille)?

3. a) Sammeln Sie Motive, die in „Lola rennt" die Phänomene Zeit und Geschwindigkeit versinnbildlichen.

   b) Inwiefern spiegelt das Motiv der Dynamisierung gesellschaftliche und kulturelle Realität? Entspricht die filmische Wahrnehmung der Realitätswahrnehmung Jugendlicher zu Beginn des 21. Jahrhunderts?

4. Zeitraffung und -dehnung spielen auch in der Literatur eine wichtige Rolle. Tragen Sie Ihnen bekannte Beispiele zusammen und erläutern Sie die jeweils verwendeten sprachlichen Mittel.

Filmtradition und Filmzitat

1. a) Vergleichen Sie die Standfotos aus „Zwölf Uhr mittags" und „Lola rennt". Beschreiben Sie den Kontext der jeweiligen Szene.

   b) Was suggeriert die Anspielung auf die Westernszene in Bezug auf die Figur des Manni?

2. a) In „Lola rennt" gibt es viele Querverweise, Anspielungen und konkrete Zitate aus verschiedenen Filmen. So finden sich z. B. formale und inhaltliche Verwandtschaften mit *Akira Kurosawa:* Rashomon, *Alain Resnais:* Sie raucht/Sie raucht nicht, *Krzysztof Kieslowski:* Der Zufall möglicherweise, *Harold Ramis:* Und täglich grüßt das Murmeltier, *Alfred Hitchcock:* Vertigo. Sehen Sie sich einen dieser Filme an und diskutieren Sie über direkte Anlehnungen, Ähnlichkeiten und Unterschiede.

   b) Bestimmte Gestaltungsmittel und auch inhaltliche Motive in „Lola rennt" sind bekannten Computerspielen entlehnt. Welche können Sie entdecken?

*Marlene Dietrich als „Lola Lola"
im „Blauen Engel"*

3. Mögliches Thema für eine ▷ **Facharbeit:**   ▷ S. 105 ff.
   a) Informieren Sie sich über die Lola-Figur im Film,
      z. B. *Josef von Sternberg:* Der Blaue Engel
      (1930), *Max Ophüls:* Lola Montez (1955),
      Jacques Demy: Lola (1960), *Rainer Werner
      Fassbinder:* Lola (1981).
   b) Beschreiben Sie den Frauentyp, den Lola tradi-
      tionell verkörpert.
   c) Vergleichen Sie die Lola in Tom Tykwers Film
      mit der traditionellen Lola-Figur.

3.1.2 Detailanalyse: Elemente der Filmsprache

In der detaillierten Analyse ausgewählter bedeutsamer Einstellungen oder Sequenzen wird das inszenierte Zusammenwirken der einzelnen filmischen Gestaltungsmittel sichtbar. Die Detailanalyse schärft die Wahrnehmung der mehrdimensionalen Beziehungen zwischen den verschiedenen Zeichensystemen Bild, Sprache, Ton und Zeit. Hilfreich ist ein so genanntes **Sequenzprotokoll** ausgewählter Schlüsselszenen, in dem einzelne Einstellungen (die durch zwei Schnitte begrenzten Kamerablicke) in ihrer **filmsprachlichen Struktur** festgehalten werden.

1. Entscheiden Sie sich gemeinsam für eine Filmszene, die Ihnen besonders bedeutsam erscheint, oder für mehrere Szenen, die Sie vergleichen wollen.
2. Schneiden Sie auf einem zweiten Videoband die Szenen so zusammen, dass wichtige Strukturen sichtbar – und für die Analyse verfügbar – werden.
3. Halten Sie eine wichtige Einstellung durch „Einfrieren" eines Einzelbildes als Standbild fest. Am besten arbeiten Sie mit einem mit Videokarte ausgestatteten Computer, sodass Sie Einzelbilder speichern und bearbeiten können.

Einstellungsgrößen

Als „Einstellungsgröße" bezeichnet man die Größe des Objekts innerhalb des Bildes. Einstellungsgrößen zwingen die Zuschauer/innen, z. B. bei extremer Nähe, zu genauer Beobachtung oder sie halten sie auf Distanz zum Geschehen und bestimmen so die emotionale Beziehung zum dargestellten Objekt.

1. Prüfen Sie die Wirkung einzelner Einstellungen anhand folgender Standbilder:

Weit (W): Die Einstellung zeigt eine ganze Landschaft; sie kann gefühlvoll, monumental, symbolisch wirken.
(Szene aus „Zwölf Uhr mittags": Der Zug mit den Banditen wird erwartet.)

Totale (T): Die Einstellung gibt eine räumliche Orientierung; die Zuschauer/innen erhalten eine Übersicht über das Geschehen. (Szene aus „Zwölf Uhr mittags": Die Bewohner des Orts haben sich zurückgezogen. Kane tritt den Banditen allein gegenüber.)

Halbtotale (HT): Die Einstellung zeigt die Figuren in ihrer gesamten Körperlänge und in ihrer unmittelbaren Umgebung. Die Aufmerksamkeit soll auf Handlungen und Körpersprache gelenkt werden. (Szene aus „Lola rennt": Lola begegnet, ohne es zu wissen, dem Stadtstreicher, der das verlorene Geld an sich genommen hat.)

Halbnah (HN): Diese Einstellung wird häufig für kommunikative Situationen eingesetzt. Die Figuren sind etwa vom Knie an aufwärts zu sehen, ihre Mimik und Gestik lassen sich optimal erfassen. Die Einstellung unterscheidet sich kaum von der „amerikanischen".
Amerikanisch (A): Der Begriff entstammt dem amerikanischen Westernfilm: Die Figur wird bis zur Hüfte gezeigt. Die Zuschauer/innen sollen sehen, wer bei Duellen zuerst den Colt zieht. (Szene aus „Zwölf Uhr mittags": Kane spricht mit Amy. Er wird den Kampf mit Miller gegen ihren Willen aufnehmen.)

Nah (N): Die häufig für Sprecher genutzte Einstellung zeigt die Person von der Brust an. Dabei tritt neben der Gestik besonders die Mimik in den Vordergrund. (Szene aus „Lola rennt": Der Polizist hat gerade, ohne es wirklich zu wollen, auf Lola geschossen.)

Groß (G): Die Einstellung dient der Darstellung von Gefühlen. Die Beobachtung von intimen Regungen im mimischen Ausdruck erzeugt eine große Identifikation der Betrachter/innen mit der Figur. (Szene aus „Lola rennt": Lola ist von der Kugel des Polizisten tödlich getroffen worden.)

Detail (D): In dieser Einstellung wird eine extreme Nähe der Zuschauer/innen suggeriert. Die ungewohnte Sicht intensiviert die emotionale Beteiligung. Die Nahsicht dient häufig der Spannungssteigerung. (Szene aus „Lola rennt": Lola hat beim Roulette all ihr Geld auf die 20 gesetzt.)

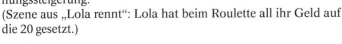

2. a) Schneiden Sie Beispiele für die Wirkung von Einstellungsgrößen aus einem Film Ihrer Wahl auf Video zusammen.

   b) Nutzen Sie das Video zur Veranschaulichung für einen Kurzvortrag über „Elemente der Filmsprache".

3. Untersuchen Sie, welche Einstellungen in einzelnen Filmen überwiegen und welche Wirkung auf den Betrachter jeweils erzielt werden soll.

Kameraperspektive

Durch die Position der Kamera werden die Zuschauer/innen in eine bestimmte Wahrnehmungsperspektive gedrängt. Neben der **Normalsicht,** die Authentizität und Objektivität suggeriert, kann die Unter- oder Aufsicht das Abbild von Realität verfremden.

Froschperspektive (Untersicht): Personen/Gegenstände werden als überlegen, mächtig, bedrohlich erlebt. Die Zuschauer/innen fühlen sich klein und unterlegen.

Vogelperspektive (Aufsicht): Personen/Gegenstände werden als untergeordnet, schwach, verloren erlebt. Die Zuschauer/innen fühlen sich überlegen, können aber auch die angstvolle Situation der Filmfigur miterleben.

1. Untersuchen Sie in „Zwölf Uhr mittags" und „Lola rennt" die Perspektive auf die Uhren und die Wirkung, die erzeugt werden soll.
2. Untersuchen Sie in beiden Filmen, wann die Vogelperspektive beim Betrachter Angst oder Machtgefühl auslöst.

Kamerabewegung

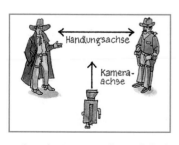

Im Film können sich prinzipiell zwei Dinge bewegen: die Objekte vor der Kamera und die Kamera selbst. Die Bewegung der Personen bzw. Gegenstände wird als **Handlungsachse** bezeichnet. Verläuft die Handlung vor der stillstehenden Kamera, so hat der Betrachter das Gefühl, distanzierter Beobachter der Szene zu sein.

Die Bewegung der Kamera selbst, die **Kameraachse,** erzeugt zumeist eine hohe Realitätsillusion und das Gefühl unmittelbaren Dabeiseins. Beim **Kameraschwenk** verändert die stillstehende Kamera den Winkel schräg zum Objekt, sodass dem Betrachter suggeriert wird, die Kamerabewegung entspräche seiner Kopfbewegung (Kane wirft seinen Sheriffstern in den Staub, die Kamera/der Blick folgt dem Objekt). Bei der **Kamerafahrt** bewegt sich die Kamera ohne Winkelveränderung zum Objekt von der Stelle (die Kamera kreist auf Kopfhöhe um Lola und Manni, als sie von der Polizei umzingelt sind). Mit dem **Zoom** kann man Bewegung vortäuschen, indem bei unbewegter Kamera Objekte „herangeholt" bzw. „entfernt" werden (im Vorspann „rast" die Kamera auf Lolas Haus zu).

Handlungsachse und Kameraachse können sich entsprechen bzw. aufeinander zulaufen. Die Kamera bewegt sich z. B. unmittelbar hinter Lola oder Lola läuft frontal auf die Kamera zu. Den Zuschauerinnen und Zuschauern gestattet dies die größtmögliche Identifikation (Einheit von Kamera, also Blick des Zuschauers, und Geschehen). Blickt eine Filmfigur „aus dem Bild heraus" zum Betrachter, wird der Zuschauer unmittelbar ins Geschehen verwickelt. Die emotionale Rezeption wird intensiviert (Lola liegt im Sterben und blickt den Betrachter/Manni gedankenvoll an).

Gespräche werden häufig durch **Schuss-Gegenschuss-Verfahren** gestaltet. Die Handlungsachse wird dabei mit jedem Schnitt gewechselt. Die Zuschauer/innen nehmen wechselweise die Blickrichtung eines der Gesprächspartner ein. So können sie sich einerseits mit den Figuren identifizieren, aber zugleich auch die Reaktionen auf dem Gesicht des Gegenübers ablesen. Die emotionale Beteiligung der Zuschauer/innen wird mit diesem Gestaltungsmittel gesteigert.

Die **subjektive Kamera** bzw. **Handkamera** entspricht der Perspektive eines Menschen in Bewegung. Die Kamera wird mit der Hand bewegt, sie wackelt und erzeugt unpräzise Ausschnitte. Die Wirkung ist die der Authentizität. Nervosität und Irritation der Kameraführung übertragen sich auf den Betrachter, der das Gefühl hat, unmittelbar dabei zu sein.

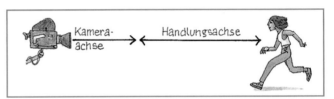

---

1. Untersuchen Sie in „Zwölf Uhr mittags" und „Lola rennt", in welcher Weise Bewegung festgehalten bzw. produziert wird.
   a) Wie verdeutlicht die Kameraführung Bewegung (Rennen) bzw. Unbeweglichkeit (Warten)?
   b) In welche Position werden die Betrachter/innen jeweils gebracht?
2. Untersuchen Sie die Wirkung des Schuss-Gegenschuss-Verfahrens in folgenden Gesprächen aus „Zwölf Uhr mittags": Amy und Helen (53. Filmminute), Kane und Harvey (57. Filmminute). Bei welchen Gesprächsinhalten bleibt der Zuschauer distanzierter Dritter und wann wird er emotional involviert?
3. In „Lola rennt" sind mehrere Szenen mit der Handkamera aufgenommen (Lolas Vater und seine Geliebte allein im Büro, der Stadtstreicher allein in der U-Bahn): Untersuchen Sie die Wirkung der Handkamera in Verbindung mit der Wirkung des Videomaterials, das hier eingesetzt wird.

Mise en scène (Das In-Szene-Setzen)

Mit dem Begriff **„Mise en scène"** wird die Bildkomposition bezeichnet. Figuren und Gegenstände werden im Filmbild wie auf einem Gemälde oder Foto inszeniert. Neben Perspektive, Achsenverhältnissen und Kameraführung sind Kategorien der Bildästhetik hilfreich: statischer (vertikale, horizontale Strukturen) und dynamischer (diagonale Strukturen) Bildaufbau, offene und geschlossene Form, Symmetrie und Asymmetrie, Flächeneinteilung, Beleuchtung, Farbe, Raumgestaltung, Tiefenwirkung, Schärfegrad.

1. Informieren Sie sich im Kunstunterricht über Bildgestaltungsmittel und deren Wirkungsmöglichkeiten.
2. Wählen Sie einzelne Kategorien aus, mit denen Sie Filme untersuchen möchten, z. B. Farbe und dynamische Komposition in „Lola rennt", das Verhältnis von geschlossenen und offenen Formen sowie die Tiefenwirkung in „Zwölf Uhr mittags".
3. a) Untersuchen Sie die Bildgestaltung und ihre Wirkung in den nachfolgenden Einstellungen.
   b) Sehen Sie sich die Filmbilder in ihrem Kontext an. Überträgt sich die Wirkung der Einzelbilder auf die folgenden Einstellungen?

Montage

Der französische Begriff **„Montage"** meint das Zusammenfügen einzelner Einstellungen, also die Schnittfolge der Filmbilder. Die „Organisation der Bilder in der Zeit", wie der Filmwissenschaftler André Bazin die Montage nennt, ist das wesentlichste Gestaltungsmittel des Films. Sie gibt den Rhythmus vor, lenkt Assoziationen und erzeugt einen Sinnzusammenhang. Der russische Regisseur Wsewolod Pudowkin belegte in den 20er-Jahren die Wirkung der Montage mit einem Beispiel:

„Stellen wir uns vor, wir hätten drei Filmstücke: Auf dem einen ein lächelndes Gesicht, auf dem zweiten dasselbe Gesicht, aber angstvoll blickend, und auf dem dritten eine Pistole, die auf jemanden gerichtet wird. Kombinieren wir nun die Stücke in verschiedener Reihenfolge, und nehmen wir an, als Erstes würden wir das lächelnde Gesicht, dann die Pistole und dann das angstvolle Gesicht zeigen; das zweite Mal käme das angstvolle Gesicht zuerst, dann die Pistole und zuletzt das lächelnde Gesicht. Die erste Reihenfolge würde den Eindruck ergeben, dass derjenige, dem das Gesicht gehört, ein Feigling ist, in der zweiten Reihenfolge wäre er mutig."

1. Den von Pudowkin beschriebenen Effekt können Sie mit Hilfe einer Videokamera und zweier Videorekorder selbst nachvollziehen: Filmen Sie eine alltägliche Szene (z. B. Rückgabe einer Klausur) und erproben Sie verschiedene Möglichkeiten der Montage.
2. Die angespannte Situation vor Eintreffen des Zuges wird in „Zwölf Uhr mittags" durch die nachstehende Bilderfolge unterstrichen (▷ S. 444). Welcher Effekt wird erzeugt?

3. Vergleichen Sie die Bildmontage aus „Zwölf Uhr mittags" (Abfolge der oberen neun Bilder) mit derjenigen in „Lola rennt" kurz vor 12.00 Uhr (unteres Bild).
4. Untersuchen Sie die Montage in ausgewählten Sequenzen: In welcher Weise wird die Wahrnehmung jeweils gesteuert?
5. Vergleichen Sie Ihre Beobachtungen mit folgenden Montageformen:

Erzählende Montage: Die Einstellungen sind inhaltlich so aufeinander bezogen, dass man die Schnitte kaum wahrnimmt (z. B. Wechsel von Totale auf Nah bei demselben Motiv). Es können aber auch räumlich und zeitlich sehr unterschiedliche Einstellungen verbunden werden, solange die erzählerische Kontinuität, z. B. die Fortsetzung einer Handlung, gewahrt wird.

Kontrastmontage: Hier prallen Gegensätze aufeinander, die zu einer Stellungnahme auffordern (z. B. lachende Person in Gesellschaft/dieselbe Person traurig und allein).

Assoziationsmontage: Auch hier werden unterschiedliche Einstellungen miteinander konfrontiert, allerdings müssen die Zuschauer/innen selbst eine unmittelbare gedankliche Verbindung schaffen (z. B. schlafendes Gesicht/Südseelandschaft = die Person träumt von der Landschaft).

Analogmontage: Kontraste in Raum, Zeit oder Gesellschaft werden überbrückt, indem in unterschiedlichen Zusammenhängen eine gemeinsame Handlung/Haltung gezeigt wird (z. B.: ein Astronaut steigt aus seinem Raumschiff/eine Person steigt aus ihrem Auto).

Parallelmontage: Zwei oder mehr unterschiedliche Begebenheiten werden miteinander verschachtelt, indem sie mehrfach hintereinander abwechselnd gezeigt werden. So werden Handlungen spannungsvoll miteinander in Beziehung gesetzt (z. B. wartende Person an einer einsamen Straßenecke/ein heranrasendes Auto). Die Zuschauer/innen haben dabei mehr Informationen als die Filmfiguren.

Bild-Ton-Beziehung

Musik ist ein zentrales Element im Film, das die Zuschauer/innen emotionalisiert. Musik im Film kann unterschiedliche Funktionen haben: Sie kann das Geschehen kommentieren bzw. illustrieren, Leitmotiv sein, die Handlung durch Zäsuren (Einschnitte) oder Kontinuität strukturieren.

---

1. Beschreiben Sie die Musik der Filme „Lola rennt" und „Zwölf Uhr mittags".
   a) In welchen Variationen wird das Leitmotiv abgewandelt?
   b) In welcher Weise korrespondiert die Musik jeweils mit der Filmhandlung?
2. a) Welche Funktion haben der Song „What a difference a day makes" und das klassische Stück „The Unanswered Question" (Charles Ives) in „Lola rennt" bezüglich des dargestellten Geschehens (Lolas Flucht und Tod)?
   b) Untersuchen Sie die Besonderheiten des Tons in der Szene mit Lola vor der Schaufensterscheibe des Supermarkts und in den „roten" Szenen: Welche Wirkung entsteht in Bezug auf die Filmfiguren untereinander und in Bezug auf die Zuschauer/innen?
3. Erproben Sie folgende Möglichkeiten, um die Wirkung von Ton und Bild zu erfassen:
   a) Untersuchen Sie eine Szene ohne Ton oder ohne Bild: Beschreiben Sie die jeweilige Wirkung.
   b) Ändern Sie die Aussage einer ausgewählten Sequenz durch neu unterlegten Ton (Geräusche, Sprache, Musik).

PRODUKTIVE AUFGABEN ZUM FILM „LOLA RENNT"

- Entwickeln Sie eine vierte Episode zu „Lola rennt", in der es zu einer weiteren unerwarteten Handlungsänderung kommt.
- Was passiert nach dem Ende der drei Episoden? Schreiben Sie eine Episode Ihrer Wahl weiter.
- Stellen Sie „und – dann..."-Fotosequenzen (Polaroid-Schnappschüsse) von Lolas, Mannis, des Vaters oder Ihrer eigenen weiteren Entwicklung her.
- Schreiben Sie eine Filmkritik/einen Essay für die Schülerzeitung zu „Lola rennt" oder einem anderen Film. Werten Sie dazu auch verfügbare Produktionsmaterialien (Drehbuch, Interviews, Informationen zu Schauspielern und Regisseur) und Rezeptionsdokumente (Rezensionen, Zuschauerquoten, Verleih) aus.

FILMPROJEKT: 5 x 5 x 5

■ Tauschen Sie sich über so genannte Kultfilme aus.
Benennen Sie das jeweils Bedeutsame dieser Filme: z. B. Figuren, typische Gesten und Verhaltensweisen, Dialoge, Konflikte, Requisiten, Besonderheiten in der filmsprachlichen Gestaltung, der Musik.
Spielen Sie sich in kurzen Rollenspielen gegenseitig prägnante Szenen aus den Filmen so vor, dass man sie als Zitate erkennen kann.

■ Drehen Sie in Gruppen von ca. fünf Personen einen Videofilm, der dem klassischen dramaturgischen Handlungsaufbau in fünf Akten folgt und fünf bekannte Filme zitiert. Beispiel:

> *Exposition (Einführung): Wie in „Spiel mir das Lied vom Tod" erwarten drei Gangster am Bahnhof die Ankunft des Zuges. Der Zug kommt an, ein Fremder steigt aus. Im Hintergrund sieht man auf dem Bahnsteig zwei „Men in Black", die gerade eine verdächtige Person abführen ...*
> *Konfliktaufbau: In einem Restaurant weist ein wohlhabender Mann seine junge Verlobte zurecht (Dialog zwischen Rose und Cal aus „Titanic"). Da taucht der Fremde auf ...*
> *Höhepunkt: Ein Blick auf die Uhr zeigt: Es ist kurz vor „Zwölf Uhr mittags" ...*
> *Retardierung (Verzögerung): ...*
> *Schluss: ...*

Tipps und Anregungen für die Umsetzung:

Dauer: Beschränken Sie sich auf kurze Filme (nicht mehr als fünfzehn Minuten). So wird die Konzentration auf Wesentliches, Prägnantes notwendig und Längen werden vermieden.

Kamerabewegung: Jede Kamerabewegung erzeugt Unruhe; sie muss daher eine inhaltliche Funktion haben. Vermeiden Sie häufiges Zoomen, Wackeln und heftige Schwenks, sofern diese nicht intendiert sind.

 Um Probleme beim Schneiden zu vermeiden, sollte jede Kamerabewegung ein stehendes Anfangs- und Endbild haben.

Einstellungen: Die verschiedenen Einstellungsgrößen enthalten unterschiedliche Informationen und haben unterschiedliche Funktionen. Jede Einstellung sollte so gewählt sein, dass die Information von den Zuschauer/innen optimal erfasst werden kann.

 Filmen Sie ein Objekt, eine Person zur Probe aus unterschiedlichen Entfernungen. Achten Sie bei der Montage auf Abwechslung bei den Einstellungsgrößen.

Montage: Die Montage ist das bewusste Gestalten einer Aussage, die wir in bestimmter Weise manipulieren können. Orientieren Sie sich an den unterschiedlichen Montageformen, um Aussagen durch Bilderfolgen und nicht nur durch Worte zu treffen.

 Beim Kürzen zu lang geratener Einstellungen sollte man einen Zwischenschnitt einfügen, um Anschlussfehler zu vermeiden (z. B. wenn sich die Personen bewegt haben). Der Zwischenschnitt sollte etwas zeigen, was außerhalb der Einstellung liegt und sich nicht bewegt (▷ Montageformen, S. 445).

3.1.3 Verfilmung von Literatur

Rainer Werner Fassbinder

Literatur und Leben (1982)

[...] Die Verfilmung von Literatur legitimiert sich, im Gegensatz zur landläufigen Meinung, keinesfalls durch eine möglichst kongeniale Übersetzung eines Mediums (Literatur) in ein
5 anderes (Film). Die filmische Beschäftigung mit einem literarischen Werk darf also nicht ihren Sinn darin sehen, etwa die Bilder, die Literatur beim Leser entstehen läßt, maximal zu erfüllen. Dieser Anspruch wäre ohnehin in
10 sich absurd, da jeder Leser jedes Buch mit seiner eigenen Wirklichkeit liest und somit jedes Buch so viele verschiedene Phantasien und Bilder provoziert, wie es Leser hat. Es gibt also keine endgültige objektive Realität eines
15 literarischen Werkes, darum darf auch die Absicht eines Films, der sich mit Literatur auseinandersetzt, nicht darin liegen, die Bilderwelt eines Dichters als endgültig erfüllte Übereinstimmung verschiedener Phantasien
20 zu sein. Der Versuch, Film als Ersatz eines Stückes Literatur zu machen, ergäbe den kleinsten gemeinsamen Nenner von Phantasie, wäre also zwangsläufig im Ergebnis medioker und stumpf. Ein Film, der sich mit
25 Literatur und mit Sprache auseinandersetzt, muß diese Auseinandersetzung ganz deutlich, klar und transparent machen, darf in keinem Moment seine Phantasie zur allgemeinen werden lassen, muß sich immer in jeder Phase als
30 eine Möglichkeit der Beschäftigung mit bereits formulierter Kunst zu erkennen geben. Nur so, mit der eindeutigen Haltung des Fragens an Literatur und Sprache, des Überprüfens von Inhalten und Haltungen eines
35 Dichters, mit seiner als persönlich erkennbaren Phantasie zu einem literarischen Werk, legitimiert sich deren Verfilmung. [...] R

---

1. Vergleichen Sie die Positionen Fassbinders und Hickethiers zur Verfilmung von Literatur.
2. Erörtern Sie, welche gestalterischen Mittel und Ausdrucksmöglichkeiten für die Medien Film und Literatur jeweils charakteristisch sind: Was leistet das eine Medium, was das andere nicht kann?

Knut Hickethier

Der Film nach der Literatur ist Film (1989)

Von „Literaturverfilmung" zu reden heißt den ersten Schritt in die falsche Richtung tun: denn im Begriff der *Ver*filmung steckt bereits die erlittene *Ver*formung des Kunstwerks,
5 eines Originals, das dabei seine Originalität verliert. Das Ergebnis kann nur eine schlechte Kopie, ein unvollständiger Ersatz im anderen Medium sein. [...]
Der Film aber ist immer zuerst Film, und dass seinem Drehbuch, ohnehin nur eine Zwischen-
10 stufe im Arbeitsprozess, einmal ein Roman zu Grunde gelegen hat, ist für das Filmische an ihm von peripherer[1] Bedeutung. Wir verstehen den Film, auch ohne den Roman zuvor gelesen zu haben.
15 Zwar kann, wer wollte das bestreiten, die vorangegangene Romanlektüre dem Filmesehen zusätzlichen Genuss (oder Enttäuschung) im Wiedererkennen von Erzähltem verleihen. Und ein Film, der sich von Titel, Handlungs-
20 struktur und Figuren explizit auf einen Roman bezieht, fordert dazu auch in besonderer Weise heraus. Aber das rechtfertigt noch keine Sonderstellung literarisch fixierter Betrachtungsweise, die zwangsläufig das Er-
25 zählen in den Vordergrund stellt und darüber die präsentativen Aspekte des Films vernachlässigt. Wie jeder Text nur vor dem Hintergrund des gesamten bisherigen Geschriebenen zu denken ist, steht auch jeder Film im
30 Kontext anderer Filme und enthält ungleich mehr Anspielungen und Verweise, unbewusst entlehnte Motive, Metaphern und assoziiert visuelle Erinnerungen, als sich in der Textvorlage erkennen lässt. Genrezusammen-
35 hänge, Verweise der Darsteller auf andere Rollen, die sie in anderen Filmen verkörpert haben, Kamera-, Regie- und Lichtstile, Architekturbedeutungen, Kleidungsstile etc. eröffnen eine Fülle anderer Bezugsebenen. Der
40 spezielle Vergleich mit der literarischen Vorlage (noch nicht einmal mit dem Drehbuch) erscheint deshalb als eine unzulässige Verengung des Blicks.

---

1 **peripher:** am Rande liegend

Die Filmwissenschaft unterscheidet drei Typen der filmischen Adaption von Literatur. Die **stofforientierte Adaption** übernimmt nur einzelne Motive oder Handlungselemente einer literarischen Vorlage. Ihr geht es in erster Linie um den Film als eigenständiges Werk und weniger um die Literatur und ihre filmische Deutung. Die **illustrierende Adaption** ist im Gegensatz dazu darum bemüht, den Text möglichst genau in filmische Bilder umzusetzen. Hier steht die Literatur im Vordergrund, welcher die filmischen Ausdrucksmöglichkeiten zu Gunsten der literarischen Werktreue untergeordnet bleiben. Die **interpretierende Adaption** möchte Literatur durch filmspezifische Mittel auslegen. Sie befreit sich durch die Eigenständigkeit der filmischen Möglichkeiten einerseits von der literarischen Vorlage, ist aber dennoch eine konkrete Interpretation des Textes und seines Sinngehaltes. Film und Text stehen auf einer Ebene. Mögliche Formen dieser Art von Literaturverfilmung sind die historische Aktualisierung, die Umsetzung des Geschehens in ein anderes soziales Umfeld oder die Darstellung der persönlichen Rezeption des Textes durch den Filmemacher.

---

3. Diskutieren Sie, welche Art von Literaturverfilmung Ihnen am ehesten zusagt. Welche Funktion kann und soll die Verfilmung von Literatur Ihrer Ansicht nach haben?
4. Was kann die Filmsprache möglicherweise zur Deutung eines Textes beitragen?
5. Recherchieren Sie, welche Verfilmungen zu Texten verfügbar sind, die Sie im Unterricht besprochen haben oder noch besprechen wollen. Fragen Sie in Landesbildstellen, Bibliotheken und Videotheken nach.
   Empfehlungen: *Luchino Visconti:* Der Tod in Venedig (1970), *Rainer Werner Fassbinder:* Effi Briest (1974), *Eric Rohmer:* Marquise von O. (1976), *Wolfgang Staudte:* Der Untertan (1951), *Volker Schlöndorff:* Homo Faber (1991)/Die Blechtrommel (1979)/Der junge Törless (1965), *Werner Herzog:* Woyzeck (1978), *Joseph Vilsmaier:* Schlafes Bruder (1995), *Steven Soderbergh:* Kafka (1992)

UNTERSUCHUNGSASPEKTE ZU LITERATURVERFILMUNGEN

■ Inwiefern verschiebt der Film die Akzente der literarischen Vorlage? Sind die Akzentverschiebungen medienbedingt (z. B. auf Grund einer begrenzten Umsetzbarkeit in filmische Bilder) oder sind sie intendiert, um eine bestimmte Aussage zu treffen?
■ In welchen Szenen wird auf Passagen verzichtet, die in der literarischen Vorlage von Bedeutung waren?
  □ Untersuchen Sie, inwiefern der Sinngehalt entfallener Textstellen (z. B. in Dialogen) durch filmische Ausdrucksmöglichkeiten ersetzt wird.
  □ Diskutieren Sie, welche Funktion die Reduzierung literarischer Komplexität im Film hat.
  □ Welche Szenen und Sequenzen wurden zusätzlich in den Film aufgenommen? Welche Funktion erfüllen sie?
■ Vergleichen Sie sprachliche und filmische Bilder.
  □ Wie werden literarische Leitmotive und Metaphern in Filmbilder umgesetzt?
  □ Inwiefern vermag der Film innere Vorgänge darzustellen?
■ Vergleichen Sie die Handlungsführung in Text und Film.
  □ Wie werden unterschiedliche Handlungsstränge verknüpft?
  □ Welche zusätzlichen Möglichkeiten bieten die Mittel der Filmsprache?
■ Vergleichen Sie die Wahrnehmungssteuerung durch den Erzähler im Text und durch die Kamera im Film.
  □ Untersuchen Sie die Erzähl- und die Kameraperspektive.
  □ Welche Wirklichkeitsausschnitte präsentiert uns der Text, welche der Film?
■ Welche neuen Erkenntnisse hat Ihnen der Film für die literarische Vorlage eröffnet? Ermöglichen die filmischen Mittel neue Sichtweisen, die durch literarische Darstellungsmittel kaum zu erfassen sind?
■ Schreiben Sie einen fiktiven Kommentar des Autors/der Autorin über die Verfilmung seines/ihres Textes.

PROJEKT: LITERATUR VERFILMEN

■ Wählen Sie einen kurzen, überschaubaren Text, mit dem Sie sich im Deutschunterricht beschäftigt haben, und schreiben Sie ihn in ein Drehbuch für eine Verfilmung um.

  □ Untersuchen Sie den Text zunächst auf Passagen, die Sie für verfilmbar halten, und unterteilen Sie diese in einzelne Sequenzen bzw. Szenen.

  □ Überlegen Sie, was mit den nicht verfilmbaren Passagen geschehen soll: Können sie entfallen oder müssen sie durch neu entwickelte Filmhandlungen ersetzt werden?

  □ Schreiben Sie in arbeitsteiligen Gruppen ein Drehbuch, in dem Sie festhalten, welche filmischen Darstellungsmittel Ihnen für die Umsetzung einzelner Textpassagen geeignet erscheinen (z. B. Kamera-einstellungen, -perspektiven und -bewegungen).

  □ Legen Sie eine Schnittfolge der Einzelbilder fest. Beachten Sie die Möglichkeiten unterschiedlicher Montageformen und der Schnittgeschwindigkeit.

  □ Welche Kulissen (Räume, Landschaften) und Requisiten eignen sich?

  □ Überlegen Sie auch, wie die Darsteller der literarischen Figuren wirken sollen. Welche Mimik, Gestik, Körperhaltung sollen sie haben?

  □ Welche Textstellen wollen Sie wortwörtlich übernehmen (als Off-Kommentar oder als Dialog), welche Textstellen müssen Sie umschreiben (z. B. indirekte Rede zu wörtlicher Rede)?

■ Tauschen Sie Ihre Drehbuchteile aus, überarbeiten Sie sie gemeinsam und erstellen Sie eine Endfassung. Setzen Sie Ihr Drehbuch in eine Videoverfilmung um und präsentieren Sie diese der Schulöffentlichkeit.

3.2 Umgang mit Medien – Medienkritik

Mit der Entwicklung von Medien waren immer schon euphorische Hoffnung auf technolo-gischen Fortschritt einerseits und die angstvolle Sorge um den Verlust kommunikativer Tradi-tionen andererseits verbunden. Die meisten Formen medialer Vermittlung nehmen wir kaum bewusst als solche wahr. Mit Büchern, Zeitschriften, Fotos, Radio, Film, Fernsehen, Computer und Telefon gehen wir in unserem Alltag selbstverständlich um. Der nachwachsenden Genera-tion wird regelmäßig vorgeworfen, dass die verstärkte Nutzung immer neuer Medien ihre Wahr-nehmung der Umwelt verändere, und das heißt oft: einschränke.
Die folgenden Texte setzen sich mit der Frage auseinander, welche Struktur und welchen Ein-fluss vor allem die neuen Medien auf Gesellschaft, Kultur und Politik haben.

UMFRAGE ZUM MEDIENVERHALTEN VON JUGENDLICHEN UND ERWACHSENEN

1. Vergleichen Sie die Nutzung von Medien in Ihrem Kurs, indem Sie einen Tag lang Folgendes protokollieren: Welche Medien nutzen Sie? Wozu nutzen Sie sie? Wie lange nutzen Sie sie?
2. Befragen Sie eine andere Generation (Eltern, Großeltern) nach ihrem Umgang mit Medien.

Umberto Eco

Die Multiplizierung der Medien

(1983)

Allerdings muss die Schule (und die Gesell-schaft, und nicht allein für die Jugendlichen) auch lernen, neue Fertigkeiten im Umgang mit den Massenmedien zu lehren. Alles, was in den Sechziger- und Siebzigerjahren gesagt worden ist, muss revidiert werden. Damals waren wir allesamt Opfer (vielleicht zu Recht) eines Modells der Massenmedien, das jenes der Machtverhältnisse reproduzierte: ein zen-traler Sender mit präzisen politischen und pädagogischen Plänen, kontrolliert von „den Herrschenden", von der ökonomischen und politischen Macht, die Botschaften über-mittelt durch erkennbare, technologisch be-stimmte Kanäle (Wellen, Drähte, Kabel, iden-tifizierbare Apparate wie Fernseher, Radios,

Projektoren, hektografierte[1] Seiten) und die Empfänger als Opfer der ideologischen Indoktrination[2]. Es genügte, diese Empfänger zu lehren, die Botschaften richtig zu „lesen", sie zu kritisieren, vielleicht wäre man so ins Reich der geistigen Freiheit gelangt, ins Zeitalter des kritischen Bewusstseins ... Es war auch der Traum von achtundsechzig[3].

Was heute Radio und Fernsehen sind, wissen wir: unkontrollierbare Pluralitäten von Botschaften, die jeder benutzt, um sich auf den Tasten der Fernbedienung ein eigenes „Programm" zusammenzustellen. Die Freiheit des Benutzers ist damit nicht größer geworden, aber gewiss hat sich die Art und Weise verändert, wie man ihm beibringt, frei und bewusst zu sein. Und im Übrigen haben sich ganz allmählich zwei neue Phänomene herausgebildet, nämlich die Multiplizierung der Medien und die Medien im Quadrat. Was ist heute ein Massenmedium? Eine Sendung im Fernsehen? Auch, gewiss. Aber versuchen wir einmal, uns die folgende nicht unvorstellbare Situation vorzustellen: Eine Firma produziert T-Shirts mit einer aufgedruckten Wiesenstelze und macht dafür Reklame (kein ungewöhnliches Phänomen). Die Jugend fängt an, diese T-Shirts zu tragen. Jeder Träger des T-Shirts macht vermittels der Wiesenstelze auf seiner Brust für das T-Shirt Reklame (so wie jeder Besitzer eines Fiat Panda ein unbezahlter und zahlender Propagandist der Marke Fiat und des Modells Panda ist). Eine Sendung im Fernsehen zeigt, um realistisch zu sein, Jugendliche mit dem Wiesenstelzen-T-Shirt. Die jungen (und alten) Zuschauer sehen die Sendung und kaufen sich neue T-Shirts mit der Wiesenstelze, weil sie „jung macht". Wo ist hier das Massenmedium? Ist es die Werbeanzeige in der Zeitung, ist es die Sendung im Fernsehen, ist es das T-Shirt? Wir haben es hier nicht mit einem, sondern mit zwei, drei und vielleicht noch mehr Massenmedien zu tun, die auf diversen Kanälen agieren. Die Medien haben sich multipliziert, aber einige unter ihnen agieren als Medien von Medien und somit als Medien im Quadrat. Wer sendet jetzt die Botschaft? Der Fabrikant, der das T-Shirt herstellt? Der Käufer, der es trägt? Der Regisseur, der es im Fernsehen zeigt? Wer produziert die Ideologie? Denn zweifellos handelt es sich um Ideologie, man braucht nur die Implikationen des Phänomens zu analysieren: das, was der Fabrikant ausdrücken will, der Träger, der Regisseur. Doch je nachdem, welchen Kanal man ins Auge fasst, ändert sich die Bedeutung der Botschaft und vielleicht auch das Gewicht ihrer Ideologie. Nirgendwo ist mehr „die Macht" zu greifen, die eine und allgewaltige Macht (wie war sie doch tröstlich!). Oder wollen wir sie etwa mit der Macht des Designers identifizieren, der die Idee gehabt hatte, das T-Shirt mit einer Wiesenstelze zu schmücken, oder mit der des Fabrikanten (womöglich irgendwo in der Provinz), der sich entschlossen hat, es auf den Markt zu bringen, und zwar in großem Stil, um Geld zu verdienen, wie er es soll, um seine Arbeiter nicht zu entlassen? Oder mit der des Käufers, der sich legitimerweise bereit findet, es zu tragen und damit ein Bild von Jugend und Ungezwungenheit oder von Glück zu propagieren? Oder mit der des TV-Regisseurs, der es seinen Schauspielern anzieht, um eine Generation darzustellen? Oder mit der des Rocksängers, der sich von der Herstellerfirma sponsern lässt, um seine Kosten zu decken? Alle sind drin und alle sind draußen, die Macht ist nirgendwo greifbar, und niemand weiß mehr, woher das „Projekt" kommt. Denn ein Projekt liegt zweifellos vor, nur ist es nicht mehr intentional[4], und folglich trifft man es nicht mehr mit der traditionellen Kritik der Intentionen. Sämtliche Professoren für Kommunikationstheorie, die sich an den Texten der frühen Sechzigerjahre gebildet haben (ich eingeschlossen), müssten sich arbeitslos melden. Wo sind die Massenmedien? [...] Es waren einmal die Massenmedien, sie waren böse, man weiß, und es gab einen Schuldigen. Ferner gab es die Tugendhaften, die ihre Verbrechen anklagten. Und die Kunst (ah, zum Glück), die Alternativen anbot für jene, die nicht Gefangene der Massenmedien sein wollten. Gut, das alles ist nun vorbei. Wir müssen noch einmal ganz von vorne anfangen, uns zu fragen, was läuft.

1 **hektografieren:** vervielfältigen
2 **Indoktrination:** ideologische Beeinflussung
3 **achtundsechzig:** Um das Jahr 1968 bildeten sich in den USA und Europa Protestbewegungen gegen staatliche und gesellschaftliche Mächte

4 **intentional:** absichtlich

1. a) Erläutern Sie Ecos Definition der Massenmedien mit eigenen Worten.
   b) Nennen Sie aus Ihren Erfahrungen mit Medien Beispiele für deren Multiplizierung.
   c) Warum bezeichnet Eco es als tröstlich, wenn man die Massenmedien als eine zentrale Macht identifizieren könnte?
2. Diskutieren Sie die „Freiheit des Benutzers" im Umgang mit Massenmedien.

Pierre Bourdieu
Über das Fernsehen (1996)

Das Fernsehen hat eine Art faktisches Monopol bei der Bildung der Hirne eines Großteils der Menschen. Legt das Fernsehen den Akzent auf die „Vermischten Meldungen", so
5 füllt es die Zeit mit Leere, mit nichts oder fast nichts, und klammert relevante Informationen aus, über die der Staatsbürger zur Wahrnehmung seiner demokratischen Rechte verfügen sollte. Damit ist die Tendenz zu einer
10 Spaltung gegeben, einer Spaltung zwischen denen, die die so genannte seriöse Presse lesen können (soweit diese angesichts der Konkurrenz des Fernsehens seriös bleibt), die zur internationalen Presse, zu fremdsprachigen
15 Rundfunknachrichten Zugang haben auf der einen Seite – und auf der anderen Seite denen, deren ganzes politisches Rüstzeug in den vom Fernsehen gelieferten Nachrichten, also in fast gar nichts besteht (abgesehen von der
20 Information, die im puren Kennenlernen der meistgezeigten Männer und Frauen besteht, im Kennen ihrer Gesichter, ihrer Ausdrucksweisen, Dingen, die noch die kulturell Hilflosesten entziffern können – wodurch ihnen
25 übrigens große Teile des politischen Führungspersonals suspekt werden). [...]
Die politischen Gefahren, die mit der üblichen Nutzung des Fernsehens verbunden sind, kommen daher, dass es erzeugen kann,
30 was Literaturkritiker den *effet du réel* nennen, den Wirklichkeitseffekt: Es kann zeigen und dadurch erreichen, dass man glaubt, was man sieht. Diese Macht, etwas vor Augen zu führen, hat mobilisierende Wirkungen. Sie
35 kann Gedanken oder Vorstellungen ins Leben rufen, aber auch Bevölkerungsgruppen konstituieren[1]. Die „Vermischten Meldungen", die Zwischenfälle und Unfälle des Alltags, können mit politischen, ethischen usw.

Implikationen[2] aufgeladen werden, die starke 40 und oft negative Gefühle auslösen wie Rassismus, Fremdenhass, Ausländerfeindlichkeit; noch der simple Bericht richtet ja, denn er impliziert immer eine soziale Konstruktion der Wirklichkeit, die sozial mobilisierende 45 (oder demobilisierende) Folgen haben kann. Das eine ergab das andere, und das Fernsehen, das die Wirklichkeit wiederzugeben behauptet, wurde ein Instrument zur Schaffung von Wirklichkeit; aus dem Beschreiben 50 der sozialen Welt durch das Fernsehen wird ein Vorschreiben. Das Fernsehen entscheidet zunehmend darüber, wer und was sozial und politisch existiert. [...]
Durch seine Reichweite und seinen außer- 55 ordentlichen Stellenwert löst das Fernsehen Effekte aus, die, obwohl nicht völlig neu, doch sehr neuartig sind. Zum Beispiel kann das Fernsehen an einem Abend während der Acht-Uhr-Nachrichten mehr Menschen errei- 60 chen als die ganze französische Morgen- und Abendpresse zusammengenommen. Wenn die von einem solchen Medium gelieferten Meldungen aseptische, homogenisierte Omnibus-Meldungen[3] werden, liegen die möglichen 65 politischen und kulturellen Auswirkungen auf der Hand. Das Gesetz ist altbekannt: Je breiter das Publikum ist, auf das ein Presseorgan oder überhaupt ein Kommunikationsmedium zielt, je stromlinienförmiger muss es 70 sich verhalten; es muss alles Kontroverse meiden und sich befleißigen, „niemanden zu schockieren", wie es heißt, niemals Probleme aufzuwerfen, oder höchstens Scheinprobleme. Im täglichen Leben spricht man oft 75 vom Wetter, weil man bei diesem Thema sicher sein kann, nicht auf Widerspruch zu stoßen – das Softthema schlechthin, wenn Sie

---

2 **Implikation:** nicht ausdrücklich genannte, aber gemeinte Aussage
3 **aseptische, homogenisierte Omnibus-Meldungen:** keimfreie, gleichförmige Für-alle-Meldungen

1 **konstituieren:** festlegen, gründen

sich nicht gerade als Urlauber mit einem
80 Bauern unterhalten, der auf Regen wartet. Je
breiter das Publikum ist, auf das ein Infor-
mationsmedium zielt, desto mehr problem-
freie Omnibus-Themen stellt es in den Vordergrund. Das Thema wird entsprechend den
85 Wahrnehmungskategorien des Rezipienten
konstruiert. Deshalb kommt die ganze kollektive Anstrengung um Homogenisierung und
Banalisierung, um „konform" und „unpoli-
tisch" zu sein, die ich beschrieben habe, per-
90 fekt an, obwohl eigentlich kein Subjekt sie
lenkt, obwohl sie niemals von irgendjemandem so gedacht und gewollt war. Solche
Dinge beobachtet man oft in der sozialen
Welt: Es ereignet sich etwas, das keiner will
95 und das doch ganz den Anschein haben kann,
als sei es gewollt („Man macht das, um ...").
Hier wird die vereinfachende Kritik gefährlich: Sie dispensiert[4] von der notwendigen
Arbeit, Phänomene zu verstehen wie etwa
100 dies, dass jenes höchst merkwürdige Produkt
„Fernsehnachrichten" zu Stande kommt, ohne
dass jemand es wirklich so will, ohne dass die
Geldgeber spürbar einzugreifen hätten – ein
Produkt für den Durchschnittsgeschmack,
105 das Altbekanntes bestätigt und vor allem die
mentalen Strukturen unangetastet lässt. Gewöhnlich spricht man von Revolutionen,
wenn die materiellen Grundlagen einer Gesellschaft angetastet werden (durch Verstaat-
110 lichung von Kircheneigentum z.B.); es gibt
aber auch symbolische Revolutionen, solche,
die von Künstlern, Wissenschaftlern oder
auch großen religiösen oder manchmal, seltener, von politischen Propheten ausgelöst wer-
115 den – Revolutionen, die an die mentalen
Strukturen rühren, das heißt: unsere Sicht-

4 **dispensieren:** jemanden von etwas befreien

und Denkweisen verändern. Auf dem Gebiet
der Malerei war dies der Fall bei Manet[5], der
einen grundlegenden Gegensatz erschütterte,
eine Struktur, auf der die ganze akademische 120
Ausbildung beruhte: den Gegensatz zwischen
dem Zeitgenössischen und dem Antiken.
Wenn ein so mächtiges Instrument wie das
Fernsehen sich auch nur im Geringsten auf
eine solche symbolische Revolution zube- 125
wegen würde, es würde, dessen bin ich mir
sicher, sofort gebremst ... Aber ohne dass das
irgendwer verbieten müsste, bloß von der
Konkurrenz getrieben und den anderen
erwähnten Mechanismen, tut das Fernsehen 130
sowieso nichts dergleichen. Es ist den mentalen Strukturen des Publikums vollendet
angepasst. Zu dieser Logik zählt auch der
Moralingehalt[6] des Fernsehens, seine „Aktion-
Sorgenkind"-Mentalität. „Gute Gefühle", sag- 135
te Gide[7], „bringen schlechte Literatur hervor";
aber gute Gefühle bringen hervorragende Ein-
schaltquoten. Es wäre der Mühe wert, einmal
über den Moralismus der Fernsehleute nachzudenken: Oft genug Zyniker, sind sie in ihren 140
Äußerungen zu moralischen Fragen doch
unwahrscheinlich konformistisch[8]. Unsere
Nachrichtensprecher, Moderatoren, Sport-
reporter haben sich zu Moralaposteln entwickelt; mühelos schwingen sie sich zu 145
Verkündern einer typisch kleinbürgerlichen
Moral auf, die bestimmen, „was zu halten ist"
von dem, was sie „die Probleme der Gesellschaft" nennen, von Aggressionen in den Vor-
städten oder von der Gewalt an den Schulen. 150

5 **Edouard Manet** (1832–1883): französischer Maler und
  Grafiker
6 **Moralin:** heuchlerische Moral
7 **André Gide** (1869–1951): französischer Schriftsteller
8 **konformistisch:** angepasst an die allgemeinen Wertvorstellungen

1. Untersuchen Sie den Argumentationsaufbau und
die Überzeugungskraft der angeführten Beispiele
in Bourdieus Kritik des Fernsehens.
2. Welche gesellschaftlichen und politischen Auswirkungen haben die so genannten „Omnibus-
Meldungen"? Tauschen Sie sich über Ihre Erfah-

rungen mit den im Fernsehen behandelten Themen aus.
3. Nehmen Sie Stellung zum Zusammenhang
zwischen der Popularität des Fernsehens und der
Qualität seiner Beiträge.

Hans Magnus Enzensberger

Kritische Sichtung der Medientheorien (1988)

Fernsehen verblödet: Auf diese schlichte These laufen so gut wie alle landläufigen Medientheorien hinaus, gleichgültig, wie fein gesponnen oder grob gewirkt sie daherkom-
5 men. Der Befund wird in der Regel mit einem gramvollen Unterton vorgetragen. Vier hauptsächliche Varianten lassen sich unterscheiden.

Die Manipulationsthese zielt auf die ideolo-
10 gische Dimension[1], die den Medien zugeschrieben wird. Sie sieht in ihnen vor allem Instrumente politischer Herrschaft und ist von ehrwürdigem Alter. Ursprünglich tief in den Traditionen der Linken verwurzelt, aber
15 bei Bedarf auch von der Rechten genießerisch adaptiert[2], hat sie es ganz auf die Inhalte abgesehen, die vermeintlich das Programm der großen Medien bestimmen. Ihrer Kritik liegen Vorstellungen von Propaganda und Agitation[3]
20 zugrunde, wie sie aus früheren Zeiten überliefert sind. Das Medium wird als ein indifferentes Gefäß verstanden, das über ein passiv gedachtes Publikum Meinungen ausgießt. Je nach dem Standpunkt des Kritikers gelten
25 diese Meinungen als falsch; sie müssen nach einem derartigen Wirkungsmodell notwendig falsches Bewußtsein erzeugen. Verfeinerte Methoden der Ideologiekritik erweitern diesen „Verblendungszusammenhang", indem sie den
30 Gegner mit immer subtileren und heimtückischeren Absichten ausstatten. An die Stelle der direkten Agitation tritt dann die schwer durchschaubare Verführung; der ahnungslose Konsument wird von den Drahtziehern über-
35 redet, ohne daß er wüßte, wie ihm geschieht.

Die Nachahmungsthese dagegen argumentiert vor allem moralisch. In ihren Augen bringt der Medienkonsum vor allem sittliche Gefahren mit sich. Wer sich ihm aussetzt, wird an Liber-
40 tinage[4], Verantwortungslosigkeit, Verbrechen und Gewalt gewöhnt. Die subjektiven Folgen sind abgestumpfte, verhärtete und verstockte Individuen, die objektiven der Verlust sozialer Tugenden und der allgemeine Sittenverfall.
45 Diese Form der Medienkritik speist sich, auf den ersten Blick erkennbar, aus bürgerlichen Quellen. Die Motive, die in ihr wiederkehren, lassen sich schon im 18. Jahrhundert nachweisen, in den vergeblichen Warnungen, wel-
50 che die frühe Kulturkritik vor den Gefahren der Romanlektüre erschallen ließ.

Neueren Datums ist die Simulationsthese, die von einem erkenntnistheoretischen Verdacht beseelt ist. Sie ist auch insofern moderner, als
55 sie auf die technische Entfaltung der Medien eingeht, also auch die Existenz des Fernsehens ernstnimmt, was man von ihren Vorgängern nicht behaupten kann. Ihr zufolge wird der Zuschauer durch das Medium außer-
60 stande gesetzt, zwischen Wirklichkeit und Fiktion zu unterscheiden. Die erste Realität werde also durch eine zweite, phantomhafte unkenntlich gemacht oder ersetzt. Eine weitergehende Version der These, die gele-
65 gentlich sogar affirmativ[5] auftritt, kehrt dieses Verhältnis um und behauptet, die Unterscheidung zwischen Wirklichkeit und Simulation sei unter den gegebenen gesellschaftlichen Verhältnissen sinnlos geworden.

70 Alle bisherigen konvergieren[6] in der vierten, der Verblödungsthese, die sich zu einer anthropologischen[7] Aussage verdichtet. Die Medien greifen, wenn man ihr folgt, nicht nur das Kritik- und Unterscheidungsvermögen,
75 nicht nur die moralische und politische Substanz ihrer Nutzer an, sondern auch ihr Wahrnehmungsvermögen, ja ihre psychische Identität. Sie produzieren somit, wenn man sie gewähren läßt, einen neuen Menschen,
80 den man sich, je nach Belieben, als Zombie oder Mutanten vorstellen kann.

Alle diese Theorien sind schwach auf der Brust. Beweise halten ihre Urheber für entbehrlich. Selbst das Minimalkriterium der
85 Plausibilität macht ihnen keinerlei Kopfzerbrechen. So ist es, um nur ein Beispiel zu nennen, bisher niemandem gelungen, uns außerhalb der psychiatrischen Klinik auch nur einen „Fernsehteilnehmer" vorzuführen,
90 der außerstande wäre, zwischen einem Ehekrach in der laufenden Serie und an seinem

---

1 **ideologische Dimension:** die Beeinflussung des politischen Bewusstseins betreffend
2 **adaptiert:** aufgenommen und „anverwandelt"
3 **Agitation:** politische Stimmungsmache
4 **Libertinage:** Ausschweifung, Zügellosigkeit

5 **affirmativ:** bejahend, bestätigend
6 **konvergieren:** zusammenlaufen
7 **anthropologisch:** das Wesen des Menschen betreffend

Frühstückstisch zu unterscheiden. Die Verfechter der Simulationsthese scheint das nicht zu stören.

95 Ebenso kurios, vielleicht aber noch folgenschwerer ist eine andere Gemeinsamkeit der genannten Theorien. Der Nutzer der Medien erscheint in ihnen grundsätzlich als wehrloses Opfer, der Veranstalter dagegen ist durchtrie-
100 bener Täter. Diese Opposition wird mit tiefem Ernst und beachtlicher Gründlichkeit durchgehalten: Manipulatoren und Manipulierte, Vorahmer und Nachahmer, Simulanten und Simulierte, Verblöder und Verblödete stehen
105 einander in schöner Symmetrie gegenüber.
Offen muß dabei die Frage bleiben, auf welcher Seite der jeweilige Theoretiker zu suchen ist. Entweder er macht von den Medien keinerlei Gebrauch, dann weiß er nicht, wovon
110 er spricht; oder aber er setzt sich ihnen aus, dann stellt sich die Frage, durch welches Wunder er ihrer Wirkung entgangen ist; denn

im Gegensatz zu allen andern ist er moralisch völlig intakt geblieben, kann souverän zwischen Blendwerk und Realität unterscheiden 115 und erfreut sich völliger Immunität gegenüber der Idiotie, die er bei jenen kummervoll konstatiert. Oder sollten – fataler Ausweg aus dem Dilemma – seine Theorien ihrerseits Symptome einer universellen Verblödung 120 sein?
Wie dem auch sei, daß sie ihre Wirkung verfehlt hätten, kann man kaum behaupten. Zwar ihr Einfluß auf das, was gesendet wird, hält sich in engen Grenzen, was man je nach 125 Laune betrüblich finden oder dankbar vermerken, aber kaum bestreiten kann. Hingegen haben sie in der sogenannten Medienpolitik offene Ohren gefunden. Das ist auch nicht verwunderlich; denn die Überzeugung, 130 daß es "draußen im Lande" mit Millionen von Idioten zu tun hat, gehört zur psychischen Grundausstattung des Berufspolitikers. [R]

1. Welche medientheoretischen Ansätze unterscheidet Enzensberger und wie kritisiert er sie?
2. Versuchen Sie, die medientheoretischen Ansätze von Umberto Eco (▷ S. 449 f.) und Pierre Bourdieu (▷ S. 451 f.) in Enzensbergers "Raster" der Medientheorien einzuordnen.
3. a) Diskutieren Sie das Für und Wider der vorliegenden medientheoretischen Ansätze.
   b) Formulieren Sie in einem Statement, welcher Position Sie sich am ehesten anschließen können.

Richard David Precht
Die Ware Vision (1998)

Die Aufregung über das Informationszeitalter ist im Vorfeld des neuen Jahrtausends der Akzeptanz der Realität gewichen. Fast über Nacht macht sie ein Genre arbeitslos, das
5 einst als notwendig und unverzichtbar für jede Demokratie galt: die Medienkritik. Was hatten sie nicht in den Siebzigern und Achtzigern für aufgeregte Debatten mit den Poeten des Cyberspace geführt, die Kritiker von Neil
10 Postman bis Richard Sennett, von Hans Magnus Enzensberger bis Alexander Kluge. Und heute? Die neuen Medien als eine Gefahr für Bildung und Öffentlichkeit? Eine gefährliche Verschiebung der Staatsfunktionen, ein
15 Ungleichgewicht zwischen öffentlichen und kommerziellen Interessen? Eine kulturelle und sprachliche Homogenisierung? Zunehmende Machtkonzentration in der Hand we-

niger Mediengiganten? Nichts davon brauchen wir noch zu befürchten – wir haben es ja 20 längst. [...]
Wo sich die Arbeit der Selbstverdächtigung heute noch lohnt, wird sie von denen betrieben, die richtig etwas davon verstehen. Mit kommerziellem Gewinn setzen die Medien 25 heute selbst die Angstfiktion einer allmächtigen Medienwelt ins Bild. Von einer amerikanischen Fernsehserie, in der ein Mensch lebenslang den versteckten Kameras einer unsichtbaren Studiowelt preisgegeben ist, bis 30 zu Spielfilmen wie "Videodrome" – niemand versteht das Geschäft mit der Medienangst besser als die Medien selbst.
Wo nicht die Politik über Medien bestimmt, sondern die Medien über die Politik bestim- 35 men, werden die lieb gewonnenen Fronten der guten alten Zeit bedeutungslos. Mobilfunktelefon und E-Mail mögen nicht eines jeden Nostalgikers Sache sein, der Untergang

des Abendlandes sind sie freilich auch nicht. Gewiss, eine vollkommen sichtbare Welt bietet keine Überraschungen mehr, und mit jeder neuen Technologie sterben ein paar alte Träume – doch der Pauschalangriff gegen neue Technologie findet heute noch weniger Zuspruch als einst der Aufstand der Hufschmiede und Sattlermeister gegen das Automobil. [...] Von einem echten Zuschauerbedürfnis nach einem Mehr an Fernsehinformation und Unterhaltung kann nicht die Rede sein. Und selbst der eifrigste Internet-Surfer erfährt dabei andere Freuden als einen stetigen Bildungszuwachs. Dass es nicht um neue Formen der Information und Unterhaltung geht, zeigt unmissverständlich der Fernsehmarkt. Statt mehr Meinungsvielfalt und neuer, raffinierter Programme zeitigt die gegenwärtige Tendenz den gegenteiligen Effekt: Die Sender werden sich immer ähnlicher. Allesamt machen sie das gleiche Programm. Und Fernsehgiganten wachsen nicht deshalb so rasant zu Weltmächten empor, weil alle Welt sich auf neue Programme freut. Das Gegenteil ist der Fall. Nur weil die Zuschauerzahlen in fast allen westlichen Ländern stagnieren oder rückläufig sind, gelingt den Medientycoons[1] der leichte Sieg in einem beispiellosen Verdrängungskampf.

1 **Tycoon:** sehr einflussreicher, mächtiger Geschäftsmann

Dass für das gewünschte Wachstum des Fernsehmarktes in Deutschland die Nachfrage nicht stimmt, ist in der Tat ein Problem. [...] Längst hat das Fernsehen für die Kinder von Apple und DOS den Ereigniswert eines elektronischen Lagerfeuers verloren, der Fernsehkonsum der Vierzehn- bis Neunundzwanzigjährigen sinkt stetig. Die neuen technischen Möglichkeiten wie interaktives TV lösen dieses Problem nicht, das Interesse der Werbewirtschaft hieran ist gleich null. Sie liebt große Sender mit klaren Programmen. Splitterfernsehen nach eigener Zuschauerkreation hingegen liebt sie nicht. Je individueller die Programmgestaltung ausfällt, umso mehr verlieren die heiligen Bilder des Fernsehens ihre Macht, der Öffentlichkeit Themen und Verbrauchertipps vorzugeben. Statt weiterhin die Mythen der neuen Medien zu beschwören, fordert das Ende der Weltanschauungsdebatte heute nüchterne Lösungen, um die entgegengesetzten Interessen von Fernseh- und Computerwirtschaft auszubalancieren. Der komplizierte Spagat zwischen volkswirtschaftlich benötigtem Unterhaltungsproletariat und Informationselite ist noch lange nicht geschafft. Das „und" hält sie weit auseinander. [...] Noch nie zuvor in der Geschichte hat eine Zivilisation den Sprung gemacht, ihren Volkswohlstand weniger durch Kohle und Stahl als auf der Produktion von Sinn und Unsinn aufzubauen.

---

1. a) Untersuchen Sie den Informationsgehalt des Textes und Prechts Einstellung zu den neuen Medien.
   b) Charakterisieren Sie die sprachlich-rhetorische Machart des Textes.
2. Diskutieren Sie Prechts These, die Gefahren der neuen Medien, vor denen früher gewarnt worden ist, seien längst eingetreten.

Alexander Roesler

Bequeme Einmischung.
Internet und Öffentlichkeit (1997)

Öffentlichkeit unter den Bedingungen der Massengesellschaft kann natürlich nicht mehr so funktionieren wie in der antiken Polis[1] oder in den Klubs der Aufklärung. Der Diskussionszusammenhang in diesen beiden Modellen war stark von der Idee einer unmit-

1 **Polis:** in der Antike griechischer Stadtstaat

telbaren Kommunikation geprägt, wobei „unmittelbar" bedeutete, dass sich die einzelnen Diskutanten in einer Redesituation von Angesicht zu Angesicht befanden. Doch schon in der Zeit der Aufklärung begannen sich die unterschiedlichsten Medien, wie z. B. Zeitungen oder Privatbriefe, zwischen die einzelnen Menschen zu schieben und ihren Dialog zu vermitteln, und diese Entwicklung hat bis zu unserem Verständnis von „Öffentlichkeit" geführt, das ja im Wesentlichen eine Öffent-

lichkeit der Massenmedien meint. Das Problem der Massenmedien besteht aber darin,
20 dass sie nur senden, dass sie nur eine eingleisige Kommunikation ermöglichen und damit den öffentlichen Dialog um sein wesentlichstes Merkmal berauben: dass er ein Gespräch ist. An Stelle der Diskussion ist die Verkün-
25 digung getreten, die Rückantwort verliert sich in der Einbahnstraße des Leserbriefs oder der Zuschauerreaktionen, die, wenn überhaupt, dann gekürzt und geschnitten veröffentlicht werden. Das Einzige, was noch an die Vorstel-
30 lung einer Debatte erinnert, ist die Verkündigung eines anderen Mediums zu dem gleichen Thema, „öffentlich" im Sinne von „allen zugänglich" ist höchstens Information, keine aktive Teilnahme mehr. Die Diskussion, oder
35 was von ihr übrig geblieben ist, führen andere: so genannte „Meinungsführer".
Das Problem dieser Verkürzung von Öffentlichkeit liegt dabei nicht unbedingt an der Massengesellschaft, sondern an der Eigen-
40 schaft der Medien, keinen Dialog zu ermöglichen. Schon in den Dreißigerjahren, als der Rundfunk in Deutschland aufkam, träumte Bertolt Brecht von der Wirkung, die ein echtes Kommunikationsmedium auf die Entfaltung
45 von Öffentlichkeit haben könnte: „Der Rundfunk ist aus einem Distributionsapparat[2] in einen Kommunikationsapparat zu verwandeln. Der Rundfunk wäre der denkbar großartigste Kommunikationsapparat des öffent-
50 lichen Lebens, ein ungeheueres Kanalsystem, d. h., er wäre es, wenn er es verstünde, nicht nur auszusenden, sondern auch zu empfangen, also den Zuhörer nicht nur hören, sondern auch sprechen zu machen, und ihn nicht zu isolie-
55 ren, sondern in Beziehung zu setzen." [...]
Es scheint, als könne die Utopie, die Brecht 1932 entworfen hat, heute Wirklichkeit werden, und zwar durch eine neue und technisch bessere Umsetzung dieser Vorstellungen. Mit
60 Hilfe des Internets ließe sich nämlich genau der Teil der Öffentlichkeit wieder herstellen, der in den anderen Massenmedien bislang ausgeschlossen bleiben musste – die eigene Mitwirkung. Informationen, Artikel, Statisti-
65 ken usw. lassen sich zwar auch über das Internet verbreiten, darüber hinaus aber entstehen neue Möglichkeiten, die eine lebendigere Öf-

fentlichkeit verheißen, eine Öffentlichkeit, die sich ihren alten Idealen wieder annähert und sie endlich einzulösen verspricht. Das
70 Stichwort dazu lautet „Interaktivität". [...]
Die Vorteile, die Interaktivität über das Internet für die Realisierung von Öffentlichkeit bereithält, liegen auf der Hand. Die Merkmale von Öffentlichkeit, die aus den Vorbildern des
75 antiken Marktplatzes und den Debattierzirkeln der Aufklärung gewonnen wurden, lassen sich im Internet technisch umgesetzt wieder finden, zum Teil sogar noch um einige zusätzliche Feinheiten bereichert.
80 Ein großer Vorteil, den die Vernetzung von Computern in der Massengesellschaft hat, ist die Auflösung des Raumes als Bedingung für Kommunikation. Die Teilnehmer am Internet können über die ganze Welt verstreut bleiben
85 und dennoch miteinander kommunizieren; ein gemeinsamer Raum, an dem sie sich treffen, ist überflüssig. Darin kann man die Chance erblicken, eine Agora[3] im Zeitalter der Massen zu errichten, keinen physischen
90 Raum, sondern einen virtuellen, der aber all das möglich machen kann, was wir als wesentlich für Öffentlichkeit begreifen. Die Zukunft des Internets, die ja wohl zunehmend auf Kommerzialisierung hinausläuft, wird so-
95 gar den Handel und den Verkauf von Waren ermöglichen – die *electronic agora*, von der Howard Rheingold spricht, gleicht auch da noch ihrem antiken Vorbild bis ins Detail.
Und auch die drei Merkmale, die Habermas[4]
100 für „Öffentlichkeit" genannt hatte, finden sich im Internet verwirklicht. Zunächst die *Gleichheit*. Sie besteht insofern, als prinzipiell jeder, der über einen Computer, ein Modem und etwas Software verfügt, Teilnehmer des Net-
105 zes sein kann. Da die Preise dafür stetig sinken, sind noch nicht einmal die Anschaffungskosten eine unüberwindliche Hürde und also auch kein großartiges Selektionskriterium. Wie bei den Gesellschaften der
110 Aufklärer wird im Internet auch vom Status abgesehen, denn wenn man einmal im Netz ist, spielt es keine Rolle mehr, wer man wirklich ist. Insofern ist auch die *Ebenbürtigkeit*

3 **Agora:** Marktplatz in den griechischen Städten der Antike

4 **Jürgen Habermas** (* 1929): deutscher Philosoph und Gesellschaftswissenschaftler

2 **Distribution:** Verteilung, Vertrieb

und *Parität* verwirklicht, von der Habermas sprach. Darüber hinaus verwirklicht das Internet eine Gleichheit, von der die Aufklärer noch nicht einmal geträumt haben; vor dem Bildschirm verschwinden auch die Unterschiede in Geschlecht und ethnischer Zugehörigkeit, die Diskriminierungen, denen sich Behinderte und andere Randgruppen ausgesetzt sehen, usw. Tatsächlich haben Untersuchungen in den USA gezeigt, dass in den verschiedenen Kommunikationsarten im Internet Spontaneität und Gleichheit häufiger sind, während sexuelle Diskriminierung abnimmt. Die Tatsache, dass der andere nur über den Text existiert, den wir auf unserem Bildschirm von ihm sehen, macht uns wohl geneigter, ihn oder sie als ebenbürtig zu betrachten. Es scheint, als mache der Bildschirm alle gleich.

Das zweite Merkmal von Habermas, nämlich dass prinzipiell *alles Gegenstand des Diskurses*[5] sein kann, findet jeder bereits verwirklicht, der nur einen Blick ins Internet und in die Themen der zahllosen Newsgroups geworfen hat. Und falls dort etwas nicht zur Sprache kommen sollte, lässt sich daran sofort etwas ändern, durch Gründung einer neuen Newsgroup etwa oder durch eine der Aktionsformen, die im Internet möglich sind. Auch das dritte Merkmal, die *Unabgeschlossenheit* des Publikums, ist im Internet gewährleistet, es ist sogar dessen Prinzip, denn das Internet ist ja nichts anderes als ein Netzwerk aus einzelnen Computern, an das sich immer noch ein weiterer Computer anschließen kann und mit ihm weitere Teilnehmer. Wenn es momentan an die 50 bis 60 Millionen User gibt, was erst den Anfang bezeichnet, dann sieht man, in welche Dimensionen die antike Agora in ihrer elektronischen Verwirklichung anwachsen kann. Und nichts spricht prinzipiell dagegen, dass sich die ganze Welt vernetzt.

5 **Diskurs:** Kommunikation mit dem Ziel vernünftiger Wahrheitsfindung

---

1. Diskutieren Sie die gesellschaftlichen Vor- und Nachteile des Internets vor dem Hintergrund der Gleichheit der Teilnehmer, ihrer Möglichkeiten der Mitwirkung und der Qualität der Information.

2. Formulieren Sie eine eigene Stellungnahme zu den Chancen und Risiken des Internets in einer Ihnen geeignet erscheinenden Form: Essay, Glosse, Satire, Parodie, Leserbrief.

Neil Postman/John Perry Barlow

Streitgespräch über das Internet
(1997)

Die Wochenzeitschrift „Der Spiegel" führte das Gespräch mit dem Medienkritiker Neil Postman und dem Cyberspace-Experten und Medienbefürworter John Perry Barlow.

SPIEGEL: Warum, Mr. Postman, stehen Sie einem neuen Medium wie dem Internet so feindlich gegenüber?

POSTMAN: Was mich beunruhigt, ist die Tatsache, dass es uns von den wahren Problemen ablenkt. Wir haben nicht zu wenig Informationen, Daten, Nachrichten, sondern schon viel zu viel. Seit der Erfindung der Telegrafie im Jahre 1837 geht es nur noch darum, mehr Informationen möglichst schnell zu möglichst vielen Menschen zu bringen. 140 Jahre später reden Leute wie Bill Gates, Nicholas Negroponte und George Gilder noch immer über dasselbe. Dabei, denke ich, haben wir das Problem längst gelöst. Eigentlich sind diese selbst ernannten Visionäre doch reaktionär: Sie verkaufen Lösungen für längst bewältigte Probleme des 19. Jahrhunderts. Wir leben aber fast schon im 21. Jahrhundert, und es gibt eine Menge Aufgaben, die wir noch längst nicht bewältigt haben. Die Informationsflut lenkt uns von der Tatsache ab, dass in der Dritten Welt noch immer Kinder hungern ...

BARLOW: ... weil Lebensmittel nicht gerecht verteilt werden. Und dieses Verteilungsproblem ist ein Problem fehlender Informationen. Mit Verlaub, Sie sind doch ein Mann des 19. Jahrhunderts, Sie glauben noch immer an die Knappheit von Lebensmitteln und industriellen Gütern. Dabei können wir fast alle Waren schnell und billig in ausreichender Menge produzieren. Wir leben nicht mehr in der industriellen Epoche, sondern im Infor-

mationszeitalter. Da gewinnt derjenige den
35 ökonomischen Wettbewerb, der über die
wertvollsten Informationen verfügt.
POSTMAN: Okay, reden wir über Gewalt und
Kriminalität. Ist das auch ein Informations-
problem?
40 BARLOW: Das hat wohl mit der menschlichen
Seele und der Natur des Bösen zu tun.
POSTMAN: Auf jeden Fall können wir miss-
brauchten Kindern und verprügelten Frauen
nicht durch mehr Informationen und eine
45 andere Aufbereitung von Daten helfen.
SPIEGEL: Eines müsste Ihnen aber doch gefallen: Niemals zuvor war das Wissen der
Menschheit für jedermann so einfach zugänglich. Auch die Fehler der Vergangenheit kann
50 jeder, der einen PC und Anschluss ans Netz
hat, nun zu Hause abrufen.
POSTMAN: Na und? Es gibt allein in den
USA 17 000 Tageszeitungen, 12 000 Magazi-
ne, 27 000 Videotheken ...
55 BARLOW: ... jedes Jahr 70 000 neue Bücher ...
POSTMAN: ... und allein in meinem Briefkasten
landen täglich 60 Milliarden Werbebriefe
(lacht). Da sorgt sich der Rektor der New
Yorker Schule darum, wie er alle Klassen ans
60 Internet bringt. Aber für 91 000 Kinder gibt es
in dieser Stadt nicht einmal einen Stuhl, sie
hocken in den Toiletten. Solange auch nur ein
einziger Schüler keinen Platz im Klassenzimmer hat, würde ich nicht fünf Cent für
65 einen Computer oder einen Anschluss ans
Internet ausgeben. [...]
SPIEGEL: Und Sie, Mr. Barlow, glauben, dass
mit dem neuen Medium Internet alles besser
wird?
70 BARLOW: Die traditionellen Massenmedien
haben jedenfalls alles nur noch schlimmer gemacht. Radio und Fernsehen gaukeln den
Leuten eine Scheinwirklichkeit vor, und mit
dieser Scheinwirklichkeit wird dann Politik
75 gemacht. Das Fernsehen beispielsweise kö-
dert Zuschauer mit spektakulären Bildern
von Mord und Totschlag – mit dem Resultat,
dass die Öffentlichkeit tatsächlich glaubt, es
gebe mehr Verbrechen. Gegen diese Manipu-
80 lation gibt es nur ein Heilmittel: Die Bürger
brauchen direkten Zugriff auf alle Informationen und müssen in der Lage sein, Fragen zu
stellen.

POSTMAN: Und es soll niemanden mehr geben,
der eine gewisse Vorauswahl trifft? 85
BARLOW: Selbstverständlich muss es eine Vorauswahl geben. Aber es muss Schluss sein mit
dem kulturellen Filter, den die großen Kon-
zerne mit ihren Druckereien und TV-Kanälen
uns aufzwingen. Mir ist das im Golfkrieg klar 90
geworden, als ich die Bilder von CNN sah.
Das war eine perfekte Computersimulation.
Erst als ich im Internet Berichte von Soldaten
las, die an der Front waren, konnte ich mir
einen Eindruck davon machen, was wirklich 95
passierte.
POSTMAN: Ihre Kritik am Fernsehen könnte ja
fast von mir sein. In einem meiner Bücher
habe ich im Epilog geschrieben, dass man dem
technischen Fortschritt nicht blind ohne mo- 100
ralische Grundsätze nachlaufen darf.
BARLOW: Schön und gut, aber Sie kommen mir
vor wie ein Handwerker, der dem Hammer die
Schuld gibt, wenn er sich auf den Finger
klopft. Stattdessen müssen wir lernen, unsere 105
Werkzeuge zu beherrschen.
POSTMAN: Schöner hätte ich es selbst nicht
sagen können. [...]
BARLOW: Freiheit bedeutet auch für mich zuallererst die Freiheit, auszuwählen, was man 110
tut und was man bleiben lässt. Also kann man
sich auch dem Internet verweigern. Aber das
Netz nimmt eine ganz wichtige Aufgabe wahr.
Es stiftet Gemeinschaften. Die TV-Kultur hat
unsere Gesellschaft atomisiert. In diesem Land 115
fehlt so vielen Menschen das Gefühl für Gemeinschaft.
SPIEGEL: Und die Gemeinschaften sollen
durch eine Kommunikation entstehen, in der
jeder allein vor einer Maschine sitzt? 120
BARLOW: Niemand sitzt allein. In der Maschine sitzen andere. Die Maschine kreiert
eine Umwelt, eine soziale Atmosphäre. [...]
SPIEGEL: Es soll Leute geben, die sich über das
Netz ineinander verlieben. Auch zu Online- 125
Heiraten ist es so schon gekommen.
POSTMAN: Das kann ich mir vorstellen. Es gibt
ein Theaterstück über ein Liebespaar, das sich
25 Jahre lang nur Briefe schreiben konnte.
Auf diesem Gebiet ist alles möglich, solange 130
irgendwelche Reste von Kommunikation übrig sind, und wenn es Morse- oder Rauchzei-
chen sind.

1. Formulieren Sie die unterschiedlichen Positionen der beiden Medienkritiker in eigenen Worten und arbeiten sie ihre Argumente heraus. Welche Argumentation überzeugt Sie mehr?
2. Nehmen Sie Stellung zu der Frage, ob die Entwicklungen im Bereich der neuen Medien für die Lösung der gesellschaftlichen Probleme nützlich oder schädlich sind.

PROJEKTVORSCHLÄGE: WAS LEISTEN DIE MEDIEN?

■ Was die Massenmedien Presse, Rundfunk, Fernsehen und Internet hinsichtlich der Information und Mitwirkung ihrer Rezipientinnen und Rezipienten leisten, lässt sich am besten durch „Proben aufs Exempel" untersuchen:
  □ Bilden Sie vier Gruppen und wählen Sie einen Tag aus, an dem sich je eine Gruppe über die Tageszeitungen, das Radio, das Fernsehen und das Internet zu einem aktuellen Thema informiert.
  □ Referieren Sie am nächsten Tag im Kurs, wie sich das Thema aus der Sicht „Ihres" Mediums darstellt, und vergleichen Sie Ihre Informationen.
  □ Diskutieren Sie Gemeinsamkeiten und Unterschiede. Achten Sie besonders darauf, welche Möglichkeiten der Auswahl, Reihenfolge und Dauer der Information die Rezipientinnen und Rezipienten im Umgang mit jedem der Medien haben.
  □ Überlegen Sie gemeinsam, inwiefern Sie im Rezeptionsprozess produktiv werden können. Welche Medien öffnen und welche setzen Grenzen hinsichtlich der Mitbestimmung und Gestaltung von Information?
  □ Bereiten Sie in Gruppen Ihre Ergebnisse für eine Präsentation vor: Stellen Sie die Aufbereitung des aktuellen Themas im jeweiligen Medium vor und kommentieren Sie den medientypischen Umgang mit Informationen. Wählen Sie geeignete Medien, mit denen Sie Ihre Arbeitsergebnisse vorstellen können (z. B. Video, Tonband, Zeitungsseite, Homepage).
■ Lassen Sie einige der Medienkritiker, deren Texte in diesem Kapitel versammelt sind, wie etwa Eco, Enzensberger, Postman und Barlow, in einer Talkshow auftreten. Bestimmen Sie einen Moderator oder eine Moderatorin und legen Sie das Thema des Streitgesprächs fest, z. B. „Wie gefährlich sind die neuen Medien?"

THEMEN FÜR REFERATE/FACHARBEITEN

■ **Kultfilme:** Recherchieren Sie, warum Jugendliche mehrfach in einen bestimmten aktuellen Film gehen. Führen Sie eine Umfrage in Ihrer Schule durch und interviewen Sie Kinobesucher vor/nach der Filmvorführung. Werten Sie auch die entsprechende Filmkritik in Zeitschriften aus.
■ **Mediennutzung unterschiedlicher Generationen:** Vergleichen Sie die Mediennutzung der Vertreter/innen unterschiedlicher Generationen. Befragen Sie dazu Personen aus Ihrer Umgebung (z. B. Schule, Familie, Nachbarschaft). Untersuchen Sie die Art des genutzten Mediums sowie Ziel und Dauer der Nutzung.
■ **Medienkritik – Kritik an der jüngeren Generation?** Befragen Sie Vertreter/innen Ihrer Generation und die einer älteren Generation einerseits nach deren Einschätzung des Arbeits-, Lern- und Freizeitverhaltens Jugendlicher, andererseits nach deren Einschätzung der Medien Fernsehen und Internet. Setzen Sie Ihre Ergebnisse in Beziehung zueinander und untersuchen Sie, inwiefern Vorurteile zwischen den Generationen bestehen.
■ **Medienkritik durch die Medien:** Recherchieren Sie in verschiedenen Medien (z. B. im Fernsehen, in Zeitschriften), inwiefern diese Selbstkritik oder Kritik am jeweils anderen Medium üben. Untersuchen Sie Art und Aufbau der Argumentation, die Überzeugungskraft und Wirksamkeit der jeweiligen Kritik.

E Schreiben

1 Interpretierendes Schreiben

Literarische Texte versteht man meist nicht auf Anhieb. Sie haben eine komplexe Struktur und fordern die analytische Leistung der Leser/innen in besonderer Weise heraus. Die Leser/innen müssen Aussagen in mehreren – auch zunächst verborgenen – Schichten des Textes entdecken und sie zueinander in Beziehung setzen. Literarische Texte sind zudem oft mit so genannten Leerstellen versehen: Einiges wird nicht ausgesprochen, sodass die Leser/innen die Bedeutung des Textes erst aktiv herstellen müssen. Ein Interpretationsaufsatz erfordert deshalb zunächst eine gründliche Textuntersuchung, erst dann kann eine Deutung gegeben werden. Der Aufsatz umfasst in der Regel die folgenden Elemente:

Aufbau einer schriftlichen Interpretation
A Einleitung und erste Leseerfahrungen
B Klärung des Verstehenshorizonts
C Textbeschreibung
D Deutung
E Wertung

Die Elemente eines Interpretationsaufsatzes werden im Folgenden Schritt für Schritt erarbeitet. Die Analysen befassen sich mit einem Prosatext (s. u.) und einem Gedicht (▷ S. 470 ff.).

1.1 Interpretation eines Prosatextes

Robert Musil

Das Fliegenpapier (1914)

Das Fliegenpapier Tangle-foot ist ungefähr sechsunddreißig Zentimeter lang und einundzwanzig Zentimeter breit; es ist mit einem gelben, vergifteten Leim bestrichen und kommt aus Kanada. Wenn sich eine Fliege darauf niederlässt – nicht besonders gierig, mehr aus Konvention, weil schon so viele andere da sind –, klebt sie zuerst nur mit den äußersten, umgebogenen Gliedern aller ihrer Beinchen fest. Eine ganz leise, befremdliche Empfindung, wie wenn wir im Dunkel gingen und mit nackten Sohlen auf etwas träten, das noch nichts ist als ein weicher, warmer, unübersichtlicher Widerstand und schon etwas, in das allmählich das grauenhaft Menschliche hineinflutet, das Erkanntwerden als eine Hand, die da irgendwie liegt und uns mit fünf immer deutlicher werdenden Fingern festhält.

Dann stehen sie alle forciert[1] aufrecht, wie Tabiker[2], die sich nichts anmerken lassen wollen, oder wie klapprige alte Militärs (und ein wenig o-beinig, wie wenn man auf einem scharfen Grat steht). Sie geben sich Haltung und sammeln Kraft und Überlegung. Nach wenigen Sekunden sind sie entschlossen und beginnen, was sie vermögen, zu schwirren und sich abzuheben. Sie führen diese wütende Handlung so lange durch, bis die Erschöpfung sie zum Einhalten zwingt. Es folgt eine Atempause und ein neuer Versuch. Aber die Intervalle werden immer länger. Sie stehen da, und ich fühle, wie ratlos sie sind. Von unten steigen verwirrende Dünste auf. Wie ein kleiner Hammer tastet ihre Zunge heraus. Ihr Kopf ist braun und haarig, wie aus einer Kokosnuss gemacht; wie menschenähnliche Negeridole[3]. Sie biegen sich vor und zurück auf ihren festgeschlungenen Beinchen, beugen sich in den Knien und stemmen sich empor, wie Menschen es machen, die auf alle Weise versuchen, eine zu schwere Last zu bewegen; tragischer als Arbeiter es tun, wah-

1 **forciert**: erzwungen, unnatürlich

2 **Tabiker**: an Syphilis Erkrankter im Spätstadium
3 **Negeridol**, hier: afrikanisches Götterbildnis

rer im sportlichen Ausdruck der äußersten Anstrengung als Laokoon[4]. Und dann kommt der immer gleich seltsame Augenblick, wo das Bedürfnis einer gegenwärtigen Sekunde über alle mächtigen Dauergefühle des Daseins siegt. Es ist der Augenblick, wo ein Kletterer wegen des Schmerzes in den Fingern freiwillig den Griff der Hand öffnet, wo ein Verirrter im Schnee sich hinlegt wie ein Kind, wo ein Verfolgter mit brennenden Flanken stehen bleibt. Sie halten sich nicht mehr mit aller Kraft ab von unten, sie sinken ein wenig ein und sind in diesem Augenblick ganz menschlich. Sofort werden sie an einer neuen Stelle gefasst, höher oben am Bein oder hinten am Leib oder am Ende eines Flügels.

Wenn sie die seelische Erschöpfung überwunden haben und nach einer kleinen Weile den Kampf um ihr Leben wieder aufnehmen, sind sie bereits in einer ungünstigen Lage fixiert, und ihre Bewegungen werden unnatürlich. Dann liegen sie mit gestreckten Hinterbeinen auf den Ellbogen gestemmt und suchen sich zu heben. Oder sie sitzen auf der Erde, aufgebäumt, mit ausgestreckten Armen, wie Frauen, die vergeblich ihre Hände aus den Fäusten eines Mannes winden wollen. Oder sie liegen auf dem Bauch, mit Kopf und Armen voraus, wie im Lauf gefallen, und halten nur noch das Gesicht hoch. Immer aber ist der Feind bloß passiv und gewinnt bloß von ihren verzweifelten, verwirrten Augenblicken. Ein Nichts, ein Es-zieht-sie-Hinein. So langsam, dass man dem kaum zu folgen vermag, und meist mit einer jähen Beschleunigung am Ende, wenn der letzte innere Zusammenbruch über sie kommt. Sie lassen sich dann plötzlich fallen, nach vorne aufs Gesicht, über die Beine weg; oder seitlich, alle Beine von sich gestreckt; oft auch auf die Seite, mit den Beinen rückwärts rudernd. So liegen sie da. Wie gestürzte Aeroplane[5], die mit einem Flügel in die Luft ragen. Oder wie krepierte Pferde. Oder mit unendlichen Gebärden der Verzweiflung. Oder wie Schläfer. Noch am nächsten Tag wacht manchmal eine auf, tastet eine Weile mit einem Bein oder schwirrt mit dem Flügel. Manchmal geht solch eine Bewegung über das ganze Feld, dann sinken sie alle noch ein wenig tiefer in ihren Tod. Und nur an der Seite des Leibs, in der Gegend des Beinansatzes, haben sie irgendein ganz kleines, flimmerndes Organ, das lebt noch lange. Es geht auf und zu, man kann es ohne Vergrößerungsglas nicht bezeichnen, es sieht wie ein winziges Menschenauge aus, das sich unaufhörlich öffnet und schließt.

4 **Laokoon**, hier: antike Skulptur des von einer Schlange erwürgten trojanischen Priesters

5 **Aeroplan**: Flugzeug

Robert Musil (geb. 1880 in Klagenfurt, gest. 1942 in Genf) stammte aus einer alten österreichischen Beamten-, Offiziers- und Ingenieursfamilie. Er besuchte eine Militär-Oberrealschule und studierte anschließend in Brünn Maschinenbau. Nach dem Examen arbeitete er als Assistent an der Technischen Hochschule in Stuttgart. Während der Arbeit an seinem ersten Roman „Die Verwirrungen des Zöglings Törless" (1906) gab er diesen Berufsweg auf, studierte in Berlin Philosophie und experimentelle Psychologie und schloss mit einer Dissertation ab. Den Ersten Weltkrieg erlebte Musil als österreichischer Offizier. Danach war er Mitarbeiter des Wiener Bundesministeriums für Heerwesen, schrieb Dramen und begann die mehrere Jahrzehnte dauernden Arbeiten an seinem Hauptwerk „Der Mann ohne Eigenschaften", dem Psychogramm eines wurzellos gewordenen

Menschen seiner Zeit. Auch kleine Prosastücke, mit denen er sich finanziell mühsam über Wasser hielt, lassen noch das wissenschaftliche Präzisionsideal seiner Studienjahre erkennen. „Das Fliegenpapier" schrieb Musil 1913 während eines Aufenthalts in Rom, es wurde kurz vor dem Ausbruch des Ersten Weltkriegs unter dem Titel „Römischer Sommer" erstmals veröffentlicht. Heute gilt Musil neben dem Franzosen Marcel Proust (1871–1922) und dem Iren James Joyce (1882–1941) als Mitbegründer des modernen europäischen Romans.

Einleitung und erste Leseerfahrungen

1. a) Welche Angaben müssen Sie in der **Einleitung** eines Interpretationsaufsatzes machen, damit die Leser/innen wissen, worum es geht?
   b) Was ist für Sie das Thema von Musils Text „Das Fliegenpapier" (▷ S. 460 f.)? Machen Sie erste Formulierungsvorschläge und prüfen Sie, welcher Vorschlag die Gesamtaussage des Textes am exaktesten abdeckt.
   c) Fassen Sie einleitende Informationen zu Autor, Textsorte und Entstehungszeit möglichst prägnant in einem Satz zusammen.
2. Lesen Sie den Text noch einmal aufmerksam durch, um sich Ihre **ersten Leseerfahrungen** bewusst zu machen. Notieren Sie dabei in der ersten Spalte der folgenden Tabelle, wie sich Ihre Empfindungen während des Lesens Schritt für Schritt verändert haben.

Empfindungen des Lesers	Schicksal einer Fliege	Aussagen über Menschen
...	Produktangaben zum Fliegenpapier	...
...	Fliege klebt mit den Enden der Beine fest	*wir*, von einer Hand im Dunkeln gehalten
...	forciertes Aufrecht-Stehen, Schwirren, Widerstand	...
...	Erschöpfung, Einsinken	...
...	innerer Zusammenbruch, Fallenlassen	...
...	letztes Aufwachen, letztes Schwirren der Flügel	...
...	kleines flimmerndes Organ am Beinansatz, ansonsten bereits Leblosigkeit	...

3. Ergänzen Sie die dritte Spalte der Tabelle und machen Sie sich dann die Wirkungsweise des Textes klar.
4. Stellen Sie für die Einleitung Ihres Interpretationsaufsatzes in zwei, drei Sätzen dar, wie der Text auf Sie als Leser/in gewirkt hat.

METHODENTRAINING

- Diskutieren Sie, welche Vor- und Nachteile das **Tabellenverfahren** bei der ersten Erschließung der mehrschichtigen Textaussage von Musils „Fliegenpapier" gehabt hat.
- Nutzen Sie tabellarische Darstellungen bei Textanalysen, falls in einem Text **mehrschichtige Aussagen** gemacht werden. Dabei treffen Sie mit der Festlegung der Spaltenüberschriften wichtige Entscheidungen.

Klärung des Verstehenshorizonts

Zwischen Ihnen als Leser bzw. Leserin eines literarischen Textes und dem Text selbst liegt meist eine historische Distanz. Ist diese Distanz sehr groß, beträgt sie z. B. mehrere hundert Jahre, so wird einem sofort bewusst, dass der Abstand zwischen Entstehungszeitpunkt des Textes und Gegenwart überbrückt werden muss; denn die Textaussage scheint in vielem zunächst gar nicht zugänglich zu sein. Der Text muss mühsam in den eigenen Verstehenshorizont hereingeholt werden. Aber auch bei Texten jüngeren Datums gibt es diese historische Distanz, selbst wenn auf den ersten Blick kaum Zugangsprobleme zu erkennen sind.

1. Machen Sie sich die **sprachliche Distanz** zwischen Musils Text und dem gegenwärtigen Sprachgebrauch bewusst: Welche Ausdrücke und Wendungen sind heute unüblich?
2. a) Stellen Sie in einem Kontrast-Cluster die Bedeutungsdifferenzen zwischen den Wörtern „Neger" ($\triangleright$ Z. 37) und „Schwarzer" aus heutiger Sicht dar.

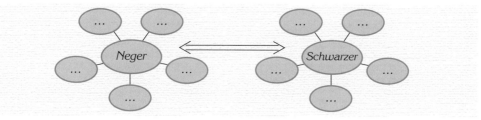

b) Suchen Sie in Wörterbüchern nach verschiedenen Bedeutungen des Wortes „Idol" und fertigen Sie ein weiteres Kontrast-Cluster an.

METHODENTRAINING

- Fertigen Sie **Kontrast-Cluster** an, wenn Sie den Eindruck haben, dass in einem Text älteren Datums ein Wort vorkommt, für das sich sprachgeschichtlich eine **Bedeutungsverschiebung** ergeben hat.
- Nutzen Sie für solche Kontrast-Cluster die Anmerkungsapparate, die älteren literarischen Texten oft beigefügt werden.
- Machen Sie sich mit Hilfe des Kontrast-Clusters klar, wie man das Wort aus heutiger Sicht verstehen könnte, wie es aber bei der Interpretation des aus einer früheren Zeit stammenden literarischen Textes nicht verstanden werden darf.

Ein Text kann nicht nur sprachlich aus dem Verstehenshorizont der Leser/innen herausfallen. Häufig zeigt sich auch eine **kulturelle Distanz**. Zum Beispiel gehörten Elemente der klassischen Bildung (u.a. die Kenntnis antiker Sagen) zu Musils Zeit noch zum allgemeinen Wissensbestand.

3. a) Suchen Sie im „Fliegenpapier" Wörter, über deren Bedeutung und kulturellen Zusammenhang Sie mehr wissen müssten, um die Textaussage an den entsprechenden Stellen voll verstehen zu können.
   b) Schlagen Sie die Bedeutung und den kulturellen Zusammenhang dieser Wörter in Lexika nach und referieren Sie darüber.
   c) Stellen Sie in Tabellenform dar, wie diese Wörter in die Aussage des Textes passen.

zu erläuterndes Wort	ermittelter kultureller Zusammenhang	Parallelen in der Textaussage
Laokoon	...	...

Vermutlich hat der Autor – und haben die ersten Leserinnen und Leser – des „Fliegenpapiers" ganz andere Lebenserfahrungen gemacht als heutige Leserinnen und Leser. Auch die **historische Distanz** zwischen damaligen und heutigen Lebenserfahrungen führt bei der Lektüre eines Textes zu unterschiedlichen Verstehenshorizonten.

4. a) Überlegen Sie, welche historischen Lebenserfahrungen Musils Text zu Grunde liegen könnten.
   b) Entwerfen Sie ein Balkendiagramm zu einigen Lebenserfahrungen, die in den Text eingeflossen sein könnten bzw. die für die ersten Leser/innen des „Fliegenpapiers" besonders wichtig gewesen sein könnten. Nutzen Sie zu Ihrer Information historische Nachschlagewerke.

qualvolles Sterben im Krieg	Syphilis (Tabiker)	...
ab 1880: Imperialismus führt zu kriegerischen Spannungen unter den europäischen Großmächten	*seit der Entdeckung Amerikas auch in Europa eine der gefährlichsten Infektionskrankheiten, unheilbar*	...
1912/1913: Balkankriege, wachsende Kriegsbereitschaft in Europa	*1905: Syphiliserreger erstmals nachgewiesen*	
1914–1918: Erster Weltkrieg	*ab 1910: erste Heilungserfolge durch Salvarsan (Paul Ehrlich)*	
	ab 1940: bessere Heilungsaussichten durch Penicillin (A. Fleming)	

5. Wie wird heute mit dem Thema umgegangen, mit dem sich der Autor befasst?
6. Stellen Sie ausführlich schriftlich dar, inwiefern es aus heutiger Sicht leicht bzw. schwer ist, Zugang zu dem Text „Das Fliegenpapier" zu finden. Berücksichtigen Sie dabei sprachliche, kulturelle und thematische Gesichtspunkte.

METHODENTRAINING

■ Fertigen Sie **historische Balkendiagramme** an, wenn Sie den Eindruck haben, dass sich in einem Text besondere historische Lebenserfahrungen niedergeschlagen haben, die man aus heutiger Sicht aus dem Blick verlieren könnte.

Textbeschreibung

Eine Textbeschreibung soll die strukturellen Besonderheiten eines Textes darstellen. Im Interpretationsaufsatz darf sie die Deutung nicht vorwegnehmen, sondern sollte sich möglichst auf beschreibende Aussagen beschränken. Das folgende Baumdiagramm fasst die Gesichtspunkte für eine Beschreibung epischer Texte in einer Übersicht zusammen.

epische Texte					Merkmal
	Zeit/Handlung	Verhältnis zwischen Erzählzeit und erzählter Zeit	Handlungsebene	innere Handlung	*Gedachtes/Empfundenes*
					für andere Figuren nicht Wahrnehmbares
				äußere Handlung	*für andere Figuren*
					Sichtbares/Spürbares
			Erzählzeit und erzählter Zeit		*zeitraffend*
					zeitdehnend
					zeitdeckend
		Chronologie	mehrsträngige Handlung		*asynchrones Erzählen*
					Montage
					Parallelhandlungen
			einsträngige Handlung		*Rückblende*
					Vorausdeutung
					linear
	Darbietungsformen	über die Figuren	Bewusstseinsstrom (von innen)		*erlebte Rede (Er-Form)*
					innerer Monolog (Ich-Form)
			Figurenrede (von außen)		*indirekt: indirekte Rede*
					direkt: szenisches Erzählen
		über den Erzähler			*Reflexion/Kommentar*
					Beschreibung
					Erzählbericht
	Figuren	Charakterisierung	Ausführungsgrad		*Held – Antiheld*
					eindimensional
					komplex/vielschichtig
					indirekt
					direkt
	Erzähler	Erzählhaltung	distanziert		*ablehnend*
					kritisch
					ironisch
					humorvoll
					schwankend
					neutral
					affirmativ/begeistert
			Sichtweise		*Innensicht*
					Außensicht
		Standort			*Nähe ↕ Distanz*
		Erzählform	Ich		
			Er	Erzählverhalten	*neutral*
					personal
					auktorial

1. a) Übertragen Sie das Baumdiagramm von S. 465 auf eine Wandzeitung und klären Sie dabei alle verwendeten Begriffe, z. B. anhand der Ausführungen im Kapitel B 1.2: „Ein Modell literarischen Erzählens" (▷ S. 143 ff.).
   b) Nutzen Sie das Baumdiagramm, um möglichst genaue Angaben zu Musils „Fliegenpapier" zu machen.
2. Setzen Sie die folgende Textbeschreibung fort:

Musil lässt in seinem Prosatext „Das Fliegenpapier" einen auktorialen Erzähler zu Wort kommen, der über die mitgeteilten Vorgänge reflektiert, sie einordnet. Die Leser/innen werden an einer Stelle direkt angesprochen, wobei der Erzähler sich selbst und die Leser/innen im Personalpronomen „wir" zusammenfasst: „wie wenn wir im Dunkel gingen" (Z. 11). Der Erzähler äußert sich zunächst distanziert beschreibend, rückt dann aber immer näher an das Geschehen heran. Dabei behält er jedoch seine nüchterne Erzählhaltung bei. [...]

Deutung

Es gibt grundsätzlich zwei Möglichkeiten, die Deutung eines literarischen Textes zu strukturieren. Die erste besteht darin, den Text Schritt für Schritt, Zeile für Zeile zu interpretieren. Hierbei handelt es sich um ein **lineares Verfahren**. Der Gedankengang der Deutung folgt dem Lesegang. Bei diesem Verfahren besteht oft die Gefahr, den roten Faden zu verlieren. Im Schreibprozess werden Einzelheiten ungeordnet aneinander gereiht. Eine weitere Gefahr liegt darin, dass der Interpret/die Interpretin mehr oder weniger auf der Ebene der paraphrasierenden Inhaltswiedergabe verbleibt und nicht zu vertiefenden Einsichten vordringt.

Das **aspektorientierte Verfahren** gibt den linearen Lesegang als Leitlinie der Interpretation auf. Es versucht eine Deutung, die an inhaltlich-systematischen Gesichtspunkten ausgerichtet ist. Nachdem der Text mehrmals gelesen, verstanden und durch Anstreichungen und Notizen gründlich bearbeitet worden ist, werden zunächst einige Gesichtspunkte festgelegt, die bei der Interpretation eine besondere Rolle spielen sollen. Dann werden (z. B. durch ein farbiges Hervorheben entsprechender Anstreichungen oder Notizen auf dem Arbeitsblatt) alle Textbeobachtungen zusammengezogen, die sich dem ersten Gesichtspunkt zuordnen lassen. Es folgen dann Sammlungen von Beobachtungen zu weiteren Gesichtspunkten. Hier können andersfarbige Marker benutzt werden. – Der Vorzug des aspektorientierten Verfahrens liegt darin, dass eine klare Orientierung über den Zusammenhang der Interpretationsdetails ermöglicht wird. – Das lineare Interpretationsverfahren haben Sie in der Sekundarstufe I vermutlich bereits mehrfach erprobt; die folgenden Hinweise konzentrieren sich daher auf das aspektorientierte Verfahren.

Es empfiehlt sich, vor der Niederschrift eines Aufsatzes, also vor der endgültigen Gliederung der Interpretationsschritte, **Interpretationshypothesen** möglichst präzise und wohl überlegt zu formulieren.

---

1. Entwickeln Sie verschiedene Interpretationshypothesen zu Musils Text „Das Fliegenpapier". Beispiel: „Der Text verdeutlicht, dass das Leben unausweichlich auf den Tod zuläuft."
2. a) Prüfen Sie die **Reichweite** jeder Hypothese:
   ■ Ist sie so aussagekräftig, dass man im Rahmen dieser Hypothese wesentliche Aussagen über den Text machen kann?
   ■ Ist sie evtl. zu speziell, sodass sich nur wenig dazu sagen lässt; oder ist sie zu umfassend, sodass man die geplante Deutung insgesamt darunter fassen könnte?
   ■ Ist sie gedanklich so gefasst, dass sie von anderen Hypothesen abgegrenzt werden kann?

b) Prüfen Sie die **Vollständigkeit** der Hypothesen:
- Sind alle wichtigen Aussagen, die Sie über den Text machen können, angesprochen?
- Gibt es außer Hypothesen zu Inhalt und Machart des Textes weitere zum Autor, zum Epochenkontext oder zu sonstigen ▷ werkübergreifenden Aspekten? ▷ S. 474

c) mögliche **Reihenfolgen**: In welcher Reihenfolge sollten die Hypothesen bearbeitet werden? Am besten schreitet man von werkimmanenten zu werkübergreifenden Betrachtungen fort.

3. Prüfen Sie kritisch die Hypothesen auf S. 469. Wo sind Sie selbst zu ähnlichen, wo sind Sie zu anderen Ergebnissen gekommen?

4. Wählen Sie zwei Hypothesen aus und gestalten Sie diese schriftlich zu einer Deutung aus.

Wertung

Was professionelle Literaturkritiker in den Feuilletons von Tages- und Wochenzeitungen vorführen, das fällt Schülerinnen und Schülern oft nicht leicht: die **Wertung** eines literarischen Textes. Wenn es darum geht, einen Prosatext oder ein Gedicht zu beurteilen, haben Literaturkritiker einen großen Vorsprung, denn sie kennen viele vergleichbare Texte und können von daher Vergleichskriterien entwickeln. Es gibt jedoch eine Reihe von Wertungsfragen, die Sie aus Ihrer persönlichen Sicht ebenso gut beantworten können wie professionelle Kritiker.

1. a) Prüfen Sie, welche der Fragen in der folgenden Tabelle Sie einer Wertung von Musils „Fliegenpapier" zu Grunde legen können.

   b) Welche Zusatzarbeiten müssen Sie leisten, um auch die anderen Fragen qualifiziert beantworten zu können?

2. Verfassen Sie eine Wertung des Textes „Das Fliegenpapier". Setzen Sie sich darin mit mindestens zwei der unten aufgelisteten Fragen auseinander.

Wertungsfragen ...		
die ein **persönliches Urteil** erfordern	die eine vielschichtige **Textanalyse** erfordern	die **weiterführende Kenntnisse** erfordern
Hat der Text für Sie einen besonderen Gegenwartsbezug?	Ist die Aussage eher direkt oder indirekt?	Ist der Text in irgendeiner Weise typisch für seine Zeit/für eine literarische Epoche?
Ist der Standpunkt des Autors/der Autorin für die heutige Zeit noch interessant/ wichtig?	Falls die Aussage indirekt ist: Wie leicht lässt sie sich entschlüsseln?	Ist der Text typisch für den Autor/die Autorin?
Hat der Text Sie zum Nachdenken über aktuelle Vorgänge gebracht? Inwiefern?	Welche Auswirkungen hat eine indirekte Aussage auf die Zugänglichkeit des Textes für verschiedene Lesergruppen?	Wodurch hebt sich der Text von anderen Texten der Epoche bzw. des Autors/der Autorin ab?
	Sind inhaltliche Aussage und formale Gestaltung sinnvoll aufeinander abgestimmt?	Ist die verwendete Sprache eher konventionell oder experimentell?
	Ist die inhaltliche Aussage in sich schlüssig? Welche Elemente sind besonders sinnvoll aufeinander bezogen?	

3. Sammeln Sie einige Rezensionen literarischer Texte aus Feuilletons und stellen Sie die Wertungsgesichts-
punkte zusammen, die von den Literaturkritikern entwickelt worden sind.
4. Erstellen Sie für Ihren Kurs eine Wandzeitung mit Wertungskriterien.

Interpretationsbeispiele aus Schülertexten

Bei den folgenden Bausteinen aus Schüleraufsätzen handelt es sich nicht um Mustertexte.
Alternative Gestaltungen sind möglich.

Der Prosatext „Das Fliegenpapier" von Robert Musil konfrontiert den Leser mit der Unausweichlichkeit des Todes. Beschrieben wird der Todeskampf von Fliegen, die auf einem präparierten Papier festkleben, sich mehrfach gegen ihr Sterben aufbäumen und sich gerade deswegen immer mehr in ihr 5 *Schicksal verstricken.*	Einleitung mit kurzer Inhaltsangabe
Der Text fesselt schnell die Aufmerksamkeit der Leser/innen. Er wirkt ver- störend, weil er einer emotionslosen Versuchsbeschreibung ähnelt, obwohl es doch um das langsame Sterben von Lebewesen geht.	Erste Leseerfahrungen
Für die heutigen Leserinnen und Leser ist der Text auf den ersten Blick zwar 10 *gut verständlich, aber die historische Distanz von fast einem Jahrhundert macht sich doch bemerkbar. So ist die Aussage an einigen Stellen für heu- tige Leser sprachlich bereits unzugänglich oder schwierig. Der Ausdruck „Aeroplane" (Z. 83) für „Flugzeuge" z. B. ist heute nicht mehr gebräuchlich, aber noch vom Englischen her erschließbar. Andere Wörter würde man* 15 *heute nicht mehr so verwenden, wie der Autor es tut. Die Bezeichnung „Ne- ger" (Z. 37) ist heute verpönt. Als der Autor den Text schrieb, war ihre Be- deutung vermutlich wertneutral. Heute ist „Neger" jedoch ein abwertender Ausdruck und man verwendet ihn kaum noch, da man sonst des Rassismus verdächtigt werden könnte. Auch ein „Idol" (Z. 37) bedeutet im alltäglichen* 20 *Sprachgebrauch heute etwas ganz anderes als in Musils Text. Der Autor meint damit wohl ein afrikanisches Götterbildnis; in der heutigen Medien- gesellschaft steht das Wort „Idol" für ein Vorbild, an dem sich oft Millionen Menschen orientieren. [...]*	Klärung des Verstehens- horizonts sprachlich
Auch zu dem Thema des Textes hatten Leserinnen und Leser in den ersten 25 *Jahrzehnten des 20. Jahrhunderts wohl einen ganz anderen Zugang als heute. Damals war z. B. die Sterberate infolge von Syphilis (vgl. „Tabiker", Z. 20) erheblich höher als heute. Der Krieg (vgl. „klapprige alte Militärs", Z. 21) war ein zentrales Thema in der öffentlichen Diskussion und in der Literatur. Die schon seit Ende des 19. Jhs. andauernden Spannungen* 30 *unter den europäischen Großmächten führten 1914 schließlich zum Ersten Weltkrieg. Heute ist der Tod dagegen vielfach tabuisiert. Tote Verwandte werden ganz schnell aus unserer Umgebung entfernt und nach einer langen Friedensphase in Mitteleuropa kennen wir das qualvolle Sterben im Krieg nur noch aus den Medien, wo es uns fern und unwirklich vorkommt. [...]*	inhaltlich
35 *Musil lässt in seinem Prosatext einen auktorialen Erzähler zu Wort kom- men, der [...]*	Textbeschreibung (▷ S. 465 f.)

Musil geht es in seinem Text sicherlich nicht nur um das langsame Sterben einer Fliege. Wie in einer Parabel kann man analoge Aussagen zu menschlichen Erfahrungen in dem Text vermuten. Der Autor legt solche Deutungen
40 *nahe; denn er zieht immer wieder Vergleiche mit menschlichen Zuständen und Empfindungen (vgl. Z. 11 ff., 16 ff., 20 ff.). Folgende Deutungsansätze erscheinen mir wichtig:*

Deutung (aspekt-orientiert)

Musil zeigt, dass das Leben unausweichlich auf den Tod zuläuft. [...]

Der Text schildert das Zusammenspiel von Körper und Geist in einem Resig-
45 *nationsprozess. [...]*

Mit seiner betont nüchternen und quälend genauen Darstellung des Sterbens entmythologisiert der Autor den Tod und setzt sich z.B. kritisch mit der Vorstellung vom „Heldentod" auseinander, die in der militarisierten Gesellschaft der ersten Jahrhunderthälfte eine große Rolle gespielt hat. [...]

Der Text lässt deutlich erkennen, dass Musil eine naturwissenschaftlich-
50 *technische Ausbildung hatte. [...]*

Interpretations-hypothesen
(Die Deutungs-ansätze sind nicht im Einzelnen aus-geführt.)
Die Unterstrei-chung der Interpre-tationshypothesen ist für den Interpre-tationsaufsatz empfehlenswert, da sie während der Niederschrift eine rasche Orientie-rung erlaubt und die gedankliche Ordnung fördert.

Inhalt und Form des Textes stehen in einem seltsamen Spannungsverhält-nis und das macht den Text interessant. Inhaltlich geht es um etwas Grau-
55 *sames und Dramatisches, die Darstellungsweise ist aber distanziert, ratio-nal, emotionslos und strahlt fast Gleichgültigkeit aus. Dadurch wird der Tod viel eindringlicher dargestellt als in Texten voller Pathos.*
Die Thematik des Textes ist auch heute noch von Bedeutung. Wenn man ihn gelesen hat, kommt man z.B. ins Grübeln über die Todesurteile, die es in vielen Ländern immer noch gibt. Für die Verurteilten ist der Tod ebenso
60 *unausweichlich wie für die Fliege in Musils Text. Viele kritisieren die Emo-tionslosigkeit, mit der Richter Todesurteile verhängen oder mit der sich Zuschauer die Vollstreckung der Urteile ansehen. Musil spiegelt diese Emo-tionslosigkeit; insofern hat der Text für mich noch eine besondere Gegen-wartsbedeutung.*

Wertung

---

1. Führen Sie eine der Deutungshypothesen aus, indem Sie passende Belegstellen im Text suchen, diese Stellen in allen Einzelheiten interpretieren und ihre Erläuterungen schließlich gedanklich an die Hypothese rückbinden.
2. Stimmen Sie mit den Wertungen überein?
3. Notieren Sie Formulierungen (Textbausteine), die in ähnlicher Weise auch in anderen Interpretationsaufsätzen verwendet werden könnten.

1.2 Gedichtinterpretation

Alfred Wolfenstein
Städter (1914)

Dicht wie die Löcher eines Siebes stehn
Fenster beieinander, drängend fassen
Häuser sich so dicht an, dass die Straßen
Grau geschwollen wie Gewürgte sehn.

5 Ineinander dicht hineingehakt
Sitzen in den Trams die zwei Fassaden
Leute, ihre nahen Blicke baden
Ineinander, ohne Scheu befragt.

Unsre Wände sind so dünn wie Haut,
10 Dass ein jeder teilnimmt, wenn ich weine.
Unser Flüstern, Denken.. wird Gegröhle..

– Und wie still in dick verschlossner Höhle
Ganz unangerührt und ungeschaut
Steht ein jeder fern und fühlt: alleine.

Ludwig Meidner:
Alfred Wolfenstein (1915)

Alfred Wolfenstein wurde 1888 in Halle an der Saale geboren. Er wuchs in der Millionenstadt Berlin auf, wo er Jura studierte und anschließend als freier Schriftsteller lebte. Von 1916 bis 1922 wohnte er in München, danach wieder in Berlin. Bekannt wurde Wolfenstein vor allem
▷ S. 297 ff. *als Lyriker des ▷ Expressionismus.*
Er flüchtete 1934 vor den Nationalsozialisten nach Prag und von dort während des deutschen Einmarsches 1939 nach Paris. Als deutsche Truppen 1940 auch Frankreich besetzten, wurde er von der Gestapo gefasst und gefangen gesetzt. Nach drei Monaten aus dem Gefängnis entlassen, lebte er jahrelang auf der Flucht, meist an der Südküste Frankreichs, dann kehrte er unter falschem Namen nach Paris zurück. Als Paris von den Alliierten befreit wurde, war Wolfenstein bereits schwer herzkrank und litt unter zunehmenden Depressionen. Am 22. Januar 1945 beging er Selbstmord.

Erste Leseerfahrungen

1. a) Wählen Sie aus aktuellen Zeitschriften Bilder aus, die Sie mit Wolfensteins Gedicht „Städter" gedanklich in Verbindung bringen.
   b) Gestalten Sie mit dem Text und Ihren Bildern eine **Wandzeitung.** Unterhalten Sie sich dabei darüber, welche Bilder die Aussage des Gedichts besonders gut treffen. Machen Sie auf der Wandzeitung ein paar Notizen dazu und versuchen Sie die Widersprüchlichkeit, die in der Gedichtaussage steckt, durch Kontrastbilder auszudrücken.
   c) Legen Sie auf der Wandzeitung eine Tabelle an und verteilen Sie die folgenden Wörter auf die beiden Spalten. Folgen Sie dabei genau den Zuschreibungen Wolfensteins: „beieinander", „alleine", „dicht", „unangerührt", „fern", „Fassaden", „fassen sich an"
2. Welche Einsichten in die gedankliche Struktur des Gedichts ergeben sich?

dicht
…
…

fern
…
…
…

METHODENTRAINING

Besorgen oder zeichnen Sie Kontrastbilder, wenn Sie – vor einer Interpretation mit Worten – die innere Spannung eines Textes visuell ausdrücken möchten.

Klärung des Verstehenshorizonts

1. Verfügen Sie über persönliche Erfahrungen, die einen Zugang zu der Gedichtaussage eröffnen?
2. Welche Erwartungen haben Sie an ein Leben in der Großstadt?
3. a) Sichern Sie die sprachliche Zugänglichkeit der Gedichtaussage, indem Sie die Bedeutung des Wortes „Tram" klären und die Anordnung der Sitze in einer Tram skizzieren.
   b) Machen Sie sich die kulturelle und historische Distanz zum gegenwärtigen Verstehenshorizont bewusst.
4. Halten Sie schriftlich fest, inwiefern der Text beim ersten Lesen für Sie zugänglich war. Beachten Sie dabei inhaltliche und sprachliche Aspekte.

Textbeschreibung

Textbeschreibung bei unterschiedlichen Gattungen		
Romanauszug	**Szenen eines Dramas**	**Gedicht**
Angaben zu formalen Besonderheiten wie Erzähler, Erzählverhalten, Erzählperspektive etc. und damit Einordnung des Textes in die Gattung „Roman"	Angaben zu formalen Besonderheiten wie szenischer Aufbau, Dialog, Monolog etc. und damit Einordnung in die Gattung „Drama"	Angaben zu formalen Besonderheiten wie Strophengliederung, Reim(schema) und Versmaß und damit Einordnung in die Gattung „Lyrik"
Einordnung des Auszugs in den Gesamttext (Vorstellung der hier vorkommenden Figuren, Entwicklungsstand des Geschehens etc.)	Einordnung der Szene/n in das Gesamtdrama (Vorstellung der hier vorkommenden Figuren, Entwicklungsstand der Handlung etc.)	
kurze Darstellung der inhaltlichen Schwerpunkte des Auszugs	kurze Darstellung der inhaltlichen Schwerpunkte der Szene/n	gegliederte Wiedergabe des Gedichtinhalts in eigenen Worten
Angaben zu erzähltechnischen Besonderheiten (z. B. Rückblende, Vorausdeutung, szenisches Erzählen, Erzählbericht, Beschreibung, erlebte Rede etc.)	Angaben zu strukturellen Besonderheiten der Szene/n (z. B. Auf-, Abtritte, Raumsymbolik, Nebenhandlungen etc.)	Anmerkungen zur Haltung des lyrischen Ichs/des Sprechers
Angaben zur Stilebene des Textes, zu seiner rhetorischen Gestaltung und zur Syntax		

1. a) Entnehmen Sie der Tabelle, welche Angaben zu dem Gedicht „Städter" Sie in einer Textbeschreibung machen könnten. Tragen Sie mögliche Angaben zunächst mündlich zusammen.
   b) Nutzen Sie das Stichwortverzeichnis auf S. 527 f., um zu ermitteln, wo Sie nähere Angaben zu Reimschema, Versmaß, rhetorischen Figuren, Syntax usw. finden können.
2. Schreiben Sie einen Text, in dem Sie das Gedicht so umfassend wie möglich beschreiben, ohne bereits zu deuten. Dazu einige Tipps:
   - Konzentrieren Sie sich auf **nachprüfbare Sachverhalte**, von denen Sie glauben, dass die anderen Kursmitglieder sie ebenso sehen.
   - Gehen Sie bei den rhetorischen Figuren, dem Reim, dem Metrum etc. exemplarisch vor. Geben Sie mit Hilfe der entsprechenden **Fachbegriffe** an, welche Phänomene Sie in dem Gedicht entdeckt haben, und führen Sie jeweils nur **ein Beispiel** an, ohne die angegebene Textstelle zu deuten. Es geht nur darum festzustellen, welche strukturellen Mittel der Autor insgesamt genutzt hat.

Deutung

Bei der Deutung literarischer Texte können ganz verschiedene **Methoden** angewendet werden. In der Geschichte der Literaturwissenschaft sind zu bestimmten Zeiten bestimmte Verfahren bevorzugt worden. Heute werden alle im Folgenden angeführten Methoden als grundsätzlich berechtigt angesehen, sofern sie in der Lage sind, die Aussage und die Qualität eines dichterischen Textes auf interessante und plausible Weise herauszuarbeiten.

Methoden der Deutung		
werkimmanente Methode		
werkübergreifende Methoden		
produktionsorientierte Methoden:	produktions- und leserorientierte Methoden:	leserorientierte Methode:
biografische Methode psychoanalytische Methode geistesgeschichtliche/literaturgeschichtliche Methode	literatursoziologische/ materialistisch-dialektische Methode	rezeptionsästhetische Methode
kritisch-hermeneutische Methode		

Werkimmanente Methode

Die werkimmanente Methode umfasst eine Reihe möglicher Deutungsschritte. Immer geht es dabei darum, verschiedene Aspekte eines literarischen Textes zu benennen und den **Sinnzusammenhang** dieser Elemente herauszuarbeiten. Die wichtigsten Denkoperationen ergeben sich aus der folgenden Übersicht:

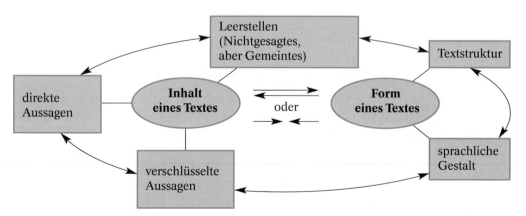

Bei der werkimmanenten Methode versucht der/die Interpretierende, möglichst viele Aspekte des Textes genau zu registrieren, sie verstehend aufeinander zu beziehen und so zu einer gesicherten Deutung der Textaussage zu kommen. Da literarische Texte auf Grund verschlüsselter Aussagen oder „Leerstellen" und eines besonderen Verhältnisses von Inhalt und Form in sich interpretationsbedürftig sind, ist die werkimmanente Deutung die Basis jeder weiterführenden

Interpretation. Sie bleibt innerhalb der Grenzen des Textes (immanent), versucht den Text also aus sich selbst heraus zu verstehen. Auf Hintergrundwissen (Biografie der Autorin/des Autors, realgeschichtliche Bezüge, Epochenzusammenhang etc.) wird zunächst nicht zurückgegriffen.

Werkübergreifende Methoden

Die folgenden Methoden verlassen die Immanenz des Textes und ziehen außen liegende Faktoren bei der Deutung mit in Betracht.

Die **biografische Methode** zieht die Biografie des Autors/der Autorin – und besonders eigene Lebenszeugnisse – für die Deutung heran. Geprüft wird, ob und wie Lebenserfahrungen von Autorinnen und Autoren sich auf Themenwahl, inhaltliche Entfaltung und Darstellungsweise eines literarischen Textes ausgewirkt haben.

Die **psychoanalytische Methode** betrachtet Dichten als einen psychischen Prozess, dessen Ergebnis (der Text) mit Hilfe psychologischer Theorien untersucht werden kann. Geprüft wird, wie die psychische Situation eines Autors/einer Autorin sich in literarische Fantasien umgesetzt hat. Anschließend geht es um die Frage, wie man solche psychischen Prozesse psychoanalytisch aufklären kann. Dabei wird davon ausgegangen, dass wesentliche Abläufe gerade des dichterischen Prozesses unbewusst bleiben, mit Hilfe der Psychoanalyse jedoch aufgedeckt werden können.

Die **geistesgeschichtliche Methode** sieht ein dichterisches Werk in einem großen Strom typischer Ideen und Sichtweisen seiner Zeit. Geprüft wird, ob und wie Dichterkollegen und -kolleginnen sowie Repräsentanten aus Philosophie, Theologie, Kunst, Gesellschaftslehre, Naturwissenschaften etc. die Autorin/den Autor in ihrem/seinem Schaffen beeinflusst haben. Oft werden auch nur Parallelen zwischen einem dichterischen Text und den geistigen Strömungen während seiner Entstehungszeit festgestellt, ohne dass ursächliche Wirkungszusammenhänge nachgewiesen werden.

Die **literaturgeschichtliche Methode** ist eine Sonderform des geistesgeschichtlichen Verfahrens. Geprüft wird, wie ein Autor/eine Autorin im Epochenzusammenhang (z. B. Barock, Romantik, Expressionismus usw.), in dem er/sie sich befunden hat, beeinflusst worden ist und welche Deutungsmöglichkeiten sich auf Grund solcher Zusammenhänge ergeben. Diese Methode erlaubt es, Aussagen darüber zu machen, ob ein Autor mit seinen Texten für seine Zeit stilbildend war, ob er seiner Zeit vielleicht sogar voraus gewesen ist oder ob sein Text als epigonal (nachahmend) bezeichnet werden muss.

Die **literatursoziologische Methode** geht davon aus, dass es nicht ausreicht, die geistigen Einflüsse auf eine Autorin/einen Autor zu untersuchen. Vielmehr werden darüber hinaus auch Fakten aus Sozialgeschichte bzw. politischer Geschichte herangezogen. Untersucht wird also das Verhältnis von Literatur und Gesellschaft. Es wird geprüft, wie ein Autor die von ihm erfahrene gesellschaftliche Wirklichkeit in seinem Werk geistig verarbeitet und wie er mit seinem Werk in soziale und politische Konflikte seiner Zeit eingegriffen hat. Manchmal ist auch aufschlussreich, wie gesellschaftliche Gruppen auf das Werk eines Autors und seine Publikumswirkung reagiert haben. Auch das Verhältnis zwischen literarischem Text, Gesellschaft und Leserschaft kann untersucht werden. Hier ergeben sich Berührungspunkte mit der rezeptionsästhetischen Methode (s. u.).

Als **dialektisch-materialistisch** bezeichnet man eine Methode, die literatursoziologische Verfahren anwendet, dabei aber bestimmte Annahmen des Marxismus zu Grunde legt. Zum Beispiel wird vom Klassengegensatz als gesellschaftlichem Strukturprinzip ausgegangen. Ein literarischer Text wird als ein Teil gesellschaftlicher Ideologie und als ein Instrument gesellschaftlicher Herrschaft bzw. Befreiung gesehen.

Die **rezeptionsästhetische Methode** untersucht das Verhältnis zwischen einem dichterischen Text und seiner Leserschaft. Werden Leserreaktionen über längere Zeiträume betrachtet, spricht man von der Rezeptionsgeschichte. Geprüft wird, welche unterschiedlichen Verstehensprozesse ein dichterischer Text bei Lesern/Leserinnen unterschiedlicher sozialer Herkunft und verschiedener geschichtlicher Zeitpunkte ausgelöst hat.

Die kritisch-hermeneutische Methode

Das hermeneutische Verfahren kann als übergreifender methodischer Rahmen für alle bisher genannten Arbeitsweisen verstanden werden. Der heute verwendete Begriff der Hermeneutik geht im Wesentlichen auf WILHELM DILTHEY (1833–1911) zurück, der Hermeneutik als „verstehendes", sinngemäß deutendes Verfahren definierte. Er grenzte diese grundlegende Methode der Geisteswissenschaften von den „erklärenden" Verfahren der Naturwissenschaften ab. Hermeneutik beruht im Wesentlichen auf der Verschmelzung von gegenwärtigem Leserhorizont und dem historischen Horizont eines literarischen Werkes. Ein zentraler Begriff dieser Methode des Verstehens ist der ▷ **hermeneutische Zirkel**: Im Verstehensprozess durchläuft die Leserin/der Leser eines literarischen Textes mehrfach den Schritt von der Erkenntnis des Teils zum Erfassen des Ganzen und umgekehrt. ▷ S. 35 f.

---

1. Welche der genannten Verfahren der Literaturinterpretation sind Ihnen geläufig? Welche sind Ihnen eher unbekannt?
2. a) Sammeln Sie mit Hilfe der Übersicht zur werkimmanenten Interpretation (▷ S. 473) Stichworte zur Deutung des Gedichts „Städter" (▷ S. 470). Ordnen Sie Ihre Stichworte tabellarisch.
   b) Schreiben Sie eine Teilinterpretation des Gedichtes, die sich auf eine **werkimmanente Betrachtung** beschränkt. Achten Sie darauf, dass Sie
   - Ihre Deutung mit Hilfe von Hypothesen gliedern,
   - ihre Deutungsansätze mit passenden Textstellen belegen,
   - die zitierten Textstellen sorgfältig erläutern,
   - die Erläuterungen jeweils gedanklich auf die Ausgangsthese beziehen.
3. Führen Sie einen **werkübergreifenden Interpretationsansatz** aus. Nutzen Sie dabei die Kurzbiografie Wolfensteins (▷ S. 470) und den folgenden zeitgenössischen Text von Kurt Pinthus.

Kurt Pinthus

Die Überfülle des Erlebens (1925)

Welch ein Trommelfeuer von bisher ungeahnten Ungeheuerlichkeiten prasselt seit einem Jahrzehnt auf unsere Nerven nieder! Trotz sicherlich erhöhter Reizbarkeit sind durch
5 diese täglichen Sensationen unsere Nerven trainiert und abgehärtet wie die Muskulatur eines Boxers gegen die schärfsten Schläge. [...]
Man male sich zum Vergleich aus, wie ein
10 Zeitgenosse Goethes oder ein Mensch des Biedermeier seinen Tag in Stille verbrachte und durch welche Mengen von Lärm, Erregungen, Anregungen heute jeder Durchschnittsmensch täglich sich durchzukämpfen
15 hat, mit der Hin- und Rückfahrt zur Arbeitsstätte, mit dem gefährlichen Tumult der von Verkehrsmitteln wimmelnden Straßen, mit Telefon, Lichtreklame, tausendfachen Geräuschen und Aufmerksamkeitsablenkungen.
20 Wer heute zwischen dreißig und vierzig Jahre alt ist, hat noch gesehen, wie die ersten elektrischen Bahnen zu fahren begannen, hat die ersten Autos erblickt, hat die jahrtausendelang für unmöglich gehaltene Eroberung
25 der Luft in rascher Folge mitgemacht, hat die sich rapid übersteigenden Schnelligkeitsrekorde all dieser Entfernungsüberwinder, Eisenbahnen, Riesendampfer, Luftschiffe, Aeroplane miterlebt [...]. Wie ungeheuer hat
30 sich der Bewusstseinskreis jedes Einzelnen erweitert durch die Erschließung der Erdoberfläche und die neuen Mitteilungsmöglichkeiten: Schnellpresse, Kino, Radio, Grammofon, Funktelegrafie. Stimmen längst Verstorbener
35 erklingen: Länder, die wir kaum dem Namen nach kennen, rauschen an uns vorbei, als ob wir selbst sie durchschweiften.

Wertung

Malen Sie das nebenstehende „**Votum-Ei**" an die Tafel oder auf eine Wandzeitung. Jede/r macht ein Kreuz in das „Gelbe vom Ei" (= sehr interessanter
Text), auf die Grenze zwischen Gelb und Weiß (= interessant), in das Weiße
(= einigermaßen interessant), auf die Schale (= noch erträglich) oder außerhalb des Eis (= uninteressant). Sie erhalten so einen Überblick darüber, wie
der Text bei Ihnen allen angekommen ist.

1. Stellen Sie in Form eines Votum-Eis dar, wie Ihnen das Gedicht „Städter" gefallen hat.
2. a) Nehmen Sie die Ergebnisse zum Anlass, unterschiedliche Bewertungen genauer zu begründen.
   b) Hat der Autor seine Sicht der Dinge anschaulich und eindringlich vermitteln können? Welche sprachlichen Mittel hat er dazu benutzt?
3. a) Setzen Sie sich mit einigen der Wertungsfragen aus der Tabelle auf S. 467 auseinander.
   b) Verfassen Sie anschließend eine schriftliche Wertung.

Interpretationsbeispiele aus Schülertexten

*Das expressionistische Gedicht „Städter" von
Alfred Wolfenstein erschien im Jahr 1914. Es
drückt die Anonymität und die Einsamkeit der
Menschen in einer Großstadt aus. […]*

5 *Auch für einen heutigen Leser ist der Text noch
relativ leicht zugänglich. Das vom Dichter dargestellte Problem der „Einsamkeit in der Masse" kann ich gut nachempfinden, da ich in
einer Großstadt Bekannte habe, die viele Mit-
10 bewohner ihres Hauses nicht kennen. Bis auf
das Wort „Tram" (Straßenbahn) stellt auch Wolfensteins Wortwahl die Zugänglichkeit des Textes für heutige Leserinnen und Leser kaum in
Frage. Allerdings verhindern die zahlreichen
15 Bilder eine schnelle Dekodierung des Gedichts. Auch ist vermutlich nicht jeder Rezipi-
ent mit dem realgeschichtlichen Hintergrund
vertraut und könnte die Schilderung der Großstadt aus heutiger Sicht als düster-überspitzt
20 empfinden. […]*

*Bei dem Gedicht handelt es sich um ein Sonett,
welches aus zwei Quartetten und zwei Terzetten besteht. Die beiden Quartette bilden jeweils einen umarmenden Reim (abba, cddc),
25 die beiden Terzette werden durch strophen-
übergreifende Reime nach dem Schema efg
gef miteinander verbunden.*

*In der ersten Strophe versucht Alfred Wolfen-
stein den Leserinnen und Lesern einen Eindruck von der Außenfassade der Großstadt-* 30
*häuser und den dazwischenliegenden Straßen
zu vermitteln. Er schildert die Enge und „Dichte" einer Stadt mit ihren Fronten mehrgeschos-
siger Häuser. Im zweiten Quartett stellt er dar,
wie sich die Fahrgäste in einer Straßenbahn* 35
*stumm auf ihren Plätzen gegenübersitzen. In
den folgenden Terzetten wendet sich das lyrische Ich von der Außenwelt ab und betrachtet
das Innere der Häuser. Es bezieht sich nun
selbst in die Betrachtung mit ein und schildert* 40
*Einsamkeitserlebnisse in der drangvollen
Enge eines Großstadthauses.*

*Wolfenstein bringt seine Sichtweise der Stadt
durch eine reichhaltige Bildsprache atmo-
sphärisch dicht zum Ausdruck. So setzt der* 45
*Autor gezielt Metaphern („Straßen / Grau ge-
schwollen", Z. 3/4) und Vergleiche („Dicht wie
die Löcher eines Siebes", Z. 1) ein. Auch Alliterationen („Grau geschwollen wie Gewürgte",
Z. 4) und auffällige Personifikationen („drän-* 50
*gend fassen / Häuser sich … an", Z. 2/3) treten
auf. Wolfenstein verwendet viele Enjambe-
ments und „verhakt" so die einzelnen Zeilen zu
größeren Einheiten. […]*

Das Gefangensein des Einzelnen in der Masse, die in den beiden Quartetten beschrieben wird, vermittelt der Autor auch auf formaler Ebene. Da er den so genannten Hakenstil gewählt hat, fließen die Verse ineinander über; ein Gefühl der Unausweichlichkeit und Unaufhaltsamkeit wird erzeugt. Unterstrichen wird dies noch durch die Wiederholung der Wörter „ineinander" bzw. „beieinander" (Z. 2, 5 und 8) und „dicht" (Z. 1 und 5). In Vers 7/8 rückt das „Ineinander" durch ein Enjambement in die nächste Zeile; das Ineinanderüberfließen, die Haltlosigkeit, kommt so deutlich zum Ausdruck.

Hier lässt sich eine realgeschichtliche Betrachtung anschließen. Im Vorfeld der expressionistischen Epoche hatte in Deutschland eine Massenbinnenwanderung von den ländlichen Gebieten in die Städte stattgefunden, da auf dem Land Arbeitsmöglichkeiten verloren gegangen und in den Städten im Zuge der Industrialisierung neue Arbeitsplätze entstanden waren. Einige Städte, wie etwa Berlin, zeigten ein explosionsartiges Wachstum. Für die hereinströmenden Menschen wurden auf engstem Raum Mietskasernen gebaut. Die neuartigen Wohnverhältnisse und Infrastrukturen der Großstadt sind Thema des Gedichts. [...]

---

1. Ordnen Sie diese Auszüge aus Schülertexten den Elementen eines Interpretationsaufsatzes zu.
2. Welche Formulierungen aus diesen Aufsatzelementen können Sie im sprachlichen Gerüst Ihrer eigenen Aufsätze verwenden? Schreiben Sie solche Formulierungen heraus und ordnen Sie diese den verschiedenen Aufsatzelementen zu.

Tipps: Schreibprobleme lösen

Beim schriftlichen Interpretieren treten oft ganz spezifische Probleme auf. Als schwierig erweist sich meist die Gestaltung des Deutungsteils eines Interpretationsaufsatzes.

Probleme …	… und wie man sie lösen kann
■ *wichtige Sachverhalte vergessen*	■ *Aufsatzraster*

Deutung:

D: Hypothese 1
D: Hypothese 2
D: Hypothese 3

Wertung:

Aufsatzraster
Vor Beginn der Arbeit auf einem Planungsbogen ein Raster für die geplante Aufsatzstruktur entwerfen; darauf mit jeweils genügend Zwischenraum die Überschriften „Einleitung", „Verstehenshorizont", „Textbeschreibung", „Deutung" – „D: Hypothese 1", „D: Hypothese 2" usw. –, „Wertung" notieren.

■ *sich in haltlose Spekulationen verrennen*

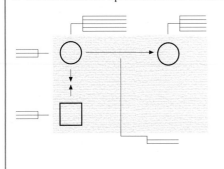

■ *aktives Lesen*
Mehrmaliges Lesen des vorgelegten Textes; dabei auf dem Arbeitsblatt Notizen anfertigen zu: gedanklichen Bezügen (in Form von Einkreisungen, Pfeilen, Gegensatzpfeilen etc.), Interpretationsideen (in Form von Stichworten) und Fachbegriffen, die für die Textbeschreibung relevant sind. Versuchen Sie den Text so intensiv wie möglich gedanklich zu erschließen, *bevor* Sie weiterarbeiten. Sie legen so ein gutes Fundament für die Interpretation und vermeiden haltlose Spekulationen.

Tipps: Schreibprobleme lösen (Fortsetzung)

- *ungeordnete Darstellung*
  chaotische Textstruktur, viele hinzugefügte Ergänzungen, durchgestrichene Passagen, Wiederholungen etc.

- *Schreibplanung*
  Wichtig sind die Vorarbeiten *vor* der Niederschrift des Aufsatzes: Nach dem aktiven Lesen (s. o.) ist eine gedankliche Strukturierung in Form einer Schreibplanung wichtig:
  - ☐ auf Ihrem Planungsbogen im Rasterfeld „Deutung" einige Interpretationshypothesen entwerfen;
  - ☐ Hypothesen einer Prüfung unterziehen;
  - ☐ die Notate auf dem Arbeitsblatt mit verschiedenfarbigen Markern etc. gedanklich bündeln;
  - ☐ Übertragung aller Notate auf den Planungsbogen;
  - ☐ gezielte Nacharbeit, um einzelne Thesen am Text weiter abzustützen (oder um sie zu verwerfen!).

Zusammenfassender Überblick zur Anfertigung eines aspektorientierten Interpretationsaufsatzes

Arbeitsschritte	Verfahren	Besondere Anforderungen
1. Phase: Erstes Lesen/Spontanreaktion		
Erstes Lesen des Textes, erstes Verstehen. Spontanreaktion auf dem Arbeitsblatt stichpunktartig festhalten.		
2. Phase: Vorbereitende Textanalyse		
Mehrmaliges Lesen des Textes. Dabei Verstehensprozesse in Notizen umsetzen (Unterstreichungen, Textgliederungslinien, Einkreisungen und Pfeile zur Markierung von semantischen Einheiten, von Bezügen, Gegensätzen etc.; Symbole für Reimschemata und andere formale Besonderheiten). Die anfänglichen Spontanreaktionen jetzt als Ideen-Steinbruch verwenden.	werkimmanent (alle anderen Verfahren)	Dem Drang zum verfrühten Beginn des Interpretationsaufsatzes widerstehen. Die formalen Eigenheiten des Textes nicht vernachlässigen. Nicht nur Details des Textes betrachten, sondern die Elemente in ihrer gedanklichen Verknüpfung rekonstruieren.

Arbeitsschritte	Verfahren	Besondere Anforderungen
3. Phase: Bildung von Interpretationshypothesen		
Die zentralen Aussagen des Textes, und zwar ihren inhaltlichen und formalen Ausdruck, in einigen kurzen Arbeitshypothesen schriftlich festhalten („Wegweiser" für die spätere Niederschrift). Zuordnung der Notizen auf dem Arbeitsblatt zu den Arbeitshypothesen (evtl. mit Hilfe verschiedenfarbiger Text-Marker).		Inhaltliche Überschneidungen der Arbeitshypothesen vermeiden. Den Text mit den Hypothesen möglichst umfassend abdecken. (Die Reichweite der Hypothesen muss dem Text gerecht werden.)
4. Phase: Eröffnung des Interpretationsaufsatzes		
Formulierung einer Einleitung (Autor/in, Titel, Thema …) und Skizzierung des Inhalts Mitteilung der ersten Leseerfahrungen und Klärung des Verstehenshorizonts (inhaltliche, sprachliche und sonstige Zugänglichkeit des Textes)	rezeptionsästhetisch	
5. Phase: Kurze Textbeschreibung		
Kurze Auseinandersetzung mit der Struktur des Textes.	werkimmanent	
6. Phase: Geordnete Wiedergabe der Textanalyse		
Schriftliche Wiedergabe der im Anschluss an die Hypothesen geordneten Analyseergebnisse. Nutzung der Arbeitshypothesen zur Abschnittbildung und als „roten Faden" (Reihenfolge: 1. Arbeitshypothese, 2. textanalytische Erläuterungen dazu).	werkimmanent	Bloß referierende Äußerungen zum Text (Inhaltsangabe) in diesem Abschnitt vermeiden; den Gedankengang immer bis zur **Deutung** vorantreiben. Nicht zu eng an der Wörtlichkeit des Textes „kleben". Den Text gedanklich rekonstruieren und in die eigene Sprache „übersetzen". Interpretatorische Behauptungen nicht ohne „Beweis" (stützende Detailarbeit am Text) lassen, sonst sind sie für den Leser – und Bewerter – nicht plausibel.

Arbeitsschritte	Verfahren	Besondere Anforderungen
6. Phase: Geordnete Wiedergabe der Textanalyse (Fortsetzung)		
		Nicht mit der Länge des Aufsatzes beeindrucken wollen, sondern mit Präzision, Stichhaltigkeit und gründlicher Entfaltung des eigenen analytischen Gedankens.
7. Phase: Kontextuierung		
Wissen über eine literarische Epoche, die Biografie des Autors/der Autorin, politisch-soziale, geistesgeschichtliche und sonstige Hintergründe des Textes, (dichtungs-)theoretische Positionen des Autors/der Autorin etc. vergegenwärtigen und dieses Wissen zur weiterführenden Kommentierung des Textes nutzen. Dazu zunächst weitere Arbeitshypothesen bilden, dann Bezüge zwischen Text und Kontext (biografisch, politisch etc.) schriftlich darlegen.	werkübergreifend: biografisch, geistesgeschichtlich, literatursoziologisch, psychologisch etc.	Den von der Aufgabenstellung geforderten Textbezug beachten. Nicht nur „Wissensgepäck" abladen. (Kriterium für die Verwendung von Hintergrundwissen ist, ob sich damit die Kommentierung des Textes weiter entfalten lässt.) Spekulative Parallelisierungen zwischen Textaussagen und historischen, biografischen oder anderen Sachverhalten vermeiden.
8. Phase: Wertung		
Formulierung eines Textabschlusses in Form einer Wertung.		Nicht auf formelhafte Wendungen ausweichen.
9. Phase: ▷ **Textkontrolle/Textüberarbeitung**		
Prüfung des Aufsatzes, insbesondere im Hinblick auf Fehler in sprachlichem Ausdruck, Rechtschreibung und Zeichensetzung.		Grammatikalische und orthografische Sicherheit.
Die **Verfahren** der Literaturinterpretation *können* im Interpretationsaufsatz in den jeweiligen Abschnitten angegeben und in ihrem Beitrag zur Erschließung des Textes reflektiert werden.	Die im Unterricht erarbeiteten **Fachbegriffe** sollen im Interpretationsaufsatz angemessen verwendet werden. Solche Fachbegriffe liefern manchmal zusätzliche analytische Impulse.	Auf korrektes ▷ **Zitieren** (unveränderter Wortlaut, Einpassen des Zitats in die eigene Syntax, Zeilen- oder Seitenbeleg) sollte geachtet werden.

▷ S. 122 f., 124 ff.

▷ S. 111 f.

2 Sachtexte analysieren

2.1 Analyse eines journalistischen Textes: Glosse

Klaus Harpprecht
Glucksende Peinlichkeit (1999)

In empfindsameren Zeiten wurden die schlimmsten Kalauer mit einer Mischung von Lachen, Winseln und Wehgeschrei begrüßt. Überdies war der Schuldige angehalten, we-
5 nigstens eine halbe Mark in die Festkasse zu zahlen. Heute würde mancher Kollege an jener Strafordnung rasch verarmen, und Elfriede Jelinek, die in dieser Art japsender Wortwitzelei die Erfüllung ihrer Sprachkunst zu
10 erblicken scheint, wäre nach einem Buch und zwei Stücken die Preisgelder wieder los, die ihr Jahr um Jahr aufgedrängt werden.
Der Kalauer, einst als pubertäre Entgleisung des Geistes nur mit Anflügen verlegener
15 Scham präsentiert, hat längst die seriösesten und gediegensten Gazetten erobert. „Pina Bausch und Bogen", las man mit Wehmut in der *Frankfurter Allgemeinen Zeitung*. Eine Musik-Kritik im selben Blatt sorgte dafür, dass
20 der „Fidelio"-Kerker zum „fidelen Gefängnis" à la „Fledermaus" mutierte, während eine verehrte Kollegin von der *ZEIT* keinen Anstand nahm, besagte „Fledermaus" zur „Fledermaus" degenerieren zu lassen. In einem putz-
25 munteren Feuilleton über Castorf, Schlingensief und Genossen stellte sie die Recken des Regietheaters als fürchtenswerte „Krawallerie" und als „Demolière-Truppe" bloß. Recht hatte sie. Und wer sollte der *Süddeutschen*
30 *Zeitung* widersprechen, die in einer Anmerkung zu John Fuegis Biografie bekannte: „Was Brecht ist, muss Brecht bleiben", sekundiert von der 3sat-Redaktion, die ihren Zuschauern eine Sendereihe *Alles was Brecht*
35 *ist* offerierte.
Die Technik des Witzes ist deutlich genug: Es gilt, eine gängige Redewendung in einer überraschenden Volte[1] und manchmal auf Biegen und Brechen zu variieren. Was diese Klein-
40 kunst, sofern es eine ist, mit Calau zu schaffen hat, einem gemütlich-melancholischen Städt-

1 **Volte**, hier: Kunstgriff

chen am Rande des Spreewaldes, steht dahin. Man sagt, ein Redakteur des Berliner Satire-Blattes *Kladderadatsch* habe die Kaschemmen und die Spinnstuben des Nestes für die
45 übelsten Scherze, die er auftischte, verantwortlich gemacht. Vielleicht verhielt es sich, wie die Legende sagt: In der preußischen Hauptstadt schien – im Jahre 1858 – der windige Begriff kreiert worden zu sein, hergeleitet
50 nicht nur von Calau, sondern zugleich vom französischen *calembour*[2]. Ein klassisches Beispiel ist allerdings zehn Jahre älter: Varnhagen von Enses spöttischer Hinweis auf die „Reichs-Verwesung".
55 Die welsche[3] Herkunft verrät nichts von der glucksenden Peinlichkeit, die uns überkommt, wenn wir – wieder in der *Süddeutschen* – in einer Abhandlung über das Internet lesen: „Die Gedanken sind Brei." Im nämli-
60 chen Blatt: „Weniger ist Khmer." Und schlimmer (in einem Gruß zum neunzigsten Geburtstag von Albrecht Goes): „Anything Goes." Solches Allotria entspricht offensichtlich einer Grundstimmung des tückischen
65 Münchner Neo-Biedermeier: „Wer den Wal hat, hat die Qual" – „Die Gedanken sind Blei" – „Der neue Klotz am Rhein" – „Der Widerspenstigen Lähmung".
Die krönende Formel, mit der wir uns verab-
70 schieden, ein Tränchen heiteren Schmerzes im Auge: „Am deutschen Tresen soll die Welt genesen." Dafür gab man früher einen aus.

2 **calembour**: Wortspiel
3 **welsch**, hier: französisch

Karl Korn
Glossen (1961)

Nach langem Zögern hat sich die Feuilletonredaktion dieser Zeitung entschlossen, jeden Tag für diese Seite eine Glosse zu schreiben. Glossen sind Anmerkungen. Sie sind nicht ganz dasselbe wie Kommentare. Die Politiker
5 kommentieren. Das Ereignis oder die Ereig-

nisse werden ihnen täglich sozusagen serviert. Im Kommentar wird zu einem politischen Tagesereignis Stellung genommen. Die Glosse
10 ist nicht ganz dasselbe. Mit Glossen hat die Literatur in unserem Lande angefangen. Unsere älteste aufgezeichnete Literatur sind Glossarien, Wörterbücher. Darin werden lateinische Wörter nicht nur übersetzt, sondern gleich-
15 sam paraphrasiert, umschrieben, definiert und ausgedeutet. Glossen im Feuilleton sind Anmerkungen und Bemerkungen. Die Franzosen nennen solches Aperçus. Zwar liefert der so genannte Kulturbetrieb, auf den zu
20 schimpfen schon nicht mehr fein ist, seit sich drittrangige Köpfe an dieses Geschäft herangemacht haben und den Kadaver ausnehmen, täglich „Ereignisse", die man politisch kommentieren könnte. Unsere Glossen sollen dies
25 Gebiet nicht auslassen. Aber sie sind auf Anderes aus. Nicht selten wird fälschlich angenommen, der gegenwärtig lebende Mensch habe weder mehr die Zeit noch die Gabe der

Reflexion. Dies ist eine halbe Wahrheit und ein ganzer Irrtum. Es wird mehr reflektiert, 30
d.h. im Denken zurückgeworfen, als man oberflächlich annimmt. Je rationalisierter, verwalteter und erfasster das Leben wird, umso mehr wird es reflektiert. Die Frage ist, wie man diese Reflexionen, die oft in Sekunden- 35
schnelle wie rote Lämpchen auf Schalttafeln aufblitzen, fixiert. Die Schwierigkeit wird sein, irgendeine Bemerkung – es wird etwas bemerkt, heißt auch, dass etwas gemerkt wird – so zu fassen, dass sie mehr ist als nur die Be- 40
obachtung eines Vorgangs. Damit ist gleich die andere Schwierigkeit verbunden, dass nur selten ausgesprochen werden kann und soll, was die Fabel lehrt. Das „Exemplum docet"[1] ist oft schlechter Stil. Wir machen einen Ver- 45
such.

---

1 **Exemplum docet** (das Beispiel lehrt), hier: der belehrende Stil

---

1. Inwiefern ist Klaus Harpprechts Text (▷ S. 481) eine Glosse? Nutzen Sie die Ausführungen von Karl Korn, um diese Frage zu beantworten.
2. a) Diskutieren Sie, wo die Glosse in das folgende Textsorten-Dreieck eingeordnet werden müsste.
   b) Ordnen Sie weitere Arten von Sachtexten, z. B. die politische Rede, in das Schema ein.

Textsorten und Sprachfunktionen

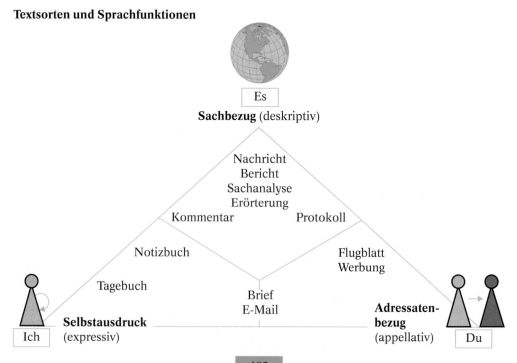

3. Stellen Sie in einem kurzen Text dar, welche Absichten eine Glosse verfolgt und wie sie sich von ähnlichen Textsorten unterscheidet.

4. a) Wogegen polemisiert Harpprechts Glosse? Fassen Sie die Antwort in einigen möglichst präzisen Sätzen zusammen.

   b) Die angeführten Kalauer nehmen auf dichterische Werke, Opern, Operetten, Namen von Dichtern, bekannte Zitate („Die Gedanken sind frei") etc. Bezug. Schlagen Sie unbekannte Namen und Begriffe nach und klären Sie die Anspielungen.

5. Welche Adressatengruppen kann Harpprecht mit dieser Glosse ansprechen?

6. a) An welchen Stellen und durch welche Formulierungen wirkt Harpprechts Text spöttisch?

   b) Welche anderen Absichten außer Spott entnehmen Sie der Glosse von Harpprecht?

7. Verfassen Sie eine **Sachtextanalyse** zu Harpprechts Glosse. Darin können Sie Elemente verwenden, die Sie bereits erarbeitet haben:

   ■ Geben Sie zunächst in einem Einleitungssatz Autor, Titel, Thema und Textsorte an.

   ■ Stellen Sie in der Einleitung Ihrer Analyse dar, welche Ziele mit einer Glosse verfolgt werden können (▷ Aufgabe 3).

   ■ Erklären Sie dann, um welchen Sachverhalt es Harpprecht in seiner Glosse geht (▷ Aufgabe 4).

   ■ Stellen Sie dar, welche Ziele Harpprecht mit seiner Glosse verfolgt (▷ Aufgaben 5 und 6). Weisen Sie die Wirkungsabsichten des Textes an einigen ausgewählten Stellen im Einzelnen nach.

   ■ Beurteilen Sie die Wirkungsmöglichkeiten der Glosse, indem Sie überlegen, welche Leser/innen Harpprecht mit seinem Text erreichen kann und welche vermutlich nicht (▷ Aufgabe 5).

Robert Leicht

Justizmord (1999)

Der peinliche Rekord ist, kaum aufgestellt, bereits eingestellt worden. Eben war in den Vereinigten Staaten die 500. Hinrichtung nach der neuerlichen Freigabe durch den Supreme
5 Court vollzogen, da ging es schon wieder weiter. In der vorigen Woche wurde in Texas der 36 Jahre alte Troy Dale Farris mit einer Giftspritze ums Leben gebracht.
Und dieser Fall zeigt: Selbst in der prinzipiell
10 skandalösen Praxis der Todesstrafe gibt es noch Differenzierungen – zum noch Skandalöseren. Im Fall Farris hatte – wie die Justiz selbst eingestand – die Polizei am Tatort schlampig gearbeitet, war Beweismaterial verloren gegangen, hatten Zeugen einander 15 widersprochen. Gegen das Opfer des Justizmordes lagen keine Indizien vor. Das Urteil stützte sich allein auf die Aussage eines Mitangeklagten, der sich damit freikaufte. Nicht einmal der Begnadigungsausschuss votierte, 20 ungewöhnlich genug, einmütig für die Hinrichtung. Aber George Bush jr., der Gouverneur, will vielleicht Präsident werden. Gnadenlos.
Selbst Erben im vormaligen Reich des Bösen, 25 die Herrscher in Moskau, haben dem Europarat den Verzicht auf die Todesstrafe immerhin versprochen. Und die einzige Weltmacht, die moralische?

---

1. a) Als journalistische Stilform ist die Glosse ein polemischer Kurzkommentar. Fassen Sie in einem Satz zusammen, wogegen Robert Leicht in seiner Glosse polemisiert.

   b) Welche Formulierungen zeigen eine besondere polemische Schärfe der journalistischen Argumentation?

2. a) Stellen Sie den Inhalt der Glosse möglichst genau in eigenen Worten dar.

   b) Können Sie Robert Leichts Zorn in der Sache nachvollziehen?

3. Analysieren Sie Robert Leichts Glosse. Dabei können Sie sich an den folgenden Gliederungsvorschlag halten. Nutzen Sie beim Schreiben die Formulierungshilfen zur Wiedergabe von Sachtexten (▷ S. 484 f.).

Sachtextanalyse

- **Einleitungssatz** (Autor, Titel, Thema, Textsorte)
- **kurze Einführung** in die Problematik, die in dem zu behandelnden Text angesprochen ist:
  - ☐ eine kurze Reihe von Fragen, die man sich zu dem Thema stellen kann und mit denen sich der Text auseinander setzt, oder
  - ☐ Anknüpfung an ein aktuelles Ereignis oder
  - ☐ Definition eines Begriffs, der in dem Text eine zentrale Rolle spielt
- **Wiedergabe des Inhalts** in eigenen Worten (unter Verwendung klarer sprachlicher Signale wie z. B. des Konjunktivs der ▷ indirekten Rede, die das Mitgeteilte als referierte Fremdposition kennzeichnen)

▷ S. 497

- **Analyse der Ziele/Wirkungsabsichten**, die mit dem Text verfolgt werden (▷ Übersicht über „Strategien der Beeinflussung" auf S. 487 f. und Liste der rhetorischen Mittel auf S. 184 ff.)
- **Wertung** des Textes:
  - ☐ Wertung der Position, die der Autor/die Autorin einnimmt
  - ☐ Wertung der Machart und der Überzeugungskraft des Textes

---

Formulierungshilfen zur Wiedergabe von Sachtexten

I. Formulierungen zur Wiedergabe eines Textes, der einen Sachverhalt darstellt:

Der Autor *präsentiert* eine Reihe von Informationen zu …
Der Text *thematisiert* …
Die Autorin *erklärt* diesen Sachverhalt mit Hilfe von …
Ergänzend *weist* sie *darauf hin*, dass …
Der Autor *zählt* eine Reihe von Zielen *auf*, die mit … verfolgt werden können.
Außerdem *macht* der Autor *Angaben zu* …
Weiterhin *geht* die Autorin auf den Aspekt des … *ein*.
In diesem Zusammenhang *nennt* die Autorin folgende *Sachverhalte:* …
In diesem Kontext *spricht* die Autorin *von* …

II. Formulierungen zur Wiedergabe eines Textes, der sich kritisch mit einem Sachverhalt auseinander setzt:

Der Text *behandelt das Problem* der …
Die Autorin *setzt sich mit der Frage auseinander*, ob …
Der Autor beginnt mit der einleitenden *These*, dass …
Er *behauptet* in diesem Zusammenhang weiter, …
Der Autor *bemängelt*, dass …
Dazu *stellt* der Autor zunächst *klar*, dass …
Eben hier liegt *in seinen Augen* das Problem; dass nämlich …
Der Autor *bestreitet entschieden*, dass …
Um seine *ablehnende Haltung* zu begründen, weist er auf … hin.
Die *zentrale These* des Autors ist, dass …/Daraus ergibt sich die *Kernthese* …
Weiterhin *kritisiert* der Autor, dass …
… *so der Autor*, … / … wie der Autor *meint*.
Gegen Ende seines Textes *bezeichnet* der Autor … *als einen* …
Der Autor schließt seine Ausführungen mit dem *Vorwurf an die Adresse* von …, dass …
Damit *widerspricht* die Autorin einigen anderen Wissenschaftlern.

III. Formulierungen zur Wiedergabe eines Textes, der Leserinnen und Leser zu etwas bewegen will:

Die Autorin stellt sich nicht als neutrale Vermittlerin von Pro- und Kontra-Argumenten dar, sondern *votiert* eindeutig für … Sie *will* die Leserinnen und Leser *dazu bewegen*, …

Die Autorin hat sich offensichtlich zum Ziel gesetzt, die Leserinnen und Leser *auf ihre Seite zu ziehen*; denn sie …

In Zeile … sagt die Autorin ganz offen, was sie *beim Leser erreichen* möchte: …

Der Text enthält Wertungen, die nicht auf den ersten Blick erkennbar sind. Die Autorin will *die Leserinnen und Leser auf suggestive Weise für ihre Ansichten einnehmen*.

An mehreren Stellen benutzt die Autorin ein auffällig *pejoratives (abwertendes)/aufwertendes Vokabular*. … bezeichnet sie z. B. als „…"

Die Autorin *warnt offen* vor …

2.2 Rhetorische Analyse: Reden untersuchen

1. a) Zeichnen Sie mehrere aktuelle Reden auf (z. B. Parlamentsreden). Nutzen Sie dabei Fernsehsender, die auf die Wiedergabe öffentlicher Reden spezialisiert sind (z. B. Phönix).
   b) Schauen Sie die Reden aufmerksam an und wählen Sie diejenige Rede aus, die bei Ihnen die nachhaltigste Wirkung hinterlässt.
2. Nutzen Sie den folgenden Fragenkatalog, um der Wirkung der von Ihnen ausgewählten Rede auf die Spur zu kommen.

Leitfragen zur Redeanalyse

I. Redesituation

(1) An welchem Ort wird die Rede gehalten? Wie stellt der Redner/die Rednerin sich darauf ein?

(2) Wie ist die Raumsituation: Blickkontakt zu allen oder nicht, Redner/in integriert oder hervorgehoben (Rednerpult), symbolhaftes Raumarrangement (Fahnen etc.)?

(3) Welche Art von Publikum findet der Redner oder die Rednerin vor: sozial/bildungsmäßig/weltanschaulich gemischt oder homogen, Fach- oder Laienpublikum, kritisch, uninteressiert? Wie stellt er/sie sich darauf ein?

(4) Welche Medien sind einbezogen? Welche Folgen hat das?

(5) Auf welches gesellschaftliche Umfeld trifft die Rede? Wie bezieht die Rednerin/der Redner dieses Umfeld ein?

(6) Gibt es einen besonderen Anlass für die Rede?

II. Inhalt der Rede

(7) Welche Sachverhalte spricht der Redner/die Rednerin an?

(8) Aus welchen Bereichen stammen diese Sachverhalte?

(9) Welche Hauptaussagen enthält die Rede?

(10) Welche weltanschaulichen Bindungen des Redners/der Rednerin werden deutlich?

III. Redeabsicht

(11) Welche Wirkung will die Rednerin/der Redner erzielen? Woran erkennt man das?

(12) Wie stellt der Redner/die Rednerin sich selbst dar?

(13) Legt der Redner/die Rednerin eigene Interessen offen oder sind sie verdeckt wirksam?

(14) Will die Rednerin/der Redner eher
- informieren oder belehren,
- angreifen oder sich/andere verteidigen,
- beschwichtigen oder dramatisieren,
- aufklären/zum Nachdenken anregen oder manipulieren,
- Gegensätze ausgleichen oder verschärfen?
Verfolgt er/sie andere Ziele?

(15) Bestätigt die Rede eine allgemein anerkannte Ansicht oder regt sie zu Auseinandersetzungen an? Werden Gegensätze dabei eher ausgeglichen oder verschärft?

(16) Welche wichtigen Begriffe versucht die Rednerin/der Redner zu „besetzen"?

(17) Wer sind die Adressatinnen/Adressaten von Vorwürfen, Appellen, Forderungen etc.?

IV. Struktur der Rede und rednerische Mittel

(18) Wie ist die Rede inhaltlich gegliedert?

▷ S. 493 f.   (19) Welche ▷ Argumenttypen werden verwendet? Wird offen oder verdeckt argumentiert, werden wichtige Prämissen aufgedeckt oder verschwiegen?

(20) Mit welchen Beispielen/Belegen werden die Argumente veranschaulicht?

(21) Sind die Gedankenverbindungen eher explizit logisch oder eher assoziativ?

(22) Welche Besonderheiten der sprachlichen Gestaltung sind zu erkennen?

▷ S. 184 ff.   (23) Welche ▷ rhetorischen Figuren werden verwendet? Aus welchen Bereichen stammen die Metaphern und welche Funktion haben die Bildbereiche?

(24) Enthält die Rede Anklänge an bestimmte Sprachschichten und Stile (Sakralsprache, Umgangssprache etc.)?

▷ S. 125 ff.   (25) Welcher ▷ Satzbau, welche Satzarten liegen vor?

(26) Welche abwertenden und aufwertenden Adjektive und Nomen sind wichtig? Für oder gegen wen nimmt der Redner/die Rednerin damit Partei? Gibt es weitere sprachliche In-Group- und Out-Group-Signale?

▷ S. 487 f.   (27) Welche ▷ rhetorischen Strategien dienen der Verstärkung, Aufwertung, Abwertung, Beschwichtigung etc.?

V. Redeweise

(28) Wie wird die Aussage vorgetragen?

(29) Spricht die Rednerin/der Redner eher flüssig oder stockend?

(30) Wie intensiv und wie angemessen werden Gestik und Mimik verwendet?

(31) Wie wird der Vortrag rhythmisiert? Werden Tempo und Lautstärke variiert oder sind sie eher gleich bleibend?

(32) Bezieht der Redner/die Rednerin Reaktionen des Publikums ein oder geht er/sie eher darüber hinweg?

3. Prüfen Sie anhand der folgenden Übersicht zu den „Strategien der Beeinflussung", auf welche Weise die von Ihnen ausgewählte Rede auf Zuhörer/innen Einfluss nimmt.

4. Verfassen Sie eine **Redeanalyse:**
   - Teilen Sie in einem Einleitungssatz wichtige Fakten über Redner/in, Redeort, Thema und Adressaten mit.
   - Stellen Sie Redesituation, Redeinhalt, Redeabsichten, Redestruktur und -mittel sowie Redeweise im Einzelnen dar. Arbeiten Sie dabei insbesondere heraus, inwiefern die Redestruktur und die rhetorischen Strategien die Redeabsichten unterstützen.

   - Beurteilen Sie abschließend die Art und Weise, wie der Redner/die Rednerin die Zuhörer beeinflussen will und inwiefern das aus Ihrer Sicht gelungen ist.

Strategien der Beeinflussung

Die folgenden Techniken der Beeinflussung finden Sie häufig in politischen Reden und Debatten, aber auch in anderen Redeformen. Die Verfahren können auch in Mischformen auftreten.

Aufwertung

- Eigennützige Ziele oder Gruppeninteressen als Interesse aller darstellen
- Von einer Sache, die man selbst vertritt, günstige Aspekte betonen und ungünstige nicht erwähnen oder herunterspielen
- Aus einem für die Wir-Gruppe günstigen Einzelfall Verallgemeinerungen ableiten
- Der Wir-Gruppe positive Werte wie Freiheit, Gerechtigkeit oder Ehrlichkeit zuschreiben, z. B.: „Wir halten unser Versprechen."
- Unverfängliche, „neutrale" Unterstützer der eigenen Meinung benennen (▷ Autoritätsargument) ▷ S. 494
- Der Wir-Gruppe Einigkeit und Harmonie zuschreiben
- Zur Kennzeichnung der Wir-Gruppe „aufwärts"-Metaphorik verwenden, z. B.: „Wir erleben einen ungeahnten Aufschwung."
- Im Zusammenhang mit der Wir-Gruppe Verben verwenden, die Dynamik und Entschlusskraft ausdrücken, z. B.: „Wir haben … durchgesetzt."

Abwertung

- Dem Gegner Fehler zuschreiben, für die er nicht verantwortlich zu machen ist, und allgemein Ursachen für Fehlentwicklungen dem Gegner anlasten
- Von einer Sache, die der Gegner vertritt, ungünstige Aspekte betonen und günstige nicht erwähnen oder herunterspielen
- Aus einem für die gegnerische Position ungünstigen Einzelfall Verallgemeinerungen ableiten
- Parzellierung des Gegners (so tun, als ob Teile der gegnerischen Gruppe längst die eigene Position unterstützen)
- Einen Gegner im Inland mit einem gemeinsamen „Feind" im Ausland in Verbindung bringen
- Den Gegner mit negativen Werten wie „Unterdrückung", „Zwang", „Ungerechtigkeit" oder „Betrug" („Wählerbetrug") in Zusammenhang bringen
- Dem Gegner politisch-moralische Defizite unterstellen
- Der gegnerischen Gruppe Zerstrittenheit und Handlungsunfähigkeit zuschreiben, z. B.: „Die Koalitionspartner geraten sich in die Haare."
- Im Zusammenhang mit der gegnerischen Gruppe Verben oder Redewendungen verwenden, die Entschlusslosigkeit, Planlosigkeit oder Chaos ausdrücken, z. B.: „zögern", „können sich nicht entschließen", „haben kein Konzept"
- Zur Kennzeichnung des Gegners pejorative (abwertende) Metaphern-Bereiche wählen, z. B.
  - Krankheits-Metaphern wie „Gift für unser Land", „Wahnsinn"
  - Sucht-Metaphern wie „Fortschrittsrausch"
  - Brand-Metaphern wie „entfachen einen Streit" oder „Es knistert im Gebälk", um eine Bedrohungskulisse aufzubauen
  - Kindlichkeits-Metaphorik, um den Gegner als unreif und unverantwortlich zu charakterisieren, z. B.: „sie zanken"
  - „abwärts"-Metaphorik, um Ängste vor persönlichem und gesellschaftlichem Niedergang zu nutzen
- Dem Gegner manipulative Absichten zuschreiben, z. B.: „Rattenfänger"
- Gegnerische Äußerungen verzerrt oder verkürzt zitieren, um sie besser in ein negatives Licht rücken zu können

Dramatisierung

- Metaphorik aus Bereichen wie Krieg einsetzen, z. B.: „Front", „Schlacht", „Lager", „Angriff"
- Ängste und Befürchtungen der Zuhörerschaft wecken
- Fehler des Gegners maßlos übertreiben, z. B.: „Untergang Deutschlands"

Beschwichtigung und Ablenkung vom Thema

- Kritische Sachverhalte durch Euphemismen (Beschönigungen) und sonstige entdramatisierende Umschreibungen im Bewusstsein der Zuhörer/innen relativieren
- Problematische Sachverhalte als natürlich oder unabwendbar kaschieren
- Mit Hilfe einer Gemeinschafts-Ideologie Interessenunterschiede verdecken, z. B.: „Wir alle müssen Lasten tragen"; „schließlich muss jeder etwas beitragen"
- Mit einer Strategie der Relativierung die Zuhörer/innen von einer konsequenten Vertretung ihrer Interessen abbringen, z. B. durch Partikeln wie „zwar – aber", „sowohl – als auch"
- Problematische Sachverhalte tabuisieren, um sie der öffentlichen Erörterung zu entziehen

2.3 Analyse längerer Sachtexte

Sowohl in einem Studium als auch bei vielen beruflichen Tätigkeiten stehen Sie vor der Herausforderung, umfangreichere Sachtexte bis hin zu Buchlänge bewältigen zu müssen. Die Verarbeitung solcher Texte, z.B. wissenschaftlicher oder wissenschaftsjournalistischer Abhandlungen, erfordert ein besonderes Know-how. Im Folgenden erhalten Sie ein paar Hinweise zu wichtigen Vorarbeiten solcher Analysen:

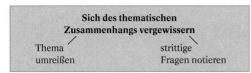

Sich des thematischen Zusammenhangs vergewissern

Thema umreißen / strittige Fragen notieren

Längere Sachtexte eignen Sie sich meist in umfassenden Arbeitszusammenhängen an. Wenn Sie sich das bereits erworbene **Vorwissen** vergegenwärtigen, können Sie Neues besser einordnen.

Aktiv lesen
(sich einen Überblick über den Inhalt verschaffen)

Schlüsselbegriffe unterstreichen

Randzeichen und Textmarkierungen

unbekannte **Wörter** in Lexika bzw. Wörterbüchern nachschlagen

zu jedem Abschnitt eine **Überschrift** formulieren

Das Gelesene gedanklich verarbeiten
(den Text durchmustern und die Aussagen rekonstruieren)

Begriffe in einem Modell mit **Oberbegriff** und untergeordneten Begriffen darstellen

eine Übersicht über den Text in Form eines **Clusters** erstellen

mit der **Treppenmethode** die Textaussagen gewichten und gedanklich aufeinander beziehen

Sich mit einer zentralen These/Information des Textes auseinander setzen

Randzeichen

| ▸ wichtige Textaussage

} ▸ zweifelhafte, nicht ganz nachvollziehbare Darstellung

? ▸ vorerst unklare Textstelle, über die Sie noch einmal nachdenken müssen (evtl. nach einer gründlichen Zweit- oder Drittlektüre)

! ▸ Aussage, die in besonderer Weise Ihren eigenen Ansichten entspricht

Markierungen im Text

Unterstreichung ▸ ein zentraler Begriff; ein abschnittbildender Aspekt

Unterschlängelung ▸ eine Textstelle, die erkennen lässt, mit welchen anderen Autoren/Autorinnen, mit welchen widerstreitenden Meinungen sich der Text auseinander setzt

Einkreisung ▸ eine Textstelle, an der sich die Einstellung/ persönliche Meinung/ weltanschauliche Position des Autors oder der Autorin besonders gut nachweisen lässt

Markierungen am Rand
T = These/Behauptung
Arg = Argument
Erl = Erläuterung
Bsp = Beispiel
Zit = unterstützendes Zitat
Def = wichtige Definition
⌐
⌐ = widersprüchliche Aussagen (Markierungen an zwei Textstellen; die Pfeile sind aufeinander gerichtet)
rh = Besonderheit der Aussageweise/rhetorische Figur

Treppenmethode
1. Einen Satz formulieren, der die gesamte Textaussage umfasst
2. Sätze formulieren, die ganze Abschnitte umfassen
3. Sätze formulieren, die Unterabschnitte umfassen

Weitere detaillierte Anregungen zur schriftlichen Auseinandersetzung mit umfangreicheren Sachtexten erhalten Sie in dem Band:
Gerd Brenner: Besser in allen Fächern. Sachtexte verstehen und verfassen. Oberstufe. Cornelsen Scriptor, Berlin 1996

3 Erörterndes Schreiben

Probleme – d. h. entweder komplizierte, noch nicht hinreichend erschlossene Sachfragen oder offene, strittige Wertungsfragen – lassen sich mündlich oder schriftlich **erörtern**.

Unter einer **schriftlichen Erörterung** versteht man in der Regel eine systematische Abfolge von Denkoperationen. Ein solches Erörtern bedeutet,

- ein Problem in seinem logischen Kern zu erfassen,
- es von verwandten Problemstellungen abzugrenzen,
- es in eine Reihe von Einzelfragen aufzugliedern,
- unterschiedliche Antworten auf diese Fragen gegenüberzustellen,
- diese Antworten mit Argumenten zu begründen,
- die Argumente durch Beispiele anschaulich zu machen und
- abschließend die dargestellten Positionen persönlich zu bewerten.

Die Erörterung ist ein Instrument der Entscheidungsfindung und Meinungsbildung. Sie ist sowohl für Alltagsdiskussionen als auch für die wissenschaftliche oder journalistische Arbeit von grundlegender Bedeutung.

Im schulischen Unterricht haben sich drei Formen der Erörterung herausgebildet:

1) Das **textgebundene Erörtern** (s. u.) befasst sich mit Texten, die nicht in erster Linie der Informationsvermittlung dienen, sondern mit denen der Autor oder die Autorin durch die Darlegung eigener Ansichten in einen Meinungsstreit eingreifen will. In der textgebundenen Erörterung sind die Akzentsetzungen des Autors/der Autorin Gegenstand einer kritischen Bewertung. Die im Text dargestellten Positionen werden mit abweichenden Positionen anderer Autoren und mit eigenen Einsichten verglichen. Daraus ergibt sich eine Bewertung der im Text vertretenen Auffassung. – Die textgebundene Erörterung kann auch eine **fachübergreifende** ▷ S. 396 ff. **Problemstellung** behandeln, wie z. B. ▷ „Kulturelle Identität und Zweisprachigkeit". Ebenso ist es denkbar, dass sich der Schreibauftrag der Erörterung auf eine bestimmte **Kommunikationssituation** bezieht, etwa die Veröffentlichung in einer Schülerzeitung.

2) Beim **freien Erörtern** (▷ S. 502 ff.) werden Positionen und Gegenpositionen zu einem aufgeworfenen Problem selbstständig – ohne Steuerung durch einen vorgelegten Text – zusammengetragen. Die abschließende Stellungnahme zu dem aufgeworfenen Problem basiert dann ganz auf der eigenen Problemerschließung.

3) Die **literarische Erörterung** befasst sich mit Problemstellungen der Literatur und der Literaturwissenschaft. In textgebundener oder textungebundener Form werden z. B. literaturgeschichtliche Zusammenhänge, gattungstheoretische Fragen oder Fragen literarischer Wertung erörtert.

3.1 Textgebundene Erörterung

Die textgebundene Erörterung erfolgt in der Regel in zwei Schritten:

Aufbau einer textgebundenen Erörterung

A Textanalyse
Untersuchung des Argumentationsansatzes und der Argumentationsstruktur des Textes:
- Bestimmung der zentralen Problemstellung
- Erfassen des gedanklichen Grundrisses
- Analyse der Thesen und Argumente sowie der sprachlich-rhetorischen Mittel

B Kritische Stellungnahme
Argumentative Entfaltung des Problems:
- Auseinandersetzung mit den vom Autor/von der Autorin vertretenen Positionen
- Entwicklung und Begründung des eigenen Standpunkts

Analyse des Argumentationsansatzes

Hans Magnus Enzensberger

Unsere Landessprache und ihre Leibwächter (1979)

Die üblichen Klagen zuerst. Sie kommen von Herzen, aber ich kann mich, was sie betrifft, kurz fassen. Denn seit Jahren jammern Bildungsexperten, Professoren, Chefs über man-
5 gelhafte Deutschkenntnisse bei Hauptschülern, Doktoranden, Lehrlingen; ja sogar aus den Handelskammern sind diesbezügliche Seufzer zu vernehmen, gerade so, als weise ein reichliches Spesenkonto den Inhaber schon
10 als Gralshüter der Muttersprache aus.
Diese Verwahrlosung! Dieser Amerikanismus! Diese rüden Stummelsätze aus der Discothek! Diese unglaublichen Patzer im Schulaufsatz! Und so weiter. Das kennt man. Man kennt den
15 müden Stumpfsinn der alternativen *scene*, man kennt die berüchtigten Zwanzigjährigen, deren Wortschatz kaum über achthundert Vokabeln hinausgeht und deren Grammatik die Struktur eines Kaugummis hat; allerdings
20 auch die Klagen darüber kennt man, ja, sie hängen einem möglicherweise schon zum Hals heraus.
Denn die Herren, die unserer Sprache da so eilfertig beispringen, als wäre sie eine alters-
25 schwache Patientin: diese muskulösen Pfleger machen sich ja nicht erst seit gestern an ihrem Rocksaum zu schaffen. Und heute wie damals bleiben ihnen nachhaltige Erfolge versagt – glücklicherweise, möchte ich meinen, wenn
30 ich bedenke, was diese Apostel des guten, wahren und richtigen Deutsch sich schon alles geleistet haben an Dünkel, Verbohrtheit und Besserwisserei, allen voran der Herr Dr. Konrad Duden selig, der unserer Sprache, die
35 ja wohl kaum die seine war, schon vor hundert Jahren mit seinen hageren Schulmeister-Ellbogen zu nahe getreten ist.
Da ist der Herr Doktor freilich an die Unrechte geraten. Die Sprache ist nämlich immer
40 lebendiger und jünger als ihre arthritischen[1] Leibwächter. Sie pfeift darauf, von ihnen reingehalten und beschützt zu werden, und auf die akademische Wach- und Schließgesellschaft hat sie – *sit venia verbo*[2] – einfach keinen

Bock. Die Rache der Impotenten sind die
45 Vorschriften, mit denen unsere Kinder in der Schule mißhandelt werden. Hinter dem Rücken ihrer Aufseher aber läßt sich die Sprache munter mit den Vandalen ein, vor denen jene sie zu bewahren suchen. Großmütig wie eh
50 und je gibt sie sich hin dem frechen, penetranten, falschen, chaotischen, gepfefferten, gemeinen, obszönen Gequassel der Fußballer, Schüler, Knastbrüder, Börsianer, Soldaten, Zuhälter, Flippies, Penner und Huren. Der
55 reinste Horror-Trip, müßten die Herren vom zuständigen Sprachdezernat da ausrufen, wenn ihnen diese vulgäre Wendung nicht fremd wäre.
Nur, daß man unsereinen hierauf nicht mit
60 allen Anzeichen des Entsetzens aufmerksam zu machen braucht. Sensible Ohren haben wir selber, und was mich angeht, so gebe ich gerne zu, daß ich zusammenzucke, wenn die Kids anfangen, ihre Beziehungskisten aus-
65 zudiskutieren, und wenn sie wieder mal kurz abchecken, was Sache ist. Diese Redensarten finde ich deprimierend.
Wenn ich dann allerdings den Fahrkartenzwickern der Nation zuhöre, wird mir noch
70 übler; diese Heger, Warner und Walter haben sich ja seit Opa Dudens Zeiten erschreckend vermehrt, und ganz egal, ob sie aus den Redaktionsstuben der F.A.Z., aus dem Rotary Club[3] oder aus dem Kultusministerium kom-
75 men, es ist längst nicht mehr damit getan, ihre Schriftsätze in den Papierkorb zu stopfen. „Die zur Beurteilung berufene Behörde muß sich vielmehr unter Ausschöpfung aller Erkenntnismittel – auch und gerade unter Be-
80 rücksichtigung von Äußerungen des Bewerbers über seine politische Einstellung – die Überzeugung bilden, ob der Bewerber die Gewähr für die von ihm zu fordernde Verfassungstreue bietet. ,Zweifel an der Verfas-
85 sungstreue' zu haben bedeutet in diesem Zusammenhang nur, daß die bestellende Behörde nicht davon überzeugt ist, daß der Bewerber die Gewähr bietet, jederzeit die verfassungsmäßige Ordnung zu wahren ... Dem
90

1 **arthritisch:** an einer Gelenkentzündung leidend

2 **sit venia verbo:** wenn der Ausdruck erlaubt ist

3 **Rotary Club:** internationale Vereinigung von Geschäftsleuten, Politikern, Künstlern, Ärzten

Antragsteller kann es deshalb nichts nützen, wenn er immer wieder hervorhebt, daß er sich *derzeit* durchaus legal verhalte, die geltenden Gesetze also beachte und dies weiterhin tun wolle. Das ist nicht entscheidend für die Beur- [95] teilung, ob er die Gewähr bietet, *jederzeit* die verfassungsmäßige Ordnung zu wahren." [...] Da ist mir, offen gestanden, der Disco-Slang, der Kneipen-Jargon, der Rocker-Sound, der Knacki-Argot noch lieber; denn der gedeiht [100] und verwelkt wie die Lilien auf dem Felde, und nach ein paar Jahren bleibt nur ein Komposthaufen davon übrig, wogegen die machtgeschützten Bandwurmsätze der Schreibtischtäter immer neue Glieder, Haken und [105] Saugnäpfe ansetzen. [R]

1. Welche Aussage Enzensbergers gefällt Ihnen am besten?
2. „Enzensberger befasst sich mit der deutschen Sprache." Diese Angabe ist jedoch zu ungenau, um den Leserinnen/Lesern eines Erörterungsaufsatzes einleitend zu vermitteln, worum es geht. Grenzen Sie den **Gegenstand** des Textes in ein, zwei Sätzen präziser ein.
3. Geben Sie an, mit welchen **Leit- oder Schlüsselfragen** der Autor sich dem von ihm behandelten Gegenstand nähert. Stellen Sie sich dazu vor, der Text sei das Konzentrat eines Interviews, das Sie mit dem Autor geführt haben. Formulieren Sie die Fragen, die Sie dem Autor gestellt haben könnten, und kontrollieren Sie, ob der Text tatsächlich Antworten auf genau diese Fragen gibt. Präzisieren Sie Ihre Fragen, wenn nötig.
4. Wenn Sie eine Erörterung verfassen, werden Sie in der Regel aufgefordert, nach der Analyse des Textes einen seiner zentralen Aspekte ausführlich zu diskutieren:
   „Erörtern Sie die Problematik ..." / „Diskutieren Sie die Frage ..." / „Nehmen Sie Stellung zu ..." / „Setzen Sie sich kritisch mit der Position ... auseinander." / „Beurteilen Sie ..."
   Eine solche Erörterung fällt Ihnen leichter, wenn Sie bereits am Anfang Ihrer Arbeit Abstand zu dem Text gewinnen und alle Entscheidungsmöglichkeiten zu dem in der Aufgabenstellung aufgeworfenen Problem notieren, z. B. in einem Entscheidungsstern.
   a) Übertragen Sie den folgenden Entscheidungsstern auf ein Blatt Papier und ergänzen Sie weitere Entscheidungsmöglichkeiten.
   b) Schreiben Sie an jedes Strahlenende des Sterns Argumente, welche die dort notierte Entscheidungsmöglichkeit stützen könnten.

METHODENTRAINING

Mit einem **Entscheidungsstern** öffnen Sie Denkhorizonte. Wenn Sie andere Meinungen kritisch kommentieren und Alternativen entwickeln sollen, hilft Ihnen dieses Verfahren, sich von Vorgaben zu lösen und neue Möglichkeiten in Betracht zu ziehen.

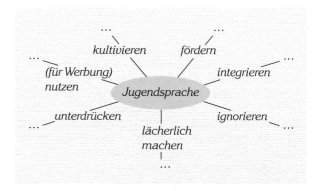

5. Texte wie der von Enzensberger greifen in der Regel in bestimmte öffentliche Diskussionen ein. Für welche **Öffentlichkeit(en)** ist dieser Text wohl gedacht? Begründen Sie Ihre Ansicht. Greifen Sie u. a. auf das Quellenverzeichnis (▷ S. 519) zurück.
6. Schreiben Sie nun die **Einleitung einer Erörterung**, die sich mit dem Enzensberger-Text befasst.
   ■ Geben Sie in einem Einleitungssatz Autor, Titel, Erscheinungsort und Thema an.
   ■ Führen Sie den Leser/die Leserin Ihres Aufsatzes zum Gegenstand Ihrer Erörterung hin, indem Sie z. B.
     □ auf einen aktuellen Vorfall eingehen, den Sie selbst erlebt oder von dem Sie erfahren haben;
     □ einen wichtigen Begriff (hier z. B.: „Jugendjargon") definieren;
     □ den Gegenstand des Textes mit Hilfe der oben aufgelisteten Leit- oder Schlüsselfragen umreißen.

Analyse der Argumentationsstruktur

Die Sätze, aus denen sich ein meinungsbildender Sachtext wie der von Enzensberger zusammensetzt, haben nicht alle die gleiche Funktion. Die meisten Aussagen eines solchen Textes kann man den folgenden Funktionen zuordnen:

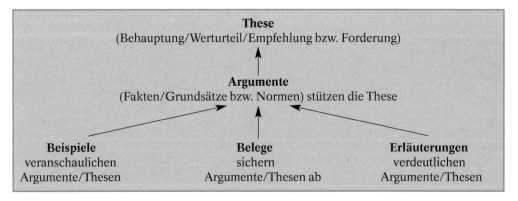

These
(Behauptung/Werturteil/Empfehlung bzw. Forderung)

Argumente
(Fakten/Grundsätze bzw. Normen) stützen die These

Beispiele	**Belege**	**Erläuterungen**
veranschaulichen	sichern	verdeutlichen
Argumente/Thesen	Argumente/Thesen ab	Argumente/Thesen

1. a) Lesen Sie Enzensbergers Text (▷ S. 491 f.) noch einmal gründlich durch und notieren Sie die zentralen **Thesen** (Kernaussagen).
   b) Schreiben Sie in Stichworten die **Argumente** und **Beispiele** heraus, mit denen Enzensberger seine Kernaussagen stützt. Ordnen Sie die Argumente und Beispiele den Thesen tabellarisch zu.
2. a) In meinungsbildenden Texten kommen oft Thesen vor, die von den Autoren selbst gar nicht als stichhaltig eingeschätzt werden. Die Autoren zitieren sie als **Gegenthesen,** um damit ihre eigentliche Position besser profilieren zu können. Weisen Sie in Enzensbergers Text einen solchen Vorgang im Einzelnen nach.
   b) Welche der von Enzensberger entwickelten Thesen könnten Ihrer Meinung nach in der Öffentlichkeit besonders strittig sein?
3. a) Formulieren Sie Enzensbergers Thesen möglichst präzise in eigenen Worten. Indem Sie die Aussage des Autors neu formulieren, vergewissern Sie sich, dass Sie den Text verstanden haben.
   b) Geben Sie die Thesen des Autors in ihrem gedanklichen Zusammenhang wieder. Machen Sie die (evtl. auch mangelnde) logische Schlüssigkeit von Enzensbergers Position deutlich.

Das **Gewicht einer These** (Kernaussage des Textes) hängt von der **Qualität der Argumente** ab, die die These stützen. „Ein Argument ist die Begründung, die uns motivieren soll, den Geltungsanspruch einer Behauptung oder eines Gebots bzw. einer Bewertung anzuerkennen" (Jürgen Habermas).
Im Folgenden werden typische Argumente vorgestellt, die zur Stützung von Thesen benutzt werden.

Argumenttypen und ihre Funktionen

Faktenargument
Die These wird durch logische Verknüpfung mit einer unstrittigen, verifizierbaren **Tatsachenaussage** gestützt. Diese Art von Argument ist oft leicht nachvollziehbar. Handelt es sich bei dem Faktenargument jedoch um einen Hinweis auf einen Einzelfall, so ist dieses Argument nicht sehr beweiskräftig; denn es kann möglicherweise durch einen anderen Einzelfall widerlegt werden. Das Faktenargument ist also bei genauer Prüfung oft nicht stichhaltig.
Beispiel: „Jugendsprache neigt zu ‚coolen' Untertreibungen. Zum Beispiel äußert sich die Hauptfigur in Plenzdorfs ‚Die neuen Leiden des jungen W.' folgendermaßen: ‚380 Volt sind kein Scherz, Leute. Es ging ganz schnell. Ansonsten ist Bedauern jenseits des Jordans nicht üblich.'"

Normatives Argument

Die These wird fundiert, indem der Autor/die Autorin sie mit allgemein oder weithin akzeptierten **Wertmaßstäben (Normen)** logisch verknüpft. In Gesellschaften, in denen eine immer größere Anzahl von Normen umstritten ist, wird eine normative Argumentation für viele Leser/innen bzw. Zuhörer/innen nicht unbedingt einleuchtend sein.

Beispiel: „Jede Gesellschaft versucht, eine Kontinuität der Generationen zu erreichen. Kulturelle Werte wie die Sprache sollen von einer Generation zur anderen weitergegeben werden. Deshalb ist eine Sprachform wie die Jugendsprache abzulehnen, da sie auf einen Bruch mit dem Bisherigen setzt."

Autoritätsargument

Die These wird dadurch untermauert, dass die Autorin/der Autor sich auf eine weithin **akzeptierte Autorität** beruft, die eine ähnliche oder identische Meinung geäußert hat. Auch diese Art von Argumentation ist oft nicht zwingend, da oft andere Autoritäten mit Gegenpositionen angeführt werden können.

Beispiel: „Die Jugendsprache attackiert die Erwachsenenwelt oft in einem herabsetzenden Ton. Professor Pörksen vom Deutschen Seminar der Universität Freiburg schreibt dazu, ,der respektlose Umgang mit Autoritäten, ihre stilistische Herabsetzung', sei das ,Privileg der Unterlegenen'."

Analogisierendes Argument

Eine These wird dadurch abgesichert, dass der Autor/die Autorin ein Beispiel aus einem anderen Lebensbereich als dem gerade diskutierten heranzieht, das in seinen Einzelheiten auf den eigentlichen Sachverhalt übertragbar ist. Das möglichst einleuchtend gewählte Beispiel wird genutzt, um einen Nachvollzug der These durch Parallelisierung und **Analogieschluss** nahe zu legen.

Beispiel: „Aus dem schönsten Konzert wird nichts, wenn die Musiker nichts taugen: ihr Handwerk nicht beherrschen, nicht diszipliniert spielen, am liebsten alle Solisten wären, am Erfolg des Konzerts weniger interessiert sind als an ihrem persönlichen Erfolg. Das Gleiche gilt für Diskussionen."

Indirektes Argument

Das indirekte Argument soll die eigene Meinung dadurch plausibel erscheinen lassen, dass die gegenteilige Meinung als unstimmig (in sich widersprüchlich) oder realitätsfern vorgeführt oder in einer anderen Weise entkräftet wird. Solche indirekte Argumentation erscheint zunächst triftig; sie ist jedoch logisch nicht zwingend.

Einige bereits seit der Antike bekannten Argumentationsweisen, mit denen insbesondere im politischen Streit Thesen abgesichert werden sollen, gelten als unseriös, weil sie die Gefühle und nicht die Vernunft der Leser/innen oder Zuhörer/innen ansprechen. Beispiele:

Argumentum ad baculum: eine Begründung, die sich auf Befürchtungen stützt, die bei den Lesern/Leserinnen oder Zuhörern/Zuhörerinnen vermutet werden;

Argumentum ad misericordiam: eine Begründung, die sich auf Mitleid oder ähnliche Gefühle stützt;

Argumentum ad populum: eine Begründung, welche darauf angelegt ist, die Gefühle einer Volksmenge zu erregen und sie zu hindern, sich ein leidenschaftsloses Urteil zu bilden.

---

4. a) Überprüfen Sie, welche Möglichkeiten der Argumentation im Text von Enzensberger (▷ S. 491 f.) verwendet worden sind.

b) Über welche anderen Mittel, die Leser/innen für seine Sichtweisen einzunehmen, verfügt Enzensberger?

Die **logische Struktur** von Argumentationen nimmt in der Regel typische Formen an, die schematisch darstellbar sind. Eine Möglichkeit ist der **dialektische Aufbau**. Hier werden einander widersprechende Positionen (Für und Wider) aufeinander bezogen, woraus sich ein neuer, weiterführender Gedanke ergibt. Diese Struktur lässt sich z. B. so schematisieren:

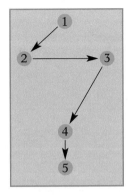

1. Ich behaupte, dass ... (These)

2. Zwar .../Gewiss ... (Gegenargument)

3. Aber ...
   (unterstützendes Argument für die These,
   Entkräftung des Gegenarguments)

4. Vergleicht man beide Aspekte ...
   (Gewichtung der Argumente)

5. Es wäre korrekt, wenn .../Man sollte also ...
   (Schlussfolgerung/Empfehlung)

Argumentationen werden oft auch in Form einer Kette aufgebaut, die zu einer These eine Serie unterstützender Argumente und Beispiele aufbietet, Gegenmeinungen jedoch nicht einbezieht. Dieser **steigernde Aufbau** könnte beispielsweise folgende Struktur haben:

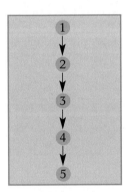

1. Ich behaupte, dass ... (These)

2. Ich erinnere nur an ... (Faktenargument)

3. Ein Beispiel dafür ist ... (Beispiel)

4. Auch die Wissenschaft bestätigt ... (Autoritätsargument)

5. Daraus ergibt sich ... (Schlussfolgerung)

---

5. a) Betrachten Sie noch einmal den Text „Unsere Landessprache ..." von H. M. Enzensberger (▷ S. 491 f.). Zeichnen Sie – nach dem Muster der obigen Skizzen – den Argumentationsgang der Zeilen 1–59 nach.
   b) Notieren Sie neben Ihrer Skizze sprachliche Signale des Textes, die die logische Verknüpfung von These, Argumenten und Beispielen leisten, z. B. „Denn" (▷ Z. 3), „allerdings" (▷ Z. 19).
   c) Geht Enzensberger eher dialektisch oder linear (in Form einer Argumentationskette) vor?

Analyse der sprachlichen Mittel

Wortwahl und **Stil** sind für die Intention und Wirkung eines argumentativen Textes von entscheidender Bedeutung. Sie können unter zwei Gesichtspunkten analysiert werden, zum einen im Hinblick auf ein adressatengerechtes Vokabular, zum anderen unter dem Aspekt der Aussageabsicht.

---

1. Prüfen Sie die Wortwahl Enzensbergers unter stilistischen Gesichtspunkten. Nutzen Sie dabei das folgende „Haus der Stile".

> ## Haus der Stile
>
> **dichterisch**, z. B. „Lenz" (Frühling), „Odem" (Atem), „Himmelsleuchte": feierlich und bisweilen altertümlich wirkende, oft bildhafte Ausdrucksweise
>
> **fachsprachlich**, z. B. „interpretieren", „zitieren": gebildete, gewisse Kenntnisse voraussetzende Ausdrucksweise
>
> **gehoben**, z. B. „gesättigt sein", „wandeln", „jdm. etwas verhehlen": gepflegt wirkende, in Alltagsgesprächen gespreizt klingende Ausdrucksweise
>
> **amts- oder behördensprachlich**, z. B. „Verausgabung", „Indienststellung": steif-offizielle und unpersönliche Ausdrucksweise
>
> **normalsprachlich**, z. B. „gehen", „sich schlagen", „sich die Nase putzen": am wenigsten auffällige, allgemein verwendete Ausdrucksweise
>
> **umgangssprachlich**, z. B. „motzen", „etw. mit jemandem haben": gelockerte, in der mündlichen Rede verwendete Ausdrucksweise des Alltags
>
> **salopp**, z. B. „sich kloppen", „sich keilen", „Zaster", „Schotter", „Kröten": nicht in allen Alltagssituationen verwendbare, oft stark emotional gefärbte, häufig metaphorische Ausdrucksweise
>
> **jargonhaft**, z. B. „supergeil": an eine bestimmte soziale oder berufliche Gruppe oder an eine Altersgruppe (Jugendsprache) gebundene, meist umgangssprachlich geprägte Ausdrucksweise
>
> **derb/vulgär**, z. B. „verarschen", „Fresse": drastische, grobe Ausdrucksweise, die in großen Teilen einer Sprachgemeinschaft auf Ablehnung stößt

---

2. a) Enzensbergers Essay „Unsere Landessprache …" (▷ S. 491 f.) erschien zuerst in der „Zeit", einer Wochenzeitung für Leser/innen mit gehobenem Bildungsniveau. Wie dürfte Enzensbergers Wortwahl auf seine Adressaten gewirkt haben?

   b) Welche Wirkung erzielt der Autor mit der betont häufigen Verwendung umgangssprachlicher Wörter („keinen Bock"), die zudem z. T. Anglizismen sind („Kids", „Horror-Trip")?

   c) „Sie pfeift darauf, von ihnen reingehalten und beschützt zu werden, und auf die akademische Wach- und Schließgesellschaft hat sie – *sit venia verbo* – einfach keinen Bock" (▷ Z. 41 ff.).
   Beschreiben Sie die Kombination von Stilebenen in diesem Zitat und die Wirkung, die sich daraus ergibt.

▷ S. 185 3. Listen Sie die ▷ Metaphern auf, die Enzensberger verwendet (z. B. „diese muskulösen Pfleger machen sich … an ihrem Rocksaum zu schaffen", Z. 25 ff.), und bestimmen Sie ihre Wirkung im Textzusammenhang.

4. Schreiben Sie nun den **Mittelteil Ihres Erörterungsaufsatzes.**
   - Stellen Sie die Argumentationsstruktur und die sprachlich-rhetorischen Mittel des Enzensberger-Textes im Zusammenhang dar. Gehen Sie dabei auf möglichst viele der oben erarbeiteten Gesichtspunkte ein.
   - Bei der Analyse des Textes von Enzensberger müssen Sie mehrfach seine Gedanken wiedergeben. Achten Sie dabei auf den angemessenen Gebrauch des Konjunktivs (▷ S. 497).

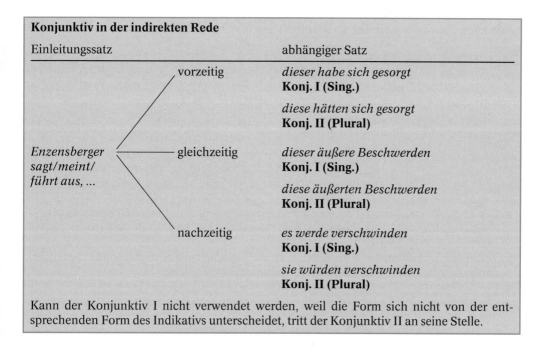

Konjunktiv in der indirekten Rede

Einleitungssatz		abhängiger Satz
	vorzeitig	*dieser habe sich gesorgt* **Konj. I (Sing.)**
		diese hätten sich gesorgt **Konj. II (Plural)**
Enzensberger sagt/meint/ führt aus, ...	gleichzeitig	*dieser äußere Beschwerden* **Konj. I (Sing.)**
		diese äußerten Beschwerden **Konj. II (Plural)**
	nachzeitig	*es werde verschwinden* **Konj. I (Sing.)**
		sie würden verschwinden **Konj. II (Plural)**

Kann der Konjunktiv I nicht verwendet werden, weil die Form sich nicht von der entsprechenden Form des Indikativs unterscheidet, tritt der Konjunktiv II an seine Stelle.

Kritische Erörterung des Problems

Mit der verstehenden Analyse von Argumentationsansatz und Argumentationsstruktur haben Sie den ersten Teil (**A Textanalyse**) einer textgebundenen Erörterung bewältigt.
Im Anschluss an die Textanalyse erfolgt nun im zweiten Teil des Aufsatzes (**B Stellungnahme**) eine kritische Auseinandersetzung mit den Kernaussagen des Textes, die mit der begründeten Formulierung des eigenen Standpunktes abschließt. Dabei können Sie sowohl Ihr Alltagswissen nutzen als auch Kenntnisse, die Sie im Unterricht erarbeitet haben.

---

1. Eine erörternde Aufgabenstellung zu Enzensbergers Essay (▷ S. 491 f.) könnte lauten:
„Beurteilen Sie, ob und inwiefern Enzensberger die Funktionen der Jugendsprache angemessen darstellt."
Greifen Sie auf die Notizen in Ihrem Entscheidungsstern (▷ S. 492) zurück, um erste Antworten auf diese Frage zu geben.

Tipp In einer Klausur erfolgt die Erörterung erst im Anschluss an die Textanalyse. Daher ist es auf jeden Fall sinnvoll, in frühen Phasen der Klausur für diesen Arbeitsgang bereits Stichworte zu sammeln – z. B. mit Hilfe eines Entscheidungssterns. Ergänzen Sie diesen Entscheidungsstern fortlaufend, wenn Ihnen während der Klausur etwas einfällt.

2. Machen Sie sich klar, welche Möglichkeiten Sie haben, sich mit einem argumentativen Text auseinander zu setzen. Welchem der folgenden Modelle (▷ S. 498 f.) entspricht Ihre Auseinandersetzung mit dem Enzensberger-Text am ehesten?

Die vier Grundtypen der kritischen Texterörterung

Modell I: Begründeter Widerspruch

In einem Text niedergelegte Positionen und eigene Ansichten decken sich nicht. Sie sind völlig anderer Meinung als der Autor/die Autorin. Es fällt Ihnen vermutlich nicht schwer, die Thesen des Autors/der Autorin zu entkräften. In kritischer Distanzierung von der Position des Autors/der Autorin können Sie Ihren Widerspruch begründen und eine eigene Meinung dagegensetzen. Diese Konstellation ergibt sich allerdings nur selten. Mögliche Denkoperationen:

- Die Stichhaltigkeit einer These durch **Gegenargumente** und/oder **Gegenbeispiele** in Zweifel ziehen, z. B. die Gegenposition eines anderen Autors referieren oder eigene Erfahrungen dagegenhalten
- Vorgetragene **Argumente entkräften,** z. B. die Geltung der ihnen zu Grunde liegenden Norm anzweifeln oder die behaupteten Tatsachen kritisch prüfen
- Die **Schlüssigkeit des Begründungsverfahrens prüfen**, also den behaupteten Zusammenhang zwischen These und zugehörigen Argumenten/Beispielen logisch überprüfen und in Zweifel ziehen; z. B. den Schluss von einem Einzelfall auf eine Aussage mit allgemeinem Anspruch als logisch nicht zureichend problematisieren
- Eine These grundsätzlich akzeptieren, aber ihre **Geltung eingrenzen,** indem der Sachverhalt zergliedert und differenziert wird („Das-kommt-darauf-an"-Methode)
- Die **Prämissen** von Aussagen des Autors/der Autorin aufdecken (weltanschauliche Grundlagen, wissenschaftliche Denkschule, persönliche Interessenlage) und so den Text kritisch einordnen

Modell II: Teilweise Übereinstimmung

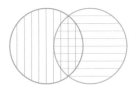

Häufiger kommt es vor, dass Sie mit einigen, vielleicht sogar mit zentralen Positionen des Autors/der Autorin übereinstimmen. Andererseits gibt es aber auch Positionen, denen Sie widersprechen möchten. Die Denkoperationen, die hier möglich sind, stellen eine Mischung aus Modell I und III dar.

Modell III: Begründete Zustimmung

Sie sehen keine oder kaum Ansatzpunkte für eine Gegenargumentation. In diesem Fall fällt Ihnen eine kritische Auseinandersetzung mit dem Text am schwersten. Sie können immerhin die folgenden Denkoperationen durchführen:

- Mit **eigenen Erkenntnissen und Erfahrungen** Thesen des Autors/der Autorin weiter abstützen
- Mögliche **Gegenpositionen** zu Thesen des Autors/der Autorin, auch wenn sie im Text eventuell gar nicht thematisiert sind, **entkräften**
- Die logische Schlüssigkeit der vom Autor/von der Autorin entwickelten Position durch eine **persönliche Rekonstruktion der Hauptgedanken** nachweisen

---

Modell IV: Weiterführende Problematisierung

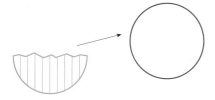

Diese Reaktion auf einen Text setzt voraus, dass Sie sich in einem Sachgebiet ziemlich gut auskennen. Sie entscheiden sich dazu, den diskutierten Sachverhalt in einen größeren Zusammenhang einzuordnen, als der Autor/die Autorin dies getan hat. Dabei weiten Sie den Blick oder heben die Fragestellung, mit der sich ein Text beschäftigt, auf eine neue Ebene. Dieses Verfahren ist anspruchsvoll. Mögliche Denkoperationen:

- **Zusätzliche Aspekte** zur Sprache bringen, welche die vom Autor/von der Autorin gewählte Problemstellung eigentlich mitbeinhalten müsste, zu denen er/sie aber nicht Stellung genommen hat
- Vom Autor/von der Autorin nicht gesehene **Konsequenzen** seiner/ihrer Position darstellen

---

3. Überprüfen Sie, welche der oben angegebenen Modelle der Erörterung in den folgenden Schülerbeispielen umgesetzt worden sind. (Es können auch Mischungen auftreten.)

Beispiel I: Enzensberger verteidigt die Jugendsprache und andere Sondersprachen in seinem Aufsatz etwas halbherzig. Dramatisierend schildert er zwar, wie Schüler, Jugendliche und
5 Studenten mit Vorschriften und Regeln der deutschen Hochsprache „mißhandelt" (Z. 47) werden; er wendet sich gegen diesen leblosen Sprachstil und gegen die konservativen Sprachpuristen, die ihn durchsetzen wollen.
10 Andererseits ist er der Jugendsprache gegenüber aber auch sehr zurückhaltend. Vielleicht hängt das damit zusammen, dass er die Funktionen, die diese Art von Sprache für Jugendliche hat, nicht konkret und direkt anspricht und
15 dass er vielleicht auch gar nicht über sie nachgedacht hat. Die Funktionen der Jugendsprache sind in seinen Ausführungen nur dort zu finden, wo er aufzählt, wie und was Jugendliche sprechen. Die moderne Sprachforschung hat ja
20 herausgefunden, dass eine wichtige Funktion der Sondersprache (darin sind Gaunersprachen, Jugendsprachen und Geheimsprachen eingeschlossen) die Abgrenzung nach außen ist. Jugendliche wollen sich mit „ihrer" Spra-
25 che von der Erwachsenenwelt distanzieren, deshalb verwenden sie ihr eigenes Kommunikationsmittel, die Jugendsprache. Diese Sprache richtet sich außerdem gegen die sprachliche Vermassung in unserer Gesellschaft. Ein

weiterer Aspekt kommt hinzu: In unserer Ge- 30
sellschaft setzt sich immer mehr die Abstraktheit von Begriffen durch, wie Enzensberger sie anhand eines ausführlich zitierten Beispiels nachweist. Was aber will die Jugend? Sie will eine konkrete Ausdrucksweise, damit sinnli- 35
che Vorstellungen wachgerufen werden.
In all diese Bedürfnisse Jugendlicher hat sich Enzensberger wenig hineingedacht. Trotzdem gefällt mir seine Verteidigung der Jugendsprache auch in ihrer halbherzigen Form. Enzens- 40
berger stellt ja immerhin befürwortend fest, dass die „Apostel des guten, wahren und richtigen Deutsch" (Z. 30/31), wodurch er auf metaphorische und pathetische Weise manche Sprachpädagogen und -wissenschaftler und 45
ihren gesellschaftlichen Anhang ironisiert, bisher keine Erfolge erzielen konnten. Die komische Gegenüberstellung von lateinischen Fremdwörtern und Jugendsprache offenbart Enzensbergers eigene Einstellung: Auf die 50
Sprachpuristen habe die Sprache selbst „sit venia verbo – einfach keinen Bock" (Z. 44/45), sagt er. Aber er setzt sich damit aufs hohe Ross des sprachgewandten Schriftstellers. Er nimmt die Jugendsprache zwar 55
gegen die Sprachpuristen in Schutz. Aber wieso kann er sie als Sprache Jugendlicher nicht voll und ganz akzeptieren?

Beispiel II: *In dem Aufsatz von Enzensberger sind Form und Inhalt gut aufeinander abgestimmt. Der Autor benutzt in seinem Text eine Vermischung aus Jugendsprache und der Fachsprache der „Schreibtischtäter" (Z. 104/105). Diesen Mischmasch parodiert er mit Hilfe dichterischer Mittel (Metaphern, ironisch wirkende Zusammenstellungen nicht zueinander passender Sprachbrocken). Er möchte damit ausdrücken, dass man zwar versuchen kann, die Hochsprache durchzusetzen, dass es aber gar nicht zu vermeiden ist, dass immer neue Begriffe und Ausdrücke hinzukommen, denn „auf die akademische Wach- und Schließgesellschaft hat sie (die Sprache) – sit venia verbo – einfach keinen Bock" (Z. 42/45). Um die Sprache als etwas zu zeigen, das lebt und sich entwickelt, benutzt er Bilder wie „die Lilien auf dem Felde" (Z. 101), die blühen und dann verwelken, um so neue Nahrung für eine neue Sprache zu sein. Die Hüter der Muttersprache hingegen sieht er als „Impotente" (Z. 45), die eine „altersschwache Patientin" (Z. 24/25) pflegen und erhalten wollen. Ich kann mich Enzensbergers Ablehnung der Sprachpuristen anschließen, aber ich kann auch seine Skepsis der Jugendsprache gegenüber gut nachvollziehen. Für mich haben jugendliche Sondersprachen, wie sie zum Beispiel in Cliquen auftreten, keine sehr große Rolle gespielt. Es gab zwar Worte oder Ausdrücke, die in Mode waren und die ich kurze Zeit selbst verwendet habe, doch hatten diese für mich nicht die von manchen Wissenschaftlern behauptete Wichtigkeit, zum Beispiel die Funktion, die Zusammengehörigkeit einer Gruppe zu unterstreichen. Daher sind jugendsprachliche Bezeichnungen für mich – wie für Enzensberger – kein Grund zur Aufregung, zugleich sind sie aber auch nicht besonders wertvoll für mich. […] Manchmal stand vielleicht auch ein leichter Druck dahinter, wenn man diese Modebegriffe nicht benutzte. Enzensberger deutet diesen problematischen Gruppendruck mit dem Wort „scene" (Z. 15) an. Viele meinen, dass man zu einer „scene" gehören müsse. Mir gefällt die kritische Distanz von Enzensberger besser.*

4. Schreiben Sie aus den beiden Schülerbeispielen Wörter und Redewendungen heraus, die Sie an den Gelenkstellen eines eigenen Aufsatzes verwenden könnten. Legen Sie eine Liste an.

- *Vielleicht hängt das damit zusammen, dass …*
- *Ein weiterer Aspekt kommt hinzu: …*
- *…*

5. Verfassen Sie nun selbst den eigentlichen **Erörterungsteil Ihres Aufsatzes**.
   - Orientieren Sie sich an folgender Aufgabenstellung: „Beurteilen Sie, ob und inwiefern Enzensberger die Funktionen der Jugendsprache angemessen darstellt."
   - Ergänzen Sie Ihre Gelenkstellen-Liste (▷ Aufgabe 4), indem Sie Ihre Aufsätze wechselseitig auswerten.
   - Prüfen Sie die von Ihnen geschriebenen Aufsätze anhand der folgenden Übersicht.

Zusammenfassender Überblick zur Anfertigung einer textgebundenen Erörterung	
Mögliche Arbeitsschritte	**Besondere Anforderungen**
1. Phase: Vorbereitende Textanalyse	
Mehrmaliges Durcharbeiten des vorgelegten Textes; dabei den Verstehensprozess in Notizen umsetzen (▷ Markieren der Hauptthesen, Randbemerkungen zu Argumenttypen, logischen Verknüpfungen, Beispielen etc.).	Sich nicht im Text verlieren; Orientierungspunkte suchen. Klärung zentraler Begriffe des Textes; Versuch eigener Begriffsdefinitionen und Vergleich mit den vom Autor/von der Autorin vorgenommenen Begriffsfüllungen. (Zu welchen Aspekten schweigt der Autor? Welche hebt er besonders hervor?)

▷ S. 103 f.

Mögliche Arbeitsschritte	Besondere Anforderungen
1. Phase: Vorbereitende Textanalyse (Fortsetzung)	
Notieren von Einfällen zur kritischen Auseinandersetzung mit dem Text.	Wichtige von weniger wichtigen Aussagen unterscheiden. Wertende Aussagen des Textes identifizieren. Die Aussageabsichten des Autors / der Autorin klären; dabei auch versteckte Wertungen erkennen. Eigene Erfahrungen und Kenntnisse (Lektürewissen, Unterrichtsergebnisse etc.) zu den im Text aufgeworfenen Problemen vergegenwärtigen und mit den Textaussagen konfrontieren. Erst *nach* gründlicher Auseinandersetzung mit dem Text den Aufsatz beginnen.
2. Phase: Einleitung	
Nennung von Autor/in, Titel, Thema im Einleitungssatz. Eröffnung des Aufsatzes durch ■ Definition eines im Text verwendeten zentralen Begriffs, ■ Anbindung des Aufsatzthemas an ein aktuelles Ereignis, ■ eine Reihe von Fragen, die das Thema erschließen etc.	Die vom Autor/von der Autorin vorgenommene Themenerschließung in ihrer Begrenzung genau beschreiben. Scheinaktualisierung vermeiden.
3. Phase: Argumentationsansatz darstellen	
Klare Wiedergabe der zentralen Problemstellung im gedanklichen Zusammenhang.	Sich von vorhandenen Vorurteilen lösen. Dem Text gegenüber eine sachlich-distanzierte Haltung einnehmen (z. B. Verwendung des ▷ Konjunktivs der indirekten Rede); Wiedergabe der Textaussage ohne Vermischung mit eigenen Wertungen (diese für den Schlussteil aufsparen).
4. Phase: Argumentationsstruktur und sprachliche Mittel analysieren	
Darstellung und Analyse der zentralen Thesen im Argumentationszusammenhang: ■ Thesen ■ Argumente ■ Beispiele ■ Techniken expliziter oder impliziter Gedankenverknüpfung ■ Wortwahl/Stil	Die Thesen und Argumente des Textes nicht nur additiv nebeneinander stellen, sondern in ihrem sachlich-logischen Zusammenhang wiedergeben. Gedankensprünge vermeiden, die sich aus der Reduktion des Textes auf einige Thesen ergeben könnten. Auf Ökonomie der Darstellung achten. Funktionslose Wiederholungen von Textaussagen vermeiden. (Es geht nicht mehr um das „Was", sondern um das „Wie" des Textes.)

▷ S. 497

Mögliche Arbeitsschritte	Besondere Anforderungen
5. Phase: Kritische Stellungnahme	
Prüfung der Prämissen (der politischen, weltanschaulichen, wissenschaftlichen oder sonstigen Voraussetzungen) der im Text vertretenen Positionen. Bewertung der Schlüssigkeit der im Text aufgebauten Begründungen. Begründete Zustimmung zu der im Text entwickelten Position bzw. Ablehnung oder weiterführende Problematisierung.	Dem Autor/der Autorin nichts unterstellen und auf unstatthafte Verallgemeinerung von Textaussagen verzichten. Die Problemstellung des Textes nicht verschieben: Die eigene Stellungnahme nicht vom Aussageschwerpunkt des Textes abschweifen lassen. Zugleich sich vom Gedankengang des Textes lösen und eigenständige Überlegungen entwickeln, um eine zu enge Anlehnung an den Text und eine bloße gedankliche Wiederholung zu vermeiden. Die eigene Position mit Argumenten und Beispielen abstützen. Entscheidung zwischen ■ entfaltendem Verfahren (ein Standpunkt wird sofort mitgeteilt und anschließend durch Argumente, Erläuterungen etc. plausibel gemacht) oder ■ hinführendem Verfahren (allmählicher Aufbau einer Argumentation von Einzelheiten her bis zur zusammenfassenden These). Sich nicht in Einzelheiten und Nebensächlichkeiten verlieren, sondern die vom Text aufgeworfenen strittigen Fragen zentral angehen.

Allgemeine Hinweise

- Bei der Textwiedergabe wird das Präsens verwendet.
- Zitate werden in die eigene Syntax integriert.
- Es sollen Redewendungen benutzt werden wie „Der Autor behauptet, dass …" oder „Mir scheint, dass …", die genauen Aufschluss über die Urheberschaft von Gedanken geben. Textwiedergabe und eigene Gedankenentwicklung dürfen nicht untrennbar ineinander übergehen, die Position des Autors/der Autorin wird deshalb in der ▷ indirekten Rede wiedergegeben.

▷ S. 497

3.2 Freie Erörterung: Problemerörterung

Im Deutschunterricht der Oberstufe dominiert heute die oben vorgestellte Erörterung im Anschluss an eine fachspezifische Textvorlage; dagegen ist die **textungebundene Problemerörterung** etwas zurückgetreten. Das „freie Erörtern" ist der Alltagskommunikation erheblich näher und ist daher bereits Lerngegenstand der Sekundarstufe I. Von der Auseinandersetzung auf dem Schulhof über den Meinungsbeitrag für eine Schülerzeitung oder den Leserbrief bis zum problemerschließenden Zeitungsartikel und schließlich dem Essay – einer auch sprachlich anspruchsvollen Textform – gibt es viele mündliche und schriftliche Arten der Problemerörterung.

Im Alltag werden wir laufend mit strittigen Fragen konfrontiert. Im Meinungsstreit sind wir dabei oft zu Stellungnahmen herausgefordert, bei denen Wertungen oder Entscheidungen, auch Als-ob-Entscheidungen („Wenn du zu entscheiden hättest, was würdest du tun?"), erwartet werden. Bei der Problemerörterung handelt es sich um eine systematische Vorbereitung solcher Stellungnahmen. Während sich jedoch in der Alltagskommunikation das Pro und Kontra zu einer Streitfrage meist auf verschiedene Sprecher/innen verteilt, soll der Autor einer Problemerörterung die kontroversen Standpunkte zu einer Entscheidungsfrage gesammelt vortragen. Als zunächst unparteiischer Moderator bringt er These und Antithese zur Sprache, um dann erst – abschließend – eine persönliche Stellungnahme abzugeben.

1. Wählen Sie im Kurs einen aktuellen Problembereich, den Sie erörtern möchten.
2. Nutzen Sie einige der auf S. 504 dargestellten Verfahren für eine Aspekte- und **Stoffsammlung**. (Bei einer Klausur stehen Ihnen – neben evtl. bereitgestelltem Informationsmaterial – nur die Möglichkeiten zur Verfügung, die sich auf das eigene Gedächtnis stützen.)
3. Einige dieser Verfahren (z. B. die Tabelle, das Zweigdiagramm oder die Mind-Map) helfen Ihnen gleichzeitig, Ihr Material zu **gliedern**. Bringen Sie möglichst viele der Aspekte, die Sie gesammelt haben, mit einem dieser Verfahren in eine Ordnung.
4. Welcher der beiden folgenden Darstellungswege scheint Ihnen der sinnvollste zu sein, um den von Ihnen gewählten Problembereich zu erörtern? Entwerfen Sie evtl. weitere Alternativen der Darstellung.

Schema 1: Pro und Kontra im Block	Schema 2: Laufende Antithetik
A. Einleitung: Aktualität/Bedeutsamkeit der Problemstellung	A. Einleitung: Aktualität/Bedeutsamkeit der Problemstellung
B. Hauptteil I. These Erstes Argument/Beispiel Zweites Argument/Beispiel Drittes Argument/Beispiel usw. II. Antithese Erstes Argument/Beispiel Zweites Argument/Beispiel Drittes Argument/Beispiel usw.	B. Hauptteil These und Antithese im Überblick, dann Erstes Argument/Beispiel zur These ⟶ 1. Argument/B. ⤹ zur Antithese Zweites Argument/B. zur These ⟶ 2. Argument/B. ⤹ zur Antithese Drittes Argument/B. zur These ⟶ 3. Argument/B. usw. zur Antithese
C. Entscheidung/eigene Stellungnahme	C. Entscheidung/eigene Stellungnahme
D. Schluss: Ausblick auf zukünftige Entwicklung o. Ä.	D. Schluss: Ausblick auf zukünftige Entwicklung o. Ä.
Dieses Verfahren kann die entgegengesetzten Positionen systematisch aufarbeiten und im Zusammenhang darstellen. Es ist jedoch wenig farbig.	Dieses Verfahren kommt der Alltagskommunikation mit ihrer Abfolge von Rede und Gegenrede nahe und ist daher lebendiger. Allerdings ist es oft schwierig, jeweils einen passenden gedanklichen Anschluss zu finden.

5. Verfassen Sie nun eine freie Erörterung zu dem von Ihnen gewählten Problembereich. Achten Sie im Hauptteil insbesondere auf eine übersichtliche Gliederung sowie auf eine sinnvolle sprachliche Verknüpfung von
Thesen, Argumenten und Beispielen.

▷ S. 118 f.,
463

▷ S. 97,
504,
516

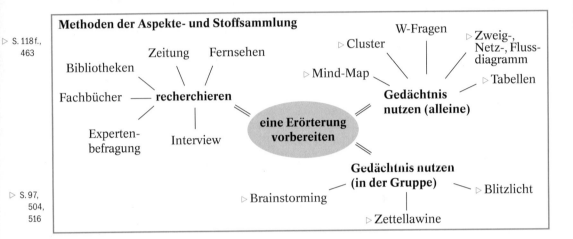

3.3 Einen Essay schreiben

Der Essay ist keine fest umrissene Textsorte. Er bietet einen großen Spielraum für Ausdrucks-
und Gestaltungsmöglichkeiten. Kein gelungener Essay gleicht einem anderen. Insofern ist ein
Essay frei von Strukturvorschriften und vorgefertigten Mustern. Essays verzichten auf wissenschaftlich genaue Analytik ebenso wie auf strenge Systematik der Gedankenfolge. Vielmehr ist
der Essay ein assoziativ-vernetzender Gedankenspaziergang; Essay-Schreiber/innen zeigen
sich interessiert am offenen Nachdenken, am Gedankenexperiment, von dem noch gar nicht
feststeht, wohin es führen wird. Der Essay bietet zugleich Spielraum für die Lust am Formulieren, für das Spiel mit Sprache und die ganz persönliche Note des Stils. Der Essay ist in allem –
in gedanklicher Substanz und sprachlicher Gestaltung – ein Versuch. „Versuchen" heißt im
Französischen „essayer"; die essayistische Aussage ist also eine vorläufige, nicht fertige. Das
Motto des essayistischen Schreibens lautet: Interessant und gewagt, aber keine ewige Wahrheit!

1. Setzen Sie sich in einem Brainstorming mit dem Wort „Grenze" auseinander und stimmen Sie sich so auf
den folgenden Anfang eines längeren Essays ein.

METHODENTRAINING

In einem **Brainstorming** ruft man zu einem Stichwort ohne vorherige Meldung in den Raum, was einem gerade
durch den Kopf geht. Keine der Äußerungen, auch wenn sie noch so ungewöhnlich erscheint, soll zunächst
kommentiert werden. Im Fortgang des Brainstormings kann man auf Äußerungen anderer mit eigenen Ein-
würfen reagieren. Nach wenigen Minuten ist das Verfahren in der Regel erschöpft.
Wenn das Ideenmaterial eines Brainstormings gesichert werden soll, empfiehlt es sich, in jeder Ecke des
Raumes einen Protokollanten zu bestimmen, der alles, was in seinem Bereich gesagt wird, mitschreibt.

Ulrich von Alemann

Grenzen schaffen Frieden (1999)

„Grenze: das Ende einer Sache, jenseits dessen sie aufhört."
        (Meyers Konversationslexikon, 1894)

Meine erste Grenzerfahrung ist zugleich der erste datierbare Tag meiner Kindheitserinnerung. An meinem fünften Geburtstag, am 17. August 1949, passierte ich mit vier Ge-
5 schwistern allein im Interzonenzug die innerdeutsche Grenze zwischen Thüringen und Hessen. Wir nannten sie noch sehr lange Zonengrenze, wir wussten nichts von der Gründung der Bundesrepublik und der DDR
10 in diesem Jahr – wahrscheinlich war das meinen Eltern auch egal. Wir wollten in den Westen. Meine Eltern gingen „schwarz" – wie es damals hieß – über die Grenze.
Herausgekommen aus dem Dorf, in dem ich
15 aufgewachsen war, erlebte ich sensationell Neues, alles an diesem einen Tag: Dampflok, Straßenbahn, Autofahrt, Grenzbeamte, Rotkreuzschwestern, schließlich die erste Nacht, provisorisch untergebracht in einer Bade-
20 wanne auf der Hühnerfarm einer Tante kurz hinter der Grenze im Westen.
Die ungeheuren Bilder vom Neuen jenseits der Grenze prägten sich unvergesslich ein. Aber noch viel wirkmächtiger beschäftigte
25 meine Fantasie lange Jahre der Grenzübertritt meiner Eltern. Wie ging das? Schwarz! Es

musste stockdunkel sein im Wald, wo schwarz gekleidete Gestalten lautlos über Zäune kletterten und Sperren, Barrikaden und Hindernisse überwanden. Manche wurden gefasst 30 und für Tage in ein dunkles Loch gesperrt. Grenze blieb etwas Bedrohliches. Nur einmal, in den 60er-Jahren, konnte ich mich aufraffen, Verwandte in der DDR zu besuchen. In West-Berlin fühlte ich mich unwohl. Mein jüngster 35 Sohn war als Kind immer seltsam erleichtert, wenn wir nach dem Urlaub in Frankreich die deutsche Grenze wieder überquert hatten. Warum diese Grenzscheu? Er hatte doch kein Grenztrauma erlebt, war in den Ferien am 40 Atlantik glücklich gewesen.
Und doch, ich will hier entgegen den eigenen Erinnerungen die These begründen, dass Grenzen nicht nur Abgrenzungen, Schranken, bedrohliche oder lästige Hindernisse 45 sind. Eingrenzungen können auch einfrieden. Umfriedungen schaffen vertraute Sicherheit. Ein derart friedfertiger Grenzbegriff ist, dies nicht beiläufig, weit entfernt von dem Grenzbild des schrecklichen Juristen Carl Schmitt: 50 Für ihn konstituierte das Freund-Feind-Denken die Politik. Derartige Grenzkonflikte bildeten in der Geschichte tatsächlich die häufigsten Kriegsanlässe und reichen auch in die Gegenwart, wie der Balkan demonstriert. 55 Grenzen scheiden Freund und Feind. Aber – muss das so sein? Kluge Freunde hegen und pflegen Grenzen, um sich nicht aufzugeben.
[...]

---

2. Welche Gesichtspunkte, die in Ihrem Brainstorming aufgetaucht sind, hat der Autor zur Sprache gebracht?
3. Inwiefern lässt sich bereits aus dem Textanfang erschließen, dass es sich um einen Essay handelt?
4. Verfassen Sie selbst einen Essay zum Thema „Grenzen". Nutzen Sie dazu die im Kapitel E 4.2: „Freie Formen des Schreibens" (▷ S. 514 ff.) zusammengestellten Vorschläge, um das Thema gedanklich zu entfalten.
Entwerfen Sie evtl. auch mit anderen zusammen einen „Ideenstern" (▷ S. 516 f.), um Ihre Gedanken weiter anzureichern. Fügen Sie die gesammelten Gedanken dann assoziativ-vernetzend in einem Text zusammen. Nutzen Sie dabei Gestaltungsmittel wie
- Bilder (Metaphern, Vergleiche etc.),
- Wortspiele,
- geistreiche Wendungen,
- Darstellung interessanter Einzelheiten,
- Zitate,
- gedankliche Zuspitzung und Übertreibung.

Weitere Anregungen finden Sie in dem Buch:
Rainer Nolte: Essays von der Aufklärung bis heute. Cornelsen Verlag, Berlin 1993

4 Kreatives Schreiben

4.1 Produktiver Umgang mit literarischen Texten

Der Deutschunterricht kennt zwei Formen der Auseinandersetzung mit literarischen Texten: das analysierende und interpretierende Vorgehen auf der einen Seite und das produktionsorientierte Verfahren auf der anderen. Indem Sie literarische Texte gezielt umschreiben, erweitern oder verkürzen, können Sie diese aktiv handelnd verstehen.

Durch verändernde Eingriffe in Erzählungen zum Beispiel können Sie die Entscheidungen, die der Autor oder die Autorin beim Verfassen des Textes getroffen hat, in ihrer Funktion und Wirkung besser begreifen. Sie erfahren, welche Konsequenzen anders getroffene Entscheidungen haben, und Sie erkennen, wie viele und wie weitreichende Entscheidungen beim Schreiben solcher Texte möglich sind. Die „Umdichtungen" stellen so eine produktive Herausforderung mit Erkenntniswert dar: Die eigene Fantasie ist stark gefordert; zugleich ergeben sich Einsichten in die Struktur und Intention von Texten.

Produktive Gedichtinterpretation

1. a) Erich Fried (1921–1988) veröffentlichte 1964 ein Gedicht mit dem Titel „Die Tiere". Jedes Kursmitglied notiert stichpunktartig Vermutungen über einen möglichen Inhalt des Gedichts.
   b) Die Spekulationen werden nacheinander vorgetragen. So entsteht vor der Erarbeitung des Gedichts im Kurs ein gemeinsamer Erwartungshorizont.

METHODENTRAINING

Antizipation, um erste Erwartungen an den Text zu richten: Sie registrieren, welche Gedanken der Titel eines Textes bei Ihnen auslöst.

Komposition, um dem Sinnzusammenhang eines Textes auf die Spur zu kommen: Der Sinnzusammenhang eines Textes ist zerstört worden, z. B. sind die Zeilen eines Gedichtes oder die ersten Abschnitte einer Erzählung vertauscht. Indem Sie die ursprüngliche Anordnung wiederherzustellen versuchen, kommen Sie der Logik des Textes auf die Spur.

Lücken füllen, um die inhaltliche und sprachliche Tendenz eines Textes zu erfassen und fortzusetzen: In einer Reproduktion eines literarischen Textes sind einige Wörter ausgelassen. Sie suchen Wörter, die möglichst genau zum Textumfeld passen.

2. Aus den folgenden Textbausteinen setzt sich die erste, zweizeilige Strophe des Gedichts „Die Tiere" von Erich Fried zusammen. Denken Sie sich genau in das Wortmaterial hinein und rekonstruieren Sie die beiden Gedichtzeilen.

> Im Winter / ans Fenster / bis ans Haus heran / und manchmal Rehe / hungrige Vögel / kommen

3. Setzen Sie aus den folgenden Versen die zweite und dritte Strophe von Frieds Gedicht zusammen. Jede Strophe hat drei Verse.

doch es kommen
die legen sie vor die Türen
Sie stapfen voll Spinnwebmoos hervor aus den Wäldern
Nun ist noch nicht Winter
Bäume im Maul
die größeren Tiere

4. Zeigen Sie, wie das Gedicht die gängige Bedeutung des Begriffs „Tiere" auslöscht und den Begriff dann neu zu füllen beginnt. Welche anderen Wörter des Textes wirken zunächst besonders befremdlich und leiten ein Umdenken des Lesers ein? Um welche „Tiere" könnte es sich hier handeln?

5. a) In den folgenden drei Schlussstrophen des Gedichts „Tiere" fehlen einige Wörter. Für die ersten beiden Lücken erhalten Sie jeweils drei Möglichkeiten zur Auswahl. Betrachten Sie das Textumfeld und den bisherigen Wortlaut des Gedichts genau, um entscheiden zu können, welches Wort im Ursprungstext gestanden haben könnte.

   b) Zu der letzten Leerstelle erhalten Sie keine Option. Finden Sie selbst passende Wörter, die Ihrer Meinung nach die Lücke füllen könnten. Entwickeln Sie Kriterien, um entscheiden zu können, ob ein Vorschlag angemessen ist.

Sie zwängen sich _____ herauf aus der Erde   lehmverkrustet
                                                          eigenmächtig
kriechende Brunnen   lautstark

verbissen in _____ Steine   leuchtende
                                     blutende
                                     zerlegte

Sie frieren nicht

sie fressen und trinken nicht

sie lassen die Fliegen sitzen auf ihren _____ Augen

Sie müssen krank sein

sie müssen erschrocken sein

6. Dieses Gedicht von Erich Fried erschien in einem Band mit dem Titel „Warngedichte". Nutzen Sie diese Information, um einen Leitgedanken für eine Gesamtinterpretation des Textes zu formulieren. Verfassen Sie dann eine solche Interpretation.

Ernst Jandl

wien: heldenplatz (1962)

der glanze heldenplatz zirka
versaggerte in maschenhaftem männchenmeere
drunter auch frauen die ans maskelknie
zu heften heftig sich versuchten, hoffensdick.
5 und brüllzten wesentlich.

verwogener stirnscheitelunterschwang
nach nöten nördlich, kechelte
mit zu-nummernder aufs bluten feilzer stimme
hinsensend sämmertliche eigenwäscher.

10 pirsch!
döppelte der gottelbock von Sa-Atz zu Sa-Atz
mit hünig sprenkem stimmstummel.
balzerig würmelte es im männechensee
und den weibern ward so pfingstig ums heil
15 zumahn: wenn ein knie-ender sie hirschelte.

1938 holte Adolf Hitler Österreich „heim
ins Reich". Am 15. März 1938 zog er in
Wien ein und hielt auf dem Heldenplatz
eine Rede, bei der Hunderttausende dem
„Führer" zujubelten. Danach begann auch
in Österreich rasch die Hatz auf Juden,
Kommunisten, Homosexuelle und andere
„Feinde" der nationalsozialistischen Welt-
anschauung. Noch im selben Jahr gingen
Schriftsteller und Wissenschaftler wie
Stefan Zweig und Sigmund Freud ins Exil.
Der Schriftsteller Egon Friedell stürzte
sich am Tag der Hitlerrede aus dem Fenster
seiner Wiener Wohnung hinab in den Tod.

---

1. Das Gedicht ist auf eine assoziative Erschließung hin angelegt. Schreiben Sie nach mehrmaliger gründlicher
▷ S. 119 Lektüre zu möglichst vielen Wörtern des Gedichts eine ▷ Mind-Map, in der Sie möglichst vielschichtige
Assoziationen entwickeln. Nutzen Sie in Ihren Mind-Maps
- historische Kenntnisse,
- Ihr Wissen aus den Bereichen Turnen und Jagd,
- sexuelle Assoziationen.

Nehmen Sie außerdem Worterweiterungen und Wortartwechsel vor und notieren Sie entsprechende Adjektive, Verben, Substantive etc.

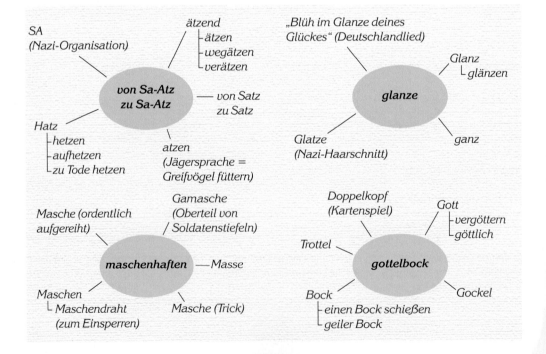

METHODENTRAINING

Mind-Map, um das assoziative Potenzial eines Textes schreibend zu erkunden: Sie registrieren, welche Gedanken ausgewählte Wörter eines Textes bei Ihnen auslösen.

2. Jandl hat
   - Wörter der deutschen Sprache zertrümmert,
   - einzelne semantische Bestandteile verändert, sodass sich verschiedene Bedeutungen überlagern,
   - die sinntragenden Einheiten neu zusammengesetzt (Erfindung neuer Komposita).

   Dabei lässt er den Leserinnen und Lesern bewusst Spielräume für persönliche Assoziationen. Wählen Sie einige Zeilen des Gedichts aus und legen Sie schriftlich dar, wie Sie diese Zeilen verstanden haben.
3. Schreiben Sie ein Gedicht zu einem Thema, mit dem Sie sich kritisch auseinander setzen möchten.
   - Schreiben Sie einen ersten kurzen Prosatext dazu.
   - Zertrümmern Sie dann das Wortmaterial Ihres Textes.
   - Wählen Sie Assoziationsbereiche aus, die sich auf interessante Weise auf Ihr Thema beziehen lassen. (Jandl hat sich dem Phänomen „Hitler" z. B. mit der Sprache der Jagd, des Turnens und der Sexualität genähert.)
   - Ergänzen Sie Ihre Worttrümmer mit Assoziationen aus den gewählten Bereichen in Form einer Mind-Map. Legen Sie die endgültige Fassung der veränderten Wörter erst fest, wenn die Mind-Map entwickelt ist.
   - Versuchen Sie abschließend, die veränderten Wörter in ein kritisches Gedicht zu integrieren.

Produktive Interpretation eines Prosatextes

Die folgenden Anregungen beziehen sich auf die Kurzgeschichte „Ein netter Kerl" von Gabriele Wohmann (▷ S. 88). Alle Anregungen können Sie aber auch bei der Interpretation anderer Texte nutzen. Verschaffen Sie sich einen Überblick über die unterschiedlichen Methoden und erproben Sie sie in einem arbeitsteiligen Verfahren.

METHODENTRAINING

Automatisches Schreiben – écriture automatique, um die Aussage eines Textes auf einer anderen Ebene zu rekonstruieren: Sie wählen ein Musikstück aus, das Ihrer Ansicht nach zu einem bestimmten Text passt. Dann nehmen Sie Papier und Stift zur Hand, setzen sich entspannt hin und schließen die Augen. Sie konzentrieren sich zwei, drei Minuten lang möglichst intensiv auf eine literarische Figur des Textes. Nun öffnen Sie die Augen und notieren stichwortartig den „Film", der beim Hören der Musik durch Ihren Kopf läuft.
Schreiben Sie – ohne Punkt und Komma und ohne Nachdenken – möglichst ununterbrochen Wörter auf, die festhalten, was Sie vor dem „inneren Auge" sehen. Der Gedankenstrom kann durchaus sprunghaft und ungeordnet sein. Verzichten Sie auf Sätze und schreiben Sie eine Kette einzelner Wörter.

1. Bringen Sie ein rein instrumentales Musikstück mit, das Ihrer Meinung nach die Stimmung einer der Figuren am Anfang oder am Ende der Kurzgeschichte „Ein netter Kerl" gut zum Ausdruck bringt.
2. Jede/r wählt sich eine der Figuren aus und versetzt sich möglichst genau in deren Lage.
3. Spielen Sie nun Ausschnitte aus verschiedenen Musikstücken unmittelbar nacheinander laut ab und verfassen Sie nach dem Verfahren des automatischen Schreibens einen Text zu der von Ihnen gewählten Figur.
4. Lesen Sie sich die Wortketten vor. Welche neuen Erkenntnisse zur „Psyche" der literarischen Figuren, in die Sie sich hineinversetzt haben, ergeben sich?

METHODENTRAINING

Lipogramm, um die Aussage eines Textes mit anderen Worten nachzuvollziehen: Bei Lipogrammen handelt es sich um Texte, in denen Wörter nicht zugelassen werden, die einen bestimmten Buchstaben enthalten. Das Schreibverfahren veranlasst Sie, Sprachgebungen eines vorliegenden Textes aufzugeben und neue zu finden. Wenn Sie zu einem Text ein Lipogramm schreiben, besteht die Herausforderung darin, die Textaussage mit anderen Wörtern möglichst genau zu rekonstruieren.

Georges Perec

Anton Voyls Fortgang (1969)

Kardinal, Rabbi und Admiral, als Führungstrio null und nichtig und darum völlig abhängig vom Ami-Trust, tat durch Rundfunk und Plakatanschlag kund, dass Nahrungsnot und damit Tod aufs Volk zukommt. Zunächst tat man das als Falschinformation ab. Das ist Propagandagift, sagt man. Doch bald schon ward spürbar, was man ursprünglich nicht glaubt. Das Volk griff zu Stock und zu Dolch. „Gib uns das täglich Brot", hallts durchs Land, und „pfui auf das Patronat, auf Ordnung, Macht und Staat". Konspiration ward ganz normal. Komplott üblich. Nachts sah man kaum noch Uniform. Angst hält Soldat und Polizist im Haus. In Mâcon griff man das Administrationslokal an. In Rocamadour gabs Mundraub sogar am Tag: man fand dort Thunfisch, Milch und Schokobonbons im Kilopack. Waggons voll Mais, obwohl schon richtig faulig. Im Rathaus von Nancy sahs schlimm aus, fünfundzwanzig Mann schob man dort aufs Schafott, vom Amtsrat bis zum Stadtvorstand, und ruckzuck, ab war ihr Kopf. Dann kam das Mittagsblatt dran, da allzu autoritätshörig. Antipropaganda warf man ihm vor und Opposition zum Volk, darum brannt das Ding bald licht und loh. Ringsum griff man Docks an, Bootshaus und Munitionsmagazin. [...]

1. Stellen Sie fest, welcher Buchstabe in diesem Romananfang fehlt. (Der Roman von Georges Perec, einem Vertreter des Pariser „Ouvroir de littérature potentielle", hält seine lipogrammatische Entscheidung über mehrere hundert Seiten hinweg durch, und zwar nicht nur im französischen Original, sondern auch in der deutschen Übersetzung.)
2. Schreiben Sie die Kurzgeschichte „Ein netter Kerl" (▷ S. 88) in einem arbeitsteiligen Verfahren lipogrammatisch um: Einigen Sie sich zunächst auf bestimmte Buchstaben (z. B. „b" und „f"), die in Ihren Verwandlungstexten nicht mehr vorkommen dürfen.
   Unterstreichen Sie dann die Wörter, die in einem Lipogramm ersetzt werden müssen. Suchen Sie nach solchen Ersatzwörtern bzw. nach ganz neuen Formulierungen, mit denen Sie die Aussage des vorliegenden Textes möglichst genau wiedergeben können.
3. Diskutieren Sie, mit welchen Umformulierungen es besonders gut gelungen ist, der ursprünglichen Aussage des Textes gerecht zu werden.

METHODENTRAINING

▷ S. 145 **Perspektivenwechsel**, um eine andere ▷ Erzählhaltung einzunehmen: Sie ändern die Ausgestaltung der auktorialen Perspektive, z. B. neutral, kühl-unbeteiligt, kritisch-distanziert, spöttisch etc., oder Sie nehmen die Perspektive einer der beteiligten Figuren ein und erzählen das Geschehen neu.

1. a) Sammeln Sie Haltungen, die ein **auktorialer Erzähler** zum Geschehen einnehmen kann. Stellen Sie eine Liste von Möglichkeiten zusammen:
   b) Wählen Sie eine dieser Möglichkeiten aus und schreiben Sie die Geschichte „Ein netter Kerl" (▷ S. 88) um.
   c) Diskutieren Sie die Effekte, die sich durch die Umgestaltungen ergeben.

   neutral
   spöttisch
   ...

2. Versetzen Sie sich in eine der am Geschehen beteiligten Figuren und geben Sie die Kurzgeschichte in der Ich-Perspektive wieder.

3. a) Wenn Rita die Geschichte aus ihrer Perspektive erzählt, kann der Text an mehreren Stellen einen **inneren Monolog** enthalten. Wo wäre eine solche ausführliche Wiedergabe des inneren Geschehens dieser Figur sinnvoll und wie könnten diese inneren Monologe lauten?
   b) Wie verändert sich die Geschichte auf Grund der inneren Monologe? Warum hat die Autorin sich in ihrer Version wohl auf das äußere Geschehen beschränkt?

METHODENTRAINING

Rückerinnerung, um aus Figurensicht – in zeitlicher Distanz – einen anderen Blick auf das im Text dargestellte Geschehen zu werfen: Sie setzen die literarische Fiktion fort und bringen Figuren zu einem späteren Zeitpunkt noch einmal zusammen.

4. Schreiben Sie eine Fortsetzung zu Wohmanns Kurzgeschichte „Ein netter Kerl": Zehn Jahre nach dem Geschehen sitzen dieselben Figuren noch einmal am selben Küchentisch und erinnern sich an das damalige Geschehen.

5. Schreiben Sie einen inneren Monolog, in dem eine der Figuren (z. B. die jüngere Schwester Nanni) sich zwanzig Jahre nach dem Geschehen erinnert und das Geschehen neu bewertet.

METHODENTRAINING

Figurenbrief, um zu klären, welche Art von Betroffenheit eine Figur entwickelt hat: In einer Fortsetzung der Fiktion geben Sie einer Figur Gelegenheit, die Ereignisse, die auf sie eingestürmt sind, noch einmal Revue passieren zu lassen und persönliche Empfindungen festzuhalten.

6. Am Abend des Tages, an dem das Familiengespräch in der Erzählung „Ein netter Kerl" stattgefunden hat, sitzt Rita auf ihrem Zimmer und schreibt ihrer Freundin einen Brief.

7. Die Mutter schreibt Ritas Freund einen Brief.

METHODENTRAINING

Gegentext, um eine zentrale erzählerische Entscheidung zu ändern: Mit jeder Erzählung hat ein Autor/eine Autorin eine ganze Reihe von Entscheidungen über ▷ Erzähler, Darbietungsformen und die Geschichte getroffen. Sie ändern eine dieser Entscheidungen, schreiben den Text oder eine wichtige Stelle des Textes neu und registrieren, wie sich die Umentscheidung auf den gesamten Text auswirkt. ▷ S. 143 ff.

8. Schreiben Sie einen Gegentext zu „Ein netter Kerl", in dem
   - Rita in einem früheren Stadium des Gesprächs auf „Gegenangriff" umschaltet,
   - die Mutter viel früher den Ausgang ahnt und einzugreifen versucht,
   - Ritas Freund mit dem Vater wieder zurückkommt.

9. Welche anderen Gegentexte wären möglich?

METHODENTRAINING

Sprachmusterverschiebung, um Texten eine zusätzliche, die Aussage verstärkende sprachliche Gestalt zu geben: Sie arbeiten in einen Text ein ungewöhnliches sprachliches Muster ein, das weitere, über die bisherige Sprachgebung hinausgehende Aussagemöglichkeiten bietet.

1. a) Untersuchen Sie, welche Themen in den folgenden Textanfängen mit welchen ungewöhnlichen sprachlichen Mustern dargestellt werden.

Meine lieben jungen Damen und Herren! Nachdem wir in der letzten Stunde ausführlich die Samba-Drehungen, die Cha-Cha-Spiegelungen und die Walzer-Verschiebungen konstruiert haben, ist es heute vernünftig zu fragen, ob es noch andere affine Bewegungen gibt, die unter besonderer Berücksichtigung von Tanzbein-Bogenlänge und Standbein-Krümmungsverhalten dem goldenen Boogie-Schritt nahe kommen ...

Mike zog es mal wieder magnetisch in die Disko, den Pool der Objektverknüpfung. Gleich an der Eingangstür ließ eine echt scharfe Maus mit gigantisch langem Laufwerk seinen Datenspeicher heißlaufen. Sogleich startete er eine Anmachattacke, indem er erst einmal den physischen Abstand komprimierte. Sein reichlich aufgelegtes Deodorant kitzelte seinen Berechnungen zufolge gerade die Datenbahn ihrer Nase ...

Sehr geehrte Damen und Herren, nach längerem, mit wissender Geduld getragenem Leiden und wohl vorbereitet auf den Übergang in eine andere Welt, bewerbe ich mich zum dreiundvierzigsten Mal um eine Lehrstelle. Sie würden meine Tatkraft, meinen ausgewogenen Rat und meine liebenswerten menschlichen Eigenschaften in dankbarer Erinnerung behalten ...

Wenn Sie in Ihrem Kurs einen längeren Text, z. B. ein Referat, ins Plenum eintragen müssen, besteht immer wieder die Gefahr, dass ein Teil der Leute nicht richtig lädt und blöde Fragen stellt. Sie sollten Ihre Übertragung also immer für halbprofessionelle Nutzer auslegen und auf jeden Fall die Datenkompression abschalten. Sonst kann es passieren, dass nach Ihrem Vortrag der Chat-Room leer bleibt. Wählen Sie also einen geringen bis mittleren Datendurchsatz ...

   b) Klären Sie, welche besonderen Wirkungen sich durch die Sprachmusterverschiebungen jeweils ergeben.
2. Unterziehen Sie nun die Kurzgeschichte „Ein netter Kerl" (▷ S. 88) auszugsweise einer Sprachmusterverschiebung.

▷ S. 504
- Sammeln Sie in einem ▷ Brainstorming Ideen für sprachliche Muster, die den Text in ein interessant-befremdliches Licht rücken.
- Überlegen Sie, zu welchen dieser Sprachmuster-Ideen Sie welche typischen Texte besorgen können.
- Besorgen Sie diese Materialien und entnehmen Sie ihnen Formulierungen, durch die Formulierungen der Kurzgeschichte ersetzt werden können.
- Verfremden Sie den Ausgangstext, indem Sie an vielen Stellen das Wortmaterial austauschen, und zwar so, dass der Ausgangstext doppelbödig wird: Die ursprüngliche Sprachgebung soll noch erkennbar sein; zugleich scheint an vielen Stellen eine zweite Sprachebene durch, sodass sich eine interessante Aussagespannung ergibt.

METHODENTRAINING: WEITERE IDEEN ZUR AUS- UND UMGESTALTUNG LITERARISCHER TEXTE

Lebensbeschreibung entwerfen: Stellen Sie sich eine der zentralen Figuren des gewählten Textes genau vor. Überlegen Sie, welche Biografie diese Figur haben könnte. Welche Lebenserfahrungen könnten für ihr Verhalten bestimmend sein? Entwerfen Sie solche Schlüsselszenen aus der Biografie der Figur.

Telefonat: Suchen Sie eine Stelle des gewählten Textes aus, an der einer der Figuren vermutlich vieles durch den Kopf geht. Lassen Sie diese Figur die Handlung unterbrechen und mit einer ihr vertrauten Person telefonieren. Was kommt wohl zur Sprache? Spielen Sie spontan mehrere Versionen dieses Telefonats. Diskutieren Sie die verschiedenen Ausgestaltungen.

Tagebucheintragung: Fingieren Sie eine Tagebucheintragung, die eine der zentralen Figuren des gewählten Textes am Abend vornimmt.

Textsortenwechsel: Erfinden Sie eine zusätzliche Figur, die das Geschehen des gewählten Textes in einer ganz anderen Textsorte (Zeitungs-, Polizeibericht etc.) wiedergibt.

Märchen produktiv umgestalten

1. Lesen Sie die Märchen „Rotkäppchen" und „Dornröschen" der Brüder Grimm, bevor Sie sich den folgenden Abwandlungen zuwenden.

Thaddäus Troll

Rotkäppchen auf Amtsdeutsch

Im Kinderanfall unserer Stadtgemeinde ist eine hierorts wohnhafte, noch unbeschulte Minderjährige aktenkundig, welche durch ihre unübliche Kopfbekleidung gewohnheits-
5 rechtlich Rotkäppchen genannt zu werden pflegt. Der Mutter besagter R. wurde seitens ihrer Mutter ein Schreiben zustellig gemacht, in welchem dieselbe Mitteilung ihrer Krankheit und Pflegebedürftigkeit machte, worauf
10 die Mutter der R. dieser die Auflage machte, der Großmutter eine Sendung von Nahrungs- und Genussmitteln zu Genesungszwecken zuzustellen.

Vor ihrer Inmarschsetzung wurde die R. seitens ihrer Mutter über das Verbot betreffs 15 Verlassens der Waldwege auf Kreisebene belehrt. Dieselbe machte sich infolge Nichtbeachtung dieser Vorschrift straffällig und begegnete beim Übertreten des amtlichen Blumenpflückverbots einem polizeilich nicht 20 gemeldeten Wolf ohne festen Wohnsitz. Dieser verlangte in gesetzwidriger Amtsanmaßung Einsichtnahme in das zu Transportzwecken von Konsumgütern dienende Korbbehältnis und traf in Tötungsabsicht die 25 Feststellung, dass die R. zu ihrer verschwägerten und verwandten, im Baumbestand angemieteten Großmutter eilend war. [...]

STILWECHSEL/MÄRCHEN IN EINE FACHSPRACHE ÜBERSETZEN

2. Wie könnte die Märchenverfremdung von Thaddäus Troll weitergehen?
3. a) Welche Fachsprachen kennen Sie? Stellen Sie eine Liste zusammen.
   b) Welche dieser Fachsprachen würden Sie gern auf ein Märchen anwenden? Welche Fachsprache „passt" zu welchem Märchen?
4. Unternehmen Sie einen eigenen Schreibversuch.

Günter Kunert

Dornröschen (1972)

Generationen von Kindern faszinierte gerade
dieses Märchen, weil es ihre Fantasie erregte:
wie da Jahr um Jahr eine gewaltige Hecke
aufwächst, über alle Maßen hoch, ein verti-
5 kaler Dschungel, erfüllt von Blühen und
Welken, von Amseln und Düften, aber weg-
los, undurchdringlich und labyrinthisch. Die
Mutigen, die sie zu bewältigen sich immer
wieder einfinden, bleiben insgesamt auf der
10 Strecke: von Dornen erspießt; hinter Verhau
verfangen, gefangen, gefesselt; von giftigem
Ungeziefer befallen und vom plötzlichen
Zweifel gelähmt, ob es diese begehrenswerte

Königstochter überhaupt gäbe. Bis eines
Tages endlich der Sieger kommt: ihm gelingt, 15
was den Vorläufern misslungen: er betritt das
Schloss, läuft die Treppe empor, betritt die
Kammer, wo die Schlafende ruht, den zahn-
losen Mund halb geöffnet, sabbernd, ein-
gesunkene Lider, den haararmen Schädel 20
an den Schläfen von blauen wurmigen Adern
bekräuselt, fleckig, schmutzig, eine schnar-
chende Vettel[1].
Oh, selig alle, die, von Dornröschen träumend, in der Hecke starben und im Glauben, 25
dass hinter dieser eine Zeit herrsche, in der die
Zeit endlich einmal fest und sicher stände.

1 **Vettel:** altes Weib

MÄRCHEN EINE ÜBERRASCHENDE WENDUNG GEBEN

1. Welche Absicht könnte Kunert mit seiner Abwandlung von „Dornröschen" verfolgen?
2. Schreiben Sie selbst ein Märchen um, indem Sie ihm eine überraschende Wendung geben. Sie können
   dabei die Aussage des Märchens ironisieren, dem Märchen einen tieferen Sinn abgewinnen, eigene Erfahrungen spiegeln etc.

WEITERE IDEEN ZUR UMGESTALTUNG VON MÄRCHEN

Gut und Böse oder Stark und Schwach vertauschen, z. B.: „Die sieben Wölflein und die böse Geiß". Die
Geschichte von „Schneewittchen" aus der Sicht der Stiefmutter erzählen u. Ä.

Zeitsprung, z. B.: Das Märchen „Hänsel und Gretel" in das Jahr 2000 verlegen u. Ä.

4.2 Freie Formen des Schreibens

Schreiben als Selbstausdruck

Peter Groebel (20 Jahre)

Tagebuch führen (1985)

Angefangen aufzuschreiben, wie es mir geht,
oder Tagebuch zu führen habe ich vor vier
Jahren. Am Anfang nur so, ohne großen
Hintergrund, heute schreibe ich Tagebuch,
5 weil es mir gut hilft, den Tag noch mal zu
überdenken; weil es Spaß macht, alte Ein-
tragungen zu lesen, und weil ich mir einbilde,
dass ich dadurch bewusster lebe. Ob dem
wirklich so ist? Ich weiß es nicht. Gedichte
10 schreibe ich selten, ich zitiere gerne irgendwelche und schicke anderen Leuten Briefe mit
Gedichten oder Texten, von denen ich denke,

sie treffen zu. Oft versuche ich aber auch,
Gefühle von mir einfach so in Worte zu fassen,
und schreibe sie dann auf. 15

Annette Seiler (16 Jahre)

Schreiben (1985)

Ich schreibe sehr gerne, hauptsächlich Briefe,
Tagebuch und „Gedichte". Ich schreibe als
eine Art Zu-sich-selbst-Finden, um mich auszudrücken, um mich zu befreien. Ich möchte
mich damit auch mitteilen, ich schreibe nicht 5
nur, wenn ich traurig bin, sondern auch, wenn
ich mich sehr gut fühle.

Sylvia Plath (17 Jahre)
Die Zeit festhalten (1949)

Ich habe mich entschlossen, ab heute wieder Tagebuch zu führen – da kann ich meine Gedanken und Meinungen hineinschreiben, wenn ich gerade Zeit habe. Auf irgendeine
5 Weise muss ich den Überschwang meiner siebzehn Jahre bewahren und festhalten. Jeder Tag ist so kostbar, dass ich unendlich traurig werde bei dem Gedanken, dass mir die Zeit mehr und mehr entschwindet, je älter ich
10 werde. Jetzt, jetzt ist die ideale Zeit meines Lebens. […]
Ich bin sehr glücklich im Moment, sitze am Schreibtisch und schaue hinüber zu den kahlen Bäumen rings um das Haus jenseits
15 der Straße … Immer möchte ich Beobachter sein. Ich möchte, dass das Leben mich stark berührt, aber nie so blind macht, dass ich meinen Anteil am Dasein nicht mehr ironisch und humorvoll betrachten und mich über mich selber lustig machen kann, wie ich es 20 über andere tue.
Ich habe Angst vor dem Älterwerden. Ich habe Angst vor dem Heiraten. Der Himmel bewahre mich davor, dreimal am Tag zu kochen – bewahre mich vor dem erbarmungs- 25 losen Käfig der Eintönigkeit und Routine. Ich möchte frei sein – frei, um Menschen kennen zu lernen und ihre Geschichte – frei, um an verschiedenen Enden der Welt zu leben und auf diese Weise die Erfahrung zu machen, 30 dass es andere Sitten und Normen gibt als die meinen. Ich glaube, ich möchte allwissend sein …

1. Über sich und sein bisheriges Leben, über seine Umwelt und die Zukunft kann man auf verschiedene Weise nachdenken. Welche Erfahrungen haben Sie mit Schreibformen, die eine Selbstreflexion ermöglichen?
2. Die Verfasser/innen dieser Zeilen sind Jugendliche, die Tagebücher, Gedichte und Prosatexte geschrieben haben. Welche dieser Ausdrucksformen sind für Sie interessant und wichtig?
3. Wie unterscheiden sich die Schreiberfahrungen, über die die Jugendlichen hier berichtet haben, von denjenigen, die Sie im schulischen Unterricht machen?

Schreibideen

Günther Anders
Einfälle (1966)

„Wie dir das alles nur einfallen kann!", meinte staunend einer seiner Freunde, nachdem Apulejus eine neue Geschichte vorgelesen hatte.
5 „Wer hat das gesagt?", fragte Apulejus zurück.
„Was?"
„Dass sie *mir* eingefallen ist."
„Wem denn sonst?"
„So viel fällt unsereinem nicht ein", behaup-
10 tete Apulejus bescheiden. „*Mir* eingefallen ist nur ein einziger Satz."
„Und der zweite?"
„Ist diesem ersten eingefallen."
„Und der dritte?"
15 „Den ersten beiden, als sie miteinander zu spielen begannen."
Der Freund schüttelte seinen Kopf. „Und welcher von den Sätzen war nun der erste Satz?"
„Der existiert nicht mehr", erwiderte Apu- 20 lejus. „Der ist bald verloren gegangen. In der Menge der nachfolgenden."
„Und wie hatte dieser erste geheißen?"
„Da verlangst du etwas viel", fand Apulejus. „Soll ich mich vielleicht aller verstorbenen 25 Sätze entsinnen?"
Dem Freund wurde die Sache unheimlich.
„Und was tust *du* dabei?", fragte er nach einer Weile. „Wenn einem Satz sein nächster ein- fällt?" 30
„Ich?", meinte Apulejus. „Ach so. Ich schreib ihn mit."
„Und *gemeint*", fragte der Freund ungläubig, „hattest du die Geschichte nicht so?"
„Was verlangst du denn von mir?", fragte Apu- 35 lejus. „Hättest *du* die Geschichte vielleicht gekannt, bevor sie da war?"

1. Wie erklären Sie sich das Bestreben vieler Anfänger im kreativen Schreiben, Texte vor Schreibbeginn zu planen und zu entwerfen?
2. Welche Vorteile bietet das von Günther Anders (▷ S. 515) geschilderte assoziative Verfahren?

ZETTELLAWINE

Sie entwickeln mit dem gesamten Kurs Schreibideen: Jede/r legt ein Blatt und einen Schreibstift zurecht und notiert auf ein Wort des Spielleiters/der Spielleiterin hin einen Satz. Der Satz soll der Anfang einer Erzählung sein. Er kann ein Ereignis betreffen, das Sie in letzter Zeit interessiert hat, oder einen Sachverhalt, über den Sie oft nachdenken. Es kann sich aber auch um einen ohne viel Überlegen schnell hingeworfenen Satz handeln. Oder um ein Zitat, das Sie aus einem Film oder einer Fernsehsendung oder einer Schulstunde im Ohr haben. Spätestens nach zwei Minuten gibt der Spielleiter – falls die Lehrperson mitspielt, kann es auch ein Schüler oder eine Schülerin sein – allen anderen ein Zeichen, ihr Blatt mit dem einen Satz zwei Plätze weiter nach links zu geben. Der Satz, den man erhält, soll – der Fantasie sind keine Grenzen gesetzt – zu einem erzählenden Text erweitert werden. Nach weiteren drei Minuten wird der Erzählanfang dann wieder nach links weitergegeben. Ein Dritter schreibt ihn nun weiter. Dazu stehen fünf Minuten zur Verfügung. Anschließend kann ein vierter Verfasser einbezogen werden, bevor der Text endlich an den Schreiber/die Schreiberin des ersten Satzes zurückgeht. Zum Schluss werden die Texte verlesen.

IDEENSTERN

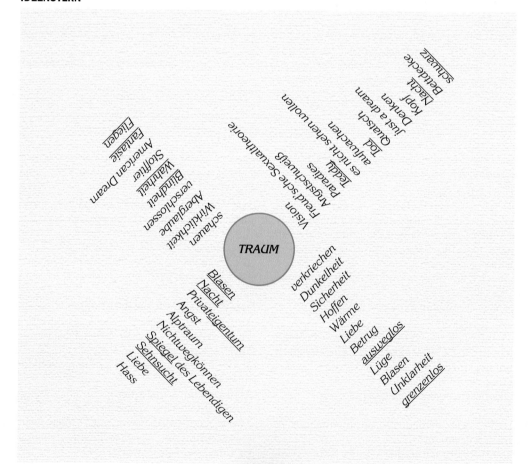

- Dieses Verfahren eignet sich dazu, Wortmaterial und Ideen für einen Text zu sammeln, wenn ein Thema bereits feststeht: Jeweils vier bis sechs Schreiber/innen setzen sich um einen Tisch, legen ein großes Blatt bereit und schreiben in die Mitte ein Wort, mit dem sich das Thema gut zusammenfassen lässt. Das Wort wird dick eingekreist; so bleibt es während der folgenden Ideenentwicklung immer im Blickpunkt. Jede/r beginnt nun, ausgehend von dem eingekreisten Wort in der Mitte, eine Assoziationskette aus Einzelwörtern oder kurzen Wortfolgen in Richtung Blattrand zu schreiben. Es entsteht so ein Ideenstern. Nach einer festgesetzten Zeit, die nicht zu lang sein sollte (z. B. zwei Minuten), wird das Blatt gedreht. Den Strahl des Sterns, den Sie nun vor sich liegen haben, lesen Sie rasch durch, um ihn dann weiterzuschreiben. Ist ein Wörterstrahl bis zum Blattrand hin vorgedrungen, beginnen Sie nahe an dem eingekreisten Ausgangspunkt einen neuen.
- Versuchen Sie, durch vergleichendes Betrachten und Kombinieren des Wortmaterials aus dem Ideenstern auf S. 516 ein Gedicht zusammenzustellen. Dabei kann sicherlich nur ein Teil der Wörter verwendet werden. Andere Wörter werden ergänzt.
- Vergleichen Sie Ihre Gedichte mit dem folgenden Schülerbeispiel „Traum".

AUGENBLICK-TEXTE

Traum

Konserve der Fantasie.
Eigentum der Nacht.
Fliegen in den Seifenblasen
der Sehnsucht.

Grenzenlos, schwerelos,
Platz für die Teddybären
der Kindheit.

Aber wusstest du,
dass die Rückseite des Spiegels
schwarz ist?

Blinde Tritte.
Ausweglose Wahrheit.
Der kleine Tod.

Sie befinden sich zu Hause, Sie haben sich zurückgezogen und haben Ruhe. Sie erinnern sich an den heutigen Tag oder an gestern. Sie rufen sich Augenblicke vor Augen, die Sie besonders intensiv erlebt haben, Momente, die für Sie besonders „dicht", erfahrungsreich und voller eigener Reflexionen waren. Erinnern Sie sich und notieren Sie alle Einzelheiten:

- Was war zu sehen?
- Was war zu hören?
- Was war zu riechen?
- Was ging Ihnen alles durch den Kopf?
- Wohin bewegte sich Ihre Fantasie?
- Welche Erinnerungen, welche Erwartungen und Befürchtungen drängten sich auf?

Schreiben Sie all das auf, in freier assoziativer Fügung, ohne allzu großes Bemühen, eine „logische" Struktur in Ihren Text zu bekommen.

SPRACHWERKSTATT: VERDICHTUNG

- Oft verwendet man in ersten Textentwürfen zu viele Worte. Besonders die entbehrlichen Füllwörter aus der Alltagskommunikation finden sich naturgemäß in ersten Textversuchen. Die Texte sollten dann zusammengestrichen, „dichter" in der Aussage gemacht werden. Verfahren Sie so: Sie überlegen zunächst, wo die Aussageschwerpunkte eines Satzes liegen. Sie streichen dann Wörter an, die Ihnen am entbehrlichsten erscheinen, und schreiben eine Neufassung ohne diese Wörter. Wenn sich dabei eine Präzisierung der Aussage, eine Konzentration auf die für Sie wichtigen Aussagen ergibt, ist die zweite Fassung in der Regel die bessere. Viele Texte – besonders Gedichte – gewinnen durch zum Teil kräftige Streichungen.
- Oft kommt es vor, dass Sie das richtige Wort nicht gefunden und an seiner Stelle zwei, drei Formulierungsanläufe genommen haben, um an das Gemeinte heranzukommen. Der Text erhält damit unnötige Längen. Verfahren Sie hier folgendermaßen: In einer Gruppe erklären Sie kurz, was Sie ausdrücken möchten, in treffenden Worten vorerst aber nicht sagen können. In einem „Blitzlicht" (jeder macht in rascher Folge einen Formulierungsvorschlag) sammeln Sie Vorschläge der anderen Gruppenmitglieder ein. Zu jedem Ihrer Formulierungsprobleme findet ein solches „Blitzlicht" statt. Sie nehmen die Vorschläge auf Kassette auf oder notieren sie und arbeiten dann den Text um.

Autoren- und Quellenverzeichnis

Aichinger, Ilse (*1921): *Das Fenster-Theater*, S. 90 f. Aus: Der Gefesselte. Erzählungen. Fischer Verlag, Frankfurt/M. 1953

Alemann, Ulrich von: *Grenzen schaffen Frieden*, S. 505. Aus: Die ZEIT, 4. 2. 1999

Amodeo, Immacolata: *Paul Celan*, S. 398. Aus: Über das Deutsche im Sprach- und Literaturunterricht. In: Didaktik Deutsch, Verlag Schneider Hohengehren, Heft 6/1999, S. 38

Anders, Günter (1902–1992): *Einfälle*, S. 515. Aus: Der Blick vom Turm. C. H. Beck, München 1968, S. 33–34; *Der Löwe*, S. 366. Aus: Die ZEIT, 4. 3. 1966

Anouilh, Jean (1910–1987): *Antigone*, S. 156 ff. Aus: Theater der Jahrhunderte. Aus dem Französischen von Franz Geiger. Hg. von Joachim Schondorff. Langen Müller Verlag, Nördlingen 1983, S. 298–303

Aristoteles (384–322 v. Chr.): *Kennzeichen der Tragödie*, S. 164. Aus: Theorie des Dramas Aristoteles. Hg. von Ulrich Staehle. Reclam Verlag, Stuttgart 1973, S. 8–12 (gekürzt)

Arnim, Bettina von (1785–1859): *Aus einem Brief an Goethes Mutter*, S. 249 f. Aus: Frauenbriefe der Romantik. Hg. von Katja Behrens. Insel Verlag, Frankfurt /Main 1981; *In der Armenkolonie*, S. 256 f. Aus: Dieses Buch gehört dem König. In: Klassenbuch 1. Ein Lesebuch zu den Klassenkämpfen in Deutschland. 1756–1880. Hg. von H. M. Enzensberger u. a. Luchterhand Verlag, Darmstadt/Neuwied 1985, S. 132–134,136

Asar, Mevlüt (*1951): *Dilemma der Fremde*, S. 114. Aus: Dilemma der Fremde. Gedichte. Ortadogu Verlag, Oberhausen 1986, S. 10–11

Aston, Louise (1814–1871): *Lied einer schlesischen Weberin*, S. 261. Aus: Deutsche Dichterinnen vom 16. Jh. bis zur Gegenwart. Hg. von Gisela Brinker-Gabler. Fischer Tb, Frankfurt/M. 1978, S. 200

Augst, Gerhard: *Spracherwerb – ein faszinierendes Geschehen*, S. 391. Aus: Der Deutschunterricht. Spracherwerb (Einleitung). Friedrich Verlag, Velbert, Heft V/1990, S. 3

Bachmann, Ingeborg (1926–1973): *Reklame*, S. 334. Aus: Werke. Hg. von Christine Koschel, Inge Weidenbaum u. Clemens Münster. Verlag R. Piper, München/Zürich 1978, S. 114

Badura, Bernhard: *Funktionaler oder exklusiver Gebrauch von Fachsprachen?* S. 67. Aus: Sprachbarrieren. Zur Soziologie der Kommunikation. Stuttgart/Bad Cannstatt 1971, S. 93

Bahr, Hermann (1863–1934): *Symbolisten*, S. 293 f. Aus: Literarische Manifeste der Jahrhundertwende 1890–1910. Hg. von E. Ruprecht u. D. Bänsch. Metzlersche Verlagsbuchhandlung, Stuttgart 1970, S. 170–171

Bartsch, Kurt (*1937): *Poesie*, S. 176. Aus: Die Lachmaschine. Klaus Wagenbach Verlag, Berlin 1971, S. 30; *Vierzeiler 12*, S. 48. Aus: „Nach zwanzig Seiten waren alle Helden tot". Erste Schreibversuche deutscher Schriftsteller. Hg. v. Karl Corino u. Elisabeth Albertsen. Marion von Schröder Verlag, Düsseldorf 1995, S. 63

Baudelaire, Charles (1821–1867): *Correspondances*, S. 306. Aus: Fleurs du Mal. Oevres complètes. Gallimard, Paris 1975

Becher, Johannes Robert (1891–1958): *Die Asche brennt auf meiner Brust*, S. 340; *Ihr Mütter Deutschlands...* , S. 341. Aus: Als namensloses Lied. Gedichte. Verlag Philipp Reclam jun., Leipzig 1981, S. 220, 212

Bechmann, Arnim: *Vom Technikoptimismus zur Auflösungsgesellschaft*, S. 78 f. Aus: Schüler 1998. Zukunft. Erhard Friedrich Verlag, Seelze, S. 10–17 (gekürzt)

Benn, Gottfried (1886–1956): *Morgue. Schöne Jugend*, S. 289. Aus: Sämtliche Gedichte. Klett-Cotta, Stuttgart 1998

Berg, Sibylle (*1962): *Ein paar Leute suchen das Glück und lachen sich tot*, S. 357. Aus: Ein paar Leute suchen das Glück und lachen sich tot. Reclam Verlag, Leipzig 1997, S. 9

Beyer, Marcel (*1965): *Flughunde*, S. 414 f. Aus: Flughunde. Suhrkamp Tb, Frankfurt/M. 1995, S. 157–158, 168–169

Bichsel, Peter (*1935): *Das Lesen*, S. 10. Aus: Der Leser. Das Erzählen. Frankfurter Politik Vorlesungen. Suhrkamp Verlag, Frankfurt/M. 1997, S. 40; *San Salvador*, S. 22. Aus: Eigentlich möchte Frau Blum den Milchmann kennen lernen. 21 Geschichten. Suhrkamp Verlag, Frankfurt/M. 1993

Bienek, Horst (1930–1990): *Worte*, S. 370. Aus: bundesdeutsch. lyrik zur sache grammatik. Hg. von Rudolf Otto Wiemer, Peter Hammer Verlag, Wuppertal 1974, S. 41

Biermann, Wolf (*1936): *Prolog für den Film „Spur der Steine"*, S. 343. Aus: Alle Lieder. Verlag Kiepenheuer & Witsch, Köln 1991, S. 159–160

Biondi, Franco (*1947): *Deutsche Sprachübung*, S. 363. Aus: In zwei Sprachen leben – Berichte, Erzählungen, Gedichte von Ausländern. Hg. von Irmgard Ackermann. dtv, München 1983; *In der pizzeria der altstadt*, S. 363. Aus: Werkheft. Hg. von Rüdiger Krechel u. Ulrike Reeg. iudicium Verlag (Goethe Institut München) München 1989, S. 30–31

Bobrowski, Johannes (1917–1965): *Bericht*, S. 341. Aus: Schattenland Ströme. Gedichte. Union Verlag Berlin 1981, S. 73

Böll, Heinrich (1917–1985): *An der Brücke*, S. 19 f. Aus: Erzählungen. Kiepenheuer &Witsch, Köln 1994; *Bekenntnis zur Trümmerliteratur*, S. 329 f. Aus: Essayistische Schriften und Reden 1952–1963. Hg. von Bernd Balzer. Verlag Kiepenheuer & Witsch, Köln 1979, S. 31–35

Bölsche, Wilhelm (1861–1939): *Die naturwissenschaftlichen Grundlagen der Poesie*, S. 277. Aus: Die naturwissenschaftlichen Grundlagen der Poesie. Prolegomena einer realistischen Ästhetik. Neu hg. von Johannes J. Braakenburg. Max Niemeyer Verlag, Tübingen 1976, S. 24–25

Borchert, Wolfgang (1921–1947): *Das Brot*, S. 20 f.; *Die drei dunklen Könige*, S. 328 f. Aus: Das Gesamtwerk. Rowohlt Verlag, Hamburg 1959, S. 304–308; 185–187

Bourdieu, Pierre (1930–2002): *Über das Fernsehen*, S. 451 f. Aus: Über das Fernsehen. Suhrkamp Verlag, Frankfurt/M., 1. Aufl., 1998, S. 23–67 (gekürzt)

Born, Nicolas (1937–1979): *Selbstbildnis*, S. 41. Aus: Gedichte 1967–1978. Rowohlt Verlag, Reinbek 1978, S. 20

Bosch y Barrera, José (*1915): *Zwei Aphorismen*, S. 362. Aus: Das Unsichtbare sagen! Prosa und Lyrik aus dem Alltag des Gastarbeiters. Hg. von Habib Bektas. Neuer Malik Verlag, Kiel 1993, S. 73

Brambach, Rainer (1917–1983): *Das blaue Band...*, S. 50. Aus: Auch im April. Diogenes Verlag, Zürich 1983, S. 17

Braun, Volker (*1939): *Tapetenwechsel*, S. 353. Aus: Neue Deutsche Literatur, Heft 1. Aufbau Verlag, Berlin 1989

Brecht, Bertolt (1898–1956): *An die Nachgeborenen*, S. 323 f. Aus: Gesammelte Werke in 20 Bänden. Hg. vom Suhrkamp Verlag in Zusammenarbeit mit Elisabeth Hauptmann. Suhrkamp Verlag, Frankfurt/M. 1967. Bd. 9, S. 722 f.; *Die Bühne begann zu erzählen*, S. 168. Aus: Schriften zum Theater. Über eine nicht-aristotelische Dramatik. Suhrkamp Verlag, Berlin/Frankfurt/M. 1957, S. 62–63; *Die dramatische und die epische Form des Theaters*, S. 167. Aus: Schriften zum Theater. A. a. O., S. 19–20; *Leben des Galilei*, S. 52 ff., S. 56, S. 60. Aus: Leben des Galilei. Text und Kommentar. Hg. v. Dieter Wöhrle. Suhrkamp Verlag, Frankfurt/M. 1998. S. 9, 13–16, 126–128; *Dänische Fassung*. Aus: Leben des Galilei. Materialien. Hg. v. Werner Hecht, Suhrkamp Verlag, Frankfurt/M. 1981. S. 16–17; *Die Lösung*, S. 351. Aus: Gesammelte Werke. A. a. O. Bd. 10, S. 1009; *Maßnahmen gegen die Gewalt*, S. 23. Aus: Gesammelte Werke. A. a. O., Bd. 12, S. 375–376; *Die Nachtlager*, S. 316. Aus: Gesammelte Werke. A. a. O. Bd. 8, S. 373–374; *Preis oder Verdammung des Galilei?* S. 62 f. Aus: Leben des Galilei. Materialien. A. a. O., S. 56–57; *Schlechte Zeit für Lyrik*, S. 322. Aus: Gesammelte Werke. A. a. O. Bd. 9, S. 743 f.; *Die Straßenszene als Grundmodell für episches Theater*, S. 171. Aus: Schriften zum Theater. A. a. O., S. 90–93; *Verfremden und Demonstrieren*, S. 58. Aus: Kleines Organon für das Theater. In: Leben des Galilei. Materialien. A. a. O., S. 62; *Was ist mit dem epischen Theater gewonnen?* S. 172. Aus: Schriften zum Theater 3. 1933–1947. Suhrkamp Verlag, Frankfurt/M. 1963, S. 102; *Weise am Weisen ist die Haltung*, S. 29. Aus: Gesammelte Werke. A. a. O. Bd. 12, S. 375; *Zur dänischen und zur amerikanischen Fassung*, S. 59 f. Aus: alles, was Brecht ist ... Hg. von Werner Hecht, Suhrkamp Verlag, Frankfurt/M. 1998. S. 86–87

Brinkmann, Rolf Dieter (1940–1975): *Einen jener klassischen*, S. 177; *Gedicht*, S. 179; *Landschaft*, S. 328. Aus: Westwärts 1 & 2. Rowohlt Verlag, Reinbek 1975, S. 25, 41, 99; *Selbstbildnis im Supermarkt*, S. 41. Aus: Standphotos. Gedichte 1962–1970. Rowohlt Verlag, Reinbek 1980, S. 204

Buber, Martin (1878–1965): *Die fünfzigste Pforte*, S. 27 f. Aus: Erzählungen der Chassidim. Manesse Verlag, Zürich 1994, S. 185

Büchner, Georg (1813–1837): *Dantons Tod*, S. 264 f.; *Der hessische Landbote*, S. 262 ff. Aus: Büchners Werke in einem Band. Aufbau-Verlag, Berlin/Weimar 1974, S. 65–67, 87; S. 3–5, 9–10

Celan, Paul (1920–1970): *Ein Dröhnen*, S. 370. Aus: Atemwende. Suhrkamp Verlag, Frankfurt/M. 1967, S. 85; *Todesfuge*, S. 331. Aus: Ausgewählte Gedichte. Zwei Reden. Suhrkamp Verlag, Frankfurt/M. 1969, S. 18–19

Chargaff, Erwin (1905–2002): *Büchersammlung*, S. 132 f. Aus: Alphabetische Anschläge. New York 1989. Klett-Cotta, Stuttgart 1990, S. 19–20

Claudius, Matthias (1740–1815): *Über Empfindsamkeit*, S. 223. Aus: Asmus omnia sua secum portans. Vierter Teil (1775). In: Sämtliche Werke. Winkler Verlag, München 1968, S. 223–224

Coelho, Claudina Marques (*1947): *Was verrät denn ein Name?* S. 362. Aus: In zwei Sprachen leben – Berichte, Erzählungen, Gedichte von Ausländern. Hg. von Irmgard Ackermann. dtv, München 1983, S. 229

Conrady, Karl Otto: *Kleines Plädoyer für Neutralität der Begriffe Lyrik und Gedicht*, S. 189. Aus: Brücken schlagen. Hg. von Joseph Kohnen u. a. Verlag Peter Lang, Frankfurt/M. 1994, S. 35–37

Czechowski, Heinz (*1937): *Die überstandene Wende*, S. 354. Aus: Von einem anderen Land. Gedichte zur deutschen Wende. Hg. von Karl Otto Conrady. Edition Suhrkamp Leipzig, Frankfurt/M. 1993, S. 7

Döblin, Alfred (1878–1957): *Berlin Alexanderplatz*, S. 311 f. Aus: Berlin Alexanderplatz. dtv, München 1968, S. 144–146; © Walter Verlag, Olten

Dohm, Hedwig (1833–1919): *Frauenarbeit*, S. 281 f. Aus: Die wissenschaftliche Emancipation der Frau. In: Emanzipation. Ala Verlag, Zürich 1977, S. 11–16

Domin, Hilde (*1909): *Drei Arten Gedichte aufzuschreiben*, S. 176. Aus: Ich will dich. Piper Verlag, München 1970, S. 9 ff.; *Das Gefieder der Sprache*, S. 370. Aus: Hier. S. Fischer Verlag, Frankfurt/M. 1964, S. 34

Droste-Hülshoff, Annette von (1797–1848): *Am Turme*, S. 250. Aus: Sämtliche Werke. Hg. von Clemens Heselhaus. Wiss. Buchgesellschaft, Darmstadt 1966, S. 124 f.

Dürrenmatt, Friedrich (1921–1990): *Uns kommt nur noch die Komödie bei*, S. 172 f. Aus: Theaterprobleme. In: Theater-Schriften und Reden. © Diogenes Verlag, Zürich 1985, S. 122 ff.

Durzak, Manfred: *Interview mit dem Autor Günter Kunert*, S. 24. Aus: Die deutsche Kurzgeschichte der Gegenwart. Stuttgart 1980, S. 100–101 (gekürzt)

Eco, Umberto (*1932): *Die Multiplizierung der Medien*, S. 449 f. Aus: Über Gott und die Welt. Carl Hanser Verlag, München/Wien 1985, S. 160–162

Eich, Günter (1907–1972): *Inventur*, S. 327. Aus: Gedichte. Suhrkamp Verlag, Frankfurt/M. 1972, S. 10 f.

Eichendorff, Joseph von (1788–1857): *Aus dem Leben eines Taugenichts*, S. 248 f.; *Mondnacht*, S. 244; *Sehnsucht*, S. 247; *Wünschelroute*, S. 251. Aus: Werke und Schriften. Hg. von Gerhart Baumann. Cotta'sche Buchhandlung, Stuttgart o. J., Bd. 2, S. 349–351, 306, 35, 112

Enzensberger, Hans Magnus (*1929): *Bildzeitung*, S. 334. Aus: Gedichte 1955–1970. Suhrkamp Verlag, Frankfurt/M. 1978, S. 14–15; *Kritische Sichtung der Medientheorien*, S. 453 f. In: Das Nullmedium oder Warum alle Klagen über das Fernsehen gegenstandslos sind. Aus: Mittelmaß und Wahn. Suhrkamp Verlag, Frankfurt/M. 1989, S. 89–92; *Unsere Landessprache und ihre Leibwächter*, S. 491 f. Aus: Die ZEIT, 24. 8. 1979

Ernst, Heiko: *Die Kommunikationsregeln nach Paul Watzlawick*, S. 93 f. Aus: Was ist Kommunikationspsychologie? Aus: Psychologie heute. Oktober 1976, S. 62

Fassbinder, Rainer Werner (1946–1982): *Literatur und Leben*, S. 447. Aus: Die ZEIT, 25. 6. 1982

Feuchtwanger, Lion (1884–1958): *Der Schriftsteller im Exil*, S. 321 f. Aus: Ein Buch nur für meine Freunde. Fischer Verlag, Frankfurt/M. 1984

Fontane, Theodor (1819–1898): *Effi Briest*, S. 136 f.; *Frau Jenny Treibel*, S. 270 f. Aus: Sämtliche Werke. Romane. Erzählungen. Gedichte. Hg. v. Walter Keitel. Wiss. Buchgesellschaft, Darmstadt 1963, Bd. 4, S. 7–11, 427–431; *Was verstehen wir unter Realismus?* S. 269 f. Aus: Die deutsche Literatur in Text und Darstellung. Bürgerlicher Realismus. Hg. von Andreas Huyssen. Reclam Verlag, Stuttgart 1977, Bd. 11, S. 56–57

Fried, Erich (1921–1988): *Definition*, S. 366. Aus: Warngedichte, Carl Hanser Verlag, München 1964, S. 120; *Neue Naturdichtung*, S. 177. Aus: Die Freiheit, den Mund aufzumachen. Klaus Wagenbach Verlag, Berlin 1972, S. 25; *Wörterdämmerung*, S. 370. Aus: Zeitfragen. Gedichte. Carl Hanser Verlag, München 1968, S. 58

George, Stefan (1868–1933): *Einklänge*, S. 307. Aus: Werke. Ausg. in zwei Bänden. Verlag Helmut Küpper, Düsseldorf/München, 3. Aufl. 1976, Bd. 2, S. 239; *komm in den totgesagten park*, S. 295. Aus: Das Jahr der Seele. Handschrift des Dichters. Klett-Cotta, Stuttgart 1968; *Über Dichtung*, S. 296. Aus: Werke. Hg. von Robert Boehringer, Klett-Cotta, Stuttgart 1984, 4. Aufl., Bd. 2, S. 530–531

Gianacacos, Costas (*1956): *Überfüllt*, S. 362. Aus: Das Unsichtbare sagen! Prosa und Lyrik aus dem Alltag des Gastarbeiters. Hg. von Habib Bektas. Neuer Malik Verlag, Kiel 1993, S. 28

Goebbels, Joseph (1897–1945): *Aufruf zum totalen Krieg*, S. 411 ff. Aus: Günter Moltmann: Goebbels' Rede zum totalen Krieg am 18. Februar 1943. Vierteljahrshefte für Zeitgeschichte 12 (1964), Heft 1, S. 13–43

Goethe, Johann Wolfgang (1749–1832): *An den Mond*, S. 221. Aus: Sämtliche Werke. Artemis-Gedenkausgabe, Zürich 1949 (Nachdruck dtv, München 1977), Bd. 1, S. 70–72; *Ganymed*, S. 219; *Das Göttliche*, S. 240. Aus: Goethes Werke. Hamburger Ausgabe. Hg. v. Erich Trunz. C. H. Beck, München 1981. Bd. 1, S. 130; 147–149; *Epigramme*, S. 240. Aus: Friedrich Schiller: dtv-Gesamtausgabe. Sämtliche Gedichte. München 1965, Bd. 2, S. 5, 10 ,78, 79; *Die Leiden des jungen Werthers*. S. 218, 220, 222, 224 f. Aus: Sämtliche Werke. Artemis-Gedenkausgabe, A. a. O., Bd. 4, S. 270–271, 290–291, 314, 375, 503–504; *Mächtiges Überraschen*, S. 237; *Mahomets-Gesang*, S. 236 f.; *Natur und Kunst*, S. 236; *Prometheus*, S. 228. Aus: Goethes Werke. Hamburger Ausgabe. A. a. O., S. 294; 42–44; 245; 322; *Wilhelm Meisters Lehrjahre*, S. 238 f. Aus: dtv-Gesamtausgabe. München 1962, S. 12–14; *Zum Schäkespears Tag*, S. 216 f. Aus: Sämtliche Werke. Artemis-Gedenkausgabe, A. a. O., Bd. 4, S. 122–125;

Gomringer, Eugen (*1925): *3 variationen zu „kein fehler im system"*, S. 335. Aus: konstellationen. ideogramme. stundenbuch. philipp reclam jun., Stuttgart 1977, S. 47 f.

Graf, Oskar Maria (1894–1967): *Verbrennt mich!* S. 319 f. Aus: Oskar Maria Graf in seinen Briefen. Hg. von Gerhard Bauer u. Helmut F. Pfanner. Süddeutscher Verlag, München 1984, S. 67 f.

Grass, Günter (*1927): *„Interpretationssucht" statt „Lust am Lesen"* (gekürzt), S. 12 f. Aus: „Von morgens bis abends mit dem deutschen pädagogischen Wahn konfrontiert." In: Einmischung. Schriftsteller über Schule, Gesellschaft, Literatur. Hg. von Peter E. Kalb, Beltz Verlag, Weinheim/Basel 1983, S. 11–15; *Späte Sonnenblumen*, S. 355. Aus: Novemberland. 13 Sonette. Steidl Verlag, Göttingen 1993, S. 11

Grimmelshausen, Hans Jakob Christoffel von (1622–1676): *Der Abenteuerliche Simplicissimus Teutsch*, S. 202 f. Aus: Der Abenteuerliche Simplicissimus Teutsch. Winkler Verlag, München o. J., S. 11–15

Groebel, Peter: *Tagebuch führen*, S. 514. Aus: Jugendliche und Erwachsene '85. Generationen im Vergleich. Hg. vom Jugendwerk der Deutschen Shell. Leverkusen 1985, Bd. 4

Grünbein, Durs (*1962): *Novembertage I. 1989*, S. 356. Aus: Nach den Satiren. Suhrkamp Verlag, Frankfurt/M. 1999, S. 64 f.

Gryphius, Andreas (1616–1664): *Thranen des Vaterlandes*, S. 204. Aus: Die deutsche Literatur. Ein Abriß in Text und Darstellung. Barock. Hg. von Renate Fischetti. Reclam, Stuttgart 1975, Bd. 4, S. 69–70

Günderode, Karoline von (1780–1806): *Der Kuss im Traume*, S. 250. Aus: Der Schatten eines Traums. Gedichte, Prosa, Zeugnisse von Zeitgenossen. Hg. von Christa Wolf. Luchterhand Verlag, Darmstadt/Neuwied 1979, S. 68

519

Hacks, Peter (1928–2003): *Der Heine auf dem Weinbergs-weg*, S. 176. Aus: Lieder, Briefe, Gedichte. Hammer Verlag, Wuppertal 1974, S. 92

Hahn, Ulla (*1946): *Für den, der fragt*, S. 191. Aus: Unerhörte Nähe. Deutsche Verlagsgesellschaft, Stuttgart 1988; *Ich bin die Frau*, S. 40. Aus: Spielende. Deutsche Verlagsgesellschaft, Stuttgart 1983, S. 63; *Mein Vater*, S. 51. Aus: Das Gedicht. Zeitschrift für Lyrik, Essay und Kritik. Hg. von Anton G. Leitner. Leitner Verlag, Weißling bei München Okt. 1994, Nr. 2, S. 34–36; *Winterlied*, S. 180. Aus: Herz über Kopf. Deutsche Verlagsgesellschaft, Stuttgart 1981, S. 27

Harpprecht, Klaus: *Glucksende Peinlichkeit*, S. 481. Aus: Die ZEIT, 21. 1. 99

Hartmann von Aue (um 1160–nach 1210): *Maniger grüezet mich alsô*, S. 198. Aus: Deutsche Gedichte des Mittelalters. Ausgewählte, übersetzt und erläutert von Ulrich Müller u. Gerlinde Weiss. Reclam, Stuttgart 1993, S. 122–125

Hassenstein, Friedrich: *Was ist ein Gedicht?* S. 187 f. Aus: Gedichte im Unterricht. In: Taschenbuch des Deutschunterrichts. Bd. 2: Literaturdidaktik. Hg. von Günter Lange u. a. Schneider Verlag Hohengehren, Baltmannsweiler 1994, S. 599–603

Hauptmann, Gerhart (1862–1946): *Die Weber*, S. 279 ff. Aus: Sämtliche Werke. Hg. von E. Haß. Propyläen Verlag, Berlin 1966, Bd. 1, S. 351–355

Heine, Heinrich (1797–1856): *Ich weiß nicht, was soll es bedeuten*, S. 244. Aus: Buch der Lieder. Verlag Lambert Schneider, Heidelberg o. J., S. 115–116; *Die schlesischen Weber*, S. 261. Aus: Sämtliche Schriften. Hg. von Klaus Briegleb. Carl Hanser Verlag, München/Wien 1976, Bd. 7, S. 455

Hensel, Kerstin (*1961): *Vita*, S. 355. Aus: Frauen dichten anders. 181 Gedichte mit Interpretationen. Hg. von Marcel Reich-Ranicki. Insel Verlag, Leipzig u. a. 1998, S. 819

Herzog, Roman (*1934): *Aufbruch ins 21. Jahrhundert*, S. 418 ff. Aus: Reden und Essays aus den Jahren 1989 bis 1997. Hg. von Wilhelm Boeger, Cornelsen Verlag, Berlin 1997, S. 118–122 (gekürzt)

Hess, Adelheid Johanna (*1949): *Verfehlt*, S. 354. Aus: Wort-stau. Corvinus Presse, Berlin 1992, © A. J. Hess

Heuser, Uwe Jan/Randow, Gero von: *Mach's gut, Mensch*, S. 75 ff. Aus: Die ZEIT. Millenium Sonderausgabe 30.12.1998, S. 1

Heym, Georg (1887–1912): *Tagebucheintragung*, S. 299. Aus: Dichtungen und Schriften. Gesamtausgabe, Bd. 3. Beck Verlag, Hamburg/München 1960, S. 128–129; *Der Krieg*, S. 300. Aus: Menschheitsdämmerung. Hg. von Karl Pinthus. Rowohlt, Hamburg 1959, S. 79; *Ophelia I*, S. 289. Aus: Das lyrische Werk. Hg. von K. L. Schneider. dtv o. J., S. 160

Heym, Stefan (1913–2001): *5 Tage im Juni*, S. 350. Aus: 5 Tage im Juni. Buchverlag Der Morgen, Berlin 1990, S. 300–301, 321–323

Hickethier, Knut: *Der Film nach der Literatur ist Film*, S. 447. Aus: Literaturverfilmungen. Hg. von Franz-Josef Albersmeier u. Volker Roloff, suhrkamp taschenbuch materialien 2093, Frankfurt a. Main 1989

Hoddis, Jakob van (1887–1942): *Weltende*, S. 299. Aus: Menschheitsdämmerung. Hg. von Karl Pinthus. Rowohlt, Hamburg 1959, S. 312

Hofmann von Hofmannswaldau, Christian (1616–1679): *Die Welt*, S. 201. Aus: Gedichte und Interpretationen. Renaissance und Barock. Hg. von Volker Meid. Reclam, Stuttgart 1982, Bd. 1, S. 356

Hofmannsthal, Hugo von (1874–1929): *Ein Brief*, S. 304 f. Aus: Erzählungen. Fischer Verlag, Frankfurt/M. 1986, S. 126–128; *Vorfrühling*, S. 284. Aus: Gedichte und kleine Dramen. Insel Verlag, Frankfurt/M. 1982, S. 7

Hölderlin, Johann Christian Friedrich (1770–1843): *Hyperions Schicksalslied*, S. 241. Aus: Gesammelte Werke. Bertelsmann Verlag, Gütersloh 1955, S. 288

Holz, Arno (1863–1929): *Die Kunst. Ihr Wesen und ihre Gesetze*, S. 277. Aus: Das Werk. Band X, Berlin 1925; *Phantasus*, S. 286. Aus: Traum und Wirklichkeit. Hg. von Ulrich Hamm u. Gerhard Pick. Ernst Klett Verlag, Stuttgart 1998, S. 16

Holz, Arno/Schlaf, Johannes (1862–1941): *Papa Hamlet*, S. 278 f. Aus: Papa Hamlet. Hg. von Theo Meyer. Suhrkamp Verlag, Frankfurt/M. 1979, S. 78–82

Horsch, Evelyn: *Das „innere Team": Wie Selbstgespräche unsere Kommunikation steuern*, S. 86 f. Aus: Psychologie heute, März 1999, S. 56–57

Hufschmidt, Wolfgang: *Interpretation zu Schumanns Vertonung von Eichendorffs „Mondnacht"*, S. 245 f. Aus: Willst zu meinen Liedern deine Leier drehen? Dortmund 1986, S. 23 ff.

Huntemann, Willi (*1960): *End=sprechungen*, S. 307. Aus: Fremdheit als Problem und Programm. Die literarische Übersetzung zwischen Tradition und Moderne. Hg. von Willi Huntemann u. Lutz Rühling. Erich Schmidt Verlag, Berlin 1997, S. 114

Jandl, Ernst (1925–2000): *wien: heldenplatz*, S. 508. Aus: Gedichte 1. Luchterhand Verlag, Darmstadt/Neuwied 1985, Bd.1

Jaspers, Karl (1883–1969): *Wahre und falsche Aufklärung*, S. 209 f. Aus: Einführung in die Philosophie. Piper Verlag, München 1974, S. 67–69

Jenny, Zoë (*1974): *Party*, S. 15. Aus: Das Blütenstaubzimmer. Frankfurter Verlagsanstalt 1997, S. 105–107

Joffe, Jessica R.: *Nur noch Bonds und Futures?* S. 72. Aus: Die ZEIT, 30. 12. 1998, S.9

Kaehlbrandt, Roland: *Die verkannte Muttersprache*, S. 383 f. Aus: Die ZEIT vom 6. 9. 96 (gekürzt)

Kafka, Franz (1883–1924): *Auf der Galerie*, S. 30 f. Aus: Sämtliche Erzählungen. Hg. von Paul Raabe. Fischer Tb Verlag, Frankfurt/M. 1972, S. 129; *Der Nachbar*, S. 32. Aus: Gesammelte Werke. Hg. von Max Brod, Fischer Tb Verlag, Frankfurt/M. 1983, S. 100–101; *Prometheus*, S. 229. Aus: Sämtliche Erzählungen. A. a. O., S. 306; *Der Prozess*, S. 139 f. Aus: Der Prozess. Fischer Verlag, Frankfurt/M. 1965, S. 9–13; *Vor dem Gesetz*, S. 28 f. Aus: Gesammelte Werke. A. a. O., S. 120–121

Kant, Immanuel (1724–1804): *Beantwortung der Frage: Was ist Aufklärung?* S. 208 f. Aus: Werke in sechs Bänden. Hg. von Wilhelm Weischedel. Darmstadt 1964, Bd. VI, S. 53–61

Karsunke, Yaak (*1934): *zur schönen aussicht*, S. 355. Aus: Grenzfallgedichte. Hg. von Anna Chiaroni u. Helga Pankoke. Aufbau Verlag, Berlin 1991

Kästner, Erich (1899–1974): *Kurt Schmidt, statt einer Ballade*, S. 316. Aus: Gesammelte Schriften für Erwachsene. Gedichte. Verlag Droemer Knaur, München/Zürich o. J., Bd. 1, S. 167–168; © Atrium Verlag, Zürich

Keko, Srdan (*1950): *Ich lebe in zwei Sprachen*, S. 361. Aus: In zwei Sprachen leben – Berichte, Erzählungen, Gedichte von Ausländern. Hg. von Irmgard Ackermann. dtv, München 1983, S. 175

Keller, Gottfried (1819–1890): *Der grüne Heinrich*, S. 268 f. Aus: Die deutsche Literatur. Ein Abriß in Text und Darstellung. Hg. von Andreas Huyssen. Reclam Verlag, Stuttgart 1974, Bd. 11, S. 138–140; *Romeo und Julia auf dem Dorfe*, S. 272 ff. Aus: Sämtliche Werke. Hg. von Clemens Heselhaus. Carl Hanser, München 1957, Bd. 2, S. 124 ff.

Kirsch, Sarah (*1935): *Aus dem Haiku-Gebiet*, S. 355. Aus: Erlkönigstochter. Deutsche Verlagsgesellschaft, Stuttgart 1992; *Im Sommer*, S. 347. Aus: Rückenwind. Gedichte. Aufbau Verlag 1976, 1. Aufl., S. 59

Kisch, Egon Erwin (1885–1948): *Sing-Sing*, S. 314 f. Aus: Nichts ist erregender als die Wahrheit. Reportagen aus vier Jahrzehnten. Hg. von Hans Schmieding. Büchergilde Gutenberg, Frankfurt/M. 1981, Bd. 1, S. 259–260, 265–267

Kiwus, Karin (*1942): *Gewisse Verbindung*, S. 42. Aus: Angenommen später. Suhrkamp Verlag, Frankfurt/M. 1979, S. 84–85

Koeppen, Wolfgang (1906–1996): *Das Treibhaus*, S. 335 f. Aus: Das Treibhaus. Suhrkamp Verlag, Frankfurt/M. 1972, S. 35–37

Kolbe, Uwe (*1957): *Hineingeboren*, S. 353. Aus: Hineingeboren. Gedichte 1975–1979. Aufbau Verlag, Berlin 1980, S. 48

Korn, Karl: *Glossen*, S. 481 f. Aus: Frankfurter Allgemeine Zeitung, 19. 6. 1961

Krechel, Ursula (*1947): *November*, S. 47. Aus: „Nach zwanzig Seiten waren alle Helden tot". Erste Schreibversuche deutscher Schriftsteller. Hg. v. Karl Corino u. Elisabeth Albertsen. Marion von Schröder Verlag, Düsseldorf 1995, S. 66; *Umsturz*, S. 40. Aus: Nach Mainz! dtv, München 1983, S. 13

Krolow, Karl (1915–1999): *Neues Wesen*, S. 50. Aus: Alltägliche Gedichte. Suhrkamp Verlag, Frankfurt/M. 1968, S. 76

Kruppa, Hans: *Gegengewicht*, S. 175. Aus: Wenn das Eis geht. Ein Lesebuch zeitgenössischer Lyrik. Hg. von Helmut Lamprecht. Verlag Atelier im Bauernhaus, Fischerhude 1983, S. 170

Kunert, Günter (*1929): *Dornröschen*, S. 514. *Das Holz-scheit*, S. 29. Aus: Tagträume in Berlin und andernorts. Carl Hanser Verlag, München 1972, S. 82, 20; *Mondnacht*, S. 221. Aus: Stilleben. Gedichte. Carl Hanser Verlag, München 1977, S. 25; *So soll es sein*, S. 175. Aus: Im weiteren Fortgang. Carl Hanser Verlag, München 1974, S. 30; *Das Telefon*, S. 352; *Zentralbahnhof*, S. 23 f. Aus: Kurze Beschreibung eines Moments der Ewigkeit. Kleine Prosa. Verlag Philipp Reclam jun., Leipzig 1980, S. 85, 11–12

Kunze, Reiner (*1933): *Das ende der kunst*, S. 177; *Sensible wege*, S. 347. Aus: Sensible Wege. Rowohlt Verlag, Reinbek 1969, S. 14

Lasker-Schüler, Else (1869–1945): *Weltende*, S. 298. Aus: Gesammelte Werke. Kösel Verlag, München 1984, Bd. 1

Leicht, Robert: *Justizmord*, S. 483. Aus: Die ZEIT, 21. 1. 1999

Lessing, Ephraim Gotthold (1729–1781): *Emilia Galotti*, S. 225 f. Aus: Emilia Galotti. Ein Trauerspiel in fünf Aufzügen. Reclam Verlag, Stuttgart 1979, S. 25–28; *Hamburgische Dramaturgie*, S. 169. Aus: Werke in 8 Bänden. Hg. von Herbert G. Göpfert. Carl Hanser Verlag, München 1970–1979, Bd. 4, S. 578 f., 587 f., 595 f.; *Nathan der Weise*, S. 212 ff. Aus: Werke in 8 Bänden. A. a. O., S. 273 ff.; *Suche nach der Wahrheit*, S. 27; *Der Tanzbär*, S. 214; *Zeus und das Schaf*, S. 215. Aus: Ausgewählte Werke. Carl Hanser Verlag, München o. J., Bd. 3, S. 269–271; Bd. 2, S. 4; Bd. 2, S. 45

Lichtenberg, Georg Christoph (1742–1799): *Aphorismen*, S. 212. Aus: Eine Milchstraße von Einfällen. Aphorismen. Hg. von Katharina Kewitsch. J. Berg Verlag, München 1985, S. 21

Lichtenstein, Alfred (1889–1914): *Punkt*, S. 301. Aus: Aufbruch in die Moderne. Hg. von Ulrich Hamm u. Gerhard Pick. Ernst Klett Verlag, Stuttgart 1998, S. 21

Liebknecht, Wilhelm (1826–1900): *Beitrag zu einer Parteitags-debatte der SPD*, S. 275 f. Aus: Die deutsche Literatur. Ein Abriß in Text und Darstellung. Hg. von Walter Schmähling. Reclam Verlag, Stuttgart 1979, S. 83 f.

Loriot (Vicco von Bülow) (*1923): *Garderobe*, S. 81. Aus: Loriots Dramatische Werke. Diogenes Verlag, Zürich 1981, S. 111–113

Luchtenberg, Sigrid: *Interkulturelle sprachliche Bildung*, S. 396 f. Aus: Interkulturelle sprachliche Bildung. Zur Bedeutung von Zwei- und Mehrsprachigkeit für Schule und Unterricht. Waxmann Verlag, Münster/New York 1995, S. 42–43, S. 45, S. 48, S. 66

Lukas (1. Jh. n. Chr.): *Das Gleichnis vom Sämann* (8,4–15), S. 26. Aus: Die Bibel. Einheitsübersetzung. Pattloch Verlag, München 1987, S. 1052 f. © Andreas & Andreas Verlagsbuchhandlung, Salzburg

Mann, Klaus (1906–1949): *Brief an Gottfried Benn*, S. 318 f. Aus: Gottfried Benn. Eine Ausstellung des Deutschen Literaturarchivs im Schiller-Nationalmuseum Marbach am Neckar 1968, S. 198 ff.; © edition spangenberg, München; *Der Wendepunkt*, S. 320 f. Aus: Ein Lebensbericht, Rowohlt, Reinbek 1984 (Auszug)

Mayröcker, Friederike (*1924): *Der Aufruf*, S. 40. Aus: Ausgewählte Gedichte 1944–1978. Suhrkamp Verlag, Frankfurt/M. 1979, S. 63; *Oktober*, S. 49. Aus: „Nach zwanzig Seiten waren alle Helden tot". Erste Schreibversuche deutscher Schriftsteller. Hg. v. Karl Corino u. Elisabeth Albertsen. Marion von Schröder Verlag, Düsseldorf 1995, S. 45

Meckel, Christoph (*1935): *Rede vom Gedicht*, S. 183. Aus: Ausgewählte Gedichte 1955–1978. Athenäum, Königstein 1979, S. 80 f.

Mereau, Sophie (1770–1806): *Das Blüthenalter der Empfindung*, S. 223. Aus: Das Blüthenalter der Empfindung (1794). Nachdruck: Metzler Verlag, Stuttgart 1982, S. 54–56

Meyer, Hilbert: *Standbild bauen*, S. 56. Aus: Unterrichtsmethoden II. Cornelsen Scriptor, Berlin 1995, S. 352–353 (verändert)

Mickel, Karl (1935–2000): *Der See*, S. 346. Aus: Schriften I. Gedichte 1957–1974. Mitteldeutscher Verlag, Halle/Leipzig 1990, S. 74

Migner, Karl: *Kennzeichen des modernen Romans*, S. 149 f. Aus: Theorie des modernen Romans. Kröner Verlag, Stuttgart, 1970, S. 69–70, 106–108

Molcho, Samy: *Körpersprache*, S. 84 f. Aus: Körpersprache. Goldmann Tb, München 1996, S. 17–18

Moréas, Jean (1856–1910): *Der Symbolismus*, S. 293. Aus: Le Figaro, Paris, 18.9.1886. Zitiert nach: Der Symbolismus in Wort und Bild. Skira Klett-Cotta Verlag, Stuttgart 1979, S. 71

Morgenstern, Christian (1871–1914): *Fisches Nachtgesang*, S. 287. Aus: Sämtliche Galgenlieder. Manesse Verlag, Zürich 1985, S. 35; *Frühling*, S. 285. Aus: Auf vielen Wegen. 4. Aufl., München 1923, S. 9

Morgner, Irmtraut (1933–1990): *Leben und Abenteuer der Trobadora Beatriz nach Zeugnissen ihrer Spielfrau Laura*, S. 405. Aus: Leben und Abenteuer der Trobadora Beatriz. Aufbau Verlag, Berlin 1975, S. 480 (11. Buch, 3. Kap.), S. 169 (4. Buch, 19. Kap.)

Mörike, Eduard (1804–1875): *Er ist's*, S. 50. Aus: Sämtliche Werke. Hg. von J. Perfahl. Winkler Verlag, München 1967, Bd. 1, S. 684

Musil, Robert (1880–1942): *Das Fliegenpapier*, S. 460 f. Aus: Prosa. Dramen. Späte Briefe. Hg. von Adolf Frisé, Rowohlt Verlag, Hamburg 1957, S. 15–18

Neutsch, Erik (*1931): *Spur der Steine*, S. 344 f. Aus: Spur der Steine. Mitteldeutscher Verlag, Halle (Saale) 1964, S. 65–66, 73–75

Nickel, Christiane: *Die Schule soll die Lust des Lesens…*, S. 14. Aus: FAZ, 27. 2.1987

Nicolai, Friedrich (1733–1811): *Vertraute Briefe von Adelheid B. an ihre Freundin Julie S.*, S. 227 f. Aus: Vertraute Briefe von Adelheid B. an ihre Freundin Julie S. Buchverlag Der Morgen, Berlin 1982, S. 92–93

Nieraad, Jürgen: *Methoden der Metaphernuntersuchung*, S. 373. Aus: Forschungen zur sprachlichen Metaphorik. Wiss. Buchgesellschaft, Darmstadt 1977, S. 43–44

Nietzsche, Friedrich (1844–1900): *Über Wahrheit und Lüge im außermoralischen Sinne*, S. 303 f. Aus: Sämtliche Werke. Kröner Taschenbuchausgabe, Bd. 71. Kröner Verlag, Stuttgart 1976, S. 608–610

Novalis (Georg Philipp Friedrich von Hardenberg) (1772–1801): *Wenn nicht mehr Zahlen und Figuren*, S. 251. Aus: Schriften. Hg. von Paul Kluckhohn u. Richard Samner. Das dichterische Werk. Verlag G. Kohlkammer, Stuttgart 1977, Bd. 1, S. 344 f.

Oksaar, Els: *Sprache und soziale Interaktion*, S. 394 f. Aus: Spracherwerb im Vorschulalter. Einführung in die Pädolinguistik. Verlag W. Kohlkammer. Stuttgart/Berlin/Köln/Mainz 1977, 2. erw. Aufl. 1987, S. 132–133

Opitz, Martin (1597–1639): *Carpe diem*, S. 200. Aus: Die deutsche Literatur. Texte und Zeugnisse. Das Zeitalter des Barock. Hg. von Albrecht Schöne. C. H. Beck, München 1968, S. 703 f.

Özdamar, Emine Sevgi (*1946): *Mutterzunge*, S. 364 f. Aus: Mutterzunge. Rotbuchverlag, o. J., Hamburg 1991, S. 7

Papenfuß-Gorek, Bert (*1956): *Doch das KAOS käme*, S. 353. Aus: Soja. Druckhaus Galrev, Berlin 1990, S. 21

Pastior, Oskar (*1927): *Testament – auf jeden Fall*, S. 48. Aus: „Nach zwanzig Seiten waren alle Helden tot". Erste Schreibversuche deutscher Schriftsteller. Hg. v. Karl Corino u. Elisabeth Albertsen. Marion von Schröder Verlag, Düsseldorf 1995, S. 318

Perec, Georges (1936–1982): *Anton Voyls Fortgang*, S. 510. Aus: Anton Voyls Fortgang. Hg. und übersetzt von Eugen Helmlé, Zweitausendeins Verlag, 3. Aufl., Frankfurt/M. 1998, S. 9

Pinker, Steven: *Der Sprachinstinkt*, S. 392 f. Aus: Der Sprachinstinkt. Wie der Geist die Sprache bildet. Übers. v. Martina Wiese. Doemersche Verlagsanstalt Th. Knaur Nachf., München 1998, S. 21–23, 25–26 © Kindler Verlag München

Pinthus, Kurt (1886–1975): *Die Überfülle des Erlebens*, S. 475. Aus: Silvio Vietta (Hg.): Lyrik des Expressionismus. Max Niemeyer Verlag, München/Tübingen 1976, S. 9–10

Plath, Sylvia (1932–1963): *Die Zeit festhalten*, S. 515. Aus: Briefe nach Hause. Hg. von Aurelia Schober Plath. Carl Hanser Verlag, München/Wien 1979, S. 42

Platon (427–347 v. Chr.): *Die Verteidigungsrede des Sokrates*, S. 406 f. Aus: Apologie des Sokrates und Kriton. Übersetzt und erläutert v. Otto Apelt. Felix Meiner Verl., Leipzig 1922, S. 23 f.

Postman, Neil (1931–2003): *Medien und Wahrheitsfindung*, S. 408. Aus: Wir amüsieren uns zu Tode. Urteilsbildung im Zeitalter der Unterhaltungsindustrie. Fischer Verlag, Frankfurt/M. 1997 (gekürzt)

Postman, Neil/Barlow, John Perry: *Streitgespräch über das Internet*, S. 457 f. Aus: Spiegel special: Der digitale Mensch. 3/1997

Precht, Richard David: *Die Ware Vision*, S. 454 f. Aus: Die ZEIT, 25. 6. 1998, S. 37

Rathenow, Lutz (*1952): *Türen*, S. 353. Aus: Offene Fenster 5. Verlag Neues Leben, Berlin 1975, S. 75

Reich-Ranicki, Marcel (*1920): *Ein Wertungsproblem*, S. 150 f. Aus: Des Mörders betörender Duft. Patrick Süskinds erstaunlicher Roman „Das Parfum". Frankfurter Allgemeine Zeitung, 2. 3. 1985

Reimann, Brigitte (1933–1973): *Franziska Linkerhand*, S. 348 f. Aus: Franziska Linkerhand. Verlag Neues Leben, Berlin 1974, S. 126–129

Reinig, Christa (*1926): *Raus aus den alten Vokabeln*, S. 44. Aus: Christa Reinig, Susanne Kahn-Ackermann, Luise Francia. In: Frauenoffensive. Lyrik. Protokoll einer Diskussion. Journal Nr. 11, Juli 1978, S. 40–41

Reinmar der Alte (von Hagenau) (um 1160/70 – vor 1210): *Ich wirbe umbe allez, daz ein man*, S. 195 f. Aus: Deutsche Gedichte des Mittelalters. Ausgewählt, übersetzt und erläutert von Ulrich Müller u. Gerlinde Weiss. Reclam Verlag, Stuttgart 1993, S. 110–113

Remarque, Erich Maria (1898–1970): *Im Westen nichts Neues*, S. 312 f. Aus: Im Westen nichts Neues. Ullstein Verlag, Frankfurt/M./Berlin 1974, S. 98–99

Rilke, Rainer Maria (1875–1926): *Ausgesetzt auf den Bergen des Herzens*, S. 370. Aus: Sämtliche Werke. Hg. vom Rilke-Archiv. Gedichte. Insel Verlag, Frankfurt/M. 1956, S. 94–95; *Der Ball*, S. 295; *Herbst*, S. 286. Aus: Werke. Insel Verlag, Wiesbaden 1955, Bd. 2, S. 395; Bd. 1, S. 156

Rimbaud, Arthur (1854–1891): *Ophelia*, S. 288. Aus: Sämtliche Dichtungen. Verlag Lambert Schneider, Heidelberg 1982, S. 25

Ritter, Roman (*1943): *Zeilenbruch und Wortsalat. Eine Polemik gegen die Laberlyrik*, S. 46 u. 179. Aus: Kürbiskern. Literatur, Kritik, Klassenkampf. Hg. von Friedrich Hitzer u. a. Damnitz Verlag, München 1982, Heft 1, S. 88–95; *Das Bürofenster*, S. 42. Aus: Lyrik-Katalog BRD. Gedichte, Biographien, Statements. Hg. von Jan Hans, Uwe Herms, Ralf Thenior. Goldmann 1978, S. 273–274

Roesler, Alexander: *Bequeme Einmischung. Internet und Öffentlichkeit*, S. 455 ff. Aus: Mythos Internet. Hg. von Stefan Münker u. Alexander Roesler. Suhrkamp Verlag, Frankfurt/M., 1. Aufl. 1997, S. 171 ff. u. S. 179 ff. (gekürzt)

Rühm, Gerhard (*1930): *licht*, S. 43; *Sonett*, S. 181. Aus: Gesammelte Gedichte und visuelle Texte. Rowohlt Verlag, Reinbek 1970, S. 240; S. 174

Rühmkorf, Peter (*1929): *Hochseil*, S. 178. Aus: Walther von der Vogelweide, Klopstock und ich. Rowohlt Verlag, Reinbek 1975, S. 178

Sander, Jil: *Mein Leben ist eine giving-story*, S. 387. Aus: Dieter E. Zimmer: Deutsch und anders – die Sprache im Modernisierungsfieber. Rowohlt Verlag, Reinbek 1998, S. 51

Sanders, Willy: *Sprachkritikastereien und was der „Fachler" dazu sagt*, S. 67. Aus: Wiss. Buchgesellschaft, Darmstadt 1992, S. 63–66

Schiller, Friedrich (1759–1805): *Ankündigung der Monatszeitschrift „Die Horen"*, S. 234 ff. Aus: dtv-Gesamtausgabe. Hg. von Gerhard Fricke. dtv, München 1966, Bd. 20, S. 62–64; *Die Räuber*, S. 230. I. Akt, 2. Szene. Aus: Sämtliche Werke in 6 Bde., Säkularausgabe. Fackelverlag, Stuttgart 1984, Bd. 2, S. 32–36; *Die Schaubühne als moralische Anstalt betrachtet*, S. 170. Aus: Was kann eine gute stehende Bühne eigentlich bewirken? In: Sämtliche Werke. Hg. von Gerhard Fricke u. Herbert G. Göpfert. Carl Hanser Verlag, München 1960, Bd. 5, S. 823–831; *Die Teilung der Erde*, S. 234. Aus: dtv-Gesamtausgabe. A. a. O., Bd. 1, S. 179

Schmidt, Helmut (*1918): *Gesellschaftliche Moral des Wissenschaftlers*, S. 63 f. Aus: Die ZEIT, 18. Juni 1982, S. 16

Schneider, Robert (*1961): *Schlafes Bruder*, S. 360. Aus: Schlafes Bruder. Reclam Leipzig 1998, S. 9

Schnurre, Wolfdietrich (1920–1989): *Die Zwerge*, S. 332. Aus: Jahresring 1958/59. Später unter dem Titel: Die Hinderlichen. In: Das Los unserer Stadt. Verlag Walter, Olten/Freiburg 1959, S. 43–44

Schönfeld, Eike: *alles easy*, S. 384 f. Aus: alles easy. Ein Wörterbuch des Neudeutschen. Verlag C. H. Beck, München 1995, S. 9–11

Schubart, Christian Friedrich Daniel (1739–1791): *Die Fürstengruft*, S. 231. Aus: Werke in einem Band. Hg. von Ursula Wertheim u. Hans Böhm. Aufbau Verlag, Berlin 1988, S. 303–305

Schulz von Thun, Friedemann: *Berufsrolle und private Rolle*, S. 85. Aus: Miteinander reden. Bd. 3: Das „innere Team" und situationsgerechte Kommunikation, Rowohlt Verlag, Reinbek 1998, S. 274–275; *Die vier Seiten einer Nachricht*, S. 94 f. Aus: Miteinander reden. Bd. 1. Rowohlt Verlag, Reinbek 1981, S. 26–29 (gekürzt)

Schwäbisch, Lutz/Siems, Martin: *Regeln für die Gruppendiskussion*, S. 83. Aus: Anleitung zum sozialen Lernen für Paare, Gruppen und Erzieher. Kommunikations- und Verhaltenstraining. Rowohlt Taschenbuchverlag, Reinbek 1974, S. 243–245

Seegers, Ulf: *Die Zukunft aktiv mitgestalten*, S. 71 f. Aus: Die ZEIT, 30. 12. 1998, S. 9

Seidel, Brigitte: *Wörter im Sprachbewusstsein*, S. 391 f. Aus: Deutschunterricht konkret. Schroedel Verlag, Hannover 1989, S. 17–18 (gekürzt)

Seiffert, Helmut: *Die Dreidimensionalität des sprachlichen Zeichens*, S. 367 f. Aus: Einführung in die Wissenschaftstheorie. Bd. 1. Verlag C. H. Beck, München, 12. Aufl. 1996, S. 110–116 (gekürzt)

Seiler, Annette: *Schreiben*, S. 514. Aus: Jugendliche und Erwachsene '85. Generationen im Vergleich. Hg. vom Jugendwerk der Deutschen Shell. Leverkusen 1985, Bd. 4

Sophokles (um 497 – um 406 v. Chr.): *Antigone*, S. 153 ff. Aus: Antigone. Aus dem Griechischen von Heinrich Weinstock. Kröner Verlag, 5. Aufl., Stuttgart 1984, Bd. 163, S. 277–281

Sparschuh, Jens (*1955): *Der Zimmerspringbrunnen*, S. 359. Aus: Der Zimmerspringbrunnen. Kiepenheuer & Witsch, Köln 1995, S. 97–99

Späth, Gerold (*1939): *Angela Sutter – Ein Lebenslauf*, S. 15. Aus: Commedia. Fischer Verlag, Frankfurt/M., 1980, S. 15–16

Stadler, Ernst (1883–1914): *Form ist Wollust*, S. 297. Aus: Menschheitsdämmerung. Hg. von Karl Pinthus. Rowohlt Verlag, Hamburg 1959, S. 312

Steenfatt, Margret: *Im Spiegel*, S. 16 f. Aus: 7. Jahrbuch der Kinderliteratur. Hg. von Hans-Joachim Gelberg. Beltz Verlag, Weinheim/Basel 1984, S. 218–219

Stolberg, Friedrich Leopold Graf zu (1750–1819): *Natur*, S. 218. Aus: Über die Fülle des Herzens. Hg. von Jürgen Behrens. Reclam, Stuttgart 1970, S. 9

Stramm, August (1874–1915): *Sturmangriff*, S. 301; *Vorfrühling*, S. 285. Aus: Menschheitsdämmerung. Hg. von Kurt Pinthus. Rowohlt Verlag, Hamburg 1956, S. 87, 164–165

Strittmatter, Eva (*1930): *Liebe*, S. 347. Aus: Ich mach ein Lied aus Stille. Gedichte. Aufbau Verlag, Berlin/Weimar 1980, S. 30

Susman, Margarete (1874–1966): *Expressionismus*, S. 297 f. Aus: Expressionismus. Hg. von Paul Raabe. dtv, München 1965, S. 156–157

Szagun, Gisela (*1943): *Kritik an den Theorien von einer angeborenen Sprache*, S. 393 f. Aus: Sprachentwicklung beim Kind. 6. vollständig überarbeitete Aufl., Beltz Psychologie Verlagsunion, Weinheim 1996, S. 4–5

Tannen, Deborah: *Andere Worte, andere Welten*, S. 400. Aus: Kommunikation zwischen Männern und Frauen. Campus Verlag, Frankfurt/M./New York 1997, S. 26–27; *Verständnis ist alles*, S. 401; *Warum Männer und Frauen aneinander vorbeireden*, S. 399. Aus: Du kannst mich einfach nicht verstehen. Goldmann Tb, München 1993, S. 46, 95–96

Thenior, Ralf (*1945): *Alles Gute, Alter*, S. 43; *Bewusstsein schaffen*, S. 45. Aus: Lyrik-Katalog BRD. Gedichte, Biographien, Statements. Hg. von Jan Hans, Uwe Herms, Ralf Thenior. Goldmann, München 1978, S. 319, 431–433

Theobaldy, Jürgen (*1944): *Erfahrungen mitteilen*, S. 44 f. Aus: Das Gedicht im Handgemenge. In: Literaturmagazin 4. Die Literatur nach dem Tode der Literatur. Hg. von Hans Christoph Buch. Rowohlt Verlag, Reinbek 1975, S. 64–71; *Schnee im Büro*, S. 43. Aus: Zweiter Klasse. Rotbuchverlag, Berlin 1976, S. 23

Trakl, Georg (1887–1914): *Der Gewitterabend*, S. 287; *Grodek*, S. 301. Aus: Dichtungen und Briefe. 3. Aufl. Otto Müller Verlag, Salzburg 1974, S. 16; S. 94

Troll, Thaddäus (1914–1980): *Rotkäppchen auf Amtsdeutsch*, S. 513. Aus: Die Geschichte von Rotkäppchen. Hg. von Hans Ritz. Muriverlag, Göttingen o. J.

Trömel-Plötz, Senta: *Gesprächsstrategien von Frauen und Männern*, S. 399 f. Aus: Frauensprache: Sprache der Veränderung. Fischer Tb, Frankfurt/M. 1982, S. 133

Trömel-Plötz, Senta/Guentherodt, Ingrid/Hellinger, Marlis/Pusch, Luise F.: *Richtlinien zur Vermeidung sexistischen Sprachgebrauchs*, S. 401 ff. Aus: Linguistische Berichte 71, Vieweg Verlag, Wiesbaden 1981, S. 1-7 (Beispiele jeweils gekürzt)

Tucholsky, Kurt (1890–1935): *Staatsmorphium*, S. 314. Aus: Gesammelte Werke. Hg. von Mary Gerold-Tucholsky u. Fritz J. Raddatz. Rowohlt Verlag, Reinbek 1975, Bd. 4, S. 260–261

Tykwer, Tom: *Schicksal und Zufall*, S. 435. Aus: Lola rennt. Hg. v. Michael Töteberg. Rowohlt Tb, Reinbek 1998, S. 117

Varnhagen von Ense, Rahel (1771–1833): *So ist das Leben. Aus einem Brief an eine Freundin*, S. 249. Aus: Gesammelte Werke. Briefe und Tagebücher aus verstreuten Quellen. Hg. von Konrad E. Feilchenfeldt, Uwe Schweikert u. Rahel E. Steiner. Matthes und Seitz Verlag, München 1983, Bd. IX, S. 74

Völker, Klaus: *Der dramatische Galilei*, S. 59. Aus: Brecht-Kommentar zum dramatischen Werk. Winkler Verlag, München 1983, S. 186–187

Walser, Martin (*1927): *Ein springender Brunnen*, S. 358. Aus: Ein springender Brunnen. Suhrkamp Verlag, Frankfurt/M. 1998, S. 374–375, 403–405; *Lebendiger Mittagstisch*, S. 89 f. Aus: Jagd. Suhrkamp Verlag, Frankfurt/M. 1988, S. 30–32; *Die Subjektivität des Verstehens*, S. 34. Aus: Vormittag eines Schriftstellers, Suhrkamp Tb, Frankfurt/M., S. 165–166; *Warum liest man überhaupt?* S. 11 f. Aus: Über den Leser – soviel man in einem Festzelt sagen soll. In: literatur konkret. 2. Jg., Neuer Konkret Verlag, Hamburg 1978, Heft 3, S. 59

Walser, Robert (1878–1956): *Ovation*, S. 30. Aus: Das Gesamtwerk. Suhrkamp Verlag, Frankfurt/M., S. 32–34 © Carl Seeling-Stiftung, Zürich

Walther von der Vogelweide (um 1170–um 1230): *Sô die bluomen*, S. 197. Aus: Gedichte. Mittelhochdeutscher Text und Übertragung. Übersetzt von Peter Wapnewski. Fischer Bücherei, Hamburg/Frankfurt/M. 1962, S. 88–89

Watzlawick, Paul u. a.: *Kuss ist nicht Kuss*, S. 86. Aus: Menschliche Kommunikation. Formen, Störungen, Paradoxien. Hans Huber Verlag, Bern/Stuttgart/Wien 1974, S. 20

Weerth, Georg (1822–1856): *Das Hungerlied*, S. 260. Aus: Weerths Werke in zwei Bänden. Ausgewählt von Bruno Kaiser. Aufbau-Verlag, Berlin/Weimar 1967, Bd. 1, S. 50

Weinrich, Harald: *Semantik der Metapher*, S. 371 f. Aus: Sprache in Texten. Verlag Klett-Cotta, Stuttgart 1976, S. 317–320

Weiss, Peter (1916–1982): *Die Ermittlung*, S. 332 f. Aus: Die Ermittlung. Suhrkamp Tb, Frankfurt/M. 1965, S. 14–21

Weißenborn, Birgit: *Einleitung zu den Briefen der Karoline von Günderode*, S. 104 f. Aus: „Ich sende ein zärtliches Pfand". Die Briefe der Karoline von Günderode. Insel Verlag, Frankfurt/M. u. Leipzig, 1992, S. 10–20 (Auszug)

Weizsäcker, Richard von (*1920): *Mitverantwortung aller Deutschen für die Wahrung der Menschenwürde*, S. 415 ff. Aus: Presse- und Informationsamt der Bundesregierung, Bulletin Nr. 122, Bonn 12.11.1992, S. 1121–1122

Wellershoff, Dieter (*1925): *Zur Bewertung von Literatur*, S. 152. Aus: Literatur und Veränderung. Kiepenheuer & Witsch, Köln 1969, S. 8–10

Wels, Otto (1873–1939): *Rede zum „Ermächtigungsgesetz"*, S. 409 ff. Aus: Zeitgeschehen aus erster Hand. Schmidt/Pleticha (Hg.), Arena Verlag, Würzburg 1967, S. 118–122

Weyrauch, Wolfgang (1907–1980): *Wozu sind Gedichte da?* S. 190. Aus: Expeditionen. Deutsche Lyrik seit 1945. Hg. von W. W. Paul, Leist Verlag, München 1959

Whorf, Benjamin Lee (1897–1939): *Das „linguistische Relativitätsprinzip"*, S. 374 f. Aus: Sprache, Denken, Wirklichkeit – Beiträge zur Metalinguistik und Sprachphilosophie, Rowohlt Tb, Reinbek 1963, S. 8–12

Wieland, Christoph Martin (1733–1813): *Über Rechte und Pflichten der Schriftsteller*, S. 210 f. Aus: Was will Literatur. Aufsätze, Manifeste und Stellungnahmen deutschsprachiger Schriftsteller zu Wirkungsabsichten und Wirkungsmöglichkeiten der Literatur. Hg. von Josef Billen u. Helmut H. Kock. Schöningh Verlag, Paderborn 1975, Bd. 1: 1730–1917, S. 68–69, 70, 75

Wilhelm II. (1859–1941): *Aus einer Rede anlässlich der Enthüllung eines Denkmals zur preußisch-deutschen Geschichte*, S. 276. Aus: Die deutsche Literatur. Ein Abriß in Text und Darstellung. Hg. von Walter Schmähling. Reclam Verlag, Stuttgart 1977, S. 31

Wittgenstein, Ludwig (1889–1951): *Spiele – Versuch einer Definition*, S. 369. Aus: Philosophische Untersuchungen, §§ 66–69, Suhrkamp Tb, Frankfurt/M. 1984, S. 277–279

Wohmann, Gabriele (*1932): *Die Klavierstunde*, S. 17 ff. Aus: Erzählungen. Langewiesche-Brandt-Verlag, Ebenhausen 1966, S. 67–70; *Ein netter Kerl*, S. 88. Aus: Habgier. Erzählungen. Rowohlt TB Verlag, Reinbek 1978, S. 68–70; *Was hat mich zum Lesen gebracht?* S. 10 f. Aus: Leselieben. Hg. v. der Deutschen Lesegesellschaft. Nürnberg 1987, S. 11–12

Wolf, Christa (*1929): *Kassandra*, S. 141 f. Aus: Kassandra. Luchterhand Verlag, Darmstadt/Neuwied 1983, S. 5–8

Wolf, Friedrich (1888–1953): *Bürgermeister Anna*, S. 342 f. Aus: Das dramatische Werk. Aufbau Verlag, Berlin 1988, S. 210–212

Wolfenstein, Alfred (1883–1945): *Städter*, S. 470. Aus: Die gottlosen Jahre. S. Fischer Verlag, Berlin 1914, S. 25 © Frank T. Wolfenstein

Wolff, Wilhelm (1809–1864): *Das Elend und der Aufruhr in Schlesien 1844*, S. 258 f. Aus: Die deutsche Literatur in Text und Darstellung. Hg. von Florian Vaßen. Reclam Verlag, Stuttgart 1975, Bd. 10, S. 222–225

Zimmer, Dieter E. (*1934): *Neuanglodeutsch*, S. 385 f. Aus: Deutsch und anders – die Sprache im Modernisierungsfieber. Rowohlt Verlag, Reinbek 1998, S. 47–48, 50–51; *Über Mehrsprachigkeit*, S. 397. Aus: Die Mythen des Bilingualismus. Über Mehrsprachigkeit. In: Deutsch und anders. A. a. O., S. 217–218; *Von Deutsch keine Rede*, S. 380 ff. Aus: Die ZEIT vom 19.7. 96, S. 26 (gekürzt); *Wiedersehen mit Whorf*, S. 376 f. Aus: So kommt der Mensch zur Sprache. Über Spracherwerb, Sprachentstehung, Sprache & Denken. Haffmans Verlag, Zürich 1986, S. 158–163; *Wozu brauchen wir abstrakte Begriffe?* S. 66. Aus: Neudeutsch. In: Redens Arten. Haffmans Verlag, Taschenbuchausgabe 1988, S. 31

Zola, Émile (1840–1902): *Vorwort zur 2. Auflage von „Thérèse Raquin"*, S. 276. Aus: Thérèse Raquin. Übersetzt von Ernst Sander. Reclam Verlag, Stuttgart 1975

Unbekannte/ungenannte Autorinnen und Autoren:

Das Anuga-Wörterbuch, S. 378. Aus: Westdeutsche Zeitung, 8.10.97

Ärgerliche Anglizismen, S. 380. Aus: Pädagogik 11/98, S. 58

Das Bildgericht, S. 483. Aus: Die deutsche Literatur in Text und Darstellung. Hg. von Florian Vaßen. Reclam Verlag, Stuttgart 1975, Bd. 10, S. 187–188 (gekürzt)

Drehbuchauszug aus „Lola rennt", S. 437. Aus: Lola rennt. Hg. v. Michael Töteberg. Rowohlt Tb, Reinbek 1998, S. 58–60

Dülmen, S. 107 f.; *Luise Hensel*, S. 108 f.; *Anna-Katharina Emmerick*, S. 108 f. Aus: Gödden, W./Nölle–Hornkamp, J.: Dichter – Stätten – Literaturtouren. Ardey-Verlag, Münster 1992

Empfehlungen zur Gleichstellung der Frau bei amtlicher Wortwahl, S. 404. Aus: Presse- und Informationsamt der Bundesregierung, Bonn 22.4.1991

Haus der Stile, S. 496. Aus: Gerd Brenner/Renate Hußing-Weitz: Besser in Deutsch. Texte verfassen. Cornelsen Scriptor, Frankfurt/M. 1992, S. 23

Der historische Fund, S. 59. Aus: dtv-Lexikon/F. A. Brockhaus, München 1966, Bd 7, S. 88–89

Ich bin der Glaube…,, S. 37 f. Aus: Karl Otto Conrady: Das große deutsche Gedichtbuch. Athenäum Verlag, Kronberg/Ts. 1977, Inhaltsverzeichnis

Lernen im Cyberspace, S. 68. Aus: Wirtschaftswoche. Sonderheft „Start in die Zukunft", Jan. 1999

Das ptolemäische Weltsystem/Das kopernikanische Weltsystem, S. 52 f. Aus: Walter Mächtle, Physik die uns angeht. Bertelsmann, Gütersloh o. J., S. 12/13 (verändert)

Regeln für das Zuhören; Regeln für das Sprechen, S. 82. Aus: Joachim Engl/Franz Thurmaier: Wie redest du mit mir? Fehler und Möglichkeiten in der Paardiskussion. Herder Verlag, Freiburg 1995

Stimmen der Zeit, S. 251 ff. Aus: Das Jahrhundert der Widersprüche. Musik im 19. Jh. Hg. von Elmar Bozzetti. Verlag Moritz Diesterweg, Frankfurt/M. 1991

„Wer deutsch spricht, riskiert Arbeitsplatz", S. 379. Aus: Ruhr-Nachrichten vom 2.11.98

Textartenverzeichnis

Bildquellenverzeichnis

Sachregister

Redaktion: Matthias Grupp, Christian Pickmann
Umschlaggestaltung: Knut Waisznor
Layout und technische Umsetzung: Stephan Ulsamer, Stürtz AG Berlin

 http://www.cornelsen.de

1. Auflage € Druck 11 10 9 8 Jahr 07 06 05 04

Alle Drucke dieser Auflage sind inhaltlich unverändert
und können im Unterricht nebeneinander verwendet werden.

Druck: CS-Druck CornelsenStürtz, Berlin

ISBN 3-464-41004-8

Bestellnummer 410048

Gedruckt auf säurefreiem Papier, umweltschonend hergestellt aus chlorfrei gebleichten Faserstoffen.

Allgemeine Geschichte	Deutsche Literaturgeschichte

Allgemeine Geschichte

1849	Ende der Frankfurter Nationalversammlung
1866	Preußisch-österreichischer „Bruderkrieg"; Gründung des Norddeutschen Bundes unter preußischer Führung
1870–1871	**Deutsch-Französischer Krieg,** 1871 wird der preuß. König Wilhelm I. in Versailles zum dt. Kaiser proklamiert („klein-dt. Lösung")
1871	**O. v. Bismarck** dt. Reichskanzler (bis 1890); „Kulturkampf" mit dem Ziel der Trennung Kirche – Staat
1878	„Gesetz gegen die Ausschreitungen der Sozialdemokratie"
1888	Wilhelm II. dt. Kaiser; im Zeitalter des Imperialismus Bemühungen des Dt. Reiches um einen „Platz an der Sonne" (Kolonien)
1905	Marokko-Krise (1906 nach dt. Zurückweichen beigelegt)
1911	Das Dt. Reich sendet zwecks Einschüchterung ein Kanonenboot nach Agadir („Kanonenboot-Politik")
1914–1918	**Erster Weltkrieg**
1917	Oktoberrevolution in Russland
1918	revolutionäre Unruhen in Deutschland
1918	allgemeines Wahlrecht für Frauen
1919	Weimarer Nationalversammlung; **Unterzeichnung des Friedensvertrages in Versailles**
1920	Kapp-Putsch (von rechts) in Berlin, Freikorps, kommunistische Aufstände
1929	**„Schwarzer Freitag"** an der New-Yorker Börse, Weltwirtschaftskrise
1933	Hitlers „Machtergreifung"
1939–1945	**Zweiter Weltkrieg**
1945	**Atombombenabwürfe** über Hiroshima und Nagasaki durch die Amerikaner
1948	UNO-Erklärung der Menschenrechte
1949	**Gründung der Bundesrepublik Deutschland und der Deutschen Demokratischen Republik** Mao Tse-tung ruft die VR China aus
1958	EWG-Vertrag tritt in Kraft
1961	**Bau der Berliner Mauer**
1963	Vertrag über die **deutsch-französische Zusammenarbeit** (Adenauer – de Gaulle)
1968	Studentenunruhen in der Bundesrepublik
1970	Deutsch-polnischer Vertrag in Warschau; **„Ostpolitik"** (Willy Brandt)
ab 1985	Liberalisierung Osteuropas (Gorbatschow)
ab 1986	verschärftes Bewusstsein der Umweltprobleme
ab 1989	Reformprozess auch in der DDR
1990	**3. Oktober 1990 Deutsche Einheit**
1991	Golfkrieg; Zerfall der UdSSR und des Ostblocks
ab 1991	Bürgerkrieg in Jugoslawien (1999 erster NATO-Einsatz)
1999	**Europäische Währungsunion**

Deutsche Literaturgeschichte

Poetischer Realismus 1848–1890
F. Hebbel (1813–1863): „Maria Magdalena"; G. Freytag
Th. Storm (1817–1888): „Der Schimmelreiter";
Th. Fontane (1819–1898): „Effi Briest";
G. Keller (1819–1890): „Der grüne Heinrich";
C. F. Meyer; W. Raabe; W. Busch

Naturalismus 1880–1900
G. Hauptmann:
„Die Weber" (1892);
A. Holz, J. Schlaf

Gegenströmungen zum Naturalismus
„Wiener Impressionismus": A. Schnitzler (1862–1931);
H. v. Hofmannsthal (1874–1929);

Symbolismus:
St. George (1868–1
R. M. Rilke (1875–1
H. Hesse (1877–196

Th. Mann erste Wer
„Buddenbrooks" (1
„Der Tod in Venedi
(1912).

Expressionismus 1905–1925
E. Lasker-Schüler,
A. Stramm, G. Benn,
G. Heym, G. Trakl, F. Werfel
1919: **„Menschheitsdämmerung"** als expressionist. Gedichtsammlung;
1912–1926 Werke **F. Kafkas;**

seit 1926 entwickelt **Bertolt Brecht** (1898–1956) das **„epische Theater";**
E. M. Remarque: „Im Westen nichts Neues" (1929);
große **Romane der Moderne** von H. Mann (1871–19
Th. Mann (1875–1955), A. Döblin (1878–1957),
R. Musil (1880–1942);
Reportagen von Egon Erwin Kisch (1889–1948); Lite
der sozialistischen Bewegung: W. Bredel, E. Mühsam

„Literatur unterm Hakenkreuz": W. Vesper u. a.;
„Innere Emigration": Ina Seidel, W. Bergengruen u.
Exilliteratur: Th. u. H. Mann, B. Brecht, L. Feuchtwa
M. Horkheimer/Th. W. Adorno: „Dialektik der Aufklärung" (ersch. 1947 in Amsterdam); **„Trümmerlitera**
W. Borchert: „Draußen vor der Tür" (1947), H. Böll

Zwei deutsche Literaturen: BRD – DDR
Gruppe 47 (–1967) Richter, Bachmann, Böll u. a.;
Sozialistischer Realismus der DDR-Literatur;
F. Dürrenmatt (Schweiz): „Besuch der alten Dame" (19
M. Frisch (Schweiz): „Homo faber" (1957);
G. Grass: „Die Blechtrommel" (1959);
1960–1970: starke **Politisierung** der bundesdeutschen Literatur;
Gruppe 61: Literatur der Arbeitswelt;
seit 1970: **„Neue Subjektivität und Innerlichkeit"** in de
bundesdeutschen Literatur;
1972: **H. Böll Nobelpreis;**

seit 1980: **Postmoderne Literatur**
(P. Süskind, C. Ransmayr,
M. Beyer, Sibylle Berg)

seit 1975:
Literatur d
Neuen Fra
bewegung